지방지식인 원천석의 삶과 생각

원천석(元天錫) 1330~? 여말선초 두문동 72현의 한 사람. 1330년 개성에서 태어나 어린 시절 춘천에서 공부를 하고, 31세 때인 1360년(공민왕 9) 국자감시(國子監試)에 합격하여 진사(進士)가 되었지만 벼슬길에 나서진 않고 평생을 원주에 거주하며 지냈다. 우왕과 창왕이 신돈의 아들과 손자가 아니라 공민왕의 아들, 손자라는 우창진왕설(禑昌眞王說)을 주장하고, 조선 태종 이방원의 옛 스승임에도 불구하고 벼슬길에 나서지 않은 절의의 인물이라는 점을 퇴계와 퇴계 제자들에게 인정받아 그의 시집은 단순한 행록(行錄)이 아닌 시사(詩史)로 평가받게 되었다. 졸년(卒年)은 확인할 수 없다. 『운곡시사』에는 22세(1351) 때부터 65세(1394) 때까지 쓴 총 1,144편의 작품이 실려 있다.

이인재(李仁在) 연세대학교 원주캠퍼스 역사문화학과 교수

연세근대한국학총서 26 H-006

지방지식인 원천석의 삶과 생각

이인재 엮음

2007년 9월 20일 초판 1쇄 발행
펴낸이 | 오일주
펴낸곳 | 도서출판 혜안
등록번호 | 제22-471호
등록일자 | 1993년 7월 30일
주소 | 서울시 마포구 서교동 326-26번지 102호
전화 | 3141-3711~2 팩시밀리 | 3141-3710
E메일 | hyeanpub@hanmail.net
ISBN | 978-89-8494-321-6 93910

값 | 50,000원

지방지식인 원천석의
삶과 생각

이인재 엮음

혜안

책머리에

1998년 2월 21일 오랜 서울 생활을 마치고 원주에 살게 되었지만 변할 것이 별로 없을 것으로 생각하였다. 2평 남짓의 전용공간이 7평 남짓으로 확대된 것이 너무 고마웠고, 한 학기를 중심으로 맺었던 학생들과의 관계가 4년, 어쩌면 평생을 같이할 수 있다는 것이 즐겁기만 하였다. 인문대학원 진학 이후 서울에서 산다는 것이 배우는 데 그렇게 큰 자극 요인이 아니었기 때문에, 원주에 산다고 해서 거주환경이 주는 별다른 불편함이 없었다. 학회사람들 만나는 횟수가 조금 줄고, 시간을 정해서 만날 분들을 만나야 하는 것이 번거로울 뿐이었다. 인터넷과 도로의 발달이 가져다 준 혜택이었을 것이다.

부임 첫 해를 보내면서 많은 격려와 앞으로 조심해야 할 경계의 인사를 받았다. 당시 우리 나라에 닥친 경제위기로 많은 분들이 일자리를 잃던 와중에 다가온 안정된 학교생활이었기 때문에 죄송하기도 하고 고맙기도 하였는데, 가장 기억에 남는 말 가운데 하나가 '아나카자무라이(田舍侍)'를 경계하라는 조언이었다. 굳이 일본 단어를 사용하신 것은 우리말 시골무사가 주는 강렬함을 피하시고자 한 말씀이었을 것이다. 그러나 곧 잊어버렸다. 원주에는 좁쌀 하나를 호로 쓰시는 분도 계셨고, 40대부터 한국문학사에 매우 중요한 작품을 생산해내는 작가 분도 계시다. 옆방에는 아침부터 저녁까지 꼬물꼬물 무언가 읽고 쓰는 동료도 있어 호젓한 매지리 생활의 즐거움, 지방에 사는 소중함을 만끽할 수 있었다.

그러던 어느 해 동료교수 한 분이 서울로 이사가면서 인사를 왔다. 거주

권 선택은 기본권임에도 불구하고, 미안한 표정이 묻어 났다. 지방 소재 학교에 시골 선생으로 살아가는 즐거움을 몰라준다는 서운함이 야기된 순간이었다. 이러한 감정은 지역축제, 박물관 고을 등을 논의하면서 재차 확인되었다. 지방 나들이라면 당연히 사람과 생각의 흔적을 만나러 가는 것이 주이어야지, 먹거리·볼거리 때문만으로는 곤란하다는 생각이 들었다.

시골 선생이 갖는 이런 서운함은 동료가 있을 때 쉽게 해소된다. 사실 인문학을 하다 보면 귀감으로서의 정신적 동료가 아주 많이 생긴다. 대하소설 토지의 산실이 지금은 거대한 성채처럼 포장되어 있지만, 산고의 순간순간은 작가가 헤진 옷 꿰매며 푸성귀 가꾸며 살던 허름한 공간이었다. 원주 생명운동의 산실 역시 누추하고 좁은 그런 곳이었다. 좁쌀 하나에 우주가 있음을 발견하면서 누렸을 그의 삶에, 거처가 차지할 생각의 공간은 어디에도 없었을 것이다. 거친 역사의 골짜기를 김매는 심정으로 한국 중세를 보냈을 운곡 역시도 자신의 삶을 생각하고 생산해 내는 공간을 누추하고 옹색하다고 하여 누졸재로 이름지었다. 그런 운곡을 지방지식인으로 이름지어 버린 생각 속에는 토지도 좁쌀도 지방지식인 속에 넣어버리고자 하는 그런 나름대로의 음모가 숨어 있다. 그래야 시골 선생의 격도 높아지리라는 속 좁은 믿음이 있기 때문이다.

이 책은 지방지식인 원천석의 삶과 생각을 이해하기 위하여 지금까지 운곡에 대해 쓴 논문들을 모으고, 새로 쓴 논문들을 더하여 엮은 책이다. 주지하다시피 벽사의 논문은 운곡에 대한 전통시대와 현대 평가를 이어주는 디딤돌을 하는 글이며, 지교헌·양은용 두 분 교수의 논문은 그의 정신세계를 본격적으로 분석한 글이다. 특히 두 분은 본서 수록을 위해 기왕에 발표된 논문의 내용 수정과 한글화에 많은 시간을 내어 주셨다. 유주희, 김남기, 조명제 박사와 오영교, 도현철 두 분 교수도 기왕에 발표한 글의 본서 수록을 기꺼이 허락해 주셨다.

이 책에 새 원고를 집필해 주신 여러 선생님들께 감사의 말씀을 드린다. 중진·신진의 역사학자·한문학자·불교사학자들께, 오로지 집필 가능성에 대한 믿음 하나로 운곡시사와 연구논문집을 보내드리면서 새 원고를 써 달라는 강요로 일관했음에도 불구하고 기한에 맞추어 훌륭한 원고를 작성해 주셨다. 색인을 만드느라 수고해 준 우리 대학원의 정덕기, 이현경 석사생께도 고마움을 표한다.

사실 이 책이 나오기까지 여러 사정이 있었다. 그 가운데 특별히 언급해야 할 분이 평생 교직에 종사하시다가 은퇴 후 지역 문화 활동에 적극적이신 운곡학회 원현식 사무국장이시다. 원주시와 강원도가 강원의 인물 선양 사업의 일환으로 본서 발간을 지원한 지난 19개월 동안, 엮은이와 많은 우여곡절이 있었음에도 불구하고 연륜의 넉넉함으로 엮은이의 많은 불평을 묵묵히 감수해 주신 덕분에 이 책이 나올 수 있었다.

이제 이 책에 수록된 40여 편의 전문 논문 덕분에 집필자 가운데 어느 분이라도 운곡평전을 낼 여건이 마련되었다고 판단된다. 전문가용, 일반인용, 청소년용 운곡평전이 집필되어야만 운곡이 비로소 우리 곁에 더불어 살아

숨쉬리라 생각하고 있다. 그 일정에 지금까지와 같이, 도서출판 혜안의 김현숙, 김태규 두 분, 오일주 사장께서도 함께 해 주시라 믿으면서 깊은 감사를 드린다.

2007년 8월 매지호수와 함께하는 청송관 연구실에서

이인재(李仁在) 씀

차 례

12

총론

중세 지방지식인, 원천석 삶의 이모저모

이 인 재*

1. 지방지식인과 시골선비

원천석은 1330년 7월 8일 개성에서 출생하여 청소년기 춘천에서 공부한 다음, 31세 때인 1360년 국자감시에 합격할 때를 제외하고는 청년시절부터 노년에 이르기까지 원주에서 거주한 중세 왕조국가의 유학자이다.[1] 유학자는 스스로 인격과 학문을 닦아(修己) 사회와 관계를 맺는다(治人).[2] 수기의 기본은 讀書이고, 치인의 窮極은 出仕이며, 독서와 출사의 매개는 科擧이다. 과거를 거쳐 출사를 하는 사람들을 官人이라고 한다. 이른바 京官과 外官을 갖고 직임을 수행하는 사람, 즉 治人을 말한다. 이런 유학자들이 벼슬을 하러 나갈 것인가, 향리에 머물며 학문에 힘쓸 것인가 하는 고민을 우리는 出處論이라고 하는데,[3] 특히 벼슬이 싫어 출사를 하지 않는 사람들을 隱逸이라고 한다.[4]

---

* 연세대학교 원주캠퍼스 인문예술대학 역사문화학과 교수

1) 金南基, 「元天錫의 生涯와 詩史 연구」, 『한국한시작가연구』 2, 1996/『本書所收』; 이정훈, 「耘谷詩史를 통해서 본 원천석의 교유 관계」, 『本書所收』; 이익주, 「元天錫의 생애와 현실인식 再考-고려 말 지방거주 유교지식인의 삶과 생각-」, 『本書所收』.
2) 都賢喆, 「元天錫의 顔回的 君子觀과 儒佛道 三敎一理論」, 『東方學志』 111, 2001 ; 『本書所收』.
3) 정호훈, 「여말선초 사상계의 동향-절의론을 중심으로」, 『本書所收』.
4) 김인호, 「원천석의 당대 인식과 처세의 지향」, 『本書所收』; 김창현, 「고려말의 隱逸 원천석」, 『本書所收』. 은일은 고립, 소외의 이미지를 갖고 있고, 기왕의 원천석 연구도 이런 이미지가 강하다.

16

조선시대 유학자들이 벼슬에 연연하지 않고 학문에 전념할 수 있는 곳을 선호 可居地라고 하는데,5) 원천석이 학문의 고향인 원주를 가거지로 선택한 것을 두고 벼슬이 싫어서 출사하지 않았다고 볼 근거를 『운곡시사』에서는 찾아보기가 쉽지 않다.6) 오히려 『운곡시사』에 30대 중반까지 벼슬에 뜻을 보인 求官詩가 있는 것으로 보아,7) 자발적 은일보다 예부시에 합격하지 못했거나 천거되지 못했기 때문에 어쩔 수 없이 고향에 거주하였을 가능성도 배제하긴 어렵다.8) 1360년 국자감시에 동반 합격한, 그렇지만 원천석보다 열두어 살에서 열대여섯 살 정도 어린 정도전과 이숭인이 1362년 예부시에 모두 합격한 사실과 견주어보면 원천석의 시험 운이 없었을 수도 있었겠다.

하지만 이렇게 마음 한 구석에 벼슬했으면 좋겠다는 생각이 있었고, 이를 시(求官詩)로 표현했다고 해서 벼슬에 연연했다고 단정하기 어렵다. 원천석은 1330년 개성에서 태어나 1339년 10살 때 아버지를 잃고 어머니를 따라 원주에 내려와 살면서 청소년기에 춘천에서 공부하였다. 그 후 청년시절부터 다시 원주에서 살면서, 20대 중반 개성에서의 힘들었던 경험이 강하게 영향을 주어 중앙 정치에 염증을 느끼고 있었고,9) 고향에 내려 와서도 지방관과 부대낀 경험 때문에10) 개성에 올라가 성균관에서 과정을 이수하고 시험을 보긴 했지만 벼슬에 연연하진 않았다. 응시 과정에서 겪은 딸아이의 죽음도 시험과 인생에 대해 많은 생각을 갖게 한 요인이었을 것이다. 1360

5) 배우성, 「지리학의 발달과 지지, 지도의 편찬」, 『韓國實學思想研究 4』, 2005.
6) 본고에서 인용하는 『운곡시사』는 2007년 필자와 허경진 교수가 역주하고 도서출판 혜안이 출판한 『운곡시사』이다.
7) 류주희, 「원천석 연구-그의 현실인식을 중심으로-」, 『박영석화갑기념 한국사학논총』, 1992/ 『本書所收』.
8) 이익주, 앞의 글, 2007.
9) 당시 원윤적·원천석 집안은 공민왕 즉위과정과 즉위 초기에 벌어진 정치적 사건에 혐의자로 연루되어 정치적 타격을 받았으며, 그로 인해 원천석이 일찌감치 은일을 선택했다고 한다. 김창현, 앞의 글, 2007.
10) 『역주 운곡시사』, p.81, <내가 젊었을 때부터 선비로 이름낼 뜻을 둔 지가 오래되었는데, 이제 관찰사께서 내 이름을 군적에 기록했다. 그래서 시를 지어 스스로를 위로한다> ; 구지현, 「운곡사적」, 『本書所收』.

년 5월 바로 그해 태어난 지 백일 만에 딸을 잃었다.[11] 실제 1360년 9월 국
자감시에 합격한 다음에 곧바로 국학에서 예부시를 준비해야 했음에도 불
구하고 원주로 돌아왔다. 이에 원주목사 宋光彦이 운곡에게 그 이유를 물었
다.[12] 원천석이 처음에는 병 때문이라고 하였지만,[13] 본심은 참되게 살아가
자니 세상과 맞지 않았다는 것이었다.[14] 이 점은 그해 겨울(12월 17일) 과거
합격 동기생이면서 국학에서 예부시를 준비하던 정도전이 원주 방문을 하
여 원천석을 만난 후 운곡의 심중에 대해 '이 세상 영욕을 이미 잊었구나'라
고 한 데서도 확인할 수 있다.[15]

　사실 국자진사의 지위로 원주에서 평생을 보낸 지방거주 유학자가 가지
는 장점은 대단히 많다. 지방에 살기는 했지만, 좌주-문생관계 또는 동년조
직을 통해 중앙 관료와 통할 수 있었고[16] 원주에 부임한 지방관이나 원주로
퇴거한 관인들과도 폭넓은 교류를 할 수 있었다. 굳이 勤王的 태도를 갖지
않더라도 왕조국가의 臣民으로서 우왕을 대할 수 있었고, 중앙정계의 지위
에 특별한 관심이 없었기 때문에 대립 관계에 있었던 최영과 이성계, 이색
과 정도전 등을 평가도 하고 교류할 수도 있었다. 지방지식인이기 때문에
중앙 정계의 격변에 덜 영향을 받으면서 지방인의 정서로 사회와 문화를 정
리할 수 있었던 것이다. 스물두 살 때부터 예순다섯 살 때까지 1,144편이라

---

11) 이인재, 「고려말 원천석의 학문관과 지역활동」, 『한국사상사학』 15, 2000/『本書所
　　收』.
12) 원주목사 송광언은 1361년(공민왕 10) 12월에 죽었다. 『高麗史節要』卷27, 공민왕
　　10년 12월. 그런데 아들이 과거를 급제했다고 하는 축하잔치(榮親宴)를 주관한 목
　　사는 金牧伯이고, 시기는 1362년이다. 운곡이 1360년 9월에 합격한 후 최소한 1년
　　반 이후에 한 것이다. 김호길, 「耘谷元天錫先生再照明」, 『本書所收』; 이익주, 앞
　　의 글, 2007.
13) 앞의 운으로 시 두 수를 지어 송목백에게 올렸다(『역주 운곡시사』, p.89). 여기서 송
　　목백이 송광언이라는 사실은 다음 기록에서 알 수 있다. 『高麗史』卷39, 世家39,
　　恭愍王 10년 12월 丁未 ; 이익주, 앞의 글 ; 이정훈, 앞의 글.
14) 『역주 운곡시사』, p.90, <송목백의 화답을 받고 다시 차운함>.
15) 『역주 운곡시사』, p.95, <12월 17일, 동년 정도전이 찾아와서 지어준 시에 차운함>.
16) 『高麗史』卷74, 선거2, 과목, 국자시 액수 "공민왕 9년 9월 어사대부 이교가 박계양
　　등 99인을 취하였다". 채웅석, 「고려말 조선초기 향촌사회의 변화와 지배질서의 재
　　편」, 『중세사회의 변화와 조선건국』, 혜안, 2005.

면 어림잡아 매년 이삼십 편 정도의 시를 지은 것인데, 현재 시만 남아 있을 것이기 때문에 원천석의 일상이 글과 생각으로 가득 찼을 것임은 말할 나위가 없다.

바로 이 원천석과 같은 한국 중세 지방거주 유학자를 이 책에서는 '지방지식인'으로 命名하고자 하는데, 그러면서도 조심스러운 마음을 털어버리기 어렵다. 지방지식인이라는 용어에서 '시골 선비' 이미지를 떠올리는 것을 우려하기 때문이다. 좁은 안목, 좁은 세계관이 특징인 시골 선비(鄕愿) 이미지에서는 벼슬보다 학문에 전념하는 지방거주 유학자의 면모를 연상하기 어렵다. 원천석을 지방지식인으로 범주화하면서 굳이 사족을 붙이는 이유이다. 전근대 역사를 일별해 보면 이른바 삼국 건국기의 주역인 宗主層, 나말여초 변동기의 豪族層, 여말선초 변동기의 新進士大夫層, 조선후기의 饒戶富民層은 모두 서울·경기 지역이 아니라 지방에서 성장한 신진세력이었다. 변동기에 역사의 무대에 등장한 이들 지방출신 신진세력들에게서 시골 선비, 촌 무사의 이미지를 굳이 찾으려는 노력을 하지는 않을 것이다.

그럼에도 불구하고 지금까지 집권적 고대국가, 집권적 봉건국가, 집권적 근대국가로 발전해 온 한국 역사에서 지방은, 사실 도성과 경기(서울과 수도권)와 대비하여 흔히 '촌스러움'으로 저평가된 경향이 없지 않다. 변동기의 주역이었기 때문에 평상시엔 조역에 머무르는 것이 당연하다고 생각할수도 있고, 전근대·근대를 막론하고 평상시 집권국가를 유지해 온 이유가 정치·군사·외교적 요인이 경제·사회·문화적인 요소보다 강했기 때문이라는 점을 고려하더라도 집권국가 내의 지방을 적정 평가하지 못한 것은, 20세기 근대경험 속에서 식민지 권력이나 독재 권력이 '수도권 집중'이라는 지역 선택적 발전을 국가 발전의 전략으로 택했기 때문이라는 점, 역시 간과할 수 없다. 21세기 들어 새롭게 구호로서 선택된 국토균형 발전이 일반 사람들에게 여전히 낯선 것도 20세기 경험의 잔영이 강하게 남아 있기 때문이다.

그런데 사실 조금만 곰곰이 생각해 보면, 농업사회인 전근대 왕조국가의 '集權性'을 '專制性'으로 치환하는 것은 매우 쉽지 않은 결정이다. 농업사회는 농민과 농토가 있어야 운영이 되는데, 농민과 농토가 도성과 경기지역에만 있지 않기 때문이다. 근현대 산업사회 역시, 산업인력과 산업용지, 기술과 자본이라는 요소 가운데 산업인력과 산업후속인력 양성기관, 산업용지 역시 전국에 골고루 분포되어 있기 때문에 20세기 근대경험에도 불구하고 기술과 자본의 투입 정책을 지역 선택보다는 지역 균형으로 배분하는 것이 보다 자연스럽다. 그리고 이러한 역사적 상황을 염두에 두면 자의건 타의건 중세 지방지식인 원천석이 택한 원주 거주는, 지역적 고립이나 도성·경기권에서의 소외라는 시각이 아니라, 지역 기여·왕조국가에 대한 지속적 관심이라는 측면으로 시야를 넓혀야 할 필요성이 생길 수밖에 없다.

이렇게 지방지식인을 생각한다면, 여말선초 원천석만큼 중요한 인물이 없다. 어쩌면『운곡시사』는 한국 중세사회에서 정치에 오염되지 않은 지방지식인이 남겨 놓은 유일한 책일 수 있다. 여말선초 우리 사회의 모습을 중앙 정치의 시선이 아닌 군현, 농민의 처지에서 볼 수 있다는 것이다. 일례로『운곡시사』에 실려 있는 고려 말의 역서 이용, 시간 표현, 시후 등에 관한 정보나 명절과 절후에 관한 생생한 기록 등은 이 시기 다른 책에서 발견하기 어렵다.[17] 가족관계, 계모임, 연회 장면 등부터 정치, 외교, 군사 현안에 이르기까지 다양한 중세 지방지식인 삶의 이모저모를 우리에게 알려주는 작품인 것이다.

2. 지방지식인 이미지에 관한 허상과 실상

일상생활에 대한 오해와 실상 : 지금까지 우리는 節義라는 단어를 사용할 때 항상 절의자의 빈곤한 일상생활을 동반해서 이해해 왔다. 이에 따라 운곡의 일상생활 역시 매우 빈곤했을 것으로 간주해 왔다. 淸貧 이미지와 선비 이미지를 일방적으로 연결해서 해석해 온 탓도 적지 않지만, 비판적인 삶을 선택함으로써 겪은 경제적 곤궁 경험이 근현대사에서 체험적으로 축적된 때문이었다. 그 결과 비판적 삶과 빈곤한 삶을 동전의 양면으로 생각

---

17) 한정수, 「여말선초『耘谷詩史』에 나타난 時間觀」, 『本書所收』; 양근열, 「운곡시에 투영된 생활상-명절과 절후를 중심으로」, 『本書所收』.

20

하게 되고, 이것이 내면화되어 이데올로기처럼 작동하게 된 것이다. 그런데 節義者 운곡의 실제 생활수준은 그다지 나쁘지 않았다. 가령 운곡 집에는 천여 권의 책이 있었다고 하는데, 이 정도 분량의 책을 소장할 수 있는 집이라면 가옥 규모가 작지 않았을 것임을 쉽게 짐작할 수 있다. 그리고 이러한 사실은 운곡 자신의 진술에서도 입증할 수 있다.

운곡은 젊은 시절 西谷에 살다가 45세(1374년 3월) 이후에는 변암 남쪽 산 아래 집을 짓고 살았다고 한다. 아마도 39세 때에 아내가 죽고 삼년상을 지낸 다음, 단출해진 살림살이에 알맞은 곳으로 이사하고픈 생각이 있었기 때문이었을 것이다. 그래서 이사한 집이 변암 집이다. 이사 당시에는 초가로 된 남향 본채 한 채만 있었다고 한다. 그의 글에서 변암 집을 묘사해 놓은 것을 보면, 본채 남쪽 언덕에 물을 끌어다 작은 연못을 만들었다고 하였고, 본채 뒤 안 북쪽에는 소나무를 심어 둘러쌓았다고 하였다.[18] 어린 소나무가 십여 년 자란 후인 1387년(58세) 본채 북서쪽에 소나무 정자(송정)를 지었고,[19] 이듬해(1388년, 59세) 다시 본채 남쪽 너머에 북향 서재(누졸재)를 새로 지었다고 하였다.[20] 이렇게 본채와 정자, 서재가 갖추어진 집터가 작은 규모라고 생각하기 어렵고, 이 정도 집을 갖고 있는 삶이 빈한하다고 간주하기는 더더욱 어렵다. 이 정도의 가옥 규모와 구성은 젊었을 때도 동일하였다.

45세 이전에는 西谷에서 살았다. <형님께서 원서곡과 함께 시를 화답해 보내셨기에, 다시 두 수를 썼다>는 시 내용을 보면, "서곡 한 구석에 자리를 잡았는데 연못가 정자에 꽃다운 철이 지나 가네"라는 구절이 있다.[21] 젊은 시절 원천석은 서곡에 살았던 것이다. 그런데 이 시구에서 '연못가 정자'

---

18) 『역주 운곡시사』, pp.237-238, <1374년(갑인) 3월 변암의 새집으로 옮겼는데 형님이 오셨기에 작은 술자리를 마련하였더니 형님께서 시를 지어 주셨으므로, 이에 차운하여 두 시를 지음>.

19) 『역주 운곡시사』, pp.347-348, <서쪽 기슭에 송정 한 곳을 새로 세우다> ; 허경진, 「원천석의 집과 누정에 대하여」, 『本書所收』.

20) 『역주 운곡시사』, pp.405-408, <지난번 변암 남쪽 봉우리 아래 새로 초가집 한 간을 지었다>.

21) 『역주 운곡시사』, pp.134-135.

운운한 것으로 보아 변암 집 본채에 작은 연못이 있었던 것과 마찬가지로
서곡 집에도 연못과 정자가 있었을 것인데, 이는 1366년과 1367년 시에 누
졸재가 등장하는 것으로 충분히 단정할 수 있다. 즉 서곡 집에도 누졸재가
있었던 것이고,[22] 바로 이 누졸재에 선대로부터 내려오던 책들을 보관하였
을 것이다. 이 西谷의 위치를 단정하기는 어렵지만, 이곳에는 원선생과 부
인 전씨, 봉익대부를 지낸 서○○(서운현), 상서를 지낸 장○○ 등이 이웃해
살았던 것으로 보아, 서곡은 원주목 객관이 있던 곳에서의 서쪽, 즉 지금의
간현 방향이 아니었을까 생각한다.

　가족관계도 매우 좋은 편이었다. 큰 아들과 큰 딸이 일찍 사망하고, 부인
도 비교적 젊은 나이에 잃어 직계 가족은 단출하였으나, 형(원천상)과 남동
생(원천우), 여동생(원주 원씨)과 조카, 손자녀들, 외가쪽 식구들인 이윤생(이
을청) · 이윤비(이사백), 처가쪽 식구들인 이실 · 원립, 여동생 원주 원씨의
시댁 식구들인 이자수 · 이자성 · 이반계, 사돈 식구인 이심 등과의 교류가
활발하였다. 이들과 계모임도 하고, 명절 때 방문하기도 하고 생일날 찾아
보기도 하였으며, 가족 중에 벼슬에 나가는 사람이 있을 때면 으레 찾아 인
사를 드렸으니, 어쩌면 운곡의 가정생활은 매우 화목했다고 보는 것이 타당
할 것이다. 그러니 가정생활에서도 단출하다는 것만 부각시킬 필요는 없겠
다.[23]

　사회적 교류망의 범위 : 운곡에 대한 또 다른 이미지는 외로움이다. 한
마디로 孤單했다는 것인데, 가족이 단출했다는 것 이외에 삶의 어떤 흔적을
보고 그렇게 판단했는지 파악하기 어렵다.[24] 앞서 언급한 가족간 교류나,
그 외 지역인사, 지역행사를 중심으로 한 중앙인사와의 교류범위가 그다지
좁지 않았다. 특히 독서인으로서의 자세는 본받을 만하다. 유명한 <삼교일
리론 병서>는 1387년에 쓴 글인데, 이 시를 지으면서 참고한 안병의 『삼교

---

22) 陋拙齋라는 齋號를 근거로 누추하고 옹색한 생활이었다고 해석하는 것이 일반적
　　인데, 받아들이기 어렵다.
23) 이인재, 「高麗末 元天錫의 學問觀과 地域 活動」, 『韓國思想史學』 15, 2000 ; 李仁
　　在 · 許敬震 공편, 『耘谷元天錫硏究論叢』, 2001/『本書所收』 ; 이정훈, 앞의 글.
24) 아마도 出仕 기회가 없었다는 점에서 전통시대 지방지식인을 평가하는 데 활용했
　　던 이미지였을 것인데, 이 또한 받아들이기 어렵다.

어록』이 고려에서 중각된 것이 1386년이다.[25] 개경에서 중각된 새 책을 원주에 살면서 바로 구해 볼 수 있었다는 것은 운곡이 지방거주로 인해 생길 수 있는 문화적 소외감을 거의 느끼지 않았다는 반증이 된다. 실제 운곡은 소장 도서 1천여 권의 저자들과 간접 대화를 쉴 새 없이 했을 것이다. 그런 운곡이 느꼈을 외로움은, 누구나 살면서 느끼는 그런 외로움이라면 몰라도 지방에 거주했기 때문에 필연적으로 생기는 외로움은 아니었을 것이다.

지역인사와의 교류 폭도 기왕의 선입견을 무색하게 한다. 평생 교류한 불교지식인만도 최소 100여 명이다.[26] 이들 가운데에는 화엄종, 선종, 천태종 승려 등이 모두 포함되어 있는 것으로 보아 종단의 범위를 뛰어넘는 교류를 한 것으로 보인다. 이들 가운데 각굉과 고암, 적봉을 통해 나옹과 무학과의 교류가 있었을 것이고, 적봉과 신회를 통해 지공, 평산, 천암을 깊이 알았을 것이며, 일본 승려들의 방문까지 받은 것을 보면 교류의 질도 낮추어 평가하기 어려울 정도이다.

교류한 유학자들의 수나 수준도 만만치 않았다. 『운곡시사』에 드러난 유학자들만 하더라도 국자감시 동년 98명 가운데 13명, 원주목사를 비롯한 지방관 46명, 先生・大學・書生・生員으로 표기된 지방유학자들이 8명, 원천석에게 공부한 인물 등을 포함하여 70여 명이나 된다.[27] 이 가운데 1377년 7월 유배에서 풀려난 정도전이 가을과 겨울 두 차례 원주에서 원주목사였던 설장수, 김구용, 교주도안렴사였던 하륜과 함께 어울린 일이 있을 때, 운곡도 동석하여 <정사예의 시에 차운함>이라는 시를 지었던 것을 보면 교류 인물들의 수준도 만만했다고만 할 수 없다.[28] 어쩌다 한번 만났음에 방점을 찍는 사람들도 있겠지만, 모임의 단순한 客이 아닌 것이 확실하다는 점에 강조점을 두는 것을 억지라고 할 수는 없을 것이다.

요컨대 평생을 살아가면서 이렇게 근 200여 명의 불교지식인, 유학자들

25) 梁銀容, 「운곡 원천석 삼교일리론의 연원」, 『원주학연구』 3, 2002/『本書所收』.
26) 김홍삼, 「『운곡시사』의 승려・사찰과 여말선초의 불교 동향」, 『本書所收』; 김혜완, 「운곡 원천석과 주변사원과의 관계－그의 정토신앙과 관련하여－」, 『本書所收』.
27) 이정훈, 앞의 글, 2007.
28) 『역주 운곡시사』, pp.273-274. 운곡시사에 이 시가 1376년 자리에 실려 있는데, 이익주의 교정에 의해 1377년의 시로 바로 잡은 것이다. 이익주, 앞의 글, 2007.

과 교류한 삶을 孤單했다고 평가하는 것은 사실보다는 이미지를 가지고 판단했기 때문이다. 지방지식인과 시골 선비를 굳이 구분하지 않으려 했던 시대의 산물이었던 것이다.

국제적 안목 : 『운곡시사』를 처음 읽었을 때, 가장 인상적인 구절이 1376년 일본에서 온 세 분의 선종승려(正宗·莝松·全壽)들과 시를 주고받았다는 것이었다.[29] 일본 총림의 典型이 우리나라 제도와 비슷해 시 한 수를 지어 주었다는 것이다. 正宗·莝松·全壽의 고려 방문이 원주가 목적지였는지, 다른 지역을 가는 도중에 원주를 들른 것인지 확인할 수 없지만 고려 말 원주지식인 운곡과 일본 승려들과의 교류는 매우 인상적이다. 아마도 고려로 유학을 왔을 것으로 추정되는 일본 승려들의 방문을 받고 그들과 나눈 대화에서 일본 총림에 대한 대체적인 소개를 들을 다음 곧 바로 우리나라 제도와 비슷한 점을 파악했다면 당시 일본 사회 일반이나 불교계에 대한 이해 수준이 편협하지 않음을 보여주기 때문이다.[30]

운곡과 사권 승려들의 중국 유학도 같은 책에 여러 부분 나온다. 1370년 운유자 각굉이 중국 유학을 알리려 왔을 때 당시 중국이 전란으로 말미암아 위험할 것이라는 염려도 해 주고, 각굉의 제자인 信園禪者와 竹溪軒信廻禪者가 유학을 가려고 한다고 했을 때에도 운곡은 올바로 공부하고 오기를 기대한다고 하면서 중국과 우리나라의 풍토는 다르지만 공부는 같다고 조언해 주기도 하였다.[31]

이같이 유학과 방문에 대한 개방적 태도는 당시 중국과 일본 사정에 대한 운곡의 관심을 엿볼 수 있는 중요한 단서이다. 시골 선비와 지방지식인의 공통점은 지방에 거주한다는 것이지만, 차이점은 각각의 관심이 지역문

---

29) 『耘谷詩史』卷2, <丙辰潤九月 日本諸禪德來此其叢林典刑如我國>·<正宗禪者答曰>·<莝松答曰>·<全壽答曰>(高麗名賢集 卷5, p312) ;『耘谷行錄』卷2(影印標點 韓國文集叢刊 卷6, p162).

30) 오랜 관심에도 불구하고 당시 일본 불교계에서 正宗·莝松·全壽가 어떠한 위치에 있었는지 파악할 수 없었다. 다만 조명제는 이 기록을 근거로 상당수의 일본 선종 승려들이 고려를 방문했다고 이해한 바 있어 도움이 된다. 趙明濟,「元天錫의 佛敎認識－朱子學의 수용과 관련하여－」,『보조사상』26, 2006/『本書所收』.

31) 김창현은 본서에서 운곡이 중국 방문을 했을 가능성을 추론하였다. 김창현, 앞의 글, 2007.

제에 국한하는지 국제적인 안목을 갖고 있는지 여부에 달려 있기 때문이다. 유명한 삼교일리론을 필자는, 운곡 스스로가 일본관, 중국관에 대해 언급하지 않았음에도 불구하고 그가 국제적 안목을 소홀히 하지 않았다는 증거로 보려고 한다.

유학과 방문에 대해 개방적이면서도 왕조의 군사외교정책에는 왕조 주체적 입장을 견지하려 하였다. 특히 이 점은 고려 말 최대 외교난제였던 요동정벌과 홍건적의 침입, 의복제도 개편에 관한 입장에서 파악할 수 있다.[32]

원명교체기 우왕대 외교정책의 기조는 양단외교였다.[33] 원·명을 등거리에 두고 실리와 명분을 선택하겠다는 것이다. 정몽주나 길재가 가지고 있던 정통·이단, 화이적 사고와는 확연히 차이가 있었다. 요동정벌은 바로 이 양단외교정책을 실현한 것인데, 위화도회군으로 좌절을 겪었다. 그러므로 양단외교의 실천자인 최영의 좌절은 운곡의 좌절이라 할 만한 것이었고, 최영의 죽음을 애도하는 것이야말로 나라를 위한 슬픔이라고 이야기했던 것이다.

지방정치와 중앙정치 : 사실 지방지식인이 일차적으로 관심을 갖는 정치의 세계는 중앙정치가 아니라 지방정치이다. 일반적으로 우리는, 근현대 서울·수도권과 지방이 계서적·차별적 관계로 되어 있기 때문에 전근대 도성·경기와 지방 군현의 관계도 당연히 그럴 것으로 생각하기 쉽다. 그런데 왕조국가의 군현은 그 자체가 하나의 정치·생활·문화·교역의 단위이며 범주였고, 운영도 왕조국가적 질서와 향촌적 질서에 각각의 근거를 두고 수행되었다.[34]

군현 수령은 군현민에 대해 부모의 도리를, 吏胥에 대해서는 군신의 분별을 가졌다는 점에서 군현지역의 土主였고, 地主였다.[35] 그러면서 군현 수령은 국왕 권력을 공적 질서에서 절대화하면서 公役을 제공하고 賦稅를 내어 왕조국가의 公用에 이바지하여야 했다. 이러한 수령의 처지에서 보면,

---

32) 『운곡시사』에는 요동정벌, 홍건적의 침입과 함께 그 시대 3대 국제 현안 중의 하나 였던 왜구에 관한 기술은 찾아 볼 수 없다.
33) 李仁在,「高麗末 元天錫 生涯와 社會思想」,『韓國思想史學』12, 1999/『本書所收』.
34) 李景植,「조선건국의 성격문제」,『중세사회의 변화와 조선건국』, 혜안, 2005, p.29.
35) 李景植, 위의 글, 2005, p.42.

재지양반과 향리, 특히 재지양반들과의 연대는 村民을 지도·파악하고 중
앙 정부의 군현지배에 참여하는 데 주요한 역할을 하지 않을 수 없고, 지방
지식인 역시 수령을 도와 촌민의 일상생활 수준을 높이는 것이 일차적인 목
표이다.

운곡 역시 지방정치에서 본인이 해야 할 역할을 충실히 실행하고 있었다.
당시 주현리의 侵虐과 이에 따른 속현의 피폐함을 목도하였고, 이에 대한
개선책으로 감무의 역할을 강조하였다. 또한 그는 원주목사의 행적이나 현
령이었던 동생과 조카와의 서신교환에서 지방관과 지방민의 관계를 부모와
자식의 관계로 파악하였고, 지방관은 刑政을 집행할 때 너그럽게 하고, 인
사는 公道에 맞게 하라고 요청하기도 하였다.[36]

이에 반하여 우리가 흔히 여말선초 왕조국가의 역사적 과제라고 평가하
는 정치제도의 변화와 정치세력의 변동, 私田개혁론과 私田개선론, 조세제
도 일원화 문제, 신분제 개편과 향촌질서의 재편, 왕조국가의 이상적 골격
과 유명한 척불논쟁 등에 대해서는 운곡이 그다지 많은 지면을 할애하지 않
았다.[37]

더구나 홍건적, 왜구의 침입이 심각하였던 시대 상황에 비추어 홍건적의
침입에 대해서는 한 차례 언급하였지만, 왜구의 침입에 대해서는 한마디의
언급조차 없다. 삼남의 일부이기는 하지만 여행 경험이 없는 것은 아니다.
그가 여행한 영덕은 왜구 침입으로 제대로 된 관청 건물도 없었던 곳이었
다.[38] 운곡이 왜구에 대해 한마디 언급도 없이 오히려 노상의 정경을 아름
답고 평화롭게만 묘사한 것에 대해 사회현실을 외면했다기보다 너무나 많
이 본 풍경이었기 때문에 그 같은 고충이나 심란한 생각을 떨쳐버리고자 했

---

36) 이인재, 앞의 글, 1999 ; 임용한, 「원천석이 본 지방현실과 수령제」, 『本書所收』. 임
   용한은 원천석의 수령제 개혁안에 대해 다음과 같이 서술하고 있다. "수령제에 대
   한 생각은 개혁과 사류 중에서도 정도전, 조준 계열의 방안과 놀랍도록 일치하고
   있다. 이는 급진개혁파가 사회현실의 분석에 보다 철저해서 재지사족들로서는 그
   들의 분석과 대책에 공감할 소지가 많았고, 그들이 재지사족의 폭넓은 등용을 전
   제로 한 개혁과 국가개조를 추구했던 것이 원천석의 사회적, 정치적 입장과도 일
   치했기 때문일 것이다."
37) 연세대학교 국학연구원편, 『중세사회의 변화와 조선 건국』, 혜안, 2005.
38) 강은경, 「『耘谷詩史』에 나타난 고려 후기 지식인의 여행 문화」, 『本書所收』.

26

기 때문이라고 평가하기도 하지만,[39] 지방지식인의 상을 그리는 데 상당히 곤혹스러운 것만은 사실이다. 기록만이라도 남겨두어야 할 사항이기 때문이다.

여기서 우리는 출사와 은일에 대해 좀 더 생각해 볼 필요가 있다. 정치, 경제, 사회, 사상, 외침 등 왕조국가 규모의 과제 해결은 출사를 통해서만 가능한 부분이다. 간간이 보이는 求官詩는 정책수립을 통해서만 가능한, 다시 말해서 은일을 선택해서는 불가능한 현실에서 나온 감흥이었을 수 있다.[40] 지방지식인의 중앙정치 참여는 정책 제안보다는 학문 연구를 통해서만 가능하기 때문이다.

3. 지방지식인의 덕목

시세에 영합하지 않은 역사인식 : 원천석이 지방지식인으로서 가지고 있는 덕목 가운데 하나가 역사에 대해 時勢에 영합하지 않은 사실의 기술 태도이다. 원천석의 경우 세 편의 글을 통해,[41] 유명한 '禑昌眞王說'을 피력하였다. 특히 두 번째 글에서 우왕과 창왕을 신돈의 자손이라 하여 서인으로 폐했다는 것을 전해 듣고 쓴 시에서 거짓과 진실(假眞)을 구분하지 못했음을 비판한 글이 중심이 된다.[42] 그렇다고 그가 공양왕을 부정한 것도 아니었고, 조선건국을 부정하지도 않았다. 평생을 원주에 살면서 학문을 닦아온 육십 전후의 노성한 유학자가 쓴 세 편의 글에서 흥분의 여운을 남긴 혼

---

39) 임용한, 앞의 글, 2007.
40) 구관시에 대해서는 류주희의 글이 참고된다. 류주희, 앞의 글, 1992.
41) ① <삼가 주상전하가 강화로 옮겨가고 원자가 즉위했다는 말을 듣고 느낀 감상(伏聞主上殿下遷于江華元子卽位有感)>, ② <듣건대 이 달 15일에 국가가 정창군을 왕으로 세우고 전왕 부자는 신돈의 자손이라 하여 서인으로 폐했다고 함(聞今月十五日 國家以定昌君立王位 前王父子以爲辛旽子孫 廢爲庶人)>, ③ <국가가 영을 내려 전왕 부자에게 죽음을 내리다(國有令前王父子賜死)>.
42) 이우성, 「高麗·李朝의 易姓革命과 원천석-역사에 있어서의 선비정신과 지성의 역할」,『月刊中央』 1월호, 1973/『韓國의 歷史像』, 창작과 비평사, 1982/『本書所收』.

적은 어디에도 없다. 더구나 이 글은 누군가를 선동하기 위해 쓴 글도 아니다. 소식을 전해 듣고 주변 사람들과 이야기를 나누었을 것이고, 우왕과 창왕 치세 20여 년 동안 고려의 臣民으로 살아온 운곡과 주변 사람들에게 우왕과 창왕이 공민왕의 후손이 아니기 때문에 폐위한다는 주장은 분명 정치적 주장으로 치부하였을 가능성이 높다. 그리고 이러한 생각을 시로 써 놓았을 뿐이었다.

정작 흥분한 사람들은 조선 중기 官人・學者들이었다.[43] 조선 후기 都城 학자들이 원천석이 기술해 놓은 '禑昌眞王說'을 보고 말 그대로 흥분하였다. '禑昌眞王說'을 부정하자면 운곡의 기술을 사실성이 약한 풍문이라고 해야 하고, 긍정하기로 하면 조선왕조 건국 이후 정부 공식입장인 '廢假立眞說'과 전면 대결을 해야 하는 처지로 떨어지는 것이었다.[44] 이는 '禑昌非王說'을 기초로 서술한 官撰 『고려사』 서술 참여자들의 역사의식을 부정하는 것에 그치지 않고 새 왕조 건설의 정당성을 부인하는 것이기도 한 사안이었던 것이다. 원천석의 글을 처음 본 金時讓(1581~1643)이 보인 신중한 태도나 朴東亮(1569~1635)이 1603년 편찬 서문에서 원천석 글의 사실성을 인정했음에도 불구하고 도성・경기 학계에서 신뢰성 수용에 오랜 기간이 소요되었다는 것은 운곡이 기술한 '禑昌眞王說'의 파급력 때문이었을 것이다.[45]

여기서 우리는 운곡이 '禑昌眞王說'과 관련된 세 편의 詩作 상황을 다시 검토해 볼 필요성이 생긴다. 만약 운곡이 지방지식인이 아니었더라면 관련 글을 남길 수 없었을 것이다. 박동량이 '전왕의 아들을 세워야 한다'는 말을 했다는 근거를 대면서 '禑昌眞王說'의 당대 논자로 지목한 李穡조차, 장단

---

43) 정호훈, 「조선후기 耘谷詩史의 영향과 高麗史敍述의 변화」, 『本書所收』.
44) 『태조실록』에는 태조가 심덕부・지용기・정몽주・설장수・성석린・조준・박위・정도전 등과 함께 의논할 때 우왕・창왕은 본래 왕씨가 아니어서 명나라 천자도 가짜를 폐하고 진짜를 세우라는 명(廢假立眞)이 있었다고 하였다. 『太祖實錄』卷1, 總序 11月.
45) 조선 후기 원천석의 사적에 대해서는 다음 글이 참고 된다. 구지현, 「耘谷先生事蹟」, 『本書所收』; 임종욱, 「元天錫 관련 인물전승에 대하여」, 『耘谷 元天錫과 그의 문학』, 태학사, 1998/『本書所收』.

으로 귀양 갔을 때 지은 都堂十節의 한 구절에서 "辛朝에 급제하여 비로소 出身했다"고 진술하는 판이었고, 조선 전기 길재조차도 辛朝에서 벼슬살이 했다는 것으로 비판받을 정도였다. 그러므로 우리는 운곡이 지은 세편의 시는 그가 지방지식인의 위치를 있었기 때문에 남길 수 있었을 것으로 평가하지 않을 수 없다. 時勢에 영합하지 않을 수 있는 처지를 고수하였기 때문이라는 것이다.

다양성 존중의 사안별 판단 : 이에 더하여 한 가지 더 강조해 두고 싶은 것이 있다. 지방지식인은 국가적 규모의 과제에 대해 정책이 아니라 학문을 통해서 접근하기 때문에, 정치적 결정보다는 사안에 대한 본인 판단을 우선시한다는 점이다. 운곡이 본보기로 삼은 학자상은 顔回的 君子像이었는데, 그는 仁 사상을 충실히 계승하고 세속적인 이익을 멀리하며 오로지 학문적 군자상을 갖추고자 한 인물이었다.[46] 그러면서도 운곡은, 사물로써 사물을 보고(以物觀物), 하늘이 부여한 본성(天之所賦之性)은 예나 지금이나 다름이 없다(固無古今之異者)는 소옹의 학문관을 견지한 인물이었다.[47] 그러므로 정치적 입장을 가지고 한 시각을 고집하기보다는 사안에 따라 다양하게 해석해 가는 이른바 '다양성 존중'의 입장을 취할 수 있었다.

가령 1387년 정치적 입장이 판이한 최영과 이성계를 해동의 두 현인이라고 하여 칭송한 시가 있는데,[48] 육도도통사였던 최영에 대해서는 해동의 명성이 중원을 뒤흔들어 장막 속의 군사작전이 번거롭지 않았다고 칭찬하였고, 동북면으로 출진한 이성계에 대해서는 북방 구름이 늘 태평한 기운을 띠고 있으니, 이게 바로 이성계가 제 할 일을 다 했기 때문이라고 칭송하였다.

이색과 정도전에 대해서도 인정할 건 인정하면서도, 본인의 입장을 어느 한 편에 편중되어 결정하지는 않았다. 가령 전제개혁안에 대해서는 이색의 입장에 서서 판단하여 一田一主論적 입장을 주장하면서도,[49] 수령제 개혁

46) 도현철, 앞의 글, 2001.

47) 이인재, 앞의 글, 2000.

48) 『역주 운곡시사』, pp.351-352 ; 이익주, 앞의 글, 2007.

49) 이인재, 앞의 글, 1999 ; 윤훈표, 「高麗末 元天錫의 國家觀-同年 鄭道傳과의 비교를 중심으로-」, 『本書所收』 ; 박경안, 「元天錫(1330~?)의 은둔생활과 현실인식-

안에 대해서는 정도전과 같은 방안을 내세우기도 하였다.[50)]

　다양성 존중의 또 다른 사례는 고려 멸망과 조선건국을 바라보는 운곡의 시선이다. 지금까지 알려진 바와 같이 고려 충신이고 싶어서 벼슬을 하지 않았다는 이미지를 고집하고자 할 때에는, 조선건국을 두고 그가 진술한 詩세계에 대해서 설명하기 곤란할 수밖에 없다. 조선 후기 「해동악부」의 저자 심광세는 이에 대해 "우와 창 이전은 '국가'라고 하고 공양왕 이후는 '나라'라고 하고 우리 왕조에 들어와서는 다만 '새 나라'라고 하였다."고 해명을 하였고,[51)] 최근 임종욱은 「天運論과 二分法的 秩序觀」으로 설명하기도 했다.[52)] 다양성이 일관성 없음으로 해석될 여지도 있고, 극단적으로 지조보다는 변절이라는 비난을 염두에 둔 애정 어린 해석이다.

　그럼에도 불구하고 이 시점에서 우리는 이제 중세 지방지식인의 이미지를 바꾸어야 할 필요성을 갖게 된다. 어떻게 보면 운곡 이외의 많은 여말선초 지식인의 글은 정치적 관점을 기준으로 해석할 수밖에 없다. 이들 모두 중앙 정계에 깊숙이 개입되어 있는 처지였기 때문이다. 그 결과 충·불충이라는 단일 잣대만으로 이 시대 지식을 평가해야 하는 압박에서 자유롭지 못했고, 정치를 넘어서 시대와 역사 과제 속에 고민하는 중세 지식의 평가에는 인색할 수밖에 없었다. 그런 맥락에서 볼 때, 중앙 정치에서 자유로웠던 운곡의 글들은 다양성 존중의 사안별 판단을 중시하는 중세 지식인의 새로운 면모를 우리에게 알려주는 단서라 할 수 있겠다. 그러면 이러한 면모는 어디에서 생기는 것일까?

　세상에서 일어나는 다양한 일들을 사안별로 볼 수 있는 힘은, 사안을 넘어서는 무언가가 있을 때 가능한 일이었겠다. 정치계만큼 자기를 고집하는 일이 많은 영역이 종교계일 것인데, 운곡은 교계내, 교계간 다투는 논쟁을 개구리처럼 시끄럽다고 하였다.[53)] 한 가지 성품이라는 것이다. 운곡이 보기에는 지체의 존재를 다 잊고 총명조차 내보내며 육체를 떠나 지각을 다 버

　　여말의 경제상황을 중심으로—」, 『本書所收』.

50) 임용한, 앞의 글, 2007.

51) 구지현, 「耘谷先生事蹟」, 『本書所收』, 2007.

52) 林鍾旭, 『耘谷 元天錫과 그의 文學』, 1998.

53) 『역주 운곡시사』, p.347, <세 교리를 모아서 하나로 귀결시키다>.

리며 큰 도에 통하는 坐忘의 경지나, 실체와 실성이 영원히 변하지 않는 眞如의 경지, 보아도 보이지 않고 들어도 들리지 않는 希夷의 경지, 그런 경지는 구름은 가도 자취는 없고, 환한 가을 달이 바다를 비추는 광명의 세계였다.54) 이런 경지를 도현철은 物我一體의 경지라고 하였는데,55) 운곡이 사안별로 다양성을 인정했던 것은 바로 이런 경지를 항상 염두에 두었기 때문이었을 것이다.

다양성은 자유로운 해석을 동반한다. 운곡의 시세계를 현대의 학자들은 詩史,56) 道學詩,57) 遊覽詩,58) 自然詩,59) 懷古詩,60) 寺刹題詠詩,61) 贈僧詩62) 등 다양한 이름으로 부르고 있다. 다양한 해석과 작명이 가능하다는 것은 운곡의 시세계가 그만큼 자유로웠다는 것의 반증이라고 할 수 있겠다.

4. 본서의 과제

운곡 원천석은 여말선초 당대 기록에는 보이지 않으면서도 자신만의 고유한 작품집을 가지고 있다는 점에서 매우 흥미로운 인물이다. 학계의 오랜 과제라 할 수 있는 지방지식인의 상을 그릴 수 있기 때문이다. 지금까지 우리는 鄕愿과 元惡鄕吏를 중심으로 역사상의 지방지식인을 보아옴으로써 고루하고 고집스런 시골 선비, 부패하고 무능한 지방공무원의 이미지가 우리 사고에 강한 영향을 미치고 있다. 이에 더해 20세기의 첨가된 무소불능

---

54) 『역주 운곡시사』, pp.343-344, <坐忘>・<希夷>.

55) 도현철, 앞의 글, 2001.

56) 허경진, 「『耘谷詩史』에 나타난 詩史의 의미」, 李仁在・許敬震 공편, 『耘谷元天錫研究論叢』, 2001/『本書所收』.

57) 김영봉, 「耘谷 詩의 道學的 성격」, 『本書所收』.

58) 최광범, 「耘谷 詩에 나타난 自然美와 人格像」, 『本書所收』.

59) 임종욱, 「耘谷 元天錫의 自然詩에 나타난 美意識」, 李仁在・許敬震 공편, 『耘谷元天錫研究論叢』, 2001/『本書所收』.

60) 김형태, 「운곡 원천석 시조의 독창적 내용 형상화에 대한 연구―회고와 절의 역사에 대한 오마주(hommage)」, 『本書所收』.

61) 이정화, 「耘谷 元天錫 先生의 寺刹題詠詩 硏究」, 『本書所收』.

62) 이정화, 「耘谷 元天錫의 贈僧詩 硏究」, 『韓國思想과 文化』 12, 2004/『本書所收』.

의 중앙권력이라는 역사적 경험이 영향을 미쳐 지방지식인 이미지는 왜소
화되어 있다.

　여말선초 운곡은 향리집안 출신이면서 시골 선비이고 권력과는 거리가
먼 인물이었다. 그런데 이 책에 수록되어 있는 글들을 보면, 우리 머릿속에
이미지화되어 있는 시골 선비와는 다른 인물상을 그리게 될 것이다. 그렇다
고 중앙 정계에서 활동하고 있는 중앙지식인의 이미지와도 다른 지식인의
모습을 보게 될 것이다. 시골과 중앙을 넘나드는 삶과 생각을 펼쳐 보이는
그런 사람들이 바로 지방지식인이다. 넘나들면서 좁아질 수도 있고 넓어질
수도 있는 사람들, 역사상에 아직 드러나지 않은 수많은 지방지식인들의 삶
과 생각을 엿볼 수 있게 해 준 인물이 바로 운곡이다.

高麗・李朝의 易姓革命과 元天錫
─歷史에 있어서의 선비정신과 知性의 역할─

이 우 성*

　고려와 이조의 易姓革命期에 있어서 힘과 책략으로 피비린내를 풍긴 역사 현상과는 달리 현실에서 오솔길 林樊 기슭에 불의와의 타협을 거부하고 자기의 주체성을 지키면서 살아온 叡知들이 있었다. 여기 우리가 역사의 뒤안길을 더듬어가면서 민족의 이성과 시대의 양심을 발견하려는 소이가 있는 것이다. 우리는 일차적으로 耘谷 元天錫에 대하여 살펴보기로 한다.

1. 원주 원씨

　元天錫은 자가 子正, 호가 耘谷, 본관 및 거주지가 다 原州였다. 원래 원주에는 두 갈래의 元氏가 살고 있었는데, 모두 지방 토착씨족으로 당시에는 서로 혼인을 하기도 했다. 원천석의 부인 역시 원주 원씨였다는 사실은 그것을 말해 준다. 후세의 안목으로 본다면 同姓同本의 혼인이라 해괴한 일이 되겠지만, 고려 때에는 그것이 그다지 문제되지는 않았던 것 같다. 원천석의 家系를 도표로 그려보면 다음과 같다.

　그의 世譜는 6대조까지 소급해 올라갈 수 있는데, 6대조이자 시조격인 克富는 원주의 戶長이었고 고조・증조는 倉正이었다. 호장이니 창정이니 하는 것은 모두 지방 鄕史職이었다. 말하자면 원천석은 원주 아전의 후손이

* 퇴계학연구원장, 민족문화추진회 이사장
** 이 논문은 『월간중앙』 1973년 1월호에 수록한 것을 본서에 재수록함.

<표> 원천석의 가계도

시조 克富(戶長) ― 宗儒 ― 寶齡(倉正) ― 時俊(倉正) ― 悅(精勇別將) ┐

└ 允迪(宗簿寺令) ┬ 天常(進士)
　　　　　　　　├ 天錫(進士)
　　　　　　　　└ 天祐(縣令)

었다. 그의 조부는 精勇別將을 했는데, '精勇'이란 '保勝'과 함께 고려 때의 州縣軍의 부대 명칭이었으며 별장은 그 부대장이었다. 그러나 주현군의 부대장이었던 만큼 그의 활동은 아직 원주 지방을 벗어나지 못했던 것이다. 부친 允迪에 이르러 비로소 微官末職이나마 중앙관서에 진출하였다. 宗簿寺令이 그것이다.

고려 때의 향리는 이조 때와 달라서 사회적으로나 법제적으로 별로 신분상의 규제를 받지 않았다. 양반이 따로 존재하지 않았던 고려시대의 지방사회에 있어서 향리층은 그 대표적인 토착세력이었다. 특히 고려 후기에서 말기(13세기)로 접어들면서 향리층의 자제들은 科擧 기타의 방법으로 大擧 중앙에 진출하였다. 당시 중앙권력층이었던 소위 '世臣巨室'들은 정치적 기복이 무상하여 주마등처럼 전변과 교체를 거듭하고 있는데 반해, 지방의 향리층은 대개 중소지주로서 경제적으로 착실한 성장을 보인데다가 지방행정의 실무를 통한 능력의 향상을 바탕으로 하면서 아울러 문학적 교양을 쌓아 드디어 많은 사람들이 중앙의 관료로 등장했던 것이다.

고려 말기의 신흥 관인군―士大夫들은 거의 예외 없이 이 향리의 씨족들이었다. 李齊賢·李穡 등 고려왕조의 후광을 빛낸 碩學들이 그러하였고, 鄭道傳·尹紹宗 등 이조 건국의 공신들이 모두 그러한 계열이었다. 李成桂도 모계로 볼 때에 마찬가지였다.

원주 원씨도 위와 같은 역사의 추세 속에 지방에서 중앙으로 진출한 것이다. 그 당시 다른 지방의 향리의 씨족들이 이미 중앙에서 혁혁한 名門으로 영예를 누리고 있는데 비해, 원천석의 집안은 그 부친의 지위로 보아 출세가 아주 느린 편이었다. 그러나 원천석의 3형제가 어깨를 나란히 하여 立身揚名의 길로 나아갈 때 원씨 가문의 앞날은 희망에 차 있는 듯하였다.

원천석은 3형제 중의 둘째로서 어릴 적부터 才名이 대단하였다. 차차 성장하면서 그는 문장의 瞻富와 학문의 해박으로 경향간에 널리 알려지게 되었다. 청운의 꿈은 손쉽게 달성될 것 같았다.

그런데 젊은 원천석의 눈에 비친 당시의 세태는 부조리하기 그지없었다. 정치·법제·사회 어느 면을 보거나 亂麻와 같았고 부정부패가 상하를 막론하고 만연한 가운데 고려왕조는 각각으로 역사적 임종을 기다리고 있을 뿐이었다.

원천석은 드디어 출세를 단념했다. 고향에 눌러 앉아 몸소 농사를 지으면서 부모를 봉양하고 있었다. 그는 되도록 자기의 聲譽를 감추기로 하였다. 그런데 병무를 담당한 按簿가 그를 군적에 등록시키려 했다. 그는 벼슬과 관계없는 白身이었기 때문이다.

그러나 그는 그것을 계기로 仕宦에 진출할 생각을 하지 않고 다시 고향으로 돌아오고 말았다. 진사의 신분을 획득하여 병역의 면제를 받음으로 그의 목적은 끝났던 것이다. 다시 말하면 진사는 그에게 있어서 생활의 자유를 보장해 주는 護身符일 뿐, 그 이상의 다른 의미는 없었던 것이다.

2. 中央政界의 激流

앞서 말한 바와 같이 고려 말기의 중앙 정계는 중앙 권력층－世臣巨室들과 지방에서 新進한 관료－士大夫들과의 대립으로 특징지어져 있었다. 世臣巨室들이 왕실과의 혼인관계 내지 近親的 유대를 가진 집단으로 국가권력을 이용하여 수탈과 侵占으로 광대한 莊園을 영유하고 있었음에 대하여, 사대부들은 在地的 토지소유자로서 개간과 경영에 힘써 온 나머지 중소 지주로 성장한 것이었으므로, 저러한 장원 영유의 확대는 중소지주의 발전에 커다란 제약이 될 뿐 아니라 이들이 신진관료로서 중앙에 진출했을 때 역시 世臣巨室들의 지배체제가 결정적 장애물이 되고 있었던 것이다.

이리하여 경제적, 정치적으로 이해가 상충하는 양자 사이에는 이데올로기에 있어서도 큰 차이를 보였다. 世臣巨室들이 불교에 심취하여 寺院의

營建, 僧尼의 施捨 등 막대한 糜費를 일삼으면서 내세의 천당을 바라고 있는데 대하여, 사대부들은 儒學, 특히 새로 수입된 朱子學을 받아들여 현실 사회의 윤리도덕 즉 人倫을 강조하고 있었다.

당시 대륙의 정세는 급격한 변화를 일으켰다. 고려의 역대 왕실과 國舅의 의를 맺어 오던 원(蒙古)이 북쪽 사막으로 쫓겨가고 漢民族 왕조, 즉 明이 다시 中華帝國으로 군림하였다. 우리나라는 국제적으로 미묘한 처지에 놓였다. 원나라가 비록 몰락은 했으나 아직 여세를 무시할 수 없는데다가 지리적으로도 가까운 거리에 있었고 명은 새로 일어난 세력이긴 했으나, 원과 같이 우리와 오랜 친교가 있었던 것이 아니므로 아직 그 태도를 알 수 없는 사이였다.

이에 대하여 世臣巨室들은 親元을 내세우고 북쪽으로 사절의 왕래를 지속하려 했으나 신진사대부들은 親明을 표방하여 강력히 맞서는 동시에 北元의 사절을 우리 국경에 발도 들여놓지 못하게 했다. 이와 같은 외교 문제의 대치는 또한 그들의 입장의 표명이었다.

世臣巨室들이 왕실과 일체가 되어 오랫동안 원과의 밀접했던 관계를 저버릴 수 없었음에 대하여 신진사대부들은 주자학적 이념에서 중화제국에 친근감을 가질 뿐 아니라 몰락한 원을 버리고 새로 일어난 명과 손을 잡는 것이 국가 장래의 이익이 된다는 것이었다.

신진사대부들의 이러한 주장은 당시의 정세 파악에 있어서 분명히 한 걸음 앞선 것이다. 그러나 그 이면에는 또 다른 복선이 있었는지도 모른다. 그것은 세신거실들과 원과의 관계를 단절시킴으로써 그네들의 정치적 고립을 획책했을 가능성이 배제되지 않기 때문이다. 이와 때를 같이하여 신진사대부들은 토지개혁의 기치를 높이 들고 '私田革罷'를 소리소리 외쳤다.

이 '私田革罷'는 당시의 실정에 비추어 國計와 民生을 위한 절실하고도 정당한 주장임에 틀림없었다. 그러나 그것 또한 그 이면에는 장원 영유를 해체시켜 世臣巨室들의 물질적 기반을 빼앗아 버리는 한편, 자기들의 地主的 토지소유를 합리적으로 재편성하려는 고차적 목적이 있었던 것이다.

이러한 사정들은 고려 정부 안의 두 개의 대립 세력을 점차 첨예화시켜, 두 중추적 인물간의 대결로 그 양상이 압축되었다. 崔瑩과 李成桂의 관계가 그것이다. 최영은 重名을 지닌 국가의 元勳이며 世臣巨室의 대표적 인물임에 대하여 이성계는 변방 출신으로 훌륭하고 성실한 무인이며 신진사대부들의 이익을 대변해 주는 인물이었다.

이 두 사람의 대결은 필경 1388년 '威化島回軍'이라는 군사 쿠데타에 의하여 결말을 보았다. 그것은 최영이 親元反明의 국책을 새삼 다짐하고 명의 遼東을 정벌하기 위하여 전국의 군대를 총동원하여 압록강을 건너게 하는 한편 禑王과 함께 자신이 직접 평양으로 가서 전쟁을 지휘하려 했는데, 右軍都統使로 있었던 이성계가 위화도에서 전진하지 않고 군사들의 마음을 움직여서 도리어 말머리를 돌려 최영을 역습한 것이다.

최영은 우왕과 함께 급히 개성으로 달려갔으나 사태는 이미 늦었다. 이성계는 최영을 高陽 쪽으로 귀양 보내 결국 죽여 없애고 우왕의 왕위를 박탈하여 강화로 추방한 뒤에 겨우 9세밖에 안 되는 우왕의 아들 昌을 왕위에 앉혔다. 그러나 겨우 1년만에 창왕도 폐출을 당하고 고려의 마지막 임금인 恭讓王이 서게 되었다. 이제 모든 것은 이성계의 수중에 장악되었다. 신진사대부들이 주창했던 私田革罷는 곧 실행되어 田籍文書를 거리에 내어다가 3일 동안 불태워 버렸다. 世臣巨室들은 완전히 패망하였다.

이제 신진사대부들의 정치적 이념은 유감없이 구현될 수 있을 것 같았다. 그러나 거기에는 또 한 가지 중대문제가 있었다. 고려 왕실을 어떻게 처리하느냐 하는 것이었다. 같은 사대부들 중에서 다시 의견의 분열이 심각하였다. 鄭夢周 일파와 같이 전통적 왕실을 추대하자는 충성파가 있는가 하면 정도전 일파와 같이 낡은 왕실을 밀어내고 신왕조를 건설하자는 현실파도 있었다.

신왕조(李朝)의 추진에 핵심적 역할을 수행하였고 뒤에 이조의 제3대 왕이 된 李芳遠(太宗)은 아버지 이성계의 정치 활동의 최고 참모였다. 이방원은 정몽주를 자파 쪽으로 마음을 돌려보려고 애를 썼다. 정몽주를 초대해 놓고 "이런들 어떠하며 저런들 어떠하리/ 萬壽山 드렁 츩이 얽어진들 어떠하리/ 우리도 저같이 얽어져서 백년까지 누리과저"라는 노래를 불러, 신왕조 건설의 포부를 시사하고 이런들 어떠하며 저런들 어떠하냐고 하여 현실주의적 인생관을 가져 줄 것을 요청하였다. 이에 대한 정몽주의 화답이 유명한 丹心歌이다. 정몽주는 白骨이 塵土가 되더라도 고려 왕실에 대한 충성심은 변할 수가 없다고 한 것이다. 결국 정몽주는 善竹橋에서 피를 흘렸고 고려의 國祚는 종막을 고했다. 충성파에 대한 현실파의 승리로 낙착되었다.

元天錫은 그 출신으로 보아 신진사대부 계열에 속했던 사람이다. 따라서 그는 중앙 권력층에 동조할 처지가 아니었다. 그러나 그는 처음부터 어지러운 현실에 몸을 던지려고 하지 않았다. 중앙권력층−世臣巨室과의 정치투쟁에 깊이 발을 빠뜨린 적이 없었거니와, 뒤에 이성계의 쿠데타에 몹시 비판적이기도 했다. 더구나 신왕조의 정치적 정통성은 전혀 인정하려고 하지 않았다.

3. 雉岳山의 史詩

원천석은 어느 한 때에 이방원(太宗)에게 스승 노릇을 한 적이 있었다. 물론 그 당시의 이방원은 불과 한 장군 이성계의 아들로서 글공부를 통하여 科擧로 發身할 뜻을 가졌던 것이다. 이성계는 원래 무인의 가계로서 자기 집에 글하는 선비가 없음을 못내 아쉽게 생각하고 있었기 때문에 특별히 방원에게 명하여 스승을 좇아 학업에 힘쓰게 하였다. 그러다가 우왕 때에 방원이 과거에 급제했을 때 이성계는 감격하여 궁정에 나아가 눈물을 흘리며 사례하였고 뒤에 방원이 提學에 임명됐을 때 이성계는 기쁨에 넘쳐 사람을 시켜 그 辭令狀을 재차 삼차 읽어보게 했다고 한다. 이방원은 원천석에 대하여 항상 스승으로 존경하였다. 아마 이성계도 원천석을 잘 알고 있었음이 사실일 것이다. 그런데 원천석은 이성계 부자에게 정치적 결탁을 의도하지 않았음은 물론 평소에 남달리 접촉조차 가지기를 싫어했던 것 같다. 원천석은 고향에 돌아와 현실에 참여하지 않으면서도 시국을 개탄하고 정의를 밝히려는데 있어서는 그 자세가 의연하였다. 위화도회군과 더불어 우왕의 하야와 최영의 죽음을 듣고 그는 이 커다란 변고가 곧 고려 왕조의 운명에 직결되는 것임을 의식하였다. 원천석은 고려 왕조의 은택을 별로 받은 바 없는 巖穴의 처사였다. 그러나 고려의 成均進士인 그는 고려 왕조에 대한 의리를 잊을 수 없었다. 무엇보다도 원천석에게 있어서 증오로 왔던 것은 정치투쟁에 있어서의 힘과 책략의 발호였다. 정적을 타도하기 위해서는 사실을 날조하고 상대편을 죄인으로 만들고 정권을 앗아내기 위해서는 義理를 가장하여 온 세상을 箝制하는 것을 서슴지 않는 것이었다. 이와 더불어 권력에 趨附하는 자들은 曲學阿世는 말할 것도 없고 한술 더 떠서 앞잡이 노릇에 甘心하는 것이었다. 이러한 상황에서 인간의 이성은 자기의 주체를 지키기도 힘든 일이었다.

원천석은 그 당시에 있어서 역사가 크게 왜곡되어 가고 있음을 주시하였다. 그는 雉岳山 속에서 계절의 변천을 알려주는 꽃잎을 어루만지며 史筆을 대신하여 시를 썼다.

    <主上전하께서 강화로 옮겨지고 元子가 즉위하였다는 소식에 접하여 (伏聞 主上殿下遷于江華 元子卽位 有感)>
    其一
聖과 賢 서로 만나 교대하는 이 시기 / 聖賢相遇適當時
하늘의 운수 돌고 돎을 이로부터 알겠네 / 天運循環自此知
초야의 백성인들 나라 걱정하는 마음 어찌 없으랴 / 畎畝豈無憂國意
다시 간절한 충심으로 나라의 安危 염려한다오 / 更殫忠懇念安危.

    其二
새 임금 등극하고 옛 임금 옮겨가니 / 新主臨朝舊主遷
쓸쓸한 바다 고을에 바람과 연기뿐이로세 / 蕭條海郡但風烟
하늘 門 올바른 길은 그 누가 여닫을 건고 / 天關正路誰開閉
밝고 밝은 비추심 눈앞에 있는 것. 곧 보게 되리라 / 要見明明鑑在前

이 시는 禑王이 江華로 遷流되고 昌王이 즉위한 것을 읊은 것으로, 자기가 비록 전야에 묻혀 있으나 우국의 충정을 금할 수 없다는 것과, 신·구왕의 교대라는 합리화된 정변이 明明한 거울 앞에 언젠가는 그 정체가 드러날 것이라고 한 것이다.

<都統使 崔公이 사형당했다는 말을 듣고(都統使崔公被刑) (三首)>
其二
조정에 홀로 섰을 때 감히 덤빌 자 없고 / 獨立朝端無敢干
오직 그 충의로 갖은 어려움 이겨냈으니 / 直將忠義試諸難
온 나라 백성들의 소망 따르고 / 爲從六道黔黎望
三韓의 사직을 안정되게 하였네 / 能致三韓社稷安
同列의 영웅들 낯짝이 새삼 두껍고 / 同列英雄顔更厚
죽지 못한 간사한 무리들 뼈끝이 오히려 서늘하리 / 未亡邪佞骨猶寒
어지러운 때를 다시 만나면 누가 계책을 낼 것인고 / 更逢亂日誰爲計
가소롭도다, 오늘 사람들의 간교한 장난질이 / 可笑時人用事奸

其三
나 이제 訃音 듣고 애도의 시를 짓지만 / 我今聞訃作哀詩
公을 위한 슬픔이 아니라 나라 위한 슬픔이라오 / 不爲公悲爲國悲
하늘의 운수 막히고 터짐 그 누가 알겠는가 / 天運難能知否泰
나라 터전의 안정과 위태로움 아직 미정이온데 / 邦基未可定安危
날카로운 칼날 이미 꺾이었으니 탄식한들 어찌하랴 / 銛鋒已折嗟何及
외로운 충성 오래도록 지탱할 수 없음이 한이어라 / 忠膽常孤恨不支
山河를 향해 앉아 홀로 이 노래 읊으니 / 獨對山河歌此曲
흰 구름 흐르는 물 모두 함께 슬퍼하네 / 白雲流水總噫嘻

이 시는 崔瑩이 생시에 전 국민의 여망 위에 三韓의 社稷을 안정시킨 크나큰 공적을 찬양하고 그를 해친 同列의 영웅(李成桂를 가리킴)이 낯이 두껍다고 대담한 비난을 가한 뒤에 원천석 자신이 혼자 조국의 산하에 대해 이 슬픈 곡조를 노래하는데, 무정한 白雲과 流水도 함께 弔意를 표하는 것 같다고 하였다. 당시의 권력을 잡은 자들은 최영을 '온 천하의 죄인'이라고 딱지를 붙여 두 번 다시 다른 평가가 있을 수 없게 해 놓고 있는데 원천석은 그것에 아랑곳없이 자기의 良識으로 솔직히 말해 놓았던 것이다.

그러나 이 시기에 있어서 가장 역사적으로 큰 쟁점을 남겨 둔 것은 우왕·창왕 부자의 혈통문제였다. 이성계를 추종하는 자들은 우·창부자를 王氏가 아니고 妖僧 辛旽의 자·손이라고 규정하여 폐위와 더불어 죽여 없앴다. 그리고 우·창의 재위 기간을 '辛朝'라고 불렀고, 뒤에 『高麗史』편찬 때에 우·창을 叛逆傳에 넣기까지 하였다. 이렇게 함으로써 그들은 우·창의 추방을 정당화시키려 한 것이었다. 이에 대하여 당시의 일반인들은 말할 것도 없고 一代의 名儒로 추앙받던 학자 중에서 애매한 태도를 보인 자가 있었다. 우리는 여기에서 다시 원천석의 시를 음미해 보자.

> <이달 15일에 나라에서는 이미 定昌君을 왕위에 앉히고 前王 부자는 辛旽의 자손이라 하여 폐위시켜 庶人으로 만들었다고 한다.(聞今月十五日 國家以定昌君立王位 前王父子 以爲辛旽子孫 廢爲庶人)>

> 1
> 前王 부자가 각기 서로 헤어졌다니 / 前王父子各分離
> 만리 밖 동쪽 서쪽 하늘의 한 끝이라네 / 萬里東西天一涯
> 가령 몸 하나야 서민으로 만들 수 있지만 / 可使一身爲庶類
> 올바른 마음이야 천고에 바꾸지 못하리라 / 正名千古不遷移

> 2
> 祖王의 진실한 맹세 하늘에 감응했기에 / 祖王信誓應乎天
> 끼친 은택이 수백 년을 흘러 전했거늘 / 餘澤流傳數百年
> 어찌하여 일찍이 거짓과 참을 분간치 않았단 말인가 / 分揀假眞何不早
> 저 푸른 하늘의 거울만은 밝게 비쳐 주리라 / 彼蒼之鑑照明然

이 시는 우왕·창왕에 관한 원천석 자신의 寸心의 心證이 천고에 어떤 일이 있더라도 변동이 없을 것이라고 말하고, 만약 王氏 혈통으로 眞·假가 문제된다면 왜 일찍부터 분간하지 않았던가라고 힐문하면서 저 하늘의 下鑑이 밝게 비쳐주리라고 말하였다.

권력의 통제 하에 역사가 왜곡되는 당시의 엄연한 사실을 이 치악산의 史詩가 훌륭히 증언하고 있는 것이다.

4. 遺言

신왕조의 제3대 왕으로서 왕좌에 앉게 된 李芳遠 즉 太宗은 옛 스승을 생각하여 여러 번 徵召를 내렸으나 원천석이 응할 리 없었다. 태종은 東道의 巡幸길에 치악산에 들러 일부러 御蹕을 멈추고 원천석을 정중히 예방하였다. 그러나 원천석은 미리 先聲을 듣고 어디론지 피신해 버리고 말았다. 태종은 무척 서운하였다. 그야말로 "이 산 속에 있기는 한데 구름이 깊어, 있는 곳을 알 수 없는 것"이었다. 태종은 앞 시냇물 바윗돌 위에 앉아서 원천석의 집을 지키고 있던 노파를 불러 御餐을 나누어주었다. 이 노파는 태종이 그 옛날 스승의 집에 다니면서 공부할 당시의 구면이었다고 한다. 후세 사람들은 이 바윗돌을 太宗臺라고 불렀는데 지금 그 위치는 치악산 覺林寺 곁에 있다고 한다.

세월은 흘러 태종은 왕위를 그의 아들 세종에게 물려주고 자기는 상왕으로 한가로운 생애를 보냈다. 이때 태종은 옛 스승을 다시 초청하였다. 원천석은 이때 白衣를 입고 서울로 왔다. 원천석이 전과 달리 초청에 응한 것은 태종이 현직의 왕이 아니므로 단순히 옛날의 정의를 위하여 만나본다는 것이며, 그러나 백의를 입은 것은 그가 어디까지나 전조의 遺民임을 표시했던 것으로 풀이된다. 태종은 궐내에서 옛 스승을 모셔놓고 온갖 옛 이야기를 나누면서 여러 왕손을 불러 인사를 시켰다. 태종은 여러 손자를 가리키며 어떠한가를 물었다. 원천석은 세조를 가리키며 "이 아이가 乃祖(제 할아버지 : 太宗)와 비슷하니 슬프다, 형제를 사랑할지어다"라고 했다는 것이다. 태종이 자기 형제들을 희생시키고 왕위를 차지한 것을 전례로 들면서 세조의 장래가 또한 그러리라는 것이다. 이것은 유명한 일화로 전해지고 있거니와 사실 여부는 알 수가 없다.

어쨌든 원천석은 일차 태종과 만난 일은 있었으나 어디까지나 方外人의 자격으로였을 뿐이다. 원천석은 만년에 野史를 저술하여 궤짝 속에 넣은 뒤에 세 개의 열쇠를 채우고 일체 남에게 보이지 않았다. 그는 이 '비밀의 기록'으로 후세의 역사를 위한 증언으로 남기려는 것이었다. 그는 임종 때 자손을 불러 놓고 "이 책을 家廟에 감추어 두고 잘 지키도록 하라"고 유언을 하였다. 그리고 그 책의 표지에 쓰기를 "내 자손 중에 나와 같은 자가 나오기 전에는 이 책을 펼쳐 볼 수가 없다"라고 하였다. 이리하여 그 자손들은 대대로 조심스럽게 그 유언을 지켜왔다. 그러다가 증손의 시대에 와서 사당에 時祀를 지내고 宗族이 한 자리에 모여 "선조께서 비록 유언이 계셨지만 세월이 이미 오래되어 별다른 嫌忌가 없을 듯하니 한번 열어보자"라고 하여 드디어 그 궤의 열쇠를 열었다. 책을 펼쳐든 자손들은 모두 어안이 벙벙하였다. 고려 말의 역사를 모두 사실 그대로 직서하여 이조의 내력을 송두리째 흔들어 놓은 것이다. 자손들은 이것이 滅族의 화를 가져올 것이라 하여 드디어 불살라버리고 말았다고 한다.

5. 맺음

애석하게도 그 '비밀의 기록'은 사라져 없어졌지만 원천석의 史詩는 길이 남아 역사의 증언이 되어 준다. 이것은 곧 민족의 理性이며 시대의 양심이다. 후세의 공론들은 모두 원천석의 증언을 따랐다. 退溪는 우·창의 문제에 관하여 "국가 만세 후(이조가 끝난 뒤)에 나는 耘谷의 義理를 쫓겠노라"고 했고, 象村 申欽은 원천석의 詩를 소개하면서, 이 시가 鄭道傳·鄭麟趾 등의 曲筆로 된 史書보다 훨씬 더 역사적 가치가 있는 것이라고 하였다. 뒤에 順菴 安鼎福에 이르러 그의 編史에서 정식으로 원천석의 견해를 採入하였다. 한 선비의 주체적 자세가 역사의 왜곡을 막은 것이다.

麗末鮮初 思想界의 動向

－節義論을 중심으로－

정 호 훈[*]

1. 머리말

조선 건국은 13, 14세기 고려사회 내부에서 일어나던 격렬한 사회변동의 정치적 귀결이었다. 고려의 국가체제로는 사회 내부의 변화를 수습할 수 없으므로 새로운 틀을 창안해야 하며, 이를 위해서는 새로운 국가를 세워야 한다는 노력이 이와 같이 나타난 것이었다. 물론 이 같은 지향은 고려 말, 왕실을 비롯하여 官人・儒者들이 사회변화, 정치개혁을 위해 벌인 숱한 노력 위에서의 方向 設定이기도 했다.

조선 국가를 만들기 위한 노력은 대체로 두 방향에서 이루어진 것으로 이해된다. 고려의 법질서, 문화전통을 충분히 활용하여 이를 새로운 체제로 변환시키자는 온건개량파(고려체제 준수파)적 입장이 그 하나라면, 고려의 질서와는 절연하여, 새로운 국가체제를 혁신적으로 수립하자는 급진개혁파(신국가 건설파・혁명파)적 입장이 그 하나였다.[1] 고려사회의 개혁과 개조와 관련해서는 사대부들이 이를 대체로 동의했지만, 고려를 인정할 것인가 아니면 부정하여 새로운 국가를 세울 것인가 하는 점에서 양자는 결정적인 차이를 보였다. 조선의 건국은 온건개량파와 급진개혁파와의 갈등을 내재

---

* 연세대학교 국학연구원 연구교수

** 이 논문은 『운곡학회연구논총』 1(운곡학회, 2005)에 수록한 것을 본서에 재수록함.

1) 고려 건국을 둘러싼 이해는 다양하나 본 연구에서는 한영우, 『(改訂版)鄭道傳 思想의 硏究』, 서울대학교 출판부, 1999 ; 都賢喆, 『高麗末 士大夫의 政治思想硏究』, 一潮閣, 1999를 참조했다.

하는 가운데, 급진파의 정치적 動力과 指向을 근거로 이루어졌다.

여말선초의 이러한 정치적 변화는 이 시기를 살았던 사람들에게 특별한 정치적 태도를 요구했다. 舊體制·舊秩序를 긍정하며 거기에 머물러 살 것인가 아니면 새로운 질서를 만들고 거기에 적극 동참하며 살 것인가 하는 양자 택일의 결정이 요구되었던 것인데, 그러한 상황에서의 결단은 그것이 義理, 人情, 背信, 名分 등등의 여러 문제와 복합적으로 얽혀 있었기에 단순하지 않다. 이 시기를 살았던 학자·정치가들은 이러한 문제를 유교적 관념, 곧 절의와 연관한 사유 속에서 행동과 사유의 기준을 세우고 자신의 행동 준거로 삼거나 혹은 타인에 대한 평가의 기준으로 활용하고자 하였다.

이와 같이 절의의 문제가 행동과 사유의 주요한 화두로 대두된 것은 정치적 상황이 워낙 특별나게 진행되었거니와, 한편으로는 유학−성리학의 사유가 앞선 시기에 비해 귀족−지식인 사이에 광범위하게 확산되고 있었던 思想史−知性史적 조건 때문이기도 했다. 그러니까, 정치적 결단이 요구되는 상황에서 유교−성리학에서 발달한 出處論이 크게 작용하게 되었던 것인데, 이것은 고려 말 유교−성리학이 발전하는 조건과 결합되어 있었던 것이다.

조선사회에 들어와, 출처론을 준거로 한 판단과 행동이 큰 의미를 지닌 것으로 평가받게 되는 것은 단순히 출처론에 대한 깊은 이해가 있었기 때문만은 아니었다. 오히려 그러한 출처론을 배태한 유교사상−성리학 사상을 본격적으로 필요로 하는 역사적 조건−배경이 이 시기에 형성되어 있었기 때문이다. 그런 점에서 출처론은 개인의 행동과 사유방식을 규율하는 측면을 넘어선다. 출처론은 출처론을 포괄하는 유교사상의 정치적 역사적 역할에 관한 문제를 드러내주는 주요한 단서가 될 것이다. 출처론에 대한 연구 역시, 출처론을 둘러싸고 전개되는 여말선초의 시대 상황에 대한 해명이 될 것이다.

익히 알려진 대로 여말선초 절의론을 근거로, 새로운 정치질서의 참가와 연관하여 입지와 거취를 결정한 인물로 李穡, 鄭夢周, 元天錫, 吉再 등을 꼽을 수 있다. 이들은 고려에 벼슬하거나 혹은 과거에 급제했던 인물로, '不事二君'의 忠節을 고수하며 자신의 행동을 결정하였다. 이들은 조선 건국

후 충절의 龜鑑으로서 국가 혹은 양반 사대부들에 의해 推奬되었으며, 조
선 후기로 갈수록 그 선양하는 의식은 강화되었다. 본고에서는 이들 절의론
자들을 밑받침했던 이념이 무엇인지 하는 점을 중심에 두고 이들의 동향과
역사적 성격을 살피고자 한다.

2. 麗末鮮初 節義派 人物의 행동과 그 思惟

고려 말·조선 초에 전개되었던 절의에 대한 논리와 인식은 크게 두 방
향에서 정리할 수 있다. 하나는 '절의'의 절대성을 고집하고 이를 정치적 실
천 속에서 지켜나가려는 경우이고, 또 하나는 '절의'의 절대성보다는 形勢
의 可變性을 중시하는 경우이다. 조선 건국의 필요성이 대세를 이루던 상황
에서 형세의 가변성에 주목하고 절의의 절대성을 강조하는 경우는 소수에
불과했으며 대부분 형세 변화에 적극 동조하였다.

두루 알려진 대로 李穡, 鄭夢周, 吉再, 元天錫과 같은 인물은 이 시기 절
의파의 핵심이었다. 이들은 학문적, 정치적으로 상호 연계를 맺고 있었다.
이들의 절의론은 본인들의 정치적 자세를 결정하는 주요한 근거이자, 뒷 시
기 조선사회의 절의파의 역사적 선구로서 주목되었다.

절의파들이 내세우는 것은 不仕二君의 논리였다. 한번 군신관계를 맺은
뒤, 새로운 성격의 군신관계를 맺을 수 없다는 것이었다. 그러한 행위란 곧
節義를 지키는 일, 忠節을 지키는 일이었다. 어떤 상황이 벌어져도 그 관계
를 훼손하거나 접을 수 없다는 것이 이들의 생각이자 행동방침이었다. 이들
의 행동은 유학에서 설정한 바 전형적인 절의파인 백이·숙제의 삶을 따르
는 일이었다. 주지하듯이 유학의 대표적인 인물상으로는 伊尹과 伯夷라는
뚜렷이 대비되는 두 인물이 제시된다.(『孟子』 萬章 下) 이윤은 천하의 책임
을 자임하면서 군주나 정치가 어떠하든 간에 상관없이 民을 위하여 이상정
치를 위하여 정치에 적극 참여하는 현실참여형이라면, 백이는 섬길 만한 군
주가 아니면 섬기지 않고 부릴 만한 백성이 아니면 부리지 않아서 다스려지
면 나아가고 어지러워지면 물러나는 절의형이라고 할 수 있다.

절의파들의 행동에 대한 이러한 방식의 판단은 이들이 가진 정신의 高潔함, 사사로운 이익에 급급하지 않는 淸廉함, 상황에 자신의 소신을 굽히지 않는 꼿꼿함 등등을 주목하게 된다. 아마도 그런 측면이 있을 것이다. 그렇다면, 이러한 행동은 이들이 지니고 있었던 학문 사상적 요소와 어떤 상관관계를 가질까? 이들의 행동을 그들이 익히고 지니고 있었던 사유체계와 연관하여 살핀다면 어떤 점을 주목할 수 있을까?

이들은 모두 성리학-주자학을 익힌 인물들이었다. 거기에 더하여 이들은 불교와 도교에도 깊은 소양을 지니고 있었으며, 각 사상의 존재를 긍정하였다. '三敎會通'적인 요소를 이들에게서 고루 발견하게 되는데, 그것은 '崇正學·闢異端'의 기치를 내세우며 불교를 극단적으로 배척하려던 태도와는 구별되었다. 그런 점에서 사상적으로 본다면 이들은 순정 주자학자들에 비해서는 훨씬 유연했고 포용력이 있었다.

이들의 절의론을 밑받침하고 있던 사유가 무엇인지 구체적으로 밝히는 것은 쉽지 않다. 남아 있는 자료가 그다지 풍부하지 않기 때문이다. 그러나 李穡의 생각은 이들 절의파의 이념적 기반이 어떤 성격을 지니고 있었던지를 유추하는 데 도움이 될 것으로 보인다.

이색의 생각을 밑받침하고 있었던 것은 '家天下'적인 정치이념이었다. 고려사회는 국왕 군주를 정점으로 하는 하나의 가족질서 속에서 구성되었으며, 국왕은 家父長으로서, 구성원들은 하나의 가족으로 혈연적인 유대관계를 맺는다는 의식이었다. 여기에서는 孝는 가족도덕으로서 모든 행위의 기초가 되고 모든 덕의 근본이 되는 것으로 이해되었다. 효라고 하는 가족적 유대감을 강조하는 가운데 국가질서를 안정시키려고 한 것이었다. 公的인 政治的인 질서와 그것을 규율하는 제 규범도 사사로운, 혈연적인 성격을 지니는 것으로 이해되었다. 人情이 강조되고 가족적 유대감이 크게 의식되었다. 이색은 국가 공적 질서의 최정점인 군주권이나 법률 기타 국가규범을 가족 도덕의 연장으로 생각하였다.[2]

이러한 사고 속에서 이색은 군신관계를 擬制된 가부장적인 관계로 연결시켜 영원한 관계 불변의 성격을 갖는 것으로 파악했다. 왜냐하면 혈연으로

---

2) 이색의 정치사상에 대한 이 같은 이해는 도현철, 위의 책 참조.

맺어진 관계는 끊을래야 끊을 수 없는 절대적인 의미를 지니게 되어, 군주
와 신하의 관계는 절대불변의 인간관계를 형성하기 때문이다. 이색과 같은
사대부가 易姓革命期에 절대불변의 의리를 내세웠던 사상적 이유는 군신
관계를 혈연적인 관계로 擬制하였기 때문이 아닌가 한다.

이 같은 가천하적인 정치이념은 고려유학의 성격과 연관되어 있었다. 고
려유학은 漢唐儒學의 영향을 크게 받는 가운데 발전하였으며, 혈연관계 내
부를 규제하는 윤리인 孝悌를 군신관계의 윤리인 忠順으로 전환시켜 가부
장적 국가질서를 확고히 해나감에 유용한 논리를 지니고 있었다.[3]

이러한 점은 원천석에게서도 확인된다. 좀 더 깊이 살펴야 하겠지만, 원
천석은 조카 元湜에게 보낸 편지에서 '縣令과 백성과의 관계는 부모와 자
식의 관계와 같다'고 파악하고 刑政을 집행할 때는 너그럽게 하고 인사는
公道에 맞게 하라고 하였다.[4] 그는 또한 백성을 갓난아기처럼 사랑하고 보
살피라고 하기도 했다.[5] 공적 정치적으로 이루어지는 官民관계를 부자관계
혈연관계로 파악하고 있는 것이다.

길재 역시 이러한 사고 속에서 행동하였다. 길재는 조선 건국 후 절개를
지키며 은거하였던 高文英의 생애를 기리며, 충신이 효자의 집에서 나오는
것임을 강조하였다.[6] 그 역시, 忠과 孝를 일원적으로 파악하려는 사고를 그
대로 지니고 있었으며 그 선상에서 節義의 행동을 이해하고 있었음을 볼
수 있다.

고려 말에 주자학이 수용되고, 이색이나 정몽주, 원천석, 길재와 같은 인
물들은 그 주자학을 깊이 익힌 경우였다. 이들은 주자학의 聖學論·聖人可
學論에 힘입어 스스로의 주체적 능력에 대한 깊은 신뢰를 가지고 있었으며
주자학에서 강조하는 바 修己治人의 능력을 기를 수 있는 노력과 학습을
통하여 현실을 주체적으로 떠안고 가야 한다는 의식으로 무장하고 있었다.
그러면서도 이색, 원천석, 길재 등에게서 볼 수 있듯, 이들은 공적·정치적

---

3) 고려유학의 이 같은 성격에 대해서는 이희덕,『高麗儒敎政治思想의 硏究』, 일조각,
   1984 ; 김훈식, 「고려 후기의 孝行錄 보급」,『韓國史硏究』73 참조.
4)『耘谷詩史』卷1, <次姪湜所寄詩韻>, "爾今爲父母 保之如自身".
5)『耘谷詩史』卷2, <次春州辛大學所寄五言雙韻三十韻奉寄>.
6)『冶隱先生續集』卷上, 行錄, 「高文英公實行錄」.

인 관계를 혈연적 가족적 관계로 등치시켜 사유하는 고려유학의 특성으로 부터 자유롭지 못했던 것이다.

이들 절의론자들의 생각은 義나 公으로 맺어진 인위적(비혈연적)인 유대 감을 중시하고 여기에서 파생되는 공적 관계를 주목하는 鄭道傳과 같은 易 姓革命派들의 생각과는 성격을 달리하였다.[7] 이들은 군신관계를 최고의 가 치로 두고 부자관계, 혈연관계에서 성립하는 규범과는 구별하려고 하였다. 이를테면 군신관계와 부(모)자관계에서 충돌이 일어날 경우, 군신관계에 어 긋난다면 모자관계라도 단죄해야 한다는 것, 즉 혈연관계라도 국가의 공적 인 질서를 어지럽힌다면 엄정하게 처벌해야 한다는 입장을 지니고 있었다. 혈연적인 인간관계에서 파생하는 私恩과 공적인 군신관계에서 유래하는 大 義를 대비하면서 후자를 중시하였던 것이다. 『春秋』三傳에서 '大義滅親'이 라 한 것은 사회적 관계가 혈연적 관계보다 우위에 있다는 원칙을 천명한 것이었는데, 정도전은 이를 받아들이고 있었던 것이다.

이들은 군주를 존재하는 그 자체로서 忠義의 대상으로서 파악하지 않았 으며 명분질서와 합치되는 정통의 군주에게 忠해야 할 것으로 보았다. 이들 은 『書經』의 천명사상이나 『孟子』의 역성혁명 등을 언급하면서 왕조의 존 립근거, 군주의 명분 등을 논의의 초점으로 삼았다. 이들은 주어진 군신관 계보다는 天命의 대행자, 왕정의 최고 책임자인 군주를 객관화시켜 그 존립 이유와 근거를 되돌아보았고 정당성 여부를 따졌다. 정도전 등이 역성혁명, 새로운 왕조의 개창을 도모한 사상적 논거는 주자학의 명분론, 춘추의리론 에 철저했기 때문이었을 것이다.

정도전 계열의 사대부는 公義나 公的 關係를 내세우면서 중앙집권과 국 가의 공권을 강화하는 국가집권적 정치체제를 지향하였다. 정치운영상의 私恩·私情을 중시하는 것은 정치체제상 私的 支配·私權力과 조응하고 반대로 공의를 중시하는 것은 공적 지배·공권력과 대응하기 때문이다. 이 들은 당시 豪族이나 權貴들의 사적 지배를 용인하고 있던 고려의 정치체제 를 개혁하고자 하였다. 그리하여 이들은 혈연적 유대감에 기초한 법제 관행

---

7) 이색과 정도전 등 고려말 사대부들의 정치사상에 대해서는, 都賢喆, 『高麗末 士大 夫의 政治思想硏究』, 一潮閣, 1999 참조.

과 그 사상적 근거, 더 나아가 고려의 정치체제를 비판하고 대신에 주자학의 義나 公에 입각한 정치운영과 중앙집권적 정치체제를 확립하고자 하였던 것이다.

3. 朝鮮 前期 節義派의 推奬과 그 推移

조선 건국 후, 조선 건국에 저항했던 節義派들은 국가로부터, 그리고 사대부 일반으로부터 크게 추숭, 선양되었다. 국가와 사대부들은 그들의 행위와 사상이 조선을 다스리는데, 그리고 유자로서 살아가는데 필요한 정신과 태도의 전범을 보였다 하여 정치적으로 학문적으로 그들의 업적을 기렸다. 고려 말·조선 초의 격동기, 환란기를 살며 정치적으로 자신을 드러내지 못했던 이들은 새로운 정치적 상황 속에서 역설적으로 새로이 재평가되었던 것이다. 그런데 이 시기 절의파들에 대한 긍정적인 평가는 주로 정몽주, 길재를 중심으로 이루어진다. 三隱의 한 인물로 평가받았던 牧隱 李穡에 대한 적극적인 表彰 작업을 찾는 것이 쉽지 않다. 더불어, 원천석의 경우에도 17세기에 가서야 그 행동과 사상이 적극적으로 재조명되고 절의의 인물로서 주목되었다.[8]

조선에서 이들을 忠義, 忠節의 인물로서 현양하려는 작업은 태종 때 처음 나타났다.[9] 태종 원년(1401년), 參贊門下府使였던 權近이 고려왕조에 절의를 지킨 정몽주, 金若恒, 길재 등을 포상하여 조선왕조에 대한 신하들의 절의의 규범을 확립하는 길을 열 것을 제안하였다.[10] 그의 이 제안은 같은 해 11월에 생존해 있던 길재를 제외하고 정몽주, 김약항 두 사람에게 조선의 관직을 추증하는 형태로 수용되었다.[11] 길재의 경우에는 그의 사후, 세

---

8) 『耘谷詩史』가 간행된 것은 1603년이었다.
9) 이태진, 「吉再 忠節 追崇의 時代的 變遷」, 『韓國思想史學』 4·5합집, 1981 ; 박성봉, 「冶隱 길재의 생애와 전통 三隱論」, 『韓國思想史學』 4·5합집, 1981.
10) 『太宗實錄』 卷1, 태종 원년 정월 甲戌.
11) 『太宗實錄』 卷2, 태종 원년 11월 辛卯. 高麗門下侍中 정몽주에게는 領議政府使, 光山君 金若恒에게는 議政府 贊成事의 직이 내려졌다.

종 8년(1426) 通政大夫司諫院左司諫大夫知製敎兼春秋館編修官으로 추증하였다.[12]

절의파 인물에 대한 국가에서의 현창 사업이 절정에 오른 것은 『三綱行實圖』 편찬사업에서였다.[13] 이 책은 세종 13년에, 유교의 삼강윤리를 널리 보급할 목적으로 중국과 한민족의 역사에서 모범이 될 만한 사례를 찾아 정리하여 만들어졌는데, <忠臣圖> 등 크게 君臣・父子・夫婦 관계의 윤리를 담고 있는 세 내용으로 구성되어 있다. 이 책에서 정몽주와 길재는 '夢周隕命' '吉再抗節'의 항목으로 그 절의가 소개되었다. 조선이 체제 안정을 이루고 정상적으로 작동되어 가는 상황에서, 정몽주와 길재와 같은 인물의 충절을 높이고 이를 근거로 신료들에게 그 충절의 실행을 요구하는 것은 당연한 일이었을 것이다.

이와 같이 왕실, 정부에서의 절의파에 대한 정책적인 예우작업은 이들을 忠節의 師表로 내세워 신하들의 충성심을 고양하고, 체제를 안정적으로 운영하기 위함이었다. 그러나 兩班・儒者들 내부에서 이들의 사상과 행적을 주목한 것은 16세기 중반, 이른바 '士林派'들의 정치적 학문적 활동이 활발해지면서부터였다. 善山에 터를 잡았던 길재가 제자들을 기르고 그 제자들을 통하여 길재의 생각과 사유가 영남지방에 펼쳐지고는 있었지만, '사림파'의 본격적인 활동이 있기 전까지 그의 학문과 관련한 논의는 아직 중앙 학계 혹은 조선 학계 전체로 부각되지 않고 있었다.

절의파에 대한 추숭작업은 중종 12년에 구체적으로 나타났다. 앞선 시기에 있었던 戊午士禍, 甲子士禍 被禍人들을 정치적으로 사면하는 문제도 동시에 이루어졌다. 우선, 정몽주를 文廟에 종사해야 한다는 건의가 있었다. 정몽주는 '고려 말의 儒宗'인 바 "性理를 연구하여 학문이 깊고 넓어서 뜻을 혼자 알았으며" "忠孝의 大節이 당대를 진동하였으며 부모의 喪을 입고 사당을 세우는 것을 家禮대로 했으며, 학교를 세워서 유학을 크게 일으켜 斯道를 밝히고 후학에게 열어준" 공로가 있다는 것이 宗廟從祀論의 근거였다. 이때 정몽주를 종사하자는 논의는 金宏弼을 종묘에 종사하자는 논의와

---

12) 『世宗實錄』 卷34, 세종 8년 1월 壬戌.

13) 김훈식, 「三綱行實圖 보급의 사회사적 고찰」, 『震檀學報』 85.

같이 나왔었다. 정몽주만 문묘에 종사하며 김굉필의 경우에는 그가 공부하던 곳에 家廟를 세운다는 조치로 이 논의는 마무리되었지만, 어쨌든 중종대 사림들의 본격적인 진출과 더불어 사림파들이 자신들의 학문적 근원으로서 정몽주를 거론하고 있었음은 주목해야 할 것이다.

절의파가 사림파에 의해 다시 주목된 것은 중종 38·39년경이었다. 중종 38년 金安老가 죽은 뒤 중앙 정계에 본격 진출했던 사림파들은 조광조를 비롯한 피화 사림들의 신원운동을 적극적으로 펼쳤다. 조광조를 비롯한 사림들은 '賢臣'으로 '無邪' '無罪'하다는 사실을 밝히는 것을 중요한 쟁점으로 삼았다. 이 과정에서 이들은 자신들의 학문이 鄭夢周, 吉再로부터 연원하여 계통적으로 전승된 것임을 구체적으로 제시하였다. 곧, "광조의 학문은 김굉필에게서 얻었고, 굉필은 김종직에게서 얻었고, 종직은 前朝臣 길재에서 얻고 길재는 다시 정몽주에서 얻었다. 그것은 濂洛으로 거슬러 올라가 洙泗에 窮源한다"[14] 함이었다.

중종대 己卯士林의 이러한 모습은 道統의 맥락에서 자신들의 학문적 입지를 정리하려고 한 점, 그리고 영남지역의 김종직·김굉필과 길재·정몽주의 학문을 연결하려고 한 점, 그리고 고려의 절의파로서 정몽주와 길재를 거론하는 점 등등의 주목할 만한 사항을 보여준다. 이들은 자신들 스스로를 節義派의 후예로 내세우면서, 그들의 政敵 혹은 사상적 대립세력들과 구별하고자 하였다. 道統을 내세운 배타적 태도였다.

조광조를 비롯한 사림파는 朱子學의 세계관과 윤리규범을 적극적으로 활용하여 자신들의 사상적 학문적 역량을 확충하였으며, 이 같은 노력을 매개로 그들의 정치적 경제적 주도권을 확보하려고 하였다. 이들은 地主로서, 그리고 兩班으로서 향촌사회에서 실력자로 살아가는 가운데 중앙 정계, 관계로의 진출을 적극 모색하였다. 이들은 주자학에서 강조하는 바의 君臣關係論－公義優先論을 중시하면서도 또한 사적으로 이루는 가족관계－혈연관계의 중요성을 간과하지 않았다. 이들은 『小學』의 학습, 『二倫行實圖』·『警民篇』의 간행 등을 통하여 향촌사회를 끌고 나갈 수 있는 윤리를 적극 개척하였으며, 중앙에서는 至治主義의 정치론을 펼치려 하였다.

---

14) 『中宗實錄』 卷103, 중종 39년 5월 乙丑.

52

이들의 생각은 어찌 보면, 여말선초 사상계의 두 모습, 혈연적인 유대감에 기초한 정치론을 강조하는 흐름과 公義의 비혈연적 관계에 기초한 정치론을 중시하는 흐름 모두를 받아들이려 했던 것으로 보인다. 그러나 이들은 앞선 시기의 사유로부터 많은 영향을 받으면서도 실제로는 거기에서 크게 벗어나고 있었다.

이들은 가족윤리는 가족윤리로서, 그리고 공적인 윤리는 공적인 윤리로서 별개의 것으로 간주하였다. 이들은 가족윤리를 공적인 정치론으로 의제하여 활용하는 '家天下적인 정치론'에 대해서는 그다지 주목하지 않았다. 그러나 이들은 가족윤리가 天倫이며, 그 어떤 윤리보다도 앞서는 것임을 부정하지는 않았다. 다만, 그것을 군신관계를 포함하여 군주 정치론으로 활용하는 것에 대해서는 부정적이었다. 이들이 내세웠던 至治主義는 그것을 대체하는 논리였다. 이것은 주자학적인 성학론에 근거하여 제시된 것으로, 군주를 중심으로 이루어지는 정치가 신료·사대부의 정치적 이해 범위 속에서 이루어져야 함을 그 내용으로 확보하고 있었다.

사림파들이 고려 말의 절의파 중에서도 정몽주, 길재와 같은 인물을 중시하는 측면도 아마 이 같은 점과 상관이 있는 것으로 보인다. 이들의 생각은 이후로 거의 변하지 않고 사림 일반의 공론으로 굳어졌다. 선조 2년(1569), 기대승은 동방의 학문이 "정몽주에 이르러 성리학을 알게 되고 이후로 길재, 김숙자, 김종직, 김굉필, 조광조로 이어지는" 학문계보를 이룸을 재차 천명하였다.[15] 이때 그는 李穡을 '東方學問의 원류'라고 높이 평가했지만, 성리학의 이해와 연관해서는 정몽주와 분리하려고 했었다.

이처럼 16세기 사림파들의 절의파에 대한 생각은 고려 말·조선 초의 절의파들을 다 포괄하지 아니하고 협애화되는 양상을 보이었다. 그러나 그렇다고 하여 여타의 절의파들의 존재가 묻혀진 것은 아니었다. 李滉은 『耘谷詩史』를 읽고 "역사가 시에 담겨 있다"[16]고 평가하였고, 朴東亮은 절의의

15) 『宣祖實錄』 卷3, 선조 2년 윤6월 己酉.
16) 『耘谷詩史』 卷5, <耘谷先生事蹟錄後語>. 그런데, 이황의 이 발언은 이황의 문집 속에서는 찾을 수 없다. 이황이 실제 『耘谷詩史』를 보았는지의 여부는 쉽게 확인할 수 없다. 뒷날, 성호 이익의 경우에는 이황의 이 언급이 사실이 아니라고 부정하였다.

서로서 『운곡시사』의 가치를 드러내었다.[17] 16세기 말 이후로 사상계의 분화가 가속되는 상황 속에서 절의파들에 대한 평가는 또 다른 내용으로 다양하게 펼쳐져 갔다.

4. 맺음말

麗末鮮初 사상계의 움직임은 한 국가가 소멸하고 새로운 국가가 성립하는 격변하는 상황과 맞물리며 전개되었기 때문에 대단히 복잡하다. 여러 각도에서 다양한 측면으로 이 시기 사상사의 흐름을 살펴야 할 것이다. 節義論을 축으로 그 흐름을 살피고 정리하는 일도 의미 있는 일이다.

고려 말 절의파들의 행동과 사상을 정치이념적인 측면에서 살피는 것은 쉽지 않다. 자료의 한계가 많기 때문이다. 이색의 경우를 보면, 혈연적 유대감을 강조하는 家天下的 政治論의 영향을 크게 받고 있었다. 이 점은 원천석, 길재 등에게서도 부분적으로 확인된다. 정몽주도 비슷한 생각을 갖고 있었을 것으로 추측되지만, 확인하기는 쉽지 않다. 가천하적 정치론에 영향 받게 되면, 군신관계를 血緣的, 不變的인 것으로 생각하고, 私恩・私情을 중시하기 때문에 한번 맺은 관계를 쉽게 부정할 수 없는 측면이 있었다. 이 경우는, 혈연적 관계에 기초한 절의의 실천이라는 측면에서 이해할 수 있을 것 같다.

조선 건국 후, 이들 절의파들은 정치적으로 학문적으로 조선의 관인유자들, 그리고 정부로부터 크게 주목을 받는다. 忠義와 忠節의 행동과 윤리가 새로운 사회・국가를 운영하는데 크게 의미 있었기 때문이다.

그러나, 조선에 들어와서 크게 주목받는 인물은 정몽주와 길재였다. 이색과 원천석은 상대적으로 덜 주목받았다. 『三綱行實圖』를 통하여 정부에서는 정몽주와 길재를 충의 충절의 인물로 현창했고, 사림파들은 이 두 사람을 자신들의 학문적 근원으로 이해했다. 이러한 모습은 사림파들의 주 활동 공간과 관련하여 이해할 수 있는 현상으로도 보이고, 또 한편으로는 사림파

---

17) 『耘谷詩史』, <耘谷詩史書>.

들이 강조하고자 했던 학문의 성격이 조금 달라졌기 때문이기도 한 것으로 보인다.

이들은 가족윤리는 가족윤리로서, 그리고 공적인 윤리는 공적인 윤리로서 별개의 것으로 간주하였다. 이들은 가족윤리를 공적인 정치론으로 의제하여 활용하는 가천하적인 정치론에 대해서는 그다지 주목하지 않았다. 그러나 이들은 가족윤리가 天倫이며, 그 어떤 윤리보다도 앞서는 것임을 부정하지는 않았다. 다만, 그것을 군신관계를 포함하여 군주 정치론으로 활용하는 것에 대해서는 부정적이었다. 이들이 내세웠던 至治主義는 그 대체의 논리였다. 이것은 주자학적인 성학론에 근거하여 제시된 것으로, 군주를 중심으로 이루어지는 정치가 신료·사대부의 정치적 이해 범위 속에서 이루어져야 함을 그 내용으로 확보하고 있었다. 이들은 이러한 맥락 위에서 '節義'의 의미를 새롭게 해석하고 강조하려고 했던 것으로 보인다.

16세기 사림파들의 절의파 이해는 상당히 좁아졌는데, 그러나 16세기 말~17세기 초로 들면서 사상계의 분화가 가속되고 또 임진왜란의 전쟁 경험을 거치면서 새로운 변화가 일어나고 있었다. 朴東亮에 의한 원천석의 재발견은 그 구체적이고 뚜렷한 징후였다.

조선 후기 『耘谷詩史』의 영향과 高麗史 敍述의 변화

정 호 훈*

1. 머리말

麗末鮮初의 학자 원천석이 조선 학계에 크게 알려진 것은 17세기 초반 『耘谷詩史』가 공개되고 난 뒤였다. 원천석이라는 인물을 조선의 지식계가 일부 알고는 있었지만, 그의 본 모습에 대한 정보를 풍부히 갖고 있지 못한 실정이었다. 『운곡시사』가 이때 나옴으로 해서 원천석은 麗末鮮初 사상계 일각을 대표하는 중요한 인물로 거론되기 시작했다. 조선 후기의 학자들은 원천석의 절의를 재인식했고, 그를 통해 고려 멸망과 조선 건국기에 있었던 정치적으로 민감한 사항들을 새로이 검토하기 시작했다.

어떤 면에서 원천석이란 존재는 조선 후기를 살았던 많은 학자들에게 아주 새로운 문제의식, 특이한 주제 의식을 던지고 그 해결을 요구하는 화두였다. 그런 면에서 원천석은 여말선초의 인물이면서도 실상은 조선 후기의 문화 사상계에 그 의미가 되살아나는, 조선 후기적인 인물이기도 했다. 원천석의 역사적 삶을 보다 폭넓게 이해하려고 한다면, 17세기 이후 그의 삶, 그가 남긴 글들이 학계에 어떤 영향을 주었는지, 학계는 그를 매개하여 어떠한 문제를 발전시켜 나갔는지를 꼼꼼히 짚어보아야 할 것이다. 이 같은 검토는 역으로 조선 후기 사상계의 움직임을 생생하게 살필 수 있는 기반이 되기도 할 것이다.

그간 원천석의 삶과 사상, 그의 역사적 역할에 대한 검토는 다양하게 이

---

* 연세대학교 국학연구원 연구교수

루어져 왔다. 원주를 대표하는 한 지식인, 학자이면서 동시에 여말선초의
정신세계를 잘 보여주는 인물에 대한 접근이었다.[1] 그러나 그의 행적과 사
고가 구체적으로 드러나는 정황, 그리고 조선 후기의 지식인들이 그를 어떻
게 평가하고 그로부터 어떠한 영향을 받았는지, 그가 던진 충격파는 어떠했
던지를 본격적으로 따진 적은 없었다.

본고에서는 원천석이 조선 후기 학계·사상계에 미치는 영향을 그가『耘
谷詩史』를 통하여 재발견되는 시점에서부터 추적, 정리해 보고자 한다. 그
가 조선 후기 사회에 던진 문제는 우선, 절의의 모범적 표상이란 무엇인가
하는 점이었다. 유교사회였기에, 그가 보였던 절의의 삶은 많은 사람들에게
적지 않은 감동을 주었다.[2] 이와 더불어 이 시기 많은 사람들이 주목한 것
은 고려 말 禑王과 昌王이 辛氏가 아니라 실제 王氏임을 밝히는 그의 시들
이었다. 원천석은 여러 시편을 통하여 우왕과 창왕이 왕씨임을 천명했다.

이 가운데서 학계의 지적 지형을 변화시킬 정도로 영향력을 발휘한 것은
우왕과 창왕을 왕씨로 보는 시들이었다. 조선사회에서 우왕·창왕은 왕씨
가 아니라 신돈의 자식으로 인정되고 있었다. 고려를 멸망시키고 조선을 세
웠던 주역들은 우왕과 창왕이 왕씨가 아니라 신돈의 자식이라는 점을 고려
를 부정하고 조선을 새로 세움에 중요한 명분으로 삼았으며, 그 후『高麗
史』를 비롯한『東國通鑑』등의 史書에서는 이 같은 내용을 그대로 등재,
그들을 辛禑, 辛昌으로 불렀다.[3] 이 점은『東國史略』과 같은 16세기의 私
撰 史書에서도 이어졌다. 이러한 상황에서 우왕·창왕을 왕씨로 인정하는
원천석의 언급은 파문을 일으키기에 충분했다.

조선 건국의 주요 명분을 부정하는 논리가 거기에 있었고 마침내는 이를
바탕으로 前代의 중요한 역사적 사실에 대한 시각을 교정해야 한다는 필요
성이 제기되기 때문이었다. 학계의 반응은 다양하여, 이 내용을 부정적으로

---

1) 원천석에 관한 최근의 연구는 이인재 편,『耘谷學會研究論叢』1, 耘谷學會, 2005에
   망라되어 있어, 연구의 구체적인 동향과 성과를 확인할 수 있다.
2) 이 점은『운곡시사』의 부록으로 실린 事蹟의 여러 글들에서 확인할 수 있다.
3) 여기에 대해서는 이상백,『李朝 建國의 硏究』, 을유문화사, 1949 ; 金庠基,『高麗時
   代史』, 서울대출판부, 1961 참조. 이 문제를 정치사상적 측면에서 검토한 연구는
   도현철,『高麗末 士大夫의 政治思想 硏究』, 일조각, 1999, pp.225-238 참조.

거부하기도 했고 조심스럽게 유보적으로 대하는 경우도 있었으며 보다 적
극적으로 찬성하는 모습을 보이기도 하였다. 한편 이 내용은 고려사 인식과
서술에 지대한 영향을 미쳤는데, 18세기 말에 이르러『東史綱目』에서는 우,
창의 재위 시기를 禑王紀·昌王紀로 정리, 종래의 사서와는 전혀 다른 체
재를 선보였다.

　논의의 순서는 다음과 같다. 처음『운곡시사』의 출간 이후 학계의 반응은
어떠했는지를 살피고, 이후 17세기 후반과 18세기로 가면서 이 책의 내용에
대한 의견은 어떻게 변화해 가는지, 그리고 그것이 고려사 서술에 어떤 방
식으로 반영되는지를 검토하고자 한다.

2. 17세기 초『耘谷詩史』의 발견과 그 파문

1)『耘谷詩史』의 '발견'과 '禑昌王氏'說

『운곡시사』는 1603년 강원도 관찰사를 지내던 朴東亮(寄齋, 1569~1635)
이 정리하여 그 의의를 크게 강조함으로써 세상에 모습을 드러내었다. 이전
에도 운곡 원천석이 남긴 글이 있다는 사실은 알려져 있었지만 그 내용이
구체적으로 드러난 것은 박동량이 이를 발견, 세상에 밝힌 이후였다.[4]『운
곡시사』는 오랫동안 後孫家에 비장되어 오던 터라 알려지지 않은 새 자료
였다.[5] 박동량은 원천석을 조선 학계에 등장시킨 일등공신이라 할 것이다.[6]

---

4) 책으로 간행한 것은 이후의 일이다. 박동량이 책자 형태를 갖추어『耘谷詩史』로
　편집하였으나, 간행에까지 이르지는 못하였다. 이후 1800년(정조 24) 무렵에 이르러
　13대 손 孝達 등이 주축이 되어 丁範祖와 鄭莊으로부터 서문과 발문을 받아 간행
　하려 했으나, 역시 간행하지는 못하였다. 그 후 16대 손 驥이 문집의 간행을 다시
　추진, 기왕에 수합된 자료를 재정리하여 1858년(철종 9)에 간행하였다.
　　박동량이 정리한 책자는 주위 몇몇에게만 알렸던 것으로 보인다. 그의 손자인 박
　세채마저도 박동량 편집본을 다른 사람의 손을 빌려서 구해 볼 수 있었다(『南溪
　集』卷69, 書耘谷詩史後 丁巳九月二十八日, "始余從外王父所錄晴窓軟談 獲閱耘
　谷先生諸詩 有以竊識其節義之大致　後十餘年 因人得睹先王父所編先生詩史者
　蓋未嘗不掩卷太息 涕涔淫欲下也 又後十餘年 屏廢漂轉 乃幸寓居于原州西界 復
　得是編而讀之").
5) 물론, 박동량 이전에『운곡시사』의 존재를 알고 이 사실을 기록으로 남긴 경우도

　1603년 박동량의 『운곡시사』 발견[7]이 갖는 의미는 단순하지 않았다. 고려 말의 학자 원천석의 행적과 사람됨에 대해 조선의 학자들이 모르고 있었던 것은 아니었지만, 이때 『운곡시사』가 공개됨으로써 여러 사람들이 원천석의 목소리를 직접 생생하게 접할 수 있게 되었다. 『운곡시사』는 여말선초를 살았던 절의의 인물 원천석에 대한 풍부한 자료를 조선사회에 제공하는 원천이었다. 하지만 이 자료의 공개가 갖는 문제의 핵심은 여기에 있지 않았다.

　『운곡시사』는 17세기 조선사회에 엄청난 파문을 던질 내용을 갖추고 있었다. 그것은 우왕과 창왕이 辛氏가 아니라 王氏라는 사실을 몇 편의 시를 통하여 밝힌 점이었다. 만일, 우왕과 창왕이 신씨가 아니라 왕씨라면, 우왕·창왕이 신씨라는 종래의 견해는 부정되어야 했다. 또한 우왕과 창왕이 신씨이므로 고려를 멸망시키는 것은 당연하다는 조선 건국의 명분도 크나큰 손상을 입게 될 터였다.[8] 이 사실이 몇 편의 짧은 시를 통해서 거론되었기에 원천석의 속 깊은 생각이 낱낱이 다 드러난 것은 아니었지만, 그래도 그 제시하는 메시지만은 강렬했다. 『운곡시사』에 실린 이와 관련한 시편은 다음과 같다.

　　① <삼가 주상전하가 강화로 옮겨가고 원자가 즉위했다는 말을 듣고 느낀 감상(伏聞主上殿下遷于江華元子卽位有感)>

　　있었다. 김시양은 임진왜란 때 원주 치악산으로 갔다가 후손으로부터 원천석의 시고를 얻어 보았으며, 원주에 살았던 松窩 李墍는 자신의 저서 『松窩雜記』에 그 구체적인 사실을 정리해두었다. 이 점은 뒤의 주 12)와 13) 참조.

6) 물론 이 무렵 원천석의 원고가 세상에 알려지는 것은 반드시 박동량만의 노력은 아니었을 것이다. 1612년(광해군 5)에 원천석의 祠宇가 원주의 칠봉에 만들어지고 있었던 것으로 보아(『耘谷行錄』 「七峯書院事蹟」), 이 지역의 후손과 사림들이 그를 현창하기 위한 노력을 이 무렵 지속적으로 펼쳤던 것으로 보인다.

7) 여기서 발견이라 한 것은 이미 이 책의 존재를 여러 사람들이 알고는 있었지만, 박동량이 序文을 작성하고 책자 형태로 묶어 세상에 그 내용을 보일 준비를 함으로써, 조선 학계가 본격적으로 이 책의 가치에 주목하기 시작했다는 것을 드러내기 위해서이다.

8) 여기에 대해서는 도현철, 앞의 책, 1999 참조.

훌륭한 임금 父子 꼭 알맞게 나오셨기에 / 聖賢相遇適當時
이제부터 운세가 돌아온다 믿었다오 / 天運循環自此知
나라 걱정하는 마음 초야라고 어찌 없을까 / 田畝豈無憂國意
간절한 마음 쏟아 안위를 염려하네 / 更殫忠懇念安危

새 임금 즉위하고 옛 임금은 강화로 / 新主臨朝舊主遷
쓸쓸한 해변가 운무만 가득하네 / 蕭條海郡但風煙
하늘 문 바른 길을 그 누가 좌우하나 / 天關正路誰開閉
역사의 전철 어떠한지 밝히 살펴 보리라 / 要見明明鑑在前

　② <들건대 이 달 15일에 국가가 정창군을 왕으로 세우고 전왕 부자는
신돈의 자손이라 하여 서인으로 폐했다고 함(聞今月十五日 國家以定昌君
立王位 前王父子以爲辛旽子孫 廢爲庶人)>
이전 임금 부자지간 서로들 분리되어 / 前王父子各分離
일만 리 동쪽 서쪽 한 구석에 옮겨졌네 / 萬里東西天一涯
몸이야 서인으로 전락된다 할지라도 / 可使一身爲庶類
마음이야 천고토록 변할 리가 있겠는가 / 寸心千古不遷移

王建 태조 그 맹세 하늘에 응답되어 / 祖王信誓應于天
끼친 은택 수백 년간 흘러져 전해 왔네 / 餘澤流傳數百年
어찌하여 일찍부터 眞僞를 분간 못했던가 / 分揀假眞何不早
푸른 하늘 밝게 살펴 비춰보고 있으리 / 彼蒼之鑑照明然

　③ <국가가 영을 내려 전왕 부자에게 죽음을 내리다(國有令前王父子賜
死)>
높은 지위 부유한 생활 모두 임금 은혜인데 / 位高鍾鼎是君恩
반목하며 복수심에 집안을 죽여 없앴구나 / 反目含讐已滅門
나라에 어찌 큰 복이 내려질 수 있겠는가 / 一國豈能流景祚
말 못할 원한 지하에서 풀기 어렵게 되었구나 / 九原難可雪幽寃

60

옛날 풍속 없어지고 태평시대 돌아옴에 / 古風淪喪時還泰
공평한 새 법 시행되고 도는 더욱 높아지리 / 新法淸平道益尊
옥 址臺 쪽을 향해 부르는 만세 소리 / 且向玉墀呼萬歲
산골까지 넉넉하게 은총 내려 주시기를 / 願施優渥及山村

　박동량은 이 시편들을 접하면서 매우 흥분했던 모양이다. 서문에서 그는
첫머리부터 이 내용을 거론하며, 이것이 갖는 의미를 강조하고 있었다. 그
는『운곡시사』로부터 이전부터 갖고 있던 우왕·창왕의 신씨설에 대한 의
심을 깨뜨릴 수 있었던 것으로 보인다. 우왕·창왕을 신씨라고 보는 通論에
대해 그가 어떤 연유로 의심을 품고 있었던가 하는 점은 명확하지 않으나,
그는 우왕이 왕위에 올랐을 때의 상황으로 본다면 우왕이 신씨일 수가 없다
는 생각을 이미 하고 있었던 것으로 보인다. 다음 언급 대로이다.

　　우왕이 처음 왕위를 이어받을 적에 崔都統, 牧隱, 圃隱 같은 몇몇 원로가
아직도 남아 있어서 당시에는 윗 사람이나 아랫 사람이나 이의가 없었다.
뿐만 아니라 목은이 먼저 말하길, 마땅히 전왕의 아들을 세워야 한다고 했
다. 하지만 창왕을 폐위할 즈음에 이르러서야 비로소 우왕 부자는 신돈의
아들이라는 말이 나왔다. 그렇게 하지 않고서는 창왕을 폐위시킬 길이 없었
기 때문에 다만 이것으로써 구실을 삼았을 뿐이다. 그렇지 않다면 왕씨의
후손은 이미 공민왕 뒤에 끊어진 셈이니 몇몇 분들이 과연 누구를 위해 精
忠 大節로 정성을 다하고 힘을 다하여 죽고 말았겠는가? 하물며 당시에는
조정의 기강이 그다지 문란하지 않고 군국의 큰 정사도 몇몇 분들에게 일임
되어 있었으니, (거짓 임금이라면) 거짓 임금을 몰아내고 나라 왕실의 성을
존속시키는 일에 누구보다도 앞장설 분들이 아니었던가? 그들이 취할 태도
는 이미 마음 속에 강구되었던 것이 분명하다.9)

　牧隱 李穡이 前王의 아들을 왕으로 세워야 한다고 했다는 발언, 창왕을
폐위할 즈음에 그를 폐위시킬 명분으로 비로소 禑王 父子가 신돈의 아들이
라는 말이 나왔다는 사실, 그리고 조정의 기강이 문란하지 않고 軍國의 큰

9)『耘谷行錄』卷6, 耘谷詩史序.

정사도 능력 있는 신하들에게 일임되어 있었기 때문에 만일 우왕과 창왕이 거짓 임금이었다면 그들이 용납하지 않았을 것이라는 점 등으로 본다면, 우왕 부자가 왕씨가 아닐 수 없다는 인식이다. 박동량은 당시의 정황과 관련하여 우왕과 창왕이 신씨일 수 없다는 판단을 내리고 있었다. 이러한 인식이 당시의 정세를 '朝廷의 紀綱이 문란하지 않고 軍國의 큰 政事도 능력 있는 신하들에게 일임되어 있었기 때문'이라고 판단하는 가운데 이루어지는 것은 매우 의미 있는 대목이다.

그러므로 『고려사』와 같은 역사서를 만든 무리들이 "우왕 부자를 신돈이 낳은 아들로 덮어 씌웠으며, 그것도 모자라 공민왕이 병풍 뒤에서 洪倫 등이 벌이는 외설스런 짓을 보았다고 기록하기에 이른 것"은 "일찍이 王氏의 국록을 먹은 자들이건만 죽음으로써 본분"을 다하지 못한 개탄스런 일이었다.[10]

우왕·창왕과 관련된 이 같은 의문을 『운곡시사』의 위 시편들은 여지 없이 풀어 주었다. 박동량은 『운곡시사』로 말미암아 우·창 부자가 왕씨였다는 사실이 확정되고, 『고려사』의 잘못된 기록들도 변증할 여지가 있게 되었음을 강조했다.

> 우왕의 한 가지 사실만 근거해서는 그것이 참인지 아닌지 알 수 없었으니, 선생의 한마디 말씀이 아니었더라면 千·百年 뒤까지도 반드시 그릇된 기록을 답습하는 일이 그치지 않았을 것이다. 그러고서야 우리나라에 역사가 있다가 말하겠는가? 충신과 의로운 선비가 나라에 유익함이 바로 이와 같다. 목은과 포은 같은 분들이 조정에 있었기에 天命과 人心이 이미 떠난 뒤에도 왕조가 수십 년 동안이나 부지할 수 있었다. 선생같이 재야에 숨어 살았던 사람이 시를 읊고 회포를 서술하면서 사실에 근거하여 바로 썼으니, 말씀 한 마디, 글자 한 자가 모두 忠奮에서 나온 것이다. 왕씨들이 父子였다는 사실이 정해졌을 뿐만 아니라 高麗史 가운데 어지러운 말과 망령된 글들도 이로 말미암아 변증할 여지가 있게 되었다.

---

10) 위와 같음.

62

　박동량이 흥분하는 모습은 어떤 면에서 보면 의외였다. 이미 그 이전에도
『운곡시사』의 내용을 본 사람이 몇 명 있었다. 南人學者 金時讓(荷潭, 1581
~1643)의 경우, 임진왜란 중에, 원천석의 원고를 치악산의 후손으로부터 직
접 얻어 보았던 모양이다. 『운곡시사』가 공개되기 전이었다. 하지만 그는
원천석의 글을 읽으면서도 우왕·창왕이 신씨가 아니라는 내용에 대해서는
매우 조심스럽게 대하고 있었다.[11]

　원주의 문인 松窩 李墍(1522~1600) 역시 『운곡시사』를 구체적으로 본 인
물이었다. 이기는 그의 저술 『松窩雜記』에서 원천석의 절의의 행적을 소개
하는 한편으로 국가에서 선왕의 아들을 신돈으로 몰아 폐위시킨 뒤 강화도
로 유배 보낸 내용을 담은 시, 창왕을 폐위한 뒤 강화도로 보내고 우왕을
강화도에서 강릉으로 옮긴 뒤 사사시킨 내용을 담은 시 등을 소개하고, "공
은 禑와 昌 父子를 先王으로 여기고 시를 지어 哭했다"[12]고 하여, 원천석
이 우왕과 창왕을 신씨가 아니라 왕씨로 보고 있었음을 명확히 하였다. 기
록상으로는 이기의 이 기록이 원천석의 '禑昌王氏說'을 소개하는 본격적인
언급으로 여겨진다.[13] 그러나 그는 『운곡시사』를 편찬하거나 그것이 갖는
의미를 크게 드러내려고 하지는 않고 있었다. 이런 사실로 본다면 박동량의
태도는 분명 남다른 데가 있었다.[14]

---

11) 金時讓, 『紫海筆談』, "元公天錫原州人 能文章有節操 遭世亂隱居不仕 著書以自
　　見 其書革除間事微婉得史法 子孫世秘藏不以示人 有遺戒云 今年十二 隨父兄避
　　壬辰兵于雉岳山之大乘庵 元斯文警鳴亦在焉 即公之後也 時出其藁 余嘗少畧窺
　　一班 而不能細也 其記禑昌事曰 以前王父子 爲辛旽子孫云云 今追思之以爲二字
　　有深意在於言表".

12) 『松窩雜記』.

13) 이기는 본관이 韓山으로 이색의 후손이며, 아버지는 之蘭, 어머니는 元瑭의 딸이
　　다. 원천석은 그의 외조부의 고조였다(『松窩雜記』). 이기의 생애와 『松窩雜記』에
　　대해서는 오영교, 『韓山 李氏 同族마을과 《松窩雜記》』, 연세대학교 매지학술연
　　구소, 2001 참조.

14) 여기서 김시양이나 이기, 박동량 이전에도 이 책을 본 사람이 있었던가 하는 의문
　　을 가지게 된다. 鄭弘翼(1571~1626)의 기록을 보면, 이황이 "원성에 믿을 만한 역
　　사가 있다"고 하였고 鄭逑도 "원성에 믿을 만한 역사가 있다"고 하였다고 한다(『耘
　　谷詩史』 부록, 事蹟). 이황이나 정구가 이 사실을 알고 있었을 가능성이 크다. 그러
　　나 이황이나 정구의 문집에서 이에 대한 내용은 찾을 수 없다.

원천석의 『운곡시사』가 알려짐으로써 이제 조선 학계는 우왕이 왕씨라는 견해를 뒷받침하는 자료를 더 얻게 되었다. 종래, 우왕이 왕씨라는 이야기가 떠돌긴 했지만,[15] 이를 입증하는 자료는 거의 없었다. 알려지기로는 창왕이 즉위할 때 나온 이색의 발언이 유력했다. 우왕이 폐위된 뒤, 다음 왕을 누구로 정할까 의논이 분분할 때, 이색이 '前王의 아들 곧 昌을 왕으로 옹립하자'고 했다고 하는데,[16] 여기서 이색이 昌을 전왕의 아들이라고 한 것을 보면 그를 신씨가 아니라 왕씨로 보고 있었다고 인정할 수 있다는 것이었다. 이 이야기는 미약하지만, 어쨌든 '禑昌王氏說'을 거론하는 사람들에게는 중요한 근거였다.

이 같은 상황에서 『운곡시사』는 그야말로 새롭고 든든한 자료였다. 많은 사람들이 이제 이 자료를 통하여 운곡 원천석의 절의의 실체를 접하게 되고 또 고려 말의 역사 상황을 새로이 인식하게 되었다. 이 무렵 원주에서 그를 충절의 인물로 높이고 그 정신을 배우자는 움직임이 일어나는 것도 『운곡시사』 공개와 연관된 것으로 보인다. 이 지역의 후손과 사림들은 1612년(광해군 5)에 원천석의 祠宇를 건립하였고, 1624년(인조 2)에는 원천석의 위판을 봉안하였다.[17] 원천석이 원주 지역 사림의 중심 인물로 부상하는 모습이었다. 하지만 이것이 지역성에 묶이는 일은 아니었다. 이후로 원천석은 조선의 사상계에서 새로운 인물로서 그 존재감이 부각되기 시작했다.

2) '禑昌王氏說'을 둘러싼 논의와 그 확산

『운곡시사』가 나오자 많은 사람들이 원천석의 시편 내용을 확인하고 그 이야기에 동조하였다. 전폭적인 신뢰를 보이는 인물로는 우선, 申欽(象村, 1566~1628)을 들 수 있다. 신흠은 원천석의 遺稿 중에는 후세에서 알 수 없

---

15) 柳希春의 「經筵日記」는 이에 대한 중요한 정보를 알려준다(『眉巖集』 卷5, 日記刪節○上, 經筵日記別編, "聞趙府使先祖 麗末以文官 爲扶餘縣監 知將易姓 棄官而退 著一記 痛辨禑昌爲二王之恭愍子孫 而鄭道傳誣以辛氏之姦 戒子孫勿開 其後孫居咸陽開見 慮後患而焚之云").

16) 이 내용은 17세기 후반경의 자료에 보면, 한산이씨 족보에 실려 있었다고 한다. 한산이씨 족보에 이러한 내용이 언제 실렸는지는 명확하지 않다.

17) 『耘谷行錄』, 「七峯書院事蹟」.

었던 당시의 事迹을 직설적으로 기재한 것들이 있는데, 辛禑를 공민왕의 아들이라고 한 것은 그의 直筆 가운데에서도 대표적인 것이라 하고, 원천석의 시편 가운데 우왕·창왕이 왕씨라는 사실을 보여주는 시들을 일일이 소개하였다.[18] 이때, 그는 원천석의 시를 여러 편 보았었는데, 그 중에는 대단히 위험한 내용을 담고 있는 두 편의 시도 같이 포함되어 있었다.[19]

그가 보기에, 원천석의 시는 詩語가 질박하여 제대로 표현되지 못한 곳이 많긴 하지만 사건에 대해서만은 숨김없이 곧이곧대로 썼으니, 鄭麟趾의 『高麗史』에 비교해 보면 해·별과 무지개처럼 현격하게 차이가 날 정도였다. 그리하여 그는 원천석의 기록에 대해, "우와 창의 일은 마땅히 원천석이 기록한 것을 신뢰할 만한 역사로 보아야 한다"[20]고 단언하기까지 하였다.

申翊聖(樂全堂, 1588~1644) 또한 원천석의 『운곡시사』의 내용을 적극 긍정, 그들이 왕씨이고 우왕이 공민왕의 아들인 것은 의심할 바 없는 것이라 하였으며,[21] 尹根壽(月汀, 1537~1616)도 우왕은 왕씨인 것이 확실하며 간신들이 그를 다른 성씨로 모함하였다 하였다.[22]

韓百謙(久菴, 1552~1615) 역시 원천석의 생애를 높이 평가하고 『운곡시사』의 내용을 신뢰했던 것으로 보인다. 이 점은 吳澐(竹牖, 1540~1617)의 『東史纂要』에서 확인된다. 오운에 의하면 그가 『동사찬요』를 만들고 있을 때, 천리 밖에 떨어져 있던 한백겸이 원천석의 行錄과 時事에 대한 내용을 자세히 적어 보내어, 『동사찬요』에서 그를 평가해 줄 것을 재삼 요청했다고 한다.[23] 오운은 한백겸의 의견을 좇아, 그가 정리해 준 기록을 刪潤하여 이를 『동사찬요』에 실었다.[24] 한백겸은 오운에게 보낸 편지에서 "절의편의 보유 중에서 원천석은 또 빠졌으니, 황천에서도 영예를 얻는 것이 운수가 있

---

18) 『象村集』卷60, 晴窓軟談下.
19) 『南溪集』卷69, 書耘谷詩史後 丁巳九月二十八日.
20) 『象村稿』卷46, 外稿第5, 彙言5, "禑昌之事 當以元天錫所紀爲信史".
21) 申翊聖, 「松都奇異跋」, 李德泂 纂, 『松都奇異』, 乙亥年.
22) 위와 같음.
23) 『東史纂要』卷7, 43나-44가.
24) 『東史纂要』는 1606년(선조 39)에 완성, 간행하였는데, 3년 뒤 1차 수정했다가 1613년 한백겸의 편지로 이 같은 사실을 알고는 2차로 수정, 1614년 간행하였다(金順姬, 「吳澐의 《東史纂要》의 서지학적 연구」, 『書誌學硏究』24, 2002 참조).

습니까?"라고 하여 그의 행적을 『동사찬요』에 싣기를 촉구했고, 오운은 이를 수용했던 것이다. 한백겸이 『운곡시사』의 내용에 동조하였던 것은 분명해 보인다.

이와 같이 17세기 초, 『운곡시사』가 공개됨으로 해서 원천석은 세상에 그 모습을 구체적으로 드러내었고, 그가 지은 시는 우왕과 창왕이 왕씨임을 조선사회에 깊이 각인시켰다. 『운곡시사』의 공개 이후, 조선 학계에서 '禑昌王氏說'이 얼마만큼 펴져 나갔던가는 쉽게 확인되지 않는다. 일단은 위의 몇몇 중요한 정치가·학자들에게서 이 설에 동조하는 모습을 확인할 수 있다. 많은 경우는, 매우 조심스럽게 이 내용을 대하고 있었다.[25]

여러 사람들이 『운곡시사』에 동조하는 의견을 내는 것은 박동량의 편찬 작업이 끝난 뒤 그렇게 많은 시간이 흐르지 않았을 때였던 것으로 보인다. 이들의 반응은 서로 공유하는 정황 위에서 이루어지고 있었다. 그런데, 『운곡시사』에 동조했던 사람들의 면면과 그 강조점을 살피면 중요한 점을 확인할 수 있다.

이들은 대부분 박동량의 姻戚이거나 그와 친했던 사람들인데, 대체로 왕실과 인척관계를 맺고 있거나 공신인 경우, 그리고 고위 관료들이었다. 박동량은 扈聖功臣 錦溪君으로 이른바 선조의 '遺敎七臣'의 일인이었다. 큰아들 瀰는 貞安翁主와 결혼하여 錦陽尉가 됨에 왕실의 인척이 되었다.[26] 申欽 또한 '遺敎七臣'의 일인으로 박동량과 사돈 관계를 맺었다. 申翊聖은 신흠의 아들로 선조의 부마였으며, 韓百謙 또한 왕실과 연을 맺은 인물이었다. 그의 동생 韓浚謙은 인조의 장인이었다.

또 하나는 이들이 원천석을 節義의 표상으로서 적극 평가하는 것은 아니었다는 점이다. 이 점은 매우 의미 있는 대목이다. 시간이 조금 흐른 뒤이긴 하지만, 허목(眉叟, 1595~1682)이 원천석의 墓碣銘을 작성할 때, 그를 節義의 인물로서 표창한 것과는 크게 대비된다. 허목은 원천석이 세상을 피해

---

25) 이는 오운이 한백겸의 글을 보고 보인 반응에서도 확인된다. 이는 다음 장에서 상술한다.

26) 『白沙集』卷2, 通政大夫承政院左承旨閔公墓誌銘, "朴東亮 卽守穆陵者 資憲大夫 知中樞府事 勳爲錦溪君 生三男女 長錦陽尉瀰 尙貞安翁主".

66

숨어 살았지만 "道를 지키며 두 마음을 가지지 않음으로써 그 몸을 깨끗이 했다"고 하여 伯夷와 같은 존재라 하였다.[27]

이들이 '우창왕씨설'을 찬성하는 것은 어떤 사정에서 였을까? 그리고 당시 학계의 사정에서 '우창왕씨설'이 던지는 파문은 어떤 내용이었을까? '우창왕씨설'은 우선 시휘에 저촉되는 내용이었다. 대단한 위험이 도사리고 있었다. 이는『운곡시사』의 간행이 지체되는 요인이기도 했다. 박동량은『운곡시사』를 공개하는 것을 관찰사의 한 직분이라 하였다.[28] 그 위치에 있었기 때문에 그 같은 일을 할 수 있었던 능력이 있었던 것만은 분명하다. 하지만 이 일은 모험이었다. 박동량이 원고를 책자로 묶고 서문까지 작성했지만 더 이상 작업을 진척시키지 못했다.『운곡시사』의 원고는 간행되지 못하고 방치되어 있었다. 公刊되면 심각한 위험에 처할 가능성이 농후했다. 이 점은 朴東亮의 손자 朴世采가『운곡시사』를 새로이 정리할 때 겪었던 상황에서 유추할 수 있다.

박세채는 1677년(숙종 3) 박동량의 손길이 미친『운곡시사』원고와 외조부 申欽이 보고 있던 두 편의 시, 그리고 신흠과 또 다른 사람의 글 등을 합하여『운곡시사』를 새롭게 편찬, 1권의 책자로 묶었다.[29] 이때 주위에서는 위험하다고 하여 만류하고 있었다. 조부와 외조부의 작업은 원천석의 절의를 드러내 보이는 점에서 지극한 점이 있었지만, 개국 당시의 의론을 주도하고 역사를 편찬한 사람들의 허물을 지속적으로 드러내어 결국 '開國의 君臣之道'를 무너지게 하리라는 것이었다.[30] '개국의 君臣之道'란 아마 조선

---

27)『記言』卷18, 丘墓 二, 耘谷先生銘, "先生雖逃世自隱 非忘世者也 守道不貳 以潔其身 伯夷之言曰 古之士 遭治世 不避其任 遇亂世 不爲苟存 天下暗矣 不如避之 以潔吾行".

28)『耘谷行錄』,「耘谷詩史序」, "蓋觀風者之所不可已".

29)『南溪集』卷58, 記論著大旨, "耘谷詩史一冊 (중략) 耘谷詩史丁巳九月成" ;『南溪集』卷69, 書耘谷詩史後 丁巳九月二十八日, "始余從外王父所錄晴窓軟談 獲閱耘谷先生諸詩 有以竊識其節義之大致 後十餘年 因人得睹先生所編先生詩史者 蓋未嘗不掩卷太息 涕泗淫欲下也 又後十餘年 屛廢漂轉 乃幸寓居于原州西界 復得是編而讀之 於是愚不自量 輒敢添入軟談所載詩二首於其間 且爲移錄外王父及某氏議論 以究其詳密".

30)『南溪集』卷69, 書耘谷詩史後 丁巳九月二十八日, "有問者曰子之二先公 所以爲

건국을 주도한 이성계를 중심으로 형성된 새로운 군신의 규범을 의미할 것
이다.

조선을 개국한 君臣들의 명분은 우왕·창왕이 신씨였음으로 국가의 명운
이 모두 다했다는 것이었다. 그러기에 우와 창을 왕씨로 인정하는 것은 이
러한 논리를 정면으로 부정하는 일이었다. 『운곡시사』에 실린 내용은 종래
우왕과 창왕에 대한 조선사회의 인식을 정면으로 부정하는 점에서 폭발성
을 지니고 있었다. 신중하게 접근할 수밖에 없는 상황이었다. 사정이 이러
했기에, 박동량의 흥분, 그리고 여러 공신급 인물들의 동조는 특별한 느낌
을 갖게 한다.

이들은 고려가 멸망하고 조선이 새로 세워진 것은 天命이 다하고 人心이
새 군주에게로 돌아왔기 때문에 가능했다고 하여 그 교체를 부정하지는 않
았다. 다만, 우왕 창왕에 대한 사실은 왜곡된 것이라 보고 있었다. 이들이
'우창왕씨설'을 긍정적으로 수용한 데에는 우선, 이들이 왕실의 존재와 안
정을 무엇보다 중시하는 親王적인 처지에 있었기 때문으로 보인다. 왕실의
保衛와 國祚의 長久는 분리될 수 없는 문제였고, 이는 고려나 조선 왕실 구
분없이 공통적으로 적용되는 사항이었다. 공민왕과 우왕, 창왕을 도덕적으
로 훼손하여 붕괴할 이유가 없다는 것이 이들의 생각이었다.

다음으로, 이들이 '우창왕씨설'을 긍정적으로 수용한 데에는 우선, 고려
말의 정국을 지극히 정상적인 것으로 긍정하는 인식과 연관이 있었다. 그
정상적인 상황은 軍國의 政事가 몇몇 대신들에게 위임되어 무리 없이 운영
되는 데서 가능한 것이었다. 박동량의 서문에서도 확인되는 바지만, 이들은
최영·이색·정몽주 등 대신의 역할을 대단히 긍정하고 있었다.

당시에는 조정의 기강이 그다지 문란하지 않고 군국의 큰 정사도 몇몇 분

先生扶義闡微固至矣 然頗歷擧當時主議撰史者之咎 不啻丁寧反復 毋亦少妨於開
國君臣之道耶 余曰否否 春秋 聖人之書 猶於當時先君之事 有不容盡隱 而紫陽夫
子記靖康之禍 曲載其詔語而無少諱 況此所論 不過爲一二攀附文飾之徒而發 要
皆無以厭服天下萬世之心 實如二公指 則夫何傷於國家之興運 應乎天而順乎人
非彼所能與者哉 問者敬諾 遂乃並記其說于編後如此".

들에게 일임되어 있었으니, (거짓 임금이라면) 거짓 임금을 몰아내고 나라 왕실의 성을 존속시키는 일에 누구보다도 앞장 설 분들이 아니었던가?

이같이 본다면, 박동량 등 '우창왕씨설'에 동조하는 사람들의 판단은 친왕적인 처지에서 대신의 역할, 공신의 역할을 강조하는 의식 속에서 나온 것이라 할 수 있겠다. 이들에게 '우창왕씨설'은 이들 스스로의 정치의식을 확인하게 하는 중요한 계기였다.

한편, '우창왕씨설'은 이 시기 사상계에 미묘한 변화를 일으키는 촉매로 작용하고 있었다. 이를테면 張維(谿谷, 1587~1638)의 발언은 그 뚜렷한 징표라 하겠다. 장유는 고려 말 정몽주가 우왕·창왕이 誅戮을 당할 때 아무런 일을 하지 않고도 아홉 공신의 반열에 오른 것은 이해할 수 없다고 하여 큰 의문을 표하였다.[31] 우왕·창왕이 신씨라면 문제가 없겠지만, 왕씨였다면 忠節을 다해야 하는 신하로서 어찌 가만히 있었던가 하는 의문이었다. 장유의 비판은 김종직에 대한 비판과 맞물려 나온 것이었는데, 이러한 문제의식은 우·창왕을 왕씨로 받아들인 데서 가능했다. 그리고 그것은 정몽주를 절의의 표상, 東方 理學의 祖宗으로 높이 추앙하고 있던 현실에 대한 극명한 비판의 표시였다.[32]

정몽주를 동방 이학의 조종으로 평가하기 시작한 것은 중종대 '己卯士林'들이었는데, 이들은 鄭夢周→ 吉再→ 金宗直→ 金宏弼로 이어지는 道學의 계보를 설정하고 자신들이 그 계보를 잇고 있음을 강조하였다.[33] 이후로 정몽주가 문묘에 배향되었으며 정몽주를 높이는 의식이 널리 확산된 것은 주지의 사실이다.[34]

---

31) 『谿谷漫筆』 卷2, 圃隱佔畢齋皆有重名於斯文而皆有大可疑處, "我東有二大儒 皆有重名於斯文 而皆有大可疑處 圃隱能以死殉國 而禑, 昌之廢戮 不能有所樹立 至列於九功臣 此一可疑也 佔畢齋委質光廟 而弔義帝之作 大犯春秋諱尊之義 蓋有是心則不當立於其朝 旣立其朝則不當作此文也 心事矛盾 義分俱虧 此二可疑也 自文忠從享文廟 後學不敢復議其得失 而戊午史禍之後 人亦不欲論其事 未知千載尙論 以爲如何也".

32) 정몽주를 이같이 평가하는 것은 중종대였다(『中宗實錄』 卷27, 중종 12년 2월 庚申).

33) 『中宗實錄』 卷103, 중종 39년 5월 丙寅.

이제 17세기 조선사회에서 '우창왕씨설'은 단지 고려 말기의 역사적 사항을 사실대로 드러낸다는 문제로서만 그치는 것이 아니게 되었다. '禑昌王氏說'이 논의되고 그것이 정몽주에 대한 비판으로 이어지는 상황은 당대 사상계의 중대한 기반을 뒤흔들 소지가 강했다. 이 설에 대한 비판이 자연스레 나오기 마련이었다. 崔錫鼎(明谷, 1646~1715)의 비판은 당시에 드러난 바 가장 뚜렷한 반발이었다.

최석정은 장유의 견해는 우·창을 왕씨로 인정하였기 때문에 나온 것이라 하여 '우창왕씨설'을 강하게 비판하였다. 최석정은 禑가 신돈의 아들이라고 확신하고 있었다.[35] 공민왕이 질환이 있어 아들을 보지 못하자 都下의 장건한 소년들을 뽑아 子弟衛를 만들고 이들을 後宮들과 통하게 하여 아들이 생기기를 바랐으며, 禑를 취하여 자식으로 삼고는 定原君으로 봉했다는 것이었다. 사람들이 모두 이 사실을 알면서도 감히 입 밖으로 내지 못하고 있었던 것이 당시의 실정이라는 것이었다.[36]

장유의 견해에 대한 최석정의 반발은 결국 원천석의 『운곡시사』에 대한 반발이었다. '우창왕씨설'을 퍼뜨리는 진원이 『운곡시사』인데 그는 이 책을 믿을 수 없었다. 그가 보기에 禑를 왕씨로 전하는 원천석의 逸史의 내용은 길거리에 떠도는 이야기를 전한 것일 뿐이었다. 원천석은 재야의 인물로 살았으니, 宮禁에 있었던 상세한 사실들을 알 리 없다는 것이었다.[37]

---

34) 정몽주가 文廟에 배향되는 과정에서 대신들은 정몽주가 '僞辛'을 섬겼다는 이유를 들어 문묘 배향을 반대하였다. 장유의 정몽주에 대한 비판적인 인식은 이때의 대신들의 의견과 유사하다. 하지만 그 판단의 근거는 완전히 다르다. 장유의 경우에는 우왕을 王氏로 인정한 위에서 정몽주를 비판했다. 또, 장유는 정몽주와 더불어 世祖代에 사환했던 金宗直에 대해 비판적인 태도를 가지고 있었는데, 이 모습도 기묘사림들이 정몽주와 더불어 김종직을 추숭하려고 했던 것과 비교된다(『中宗實錄』 卷27, 중종 12년 2월 庚申).

35) 『明谷集』 卷11, 論圃隱遺事, "谿谷漫筆曰 圃隱以死殉國 而禑昌之廢戮 不能有所樹立 至列於九功臣 此可疑也 愚謂此蓋沿襲禑昌非辛氏之說而爲之言者也 然以余考之 禑乃辛旽之子 禑昌之廢 雖由於太祖旣以廢辛立王氏爲言 則圃隱之立節於此擧 誠不免後人之議 故隱忍其間 及至恭讓禪授之際 乃授命而不渝焉 其所終始樹立 磊磊如此 至於九功臣之參錄 乃我朝諸臣之勒錄 此豈圃隱之本心哉".

36) 위와 같음.

37) 『明谷集』 卷11, 論圃隱遺事, "凡此皆辛王之辨也 雲谷元天錫逸史言禑實王氏 此

최석정의 견해는 내력이 있었다. 그의 생각은 아버지 최후량(靜修齋, 1616~1693)에게서 평소 전해 들은 내용이었다. 최후량은 史學에 많은 힘을 쏟았던 인물로, 고려 말의 사실에 정통하였으며 매양 禑를 辛氏로 이야기하였다고 한다. 이에 더하여 최석정은 주위 사람들에게도 지지를 받았다.[38] 특히 南岳 趙宗著는 그의 견해에 전적으로 동의하는 인물이었다.[39]

최석정이나 그의 아버지 최후량, 조종저의 의견은 결국,『운곡시사』를 매개로 우창왕씨설을 활발히 거론하고 이를 바탕으로 고려 말기의 역사를 새롭게 거론하던 대신 공신들과는 크게 대비되는 모습이었다.[40]

한편, '禑昌王氏說'은 절의파의 인물로 추숭되던 길재를 옹호함에도 단단한 근거가 되었다. 길재는 조선 초기부터 절의의 인물로 추장되었거니와 16세기에 와서는 기묘사림들에 의해 동방 성리학의 맥을 잇는 중요한 인물로 평가받았다. 그런데, 일각에서는 길재가 신우·신창의 신씨 왕조에 사환했다고 하여 그를 비판적으로 보기도 하였다.『東國輿地勝覽』에서는 길재가 辛朝에 사환했다고 하여 그를 부정적으로 묘사하였으며, 秋江 南孝溫도 길재가 辛氏 王朝에 仕宦하였다는 풍자시를 짓기도 하였다.[41]

則在野之人 徒信閭巷之傳言 未詳宮禁之事實 亦無怪也". 최석정의『계곡만필』의 정몽주 언급 구절에 대한 부정, 그리고『운곡시사』에 대한 부정은 결국, '절의'를 중시하는 처지에서의 비판이었다 하겠다.

38)『明谷集』卷11, 論圃隱遺事, "先親靜修公用工於史學 其論麗末事 甚詳而核 每以 禑爲辛氏 親舊間多有聞而知之者 今因論漫筆 倂著之如此".

39)『明谷集』卷11, 論圃隱遺事, "余曾與趙南岳宗著氏論麗季事 其論正與鄙見相符".

40) 그런데, 최석정의 아들인 최창대는 아버지와는 의견을 달리하였다. 여기에 대해서는 본고 3절 1) 참조.

41)『冶隱續集』卷下, 書南秋江過金烏山詩後 愚伏鄭經世, "南秋江伯恭過金烏山詩 有日辛朝注書吉冶隱 秀於嚴霜淸於水 又日 鴻毛命輕義重山 公與達可知此理 達可身經二姓王 杞梓寸朽鑑中疵 公身所委惟一君 眞知篤行誰與比 余讀而甚惑焉 冶隱之登第 在於禑之丙寅 其爲注書 在於昌之己巳 而是冬 恭讓卽位 翼年庚午春 冶隱辭以母老而歸 然則秋江之意 蓋謂冶隱委質於辛朝 以事恭讓爲恥而去也 禑 之爲旽出 世多疑之 如其爲辛氏無疑 則於麗實潛移國祚之賊耳 冶隱乃甘心北面 而顧於取日反正之初 奉身而退 爲辛氏立節 則其進退豈不爲無據 何足爲冶隱 又 何足爲眞知篤行耶 今之論冶隱者 拈出禑昌之事 且置一邊 但日以麗朝近臣 知宗 社將亡 棄官而去 聖人作萬物覩 而終身不出 於玆其爲不事二姓 大矣 豈不光明正 大 而必揷入圃隱 分事一事二以爲優劣 竊恐秋江於此 非徒謗圃隱 乃爲謗冶隱也

17세기에 이르러 이러한 상황은 더 강화되고 있었는데, 成渾의 제자인 安邦俊(隱峰, 1573~1654)은 길재가 辛氏 왕조에 사환하였다 하여 그의 절의를 문제 삼고 있었고,[42] 기호지역 西人의 유력 인물인 兪棨(市南, 1607~1664)도 그러한 의견에 어느 정도 동조하고 있었다.[43] 안방준의 길재 폄하는 그를 동방의 揚雄이라고 부를 정도로 격심했다.

길재에 대한 폄하는 한편으로는 조광조 등 기묘사림들에 의해 형성된 조선 道統의 맥을 문제 삼는 일이었지만 달리는 길재, 김종직, 김굉필의 영향을 받은 영남지역 사림들의 학문 기반을 근저에서 허무는 일이기도 했다. 길재의 의리를 중시하는 士類들은 이러한 폄하론에 맞서 여러 모로 대응책을 모색하고 있었다.

신씨 왕조에 사환했다는 공격에 대한 대응은 대체로 길재가 禑와 昌이 신씨인 줄 모르고 사환했기 때문에 아무 문제가 없다는 차원에서 이루어졌다.[44] 李翊(農齋, 1629~1690)은 여기서 한걸음 더 나아가 '우창왕씨설'을 활용, 길재 비판의 논리에 맞섰다. 李翊은 안방준과 유계가 주고받은 편지를 조목조목 거론하며 안방준과 유계의 길재에 대한 의심은 있을 수 없다고 변론하였다.[45] 길재의 절의를 두고 그는 "야은의 높은 절개는 고금에 빼어나

嗚呼 冶隱 微官也 無國亡與亡之義 故見幾而退 自潔其身 圃隱 大臣也 以一身而任社稷之寄 故臨危授命 殺身成仁 斯二者皆爲中道 而論其所處之難易 則固有在矣".

42) 안방준은 『牛山問答』이란 글을 지어 이러한 비판을 개진했다. 현재 이 자료는 남아 있지 않는데, 『冶隱續集』의 여러 편지에서 『冶隱續集』 卷下, 答安邦俊別紙 棄隱奇義獻 ; 『冶隱續集』 卷下, 與安邦俊問答質疑書 洗馬金萬英 ; 『冶隱續集』 卷下, 論安邦俊與兪棨答問 參判李翊) 그 중요한 내용을 확인할 수 있다.

43) 『市南集』 卷12, 與安牛山書, "冶隱出處 鄙人亦嘗疑之 (중략) 觀冶隱制行 必非中下人物 信如尊丈所疑 則實萬古亂賊之尤者 當時之人 亦必有所見者 何故崇飾一奸賊 冒入節義係籍中 以亂千古之是非耶 自古無心奸兇而名節義 以終欺天下後世者 故鄙人竊不敢遽信於高議也 此等處 若立論之則可 必欲勒成罪案 則無乃有誤決濫刑之悔耶".

44) 안방준은 『牛山問答』에 항의하고 비판하는 글들 대부분이 이런 방식이었다. 『冶隱續集』 卷下, 答安邦俊別紙 棄隱奇義獻 ; 『冶隱續集』 卷下, 與安邦俊問答質疑書 洗馬金萬英 참조.

45) 『冶隱續集』 卷下, 論安邦俊與兪棨答問 參判李翊, "原州人元天錫 亦不仕我朝 欲

다(野隱高節 超出古今)"고까지 극론하였는데, 그가 길재를 변론하는 자료로 주요하게 거론한 것은 원천석의『詩史』였다. 禑의 성이 王氏라는 사실을 이 자료가 밝혔으며, 우왕 당시에는 辛朝라는 표현 자체가 없었다는 것이 그의 주장이었다.

이와 같이『운곡시사』를 통하여 우왕과 창왕이 신씨가 아니라 왕씨라는 사실이 조선 학계에 유포되자, 이를 둘러싸고 학계 일각에서는 미묘한 반응이 형성되고 있었다. 대체로, 공신 혹은 왕실과 가까운 관계에 있었던 관료·학자들은 적극 긍정적인 태도를 취하였다. 이들의 '우창왕씨설' 수용은 고려 말 중요 인물들의 정치적 역할을 강조하는 의식과 깊이 연관되어 있었는데, 이들 가운데 일부는 이 견해를 바탕으로 절의의 표상으로 여겨지던 정몽주를 의심하기까지 하였다. 부정적인 태도를 취했던 인물로는 최우량, 최석정을 들 수 있다. 이들은 원천석의 '우창왕씨설'을 민간에 떠돌았던 소문을 전문한 것에 불과하다고 평가, '우창왕씨설'에 근거하여 고려 말 사회를 새로이 이해하려는 시도를 벗어나려고 하였다.

3. 논의의 진전과 高麗史 서술의 변화

1) 17세기 史書 편찬과『耘谷詩史』

우왕과 창왕에 관한 설왕설래의 논란은 역사적 사실에 대한 평가와 연관된 문제였다. 이들을 국왕으로 인정할 것인가 아닌가 하는 것은 고려의 멸망과 조선 건국의 의미, 혹은 조선의 정통성을 어떻게 이해할 것인가 하는 사안이기도 했다. 그랬기에, 원천석의『운곡시사』의 내용은 자연 고려사를 인식하고 서술하는 차원에서 주요한 문제로 거론되기 시작했다. 17세기 이후 다양하고도 활발하게 대두하는 이 시기 역사서술에서 이 주제는 어떤 형태로든 짚어야만 하는, 그러나 다루기 쉽지 않은 뇌관이 되었다.

爲禑伸冤來世 而當時王辛之辨極嚴 故不敢公傳 嘗緘封一小儿甚密曰 傳付世世 至不可保 然後發視 壬辰倭亂時 子孫依遺言發見 則置一冊子 皆言禑姓王事實矣 由是推之 則辛朝登第云者 不過隨當時所稱而言 不欲稱王朝而召禍也審矣 自相矛盾 且極可笑者".

최초로 이를 거론한 것은 吳澐의 『東史纂要』였다. 『동사찬요』는 1614년 (광해군 6, 갑인)에 최종 완성되었는데, 목판본으로 간행한 것은 1669년(숙종 10)이었다.[46] 책을 완성한 이후 간행하기까지 많은 시간이 흘렀는데, 공간되기 전에도 조선 학자들 중에는 이 책의 존재를 인지하고 있었던 사람도 있었다.[47] 이 책은 단군조선에서 고려까지 다루면서도 국가와 국왕의 사적보다는 列傳에 치중하는 특색을 가지고 있었다. 전8권 중 2권의 일부, 그리고 나머지 5권이 열전이었다.[48]

오운은 조선사회에서는 최초로, 그리고 본격적으로 원천석, 그리고 원천석과 관련된 사실을 史書에 기록하였다. 이는 물론 앞서 본대로 한백겸의 강력한 소개에 힘입은 바 컸다. 『동사찬요』에서는 일곱 번째 권에서 고려 말의 명신들의 사적을 정리하는 가운데 원천석의 생애를 소개하였다. 고려 말 정치가 어지러워지는 것을 보고는 치악산 아래로 은거하여 몸소 밭 갈아 부모님을 봉양하며 세상에서 알아주기를 구하지 않았다는 점, 진사 시험에 합격한 뒤 仕宦하지 않고 향리로 은거하였다는 점, 목은 이색 등 여러 사람들과 교유했다는 점, 조선 太宗의 부름에 응하지 않았다는 점, 남긴 시가 천여 수 되며 만년에 손수 6권의 책을 지어 후손이 비장하도록 했다는 점 등등을 기록하고 있다.[49] 대체로 이 시기 그에 대해 알려진 정보는 모두 수록된 것으로 여겨진다.

권7에 같이 수록된 인물로는 崔瑩, 朴尙衷, 李穡, 鄭夢周, 吉再, 徐甄, 李養中, 金澍 등이었다. 이들은 모두 고려에서 관직 생활을 했던 인물들이었는데, 원천석만은 예외였다. 고려에 벼슬하지 않은 인물을 名臣으로 등재한 점에서 대단히 파격적이었다 할 것이다. 『동사찬요』에서 원천석을 역사적인 의미를 갖는 인물로 파악하고 있었음을 알 수 있다. 이 점은 다른 사서에서 그를 전혀 언급하지 않는 데서도 확인된다. 『麗史提綱』, 『彙纂麗史』, 『東史補遺』 등 이 시기 만들어진 다른 사서에서는 원천석을 특별히 언급하

---

46) 책의 말미에 鷄林府, 곧 경상도 慶州에서 간행했다는 刊印이 나온다.

47) 『鶴沙集』 卷7, 慶州府尹竹牖吳公墓碣銘幷序.

48) 여기에 대해서는 韓永愚, 『朝鮮後期 史學史硏究』, 일지사, 1998, pp.36-37.

49) 『東史纂要』 卷7, 43나-44가.

74

지 않았다.

오운은 원천석에 관한 기사 뒤에 덧붙여 원천석에 대한 자신의 생각을
따로이 기술하였다. '按'이라 표시한 뒤 본문보다 한 행 낮추어 원천석에 대
한 생각을 정리하였는데, 그가 남긴 시나 행동을 본다면 길재 등 여러 사람
과 비교해 보았을 때 그의 절의는 한 점 뒤질게 없다고 하였다.[50]

그런데, 『동사찬요』에서는 '우·창 비왕씨'에 대한 원천석의 견해를 따르
지 않고 있었다. 고려의 역사에서 그는 우왕과 창왕대의 역사를 辛禑, 辛昌
이란 이름으로 정리하였다.[51] 기존의 견해와 다를 바 없었다. 또한 「원천석
전」에서도 그는 우왕·창왕에 관한 원천석의 견해를 전혀 소개하지 않았다.
원천석이 지은 6권의 책 가운데 현재는 1권과 3권 두 책만 있다는 사실을
기록하면서도[52] 그 내용은 완전히 배제하고 있었다. 원고가 흩어져 다 없어
져 버려 여말에 관한 『詩史』의 實跡을 후세에 전할 수 없는 것은 참으로 안
타깝다는 것이 그의 변이었다.[53]

아마도, 우왕·창왕에 관한 정보를 그는 다 알고 있었을 것이다. 하지만
『동사찬요』에서 그는 매우 조심스런 태도를 취했다. 원천석의 견해에 유보
적인 모습이었다. 원고가 흩어져 버려 實跡을 실을 수 없었다는 점을 내세
우고 있었지만, 오운은 원천석의 생각을 선뜻 받아들일 수 없었던 모양이
다.

『동사찬요』의 원천석 서술은 어쨌든 당시로서는 과감한 시도였지만, 조
선 초기의 사서와 마찬가지로 辛禑紀, 辛昌紀의 방식으로 우왕과 창왕의
사실을 정리하고 있었다. 적어도 이 점에서는 『동사찬요』는 변화가 없었던

---

50) 『東史纂要』 卷7, 44나.
51) 『東史纂要』는 三國 이전의 역사는 檀君朝鮮－箕子朝鮮－衛滿朝鮮－四郡－二府
－三韓－辰韓－馬韓－弁韓으로 순으로 다루고 삼국은 三國紀, 통일신라는 新羅
紀, 고려는 高麗紀로 편제하였다. 고려기는 고려태조에서 시작하여 공양왕에서 끝
을 맺었다.
52) 『東史纂要』 卷7, 44가, "遺稿中 悉記麗末時事 逮革世後 直書新國 不復稱國家 乃
糊其封 題其表 曰 非賢子孫 不能開 歷五六世 不發 今見存只一三兩卷云".
53) 『東史纂要』 卷7, 44나, "頃年 韓公百謙 千里貽書 道以纂入東史 往復再三 愚竊慨
念 以如是風節 尙未列其傳 玆敢就韓錄刪潤之 追更博詢士友 添刻補遺諸公之次
第 以原稿散亡殆盡 使麗末詩史實蹟 不得盡傳於百代之後 可勝歎哉".

셈이다. 이후로, 이 책의 서술 원칙과 방식은 이 시기 고려사를 서술하던 다른 사람들에게 하나의 모범이 되었다.

洪汝河(木齋, 1621~1678)의『彙纂麗史』에서도 우왕과 창왕에 대한 기록은 이전의 사서에 비해 특별히 변화하지 않고 있었다. 홍여하가『동사찬요』를 보았는지는 확인되지 않는다. 이 책은 모두 47권으로 紀傳體 형식으로 고려사를 정리하였다. 기존『고려사』를 축약한 형태였다. 권1~6은 世家로서 고려 태조에서 공양왕까지 32명의 역대 왕들의 행적을 정리하되, 우왕과 창왕에 관한 사실은 세가에서 제외하여 따로「辛庶人傳」을 설정, 정리하고 있다.54)

兪棨가 찬술한『麗史提綱』에서도 우왕과 창왕의 역사를 고려의 정통에서 배제하고 있었다. 편년체로 고려 역사를 서술하되, 우왕과 창왕을 辛禑紀, 辛昌紀로 다루었다.55) 그는 우왕과 창왕을 서술함에 자신의 독자적인 견해를 제시하지는 않았다. 그러나 원천석의 견해를 따르지 않는 것만은 분명해 보인다. 유계는 범례에서 禑·昌의 연대 기록은 다만 吳澐의『東史纂要』의 例를 그대로 따르고, 고치거나 바꾸지 않았다56)고 하여, 이 문제에 대해서는『동사찬요』를 수용했다.

유계의『여사제강』은『동사찬요』와 함께 이 시기 고려사 서술을 대표하는 역사서이다. 1667년(현종 8)에 간행되었으며 23권 23책으로 구성되어 있다. 주자의 강목법에 따라 고려사를 재구성한 것이 특징이다. 그는 기존에 간행된 고려사 관련 사서들,『삼국사기』·『고려사』·『동사찬요』·『동국통감』등의 기사 내용과 체재, 그리고 史體에 많은 한계가 있다고 보았으며,

---

54)『高麗史』에서는 우와 창의 기사를 叛逆傳에서 다루었다.

55)『麗史提綱』은 본래 공양왕까지 다루었으나, 영조는 정몽주와 위화도회군에 관한 기사가 마음에 들지 않는다고 하여 공양왕 이하 기사를 삭제하도록 하는 조취를 취하였다(『英祖實錄』卷69, 25년 6월 丙寅). 그래서 이후의 새로운 판본에는 공양왕대 기사가 빠져 있다(한영우, 앞의 책, p.76). 그래서 이후에 개간된 판본에서는 辛昌 元年(己巳) 11월의 기사에 "창을 江華로 추방하고 이성계(우리 태조대왕)가 沈德符 등과 더불어 定昌君 王瑤를 세워 왕으로 삼았다"는 사실을 기록하고, 맨 끝에서는 "密直 조반 등을 명나라에 파견하여, 異姓을 제거하고 王氏를 다시 세운 사유를 진달하려 했다"고 마무리하였다.

56)『麗史提綱』, 凡例.

자신의 사서가 이를 넘어설 수 있기를 기대하고 있었다.

　유계의 『여사제강』은 개인의 저술이었지만 당시 기호지역 서인들의 의견이 집약되어 있었던 것으로 보인다. 송시열은 이 책의 서문에서 『여사제강』에서 제시된 것들을 모두 긍정하고 있었다.57) 하지만 그는 우왕과 창왕에 대해서는 특별히 언급하지 않았다. 만약 우왕과 창왕의 문제에 대해 다른 의견이 있었다면 분명 드러내었을 것이다. 그는 1681년, 『여사제강』이 국왕이 강독해야 할 중요한 자료이므로 간행해야 한다고 하여, 그 책임을 知人에게 맡기기도 하였다.58) 급기야 『여사제강』은 국왕의 허락을 받아 간행, 전국에 반포되었다.59) 서인들은 『여사제강』을 통하여 국왕의 鑑戒를 강조하였다.

　우·창에 대한 17세기 기호지역 서인들의 의견은 이와 같이 『여사제강』의 신우기·신창기 설정으로써 간접적으로 드러나는 것이지만, 이들이 이 문제에 대해 갖는 생각은 두어 세대 뒤의 인물인 韓元震(南塘, 1682~1751)의 발언에서 구체적으로 확인할 수 있다. 한원진은 우왕·창왕이 신돈의 자식이지 결코 공민왕의 자손일 수 없다고 확신하였다.60) 그 또한 우창왕씨설을 전하는 원천석의 『詩史』 기록은 민간에 떠도는 이야기를 기록한 것일 뿐이며, 궁중의 복잡한 실상을 소상히 파악하고 있었던 데서 나온 것은 아니었다고 보고 있었다.61)

---

57) 『宋子大全』 卷137, 麗史提綱序, "蓋嘗聞大綱槩擧而鑑戒著矣 兪公此書 殆庶幾焉 昔司馬公編進資治通鑑 揆其名義 蓋欲資世治而通爲後鑑也 兪公用心之勤 未必不出於此 而惜乎 未及奏御也 然此書終不可私也 儻有天幸 得蒙睿覽 則其有助於聖朝之鑑戒也 豈其少哉".

58) 『宋子大全』 卷55, 與金久之 辛酉正月三十日, "麗史提綱 曾已陳聞 則蒙賜取覽之語矣 此書甚便於乙覽 自其中葉以下事元之後 其事變有不可言者 尤足爲今日之鑑戒 故欲進一箚 並上此書 仍爲刊行之地 而顧此蹤跡 難久於朝 未知執事任此上以開發聖聰 下以警動朝紳否".

59) 이 사정은 『肅宗實錄』 卷11, 숙종 7년 2월 乙未 ; 『肅宗實錄』 卷11, 숙종 7년 3월 甲子條 기사에 자세하다.

60) 『南塘集』 卷38, 雜識, 外篇(下), "恭愍於妃嬪 未嘗生子女 置子弟衛 淫穢宮闈 國人之所知 禑之爲般若出 般若之爲辛旽婢 亦國人之所知 則禑之所出不明 國人安得無疑乎", "禑昌辛王之辨 世不敢明言 然余則以爲當是辛而非王也".

61) 『南塘集』 卷38, 雜識, 外篇(下), "後之欲定辛王之辨者 無他所據 只欲憑耘谷一言

한편, 17세기에 편찬된 北人 인물 趙挺(竹川, 1551~1629)의 사서인『東史補遺』에서도 신우·신창기를 설정, 우왕과 창왕을 왕씨로 받아들이지 않고 있었다.[62] 원천석의 견해를 적극 인정하지 않는 모습이라 하겠다.

이와 같이 17세기에는 고려를 대상으로 한 많은 역사서가 편찬되고 있었다. 우와 창에 관한 사실은 고려사 서술에 핵심이 되는 사안이었다. 대부분의 사서들은 종래의 견해를 그대로 따라 辛禑紀, 辛昌紀로 우·창의 역사를 정리하고 있었다. 『운곡시사』가 알려진 이후 학계 일각에서 일어나던 '우창왕씨설'에 대한 긍정 분위기는 전혀 반영하지 않고 있었다. 오운의『동사찬요』에서 원천석의 사적에 대한 평가는 이루어지기는 했지만 그 정도였지, 더 이상 나아가지 않고 있었다. 조선 초기 사서의 견해를 그대로 따르는 모습이라 하겠다.

2) 18세기 '禑昌王氏說' 확대와 高麗史 敍述의 변화

18세기로 접어들면서 상황은 상당히 크게 변화하였다. 종래 부정적인 의견을 가지고 있던 소론계의 일각에서 '우창왕씨설'을 긍정하는 변화가 일어났으며, 또 고려사의 서술에서도 고려 말년의 역사를 우왕·창왕의 紀年으로 정리하는 양상이 나타났다. 소론학자 林象德(老村, 1683~1719)의『東史會綱』, 남인학자 安鼎福(順庵, 1712~1791)의『東史綱目』은 그러한 변화를 적극 반영한 새로운 사서였다.

이 시기, 우왕·창왕을 왕씨로 인정하여 이를 사서에 수록하는 데 주요한 역할을 한 인물은 崔昌大(昆侖, 1669~1720) 였다. 그가 '우창왕씨설'을 부정하던 최석정의 아들이었기에 그의 긍정은 매우 뜻밖이다. 우왕·창왕이 신씨인지, 왕씨인지에 대해 아직 통일된 견해가 없으니 이는 실로 '千古未決之案'이라 하여 그 중요성을 심대하게 인식했던 최창대는, 여러 자료를 참고하건대 이들 두 사람은 공민왕의 아들임이 확실하다고 하였다.[63] 할아버

爲據信耳 辛王之疑 乃宮闈暗密之事 耘谷在當時 只是山野一隱者 此豈山野一人之聞見所可辨者 而欲據以爲斷案哉".

62)『東史補遺』는 단군조선부터 고려 공양왕까지의 역사를 4권 2책으로 정리하였다. 이 책의 내용과 성격에 대해서는 한영우, 앞의 책, 1998 참조.

지, 아버지와는 전혀 다른 의견이었다.

최창대의 이러한 믿음은 당시 實情을 전하는 자료에 대한 나름의 새로운 해석에 근거하고 있었다. 이를테면, 최창대는 이색이 長湍으로 귀양갔을 때 지은 都堂十節의 한 구절에서 "辛朝에 급제하여 비로소 出身했다"는 구절을 들어, 이색도 우왕을 신씨라고 알고 있었다는 세간의 주장에 대해 달리 해석하였다. 우가 신돈의 아들이란 명목으로 죽음을 당한 뒤 이색이 창왕의 책립에 참여하였기 때문에, 시구에서 그렇게 말하는 것은 괴이할 것이 없다는 것이었다. 하지만 창이 즉위할 때 그가 "마땅히 전왕의 아들을 세워야 한다"고 했다는 말로 미루어 본다면 그가 왕씨를 부정한 것이 아님을 알 수 있다고 하였다.[64]

무엇보다 최창대가 예리하게 살핀 것은 『高麗史』의 기록이었다. 『고려사』에서 禑는 신돈의 자식이며 그 어머니는 般若임을 밝히는 기록이 여러 군데 있었고, 또 문맥상 공민왕의 자식이라고 해석할 수 있는 기록도 동시에 기재되어 있었다. 최창대는 이들 가운데, 우가 공민왕의 아들이라고 해석하기에 유리한 자료를 적극 채택하였다. 그 가운데 하나만 들자면 다음과 같다.

반야는 본시 신돈의 婢妾이었는데 공민왕이 신돈의 집에 늘 왕래하다가 반야와 近幸하여 자식을 갖게 되었다. 그럴 리가 없다고 어찌 말하겠는가? 『高麗史』에서는 또 저처럼(우가 신돈의 자식이라고) 이야기하지만 『고려사』에서는 또 이런 이야기가 나온다. 신돈이 수원으로 유배되었을 때, 왕이 近臣에게 이르길, "내가 일찍이 신돈의 집에 갔다가 그의 婢妾과 近幸하여 자식을 얻었으니, 놀라게 하지 말고 잘 보호하라"고 하였다. 신돈이 주류 당한 뒤 왕이 牟尼奴(우왕의 아명 : 필자)를 불러 태화전에 들이게 한 뒤 侍中 李仁任에게 말하길, "元子가 있으니 나는 걱정이 없다" 하였다. 이어 말하길, "아름다운 여인이 신돈의 집에 있는데 그가 아들을 꼭 낳을 수 있으리

---

63) 『昆侖集』 卷14, 書麗史禑昌事 答林彝好, "麗季禑昌辛王之辨 前輩所論不一 史牒所錄雜亂 隱晦尤無可準 實爲千古未決之案 嘗取諸家文字 參合而觀之 竊意當以恭愍子爲斷".

64) 위와 같음.

라는 이야기를 들었다. 마침내 그곳에 가서 이 아이를 얻었다." 역사가가 왕
의 말에 근거하여 성실히 서술했으니, 그 어찌 矯罔하다 하며 믿지 않겠는
가?[65)

공민왕의 말을 史家가 성실히 기록한 것이니, 그 사실을 어떻게 믿지 않
을 수 있겠느냐는 것이었다. 이와 같이 『고려사』의 기록과 더불어 최창대가
새로운 해석의 근거로 활용한 자료는 원천석의 『운곡시사』에 실려 있는 시
편, 그리고 그가 작성했던 野乘의 기록이었다.

그는 <듣건대 이 달 15일에 국가가 定昌君을 왕으로 세우고 전왕 부자
는 신돈의 자손이라 하여 서인으로 폐했다고 함(聞今月十五日 國家以定昌
君立王位 前王父子以爲辛旽子孫 廢爲庶人)'聞今月十五日 國家以定昌君
立王位 前王父子以爲辛旽子孫 廢爲庶人)>, <국가가 영을 내려 前王 父
子에게 죽음을 내리다(國有令前王父子賜死)>라는 제목의 두 편의 시, 그리
고 "우리 왕의 아들을 신돈의 아들로 여긴다"는 野乘의 기록은 당시 사실을
목격하고 그 사실에 근거하여 直書한 것이니, 우창이 왕씨임을 알려주는 斷
案이 됨에 부족하지 않다 하여 이들 자료에 최대한의 믿음을 보였다.[66)

최창대의 이러한 해석은 당시로서는 원천석의 '우창왕씨설'을 가장 적극
석으로 받아들이는 모습이었다. 최창대는 원천석의 시편에 대한 믿음이 그
냥 이루어진 것이 아니라 내력이 있음을 강조하였다. "국가는 萬歲 후 마땅

---

65) 『昆侖集』卷14, 書麗史誣昌事 答林彝好, "般若 固是旽之婢妾 而恭愍常常往來旽
  家 則近幸般若而有子 豈曰無其理耶 麗史所載雖如彼 又麗史 有云旽之流水原也
  王語近臣曰 予嘗至旽家 幸其婢生子 毋令驚動 善保護之 旽旣誅 王召牟尼奴 納
  太后殿 謂侍中李仁任曰 元子在 吾無憂矣 因言曰 有美婦在旽家 聞其宜子 遂幸
  之 乃有此兒 史家旣据王言而謹書之 則何可硬誣之矯罔而莫之信耶".
66) 『昆侖集』卷14, 書麗史誣昌事 答林彝好, "耘谷元天錫 不仕野居 與牧隱諸老相善
  所著詩篇 多載當時事蹟 而據實直書 無所忌諱 有以聞今月十五日 國家以定昌君
  立王位 前王父子 以爲辛旽子孫 廢爲庶人爲題者曰 前王父子各分離 萬里東西天
  一涯 可使一身爲庶類 寸心千古不遷移 有以前王父子賜死爲題者云 一國豈能流
  景祚 九原難可雪幽冤 又於所著野乘曰 吾王之子 以爲辛旽之子 耘谷卽其時目擊
  耳剽之人 異乎所傳聞 異辭者情僞虛實 宜無不知 而記實之言如此 顧不足爲斷案
  耶".

히 耘谷의 의견을 좇아야 한다"는 李滉의 발언, "우창의 일은 마땅히 원천
석의 기록을 믿을 만한 역사로 인정해야 한다"는 申欽의 발언은 그 믿는 언
덕이었다.[67)

임상덕의 『東史會綱』은 우왕과 창왕에 대한 새로운 이해를 사서 상으로
반영하는 뚜렷한 모습을 보였다. 尹拯의 제자로 少論 학맥을 잇고 있던 그
는 젊은 나이였지만 도전적으로 새로운 역사서를 편찬하였다. 그 과정에서
그는 최창대와 수시로 의견을 주고 받았으며, 최창대로부터 '우창왕씨설'에
대한 결정적인 의견을 전해 받고 있었다. 『동사회강』의 우왕과 창왕에 대한
내용은 최창대의 견해에 동감한 결과였다.[68)

임상덕은 기존에 나왔던 사서들의 체제를 일일이 검토하여 그 장단점을
확인한 뒤, 독자적인 방식으로 한민족의 역사를 정리하였다. 다룬 시기는
新羅 始祖 元年부터 고려 공민왕 23년까지였다. 고려 말의 역사에서 우왕
과 창왕 공왕양은 배제하고, 공민왕이 죽고 江陵君 禑가 즉위하는 사실로
마무리하였다.[69) 곧 "恭愍王이 시해되어 죽었다. 江陵君 禑가 即位했으"가
그 마지막 구절이었다. 『동사회강』에서는 이와 같이 서술한 뒤, 그 아래에
小註로 "이후 乙卯年은 廢王 禑의 元年이다. 戊辰 십일월에 禑가 폐위되고
아들 昌이 섰다. 己巳年은 폐왕 昌의 원년이다. 10월에 창이 폐위하고 定昌
君 瑤가 서니 이가 공양왕이다."[70)라고 간략히 공민왕 이후의 사실을 기록
했다.

삼국 이전의 역사를 배제하고, 고려는 공민왕까지만 서술한 것이 『東史
會綱』의 주된 특징이었다. 임상덕은 단군과 기자조선의 역사를 뺀 것에 대

---

67) 『昆侖集』 卷14, 書麗史禑昌事 答林彛好, "退溪先生書 有云國家萬世後 當從耘谷
    議 象村彙言云 禑昌之事 當以元天錫所記爲信史 區區之見 蓋亦有所受 非苟而已
    也". 그런데, 여기서 최창대가 인용하는 이황의 발언은 실체가 모호하다. 성호 이익
    은 『退溪集』에서 이런 기록을 찾을 수 없다고 하여 신뢰하지 않고 있었다(『星湖
    集』 卷25, 答安百順問目).

68) 두 사람은 『동사회강』 편찬과 관련하여 긴 시간 많은 편지를 주고 받았다고 한다.
    현재 확인되는 자료는 다음과 같다. 『昆侖集』 卷11, 答林彛好象德(乙未) ; 『昆侖
    集』 卷14, 書麗史禑昌事 答林彛好 ; 『老村集』 卷7,答崔副學 乙未 등이다.

69) 『東史會綱』 卷12下.

70) 『東史會綱』 卷12下, 33가-34나.

해 "징험할 것이 없어 믿을 수 없는 경우(無所徵而不信者)"이기에 서술하지
못하였다고 하였다.[71] 한편, 공민왕대까지만 서술한 것은, 뒷날의 君子가
名山大川의 逸史와 金櫃石室에 비장된 秘書들을 일일이 찾아 믿을 수 있
는 역사서로 만들어 春秋·綱目의 법이 실추되지 않기를 바라기 때문이라
고 하였다.[72]

그가 공민왕까지만 정리한 것은, 말하자면 대단히 조심스러운 모습이었
다. 한편으로는 사실에 근거해서 역사를 기록한다는 역사가의 근본 임무에
충실한 모습이기도 했다. 기존 사서에서의 이 시기 관련 기사는 믿을 수 없
다는 점, 秘藏된 새로운 자료를 채집, 믿을 수 있는 역사를 써야 한다는 점,
그렇게 해서 춘추·강목의 법이 훼손되지 않도록 해야 한다는 것이 이 대목
과 관련하여 그가 갖는 다짐이었다.

임상덕의 『동사회강』이 남긴 의미는 컸다. 무엇보다 신우·신창으로 정
리하던 우와 창의 역사를 왕씨설에 근거해서 제시함으로써 고려사를 새롭
게 서술할 수 있는 문을 최초로 연 점을 주목해야 할 것이다. 17세기 새로
이 만들어진 사서들에서는 감히 찾을 수 없던 모습이 이제 『동사회강』에 이
르러 미흡하나마 나타난 것이다. 안정복의 『동사강목』은 그 『동사회강』의
성과를 최대한 긍정하고 수용한 결과물이었다.

안정복은 『東史綱目』을 저술하며 『동사회강』의 성취를 적극 평가하고
그 성과를 반영하고자 하였다. 안정복이 보기에 당시로서는 가장 뛰어난 사
서가 『東史會綱』이었다.[73] 안정복이 『동사회강』에서 특히 주목하였던 것은
고려의 역사를 공민왕대에서 마무리한 점이다. 앞서 본대로, 『동사회강』에
서는 "공민왕이 시해되어 죽었다. 江陵君 禑가 즉위했다"고 마지막을 맺고,
우왕 이후의 사적에 대해서는 그 아래에 小註로 "이후 을묘년은 廢王 禑의
원년이다. 무진 십일월에 禑가 폐위되고 아들 창이 섰다. 기사년은 廢王 昌

---

71) 『老村集』 卷3, 東史會綱序(辛卯), "今檀箕之代 所謂無所徵而不信者 故其文闕".

72) 『老村集』 卷4, 書東史會綱後, "今是書起自新羅始祖 至于高麗恭愍王而止 以爲降
    乎恭愍者 尙有名山大川之逸史 金匱石室之秘書 搜訪採摭 續成信史 使春秋綱目
    之法 不墜於斯世 深有望於後之君子云".

73) 『順菴集』 卷10, 書○東史問答, 上星湖先生書(甲戌), "近世有林校理象德者作東史
    會綱 最號精密 止於恭愍 盖其後難言也 其曰江陵君禑卽位者 明禑之非辛出也".

의 원년이다. 시월에 창이 폐위하고 定昌君 瑤가 서니 이가 공양왕이다"라
고 간략히 기록했다.

안정복은 『동사회강』에서 공민왕을 마지막으로 서술을 멈춘 것은 시휘에
구애되어 말하기 어려운 점이 있었기 때문이라 하여, 그 서술의 어려움을
헤아리며 긍정하였다. 우왕과 창왕의 일은 후세의 '公筆'을 기다려야 할 것
이었다.[74] 그러면서도 그 같은 서술에는 많은 뜻이 함축되어 있다고 보았
다. 우선, "강릉군 禑가 즉위했다"고 한 것은 우가 신돈의 자식이 아님을 명
확히 한 것이라 보았다.[75] 또, 소주의 서술은 "폐왕 우, 폐왕 창이라 쓰는 것
이 마땅하며 辛禑, 辛昌으로 써서는 아니되며, 紀年을 크게 써야 하며 分註
의 형식으로 쓰는 것은 합당하지 않다"는 의미를 담고 있다고 파악했다. 이
때 안정복은 그의 스승 이익이나 동료 邵南 尹東奎 등이 '禑昌의 일'에 관
해 갖는 우려[76]나 『여사제강』에 대해 갖는 불만[77]을 참고하며 자신의 생각
을 밀고 나갔다.

『동사강목』은 기자조선부터 고려 공양양까지의 역사를 首卷과 本文 17
권, 부록 2권 등 모두 20권으로 정리하였다. 高麗史에 해당하는 내용은 卷5
부터 卷17까지이다. 고려의 역사는 고려 태조부터 공양왕까지 서술하였는
데, 우왕과 창왕은 前廢王 禑紀, 後廢王 昌紀로 하여 독자적인 紀年 위에
서 정리하였다.

『동사강목』의 禑와 昌에 대한 원칙은 명확하였다. 이들은 신씨가 아니라
왕씨였으며, 단지 폐위된 왕이었다. 『東史綱目』에서는 이 사실을 범례에 밝
혀 그것이 갖는 의미를 십분 강조하였다. 우와 창에 관한 범례는 아래 2조
항이다.[78]

---

74) 『順菴集』卷3, 答邵南尹丈別紙(辛卯), "禑昌事 止當付於後世之公筆而已".
75) 『順菴集』卷10, 書○東史問答, 上星湖先生書(甲戌), "其曰江陵君禑卽位者 明禑之
　　非辛出也".
76) 『星湖集』卷25, 答安百順問目, "禑昌事 後來諸公雖有所論 而事係本朝 似不當別
　　立意見 只依舊史而已".
77) 『順菴集』卷3, 答邵南尹丈別紙(辛卯), "辛禑紀年之分註 實不合於史例 而我太祖
　　之廢昌 始告于太廟 告于天子 以正其罪 故本國臣子之修史者 不得不如是矣".
78) 『東史綱目』, 首卷, 凡例.

統系 : 『강목』(주자의 『資治通鑑綱目』: 필자)에는 呂政·李昱·柴榮에게
　　　는 모두 異例를 베풀지 않았다. 이는 고려 禑王과 昌王도 같은 조목인
　　　듯한데, 당시 사서를 쓰는 이가 이 예를 따르지 않고 일종의 의리로 삼
　　　았다. 이는 後民이 논의할 바가 아니나, 史書의 예가 이와 같지 않으므
　　　로 감히 좇지 않는다.
　　　우왕과 창왕의 일은 당시 재상 李穡, 초야의 元天錫의 정론을 막기 어렵
　　　고, 본조의 尙論(고인의 일을 평론하는 것 : 필자)하는 선비인 柳希春·
　　　尹根壽·申欽·李德泂 같은 이도 모두 史筆을 거짓으로 여겼으며, 더
　　　구나 聖祖(조선 태조 : 필자)가 왕씨에게 受禪하였으니, 우왕과 창왕이
　　　왕씨이니 辛氏이니 하는 분변은 애당초 논할 것이 없었다.

名號 : 왕위를 잃은 이는 廢王이라 하였다. 『고려사』에는 무릇 권신에게 폐
　　　위된 이를 모두 前王이라 하였으나, 『강목』에 前帝라 써지 않았다 임씨
　　　(임상덕 : 필자)가 廢王으로 고쳤으므로, 이제 그를 따랐다.

　이상 살핀 바, 『동사강목』에 이르러 이제 고려의 역사는 『高麗史』이래
확립되어 있던 高麗史像과는 전혀 다른 내용과 체재를 갖추게 되었다. 이
러한 변화는 『동사강목』이 앞 시기의 여러 고민들을 포괄하며 결국 『운곡
시사』에서 발단된 '禑昌王氏說'을 긍정적으로 끌어안았기에 가능한 일이었
다. 그것은 곧 우창왕씨설이 우여곡절을 거치며 조선사회에서 公民權을 획
득하는 모습이었다.

4. 맺음말

　과거에 살았던 사람 혹은 그러한 시간에 일어났던 사건을 되살리고 거기
에 새로운 의미를 부여하는 것은 온전히 그 혹은 그것을 불러들이는 사람들
의 현실적 욕구가 작동하기 때문일 것이다. 원천석 사례는 이러한 면을 여
실히 보여주는 흔치 않은 경우이다. 원천석과 그의 시집인 『운곡시사』는 17
세기 초, 조선사회에 홀연히 모습을 드러내며 그 숨겨 두었던 과거의 時間

像을 드러내 보였다. 조선사회는 그 출현에 적지 않은 충격을 받았으며, 그 것에 다양하게 반응했다. 17, 18세기 원천석과 『운곡시사』를 받아들이고 또 배척하는 조선 학계의 모습은 이 시기 사상과 문화의 지형이 어떠했는지를, 그리고 어떠한 방향으로 변화하고 있었던지를 잘 보여준다 하겠다.

『운곡시사』는 고려 말의 우왕과 창왕이 신돈의 핏줄이 아니라 공민왕의 자손임을 천명하는 시를 담고 있었다. 그것은 여말선초의 격변기를 살았던 사람이 내는 목소리였기에, 우왕과 창왕을 둘러싸고 벌어지고 있던 그간의 불분명한 소문을 사실로 확인시키는 강력한 힘을 지니고 있었다. 반면, 이 책은 조선을 세운 주역들이 내세웠던 주된 명분을 일거에 무너뜨릴 수 있는 파괴력을 지니고 있기도 하였다. 시휘에 저촉될 수 있는 내용이었기에 그만 큼 반응은 다양하게 나왔다.

『운곡시사』의 내용을 긍정하는 사람들은 『운곡시사』 공개의 주역이었던 朴東亮을 비롯, 주로 親王적인 처지에 있던 사람들이었다. 우왕과 창왕을 공민왕의 자손으로 긍정하는 이들의 생각은 최영이나 이색과 같은 능력 있 고 忠義 넘치는 신하들이 조정에 있던 상황에서 신씨가 왕위에 오르는 것 은 있을 수 없었다는 상황 논리와 맞물려 있었다. 이들은 고려가 멸망한 것 은 天命이 다하고 人心이 떠났기 때문이라고 그 원인을 추상화시켰지만, 적어도 고려사회 내부의 정치적 문제가 결정적인 원인이 되는 것은 아니라 고 보고 있었다.

최석정은 『운곡시사』의 '우창왕씨설'을 뜬소문으로 격화하며 부정하는 대 표적인 경우였다. 그의 부정은 우창왕씨설을 받아들이고 있던 張維가 정몽 주의 우왕·창왕기의 행동을 의심하는 것을 비판하며 나온 것이었는데, 조 선 사대부들이 절의파의 祖宗으로 여기던 인물을 부정할 수 있는 힘을 '禑 昌王氏說'로부터 가질 수 있음을 보여주는 사례였다.

한편, '우창왕씨설'에 대한 긍정과 부정의 태도는 이 시기 활발하게 이루 어지던 고려사 서술에서도 드러났다. 이와 관련하여 주목되는 인물은 吳澐 이다. 영남지역의 南人학자 오운은 『동사찬요』에서 원천석을 고려 말의 名 臣으로 소개하였다. 고려에 벼슬하지 않았던 사람을 명신으로 기록한 점에 서 특이했지만, 그는 원천석이 길재에 버금가는 절의를 가진 인물이라고 평

가하였다. 하지만, 그는 『운곡시사』의 '우창왕씨설'에 대해서는 일체 언급하
지 않았으며, 고려사 서술에서도 『고려사』의 방식을 따라 辛禑와 辛昌의
紀年을 설정하였다.

  유계의 『여사제강』은 무척 흥미롭다. 宋時烈이 그 간행을 적극 후원하여
經筵書로 진강하도록 주장할 정도로 기호지역 서인들의 고려사에 대한 생
각이 짙게 깔려 있던 이 책에서, 유계 또한 辛禑紀·辛昌紀를 설정하여 이
들을 신씨로 이해했다. 원천석에 대해서도 이들은 특별한 의견을 보이지는
않았다. 그 후배 세대인 한원진은 '우창왕씨설'이 뜬 소문에서 온 것이라 평
가, 그 같은 견해를 적극 배척하기도 하였다.

  이와 같이 17세기 원천석의 '우창왕씨설'을 둘러싼 조선사회의 반응은 다
양했는데, 활발하게 이루어지고 있던 고려사 서술에서는 이 내용이 특별히
반영되지는 않고 있었다. 새로운 변화가 인 것은 18세기에 들어와서 였다.
물꼬를 튼 인물은 소론학자 崔昌大로, 그는 나름의 고려사 해석, 『운곡시
사』의 시편을 근거로 '우창왕씨설'을 확신하였다. 그러한 확신은 林象德의
『동사회강』에 반영되었는데, 임상덕은 고려사를 恭愍王까지만 서술하여,
그 이후의 역사 서술을 후대의 작업으로 미루었다. 동시에 그는 禑와 昌의
모습을 '前廢王' '後廢王'의 의식으로 파악하고 있었다. 이는 조선의 역사서
에서 최초로 우왕과 창왕을 공민왕의 아들과 손자로 인정하는 일이었다.

  안정복의 『동사강목』은 『운곡시사』 이래 '우창왕씨설'에 동조하는 모든
견해를 수렴하였다. 凡例에서 우왕과 창왕이 신씨가 아님을 명확히 밝히고,
前廢王 禑, 後廢王 昌의 이름으로 이때의 일들을 기재하였다. 우왕과 창왕
은 『동사강목』에 이르러 당당히 고려의 정통을 잇는 국왕으로 평가되었다.
그리하여 고려의 역사는 『동사강목』에 이르러 『高麗史』 이래 확립되어 있
던 高麗史像과는 전혀 다른 내용과 체재를 갖추게 되었다. 이러한 변화는
물론 안정복의 역사인식이 크게 작용한 결과이지만, 『동사강목』이 앞 시기
의 여러 고민들을 포괄하며 결국 『운곡시사』에서 발단된 '우창왕씨설'을 긍
정적으로 끌어안았기에 가능한 일이었다.

耘谷先生事蹟

편자 미상
역주 : 구 지 현[*]

耘谷先生事蹟

사람 떠난 푸른 산에 흰 구름 부질없이 떠있고
흐르는 물 다정하여 몇 번이나 돌아 동쪽으로 가는구나.
주나라 위엄이 넉넉하였어도 굶주린 묵씨 노인[1]이 있었고
한나라 왕실이 바야흐로 흥성했어도 은거한 엄씨 늙은이[2]가 있었도다.
해 같은 빛은 천년의 절개에 비할 수 있으니
바위벽은 만 길이나 된다 자랑하지 말라.
성스러운 임금께서 행차하셨던 곳이라 들었으니
옛 언덕이 아직도 치악산 안에 남아 있도다.[3]
선생의 풍교는 산처럼 높고 물처럼 영원하리.
碧山人去白雲空　流水多情幾折東
周東有餘飢墨老　漢朝方盛逸嚴前
日光可比千秋節　石壁休誇萬丈雄
聞道聖王臨幸地　古坮猶餘雉岳中
先生之風　山高水長

---

* 연세대학교 BK21 한국 언어·문학·문화 국제인력양성사업단 박사후 연구원
1) 백이를 가리킨다. 백이의 성은 墨胎, 이름은 允이다. 주나라 무왕이 은나라를 멸하
　자 수양산에 들어가 굶어죽었다.
2) 동한 때 嚴光을 가리킨다. 젊어서 광무제와 함께 공부하였는데, 후에 광무제가 황
　제가 되어 여러 번 불렀으나 끝내 숨어 나오지 않았다.
3) 이 책 뒷부분에 같은 시가 최효건의 작으로 실려 있다.

◎『동사찬요』[4]에 다음과 같이 기록되어 있다.

원천석은 본관이 원주, 자호가 운곡이다. 고려 말 정치가 어지러운 것을 보고 치악산에 은거하여 몸소 밭을 갈고 부모를 봉양하였다. 자신의 재주를 드러내지 않으려고 전심을 다하였으며 남이 알아주길 바라지 않았다. 강원도 감영에서 군적에 이름을 올리자 공께서 시를 지어 스스로를 위로하느라, "행단[5]의 풍월은 공연히 애간장 끊어지게 하지만 변방에 이는 전장의 먼지는 이미 여러 번 꿈을 꾸었지"라는 시구[6]를 지었다. 어쩔 수 없이 과거에 응시하여 단번에 진사에 급제하였으나 역시 달가워하지 않았다. 사퇴하고 고향에 돌아가 목은[7]을 비롯한 여러 공들과 친하게 지냈다. 왕래하며 시를 주고받곤 하였는데, 사물에 부쳐 마음 속 일을 읊기도 하고 시대를 아파하여 한탄하기도 했다. 목은이 국화를 읊은 시[8]에 차운한 시 한 구절에

모름지기 정이 없는 것이 정이 있는 것보다 낫다고[9] 믿어야 하니

---

4) 1606년 吳澐이 지은 역사책. 8권 8책, 목판본. 柳成龍이 왕에게 바쳐 儒林의 표준이라는 칭송을 받았다. 1609년 계림부에서 처음 간행했다가 1614년에 한백겸의 충고로 地理志를 첨가하고, 吉再 등 고려 말의 은자들을 추가해 개찬하였다. 이 책은 16세기 초 박상이 쓴 『동국사략』에 대한 불만에서 편찬한 것으로 보인다.

5) 학문을 가르치는 곳의 범칭. 공자의 후손이 공자가 제자를 가르쳤던 곳에 살구나무를 심고 비석을 세운 데서 유래하였다.

6) <내가 젊을 때부터 선비의 이름에 뜻을 둔 지 오래였으나 이제 관찰사께서 군적에 이름을 나란히 올리셨기에 시를 지어 스스로를 위로한다(余自少有志於儒名者久矣 今按部公幷錄於軍籍 作詩以自寬)>의 한 구절로 『耘谷行錄』卷1에 실려 있다.

7) 이색(1328~1396)의 호. 1389년 위화도회군으로 우왕이 강화로 쫓겨나자 창왕을 옹립, 즉위하게 하였으며 명나라에 사신으로 가서 창왕의 입조와 명나라의 고려에 대한 감국을 주청해 이성계 일파의 세력을 억제하려 하였다. 조선이 개국한 후 이성계의 출사를 종용이 있었으나 끝내 고사하였다.

8) 이색의 <對菊有感>을 가리킨다. 『松窩雜說』의 기록에 따르면 이색이 폐위되어 강화에 안치되어 있던 우왕을 미복으로 찾아가 만났을 때 국화를 보고 지은 시라고 한다. 시의 내용은 다음과 같다.

사람 마음이 어찌 물건처럼 무정하겠는가? / 人情那似物無情
부딪치는 일마다 요즘 편치 않구나. / 觸境年來漸不平
우연히 동쪽 울타리 보다 얼굴에 부끄러움 가득했으니 / 偶向東籬羞滿面
진짜 노란 국화가 가짜 도연명을 대하고 있었기 때문이라네. / 眞黃花對僞淵明

88

정이 있으면 원래 한 평생을 가기 때문이라네.
도연명 공께서 떠난 후로 지금 천 년이 지났지만
동쪽 울타리는 여전하여 눈부시게 밝으니 말일세.

라고 하였다.

　태종대왕께서 미천하던 시절 공에게 배운 적이 있었다. 신분이 귀하게 되시고서 여러 차례 공을 불렀지만 나오지 않았다. 임금께서 그의 거처에 행차하셨으나 원천석은 만나지 않으려고 피하였다. 그래서 임금께서는 그저 당시 밥하던 여종[임금께서 배울 때 밥하던 여종]을 불러 먹을 것을 하사하고 발길을 돌이켰다고, 동리 사람들이 지금까지 얘기를 전한다. 공이 지은 시는 총 수천 수이다. 만년에 손수 쓴 책 여섯 권을 후손에게 남겨 숨기도록 하였다. 유고 안에는 고려 말의 시사가 다 기록되어 있는데, 세상이 바뀐 후에 이르면 '새 나라'라고 그대로 쓰고 '국가'라고 다시 일컫지 않았다. 그리고서 그 봉투에 풀칠을 하고 겉에 "현명한 자손이 아니라면 열 수 없다"라고 써 놓았다.

　東史纂要曰 元天錫原州人 自號耘谷 見麗季政亂 隱居雉岳山 躬耕養親 一意晦韜 不求人知 按部錄於軍籍 公作詩以自寬 有杏壇風月魂空斷楡塞 烟塵夢已頻之句 不得已而赴試 一擧中進士亦不肯 仕退叛鄕里 與牧隱諸 公相友善 往來酬唱 寓物興懷 傷時感慨 有次牧隱詠菊一節曰 須信無情勝 有情 無情元是一生平 陶公去後今千載 依舊東籬燦燦明 我太宗大王微時 嘗從公受學 旣貴屢召不起 上爲幸其廬 天錫避不見 上只招當時爨婢 上受 學時炊爨之婢 賜之食物而返 鄕人至今傳說 公所著詩 總數千餘首 晩年手 書六卷 遺後孫秘之 遺稿中悉記麗末時事 逮革世後 直書新國 不復稱國家 乃糊其封 題其表曰 非賢子孫不能開

9) 『耘谷行錄』에 실린 <牧隱相國對菊有感詩云>에는 "須信無情笑有情 有情惟是一 生平 陶公死後千餘載 依舊東籬粲粲明"이라고 되어 있어 글자 상 약간의 차이가 있다.

◎『사찬』에 다음과 같이 기록되어 있다.

운곡선생은 몸이 쇠퇴하고 어지러운 때에 처하자 세상의 일이 어쩔 수 없음을 알고 일찌감치 스스로 재주를 감추고 산중에 편히 은거하였다. 군적에 이름이 오른 것을 보고 스스로 위로한 시는 남이 알아주지 않아도 성내지 않음이 드러나고, 국화를 읊은 절구는 도연명 이후로 으뜸이다. 임금의 예물이 간절하고 정성스러웠으며 임금의 가마가 몸소 찾아오기까지 했어도 고사리를 캐먹는 지조10)가 더욱 견고해졌고 담장을 넘는 뜻11)을 끝내 지켰다. 그가 기미를 보고 은거하여 죽음에 이르기까지 변하지 않고 한 점 더러움조차 끊어버린 것, 이는 일대의 특출한 점이니 야은 같은 여러 군자들도 미치지 못하는 바이다. 두 임금을 아파한 작품12)에 이르면 충의로 인한 분노가 가득하다. 남긴 작품과 짧은 시편들은 풀칠하여 봉하고 경계하라고 썼으므로 역시 이런 분이 계신 줄 다시 알지 못했다. 그러나 치악산 한 구역은 맑은 바람이 시원하고 산뜻하여 향리 선비들의 담론 가운데 백대를 지나도 갈아 없애지 못하는 것이 있다. 다만 원고가 거의 다 흩어지고 사라졌기 때문에 고려 말 당시의 일과 실제 행적을 백대에 다 전하지 못하니 탄식하지 않을 수 있으랴?

史贊曰 耘谷先生 身際衰亂 知時事不可爲 夙自肥遯 韜光林下 觀其錄籍 自寬詩 則人不知不慍 詠菊花節 則靖節後一人 及乎湯幣慇懃 聖駕躬臨 而益堅採薇之操 終守踰垣之志 其見幾高蹈 至死不變 絶一點汚 此則一㟙 如冶隱諸君子 亦所不及 至於傷二君之作 忠憤藹然 遺篇短什 糊封書戌 亦不復知有斯人 而一區雉岳 淸風颯爽 鄕談士論 有百世不磨者 第以原稿散亡 殆盡 使麗末時事 實蹟不盡 傳於百代之下 可勝嘆哉

---

10) 주나라 고죽군의 두 아들 백이와 숙제는 은을 치려는 무왕을 말리다가 듣지 않자, 주나라의 곡식 먹는 것을 부끄럽게 여겨 수양산에 들어가 고사리를 캐먹다가 굶어죽었다.

11) 전국시대 위나라의 은자였던 단간목은 위문후가 예방을 하자 담을 넘어 피하였다.

12) <들으니 이달 15일 나라에서 정창군을 왕위에 세우고 전왕 부자는 신돈의 자손이라는 이유로 폐위하고 서인으로 만들었다고 한다(聞今月十五日 國家以定昌君立王位 前王父子 以爲辛旽子孫 廢爲庶人)>를 가리킨다. 「耘谷行錄」에 실려 있다.

◎ 여말 『제강』에 다음과 같이 기록되어 있다.

원천석은 본관이 원주, 호가 운곡이다. 고려 말 정치가 어지러운 것을 보고 치악산에 은거하여 몸소 밭을 갈고 부모를 봉양하였다. 자신의 재주를 드러내지 않으려고 전심을 다하였으며 남이 알아주길 바라지 않았다. 강원도 감영에서 군적에 이름을 올리자 어쩔 수 없이 과거에 응시하여 단번에 진사에 급제하였다. 사퇴하고 고향에 돌아가 목은[13]을 비롯한 여러 공들과 친하게 지냈다. 왕래하며 시를 주고받곤 하였는데, 사물에 부쳐 마음 속 일을 읊기도 하고 시대를 아파하여 한탄하기도 했다. 태종대왕께서 미천하던 시절 수업한 적이 있었다. 신분이 귀하게 되고서 여러 차례 공을 불렀지만 나오지 않았으므로 태종대왕께서 그저 당시 밥하던 여종을 불러 먹을 것을 하사하고 발길을 돌이켰다. 원천석은 만년에 손수 쓴 여섯 권의 책을 후손에게 남겨 숨기도록 하였다. 유고 안에는 고려 말의 시사가 기록되어 있는데, 세상이 바뀐 후는 '새 나라'라고 그대로 쓰고 '국가'라고 다시 일컫지 않았다. 풀칠하여 봉하고 써 놓기를 "현명한 자손이 아니라면 열 수 없다"라고 하였다.

麗末提綱曰 元天錫原州人 號耘谷 見麗季政亂 隱居雉岳山 躬耕養親 一意晦韜 不求人知 按部錄軍籍 不得已而赴試 一擧中進士 退歸鄉里 與牧隱諸公相友善 往來酬唱 寓物興懷 傷時感慨 我太宗大王微時 嘗從受業 旣貴屢召不起 太宗大王只招當時爨婢 賜之食物而返 天錫晚年手書六卷 遺後孫秘之 遺稿中記麗末時事 革世後直書新國 不復稱國家 糊封其書題曰 非賢子孫不能開

◎ 『역대록』에 다음과 같이 기록되어 있다.

태종대왕 원년인 신사년(1401)에 임금께서 친히 원천석을 방문했으나 만

___

13) 이색(1328~1396)의 호. 1389년 위화도회군으로 우왕이 강화로 쫓겨나자 창왕을 옹립, 즉위하게 하였으며 명나라에 사신으로 가서 창왕의 입조와 명나라의 고려에 대한 감국을 주청해 이성계 일파의 세력을 억제하려 하였다. 조선이 개국한 후 이성계의 출사를 종용이 있었으나 끝내 고사하였다.

나지 못했다. 원천석은 호가 운곡인데, 치악산에 살며 직접 밭을 갈아 부모를 봉양하였다. 임금께서 미천하던 시절 그를 따라 배운 적이 있었다. 왕의 자리에 오르자 여러 차례 불렀으나 나오지 않았다. 임금께서 직접 그의 오두막에 행차하였으나 역시 만날 수 없었다. 임금께서 골짜기 바위 가에 어거하시어 그의 아들에게 관직을 주고, 당시 밥하던 여종을 불러 음식을 후하게 하사하고 돌아왔다. 뒷사람들이 그 바위를 '태종대'라고 불렀다.

歷代錄曰 太宗大王元年辛巳 相親訪元天錫不遇 天錫號耘谷 居雉岳山 躬耕養親 上微時嘗從學 及登極屢召不起 上親幸其廬 亦不得見 上下御溪 石上官其子 招其當時爨婢厚賜食物而還 後人名其石曰 太宗臺

◎『가장』[14]에 다음과 같이 기록되어 있다.

선생께서 어릴 적에 옛 성현들의 책을 배우고 읽기를 좋아하셨고 자라면서 더욱 돈독히 믿으셔서 학문이 정밀하고 깊어졌다. 고려 말 혼란한 정세를 보고 마침내 세상에 뜻이 없어 은거하여 스스로를 닦으시며 남이 알아주길 구하지 않으셨다. 읍재가 훌륭하시다는 말을 듣고 만나기를 요구했으나 선생께서는 사양하고 가지 않으셨다. 읍재가 원망하여 선생의 이름을 군적에 올렸다. 선생께서는 개의치 않고 시를 지어 스스로를 위로하였으니, "행단의 풍월은 공연히 애간장 끊어지게 하지만 변방에 이는 전장의 먼지는 이미 여러 번 꿈을 꾸었네"라는 시구가 있다. 모부인께서 항상 집안이 가난하여 군포 내는 것을 어려워하였기 때문에 부득이하게 과거에 응시했다. 단번에 진사에 급제하였으나 벼슬하는 것을 달가워하지 않았다. 더욱더 자신의 재주를 숨겨 치악산의 각림사에 들어가 몸소 밭을 갈아 부모님을 봉양하였으며, 자호를 '운곡'이라 하였다. 이때 명문대가에서 자제를 보내 수업 받게 하는 경우가 많았다. 태종대왕이 왕위에 오르기 전 선생을 따라 배운 적이 있었다. 왕위에 오르자 여러 차례 예로써 선생을 불렀으나 의리를 들어 굽히지 않았다. 태종대왕이 선생이 감반[15]이었던 옛 은혜 때문에 몸을 굽혀,

14) 家狀. 조상의 행적에 관한 사사로운 기록.
15) 甘盤. 은나라 武丁의 스승 이름. 후대에는 임금이 되기 전의 친구나 스승을 가리킨

수레가 친히 그 오두막에 행차하였으나 선생께서는 피해서 변암에 숨으셨다. 변암은 치악산 상봉의 바위굴이다. 깊은 숲이 거듭 막고 있어 종적을 찾기 어려웠다. 태종대왕은 뜻을 꺾을 수 없음을 알고 오두막 옆 시냇가 석대 위에 앉아 옛시절 밥하던 여종을 불러 음식을 후사하고, 선생의 아들 형에게 명해 기천현감을 삼았다. 후대 사람들이 그 석대를 '태종대'라고 불렀다. 선생은 일찍이 세속의 먼지를 사양하고 고결하게 은거하셨으니 초연한 모습이 마치 세상을 잊은 것 같았다. 그러나 나라와 시대를 근심하고 아파하여 강개하며 세상의 변화를 사무치게 느끼는 뜻은 시를 읊어 감정을 위로하고 풀어내는 사이에 드러나 역력히 볼 수 있다. 목은 등 여러 공들과 서로 가깝게 벗하면서 시를 주고받았는데, 목은이 국화를 읊은 시에 차운하여

> 모름지기 정이 없는 것이 정이 있는 것보다 낫다고 믿어야 하니
> 정이 있으면 원래 한 평생을 가기 때문이라네.
> 도연명 공께서 떠난 후로 지금 천 년이 지났지만
> 동쪽 울타리는 여전하여 눈부시게 밝으니 말일세.

라고 하였다. 그가 사물에 부쳐 뜻을 말하는 것이 대개 이와 같다. 선생께서 우와 창이 폐위되어 유배되었다는 말을 듣고 특별히 쓰기를,

> 전왕 부자가 각기 떨어져
> 만 리 먼 동쪽과 서쪽 하늘 끝으로 갔으니[16]
> 신분은 서민으로 만들 수는 있어도
> 바른 명분은 천 년이 지나도 옮기지 못하리.
>
> 시조 임금의 맹서가 하늘에 응하여
> 남은 은택이 수백 년 흘러 전했으니
> 가짜와 진짜 분간하는 일을 어찌 일찍 하지 않았으랴?
> 하늘의 거울은 분명하게 비추고 있도다.

다.

[16] 우왕은 동쪽 강릉으로 유배되었고, 창왕은 서쪽 강화로 유배되었다.

라고 하였다. 우와 창이 죽었다는 말을 듣자 또 시를 지어 가슴아파 하였는
데, 시어가 격렬하고 솔직하며 충의로 인한 분노가 가득하였다. 당시 시국
의 일을 사실에 근거하여 그대로 쓰기를 일삼으셔서, 모으니 여섯 권이 되
었다. 단단히 봉하고 겉에 "현명한 자손이 아니면 열 수 없다"라고 쓰셨다.
아아! 선생이 쓰신 일을 상상할 만하며 선생의 쓰실 때 마음을 알 만하다.
퇴계선생이 "원주에 믿을 수 있는 역사서가 있다"라고 하였으니 바로 이것
이다. 삼대를 전해 내려오다 어떤 손자 한 사람이 열어 보고는 세상이 꺼릴
까 대단히 두려워하여 다 태워버렸다. 오직 남은 시 두 권이 친필로 전해내
려 올 뿐이다. 선생은 자질과 품성이 고결하고 학문이 깊고 순수하였다. 세
상의 혼탁함을 만나자 기미를 보고 세상을 초월하셨다. 혁명 후가 되자 절
의를 지키고 강상을 세우셔서 가을 서리와 밝게 비추는 해처럼 준엄하였으
니, 포은, 야은과 더불어 은나라의 삼인[17]이 될 만하다. 그러나 깊이 감추고
단단히 숨겨서 남이 알기를 바라지 않은 점은 태백[18]이 일컬어지는 점이 없
는 것과 비슷하니 바로 두 현인이 갖지 못한 점이다. 한결같이 절개를 지켜
바위굴에서 말라죽었으니 백옥에 흠이 없는 듯 깨끗한 것이 역시 백이숙제
이후로 한 사람이 있을 뿐이다. 충성스러움 역시 직설적인 필법에 부쳐 임
금에게 충성하고 나라를 사랑하는 마음을 내보였으나 글이 이미 없어져버
렸다. 시편이 남긴 하였지만 선생의 남긴 뜻을 자손들이 준수하였기 때문에
숨겨두고 내놓지 않아 얻어 본 사람이 없다. 선생의 높은 이름과 큰 절개는
시와 나란히 없어져 세상에 전하지 않는다.

家狀曰 先生少好學讀古聖賢書 長益篤信 造詣精深 見麗季政亂 遂無意
於世 隱居自修 不求人知 邑宰聞其賢要見 先生謝不往 邑宰嗛之 錄先生於
名于軍籍 先生不以介意 作詩自寬 有杏亶風月魂空斷楡塞烟塵夢已頻之句
母夫人常憂家貧而艱於徵布 不得已赴試 一擧進士 亦不肯仕 益自韜晦 入
雉岳山之覺林 躬耕養親 自號曰耘谷 時名家巨室 多遣子弟受業 我太宗大

---

17) 은나라의 충신인 미자, 기자, 비간을 가리킨다.
18) 泰伯. 周의 太王의 맏아들. 태왕이 막내인 계력에게 전위할 생각을 두자 아우인 중
옹과 아버지의 뜻을 알고 형만으로 도망갔다.

王龍潛時 嘗從受學 及陟祚屢以禮召先生 抗義不詘 太宗大王 以甘盤舊恩
降屈和鑾 親幸其廬 先生避匿于弁巖 弁巖雉岳上峰之岩穴也 重林複障 蹤
跡難覓 太宗大王知其不可奪志 乃御座于其廬傍溪邊石臺上 招舊時爨婢厚
賜食物 命先生子洞爲基川守 後人名曰太宗臺 先生早謝塵坌 遐舉高蹈 超
然若忘世者 然而其憂國閔時 慷慨感時之志 形於諷詠陶寫之間 歷歷可見
與牧隱諸公相友善 酬唱往復 次牧隱詠菊詩曰 須信無情勝有情 無情元是
一生平 陶公去後今千載 依舊東籬燦燦明 其寓物言志 盖如是矣 先生聞禑
昌廢謫 特書曰 前王父子 各以辛旽子孫廢爲庶類人 作詩二絶曰前王父子
各分離 萬里東西天一涯 可使一身爲庶類 正名千載不遷移 祖王信誓應乎
天 餘澤流傳幾百年 分棟假眞何不早 蒼蒼之鑑照明然 及聞禑昌之死 又作
詩傷之 辭語激切 忠憤靄靄 事當時時事據實直書 奏成六卷 堅封題表曰 非
賢子孫不能開 嗚呼 先生之書可想 而先生之心可知也 退溪先生曰 原城有
信史者 此也 傳之三世 有孫一人開見之 大怵時諱盡燒之 惟餘詩二卷 親筆
遺在耳 先生資品高潔 學問深粹 遭世昏濁 見幾高邁 逮于革命之後 秉節義
樹綱常 凜凜若秋霜白日 可與圃冶爲殷有三仁 而深藏固晦 不欲人知 有似
泰伯無稱 則殆二賢之未有也 終始一節 枯死岩穴 皎如白玉無瑕 則亦夷齊
後一人矣 忠亦寓於直筆 以洩夫忠君愛國之心 而書已滅焉 詩什雖存 先生
之遺意 子孫之所遵守 故秘之不出 人無得以見者 先生高名大節 並與詩泯
泯不傳於世也

◎『묘갈』에 다음과 같이 기록되어 있다.

선생은 본관이 원주이고 성은 원씨, 이름은 천석, 자는 자정으로 고려 국
자진사이다. 고려의 어지러운 정세를 보고 은거하여 홀로 수행하며 호를
'운곡선생'이라 하였다. 우리 태종대왕께서 미천하던 시절 따라 노닐며 배
운 적이 있었다. 고려가 망하자 태종대왕께서 여러 차례 불렀으나 나오지
않았다. 임금께서 그의 의기를 높게 여겨 동쪽을 노닐다가 그의 오두막에
행차하셨으나 선생이 피하여 만나지 않았다. 임금께서 계곡 바위 위에 내리
셔서 오두막을 지키던 할미를 불러 후사하시고, 선생의 아들 형에게 관직을
내려 기천현감으로 삼았다. 후세 사람들이 그 바위를 태종대라 불렀다. 태

종대는 치악산 각림사 옆에 있다. 원주 감영에서 동쪽으로 십리 떨어진 석경에 운곡선생묘가 있다. 또 앞에 있는 묘 하나는 부인을 장사지낸 것이라 한다. 앞서 선생에게 장서 여섯 권이 있었는데, 망한 나라의 옛 일을 말하였으므로 자손에게 함부로 펴보지 말라고 경계하였다. 몇 대를 전해오다 어떤 자손 하나가 몰래 펴보고 크게 두려워하며 "우리 가족 때문이다"라고 하면서 가져다 태웠다. 그 책은 전하지 않으나 아직 남겨진 시편은 있는데, 이것이 이른바 '시사'라는 것이다. 내가 들으니, 군자는 은거해도 세상을 버리지 않는다고 하였다. 선생은 비록 세상을 피해 스스로 은거하였으나 세상은 잊은 사람은 아니라 도를 지켜 두 마음을 가지지 않음으로써 자신의 몸을 깨끗이 한 사람이다. 백이의 말에 "옛 선비는 잘 다스려지는 세상을 만나면 자신의 소임을 피하지 않고 어지러운 세상을 만나면 구차하게 남지 않았다. 천하가 어두우니 피하여 내 행실을 깨끗이 하는 것이 낫겠구나!"라고 하였다. 그러므로 그의 전기에 "날이 추워진 후에야 소나무와 잣나무가 나중에 시드는 것을 알고 온 세상이 혼탁해져야 맑은 선비가 드러난다"라고 하였다. 맹자는 "백이는 섬길 만한 임금이 아니면 섬기지 않았고 부릴 만한 백성이 아니면 부리지 않았다. 다스려지면 나아가고 어지러우면 물러났으니 백이는 성인 가운데 깨끗한 자이다"라고 하였다. 선생은 아마도 백이와 같은 부류일 것이다. 향리 사람들이 선생을 위해 사당을 세워 제사를 지낸다. 사당은 원주 북쪽 30리 떨어진 칠봉에 있다. 선생의 후손은 매우 많은데, 기천현감을 했던 아들의 후대가 가장 번성하다. 찬에 이른다.

　"바위굴에 사는 선비는 나아가고 물러남에 때가 있어 비록 세상의 반열에 들지는 않았으나 자기의 뜻을 굽히지 않고 자신의 몸을 욕되게 하지 않을 수 있었다. 후세에 가르침을 세운 것은 우왕과 후직, 백이와 숙제와 마찬가지이다. 선생은 백대의 스승이라 할 만한 사람이다."

　墓碣曰 先生原州人 姓元氏諱天錫字子正 高麗國子進士 見麗氏政亂 隱居獨行 號曰耘谷先生 我太宗大王微時 嘗從遊受學 及麗亡 太宗大王累召不起 上高其義 東遊幸其廬 先生避不見 上下溪石上 召守盧嫗厚賜之 官其子泂爲基川守監 後人名其石曰太宗坮 坮在雉岳山覺林寺傍 原州治東十里

96

石逕 有耘谷先生墓 又前一墓 孺人之葬云 初先生有藏書六卷 言亡國古事
戒子孫勿妄開 傳之累世 有子孫一人竊開之 大懼曰 吾家族矣 擧而燒之 其
書不傳 猶有餘遺詩什 此所謂詩史也 吾聞君子隱不遺世 先生雖逃世自隱
非忘世者也 守道不貳以潔其身者也 伯夷之言曰 古之士遭治世不避其任
遇亂世不爲苟存 天下暗矣 不如避之以潔吾行 故其傳曰 歲寒然後知松栢
之後凋 擧世溷亂 淸士乃見 孟子曰 伯夷 非其君不事 非其民不使 治則進
亂則退 伯夷 聖人之淸者也 先生盖伯夷之倫也 鄕人爲之立祠以祠之 祠在
州北三十里七峯 先生後甚衆 基川之世最大 其贊曰岩穴之士趣舍有時 縱
不列於世 能不降其志 不辱其身 敎立於後世 則禹稷夷齊一也 先生可謂百
世之師者也.

◎ 한강 정선생19)이 강원감사 시절 운곡선생묘에 제사를 지냈다. 그 제문
은 다음과 같다.

산에 고사리가 있으니 요기할 만하고 방에는 거문고와 책이 있으니 스스
로 즐길 만했도다. 예물이 정성스럽고 임금의 거둥은 온화하였으나 죽을 때
까지 돌아보지 않은 채 가슴 속에 홀로 절개를 지켰도다. 천고의 빈산에 한
줄기 맑은 바람뿐이니 보잘 것 없는 제물을 올리나 이 마음을 살펴주시길
바라나이다.

寒崗鄭先生按節時 祭耘谷先生墓 其祭文 山有蕨薇 可以療飢 室有琴書
可以自怡 湯幣殷勤 星宿雍容 窮天不顧 獨縶于胸中 千古空山 一縷淸風
敬薦菲薄 尙監玆衷

◎ 금계의 서문20)에 다음과 같이 기록되어 있다.

19) 鄭逑(1543~1620)를 가리킨다. 선조·광해군 때의 학자이자 문신. 임진왜란 때 의병
을 일으켜 싸웠고, 강릉부사를 비롯하여 여러 벼슬을 거쳤다. 광해군 때는 대사헌
으로서 상소하여 임해군을 구하기도 했다.
20) 錦溪는 朴東亮(1569~1635)의 호이다. 조선 선조 때의 문신으로 선조가 임종하기
직전 영창대군을 부탁했던 유교칠신 가운데 한 사람이다. 서문은 곧『운곡행록시
사』의 서문을 가리킨다.

　운곡선생 원천석은 본관이 원주이다. 고려 말 은거해서 책을 저술하였다. 우와 창 부자가 신돈의 자손이 아니라고 말하였는데, 일이 매우 상세하다. 우리 왕조에 이르자 문을 닫아걸고 일생을 마쳤으니 맑은 풍모와 준엄한 절개는 바로 포은, 야은 공들과 서로 백중간이 될 만하다. 그러나 자손이 그 책을 숨겼고 시간이 지날수록 더욱 은밀히 하여 얻어 본 사람이 없었으므로 그의 명성과 아울러 끝내 사라져 세상에 전하지 않는다. 아아! 바야흐로 우가 왕위를 이었을 적에 최도통,[21] 목은,[22] 포은[23] 같은 여러 원로가 아직도 남아 있었다. 당시 위아래에서 이의가 없었을 뿐 아니라 목은이 먼저 "마땅히 전 왕의 아들을 세워야 한다"라고 말했다. 창이 폐위되자 비로소 "우 부자는 바로 신돈의 자손이다"라고 말하기 시작했으니 아마도 이렇게 하지 않으면 창을 폐위시킬 방도가 없기 때문에 특별히 이를 가지고 구실을 삼았을 뿐일 것이다. 그렇지 않다면 왕씨의 제사가 이미 공민의 뒤에 끊긴 것인데, 여러 공들이 순수한 마음으로 충성하고 크게 절의를 지키며 정성을 다하고 힘을 다하여 죽은 후에야 그만 둔 것은 과연 누구를 위해서였다는 말인가? 더욱이 조정의 기강이 무너져 분열된 것이 아주 심한 것도 아니었고 군대를 통솔하고 나라를 다스리는 큰 정사가 여러 공들에게 한결같이 맡겨져 있었으니 거짓 임금을 폐하고 국성을 존속시키는 일에 반드시 다른 사람의 뒤에 있지 않았을 것이다. 왕위를 이을지 말지의 문제는 조정에서 강구되어 있었던 것이 원래 이미 분명하다. 저 역사를 쓰는 무리들 역시 왕씨의 녹을 먹던 자이건만 한 번 죽는 것도 이미 못하고서 또 우왕 부자를 신씨라고 모함하였다. 이것도 오히려 부족하여 공민왕이 병풍 뒤에서 홍륜 등이 외설스러운 짓을 하는 것을 구경했다고 하는데 이르렀다. 지금 보는 자에 이르면 추하게 여겨 침을 뱉지 않는 사람이 없다. 우왕 한 사람의 한 가지 일에 대한 근거를 대기에 그들의 속임수를 알아차리기 부족하니, 공의 한

---

21) 崔瑩(1316~1388). 고려 말 무신. 우왕 때 육도도통사가 되어 명을 치고자 출전하였으나 이성계의 위화도회군으로 좌절되고 결국 피살되었다.

22) 李穡(1328~1396)의 호. 고려 말 문신. 고려 三隱 가운데 한 사람. 조선조 태종이 여러 번 불렀으나 나아가지 않았다.

23) 鄭夢周(1337~1392)의 호. 고려 말 문신. 고려에 절개를 지키다가 이방원이 보낸 자객에게 선죽교에서 피살되었다.

98

마디 말이 아니었다면 천백 년 후 장차 오류를 답습하는 것을 그만두지 않았을 것이 분명하다. 시를 읊어 마음을 풀어내는 즈음에 사실에 근거하여 그대로 써냈으니, 말 한 마디 글자 하나가 충성스러운 분노가 격동하지 않는 것이 없다. 우왕 부자가 왕씨라는 것뿐 아니라 고려 역사 가운데 어지럽고 망령된 말과 글도 이로 인해 변증될 수 있을 것이니 궁달과 출처가 비록 같지 않지만 나라의 빛이 된 것은 마찬가지이다.

錦溪序曰 耘谷先生元天錫原州人嘗聞原州人 在麗末隱居著書 言禑・昌父子非辛出事甚悉 逮我朝閉門終身 淸風峻節 直可與圃・冶諸公相伯仲而子孫秘其書久益密 人無得以見者 並與其名而遂泯泯不傳於世 嗚呼 方禑之嗣王位也 數三元老如崔都統牧隱圃隱諸公猶在也 不惟當時上下無異議 牧隱首曰 當立前王之子 及昌之廢也 始曰 禑父子乃旽之子孫 蓋不如是則昌無可廢之道 特爲此以籍之耳 不然 王氏之祀已絶於恭愍之後 而以數公精忠大節 竭誠盡瘁 死而後已者 果爲誰乎 況朝廷綱紀不甚潰裂 而軍國大政 一委之數公 則廢僞君存國姓 必不在他人之後 其所進退取舍 講于中者固已審矣 彼修史輩亦嘗食王氏之祿者 既不能一死 又以禑父子冒之辛此猶不足 至訖恭愍從屛後觀洪倫等褻行事 至今觀者莫不醜唾. 據禑一事不足知其誣 微公一言 千百載下 必將襲謬不已 可謂東國有史乎 若是乎忠臣義士之有益於爲人國家也 吟詠陶寫之間 據實直書 一言一字無非忠憤所激 不但王氏之爲父子者言 麗史中亂言妄書 亦將因此而有卞證之 窮達出處雖不同 其爲邦家之光一也

◎『죽천기』에 다음과 같이 기록되어 있다.
고려의 우와 창 부자는 왕씨라는 설이 분명하다. 관동의 고사 원천석 선생이 야사를 써서 자세히 기록하였고, 미암 유희춘이 숨겨진 야사를 보고 믿을 만하게 전하였다. 최비가 용린을 보고 통곡하였고, 목은이 우의 어미가 빈소에서 쫓겨난 것을 탄식하였다. 기타 전기에 뒤섞여 나오는 것이 하나가 아니니, 우는 진실로 공민왕의 아들이라는 것에 문제를 제기할 것이 없다.

竹泉記日　高麗禑昌父子　定爲王氏之說　關東高士元天錫先生　作野史而記之詳　柳眉巖希春　見秘史而傳之信　崔妃見龍鱗而號哭　牧隱歎禑母之黜廟　其他雜出於傳記者非一　禑實恭愍王之子無起矣

◎『매산록』에 다음과 같이 기록되어 있다.

……우를 강화로 쫓아내고 그의 아들 창을 세웠다. 얼마 후 우와 창이 요승 신돈의 자손이라 하여 폐위시켜 서인으로 삼고, 공양왕을 세웠다. 그때 처사 운곡 원천석이 "전왕 부자는 각기 떨어져"라고 시에 썼고 또 야사를 써서 "우리 왕의 아들을 신돈의 아들이라 하였다"라고 했다. 퇴계가 "국가 만세 후 마땅히 운곡의 의견을 따르게 될 것이다"라고 썼다.

또 다음과 같이 기록되어 있다.

운곡선생은 포의로써 절개를 지켰다. 태종대왕이 직접 그의 오두막을 방문하였으나 담을 넘어 도망쳐 받들지 않았다. 지금까지 치악산에 어가가 머물었던 단이 있다.

梅山錄日云云　放禑于江華　立其子昌　尋以禑昌爲妖僧辛旽之子孫　廢爲庶人　立恭讓王　其時處士耘谷元天錫有詩日　前王父子各分離　又著野史日以吾王之子爲辛旽之子　退溪書日　國家萬世後　當從耘谷議

又日　耘谷先生　以布衣守節　太宗大王　親訪其廬　踰垣不恭　至今雉岳有御留壇

◎『병진정사록』에 다음과 같이 기록되어 있다.

혁명 때 사필이 본래 다 믿을 수 없다. 원주에 원씨가 그의 선조 원천석의 유고를 감춰두고 있다고 들은 적이 있는데, 말하고 있는 당시의 일이 후세 사람이 알지 못하는 것이라 한다.

丙辰丁巳錄日　革命時　史筆固不可盡信　嘗聞原州有元氏藏其先祖元天錫遺稿　言當時事後世所不知者云

◎『해동악부』에 다음과 같이 기록되어 있다.

원천석은 본관이 원주이다. 고려 말 원주에 은거하였고 호는 운곡이다. 태종대왕이 아직 왕이 되기 전 그와 오랜 친분이 있었다. 왕위에 오르자 원천석은 평민의 신분으로 알현하러 왔다. 궐 안에 들어가자 태종은 마치 평소 극히 친했던 사람처럼 옛일을 이야기하였다. 이어서 왕자들을 불러서 나와 만나게 하고 물었다.

"내 손자들이 어떻소?"

원천석은 광묘(세조)를 가리키며 말했다.

"이 아이는 제 할아버지를 쏙 **빼닮았소**."

그리고 말했다.

"이런! 형제를 사랑해야 한다. 형제를 사랑해야 한다."

원천석은 평생 책을 저술하여 상자 하나에 넣고 자물쇠로 매우 단단하게 봉하였다. 임종 때 "자손이 성인이 아니거든 삼가 열어보지 말라"라고 유언하였으므로 그의 집안에서는 사당 안에 숨겨 두고 아들과 손자가 자물쇠를 열어본 적이 없었다. 증손에 이르자 하루는 꺼내놓고 말하였다.

"선조께서 비록 유언을 남기셨다 하나 세월이 이미 오래되었으니 분명히 꺼리실 까닭이 없을 거야."

마침내 열어보니 바로 고려 말의 야사로, 국사와는 달랐다. 이미 보고 나자 끝까지 덮어두기 어려워 이 때문에 죄를 받을까 걱정스러웠다. 끝내 태워버려 달랑 시집만 두 권 남았다. 많은 시가 시국의 일을 읊은 것이고 제목을 따라 상세히 주해를 달아놓았는데, 우와 창 이전은 '국가'라고 하고 공양왕 이후는 '나라'라고 하고 우리 왕조에 들어와서는 다만 '새 나라'라고 하였다. 선생께서는 고려 말 최후의 한 사람이시니 그 책이 전하지 않음이 안타깝다.

흰옷 입은 사람은 초야에서 왔고
자주빛 조복 입은 사람은 앉아 왕좌를 열었으나
옛 은혜만을 볼 뿐
천승지국의 왕이 된 높음을 보지 않았기에

이 어찌 끝내 무슨 일인가?
응대는 한 마디뿐이었네.
그대는 보지 못했는가?
상자 속의 책이 재와 먼지로 변한 것을.
자손 중에 성인이 나왔대도
당시의 저술은 쓸데없이 정신만 괴롭혔으리.

海東樂府曰 元天錫原州人 麗末隱居本州 號耘谷 太宗大王 在龍潛時與
之有舊 及爲上王 天錫以白衣來謁入闕內 道故若平生歡 仍召諸王子出見
問曰 我孫何如 天錫指光廟曰 此我酷似乃祖 且曰 嗟 須愛兄弟 須愛兄弟
天錫平生著書 藏之一篋 封鎖甚固 臨終遺言曰 子孫非聖人 愼勿開見 其家
藏置廟中 子及孫未曾開鎖 至于曾孫 一日出言曰 先祖雖有遺言 歲月已久
必無所嫌 遂開見 乃是麗末野史 與國史不同 旣見之後恐難終掩仍以獲罪
遂焚之 惟所詩二卷在 多詠時事 逐題詳解 禑昌以前曰國家 恭讓以後曰國
入我朝但曰新國 先生麗末一人 而惜其書不傳 白衣來自草萊 紫袍坐開王
座 但見故舊恩 不見千乘尊 此何竟何事 應對惟一言 君不見 櫝中之書成灰
塵 子孫生聖人 當時著述空勞神

◎ 휴옹 정홍익의 저서에 어떤 문사가 야사 한 부를 본 적이 있는데, 다
음과 같은 얘기가 실려 있었다는 말이 나온다.
　태종대왕이 미천할 때 처사 원천석에게 배웠다. 왕위에 오르자 선비를 높
이고 자신을 낮춰 현인을 구하는 도에 따라 친히 깊은 산 초가집에 행차하
여 원천석을 방문하였으나, 원천석은 담을 넘어가 만나지 않았다. 태종대왕
이 상왕이 되자 원천석이 서울에 왔다. 궐문 밖에 이르러 문지기에게 "네 주
상에게 알려라"라고 하니 문지기가 승정원에 알렸다. 승정원에서 즉시 상왕
에게 아뢰자, 대내전으로 맞아들여 극진히 예우하였다. 상왕이 "감히 나라
를 다스리고 안정시킬 계책을 묻겠습니다."라고 하자 원천석은 "집안이 가
지런해진 후에야 나라가 다스려지오."라고 하였다. 원천석이 왕손들을 보겠
다고 청하고, 손으로 머리를 쓰다듬으며 "이 아이는 제 할아버지를 꼭 닮았

군. 골육을 사랑해야 하느니라."라고 하였으니, 바로 세조가 어릴 때였다고 한다. 이 이야기와 『해동악부』의 소서, 두 가지 설이 대략 비슷하다. 가만히 생각해보면, 선생이 임금을 만난 뜻은 역시 응당 법도와 부류에 대해 말할 생각이었을 것이니 반드시 문자로 남겨진 글이 있을 것이다. 이미 타버려 증명할 방법이 없으니 안타깝도다.

休翁鄭弘翼 著有一文士嘗言曾見一部野史 有曰 太宗大王微時 受學于處士元天錫 旣登寶位 以尊士下賢之道 親幸深山草廬訪元天錫 天錫踰垣不見 太宗大王及爲上王 天錫往京至闕門外 謂守門者曰 告爾主上 門者告于政院 政院卽啓 上王延入大內 禮待極歡 上王曰 敢問治安之策 天錫對曰 家齊而後國治 天錫請見諸王孫 以手撫頂曰 此兒骨類乃祖 須愛骨肉 乃光廟幼時也云 此與樂府小序 兩說略相似矣 竊念先生見上之意 亦應陳範敍疇之意 而必有文字遺書 旣火無所徵矣 惜哉

◎ 고려 말 전공판서 이원발은 호가 은봉이다. 『은봉세첩』에 다음과 같이 기록되어 있다.

베옷을 입고 풀띠를 한 선비가 문에 이르자 공이 나와 맞이하였다. 좌우의 자제들을 물리치고 조용한 방에 들어가 거처하기를 엿새, 이레 쯤 되자 배웅하였다. 다음날 여덟 필의 말에 짐을 가득 싣고 마부에게 명하기를 "청석골에 이르면 이러이러한 선비가 있을 테니 실은 물건과 말을 다 주어라."라고 하였다. 원운곡이 세속을 떠나 은거하자 공이 그의 고상한 행적과 높은 의기를 가상히 여겨 그가 떠날 때 노자를 준 것이다. 아마도 선생이 처음에 송도에 살다가 송도에서 치악산으로 들어갈 때였던 것 같다.

선생은 한미한 선비로 아래에 있었으나 한 시대의 명공과 거경 가운데 공경하고 사모하는 사람이 많아 자제를 보내 배우게 한 사람이 많았다. 선생의 도덕과 높은 명성은 상상할 만하다. 혁명 이후 절개를 지키고 충절을 바치고 의리를 따른 자가 또한 한둘이 아니지만 모두 고려왕조에서 벼슬하고 고려 임금에게 녹을 먹었던 사람들이다. 오직 선생만이 포의로 암혈에 살며 한결같이 한 마음이었으며 언행을 나란히 닦았으니 천만세 강상의 우뚝하게 절개를 지킨 분이 된다. 또 왕씨 부자가 선생의 붓으로 인해 뒷날의 의혹을 바로잡고 씻어버렸다. 아아! 선생의 충애가 어찌 자신의 몸을 순국하도록 허락하고 성이 다른 임금을 섬기지 않은 데 그친 무리 같을 뿐이겠는가? 퇴계선생은 "원주에 믿을 만한 역사서가 있다"라고 하였고, 택당은 시에 "이 분이 강상을 세워 말씀이 일월과 함께 드리우리라"라고 하였다. 그들이 "믿을 만한 역사서"와 "일월과 함께 드리우리라"라고 한 것은 모두 왕씨 부자의 일을 가리킨다.

포은 한 사람의 죽음은 시대가 그랬고 형편이 그래서였으니 가상하고 훌륭하다. 온 세상을 뒤흔들었으나 사람들이 비난하지 않았다.

서장령은 절구시 한편24)을 지어 "전 왕조의 왕업이 길지 못함이 한스러워라"라고 하는데 불과했지만 태종대왕은 그를 백이숙제의 부류라고 가상히 여겼다.

길주서는 쇠락해가는 시대에 용감히 물러났으니 탁월하게 고상하다. 고을 관리의 독촉을 받자 서울에 가서 상소를 올렸다. "저는 신돈의 조정에서 과거에 급제해 벼슬을 시작하였습니다. 제가 듣기로는, 여자에게는 두 남편이 없고 신하에게는 두 임금이 없다 하였습니다. 애걸하오니, 고향으로 돌아가 성이 다른 임금을 섬기지 않으려는 뜻을 이룰 수 있게 해주십시오." 임금께서 그의 의리를 가상히 여겨 넉넉히 예우하여 돌려보냈다.

---

24) 徐甄의 <述懷>를 가리킨다. 서견은 고려 말의 문신으로 공양왕 때인 1391년 사헌장령의 벼슬을 지냈고, 이듬해 이성계 일파를 탄핵했다. 정몽주가 피살된 후 유배되었다. 조선이 개국한 후 송도를 돌아보다 이 시를 짓게 되었는데, 이조의 공신들이 죄주기를 청하자 태종이 듣지 않았다고 한다. 시의 내용은 다음과 같다.
千載神都隔漢江 / 천년 된 신성한 수도는 한강 건너에 있으니
忠良濟濟佐明王 / 충성스럽고 선량한 신하들이 무수히 현명한 임금을 보좌했었네.
統三爲一功安在 / 삼국을 통일한 공은 어디에 있는가?
却恨前朝業不長 / 전조의 왕업이 길지 않음이 한스러워라.

104

남재25) 등 여러 공들이 시를 주어 배웅하였는데, 권양촌26)은 그 서첩에 "고려 오 백년동안 교화를 배양함으로써 선비의 풍조를 격려한 보람이 선생 한 몸에 모여 갈무리되었으며, 조선 억만년 강상을 부지하고 세움으로써 신하의 절개를 밝히는 근본이 선생 한 몸으로부터 기초하였으니 명교에 끼친 공이 크다."27)라고 하였다.

유서애는 지주비에 쓰기를 "일월이 새로 비추고 산천이 모습을 바꾸자 이전에 먹고 마시며 왕씨의 문에서 화목하게 지내던 이들이 권세에 빌붙는 데 뒤 처질까 걱정하였으나 선생은 두 임금을 섬기지 않는 의리로써 형문으로 자취를 감추었으니 그 충심이 대차도다! 천하의 큰 환난을 만나 천하의 큰 절개를 세웠고 천하의 사람들이 할 수 없는 일을 하여 오산 한 구역을 수십 년 되는 오랜 세월동안 왕씨의 시대를 머물게 하였으니, 아아! 진정한 지주로구나!"28)라고 하였다.

아아! 권양촌의 제서와 유서애의 비문을 읽으면 야은의 고상한 풍모가 천년 후 완악한 자를 청렴하게 하고 나약한 자를 일어나게 할 만하다. 만약 문장과 덕행을 갖춘 군자에게 운곡선생의 찬전을 짓게 하였다면 말과 수사가 과연 어떠했을까?

태종대왕이 태상박사의 직임으로 야은을 불렀다. 사신이 이르자 선생은 국화를 꺾어 백이에게 제사를 지냈다. 태종대왕은 오산의 토지를 야은에게 하사하여, 임금의 명이 내려오자 선생은 국화를 가져다가 그 밭에 심었다. 사물에 의탁해 뜻을 부침으로써 자신의 정조를 보인 것이다. 선생에 대한 소문을 듣고 사모하는 기운이 생겨나 사람들이 지금까지 일컫는다.
태종대왕은 가르침을 받았던 옛 은혜 때문에 운곡을 방문하였지만 선생

25) 南在. 조선의 개국공신(1351~1419). 이색의 제자. 동생 남은과 함께 이성계를 추대하여 개국공신이 되었다.
26) 여말선초 학자인 權近(1352~1409)의 호.
27) 「題吉再先生詩卷後序」를 가리킨다. 『양촌선생문집』 20권에 실려 있다.
28) 「砥柱中流碑」의 일부분이다. 『서애선생문집』 19권에 실려 있다.

은 피하여 만나지 않았다. 태종대왕이 각림사의 전원을 운곡에게 내리라고 명했으나 선생은 끝내 보지 않았다. 선생이 평생 지킨 바가 털 끝 하나만큼도 혼들린 적이 없었다. 비록 붉은 마음이 충의를 격동시켜 큰 절개가 담긴 글을 책에 썼으나 오직 감추고 숨겨 남이 알게 하지 않았으니 선생의 뜻을 사람 중에 누가 알고 있겠는가? 수백 년 후 역사의 평론과 논단이 선생을 안다고 이를 만할 것이다.

『역사열전』에 포은의 공적을 다 기록하였으나 처음부터 끝까지 충과 의, 두 글자 가운데 하나도 일컫지 않는다. 또 그 시대의 절의지사가 모두 빠져 전하지 않는다. 『동사찬요』가 쓰일 때 이르면 비로소 길재, 서견, 이양중, 김주 및 운곡을 보충하여 넣었고, 『여사제강』도 실어서 기록했다. 『역대록』의 태종대왕 원년에 임금이 운곡을 직접 방문했던 사실이 기록되어 있다. 『해동명신록』 같은 경우에는 운곡이 들어가 있지 않다. 이것은 즉, 서술할 때 아직 전하지 않았거나 몰랐기 때문일 뿐이다.

이름난 유자의 문집 중에는 운곡의 의롭고 장렬함을 일컬으며 찬양한 것이 많은데, 바른 것이다. 『송와일기』에 태종대왕이 평창에 행차했을 때 운곡을 방문하였는데, 운곡이 이때 이미 죽었다고 운운하였다. 이 설은 잘못되었으며 근거가 없다. 역사책이 역대의 기록을 실을 때는 모두 실제 행적을 분명히 안 연후에 만세에 전하여 믿을 수 있는 문장을 만든다. 우리나라 사람들의 이목이 보고 기록한 바가 명백하고 분명한데, 송와의 말은 어찌 그리 잘못되고 다른가? 이 말을 들은 사람 중에 누가 슬며시 웃지 않을 수 있겠는가?

麗末典工判書李元發號隱峯 隱峯世諜曰 有布衣草帶之士踵門 公出迎之 辟左右子弟 入處靜室六七日而相送 後一日滿八駄 命僕夫曰 至靑石洞遇 如此士人 載物並馬給之 元耘谷大歸將隱 公嘉其遐擧高義 贐其行也 盖先生始居松都 自松都來入雉岳時歟

先生以寒儒在下 一時名公巨卿敬慕者多 多有送子弟受學 先生之道德重望 可以想見 革世後伏節仗義之人亦非一二 而皆是仕宦於朝 食祿於君也

獨先生布衣岩穴 終始一心 言行並脩 爲千萬世綱常之特節 又王氏父子因
先生之筆 而明正洗滌來後之疑惑 噫 先生之忠愛 豈啻如許身殉國不事二
姓而已之徒也哉 退溪先生曰 原城有信史 澤堂詩曰 斯人樹綱常 有言垂日
月 其曰信史與垂日月云者 皆指王氏父子事也

圃翁一死 時也勢也 尙矣至矣 振宇宙而人無間然 徐掌令一絕詩 不過曰
却恨前朝業不長 太宗大王褒之以夷齊之流 吉注書頪彼勇退 卓乎高矣 被
州官督令 如京上疏曰 臣於辛朝 登科筮仕 臣聞女無二夫 臣無二君 乞放鄉
里 以遂不事二姓之志 上嘉其義 優禮遣之 南在諸公贈詩送行 權陽村題其
帖曰 有高麗五百年培養敎化以勵士風之效 萃先生一身而收之 有朝鮮億萬
年扶植綱常以明臣節之本 自先生一身而基之 其有功於名敎大矣 柳西厓砥
柱碑記曰 日月新暉 山川改觀 向之飲食 煦煦於王氏之門者 奔走恐後 而先
生以不事二君之義 屛迹衡門 其忠烈矣 夫犯天下之大難 立天下之大節 行
天下人之所不能爲 能使烏山一區 獨留王氏甲子於數十年之久 嗚呼 眞砥
柱也 噫 讀陽村之題西厓之記 冶隱高風 千載之下 可以廉頑立懦矣 若使文
德君子作述耘谷先生贊傳 則言立修辭 倘從如何乎 太宗大王以太常博士徵
冶隱 使官至而先生折菊祭伯夷 太宗大王以烏山土地賜冶隱 詔命下而先生
取以種其田 盖托物寓志 以見其貞操者也 聞風起慕 人到于今稱之 太宗大
王以甘盤舊恩訪耘谷 而先生避不見 太宗大王以覺林田園命賜耘谷 而先生
終不視 先生平生所守 未嘗有一毫之或動 雖丹心所激 忠義大節之筆之書
者 惟欲晦藏 不使人知之 則先生之志 人孰有識之者耶 數百年後 史篡論斷
可謂知先生矣

麗史列傳 盡記圃隱功業 終始忠義二字 不稱一言 又一時節義之士 皆逸
之不傳 至東史纂要之作也 始補遺吉再徐甄李養中金澍及耘谷 麗史提綱又
載錄焉 歷代錄太宗大王元年記上之親訪耘谷事 若海東名臣錄不入耘谷 此
則述之有未傳無知耳 名儒文集多有耘谷義烈之稱揚者雅矣 松窩日記有曰
太宗大王平昌之行 訪問耘谷 耘谷時已沒云云 此說舛訛虛誕也 史筆記歷
代之錄 皆是明知實蹟 然後爲萬世傳信之文 則東方人耳目所睹記 昭昭班
班 松窩之言 何其誤且耳耶 聞是言者孰不能握爲笑哉

◎ 권양촌은 재예와 문장이 뛰어났고, 평생 이학과 절의를 자임하였다. 선생이 평소 그와 친하게 지내며 매우 사랑하였다. 만년에 편지를 보내 절교하면서 다음과 같은 시를 주었다.

　천록각에 몸을 던진 양웅이 『태현경』을 지었네.
　대낮에 양촌은 의리를 얘기하였으니
　세상에 어느 때인들 현인이 나지 않았으랴!

이 시가 세상에 전하나 제1구는 양촌이 지워서 감추었다고 한다. 유고에 남은 것 가운데 없으니 무슨 말이었는지 모르겠다. 『매산록』에서는 양촌을 논하면서 이 시를 가지고 처단했다.

　權陽村才藝文章 平生以理學節義自任 先生素善愛重之 晚年貽書絶交贈詩曰 ○○○○○○○ 投閣揚雄草太玄 白日陽村談義理 世間何代不生賢 此詩傳於世 而首一句陽村刪晦云云 遺稿見存中無之 未知何事 梅山錄論陽村 以此詩斷之

◎ 농암 김주는 사행에서 돌아오다가 압록강에 도착해 세상이 바뀌었다는 말을 들었다. 조복을 부인에게 보내면서 "이것으로 합장하고 장사지낸 후 지문이나 묘갈을 쓰지 말라"고 하면서 경계하고 중국으로 돌아갔다. 그 후 자손이 대대로 높은 벼슬에 올랐다. 현손인 응기는 지위가 좌의정에 이르렀건만 오히려 묘표를 쓰지 않아 유명을 따랐다. 사찬에서는 말한다.
　"죽은 후 이름이 걸맞지 않는 것을 군자는 싫어하니, 이름이 원래부터 싫은 것은 아니다. 농암이 세운 바가 이처럼 장렬하였으면서 죽은 후 이름을 나게 하지 않아 후세 사람들에게 농암이 있음을 알게 하지 않으려 하였다. 선생이 남보다 고고하신 점은 쉽게 헤아릴 수 없다. 아아! 운곡선생이 자취를 숨긴 것은 농암과 비슷한 면이 있다. 농암의 자손은 조상을 드러내어 높이려는 계책을 쓰지 않았고 운곡의 자손은 대대로 남기신 경계를 지켜, 불속에 남은 시편도 오히려 감히 세상에 내놓지 않았다. 치악산 제일봉을 비로봉이라 하고 비로봉 정상에서 동쪽으로 십여 보 아래 고깔처럼 생긴 바위굴이 있으니 이것이 변암이다. 변암 뒤와 좌우는 모두 벽처럼 되어 있고 전면의 한쪽이 뚫려 있다. 그 옆 바위 사이로 가는 샘이 솟아나온다. 선생이 그 바위굴에 온돌을 놓아 방을 만들고 은거하는 곳으로 삼았다. 임금의 가마가 왕림했을 때 피하여 이곳으로 들어갔다. 아아! 바위굴에 은거한 선비는 예부터 있었으나 첩첩산중 천길 봉우리 위라 나는 새도 지나지 못하는 곳에 선생이 세상을 피해 깊이 숨으셨으니, 고고하게 절개를 굽히지 않음에는 이처럼 탁월하고 뛰어난 점이 있으셨으며 만고에 걸쳐 없었던 경우이다. 후세 사람 가운데 이곳에 올라 낯빛을 바로잡고 감동하며 한숨 쉬며 탄식을 하지 않는 자가 없다.

태종대 아래 시냇물은 아래로 흘러가 물이 모여 연못이 된다. 어가가 밥하던 여종을 불렀을 적에 여종이 마침 이 연못에서 빨래를 하고 있다가 이 연못을 따라 명을 받고 갔다. 여종이 이때 이미 늙었기 때문에 후세 사람들이 이 연못을 '할미못'이라고 불렀다. 전해지는 얘기에 따르면 여종이 임금 앞에 나아가서는 입을 딱 벌린 채 기뻐하며 "나리는 지금 무슨 벼슬을 하시기에 위의가 이와 같으십니까?"라고 하자, 임금이 웃으며 "나는 다른 사람에게 벼슬을 주는 벼슬을 하고 있단다."라고 말하였다 한다. 내리신 말씀이 매우 정성스럽고 후하였으며 먹을 것을 하사하였다.

각림사에서 서쪽으로 직치령[29]이 있다. 임금의 수레가 돌아갈 때 이 길을 경비하고 통행을 금했다. 고개를 이미 넘자 활 쏘는 사람이 있었는데, 마침 나는 매가 하늘에서 울고 있었다. 임금은 활 쏘는 이에게 활을 쏘라고 명했다. 활 쏘는 이가 단발에 맞추자 활을 맞은 매는 허공을 빙빙 돌다가 떨어졌다. 임금이 그 매가 맴돌던 원 안에 있는 논밭을 활 쏜 자에게 방위전[30]으로 하사하라고 명하였다. 방위가 그래서 지명이 되었다. 지금까지 각림사 한 구역을 그렇게 부른다.

---

29) 각종 원주 읍지에서 直峙嶺을 찾아볼 수 없다. 稷峙의 오기인 것으로 보인다.
30) 여타 기록에는 弓位田으로 나온다.

임금이 하사한 땅은 선생이 돌보지 않자 각림사의 승려가 문득 소유했다가 절이 없어지니 원주향교에 속하게 되었다. 나중에 어떤 승려 하나가 절 땅이라고 소송을 하여 중앙관서까지 올라갔고, 중앙관서에서 배상해주었다. 태종대왕의 관위전이 또 민전이 되는 경우가 많았다고 한다.

각림사는 치악산중의 동쪽에 있다. 세속과 뚝 떨어져 있어 속인이 닿을 수 없고 큰 길에서 외떨어져 있어 다니는 사람이 지나지 않으므로 본 사람이 드물다. 땅은 숨겨져 있고 책은 없어졌으므로 선생의 이름도 함께 사라졌다. 세대가 지나고 어른과 노인이 이미 멀어져 선생의 유풍과 남은 혜택을 자손일지라도 역시 알 길이 없다. 이에 옛 풍문을 모아 대략 사적을 기록해 시권의 끝에 덧붙여 자손과 후세 사람이 공경히 볼 수 있도록 하노라.

籠岩金澍 使歸到鴨綠江聞草世 送朝服于夫人曰 以此合葬 葬後勿用誌文墓碣 爲戒而還入中國 其後子孫世躋顯仕 玄孫應箕位至左相 尙闕表石 遵遺命也 史贊曰 沒世而名不稱 君子疾之 名固非可厭也 籠岩所立 如是之烈 而不爲身後名 欲使後世不復知有籠岩者 先生之高於人 未易量哉 嗚呼 耘谷先生之欲晦其跡 有似籠岩 籠岩子孫不爲闡楊計 而耘谷子孫 世守遺戒 其火餘詩什 猶不敢出也 雉岳第一峯上曰毘盧 毘盧頂東十數步下有岩穴如弁幞 是爲弁岩 岩後及左右皆如壁 前一面開通 其傍石間細泉湧生焉 先生於其岩穴中 作突爲室 以爲幽棲之所 當大駕枉臨時避入此也 嗚呼 岩穴之士 自古有之 而萬疊山中 千仞峯上 飛鳥亦不過 則先生逃世 深隱高孤苦節 有若是卓絶 亘萬古所未有也 後人之登臨於此者 莫不愀然興感喟然起歎矣

太宗臺下 澗水下流 有潴爲淵 大駕召炊婢 婢適洴澼于此淵 由此淵赴命婢時已老矣 後人稱其淵曰嫗淵 傳說之言曰 婢進于御前 呫而喜曰 上今何官 威儀若此乎 上笑曰 我爲官人之官耳 詔諭甚款厚賜食物

自覺林西有直峙嶺 玉輦歸時 警蹕此路 嶺旣下有射者 適飛鷹戾空 上命其射者射之 射者一矢中之 矢鷹飛空盤回而落 上以其鷹盤回之內土田 命賜射者方位 方位仍爲地名 至今稱之覺林一區

御賜之田 先生不爲管視 覺林寺僧奄有之 寺罷屬于原州鄉校 後有一僧
人 謂以寺田起訟 轉至京司 京司贖之 太宗大王官位田 又多爲民田云耳

覺林寺在雉岳山中之東 隔絶於塵世俗子不到 僻左於大道行客不過 見者
鮮矣 地則秘書則滅 先生之名與之俱泯 世代逾下丈老已遠 先生之遺風餘
澤 雖子孫亦無以得知也 爰輯舊聞略記事蹟 附錄於詩卷之下末 俾爲子孫
後世之敬覽

◎ 선생 부친의 휘는 윤적이다. 종부령을 지냈으며 고려 충숙왕 17년인
경오년 7월 8일 치사하였다. 선생은 90여 세에 강녕하였다. 부친이 돌아가
신 해는 미상이다.

두 아들이 있는데, 장남 지는 직장동정 벼슬을 하였고 일찍 죽었다. 차남
형은 기천현감을 지냈다. 태종대왕이 행차했을 때 기천현감에 배수되었다.
기천공은 선생의 아들이기 때문에 특명이 내려 관직에 임명되었으나 공 역
시 벼슬을 원하지 않았으므로 기천에 부임하지 않았다고 한다. 공이 운곡의
시 한 권을 손수 쓰고는 권말에 82세에 쓴다고 기록하였으니, 공 역시 장수
하였으나 생졸년은 상고할 길이 없다. 공은 정이천 가례처럼 종가를 이었
다.

네 아들을 두었는데, 장자 자돈은 진사로 문과에 급제했다. 그 밑에 자서,
자부, 자민은 생원을 지냈다. 정언공 자돈은 사간원 정언, 지제교를 역임했
으나 일찍 물러나 임금이 불러도 가지 않았다.

두 아들을 두었는데, 장남 보곤은 생원으로 무과에 급제하여 군수를 지냈
다. 차남 보륜은 진사로 문과에 급제하고 교리를 지냈다.

先生考諱允迪 宗簿令 致仕於高麗忠肅王十七年 庚午七月初八日 先生
九十餘歲康寧 考終之年未詳 有二子 長沚同正早世 次泂基川縣監 太宗大
王幸臨時 拜基川也 基川公以先生子特命拜官 而公亦不欲仕 不赴基川云

公手書耘谷詩一卷 卷末記八十二歲書 公亦遐壽 而生卒年無所攷 公承宗
如程伊川家禮 有四子 長自敦進士文科 次自敍次自敷次自敏生員 正言公
自敦司諫院正言知製敎 早退不赴召 有二子長甫崑生員武科郡守 次甫崙進
士文科校理

◎ 교리공 보륜은 집현전교리, 지제교를 지냈다. 걸군[31]하여 자산현감이
되었다. 종가에 있던 선조의 갈무리해둔 물건이 화재를 입었다는 말을 듣자
그날로 관직을 버리고 통곡하며 다시는 임금의 부름에 나아가지 않았다. 선
조가 갈무리해둔 것이란 운곡선생의 유서이다. 여러 숙부들과 종씨들이 다
모여 의리를 바루고 마침내 종통을 공에게로 옮겼다. 공은 청렴결백하고 정
직하였으며 미천한 선비처럼 소박하게 살았다. 집안에 기물이 없고 다만 글
자 연습하는 판과 벼루집 하나가 있을 뿐이었다.

다섯 아들을 두었다. 큰 아들이 호이고 차남이 연이다. 삼남 선은 진사를
하고 감찰을 지냈다. 사남 기는 지평현감을 지냈다. 오남이 찬이다.

校理公甫崙 集賢殿校理知製敎 乞郡慈山 聞宗家先藏火災 卽日棄官慟
哭 而更不赴召 先藏者耘谷先生遺書也 諸父宗族咸集正義 遂移宗于公 公
廉潔正直 澹泊如寒士 家無器物 只有椵板一硯室而已 有五子 長瑚次璉 次
璿進士監察 次璣砥平縣監 次璠

◎ 지평공 기는 음직으로 지평현감을 지냈다. 효성스럽고 우애가 있었으
며 온화하고 평안하였다. 공정하고 청렴결백하여 겸손과 사양으로 스스로
를 지켰으므로 당시 사람들이 존경하였다. 앞서 교리공이 종통을 이었는데,
다시 화재에서 남은 시권과 선생의 친필이 지평공에게 전해졌다. 지평공의
후손은 대대로 현달하였기 때문에 집안에서 선생이 남기신 유묵을 잘 지킬
수 있었다.

---

31) 문과 급제자로서 어버이가 늙고 집안이 가난한 경우 지방 수령 자리를 주정하던
일.

砥平公璣 蔭仕砥平縣監 孝友愷悌 公正淸潔 以廉退自守 時人敬之 初校理公承奉宗統 復以火餘詩卷先生親筆 傳之砥平公 砥平公之後 世世顯揚 家被保守先生之遺澤

◎ 칠봉서원사적

대명 만력 47년 임자년 의견을 모으고 나란히 모여 원주 북쪽 30리 떨어진 칠봉에 사당을 창건하였으며 13년 후인 갑자년에 고려 국자감 진사 운곡 선생의 위판을 봉안하였다.

춘추제향 축문

삼가 아룁니다. 학문은 수사[32]를 전해 받고, 도는 수양산[33]을 따르셨습니다. 詩史 한 부는 만고의 강상이니 우리 문도의 제향이 영원히 끝이 없을 것입니다. 삼가 희생과 폐백, 자성의 제물로 정성껏 바치나이다.

七峯書院事蹟
大明萬曆四十年壬子 合辭齊會 刱建祠宇於原州北三十里七峯 越十三年甲子 奉安高麗國子進士耘谷元先生位版

春秋祭享祝文
伏以學傳洙泗 道屯首陽 一部詩史 萬古綱常 斯文之享 永世無彊 謹以牲幣粢盛庶品 式陳明薦

◎ 계묘년 4월 24일 청액상소
소두 진사 한용명, 생원 원경, 생원 성호상

---

32) 공자의 고향이 洙水와 泗水의 사이에 있었으므로, 공자의 학문, 즉 유학을 가리키는 말이다.
33) 백이숙제가 은거하여 고사리를 캐먹으며 절개를 지키던 곳이다.

엎드려 말씀드리건대, 도학을 숭상하고 절의를 장려하는 것은 예로부터 성스럽고 현명하신 제왕께서 훌륭한 기풍을 세우고 교화의 근원을 도탑게 하려는 까닭이었습니다. 도학은 백대의 모범이 될 만하고 절의는 만고의 강상이 될 만하면 국가가 숭상하고 장려하는 도에 있어서 마땅히 어찌해야 합니까? 사사로이 생각하옵건대, 고려의 국자진사 원천석은 학문이 정밀하고 깊으며 도덕이 순수하였으나 만난 때가 좋지 못해 세상을 피해 멀리 떠나 본주의 치악산 변암에 은거하였습니다. 더러운 속세를 깨끗이 벗어나 바위 굴에 물러나 살며 거친 밥과 풀을 먹으면서도 근심 없는 마음을 간직하였고, 시냇물을 베고 자고 자갈로 이를 닦으면서도 두 임금을 섬기지 않는 뜻을 견지하였으니, 그가 마음에 터득하여 스스로 즐거워하는 것은 외물이 빼앗을 수 있는 것이 아니었습니다. 고려의 국운이 이미 다하고 진정한 군주가 천명을 새롭게 하자, 율리[34]의 높은 절의를 더욱 장려하고 서산[35]의 맑은 풍화를 높이 받들어 은거하여 정절을 끝까지 보존하며 길이 잊지 않겠다고 맹서하였으니 원천석 같은 이는 만고의 강상을 세워 백대의 모범이 된 사람입니다. 실로 정몽주, 길재와 아울러 훌륭했으며 나란히 아름다워 은나라에 三仁[36]이 있는 것과 같으니, 분명하게 세상을 벗어나 처음부터 끝까지 한결같은 절개를 지킨 것은 두 현인도 거의 미치지 못하는 바입니다. 생각하옵건대, 우리 태종대왕께서 스승이었던 옛 은연 때문에 특별한 은총을 거듭 베푸셨으며 직접 수고로이 발걸음을 옮기시어 산속까지 왕림하셨고, 그의 아들 형에게 기천태수가 될 것을 명하여 부모를 봉양할 땅을 삼도록 하기에 이르렀으며 끝내 작록을 더하지 않아 그의 뜻을 이룰 수 있도록 하였습니다. 원천석의 고상한 풍모는 이에 더욱 드러났고 성조께서 훌륭한 기풍을 세우고 교화의 근원을 도탑게 하려는 뜻 역시 볼 수 있었습니다. 백세 후 그의 유풍과 남겨진 향기는 여전히 온 마을에 공경하는 마음을 일으킬 수 있었습니다. 예전 갑오년에 본주의 많은 선비들이 예조에 신청하여 본주

34) 도연명이 살던 마을의 이름.
35) 서산은 수양산을 가리킨다. 백이와 숙제가 이곳에 은거하여 고사리를 캐먹다 굶어 죽었다.
36) 은나라의 충신이었던 미자, 기자, 비간을 가리킨다.

114

북쪽 칠봉산 아래 서원을 세워 길이 선현을 숭상하여 받드는 땅으로 삼아
후학들이 경모하는 정성을 부쳤습니다. 봄가을 제사를 거르지 않았고 생도
들이 학업을 익히는 장소가 되어 항상 편액 걸기를 논의였습니다만 아직 임
금님의 은택으로 아름답게 하지 못하였으니 어찌 성스러운 왕조의 부족한
의전이자 사림에서 빠뜨린 일이 아니겠습니까? 저희들이 엎드려 보건대, 전
하께서는 도학을 숭상하여 선비들의 습성을 바르게 하고 절의를 숭상하여
선비들의 의기를 기르시니 장려하는 방도에 있어 그 극에 이르는 것을 사용
하지 않음이 없으십니다. 이것이 저희들이 오늘을 기다려 주광37) 아래 호소
하는 까닭입니다. 엎드려 애걸하옵건대, 성조께서는 선철이 남긴 덕화를 특
별히 가상히 여기고 저희들의 미천한 정성을 굽어살피시어 아름다운 편액
을 서둘러 내리심으로써 제사를 영광되게 해주신다면 어찌 저희들의 사사
로운 행운이 될 뿐이겠습니까? 실로 국가에 훌륭한 기풍을 세우고 교화의
근원을 도탑게 하는 일대의 사업이 될 것입니다. 저희들은 간절히 바라면서
도 지극히 황공함을 이기지 못하고 삼가 죽음을 무릅쓰고 해조에 계하시
기를 여쭙니다.

　해조에서는 회계한다. 강원도 유생 한용명 등이 상소를 올린 말에 고려
국자진사 원천석 서원 사액의 일로 말을 모아 청을 하기를,

　"원천석은 고려 말 쇠란한 때를 당해 기미를 보고 세상을 떠나 향리에 은
거하였고 세상이 바뀐 후 스스로 지키기를 더욱 견고히 하였다. 태종대왕께
서 감반의 옛 은혜 때문에 자주 부르는 첩지를 내려 그의 오두막에 행차하
기에 이르렀으나 원천석은 담을 넘어 자취를 감추고 끝내 명을 받들지 않았
다. 태종대왕께서도 역시 작록을 더하지 않아 그의 뜻을 이룰 수 있게 해주
었고 다만 그의 아들을 기천태수에 배수하여 부모를 공양하기에 편하게 하
여 지금까지 성대한 일로 여긴다. 그의 고상한 풍모와 두 임금을 섬기지 않
는 지조는 나약한 이를 일으켜 세우고 탐욕스러운 이를 청렴하게 할 만하

---
37) 黈纊. 누런 솜으로 만든 방울로 관의 양쪽에 매달아 귀에 늘어뜨림으로써 임금이
　　무익한 말을 듣지 않음을 나타냄.

다. 강상을 세우고 절의를 온전히 함과 같은 것은 실로 정몽주, 길재와 아울
러 훌륭하고 나란히 아름다워 향리 사람들이 존경하고 사모하는 정성이 오
래되었다. 새로 건의하여 조정에 청해 사당을 세우고 그 향리에서 봄가을
제물을 마련한 지 이미 수십 년이 지났으나 아직도 임금이 하사하신 편액을
걸지 못한 것은 진실로 의전이 부족한 것이다. 충성을 드러내고 현인을 숭
상하는 법도에 있어 많은 선비들의 청이 특히 들어맞으니 풍화에 하나의 도
움이 될 뿐만이 아닐 것이다.”

라고 하였으나, 서원의 사액을 허락하지 말라. 매번 허락함에는 일찍이 내
려져 있는 명령이 있으니, 아래로부터 건의하는 것은 더욱 의론을 용납하기
어렵다. 상소에 진술한 사연은 지금 우선 미루어 두는 것이 어떠한가?

癸卯四月二十四日請額上疏 疏頭進士韓用明生員元綱生員成虎祥
　伏以崇道學獎節義 自古聖帝明王之所以樹風聲敦化原 也 道學可以爲百
世之師表 節義可以爲萬古之綱常 則其在國家崇尙獎勵之道 當如何哉 竊
惟高麗國子進士元天錫 學問精深 道德純粹 遭時不淑 高蹈遠引 隱居本州
雉岳山弁岩 蟬蛻濁穢 蠖屈岩穴 飯糗茹草 而秉無悶之心 枕流漱石 而堅不
事之志 其得於心而自樂 非物所能奪也 及其麗運旣訖 眞主革命 益勵栗里
之高節 遠揖西山之淸風 終保幽貞 永矢不諼 則若天錫樹萬古之綱常 爲百
世之師表者也 實與鄭夢周吉再 並美而齊芳 若殷之有三仁 則其皎皎物表
終始一節 則殆移賢之所未有也 惟我太宗大王 以甘盤舊恩 荐加寵異 親勞
玉趾 降屈山扃 至命其子涸爲基川守 以爲榮養之地 而終不加之 以爵祿以
遂其志 天錫高尙之風於此益著 而聖祖樹風聲敦化原之意 亦可見矣 百世
之下其遺風餘馥 尙能起敬於一鄕 往在甲子年 本州多士申請 禮曹立院於
州北七峯之下 永爲先賢崇奉之地 以寓後學景慕之誠 春秋之享祀不忒 生
徒之肄業有所 尙稽揭額 未貢恩光 豈非聖朝之缺典士林之欠事乎 臣等伏
覩 殿下崇道學以正士習 尙節義以養士氣 其於獎勵之道 靡所不用其極 此
臣等之所以有待於今日 而呼籲於黈纊之下也 伏乞聖朝特嘉先哲之遺德 俯
察臣等之微悃 亟賜美額以榮享祀 則豈但爲臣等之私幸 實國家樹風聲敦化

原之一大事也 臣等不勝祈懇屛營之至 謹昧死以聞啓下該曹

　該曹回啓 觀此江原道儒生韓用明等疏辭 以高麗國子進士元天錫書院賜
額事 合辭陳請爲白有臥乎所 元天錫當麗季衰亂 一日見幾 高蹈隱居鄕里
逮乎革世之後 自守益堅 太宗大王 以甘盤舊恩 屢下召旨 至於臨幸其廬 而
天錫踰垣屛迹 終不承命 太宗大王 亦不可以爵祿 俾遂其志 只拜其子 爲基
川以便榮養 至于今以爲盛事 其高尙之風 不二之操 可以立儒而廉貪 若其
樹綱常全節義 實與鄭夢周吉再 竝美而齊芳 鄕人尊慕之誠久而彌新建 請
于朝立祠 其鄕春秋俎豆已過數十年所尙未揭額 誠爲欠典 其在顯忠尙賢之
道 特副多士之請 未必不爲風化之一助是白乎矣 書院賜額勿許 每每聽許
曾有成命 自下更難容議 疏內辭緣 今姑置之如何

　◎ 갑진년 4월 8일 재소
　소두 생원 최동로, 소색 진사 한용명, 유학 정상

　엎드려 아뢰옵니다. 저희들은 지난 해 4월 즈음 고려 국자진사 원천석의
사당에 사액을 청하는 일로 말을 모아 청을 올려 해조의 가르침을 받았습니
다. 저희들이 가만히 생각하건대, 성상께서는 도를 중시하고 의를 숭상하시
며 들으면 서둘러 행하시를 즐겨 하셔서 말이 끝나기를 기다리지 않으십니
다. 해조의 회계를 보니 절의가 특별히 뛰어남과 높이하고 기리는 것이 합
당함을 갖추어 진술하였으면서도 다만 "서원의 사액을 허락하지 말라. 매번
허락함에는 일찍이 내려져 있는 명령이 있으니, 아래로부터 건의하는 것은
더욱 의론을 용납하기 어렵다. 상소에 진술한 사연은 지금 우선 미루어 두
는 것이 어떠한가?"라고 하였습니다. 이 어찌 저희들이 오늘날 바라던 것이
겠습니까? 가만히 생각해보면, 원천석은 뛰어난 자질과 고명한 학문을 지닌
채 고려 말 혼란한 날을 당해 기미를 보고 멀리 떠나 은거하였습니다. 숲속
에 몸을 숨기고 몸소 밭을 갈아 부모를 부양하면서 안빈낙도하며 고결한 뜻
과 두 임금을 섬기지 않는 지조를 지켰습니다. 세상이 모두 혼탁했으나 홀
로 맑았고 재주와 자취를 감춘 채 남이 알아주지 않아도 성내지 않았습니
다. 그가 몸을 깨끗이 하고 어지러움을 떠나 은거하여 뜻을 구한 점은 탁월

하여 더할 수가 없습니다. 혁명 후에 이르면 두 임금을 섬기지 않는 지조가 한층 더해 국화를 노래하여 덕을 밝힘은 스스로를 도연명에 부친 것이고, 고사리를 캐먹으며 절개를 꺾지 않은 것은 백이와 숙제를 멀리서 따른 것이니 그의 덕과 학문은 백세의 본보기가 될 만하며 절의는 만고의 강상을 세울 만합니다. 『동사』에서 이른바 야은 등 여러 군자들이 미치지 못한 바가 있다 하였으니 실로 말을 잘 아는 것입니다. 생각하옵건대, 우리 태종대왕께서 옛날 가르침을 받았던 은혜 때문에 특별히 융성한 보살핌을 더하시어 예물이 정성스러웠습니다. 임금의 가마가 친히 찾아오자 담을 넘어 피해서 끝내 명을 받들지 않았습니다. 태종대왕께서 작록을 더하지 않았으나 그의 아들에게 관직을 주어 총애를 특별히 하였습니다. 원천석의 시종일관 변하지 않는 절의는 이에 더욱 드러났고 성조께서 아랫사람을 귀하게 여기고 그의 평소 뜻을 이루어주신 바가 실로 훌륭한 교화를 세우고 교화의 근원을 도탑게 하는 성대한 의지와 함께 한 것입니다. 유풍과 남은 향기가 백대를 지나도 없어지지 않았습니다. 향리 사람들이 사모하는 마음이 생겨나 오래될수록 더욱 돈독해졌습니다. 서원과 사당을 세워 높이 받는 곳으로 삼았고 선비들이 이름을 올리고 학업을 닦음에 의지하여 돌아갈 곳을 이미 얻었습니다. 그리고 고 찬성 정종영, 고 참의 한백겸이 모두 본주 사람으로서 청렴·겸손의 지조와 학문의 공이 한 세상을 덮어 후세를 인도하기에 충분하여 사당에 제사할 만할 뿐만이 아닙니다. 그렇기 때문에 역시 모두 사당 안에 배향하였습니다. 봄가을 제사를 지낸 지 이미 40년의 오랜 세월이 지났으나 여전히 사액에 관해 의논하고 있어도 하사받는 은총으로 빛내지 못하고 있습니다. 이 어찌 성조의 부족한 법전이자 우리 유학의 모자란 일이 아니겠습니까? 서원의 사액은 더할 수 없이 중요한 성대한 전례입니다만 근래 사액을 청하는 상소가 앞뒤로 이어져 한 사람이 중첩해서 상소를 올리는 경우가 있기도 합니다. 비록 임금께서 좋아하고 숭상함이 돈독하실지라도 역시 신중히 하시려는 생각이 없을 수 없기에 이 "이미 내려져 있는 명령"이 있는 것입니다. 이제, 원천석의 절의와 도학이 보통사람과 무리들 가운데 훨씬 뛰어나니 숭상하고 기리는 법전이 다른 사람보다 마땅히 먼저 시행되어야 합니다. 그런데도 제물을 마련해 제사 지내는 곳은 이 읍 하나가 있을 뿐이니 오늘 청하는 것 역시 늦어졌다고 해야 합니다. 이와 같이 혼동해 보면서 구별을 하지 않아 끝내 거행하지 않으니 어찌 "이미 내려져 있는 명령"의 본래 뜻에 어긋나지 않겠습니까? 성조에서 도학을 숭상하고 절의를 장려함으로써 풍속과 교화의 도에 힘쓰고 있습니다. 비록 미천한 저희들의 보잘 것 없는 청이 원래 존중받을 겨를이 없는 것이 당연하겠지만 저희들이 소리를 모아 올린 말씀 역시 준허를 받지 못하였습니다. 이것이 저희들이 시간이 지날수록 답답해져서 임금님의 위엄을 다시 번거롭게 하며 그만둘 줄 모르는 까닭입니다. 성명께서 윤허할 만한 실상을 모르신다면 그만두겠지만, 이미 다 통찰하시면서 어찌 특별히 명지를 내려 많은 선비들의 바람에 부응하시어 잠깐 몸을 굽혀 돌보아주지 않으십니까? 글자 몇 개 쓰인 사당 편액의 유무가 비록 원천석의 위대한 절의를 보태거나 덜지는 않을 것입니다. 그러나 성명께서 드러내 밝히신다는 은혜를 사당에 밝게 내걸어 사림으로 하여금 바라보고 흥기하게 한다면 우리 유학을 육성하고 교화에 도움이 되는 것이 어찌 적겠습니까? 그리고 회계 중 쓰인 말씀으로 말하면 원천석은 강상을 세우고 절의를 온전히 함이 정몽주, 길재와 아울러 훌륭하고 나란히 아름답다 하였으니 정몽주와 길재, 두 현인의 사당은 이미 조종조로부터 화려하고 아름다운 편액이 은혜로운 명령을 환하게 드러내고 있습니다. 하지만 유독 원천석에 제사지내는 곳에는 시종일관 인색하시니 실로 성명께서 선조에서 이미 행한 규범을 따르는데 부족함이 있습니다. 저희들이 다시 호소하는 정성을 살피시어 서둘러 아름다운 호를 내려 제사를 빛나게 하시면 유교에 매우 다행이겠습니다. 저희들은 간절히 바라면서도 지극히 황공함을 이기지 못하고 삼가 죽음을 무릅쓰고 아룁니다.

甲辰四月初八日再疏 疏頭生員崔東老疏色進士韓用明幼學鄭鎬

伏以臣等於上年四月間 以高麗國子進士元天錫祠宇請額事 合辭建請 卽蒙下該曹之敎 臣等竊謂聖上重道尙義 樂聞而亟行 不待辭之畢矣 及見該曹回啓 則備陳節義之特立 崇奬之合宜 而只以書院賜額勿許 每每聽許 曾有成命 疏內辭緣 今姑置之 爲辭 此豈臣等所望於今日哉 竊惟天錫 以造詣之資高明之學 當麗季昏亂之日 見幾高蹈遐擧 肥遯林樾 躬耕以養親 安貧

而樂道 高尙不事 世皆濁而獨淸 韜光晦跡 人不知而不慍 其潔身去亂隱居
求志者 卓乎不可尙已 逮乎革命之後 益不貳之操 詠菊喻德 自付於栗里 採
薇抗節 遠追乎西山 則其德學可以爲百世之師表 節義可以樹萬古之綱常
東史所謂 冶隱諸君子 所不及者 誠知言也 惟我太宗大王 以甘盤舊恩 特加
隆眷 湯幣慇勤 聖駕親臨 而踰垣以避 竟不奉命 太宗大王 不加之爵祿 而
官其子 以寵異之 天錫終始不渝之節 於是益著 而聖祖之所以貴下賤逐其
素志者 實與樹風聲敦化原之盛意也 遺風餘馥 百世不沫 鄕人起慕 久而而
深篤 立院建祠 以爲尊奉之地 籍士肄業 已得依歸之所 且故贊成鄭宗榮 故
參議臣韓百謙 俱以本州人 其廉退之操學問之功 足以伏一世而牖後 非特
可祭於社者 故亦皆配食廟中 春秋享祀 已至四十年之久 而尙稽揭額 恩光
未賁 玆豈聖朝之缺典 斯文之欠事乎 夫書院賜額 莫重盛典 而近來請額之
疏 前後相繼 或有一人而疊旋者 雖以聖明好尙之篤 亦不無愼重之意 有此
成命也 今天錫之節義道學 超夷絶倫 崇獎之典 宜先於他人 而俎豆之所 只
此一邑 則今日請亦云晚矣 猶此混視無別 終莫之擧 則豈不有乖於成命之
本意乎 其在聖朝崇道學獎節義 以俐風敎之道 雖微臣等區區之請 固當尊
尙之不假 而臣等齊聲之籲 亦未蒙準許 此臣等所以愈久愈鬱 更瀆宸嚴 而
不知止者也 聖明如不知可許之實 則已旣已洞悉 何不特降明旨以副多士之
顒望 而姑爲是遷就耶 數字廟額之有無 雖無損益於天錫之大節 而以聖明
表章之恩昭揭廟宇 使士林觀瞻而興起 則其扶植乎斯道裨補乎風化 豈淺淺
哉 且以回啓中措語言之天錫樹綱常全節義 實與鄭夢周吉再並美而齊芳云
則鄭兩賢之祠 已自祖宗朝華扁美額 恩命煥然 而獨於天錫廟享之所 終始
有靳 則實有歉於聖明 遵先祖已行之規 察臣等再籲之懇 亟賜美號以賁享
祀 則斯文幸甚 臣等不勝祈懇屛營之至 謹昧死以聞

◎ 회답은 다음과 같다.

상소문에 갖추어진 사정을 살펴보았으니, 너희들은 번거롭게 하지 말고
물러나 학업을 닦으라.

答曰 省疏具悉 爾等勿爲煩瀆 退脩學業

120

◎ 계축년 2월 29일 세 번째 상소
소두 진사 한좌명, 소색 진사 정수관, 진사 원익

엎드려 아뢰옵니다. 유자를 높이고 절의를 장려하는 것은 제왕의 큰 법규
요, 선현의 덕을 드러내 제사를 지내는 것은 국가의 아름다운 의전입니다.
가만히 생각하옵건대, 고려 국자진사 원천석은 학문이 깊고 정밀하며 도덕
이 순수하고 분명하였습니다. 고려 말 정치가 어지러운 때를 당하자 마음이
맞는 때에는 즐겨 행하고 마음이 맞지 않는 때를 당하면 물러나는 뜻을 지
켜 본주 치악산 산중에 은거하였습니다. 몸소 밭을 갈아 부모를 봉양하고
가난 속에서도 편안히 거처하며 도를 즐겼습니다. 그가 재주를 감추고 자취
를 숨겨 몸을 고결히 하여 멀리 은거한 점은 탁월하여 그 이상 더할 수가
없습니다. 우리 왕조가 기원을 바꾼 후 산에 더욱 깊숙이 들어갔고 지조가
더욱 굳건해졌습니다. 서산에 들어가 고사리를 캐먹은 백이와 숙제처럼 길
이 변치 않겠다고 맹서하고, 동강에 낚싯줄 드리운 엄광처럼[38] 가는 낚싯줄
하나로 나라를 부지하였으니, 빼어나게 홀로 우뚝하여 하류의 지주일 뿐만
이 아닙니다. 옛날 우리 태종대왕께서 미천할 때 그를 따라 학문을 배웠으
니, 원천석이 임금을 깨우쳐 인도한 공이 매우 많습니다. 그가 스승의 자리
에서 강론했던 성실함은 비록 고종이 감반에게 받은 것일지라도 더할 수 없
을 것입니다. 왕위에 오르시자 누차 힘써 예우하여 원천석을 불렀으나 절개
를 꺾지 않았습니다. 태종대왕께서 친밀하게 생각하시기를 그만두지 않고
수레로 왕림하시기에 이르렀습니다. 행차가 그의 오두막에 이르렀으나 원
천석은 담을 넘어 자취를 감추고 끝내 명을 받들지 않았습니다. 태종대왕께
서도 더 이상 작록을 더하지 않아 그의 뜻을 이룰 수 있게 하였고, 다만 그
의 아들 형에게 관직을 내려 기천현감으로 삼아 총애를 남달리 하였습니다.
원천석의 고상한 풍모는 이에 더욱 드러났고, 성스러운 임금께서 훌륭한 교
화를 세우고 교화의 근원을 도탑게 하려는 의지를 역시 볼 수 있었습니다.
이 때문에 나라사람들의 여론이 정몽주, 길재와 함께 나란히 일컬어 고려에

38) 한나라의 嚴光은 광무제와 같이 공부한 친구였다. 광무제가 황제가 된 후 여러 번
불렀으나 나오지 않고 동강에서 낚시질하며 세상을 마쳤다.

세 명의 인자가 있다고 하였습니다.『동사』에서는 또 야은 등의 여러 군자들이 미처 하지 못한 것이라고 하였으니 길야은은 곧 길재의 호입니다. 이것은 진실로 올바른 사관의 바른 논의입니다. 그가 성취한 것은 실로 평소 의리의 학문에서 기원하였으니, 만고의 강상을 세워 백세의 본보기가 될 만합니다. 지금까지 몇 백년간 온 나라의 어리석은 남자, 여자가 모두 높이고 사모할 줄 아니 더욱이 그가 살았던 향리에서 유풍과 유습이 이목에 익숙해져 있는 사람이겠습니까? 본주의 많은 선비들이 예조에 신청해서 본주의 북쪽 칠봉산 아래에 서원을 세워 길이 현인을 높이고 숭봉하는 곳으로 삼아 후학이 우러러 사모하는 정성을 부쳤습니다. 그리고 고 찬성 정종영, 호조 참의 한백겸이 다 본주 사람으로서 이름과 행실을 갈고 닦아 그칠 줄을 알고 물러남을 편안히 여겼습니다. 힘써 학문을 연구하였고 학문의 정도가 정밀하고 심오하여 한 세대를 덮어 후학을 인도할 만하였습니다. 그러므로 역시 모두 사당에 배향하여 봄가을 제사를 지낸 지 50년의 오랜 세월이 되었습니다. 그러나 여전히 편액을 걸자는 의논을 하면서도 은혜가 아직 내리지 않았습니다. 이는 진실로 성조의 부족한 의전이나 우리 유학의 부족한 일입니다. 저희들은 계묘 연간에 문장에 진술하여 궁궐 문앞에서 호소하였습니다. 곧바로 해조의 명을 입었는데, 해조의 회계 중에 "그의 고상한 풍모와 두 임금을 섬기지 않는 지조는 나약한 지아비를 세우고 탐욕한 지아비를 청렴하게 만들 만하다. 강상을 세우고 절의를 온전히 하였으니 실로 정몽주, 길재와 아울러 훌륭하고 나란히 아름답다. 향리 사람들이 존경하고 사모하는 정성이 오래될수록 한층 새로워져 사당을 세우고, 그 향리에서 봄가을로 제물을 마련하고 있으나 아직 편액을 걸지 못하고 있으니 진실로 부족한 의전이다. 성조에서 충신을 드러내고 현인을 숭상하는 도에 있어 많은 선비들의 청이 부합하니 풍화에 일조가 되지 않는 것은 아니다."라고 하였습니다. 하지만 맺음말에 "서원의 사액을 허락하지 말라. 매번 허락함에는 일찍이 내려져 있는 명령이 있으니, 아래로부터 건의하는 것은 더욱 의론을 용납하기 어렵다."라고 하였습니다. 성명께서 즉시 윤허하지 않으심은 원천석의 탁월한 행위와 고상한 행적이 제사를 지내기에 부족해서가 아니라 사액을 해서는 안 되니, 단지 해조의 핵계가 가까운 예를 들어 감히 강경하고 과감하게 하지 못했던 까닭입니다. 그 후 저희들은 이전의 청을 다시 하였으나 성상의 비답은 "물러나 학업을 닦으라"는 말씀이셨고 명백한 지시를 받지 못했습니다. 저희들이 비록 답답함이 사무쳤으나 감히 누차 번거롭게 할 수 없어 입을 다물고 물러나 지금에 이르렀습니다. 잠시 생각하옵건대, 서원의 사액은 막중한 성대한 의전입니다만 근래 여러 도에서 한 명의 현인을 위해 여러 곳에 서원을 설치하고 중첩해서 은혜로운 편액을 베푸는 경우도 있습니다. 비록 성명께서 좋아하고 높이심이 돈독하실지라도 역시 신중한 생각이 없지 않을 것입니다. 그렇기 때문에 실로 당초에 '이미 내려진 명령'이 이런 뜻에서 나왔습니다. 그러나 지금 원천석의 절의와 도덕은 보통보다 훨씬 뛰어나고 절륜하여 숭상하고 장려하는 의전이 다른 사람보다 먼저여야 함이 마땅합니다. 그러나 제물을 마련하는 곳은 오직 본주 한 곳 뿐이니 역시 다른 현인들이 여러 서원에서 중첩해서 제향을 받은 것에 비할 바가 아닙니다. 그런데도 오히려 다른 경우와 섞어서 보아 구별을 하지 않고 끝내 거행하지 않으니 어찌 "이미 내려져 있는 명령"의 본래 뜻에 어긋나지 않겠습니까? 원천석은 정몽주, 길재와 더불어 '삼인'이라고 일컬어지니 바로 나라사람들의 공공연한 말입니다. 길재의 훌륭함이 원천석에 미치지 못한다는 것 역시 우리나라 역사의 정론입니다. 정몽주의 경우 문묘에 따라 배향하고 서원을 세워 사액하는 것을 논할 것도 없이 길재의 경우에는 사원을 세우고 영남에 사액한 지 이미 오래되었습니다. 지금 원천석의 사당에 대해서만 유독 은혜로운 편액을 아끼시니 조정의 성대한 의전이 어찌 균등하지 않다 하지 않겠으며, 사림의 버려진 희망은 또 어찌해야 합니까? 성조에서 유자를 숭상하고 절의를 장려하여 풍교에 힘쓰는 방법에 있어, 비록 저희들의 보잘것없는 청이 본래 당연히 높이고 기림을 받을 틈이 없을지라도, 저희들의 울부짖음이 두 번에 이르러도 준허를 받지 못했으니, 이것이 저희들이 먼 길을 걸어 발바닥에 굳은살이 생겨도 그만둠을 모르고 임금의 귀를 다시 번거롭게 하는 이유입니다. 성명께서는 다시 원천석이 수립함이 가지런함을 살피시고 또 삼인의 사당에 베푼 의전이 균등하지 못함을 살피시어, 특별히 사액을 명해 사원을 빛내시면 유림에 매우 다행이겠습니다. 저희들은 간절히 바라면서도 지극히 황공함을 이기지 못하고 삼가 죽음을 무릅쓰고 해조에 계하하기를 여쭙니다.

　癸丑二月二十九日三疏　疏頭進士韓佐明　疏色進士鄭洙觀　進士元翊

　伏以崇儒獎節　帝王之弘規　象賢秩祀　國家之令典也　竊惟高麗國子進士元天錫　學問硏精　道德純明　當麗季政亂之日　秉樂行憂違之志　隱居本州雉岳山中　躬耕以養親　安貧而樂道　其韜光晦迹　潔身遐擧者　卓乎不可尙已　逮我朝改紀之後　入山愈深　志操彌堅　西山採薇　永矢不諼　桐江垂釣　一絲扶鼎　挺然獨立　不趨下流之砥柱也　昔我太宗大王微時　從遊講學　天錫啓沃之功甚多　其函丈講論之誠　雖高宗之於甘盤蔑以加矣　及登寶位　屢勤禮召天錫　抗節不詘　太宗大王　敦念不已　至屈車駕　臨幸其廬　天錫踰垣屛迹　終不承命　太宗大王　亦不加之以爵祿　俾遂其志　只拜其子洞爲基川守　以寵異之　天錫高尙之風　於此益著　而聖祖樹風聲　敦化原之意　亦可見矣　以此國人之論　與鄭夢周吉再竝稱　而爲麗有三仁　而東史又以冶隱諸君子所不及爲　吉冶隱卽吉再之號　此誠良史之正論也　其所成就　實原於平素義理之學　而可以樹萬古之綱常　爲百世之師表　至今數百年間　擧國之愚夫愚婦　皆知尊慕　況其所居之鄕　流風遺跡之習於耳目者哉　本州多士申請禮祖　立院於州北七峯之下　永爲尊賢崇奉之地　以寓後學景慕之誠　且故贊成臣鄭宗榮　戶議臣韓百謙俱以本州之人　砥礪名行　知止恬退　力學硏究　造詣精深　足以伏一世而牖後學　故亦皆配廟中　春秋享祀　已至五十年之久　而尙稽揭額　恩光未賁　此誠爲聖朝之缺典　斯文之欠事　臣等於癸卯年間　陳章叫閤　卽蒙下該曹之命　該曹回啓中有曰　其高尙之風　不貳之操　可以立懦而廉貪　樹綱常全節義　實與鄭夢周吉再　竝美而齊芳　鄕人尊慕之誠　久而彌新　立祠其鄕春秋俎豆　尙未揭額誠爲欠典　其在聖朝顯忠尙賢之道　特副多士之請　未必不爲風化之一助云　而其結辭曰　書院賜額勿許　每每聽許　曾有成命　自下更難容議云云　聖明之不卽允許　非爲天錫卓行高蹈不足於享祀　而不可以賜額　只以該曹之屢啓授近例　而未敢而直敢故耳　厥後臣等又申前請　而聖批以退脩學業爲敎　未蒙明白指揮　臣等雖切悶鬱　不敢屢瀆　泯嘿而退　而至于今矣　第念書院賜額莫重盛典　而近來諸道　或有爲一賢　屢處設院　疊施恩額者　雖以聖明好尙之篤　亦不無愼重之意　故當初成命　實出於此　而今以天錫節義道德　超夷絶倫

崇獎之典 宜先於他人 而俎豆之所 惟本州一處 則亦非他賢疊享於諸書院
之此 而猶且混視無別 尙莫之擧 則豈不乖於成命之本意乎 天錫之與鄭夢
周吉再 並稱三仁 卽爲國人之公言 吉再之賢 不及於天錫 又是東史定論 而
夢周 則至於從享文廟 建院賜額 非所論也 吉再之建祠嶺南賜額已久 今於
天錫之祠獨慳 恩額朝家之盛典 豈不爲不均 而士林之缺望亦如何哉 其在
聖朝崇儒奬節 以俶風敎之道 雖微臣等區區之請 固當尊尙之不假 而臣等
呼籲 至再未蒙準許 此臣等之所以百舍重繭 不能知止 而復敢煩瀆於宸聰
也 伏乞聖明更察天錫樹立之有截 又察三長祠典之不均 特命賜額以賁祠院
則儒林幸甚 國家幸甚 臣等不勝祈懇 屛營之至 謹昧死以聞 啓下該曹

◎ 해조에서 다음과 같이 회계한다.

이번 원양도 원주진사 한좌명 등이 상소한 글을 살펴보니 고려 국자진사
원천석 서원에 사액을 청한 일이거니와 원천석의 고상한 풍모와 두 임금을
섬기지 않는 지조는 세속을 격려하고 어리석은 이를 단련할 만하다. 강상을
세우고 절의를 온전히 함에 이르면 실로 정몽주, 길재와 아울러 훌륭하고
나란히 아름답다. 한 세대의 선비가 존경하고 받든 정성이 오래될수록 한층
돈독해져 그의 고향에 사원을 세우고 봄가을 제물을 마련한 지 이미 50년이
된 바 여전히 사액을 받지 못했으니 실로 부족한 의전이 된다. 전후로 글월
을 올려 누차 청하기를 그만두지 않으니, 진실로 성조께서 현인을 높이는
도를 드러냄에 있어 많은 선비들의 청이 끝내 낙막한 데로 돌아가게 할 수
없기 때문이며 누처에서 사당을 세우기만 하면 사액을 청하는 경우와 차이
가 있기 때문이되, 사액을 허락하지 말라. 일찍이 이미 내려져 있는 명령이
있으니, 아래로부터의 의론을 감히 용납할 수 없다. 상소문 내의 말은 지금
우선 놓아두는 것이 어떠한가?

該曹回啓 觀此原襄道原州進士韓佐明等疏辭 則高麗國子進士元天錫書
院請額事有白在果 天錫高尙之風不貳之操 可以礪世而磨鈍 至於樹綱常全
節義 實與鄭夢周吉再 儷美而齊芳 一世之士尊奉之誠久彌篤 立祠其鄕 春
秋俎豆 已至五十年 所而尙未揭額 實爲欠典 前後上章 屢請不已 誠有所以

其在聖朝表尊賢之道 不可使多士之請 終歸落莫是白乎旀 亦與累處立祠疊
請賜有間有白乎矣 勿許賜額 曾有成命 自下不敢容議 疏內辭 今姑置之 如
何

◎ 현종대왕 14년 계축년 12월 특명이 내려 칠봉서원에 사액하다.
계축년 12월 16일 사액 제문
예조정랑 송정렴 하사품을 가져오다.

백성들이 고려의 덕에 물려 하늘이 성조를 열었고, 한 번에 어둠과 더러
움을 쓸어버림을 만물이 다 목도하였도다. 성실한 이 사람은 홀로 행하여
돌아보지 않고 치악산에 은거하여 길이 자연 속에서 즐길 것을 맹서하였다.
공손히 생각하건대 태종대왕께서 옛 스승이었던 은혜를 절실히 생각하여
이미 정성스레 역마를 보내 부르셨고 또한 화란[39]을 굽혀 왕림하셨도다. 지
조를 굳건히 해 담을 넘었으니 필부였어도 뜻을 뺏기 어려웠도다. 예를 갖
춰 자신을 낮추실 수 있었기에 그의 고상한 절개를 이룰 수 있게 하였도다.
백이와 숙제가 서산에서 고사리를 캐먹은들 어찌 주나라의 덕을 덜겠는가?
엄광이 동강에 낚시를 드리우고 있었으나 실은 한나라의 종정을 부지하였
도다. 그가 나아간 바를 깊이 살펴보면 어찌 미리 수양함이 없었겠는가? 젊
어서 학문을 좋아하고 자라서 더욱 힘써 닦았도다. 조용히 탐구하고 체득하
여 의리를 깊이 깨달았으나 만난 때가 탁하고 혼란하여 쌓은 것을 시험해보
지 못했도다. 잠시 국자감에서 노닐었으나 관직에 나가기 위해서가 아니었
다. 세상에서 피했으나 번민이 없었고 자신의 뜻을 고상하게 하였으므로 그
의 훌륭한 소문이 미쳐 다른 세대에서도 흥기하였도다. 이에 예관을 보내
공경히 제사를 올려 정성스럽게 잔을 따르게 하고 몇 글자 아름다운 편액을
보내니 만고에 공경하고 본받으라.

顯宗大王十四年癸丑十二月
特命賜額七峯書院

---

39) 和와 鑾은 모두 황제의 수레에 달려있는 방울이다.

癸丑十二月十六日 賜額祭文 禮曹正郎 宋挺濂賫來

民厭麗德 天啓聖祖 一掃昏穢 萬物咸覩 展如之人 獨行不顧 隱居雉岳
永矢考槃 恭惟獻廟 念切甘盤 旣勤駉召 亦屈和鑾 志堅蹐垣 匹夫難奪 能
以禮下 俾遂高節 採薇西山 何損周德 垂釣桐江 實扶漢鼎 究厥所就 豈無
預養 少也好學 長益勉彊 優游涵泳 深喩義理 遭時濁亂 蘊而莫試 暫遊國
子 非爲筮仕 遯世無悶 高尙其志 風聲所及 異代興起 玆遣禮官 敬奠洞酌
數字華額 萬古矜式

◎ 七峯書院 題詠

고려왕조 벼슬아치들이 모두 사라졌으나
운곡의 유풍이 해동을 흔들었네.
우주의 동량으로 사당의 풍모를 이루어
봄가을 향화 때문에 마을 노인이 분주하네.
흐르는 물 한 줄기는 연원에서 멀어지고
벽은 천 층 높이로 서서 기상이 우뚝하구나.
한가한 날 술잔 들고 다투어 덕에 취하여
어지러운 봉우리 부슬비 내리는데 시 읊으며 돌아가노라.

麗朝冠冕摠煙空 耘谷餘風振海東
宇宙棟樑成廟貌 春秋香火走村翁
川流一派淵源逈 壁立千層氣像雄
暇日壺觴爭醉德 亂峯微雨詠歸中

觀察使 吳䎃[40]

운곡사당이 허공에 걸렸으니
고상한 행적이 우리나라 첫째인 줄 알겠도다.
이미 부지런히 책의 깊은 곳을 탐구하고
다시 불러 또렷하게 주인을 경계하였네.
군신의 도리를 익숙히 익혔으니 진실로 의열이고

---

40) 조선 仁祖 때의 문신(1592~1634). 자는 肅羽이고, 호는 天坡. 이괄의 난 때 왕을 호
종한 공으로 병조참지가 되었고, 황해도 관찰사를 지냈다.

높은 벼슬에는 뜻을 가볍게 두었으니 바로 호웅이도다.
문 앞에 우뚝 솟은 천 길 벼랑이
완연히 선생의 행동을 드러내주는구나.
耘谷祠堂架半空　從知高躅冠吾東
已將矻矻探書奧　更喚惺惺警主翁
講熟君臣眞義烈　志輕軒冕是豪雄
門前特立千尋壁　宛爾儀形俯仰中

尹之復[41]

위대한 선비의 마음은 물에 비친 달처럼 텅 비어
모든 물결을 돌려 동쪽으로 흐르게 할 수 있으니
용이 숨어 있을 때 미리 몸 부칠 곳을 정하여
표범처럼 몸을 숨겨 달갑게 세상을 피하는 늙은이가 되었다.
시내가 사당 뜰을 둘러 흐르나 넘치지 않고
산이 건물을 부지하여 기세가 매우 웅장하도다.
천 길 철벽은 꼿꼿이 서 있으니
선생의 기개로부터 나오는 것이리.
碩士胸襟水月空　回瀾能使百川東
龍潛早卜栖身地　豹隱甘爲遯世翁
溪護廟庭流不溢　山扶棟宇勢多雄
千尋鐵壁凝然立　來自先生氣槩中

黃敬中[42]

강상이 해같이 만고에 빛나
바로 세웠음에 이 도가 동쪽으로 왔음을 바야흐로 알겠도다.
사당 모습은 바로 지금 백록동[43]을 따르고 있으니

---

41) 자는 得初, 호는 勇菴. 선조 때에 과거에 합격하여 都事까지 이르렀고, 文學에 이름이 높았다.
42) 조선 仁祖 때의 문신(1569~1630). 자는 直之. 호는 梧村. 본관은 昌原. 大北派의 전횡을 보고 벼슬을 버리고 은거하였다가 이괄의 난이 일어나자 행재소에 나아가 파주목사가 되었고, 원주목사, 창원부사 등을 지냈다.

128

유자의 기풍에 어찌 꼭 문옹44)을 기다려야만 하랴.
맑은 구름은 골짜기에 가득하고 시냇물 소리 멀리서 들려오고
늘어선 바위굴이 처마를 밀치니 바위 형세가 웅장해,
서쪽 서생 방에서 하룻밤만 자고나면 뼛속까지 맑아지니
무이구곡45) 그대로이네.

綱常萬古日麗空　扶植方知此道東
廟貌卽今追白鹿　儒風何必待文翁
晴雲滿壑溪聲遠　列岀排簷石勢雄
一宿西齋淸瀅骨　依然九曲武夷中

李植　澤堂46)

깎아낸 듯 핀 연꽃은 푸른 허공에 꽂혀 있고
구름 같이 피어오르는 기세가 동서를 감싸니
사람들이 사당을 세우고 이전 모범을 따르고
하늘이 감춘 영령이 다가오니 이 노인에게 제사를 지내노라.
강상을 지탱해 세상의 교화를 부지하였고
명리를 꿰뚫어 영웅의 모습을 보였으니
천 년토록 서 있는 벽이 진정한 면목이라
우러러보는 사이 높은 산과 남았구나.

削出芙蓉揷碧空　雲騰氣勢護西東
人開廟貌追前範　天秘靈逼餉此翁
撑柱綱常扶世敎　透關名利見英雄
千秋壁立眞顔面　留與高山景仰中

---

43) 주자가 남강현을 맡았을 때 서원을 복구하고 제자들을 가르쳤던 곳이다.
44) 漢景帝 말 蜀郡太守로 있으면서 획기적인 문교 정책을 실시하여, 문풍을 크게 진작시키고 교화를 성대하게 일으킨 인물이다.
45) 주자가 九曲歌를 지은 데서 온 말. 중국 복건성 숭안현에 있는 무이산의 아홉 구비의 계곡을 말함. 무이구곡은 주자를 존숭하는 유학자들에게 이상적인 거처였다.
46) 인조 때의 명신(1584~1647). 자는 汝固, 호는 澤堂. 시호는 文靖, 본관은 德水. 1642년(인조 20) 청나라에서는 식이 김상헌 등과 합심하여 主和를 배격한다 하여 붙잡아 갔으며 돌아올 때 다시 의주에서 구치되었으나 탈주해 돌아왔다. 벼슬은 대사헌·형조판서·이조판서에 이르렀다.

全以性

높이 달린 해와 달이 맑은 하늘을 비추듯
홀로 떳떳한 도리를 잡았으니 도가 이미 동쪽으로 왔도다.
홍범의 아홉 원칙을 세운 이는[47] 맥수가를 노래한 사람이고
맑은 풍화를 백세에 전한 이는 고사리 캔 늙은이일세.
우레 같은 시냇물 소리가 골짜기에 지나 소리 함께 멀어지고
날카로운 바위에 구름이 모여 기세가 아울러 웅장하도다.
두 가지 즐거움이야 지금도 상상할 수 있으니
줄 없는 거문고가 말랐는지 젖었는지 그 누가 분간이나 했으랴?

高懸日月照晴空　獨秉彝倫道已東
洪範九疇歌麥子　淸風百世採薇翁
川雷轉壑聲俱遠　石釖攢雲氣倂雄
二樂卽今猶可想　誰分燥濕素琴中

李元鎭 太湖

사람 떠난 푸른 산에 흰 구름 부질없이 떠있고
흐르는 물 다정하여 몇 번이나 돌아 동쪽으로 가는구나.
주나라 위엄이 넉넉하였어도 굶주린 묵씨 노인이 있었고
한나라 왕실이 바야흐로 흥성했어도 은거한 엄씨 늙은이가 있었도다.
해 같은 빛은 천년의 절개에 비할 수 있으니
바위벽은 만 길이 된다 자랑하지 말라.
성스러운 임금께서 행차하셨던 곳이라 들었으니
옛 언덕이 아직도 치악산 안에 남아 있도다.

碧山人去白雲空　流水多情幾折東
周栗有餘飢墨老　漢朝方盛逸嚴翁
日光可比千秋節　石壁休誇萬丈雄
聞道聖王臨幸地　古坮猶餘雉岳中

崔孝騫[48]

---

47) 洪範은『書經』의 한 篇名인데 箕子가 천지의 大法을 베풀어서 周 武王에게 준 것
　　이다. 麥秀歌도 기자가 지었다고 한다.

◎ <山掤巖>

자연의 교묘함은 연극배우가 아닌데도
현묘한 솜씨를 가끔 공교하게 나타내네.
산봉암은 사람들이 부르는 이름이니
귀신이 어찌 손수 만든 것이랴만,
일곱 봉우리가 마치 깎아서 이뤄진 듯
천 길이나 우뚝 서 있네.
용문에서는 기둥을 뽑았고
오수49)에서는 소나무를 남겼네.
혹은 사관이 붓을 세운 듯하고
혹은 사대부가 홀을 든 듯한데
이와 나란히 높은 절개를 지켰으니
만고에 그 누가 흔들겠는가?
여기 운곡 노인의 사당이 있어
덕화가 향기로워 항상 제사를 올리네.
이 훌륭한 분이 강상을 세워
그 말씀이 일월처럼 드리웠으니
어떻게 하면 한림원 학사의 붓을 얻어
선생의 비갈을 새길 수 있으랴.

化工非劇俳　玄機或巧發
掤巖是俗名　鬼神豈手揭
七峯類削成　千尋立突元
龍門擢砥柱　鰲峀留霜骨
或卓史臣筆　或擧卿士笏
特以比高節　萬古誰擬抗
此有耘老祠　馨香常對越
斯人樹綱常　有言垂日月

---

48) 조선중기 문신(1608～1671). 자는 聖許, 호는 何山. 병자호란 때 왕을 남한산성까지
　　호가하였고, 원종공신에 책록되었다. 성품이 강직하여 아부할 줄 모르고 문장과 시
　　에 능하였다 한다. 저서로『하산집』이 있다.
49) 큰 자라의 등에 얹혀있다고 하는 전설상의 봉래산.

焉得翰苑筆 鑱作先生碣

李植

◎ <石迺菴>

백이 숙제 굶어 죽고 천 번이나 봄이 바뀌었으나

훌륭한 임금 아니면 섬기지 않은 이가 몇 사람이었던가?

오늘 우연히 운곡의 자취 찾았으니

이 산은 응당 수양산과 이웃이리.

夷齊餓死歷千春 不事非君有幾人

今日偶尋耘谷蹟 玆山應與首陽隣

金昌翕[50]

◎ 임술년 ○월 ○일 청풍후학 김상로[51]의 운곡선생 제문

산처럼 우뚝하게 솟았고 물처럼 끝없이 흐르니 초연히 세상을 벗어나 만세의 강상을 세웠도다. 집처럼 높게 봉분을 쌓으니 바로 군자가 숨은 곳이라 늠름한 맑은 기풍은 천지와 함께 영원하리라. 가운데 고사리가 있으니 산의 양지바른 곳이라 이리저리 캐고 캐니 이 덕의 향기를 품고 있도다.

壬戌 月 日清風後學金尙魯祭耘谷先生文

有山岩岩 有水洋洋 超然物表 樹萬世綱 有封若堂 乃君子藏 凜凜淸風 地久天長 中有薇蕨 維山之陽 于以採採 藏玆馨香

---

50) 조선 후기의 학자(1653~1722). 자는 子益, 호는 三淵, 시호는 文康. 1689년 기사환국으로 아버지가 사사되자 영평에 은거하였으며 거제도에 유배된 형 김창집이 사사되자 지병이 악화되어 죽었다. 시에 뛰어났으며 형 김창협과 더불어 성리학과 문장으로 널리 이름을 떨쳤고, 학문적 경향은 이기에 있어 퇴계와 율곡을 절충하는 방법을 취했다.

51) 조선 후기의 문신(1702~?). 자는 景一, 호는 霞溪 또는 晚霞. 1762년 사도세자의 처벌에 적극 참여해 영조의 동조를 얻었으나 왕이 이를 후회하자 청주로 귀양갔으며 특명으로 풀려났다. 죽은 뒤에 정조가 즉위하자 관작이 삭탈되었으나 고종 때 다시 신원되었다. 시호는 翼獻이다.

132

◎ 운곡선생 누졸재 시 6수(右耘谷先生陋拙齋六首詩)
북쪽으로 깊은 시내 닿은 곳에 초가집 짓고
남은 인생 보내려 하니 거의 바랄만 할까?
처세하는 지모는 정말 옹졸하거니와
몸을 닦는 공부도 좋은 게 없어 부끄러워라.
창 열면 우연히 푸른 소나무와 마주하고
땅 쓸고 나면 백출향을 사르노라.
이 곳에 사는 이 사람이 앞뒤가 바뀌게 집을 지었으니
길가는 사람이 아마 방향 모른다고 비웃겠지.
北臨深澗搆茅堂　斷送餘生庶可望
處世智謀誠有拙　修身事業媿無良
開窓偶對蒼松翠　掃地仍燒白朮香
此境此人違向背　路人應笑不知方

서리 뒤에 산마루는 푸른빛이 짙어가니
한 그루 푸른 전나무와 두어 그루 소나무일세.
저들이 쓸쓸하게 천 년간 지조를 지킨 것이 가련하나
늙어가는 내 옆에서 십 년간 짝해 주었도다.
멀리선 마을의 피리 소리가 들려오고
가까이선 이웃 절의 아침 저녁 종소리가 들려와,
이 사이에서 띠를 벨 생각이 간절하니
한가한 사람에게 길이 어디로 통하는지 말하지 마오.
霜後山椒翠色濃　一株蒼檜數株松
憐渠冷落千年操　伴我衰遲十載容
遠聽村墟長短笛　近聞隣寺暮朝鍾
此間深有誅茅意　莫向閑人道所從

道 있는 나라에 항상 사는 것이 기뻐하다가
늙어서 생계를 꾸리며 볕 바른 창에 기대
마음껏 날마다 책을 펼치고
근심을 물리치려 때로는 술항아리 마주하네.

조각조각 일어나는 골짜기 구름을 누워 바라보고
쌍쌍이 우는 산새 소리를 앉아서 듣노라니,
세상 정과 티끌 일들은 다 잊었지만
오직 詩魔만은 아직도 내리지 않네.

喜我恒居有道邦　老將身計寄明窓
放懷日日開書帙　排悶時時對酒缸
臥看洞雲生片片　坐聞山鳥語雙雙
世情塵事都忘了　惟有詩魔尙未降

자갈밭 초가집에 廣文이[52] 살았건만
누추하고 옹졸함이 어찌 운곡의 오두막 같으랴.
그래도 몸은 들여놓으니 마음이 만족하고
지혜가 넘치지 못하니 어찌 세상을 업신여기랴.
시냇가 바람과 달이 어찌 그리 다정한지.
십리의 구름과 연기도 그림을 그릴 수 없네.
길이 막히고 땅이 외져 늙고 병든 이에게 알맞건만
찾는 친구 드물어 마음 서운하네.

石田茅屋廣文居　陋拙那同耘谷廬
尙可容身心已足　豈堪憪世智無餘
一溪風月情何極　十里雲煙畫不如
路隔地偏宜老病　但嫌稀少故人車

세상 어디건 한가한 몸 붙여 살기는 무방하니
원래 하늘과 땅 사이 떠도는 백성 한 명일 뿐.
얼기설기 초가집이 벼랑에 의지하고
쓸쓸한 조용한 절을 이웃 삼아 지내네.

---

52) 당나라 鄭虔의 별칭. 당나라 현종이 그의 재주를 아껴서 광문관을 설치하고, 그를
博士로 임명했다. 그가 명령을 듣고도 광문관이 무슨 일을 맡은 관청인지 몰라서
재상에게 물어보자, 재상이 "국학을 위로 늘려서 광문관을 설치하고 어진 이를 머
물게 하는 것이다. 후세에 광문박사라고 부르는 것이 그대에게서 시작되었으니, 이
또한 아름답지 않은가."라고 설명하였다. 그제서야 虔이 취임하였다고 한다.

바위틈에 우물 파서 늘 갈증을 풀고
산나물 뜯어다가 가난을 달래네.
백년의 영고성쇠가 눈 깜짝할 사이이니
고금에 죽고 산 사람을 세어 보시게.
無妨彼此寄閑身 元是乾坤一散民
草草草堂依斷麓 蕭蕭蕭寺作比隣
開穿石井常澆渴 收拾山蔬且慰貧
百歲榮枯駒過隙 存亡默數古今人

붉고 푸른 천 봉우리 속에 자취를 부쳤으니
한 평생 행적이 스님같이 한가롭구나.
산허리에 비낀 해는 몸을 기울여 보내고
지붕 위로 날아가는 구름은 손을 뻗어 잡네.
허술한 울타리 자주 손질하고
예전에 지은 시를 다시 고치네.
바깥사람 오지 않아 사립문이 고요한데
책을 낀 아이들만 자주자주 오가는구나.
迹寄千峯紫翠間 一生行止似僧閑
半山斜日傾身送 過屋飛雲引手攀
新作藩籬頻補理 舊題詩句更追刪
外人不到柴扉靜 把冊兒童數往還

◎ 병신년 10월 신해삭 임자일, 선생의 묘표를 다시 세우고 후학인 관찰사 서원 한익상은 개연히 감흥이 일어 이날 묘에 가서 절하였다. 선생께서 은거한 땅에 나아가 고사리를 한 단 캐고 물 한 잔을 가져다 제사를 지냈다. 선생의 시 가운데 "밝은 달은 차고 이지러지는데 물은 절로 맑구나. 고사리나 캐면서 여생을 보내리."라는 구절에서 뜻을 취한 것이다. 선생의 영령에 감히 고하노니,

"산이 그윽하고 깊은 것은 선생의 마음이요, 산이 높고 깎아지른 것은 선

생의 절개이니, 만고에 푸른 산은 무너지지 않고 꺼지지 않으리라. 삼가 변변찮은 제물을 갖춰 흠모하는 마음을 펼치옵니다. 흠향하시기 바랍니다."

전대 왕조의 충신이 지금 있는가? 특별히 이 골짜기에 세워 그들의 절의를 드러내노라.

임금께서 쓰셨다. 숭정 기원 후 24년 신미년 9월 두문동에 전 왕조 충신 72인의 절의를 뒤에서 좇아 감동하여 그들의 자손을 기록하고 골짜기 가운데 비문을 세우도록 명하노니, 이는 내가 즉위한 지 27년이다.

위는 영종대왕께서 친히 지으셨다. 개성유수 서종급

歲丙申十月辛亥之朔壬子之日　改竪先生墓表　後學觀察使西原韓益相慨然興感　以是日往拜于墓　就先生隱居之地　採蕨一策　取水一盃　于以奠之　盖取先生詩中明月盈觴水自淸　但將薇蕨送餘生之意也　敢告于先生之靈曰　山窈而深　先生之心　高而截　先生之節　萬古靑山　不崩不騫　謹將薄具　用伸迥慕　尙饗

勝國忠臣今爲在　特竪其洞表其節　御製崇禎紀元後百二十四年辛未季秋追感杜門洞前朝忠臣七十二人節　命錄用其孫　竪碑洞中　寔予卽祚之二十七年也　右英宗大王親製　開城留守　徐宗給

◎ 두문동 옛 비문

고려 말 절의로 일컬어지는 사람에 정문충, 길야은 같은 여러 현인이 있다. 우리 열성조께서 제사를 지내도록 주선해주셨으니 기리고 영광되게 함이 매우 갖춰진 것이나 이외에 드러난 사람이 없다. 내가 듣기로 72명의 절의가 매우 높았으나 제사를 지내주는 일이 유독 미치지 않았다고 하니 아마도 이름이 전해지지 않아 그런 것이리라. 창우의 조기생, 순창의 임선미, 원주의 원천석, 원주의 이반계, 죽산의 박태검이 모두 성명이 전하는 사람이니, 역시 72명 가운데 그들의 성명과 본관이 익숙하게 전하고 드러내기에 마땅하여 인멸되게 해서는 안 된다. 우리 왕조가 천명을 받았으나 72명은 귀화하기를 달갑게 여기지 않아 골짜기 밖에 문을 설치하고 닫아 건 채 열지 않았다. 과거를 보라고 명하자 채찍을 잡고 나와 "이익을 탐해 앞으로 장사를 할 생각이다"라고 말하고 앞을 다투어 고개를 넘어갔다. 후세 사람들이 그 고개 이름을 '부조', '괘관'이라고 하고 그 골짜기 이름을 '두문동'이라고 하였다. 그러나 입으로만 전할 뿐 미처 표지를 세워 사적을 기록하지 못했다. 그 사람을 잊었을 뿐 아니라 아울러 그 지역도 잊었으니, 지점이 황량하고 인적이 끊긴 채 들풀에 덮여있는 언덕이라 정확하게 알 수 없다. 다행이 다섯 현인에게 먼 후손이 있어 그 곳을 알고 있으므로 마침내 향리에서 도모하여 바위에 새겨 표시한다.

국조유수 조원명이 기록하다.

杜門洞古碑文

麗末以節義稱 有鄭文忠吉冶隱數賢 我列聖旋棨之俎豆 褒榮之甚備 此外無著顯者 以余所聞七十二人子義至高 旋棨俎豆之獨不及 豈以名姓不傳而然歟 昌宇曹氣生淳昌林先味原州元天錫原州李攀桂竹山朴泰儉盖姓人亦七十二人子中 則宜熟傳其姓名本貫而闡發之 不可使湮沒 我朝受命約七十二子者 不肯歸化 設門於洞外 閉而不開 令赴舉則執鞭而出曰 吾將行商 爭先踰峴去 後之人名其峴曰不朝 曰掛冠 名其洞曰杜門 而只是口傳 未有堅標而記蹟 不但忘其人幷與其地而忘之 指點荒煙野草之墟 而不能的知 幸而五賢有遠裔知其處 遂謀於鄕 刻石而識之 國祚留守趙遠命記

◎ 선조의 유적을 이제야 비로소 전하게 되었으나 눈이 어두워 보이지 않는 것이 너무 많고, 머리에 흰 서리가 내렸으니 한스러움이 어떠하랴? 어찌 슬프지 않겠는가?

경오년 3월 25일 후손이 삼가 쓰다.

先祖遺蹟今始得傳 眼昏不通殆多 霜落頭邊恨奈何 豈不慨乎哉
庚午三月二十五日後孫謹書

元天錫 관련 인물전승에 대하여
－文獻 傳承 양상과 樂府詩를 중심으로－

임 종 욱*

1. 들어가는 말

원천석(1330~?)은 고려 말엽에 태어나 조선 초까지 활동하다 세상을 등
진 문인이다. 그의 행적은 여말선초라는 변혁기를 살다간 여타 인물들과는
사뭇 다른 양상을 보여준다. 즉 그는 정몽주나 이숭인 등과 같이 왕조의 몰
락과 운명을 같이 한 절의파에 속하지도 않았고, 정도전이나 하륜처럼 적극
적으로 왕조의 개창에 몰입하지도 않았다. 또한 이색이 보여준, 신왕조의
건국에는 반대하면서도 표면적으로는 동조한 양상과도 달랐으며, 두문동 72
현의 관념적인 은둔과도 다른 세상과의 등돌리기를 보여준 인물이다.

그는 왕조의 창업 자체는 天運의 흐름이라 하여 긍정적인 평가를 내렸지
만, 창업 주체들의 패륜에 가까운 만행에 대해서는 추호도 용서하지 않는
강경한 자세를 견지하였다. 역사적 현실을 수용하면서도 윤리적인 부당함
에 대해서는 비판적인 태도를 보여주고 있는 것이다. 이러한 그의 현실 대
응 방식은 그가 남긴 문집인『耘谷詩史』(전5권)에 고스란히 詩化되어 전하
고 있다.

그는 일생동안 737題 1,144首의 한시를 남겼다. 이밖에도 두 편의 시조가
전하고 있다. 그의 문학은 후손에 의해 조선왕조에 대해 비판적으로 기술된

* 동국대학교 역경원 역경위원
** 이 논문은『耘谷 元天錫과 그의 文學』(태학사, 1998)에 수록한 것을 본서에 재수록
함.

138

부분은 삭제되거나 변개된 가능성이 높긴 해도 현전하는 양으로 볼 때 이색과 이규보의 뒤를 이어 세 번째로 많은 작품량을 보여주고 있다. 아쉽게도 몇 편의 「幷序」를 제외하고는 한 편의 산문도 남아 있지 않아 복잡다단한 시대를 살다간 지식인의 고민과 반성을 확인할 수 있는 자료가 없긴 하지만, 시편을 통해서도 그가 고려문학사에서 차지하는 비중과 불의한 시대에 용기 있게 대처한 인물이었음을 추측할 수 있다. 특히 그는 당대의 역사를 직필한 野史 6권을 남겨 후세의 鑑戒로 삼고자 했는데, 워낙 忌諱해야 할 사실들로 점철되어 있어 후손들이 파기해버려 전하지는 않는다. 이를 통해서도 그의 역사의식이 얼마나 투철했는가를 짐작할 수 있다.

그는 일찍부터 고려 말엽의 부패하고 극악한 현실에 실망과 회의를 느끼고 고향 원주 일대에 은거하여 숨어 살았다. 軍役을 면하기 위해 進士試에 등과하긴 했지만 끝내 관료의 길에 나서지 않고 포의의 야인으로서 일생을 살다가 역사의 뒤안길로 사라지고 말았다. 이 때문에『고려사』열전에도 그의 행적을 기록한 부분은 없으며, 대부분의 생애가 분명하게 확인되지 않게 되었다. 다만 몇몇 문헌에 전하는 자료와 연대순으로 정리된 문집『운곡시사』에 실린 내용을 통해 생애가 재구될 수 있을 뿐이다. 그는 한 때 조선의 두 번째 임금이 된 태조 이방원을 가르친 스승이기도 했고, 또 고려왕조에 특별한 은택을 입은 관료도 아니었기 때문에 새로운 왕조에서 얼마든지 고위 관료로 자신의 정치적 능력을 발휘할 수 있는 기회를 가지고 있었다. 그럼에도 불구하고 끝내 이를 외면한 채 은거해서 죽은 해까지 확인할 수 없는 철저한 저항 정신을 보여주었다.

이런 사실은 그의 삶과 인격을 더욱 고매하게 인식하게 만드는 계기가 되었고, 異人으로, 方外人으로, 隱逸君子로 평가하게 만들었다. 구비 전승된 자료는 원주 일대에 전하는 사실 이외에는 거의 발견하기 힘들지만 조선조의 여러 문헌에 간단없이 등장하는 그와 관련된 여러 기록은 여말선초를 살다간 그의 역사적 의미를 명징하게 보여준다.

본고에서는 조선 건국부터 한말 때까지 문인들의 손으로 기록된 원천석 관련 문헌자료를 살펴보고 그 의미를 정리하며, 원주 치악산을 중심으로 지금까지 남아 있는 유적 및 전승자료들을 검토하여 여말선초의 다른 文人들에 비해 학문적 관심으로부터 소외된 그의 문학과 삶을 재구하고자 한다.

2. 『朝鮮王朝實錄』에서의 전승 양상

『조선왕조실록』에는 원천석과 관련된 기록이 세 건 실려 있다. 그 가운데 한 건은 중복된 사실이어서 실제로는 두 건에 지나지 않는다. 기록 시대도 『현종실록』과 『숙종실록』등 조선조 중기를 지난 시기에 해당한다. 이는 그만큼 그는 조선 초기에는 철저하게 외면당하거나 기피된 인물이었음을 암시한다.

원천석에 관한 최초의 실록 기록은 현종 4년 4월 27일(갑자)조에 등장하는데, 원천석을 配享한 서원의 賜額을 청한 강원도 진사 韓用明 등의 상소문이 그것이다. 먼저 관련 기사를 읽어보도록 하자.

강원도 진사 韓用明 등이 상소하였다. "고려 진사 원천석은 학문이 정심하고 도덕이 순수했는데, 좋지 못한 때를 만난 탓으로 치악산에 은거해 있으면서도 전혀 답답해하는 마음을 갖지 아니하고 다시는 섬기지 않을 뜻을 굳혔습니다. 그러다가 고려조의 운세가 마지막을 고하고 진정한 人主가 혁명을 함에 이르러서는 더욱 栗里의 高節을 힘쓰고 西山의 淸風을 멀리 끌어당겨 幽貞함을 끝내 보전하면서 이를 잊지 않겠다고 길이 맹세하였으니, 원천석과 같은 자야말로 이른바 만고의 綱常이 되고 백세의 師表가 되는 자라 하겠습니다. 따라서 그는 실로 鄭夢周나 吉再와 함께 아름다움을 짝하고 향기를 같이하는 존재로서 마치 殷나라에 세 사람의 仁者가 있었던 것과 같은 격이라 할 것입니다. 생각건대 우리 태종대왕께서 甘盤의 舊恩이 있다고 하여 거듭 은총을 가하시고, 산 입구에까지 가시어 그의 아들 元泂을 基川의 수령으로 임명하심으로써 그를 봉양할 여지를 마련해주시기까지 하면서도 끝내 작록은 가하지 않아 그의 뜻을 이루어 주셨으니, 원천석의 고상한 풍도가 이에서 더욱 드러났다 하겠습니다. 지난 갑자년에 本州의 선비들이 본주 북쪽 七峯 아래에 서원을 세워 그를 경모하는 정성을 부쳤는데, 아직까지 賜額을 늦추시어 恩光이 빛나지 못하고 있으니, 참으로 聖

朝의 欠典이요 선비들이 실망하는 바라 하겠습니다. 원하건대 아름다운 편액을 내려주시어 享祀를 영광되게 해 주소서."

이에 소를 내렸는데, 예조가 防啓한 결과 결국 그 일이 시행되지 않았다. 원천석은 벼슬길에 나가지 않고 은거하였는데, 李穡 등 여러 사람과 평소 친하였다. 우리 태종께서 일찍이 그를 따라 학업을 닦으셨는데, 즉위하고 나서 여러 차례 불렀지만 나오지 않았다. 이에 태종께서 직접 그의 초막에까지 왕림하셨는데도 원천석이 도피하고 만나려 하지 않자, 태종께서 옛적의 식모를 불러 상품을 하사하고 원천석의 아들을 관직에 임명하였다. 원천석은 手稿 6권을 남겼는데 고려 말엽과 세상이 바뀔 때의 일을 매우 자세하게 기록하였다. 그리고는 그 책들을 풀로 붙이고 그 표지에 쓰기를 '어진 자손이 아니면 열어보지 말라'고 하였는데, 지금도 그 책이 남아 있으나 두 권은 분실되었다 한다.[1]

기사의 앞부분은 한용명 등이 올린 상소문 전문이 게재되어 있고, 뒷부분은 史官의 평가가 정리되어 있다. 현종 4년이면 1663년이다. 왕조가 개국한지도 250년이 훨씬 지난 시기다. 왕조를 위해 절의를 지킨 인물에 대한 포상과 복권이 상당히 진척된 시기[2]였음에도 불구하고 원천석을 배향한 서원에 사액해 줄 것을 요청한 상소는 거절되었다. 사액을 함으로써 국가가 부담해야 할 예산상의 어려움 때문임을 감안한다고 해도 그것이 거절되었다는 사실은 원천석에 대한 기피가 이 시기까지도 상존했음을 말해준다. 그가 직접적으로 조선왕조에 대해 논박한 자료라든가 문헌이 공공연하게 유통되지는 않았다고 해도 왕실과 정부로서는 대단한 부담으로 여겼음을 짐작하게 한다. 실제로 그의 문집도 상당 기간 家藏本으로만 전하다가 조선조 말엽에 와서야 판각되었던 점을 상기한다면 사액의 요청이 이 시기에 거절된

---

1) 『국역 왕조실록』 36집, 顯宗 4년 4월 27일(갑자)조, 원천석 서원의 사액을 청한 강원도 진사 한용명 등의 상소, p.365.

2) 왕조 개창에 가장 극렬한 반대자였던 정몽주의 경우를 보더라도 그는 태종 1년 (1401)에 영의정으로 추증되고, 翼陽府院君에 추봉되며, 중종 때에는 文廟에 배향되었을 뿐 아니라 文忠公이란 시호까지 내려졌다. 비록 왕조의 존립을 위해 충신의 표상으로서 정몽주의 역할이 필요했다고 해도 원천석에 대한 대우와 비교할 때 현격한 차이를 알 수 있다.

것은 어쩌면 당연한 일일지도 모른다.

한편 비록 서원에 대한 사액 요청은 거절되었지만 사관은 원천석의 몇 가지 행적을 기록함으로써 거절의 부당함을 은연중에 시사해 준다. 여기에는 크게 세 가지 사실이 서술되어 있다. 첫 번째는 고려 말엽에 그가 은거해 있으면서 태종을 가르친 일과 태종이 직접 그를 방문했음에도 끝내 會遇를 피한 점, 마지막으로 수고 6권을 남겨 당대의 현실을 자세하게 기록했는데 그 중 두 권은 분실되었다는 사실이다. 그렇다면 이 무렵까지만 해도 그의 야사는, 6권 가운데 두 권이 분실되었다고 해도 전해져 왔다는 추정이 가능하다. 후손들이 책 전체를 파기하지 않고 두 권만 없앴다는 뜻인데, 그 분실된 두 권 안에 왕조 개창자에 대한 전말이 수록되었을 가능성이 높다. 그리고 실록을 기록한 사관은 야사를 읽어보지는 못했다고 해도 그런 책의 존재를 아는 것으로 보아 원천석이란 인물과 그의 저술에 대한 사실이 어느 정도 일반에 공개되어 있었음도 추측할 수 있다. 이런 점은 원천석의 처지와 입장에 동조했던 계층이 존재했음을 의미한다. 그러한 흐름은 원천석을 옹호하는 여론의 형성에 기여했을 것이고, 이는 그로부터 40년이 지난 숙종 때의 실록 기록이 한결 유연한 반응을 보여준 것으로 확인 가능하다. 『숙종실록』의 기록은 아주 간단하다.

> 直提學 元昊를 원천석의 사당에 合享하도록 하고, 學士 權節의 마을에 旌門을 세우도록 명하였으니, 여러 유생들의 疏請을 따른 것이다.[3]

원호(?~?)는 단종 때 생육신 가운데 한 사람이다. 호는 霧巷이었고, 1423년(세종 5)에 문과에 급제해 집현전 직제학에까지 올랐는데, 단종이 영월로 쫓겨 가자 두문불출하였다. 세조가 호조참의에 임명했지만 거절하였고, 단종이 죽은 뒤 영월에서 3년상을 마치기도 하였다. 그리고 숙종 때 고향에 旌門이 내려졌으며, 정조 때(1782년, 정조 6년)에는 이조판서에 추증되고, 貞簡公이란 시호가 내려졌다. 그런 그가 원천석의 사당에 함께 배향되는 것을 허락했다는 기사가 바로 『숙종실록』의 내용이다. 이는 숙종조 때에는 원

---

3) 『국역 왕조실록』 40집, 肅宗 29년 11월 16일(정사)조, p.55.

142

천석의 절행이 어느 정도 인정받았음을 말한다. 현종조 때까지의 강경한 자세에서 숙종조에 접어들어 그 태도가 선회한 이유가 무엇인지는 좀더 자세히 살펴볼 일이지만 士林의 여론이 야사의 폄하에 대한 공분보다는 절의와 덕행을 더 높게 평가하는 방향으로 바뀌고 있었던 과정의 산물로 볼 수도 있을 것이다.

특히 재미있는 점은 원호의 손자인 元叔康(?~1461)이 신숙주와 한명회 등이 수집한 『세조실록』의 史草를 고쳤다는 죄목으로 참형에 처해졌다는 사실이다. 원천석이 왕조의 불의한 행태에 반발하여 야사를 집필하였고, 그 후손인 원호는 수양대군의 비행을 단종의 3년상을 치름으로써 규탄했으며, 손자인 원숙강은 『세조실록』의 사초를 변개했다가 죽음을 맞이한 것이다. 사초의 내용은 權擥(1416~1465)이 죽자 그 사실을 기록하면서 세조가 好佛했다는 사실을 적은 것인데, 기록자의 이름이 남으면 직필할 수 없다 하여 자신의 이름을 지워버린 것이 빌미가 되었다.4) 이런 사실로 미루어 원숙강이 단종을 죽이고 왕위에 올랐던 일에 대해 부정적인 판단을 했었을 것으로 생각된다. 원천석대부터 집안 대대로 내려온 강직한 성향과 불의 앞에 굽히지 않는 집안 내력을 보여주는 사건이라고 하겠다.

다른 한 건의 실록 기록은 첫 번째 기사와 동일하고 다만 기술상 약간의 차이와 예조에서 올린 회계가 첨부되어 있는 정도다. 다른 부분은 주로 돌리고 예조에서 올린 회계 부분만 살펴보기로 하자.5)

---

4) 『예종실록』예종 1년, 2월 12일 / 4월 11일 / 4월 24일 / 4월 25일 / 4월 27일조 참조.
5) 상당한 분량이긴 하지만 기사 내용만 아래에 소개한다.
『국역 왕조실록』 37집, 현개 4년 4월 24일(신유)조, p.313 참조.
강원도 진사 한용명 등이 상소하였다.
"고려조의 진사 원천석은 학문이 정밀하고 깊으며 도덕이 순수합니다. 그런데 좋지 않은 때를 만나 치악산에서 은거하면서 화평한 마음으로 임금을 섬기지 않을 뜻을 견고히 가졌는데, 고려의 국운이 다하여 眞主가 혁명을 일으키자, 끝내 깊숙이 묻혀 있으면서 지조를 지키며 영원히 옛 왕조를 잊지 않기로 맹서하였으니, 천석과 같은 사람은 참으로 이른바 만고의 강상이 되고 백세의 사표가 되는 사람입니다. 실로 鄭夢周·吉再와 똑같이 아름답고 꽃다운 인물이니, 殷나라에 세 어진이가 있는 것과 같습니다. 우리 태종대왕께서 그에게 배운 옛 은혜를 생각해 거듭 총애의 보살핌을 내리셨고 산야의 초막에까지 찾아가셨습니다. 그리고 심지어는 그의 아들 元泂을 基川군수로 임명하여 부모를 영화롭게 봉양하는 바탕을 삼게 하

"원천석은 고려 말기의 쇠퇴하고 어지러운 때에 기미를 보고 자기의 뜻을 고상하게 하며 향리에 은거하였고, 세상이 바뀐 뒤에도 자신을 지키기를 더욱 견고히 하였으니, 그의 고상한 풍도와 변함없이 한결같은 지조는 나약한 사람은 뜻을 확립하게 하고 탐욕스런 사람은 청렴하게 하기에 충분합니다. 그가 도덕을 확립하고 절의를 온전히 한 데 있어서는 정몽주·길재와 똑같이 아름답고 향기롭습니다. 그 고장 사람들의 존숭하고 사모하는 정성이 오래될수록 더욱더 돈독해져 사당을 세우고 봄·가을로 제사를 지낸 지 벌써 수십 년이 지났습니다. 그런데 아직까지 편액이 하사되지 않고 있으니, 참으로 欠典이 됩니다. 그러나 서원에 내린 편액이 너무 많으므로 모두 다 시행하지는 말라는 명이 있었으니, 지금 그 의논을 받아들이기는 어렵습니다."

예조에서 보여준 입장은 원천석의 덕행과 인품은 충분히 포상할 만하지만, 편액을 내린 서원이 지나치게 많아 더 이상 시행하지 말라는 명이 있어 집행이 곤란하다는 것이었다. 완곡한 표현이기는 하지만 정부의 재정 문제와 관련지어 사액의 남용을 막으려는 의도가 엿보인다. 이는 어떻게 보면 정치적인 문제와는 관련이 없는 듯이 보인다. 그러나 사액 서원의 전례가 전혀 없었던 것도 아니고, 현종조 때에도 1663년을 전후한 시기에 여러 차

면서도 끝내 그에게는 관직을 주지 않아 그의 본뜻을 이루게 하여서, 원천석의 고상한 풍도가 이에 더욱 드러났습니다. 지난 갑자년에 본주의 많은 선비들이 고을 북쪽 七峯의 아래에다 서원을 세우고 우러러 사모하는 정성을 보였는데, 아직까지 편액이 하사되지 않고 있으니, 참으로 성스런 조정에 欠典이며 많은 선비들이 실망하는 바입니다. 편액을 하사하여 享祀를 영광되게 하소서."
소를 예조에 내렸다. 예조가 회계하였다.
<회계 부분>
그러나 그만두고 시행하지 않았다.
원천석은 관직하지 않고 은거하였는데 李穡 등 여러 사람과 평소 친했다. 태종이 일찍이 그에게 배웠는데 즉위하고서 여러 번 불렀으나 나오지 않아, 태종이 친히 그가 사는 초막으로 찾아갔으나 원천석은 도망하고 만나려 하지 않았다. 태종이 옛날 밥짓던 비녀를 불러 그를 위해 상을 내리고 또 그의 아들에게 관직을 내렸다. 원천석이 지은 史稿 6권이 있는데 고려 말 및 혁명한 시대의 일을 매우 자세히 기록하고 있다. 그 책을 풀로 붙여 놓아서 자손들이 遺命을 받들어 감히 뜯어보지 못하고 있다. 지금까지 그 책이 남아 있는데 자못 유실되었다고 한다.

144

례 사액이 있었던 점6)을 감안한다면 이 역시 평계에 지나지 않음을 알 수 있다. 더욱이 현종 14년인 1673년에는 문제의 칠봉서원에 사액을 내리고 있다. 10년 동안 어떤 정치적 여건의 변화가 있었는지는 알 수 없지만 예조에서의 사액 거부가 단순히 재정상의 문제만은 아니었던 사실을 짐작하게 만든다.

이렇게 볼 때 『왕조실록』에 전해지는 원천석 관련 기사는 두 건에 그치고 있지만, 원천석의 평가와 연관된 중요한 단서를 얻었다는 점에서 의의가 있다고 할 수 있다. 현종조에서 숙종조를 거치는 기간 동안에 원천석에 대한 부정적인 인식과 평가가 긍정적인 방향으로 바뀌었다는 사실과 태종과 관련된 일화는 민간에서의 소문 차원이 아니라 왕실과 조정에서도 익히 알려진 사실이라는 점을 확인할 수 있다. 그리고 원천석이 남긴 6권의 야사도 숙종조까지 일부가 파기된 채 전해져 왔음을 알려주며, 이러한 왕실과 조정, 사림에서의 원천석에 대한 평가의 변동은 조선조 말엽에 그의 문집이 판각될 수 있는 당위성을 부여했다는 점에서 큰 의의를 찾을 수 있다. 그에 대한 인식이 끝내 바뀌지 않았다면 그의 문집조차 완전히 사라져서 우리는 고려시대 문학사의 중요한 작가 한 사람을 잃어버리는 결과를 빚었을지도 모르는 일이다.

3. 筆記類에 전하는 전승 양상

원천석은 그의 지나친 반골정신 때문에 새로운 왕조 조선의 개국 정당성을 철저하게 부정하고 비판함으로써 왕실과 조정으로부터 혐의시된 것과는 반대로 조선조의 학자나 문인들로부터는 폭넓은 관심의 대상이 되었다. 고려 말엽의 상황과 사건을 기록한 문헌에 보면 그와 관련된 자료가 빠짐없이 등장하고 있는 것을 보게 된다. 물론 이것은 그의 행적이나 발언이 시대가 요구하는 방향으로 흐르지 않고 자신의 양심에 비추어 포폄을 가한 점에서

6) 현종조 때 사액된 사원은 총 29건에 달하고 있다. 최완기, 『한국의 서원』(빛깔있는 책 113, 대원사, 1993) 가운데 부록 「우리나라 서원 일람표」, pp.112-125 참조.

찾아질 것이다. 워낙 은거의 길을 택했던 그였기 때문에 전승의 진폭이 그
리 심하지는 않지만, 시대와 작자를 가리지 않고 관심의 중앙에 서 있었던
것만은 부정할 수 없을 듯하다.

그의 행적에 대해 기록한 조선조의 문헌은 현재까지 14건 정도를 확인할
수 있었다.[7] 이들 문헌에 실린 중요한 내용을 주제별로 구분하면 크게 네
가지로 나뉘어진다.

① 그가 남겼다는 『野史』와 얽힌 사연들이다. 李德泂의 『松都記異』와 申欽
　의 『象村雜錄』, 許穆의 『眉叟記言』, 兪棨의 『麗史提綱』, 李肯翊의 『燃
　藜室記述』, 崔益鉉의 『勉菴集』 등에 실린 기록이 여기에 속한다.
② 역시 그의 시집인 『운곡시사』에 실린 당시 역사와 관련하여 직필한 작품
　에 대해 평가한 부분이다. 李墍의 『松窩雜說』과 任輔臣의 『丙辰丁巳
　錄』, 金時讓의 『紫海筆談』, 허목의 『미수기언』, 이긍익의 『연려실기술』
　등에 실린 기록이 여기에 속한다.
③ 원천석과 사제의 관계를 가졌다는 태종 이방원과 관련된 일화를 다룬 부
　분이다. 허목의 『미수기언』과 李瀷의 『星湖僿說』, 이긍익의 『연려실기
　술』 등의 기록이 여기에 해당한다.
④ 그의 가족과 아내에 대한 애정을 담은 기록을 찾을 수 있다. 이기의 『송
　와잡설』과 이익의 『성호사설』에서 그 기록을 찾을 수 있다.[8]

먼저 『야사』와 관련된 기록을 살펴보기로 하자. 이 책은 원천석의 증손에
의해서 불살라졌다고 전해지는 것으로 보아 15세기 후반까지는 집안에 비
장되어 전해졌을 것이다. 소실된 상황이 어떻게 일반에게 공개되었는지는
분명하지 않지만, 그렇게 완벽하게 秘傳되지는 않은 듯하다. 시집과 함께

7) 여기에서 인용되거나 소개된 자료는 두 편(정홍익의 「해동악부」와 허목의 「석경
　묘소사적」)을 제외하고는 『耘谷詩史』 卷5 끝 부분에 실린 「사적록」에 나오지 않은
　것만을 모은 것이다. 「사적록」을 보면 사적이 2편, 축문과 제문이 7편, 제영이 5편,
　「山柵巖」이라 제목을 단 작품이 2편, 악부사 1편, 기타 한시 12편 등 총 29편의 전
　승 자료들이 수록되어 있다.
8) 각 문헌의 구체적인 전승자료는 일일이 인용하지 않고 장의 뒷부분에 총괄하여 시
　대순으로 제시하였다.

『야사』의 기록은 董狐直筆이라는 찬사를 받으며 몇몇 뜻 있는 문인들의 귀감으로 받들려 졌다. 이는 조선의 개국이 명분에 걸맞은 禪讓의 방식이라 아니라 사실상 무력에 의한 찬탈이었다는 도덕적 혐의에 대한 후대 문인들의 평가가 은연중에 개입된 기록이었을 것이다. 왕조 교체기라는 험악한 시기에 외압에 굴하지 않고 사실을 기록한 용기는 후대의 선비 문인들에게 전형적인 君子象으로 인식되었을 것임은 쉽게 짐작할 수 있다. 『야사』에서 직필된 내용이 과연 무엇인지는 현재 알 수 없지만, 이어지는 두 번째 주제인 『운곡시사』의 역사 관련 한시들을 통해 대체적인 상을 유추할 수 있다.

두 번째 전승 주제인 『운곡시사』詠史漢詩는 원천석의 역사인식 태도를 재구할 수 있는 유일한 자료다. 치악산이라는 궁벽한 오지에 살면서도 그의 시선은 늘 시대의 동태에 관심의 고삐를 늦추지 않았다. 이 때문에 그의 은거에서 시대와 완전히 등돌린 철저성을 찾아내기는 어렵다. 오히려 이와 같은 시편들을 통해 등돌린 자신의 태도에 대한 당위성을 애써 강조하면서 그 등돌림이 단순한 시대와의 불화 때문이 아니었음을 보여준다. 그가 시대에 대해 얼마나 치열하게 의식을 열어놓고 있었는가는 『운곡시사』에 실린 한시의 면면들을 살펴보면 금방 확인할 수 있다. 중요한 작품의 제목 몇 개를 인용한다.

> 『운곡시사』권3, 「삼가 듣건대 주상 전하께서 강화도로 옮기고 원자가 즉위했다는 소식을 듣고 통분하게 여김」
> 『운곡시사』권4, 「도통사 최공이 사형을 당했다는 말을 듣고 슬퍼함」
> 　　　　　　　「이 달 15일에 나라에서 정창군을 세워 왕위에 올리고 전왕 부자는 신돈의 자손이라 하여 폐위시켜 서인으로 만들었다는 말을 듣고」
> 　　　　　　　「나라의 명령으로 전왕 부자에게 죽음을 내리다」
> 　　　　　　　「꿈을 기록하다」
> 『운곡시사』권5, 「세태를 탄식함」

위 작품들에서 그는 혁명파들이 부당하게 국권을 찬탈하여 자신들의 사리사욕을 채웠다면서 거침없이 규탄하고 있다. 더욱이 권력을 차지하는 과정이 인심을 얻고 순리에 따라 얻어졌던 것이 아니라 무력과 폭압으로 일관하는 방식에 대해 그는 한없는 경악과 분노를 표현한다.

그러면서도 그는 왕조의 교체 자체를 부정하지는 않는다. 시대가 변하면서 권력의 변동도 어쩔 수 없는 天運의 흐름으로 그는 이해하는 것이다. 사실 원천석의 시편들을 읽노라면 시상의 흐름이 작품에 따라 진폭이 지나치게 크다는 느낌을 감출 수 없다. 최광범도 이미 지적했던 것9)처럼 그의 역사 흐름에 대한 태도는 작품에 따라 현격하게 차이가 난다. 혁명파의 불의한 행태에 대해 준열한 비판을 가하는 작품이 있는가 하면 새롭게 세워진 조선왕조에 대해 희망과 기대를 보여주는 작품10)도 적지 않다. 고려의 유민으로 자처하면서 국왕의 스승이라는 유리한 조건까지 마다하고 은거의 길을 택했던 그가 하루아침에 이렇게 표변한다는 것은 도저히 상식적으로는 해명이 안되는 일이다. 필자는 다른 글에서 이런한 모순을 「天運論과 二分法的 秩序觀」이라는 방식으로 설명했는데,11) 여전히 미진한 느낌을 지울 수 없다. 이에 대한 설명 방법으로는 두 가지가 있을 수 있다.

하나는 『시사』의 내용을 액면 그대로 받아들여 새롭게 등장한 왕조에 대한 그의 기대로 인정하는 것이다. 비록 불의한 방법으로 찬탈한 정권이라 할지라도 국가의 미래를 중흥하는 계기가 될 수 있다면 인정해야 한다는 논리로 수용하는 것이다. 이런 이해는 원천석의 절의를 다소 반감시키는 결과를 가져오겠지만, 달리 대안이 없는 해명으로 수용될 수 있으리라 본다.

또 한 가지 방식은 『운곡시사』의 뒷부분이 후손이나 후대 문인에 의해 의도적으로 첨삭되거나 변개되었다는 설명이다. 조선왕조에 대해 신랄한 비판은 결코 용납되기 어려운 현실 속에서 『시사』를 온전하게 보존하고, 滅門之禍를 당하지 않기 위해서 취할 수 있는 방법 가운데 하나였을 것이다.

---

9) 崔光範, 「耘谷 元天錫 漢詩 硏究」, 고려대 석사학위논문, 1996, pp.12-41 참조.

10) 예컨대 『耘谷詩史』 卷5에 나오는 <국호를 고쳐 조선이라 하다>, <新國>, <삼가 금척을 받든 글과 보록을 받은 어록을 읽고 경사스럽게 여겨 찬양함>, <정이상이 지은 네 곡의 노래를 찬양함> 등은 시상의 전개가 완연히 다른 것을 알 수 있다.

11) 임종욱, 『운곡 원천석과 그의 문학』, 태학사, 1998 중 제1장 서론 제3절 문학적 배경, 3-2 역사관 참조.

현전하는 『시사』의 내용의 비판 정도를 참작할 때 만약 변개를 인정할 경우 원문에서의 비판의 강도가 어느 정도였으리라는 것은 쉽게 상상할 수 있다. 그러므로 후손의 입장에서 시집의 일부 내용을 왕조에 호의적인 방향으로 수정하여 재앙을 모면하려는 시도는 충분히 시도했을 만한 일로 보여진다. 문제는 이는 추정일 뿐 물증은 없다는 것이다. 원천석의 시집으로 따로 전하는 필사본의 필체나 내용을 자세히 검토하면 의도적인 조작의 가능성을 부정할 수는 없지만, 텍스트를 임의적으로 재구할 경우 원전의 권위를 훼손할 우려도 생긴다. 여전히 신중을 기할 문제이다.

　세 번째, 태종 이방원과 관련된 전승 자료는 가장 풍부하면서도 흥미로운 부분이 된다. 君臣의 관계가 師弟의 관계로 전이될 때 발생하는 여러 가지 흥미로운 상상이 이러한 모티프에서는 거듭 생산될 수 있기 때문이다. 더구나 혁명에 성공한 제왕과 옛 왕조와의 의리를 수호하려는 은일자와의 대립적 위치는 그들의 관계가 사제간으로 정립되기 때문에 더욱 묘미를 띨 수밖에 없다. 원천석은 우리 역사상 어떤 문인도 가져볼 수 없었던 운명에 놓이게 된다. 그 자신도 시에서 '商山四皓'를 예거하면서 자신의 처지를 묘사하고 있지만, 제왕이 스승을 찾아 그의 은거지를 찾았다는 상황 설정은 더욱더 긴장감 넘치는 설화적 사건을 예상하게 만든다. 원천석으로서는 태종을 만난다면 신하의 예를 갖추어야 하는데, 이는 그의 윤리 규범으로서는 도저히 용납할 수 없는 일이었다. 그렇다고 집안에 있으면서 만나지 않는다면 이는 忠의 논리에 위배된다. 때문에 그는 치악산으로 몸을 피한다. 그러자 스승의 부재를 확인한 태종은 못내 아쉬워하면서 대신 스승의 아들인 泂에게 벼슬을 내려 스승의 은혜에 보답한다. 이러한 결말은 원천석과 태종 두 사람의 인격을 모두 보전하는 효과를 가져 온다. 원천석은 의리를 지켰고, 태종은 은혜를 저버리지 않게 되기 때문이다.

　새로운 왕조를 맞으면서 유학자들은 처신에 있어서 크나큰 갈등을 겪었을 것이다. 따라서 어떤 방식이 되든 이러한 갈등을 해소하는 방안을 모색했을 것이고, 그 때 원천석의 대처 방식은 모순을 가장 현명하게 극복하는 대안으로 떠올랐을 것이다. 원천석의 피신은 자신의 의지를 표명하기 위한 수단이었을 터이지만, 후세 문인들에게는 明哲保身의 한 대책을 보여주었다는 측면에서 적지 않은 공감을 불러 일으켰다. 이러한 원천석의 태도는 다음 장에서 살펴볼 악부시에서도 계속 관심의 대상이 되어 詩化된다.

끝으로 원천석의 家族愛를 보여주는 전승이 있다. 가족은 유교 사회에 있어서 가장 기본적인 구성 단위이자 질서의 출발점이다. 국가에 대한 의리와 충의 논리로 사회로부터 등돌린 그의 태도는 도덕적 논리로 본다면 칭송의 대상이 되겠지만 사회적 논리로 보자면 반드시 정당하다고 할 수 없는 일이다. 특히 은거의 길은 국가, 사회와의 단절과 함께 가족 구성원과의 단절도 함께 수반한다. 동양문화 속에서의 隱士의 윤리나 사고방식이 반드시 모든 사회적 결속과의 결별을 뜻하는 것은 아니었다.12) 그렇다고 해도 그의 경직된 태도로 말미암아 가정적 질서가 흔들린다면 이는 결코 바람직한 일은 아니다.

원천석은 정치적으로는 완강한 대결 의식을 보여 순탄한 행로를 걷지 못했지만, 가정적으로는 화목한 가계를 꾸렸던 듯하다. 그는 원주에 은거하면서 부모를 성심으로 섬겼고, 경제적으로 궁핍했지만 아내와 자식들의 존경을 받았다. 불행하게도 아내와 일찍 사별한 그는 가정의 화목을 지키기 위해 재혼하지 않고 독신으로 지냈다. 나이 67세 때인 1386년에 지은 시13)를 보면 그가 가정을 불화 없이 꾸리기 위해 노력한 흔적이 잘 드러나 있다. 특히 재혼을 하지 않은 사실을 문헌 전승에서는 특기하고 있는데, 이를 이기는 군자의 바람직한 태도로 평가하였고, 이익은 操履 있는 선비상의 구현으로 칭송하였다. 그가 재혼하지 않고 혼자 지낸 까닭이야 여러 가지 이유를 댈 수 있겠지만, 가내 질서의 유지라는 다소 규범적인 의의 쪽으로 후세의 전승자들이 관심을 가졌던 사실은 앞의 세 가지 전승 주제와 관련하여 생각해 볼 수 있을 것이다. 역사의 진실성을 규명해야 한다는 사가로서의 자세와 세태에 굴하지 않고 이를 감계의 시로 옮긴 강단, 君臣과 師弟의 논리를 현명하게 극복한 유연한 삶의 자세, 이와 더불어 가족간의 화목 도모

---

12) 馬華・陳正宏, 강경범・천경자 역, 『중국은사문학』, 동문선, 1997, 제3장 은사와 정치 참조.

13) 『耘谷詩史』卷3, <내가 불행히 일찍 아내를 잃고 의지할 데 없는 아이들을 위해 홀아비로 지낸 지가 어느덧 21년째이다. 자식들의 혼사를 이미 끝냈으니 모든 근심거리는 차츰 잊게 되었다. 그래서 시 한 수를 지어 내 스스로 위로하려 한다>.

등은 이상적인 선비상의 표본으로 원천석을 인식했던 전승자들의 입장과 의도를 파악하게 되는 것이다.

<원천석 전승 자료 목록>
◎ 李墍(1522~1604)의 『松窩雜說』[14]
운곡선생은 이숭인과 정도전과 함께 사마시에 합격하였다. 이색이 일찍이 驪興에서 귀양살이를 하고 있었는데, 공은 일부러 찾아가서 만나보고, 시를 지어 서로 화답한 작품이 많았다. 공은 우왕이 폐위되어 강화도로 귀양 갔다는 말을 듣고 大書特書하였다.……[15]

운곡공은 학문이 깊고 몸가짐이 곧았다. 젊은 나이에 아내 喪을 당했으나, 아이들에게 좋지 못한 일이 있을까 염려하여 後娶를 하지 않고, 첩도 두지 않았다. 21년을 홀로 살면서 아이들이 장성하기를 기다려 婚嫁를 마쳤다. 도를 지키고 궁함을 견디는 군자가 아니면 능히 못할 일이었다. 공의 시에 이런 것이 있다.[16]

◎ 任輔臣(조선 명종조)의 『丙辰丁巳錄』[17]
내가 일찍이 듣기에 鄭仁吉이 말하기를, "원주에 그 선조 원천석의 유고를 가지고 있는 원씨가 있는데, 원천석은 공민왕 때의 사람이라고 한다. 집에 있지 않았기 때문에 그 사람이 비록 세상에 나타나지는 않았지만, 목은 등과 서로 왕래하면서 당시의 일을 자세히 이야기하였다. 후세에 아직 알 수 없었던 辛禑가 공민왕의 진짜 아들이라는 것까지 말하였다. 南士華도 말하기를, '혁명 당시의 역사의 기록이란 진실로 다 믿을 수 없는 것'이라고

---

14) 이 책은 이름 그대로, 저자가 듣고 본 온갖 것을 자기 나름대로 생각나는 대로 두서없이 뒤섞어 기록한 것이다. 총 130여 章이 기록되었는데, 기자조선 때부터 시작해서 선조 당시까지가 포함되어 있다.
15) 李墍,「松窩雜說」, 국역본『大東野乘』卷56, pp.130-132.
16) 李墍,「松窩雜說」, 국역본『大東野乘』卷56, pp.195-196.
17) 『병진정사록』, 저자 임보신이 명종 11년 병진년(1556)과 12년 정사년(1557)간에 편집한 수필집으로 보이는데, 겨우 5천여 자에 지나지 않는 단편집이다. 20여 명에 이르는, 그 당시의 재상 및 문호들에 관련된 언행과 일화들을 듣고 보는 대로 간략하게 기록하였다. 본서의 이름을 간추려 『丙丁錄』이라고 하기도 한다.

하였다."[18]

◎ 申欽(1566~1628)의 『象村雜錄』[19]

원천석은 고려 사람이다. 공민왕 때에 벼슬하지 않고 원주에 살면서 이색과 그 밖의 여러 노인네들과 서로 왕래하였다. 그의 유고 속에는 후세에는 능히 알 수 없었던 당시의 사적을 직필로 실어 놓은 것이 있다. 辛禑를 공민왕의 아들이라 한 것은 그 중에서도 더욱 놀라운 일이다.……시의 어조는 비록 질박하여 말 안 된 데가 많다. 그러나 일은 바로 쓰고 숨기지 않았으니, 정인지의 『고려사』와 비교하면 해와 별, 무지개가 서로 차이가 있는 것과 같아서 읽노라면 눈물이 몇 줄이고 흘러내린다. 대개 고려가 망한 것은 무진년에 廢主로 말미암은 것이다. 목은과 같은 이들은 오히려 일맥을 유지하여 公議가 아주 없어지지 않았기 때문에 그 때 정도전과 윤소종의 무리들이 王氏가 아니라는 사람은 신이 되고, 왕씨라고 말하는 사람은 역적이 된다는 말을 만들어서 조정에 떠들어대어 인심을 현혹시켜 드디어 선비들을 魚肉으로 만들고, 남의 입을 막아 놓았으니 겨우 5년만에 나라가 망했다. 그러니 그 당시에 나서 정직하게 자신의 주장을 밝힌 사람은 그 생활의 고통이 어떠했겠는가? 그러나 인심을 모두 다 현혹시키지는 못하고 사람의 입을 다 막아 놓지는 못해서 시골 구석에도 이런 권력을 두려워하지 않고 바로 쓰는 등 董狐 같은 직필이 있었으니 이는 어찌 돌로 누르면 대나무 순이 비스듬히 온다는 것과 같지 않겠는가?[20]

禑와 昌의 일은 마땅히 원천석이 기록한 것을 信史로 삼아야 할 것이다.

---

18) 任輔臣, 「丙辰丁巳錄」, 국역본 『大東野乘』 卷3, pp.409-410.

19) 이 책은 인조조 때의 재상이며 문장가로 이름난 상촌 신흠이 저술한 隨錄이다. 저자가 관직 생활을 떠나서 한가롭게 지낼 때 생각나는 대로 기록한 것으로, 내용은 대개 고려와 조선시대의 史蹟을 중심으로 名人들의 절조에 대한 논평, 단종 절의에 대한 생사육신의 사적, 임진왜란 중의 충절에 대한 사적, 학자 및 名相 등에 관한 야사와 논평, 과거제도의 폐단, 士禍, 獵官, 민속, 풍수, 修史 관계, 문장, 인물, 귀화인 사적 등 기타 수상을 단편적으로 기록한 것이다. 그러나 그 문장이 유려하고 직절하며, 사이에는 풍자를 겸한 서술이 담겨져 있다. 전편이 그다지 많은 분량은 아니지만 국학 연구에 귀중한 자료가 될 만하다.

20) 申欽, 「象村雜錄」, 국역본 『大東野乘』 卷25, pp.252-255.

152

崔瑩이 죽자 고려에 사람이 없었으며 鄭道傳이 들어가자 고려에 역적이 생겼으니, 이른바 한 사람으로 해서 나라가 흥하고, 한 사람으로 인해서 망하는 것이로다.21)

◎ 李德泂(1566~1645)의 『松都記異』22)에 보면 원천석과 관련된 기사가 두 건23) 실려 있다. 두 편 모두 내용은 그가 고려 말엽을 살면서 野史를 남겨 사실을 직서했음을 평가한 것이다.

◎ 金時讓(1581~1643)의 『紫海筆談』24)

원공 천석은 원주 사람으로 문장에 능하고 절조가 있었다. 자손이 그의 저서를 대대로 간직하고 남에게 보이지 않았는데, 遺戒가 있어서라고 한다. 금년 12월에 나는 父兄을 따라 임진의 병화를 피하여 치악산 大乘庵으로 갔는데, 元斯文 警鳴도 또한 거기에 와서 있었으니, 바로 원공의 후손이었다. 때로 그 유고를 내놓음으로, 나도 일찍이 그 일단을 대략 볼 수 있었는데, 상세히 보지는 못하였다. 다만 禑와 昌의 일을 기록하기를,……25)

◎ 許穆(1595~1682)의 『眉叟記言』

선생은 원주 사람으로 성은 원씨이고, 이름은 천석이며, 자는 자정이다. 고려의 국자 진사로서 고려의 정치가 어지러운 것을 보고 은거하여 志節을 지키며 호를 운곡 선생이라고 하였다. 그러다가 고려가 망하자 치악산에 들어가 죽을 때까지 나오지 않았다.

태종이 여러 번 불러도 나오지 않자 태종은 그의 의리를 고상하게 여겨

21) 申欽, 「象村雜錄」, 국역본 『大東野乘』 卷25, p.270.
22) 조선조 인조 때의 문신 李德泂(1566~1645)이 松都留守로 재직 중에, 그 지방에 전하는 설화 및 견문을 모아서 엮은 야담집이다. 책머리에 「자서」를 싣고, 본문으로는 송도 출신 인사들에 얽힌 설화들을 수록하였다.
23) 「松都記異」, 국역본 『大東野乘』 卷71, p.350, p.352.
24) 이 책은 김시양의 수필집이다. 그러나 여느 신변잡사나 만담쇄언을 적은 수필집과는 달리 국가와 정치, 정치가, 현인, 달사, 악인 등에 대한 충격적인 사건과 범상치 않은 일, 적어도 奇譚과 異事에 속하는 일들을 채록하고 있다. 때문에 이 책에 기록된 일들 가운데에는 正史에서 찾아볼 수 없는 기록이 많다.
25) 金時讓, 『紫海筆談』, 국역본 『大東野乘』 卷71, pp.367-368.

일찍이 동쪽 고을을 유람할 때 그의 집으로 행차하였다. 그러나 선생은 숨어버리고 만나질 않았다. 태종은 시냇가 바위 위에 올라가서 집을 지키는 노파에게 후한 상을 내리고, 아들인 泂에게는 基川監務를 제수하였다. 후세 사람들이 그 시냇가 바위를 일러 太宗臺라 부르는데, 그 대는 치악산 覺林寺 옆에 있다. 지금 원주읍에서 동쪽으로 십여 리 떨어진 石鏡 마을에 운곡 선생의 묘소가 있는데, 그 앞에 또 하나의 무덤은 부인 孺人의 것이라고 한다.

처음에 선생에게는 비장한 책 일곱 권이 있었다. 이는 망한 고려 왕조의 이야기를 모은 것이었다. 자손들에게 말하기를 쓸데없이 펼쳐 보지 말라고 경계하였다. 그러다가 몇 대를 지나 자손 가운데 한 사람이 가만히 펼쳐 보았다. 내용을 본 그는 깜짝 놀라 두려워하면서 말했다.

"자칫 우리 집안이 멸족하겠구나!"

마침내 꺼내다가 불태워 버려 전해지지 않게 되었다. 다행히 남긴 시집이 있으니, 이른바 詩史라는 것이다. 내가 들으니, '군자는 숨어살아도 세상을 저버리지 않는다'고 하더니, 선생은 비록 세상을 피하여 스스로 숨었지만 세상을 잊은 분은 아니었다. 변함없이 도를 지켜 그 몸을 깨끗이 하였다. 伯夷가 말하기를, "옛날 선비는 좋은 세상을 만나면 그 직책을 피하지 않았고, 어지러운 시대를 만나면 구차하게 머물려고 하지 않았다. 지금은 세상이 어두우니 그를 피하여 나의 행실만이라도 깨끗이 하는 것이 옳다."고 하였다.

그 열전에서 칭송하기를, "날씨가 추워진 뒤에야 소나무와 잣나무가 더디 시드는 것을 알고, 온 세상이 더러워진 뒤에야 청렴한 선비가 더욱 드러난다."고 하였다. 맹자도 "백이는 그 임금이 아니면 섬기지 아니하고, 그 백성이 아니면 부리지 아니하며, 잘 다스려진 시대에는 나아가고 어지러운 시대에는 물러나니 백이는 聖人 가운데 맑은 분이다."고 하였다.

선생은 대개 백이와 같은 분이라고 하겠다. 고을 사람들이 선생을 위하여 사당을 세우고 제사를 지내니, 그 사당은 원주 북쪽 삼십 리 밖 七峯 마을에 있다.……다음과 같이 찬한다.

속세를 떠나 암혈에 사는 선비여
나아가고 머묾에 때가 있구나.
세상에 나서지 않을지라도

그 뜻을 굽히지 않았네.

그 몸을 욕되게 하지 않아서

후세에 교훈이 되게 했구나.

그러니 우와 직, 백이와 숙제와 함께 하겠네.

오호라! 선생이여,

백대의 스승이 될 만한 분이로다.26)

◎ 兪棨(1607~1664)의 『麗史提綱』27)

이 책에 실린 내용은 그대로 이긍익의 『연려실기술』에 전재되어 있다. 그 쪽을 참고하기 바란다.

◎ 李瀷(1681~1763)의 『星湖僿說』

세상에 전하기를, "원운곡 천석이 치악산에 숨어 살 때에 태종이 몸소 가서 방문했지만 피하고 보지 않았다."고 하는데, 사실은 그렇지 않다.

원운곡은 고려 말기의 진사로서 원주 변암에 살았으며, 처음 목조가 정주로부터 영동으로 옮겨 살았던 것은 그 외가가 평창에 있었기 때문이었다. 그 考妣의 무덤이 삼척에 있었는데, 지금 나라에서 찾지 못하고 있다. 이 때

---

26) 許穆, 「耘谷先生墓銘」, 『記言』 卷18, 中篇, 丘墓 2, "先生原州人 姓元氏 諱天錫 字子正 高麗國子進士 見麗氏政亂 隱居獨行 號曰耘谷先生 及麗亡 入雉嶽山 終身不出 太宗屢召不至 上高其義 嘗東遊幸其廬 先生避不見 上下谿谷上 召守廬嫗 厚賜之 官其子洞爲基川縣監 後人名其石曰太宗臺 臺在雉嶽覺林寺傍 今原州治東十里石逕 有耘谷先生墓 又前一墓 孺人之葬云 初 先生有藏書六卷 言亡國古事 戒子孫勿妄開 傳之累世 有子孫一人竊開之 大懼曰 吾家族矣 擧而燒之 其書不傳 猶有餘遺詩什 此所謂詩史者也 吾聞君子隱不遺世 先生雖逃世自隱 非忘世者也 守道不貳以潔其身者也 伯夷之言曰 古之士 遭治世不避其任 遇亂世不爲苟存 天下暗矣 不如避之以潔吾行 故其傳曰 歲寒然後 知松柏之後凋 擧世泯亂 淸士迺見 孟子曰 伯夷 非其君不事 非其民不使 治則進 亂則退 伯夷 聖人之淸者也 先生盖伯夷之倫也 鄕人爲之立祠以祀之 祠在州北三十里七峯……其贊曰 巖穴之士 趣舍有時 縱不列於世 能不降其志 不辱其身 敎立於後世 則禹·稷·夷·齊一也 先生可謂百代之師者也".

27) 朱子의 『通鑑綱目』의 체제를 본받아 편찬한 고려시대의 편년사. 『고려사』가 너무 방대해서 요령을 잡기가 어려운 것을 요령 있게 개관하였다. 조선시대의 서적에서도 자료를 발췌했지만, 근본적으로는 『고려사』에 의거, 체제를 편년체로 개관한 데 불과하다.

문에 태종이 영동을 왕래하게 되었는데, 길이 원주를 경유하게 되므로 그를 찾아 자문한 바 있었다. 지금 치악산 각림사에는 태종대가 있는데, 태종이 등극하기 이전에 책을 끼고 다니며 휴식하던 곳이다. 辛氏 부자와 최영 장군의 죽음에 그가 시를 지어 곡한 적이 있었고, 태종이 즉위해서는 감반(殷나라 고종의 스승, 사제지간이라는 뜻)의 옛 정의로 역마를 달려 방문한 바, 그때는 운곡이 이미 사망한 뒤이므로, 그 아들 형을 불러 특별히 기천현감에 제수했던 것이다.

운곡은 37살 때 아내를 잃고 다시 장가를 들지 않았고 첩도 두지 않았다. 그의 학문은 操履가 있고, 詩卷이 본가에 남아 있는데, 혁명에 관한 말이 많으므로, 그 자손들이 비밀히 감춰 두었다 한다.[28]

◎ 李肯翊(1736~1806)은『燃藜室記述』[29]에서 원천석과 관련된 여러 사실들을 모아 정리하고 있다. 그가 이 저술에서 인용한 문헌은『麗史提綱』을 비롯하여『眉叟記言』,『海東樂府』,『逐睡篇』,『象村集』등이다. 내용은 이미 전대 문인들의 기록을 재수록한 정도이지만, 편자의 안목은 주로 역사의 잘잘못을 규명하는 방향으로 집중되어 있다. 운곡의 은거와 태종의 방문, 세조의 인물상에 대한 평가, 야사의 저술과 소실 경위, 시집에 실린 당시의 역사를 직필한 정직성과 용기의 지적, 鄭述의「祭文」등을 실어 혼란한 시대를 살면서도 의지를 굽히지 않았던 원천석의 강인한 인품을 부각시키고 있다.

◎ 沈魯崇(1762)의『大東稗林』중『列朝紀事·太祖』[30]
이 책에는「元天錫」조가 따로 마련되어 있다. 비교적 상세한 기사가 실려

---

28) 李瀷,『星湖僿說』卷12, 人事門, "世傳元耘谷天錫 隱居雉岳山 太宗親臨訪之 而逃不見者非也 元麗季進士 居原州之弁巖 始穆祖之自全州移嶺東者 以外家在平昌故也 考妣之陵 在三陟 今朝家訪之 不得者是也 太宗亦嘗往來嶺東 而路由原州就而咨訪 今雉岳之覺林寺有太宗臺 卽微時挾卷遊息之所也 至辛詩父子及崔瑩之死 皆有詩哭之 及太宗卽位 以甘盤之舊 馳驛訪之 則已沒矣 召其子泂 至特授基川縣監 耘谷三十七喪配 不復娶亦不畜妾 學有操履 有詩卷 藏於家 多言革代事 子孫秘之云".

29) 李肯翊,『燃藜室記述』卷1, 太祖朝(高麗守節諸臣附),「元天錫」.

30) 沈魯崇,『列朝紀事·太祖』,『大東稗林』, 국학자료원 영인본, 1994, pp.110-116.

156

있는데, 크게 보면 ① 원천석의 은거와 태종의 방문, ② 태종 상왕시의 초청 일화, ③『야사』의 편찬과 일실 과정, ④『유고』2권에 대한 전말과 시세계, 특히 여말 역사와 관련된 한시가 작품과 함께 소개되어 있음, ⑤ 寒岡 鄭逑의 「묘지명」 등이 순서대로 수록되어 있다. 자구에 있어서는 다소 차이가 있지만, 이긍익의『연려실기술』에 담긴 내용을 그대로 재수록한 형태이다.

◎ 崔益鉉(1833~1906)의『勉菴集』

그리하여 앞서 (목은) 선생을 헐뜯고 비방하며 그 큰 절개를 은폐하던 모든 말이 쓰이지 못하였다. 오직 지호 이공선이 선생에게 계속 반대 의사를 표시하여 우암도 그를 설득시키지 못했지만, 그런데도 신도비의 陰記는 오히려 거둬들이지 않았으니, 우암의 뜻을 충분히 이해할 수 있다. 그리고 운곡 원천석이 기록한 내용을 선배들이 모두 董狐의 역사에 비유했는데, 우암의 음기는 그와 더불어 대의가 부합하지 않은 것이 없었으니, 뒷날에 선생을 논의하는 이는 우암의 말을 버리고 비방하는 자의 말을 믿어서는 안 될 것이 분명하다.[31]

4. 樂府類에 전하는 전승 양상

악부시에 수록되어 있는 원천석 관련 자료는 현재 네 편이 확인되었다. 沈光世(1577~1624)와 金壽民(1734~1811), 李學逵(1770~1835), 李福休(?~?)의 악부시가 그것이다.

심광세는『海東樂府』[32]에서 <白衣來>란 제목으로 원천석의 행적을 시

---

31) 崔益鉉,「牧隱事實編跋」,『勉菴集』跋, "凡前此訛毀先生 掩翳大節者 擧莫能售其說矣 惟芝湖李公選 棘棘不已於先生 尤翁雖不能使屈 猶不還收陰記 則尤翁之意 亦大可見矣 至若元耘谷所記 則前輩皆比之董史 而與尤翁陰記 大義無不符合 然則後之尙論先生者 不可捨此而信彼也 審矣".
32) 본 악부는 광해군 9년(1617)에 심광세가 저작 간행한 史記이다. 저자의 「자서」에서 창작 경위를 밝히고 있는데, 명나라 李東陽의『西崖樂府』의 체를 본받아, 아동들의 교육을 위하여 우리 나라 역사 가운데 인심을 감동케 하고 또는 칭찬, 경계할 만한 사실들을 추려 노래와 시를 만든 것이라 하였다. 때문에 본 詩序 가운데에는 사료로서 가치가 있는 것이 적지 않다.

화하고 있다. 먼저 작품을 읽어보자.

> 흰 옷을 입고서 초야로부터 와서 / 白衣來自草菜
> 자색 도포로 앉아서 왕의 자리를 열었네. / 紫袍坐開玉座
> 다만 옛 정의 은혜로 만날 뿐이지 / 但見故舊恩
> 천 승 임금의 존귀함 때문에 보는 것 아니지. / 不見千乘尊
> 이것이 마침내 무슨 일인가 하면 / 此何竟何事
> 응대함에 오직 한 마디 말 뿐이지. / 應對惟一言
> 그대는 보지 못했는가 / 君不見
> 궤짝 속 책은 재와 먼지가 되었지만 / 櫝中之書成灰塵
> 자손 가운데 성인이 나리라 일찍이 말했지. / 曾謂子孫生聖人
> 당시에 저술로 헛되이 마음만 수고롭혔구나.33) / 當時著述空勞神34)

위 작품의 소재가 된 상황의 시간은 태종이 왕좌에서 물러나 上王으로 있을 때이다. 제위에 있을 때는 끝내 상면을 거부했던 원천석도 태종이 권좌에서 물러나 초청하자 응했다. 그러나 布衣를 상징하는 백의를 입고서 상면하였다.35) 즉 君臣의 관계가 아니라 사제의 관계로 만나겠다는 선언이 담긴 태도다. 그 때 태종은 자신의 손자들을 소개하며 인물평을 부탁했는데, 뒷날 세조가 된 수양대군을 보며 형제들을 사랑하라는 한 마디 말을 남겼다고 한다. 앞날을 꿰뚫어본 원천석의 혜안을 보여주는 일화다. 작품의 말미에서는 그가 『야사』를 후손에게 남기면서 유언으로 자손 가운데 성인이 아니면 열어보지 말라고 했다는 이야기로 마감되고 있다. 『야사』가 예언서적인 성격을 담고 있었는지는 알 수 없지만, 현실을 읽고 미래를 예측하면서 남긴 저술이 결국 아무런 효과도 거두지 못했음을 시인은 아쉬워하고 있다.

---

33) 이 작품이 『耘谷詩史』 卷5, 「사적록」에는 鄭弘翼(1571~1626)의 작품으로 소개되어 있다. 여러 문헌을 살펴본 결과 심광세의 작품이 분명한 듯하다. 다만 「사적록」에는 '曾謂子孫生聖人'이란 구절이 '子孫生聖人'으로 줄여져 수록되어 있다.

34) <白衣來>, 『海東樂府集成』 1, 여강출판사, 1988, pp.99-100.

35) 왕조시대에는 임금을 만날 때에는 반드시 관복을 입어야 했다. 때문에 평민이 국왕을 배알할 때에는 임시로 관직을 주어 관복을 입고 만나게 배려하였다.

시인은 책의 성격을 鑑戒書로 이해하고 있는 것이다.

이 악부시 앞에는 다음과 같은 해설이 붙어 있어 시의 배경이 된 사건이 무엇인지 안내해 준다.

원천석은 본관이 원주인데, 고려 말엽에 벼슬하지 않고 원주에 숨어살았다. 태종이 왕위에 오르기 전에 태종을 가르친 인연이 있었다. 태종이 상왕이 되자 그를 특명으로 불러들이니 원천석은 白衣로 와서 만났다. 대궐 안으로 오게 하여 지난날의 일을 말하여 평생의 즐겨 함과 같이 하고, 여러 왕자를 불러 보이고는 물었다.

"내 자손들이 어떠합니까?"

원천석은 세조를 보더니 말했다.

"이 아이가 할아버지를 몹시 닮았습니다. 아, 모름지기 형제를 사랑해야합니다."

평생 동안 쓴 저서를 궤짝에 넣어 단단히 잠가 두고 임종할 때에 유언으로 말했다.

"자손이 聖人이 아니거든 열어 보지 말아라."

그 뒤 집안 사랑방 안에 간직해 두었는데, 아들과 손자 때에는 열어 보지 않았다. 증손 때에 이르러 어느 날 時祭가 있었는데, 친족들이 다 모인 자리에서 말이 나왔다.

"선조께서 비록 유언이 있었지만, 세월이 이미 오래 되어 혐의스러울 것도 없을 것 같습니다. 이제는 열어 보아도 괜찮지 않겠습니까?"

친척들이 모두 좋다고 하여 마침내 열어 보았다. 그 책은 고려 말엽의 野史였는데, 국사와 다른 부분이 많았다. 친척들은 상의하기를, 이미 보고 말았으니 소문이 나지 않게 덮어두기는 어려운 일이니 죄를 짓게 될까 두려워마침내 불살라 버리고 말았다. 오직 지은 시집 두 권이 있는데, 당시의 일들에 대해 많이 노래하였다. 주해에 나타난 것을 보면, 辛禑 이전은 '國家'라했고, 공양왕 이후는 '國', 우리 조정에 들어서는 다만 '新國'이라고 했다.[36]

---

36) 沈光世, 「海東樂府」, 『海東樂府集成』 1, pp.98-100, "元天錫原州人 麗末不仕 隱居本州 太宗在潛邸時 與之有舊 及爲上王 特命召致 天錫以白衣來謁 引入闕內 道故若平生歡 仍召諸王子出見 問曰我孫如何 天錫指光廟曰 此兒酷似乃祖 且曰嗟須愛兄弟須愛兄弟 平生著書 藏之一篋 封鎖甚固 臨終遺言曰 子孫非聖人 愼勿開

金壽民은『箕東樂府』에서 <耘谷歌>라는 제목으로 악부시를 남겼다. 내
용은 심광세의 그것과 큰 차이는 없지만, 다루고 있는 소재의 폭이 넓어 서
사성이 보강되었다. 작품을 읽어보자.

꿩이 아침에 치악산을 나는데 / 雉朝飛雉岳山
누가 숨었나 물으니 오직 성이 원씨라네. / 云誰之隱惟姓元
몸소 밭 갈고 김매어 부모님 봉양하니 / 躬耕耘田以養親
효란 백 가지 행실의 근원임을 알겠구나. / 乃知孝者百行源 ①
한 때는 스승이 되었지만 / 當時爲師傅
(태종이 왕위에 오르기 전에 스승이었다.) / (太宗微時師)
벼슬하기 즐기지 않고 산 속에 살기 즐겼지. / 不樂就仕樂山樊
임금님이 그 집에 행차하시니 / 上幸其第
담장을 좇아 담을 넘어갔네. / 循墻踰垣 ②
백의 입고 와서 만나니 상왕 때요 / 白衣來謁上王時
사제의 옛 정이니 오히려 서로 돈독하구나. / 師弟舊情還相敦
광묘를 지목해서 말하기를, / 目指光廟曰
할아버지와 아주 닮았구나. / 酷類乃祖孫
오호, 모름지기 형제를 사랑하소, 형제를 사랑하소 / 嗟須愛兄弟愛兄弟
골육이 되어서 은정을 상하는 것 옳지 않으니. / 骨肉不可傷情恩 ③
하루를 묵고 곧 헤어져 돌아가니 / 一宿便辭歸
꿩 새끼들 언덕에서 반갑게 지저귀네. / 雉子班奏賁丘園 ④
야사를 편찬하니 고려 말엽의 일들인데 / 修野史麗之末
국사에 실린 내용과 다른 글들이네. / 國史所載不同文
차곡차곡 싸서 가묘 안에 숨겨두고 / 十襲藏廟中
성인이 아니면 열어 보지 말라 했지. / 匪聖不可開視云
그릇되어 4대 손이 열어 보고는 / 誤了四世開

見 其家藏置廟中 子及孫時 未曾開鎖 至于曾孫 一日時祀 宗族齊會出言曰 先祖
雖有遺言 歲月已久 必無所嫌 今則可以開見否 衆皆曰諾 遂開櫃 乃是麗末野史
多與國史不同 旣見之後 恐難終掩 仍以獲罪 遂焚之 惟所著詩二卷在 多詠時事
逐題註解 辛禑以前曰國家 恭讓王以後則曰國 入我朝則但曰新國云矣".

죄 얻을까 두려워 마침내 불 태워 버렸네. / 便恐獲罪遂爲焚
불 태워 이미 재가 되어 버렸으니 / 焚之已成灰
후학들 징험할 바 없어졌네, 어떻게 듣겠는가. / 後學無徵安得聞[37] ⑤
(번호, 필자)

　단락 번호에서 알 수 있듯이 다섯 개의 소재로 한 작품을 완성하였다. ①
단락에서는 원주 치악산에 은거해 사는 원천석의 일상사가 그려졌다. 은거
의 공간적 배경과 부모 처자와 어울려 사는 아늑한 농촌의 생활이 조감도를
보듯이 묘사되고 있다. ② 단락은 그런 은거지로 찾아온 태종과의 갈등이
그려졌다. 그는 담장을 넘어 태종과의 해후를 피했다. 구체적인 정황 설명
은 피하고 있는데, 이미 심광세의 악부시 해설 부분에 상세한 탓일 것이다.
실제로 그의 악부시에는 다른 세 편과는 달리 작품 해설 부분이 생략되어
있다. ③ 단락에서는 상왕이 된 태종을 백의로 찾아가 세조의 행실을 경계
한 대목이 묘사되고 있다. ④ 단락은 도성에 오래 머물지 않고 농촌으로 되
돌아가는 원천석의 자세가 간단하게 삽입되어 있다. 이는 ① 단락과 맞물려
서 마치 도연명의 「歸去來辭」의 도입부와 전개부를 읽는 듯한 감흥을 불러
일으킨다. 작자는 원천석의 농촌 은거를 도연명의 그것과 등가로 놓고 평가
하고 있는 것이다.[38] ⑤ 단락에서는 『야사』와 관련된 일화가 묘사되었다.
내용은 비슷하지만, 불타버려 후세의 학자들이 당시의 역사를 고찰할 자료
가 없어졌음을 애석해 하는 대목을 통해 『야사』의 역사적 가치를 인정하고
있다.

　김수민의 악부시는 비교적 다양한 소재를 장편의 구조 속에 담아 놓은
작품이다. 원천석과 관련된 이야기들을 거의 망라한 특징을 찾을 수 있다.
전하는 설화소를 총괄하여 한 편의 說話詩를 읽는 즐거움을 제공한다.

　李學逵의 『海東樂府』에도 <元處士>란 제목의 관련 악부시가 있다. 7언

절구로 가장 짧지만 정제된 형식을 취하고 있다.

> 국화시 읊조리니 뜻은 절로 슬픈데 / 詠菊詩成意自哀
> 문 앞의 구슬 터전을 그저 배회하는구나. / 門前玉址正裵回
> 아쉬워라 꼼꼼히 봉해 책을 감춘 뒤부터 / 可憐密閤藏書後
> 오히려 용상을 향해 다리를 올려놓았네.[39] / 猶向龍牀加足來

원천석의 행적과 관련된 몇 가지 사실을 바탕으로 시화하였다. 여기에서는 원천석이 쓴 한시 작품이 소재로 등장해서 이채를 띤다. <詠菊>이란 제목의 시는 여러 작품이 전하지만, 특별히 牧隱 李穡(1328~1396)의 시에 차운한 것을 근거로 삼았다. 어지러운 세상을 살면서 세상일에 이렇게 저렇게 관심을 기울이는 有情함 보다 모든 번뇌를 털어버린 無情함이 좋다는 푸념에 가까운 심정이 그려져 있다. 결국 국화와 더불어 절조를 지키며 살다간 도연명의 삶의 자취를 뒤쫓겠다는 다짐을 새겨 은거의 변을 대신하고 있다.

원천석에게는 이 작품 외에도 또 한 편의 <영국> 시가 있는데, 『운곡시사』권5에 실려 있다.[40] 역시 도연명의 시적 意匠를 빌어오긴 했지만, 시상의 전개는 다른 방향에서 이루어진 작품이다. 함께 술잔이라도 기울일 벗을 그리워하는 한편 이미 세상을 등진 아내의 체취를 상기하는 비감함도 엿보인다. 그러한 情操가 위 작품의 1연과 2연을 채우고 있다. 3연은 역시 『야사』와 관련된 구성이며, 4연에서는 수양대군이 집안의 내력을 속이지 못하

---

39) 「元處士」, 『海東樂府集成』 2, 여강출판사, 1988, pp.199-200.
40) 작품은 두 수로 이루어져 있다.
  동쪽 울타리의 고운 국화 첫서리를 견디어 / 東籬菊艶耐新霜
  중양절 지난 뒤에 노랗게 함빡 피었구나. / 已過重陽盡吐黃
  금빛 꽃송이 애처롭건만 술손님도 오지 않아 / 金蘂可憐無酒客
  떨기를 감돌면서 부질없이 서늘한 향내만 맡노라. / 繞叢空自馥寒香

  사흘 밤 내내 내린 서리 떨기를 덮었는데/ 覆叢三夜淡飛霜
  두 빛깔로 한창 피어 보라 색 노란 색 어울렸네. / 雨色繁開間紫黃
  꽃을 꺾어 저녁 밥상 차리던 그 사람은 멀리 가고 / 採備夕餐人已遠
  바람결에 흩어지는 향내만 홀로 사랑하노라. / 獨憐風際散淸香

고 형제를 살육할 것이니 경계하라는 당부를 한 이야기를 비유적으로 표현하였다. 신하가 되어 임금을 죽이고 나라를 찬탈한 것이나 골육간에 다툼을 벌여 피 바람을 불러일으키는 것이나 마찬가지 悖德이라는 날카로운 질책이 스며 있는 구절이다.

이 작품에도 시의 앞머리에 긴 해설이 첨부되어 있다. 다소 장황하긴 하지만 작품의 이해를 위해 옮긴다.

원천석은 원주 사람으로, 자호를 운곡이라 했다. 고려 말엽에 정치가 문란해지자 치악산 아래 은거하여 몸소 밭을 갈면서 부모님을 봉양하였다. 오로지 재주와 덕망을 숨기고 사는 데 뜻을 두었다. 안부에서 이름을 군적에 올리자 이에 시를 지었으니, "杏壇(학문을 닦는 곳)의 바람 달에는 인연이 끊어졌고, 楡塞(국경 또는 변방)의 연기 티끌에만 꿈이 많아졌구나"[41]란 구절이 있었다. 마침내 과거에 응해 진사시에 급제했지만, 관직에 나아가지는 않았다. 고향으로 물러 나와 목은 등 여러 사람들과 벗삼으며 왕래하며 시를 주고받았다. 만물 속에 흥취와 회포를 담아 세태를 가슴 아파하면서 자신의 심정을 풀어놓았다. 목은이 지은 <영국> 시에 차운한 작품이 있는데, "무정함이 유정함 보다 낫다는 말 모름지기 믿을 만하니, 무정함으로써 원래 한 평생을 산다네. 도연명이 세상을 떠난 지 어언 천여 년인데, 변함없이 동쪽 울타리에서 찬란히 빛나는구나." 라고 노래하였다.

태종이 왕위에 오르기 전에 일찍이 공을 좇아서 배웠는데, 부귀하게 되어 여러 차례 불렀지만 나오지 않고 각림사에서 살았다. 그러자 몸소 행차하여 그의 집을 찾았지만 피하고 보지 않았다. 태종은 할 수 없이 밥하는 할멈을 불러 음식물을 내리고는 돌아왔다.

만년에 직접 원고 6권을 써서 봉하고는 표지에다 "어진 자손이 아니면 열어 보지 말라."고 하였다. 5, 6세대가 지난 어느 날 종족들이 모두 모였을 때 말하기를, "선조께서 비록 유언이 있었지만, 세월이 이미 많이 지났으니, 열어 보아도 될 것이다." 하고는 봉함을 뜯어보았다. 그 내용은 모두 고려 말

41) 『耘谷詩史』 卷1, <내가 젊을 때부터 유학도로 이름을 얻고자 뜻을 둔 지 오랜데, 이제 안부공이 이름을 군적에까지 기록한 것은 생각지 못한 일이었다. 이에 시를 읊어 스스로 위로하려고 한다> 가운데 경련 부분.

엽과 혁명 이후의 일들을 기록한 것이었는데, 국사와 달랐다. 또 곧바로 신
국이라 했지 이후로 국가라 부르지 않았다. 마침내 후손들은 그 책을 불태
워 버리고 세상에 감히 내놓지 않았다. 오직 저술한 시집 두세 권이 전해진
다고 한다.

　세상에서 말하기를 태종이 일찍이 원천석을 초청했는데, 그는 흰옷을 입
고 와서 만났다고 한다. 옛 일을 이야기하면서 몹시 기꺼워하였는데, 태종
이 여러 왕자를 불러 보인 뒤 물었다. "내 손자들이 어떠합니까?" 원천석은
광묘를 가리키며 말했다. "이 아이는 할아버지를 많이 닮았습니다." 하고는
이어 "모름지기 형제를 사랑하거라, 모름지기 형제를 사랑하거라." 하고 일
렀다고 한다.[42]

　李福休의『海東樂府』에는 <訪耘谷>이라는 제목으로 작품이 실려 있다.
이 작품은 일면 환상적이면서 풋풋한 서정이 어린 구성을 취하고 있다. 이
작품에는 시의 앞뒤로 해설이 첨부되어 있는 특징이 있다. 앞부분의 해설이
원천석과 관련된 일반적인 전승이 소개되어 있다면 뒷부분의 해설은 작자
의 史評에 가까운 기술로 이루어져 있어 대조가 된다. 단순히 역사적 사실
을 소재로 한 악부시의 창작에만 뜻을 두지 않고 사실에 대한 품평까지 진
행하고자 한 작자의 의도를 엿볼 수 있다. 시를 읽기 전에 먼저 앞부분의
해설부터 살펴본 뒤 작품을 읽도록 한다.

　우리 태조조 때 원천석은 호를 운곡이라 하였고 고려조의 진사였다. 여말

---

42) 李學逵, <元處士>,『海東樂府集成』2, 여강출판사, 1988, pp.198-200, "元天錫原州
人 自號耘谷 見麗季政亂 隱居雉岳山下 躬耕養親 一意韜晦 按部錄名軍籍乃作詩
有杏壇風月魂空斷 楡塞煙塵夢已頻之句 遂赴試中進士 亦不肯仕 退歸鄕里 與牧
隱諸公相友善往來 酬唱寓物興懷傷時感慨 有次牧隱詠菊一絶曰 須信無情勝有情
無情元是一平生 陶公去後今千年 依舊東籬燦燦明 我太宗微時 嘗從公受學 及貴
屢召不起爲覺林寺 仍枉其廬 公避不見 太宗只招其爨婢 賜之食物而還 晩年書文
藁六卷 糊其封 題其表曰非賢子孫勿開 歷五六世 一日宗族齊會曰 先祖雖有遺言
歲月已久 今則可以開見矣 遂開封 皆記麗末及革世後事 與國史不同 且直書新國
不後稱國家 遂焚之不敢出 惟所著書詩二三卷見存云 世傳太宗嘗召致 天錫以白
衣來謁 道故舊甚懽 上召諸王子出見 問曰我孫何如 天錫指光廟曰 此兒酷似乃祖
且曰須愛兄弟須愛兄弟云".

164

에 원주 치악산 기슭에 은거하였다. 태종은 어렸을 때 그에게서 배웠는데,
왕위에 올라 스승의 집 앞으로 뵈러 나갔지만, 운곡은 다른 산으로 피해버
려 머무는 곳을 알 수 없었다. 다만 문밖에서 옛날부터 알던 늙은 여종이 보
였는데, 문에서 나와 웃으며 태종을 맞이하며 말했다. "아기씨는 지금 무슨
관직에 있습니까? 주인 어르신은 다른 산에 가셨습니다." 이에 태종도 웃으
며 대답하였다. "제가 관직은 얻었습니다만 그저 미관말직이지요." 그리고
는 후하게 상을 내리고는 돌아왔다.[43]

스승의 댁은 어디인가 / 師家在何處
흰 구름 덮인 치악산일세. / 白雲籠雉岳
구름 산 아득해 한 번 이별하니 / 雲山杳一別
떠나고 머묾에 소식이 없구나. / 去住無消息
걷고 걸어 스승의 문에 들어가니 / 行行入師門
문은 닫혀 있고 적적하기만 하네. / 門扉掩寂寂
허리 굽은 할머니 맨발로 나와서 / 傴僂有赤脚
문 밖으로 나와 옛 손님을 맞이하네. / 出門迎前客
말하길, 그대는 전날의 학동이었는데 / 云郎舊學徒
지금은 무슨 관직에 올라 있는가? / 去做何官職
스승은 지금 댁에 안 계시니 / 師今不在家
먼 산으로 약을 캐러 가셨다네. / 遠山去採藥
가만히 손님에게 알려주고 싶지만 / 殷勤欲報客
작은 바구니속에서 학은 날 수 없다네. / 小籠無飛鶴
뜰 앞에는 해바라기 무성하고 / 庭前有葵籬
담 너머로 송백이 우뚝하구나. / 籬後長松栢
책상 위에 야사가 남아 있는데 / 案上有野史
붓마다 이슬 젖은 국화를 머금었네.[44] / 筆沾清露菊

---

43) 李福休,「訪耘谷」,『海東樂府集成』2, 여강출판사, 1988, p.505, "我太宗朝 元天錫
號耘谷 高麗進士也 麗末隱於雉岳山下 太宗少時受學 及登極幸臨其家 則耘谷避
在他山 不知所住席 門外但見舊時老婢 出門笑迎曰阿哥今得何官 主翁移向他山
太宗笑答曰 俺做做官職底官職 遂厚賞而還".
44) 李福休,「訪耘谷」,『海東樂府集成』2, 여강출판사, 1988, pp.505-506.

이 작품은 전편이 태종이 원천석을 방문한 사건 하나만을 소재로 구성되어 있다. 재미있는 것은 작중 화자가 태종으로 배치되어 있다는 점이다. 도성에서 스승을 찾아가는 여정과 감회, 만나지 못하고 다만 어릴 적 여종과 해후하여 문답을 주고받는 광경이 순차적으로 진술되고 스승이 사는 집 안팎의 풍경과 꿋꿋한 절개를 암시하는 사물들이 담담하게 그려지고 있다. 마지막 구절에서는 이슬로 간 먹으로 쓴『야사』한 권이 놓여 있다고 하여 더욱더 상징성을 높이고 있다. 시인의 시선이 아니라 태종의 관찰을 묘사의 중심에 두고 있어 원천석의 덕망과 인품을 배가시키는 효과를 거두고 있다. 한 때 제자였지만 지금은 얼굴을 마주할 수 없는 남이 되어 버린 비극적인 정치적 현실이 제자로서의 태종의 시선으로 환치되어 한결 긴장감을 이완시키는 구실을 한다. 게다가 물정을 알지 못하는 늙은 여종과의 문답을 중간에 삽입하여 긴장의 이완 정도가 해학과 실소를 자아내게 하는 방향으로 유도하게끔 만든다. 작자 이복휴의 문학적 재치를 실감할 수 있는 가작이다.

작품을 마무리 지으면서 뒷부분에 다시 해설을 덧붙여 놓았는데, 앞서 지적한 것처럼 객관적인 사실의 열거가 아니라 작자가 하고 싶었던 소회가 쓰여져 있다. 해설을 읽는 것으로 마무리하고자 한다.

운곡은 우리 조선의 은사가 아니라 고려조의 은사다. 그가 의리에 머문 것은 상산사호보다 높아 백세가 지난 뒤에도 남긴 풍취가 거침없이 흘러가니 가히 은일한 분 가운데 신선이라고 하겠다. 매번 치악산을 바라보면 흰 구름이 뭉게뭉게 피어올라 운곡의 기상을 생각나게 하였다. 때문에 나는 일찍이 그를 위해 찬을 지어 이렇게 노래하였다.

少微星의 정기를 받은 참된 사람이여,
원주 치악산의 숨어사는 분이라네.
구름은 산 머리에 걸려 있고
달은 시냇가에 어려 있구나.
바람처럼 가볍게 신선이 되어
홀로 우뚝 세상 티끌을 넘어섰네.

내 생각은 항상 어떻게 하면
높은 소나무와 이웃해 볼까 였지.[45]

5. 原州와 원천석 인물 전승

원주는 원천석이 평생동안 은거하면서 부모님을 봉양하며 살던 곳이다. 특히 치악산을 중심으로 한 일대는 그가 직접 밭을 갈면서 逸民으로 자처하며 살던 장소였다. 그는 이 곳에서 일생을 마쳤고, 무덤 역시 이 곳에 있다. 불의와 타협하지 않고 끝까지 절의를 지킨 그의 인품은 후손들뿐만 아니라 원주 일대의 주민들에게 만고의 충신으로 회자되어 전하고 있다. 때문에 원주와 치악산은 그와 관련된 각종 유적지가 곳곳에 산재해 있다. 대표적인 유적을 들면 太宗臺와 駐蹕臺, 嫗淵(일명 老嫗沼), 橫指巖, 拜向山, 寃痛재, 大王재, 弁巖 등을 손꼽을 수 있다. 이들은 모두 원천석과 직·간접적인 관련을 가지는 지명들이다. 특히 태종이 스승인 원천석을 찾아왔다가 그가 피하는 바람에 만나지 못하고 간 일화와 관련된 유적지는 치악산을 중심으로 여러 곳에 흩어져 있는 것을 알 수 있다.

아쉽게도 『한국구비문학대계』에는 원천석과 관련된 구비 전승이 한 편도 채록되어 있지 않다. 이는 원천석 전승은 조선조 내내 여러 문인들의 관심권 내에 있으면서 계승되어 왔지만, 대중적인 인기는 얻지 못했던 사실을 반영할 수도 있다. 사실상 원천석 일화들이 대중적인 흥미와 공감을 불러일으키기에는 정신적 기반과 행동 양식이 귀족적일 수도 있을 것이다. 권력층의 입장에서나 문제시될 만한 사건 이상의 의미를 획득하지 못했다고 볼 수도 있다.

그러나 『구비문학대계』가 전국의 모든 구비 전승을 완벽하게 재구하지 못한 것이 기정사실이고 보면 위 책자에서 빠졌다고 하여 민간 구비 전승의

---

45) 李福休, 「訪耘谷」, 『海東樂府集成』 2, 여강출판사, 1988, p.506, "耘谷非我朝之隱 乃麗朝之隱也 其處義 高於商山四皓 百世之下 餘風猶然 可謂隱逸中神仙也 每見 雉岳山白雲英英 想得耘谷氣像 故余嘗爲之贊曰 少微眞人 原山逸民 雲在山頭 月 在溪濱 飄然羽化 獨立超塵 我懷維何 喬松之隣".

맥락이 없었거나 미약하다고 단정할 수는 없다. 필자가 1998년 2월에 원주 일대를 현지 답사하면서 확인한 바에 따르면 치악산 일대를 중심으로 곳곳에 흩어진 원천석 관련 유적들이 고스란히 보존되어 전하고 있었고, 유적과 관련한 구비 전승을 들려주는 현지인들을 만날 수 있었다.[46] 때문에 정밀한 재조사가 절실하게 요구되는 것이다.

이 장에서는 원천석과 관련된 유적지와 遺墟를 간단하게 소개하는 것으로 마무리 짓고자 한다. 太宗臺는 태종이 스승 원천석을 찾아왔다가 그가 치악산으로 들어가는 바람에 만나지 못하고 개울가 언덕에서 멀리 산을 바라보던 장소에 세워진 누각이다. 치악산 일부가 한눈에 들어오는 위치에 자리잡고 있다. 駐蹕臺는 태종이 말을 몰고 왔다가 스승을 만나기 위해 말에서 내려 묶어둔 곳을 말한다. 근래에 다시 복원한 태종대 누각 안에 주필대 비석이 보존되어 있다. 嫗淵은 일명 老嫗沼라고도 하는데, 원천석의 지시대로 그의 소재지를 반대쪽으로 알려 주었다가 불충을 저질렀다 해서 몸을 던져 빠져 죽은 연못을 말한다. 구연은 태종대 아래를 흐르는 샛강을 따라 200m 남단으로 내려간 지점에 있다. 橫指巖은 원천석이 숨은 곳으로 다른 방향에 있는 바위를 가리켰는데, 바로 그 바위를 일컫는다. 拜向山은 태종이 스승을 만나지 못하고 대신 스승이 숨은 산자락을 향해 예를 올리고 떠났는데, 그 방향에 있는 산을 일컫는다. 冤痛재는 원천석이 은거하면서 고려의 멸망이 못내 억울해 원통한 마음으로 땅을 치면서 넘었다는 언덕을 말한다. 大王재는 태종이 스승을 만나기 위해 말을 타고 넘었다는 언덕을 말한다. 弁巖은 원천석이 만년에 세상의 번잡한 일들을 피하고 더 이상 태종이 방문하지 않도록 막기 위해 치악산 골짜기 깊은 벼랑에 바위굴을 파고 살았는데, 그 굴이 있던 바위를 가리킨다. 지금도 바위에는 원천석이 직접 썼다고 하는 '弁巖'이라는 글자가 음각되어 새겨져 있다고 한다.

---

46) 특히 치악산 자락에 소재하고 있는 원천석 묘소에는 후학들이 세운 詩碑와 耘谷齋室, 慕耘齋(원주시 행구동) 등이 상당 규모로 건립되어 있었다. 운곡 묘소에서 만난 후손 가운데 한 분은 원천석과 관련된 다양한 일화를 들려주었다. 비록 문헌 전승에 실린 내용을 벗어나지는 않았고, 후손인 점을 감안한다고 해도 이 일대에는 원천석 구비 전승이 상당히 넓게 전파되어 있으리라 예상할 수 있었다. 원주 지역을 중심으로 한 구비 조사가 다시 이루어질 필요성을 느꼈다.

168

6. 끝맺는 말

원천석은 왕조가 교체되면서 복잡다단하게 전개되던 여말선초를 살다간
문인 지식인이다. 그의 대응 방식은 당대의 누구와도 다른 독특한 모습을
보여주었다. 고려왕조에 대한 절대적인 충성과 신 왕조에 대한 부정의식,
특히 왕조 교체 주체들의 불의와 패덕에 대한 비판은 당대의 어느 누구보다
강력한 것이었다. 이와 같은 저항 정신은 그를 세상과 타협할 수 없게 만들
었고, 결국 원주 치악산에 은거하여 일생을 마치도록 만들었다.

그러나 은거와 함께 그의 모든 세속의 활동이 종결된 것은 아니었다. 그
는 정치적 사건이 들려올 적마다 이를 시화하여 자신의 입장을 분명하게 밝
혔고, 당대의 사정을 기록한『야사』를 남겨 후세에 전해주었다. 세상과 등
돌리기를 시도했으면서도 그는 지식인으로써 사회적 책임을 방기하지는 않
았던 것이다.

그는 특히 태종이 어렸을 때 스승으로서 가르친 인연이 있어서 더욱 그
의 행적을 극적으로 전환시켰다. 군신의 관계를 허락하지 않고 사제의 관계
만 인정한 그의 태도는 자신의 신념을 조금도 흐트리지 않은 군자의 당당함
을 보여준다.

이처럼 굴곡 많은 시대를 강한 개성을 가지고 살았던 그였고, 특히 왕조
에 대해 충심에서 우러난 충성을 보여준 행동은 후대 학자와 문인들에게 여
러 가지 면에서 공감을 불러일으켰다. 그 때문인지 그와 관련된 문헌 기록
은 은거한 인물로서는 의외로 적지 않은 분량을 보여준다.『왕조실록』을 비
롯하여 조선조 지식인의 각종 문헌 기록에 그와 관련한 여러 일화가 평가와
함께 소개되어 있고, 네 사람의 시인에 의해 樂府詩로 수습되어 전하고 있
다. 또한 그가 은거했던 원주 일대와 치악산 일대에는 그의 행적을 알려주
는 다양한 유적과 구비 전승이 남아 있는데, 이 지역은 원천석 전승의 보고
라고 해도 과언이 아닐 것이다.

원천석은 1,144편의 한시를 남겼고, 지금은 없어졌지만『野史』6권을 편
찬했으며,47) 여러 가지 독특한 언행을 통해 자신의 정체를 유감없이 보여주

---

47)『華海師全』이라고 하는 책은 현전하고 있다. 이 책은 제자인 范世東(?~?)이 편집

었다. 그를 실패한 지식인의 전형이라고 해야 할지 아니면 신념을 끝까지
관철한 의지의 소유자로 보아야 할지는 아직은 함부로 판단할 수 없다. 그
러나 그의 행동은 결코 즉흥적인 일탈은 아니었고, 섬세하면서도 포기할 수
없는 굳은 믿음이 바탕이 되어 이루어진 것이었다. 이런 이유로 해서 그의
문학과 인물 전승에 대한 관심은 더욱 확산될 필요가 있는 것이다.

하고 원천석은 總斷을 내렸다고 되어 있다. 그러나 판본의 판각 시기나 수록된 내
용을 고려할 때 진위 여부는 불투명하다. 다만 이 책에서 다루고 있는 시기가 여말
선초의 격변기 비화가 중심이 되어 있으며, 일정 정도 원천석이 편찬한 『야사』의
내용이 축약 또는 전재되었을 가능성은 있다고 보여진다. 또 원천석 자신의 편찬
이라 하지 않고 總斷했다고 표현한 것으로 볼 때 직접적인 저술은 아니라고 해도
원천석의 역사관과 사료 인용 부분이 첨가되었을 가능성도 배제할 수는 없다.

조선 후기 칠봉서원의 건립과 配享人物

오 영 교*

1. 서

조선시대의 사설 교육기관은 書院·書齋·精舍 등과 祠宇·鄕賢祠·鄕祠·里社·影堂·別廟·世德祠·遺愛祠·生祠堂 등을 들 수 있는데 흔히 書院·祠宇로 통칭되었다. 이러한 書院·祠宇는 지방의 士林에 의해 건립되었고 국가에서는 右文政策의 일환으로 扁額을 내리고 頌書·給田 등으로 이를 장려하였다.[1]

조선시대 관동의 수부도시였던 원주에는 七峰書院과 陶川書院, 忠烈祠, 廣岩祠가 건립되어 지역의 학문과 사상의 형성에 크게 기여하였다. 이 중 七峰書院은 1612년(광해군 4)에 설립되어 1673년에 賜額을 받았으며, 원주의 대표적인 사액서원으로 그 비중이 컸다. 耘谷 元天錫, 八溪君 鄭宗榮, 久菴 韓百謙, 觀瀾 元昊는 사상과 정치활동, 충절과 학문 면에서 원주를 대표하는 주요 인물이며 칠봉서원에서는 1871년까지 이들 先賢을 배향하였다.

본고에서는 조선 후기 서원 건립의 배경과 정치·사회·교육적인 위상을 살펴보고 칠봉서원을 중심으로 한 원주지역의 서원운영의 구조와 전개과정을 서술하고자 한다. 이를 통해 차후 원주 및 타지에 거주하는 4대 가문의 후손이 보관하는 고문서와 문중 자료를 근거로 4인의 행적과 사상, 그리고

* 연세대학교 원주캠퍼스 인문예술대학 역사문화학과 교수
** 이 논문은 『운곡원천석연구논총』(2001)에 수록한 것을 본서에 재수록함.

[1] 정만조, 『조선시대 書院연구』, 집문당, 1997, pp.88-89 ; 이수환, 『조선후기 서원연구』, 일조각, 2001, pp.16-29.

관내 在地士族의 동향을 본격적으로 연구하려 한다.

2. 조선 후기 서원의 건립

서원은 그 연원을 고려시대의 祠廟와 書齋까지 거슬러 올려보기도 한다. 즉 先賢·先師를 奉祀하는 '祠'와 자제를 교육하는 '齋'가 결합되어 이루어진 것이 서원이라는 것이다.[2] 그러나 서원이 性理學을 연구하는 학자들의 집결소이고, 학문의 진흥과 인재양성을 목적으로 하는 講學의 장소였다는 점에서 본격적으로 주자학이 전래된 고려 말 이후의 존재에서 그 연원을 설명할 수 있을 것이다.

최초의 서원인 白雲洞書院은 祠廟의 부수적인 존재에 그쳤다. 그후 退溪 李滉에 의해 講堂과 祠廟를 동시에 갖는 형태를 취하면서 서원은 儒者의 藏修處 제공이 설립의 주된 목표가 되었고 祠賢은 부차적인 것이 되었다. 그것은 당 시기 鄕校와 官學의 쇠퇴와도 관련된다. 또한 서원은 鄕會·留鄕所와 함께 士林들의 세력기반이 되는 조직체였으므로 지배 이데올로기를 보급하고 지방사회를 교화하는 데도 일정한 역할을 수행하였다.

祠宇는 서원과 달리 인간본성에서 우러나오는 報本과 尊賢에 목적을 두고 祀賢만의 기능을 지닌 祭享장소였다. 사우의 발생은 서원보다는 훨씬 빨라 삼국시대부터 싹트기 시작하였다고 하며, 고려에 들어와 祠廟가 상당수 건립되었고, 일반 民間家廟 형태로서는 고려 말 주자학 전래 이후 본격적으로 발생하였다고 한다.[3]

이와 같이 서원과 사우는 발생 초기에는 그 설립목적이 달랐고 형식에 있어서도 구별되었다. 그러나 17~18세기에 이르면 모두 祀賢 위주의 인물 중심이 되어 서원과 사우의 질적인 차이는 크지 않았고 양자가 혼칭되는 경우도 있었다.

---

2) 유홍렬, 「조선에 있어서의 書院의 성립」, 1929 ; 『韓國社會思想史論考』 1980, 일조각, p.39.

3) 유홍렬, 위의 논문, 1929 ; 『韓國社會思想史論考』 1980, 일조각, p.29.

172

1) 서원의 건립배경

서원과 사우의 건립배경에 대해 英祖 14년 兵曹判書 朴文秀는 다음과 같이 지적하였다.

예로부터 書院과 祠宇의 설립은 京外를 막론하고 道德과 節義가 높은 분이 있으면, 원근의 선비들이 감흥을 받아 의논을 내고 각자 私財를 털어서 그가 살던 마을이나 혹은 그가 노닐던 곳에 創建합니다. 때로 제사지내며 선비들 또한 머물면서 藏修하는 곳으로 삼아 덕을 높이고 가르침을 이어 받아 몸과 행실을 조심하니, 크게는 나라의 쓰이는 바가 되며 작게는 마을의 矜式이 됩니다. 書院이 敎化를 두터이 하고 풍속을 좋게 하여 治道에 도움을 주는 것이 이와 같습니다. 이것이 바로 士林들이 某院은 도덕으로 某祠는 절의로 請額을 하는 까닭이며, 조정에서는 이에 도덕과 행실을 고찰하여 賜額을 허락할 만하면 그것을 들어주었을 뿐입니다.[4]

여기에서 보듯 서원·사우는 先儒의 연고지를 따라 지방 사림에 의하여 사사로이 건립되고 사림이 모여 道義를 논하며 鄕風을 두텁게 하는 교육·교화기구였다.

조선시대 서원의 건립은 다음의 시기로 구분할 수 있다. 中宗대에서 明宗대까지의 초창기 건립기를 거쳐 宣祖대에서 肅宗대까지의 발전기, 그리고 景宗대에서 高宗년간까지의 정리기로 볼 수 있다. 초창기 서원에 대한 국가의 입장은 약간의 물질적 지원을 하는 소극적 장려책 외에는 불관여의 입장을 고수하였다. 仁祖·孝宗년간만 하더라도 濫設이란 느낌을 줄만큼 수가 많은 것도 아니었고 지방에서의 서원의 폐해도 정치·사회적으로 크게 문제되지 않았기 때문이다.

---

4) 『承政院日記』 卷876, 영조 14년 8월 10일, 兵曹判書 朴文秀 상소문, "從古院祠之創 無論京外 有道德節義者 則遠近章甫 起感而發議 各捐私財 或建於其生老之鄕 或創於其杖屨之地 以時享之 士子亦居 而爲藏修之所 尙德襲訓 淑身謹行 大則爲國家所需用 小則爲鄕黨所矜式 其書院之敦化善俗 有補於治道 有如是者 此所以士林之請額 某院以道德 某祠以節義 而朝廷 於是乎考其道德察其行 許可者則許之而已".

士林의 학문활동기구이자 향촌사회의 私學에 그치던 서원은 孝宗대 西人계 山林의 진출로 道學的 정통성의 추구에 따라 중앙정치와 관련을 갖게 된다. 그러나 顯宗·肅宗 이후의 잦은 정권교체 속에서 被禍者의 伸寃이란 면과 함께 鄕村 士林의 현실적 이해관계가 편승하게 됨으로서 서원의 수는 급격히 증가된다. 특히 顯宗 이후 禮論이 격화되면서 각 당파가 자기 파의 광범한 지지를 얻기 위해 賜額을 빈번히 해주게 되어 院祠의 건립이 활발하였다.5)

이와 더불어 祭享인물에 있어서도 아무 연고가 없는 儒賢이나 중국 聖賢을 선정하거나 심지어는 그 지역의 지명이 聖賢의 이름이나 居所와 일치되기만 해도 그들을 배향하는 院祠가 건립되었다.

서원대책을 놓고 집권세력들의 이해관계는 서로 달랐다. 조정의 논의를 보면 山林系와 非山林系 관료 사이에 상당한 논란이 있었다. 이것은 국정을 운영하는 정견의 차이에서 비롯되었다. 道學정치의 구현을 목표로 하는 산림계의 경우 명분을 앞세우고 臣僚 중심의 정치와 향촌자치·민생안정을 정치론으로 삼았으며, 경세관료는 군주중심의 현실정치론과 중앙집권책·부국강병론을 국정운영의 지표로 내세우고 있었다. 그러므로 경세관료가 집권해 있던 仁祖·孝宗년간만 하더라도 오히려 서원 남설에 대한 경계와 통제론이 성하였으며, 山林系가 정국을 주도하던 顯宗 이후 서원이 격증하고 賜額이 남발되었던 것이다.

英祖 17년의 대대적인 書院毁撤도 山林系와 반대쪽에 서 있던 경세론 위주의 탕평세력이 정권을 장악한 상황에서 가능하였다.6) 당시 국왕 영조는 무허가 院祠에 대해 "甲午(肅宗 40)定式 이후로 조정에 보고하지 않고 私建·私追享한 것은 大臣과 儒賢을 막론하고 모두 철거케 하고 당해 方伯은 무조건 罷職, 守令은 拿處, 首昌儒生은 5년간 停擧케 하며, 이후로 私建 및 私追享하는 사례가 발생하면 方伯·守令은 모두 告身의 律로서 다스리고 儒生은 遠配케 하라"는 엄명을 내렸다.7)

5) 이수환, 앞의 책, 2001, pp.27-29.
6) 이해준, 「조선 후기 書院의 성격변화와 書院政策」, 『襄鍾茂總長退任紀念史學論叢』, 1994.

三南지방에 비해 강원도는 儒化가 비교적 늦게 이루어져 孝宗때까지도 院祠의 수가 많지 않았다. 江陵에 李珥의 生家가 있고 嶺南 士林의 일정한 영향을 받았지만 士林의 활동은 활발히 전개되지 못하였다. 다음 표에서 보 듯 강원도 지역의 서원 건립 및 賜額년도 현황을 살펴보면 17세기 전반에 집중되는 것을 확인할 수 있다.

강원지방의 서원은 『俎豆錄』(正祖년간 편찬), 『增補文獻備考』, 『書院謄錄』 및 『典故大方』(1924)에 따르면 13개소에 이른다. 그 중 행정변경이 된 平海의 明溪書院과 蔚珍의 孤山書院, 龜巖書院과 함께 북한지역에 속하게 된 伊川의 花山書院을 제외하면 다음과 같은 9개의 서원이 있다.[8]

강원지역의 서원

서원명	설립연대	소재지	배향인물	사액년도
五峰書院	1556(明宗11)	강릉시 성산면 오봉리	孔子·朱子·宋時烈·咸軒	
松潭書院	1624(仁祖2)	강릉시 강동면 언별리	李珥	1660
七峰書院	1612(光海君4)	원주시 호저면 산현리	元天錫·元昊·鄭宗榮·韓百謙	1663
陶川書院	1693(肅宗19)	원주시 지정면 안창리	許厚	1693
文岩書院	1610(光海君2)	춘천시 신북면 용산리	金澍·李滉·趙絅·李廷馨	1648
道浦書院	1650(孝宗1)	춘천시 서면 신해리	申崇謙·申欽·金敬直	
東溟書院	1628(仁祖6)	양양군 양양읍 조산리	趙仁璧	
景行書院	1639(仁祖7)	동해시 송정동	金孝元·許穆	
龍山書院	1705(肅宗31)	동해시 려운동	李世弼	

祭享人物은 일차적으로 해당 院祠의 성격을 나타내는 상징적인 존재라 할 수 있다. 특히 후대로 올수록 제향인물의 비중은 커져서 어떤 인물을 모 셨느냐에 따라 院祠의 성쇠를 결정짓는 요소가 되었다. 일반적으로 祠宇에 제향되는 인물이 '行誼節烈 矜式一鄕'자임에 비해 서원의 제향인물은 '問學 道德 師表百代'인 자이어야 했다.[9] 즉 서원에는 '行誼節烈'만이 아닌 '道學

---

7) 『英祖實錄』 卷53, 英祖 17년 4월 壬寅條.

8) 原州郡, 『原州地方書院學術調査報告書』, 1992 참조.

9) 『書院謄錄』 卷6, 景宗 4년 4월 28일조, "列邑書院之設……故問學道德 師表百代

淵源', '學問宗師', '功績爲國', '死節之忠', '人倫追師表', '公論歸一' 등의 제
조건에 합당해야 비로소 제향인물로 모셔졌다는 것이다. 中宗에서 明宗, 宣
祖대에 이르는 시기만 해도 위의 원칙에 적합한 인물이 제향되었으나, 光海
君대와 仁祖대를 거쳐 서원이 남설되었던 肅宗대에 이르러서는 學問人이
라 보기 어려운 인물, 儒化를 남긴 守令, 行誼있는 儒者까지도 서원에 모시
게 되어 書院과 祠宇의 구별을 어렵게 만드는 요인이 되었다.

院祠의 제향인물은 그의 연고지에 제향되는 것이 일반적이었다. 家鄕, 寓
居, 卜居, 卒地(墓所 포함), 謫居(謫卒 포함) 등을 들 수 있다. 지역적 특성
과 연관시켜 보면 경기·충청·전라·경상의 4도는 家鄕·寓居·卜居가
주류를 이루고 있어 名臣·儒賢을 많이 배출한 지역임을 웅변해주고 있으
며 반면 함경도 등 북쪽지방은 수령의 비중이 높다. 이는 名臣·儒賢을 배
출하지 못한 지역으로서는 그곳을 거쳐간 인물이라도 모셔야 했기 때문으
로 보인다.[10]

서원의 건립은 외면상으로는 先賢과 鄕賢을 敬仰하는 一鄕 또는 一道
士林의 公論에 의해 이루어진 것으로 일컬어지나 실제로는 祭享者의 文
人·鄕人·後孫·黨人들의 합력으로 추진되었다.[11] 후손들은 그들의 顯祖
를 제향하는 院·祠를 건립함으로서 가문이나 동족간의 결속과 상호유대를
유지하고 나아가 官歷과 학문이 門閥의 尊貴를 좌우하던 당시 사회에서 명
문으로 행세할 수 있었다. 한편 先師의 學統을 계승하고 그의 道學的 지위
를 고양하기 위해 문인들에 의해 원·사의 건립이 추진되기도 하였다. 마지
막으로 鄕人이라 일컬어지는 在地士族들에 의해 횡적인 유대관계와 향촌
민에 대한 그들의 우월한 지위를 보장받기 위한 결집소로서 건립을 추진하
기도 했다. 이 경우 이해관계를 같이 하는 지역내 유력한 양반세력들이 대
거 가담하였을 것이다. 물론 서원의 건립과 운영에는 제향자의 후손이 깊이
관여하며 때때로 位次문제나 追享事로 타후손과 鄕戰을 벌이는 사례는 혼
히 발견된다.

則躋享書院 行誼節烈 矜式一鄕 則建立私廟……".

10) 全用宇, 「朝鮮朝 書院·祠宇에 대한 一考察」, 『湖西史學』 13, 1985, p.14.

11) 정만조, 앞의 책, 1997 ; 이수환, 앞의 책, 2001, p.38.

2) 서원의 기능─교육적 기능, 정치·사회적 기능

서원제가 우리나라에 도입되어 정착을 보게 되는 것은 16세기 중엽인 中宗末 明宗년간이었다. 中宗 38년(1543) 풍기군수 周世鵬이 고을 백성들의 교화와 양반들의 교육을 위해 중국의 白鹿洞書院을 모방한 白雲洞書院을 창건했다. 明宗 5년(1550)에 같은 곳에 군수로 부임한 退溪 李滉의 요구로 백운동서원은 '紹修'서원으로 賜額되면서 나라의 공인을 받은 사설교육기관으로 독자적인 활동을 허락받았다.

중국의 서원이 講學을 중시한 데 비해 조선의 서원은 講學에 못지않게 유생 스스로의 學習과 修己의 과정인 藏修를 강조하였다. 특히 초창기인 16세기 후반 退溪나 栗谷같은 유학자들이 마련했던 각 서원의 院規에서 확인된다. 퇴계의 伊山書院 院規에는 교사의 강의에 의한 타율적인 학습보다는 유생들 스스로의 독서와 상호간의 토론·논변(朋友講習)을 장려하고 여기서 터득한 바로써 마음을 닦고 몸소 실천에 옮겨(躬行心得 踐履篤實)야 한다는 점이 강조되고 있다. 다시 말해 유생 스스로의 자율성·자발성에 의해 한 사람의 士林으로서의 완성에 주안점을 두고 있다. 경전의 학습을 강제하려는 목적하에 관학에서 행해지던 講經시험에 의한 평가 규정이 원규에 없는 것과 서원의 건물구조에서 내적 수양공간으로서의 東·西齋를 독립적으로, 그리고 비교적 큰 규모로 확보하고 있었던 이유가 여기에 있었다. 서원이 당시 성장하던 士林의 양성소이자 공급처로서의 역할에 충실했던 것이다.[12]

서원의 교육활동을 살펴보기 위해 먼저 피교육자인 원생에 대한 검토가 필요하다. 최초의 서원인 백운동 서원의 院規에 따르면 院生의 자격은 생원·진사 또는 司馬試의 初試 입격자를 우선으로 한다고 하고, 향학열이 높고 操行이 있으나 初試 入格이 아닌 경우는 반드시 승인을 얻어 입원하도록 엄격히 규정하고 있다.[13] 이렇게 볼 때 초기 백운동 서원은 원생의 수준에서만 본다면 중앙의 관학인 성균관에 준하는 향촌교육기관으로 설립되

---

12) 정만조, 『한국 書院의 연구동향과 재조명』, 경기대학교사학회 학술심포지엄, 2000, p.7.
13) 『列邑院宇事跡』, 白雲洞書院規.

었다고 할 수 있다.

그러나 당시 향촌사회의 사정은 생원·진사의 수가 극히 적고 사림의 수는 증가되고 있었다. 더 나아가 서원은 과거준비기관이 아닌 참다운 修己와 학문의 실천도장이라는 인식이 팽배하였다. 따라서 이후 입원자격을 엄격히 하되 생원·진사로 제한한 규정은 사라졌다.

한편 入院生에 대한 신분적 규제조항은 명시된 것은 없으나 당시 서원이 양반층만을 대상으로 하는 교육기관이라는 것이 상식화되었다. 일반적으로 각 서원의 입원생의 수 및 그 지역적 범위는 배향인물, 주관자 및 서원의 향촌사회 내 영향력이나 경제적 형편에 따라 상이하였다. 명실상부한 사학 교육기관으로 확고한 위치를 확보하고 있던 초창기 서원의 경우는 士林들의 적극적인 호응에 힘입어 원생들의 지역적 범위가 상당히 넓었다.

서원의 교육적 기능은 17세기 초·중반까지는 일정하게 유지되고 있었다고 보인다. 원생들의 교육활동은 유생의 자발적인 공부와 이들에 대한 교수 및 정기적으로 개설되었던 講會·居接 또는 지방관의 주관 하에 개설되는 백일장 등을 들 수 있다. 그러나 후대로 갈수록 이 같은 상황은 지속되지 못한다. 서원의 수적 증가에 따른 지원체제의 분산으로 서원의 재정이 악화되면서 유생의 居齋가 사실상 불가능해졌기 때문이다. 그리하여 講會조차 부정기적으로 개최되는 등 서원의 교육적 기능이 점차 약해졌다.

다음으로 서원은 지방문화의 중심지로서의 역할을 수행하기도 했다. 서원이 향촌지식인들의 집결처였던 만큼 지역문화 활동의 장이 되었을 것이다. 상당수의 서원에는 書庫와 함께 藏板閣을 부속 건물로 갖고 있다. 이는 서원에서 木板의 鏤板과 開板·印行이 이루어지고 있었음을 말해준다. 즉 서원은 도서관적 기능 외에 지역 출판문화의 거점이기도 했다. 서원은 사액과 동시에 국가로부터 서적을 지급받았으며 자비로 서적을 구입하기도 하였다. 이후에도 국가에서는 원생들의 학문을 북돋기 위해 서적을 인출할 때마다 서원에 頒賜를 거듭하였다. 또한 각 가문에서 印刊된 문집 등이 반질되어 옴에 따라 향촌사회의 양반유생들을 위한 도서관적 기능을 충실히 수행하였다. 이와 같이 서원은 지역내 도서관적 역할뿐만 아니라 서적을 직접 출판하기도 하여 지방 출판문화의 중심지로서 문화 창달과 지식 보급에 큰

역할을 하였다.14)

　서원이 지닌 정치·사회적 측면을 살펴보겠다. 조선시대 서원과 당시의 사회여건 특히 16세기 후반에서 17세기 말에 이르는 士族 중심의 향촌체제 및 朋黨정치와의 관련성을 주목해 볼 수 있다. 당 시기 서원 건립의 동기는 양반 지위의 族的 보장과 鄕權의 장악, 그리고 정치적인 면에서 집권세력의 집권명분 합리화와 黨勢의 확대에 있었다. 향촌 士林 사이의 서원건립과 운영을 둘러싸고 벌어지는 주도권 다툼(鄕戰)에 중앙의 老論·少論·南人의 정치적 이해가 일정 정도 반영되어 있다. 즉 서원이 鄕村士林의 聚會所이면서 동시에 중앙정파를 지지하는 여론 조성의 중심지 역할을 수행했을 것으로 추론해 볼 수 있다. 書院通文·京院長, 搢紳有司의 조직이야말로 서원과 붕당정치의 관계, 즉 향론의 수렴을 통해 중앙의 자파계 붕당활동을 지지하는 여론을 조성하는 서원의 정치적 역할을 단적으로 보여주는 것이다.15)

　그러나 17세기 후반 붕당정치의 공존체계가 무너지고 상호비판이 당론으로 변질되면서 파탄을 맞이하는 상황에 이르자 서원의 운영체제 역시 점차 문란해져 祭享기능이 위주가 되며 濫設의 경향이 노골화되고, 18세기 이후 蕩平의 실시로 朋黨정치의 자취가 소멸되는 속에서 정치적 역할을 상실한 채 가문중심 기구로 전환되고 있었다.

　즉 16세기 말, 17세기 초에는 문중적인 성향이 거의 배제된 채 鄕中公論이나 士族的·學問的 분위기를 바탕으로 하고 있었으나, 소위 濫設期라 불려지는 18세기 중·후반에 이르면 가문 중심의 名賢·先祖를 제향하면서 그 族的 권위를 과시하는 형태가 일반화된다고 볼 수 있다.16)

---

14) 이범직, 「조선전기 서원의 교육기능」, 『한국사론』 8, 국사편찬위원회, 1980.

15) 이태진, 「士林과 書院」, 『한국사』 12, 국사편찬위원회, 1978 ; 정만조, 「17, 18세기 書院·祠宇에 관한 시론」, 『한국사론』 2, 서울대 국사학과, 1975.

16) 이해준, 「조선 후기 門中書院의 개념과 성격문제」, 『이수건교수 정년기념논총』, 2000, p.560.

3. 七峰書院의 운영과 配享人物

1) 건립과정과 배향인물

조선시대 원주는 감영소재지였을 뿐 아니라 小科와 大科의 급제자를 많이 배출한 지역이었다.[17] 이는 학문의 전통과 뛰어난 교육환경을 배경으로 한 것이었다.

서원은 後孫·門人·鄕人들의 힘이 모아져야 건립이 가능하다. 무엇보다 서원 건립을 위해서는 향촌사회에서 양반사족들의 기반이 확고하여야 하고 여론(鄕中公論)의 일치가 선행되고 공동의 관심사에서 출발해야 하는 것이다. 또한 서원은 경제력과 학문을 중시하는 기풍이 중요하였고 봉사의 대상이 되는 훌륭한 학자가 반드시 있어야 했다. 원주는 元天錫 같은 절의의 인물을 배출한 이래 士風이 크게 진작되었다. 17세기 전반 원주에는 거주하거나 직 간접적인 연고를 가진 유명한 학자와 문인, 관료가 다수 있었다. 정종영·한백겸을 비롯해서 허후, 정시한, 김창일, 김세렴 등이 원주와 관계를 맺으면서 양반사회에 자극을 주어 학문분위기를 고조시켰던 것이다.

조선의 從祀制는 대개 중국의 제도를 채용한 것으로서 1인만 祭享하는 경우는 獨享이 되고, 2인 이상일 때는 位次에 따라 主享, 竝享(聯享), 配享(從享) 등으로 구분하고, 다시 제향의 시기에 따라 創建時 奉安, 追鄕(合享), 追配 등으로 분류할 수 있다.

院祠의 제향인물의 설정, 특히 主享의 설정은 그 院祠의 건립자가 어떤 학자의 문인인지 혹은 어떤 名臣의 후예인지 등이 결정적인 요인으로 작용하게 되는 것이다. 당연히 가문이나 학파, 또는 지방의 명예를 높여줄 수 있는 忠節人 등을 내세워 主享으로 모시게 된다. 이렇게 해서 主享이 결정되면 다시 그 고을 또는 외부인 중에서 건립자 집단의 존경을 받을 만한 인물이 선정, 配享된다.

지역내 서원의 건립은 처음에는 祠廟·精舍 등으로 출발하여 중간에 서원으로 승격시키는 예가 많았다. 이를 반영하듯 원주에서도 祠宇가 건립되어 先賢奉祀와 지역 訓導들의 교육이 수행되다가 서원의 건립으로 이어졌

---

17) 최진옥, 『조선시대 생원 진사 연구』, 집문당, 1998.

180

다.

　원주에서 가장 먼저 설립된 서원은 七峰書院이다. 또한 원주에는 퇴계학
통을 이은 예학의 대가 鄭逑의 문하에서 수학하고, 원주에 입향해서 많은
제자를 길러낸 觀雪 許厚를 모신 陶川書院이 숙종 19년(1693)에 지정면 안
창리 흥법사 자리에 건립되었다. 그밖에 숙종 43년(1717)에 愚潭 丁時翰을
모신 道東書院이 부론면 법천사지에 세워졌다. 문막면 취병리에는 四寒 金
昌一을 모신 翠屛書院이 있었다. 그런데 다른 자료에는 도동서원을 道東祠
또는 廣巖祠로, 취병서원은 翠屛祠 또는 景行祠로 기록하여 마치 서원이
아니라 사우라는 듯한 인식을 보여주고 있다. 원주의 대표적 사우로는 忠烈
祠가 있었다. 여기에는 元沖甲을 主享으로 金悌甲과 元豪가 配享되었고
역시 사액을 받았다.[18]

　「七峰書院事蹟」에 따르면 '士林이 本鄕 先賢에 대한 尊慕의 뜻을 合議'
하여 광해군 4년(1612)에 七峰書院(祠宇)을 창건하고 仁祖 2년(1624)에 운곡
원천석을 主壁에 봉안하고 仁祖 16년(1638)에 東壁에는 팔계군 정종영을,
西壁에는 구암 한백겸을 봉안하였다. 이후 肅宗 29년(1703) 10월에 관란 원
호를 追配하여 유력 서원으로서의 위상을 확고히 다지게 되었다.[19]

　당시 七峰書院 운영자들은 서원의 지위를 높이기 위한 여러 노력과 함께
끊임없이 請額疏를 올리고 있다. 賜額이라 함은 서원의 건립에 따른 국가
적 공인을 받는 것이다. 따라서 사액서원의 제향인물은 가문의 興起人이거
나 국가의 유공자라야 한다는 까다로운 조건이 요구된다. 그러나 그들이 건
립한 서원과 사우가 이러한 기준에 일치된다고 하여 모두 다 사액을 받는
것은 아니었다. 따라서 국가로부터 사액을 받았다는 것은 건립세력이 그만
큼 중앙정계와 밀접한 유대를 유지했음을 보여준다.

　사액을 얻기 위해서는 많은 비용과 인력이 소모되었다. 지역 유림들이 모

---

18) 장영민, 「원주지역사개관」, 『원주사회연구』 1, 1998.
19) 제향인물의 추종세력 사이에 위차를 둘러싼 갈등이 곳곳에서 벌어지고 있었다. 문
　제의 집점은 위차의 기준을 어디에 두느냐였다. 즉 道學위주로 할 것인가, 年代위
　주로 할 것인가, 혹은 官職위주로 할 것인가, 年齡위주로 할 것인가로 심각한 대립
　을 하는 것이었다. 그러나 七峰書院의 경우 主壁, 東·西壁으로 나누어 배열하여
　이 문제를 해결하고 있다.

여 사액을 요청하는 상소를 작성하고, 유생을 서울에 보내 상소하게 하고, 또 여론을 불러일으키기 위하여 성균관과 고위 관료들에게 청탁 인사를 다니는 데에 막대한 비용이 소요되었다. 사액의 요청은 한두 번의 상소와 청탁으로 가능한 일도 아니었다. 몇십 년 동안 여러 차례의 시도를 거쳐 겨우 사액서원이 된 사례도 있었다.

많은 노력과 투자가 이루어져 사액을 받는다면 이는 무형의 자산이 되는 것이었다. 중앙의 당파는 儒林들의 여론을 이용하고 정치적 배경을 튼튼히 하려고 한 점에서 사액서원에 대한 배려를 이전보다 한층 더 각별히 하였을 것이다. 그리고 사액서원에 대한 지방관의 협조적 태도와 물질적 지원이 계속되고, 사액서원으로서의 위상이 유림사회와 지역사회에 더욱 크게 작용하였을 것이다. 서원에 관여하는 유림들과 후손들도 그만큼 사회적 위세를 더욱 크게 지닐 수 있었을 것이다.

칠봉서원의 사액과 관련하여 顯宗 4년(1663) 4월에 進士 韓用明이 疏頭, 判書 權大載가 製疏하여 請額 上訴를 올렸다.

강원도 진사 한용명 등이 상소하기를, "고려 진사 원천석은 학문이 정심하고 도덕이 순수했는데, 좋지 못한 때를 만난 탓으로 치악산에 은거해 있으면서도 전혀 답답해하는 마음을 갖지 아니하고 다시는 섬기지 않을 뜻을 굳혔습니다. 그러다가 고려조의 운세가 마지막을 고하고 진정한 인주가 혁명을 함에 이르러서는 더욱 윤리의 고절을 힘쓰고 서산의 청풍을 멀리 끌어당겨 유정함을 끝내 보전하면서 이를 잊지 않겠다고 길이 맹세하였으니, 천석과 같은 자야말로 이른바 만고의 강상이 되고 백세의 사표가 되는 자라 하겠습니다. 따라서 그는 실로 정몽주나 길재와 함께 아름다움을 짝하고 향기를 같이 하는 존재로서 마치 은나라에 세 사람의 인자가 있었던 것과 같은 격이라 할 것입니다. 생각건대 우리 태종대왕께서 감반의 구은이 있다고 하여 거듭 은총을 가하시고, 산 입구에까지 가시어 그의 아들 형을 기천의 수령으로 임명하심으로써 그를 봉양할 여지를 마련해주기까지 하면서도 끝내 작록은 가하지 않아 그의 뜻을 이루어주셨으니, 천석의 고상한 풍도가 이에서 더욱 드러났다 하겠습니다. 지난 갑자년에 본주의 선비들이 본주 북쪽 칠봉 아래에 서원을 세워 그를 경모하는 정성을 부쳤는데, 아직까지 사액을 늦추시어 은광이 빛나지 못하고 있으니, 참으로 성조의 흠전이요, 선비들이 실망하는 바라 하겠습니다. 원하옵건대 아름다운 편액을 내려주셔서 향사를 영광되게 해 주소서" 하였다.[20]

그러나 이때는 禮曹의 防啓로 이루지지 않았다. 재차 顯宗 5년(1664) 3월 生員 崔東老가 疏頭가 되어 請額하였고, 顯宗 14년(1673) 2월에는 進士 韓佐明이 소두가 되고 左相 李端夏가 製疏하여 재차 청액하였다. 드디어 顯宗 14년(1673) 12월 16일에 국왕의 특명으로 賜額하고 賜額致祭文을 별지에 첨부하여 禮曹正郎 宋挺濂을 七峰書院에 파견하였다.

사액제문

국왕은 신하 예조정랑 송정렴을 보내어 원양도 원주목 고려 국자진사 원천석, 유찬성 정종영, 증 영의정 한백겸의 영전에 제사 받드노라. 백성들이 고려의 덕을 싫어하므로 하늘이 성조에게 계시하사 어두움과 더러움을 깨끗이 씻으매, 만물이 다 그것을 함께 보았다. 그러나 특수한 사람은 홀로 가면서 돌아보지 않고 치악산에 숨어 영원히 고반을 맹세하였다.

삼가 생각하면 헌묘께선 그 생각이 감반에 간절하셨으므로, 이미 역마를 보내 부르셨고, 도 화란을 굽히었으나 굳은 그 뜻은 마침내 몸을 피한지라, 필부의 뜻을 빼앗기 어렵기에 예를 갖춰 겸손하사 높은 절개를 이룩하게 하셨다. 서산에서 고사리 캔 것이 주나라 덕에 무슨 손상이 있겠는가. 동강에 낚시를 드리운 것은 실로 한나라 풍속을 붙든 것이니, 그 성취한 것을 살펴보건대 어찌 미리 수양한 것이 없었으랴. 젊어서 학문을 좋아했는데 장성해선 더욱 힘써 닦고 연구를 거듭하여 의리를 깊이 깨달았다. 탁하고 어지러

20) 『顯宗實錄』顯宗 4년 4월 甲子, "江原道進士韓用明等上疏 以爲高麗進士元天錫 學問精深道德純粹 遭時不淑隱居於雉岳山 秉無悶之心堅不事之志 及其麗運告訖 眞主革命益勵栗里高節 遠挹西山淸風 終保幽貞永矢不諼 則若天錫者眞所謂萬古 綱常 百世師表者也 實與鄭夢周吉再並美而齊芳若殷之有三仁也 惟我 太宗大王 以甘盤舊恩 荐家寵眷降臨山局 至於命其子洞爲基川守 以爲榮養之地 而終不以 爵祿加之以成其志 天錫高尙之風於此益著矣 往在甲子本州多士 立院於州北七峯 之下 以寓景慕之誠 而尙稽揭額未貴恩光 誠 聖朝之欠典 多士之缺望者也 願 賜 以美額以榮享祀".

운 세상을 만나자 쌓아 둔 포부를 시험하지 못했고, 잠깐 국자에 머물렀지만 그것은 벼슬을 구하기 위해서가 아니었다. 세상을 피해 살면서도 고민이 없었으니 그 일을 높이 평가할 만하고 풍성이 미치는 곳에는 다른 시대의 사람들을 흥기하게 하였다. (중략)

이에 예관을 보내어 삼가 맑은 술잔을 올리노니 이 몇 글자의 빛나는 액자는 만고의 자랑스런 법이 될 것이다.[21]

팔계군(항재) 정종영은 원주 봉산동 출생으로 6조판서를 2차례씩 역임했고 강원도·경상도·평안도 관찰사를 지냈으며 말년에 다시 그의 고향(원

---

21) 賜額致祭文

維世次癸丑十二月十六日 國王 遣臣禮曹正郎宋挺濂 諭祭于原襄道原州牧 故 高
麗國子進士元天錫 右贊成鄭宗榮 贈領議政韓百謙之靈曰 民厭麗德 天 啓聖祖 一
掃昏채 萬物咸覩 展如之人 獨行不顧 隱居雉嶽 永矢考槃 恭惟 獻廟 念切甘盤 旣
勤馹召 亦屈和鸞 志堅踰珉 匹夫難奪 能以禮下 俾逐高節 採薇西山 何損周德 垂
釣桐江 實扶漢俗 究厥所就 豈無預養 少也好學 長益勉强 優游涵泳 深諭義理 遭
時濁亂 蘊而莫試 暫遊國子 非爲筮仕 遯世無悶 高尙其事 風聲所及 異代興起
八溪鄭君 天資英晬 曾在齠齡 觀者歎異 硏窮聖學 早登師門 內確外端 金精玉溫
國選廉謹 僉擧姓名 宮壺天樂 曠世輝榮 葉臣秉國 勢若煮手 朝臣奔走 猶恐或後
超然若浼 獨恥媚竈 頹波砥柱 疾風勁草 位躋崇班 終保雅操 履滿知足 引年懸車
江樓 賜餞 進退皆華 並美二疏 前後執多
侍郎韓子 行潔氣和 年纔弱冠 慨然求道 潛心義易 洞澈玄奧 中罹文網 禍將不測
天護善良 乃謫有北 歲在龍蛇 時事艱危 邊氓煽亂 逐膺島夷 官軍魚散 列邑風靡
一二人同 灑泣舊義 元惡授首 一方以平 世用武夫 功出書生 受知 穆陵 屢加 恩擢
謝事昏朝 居貞蘊櫝 念玆賢苗 接武于原 譬馬多冀 如玉出崑 所操雖殊 均播遺芬
瞻彼七峰 章甫如雲
玆遣禮官 敬奠洞酌 數字華額 萬古矜式
知製敎 閔宗道 製
다음으로 춘추제향의 축문을 살펴보겠다.
春秋祭享 祝文
耘谷元先生 伏以學傳洙泗 道屯首陽 一部詩史 萬古綱常 斯文之享 永世無疆 謹
以牲幣粢盛庶品 式陳明薦
恒齋鄭先生 學究性理 德冠儒林 恒存敬畏 表裏交修卷 而歸之 不顯其光 高山景
行 久而彌仰合膺禮陟 以配先哲
久庵韓先生 學探闥奧 行篤孝友 觀玩萬變 所造彌深丘園 晩節其樂之眞 斯文柱
玆景仰彌久 宜配先哲 永世禋享

주 만종)에 돌아왔다. 別廟가 횡성 공근에 소재하여 원주와 횡성에 동족마을이 크게 번성하였다.[22]

구암 한백겸은 『東國地理志』의 저자이자 실학사상을 연 선각자의 한 사람으로 평가되었고 강원도 안무사를 역임하였다. 후손들이 원주 노림리에 동족마을을 형성하며 살아가고 있다.

한편 숙종 29년(1690) 10월 7일 생육신의 한 사람인 관란 원호를 七峰書院에 배향하기를 청하는 상소가 生員 元鈇과 進士 尹億 등에 의해 작성되었다. 원호는 수양대군의 왕위찬탈이 가시화되자 집현전 직제학의 벼슬을 버리고 고향인 원주에 낙향하여 은거하였다. 단종이 영월에 유배되자 영월에 옮겨 단종을 사모하고 3년간의 시묘를 행하다가 재차 원주(남송)에 귀향한 인물이었다.

七峰書院請享疏

삼가아뢰옵니다. 신등이 시골에 살면서 듣자온즉 성상께서는 여러 대를 거쳐 조정에서 미처 처리하지 못하였던 특전을 베푸시어 특히 단종대왕의 위호를 추호로 올리시고 대묘에 모시니 매우 훌륭한 일입니다. 그리고 대신이 뒤이어 그때 절의로 죽은 사람 중 정표할 만한 두 신하의 사실을 아뢰니 특별히 정문을 지어 포상하는 은전을 내리셨습니다. 숨은 공을 밝히고 착한 인품을 드러내어 육신에 뒤이어 빛나게 하시니 그 소문이 퍼지고 나라 안이 모두 감격하였습니다. 그런데 두 신하에 대한 일은 이미 수백 년 전에 있었던 일이라 자세히는 알 수 없습니다만, 원호는 곧 신등과 같은 고을 사람이므로 신등이 애비나 노인들이 전하는 말을 듣고 여러 사람의 기록을 참고하여 자세히 알고 있습니다.

대개 원호는 영묘 초년에 벼슬하기 시작하여 문종조까지 여러 벼슬을 역임하면서 문학과 명망이 당대에 높았으며 벼슬을 직제학에까지 올랐습니다. 그러다가 단종이 즉위하신 후 얼마 안 있어 병으로 사면하고 고향으로 돌아왔으며 단종이 영월로 물러나시게 되자 곧 영월 서쪽에 있는 사내평으로 가

---

22) 정종영의 생애와 그 후손들의 동족마을에 대해서는 오영교, 「조선후기 동족마을 연구Ⅱ-초계 정씨 동족마을의 사례를 중심으로」, 『조선후기 사회사 연구』, 혜안, 2005가 참조된다.

거처하면서 정자를 짓고 그 이름을 관란이라 하였습니다. 채마밭에 물주고 김매여 목숨을 보존하고 몸을 숨겨 자취를 감추니 사람들이 그의 얼굴을 보지 못하였습니다.

그후 단종의 삼년상을 입고 상기가 끝난 후 다시 집에 돌아왔는데 광묘께서 호조참의의 벼슬을 제수하고 불렀지만 나아가지 아니하였고 수양산 백이 숙제의 굳은 절개로 끝내 동쪽 언덕에서 생을 마치니 그 높은 기풍과 남은 공렬이 어제의 일과 같이 생생합니다. 같은 고향 선비들이 그 풍도를 숭상하고 의기를 사모하여 지금까지 내려오고 있습니다. 이번에 다행히도 정표하는 은전이 지하에까지 미쳐서 사라져가는 자취가 다시 환하게 빛나게 되니 도리어 표상하는 은혜가 유감이 없다고 말할 수 있겠습니까.

그러나 신등이 이 어른을 애모하는 마음에서 본다면 아직도 부족함이 없지 않은 바, 서로 의논하여 말하기를 "원래 백대의 세월이 흐르고 천리를 건너 멀리에 있어도 감동하는 것이 있고 또 이 분이 세우신 의연한 사실은 저 멀리 있는 초나라, 월나라에서 듣더라도 감격하고 감탄하지 않는다면 그것은 정말로 사람이라 할 수 없을 것이다. 이 어른은 가까운 우리 고장에서 나시고 평소에 기거하시던 곳과 묘소도 우리 고향에 있는데 그 높은 절개는 아직까지 사람들의 입과 귀에서 떠나지 않으니 그 어른을 기리는 정성이 새삼 간절하다. 그렇다면 돌아가신 고향의 스승 중에서 우리가 제사 모실 분은 이 분이 아니고 또 누가 있겠는가"라고 하였습니다.

우리 고을 북쪽에 칠봉서원이 있는데 곧 고려조 진사 원천석을 제사 받드는 곳입니다. 그 절개나 의리에 있어서 전인이나 후인이나 모두 아름다워 하니 함께 배향하여 제사 드리는데 누가 불가하다고 하겠습니까. 더구나 우리 성상께서는 육신이 절개를 지키고 죽은 의리를 가상히 여기시어 노호의 현액을 하사하시고 중정에 제사지내게 하시니 문황제가 효유를 권장하는 의리를 오늘에 와서 다시 보게 하신 것인즉 성인이 하시는 일이 보통보다 만만배나 뛰어나신 것이라 하겠습니다.

원호의 행적은 비록 육신과는 다르지만 마음은 같은 것이어서 그 충성과 절개가 함께 빛나는 것인즉 육신을 향사하게 한 오늘에 와서 그를 선현의 사당에 함께 배향함은 사리에 합당한 일이라는 것을 조금도 의심할 여지가 없는 일입니다. 이 일은 신등이 좋아하는 사람을 두둔하여 왕조의 은혜를 바라고 궁중의 은총을 빌어서 한 지방을 빛내자는 것은 결코 아닙니다. 이

번에 베푸신 충절의 신하를 표창한 은전에 뒤이어 여러 어진 이에 대한 은전을 베푸시고 옛 사당에 제사 드리게 하여 크게 포상 찬양하신다면 이는 신등 한 고을 선비의 자랑과 모범이 될 뿐만 아니라 모든 지방의 사람들도 이 일로 인하여 옛 것을 기리고 추앙하는 마음이 크게 일어나게 될 것입니다. 생각이 여기에 이르니 조정에서 의열을 숭상하고 권장하는 일을 돕는 것이 어찌 적은 것이라고 하겠습니까.

신등이 이제 감히 주제넘고 외람됨을 무릅쓰고 먼길에 글을 올려 성상의 존엄하심을 번거롭게 하옵는 것은 바라옵건대 신등의 절의를 숭모하는 충정을 밝게 살피시고 성조의 충의를 표창하는 은전을 베풀어주시기 바랍니다.

시대가 다른 충의의 혼령이기는 하지만 한 사당에서 제사 받들 수 있게 된다면 이 어찌 신등의 사사로운 영광뿐이겠습니까. 이것은 곧 나라의 빛나는 일이라 하겠습니다. 신등의 격하고 절박한 마음을 억누를 수 없어 삼가 죽기를 무릅쓰고 아뢰나이다.[23]

---

23) 七峯書院請享疏

伏以臣等踪伏畎畝頃聞 聖上舉累朝未遑之典追上 端宗大王位号躋祔 太廟甚盛舉也大臣繼以其時 節義人可以旌表者兩臣聞 特賜旌闔閭幽隱表風聲使得列於六臣之後聽彼曁遠邇聳動兩臣事旣在數 百年之外其詳雖不可得而元昊卽臣等同州人也臣等得之於父老之口誦參之以諸人之誌述則可以斑斑 考之矣盖元昊釋褐於 英廟初載歷敭於 文宗朝文學聲望見重当世官至直提學 端宗嗣服卽謝病歸梓鄉逮至 端宗遜位于越也卽就越之西思乃坪居焉号其亭曰觀瀾灌園鋤圃以給其生潛身匿跡人莫見面後服 端宗喪三年然後復歸于家 光廟以戶曹參議召之不起抱西山之苦節終沒東岡之坡高風餘烈凜然如 昨此同鄉之士所以向風慕義憐之至今也今幸旌表之典延及泉壤泯沒之跡煥然復章顯遂之恩可謂無憾矣 然而以臣等愛慕斯人之心亦有所歉 然於中者相与謀之曰事固有曠百世越千里而相感者若斯人所立之卓然 雖使楚越聞之而若不感激嗟惜則誠無人心者也而斯人也近出吾鄉杖所依冠所藏磊 落之節尙今照人 耳目其鄉往之誠当復何若然則鄉先生沒而可祭者非斯人誰歟州之北有七峯書院卽高麗進士元天錫俎豆之所也之節之義前後並美配而食之復誰曰不可況我 聖上嘉六臣死節之義賜以魯湖之額俾受中丁之享

文皇帝獎孝孺之義復見於今日而聖人作爲出尋常萬萬也元昊與六臣異跡同心忠節並炳則六臣享祀之後配食於先賢之廟事理卽灼乎無疑此非臣等阿其所好徼惠 王朝假寵眷於 九重以顯耀於一方者也 仍此旌節之後更推衆賢之典腏食舊祠以大褒揚則非獨臣等一州之士有所矜式四方聞之亦將有想風興起者矣其在 朝家宗崇獎義烈之道曷可少補哉臣等玆敢不避猥越裏足封章仰溷 宸嚴伏願 聖主明察臣等慕節

이에 대하여 國王은 전교하기를 '해조로 하여금 품의하여 처리케 하겠다'
고 비답하였다. 이후 禮曹回啓에서 "(전략하고)집을 옮겨 영월에 가서 삼년
의 복상의 예제를 다한 것은 그 행적이 더욱 높고 갈수록 빛나는 것이니 원
근 사람들이 사모하고 감탄하지 않은 이가 없으므로 동향의 선비들이 더욱
더 일어나서 옛 사당에 모시고 제사 드리자는 요청이 있는 것입니다. 원천
석은 麗朝에 절개를 온전히 지킨 한 선비로서 그 두 사람의 행적이 대략 같
고 또 동향인이고 보니 함께 제사 드려 이 나라 선비들이 의지하고 자랑하
며 본받을 곳으로 삼게 하는 것이 합당하리라고 생각합니다."라고 하였다.
결국 肅宗 29년(1690) 10월 7일에 同副承旨 黃一夏 次知가 아뢰어 시행토
록 재가하라는 비답이 있었으며 재가의 내용대로 奉審하고 곧 합하여 享祀
하는 일을 사우에 알리고 시행하였다.

당시 肅宗이 端宗의 廟號를 정하여 解冤한 때에 맞추어 원호를 선양하
는 사업이 이루어졌던 것이다. 당시의 주장은 운곡 원천석이 태종을 피한
것과 관란 원호가 세조의 부름을 거부한 것을 동일하게 높은 절의로 평가하
였다. 원호의 봉안문에도 이상의 사실이 기록되어 있다.24)

2) 운영과정

서원의 경제기반은 서원의 유지와 존립을 가능하게 해주는 물질적 토대
였다. 주요한 것으로 書院田, 書院奴婢, 院保(院屬), 屬店·屬寺, 現物供與
(寄附와 扶助), 除役村(書院村)를 들 수 있다. 서원은 광대한 토지와 많은
노비를 소유하고 있으며 토지는 院奴·佃戶들에 의해 경작되고 지방관에
의한 儒生供饋用의 현물제공 및 貢物移給, 서원 부근 거주 농민의 노동력
징발 등으로 꾸려지고 있었다.25)

之忱推 聖朝表忠之典特使異代之忠靈乃得並食於同堂則豈獨臣等之私榮斯乃 國
家之光也臣等無任激切屛營之至謹昧死以聞.
24) 奉安文 甲申年(숙종 30)
文學著望 進退惟義 獨扶綱常所立卓爾 遺風凜然 聞者激昂 表厥宅里 襃典孔彰式
遵 朝命躋享七峰抑惟耘谷百世攸宗堂堂 大節前後同符 陟降有靈有德不孤 一體
祊祀 苾芬惟馨 千古佑啓 惠我光明.
25) 민병하, 「조선서원의 경제구조」, 『대동문화연구』 5, 성균관대 대동문화연구원, 1968

초기 서원의 경제기반은 서원전과 노비에 비중이 두어졌다. 그러나 후기로 갈수록 서원이 남설되면서 국가의 지원이 약해지고 지방관의 屬公田 지급은 줄어들며, 나아가 서원전 경작농민의 抗租까지 본격화함으로써 지세의 수취가 여의치 못하게 되었다. 또한 건물의 중수로 인해 부족해진 서원재정을 채우기 위해 토지를 자주 방매한 결과 서원경제에서의 토지의존도는 크게 줄어들며 그 대신 納物院生이나 私募屬, 書院村(除役村)에서의 징수가 서원재정에서 높은 비율을 차지하게 되었다.26)

서원전의 유형은 국가 지급지, 조세 지급지(收稅田과 免稅田의 구분), 書院買得地(買得, 願納)의 셋으로 나누어 볼 수 있다. 서원에 대한 국가의 토지지급은 완전한 토지소유권의 이급이 아니라 경영권에 한정된 만큼, 국가가 토지의 최종적인 처분권을 장악한 상태에서 지급과 회수가 이루어지고 있었다.

서원에 지급된 收稅田의 경우, 특히 주변 寺社田에서의 수세권을 서원에 배정하는 방식이 시행되었다. 이를 통해 서원이 국가의 향촌지배와 같은 영역적 지배를 행하고 있었다. 서원 소유지에 대한 면세는 별다른 규정없이 숙종대까지 관례적으로 지급되고 있었다. 당시 서원전이 면세되어야 한다는 인식의 출발점은 서원전이 향교전과 마찬가지로 학전으로 설립되었다는 논리에서 출발하고 있었다. 학전은 당연히 관전과 같이 세금을 내지 않는다는 것이었다.27)

그러나 서원의 남설과 개개 토지에 대한 토지소유권의 발전과 이에 기초한 조세체계가 수립되면서, 면세는 곧 民結의 침탈이고 국가재정의 감축으로 귀결되어 『續大典』의 면세규정이 마련되었다.28) 사실상 이것은 서원전에 대한 면세특권의 부여라기보다는 당시 면세전 수준에서의 추인과 동결이었으며, 그 이후의 면세전 획급의 금지조처였다. 즉 自備 3結의 면세규정은 국가재정과 관련이 없는 未準之結, 閑地에 한정한 것이기 때문이다. 이

; 이수환, 「조선시대 서원의 경제적 기반」, 『이수건교수정년기념논총』, 2000.

26) 윤희면, 「조선 후기 書院田 再論」, 『吉玄益敎授停年紀念史學論叢』, 1996.

27) 玉山書院, 『呈書謄錄』, 萬歷 17년(1589년, 선조 22) 2월 일, "巡察使 學田與官田 均不稅者……今者書院等是學也".

28) 『續大典』 戶典 諸田條.

러한 제반 국가적 조치는 대원군의 서원훼철로 끝을 보게 되는데, 그것은 국가적 특권, 즉 屬公田의 환수이며 동시에 규정 외의 면세조치의 철회인 것이다.[29]

토지소유권의 성장에 바탕을 둔 사회경제적 질서가 수립되는 18세기에 접어들면서 서원에 대한 국가의 토지지급은 보이지 않고, 조세 지급지를 비롯한 제반 정책도 국가와 서원의 현실적 위치가 고려되면서 상호보완적 지원체제가 아니라 현상유지 혹은 억제하는 방향으로 전개되어간 것이다.

이제 서원은 주어진 조건 아래서 주체적으로 입지를 확보하여 모든 사회변동에 대처하여야만 하였다. 대체로 18세기 이후에는 서원에 토지를 기증함으로써 서원의 권위를 빌어 자기 가문의 유지를 꾀하려는 목적에 의한 원납이 큰 비중을 차지하게 된다. 매득영역은 서원의 향촌지배력과 관련하여 그 범위가 넓었으나, 서원의 지배력의 축소화 경향에 따라 서원 인근 지역으로 한정, 집중되고 있었다. 이 매득전은 전반적인 상품화폐 유통경제의 발전에 따라 점차 서원의 주요한 토지 획득수단이 되었다.

이러한 서원전의 경영은 양인농민을 쓰는 지주경영도 있으나 서원소속의 노비경작이 일반적이었으며, 庫直이나 使令, 冒入民 및 書院村民에 의한 경작도 그들이 기본적으로 서원에 예속된 私民的 존재였던 만큼 노비경작의 범위를 크게 벗어나지 않는다고 하였다.

다음으로 書院奴婢는 서원전과 함께 서원경제를 구성하는 2대 재산이었다. 이들은 서원내 각종 잡역 및 서원전의 경작 등 생산분야에 종사하거나 또는 身貢納付의 경제적 의무를 지고 있었다. 이들 서원노비는 서원이 창설 보급되는 초창기에는 국가에서 사액을 내리는 경우 서책·전답과 함께 지급되는 경우도 있으나, 일반적으로는 제향자의 外孫, 門徒들의 기부 및 官奴婢의 給屬·買得·納上·生産 등의 형식을 통해 확보·확대된 것이었다.[30] 각 서원의 형편에 따라 정도의 차이는 있겠으나 후대로 갈수록 노비 도망 및 未推현상이 뚜렷해지면서 노비는 재산으로서의 가치가 급격히 감

29) 최원규, 「조선 후기 書院田의 구조와 경영」, 『孫寶基博士 停年紀念韓國史論叢』, 1988, pp.622-623.
30) 이수환, 앞의 논문, 2000, p.509.

소해갔다.

궁극적으로 서원경제는 조선 후기 사회변동과 궤를 같이하는 것이겠지만, 18세기 중·후반이 되면서 점차 영세성을 면치 못한다. 서원의 수입·지출의 불균형 현상이 시작된다. 이는 서원 경제력의 핵심이 되는 서원전 경작, 身貢수납과 이자수입이 용이하지 않게 되면서 나타난 현상이다.

七峰書院의 경우 강원감영 소재지인 원주목에 비교적 이른 시기에 건립되었기 때문에 擧道的인 士林의 지원을 받을 수 있었을 것이고, 또 제향인물의 비중으로 보아 관의 후원이 집중되었을 것으로 여겨진다.

賜額書院은 제례에 사용할 祭需도 관아로부터 지급받았다. 관아에서 제수를 지급하는 대상은 원칙적으로 鄕校와 賜額書院에 국한되었다. 사액서원은 향교보다는 못하지만 그에 버금가는 대우를 받았던 것 같다.[31] 사액서원에 제수를 지급하는 것을 會減이라 하여 미사액서원의 官封과 구별하였다. 관에서 지급하는 제수의 운영은 禮房이 담당하였다. 祭享 하루 전에 院任이 노비들을 거느리고 관아에 가서 제물을 받아 오면 獻官과 執事들이 서원 문밖에서 도열하여 이를 맞이하였다.

사액서원은 소속 원생의 규모에서도 특혜를 받았다. 仁祖대의 校生考講과 관련하여 향교에서는 東齋 양반유생과 西齋 額內교생을 구별하였다. 서원도 이를 답습하여 양반들을 동재 유생, 비양반들을 서재 원생으로 각각 구분하였다. 서원에서는 전에 없었던 서재 원생을 받아들여 考講을 피하게 해주는 대가로 米布 등을 받아 재정 충당의 방법으로 이용하였다. 그리하여 군역을 담당하여야 할 양인농민들이 서원에 입속하는 사례가 점차 증가하였다. 서재 원생들이 군역 도피처가 된다는 점에서 조선왕조는 이를 그대로 방치할 수 없는 일이었다. 이에 일정 규모의 서재 원생을 인정하되 액수를 제한하고자 하였다.

院保의 수에도 차이가 있다. 保人은 역시 군역부담과 관련있는 것인데, 서원도 원보가 소속되었다. 효종 8년(1657)에 원보의 수를 사액서원은 7명, 미사액서원은 5명으로 정하였다. 원보가 군역의 피역수단으로 활용되면서

---

31) 『全羅道大同事目』, "文廟五聖의 幣帛은 大同米로 題給하고 사액서원의 幣帛 역시 이처럼 제급한다".

서원에서는 액수를 무시하여 받아들이고 곡식이나 현금을 수수하였다. 조선왕조에서는 원보의 수를 현실화하여 향교는 40명, 사액서원은 20명을 정원으로 삼고 미사액서원은 인정하지 않았다. 그 뒤 30명 정도가 관행처럼 되었다.[32]

이처럼 사액서원이 되면 여러 가지 이득을 얻고 있었다. 이는 서원 재정에 비추어 보면 상당한 비중을 차지하는 것이었다. 그러나 사액서원이 가지는 정치·사회적 위세라는 무형의 권위가 더 큰 혜택으로 다가왔을 것이다.

후대로 갈수록 서원의 남설과 만성적인 재정곤란이 야기되었다. 이는 서원을 관에 예속시켰고, 또 사회적 폐해의 온상으로 인식시키는 요인이 되고 있었다. 특히 한꺼번에 많은 재원이 소요되는 건물의 수리와 중건은 서원의 재정적 어려움을 가중시키곤 하였다. 이에 관아의 협조에 크게 기댈 수밖에 없었다.

서원은 스스로 재정 충당을 위해 전답과 서원노비를 매각하거나, 還上을 대여받고 債錢을 얻어 쓰기도 하였다. 때로는 중앙관료를 내세워 각 고을이나 문중에 求請을 하고, 향교에 扶助를 구걸하며, 백성들에게 금전을 강제로 징수하기도 하였다. 아울러 앞서 서술한 額外院生이나 私募屬을 冒入하여 서원이 避役의 소굴이니 良役弊端의 원인이라는 지적이 끊임없이 나오게 하였다.

古毛谷面에는 七峰書院의 경제적 기반인 일종의 除役村이 존재했던 것으로 추정된다. 원래 서원촌(제역촌)은 折受地와 같이 관의 雜役 면제, 還上不受, 閑丁收括까지도 할 수 없는 특권을 지녔지만 서원의 私的인 예속으로 인해 그 폐해가 더욱 컸다.

일례로 七峰書院의 수리시 소용되는 기와장 잡역과 장리쌀의 이자 곡 담당은 古毛谷民의 부담이었다. 정조 20년(1796) 11월 원주목에 보고된 첩보의 내용은 다음과 같다.

本州古毛谷屯民金順男等 以屯案所付土地 年年納稅於屯倉 中間 辛巳年分 自七峰書院 謂之本院立案處是如 分定徵稅一庫 耕食兩處納稅 極爲

---

32) 전형택, 「조선 후기 필암서원의 경제기반과 재정」, 『전남사학』 11, 1997.

冤枉是如 呈訴於 守禦屯廳 而到付背關內 節該土稅疊徵 已極駭然 定經界
決給亦爲有等 以前後文劵一併搜閱 屯民院屬逐條査問 今方論報是乎矣
事在久遠 猝難厘正 不可但以一次査報於該廳而止乙仍 于査牒一通粘後
上使以爲日後憑考之地事[33]

이에 따르면 고모곡면 민의 일부는 관내에 소재하는 수어청의 창고[34]에
둔안에 기록된 토지의 전세를 납부해 왔다. 그런데 辛巳年(1761, 영조 37)부
터 칠봉서원에서 서원입안처라 칭하고 징세를 강요하여 이의 시정을 요구
하는 정소를 김순남 등의 이름으로 원주목에 호소하고 있다. 원주목에서는
결급을 위한 경계를 정하는데 있어 전후 일체의 문서를 살펴서 결정하기로
하는 등 신중히 대응하고 있다.

여기에서 보는 바와 같이 관내 거주민으로서는 수어둔청의 둔전과 七峰
書院의 서원전의 이중 징세를 당하는 점을 시정할 것을 요구하였다. 따라서
七峰書院의 서원전은 고모곡민을 대상으로 전세 납부의 차원에서 운영되고
있었음을 확인할 수 있다.

서원의 임원은 대체로 院長·講長·訓長·齋長·都有司·執綱·直
日·掌議·色掌 등을 두었다. 이 중 서원내의 대소사를 담당하는 일은 도
유사였다. 정조년간 七峰書院 都有司의 추천장에 따르면 중앙에서 관직을
역임한 지역 사족들이 상호 경합하는 사실들이 나타나 있다. 前正郎 李馨
德, 前佐郎 韓光植, 前縣監 丁述祖가 경합하다가 10分을 얻은 간현출신 李

---

33) 「隨錄」, 刑牒 丙辰(1796) 十一月 初三日 報.

34) 守禦廳은 廣州·楊州·竹山·原州를 屬邑으로 하여 前營-廣州, 左營-楊州, 右營-
原州, 後營-竹山 및 牙兵의 左·右·中部의 편제를 가졌다. 남한산성에는 축성 당
초에 전속의 守堞軍이 없었다. 정묘호란 때는 李曙의 摠戎軍이 산성에 入守했지
만, 그 뒤 산성 전속의 수첩군의 필요성이 절감되어 守禦使를 두고 摠戎廳 소속의
광주읍과 안동·대구·원주 등의 군사를 入防軍으로 정한 적이 있었다. 이후 顯宗
대까지 수어청은 거리가 먼 경상도 지역을 제외하고 광주·죽산·양주의 기내 3개
읍과 원주 1읍의 4영을 소속시키고 있었다. 이후 肅宗년간에 들어와 둔전을 확보
하기 위하여 양근·횡성 등지의 宮家折受地 또는 訓局의 屯田을 山城 소속으로
옮기고 있다. 이후 정조 19년 6월에 壯勇營의 확대에 따라 수어청 역시 경비와 인
원이 대폭 줄었다(이태진, 『조선 후기의 政治와 軍營制 변천』, 한국연구원, 1985,
pp.213-217).

馨德이 선발되었다.[35]

　바로 '鄕中公論'을 주도하고 官과의 영향력을 행사하는 지역 유력 문중들 (한산 이씨, 청주 한씨, 나주 정씨)의 勢과시 경연장이었던 셈이다. 朝官의 경력이 있는 유력 재지사족들이 도유사에 추천된 사실이 이를 증명한다. 서원이 朋黨政治期 지방거점으로 역할했던 사안과도 관련하여 京院長·搢紳有司의 활용은 주목된다.[36]

　특히 동족마을을 형성하고 있는 유력문중이 나서고 있는바, 간현의 한산 이씨가(議政公派)를 대표하는 李馨德의 경우도 그 사례이지만 이보다 앞서 압곡리 강릉 최씨 동족마을을 형성시킨 장본인이었던 醉石 崔文潑의 경우도 칠봉서원의 운영자로 꼽힌다.[37] 취석의 행적 중 당시 향촌사회와 관련된 면은 칠봉서원의 운영에 참여했다는 사실이다. 다음 2수의 시를 통해 당시의 심회를 기록하고 있다.

　　내가 사는 깊은 골 산골 변두리에 있는 / 我居深在碧山陲
　　골짜기에 가득하던 누런 띠풀도 다 베었는데 / 滿谷黃茅盡刈之
　　열기둥이 처마 밖에 드러나고 벽도 다 헐었는데 / 十柱排簷皆捭土
　　칠봉서원 기와 굽는 일이 어찌 사사로운 일이랴 / 七峯燔瓦豈營私
　　재곡으로 늘리는 장리쌀 공평하게 걷는 날은 / 齋穀至公收債日
　　친한 사이에도 야박하게 따지는 때이다. / 交情還薄覓疵時

35) 韓山 李氏 議政公派 소장문서.
36) 이수환, 앞의 책, 2001, pp.122-127.
37) 醉石은 병자호란을 겪고 난 궁핍한 시대에 강원도 횡성군의 산촌에 은거한 崔文潑 (1607~1673)의 아호이고, 『醉石詩集』은 그의 한시 595수를 실은 遺稿集이다. 취석의 仲兄은 文活(1600~1666)과 아우 문식이 庚午式年兵科에 연벽등제한 뒤를 이어, 숙부 기백이 乙亥增廣別試丙科에, 나중에 伯兄은 文澳(1595~1695)마저 壬午式年丙科에 등제하여, 다투어 宦路에 올랐으나, 유독 취석만은 29세 때인 1635년 (인조 13)에야 生進科에 입격했다(宗會,「江陵崔氏睡軒公派譜」1934 ; 江陵崔氏宗會,「臨瀛世稿」, 1934). 취석의 나이 30세 때 병자호란이 있었고, 33세가 되던 해 그는 오랜 방황에서 벗어나 원주 古毛谷 鴨谷 水洞(현재 횡성군 서원면 압곡 2리 물골)에 정착·은거하기 시작했다. 이듬해 그는 '醉石亭'이라는 정자를 세웠고 38세되던 1644년에는 압곡리 35번지 터에 草家를 지었다(오영교,『강원의 동족마을』, 집문당, 2004, pp.210-214).

194

부역은 도리어 백성의 뜻을 침범함이 아닐까 / 役民不是侵民意
모든 집의 배고픔을 면해 주고자 한다. / 欲使全家免苦飢

어찌하여 중년 들어 험해지는가 / 豈以中年阻
이제 생각하니 말속인가 의혹이 가네 / 今懷末俗疑
처신은 일찍이 굽힐 일 아니했는데 / 行身曾不枉
혼들고 긁는 소리 다시 한 대서야 / 撓舌復奚爲
도움이 적으면 친해도 오히려 배반하는 / 寡助親猶叛
말 많은 세상이란 걸 나도 스스로 아네 / 多言我自知
산골의 적막함을 달게 여기는 터이니 / 山村甘寂寞
세상 사람 빈정거리는 대로 내버려두리 / 一任世人嗤

첫째 시에서 徭役의 일종으로 七峰書院에 소용되는 기와를 담당하고, 서원의 재정을 위한 환곡의 장리 운영형태로 민들이 부담스러웠음을 밝히고 있다. 七峰書院에 대한 부역으로 힘겨워하는 민들의 어려움을 보고 안타까움에서 이 시를 썼으리라 본다.

둘째 시는 취석이 53세 때 七峰書院의 운영을 담당하면서 겪는 곤란에 대해 심회를 서술하고 있다. 당시 취석은 문벌의 배경 때문에 七峰書院의 운영에 관여하고 유력 재지세력의 일원으로 살아갔던 것으로 보인다.

다음으로 七峰書院의 건물구성을 살펴보겠다. 조선시대 서원의 건물 구성은 규모나 명칭이 반드시 일치하지는 않으나 先賢·先師를 모시는 祠堂과 학동을 교육하는 講堂, 학동이 起居하는 東·西齋를 주 건물로 한 것이 공통이며 약간의 차이는 있으나 장판각, 전사각, 영정각 등 많은 부속 건물이 있다.

선현선사를 봉안하였던 사당과 학생들이 공부하던 강당과 기숙하던 동·서재, 그리고 서고·문·문루 건물로 추정되는 터에는 연안 김씨 가문의 분묘 3기가 있고, 기타 서원의 부속건물이 있던 곳으로 짐작되는 장소에는 민간인 주택이 들어서 있어서 현재 서원의 모습은 찾아볼 수 없다. 고목 앞에는 부속건물지로 추정되며 급경사지를 지나 樓門과 동·서재, 강당, 서고,

내문을 거쳐 사당이 존치되었을 것으로 보인다.[38]

七峰書院의 위용과 서재의 존재를 확인할 수 있는 題詠을 다음에서 볼 수 있다.

운곡의 사당이 반 허공에 솟았으니 / 耘谷祠堂架半空
그 높은 자취 우리 해동에 으뜸임을 알겠네. / 從知高躅冠吾東
책 속의 깊은 뜻을 이미 부지런히 탐구했고 / 已將矻矻探書奧
다시 맑은 정신으로 나라 주인을 깨우쳤으니 / 更喚惺惺警主翁
군신의 도리에 익숙한 그것이 곧 의열이고 / 講熟君臣眞義烈
고관대작을 업신여기는 그것이 바로 豪雄이다. / 志輕軒冕是豪雄
문 앞에 우뚝 선 천길의 벽을 / 門前特立千尋璧
우러러 보는 가운데 威儀가 완연하네. / 宛爾儀形俯仰中

尹之復

만고에 빛나는 하늘의 해와 같은 그 綱常을 / 綱常萬古日麗空
붙들어 심은 그것이 곧 海東의 道임을 알겠네. / 扶植方知此道東
사당의 모습은 옛 백록동이거늘 / 廟貌卽今追白鹿
儒風은 어찌 꼭 文翁을 기다려야 하랴. / 儒風何必待文翁
골에 가득한 맑은 구름에 시냇물 소리가 멀고 / 晴雲萬壑溪聲遠
처마에 늘어선 뭇 봉우리는 바위 형세가 웅장해라. / 列岫排簷石勢雄
西齋에 하룻밤 나그네는 뼈 속까지 맑아지니 / 一宿西齋淸澄骨
여기가 곧 武夷山의 구곡인가 하네. / 依然九曲武夷中

李植

감반의 옛 학문이고 백이의 지조이기에 / 甘盤舊學伯夷操
임금의 발굽이 산에 다달아 한숨 쉬었다. / 駐蹕山臨舒嘯皐
천길의 우뚝한 칠봉을 우러러 보면 / 瞻彼七峯千丈崒
날을 듯한 사당이 서로 마주해 다 높네. / 翼然祠屋兩相高

鄭熙夑

---

38) 원주군, 앞의 책, 1992.

본래 七峰書院이 위치한 서원면은 구한말까지 원주목에 소속되어 있었으나, 고종 32년(1895) 지방제도 개혁시 횡성군에 편입되었다. 원주목에 속하였을 당시에는 古毛谷面이라 불리었으며, 편입할 때 地何谷面의 일부를 함께 흡수, 통합하여 서원면이라 하였다. 주지하듯 서원면의 유래는 면내에 위치한 칠봉서원에서 유래한 것이다. 서원면에 편재된 행정구역은 1리, 분1리, 2리, 분2리, 3리, 4리, 5리, 6리로 모두 8개였으며 1973년 산현리, 매호리, 옥계리, 석화리, 창촌리, 압곡리, 금대리, 유현리로 나뉘었다. 1982년 2월 15일 행정구역 개편에 따라 산현, 매호, 압곡1리가 원주시 호저면에 편입하여 압곡1리를 용곡으로 고치게 되었다. 압곡리는 마을 이름을 지을 때 압실마을과 용곡마을이 합해져서 이룬 마을이라고 하여 압실에서의 압자와 용곡에서의 곡자를 한자식 따 압곡이라 하였는데, 용곡마을은 원주시 호저면으로 이관되었고 지금의 압곡리는 압실만으로 되어 있다.

한편 취석 최문발이 거주하던 압곡리의 풍광을 시에 담고 있다. 특히 '鴨谷8景詩'로 불리는 「山庄十詠呼韻」, '鴨谷8景'의 제5경인 굴아우골의 단풍, 압곡8경의 제6경인 물골의 여울 물소리를 읊은 <水洞灘聲>, <馬山殘月>은 압곡8경의 제8경인 馬山 위에 지새는 달을 읊은 것이다.[39] 이는 당시 七峰書院 주변의 풍광이 뛰어났음을 보여주는 시이다.

3) '辛未存置'와 七峰書院

18세기를 전후하여 농촌사회의 분화가 진전되고 신분제가 동요함에 따라 사족 중심의 향촌 지배질서도 크게 변화하였다. 그 계기는 사족들의 물적 토대의 약화, 새로운 사회세력, 즉 饒戶富民층의 성장으로 인한 신·구세력 간의 갈등·심화에 있었다.

새로운 사회세력은 최초에는 '양반이 되고자 하는 자(欲爲兩班者)' 등의 서술적 표현으로 불렸다. 따라서 어떤 정체성을 갖고 있지는 못하였다. 그러다가 점차 '新鄕'이라는 표현이 자주 등장하게 되고 이제 이들은 신향이란 틀 속에서 나름의 정체성을 갖는 집단으로 결집되어 갔다. 이에 따라 기

---

39) 최홍순, 「醉石詩集硏究」, 단국대학교 석사학위논문, 1984.

존의 사족들은 상대적으로 구향으로 불리며 여기에서 신향과 구향 사이에 향권장악을 둘러싼 대립이 일어나게 된다. 이러한 대립이 이른바 '鄕戰'이었다.

원주에서도 鄕戰이 격심하게 발생하였다. 정조 7년(1783)에 내린 『關東御使社目』의 조항에는 鄕戰을 준엄하게 다스리라는 것이 들어 있었다. 그리고 正祖는 아예 鄕戰律을 만들었지만, 몇 년 뒤인 正祖 16년 원주에서 鄕戰이 일어났다. 경상도 安東의 예에 따라 만든 원주의 鄕憲에서는 문벌이 좋은 양반을 都有事로 뽑아 座首와 別監 등 鄕任의 任免 등 향촌의 일에 간여하도록 하였는데, 당시에 이르러 향임을 둘러싸고 잡음이 일어났고 도유사의 권위가 떨어져 회피하는 일도 있었다. 이에 관해서는 薦出을 빙자하여 회식을 마련하고 六房官屬이 유사의 집을 방문하여 접대하는 등 도유사 선임에 간여하였던 것이다. 아울러 하급 鄕任들이 민간에게 부정을 저지르는 경우도 발생하였다. 이는 정부에서도 新·舊鄕 사이의 鄕戰에서 비롯된 것이라 규정하였다.[40]

여기에서 말하는 鄕任 선출의 문제는 곧 매향매임으로 다른 지방처럼 원주에서도 향촌양반의 권위를 추락시키고 신분적 혼효를 일으키는 사태가 벌여졌던 것이다.

서원의 정치적 의미도 많이 변해갔다. 붕당정치의 전개와 심화에 따라 서원이 당론의 근거지 역할을 하였지만, 영조·정조대의 탕평정치의 결과 서원의 당색이 많이 퇴색되었다. 그리고 19세기의 세도정치기에는 중앙에 견제세력이 거의 없는 상황이었기 때문에 문벌들이 굳이 지방 사족들의 협조를 얻고자 하지도 않았다. 오히려 지방 사족들이 중앙권력과 결탁하기 위해 선현들의 영정을 베껴 영당과 서원을 세우는 빌미로 삼고 있었다.

서원을 철폐하여 민생의 회복을 도모하겠다는 대원군의 정책은 이 같은 상황에서 시행하였다. 고종 5년(1868) 8월에 이르러서는 미사액서원의 철폐를 단행하였다. '大院位分付'의 형식으로 된 미사액서원의 철폐 명령이 예조 관문을 통하여 각 고을에 하달되었다.

서원의 철폐를 맡은 고을 수령은 지방사족의 반발에 부딪치기도 하고, 고

---

40) 『備邊司謄錄』180책, 正祖 16년 윤4월 26일조.

을 유림과 서원 후손들의 관계를 고려하여 가능하면 이를 늦추어보려고 노력하였지만, 중앙의 독촉에 마지못해 서원철훼에 직접 나서야만 하였다. "位版埋安, 祠宇毀撤, 保率簽丁, 田畓出稅"라는 조치대로 서원 건물은 허물어지고 경제기반은 모두 박탈당하였다. 서원을 철훼할 때 우선 선현에 대한 告由와 위패의 매안을 행한 다음, 건물을 철거하는 순서로 행해졌다. 건물의 재목은 건축 자재로 재활용하였고, 서원의 전답은 후손들에게 돌려준 것 이외에는 대부분 향교나 養士齋에 귀속시켰고, 일부는 지방 관아에 돌려 재정 충당에 활용하였다. 殖利錢, 서적, 祭器, 노비 등은 대부분 鄕校나 養士齋에 귀속시켜 교육활동에 충당토록 하였고, 院生은 신분적 지위에 맞는 選武軍官에, 院保는 일반 군역에 충당시켰다.[41]

이후 고종 8년(1871) 3월에는 전국에 47개소만 남겨놓고 사액서원 모두를 철폐하라는 명령이 내려졌다.[42] 미사액서원의 철폐 때처럼 사액서원의 경제기반은 屬公되었고, 院生·院保도 군역에 충당되었다. 서원철폐에 항의하는 지방 사족들의 집단상소와 개별 상소가 계속 이어지긴 하였지만 서원철폐의 원칙은 지켜졌다.

이른바 '辛未存置' 47개 사액서원은 廟1, 院26, 祠20으로 文廟에 從享되어 있는 薛聰 등 16인이 主享인 서원 16개와 忠節大義로 파악된 31개의 묘 및 서원·사우였다. 선정 원칙에는 문묘 종향인들이 主享인 서원과 御筆 賜額되거나 御製를 보관하고 있는 서원이 많았다. 이는 왕실의 권위를 높이려는 의도가 담겨있다고 해석된다.

대원군은 서원철폐를 통해 서원적 향촌질서를 일소시키고 새로이 국가적 입장이 강조된 향촌질서를 수립하고자 한 것이다. 아울러 이는 경제적 측면에서 잔존 서원 이외의 모든 면세조치의 철회이며, 屬公田의 환수였다. 그는 동원 가능한 공권력을 집결시켜 서원이 가진 특권적 기반을 송두리째 뽑아버리려 한 것이다. 결국 서원은 이제 조선왕조의 향촌질서 유지기반으로의 기능을 소실하고 명맥만 유지할 수 있었을 뿐이었다.

철폐 이후 서원의 전개추이는 3개 유형으로 대별된다. 첫째, 잔존서원은

---

41) 윤희면, 「고종대의 서원철폐와 양반유림의 대응」, 『한국근현대사연구』 10, 1988.
42) 『日省錄』 高宗篇 8, 辛未 3월 20일.

법전에 정해준 규정 이외의 것은 出稅토록 하고 1868년 9월의 조치대로 시행하게 한다.[43] 대체로 특혜는 復戶 3결이다.[44] 둘째, 서원을 훼철하고 소속 재산도 국가에서 환수하는 경우이다.[45] 셋째, 조정과 관련된 토지는 모두 환수하는 경우이다. 이때 사원전은 존속되어 향촌 儒林들이 이를 토대로 契를 조직하여 기존 질서의 틀을 그대로 유지코자 하는 경우이다.[46]

전국의 서원 중에서 47개소만 남기고 모든 서원을 철폐할 때에 七峰書院도 철폐되었다. 당시 七峰書院의 재산 등 일체는 原州鄕校에 移管한 것으로 되어 있다.

그런데 서원건물은 1910년까지 있었던 것으로 짐작된다.『生六臣 觀瀾元昊集』에 의하면 한일합방 후에 건물이 철거되었다고 하였고,[47] 주민들의 증언에 따르면 수십 년 전까지는 부속건물이 있었는데 사람들이 그것을 헐어서 재목으로 이용하였다고 하는 것에서도 짐작할 수 있다.

서원들은 대원군의 훼철조치에 의해 모두 철폐되었으나, 그의 실각과 동시에 곧바로 복설운동이 전개되어 후손이 있는 경우는 대부분 복설되었다. 이러한 복설운동은 일제시대, 해방 후까지 계속되었다.

4. 결론 - 七峰書院의 복원을 염원하며

참사랑이란 사랑할 대상을 안다는 것인데, 자기 고장의 '역사문화전통 제대로 알기'는 바로 그 첫째 조건이 된다. 이를 통해 자기 고장을 믿고 지방인으로서 정체성을 지니며 지방인으로서의 자긍심, 자부심을 갖는 것이다. 또한 연구를 통한 정체성 확보 작업은 자라나는 아이들에게 탐구심과 호기심을 일으키며 자발성을 유도하는 바람직한 교육의 토대를 마련해 주는 역

---

43)『日省錄』高宗篇 7, 庚午 9월 10일.

44)『筆岩書院誌』・『武城書院誌』참조.

45)『黃海道 平山府 砲軍料布節目』, "東陽・九峰書院……自院買得者 則便是公物也……自官從時價 斥賣移買於邑坊近處".

46)『南康院誌』・『龍江書院 撤享日記』, 臨皐書院의 경우.

47) 원주원씨중앙종친회,『生六臣 觀瀾元昊』, 세연문화사, 1980.

할도 할 것이다.

그러나 원주의 경우 중원의 역사문화의 중심도시로서 당연히 보존하고 있어야 할 역사적 문화적 유산이 너무나 많이 소실되고 파괴되어, 그 진가를 인정받고 있지 못하며 주민 스스로 그것을 의식하지 못하고 지내왔다. 지역의 전통을 강조하면 이것은 발전을 저해하는 구습이나 구수한 옛날 정취를 지닌 것으로만 취급하지 않았는지를 자문해야 한다. 그 결과 규격화하고 특징없는 대도시 문화의 모방만 존재하고 있지 않는가? 강원수부 도시로서의 전통이 존재했음을 외치면서도 스스로의 손에 의해서 자신들의 정체성에 대해 본격적으로 짚어보는 시도는 그리 흔치 않았던 것 같다.

물론 농경문화권이었던 지난날 지역의 문화 · 사상 형성에 순기능으로 작용했던 전통, 특히 유교문화의 전통이 오늘날 정보화시대에도 유효할 수 있는지에 대해서는 조심스럽게 점검해보아야 할 것이다. 전통이 지니는 순기능과 부분적인 역기능을 우리는 잘 알고 있기 때문이다.

분명한 것은 우리가 과거의 역사 · 전통에서 계승해야 할 자랑스러운 점은 무엇이며 또 이것을 어떠한 방법으로 이어갈 것인가. 그리고 우리 의식 속에 잠재된 소외 · 은둔의 상을 어떻게 타파할 수 있을 것인가 등의 현실적인 문제를 사회 구성원들이 함께 고민하는 장으로 삼아야 할 것이다.

조선의 서원이 갖는 가장 큰 특징인 藏修는 자기 수양과 同年輩 사이의 切磋琢磨에 의해 인격과 지성을 갖춘 인간으로서의 완성에 이르는 과정을 뜻할 것이다. 이는 '반경 10미터의 철학'이라 불릴 만큼 극단적인 개인주의 속에 실용성만 앞세운 채 몰가치적인 단순지식과 기계문명에만 매달리는 오늘날의 젊은 세대들에게 직접적인 교훈으로 다가갈 수 있을 것이다. 이것은 동시에 전통적 유교윤리관의 현대적 적용을 모색하는 한 방법이 되기도 한다.

七峰書院의 복원은 조선시대 500년간 關東의 수부도시로서 원주의 유교문화 전통을 계승하는 것이며 이 땅에서 살다간 先賢의 정신과 얼을 후손들인 우리가 되살리는 계기가 될 것이다. 이를 계기로 지역의 사상과 전통의 고귀함을 깨닫고 발전적인 계승을 모색해 나가는 기회로 삼아야 될 것이다.

高麗末 元天錫의 生涯와 社會思想

이 인 재*

1. 서론

조선 중기 선조대 공신이었던 박동량(1569~1635)은 1603년 강원도 관찰사로 원주에 부임하여『耘谷詩史』를 읽은 다음 서문을 쓰면서, '禑昌非辛說'을 주장하고 조선왕조 건국 후 閉門한 운곡 원천석을, 포은 정몽주, 야은 길재와 함께 청백한 기풍과 숭고한 절개를 지닌 대표적인 인물로 칭송하였다.[1] 이후 1612년 원주에 칠봉서원을 세우고, 1625년 원천석의 위패를 봉안하였는데, 칠봉서원은 1673년 사액서원이 되었다. 이러한 과정을 거쳐 원천석이 조선 중·후기 여러 차례 고려 말 節義의 대표적인 인물로 논평된 이후, 현재까지 이러한 평가는 계속되고 있다.[2]

이렇듯 원천석에 관한 역사적 평가는 '禑昌非辛說'과 고려 말 節義의 인물이라는 점이 워낙 강하게 부각되었기 때문에, 그에 관한 후속 연구는 최근까지 몇몇 연구에 불과할 정도로 매우 빈약한 형편이다.[3] 그 결과 원천석

* 연세대학교 원주캠퍼스 인문예술대학 역사문화학과 교수
** 이 논문은『한국사상사학』12(한국사상사학회, 1999)에 수록한 것을 본서에 재수록함.

1) 朴東亮,「耘谷行錄詩史序」,『耘谷詩史』(『高麗名賢集』5, p.273).
2) 李佑成,「高麗·李朝의 易姓革命과 元天錫－역사에 있어서의 선비정신과 지성의 역할」,『月刊中央』1월호, 1973(『韓國의 歷史像』, 1982).
3) 원천석에 관한 연구로는 다음 논문이 참고된다. 池敎憲,「麗末鮮初의 政治的 變革과 耘谷의 道學精神」,『淸州敎育大學論文集』17, 1980 ; 梁銀容,「元天錫의 三敎一理論에 대하여」,『韓國宗敎』11·12, 1987 ; 柳柱姬,「元天錫研究－그의 現實認識을 中心으로」,『朴永錫華甲紀念韓國史學論叢』, 1992 ; 安鍾律,「耘谷 元天錫 文學研究」, 성균관대 교육대학원 석사학위논문, 1994 ; 金南基,「元天錫의 생애와

의 가계나 학문관계, 지방에서의 활동, 중앙 정계와 국제질서의 변화에 관한 태도 등등에 관한 연구는 여전히 과제로 남아 있다.

사실 원천석은 고려 말 지방에 거주하던 유교지식인이 당시 사회 변동을 어떻게 파악하고, 대처하였는가를 보여주는 대표적인 인물이다. 지방에 거주하던 지식인의 처지에서는 중앙 정계의 변동에 정치적으로 대응하지는 않았을 것이다. 일차적으로 지방민의 입장에서 국가단위로 벌어지는 정책에 대해 우선 사실을 사실대로 인식하려는 노력을 기울였을 것이다. 그러므로 원천석이 스스로를 지탱하던 유교 지식을 바탕으로 가문과 지역사회, 왕조 질서의 유지와 해당 시기 동아시아에서 벌어지고 있던 세계사적 변동을 인식하는 방법 등에 대한 연구는 고려 말 사회변동의 내용을 이해하는 데 매우 중요한 소재가 될 수 있다.

따라서 본고에서는 원천석을 節義의 인물로서보다는 지방에서 살던 유교 지식인이라는 점을 확인하는 것을 목표로 생애를 일별하고, 당시 국가적으로 문제가 되었던 외교문제를 명나라 공복수용과 요동정벌, 최영과 우·창에 대한 인식 등을 통해 살펴본 다음, 국내 문제로는 개혁정치에 대한 바람을 田制改革과 外官의 役割에 대한 인식 등을 통해 정리해 보고자 한다. 이를 통해 지방에 거주하던 유교 지식인이 인식했던 고려 말 사회변동 이해의 한 측면이 규명되기를 기대하는 바이다.

2. 家系와 生涯

1) 家系

1858년 원천석의 16대 손이었던 원은은, 원천석이 1330년(충숙 17) 7월 8일 개성에서 출생하였다고 기록하였다.[4] 원천석의 가계에 대해서는 17세기 중엽 허목이 언급한 것이 유일한데,[5] 始祖는 戶長인 元克富(1세)이고, 이후

詩史 연구」,『한국한시작가연구』 2, 1996 ; 林鍾旭,『耘谷 元天錫과 그의 文學』, 太學社, 1998.
4)『耘谷詩史』 卷4, <七月八日有感>(『高麗名賢集』 卷5, p.347) ; 元曔,「跋」,『耘谷時史』 卷5(『高麗名賢集』 卷5, p.384).

宗儒(2세) - 倉正 寶齡(3세) - 倉正 時俊(4세) - 精勇 別將 悅(5세) - 宗簿寺令 允迪(6세) - 天常・天錫・天祐(7세)라 하여 원극부의 7세 손이라 하였다. 허목이 쓴 원천석의 가계 기록은 향리직과 성명을 병기한 것이 특징인데, 2세 종유의 향리직은 보이지 않는다. 원천석의 고조와 증조인 보령과 시준이 모두 창정직에 있음에도 향리직과 이름을 갖추어 기술한 허목의 정리방법에 따르면, 종유가 향리직을 맡지 않았기 때문에 쓰지 않았을 것으로 믿을 수밖에 없다. 그런데 문제는 허목이 왜 元克富를 시조라고 썼을까 하는 점이다.

1986년에 작성된 『원주 원씨 세보』는, 원주 원씨의 시조로 원경을 들고, 원극부는 원경의 13세 손, 원천석은 19세 손으로 정리하고 있다.[6] 세보에서 족보 작성과정과 관련된 기록들을 보면, 조선 후기 이래 몇 차례 족보를 만들면서 정확한 가계를 추적하고자 상당한 노력을 기울였으나, 기록이 너무 부족하여 어려움이 있다고 서술하고 있다. 따라서 고려 말 이전의 족보 내용을 역사적 사실로 믿기에는 상당한 어려움이 있으나, 원천석을 굳이 시조의 19세 손으로 기록한 것은 무엇인가 그럴 만한 이유가 있었기 때문일 것이다.

이리한 원천석의 기계를 이해하는 데 도움을 주는 자료가 원주 원씨 인물인 지광국사 해린(984~1070)과 삼한공신 원극유의 가계 기록이다. 먼저 1085년(선종 2) 정유산이 쓴 「법천사 지광국사 현묘탑비」에는, 해린의 가계에 대한 기록이 있다. 이에 따르면 해린의 아버지 原州 元氏 休는 맡은 바 일은 아관에 버금가는데(職箇衙官), 명예는 掾吏에 앞선다(譽先掾吏)고 하였다. 이와 함께 증조와 고조에 대해서 언급하면서 변하지 않는 역사를 꿰뚫고 검소하게 생활하였다고 하였고, 할아버지에 대해서는 음양을 공부하였다고 하여 적어도 후삼국 격동기에 이 집안은 적극적으로 개입하지 않은 것으로 보인다.[7]

이에 반하여 같은 시기에 활약한 원주의 또 다른 원씨인 元克獻는 나말

---

5) 許穆, 「石迸墓所事蹟」, 『耘谷詩史』(『高麗名賢集』 5, p.380).

6) 原州元氏大同譜所, 『原州元氏世譜』 卷1, 1986.

7) 「原城 法泉寺 智光國師 玄妙塔碑」, 許興植 編, 『韓國金石全文 中世 上』, 1984.

여초 격동기에 적극적으로 간여하여, 다음 표에서 보는 바와 같이 자신은 삼한공신이 되고 자손들도 대대로 중앙에 진출하여 활약하는 이들도 있다.8) 표에는 나와 있지 않지만, 1290년(충렬왕 16) 카단적 침입 당시 원주에서 활약했던 元冲甲의 아버지 元敏成이 족보에 나와 있는 것처럼 원극유의 10세

<표> 원주원씨 세계도

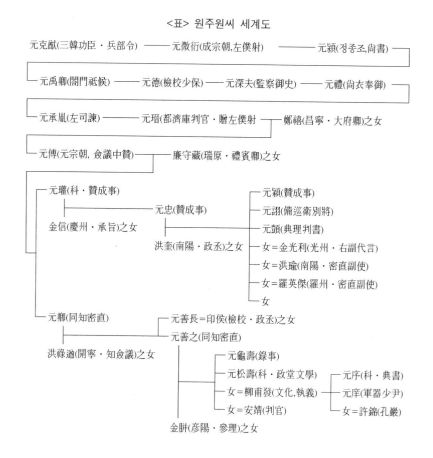

---

8) 이 표는 다음 자료를 근거로 작성하였다. 「元傅墓誌銘」・「元忠墓誌銘」・「元善之墓誌銘」・「元昭信墓誌銘」, 金龍善 編, 『高麗墓誌銘集成－改訂版』, 1998. 이 자료는 한국역사연구회 중세1분과 묘지명학습반에서 역주한 바 있어(未刊), 표 작성에 참고하였다.

손인 元傳와 가까운 친척이라면,[9] 이 집안의 자손은 원주와 개성에서 같이 활약한 가문이 된다.

이렇게 본다면 고려 초 원주 원씨의 동향은 크게 원극유와 같이 중앙에서 활약한 사람들도 있을 것이고, 원길견·원휴처럼 원주의 관아에서 활약한 사람들도 있을 것이며, 허목이 서술한 원극부와 같이 향리직을 맡은 사람들도 있을 것이다.

그런데 원극유 집안과 원극부 집안을 비교해 보면, 흥미로운 추론이 가능하다. 원극유 집안에서 원천석과 같은 시대에 활약했던 인물 중에 원송수(1324~1366)라는 이가 있는데, 그는 원극유의 13세 손이다.

그렇다면 원천석의 13대조가 원극유와 같은 시대에 활약했던 사람일 것이다. 원극부가 원극유와 같은 집안 사람일 수 있고, 해린의 증조 할아버지도 같은 집안일 가능성이 있다. 결론지어 말하면, 나말여초 원주지역의 중심 가문이었던 원주 원씨는 각각 중앙과 지방, 지방에서도 지위가 다른 두 집안으로 분화, 발전하였을 것이라고 추정해 볼 수 있다는 것이다.

그리고 극부와 종유 사이는 허목이 미처 파악하지 못한 것이라 할 수 있다. 이는 원극유 집안이 재경관반이기 때문에 후손들의 묘지명으로 세계도가 파악된 반면에, 원극부 집안은 재지관반이었기 때문에 호장직을 이어 나갔고, 고려 후기 호장 집안의 성장에 따라 고려 중기 이후부터 파악된 것일 것이다. 실제 원천석의 고조, 증조 할아버지가 모두 향리직인 창정이었음을 보면, 대대로 원주지역의 창정을 맡은 향리 가문임을 알 수 있다. 倉正은 지역 사회에서 조세를 비롯한 넓은 의미의 재무관리를 총책하는 직책이었다. 문종 5년 향리직 승진 규정에 따르면 병·창정을 맡은 후에 부호장-호장으로 승진할 수 있었으며,[10] 부호장이 되면 계수관 시험과 사마시험을 통해 중앙으로 진출할 수 있었고,[11] 일품군의 별장과 교위가 될 수 있었다.[12] 원천석의 할아버지도 이런 규정에 따라 주현군의 2군(정용·보승) 가운데 하

9) 『原州元氏族譜』 제2편 世表, 源譜世紀, 1989 ; 신호철, 「哈丹賊의 侵入과 元冲甲의 鶴原城 (雉岳城) 勝捷」, 『原州 鶴原山城·海美山城』, 1998, p.97.

10) 『高麗史』 卷75, 選擧3, 鄕職 文宗 5年 10月 判.

11) 『高麗史』 卷73, 選擧1, 科目1, 文宗 2年 10月 判.

12) 『高麗史』 卷81, 兵1, 兵制, 文宗 23年 3月 判.

나인 정용별장이 되었을 것이고, 그 일을 하면서 중앙에서 宗簿令을 지낸 元廣明과 혼인을 맺어 아들 윤적을 결혼시켰음을 알 수 있다.

허목은 원천석의 아버지 允迪이 정3품직인 宗簿寺令을 역임하였다고 하였으며, 어머니 역시 원씨로서 외할아버지가 宗簿令을 지낸 元廣明이었고 같은 족씨는 아니었으므로 원주 원씨는 두 부류였다고 한다. 종부시는 족속의 보첩을 관장하는 곳으로, 여러 차례 관제 개편과정에서 1310년(충선 2)에 판사와 령을 두었다가 1356년(공민 5)에 종정시로 명칭을 바꾸었으므로, 그 사이에 종부령을 지낸 것이 된다.[13] 그런데 원천석이 1330년 개성에서 출생하였다고 하였으므로, 원윤적이 종부시령으로 근무했던 기간은 이즈음이라 할 수 있다. 원윤적의 몰년은 원천석이 열 살 때인 1339년으로 추정된다.[14]

원천석의 형 天常은 진사를 지냈다. 허목은 원천상에 대해 조선에 와서 벼슬을 했다는 설이 있다고 서술하였으나, 원천석이 1375년 11월 23일 家兄이 병으로 떠났다는 기록을 남기는 것으로 보아,[15] 이때 원천상은 사망한 것으로 생각된다. 원천상의 아들이 元湜이다. 元湜은 1392년 원천우를 이어 흡곡의 현령이 되는데, 아마 이 일로 말미암아 원천상이 조선에 벼슬했던 것으로 기록한 것 같다. 원천석은 원식을 상당히 아꼈던 것으로 보인다. 원식이 흡곡현령이 된 이후 편지 보낸 것에 次韻하여 쓴 것을 보면, 백성을 자식처럼 보호하고 公道에 맞는 정치를 해야 함을 충고함과 동시에, 아버지

---

13) 『高麗史』 卷76, 百官1, 宗簿寺.

14) 『耘谷詩史』 卷2, <中秋拜先塋>(『高麗名賢集』 卷5, p.315) ; 김남기, 앞의 논문, 1996.

15) 『耘谷詩史』 卷2, <乙卯十一月念三家兄病亡道境禪翁作挽歌>(『高麗名賢集』 卷5, p.308). 원천상의 몰년에 대해서는 1343년 설(김남기)과 1375년 설(안종율)이 있다. 1343년 설의 근거는 <次姪湜所寄詩韻>・<耘老吟>(『耘谷詩史』 卷1, 『高麗名賢集』 卷5, p.284) 두 시가 1362년에 작성된 것으로 보고 이에 형이 죽은 지 19년이 되었다는 내용을 근거로 1343년에 사망한 것으로 추정하였다. 원천석의 글이 시기별로 편집되어 있음을 보면, 가능한 설명이다. 원천석의 글 가운데 조카에 관한 글이 모두 5편 있다. 그 가운데 원식이 수령을 맡은 것이 확인되는 것은 <寄姪歙谷令>(『耘谷詩史』 卷5, 『高麗名賢集』 卷5, p.362)이라고 쓴 글이다. 그리고 그 사이 원식에 대해서 쓴 나머지 3편에서는 그가 수령을 역임했다는 흔적은 보이지 않는다. 그렇다면 혹시 위의 두 편은 편집 당시 착오가 있었던 것이 아닌가 한다. 안종율, 앞의 논문, 1994 ; 김남기, 앞의 논문, 1996.

가 돌아가신 지 19년이 되었지만 살아 계셨으면 얼마나 기뻐했을 것인지를 회고하고 있다.[16]

원천석의 동생인 元天佑는 현령을 역임하였다. 『耘谷詩史』에는 천우의 이름이 없고, 子誠 아우로 표현되어 나오는 구절이 <자성 아우에게 참외를 보내면서>·<자성 아우의 화답한 시를 보고 다시 차운함>·<金城令으로 부임하는 子誠 아우를 보내면서>·<섣달 그믐밤에 子城 아우가 술을 갖고 왔기에 함께 이야기 하다가 절구 한 수를 지었다>·<歙谷 원으로 부임하는 아우 子誠을 보내면서> 등 5편의 시가 있는데,[17] 이 가운데 두 번째와 네 번째 시에서 형제간의 돈독한 관계를 기록하고 있어서, 자성이 그의 동생임을 유추하게 한다.[18] 이러한 추정이 가능하다면, 원천우는 1376년 고려 말에 交州의 속현이었던 金城郡의 監務를 역임하였고, 1391년 歙谷縣의 縣令을 역임했음을 확인할 수 있다.

원천석이 부인과 언제 결혼했는지는 확인할 수 없다. 1366년 원천석이 39세 때 부인이 사망한 것만 확인될 뿐이다.[19] 31세 때에 딸을 하나 낳았는데, 백일이 지나고 죽었다. 이후 아이에 관한 글이 없는 것으로 보아 두 아들만 있었던 것으로 보인다. 장남인 泚는 直長同正이었다고 한다. 直長同正은 문반직 동정직으로서 정7품인 尙食直長同正·尙衣直長同正·尙乘直長同正 가운데 하나였을 것이다.[20] 그러나 원천석의 글에서 장남에 관한 글은 없다. 차남 泂은 기천현감을 역임하였다고 한다.[21] 원천석의 글 가운데

---

16) 『耘谷詩史』卷1, <次姪湜所寄詩韻>(『高麗名賢集』卷5, p.284). 耘谷詩史를 편찬할 때, 연대별로 시문을 배열하려고 상당히 노력한 것 같으나, 이 글이 앞에 놓인 것은 무언가 착오가 있었던 듯하다.

17) 『耘谷詩史』卷2, <以苽寄子誠第>(『高麗名賢集』卷5, p.303) ; 『耘谷詩史』卷2, <子誠見和復次韻>(p.304) ; 『耘谷詩史』 卷2, <送子誠弟赴金城令>(p.312) ; 『耘谷詩史』卷3, <除夜子誠弟携壺來共話作一絶>(p.321) ; 『耘谷詩史』卷5, <送舍弟子誠赴歙谷令>(p.354).

18) 원천석의 자가 子正인 것으로 미루어 보아 子誠은 동생 원천우를 말하는 것이라 생각된다.

19) 『耘谷詩史』 卷3, <余不幸早失主婦慮迷息所示索然守鰥>(『高麗名賢集』 卷5, p.318) ; 李墍, 「松窩雜說」, 『大東野乘』 卷56.

20) 金光洙, 「高麗時代의 同正職」, 『歷史敎育』 11·12, 1969.

208

1387년에 洞은 서울에 가 있는데 손녀딸이 병에 걸려 고생한다는 글과 형이 서울에 가서 악운이 겹쳤다는 것으로 보아, 이때까지만 해도 원형은 벼슬을 하지 못하고, 개성에서 고생하고 있었던 것으로 보인다. 1391년 차남의 편지를 받고 쓴 글 가운데 "어버이 늙고 집이 가난하면 벼슬하는 것은 당연하니 부디 忠과 孝에 다 힘써야 한다"는 당부의 글이 남아 있는 것으로 보아, 이때부터 벼슬살이를 시작한 것으로 보아야 한다. 막내딸을 31살에 낳았으므로 차남은 그 이전에 낳은 것이 되는데, 그렇다면 차남 元洞은 처음 벼슬길에 오른 것은 적어도 30대 초반이나 후반이었을 것이다. 그러다 30여 년이 지난 태종이 상왕에 있을 즈음에 기천현감에 제수받았을 것이다.

『耘谷詩史』의 기록으로는 원천석이 65세 때까지만 남아 있어 이후 삶의 흔적은 찾아 볼 수 없다. 따라서 몰년에 대해 알 수 없으나, 태종이 세종에게 양위한 후(1418~1422)에 상왕으로 있으면서 옛 스승인 원천석을 만나려 했고, 실제 백의로 만나 수양대군에 대한 평을 했다는 기록을 믿는다면 90여 세 정도까지 살았다고 할 수 있으나,[22] 태종이 즉위한 후에 원천석을 찾았으나 이미 세상에 없었다는 또 다른 기록을 믿는다면, 『耘谷詩史』에 기록된 65세 이후 얼마 지나지 않은 60대 후반에 사망한 것으로 추정할 수도 있다.

이상의 내용으로 볼 때, 원천석은 개성에서 태어났으나 어린 시절 공부할 때에는 춘천의 향교에서 보냈고, 27세 때 정월에 개성에 가서 과거시험에 합격한 이후에는 줄곧 원주에 살았다고 할 수 있다.[23] 생애의 거의 전부를 원주에서 살았다고 볼 때, 그의 생애를 더듬어 보면, 고려 말 지방에 거주하던 유교지식인이 당대 사회를 어떻게 이해하고 있었는지를 파악하는 단서를 마련할 수 있을 것이다.

---

21) 許穆, 「石逕墓所事蹟」, 『耘谷詩史』(『高麗名賢集』 5, p.380).
22) 鄭莊, 「耘谷先生文集 序」, 『耘谷詩史』 文集 序 ; 千惠鳳, 「解題 : 耘谷詩史」, 『高麗名賢集』 5, 1980. 이기의 「송와잡설」에 따르면, 태종 이방원이 즉위 전에 평창과 삼척에 오갈 때 영천서에 머물면서 원천석의 자문을 받은 것을 이유로 즉위후 원천석의 안부를 물었으나 이미 죽은 지 오래되어 아들을 불러 기천현감에 제수하였다고 한다. 李墍, 「松窩雜說」, 『大東野乘』 卷56.
23) 이에 대해서는 후술한다.

2) 生涯

원주에서의 원천석은 매우 중요한 인사였을 것이다. 고려시대 내내 원주 원씨는 중앙에서의 활약도 끊이지 않았고, 원천석 자신의 집안도 전통이 있는 在地官班이었다. 그러므로 원천석의 생애를 살펴보면, 고려 말 지방 거주 유교지식인의 교제 범위, 집안사람들의 활동상, 중앙 인사들과의 교류 양상 등이 구체적으로 드러날 것으로 생각된다.

원천석의 생애를 일별하려면, 『耘谷詩史』를 살펴보아야 한다. 『耘谷詩史』에는 22세 되던 해(1351)의 글부터 65세(1394)때까지 737題 1,144篇의 시가 문집에 실려 있다. 원천석의 글을 편집할 때 시간별로 되어 있음을 믿는다면,[24] 나이별로 쭉 기록되었을 것인데, 그 가운데 간지가 기록이 있는 해는 1351(22세), 1354(25세), 1355(26세), 1360(31세), 1362(32세), 1364(35세)에서 1370(41세)까지의 7년간, 1373(44세)에서 1376(47세)까지의 4년간, 1380(51세), 1385(57세)에서 1394(65세)까지 9년간이다. 그러나 을미(1355)년 간지에서 시작되는 글의 모음이 홍건적의 난이 처음 일어난 기해(1359)년의 일을 기록한 것까지 있어서, 되도록 시간별로 편집하려는 원칙은 지켰던 것으로 보인다. 이를 염두에 두고, 그의 글과 생애를 표로 작성해 보면 다음과 같다.

표에 나타난 바와 같이 원천석의 글은 56세에서 65세의 글이 1,144편의 절반이 된다. 글제를 기준으로 보면, 거의 60%(432/737)에 해당되는 글이다. 이 글들을 기준으로 원천석의 생애를 보면, 우선 어린 시절 원천석은 춘천에서 공부를 하였다고 한다. 훗날 그가 옛일을 회고할 때, 자신이 어렸을 때 글을 읽은 것은 국가에 충의를 다하여 백성들을 편히 살게 하고 싶었기 때문이라고 써 놓았는데,[25] 글을 읽은 장소로 춘천의 향교를 들고 있다.[26] 이 글은 1355년(26세 때) 춘천 향교에서 공부하다 돌아가는 金·安을 기념하면서 지은 글인데, 자신이 춘천에서 공부하다 놀던 곳을 소양강가라고 한 것을 보아 짐작할 수 있는 부분이다. 이후 춘천 향교의 여러 大學과는 몇 차

24) 朴東亮,「耘谷行錄詩史序」, 『耘谷詩史』. 박동량은 편집 원칙을 연도별에 따라 배열하였다고 하였다.
25) 『耘谷詩史』 卷3, <丙寅冬至感懷示元都領>(『高麗名賢集』 卷5, p.320).
26) 『耘谷詩史』 卷1, <乙未秋七月有日春城金安二生罷課>(『高麗名賢集』 卷5, p.279).

례 서신을 교환하기도 하였고, 자신이 두어 차례 춘천 방면으로 여행할 때
에는 꼭 춘천에 들러 묵어가기도 하였다.

나이 (연도)	干支有無	편수	나이 (연도)	기록유무	편수
22세 (1351 辛卯)	o		44세 (1373 癸丑)	o	
23세 (1352 壬辰)	x		45세 (1374 甲寅)	o	
24세 (1353 癸巳)	x		46세 (1375 乙卯)	o	
25세 (1354 甲午)	o		47세 (1376 丙辰)	o	
26세 (1355 乙未)	o		48세 (1377 丁巳)	x	卷2 107題 158篇
27세 (1356 丙申)	x		49세 (1378 戊午)	x	
28세 (1357 丁酉)	x		50세 (1379 己未)	x	
29세 (1358 戊戌)	x		51세 (1380 庚申)	o	
30세 (1359 己亥)	x	卷1 198題 245篇	52세 (1381 辛酉)	x	
31세 (1360 庚子)	o		53세 (1382 壬戌)	x	
32세 (1361 辛丑)	o		54세 (1383 癸亥)	x	
33세 (1362 壬寅)	o		55세 (1384 甲子)	x	
34세 (1363 癸卯)	x		56세 (1385 乙丑)	o	卷3 153題 222篇
35세 (1364 甲辰)	o		57세 (1386 丙寅)	o	
36세 (1365 乙巳)	o		58세 (1387 丁卯)	o	
37세 (1366 丙午)	o		59세 (1388 戊辰)	o	
38세 (1367 丁未)	o		60세 (1389 己巳)	o	卷4 94題 176篇
39세 (1368 戊申)	o		61세 (1390 庚午)	o	
40세 (1369 己酉)	o		62세 (1391 辛未)	o	卷5 185題 343篇
41세 (1370 庚戌)	o		63세 (1392 壬申)	o	
42세 (1371 辛亥)	x		64세 (1393 癸酉)	o	
43세 (1372 壬子)	x		65세 (1394 甲戌)	o	

　　문집 첫 머리에는 22세·25세·26세 때에 영서·영동 지역을 돌아다니면
서 보고 느낀 점을 써 놓았다. 그는 22세 때와 25세 때에 금강산을 유람하였
고, 40세 때에 죽령을 넘어 영주·안동·영해를 거쳐 동해안으로 올라와 삼
척에서 정선에 이르는 길을 여행하였고, 44세 때에 가평과 춘천을 여행한
일이 있었다. 그 가운데 25세(1354) 때 겨울 영서 북부지방을 여행하면서 춘
주의 속현인 회양-교주-청양-방산을 거쳐 양구군에 갔을 때에는 수조권
의 폐단도 관찰되었다.27)

---

　27) 『耘谷詩史』卷1, <十五日發方山到楊口郡>(『高麗名賢集』卷5, p.278).

이러한 현실을 돌아보면서, 과거시험에 대한 꿈을 키우고 있었다. 25세 되던 해에 李 尙書라는 이가 보낸 시운에 차운하여 쓴 <숲 아래 어찌 선비가 없으랴, 꿈마다 임 계신 곳 찾고 있다오>라는 시는[28] 과거시험 공부를 하던 수험생의 바람을 드러낸 글이라 하겠다. 원천석은 27세 되던 해(1356년, 공민 4) 정월에 국자감시에 합격하여 全翊 등 95명과 함께 진사가 되었다.[29] 당시 원천석과 함께 사마시에 합격한 후 원주에 있던 원천석과 만나거나 서신을 주고받은 사람은 鄭道傳·金費·安仲溫·許仲遠·權從義·金偶·沈方哲·金晉陽·李汝忠·鄭淑倫·李崇仁·崔允河 등 12명이다.

원천석은 국자감 시험을 거쳐 진사가 되었지만, 이후 3년 동안 국학에 속하여 수학한 다음에 예부시에 합격하는 과정을 밟지 않았다.[30] 이는 그가 官界 활동을 원하지 않았음을 보여주는 것인데, 그럼에도 불구하고 과거 시험을 본 이유는 분명하지 않다. 이긍익이 『연려실기술(권1)』에서 원천석에 관한 글을 쓸 때부터 『여사제강』과 『미수기언』을 인용해 軍籍에 등록됨을 보고 부득이 과거를 보러 갔다고 하였고, 이 점은 최근에도 재차 확인한 바 있다.[31] 그러나 이 점에 대해서는 의문이 드는 점이 있다. 즉 『耘谷詩史』가 시간별로 배열되어 있다는 점을 상기하면 간지가 기록되어 있는 을미(1355)년 7월의 글 다음에 이른 봄, 즉 1356년에 해당하는 글이 있고, 이후 군적에 오른 것을 탄식하는 글의 순서로 배열되어 있다. 그런데 원천석이 국자감시에 합격한 것은 1356년 정월이고, 그 이후 어느 때인가 軍籍에 오르는 것을 탄식하였기 때문이다.

---

28) 『耘谷詩史』卷1, <次李尙書所示詩韻>(『高麗名賢集』卷5, p.277), "林下豈無士 夢尋銀闕深". 유주희는 이 기사와 더불어 원천석이 관직 진출을 꿈꾸었다고 하여 「求官詩」 8사례를 예로 들었으나, 과거시험을 보기 전 한 사례를 제외하고 원천석이 관직 진출을 도모한 사례라 생각되지 않는다. 柳柱姬, 앞의 논문, 1992.

29) 『高麗史』卷74, 選擧2, 國子監試, 恭愍王 4年 正月, "右代言 柳淑이 全翊 등 95명을 뽑았다."; 李墍, 「松窩雜說」, 『大東野乘』卷56.

30) 예부시의 응시자격을 보면, 국자감시가 생기기 전에는 향공이나 국학생이 예부시에 응시하였으나, 국자감시 실시이후에는 국자감시를 거쳐 진사가 된 다음, 3년이상 국학에서 공부한 이후 예부시에 응시하도록 자격규정을 강화하였다. 許興植, 「高麗 科擧의 應試資格」, 『高麗科擧制度史硏究』, 1981, p.76.

31) 李佑成, 앞의 논문, 1973.

이유는 분명치 않지만 원천석이 관계에 뜻을 두지 않은 이유에 관한 자신의 글을 찾아보면, 1355년에 원천석이 형이 보내 준 시를 次韻하여 쓴 것을 들 수 있는데, 여기서 그는 아버지가 억울하게 비방을 받은 일을 적고 있고,[32] 57세 되던 해에 과거 글공부하던 때를 회상한 글을 보아도, 처음에 공부에 뜻을 둔 것은 국가에 충의를 다하고 백성들을 편히 살게 하려는 것이었는데, "굽은 꾀와 그릇된 꾀로 백가지가 다 효력이 없었고, 외로이 갈 바를 멈추었으니 어찌 슬프지 않겠는가"라고 하여 관계 진출을 포기했다는 것을 쓴 것을 보면, 원천석의 입장에서는 당시 정계가 질서가 없었다고 느끼고 있었음을 알 수 있다. 더구나 아버지 사건은 원척석이 정계 활동에 흥미를 잃게 만든 결정적인 이유였던 것 같다.[33]

그럼에도 불구하고 그가 과거를 본 이유를 찾는다면, 진사가 되면 士籍에 올라 士로서 대우받을 수 있기 때문이었다.[34] 이 점은 군역의 면제뿐만 아니라 이후부터는 鄕職 출신이라는 점보다는 국가단위에서 정식 士로서 인정받는 것을 의미하는 것이었다. 그러나 그 이상의 목적은 없었기 때문에 국자감시에 합격하여 진사가 된 후, 곧 바로 다시 원주 변암촌으로 돌아왔던 것이었다.[35] 그럼에도 불구하고 원주에 돌아 온 이후 軍籍에 오르는 뜻밖의 일을 당하기도 하였다.[36] 국자감시에 합격한 진사임에도 불구하고 군적에 올랐던 이유는 할아버지가 정용별장이었기 때문에 원천석도 鄕職을 지녔다고 판단한 文件이 있었기 때문이었을 것이다.

27세 때에 원주에 내려온 이후의 생활은 상당히 평탄하였다. 교제의 폭도 넓었다. 어렸을 때 같이 공부하던 사람과 원주의 목사로 지낸 이들, 벼슬살이 나갔던 집안사람들과 주변 사찰의 명승 등, 매우 다양한 사람들과 글을 주고받으며 사귀었다. 원주목사를 지낸 이 가운데에는 송 牧伯(?~1361)·

32) 『耘谷時史』 卷1, <次家兄所示詩韻四首>(『高麗名賢集』 卷5, p.279).
33) 『耘谷詩史』 卷3, <丙寅冬至感懷示元都領>(『高麗名賢集』 卷5, p.320), "枉謀謬筭 百無效 孑然行止何涼涼".
34) 許興植, 「高麗의 國子監試와 이를 통한 鄕吏의 身分上昇」, 『高麗科擧制度史硏究』, 1981, p.144.
35) 李墍, 「松窩雜說」, 『大東野乘』 卷56.
36) 『耘谷詩史』 卷1, <余自少有志於儒名者久矣>(『高麗名賢集』 卷5, p.280).

김 목백(1361~1364)·하 목백(河允源)·서 목백·설 자사(偰長壽)·정 목백
(鄭士毅) 등과의 교류가 기록되어 있고, 안렴사로서는 金濤·李公·鄭擢
등과의 교류가 있었으며, 특히 승려와의 교분은 매우 두터워 道境대선사·
白雲淵 장로·조계 參學 允珠대사·雲遊子 覺宏·信圓·角之·천태종의
禪者·竹溪軒 信廻 등 여러 승려들과 글을 주고받았다.[37]

　30세 때에 딸을 낳았는데, 백일 지난 후에 병으로 죽었다. 그해 12월 과거
동기생인 정도전이 원주에 찾아 온 일이 있었고, 과거 동기생인 김비와 안
중온과 서신 교환을 하였다. 1361년 홍건적의 난으로 공민왕이 남행했다가
다음 해 소탕한 일이 있었는데, 축하의 글을 지었다(32세). 이때에 외관으로
일하던 조카 元湜이 편지를 보내 오자, 公道에 맞는 인사를 하는 것이 중요
하다는 글을 썼다. 35세 때에 과거 동기생 허중원이 편지를 보내 왔으며, 이
에 맞추어 28수의 글을 지었다. 36세 때에 아들을 잃고, 37세(1366년, 공민
15) 때에 아내 상을 당하였으나, 아이들에게 좋지 못한 일이 있을까 두려워
58세(1387년, 우왕 13)까지 21년 동안 홀로 살면서 천여 권의 책을 벗으로
살았음을 글로 쓴 바 있다.[38] 37세 때에 원주목사 김 某가 남쪽 정자 川陰
亭을 짓고, 38세 때인 다음해 官道 좌우에 소나무를 심자 이를 칭찬하는 글
을 지었다. 39세 때에 원수출신 윤수대사가 영남으로 여행살 때에 글을 지
어 주었고, 樂府의 首領官인 임상서의 시를 듣고, 그에 대한 글을 지었다.
이 해 3월 다시 춘주 여행을 떠났다. 40세 때 3월에는 영해 여행을 하였다.
여행 도중 과거 동기생 권종의를 만났으며, 울진까지 내려갔다가 돌아왔다.

　41세 때(1370, 공민 20)에 당시 원주목사인 하윤원을 평가하면서, ① 도리
에 맞지 않으면 백성들에게 물건을 취하지 않고, ② 세금부과나 역 부과시
에는 미리 시일을 정하고 안내장을 붙이며, ③ 使客을 맞이할 때 公錢으로
만 충당하며, ④ 가혹한 법을 없애고 덕으로 이끌며, ⑤ 농상을 권장하여 감
화의 정치를 편다고 하여 칭찬하는 글을 지었다. 하윤원은 공민왕 때 경
상·서해·양광·교주 네 도의 안렴사를 지냈고, 상주와 원주의 목사를 지

37) 유주희, 앞의 논문, 1992, p.535.
38) 『耘谷詩史』卷3, <余不幸早失主婦慮迷息失所索然守鰥> ; 李墍, 「松窩雜說」, 『大
　　東野乘』 卷56.

214

낸 사람이다.[39]

44세 때(1373, 공민 22) 다시 영서 북부지역을 여행하며 글을 지었고, 45세 때에 변암에 새 집을 지어 이사를 갔다. 46세 때(1375, 신우 1) 형 원천상이 사망하자, 도경대선사가 죽음을 애도하는 글을 보내 왔다. 47세 때(1376, 신우 2)에 원주에 가뭄이 들어 무당들이 치악산에서 치성을 들이고 불교 승려들이 운우경 법석을 들이는 것에 대한 기록을 하였다. 이 해에 동생 원천우가 금성의 수령으로 부임해 갔고, 9월에는 일본에서 고려에 온 승려들이 원주를 방문하여 시를 주고받기도 하였다. 그와 시를 주고받은 일본 승려는 正宗 禪者·岊松 禪者·全壽 禪者 등이다.

56세 때(1385, 신우 11) 도병마사를 지낸 偰相君을 전송하는 시를 지어, 그의 업적을 되새기었으며, 牧 병마사 周相君에게 쓸 글에서 자신의 전답에 대한 내력을 썼는데, 伊城 남쪽에 메마른 밭(磽田)이 하나 있는데, 양전할 때의 지목명은 大谷員이고, 民部의[40] 公文을 보면 조상 때부터 내려 온 것으로 군사를 뽑는(選軍) 붉은 글씨(朱筆)는 본인에게까지 내려 왔다고 하였다.[41] 여기서의 공문은 국가에서 수조권을 지급할 때 작성한 문서로서 수조권자의 변동이 있을 때는 붉은 글씨로 표시를 한다.[42] 그러므로 選軍朱筆이라는 구절을 근거로 추측해 보면 원천석의 할아버지가 정용별장이 되면서 수조권 분급지를 받았을 것인데, 원천석도 이 토지에서 그대로 수조권을 행사하였다고 볼 수 있다.[43]

57세와 58세 때(1386~7, 우왕 12~13)에 쓴 글 가운데에는 불교 관련 글들이 많다. 원천석은 三敎一理論의 입장에서 유학과 불교를 공부하였다.[44] 가령 유교는 窮理盡性으로써 교리로 삼았고, 불교는 明心見性으로써 교리

39)『高麗史』卷112, 河允源.
40) 戶曹를 1308년(충선 34) 民部로 고쳤다가, 1356년(공민 5)에 다시 호조로 고치고, 1362년(공민 11)에 다시 판도사로 고쳤다가 1369년(공민 18)부터 1372년(공민 21) 사이에 民部라 하였다.『高麗史』卷76, 百官1, 戶曹.
41)『耘谷詩史』卷2, <乞恩俚言二首 呈牧兵馬使周相君>.
42) 李仁在, 「高麗 中·後期 收租地奪占의 類型과 性格」,『東方學志』93, 1996.
43) 이를 근거로 왜 그가 국자진사에 합격해 내려 왔음에도 불구하고, 軍籍에 올랐는지를 추측할 수 있다.
44)『耘谷詩史』卷3, <三敎一理>(『高麗名賢集』卷5, p.324).

로 삼았고, 도교는 修眞鍊性으로써 교리로 삼았는데, 집을 다스리고(齊家) 몸을 닦고(治身) 임금을 바로 잡고(致君) 백성을 잘 살게 하는 일(澤民)들은 유교의 일이며, 정기를 모으고 심신을 길러서(嗇精養神) 신선이 된다는 것 (飛仙上昇)은 도교의 논리이며, 생사를 초월하여(越死超生) 스스로가 이롭 고 남을 이롭게 하는 것(自利利人)이 불교의 진리라는 것이다. 그러므로 진 성이나 연성이나 견성은 부분적으로 차이는 있지만, 대체에 있어서는 같은 것이라는 입장을 지니고 있었던 것이다. 당시 신진사대부들의 불교에 대한 입장은 크게 儒佛同道論과 排佛論으로 나뉘어져 있었는데,[45] 그는 전자의 입장을 취했던 것이다. 이 시기 유불동도론의 대표적인 논자로는 李穡을 들 수 있는데, 원천석과 이색은 두 살 차이이고, 이 해 9월 원천석이 여주 신륵 사로 이색을 방문하고 있는 것으로 보아,[46] 양자의 삼교관은 매우 유사했다 고 볼 수 있다. 원천석의 글 가운데 17%가 불교나 승려에 관한 이야기이 고,[47] 실제 글 내용을 분석해 보아도 승려들과의 교분이 상당히 두터웠음을 알 수 있다.

원천석이 58세 때와 59세, 60세에 이르는 3년간은 고려의 기본 체제가 근 본적으로 교체되는 순간이었다. 원・명이 교체되고, 토지겸병의 문제점이 극단적으로 드러나는 때였다. 그가 58세 때(1387, 우왕 13)에 쓴 글 가운데 주목되는 것은 명나라 의복제도의 수용 문제에 관한 자신의 입장을 그해 6 월에 표명한 것이다.[48] 59세 때(1388, 우왕 14) 원천석이 국내 정치의 문제로 제기한 것은 토지겸병이었다. 59세 때 2월말에 병이 들어 無盡寺에서 두어 달 요양하였으며, 집으로 돌아와 쉬고 있는 와중에서 요동정벌과 위화도회 군에 대한 일을 기록하였다.[49] 우왕폐위에 관한 글은 원천석을 후대에 유명 하게 한 글로서, 조선 건국파들이 '禑昌非王說'을 주장한 것에 대해, 역사적 으로 '禑昌眞王說'을 주장한 글이다.[50]

---

45) 都賢喆,『麗末鮮初 新・舊法派 士大夫의 政治改革思想研究-李穡・鄭道傳의 政 治思想의 比較研究를 중심으로』, 延世大學校 博士學位論文, 1996.

46)『耘谷詩史』卷3, <被韓山君召向神勒寺道中作>(『高麗名賢集』卷5, p.327).

47) 양은용, 앞의 논문, 1987.

48)『耘谷詩史』卷3, <是日朝廷奉大明>(『高麗名賢集』卷5, p.325).

49)『耘谷詩史』卷3, <病中記聞>(『高麗名賢集』卷5, p.333).

1388년(신우 14, 창왕 즉위년) 6월에서 8월까지의 개혁에 대한 원천석의 평가 역시, 정치적 입장을 드러내기보다 사실을 사실대로 기록한다는 자세에 입각한 것이라 하겠다. 그 내용을 보면 "흉폭한 무리들을 소탕함으로써 정치는 더욱 새로워지고, 해외에까지 성가가 드높아 봄날의 따사로운 빛과 같다. 온 나라에 군사력을 북돋아 군사들을 부리며, 성을 쌓고 곡식을 옮기는데, 인민을 동원하였으니, 어찌 어려운 고통을 겪은 결과 이익 되는 바가 없다고 하겠는가, 다시 속이고 헐뜯는 것을 두려워하면, 반드시 이웃이 있을 것이다"라고 하여 긍정적으로 평가하였는데,[51] 이는 그가 정치적인 동향보다는 백성의 입장에서 개혁을 평가했기 때문에 가능한 것일 것이다.

결국 "군자는 숨어살아도 세상을 버리지 않는다 했는데, 선생도 세상을 피해 스스로 숨어살았으나, 세상을 잊은 것도 아니고, 도를 지켜 변하지 않음으로써 그 몸을 깨끗이 하였다"는 허목의 평가는 원천석의 생애와 활동을 이해하는데 많은 도움이 될 것이다.[52]

3. 國內外 情勢에 대한 認識

원천석의 현실 인식을 보여 주는 글은 56세(1385, 우왕 11) 이후의 글에서 집중적으로 나타난다. 1385년부터 조선이 건국한 1392년까지의 시기는 고려 후기 이래의 사회 문제가 집중적으로 제기되고, 해결을 기다리는 때였다. 중국에서는 원·명이 교체되고, 고려에서는 정치·경제·사회 전반에 걸친 사회 개혁이 진행되어, 이제는 새로운 방식으로 중세질서를 재편하지 않으면 안 되는 시기였다. 이러한 사회변동의 중심에는 주자학에 입각하여 새로운 사회운영 질서를 조직하려는 사대부들이 있었으며, 이들은 정치·경제·사회 각 분야에 걸친 새로운 국가운영 방안을 놓고 대결과 타협의 과정

---

50) 윤두수, 「우창비왕설의 연구」, 『고고역사학지』 5·6합, 1994 ; 李佑成, 「목은(牧隱)에게 있어서 우창문제(禑昌問題)와 전제문제 (田制問題)-고려왕조(高麗王朝)의 존속(存續)을 위하여」, 『牧隱 李穡의 生涯와 思想』, 1996.

51) 『耘谷詩史』 卷3, <感事>(『高麗名賢集』 卷5, p.335).

52) 『耘谷詩史』 卷5, <石頸墓所事蹟>(『高麗名賢集』 卷5, p.380).

을 통해 새로운 질서의 창출을 모색하고 있었다.[53]

원주에 거주하던 원천석의 입장에서는 정도전과 이색, 두 계열의 사대부
에게서 전해지는 새로운 국가 정세에 관한 정보를 수집하고, 판단하고 있었
다. 따라서 어느 부분에서는 이숭인이나 이색의 견해에 찬성하는 면도 있
고, 어느 면에서는 정도전 계열의 의견에 비중을 두어 서술하는 글도 있으
며, 어느 부분은 자신의 견해를 피력한 부분도 있다. 원천석의 글 가운데 이
색과의 관계를 보여 주는 글이 7편이 있다.[54] 58세(1387, 우왕 13) 때 가을
이색의 초청을 받고 신륵사에 간 것을 보면, 이보다 앞서서 이색과의 교류
가 있었던 듯한데, 아마도 과거 합격 동기생인 이숭인이 1371년(공민왕 20)
이색을 지공거로 하여 급제한 것을 인연으로,[55] 이후 이숭인의 소개로 이색
과 교유한 듯하다. 이숭인과의 관계를 보여주는 글은 세 편이 있고,[56] 정도
전과의 교류에 대해서는 세 편의 글이 있다.[57] 정도전과의 만남을 보여주는

---

53) 도현철은 고려 말 사대부의 정치개혁 사상을 이색과 정도전으로 대표되는 신·구
　　법파 사대부로 나누어 분석한 바 있다. 그는 크게 ① 儒佛同道論과 排佛論, ② 私
　　恩 中心의 禮論과 公論 中心의 禮論, ③ 形勢·文化論의 華夷論과 名分論的 華
　　夷論, ④ 王覇兼用的 理想君主論과 王道論的 理想君主論, ⑤ 地方官 自律論과
　　中央集權論, ⑥ 一田一主論과 田制改革論 등으로 구분하여 정리한 바 있다. 원천
　　석도 각 분야에 걸친 자신의 의견을 피력하고 있다. 첫 번째 문제에 대해서 원천석
　　은 儒佛同道論의 입장에서 정리하고 있으나, 본고에서는 이 부분에 대해서는 상술
　　하지 않으려고 한다. 이상군주론에 대해서도 자세한 언급을 하고 있지 않기 때문
　　에 본고에서는 이를 배제한 나머지 문제에 대한 원천석의 입장을 서술하고자 한다.
　　서술 과정에서 필요한 고려 말 사대부의 전반적인 정치개혁 사상에 대해서는 도현
　　철의 다음 논고를 참고하였다. 都賢喆,『麗末鮮初 新·舊法派 士大夫의 政治改革
　　思想研究－李穡·鄭道傳의 政治思想의 比較研究를 중심으로』, 延世大學校 博士
　　學位論文, 1996.
54)『耘谷詩史』卷3, <書寂峰禪者卷>(『高麗名賢集』卷5, p.327) ;『耘谷詩史』卷3, <送笑嚴
　　悟師叅方>(p.327) ;『耘谷詩史』卷3, <被韓山君召向神勒寺道中作>(p.327) ;『耘谷詩史』
　　卷4, <書無庵空師卷>(p.341) ;『耘谷詩史』卷4, <記夢>(p.344) ;『耘谷詩史』卷5, <牧隱
　　相國對菊有感>(p.356) ;『耘谷詩史』卷5, <送行借牧隱韻>(p.358).
55)『陶隱集』卷5,「草屋子傳」(『高麗名賢集』卷4).
56)『耘谷詩史』卷4, <同年李令公崇仁被讒在忠州>(『高麗名賢集』卷5, p.349) ;『耘谷
　　詩史』卷5, <奉寄李令公崇仁>(p.358).
57)『耘谷詩史』卷1, <十二月十七日同年鄭道傳贈予詩>(『高麗名賢集』卷5, p.282) ;
　　『耘谷詩史』卷5, <伏覩奉金尺詞受寶錄致語慶而贊之>(p.375) ;『耘谷詩史』卷5,

218

글은 이른 시기이나 그의 정책에 대한 평가는 늦은 시기에 보이고, 이색과 이숭인과의 교류에 관한 글은 노년의 글이지만, 정도전이나 이숭인, 이색 등이 보여준 국내외 정세에 대한 인식에 대해서는 원천석 나름대로의 판단 을 내리고 있었다.

1) 兩端外交的 遼東征伐論과 '禑昌眞王說'

원·명 교체라는 국제적 상황의 변화에 대한 원천석의 견해를 보여주는 글은 많지 않다. 단지 명나라 의복제도의 수용에 관한 입장과 요동정벌에 대한 자신의 의견을 피력한 부분이 있어서 개략적인 내용만 추정할 수 있 다.

명나라와 북원이 힘을 겨루고 있던 우왕 재위 시기의 집권층은 북원과 명을 동시에 교섭하는 兩端外交를 폈다.[58] 이러한 양단외교는 공민왕대의 親明反元 정책과는 차이가 있는 전통적인 실리외교 정책이었다. 그러다 국 제정세가 명을 중심으로 재편됨에 따라 1387년 6월 정몽주·하륜·염정 수·강회백·이숭인 등이 중심이 되어 백관의 관복을 정하였는데, 1품에서 9품까지 모두 紗帽와 團領을 입고 品帶에도 차등을 두었던 것이다.[59] 이러 한 조치를 제안한 사람 가운데 염정수는 염흥방의 아우이고, 강회백은 밀직 사를 지낸 인물로 정파를 초월하여 이를 받아들였던 것이다. 그리고 이 조 치는 명나라 사신으로 온 서질까지도 흡족해 하는 사건이었지만, 우왕과 그 의 측근 세력인 이옥과 이원길 등은 그 복장을 입지 않았다.[60]

이에 대해서 원천석은 원칙적으로 "신라 통일기부터 사대를 해 왔기 때 문에 전례를 따르면 큰 화를 입지 않을 것인가(自古三韓事大邦 從循典禮 不蒙厖[61])"라고 하여, 부정적인 입장을 피력하였다.[62] 위화도회군 당시 좌

<贊鄭二相所製四歌>(p.376).

58) 박용운, 「우왕대의 대원·명 양단외교」, 『고려시대사』 하, 1987, pp.614-618.
59) 『高麗史節要』 卷32, 辛禑 13年 6月.
60) 『高麗史』 卷136, 辛禑 13年 6月.
61) 厖 : 본문에는 狵으로 되어 있으나, 蒙厖의 오자인 듯하다.
62) 『耘谷詩史』 卷3, <是日朝廷奉大明>(『高麗名賢集』 卷5, p.325).

우군도통사를 지낸 조민수와 이성계는 "以小事大 保國之道" 즉 작은 나라로서 큰 나라를 섬기는 것은 나라를 보존하는 도리로서 우리 국가가 삼한을 통일한 이후 대국 섬기기를 부지런히 하였고, 공민왕도 명나라에 복종하였다는 것을 근거로 들었던 것에 대해서,[63] 원천석은 그러한 논리를 핑계에 지나지 않는다고 생각하였던 것이다. 오히려 같은 글에서 "옛 것 버리고 새 것 입음이 어찌 그리 빠른고, 외국 사람으로서 중국사람 되길 그 누가 바랐던가"하는 것이 그의 본심이었다. 만에 하나 명나라와의 외교관계를 맺어 관복제도가 바뀐다는 것을 받아들인다고 해도, 그것은 백성들이 잘 사는 방향으로 정책이 바뀌어야 한다는 것을 전제로 해야 한다고 하였다.[64] 따라서 그는 "조정이 황제 명령에 못 견디어, 冠服제도를 바꾸어, 尊卑貴賤이 달라진다면 이것은 中夏의 예법이지, 東夷의 예법은 아니라"고 하면서, 예법과 제도를 선진문화를 받아들이려면, 국내 정치도 바뀌어야 하는데, 백성들의 살림이 더욱 쓸쓸하고 농사나 양잠도 다 틀려 토지라곤 송곳 세울 땅도 없고, 세금도 충당하지 못하는 것이 현실이니, 오히려 君子道를 널리 펴서 백성들이 잘사는 길을 트는 것이 우선 해야 할 일이라고 생각하였다.[65]

이러한 원천석의 외교관은 요동정벌에 대한 글에서 뚜렷이 확인된다. 앞에서 서술한 바와 같이 우왕이 재위하는 동안 집권층은 북원과 명을 동시에 교섭하는 兩端外交를 폈다.[66] 그런 와중에서 우왕 말기에 철령위 설치문제

63) 『高麗史節要』卷33, 辛禑 14年 5月 丙戌.

64) 『耘谷詩史』卷3, <是日朝廷奉大明>(『高麗名賢集』卷5, p.325).

65) 『耘谷詩史』卷3, <冬至日寓懷>(『高麗名賢集』卷5, p.330). 그럼에도 불구하고 1년 후 최영이 꿈에 明나라 황제를 배알하자, 황제가 각색 의복을 하사하면서 운자를 불러 시 지을 것을 명령, 相國이 그 운에 따라, "각색 비단 옷을 어깨에 걸치니, 은혜를 느껴 취한 흥 쓰러질 것 같아라. 백·천·만세 내내 백성의 부모가 되었으니, 온 천하 백성의 집에 자손 대대로 전하리." 라고 하는 시를 지어 바쳤다는 글이 있다는 소문을 듣고서는 "그 지극한 덕과 훌륭한 공을 史筆로써 전하리"라는 글을 지어 요동정벌에 적극적인 최영에 대해서는 상당한 신뢰를 보이기도 하였다. 『耘谷詩史』卷3, <六道都統使 崔相 夢謁大明皇帝 皇帝 以各色衣服賜之 仍呼韻命製相國 隨韻奏呈云, "色色羅衫着我肩 感恩狂興醉如顚 百千萬歲爲民父 四海民巢子子傳" 聞之 奉次韻 作二絶以備忘云>. 여기서의 崔相을 최영으로 간주한 것은 그의 글 곳곳에서 六道都統使로 표현된 인물은 최영밖에 없기 때문이다.

66) 박용운, 앞의 논문, 1987.

가 다시 제기되었다.[67] 고려의 양단외교에 내심 불만을 품고 있던 명나라가 고려를 압박하는 정책의 일환으로 철령 이북의 땅이 원래 원나라에 속하였으므로 회수한다는 것이었다. 1388년(우왕 14) 2월 최영이 중심이 되어 이 문제를 논의한 결과 철령 이북을 명에 바칠 수 없으나, 무력보다는 외교적인 방법으로 해결하자는 결론을 모았다.[68] 그러나 명나라가 실제 요동에서 철령까지 70여 개의 驛站을 설치하여 고려를 압박해 오자,[69] 최영은 요동정벌 반대론을 묵살하면서 강경책을 주도하게 되었다. 최영은 이성계 등과 함께 요동정벌을 단행하였으나, 위화도회군으로 오히려 최영이 제압당하는 사건이 벌어졌고, 그 결과 최영은 고봉현에 유배되고 우왕은 폐위되어 강화도에 보내진 것이다.

당시 원천석은 59세였는데, 그해 2월말에 병이 들어 無盡寺에서 두어 달 요양하였으며, 집으로 돌아와 쉬고 있는 와중에서 요동정벌과 위화도회군에 대한 일을 기록하였다.[70] 이에 의하면 원천석은 요동정벌의 의의에 대해서 "근래 들건대 조정의 명령으로 연호를 없애고 의복을 고치며, 장정 수대로 다 군사를 뽑아 上下가 모두 준비에 바쁜가 하면, 장차 십만 대군을 이끌고서 鴨綠江을 건너려 한다니, 곧 遼海의 길에 오르면, 그 씩씩한 기운이 깃발을 날리고, 무서운 위엄이 중국에 떨침으로써 감히 畏服하지 않을 자 없어 응당 凱旋의 날이 다가올 것이다. 그 때엔 四夷가 다 귀속되고 聖主, 곧 우왕께서는 무궁한 수명을 누려 周 武王의 발자취를 이어 밟으시리니, 비록 이 늙고 병든 몸이나마 기꺼이 태평 노래를 함께 부를 수 있을 것"이라고 설명하였다.

그러므로 요동정벌에 나섰던 최영에 대해서는 절대적인 지지를 보냈다. 요동출병에 대해서도 "해동의 聲價가 중국을 뒤흔들어, 장막 속의 군사 계획이 간명하고 번거롭지 않았다"고 하였으며, 이는 "하늘이 이 나라의 社稷을 扶持하려 함"이라고 하였다. 이러한 마음이 최영에 대한 축원에도 이어

67) 유창규, 「고려 말 최영세력의 형성과 요동공략」, 『역사학보』 143, 1994.
68) 『高麗史節要』 卷33, 辛禑 14年 2月·3月.
69) 『高麗史節要』 卷33, 辛禑 14年 3月.
70) 『耘谷詩史』 卷3, <病中記聞>(『高麗名賢集』 卷5, p.333).

져 "공의 수명이 崑崙山과 같으시기를 원한다."고 하였으며,[71] 그와 함께 "북방 구름이 늘 태평 혼적을 띠고 있으니, 이것이 곧 明公의 할 일 다하는 것임을 알겠네"라고 하였다.[72] 뿐만 아니라 "온 나라의 장정을 다 군사로 뽑아 성을 쌓고 곡식을 옮기고 인민들을 동원했는데, 어찌 그 수고가 끝내 유익이 없으랴"고 하여 은근히 요동정벌을 격려하였다.[73]

그런데 威化島回軍으로 요동정벌은 미완의 거사로 끝나고, 최영은 유배 후 피살되었으며, 우왕 역시 이에 대한 책임을 지고 신돈의 아들이라는 이유로 폐위당하고 말았다. 이에 대해서 원천석은 못내 아쉬워한 것 같은데, 그 아쉬움이 우왕과 최영에 관한 글에 그대로 반영되어 있다.

사실 우왕에 대한 원천석의 신뢰는 당연한 것이었다. 우왕대의 군신관계를 "고금에 드문 明君과 良臣이 한데 모였다"고 파악한 원천석은,[74] 이숭인이 충주에 귀양 갔을 때 원천석에게 글을 보낸 바 있는데, 그 글 가운데에서도 "明君의 도는 지극히 공평하니까, 부디 眠食을 편히 하라"고 권하기도 하였다.[75] 원천석의 글 가운데 우왕에 대한 평가를 모아 보면 거의 요순시대의 순과 같은 인물로 평가하는 것이 대부분이었다. "重瞳과 八彩眉에 기쁨이 넘치리"[76] "堯舜같은 임금에다가 시대에 드문 신하"[77] "다만 이 몸이 堯舜의 백성되기를 원할 뿐이네"[78] "堯舜같이 높은 임금 만난 걸 기뻐하였다오"[79] "백성은 이제 堯舜시대의 백성이 되었네"[80] 등이 그것이다. 이런 원천석에게 우왕이 왕씨가 아니라 신씨라는 것은 믿을 수 없는 일이었다.

사실 '우창진왕설'에 관한 글은 원천석을 후대에 유명하게 한 글로서, 조선 건국 공신들이 '禑昌非王說'을 주장한 것에 대해, 역사적으로 '禑昌眞王

---

71) 『耘谷詩史』 卷3, <海東二賢讚>(『高麗名賢集』 卷5, p.326).
72) 『耘谷詩史』 卷3, <判三司事>(『高麗名賢集』 卷5, p.326).
73) 『耘谷詩史』 卷3, <有感>(『高麗名賢集』 卷5, p.330).
74) 『耘谷詩史』 卷2, <同年沈益州方哲示尹壯元所贈詩>(『高麗名賢集』 卷5, p.312).
75) 『耘谷詩史』 卷4, <同年李令公崇仁被讒在忠州>(『高麗名賢集』 卷5, p.349).
76) 『耘谷詩史』 卷1, <牧伯見和復次韻三首>(『高麗名賢集』 卷5, p.281).
77) 『耘谷詩史』 卷2, <又>(『高麗名賢集』 卷5, p.311).
78) 『耘谷詩史』 卷3, <前按部豐儲倉使李公寄詩>(『高麗名賢集』 卷5, p.321).
79) 『耘谷詩史』 卷4, <奉寄趙中書璞>(『高麗名賢集』 卷5, p.343).
80) 『耘谷詩史』 卷5, <右賀朝>(『高麗名賢集』 卷5, p.360).

222

說'을 주장한 글이다.[81] '우창비왕설'의 전거가 된 글은 『고려사』·『태조실록』·『용비어천가』 등이다. 『고려사』에는 신우는 모니노라고 하는데 신돈의 비첩 반야의 소생이라고 기록되어 있고,[82] 『태조실록』에는 태조가 심덕부·지용기·정몽주·설장수·성석린·조준·박위·정도전 등과 함께 의논할 때 우왕·창왕은 본래 왕씨가 아니어서 명나라 천자도 가짜를 폐하고 진짜를 세우라는 명(廢假立眞)이 있었다고 하였으며,[83] 『용비어천가』 11장에도 고려 우왕은 요망한 중 신돈의 아들이라는 기록이 실려 있다.[84] 이에 대해서 원천석은 60세 때인 1389년 <나라에서는 이미 정창군을 왕위에 앉히고 前王 부자는 신돈의 자손이라 하여 서인으로 만들었다고 한다>는 글을 지어 "태조 왕의 진실한 맹세 하늘에 감응했기에 끼친 은택이 수백 년 흘러 전해거늘, 어찌 일찍이 진짜와 가짜(假眞)를 구분하지 않았을까. 저 푸른 하늘의 거울만은 밝게 비쳐 주리라"라고 하여 禑昌眞王說을 설파했던 것이다.[85] 이미 우왕을 강화로 유배시키고 창왕을 세울 때부터 나라의 안위를 염려하던 원천석의 입장에서는[86] 당연한 주장이었던 것이다. 그러므로 우왕의 폐위나 창왕의 즉위, 우창신씨설 등은 도저히 납득되지 않는 사건일 수밖에 없었다.

위화도회군 결과 최영이 겪은 고초에 대해서도 원천석은 요동정벌에 대한 책임을 물은 것으로 역사적 평가를 하였다. 위화도회군 후의 상황을 "西都에 계시는 大駕도 왜 돌아오는 거동이 그렇게 급박하신고, 가엾도다 都統公만이 홀로 서서 원망을 듣게 되었군"이라고 파악한 원천석은,[87] 최영의 죽음을 듣고, 애도의 시를 짓는 것은 최영을 위한 슬픔이 아니라 나라를 위한 슬픔이라고 설파하였던 것이다.[88]

81) 윤두수, 앞의 논문, 1994 ; 李佑成, 앞의 논문, 1996.
82) 『高麗史』 卷133, 辛禑, "신우의 아명은 모니노이니, 신돈의 비첩 반야의 소생이다".
83) 『太祖實錄』 卷1, 總序 11月.
84) 정인지외, 이윤석 옮김, 『용비어천가』, 1997.
85) 『耘谷詩史』 卷4, <聞今月十五日國家以定昌君立>(『高麗名賢集』 卷5, p.343).
86) 『耘谷詩史』 卷3, <伏聞>(『高麗名賢集』 卷5, p.335).
87) 『耘谷詩史』 卷3, <病中記聞>(『高麗名賢集』 卷5, p.333).
88) 『耘谷詩史』 卷4, <聞都統使崔公被刑寅歎>(『高麗名賢集』 卷5, p.337).

이렇듯 그는 양단외교의 입장에서 요동정벌과 우창의 폐위, 최영의 죽음을 이해하고 있었다. 즉 요동정벌의 의의에 대하여 고려 무력의 힘을 中原에 떨치면 四夷가 모두 附屬하리라는 것이다. 이른바 양단외교적 대외관을 표명한 글인데, 이미 그는 명나라 의복제의 수용을 주장하면서도 다른 한편에서는 자국의 풍속과 교화가 중흥되는 날을 맞이하게 되면 다른 지방도 정복할 수 있는 줄을 비로소 믿겠다(得逢風敎重興日 方信殊邦儘可降)는 입장을 반영한 글이다.[89] 원천석의 입장에서는 요동정벌이 바로 고려의 양단외교적 대외관을 발휘하는 사건인데, 위화도회군으로 무산된 것은 상당히 유감스러운 점이라 하겠다. 따라서 이를 실천하려는 최영의 위기는 나라를 위해서도 상당히 안타까운 일이었으며, 후에 최영의 죽음을 애도하는 것은 최영을 위한 슬픔이 아니라 나라를 위한 슬픔이라 할 만한 것(我今聞訃作哀詩 不爲公悲爲國悲)이기 때문이라는 평가가 가능한 것이다. 그가 사실을 사실대로 기록한다는 역사가의 입장을 보일 수 있었던 것은 이러한 자세를 견지하고 있었기 때문이었다.

2) 一田一主的 田制 改革論과 守令論

원천석의 대외정세 인식은 국내적으로 일전일주적 전제개혁과 지방관의 역할로 이어지는 사고의 소산이었다. 그가 명나라의 의복제도에 대해 원칙적으로 반대하면서도, 만약 명나라와의 외교관계를 위해 수용한다면 백성들이 잘 사는 방향으로 정책이 바뀌어야 한다는 것을 전제로 해야 한다고 강조한 것이 한 예라고 할 수 있다.[90]

이러한 입장에서 59세 때(1388, 우왕 14) 원천석이 국내 정치의 문제로 제기한 것은 토지겸병이었다. 당시 토지겸병의 풍조가 일어나 자리를 말 듯이 온 산천을 독점하려 하고, 주머니를 뒤지듯이 노비까지 다 수색하여 염치의 도를 잃었다는 것이다.[91] 이에 대한 구체적인 사례로서 조반 사건을 들고

---

89) 『耘谷詩史』卷3, <是日朝廷奉大明>(『高麗名賢集』卷5, p.325). 글 가운데 風敎는 덕행으로 사람을 가르치고 인도하는 일을 말하고, 殊邦은 외국・타국을 말한다.

90) 『耘谷詩史』卷3, <是日朝廷奉大明>(『高麗名賢集』卷5, p.325).

91) 『耘谷詩史』卷3, <有感 八首>, "時田民兼幷之徒蜂起".

있다. 당시 권세가의 한 사람이었던 염흥방의 家奴인 이광이 조반의 땅을
강탈한 일이 있었다. 이에 조반은 염흥방에게 항의하여 그 땅을 반환받았으
나, 이광이 그 땅을 강탈하고 조반을 능욕하였다. 그래서 조반은 최영과 상
의하여 기병 수십 명을 이끌고 포위하여 이광을 죽였다. 이 일로 인하여 염
흥방이 조반을 잡아 가두었으나, 조반은 이에 굴하지 않았다는 것이다.[92]
사실 고려 말 수조지 분급제는 신라 통일기 이래 고려 전기까지 新田과 陳
田 개간에는 상당한 의미가 있었지만, 개간의 시대가 어느 정도 마무리된
12세기 이후에는 오히려 많은 문제를 드러내고 있었다.[93]

토지겸병에 문제를 제기한 원천석은 이때 상황을, <때에 조반이 義로써
포악한 무리를 제압하다가, 그들에게 욕을 당했는데, 곧 임금의 은혜를 입
어서 화를 면하다>와 <주상전하께서 정의를 앞세워 겸병하는 포악한 무리
들을 다 소탕함으로써 사방이 안정되었다>라는 두 글로써 자신의 입장을
정리하고 있다.[94] 그리고 이러한 전제개혁에 관한 문제 의식은 그대로 지방
관의 역할에 대한 기대에서 찾을 수 있다.

원천석의 지방관의 역할에 관한 글 가운데 감무에 대한 글은 세 편이 있
다.[95] 감무로 파견된 사람은 1376년(신우 2) 종사랑으로[96] 금성군 감무에 임
명된 동생 자성과 승봉랑인[97] 신승봉과 원승봉이었는데, 신승봉이 예종 원
년부터 감무가 파견되기 시작한 長端縣의 속현인 兎山과 원승봉이 1387년

---

92) 이 사건의 전말은 『高麗史』 卷126, 임견미 열전에 자세히 실려 있다.

93) 이경식, 「고려 말기의 사전문제」, 『동방학지』 40, 1983 ; 이인재, 「고려 중·후기 수
조지 탈점의 유형과 성격」, 『동방학지』 93, 1996.

94) 『耘谷詩史』 卷3, 贊趙相國胖 時相國 以義制强暴之徒被其所辱尋蒙 上恩免禍·伏
聞 主上殿下 奮義掃盡兼幷暴虐之徒 四方晏然 詩以賀之.

95) 『耘谷詩史』 卷2, <送子誠弟赴金城令>(『高麗名賢集』 卷5, p.312) ; 『耘谷詩史』 卷
4, <送辛承奉赴兎山>(『高麗名賢集』 卷5, p.338)·<送元承奉赴伊川監務詩>(『高
麗名賢集』 卷5, p.342).

96) 공민왕 11년 개정된 文散階 규정에 의하면 從事郎은 7品의 官階이다. 『高麗史』 卷
77, 百官2 文散階. 자성이 이 당시 종사랑이었다는 것은 다음 글을 근거로 추정한
것이다. 『耘谷詩史』 卷5, <送舍弟子誠赴歡谷令>(『高麗名賢集』 卷5, p.354).

97) 공민왕 11년 개정된 文散階 규정에 의하면 承奉郎은 正六品의 官階이다. 『高麗
史』 卷77, 百官2 文散階.

(신우 13)에 예종 3년부터 감무가 파견된 東州의 속현인 伊川의 감무로 파견될 당시의 글을 쓴 것이다. 원천석이 파악한 감무는 원래 ① 소속은 各司이고, ② 임무는 人吏들이 받는 것을 파악하는 것이지만, 牧民의 임무 역시 州牧의 大官과 다를 것이 없는데도, ③ 지위는 낮고 책임은 중하기 때문에 폐단이 있었기 때문에 ④ 제도를 개선할 때에 官階를 參官으로 올리고, 현량·공정한 사람을 뽑는데, ⑤ 그 방법은 觀察使가 들은 대로 천거하면, 임금이 채용하는 방법으로 한다고 서술하고 있다.[98] 그러면서 감무가 지켜야 할 덕목 역시, 正·直·公·平이라고 강조하면서, 임금을 위해 나쁜 폐단을 제거하는 것에 치중할 뿐 자신의 뜻에 따라 行止가 안 된다고 한탄하지 말라고 충고하고 있다.[99]

일찍이 원천석은 여러 차례 屬縣의 실정을 파악할 기회가 있었다. 그가 여행 중에 다녔던 가평현이나 낭천현, 인제현, 횡천현, 홍천현, 문등현, 방산현, 서화현, 양구현은 모두 춘주의 속현이었다.[100] 그 가운데 양구에서의 경험은 젊은 원천석에게는 상당히 충격적인 일이었다.[101] 가서 보니까 양구군의 향리 집안(吏家)과 民戶가 땅에 기울어 넘어질 정도이고(欹斜倒地) 집에 불때는 연기도 안 날 정도로 황폐해 있었다. 이에 연유를 물으니 양구현은 1106년(예종 원년) 감무를 둘 때 옛날부터 땅은 좁고 밭이 메말라(地窄田磽) 백성들과 물산이 시들해서(民物凋殘) 별도의 감무를 두지 않고 낭천의 감무가 겸임하게 하였는데,[102] 근래에 들어 권세있는 집안 사람들이 토지를 탈점하고 향리들이 조세를 혼란스럽게 운영하는 바람에 이렇게 되었다는 것

98) 『耘谷詩史』 卷4, <送元承奉赴伊川監務詩>(『高麗名賢集』 卷5, p.342), "監務之職 我國家設官分職 從古以來 各司攸屬 本把人吏之所受也 然 專其城而牧民御吏之 法 與州牧大官一也 但 以位卑任重 間有其弊 故 方今更化之初 憲司奏聞 以監務 ·縣令之任 陞其階於叅官 揀擇賢良公正 堪爲守令者以遣之 (中略) 觀察使之所薦 聞 聖明君之所選用 其不輕而重也明矣".

99) 『耘谷詩史』 卷2, <送子誠弟赴金城令>(『高麗名賢集』 卷5, p.312), "以四字曰正直 公平" ; 『耘谷詩史』 卷4, <送辛承奉赴兎山>(『高麗名賢集』 卷5, p.338), "但爲聖明 除弊瘼 莫將行止嘆乖違".

100) 『高麗史』 卷57, 地理3, 春州.

101) 『耘谷詩史』 卷1, <十五日發方山到楊口郡>(『高麗名賢集』 卷5, p.278).

102) 『高麗史』 卷58, 地理3, 春州.

226

이다.

　이러한 인식은 1390년 현풍현의 감무에 대해 기록한 李詹의 인식과 일치
하는 것이다.[103] 그는 현풍에 감무를 둔 지는 오래되었으나 밀성군에 소속
되어, 郡吏가 현풍현을 방문할 경우 土官을 속이고, 백성들을 업신여겨 人
民은 피폐하고 田野는 거칠어져(人民罷 田野荒) 겨우 縣名만 유지해 오다
가 1390년 6월 田侯가 감무로 내려와 사정이 좋아졌다고 기록하고 있다.[104]
이렇게 속현에 대한 州縣吏의 侵虐과 이에 따른 속현의 疲弊함을 막기 위
해서는 감무의 자격과 임무가 재조정되어야 한다는 것은 공민왕대부터 시
작된 것이었다.[105]

　원천석의 현령에 관한 글은 세 편이 있다.[106] 세 편 다 자신의 동생과 조
카가 흡곡현령이 되었을 때 주고받은 글이다. 원천석의 동생인 원천우는
1391년 정5품 통직랑의 官階로서 흡곡현령이 되었고, 다음 해인 1392년 조
카인 원식이 흡곡현령이 되었다. 원천석은 그들에게 편지를 보내 현령과 백
성과의 관계는 부모와 자식과의 관계와 같고, 백성은 하늘이 만든 백성이므
로, 刑政을 집행할 때는 너그럽게 하고, 인사는 公道에 맞게 하라고 권유하
고 있다.[107]

　원주목사에 대한 글도 몇 편 있다. 원천석의 글에서 확인되는 이는 송목
백(1359~1361)·김목백(1361~1364)·하목백·설자사·서목백·정목백　등

---

103) 李詹에 대해서는 『高麗史』 卷117, 이첨 열전을 참고할 것.
104) 『新增東國輿地勝覽』 卷27, 현풍현 樓亭 仰風樓 李詹記.
105) 사실 고려 말 감무의 자격과 임무에 대한 논란은 수조권 분급제의 변화와 밀접한
　　관련이 있다. 이인재, 「고려 중·후기 지방제 개혁과 감무」, 『외대사학』 3, 1990 ;
　　임용한, 「고려 외관제의 특성과 후기의 변화」, 『조선 초기의 수령제연구』, 경희대
　　박사학위논문, 1998.
106) 『耘谷詩史』 卷5, <送舍弟子誠赴歙谷令>(『高麗名賢集』 卷5, p.354) ; <寄姪歙谷
　　令>(『高麗名賢集』 卷5, p.362) ;『耘谷詩史』 卷1, <次姪湜所寄詩韻>(『高麗名賢
　　集』 卷5, p.284). 이 가운데 세 번째 글은 조카 원식이 보낸 글인데, 문집에는 앞 부
　　분에 실려 있으나, 내용상 흡곡령으로 부임한 이후에 원천석에게 보낸 글로 판단
　　된다.
107) 『耘谷詩史』 卷1, <次姪湜所寄詩韻>(『高麗名賢集』 卷5, p.284), "臨民豈易忽 民是
　　天生民 要須與所欲 毋使多艱辛 荷不施惠愛 視如行路人 爾今爲父母 保之如子身
　　散也今久矣 宜敕以循循 公道合人事 德望出于倫 以此致君民 是爲逢我辰".

이 나오는데, 그 가운데 인명이 확인되는 이는 河允源과 偰長壽, 鄭士毅이
다.108) 세 사람 가운데, 『고려사』 등 인접 자료에서 확인되는 이는 하윤원과
설장수 두 사람인데, 원천석도 그에 대한 기록을 상당히 남기고 있어서 목
사의 임무와 역할에 대한 분석이 가능하다.

1376년(우왕 1) 수령의 근무성적 평가(殿最)는 업무 수행능력에 있어서는
논밭의 개간에 힘 쓴 정도(田野闢), 호구 수를 늘린 정도(戶口增), 부역을 공
평히 시행했는지에 대한 여부(賦役均), 재판을 진행할 때 간단 명료하게 진
행한 정도(詞訟簡), 도적이 늘지 않도록 했는지에 대한 여부(盜賊息) 등 이
른바 守令 五事를 중심으로 하였으며,109) 이후 이에 대한 보완책으로 수령
임기는 3년을 보장하되 근무 성적이 좋은 사람은 순서에 구애받지 않도록
하자는 정책을 시도한 바 있다.110) 이러한 수령의 근무 평가기준은 이후 조
준의 건의에 따라 盜賊息이 學校興으로 바뀌어,111) 그대로 조선 태조 원년
8월에 수령의 임기와 고과 평정의 기준으로 확정되어 나갔던 것이다.112) 태
조 즉위교서에 반영된 이 조치는 정도전의 구상과 일치되는 것으로 생각되
는데, 실록의 미비한 내용을 정도전의 글에서 찾아보면 守令五事와 더불어
公·廉·勤·謹이라는 덕행이 보조 수단으로 활용되었는데,113) 이후 덕행
으로 평가하는 것이 너무 주관적이라는 비판이 있어, 태종 6년 守令七事로
변화, 시행되었다. 이때 수령을 평가하는 7가지 기준은 ① 어질고 너그럽게
정사를 하려고 애쓴 사실(存心仁恕). 굶주리는 사람을 구제하는 것이 몇 사
람이고 늙고 병든 사람을 돌보아 준 것이 몇 사람인가(賑恤窮乏者 幾人 惠
養老疾者 幾人). ② 청렴하고 신중하게 처신한 사실(行己廉謹). 필요치 않
은 비용을 절약한 것이 얼마이고(裁省冗費 某某事) 백성에게서 거두어들이
는 것을 줄인 것이 얼마이며(減損收斂 某某事) 아침저녁으로 부지런히 수

---

108) 원천석의 문집에서 설자사로 나오는 사람이 설장수라고 판단한 근거는 『新增東國
　　興地勝覽』 卷46, 원주목 명환에 설장수가 원주목사임이 기록되었기 때문이다.
109) 『高麗史』 卷75, 選擧3, 選用守令, 禑王 元年 2月.
110) 『高麗史』 卷75, 選擧3, 選用守令, 禑王 6年 6月, 諫官 李崇仁等 言.
111) 『高麗史節要』 卷33, 禑王 14年(昌王 卽位年) 7月.
112) 『太祖實錄』 卷1, 太祖 1年 8月 辛亥.
113) 정도전, 『삼봉집』 卷6, 「경제문감」 하, 감사 당친순원지.

고한 것은 어떠한 일인가(早暮劬勞 某某事). ③ 법령을 받들어 실행한 사실 (奉行條令). 부임한 뒤에 임금의 지시대로 실행한 것이 어떤 것이며(到任以 來 奉行 某某事) 방을 써 붙여 백성들을 깨우쳐 준 것이 몇 가지인가(板牓 張卦 議衆申明 幾條). ④ 농사와 누에치기를 장려한 사실(勸課農桑). 고을 안에 있는 堤堰 가운데 수리하여 쌓은 것이 몇 곳인가(境內堤堰幾所內 修 築幾所). 부임한 뒤에 백성들을 권해서 뽕나무를 심은 것은 집마다 몇 그루 씩이며(任後勸民植桑柑 每一戶幾株) 관청에서 뽕나무를 재배했다가 나누 어주어서 가꾼 것은 집마다 몇 그루인가(官種桑柑 分給裁植 每一戶幾株) 백성들을 권해서 수차(水車)를 만든 것은 마을마다 몇 채씩이며(勸民造水車 每一里幾具) 관에서 만들어서 나누어 준 것이 마을마다 몇 채씩인가(官造 作分給 每一里幾具) 밭갈이를 권한 것이 몇 집이며(勸耕幾合) 온 집이 병 에 걸렸을 때 이웃사람을 시켜 농사를 지어주게 하였다가 병이 나은 뒤에 그 값을 물어주게 한 것은 몇집인가(家疾病者 令隣里耕耨 待其平復 賞價 者幾). ⑤ 학교를 세우고 가르친 사실(修明學校). 고을에 있는 학교 중에서 수리한 것은 몇 칸이며(學校幾間內 修治幾間) 생도 중에서 글을 잘 읽게 된 사람은 몇 명이며 어떤 경서에 대하여 통달한 사람은 몇 명인가(生徒幾人 內 讀書幾人 通幾經幾人). ⑥ 조세와 부역을 공평하게 한 일(賦役均平). 공 물과 조세를 거두어들일 때 어떠한 것을 공평하게 했고(貢賦收斂 某某事 均平) 부역을 골고루 부담시키는 데서는 어떤 것을 공평하게 했는가(軍役差 定 某某事 均平). ⑦ 송사의 판결을 명백하게 한 사실(決訟明允). 노비소송 몇 건 중에서 판결해 준 것은 몇 것이며(奴婢相訟 幾道內 決絶幾道) 여러 가지 송사를 처리한 것은 몇 건인가(雜訟幾道) 등이었다.[114]

원천석은 원주목사에 대한 평가를 통해,[115] 守令五事에서 守令七事로의 역할 변동을 수령제 개선의 방안으로 인정하고 있었다. 특히 하윤원의 수령 활동을 크게 寬政・善政・廉政・報政・感政으로 나누어 평가하는 점을 재

---

114) 『太宗實錄』 卷12, 太宗 6年 12月 乙巳. 수령제에 대한 고찰은 林容漢, 앞의 논문, 1998을 참고하였다.

115) 특히 하윤원에 대한 평가가 주목된다. 『耘谷詩史』 卷2, <上河刺史詩>(『高麗名賢 集』 卷5, p.300).

분류해 보면, 그가 지방의 유교지식인으로서 바랐던 수령의 역할과 조선으로 이어지는 수령제 개선의 방향과 밀접한 관련이 있음을 추적할 수 있다.

먼저 그는 使客을 맞이하고 보내는 비용을 民戶에게 거두지 않고, 公錢 支應함으로써 남자에겐 곡식이 남고 여인에겐 비단이 남아돌아 떨거나 굶주리는 근심을 없애는 것을 寬政이라고 하고,[116] 의지할 데 없는 홀아비와 과부들에게 은혜가 더한 것을 善政이라고 하였다.[117] 같은 시기 이색은 남원부와 청주목에서 부세 납부와 빈객접대 비용의 합리적인 운영을 위해 지방관이 자율적으로 기금을 마련하여 운영한 濟用財에 대해 긍정적인 평가를 하였는데,[118] 원천석이 언급한 원주목의 公錢도 濟用財와 같은 성격의 기금이었을 것이다. 지방관이 이런 기금을 운영한 것은 수시로 집행되던 일종의 임시 세금의 집행을 방지하기 위한 것이었다.[119] 홀아비나 과부, 고아나 자식이 없는 노인에 대한 진휼정책 역시 고려 말 仁政의 우선으로 취급되었으며,[120] 그대로 태조의 즉위교서에 반영된 규정이었고,[121] 태종 때 수령 평가의 일곱 가지 기준의 하나로 제시된 조항이었다.

또한 원천석은 가혹한 법을 없애는 동시에 인후한 풍속을 조성하도록 한 정치를 寬政의 하나로 들었고, 모든 일을 간략히 하면서도 다 이치에 극진한 것을 善政의 하나로 들었으며, 소송을 관결함에 있어선 공성을 나함을 報政이라고 하였다.[122] 수령 평가의 기준에서 재판을 진행할 때 간단 명료

---

116) 『耘谷詩史』卷2, <上河刺史詩>(『高麗名賢集』卷5, p.300), "使客迎送之費 不抽民戶 皆以公錢支應 男有餘粟 女有餘帛 凍餒之患 絶矣".

117) 『耘谷詩史』卷2, <上河刺史詩>(『高麗名賢集』卷5, p.300), "惠均於鰥寡".

118) 『牧隱文藁』卷1,「南原府新置濟用財記」;『牧隱文藁』卷6,「淸州牧濟用財記」. 이에 관해서는 다음 논고가 참고된다. 朴鍾進,「高麗末의 濟用財와 그 性格」,『蔚山史學』2, 1988.

119) 도현철은 이를 고려 말 구법파 사대부의 賑恤에 의한 民蘇息論의 하나로 평가하였다. 都賢喆, 앞의 논문, 1996.

120) 『高麗史』卷80, 食貨3, 鰥寡孤獨賑貸之制, 恭愍王 20年 12月 下敎, "鰥寡孤獨 仁政所先 宜加矜恤".

121) 『太宗實錄』卷26, 太宗 13年 7月 乙酉, "鰥寡孤獨 王政所先 存恤之法 雖在六典".

122) 『耘谷詩史』卷2, <上河刺史詩>(『高麗名賢集』卷5, p.300), "以刪除苛法 宣暢和風""速事簡理""決訟至公正".

하게 진행한 정도가 고려되거나, 공정하게 진행한 정도가 고려되는 것과 밀접한 평가라 할 수 있는 점이고, 도적이 늘지 않도록 했는지에 대한 여부에서 학교를 진작시켜 법보다는 교화의 정치를 추구한 사대부들과 같은 맥락에서 수령을 평가하고 있는 것이다.

感政으로 지방관이 권농에 힘쓴 결과, 토지가 다 경작되었고, 때 맞춰 비바람이 불었으며, 蝗虫이 경계안에 들어오지 못했을 뿐 아니라 사람들도 실기하지 않아 五穀이 죄다 풍성하게 익게 한 점을 거론한 것은,[123] 논밭의 개간에 힘 쓴 정도를 평가한 것과 같은 내용이다. 그와 더불어 중국의 사례를 들어 권농에 수리시설을 포함시킨 것은[124] 태종 당시 수령 평가의 기준인 勸農과 일치하는 것이다. 또한 廉政으로 중요하지 않은 자잘한 일은 없애고 뇌물은 물론, 일체 혐의되는 물건을 받지 않았다고 수령을 평가한 것은[125] 태종 때의 "청렴하고 신중하게 처신한 사실(行己廉謹). 필요치 않은 비용을 절약한 것이 얼마이고(裁省冗費 某某事) 백성에게서 거두어들이는 것을 줄인 것이 얼마이며(減損收斂 某某事)"와 기준이 일치하고, 나라를 위해 부득이 세금을 부가하거나 역사할 일이 있으면 미리 시일을 정하고는 고을 안에 榜을 붙이고, 고을밖에 글을 보내 모두 듣고 알게 함으로써 백성들이 다 기꺼이 따르게 했다는 것은[126] 태종 때의 수령 칠사의 하나인 "법령을 받들어 실행한 사실(奉行條令). 부임한 뒤에 임금의 지시대로 실행한 것이 어떤 것이며(到任以來 奉行 某某事) 방을 써 붙여 백성들을 깨우쳐 준 것이 몇 가지인가(板牓張卦 議衆申明 幾條)"와 일치하는 것이라 할 수 있다. 그렇다면 원천석의 원주목사 하윤원에 대한 평가 속에는 當代의 守令五事와 태종대의 守令七事가 대부분 반영되어 있다고 할 수 있겠다.

---

123) 『耘谷詩史』卷2, <上河刺史詩>(『高麗名賢集』卷5, p.300), "勸課農桑 則土地盡闢 風雨順時 飛蝗不入 人不失時 去其荒穢 霜又延降 五穀豊熟".

124) 『耘谷詩史』卷2, <上河刺史詩>(『高麗名賢集』卷5, p.300), "躬耕勸課 開通溝瀆 (中略) 灌五千頃".

125) 『耘谷詩史』卷2, <上河刺史詩>(『高麗名賢集』卷5, p.300), "凡百雜冗 ――蠲免 不納苞苴 身遠嫌疑".

126) 『耘谷詩史』卷2, <上河刺史詩>(『高麗名賢集』卷5, p.300), "不得已斂役 則 計定 日時 榜示于內 牒傳于外 感使聞之 民皆悅從".

　　원천석과 안렴사와의 관계를 알 수 있는 자료는 모두 일곱으로, 관련 인물은 金濤, 李公, 鄭濯 세 사람이다.[127] 젊은 시절 원천석을 군적에 올린 인물은 확인되지 않지만, 세 사람 가운데 김도는 1362년에 과거에 합격하였고, 1371년 명나라의 制科에 합격한 인물이었는데, 1379년(우왕 5) 양백연 숙청사건 때 살해된 인물이고,[128] 정탁은 정공권의 아들로 1390년 좌헌납이었고, 1391년 김초가 배불론을 펼 당시 병조좌랑이었으며, 1392년 지평을 역임한 인물이다.[129] 豊儲倉使 李公으로 표현된 인물을 당시 기록을 중심으로 찾아보면 李敢이라는 인물이 찾아지는데,[130] 그는 1392년 4월 정몽주 피살사건 이후 김진양과 같이 정몽주의 사주에 의해 조준을 제거하려 했다는 이유로 제거당하는 인물이다.[131] 그러나 이상의 안렴사 자료로는 원천석이 기대한 안렴사의 역할을 확인할 길은 없다. 고려 말 안렴사가 도관찰출척사로 바뀐 이유가 수조권적 토지지배를 바탕으로 한 권호들의 농장 확대를 막기 위해 수령들을 안찰하고, 조사하는 일을 하기 위해서는 안렴사보다는 지위를 높인 도관찰출척사로 되는 일련의 과정에서 비롯되었다는 점을 상기해 보면,[132] 원천석의 글 가운데에서는 이러한 점을 알 수 있는 단서는 없다고 할 수 있다.

　　그러나 원천석의 전제개혁에 관한 문제의식이나 지방관 역할 변화에 대

---

127)『耘谷詩史』卷1, <余自少有志於儒名者久矣>(『高麗名賢集』卷5, p.280);『耘谷詩史』卷2, <次金按部旱中得雨詩韻>(『高麗名賢集』卷5, p.303);『耘谷詩史』卷2, <金按部牧丹詩次韻>(『高麗名賢集』卷5, p.303);『耘谷詩史』卷3, <前按部豊儲倉使李公寄詩>(『高麗名賢集』卷5, p.321);『耘谷詩史』卷5, <次半刺先生所示按節鄭公>(『高麗名賢集』卷5, p.360);『耘谷詩史』卷5, <右記按節行>(『高麗名賢集』卷5, p.360);『耘谷詩史』卷5, <代歡喜堂頭長老上按部公鄭濯詩>(『高麗名賢集』卷5, p.361).

128)『高麗史』卷111, 金濤.

129)『高麗史』卷45, 恭讓王 2年 4月 辛未;『高麗史』卷46, 恭讓王 4年 4月 丁巳;『高麗史』卷106, 鄭公權.

130)『高麗史』卷45, 恭讓王 2年 9月 癸巳.

131)『高麗史』卷117, 金晉陽. 李敢이 바로 안렴사를 지낸 풍저창사 李公인지 확실하지 않지만 원천석의 과거 동기생인 김진양과의 관련성을 염두에 둘 때, 확인해 볼 필요가 있다.

132) 이인재,「고려 말 안렴사와 도관찰출척사」,『역사연구』2, 1993.

한 바람은 어쩌면 고려 말 지방에 거주하던 유교지식인이라면, 누구나 인식할 수 있는 문제라고 할 수 있다. 따라서 원천석의 입장에서는 왕조 교체 문제보다 제도개선이 더 중요한 문제였다. 차남인 원형이 벼슬에 나갈 때, "어버이 늙고 집이 가난하면 벼슬하는 것은 당연하니 부디 忠과 孝에 다 힘써야 한다"고[133] 가르칠 수 있었던 것은 명분만큼 현실 수용 능력이 중요하다는 자세가 있었기 때문이었다. "국호는 바뀌었지만 산천은 바뀌지 않아 오히려 마음을 상하게 한다"는 것으로 고려 멸망에 대해 마음 아파하면서도,[134] "기자의 유풍이 다시 떨친다면 중하의 사람들과 볼만한 것을 경쟁할 것"이라고 되도록 긍정적으로 평가하고자 하였다.[135] 새로운 정치체제를 마련하여 조정의 반열을 정한다면 그로부터 다른 나라도 큰 교화에 돌아올 것이라고 기대하고 있는 것은,[136] 현실 수용의 태도 역시 중요시하는 원천석의 온건적 정치개혁론을 반영하는 자세를 확인할 수 있다.

4. 結論

이상과 같이 원천석의 생애와 현실인식을 살펴보았다. 지금까지 원천석에 대한 평가는 조선중기 節義의 인물이라는 점만이 부각되어, 실제 고려 말 왕조 변혁기에 지방에 거주하던 유교지식인이 當代 사회의 변화를 어떠한 자세로 수용하고 있는지에 대해서는 그다지 주목하지 않았던 것이 현실이었다. 그 결과 禑昌王氏說을 지적한 고려의 충신이 조선왕조 건국을 현실적으로 받아들이는 그의 지식이 이율배반적이라고 이해할 수밖에 없었던 것이다. 이에 대해서 본고에서는 고려 말 사회변동을 이해하는 지방 거주 유교지식인의 또 다른 측면이 있음을 부각시키고자 하였다. 그렇게 보아야

---

133) 『耘谷詩史』 卷5, 得泂書信 (『高麗名賢集』 卷5, p.354).
134) 『耘谷詩史』 卷5, <改新國號爲朝鮮>(『高麗名賢集』 卷5, p.365), "雲物不隨人事變 尙令閑客暗傷神".
135) 『耘谷詩史』 卷5, <改新國號爲朝鮮>(『高麗名賢集』 卷5, p.365), "箕子遺風將復振 必應諸夏競觀光".
136) 『耘谷詩史』 卷5, <新國>(『高麗名賢集』 卷5, p.375).

만 조선 중기에 유교지식인의 평가기준으로 제시되었던 충과 불충이라는
이분법적 역사평가에서 탈피할 수 있으리라 판단하였기 때문이었다. 이러
한 목표 하에 원천석의 생애와 현실인식을 요약하면 다음과 같다.

나말여초 북원부의 주요 가문이었던 원주 원씨는 각각 중앙과 지방, 지방
에서도 지위가 다른 두 집안으로 분화, 발전하였다. 이 가운데 원천석 집안
은 향리가문이었다. 원천석의 고조와 증조는 향촌사회에서 조세를 비롯한
넓은 의미의 재무관리를 총괄하는 향리직인 倉正을 맡았다. 倉正은 부호장
-호장으로 승진할 수 있고, 부호장이 되면 계수관 시험과 사마시험을 통해
중앙으로 진출할 수 있었으며, 일품군의 별장과 교위가 될 수 있었다. 원천
석의 조부는 이런 규정에 따라 주현군의 2군(정용·보승) 가운데 하나인 정
용별장이 되었다.

원천석은 개성에서 태어났으나 어린 시절 공부할 때에는 춘천의 향교에
서 보냈고, 27세 때 개성에 가서 과거시험에 합격한 이후에는 줄곧 원주에
살았다. 그에 대한 이력은 자료가 남아있지 않아 불분명하지만, 천여 편에
이르는 그의 시문집인『耘谷詩史』를 통하여 대략 그의 행적을 엿볼 수 있
다. 그는 유학자로서 현실문제에 대한 깊은 이해가 있었고 나름대로의 견해
를 가지고 있었다. 시문집을 통해서 볼 때 그는 지방관의 행적에 큰 관심을
보이고 자신이 살고 있는 원주의 지방관이나 동생인 원천우가 금성의 수령
인 예를 통해 당시 지방사회에서 수령관의 역할과 의무를 중시하였다. 또한
그는 만년에 유학자이면서도 불교와 도교에 깊은 관심을 가지고 三敎一致
論을 주장하기도 하였다.

원천석의 현실인식은 56세 때인 우왕 11년 이후 집중적으로 표현된다. 그
가 관심을 보인 부분은 원명교체라는 중국의 정세변화에 대한 고려의 대응
이었다. 우왕 13년 명이 중국 중원의 지배자로 확고한 위치로 자리 잡고 있
었지만, 명의 지나친 요구와 간섭에 반감을 갖던 시기였다. 이때 정몽주·
하륜·염정수·강회백·이숭인 등이 중심이 되어 명의 제도에 따라 관복의
제정을 주장하였다. 이에 대하여 원천석은 원에 대한 사대관계를 전제로 부
정적인 입장을 피력하였다. 중국황제 명령에 못 견디어, 冠服제도를 바꾸어,
尊卑貴賤이 달라진다면 이것은 中夏의 예법이지, 東夷의 예법은 아니라는

이유에서였다. 같은 맥락에서 그는 최영의 요동정벌을 옹호하였고 우왕과 창왕의 폐위 그리고 최영의 죽음을 아쉬워했다. 최영의 요동정벌은 명의 무리한 요구와 간섭에 대한 반발로서 찬양하고 우왕과 창왕이 신씨라는 주장은 받아들이지 않았다. 오히려 위화도회군이나 '禑昌辛氏說'을 주장한 이성계를 비롯한 인사들의 주장을 정치적 술수로서 이해하였던 것이다.

또한 그는 당시 현실인식과 관련해서 一田一主的 田制改革과 지방관의 역할 변화를 기대하였다. 그는 당시 州縣吏의 侵虐과 이에 따른 속현의 피폐함을 목도하였고 이에 대한 개선책으로서 감무의 역할을 강조하였다. 또한 그는 원주목사의 행적이나 현령이었던 동생과 조카와의 서신교환에서 지방관과 백성의 관계를 부모와 자식의 관계로 파악하고, 지방관은 刑政을 집행할 때는 너그럽게 하고 인사는 公道에 맞게 하라고 하고 있다. 그는 고려왕조를 재건하려는 입장에서 왕조 교체의 문제보다는 제도 개선에 치중하는 입장을 견지하였다. 요컨대 원천석은 고려 후기 향리집안 출신으로서 과거에 합격하고 성장한 신흥세력이었다. 그는 중앙정계에 진출하기보다는 鄕里인 원주에 머무르며 학문에 정진하면서, 국가질서 재건의 방향을 고려왕조의 기본 질서를 유지하는 선에서 운영상의 문제점을 해결하고자 한 節義의 유학자였다고 할 수 있다.

元天錫 研究
-그의 現實認識을 중심으로-

柳 柱 姬*

1. 머리말

본고에서 중심인물로 다루고자 하는 耘谷 元天錫은 조선왕조 창업시 고려왕조에 대한 節義를 지킨 인물로서 알려져 있다. 그는 圃隱 鄭夢周, 冶隱 吉再와 더불어 殷의 三仁에 비유되고 있으며, 그중에서도 그의 淸白한 절개가 가장 高潔하다는 평을 받고 있기도 하다.[1]

元天錫은 고려 말 조선 초의 전환기를 거치면서 관직에는 진출하지 않았지만, 時事에 대해 끊임없는 관심을 기울였고, 그러한 관심의 표출로 『耘谷詩史』라는 책을 남겼다. 『耘谷詩史』에는 당시의 사회경제적 상황에 대한 인식, 정치적 변동기, 곧 역성혁명에 대한 인식, 조선왕조에 대한 인식을 알수 있는 많은 시들이 수록되어 있다. 곧 원천석의 현실인식이 詩라는 형식을 통하여 표현되어 있음을 볼 수 있다. 이에 退溪 李滉이 『耘谷詩史』를 읽고 나서 "이는 歷史이다. 역사가 詩에 담겨 있으니 시가 전해지는 것만으로도 역사는 없어지지 않았다. 어찌 野史가 소실된 것을 애석히 여기겠는가"[2]라고 그의 시를 역사라고 평가한 것은 그의 시를 연구할 충분한 가치가 있음을 보여주는 것이다. 또한 朴東亮은 원천석의 詩史를 사실에 의거

---

* 국사편찬위원회 편사연구사

** 이 논문은 『박영석회갑기념 한국사학논총(上)』(1992)에 수록한 것을 본서에 재수록함.

1) 『耘谷詩史』, 「文集序」(『高麗名賢集』 5책, 成均館大學校 大東文化硏究所, 1987).

2) 위의 책, 卷5, 「耘谷先生事蹟錄後語」.

하여 直書한 것으로 그 객관성을 인정하고 있다.3) 따라서 『耘谷詩史』를 통하여 우리는 고려 말 조선 초라는 시대적 흐름 속에서 원천석이 그 시대상을 어떻게 파악하고 있었는가를 추적할 수 있다.

그러나 그에 대한 연구는 아직 미흡한 실정이다.4) 이는 원천석이 당대 정계에서 중심적인 역할을 수행하지 않은 데에서 오는 자료의 부족에서 말미암는다고 보여진다.

본고는 고려 말의 정치적 변동기에 儒敎的 소양을 토대로 중앙관계에 진출하는 新官人層의 동향과 관련하여 원천석의 현실인식을 고찰하는 데 목적이 있다. 그리하여 우선 원천석의 생애와 그의 교유관계에 대해 살펴보고 그의 시집 『耘谷詩史』를 분석하고자 한다. 그 후에 그의 詩에 나타난 고려 말의 시대상을 社會·經濟의 인식, 易姓革命에 대한 인식 등으로 나누어 살펴보고자 한다. 이러한 연구를 통하여 고려 말 조선 초의 정치적 변혁기에 있어서의 유학적 소양을 지닌 지식인들의 역할과 그 입장이 어떠했는가를 아는데 조금이나마 도움이 되고자 한다.

2. 원천석의 생애와 『운곡시사』

1) 원천석의 생애

원천석의 字는 子正, 호는 耘谷으로, 1330년(충숙왕 17) 7월 8일 開城에

---

3) 위의 책, 「耘谷詩史序」.
4) 원천석에 대한 연구는 다음과 같은 것이 있다.
李佑成, 「高麗 李朝의 易姓革命과 元天錫」, 『月刊中央』 1월호, 1973(『韓國의 歷史像』, 창작과 비평사, 1982) ; 池敎憲, 「麗末鮮初의 政治的 變革과 耘谷의 道學精神」, 『淸州敎育大學論文集』 17, 1980 ; 梁銀容, 「元天錫의 三敎一理論에 대하여」, 『韓國宗敎』 11·12, 1987. 이우성의 연구는 본격적인 연구라기보다는 고려 말 조선 초의 역성혁명기에 있어서의 원천석의 행적 및 역성혁명에 대한 그의 태도를 간략하게 살핀 것이다. 지교헌의 연구는 『耘谷詩史』를 토대로 하여 정치·역사·사회·종교 등 제 영역에 걸친 원천석의 道學精神 즉 정치철학과 吏道精神, 역사인식과 憂國精神, 사회의식과 愛民精神에 대해 고찰한 것이다. 양은용의 연구는 고려 말 排佛思想이 팽배한 가운데 원천석이 주장한 三敎一理論이 당시의 사회에 어떠한 윤리를 제시하였는가를 살피고 있다.

서 출생하여5) 90여 년간 생존한 것으로 알려져 있다.6) 그의 본관 및 거주지는 모두 原州이다.

그의 세보는『耘谷詩史』「石頭墓所事蹟」에 의하면 始祖인 克富로부터 원천석대까지 7세로 나타나고 있는데,『原州元氏族譜』에 따르면 始祖 克富는 13세가 되며, 元天錫은 7세가 아닌 19세가 된다. 始祖 克富는 原州의 戶長이었고, 고조와 증조는 倉正이었다. 戶長과 倉正은 모두 지방 향리직으로서 호장은 향리의 首長이었고, 창정은 징수된 조세를 보관·관리하는 임무를 맡고 있었던 것으로 이해된다. 그의 조부는 精勇別將을 했는데 精勇이란 保勝과 함께 京軍과 州縣軍의 주력을 이룬 부대로서 別將은 그 부대장이라고 할 수 있다.7) 따라서 그 조부대까지는 아직 그 활동영역이 原州지방을 벗어나지 못하고 있었다고 볼 수 있다. 그의 부 允迪에 이르러서야 비로소 종3품직인 宗簿寺令으로서 중앙관직에 진출하고 있다. 원천석의 형 天常과 아우 天佑는 각각 進士, 縣令職을 취득하고 있다.

고려시대에 있어 향리층은 그 신분의 세습, 과거에의 응시 등을 통하여 중앙의 귀족보다는 낮지만 그 자체로 하나의 지배층에 속하고 있었으며, 고려 후기에 접어들면서는 能文能吏의 新官人層으로 성장하고 있었다. 원천석의 가문 또한 이러한 儒敎的 소양을 토대로 중앙관직에 진출하는 신관인층에 속한다고 할 수 있다. 그러나 원천석의 가문은 그의 父 允迪에 이르러 중앙관직에 진출하고 있는 것으로 보아 다른 가문들보다는 중앙관계로의 진출이 느린 편이라고 볼 수 있다.

元天錫은 3형제 중의 둘째로서 어릴 적부터 才名이 대단하였는데 차차 장성하면서는 해박한 지식과 뛰어난 문장으로 널리 알려졌다. 초기에는 과거에 응시하여 중앙관직에 진출하려는 꿈을 가지고 있었으나8) 그 후 중앙정계에는 계속 진출하려는 시도를 하지 않았다. 그의 나이 26세 되던 해인

---

5)『耘谷詩史』卷5,「跋」.

6) 그의 歿年은 자세하지 않다. 다만 太宗 李芳遠이 세종에게 讓位한 뒤 上王으로 있으면서 원천석을 부르니, 이에 응하여 白衣를 입고 서울에 와서 태종을 만났다는 일화가 있다. 그러나 그 사실 여부는 확인되지 않는다.

7) 李基白,『高麗兵制史』, 일조각, 1968, pp.208-220.

8)『耘谷詩史』권3, <丙寅冬至感懷示元都領>.

238

공민왕 4년(1355)에 國子監試에 응시하여 합격, 國子進士가 되는데,9) 이는
軍籍에 등록되었기 때문에 병역을 면제받고자 한 데 그 목적이 있었던 것
으로 보인다.10) 그 이후에도 進士의 신분을 획득한 것으로서 끝날 뿐 중앙
관계에 참여하여 정치적으로 활동을 하지 않고 있다.

그러나 그가 완전히 정치에 대한 꿈을 포기한 것은 아니었다. 즉 求官意
慾을 밝히는 시를 읊고 있는데, 그러한 시들은 대체로 고려 후기에 빚어진
대내외적 제모순을 제거하여 국가질서를 회복코자 하는 개혁정치가 시도되
는 시기에 원천석이 구관의욕을 갖고 있음을 보여준다.11) 특히 그는 공민왕
대에 정계진출의 꿈을 강렬하게 가지고 있었다. 이로써 그가 국내정치의 흐
름을 예의 주시하고 있었으며 정치기강의 개혁 등 개혁정치가 시도되는 시
기에는 중앙관직으로 진출하고자 했음을 알 수 있다.

여기에서 우리는 원천석을 평하여 "君子는 숨어살더라도 세상을 버리지
않으니 선생은 비록 세상을 피해 스스로 은둔하였으나 세상을 잊은 것이 아

9)『高麗史』권74, 志28, 選擧2, 國子監試에 의하면 "恭愍王四年正月右代言柳淑取全
翊等九十五人"이라 되어 있다. 원천석과 同年으로서『耘谷詩史』에 보이는 이로는
鄭道傳・李崇仁・李汝忠・安仲溫・許仲遠・權從義・金偶・沈方哲・崔允河 등
이 있다.
10)『耘谷詩史』卷1, <余自少有志於儒名者久矣今按部公幷錄於軍籍作詩以自寬>.
11) 그것을 연도별로 살펴보면 다음과 같다.
1351년(충정왕 3) : 林下豈無士 夢尋銀闕深(위의 책, 卷1, <次李尚書所示詩韻>)
1360년(공민왕 9) : 願向公車煩一薦 山林亦有濟時才(위의 책, 卷1, <次安同年仲遠
見贈詩韻>)
1370년(공민왕 19) : 曾蒙薦拔之恩 實達疎狂之志 以所爲求所欲 猶緣木而求魚 望
其賜待其言 若守株而待兔(위의 책, 卷2, <庚戌春旌善刺使安吉祥寄詩于牧伯云>)
1370년(공민왕 19) : 我欲躡雲登月殿 孰先投杖作銀橋(위의 책, 卷2, <次趙侍郎所
寄詩韻>)
1370년(공민왕 19) : 斷斷無良才 未可膺博選(위의 책, 卷2, <次崔安乙所贈詩韻>)
1376년(우왕 2) : 我亦慕班行 棲身故園梓 十載臥茅堂 靑雲心萬里(위의 책, 卷2,
<次春州辛大學所寄五言雙韻三十韻奉寄(又)>)
1385년(우왕 11) : 愧我身年已晩年 谿然雲路未追攀(위의 책, 卷2, <書金相公詩卷
後(又)>)
1390년(공양왕 2) : 幸逢招代搜賢日 莫傲功名臥一廬(위의 책, 卷4, <次韻邊竹岡懶
利名詩書于卷後(復次)>).

니요 道를 지켜 변하지 않음으로서 그 몸을 깨끗이 한 것이다."[12]라고 한 許穆의 말이 매우 적당하다는 것을 알 수 있으며 그 임금이 아니면 섬기지 아니하고 그 백성이 아니면 시키지 아니하여 다스려지면 나아가고 어지러우면 물러갔다고 하여 성인의 맑은(淸) 자라는 칭호를 얻은 伯夷와 마찬가지로 운곡 원천석도 정계에 진출하지는 않았지만 마음속에는 항상 세상이 잘 다스려질 때를 기다리고 있었음을 알 수 있다.[13]

그러나 원천석의 정계진출 의욕은 끝내 실현되지 않았다.[14] 도리어 고려왕조의 개혁정치는 실패로 돌아가고 고려왕조의 멸망은 돌이킬 수 없는 방향으로 접어들게 되었다. 그가 중앙관계로의 진출을 단념한 시기는 고려왕조가 종언을 고하는 공양왕 4년(1392)이다.[15] 이후 조선왕조에 들어와서는 완전히 정계진출을 단념하고[16] 단지 唐虞의 시대와 같이 태평성대가 펼쳐져 巢父 許由와 같이 자신의 명성이 높아질 것을 바란다.[17]

그는 당대의 신진사대부들과 마찬가지로 새로이 도입된 성리학을 수용하여 유학자로서의 명성을 얻고자 하였으며[18] 또 程朱와 말고삐를 나란히 한다는 칭송을 듣기도 하였다.[19] 특히 그는 조선 태종 李芳遠의 스승이기도 하였다. 이방원은 그의 스승에 대해 항상 존경하였고 이에 자신이 왕위에 오른 후 원천석을 大官으로서 소환한다. 그러나 원전석이 이에 불응하자 태종은 직접 원천석을 찾아 치악산중을 방문하지만, 원천석이 피하여 만나주지 않자 원천석의 아들 泂에게 基川縣監을 제수하는 것으로서 스승에게 보답하고 있다.[20]

또한 원천석은 당대의 신진사대부 李穡·鄭道傳·李崇仁 등을 비롯한 많은 이들과 교유관계를 맺고 있었다. 이색과는 나이가 불과 두 살밖에 차

12) 『耘谷詩史』 卷5, 「石逕墓所事蹟」.
13) 위의 책, 卷5, 「石逕墓所事蹟」.
14) 위의 책, 卷4, <次牟刺先生所示淮陽府使李恒詩韻(其九)>.
15) 위의 책, 卷5, <次牟刺先生韻(其五)>.
16) 위의 책, 卷5, <卽事>.
17) 위의 책, 卷4, <奉寄趙中書璞> 및 卷5, <次牟刺先生所寄詩韻(其三)>.
18) 위의 책, 卷1, <余自少有志於儒名者久矣今按部公幷錄於軍籍作詩以自寬>.
19) 위의 책, 卷4, <次山人角之詩韻>.
20) 위의 책, 「耘谷先生文集序」.

이가 나지 않았으므로 같은 연배로서 친밀한 교유관계를 맺은 것 같다.[21] 정도전과도 同年의 관계로서 서로 서신을 주고받으면서 왕래하는 등 교유 관계를 맺고 있었으며[22] 이숭인 또한 원천석과 同年의 관계였다.[23] 이색·정도전·이숭인 등은 당대 유학적 소양을 가지고 있던 지식인들을 대표한 다고 할 수 있는 인물들이었다. 그러나 후에 정도전과 李穡은 정치적 입장에서 그 의견을 달리하여 서로 갈등을 벌이게 된다. 곧 정도전은 조선왕조의 건국에 적극적으로 참여하는 급진개혁파의 선봉으로서 역성혁명을 이루는데 핵심역할을 하고 李穡은 고려의 지배체제를 전제로 하는 守成의 논리를 펼치면서 고려왕조에 대한 절의를 지키고 있다.

원천석은 고려시대 유학자들이 대부분 그러했던 것처럼 불교에 대해서도 깊은 지식을 가지고 있는 모습을 보여주고 있다. 또 승려들과의 교분도 상당히 두터워서 道境大禪師·白雲淵長老·曹溪參學 允珠大師·雲遊子 覺 宏·信圓·角之·天台宗의 禪者·竹溪軒 信廻 등 여러 禪師들과 시와 서 신을 주고받았으며, 이러한 교분을 당연한 것으로서 받아들였다.[24]

그가 스스로 평하여 한편으로는 유교의 六門에 얽매여 있고 또 한편으로는 불교의 三界를 왕래하여 유교와 불교에 대해 얕은 지식밖에 없다고 말하고 있지만,[25] 유교에 대해 학문적 조예가 깊었음은 말할 필요도 없을뿐더러 불교의 이치에 대해서도 깊이 이해하고 있었다.[26] 비록 자료의 부족으로 원천석의 불교에 대한 이해의 깊이를 자세히 알 수는 없지만 『耘谷詩史』에 한정해서 볼 때 불교에 관계된 시가 전체의 17%를 차지하고 있고 또 그의

---

21) 위의 책, 卷3에서 원천석이 우왕 13년(1387) 9월 驪州 神勒寺로 李穡을 방문하고 있는 기사가 나오는 것으로 보아 그 이전부터 이미 두 사람이 교유관계를 맺고 있었음을 알 수 있다.

22) 위의 책, 卷1, <十二月十七日同年鄭道傳到此贈予詩云>.

23) 『耘谷詩史』 卷4, <同年李令公崇仁被讒在忠州寄詩云>.

24) 위의 책, 卷4, <次山人角之詩韻>.

25) 위의 책, 卷1, <次白雲淵長老詩韻>.

26) 위의 책, 卷1, <曹溪參學允珠自嶺南詩>에 의하면 그는 불교의 본질을 孝敬이라 는 윤리적인 측면에서 살피고 있으며, 불교의 孝敬에 근본한 道의 隨機應變의 妙 用이 자신과 타인을 이롭게 한다고 하여 불교에 대하여 매우 긍정적인 입장을 취 하고 있다.

생활 특히 은거생활이 居士的인 모습을 보여주는 데에서 그의 사상이 불교에 기반하고 있음을 알 수 있다.[27]

특히 그의 불교관은 당대 신진사대부들과는 또 다른 점을 보여주는데 그 것은 三敎一理라는 논리에서 두드러지게 나타난다. 곧 우왕 13년(1387)에 지은 그의 시를 살펴보면 유교의 가르침은 窮理盡性이요, 불교의 가르침은 明心見性이요, 도교의 가르침은 修眞鍊性이라고 하여 齊家治身 致君澤民 은 유교의 餘事요, 嗇精養神 飛仙上昇은 도교의 祖跡이요, 越死超生 自利 利人은 불교의 筌蹄라 하고 결국 그 極處에 이르면 같지 않음이 없다는 如 如居士의 삼교일리론을 인용하고는 儒·佛·道 모두 治性하라는 가르침인 데 다만 盡之, 見之, 鍊之하는 방법만 조금 다를 뿐 그 귀일하는 곳은 동일 한 하나의 性이라고 주장하고 있다.[28] 이러한 원천석의 주장은 당대 신진사 대부들의 배불론적 태도와는 명백히 다른 점이라 할 수 있다.

2)『운곡시사』

『耘谷詩史』는 원천석의 自作詩를 제작연도별로 분류 편집한 시문집이 다. 원천석은 원래『耘谷詩史』와 더불어 만년에는 고려 말기의 상황을 보 고 들은 대로 직서하여 野史 6편을 저술하였다고 하는데, 이는 조선왕조의 건국 이후 조선의 건국과정을 합법화하기 위해 고려 말의 사실이 왜곡되어 잘못 전해질 것을 염려한 데서 나온 것으로 보인다. 그 내용은 조선왕조를 건국해가는 과정에서 내세운 廢假立眞 등의 명분을 대부분 부정하는 것이 었기 때문에 멸족의 화를 두려워 한 후손들에 의해 불살라져 버렸다고 한 다.『耘谷詩史』또한 소실되는 것은 면하였지만 조선왕조에서 꺼리는 바가 되어 숨겨져 400여 년간 은밀히 전해지다가 그의 13대 손 孝達대에 이르러 서야 비로소 세상에 간행되게 되었으며,[29] 고려왕조 오 백년의 統緖가 비로

---

27) 梁銀容, 앞의 글, p.271.

28)『耘谷詩史』卷3, <三敎一理>.

29) 이『耘谷詩史』의 원형은 3권 2책이었으나, 뒤에 謄本에서 1部를 拾補하여 5권 3책 으로 재편되어 이때에 간행하였다고 하는데, 이것은 별로 알려져 있지 않다. 그후 철종 9년(1858) 5월 16대 손 元暻이 쓴 跋이 붙어 있는 石齋開刊의 印書體活字版

소 빛을 보게 되었다고 한다.[30] 그러나 이 또한 후손들에 의해서 揹毁되었을 것으로 추정되고 있다.[31]

『耘谷詩史』는 그의 나이 22세(1351년, 충정왕 3)부터 65세(1394년, 조선태조 3)에 이르는 44년간에 걸쳐 쓰여진 1,144편의 시가 수록되어 있다. 여기에서 그는 40여 년에 걸쳐 기행하면서 혹은 칩거하면서 보고들은 것을 시로서 표현하고 있다. 그 內題로 卷首에 「耘谷行錄」이라 하여 이러한 편년시의 성격을 잘 나타내고 있다.

『耘谷詩史』는 그의 개인적 감상이나 생활상, 산수의 풍경을 읊고 있는 것도 많지만, 고려 말이라는 정치적, 사회적 혼란기에 살고 있는 지식인으로서 그가 어떻게 그 상황을 보고 있었는가 하는 것을 느끼게 하는 시가 많이 수록되어 있다. 곧 여말선초 역성혁명의 과정에서 이루어진 사건들, 특히 우왕과 창왕을 王氏의 자손이 아닌 신돈의 자손이라 하여 廢假立眞이라는 명분으로 그들에게 賜死한 데 대해 그 부당성을 지적하는 시들이 수록되어 그 역사적 가치를 더해주고 있다. 『耘谷詩史』에 수록된 시를 권별로 분류하여 보면 다음과 같다.

권1은 1351(충정왕 3)~1369년(공민왕 18)의 19년간에 걸쳐 쓰여진 총 248수의 시가 수록되어 있는데 전체의 약 22%를 차지하는 분량이다. 권1의 중심내용은 그가 기행하면서 보고들은 것을 읊은 것이 대부분을 차지하고 있다. 여기에서는 특히 북쪽 오랑캐(紅巾賊)에 대한 내용 즉, 공민왕 11년 11월에 있었던 홍건적의 침입을 겪고 나서 읊은 시가 보이고 있다.

권2는 1370(공민왕 19)~1385년(우왕 11)의 16년간에 걸친 기간을 포괄하고 있지만 여기에 보이는 연도는 5년에 불과하며 총 158수의 시가 수록되어 있는데 전체 1,144수 중 14%를 차지한다. 권2에서는 자신의 생활상과 기행하면서 읊은 시가 대부분이며 당대의 시대상을 읊은 시는 별로 나타나고 있지 않다.

권3에는 1386(우왕 12)~1388년(우왕 14) 3년간에 쓰여진 총 222수의 시가

이 비교적 많이 알려져 있다.
30) 『耘谷詩史』, 「耘谷詩史文集序」.
31) 千惠鳳, 「耘谷詩史解題」.

수록되어 있는데 전체의 약 19%이다. 비록 연도는 3년이라는 짧은 기간이
지만, 수록된 시의 양은 권1·2에 비해 매우 많다고 할 수 있다. 그 내용도
우왕 말년에 있었던 사실들에 대해 읊은 것이 많다. 즉 明나라의 衣服制度
를 채용한 것을 비롯하여 우왕대에 권력을 남용하여 田民을 겸병하는 등
온갖 횡포를 자행하고 있던 李仁任 일파에 대한 비난과 그를 제거한 데 대
한 慶賀, 威化島回軍, 우왕의 廢出 및 창왕의 즉위 등 고려 말에 이루어지
는 일련의 사태를 겪으면서 읊은 시가 많이 보이고 있다.

　권4에는 1389(창왕 1)~1390년(공양왕 2) 2년간에 쓰여진 총 173수의 시가
수록되어 있는데 전체의 15%이다. 권4도 권3과 마찬가지로 연도는 비록 짧
지만 많은 양의 시가 수록되어 있는 것이 그 특징이다. 여기에도 창왕대 및
공양왕대에 일어난 일련의 사건들에 대한 詩가 많이 나타나고 있다. 여기에
서 보이는 시에는 특히 역성혁명의 과정에서 이루어지고 있는 崔瑩의 죽음,
우왕·창왕의 廢位庶人 및 공양왕의 즉위, 우왕·창왕에 대한 賜死, 李穡
의 유배 등을 지켜보면서 그 사실들을 直書하고 있다. 특히 여기에서 주목
되는 것은 元天錫도 공양왕 2년에 赦免되고 있는 점이다. 즉 원천석이 중앙
의 정치적 상황과는 무관한 삶을 살고 있었음에도 그가 사면령을 받고 있다
는 것은 그의 현실에 대한 태도가 상당히 政界에 영향을 끼치고 있었음을
의미한다고 할 수 있다.

　권5에는 1391(공양왕 3)~1394년(태조 3)의 4년간에 쓰여진 총 343수의 시
가 수록되어 있으며, 전체 가운데 30%이다. 권5에 수록된 시기가 권3이나
권4보다는 1~2년 길지만 수록된 시의 양은 매우 많다. 고려왕조가 몰락하
고 조선왕조가 새로이 건국, 정비되어 가는 과정 속에서 이렇듯 많은 시가
나타나게 된 것 같다.

　退溪 李滉은 일찍이 이 詩史를 읽고 歷史라 평가를 내리고는 "역사가 시
에 담겨 있으니 시가 전해지는 것만으로도 역사가 없어지지 않았다. 어찌
역사가 소실된 것을 애석해 하겠는가"[32] 하였으며, 朴東亮은 원천석의 詩
史를 사실에 의거하여 直書한 것으로 그 객관성을 인정하고 있다.[33]

---

32) 『耘谷詩史』 卷5, 「耘谷先生事蹟錄後語」.
33) 위의 책, 「耘谷詩史序」.

244

이상으로『耘谷詩史』에는 그 당시의 세태에 대한 원천석의 현실인식이
시라는 형식을 통하여 표현되고 있음을 볼 수 있다. 따라서『耘谷詩史』를
통하여 우리는 고려 말 조선 초라는 시대적 흐름 속에서 원천석이 그 시대
상을 어떻게 파악하고 있었는가를 추적할 수 있다.

3. 원천석의 현실인식

1) 社會・經濟의 認識

고려왕조와 元과의 오랜 전쟁은 백성들의 유망, 농토의 황폐화 및 田籍
소실 등을 가져왔고[34] 그 이후의 계속된 정치적 사회경제적 혼란은 권세가
들에게 토지겸병을 할 수 있는 좋은 기회로 제공되었다. 당시 이러한 혼란
을 초래한 장본인들은 俯元輩들을 중심으로 한 權門勢族들로서,[35] 이들은
경제적으로 私的인 大土地兼倂을 자행하였다. 그리하여 대토지 겸병에 따
른 農莊의 확대, 인구집중에 의한 토지 지배질서의 문란과 사회적 혼란은
경제개혁에서 최대의 관건으로 떠올랐다. 이러한 사적 대토지 겸병의 진행
에 따른 농장제의 성행과 관련된 사회・경제적 혼란은 고려왕조의 몰락을
초래하는 주 요인으로 작용하고 있었다.[36]

원천석은 공민왕 3년에 楊口郡에 이르러서는, 권문세족들이 백성의 田土
를 占奪하여 人民을 소란케 하고 조세는 甚多하여 비록 송곳 하나 꽂을 만
한 땅이라도 空閑地가 없고, 또 겨울이 되면 收租徵斂하는 무리들이 들이
닥쳐 능히 조세를 내지 못하면 몸을 묶어 매달아 놓고는 笞刑을 가해 肌骨
이 벗겨지는 지경에까지 이르러 결국 백성들이 더 이상 참지 못하고 流離
하는 실정을 직접 목도하였다. 그리하여 당시의 상황을 다음과 같은 시로
읊어 대토지 겸병으로 인한 백성들의 유리를 탄식했다.

---

34) 梁元錫,「麗末의 流民問題 : 特히 對蒙關係를 中心으로」,『李丙燾華甲紀念史學論
　　叢』, 일조각, 1956, pp.277-322.
35) 閔賢九,「高麗後期의 權門勢族」,『한국사』8, 1974, pp.13-59.
36) 韓永愚,「朝鮮王朝의 政治・經濟基盤」,『한국사』9, 1973, pp.19-20.

破屋에는 새들만 지저귀고
매년 폐단만 더하니
논밭은 權豪들에게 귀속되고 말았는데
자식을 버림은 특히 애석하나,

백성은 도망가고 吏 역시 없네.
어느 날에 즐거움을 누릴꼬.
문에는 포악한 이들이 연달으네.
辛苦로 인한 것이니 어찌 허물이 되겠는가.[37]

　이러한 인식은 원천석 개인만의 우려는 아니었으며 대부분의 지식인들이
그러한 사태에 대해 심각하게 인식하고 있었던 듯하다. 공민왕 5년에 이루
어지는 개혁도 부원배를 중심으로 하는 권문세족들의 반발에 의해 실패로
돌아가고 백성들은 여전히 대토지 겸병에 따른 고통에서 헤어나질 못하고
있었다.
　공민왕대에 백성의 삶은 권문세족의 횡포에 의해서만 고통을 받고 있는
것은 아니었다. 즉 대외적으로는 원나라의 통치력이 무력해진 데서 파생된
홍건적의 잦은 약탈로 인해 고통을 받고 있었다. 紅巾賊의 세력은 매우 강
성하여서 공민왕 10년에는 고려의 수도인 開城에까지 침입하기도 하였
다.[38] 이러한 홍건적의 침입은 공민왕 즉위 이래 적극 추진되어 오던 개혁
정치를 크게 퇴색케 하는 등 고려의 대내외 정세에 많은 영향을 끼쳤다.[39]
원천석은 공민왕 3년에 홍건적의 세력이 강성해지는 데 대한 우려를 표명
하였다.[40] 그는 곧 홍건적의 세력이 강성해지면서 고려에 대한 약탈·침략
이 일어날 것과 그에 따른 民生의 파탄 및 공민왕대에 추친되는 개혁정치
에 대한 부정적인 영향 등에 대해 얘기한 것이다.
　공민왕 14년부터는 재차 개혁이 시도되는데, 이 시기에 있은 元天錫의

---

37) 『耘谷詩史』卷1, <十五日發方山到楊口 郡吏民家戶 歛斜倒地 寒無烟火>.
38) 『耘谷詩史』卷1, <辛丑十一月紅巾賊兵突入王京國家播遷大駕南巡留住福州>.
39) 閔賢九, 「辛旽의 執權과 그 政治的 性格」, 『歷史學報』 38, 1968, pp.54-59.
40) 『耘谷詩史』卷1, <甲午十月向淮陽到橫川次板上韻>.

求官意慾은 원천석의 생애에서 가장 집중적으로 나타나고 있다고 볼 수 있다.[41] 곧 그의 求官詩 중 대부분이 이 시기에 이루어지고 있는데 이는 공민왕의 개혁정치에 신진사대부들이 대거 참여하고 있는데 비추어 원천석 자신도 정치일선에 나가 자신의 포부를 펼치고자 했던 것임을 보여준다고 할 수 있다. 이 시기에 등장하는 신진사대부들은 대체로 공민왕 즉위를 전후한 시기에 어린 시절을 보내고 있고 그 후 모두 과거에 급제하여 出仕한 신세대들이라고 할 수 있으며, 따라서 이들은 공민왕의 개혁의도와 본질적으로 같은 입장을 취하고 있었다.

공민왕대에 이루어지는 개혁정치도 실패로 돌아가고 공민왕이 암살당한 후 고려의 정국은 우왕의 즉위에 공을 세운 李仁任·林堅味·廉興邦 일파가 장악하게 된다. 이들은 온갖 불법적인 수단으로 대토지 겸병을 자행하였는데,『高麗史』에서는 이들의 횡포에 대해 물푸레 채찍을 휘두르며 남의 땅을 마구 빼앗아 당시 이것을 가리켜 '水精木公文'이라고까지 일컬었다고 기록하고 있다.[42] 곧 우왕대의 사회경제적 모순은 백성들이 가뭄이 들어 자신들의 생활을 영위할 수 없는 형편인데도 불구하고 賦額을 충당할 걱정을 하고 있을 지경에 이르렀을 정도로 극심하였다.[43] 즉 그 당시 백성들은 조세와 부액에 시달리는 피폐한 삶을 살고 있었던 것이다.

원천석은 이인임 일파에 의해 자행되는 田民兼倂을 비난하는 시를 읊고는, 이러한 토지 지배질서의 붕괴가 고려왕조의 멸망을 초래하리라고 예견하였다. 곧 자리(席) 말아가듯 토지 겸병을 일삼고, 주머니속을 훑듯 良人을 奴婢로 만들고 있다고 비난하고는, 이러한 이인임 일파에 의해 자행되는 횡포를 닭이 벌레잡듯 하는데 비유하였다. 그리고는 이러한 현상을 보면서 고려멸망을 예견하고 있다.

산천을 奪占함은 자리 말아가듯 하고
닭이 벌레잡듯 하는 짓은 언제나 없어질까.

---

41) 앞의 주 12) 참조.
42)『高麗史』卷126, 列傳 林堅味傳.
43)『耘谷詩史』卷1, <苦旱>.

노비를 窮搜함은 주머니속을 훑 듯하네.
하늘가를 바라보니 이미 석양일세.[44]

이때는 우왕 13년(1387)으로 아직 고려왕조의 국운이 쇠망의 길로 치닫고 있지는 않았으며, 고려의 멸망이 확실해지는 때는 우왕 14년 위화도회군 이후로 보아야 한다.[45] 그런데 바로 이때 원천석은 그의 학문적 안목에 의해서 고려의 운명을 예감하고 있는 것이다. 이러한 글들을 통하여 우리는 원천석이 대토지 겸병에 대해 명백히 반대하는 입장을 취했음을 알 수 있다.

2) 易姓革命에 대한 認識

우왕 14년 李仁任 일파의 제거 이후[46] 정계에서 두각을 나타낸 것은 崔瑩을 대표로 하는(권문세족을 포함한) 온건개선파와 이성계를 대표로 하는 급진개혁파였다. 온건개선파는 급진개혁파보다는 대체로 정치적 연륜이 오래고 따라서 정치적·경제적으로 우월한 처지에 있었다고 할 수 있다. 이들은 고려의 지배체제를 인정하고 그것을 전제로 하는 현실대응논리를 펼쳤다. 이와 달리 급진개혁파는 고려 말기에 빚어진 사회경제적 모순을 武臣亂 이후의 제도문란으로만 보지 않았다. 즉, 이들은 고려왕조의 지배체제 자체를 문제시하여 기존 질서를 부정하고 그 변화를 꾀하고자 하였다. 이는 고려왕조의 지배체제를 부정하고 새로운 지배체제를 수립하자는 易姓革命의 논리였다.

이와 같은 움직임 속에서 원천석은 어떤 입장이었는가. 그가 대토지사유에 반대의 입장을 취했음은 앞의 글들에서 명백히 나타난다. 그러나 당시 급진개혁파에 의해 주장되고 있단 사전·농장의 전면적인 혁파안에 대해 찬성하였는지는 사료상의 제약으로 알 수 없다. 하지만 그가 급진개혁파의 견해에 동조하였다고는 보이지 않는다. 왜냐하면 그는 많은 시에서 고려왕조의 안정을 회구하고 고려왕조의 국가질서가 다시 회복되기를 간절히 열

44) 위의 책, 卷3, <有感>.
45) 李相佰,「李朝 建國의 研究」2,『震檀學報』5, 1936, p.61.
46)『耘谷詩史』卷3, <伏聞主上殿下舊義掃盡兼倂暴虐之徒 四方晏然 詩以賀之>.

망하고 있었다.47) 즉 그는 왕조 자체의 변화보다는 고려왕실을 인정하고 왕실의 온존을 통해 국가질서가 다시 회복되기를 바라고 있었던 것이다. 이는 온건개선파와 그 입장을 같이 하는 것이었다.

그리고 그는 왕권의 안정이나 국가의 번영은 임금 혼자만의 노력에 의해서 이루어지는 것이 아니라 하여, 신하의 현명하고 충성스러운 보필이 있어야 함을 강조하고 있다.48) 이에 그는 신하로서 갖추어야 할 덕목으로 義49)·智와 勇50)·忠51) 등을 강조하고 그 외에 실천적인 덕목으로서 淸廉52)·正直과 公平53)·謹과 勤54) 등을 열거하고 있다. 특히 그는 민심을 따르는 정치를 해서 백성의 삶을 편안케 하여야 국가의 기틀이 견고해져 盛業이 영원해진다고 여겼다. 그리하여 백성을 갓난아기처럼 사랑할 것과55) 부모가 자식을 아끼는 것처럼 여길 것을 강조하고 있다.56)

그런데 고려멸망의 과정에서 빼놓을 수 없는 사건이 우왕 14년에 일어난 위화도회군이다. 곧 고려의 왕실 및 지배세력이 오랫동안 깊은 관계를 맺어온 元의 쇠퇴와 明의 새로운 등장이라는 대륙의 정세변화와 그에 따라 利害와 政見을 달리하는 권문세족과 신진사대부의 두 정치세력간의 대립이 첨예화되어 나타난 사건이 바로 위화도회군이라고 할 수 있다. 당시 이인임 등의 일당을 제거하는 데 공을 세우고 정계의 새로운 강자로 떠오른 이성계와 최영은 그 정치적 입지·성향 등의 차이로 갈등을 벌이고 있었다. 崔瑩은 권문세족 혹은 온건개선파를 대표하는 인물로 볼 수 있으며 이성계는 급진개혁파들과 힘을 합친 新興武人勢力이었다. 이때 여러 가지 부당한 요구와 압력을 가하여 고려를 자극하던 명나라가 다시 鐵嶺 以北의 땅을 회수

47) 위의 책, 卷3, <眞感>.
48) 위의 책, 卷2, <送趙侍郎如京>.
49) 위의 책, 卷3, <送趙奉善贈李栢堂詩韻>.
50) 위의 책, 卷3, <海東二賢贊 判三司事>.
51) 위의 책, 卷4, <聞都統使崔公被刑寓歎>.
52) 『耘谷詩史』卷2, <上河刺史允源詩>.
53) 위의 책, 卷2, <送子誠弟赴金城令>.
54) 위의 책, 卷5, <寄姪歡谷令>.
55) 위의 책, 卷2, <次春州辛大學所寄五言雙韻三十韻奉寄(又)>.
56) 위의 책, 卷1, <次姪湜所寄詩韻>.

하겠다는 鐵嶺衛 설치요구를 들고 나왔다.[57]

원천석은 일찍이 崔瑩에 대해서 그의 명성을 듣고 개인적으로 지극히 존경하고 흠모하는 마음을 품고 있었다.[58] 이는 崔瑩이 비록 권문세족가문 출신으로서[59] 이인임 정권에서 최고 실력자 중 한 사람이었지만 매우 청렴강직하고 오직 나라에 충성한다는 확고한 신념을 가진 인물로서 널리 알려졌기 때문일 것이다. 더욱이 고려왕조의 국가질서를 회복시키기 위하여 온갖 불법적인 수단을 동원하여 대토지 겸병을 자행하던 이인임 일파를 제거한 데에서 원천석은 崔瑩을 나라의 주춧돌로서 사직을 안정케 할 수 있는 인물이라고 여긴 것같다.[60]

崔瑩과 李成桂가 우왕 14년 명의 철령위 설치요구를 놓고 의견대립을 벌이다가 마침내 위화도에까지 진군한 이성계가 회군을 단행하였다는 소식이 들려오자, 원천석은 다음과 같은 시를 읊어 崔瑩의 遼東征伐論과 이성계의 위화도회군 및 최영에 대한 그의 인식 태도를 보여준다.

　용맹한 군대 십여 만이
　바야흐로 요해의 길에 있는데
　武威를 中原에 떨치면
　응당 개선하는 날
　임금의 수명은 무강하여
　내 비록 늙고 병들었으나
　어찌 강은 건너지 않고
　가련한 都統公은
　주춧돌이 이미 위태로우니
　압록강을 건너려 하여
　씩씩한 기운이 깃발위에 떠 있네.

57) 金成俊,「高麗와 元·明關係」,『한국사』8, 1977, pp.199-203.
58)『耘谷詩史』卷3, <海東二賢讚 前家宰六道都統使崔瑩>.
59) 朴龍雲,「高麗時代의 定安任氏·鐵原崔氏·孔巖許氏 家門分析 : 高麗貴族家門分析(2)」,『韓國史論叢』3, 1978, pp.54-67.
60) 朴天植,「高麗 禑王代의 政治勢力의 性格과 그 推移」,『全北史學』4, 1980, pp.38-48.

누가 감히 畏伏치 않으리오.
四夷가 모두 附屬하리라.
周武王의 발꿈치를 이어 밟으리.
더불어 태평곡을 부르리라.
분연히 말고삐를 돌리는가.
홀로 원함을 사고 있네.
장차 큰집은 어찌 지탱할까.61)

위의 시에서 원천석은 이성계의 위화도회군을 비난하고 崔瑩의 요동정벌
계획에 찬성하는 입장을 보이고 있다. 이와 같은 원천석의 태도는 당시 신
진사대부들 특히 온건개선파들과도 입장을 달리하는 것으로, 鄭夢周·李穡
등의 요동정벌에 대한 반대 입장과 차이가 있다. 당대 지식인들의 역사관은
性理學的 歷史觀인 正統思想과 華夷思想을 받아들이고 있었으며, 이에 異
民族인 元의 중국지배는 정통이 될 수 없으며 漢民族인 明의 건국은 곧 당
연한 역사적 순리로 파악되었다. 이러한 인식하에서 당대 대부분의 지식인
들은 對明征伐인 요동정벌을 곧 정통사상이나 화이사상에 그릇되는 것으로
파악하고 있었고 이에 따라 고려의 운명도 이와 같은 관점에서 파악하고 있
었기 때문에 요동정벌은 곧 고려의 멸망을 초래하리라는 데까지 인식하게
된 것이다.62)

그러나 이 시에서는 원천석이 요동정벌 계획에 찬성하고 있음을 분명히
보여준다. 당대 지식인들의 정통사상이나 화이사상과는 달리, 원천석이 요
동정벌에 대해 긍정적인 태도를 취한 것은 아마도 그의 애국적 의지에서 찾
아볼 수 있을 것 같다. 즉 崔瑩과 마찬가지로 원천석은 명이 남의 영토를
빼앗으려는 침략의 야욕을 민족의 자존심으로 도저히 용납할 수 없었던 것
같으며, 이에 崔瑩의 요동정벌 계획에 찬성의 태도를 취했던 것으로 보인
다.63) 그리고 그는 위화도회군 소식을 전해듣고는 곧바로 고려왕조의 몰락
을 예견하였다. 즉 자신이 나라의 주춧돌로 여겼던 최영이 위화도회군으로

---

61)『耘谷詩史』卷3, <病中記聞>.
62) 申千湜,「吉再 敎育思想硏究」,『高麗史의 諸問題』, 三英社, 1986, p.584.
63) 李相佰, 앞의 글, p.67.

정치적 실권을 빼앗기고 유배를 당하자, '주춧돌이 이미 위태로우니 장차
큰집은 어떻게 지탱할까'하며 그가 없는 나라의 장래를 염려하고 있는 것이
다. 여기에서 우리는 원천석이 이성계를 중심으로 하는 급진개혁파들의 역
성혁명 움직임을 예견하고 있었던 것이 아닌가 하는 느낌을 받게 된다. 왜
냐하면 최영을 개인의 인품이나 나라에 대한 충성으로서보다 고려왕실을
지탱할 수 있는 인물로 보고 있기 때문이다.

즉, 그는 당시 최영과 이성계로 대표되는 세력간의 다툼에서 최영의 입장
에 찬성하고 그의 견해에 동조하고 있음을 보여주는데, 최영은 바로 권문세
족 및 온건개선파들과 그 입장을 같이한 인물이었다. 이들은 고려왕조 자체
의 변화보다는 고려왕실의 온존하에 국가질서를 회복시키고자 하였다. 그
러나 최영의 몰락으로서 이들도 이성계를 중심으로 한 급진개혁파들에게
그 주도권을 상실하게 되었고, 그 주도권의 상실은 곧 온건개선파들이 추구
하던 방향의 전환을 의미하는 것이었다. 여기에서 원천석이 역성혁명을 예
견하게 되는 것으로 보인다.

그는 뒤이어 이성계를 비롯한 급진개혁파들에 의해서 추진된 일련의 움
직임 즉, 우왕의 廢立 및 창왕의 즉위, 崔瑩의 죽음, 우왕과 창왕의 廢出 및
공양왕의 즉위, 우왕과 칭읭에 대한 賜死 등으로 이어지는 일련의 反高麗
王室的 행위를 지켜보면서 그때마다 울분을 느끼고 비통해하고 있다. 이에
우왕을 폐위시키고 창왕을 즉위시킨 데 대해서는 어찌 신하가 국왕을 存廢
시킬 수 있는가 반문하면서 언젠가는 명명한 거울 앞에 그 罪過가 드러나
게 될 것이라고 하고 있으며,[64] 그 후 최영의 죽음 소식을 듣고서는 이성계
를 '얼굴이 두껍다'고 극력 비난하고 당시 부세축리하여 이성계를 추종하던
무리들도 더불어 비난하고 있다.[65] 그는 고려왕조에 절의를 맹세하고 끝까
지 그것을 지키고자 하였으며, 당시 시류에 편승하여 날뛰던 무리들을 못마
땅하게 여겼던 것이다. 그리고 이성계가 다시 廢假立眞이라는 명분을 내세
워 우·창왕을 廢出시키고 왕으로는 무능한 인물이라는 평판을 듣던 定昌
君 瑤를 공양왕으로 즉위시켜 고려왕실의 힘을 무능력하게 만들자, 원천석

64) 『耘谷詩史』 卷3, <伏聞主上殿下遷于江華元子卽位有感>.
65) 위의 책, 卷4, <聞都統使崔公被刑寓歎>.

은 이성계를 비롯한 역성혁명을 도모하는 무리들이 내세운 명분은 그릇되
며, 만일 우왕과 창왕이 王氏의 자손이 아닌 신돈의 자손이라면 왜 일찍
假·眞을 분간하지 않았겠는가 하고 힐문하는 다음과 같은 시를 읊고 있다.

> 前王 父子의 名分이 갈라지니
> 만리의 東西에 하늘의 낭떠러지
> 한몸을 庶人으로 삼았다 해도
> 正名은 千古에 바뀌지 않으리
> 태조대왕의 맹세가 하늘에 응하여
> 餘澤이 흘러 정해진 지 수백 년
> 假眞의 분간이 어찌 늦었겠는가
> 저 하늘의 거울은 밝게 비추이네.66)

　그는 이성계 일파가 내세운 명분을 과감히 그릇되었다고 비난하고 나선
것이다. 이는 그 당시로서는 감히 생각지도 못할 일이었으며, 반이성계파
특히 당대의 巨儒인 李穡조차 그 시비를 분명히 하지 않았던 문제였다.67)
그러나 원천석은 푸른 하늘이 있어 언젠가는 그 枉正이 밝혀질 것이라고
확언하고 있는 것이다.

　그리하여 이성계파에 의해 자행된 廢假立眞이라는 명분을 정면으로 반
박하고 나선 데에서 원천석은 이성계파의 배척을 받게 되는 것 같다. 즉 李
穡·이숭인 등 반이성계파의 제거를 단행하여 이들을 유배시키면서 정계에
참여하지 않은 원천석 또한 반이성계파로 주목, 징계처분을 당한 후 공양왕
2년(1390)에 赦免令을 받고 있다.68) 이는 비록 원천석이 중앙의 정치와 직
접적인 연계는 안가졌지만, 그의 태도가 이성계파에 대해서 상당히 비판적
이었으며, 이에 이성계파에 의해서 배척을 받았음을 시사해주는 것이라 하
겠다.

---

66) 위의 책, 卷4, <聞今月十五日國家以定昌君立王位前王父子以爲辛旽子孫廢爲庶
人>.
67) 『高麗史』卷115, 列傳 李穡傳.
68) 『耘谷詩史』卷4, <讀有旨>.

그러나 이렇듯 고려왕조에 대한 절의가 확고한 원천석이었지만, 우왕·
창왕의 賜死 소식을 듣고 지은 시에서는 그의 다른 모습이 보인다. 곧 그는
우왕과 창왕의 죽음을 억울하게 여겨 슬퍼하고, 이성계 일파에 대해서는 임
금의 은혜를 원수로 갚았다고 신랄하게 비난하면서도 "때는 오히려 태평하
며 新法으로 淸平케 하면 道는 더욱 높으리라"고 하여 그 상황을 불가피한
현실로서 받아들이고 있다.[69] 이는 원천석 또한 당대의 역사흐름을 무시할
수 없는 상황에서 나온 인식인 듯하다. 즉, 당시의 일반적인 흐름은 위화도
회군 이후에 나타나는 고려왕조의 몰락을 어쩔 수 없는 상황으로 인식하고
있었다. 이러한 인식은 조선건국에 능동적·적극적으로 참여하지 않는 이
들에게는 二元的 갈등을 안겨다 주는 것이었다. 한편으로는 고려왕조에 대
한 절의로서의 갈등이며 또 한편으로는 역성혁명을 불가피한 현실로 받아
들여야 하는 데에서의 갈등이었다. 원천석 또한 이러한 갈등을 계속적으로
보여주고 있다. 이것은 조선왕조 건국 이후에도 계속되었다.

3) 조선왕조에 대한 인식

조신왕조가 긴국된 이후 급진개혁파들은 정계의 중추세력으로서 조선왕
조의 기초가 되는 경제·법률 등의 제도를 정비하여 갔다. 이때에 이르러
온건개선파에 속했던 이들은 어떤 입장을 취하였는가. 이들은 앞에서도 서
술한 것처럼 고려왕조에 대한 忠節이라는 면에서의 갈등과 한편으로는 조
선왕조의 개국을 불가피한 현실로 인정해야 하는 면에서의 이원적 갈등을
겪고 있다.

이러한 면은 冶隱 吉再에게서도 나타나며 길재의 행적은 원천석의 행적
을 이해하는 데 많은 참고가 된다. 길재는 고려 말 유학계의 巨匠으로서 고
려가 망한 후 이에 대한 절의를 지켜 조선에서는 仕宦하지 않음으로써 절
의의 표본으로 일컬어지는 인물이다. 그러나 그 또한 고려의 멸망과 조선의
건국이라는 일대 변혁기를 거치면서 원천석과 마찬가지로 갈등을 겪고 있
었으며 이에 따라 조선왕조의 건국을 천명의식에 입각하여 부인하지 않고

---

69) 『耘谷詩史』卷4, <國有令以前王父子賜死>.

254

있다. 이러한 그의 태도는 조선왕조 성립과정에서 보이는 태도, 晚年에 아
들에게 조선 정계로의 진출을 허용하고 있는 점 등에서도 조선왕조 자체를
부인하지 않고 있다는 것이 나타난다.[70] 그 자신은 곧 고려왕조에 대해서는
義理와 名分의 실천으로서 절의를 지키고 있지만, 조선왕조에 사환한 자들
에 대해서도 비난하지 않았을 뿐더러 오히려 新王朝에 대해 忠과 절의로써
섬길 것을 권하고 있는 것이다. 길재의 이러한 행적으로 보아 길재의 인식
은 길재 혼자만이 아니라 당대 모든 지식인들에게 수용되고 있었을 것으로
보이며, 이에 따라 고려의 멸망에 즈음하여 적극적인 부흥운동이 일어나지
않은 점, 조선왕조 건국에 적극적인 협조 내지 간접적 지원을 보낸 점, 고려
왕조 멸망 후 절의를 지켜 조선 정계에 진출하지 않거나 은둔해버린 점 등
은 모두 이와 같은 관점에서 파악할 수 있을 것 같다.[71]

　元天錫 또한 고려왕조의 멸망을 슬퍼하면서도 다른 한편으로 새로운 나
라에서 箕子의 遺風이 다시 펼쳐질 것이라고 하여 조선건국의 이념을 칭송
하고 있는 이원적인 면을 보여주고 있다.[72] 그 또한 고려왕조에 대한 절의
를 고수하여 조선왕조에 사환하지 않았지만 조선왕조를 근본적으로 부정하
지 않는 모습을 보여주는 것이다. 그 후 태조 3년(1394)에는 조선이라는 새
로운 나라에 대하여 海東의 天地에 鴻基가 열렸으며 綱常을 정돈한다고
하고, 王氏의 뒤를 이어 太祖가 왕위에 오르니 三韓의 國土는 고려의 뒤를
이은 나라라고 일컬었다.[73] 여기에서 우리는 조선이라는 나라를 고려의 뒤
를 이은 나라라는 의미로 받아들임으로써 원천석이 자신의 갈등을 해소시
키고 있음을 발견할 수 있게 된다. 더 나아가 그는 易姓革命조차도 인정한
듯하다.

　천명과 인심은 덕 있는 곳으로 돌아가니
　새 왕조의 공은 하루아침 사이에 있었네[74]

70) 『冶隱先生言行拾遺』 上, 「行狀」.
71) 申千湜, 앞의 글, p.584.
72) 『耘谷詩史』 卷5, <改新國號爲朝鮮>.
73) 위의 책, 卷5, <新國>.
74) 위의 책, 卷5, <伏覩奉金尺詞受寶籙 致語慶而贊之>.

위의 시에서 살필 수 있듯이 원천석은 天命과 人心은 德이 있는 곳으로 돌아가므로 혁명의 공이 이루어졌다고 하여 天命과 人心(民心)의 귀결로서 역성혁명(조선왕조 건국)을 받아들이고 있다. 이는 君主는 천명의 대행자이지만 天命·人心은 고정불변한 것이 아니라 민심에 의하여 바꾸어질 수도 있기 때문에 만약 군주가 인정을 베풀지 않아 민심을 잃게 되면 천명·천심이 바뀌고 천명·천심이 바뀌면 군주도 바뀔 수 있다고 하는 역성혁명의 이론과 그 틀을 같이 하는 것이다. 따라서 원천석은 이성계 일파가 역성혁명을 도모하면서 우왕과 창왕·崔瑩·李穡·鄭夢周 등 반대세력을 제거하는 데 대해서는 그 명분의 그릇됨을 들어 극력 비난하고 반대의 입장을 취하면서 고려왕조의 몰락을 비통해 하였지만, 조선왕조 건국이 확실시되고 부정할 수 없는 현실로 다가오자 그 상황에 순응하고 더 나아가 역성혁명의 이론에 동조하는 모습까지 보여주고 있는 것이다.

그러나 원천석은 고려 말·조선 초의 역성혁명기를 산 지식인으로서 현실에 직면하여 시대의 흐름을 무시할 수만은 없었던 데에서 많은 갈등을 겪고 있지만, 자신의 주체성만은 끝까지 지키고자 하였다. 그리하여 그는 고려왕조에 대한 절의와 충성은 끝까지 지키자 하였으며, 이에 '臣不事二君'이라 하여 조선왕조에서의 仕宦을 끝까지 거질하고 고려왕조에 대한 절의로 일생을 마치게 된 것으로 이해된다. 또한 『耘谷詩史』에서 보여주는 바와 같이 우왕 이전의 고려왕조에 대해서는 '國家'로, 공양왕대까지는 '國'으로, 그 이후 조선왕조에 들어와서는 새로운 나라라는 뜻의 '新國'으로 표현하고 있는 데에서 볼 수 있듯이 그의 조선왕조에 대한 태도는 그 한계가 명백하다고 할 수 있다.

4. 맺음말

耘谷 元天錫은 原州의 土着鄕吏 계급 출신이다. 무신란 이후 향리계급의 중앙정계로의 진출시에 그의 父 允迪도 宗簿寺令으로서 중앙관계로 진출하고 있다. 그의 집안은 지방의 중소지주로서 경제력과 能文能吏의 자질

을 토대로 과거를 통해 중앙에 진출하고 있는 新進士大夫의 범주에 넣을 수 있다.

원천석은 李穡·李崇仁·鄭道傳 등과 같은 신진사대부의 범주에 속하면서 이숭인·정도전과는 同年의 관계였다. 그는 온건개혁사상을 정치에 실현시키지는 못하였지만 『耘谷詩史』에서 그의 사상을 詩로서 서술하고 있다. 이 『耘谷詩史』는 李滉, 朴東亮 등이 지적한 것처럼 고려 말의 역사라고 할 수 있다. 또한 安鼎福의 『東史綱目』에서는 우왕·창왕의 廢位·賜死사건을 다루면서 원천석의 『耘谷詩史』를 그 반증자료로 삼고 있다.

원천석의 私田兼倂에 대한 우려와 비판의 생각은 고려 말의 사회경제적 모순을 정확히 파악하고 있음을 보여준다. 大土地兼倂에 의한 고려의 사회경제적 모순은 이후 고려멸망의 주요인으로 작용하고 있다. 그의 사전겸병에 대한 인식은 고려왕조의 질서회복이라는 면에서의 그의 인식을 보여주고 있다.

우왕·창왕시의 정치적 격동기에 있어서 급진개혁파들에 의해 이루어지는 일련의 사태에 대한 그의 비판은 신진사대부와 함께 등장한 新興武人勢力에 의한 고려왕조의 쇠퇴기에 儒者로서의 節義정신으로 사직을 구하려는 충정을 보여주고 있다.

마지막으로 그의 조선왕조 개창 후의 인식은 고려왕조에 대한 절의와 함께 易姓革命 성공의 현실 속에서 내재된 갈등을 天命과 人心의 귀결로 받아들이고 있다. 이는 곧 역사의 발전적 법칙을 수용하고 있다고 하겠다.

결론적으로 고려 말의 유학적 소양을 지닌 지식인인 耘谷 元天錫은 비록 野人이었지만 私田革罷에 대한 인식, 倭寇와 紅巾賊 등의 외부침략에 대한 인식 및 遼東征伐의 정당성에 대한 인식은 중세봉건제 사회의 儒家的 인식의 테두리를 벗어난 진보적 지식인이었다고 평가할 수 있으며, 고려왕조에 대한 온건개혁정신의 실현기도와 충절은 儒者로서 정당한 평가를 받아야 한다고 생각한다. 앞으로 고려 말의 지식인의 현실의식을 규명하기 위해서는 원천석을 비롯한 당대 지식인들의 연계적인 관련하에서 연구가 진행되어야 할 것이다.

元天錫의 생애와 詩史 연구

金 南 基*

1. 서론

元天錫(1330~?)은 고려 말과 조선 초의 은사로 字는 子正, 호는 耘谷, 본관은 原州이다. 그는 어릴 때부터 문장이 뛰어나고 학식이 있어 才名을 날렸다. 과거에 급제하여 진사가 되었으나 고려 말의 정치가 문란함을 보고 강원도 치악산에 은거하였으며 조선이 개국한 이후에도 출사하지 않고 절의를 지켰다. 불우한 상황에서 당대의 실정을 시로 표현하여 자신의 자취를 남겼다.

원천석이 살던 시대는 국내외적으로 복잡다단한 사건이 있었던 격변의 시기였다. 홍건적과 왜구의 침입, 원을 배경으로 한 권문세족과 신흥관료층의 대립, 고려의 멸망과 조선의 건국, 元明의 교체 등 우리 역사에서 중요한 사건들이 점철되었던 시기이다. 이러한 시기에 원천석은 자신의 양심과 절조를 저버리지 않고 당시의 시대상을 直書한 지식인으로 후대에 고평을 받았다.

朴東亮은 「詩史序」[1]에서 원천석의 詩는 사실에 의거하여 直書하고 忠憤에서 격발되어 나온 詩史로 이것을 바탕으로 하면 麗末의 역사를 바로잡을 수도 있다고 하였다. 鄭莊[2]은 원천석이 朱熹의 공명정대한 筆法을 계승

* 안동대학교 국학부 조교수

** 이 논문은 『한국한시작가연구』 2(한국한시학회, 1996)에 수록한 것을 본서에 재수록함.

1) "其隱而在下也有如公者, 則吟咏陶寫之間, 據實直書, 一言一字無非忠憤所激, 不但王氏之爲父子者定, 麗史中亂言妄書, 亦將因此而或有辨證之地".

한 사람으로 세상에서 甘盤과 伯夷에 비의될 정도로 경륜과 절의가 뛰어났으나 당대까지도 詩가 時議에 저촉되고 있음을 언급하였다. 李植[3]은 원천석이 綱常을 세웠고 그 언행은 일월처럼 드리울 것이라고 하였다.

원천석이 저술한 『耘谷行錄』 3권 5책이 세상에 전해져 그의 의리와 시문의 양상을 살펴볼 수 있다. 『운곡행록』에는 1,144수의 시가 수록되어 있을 정도로 방대한 시가 수록되어 있고 그 시의 가치도 상당하다.

그러나 현재까지의 연구 성과는 그의 시문의 양과 가치에 비하여 소략한 편이다. 선행 연구는 주로 원천석의 시대 인식과 사상을 다룬 것이 지배적이었다.[4] 최근에 安鍾律[5]은 원천석의 생애와 사상, 문학을 전반적으로 다루었다. 안종률은 원천석의 시세계를 산수를 형상한 시, 사물을 형상한 시, 우국의 시, 애민의 시 등 4개의 범주로 나누어 분석하였다. 그동안의 논의는 원천석의 생애와 문학을 총체적으로 보여주려는 다양한 시도였다.

그러나 지금까지의 논의에서도 원천석의 생애를 정밀하게 고증하여 상세한 연보를 밝혀놓지 못한 형편이다. 또한 그의 시에 대한 연구도 주로 여러 범주의 시를 소개하고 그것을 그의 절의정신과 결부시키는 차원에서 벗어나지 못한 감이 있다. 이것은 원천석 개인에 대한 기록이 거의 남아 있지 않은 현실에서 기인한 것으로 볼 수 있다.

따라서 본고에서는 그의 문집을 자세히 고찰하여 기존의 논의에서 소홀히 하였던 그의 생애와 교유관계를 상세히 논의하고자 한다. 또한 문집의 편집 체재와 詩作의 시기에 대한 논의 중에서 잘못된 부분을 바로잡고자 한다. 그리고 원천석의 시 중에서 가장 정수를 보여주는 詩史를 중점적으로

---

2) 「耘谷先生文集序」, "文則史也, 可以繼紫陽筆, 而入於火不傳, 見存者惟詩集數卷耳. 李退溪曰, 耘谷詩, 史也, 詩以史則傳於後無疑. 噫. 世人以先生比之甘盤伯夷, 此豈先生素所期哉? (중략) 詩則藏於巾衍中, 迨四百年不行于世, 有所諱也".

3) 부록, 「山擁巖」, "斯人樹綱常, 有言垂日月".

4) 李佑成, 「高麗 李朝의 易姓革命과 元天錫」, 『韓國의 歷史像』, 創作과 批評社, 1982 ; 池敎憲, 「麗末鮮初의 政治的 變革과 耘谷의 道學精神」, 『淸州敎大論文集』 제17집, 1980 ; 梁銀容, 「元天錫의 三敎一理論에 대하여」, 『韓國宗敎』 제11·12집, 1987 ; 柳柱姬, 「元天錫의 生涯와 現實認識」, 중앙대학교 석사학위논문, 1990 등이 있다.

5) 安鍾律, 『耘谷 元天錫 文學硏究』, 성균관대학교 교육대학원 박사학위논문, 1994.

다루어 그의 시가 갖는 의의를 살펴보고자 한다. 물론 이러한 접근은 그의
시 중에서 많은 부분을 차지하는 교유시나 기행시 등을 간과하는 오류를 범
할 수도 있는 것이 사실이다. 즉 그의 시세계의 전반적인 참모습을 정확히
파악하지 못할 수도 있다. 그러나 원천석 한시의 본령은 詩史에 있는 것이
사실이기에 본고에서는 詩史의 연구에 중점을 두고 교유시나 기행시는 다
음에 고찰하여 원천석 시의 전모를 밝히고자 한다.

　　2장에서는 문집의 편찬 경위와 체재를 살펴보고, 3장에서는 원천석의 생
애와 교유관계 및 문학관을 고찰하고자 한다. 4장에서는 원천석이 당대 역
사를 표현한 한시를 세 가지의 범주로 나누어 그의 시세계의 특징을 살펴보
고자 한다.

2. 『耘谷詩史』의 간행 경위 및 체재

　　원천석은 일찍이 『野史』 6권과 原稿 3권 2책을 저술하여 상자에 넣어 家
藏하였다. 이 중에서 『野史』 6권은 증손대에 이르러 時諱에 저촉될까 두려
워하여 불살라 버렸다고 한다.6) 그리고 『耘谷詩史』의 저본이 된 3권 2책의
原稿는 원천석이 年月日의 편차에 따라 편집해 놓은 상태로 가장되어 내려
왔으나 時諱 때문에 간행되지 못하였고, 또한 세월이 흐름에 따라 詩稿의
일부가 부식되고 일실되었던 것으로 보인다.7) 3권 2책의 원고에는 수록되
어 있지 않았던 시 여러 수가 謄本에 별도로 수록되어 전하고 있던 것으로
보인다.8)

---

6) 『耘谷行錄』 附錄, 「石徑墓所事跡」, "初先生有藏書六卷, 言亡國古事, 戒子孫勿妄
開. 傳之累世, 有子孫一人, 竊開之, 大懼曰, '吾家族矣', 擧而燒之, 其書不傳, 猶
有餘遺詩什, 此所謂詩史者也".

7) 鄭莊의 <序>에 "詩則藏於巾衍中, 迨四百年不行于世, 有所諱也"가 나오고, 16대
손 元㙆의 <識>에 "詩中所係年月, 始於辛卯, 終于甲戌, 其間爲四十四年, 萬斛珠
璣, 豈無遺漏, 藏之石室, 紙爛蠹蝕, 有時擎讀, 不覺涕隕"이 나온다.

8) 元㙆의 <識>에 "原稿凡二冊, 二冊凡三編, 摠一千一百有四十有四首, 佚於原稿而
存乎謄本者, 亦在此首. 然謄本之入梓者, 雖有疑難處, 從何質訛, 以其簡袟重大.
故二冊則分而三之, 三編則釐而五之, 非有意於其間也"라는 문장이 있다.

원천석의 詩作은 조선 초기는 물론이거니와 조선 후기까지도 忌諱를 받았다. 이것은 그의 시가 고려 말의 역사를 직필로 적은 것에서 기인한다. 이러한 양상은 조선 후기에 鄭亮欽이 쓴 글에 잘 나타나 있다.

> 오직 그 詩만이 전하고 史(『野史』 6권을 지칭 : 필자 주)는 일실되어 논자들이 그것을 안타까워 한다. 그러나 도산 이황 선생께서는 운곡 선생의 시를 읽고 "역사이다. 역사가 시에 깃들어 있다. 시가 전해져 史가 없어지지 않았으니 어찌 일실된 것을 안타까워 하리요?"라고 하였다. 그러나 선생의 시는 오늘날에도 오히려 忌諱를 받고 있는데 史에 있어서는 어떠하였겠는가?[9]

원천석이 만년에 저술한 『野史』 6권은 그의 후손들에 의하여 鮮初에 불태워졌으며 詩稿도 家藏된 채 세상에 알려지지 않았다. 원천석의 사후 200여 년이 지나서야 그의 詩稿가 비로소 간행되었다. 그러나 朴東亮이 간행한 『耘谷詩史』는 원천석의 시를 選抄한 것이고 또한 선발에 있어서도 당시 조야의 忌諱에 저촉될까 두려워하여 문집 간행시에 고의로 빼어버린 것도 상당수 되는 것으로 보인다. 이처럼 원천석의 시는 조선조 내내 금기시 되어 널리 보급되지는 않았다.

물론 절의를 지킨 원천석의 생애가 백이와 숙제에 비견될 수 있고, 자신의 감회를 가탁한 시가 당대의 역사를 직서한 것이므로 忌諱를 받을 이유가 없다[10]는 강변도 있었다. 그러나 그의 시가 조선의 건국에 대한 비판을 일정 정도 담고 있었다는 측면에서 조선의 문인과 식자층에서 계속적으로 시휘를 받았다는 것은 부정할 수 없는 사실로 간주된다. 따라서 문집의 간행 과정에서도 조선의 건국 과정에 대하여 지나친 비판을 담고 있는 작품은 의도적으로 문집에서 제외한 것으로 보인다.

---

9) 『耘谷行錄』 附錄, 「耘谷先生事蹟錄後語」, "惟其詩傳而史佚, 論者惜之. 然陶山李夫子讀先生詩曰, '史也, 史寓於詩, 詩傳而史不亡, 何佚之惜乎?' 然先生之詩, 今猶可諱, 況史乎? 千秋萬歲, 終必有深惜之者, 顧余不得不爲是惜也".

10) 鄭莊의 <識>에 "皆言伯夷之歌不諱於周邦, 則先生之詩亦何諱於朝鮮耶"가 나온다.

원천석의 詩稿와 등본에 수록된 시는 이후 選抄 또는 全載의 방식으로 3
차례에 걸쳐 간행되고, 한 차례 필사되었다. 각각의 간행 경위를 자세히 살
펴보면 다음과 같다.

초간본은 朴東亮(1569~1635)이 강원도 관찰사로 나가 원천석의 원고 3
권 2책을 보고 이들 시 중에서 일부를 選抄하여 1책으로 간행하였으며, 이
판본은 시 형식에 따라 분류하지 않고 원고의 편차에 따라 연월일의 순서로
편집하여 간행하였다[11]. 박동량이 원천석의 시를 편집하고 「詩史序」를 쓴
것은 원천석이 죽은 지 200여 년이 지난 1603년이다. 따라서 초간본은 家藏
된 원고를 선초하여 1603년경에 간행한 것으로 추정된다. 박동량은 "원천석
의 시는 고려 말의 역사를 직서한 것으로 풍속의 교화를 살펴보려는 사람은
마땅히 보아야 할 책이기에 문장을 담당하는 사람들을 위해서 문집을 간행
한다"[12]고 하였지만 選抄本인 초간본은 당시의 기휘를 피하기 위하여 여말
의 역사를 직서한 작품은 대부분 제외하고 산림에서 승려들과 교유한 작품
을 주로 수록한 것으로 보인다.[13]

그러나 이 책은 당대에도 기휘가 심하였기에 널리 유포되어 읽히지는 않
은 것으로 보인다. 주로 원천석의 절의를 높이 산 사람들에 의하여 읽혀졌
는데 李渷, 李植, 許穆 등이 그 예이다. 원천석의 시가 가상된 시 오래되고
널리 유포되지 않았기 때문에 그의 시는 南龍翼이 選詩한 『箕雅』에도 전혀
수록되지 않았으며 『大東詩選』에 5수가 수록되어 있을 뿐이다.[14] 현재 초
간본은 전하지 않는다. 이후에 간행한 『耘谷詩史』는 가장되었던 원고에 바
탕하여 초간에서 빠진 시를 拾補하여 각각의 시가 만들어진 연차에 따라
수록한 것으로 보인다.

重刊本은 13대 손 元孝達 때에 이르러 집안사람들이 서로 의논하여 가장

---

11) 朴東亮, 「詩史序」, "公之詩二卷, 皆公所自書, (중략) 逐抄而爲一冊, 編其歲月於其
    間".
12) "名之曰 詩史, 盖觀風者之所不可已, 而亦備秉筆者採焉".
13) "公之詩二卷, 皆公所自書, 多與山人釋子所嘗往來酬唱, 而其中若干數, 卽公之大
    節所寓以存者, 亟當廣布於世, 爲之標式".
14) <立春>, <禁酒>, <過楊口邑>, <見錄於軍籍, 作詩以自寬>, <新國> 등 5수이
    다.

262

된 원고에 의거하여 초간본에 빠진 시를 拾補하여 3권 2책으로 간행하였다. 丁範祖(1723~1801)의 重刊本 序가 정조 24년(1800)에 씌어진 것으로 보아 중간본은 1800년경에 간행된 것으로 보인다. 중간본도 詩稿의 편차에 따라 연월일의 순서로 편집하여 간행하였다. 이 판본에는 詩稿에 들어 있었던 시 전부가 수록된 것으로 보이나 현재 이 판본은 전하지 않는다.

三刊本은 16대 손 元㙉의 <識>가 철종 9년(1858)에 씌어진 것으로 보아 1858년경에 간행된 것으로 보인다. 5권 3책으로 간행하였고 卷末에 원천석을 기린 詩文을 모아 부록을 추가하였다. 元㙉의 <識>를 살펴보면 중간본과의 체재와 편차의 차이점을 쉽게 알 수 있다. 삼간본은 原稿를 바탕으로 한 중간본의 체재와 편차를 따르되 原稿에는 없고 謄本에 별도로 실려 있던 시를 첨가[15]하였으며 3권 2책의 체재를 나누어 5권 3책으로 간행하였음을 알 수 있다.

이밖에 1865년 18대 손 容圭의 跋文이 추가된 6권 3책의 필사본『耘谷詩史錄』이 있다. 이 본은 容圭의 跋이 추가된 것을 빼고는 삼간본과 수록 순서 및 내용이 동일하다. 容圭의 跋文에 따르면 이 책은 원천석이 고려 말의 문신 申賢의 문인임을 부각시키기 위하여 간행한 것임을 알 수 있다.[16] 다만『운곡시사』에 수록된 시들 중 잘못된 글자를 바로잡은 것이 몇 편 있다.[17]

앞서 살펴보았듯이 원천석의 문집은 3차례에 걸쳐 간행되고, 한 차례 필사되었다. 원천석의 시는 시의 형식에 따라 분류하여 편찬하지 않고 원고에 수록된 순서대로 제작 시기에 따라 편집되었다. 원천석의 문집에는 모두

---

15) 원천석이 33세(1362) 때 지은 시 17수를 연차에 맞추어 권1에 추가하였다. 권1 <白鷗詞> 뒤에 "右十七首, 逸於原稿, 而以年月第次, 係之于此"라고 細注가 부기되어 있다. 17수는 <辛丑十一月……作二絶以賀太平云> 2수, <謝榮親宴詩上金牧伯> 1수, <次姪湜所寄詩韻> 1수, <耘老吟> 10수, <促織詞> 1수, <白鷗詞> 1수이다.

16) "近稽華海師全及話東人物叢論兩書, 則高麗忠肅時有不誼齋申文正先生, 卽易東禹文僖先生之門人也. (중략) 吾先祖曁金蘭溪得培・禹養浩玄寶・氾大匡世東四君子, 皆承文正之道統 (후략)".

17) 예를 들면 卷1의 <書懷寄趙牧監>에 "儻當作黨"이나 <哭趙牧監>에 "倫當作淪"이라는 교감을 달아 시어를 바로잡았다.

1,144수의 시가 수록되어 있는데 각 권에 실린 시를 제작 연대에 따라 분류하면 다음과 같다.[18] 시의 주요 내용은 그의 생애를 살필 때 자세히 고찰하고자 한다.

권1[19]에는 1351년부터 1369년까지의 시 245수가 수록되어 있다. 1351년 (22세)에 21수, 1354년(25세)에 19수, 1355년(26세)에 5수, 1356년(27세)에서 1359년(30세)까지 7수, 1360년(31세)에 5수, 1361년(32세) 26수, 1362년(33세)에 17수, 1364년(35세)에 38수, 1365년(36세)에 7수, 1366년(37세)에 22수, 1367년(38세)에 3수, 1368년(39세)에 32수, 1369년(40세)에 43수를 지었다.

권2[20]에는 1370년부터 1385년까지의 시 158수가 실려 있다. 1370년(41세)에 14수, 1371년(42세)에 19수, 1373년(44세)에 28수, 1374년(45세)에 7수, 1375년(46세)에 8수, 1376년(47세)에 39수, 1385년(56세)에 43수를 지었다. 그런데 1377년부터 1384년까지 8년 동안의 詩作이 하나도 수록되어 있지 않은 것으로 보아 이 기간에 지은 시는 아마도 일실된 것으로 보인다.

권3에는 1386년부터 1388년까지의 시 222수가 실려 있다. 1386년(57세)에 43수, 1387년(58세)에 125수, 1388년(59세)에 54수를 지었다. 권4에는 1389년과 1390년의 시 176수가 실려 있다. 1389년(60세)에 69수, 1390년(61세)에 107수를 지었다. 권5에는 1391년부터 1394년까지의 시 343수가 수록되어 있다. 1391년(61세)에 80수, 1392년(62세)에 72수, 1393년(63세)에 120수, 1394년(65세)에 71수를 지었다.

---

18) 문집에 실린 시 가운데에서 다른 사람이 보내준 시나 원천석이 차운한 原韻詩는 제외하였다.

19) 安鍾律은 앞의 논문에서 26세부터 31세까지 지은 시 17수를 모두 1355년(26세)에, 1361년(32세)에 지은 시 26수를 1360년(31세)에 지은 것으로 잘못 보았다. 그리고 1368년(39세)과 1369년(40세)에 지은 32수와 43수를 35수, 40수로 잘못 분류하였다. 제작 연대와 작품 수에 대한 그릇된 비정은 문집에 대한 정밀한 고증이 결여된 데에서 비롯된 것으로 보인다.

20) 安鍾律은 앞의 논문에서 원천석이 1371년에 河允源에게 바친 <奉寄前刺史河公二首>를 1370년에 지은 것으로 보아 1370년에 16수, 1371년에 17수를 지은 것으로 보았으나 잘못이다. 이 시는 제2수의 "三可亭前一派流, 潺湲還似去年秋"라는 표현으로 보아 하윤원이 交州道, 곧 강원도 안찰사로 왔다가 돌아가던 1371년에 지어준 작품임에 틀림없다.

원천석은 22세 되던 1351년부터 65세 되던 1394년까지 몇 해를 제외하고는 매년 많은 수의 시를 지었다. 그리고 그의 마지막 시가 1394년 늦가을에 지어진 것으로 보아 원천석은 아마도 1394년 말이나 1395년 초반에 죽은 것으로 보인다. 다음 장에서는 원천석의 문집에 수록된 시를 중심으로 하여 그의 생애를 재구하고 역사와 문학에 대한 관심 내지 생각들을 살펴보고자 한다.

3. 원천석의 생애

원천석은 중국의 백이와 숙제에 비견된 고려 말 조선 초의 은사로 세상을 피하여 은거하였지만 세사를 잊지 않고 늘 이를 염려한 우국지사였다. 그러나 그의 인품과 시의 가치에 대한 평가에 비하여 그의 생애는 자세히 알려지지 않았다. 이것은 원천석이 관직에 나아가지 않고 처사적인 삶을 지향하여 자신의 행적과 시가 세상에 널리 알려지는 것을 꺼려하였던 것에서 기인하기도 한다. 그러나 크게는 그가 조선의 개국 과정에 대하여 비판적 거리를 유지한 역사적 사실에 기인하기도 한다. 조선의 위정자들은 건국 과정에 대한 정당성을 강화하려는 입론에서 고려왕조에의 충절을 지향한 그의 처세관에 대해서는 거리를 둘 수밖에 없었다. 그의 행적 못지않게 그의 시에 나타난 역사의 실상에 대한 준엄한 포폄은 당시의 위정자들의 입장에서는 거부감을 가졌을 것이다. 그래서 그의 사후에도 그의 시문에 대한 관심은 의도적으로 배제되었고, 또한 그를 운위하는 것도 시휘에 저촉되는 것이었다. 그래서 그의 명망은 역사 속에서 간혹 언급될 뿐 잊혀져 가는 존재였다.

이러한 여러 가지 정황 때문에 그의 생애에 대한 기록은 극소화되어 전해질 수밖에 없었다. 연보나 행장도 남아 있지 않은 실정이어서 그의 생애 전반에 대한 고찰은 거의 불가능한 정도이다. 부록에 원천석의 사적과 관련된 글이 여러 편 실려 있지만 너무 간략하여 그의 생애를 자세히 파악하기는 어려운 실정이다. 야사에 조선의 태종이 등극한 후에 원주로 원천석을

찾아갔다는 이야기와 원천석이 수양대군의 상을 보고 훗날의 정변을 예견
하였다는 일화가 전해지고 있으나 이 일화도 신빙성이 없어 한계가 많다.

그러므로 원천석의 생애에 대한 고찰은 그의 문집에 남아 있는 시의 재
구를 통하여 알 수밖에 없는 형편이다. 그나마 다행인 것은 그의 시가 연월
일의 순서에 따른 편년체 형식으로 수록되어 있어 시를 면밀히 검토하면 그
의 생애의 많은 부분을 고증할 수 있다는 것이다. 그의 시를 중심으로 하여
그의 생애를 살피면 다음과 같다. 먼저 원천석의 가계와 행적을 살피고, 나
아가 그의 역사와 문학에 대한 생각들을 고찰하고자 한다.

원천석은 어려서부터 儒學을 공부하여 立身揚名하려는 의지가 있었다.
여러 유교 경전을 공부하며 자신의 뜻을 실현하고자 하였으나 오랫동안 뜻
을 이루지 못하다가 20대 후반에 군적에 편입되었다.[21] 군적에 편입된 뒤
군역에서 면제받기 위하여 더욱 정진하여 1360년에 진사에 급제하여 마침
내 군적에서 면제되었다. 문집에 의거하면 이때 함께 급제한 사람들로는 鄭
道傳, 李崇仁, 李如忠, 安仲溫, 許仲遠, 權從義, 金偶, 沈方哲, 金晋陽, 崔
允河, 金費 등을 들 수 있다. 그런데 원천석은 이때 禮部試에 합격하였던
것이 아니라 國子監試에 합격하였던 것으로 보인다.[22] 국자감시는 흔히 급

---

21) 卷1의 <余自少有志於儒名者久矣. 今按部公幷錄於軍籍, 作詩以自寬>라는 詩題
　　를 보면 이를 알 수 있다. 이 시가 지어진 정확한 연대는 알 수 없으나 대략 27세
　　(1356년)에서 30세(1359년) 사이에 지어진 것으로 추정된다. 按部는 관할 지역을 다
　　스린다는 뜻으로 按廉使 등의 道臣을 이르는 말이다. 이 시의 함련에 "才業未同題
　　柱客, 姓名移屬鍊兵人"이 나오는데 題柱客은 공명과 현달을 지향하는 선비를 말
　　한다. 따라서 원천석은 어려서부터 유학을 공부하여 세상에 양명하고자 노력하였
　　으나 과거에 급제하지 못하여 군적에 편입되었고 이후 한층 정진하여 과거에 급제
　　하였음을 알 수 있다. 『大東詩選』에 이 시가 선발되어 있는데 詩題 아래 "한 번에
　　진사에 급제하여 군적에서 면제되었다(一擧中進士, 免軍籍)"는 注가 부기되어 있
　　다.
22) 이때의 同榜者 중에서 생애가 비교적 잘 알려진 인물은 정도전과 이숭인 뿐이다.
　　정도전의 경우 『三峯集』 卷14, 부록 「事實」에 1362년 즉, 공민왕 11년 10월에 진사
　　에 급제(恭愍王壬寅十月, 登進士第, 朴實榜下也)하였다는 기사가 실려 있다. 『高
　　麗史』 卷73의 「選擧 一」에도 知貢擧 洪彦博, 同知貢擧 柳淑이 진사 33인을 선발
　　하였다는 기사가 수록되어 있다. 정도전의 경우 1360년의 급제 사실이 문집에 수록
　　되지 않은 것으로 보아 이때 정도전은 예부시가 아니라 국자감시에 합격한 것으로

제과로 불리는 예부시와는 달리 국자감에 입학할 자격을 부여하거나 國子
監生이 예부시에 응시하기 전에 치르는 예비시험이라는 측면에서 차이가
있다. 그러나 국자감시에 합격한 사람도 예부시 합격자와 마찬가지로 進士
라는 칭호가 부여되었으며 이것은 사회적으로 상당한 명예가 보장되었다고
한다.[23]

　원천석이 31세에 급제하게 된 것은 아마도 불우한 가정의 환경과 은거를
지향한 개인적 志趣에 기인한 것으로 보인다. 원천석의 집안은 강원도 원주
에 기반을 둔 향리층이었던 것으로 알려졌다.[24] 그러나 아버지 允迪은 원천
석이 어렸을 때 세상을 떠난 것으로 보이며 이후 집안 형편은 더욱 어려워
진 것으로 보인다.[25] 1385년에 쓴 <中秋拜先塋>[26]의 “열 살 아이 마음으
로 이 산에 올라, 매 번 와서 석 잔 술 부으며 한껏 슬퍼하였네(十載兒心在
此崗, 每來三酹一哀傷)”라는 구절에 의거하면 아버지는 원천석이 열 살 되
던 해인 1339년에 죽은 것으로 추정된다. 아버지가 죽은 뒤 4년만에, 곧
1343년에 형 天常도 죽은 것으로 보인다. 원천석이 1362년에 큰형 天常의
아들인 조카 湜이 관리가 되어 출사할 때에 준 <次姪湜所寄詩韻>[27] 시에
“우리 형이 이 세상을 버리신 지 이제 열 아홉 해이네. 외로운 무덤 높이가
몇 척인데 기쁜 기색 응당 절로 새롭겠지(吾兄棄斯世, 于今十九春. 孤墳高
數尺, 喜氣應自新)”라는 구절이 나온다. 원천석은 이 시에서 관리가 되어
나가는 湜에게 자식을 대하듯 백성을 대할 것을 권면하고, 이렇게 백성에게
임하면 지하에 있는 아버지도 기뻐할 것임을 말하고, 자주 집에 계신 어머

　　보인다. 따라서 원천석의 경우도 국자감시에 합격한 것으로 보인다.
23) 柳浩錫, 「高麗時代 進士의 槪念에 대한 檢討」, 『역사학보』 제121집, 역사학회,
　　1989, pp.85-100.
24) 6대조 克富는 戶長, 고조 寶齡과 증조 時俊은 倉正, 조부 悅은 精勇別將, 아버지
　　允迪은 宗簿寺令을 지냈다. 아버지 대에 와서야 미관말직이나마 비로소 중앙 정계
　　에 진출하였다. 이에 대한 자세한 논의는 앞의 이우성, 유주희, 안종율의 논문 참
　　조.
25) 원천석이 남긴 시 중에서 아버지의 시를 차운하거나 수창한 시가 한 수도 실려 있
　　지 않다. 아버지의 忌日에 묘소를 참배하면서 읊은 시가 여러 수 보일 뿐이다.
26) 『耘谷詩史』 卷2.
27) 『耘谷詩史』 卷1.

니께 편지할 것을 권하였다. 이 시에서 형이 죽은 지 19년이라는 구절에 의
거하면 원천상은 원천석의 나이 14세 되던 해인 1343년에 죽은 것으로 추정
할 수 있다. 또한 같은 해에 지은 <耘老吟>[28]에도 형이 이미 세상을 떠났
다고 하였다. 이러한 시에 따르면 형 天常은 1343년에 죽었음을 알 수 있
다.[29]

어린 나이에 아버지와 형의 잇따른 죽음은 원천석에게 많은 방황을 가져
다 준 것으로 보인다. 시름을 이겨내기 위하여 원천석은 10대 후반에 강원
도 일대를 한 차례 유람하고 은거에 뜻을 두기도 하였다.[30] 그리고 22세인
1351년 10월에서 11월까지 강원도 원주, 횡천, 춘천, 금강산 등지를 유람하
고, 이 해에 은거한 趙牧監을 방문하여 그의 한거의 홍취를 부러워하였
다.[31] 그리고 2년 뒤인 1353년 무렵에 耘谷에 은거한 것으로 보인다.[32] 1354
년에 지은 <寄題春州辛大學郊居>에 은거의 뜻을 피력하였는데 그 시를
보이면 다음과 같다.

함부로 출사하지 않음은 세상길이 험난했기 때문 / 不曾浪出世途艱
전원으로 돌아가니 뜻에 맞아 한가롭네. / 歸去來兮適意閑
구름과 안개, 바람과 달에 지취를 부치니 / 寄跡雲烟風月裏

---

28) 제4수는 "耘老曾離一兄, 九原未可重作. 子然誰與急難, 司馬牛憂不博"이다.
29) 安鍾律은 앞의 논문에서 권2의 <乙卯十一月念三, 家兄病亡, 道境禪翁作挽歌二
章, 而次其韻以敍悲哀> 시에 의거하여 형 天常이 1375년에 죽은 것으로 보았다.
家兄은 일반적으로 자기의 親兄을 가리키지만 집안의 형을 가리키기도 한다. 그러
나 <次姪湜所寄詩韻>과 <耘老吟> 등의 시에 의거하면 天常은 1343년에 죽은
것으로 확정할 수 있다.
30) 卷1의 <春州> 시에 "重來城郭似吾州, 滿眼江山是舊遊"라는 구절이 나온다. 이
시는 22세 때인 1351년에 지은 것으로 이전에 춘천지역을 한 번 유람하였음을 알
수 있다.
31) 卷1의 <題趙牧監幽居 二首> 중에서 제1수를 보면 다음과 같다. "好山多處卜幽
居, 長笛高樓興有餘. 每把酒樽花下醉, 常尋藥圃雨中鋤. 愛廬早效陶元亮, 勉學曾
傳董仲舒. 靜捲疎簾無一事, 松廊盡日臥看書".
32) 卷1의 <次姪湜所寄詩韻>에 "십년 동안 운곡에서 몸소 밭갈며 자진을 본받았네
(十年耘谷口, 躬耕效子眞)"가 나온다. 이 시는 1362년에 쓴 작품으로 10년 전은
1353년이다.

268

영욕과 명리는 마음이 없네. / 無心榮辱利名間
시냇가 돌에 고요히 앉아 물고기를 낚고 / 釣魚靜坐溪邊石
집 뒤의 산에 맑은 날 올라 약초를 캐네. / 採藥晴登屋上山
이 중에 들판의 흥취 많은가 묻는다면 / 若問個中多野興
청려장 짚고 술에 취해 석양에 돌아가는 것이라네. / 杖藜乘醉夕陽還[33]

　이 시는 계속되는 전란과 정치의 문란함을 목도하고 환로의 어려움을 깨
달아 스스로 벼슬에의 뜻을 버리고 자연을 벗하며 살고자 하는 마음을 표현
하였다. 영욕과 명리를 떨치고 자연 속에서 흥취를 누리며 사는 담담한 즐
거움을 시화하였다. 원천석은 1354년 10월에 다시 횡천, 홍천, 인제, 회양,
양구, 춘천 등지를 유람하는 등 耘谷에 은거한 뒤에도 여러 차례 다른 곳을
여행하며 자신의 우수를 해소하고 이를 시로 표현하였다.
　원천석은 출사를 단념하고 운곡에 은거하여 자연을 벗삼아 생활하다가
20대 후반에 군적에 편입되는 것을 계기로 하여 공부에 정진하였다. 1360년
국자감시에 나아가 급제하여 군역에서 면제되었다. 국자감시에 응시한 것
은 출사보다는 군역 면제에 뜻을 두고서 한 일이었다.[34] 그래서 그는 국자
감시에 급제한 뒤 출사를 단념하고 치악산 운곡에 은거하였다.
　개인적인 환경뿐만 아니라 당대의 어지러운 정치적인 상황도 원천석으로
하여금 출사를 유보하도록 하였다. 권문세족의 토지겸병이 심화되어 농민
들의 유리걸식이 일상적인 상황이 되었고, 홍건적의 침입으로 국토는 유린
되었다. 1354년에 강원도 일대를 유람하다가 楊口에 이르러 지은 시는 당시
농민들의 참상과 권문세족의 횡포를 목격하는 등 국가 쇠망의 실상을 여실
히 보여주고 있다.[35]

---

33) 『耘谷詩史』卷1.
34) 부록 <賜額祭文>에 "遭時濁亂, 蘊而莫試. 暫遊國子, 非爲筮仕. 遯世無悶, 高尙
　其事"가 나온다. 이 글로 미루어 원천석은 내우외환의 시기를 만나 과거에 급제하
　였으나 출사하지 않고 백이와 숙제의 일을 사모하여 운곡에 은거하였음을 알 수
　있다.
35) 卷1의 <十五日, 發方山到楊口郡, 吏民家戶欹斜倒地, 寂無烟火, 問諸行路. 答曰
　"此邑乃狼川郡之兼領官也. 自古地窄田磽, 民物周殘, 比來權勢之家奪有其田土,

은거한 이후의 생애도 평탄하지 않았다. 32세인 때인 1361년 5월 17일에 겨우 두 살인 딸이 사망하였고, 자신이 좇던 조목감도 죽었다.[36] 이해 12월 17일에 동방급제한 정도전이 원주로 원천석을 찾아와 시를 수창하였다. 또한 여러 동방자들과 시를 수창하면서 시름을 달래기도 하였다. 그 중에서 원주를 내방한 정도전의 시를 차운하여 지은 시를 보이면 다음과 같다.

　　그대와 함께 급제한 일 엊그제 같지만 / 與君同榜如隔晨
　　사귄 도리 얕다 깊다 논하지 말라. / 交道不復論淺深
　　각자 일에 이끌려 두 땅에 있지만 / 各以事牽在兩地
　　사람들을 만나면 안부를 자세히 물었지. / 逢人細問浮與沈
　　오늘 아침의 만남은 하늘이 시킨 바이니 / 今朝邂逅天攸使
　　술통을 열고 기쁘게 자세히 마음을 이야기하세. / 開尊且喜細論心
　　그대여! 그대여! 말고삐를 재촉하지 말라, / 公乎公乎莫催轡
　　이 뜻의 자중함은 정성되고 진실되도다. / 此意自重誠之諶[37]

동방급제한 정도전이 원주로 찾아오자 그 기쁨을 노래한 시이다. 은거와 출사의 나른 길을 걷기 때문에 시로 만나지 못하였지만 서로의 안부에 대해서는 자주 물었었고, 이제 허심탄회하게 이야기를 나누자는 뜻을 표현하였다. 두 사람이 이후 정치적으로 서로 다른 길을 걷지만 둘의 우의는 무척 돈독하였으며 여러 차례 시를 주고받았다. 특히 원천석은 정도전이 조선 건국 이후에 조선의 건국을 찬양하는 <文德曲>, <夢金尺> 등의 악장을 짓자 이듬해에 이를 찬미하는 <伏覩奉金尺詞受寶籙致語, 慶而贊之>와 <贊鄭二相所製四歌>를 짓는 등 둘의 관계는 상당히 친밀하였다.

擾亂其人民, 租稅至多, 雖容足立錐之地, 無有空閑. 每當冬月, 收租徵斂之輩塡門不已. 一有不能則高懸手足, 加之以杖, 剝以肌骨, 居民不堪, 流移失所, 故如斯也". 予聞其語, 作五言八句, 以著衰亡之實云>이라는 긴 시제 아래 "破屋鳥相呼, 民逃吏亦無. 每年加弊瘼, 何日得歡娛. 田屬權毫宅, 門連暴虐徒. 子遺殊可惜, 辛苦竟何辜"라는 시가 실려 있다.

36) 卷1의 <庚子正月十九日生女, 欣然且異, 至今年五月十七日病亡, 筆以哭之>와 <哭趙牧監 二首>에 나온다.

37) 卷1, <十二月十七日, 同年鄭道傳到此, 贈予詩云, (중략) 而次韻以謝>.

1362년에 조카 湜이 벼슬에 나아갔다. 1365년에 아들이 죽고 이듬해에 부인이 죽었다.38) 이즈음에 원천석은 승려들과 교류하면서 불교에 대하여 새롭게 인식하고 유불의 상동성에 대하여 견해를 표명하기도 하였다. 원천석이 교유한 승려로는 道境大禪師, 白雲淵長老, 曹溪參學 允珠大師, 雲遊子 覺宏, 信圓, 角之, 竹溪軒 信廻 등을 들 수 있다.

원천석은 1368년에 강원도 여러 지역을 유람하고 이듬해에 강원도, 경상도, 충청도 일대를 기행하였다. 그리고 1373년과 1385년에 다시 강원도 일대를 유람하였다. 이들 지역을 기행하면서 원천석은 많은 산수시를 남겼다. 1372년에 모친상을 당하고 1374년에 운곡에서 弁嚴으로 거처를 옮겼다. 1376년에 가뭄이 들어 매우 고생을 하였으며 1386년에 안질을 앓았다. 그리고 이 해에 자식들을 모두 출가시켰다. 1387년에 농민들의 봉기가 일어나자 권세가의 토지겸병을 비판하기도 하였다.39)

1388년 2월에 병이 들어 廢寺로 거처를 옮겼으나 6월까지 병으로 고생하였다. 가을에 弁嚴 남쪽 봉우리 아래에 陋拙齋를 짓고 살았다. 그리고 이 해에 이성계가 위화도에서 회군하여 최영을 죽이자 최영의 공덕을 기리고 그의 죽음을 비통해 하였다.40) 또한 우왕이 강화에 유배되고 9월에 폐위되었다. 이듬해 우왕과 창왕이 폐위되어 강화와 강릉으로 유배되고 11월에 사사되었다. 1392년 7월에 공양왕이 원주로 쫓겨나고 이성계가 등극하여 조선을 세우고 이듬해 9월에 한양에 궁궐을 착공하는 등 왕권의 기반을 튼튼히 하였다. 원천석은 여말의 이러한 정치적 상황을 시로 표현하여 시세에 대한 한탄을 피력하였다.

원천석은 젊은 시절부터 충의에 뜻을 두었으나 세상의 번복을 두려워하여 출사를 단념하고 은거를 단행하였다. 이러한 은거 의지는 그의 전 생애에 두루 나타나 있다. 그는 이러한 지향을 여러 편의 시에서 토로하였는데

38) 원천석이 승려 道境의 시를 차운하여 지은 卷1의 <道境大禪翁寄書云 先生不幸 去年哭子 今又失主婦 悲哀相繼 痛甚無極 予懼其傷也 推因果綴言爲詩以奉贈 庶 亂思而紓哀也 詩曰 (4수 생략) 詞語切懇 感於予心 次韻奉呈 四首>에 이 사실이 나타나 있다.
39) 『耘谷詩史』 卷3, <有感 八首>.
40) 『耘谷詩史』 卷4, <病中記聞>.

그 중에서 <白鷗詞>를 살펴보면 다음과 같다.

<갈매기의 노래(白鷗詞)>[41]

끝없는 강과 바다가 출렁이는 봄날에 / 江海無涯浩蕩春
물결을 좇는 자유로운 몸이라네. / 隨波逐浪自由身
뜬구름의 모습은 원래 일정하지 않으나 / 浮雲態度元無定
백설 같은 정신은 진실로 길들일 수 없다네. / 白雪精神固未馴
마음은 나쁜 격식을 끊어 속세를 떠났고 / 心絶累格離塵(缺)
맑은 안개 가랑비에 어부를 짝하였네. / 淡烟疎雨伴漁人
한평생 나 또한 기미를 잊은 사람이니 / 平生我亦忘機者
지난 맹세 저버리지 않고 날로 서로 친하리라. / 莫負前盟日相親

강과 바다에서 명리를 잊은 채 자유로이 날아다니는 갈매기를 보고 자신의 뜻을 가탁한 작품이다. 부귀와 영욕을 좇느라 자신의 본성을 방기한 인간의 염량세태와는 달리 고고한 정신을 간직한 채 본성에 따라 자유로이 오가는 갈매기와 같은 삶을 살고자 하는 시인의 염원을 엿볼 수 있다. 頸聯 上句의 缺字는 '俗'字로 추정된다. 尾聯의 지난 맹세는 부운과 같은 세상의 부귀영화를 버리고 은거하겠다던 뜻을 말한 것이다. 그런데 원천석에게 있어 은거는 시속의 끝없는 부침뿐만이 아니라 자신의 신념과 道가 용납되지 않는 현실에서 기인한 것이다.

<산(山)>[42]

도가 곧아 세상에 용납되기 어려워 / 道直難容世路間
평생 동안 자취를 산수에 맡겼네. / 一生蹤跡寄湖山
천지 사이에서 높게 읊고 크게 취한 채 / 高吟大醉乾坤裏
외로운 구름이 오히려 한가롭지 못함을 비웃노라. / 笑看孤雲尙未閑

---

41) 『耘谷詩史』 卷1.
42) 『耘谷詩史』 卷1, <許同年仲遠以詩見寄, 分字爲韻, 二十八首>.

위의 시는 1360년에 동방급제한 許仲遠이 칠언절구[43]를 보내오자 그 글자를 韻字로 삼아 1365년에 지은 작품 중의 하나이다. 모두 28수로 이루어졌는데 위의 시는 11번째 글자인 '山'字를 韻字로 하여 지은 제11수이다. 起句와 承句에서는 자신의 도, 즉 처세가 너무 강직하여 세상에 용납되지 않기 때문에 산수에 자신의 몸을 맡겼음을 토로하였다. 세상의 불의와 부정을 용납하지 못하는 강직한 성품을 엿볼 수 있다. 轉句와 結句는 크게 취하여 시를 읊조리며 흘러가는 한 조각 구름이 한가롭지 못함을 비판하고 있다. 孤雲은 홀로 떠다니는 구름을 말하기도 하지만 가난하거나 떠돌아다니는 빈한한 선비[44]를 가리키기도 한다. 이 시에서 '孤雲尙未閑'은 앞의 구절과 연결시켜 볼 때 끊임없이 부침하는 한 조각 구름을 비판하는 것으로 보는 것이 타당할 듯하다. 그러나 이 시에서는 단순히 시인이 구름을 비판하는 것이 아니라 그 속에 자신의 처지를 가탁하여 표현함으로써 자신의 심적 동요와 불안을 함께 표현한 것으로 볼 수도 있다. 즉 한 조각 구름이 하늘에서 부단히 부침하듯이 원천석 자신이 은거와 출사 사이에서 계속 동요하고 있음을 자조적으로 표현한 것으로 이해할 수 있다.

원천석에게 있어 은거와 출사는 평생 동안 그를 괴롭힌 문제 중의 하나였다. 즉 그는 속세에 대한 절연 의지 못지않게 자신의 포부와 재주가 쓰이지 못하는 현실을 개탄하면서 자신의 불우한 처지를 토로하기도 하고 또한 출사에의 강한 의지를 드러내기도 하였다. 자신의 불우한 처지에 대한 토로는 주로 자연물을 빌어 영물시의 형태로 표현하기도 하고 시우들에게 준 시에도 드러난다.[45] 또한 출사에의 의지는 자신의 지기들에게 준 시에 많이 보인다. 나아가 조선의 건국에 대하여 일정 정도 비판을 가하기도 하지만 그 역사적 추세에는 공감하는 등 상반된 모습을 보이기도 하였다. 이것은 그의 출사 의지를 대변하는 것이자 당시의 천명에 대한 인정에서 기인하는 것으로 보인다. 예를 들면 1394년에 지은 <新國>에서는 조선이 새로이 천

---

43) 許仲遠이 보낸 시는 "螢窓苦業一寒生, 枉占原山薄行名. 不識金蓮可憐燭, 錦屏深處照何情"이다.

44) 陶潛의 <詠貧士詩>에 "萬族各有託, 孤雲獨無依"이 나오는데 李善은 孤雲에 대하여 "孤雲, 喩貧士也"라고 주를 달았다.

45) 이에 대해서는 다음 절에서 상론하겠다.

명을 받아 舊習을 혁파하고 성대한 교화를 베풀어 백성들이 피폐하지 않게
되었다고 하였으며, 정도전의 악장을 찬미하여 지은 <伏覩奉金尺詞受寶籙
致語, 慶而贊之>[46]와 <贊鄭二相所製四歌>[47]에서도 이성계의 덕망을 기
리고 천명의 정당함을 역설한 것이 그것이다. 이 중에서 만년에 조선의 개
국을 목도하고 쓴 <新國>을 보이면 다음과 같다.

> <새로운 나라(新國)>[48]
> 해동의 천지에 큰 터전을 열고 / 海東天地啓鴻基
> 강상의 정돈이 마침 때를 얻었네. / 整頓綱常適値期
> 4대 후의 왕손이 지금의 태조이고 / 四代王孫今太祖
> 삼한의 국토는 고려를 이었네. / 三韓國土後高麗
> 무너진 것 없애어 새 천명을 펴고 / 掃淸陵寢敷新命
> 조정을 바로잡아 옛 의식을 고쳤네. / 刪定朝班改舊儀
> 이로부터 다른 나라가 큰 교화에 의탁하리니 / 從此異邦投盛化
> 높은 산과 바닷길에도 힘든 줄을 모르겠지. / 梯山航海不知疲

이 시는 원천석이 1394년에 지은 작품이다. 首聯에서는 이성계가 천명을
받아 조선을 건국하고 강상을 바로잡은 것이 당시의 상황에서는 정당하였
음을 피력하였다. 頷聯에서는 조선의 건국은 목조, 익조, 도조, 환조의 공덕
이 쌓여서 이루어진 것이고, 고려의 정통을 이어받고 있다고 하여 조선 개
국의 필연성을 부각하였다. 頸聯에서는 이성계가 천명을 받아 여러 제도를
혁신하여 나라의 위의가 바로 선 것을 칭송하였다. 尾聯에서는 위의 시상을
총괄하여, 조선의 문물이 흥성하여 사방의 나라들이 그 교화에 감복하여 의
탁하리라고 하여 문화의 융성을 기원하였다. 그러나 새로운 국가를 朝鮮이
라는 국가의 칭호를 쓰지 않고 '新國'이라고 표현한 이면에는 조선에 대한
일종의 폄하의식을 담은 것으로 볼 수 있다. 이처럼 원천석은 당대 역사의

---

46) 『耘谷詩史』卷5.
47) 『耘谷詩史』卷5.
48) 『耘谷詩史』卷5.

그릇된 부분은 비판하여 바로잡으면서도 시대의 흐름에 대하여 날카로운 인식을 보여주고 있다.

그렇다면 원천석은 당대의 역사를 어떠한 방식으로 표현하고자 하였는 가? 원천석은 시를 지음에 자기의 뜻을 진술하고 정확하게 표현하는 데에 치중하였다. 그래서 시어도 평이하고 疊字나 同字, 俚語를 적극적으로 사용하여 시의 의미를 강화하는 수법을 애용하였다. 이러한 방법은 때로 戲作詩의 성격을 띠기도 하지만 그 요체는 평이하고 진술한 시를 쓰고자 한 그의 시관에서 유래한 것으로 볼 수 있다.

원천석이 1394년에 金敎授의 시를 차운하여 쓴 시에 그의 시관이 잘 드러나 있다. 이 시는 모두 7수로 이루어져 있는데 그 중 제6수를 보이면 다음과 같다.

　　　<김교수의 구호시를 차운하여(次金敎授口號詩韻)>[49)]
　　나 또한 평생 시에 고심하여 마른 사람으로 / 我亦平生大瘦生
　　시구를 지으려 해도 뜻을 분명히 하기 어려웠네. / 欲題詩句意難明
　　억지로 비리한 시어를 가지고 맑은 시에 덧붙이나 / 强將俚語贅淸韻
　　문장을 지음에 작은 정도 표현하지 못하였네. / 不是成章達寸情

瘦生은 메마르고 병약한 모습으로 주로 시에 고심하여 마른 것을 비유하는 시어이다. 이백의 <戲贈杜甫>에 "借問形容何瘦生? 祗爲從前學詩苦" 와 원나라 仇遠의 <和子野郊居見寄>에 "論心握手到忘形, 性癖耽詩各瘦生"이 나온다. 원천석은 시작에 있어 상당히 고심하였으나 그의 시는 俚語를 가지고 자신의 정을 표현하는 데 주력하였던 것으로 보인다. 그래서 그는 시에서 꺼리는 우리말도 적극적으로 시어로 사용하였다.[50)] 동방자인 허중원에게 보낸 시 중 生字韻을 가지고 쓴 시에 "此懷無處說, 聊寫寄眞情"[51)]의 표현에 기댄다면 원천석은 자신의 참다운 정을 표현하는 데에 시

---

49) 『耘谷詩史』卷5.
50) 卷5의 <端午偶吟>에 "新羅是日號爲車"라고 하였다. 단오는 수릿날이라고도 불리는데 '號爲車'에서 '車'는 수리를 음차한 것이다.

작의 주안점을 둔 것으로 보인다. 이러하였기 때문에 시어의 공교로움보다
는 자신의 감정과 뜻을 표현하는 데에 중점을 둔 것으로 보인다. 이러한 시
관은 그의 시의 도처에 보인다.

4. 원천석의 詩史

詩史는 懷古詩, 史詩 등 역사를 읊은 詠史詩의 한 범주에 속하는 개념으
로 한 시기의 사회적 사건을 반영하여 역사적인 의의가 있는 詩歌를 가리
킨다. 원래 이 말은 杜甫의 시를 지칭하는 개념이었다. 杜甫는 安祿山의 난
을 만나 蜀지방을 유랑하면서 전쟁의 참상을 남김없이 모두 시로 표현하였
기 때문에 그 시가 詩史라고 불려졌다. 후에는 사회현실을 반영한 모든 문
학양식을 지칭하는 개념으로도 쓰였다.

朴東亮은 문집서에서 원천석의 시를 詩史라고 규정하였고, 李滉도 信史
라고 평하였다. 이러한 평가는 당대의 역사적 진실을 시 속에 유감없이 표
현한 것을 적시한 것이다. 元顥은 <識>에서 원천석의 시를 역사라고 규정
하고 원천석의 시 중에서 1389년에 우왕과 창왕이 폐위되어 유배를 가서 사
사된 일을 시화한 <聞今月十五日, 國家以定昌君立王位, 前王父子以爲辛
旽子孫, 廢爲庶人>, <苦寒夜吟>, <國有令以前王父子賜死> 등의 시와
1394년에 쓴 <南行>, <新國>, <伏覩奉金尺詞受寶籙致語, 慶而贊之>
등의 시는 역사적 사실에 의거하여 직서한 작품으로 높게 평가하였다.[52]

이 장에서는 당대의 역사적 사실을 시화한 원천석의 시를 詠史를 통한
우국의 시, 觀風을 통한 감계의 시, 詠物을 통한 강개의 시 등 세 가지 범주
로 나누어 각각의 시의 특징과 원천석의 시대 인식을 살펴보고자 한다.

1) 詠史를 통한 憂國의 시

---

51) 『耘谷詩史』卷1.
52) "若稽麗末時事, 王氏父子之寃, 定配所命恭襄之令, 事在洪武二十二年己巳詩中數
   三首據實直書者, 盖此時事也. 金火遞遷之後, 有南行·新國·奉金尺受寶籙慶贊
   之詩, 可見所諱之不在詩也".

원천석은 역사적 사실을 직서하여 여러 편의 시를 남겼다. 영사시는 보통 지나간 역사적 사실을 읊은 史詩, 지난 역사를 회고하는 懷古詩, 당대의 역사를 사실에 의거하여 핍진하게 묘사한 詩史 등으로 분류되는데 원천석은 당대의 실정을 시로 표현한 詩史가 대부분이다. 특히 고려의 국운이 다하고 이성계의 신흥 왕조가 설 무렵에 지은 시들은 대부분 당대의 상황을 핍진하게 반영한 것이 대부분이다. 이성계가 우왕과 창왕을 신돈의 자손이라 하여 폐위하고 공양왕을 세운 일이나 최영을 역적으로 몰아 죽인 일 등을 사실에 의거하여 공명정대하게 시로 표현하였다. 그리고 조선의 건국을 일면 인정하면서도 그 정당성을 부정하는 의식을 시로 토로하였다.

다음의 시는 1389년에 우왕과 창왕을 신돈의 자손이라 하여 폐위하여 서인으로 강등시키고 공양왕을 세운 일에 대하여 쓴 작품이다. 시 제목은 <聞今月十五日, 國家以定昌君立王位, 前王父子以爲辛旽子孫, 廢爲庶人>이다. 2수를 모두 보이면 다음과 같다.

(一)

전왕의 부자가 각각 헤어지니 / 前王父子各分離
만 리 동서의 하늘 끝이라네. / 萬里東西天一涯
한 몸을 서인으로 만들 수는 있으나 / 可使一身爲庶類
정명은 천고에도 옮겨지지 않으리라. / 正名千古不遷移

(二)

조왕의 맹서가 하늘에 응하여 / 祖王信誓應乎天
남은 은택이 수백 년에 전해졌네. / 餘澤流傳數百年
참과 거짓을 분별함을 어찌 일찍 하지 않았는가? / 分揀假眞何不早
저 푸른 하늘의 거울은 환하게 비추리라. / 彼蒼之鑑照明然[53]

2수 모두 우왕과 창왕 부자가 신돈의 자손이라 하여 폐위시킨 일이 정당하지 않았음을 표현하였다. 1389년에 우왕은 강릉에, 창왕은 강화로 유배를

---

53) 『耘谷詩史』 卷4.

갔다. 그래서 제1수의 承句에서 '萬里東西天一涯'라고 한 것이다. 전구와 결구는 우왕과 창왕을 정치적 필요에 따라 서인으로 강등할 수는 있지만 그 것은 正名이 아니기 때문에 언젠가는 그 진실이 밝혀질 것임을 주장하였다. 제2수에서도 우왕과 창왕을 신돈의 자손이라고 하여 폐위시킨 사실을 비판하였다. 만약 우왕과 창왕이 신돈의 자손이라면 애초에 그 시비를 가려 등극을 막아야 했음에도 불구하고 뒤늦게 그 진위 여부를 따져 한 나라의 임금을 쫓아낸 것을 힐난하였다. 저 푸른 하늘이 밝게 내려다보고 있다고 하여 함부로 천명을 거스르는 위정자들의 올바르지 못한 행동을 비판하였다.

다음의 <苦寒夜吟>도 우왕과 창왕이 폐위되어 유배간 일을 시화한 것이다. 이 시는 모두 2수로 이루어져 있는데 그 중 제2수를 보이면 다음과 같다.

<매우 추운 밤에 읊다(苦寒夜吟)>[54]
조정에서 산림을 비웃지 말라 / 休將朝市笑山林
산에는 맑은 빛이 있고 나무에는 그늘이 있나니. / 山有淸光樹有陰
다만 구름과 안개가 고금에 뻗음을 좋아하고 / 但愛雲烟亘今古
일월이 절로 부침함을 따라 배우리라. / 從敎日月自升沈
북방의 바람과 눈은 한기가 위중한데 / 朔風朔雪寒威重
강릉과 강화에는 분한 기운 깊도다. / 江郡江都憤氣深
불안하여 잠 못든 채 걱정이 많지만 / 耿耿不眠多念慮
밝은 등불이 일편단심을 비추네. / 一燈明暗照丹心

이 시는 1389년 겨울에 지은 작품이다. 이때 우왕과 창왕은 서인으로 강등되어 각각 강릉과 강화에 내쳐졌으며 공양왕이 즉위하였다. 수련은 산림에 은거하여 조정에 출사하지 않는 자신을 조정의 시각에서 비난하지 말 것을 밝히고 있다. 조정의 추악한 현실에 비하여 산림에는 맑은 빛이 있다고 말하여 자신의 처세를 자부하고 있다. 함련은 이를 이어 자연 속에서 자연의 순리를 좇는 자신의 입장을 경물을 통하여 제시하고 있다. 경련은 시상

54) 『耘谷詩史』 卷4.

278

을 반전시켜 당대의 역사에 대하여 강한 강개심을 표현하고 있다. 上句는 삭풍과 북설로 대변되는 추운 날씨를 언급하여 우왕과 창왕이 유배지에서 고생하고 있음을 말하였다. 그런데 삭풍과 북설은 이성계 일파의 위맹이 사방에 떨쳐 고려의 국운이 위태로운 절박한 현실을 표현한 것으로 이해할 수도 있다. 下句는 강릉과 강화에 유배된 우왕과 창왕의 분노를 적시하였다. 미련은 임금과 국사를 근심하느라 잠을 이루지 못하지만 자신의 일편단심은 변치 않을 것임을 말하고 있다.

다음의 시는 이성계가 조선을 건국하고 국호를 조선이라고 삼은 일을 두고 지은 작품이다. 이성계는 1393년에 국호를 조선이라고 정하였는데 이 시는 그 이듬해에 지은 작품이다. 2수 중 제1수를 보이면 다음과 같다.

> <새로 국호를 고쳐 조선이라고 하다(改新國號爲朝鮮)>[55]
> 왕조의 사업이 티끌이 되어 / 王家事業便成塵
> 산하는 예와 같되 국호는 새롭네. / 依舊山河國號新
> 풍물만은 세상일을 따라 변하지 않아 / 雲物不隨人事變
> 나그네로 하여금 몰래 마음 아프게 하네. / 尙令閑客暗傷神

起句는 고려의 왕업이 이제 모두 허사가 되었음을 표현하였다. 承句는 강산은 예나 지금이나 한결같은데 국호가 고려에서 조선으로 바뀌었음을 직서하였다. 轉句와 結句는 변함없는 강산과 변화하는 사람의 일을 대비하여 고려의 멸망을 한탄하였다. 이 시는 원천석이 고려가 망한 뒤에 고려의 도읍인 개성을 찾아가서 지은 시조와 의경이 유사하다. 원천석은 "오 백년 도읍지를 필마로 돌아드니, 산천은 의구하되 인걸은 간데 없다. 어즈버 태평연월이 꿈이런가 하노라"라고 시조를 읊어 역사의 무상함을 노래하였다. 이러한 의경은 같은 해에 지은 <三月三日 卽事>[56] 시의 "今年物是去年物 古國人爲新國人"이라는 표현과도 유사하다. 이 한시도 시조와 마찬가지로 멸망한 왕조의 산하에서 역사의 무상감을 표현하였다.

---

55) 『耘谷詩史』 卷5.
56) 『耘谷詩史』 卷5.

2) 觀風을 통한 감계의 시

원천석의 詩作 중에는 당대의 民風을 읊은 시가 여러 수 있다. 이러한 시
들은 넓은 의미에서 樂府詩의 전통을 계승한 것으로 볼 수 있다. 예로부터
樂府詩는 민간에서 불려지던 노래로 당대의 정치의 득실을 살필 수 있는
좋은 자료이다. 漢나라 때에 악부를 채집하여 정사에 반영한 것이 좋은 예
이다. 악부는 본래 음악에 반주되는 가곡을 지칭하는 것이었으나 建安시대
이후로는 악부의 정신을 계승한 模擬樂府가 성행하였다. 우리나라에서도
李齊賢과 閔思平이 小樂府를 지은 이후에 여러 사람들이 민간의 노래를
詩化하였다.

원천석의 한시 가운데 당대의 풍속을 보고 읊는 한시가 여러 수 남아있
다. 악부시 가운데에 풍속을 읊은 시를 紀俗樂府라고 하는데 원천석의 觀
風詩는 紀俗樂府的 성격이 강하다. 그는 각 지역을 기행하면서 그 지방의
풍속을 詩化하고 그 속에 자신의 생각을 피력하였다. 원천석은 이들 觀風
詩에서 당대 정치의 폐해와 그릇된 인식을 비판하고 그것을 바로잡고자 하
였다.

다음의 <端午> 시는 원천석이 1370년 단옷날에 지은 작품이다.

<端午>[57]
훈풍이 부드럽고 일기가 청신하여 / 熏風微軟氣清新
수많은 집집마다 풀인형을 걸었네. / 萬戶千門掛艾人
조용히 창포를 마주하여 한 통 술을 마시며 / 靜對菖蒲一尊酒
난초 물가에서 홀로 깨어있는 사람을 비웃네. / 笑他蘭渚獨醒臣

起句에서는 단옷날의 따스한 바람과 맑은 날씨를 표현하였고, 承句에서
는 집집마다 쑥으로 만든 풀인형을 문에 걸어 辟邪進慶하는 풍습을 서술하
였다. 轉句와 結句는 사람들이 창포물에 머리를 감고 술을 마시고 놀면서
난초꽃 핀 물가에서 홀로 깨어있는 자신을 비웃는 상황을 표현하였다. 이 2

---

57) 『耘谷詩史』 卷2.

구는 屈原의 <漁父辭>를 빌어 혼탁한 세상에 대한 강한 감개를 드러내고 있다. 굴원은 혼탁한 세상에서 불의를 용납하지 않고 忠言을 올리다 쫓겨난 뒤 어부를 만나 "세상이 모두 혼탁한 데 나만이 맑고, 뭇사람들이 모두 취했지만 나만이 깨어있어 이 때문에 쫓겨났다(世皆濁, 我獨淸, 衆人皆醉, 我獨醒, 是以見放耳)"고 말하였다. 원천석은 굴원의 이 말을 빌어와 불의한 세상에 아부하고 자신을 합리화하는 사람들이 오히려 강직한 자신을 비웃는 세태를 강하게 풍자하였다.

다음은 1386년에 서쪽 마을에 사는 한 노파의 딸이 창녀가 되어 어머니를 봉양하다가 樂府에 징집되어 나가게 되자 두 모녀가 대성통곡하는 것을 보고 지은 작품이다. 시의 제목은 <西隣有一婆, 無他息, 惟一女爲娼妓, 婆老且病矣, 其女乞諸隣而養之, 卽爲樂府之所招, 逼迫上道, 婆失其手足, 哭之深哀, 聞其聲而作之>로 시를 짓게 된 경위를 자세히 설명하였다.

> 울음 소리 구슬퍼서 하늘에 이르고 / 哭聲哀怨至天門
> 모녀가 헤어지니 흰 해가 어두워졌네. / 母女分離白日昏
> 성색은 예로부터 한 분께 바쳐졌나니 / 聲色古來供一豫
> 태평의 기상은 이 속에 있었다네. / 昇平氣像此中存58)

起句와 承句는 노파의 딸이 악부에 징발되어 나가게 되자 모녀가 함께 부여잡고 구슬피 우는 소리가 하늘에까지 사무쳐 대낮의 해마저 빛을 잃어버렸음을 말하였다. 당시에 일반 백성들은 잦은 외침과 탐관오리의 횡포로 토지를 빼앗기고 유리걸식하거나 妓籍에 들어 하루하루를 연명하기에 급급하였는데 이 구절은 이러한 상황을 여실히 그려내었다. 轉句와 結句는 文面으로만 보면 당대를 태평성세로 그리고 있는 듯하지만 그 이면에는 당대 상황에 대한 강한 비판의식을 보여주고 있다. 고려 말기에는 여러 임금이 淫佚에 빠지고 歌樂에 탐닉하여 各道에서 기생들을 불러 잔치를 열고 놀았다고 한다. 태평성대에 임금이 聲色을 즐기는 것도 폄하하였는데 혼란한 시기에 임금이 정사에 힘쓰지 않고 歌樂에만 탐닉하는 것은 온당한 처사가

---

58) 『耘谷詩史』卷3.

아니었다. 따라서 마지막 2구는 反語的인 표현을 통하여 당대 정치의 그릇됨을 강렬하게 풍자하고 있음을 알 수 있다.

3) 詠物을 통한 강개의 시

詠物詩는 사물을 모사하여 그 속에 세상에 대한 교훈이나 풍자를 담아내는 것을 특징으로 한다. 또한 불우한 자신의 처지나 불의한 세상에 대한 강렬한 강개와 비분의 감정을 표현하기도 한다. 원천석은 정치가 피폐해지고 재능을 가진 사람이 그 뜻을 실현할 수 없는 현실에 대하여 의문을 제기하였다. 詠物詩는 時事에 대한 비판을 은미하게, 그러면서도 강하게 표현할 수 있는 독특한 양식이다. 영물시는 원칙적으로 詩史에는 포함되지 않는 양식이지만 그 속에 時事에 대한 비판과 풍자를 寓意的으로 표현하기 때문에 원천석의 영물시를 詩史에 포함하여 논의하고자 한다. 원천석은 이러한 영물시의 특성을 잘 활용하여 생활 주변의 사물을 읊고 그 속에 자신의 불우함과 세상의 불의에 대하여 강개하고 풍자하는 詠物詩를 여러 수 지었다. 이러한 시들은 원천석의 나이 40세를 전후하여 대부분 지어졌는데 이것은 아마도 그가 자신의 포부가 실현되기 어려운 상황에 임박하였음을 인식하고 이것을 적극적으로 시화한 것에서 기인하는 것으로 보여진다.

아래의 <嘲蠅> 시는 분주하게 움직이면서 이익만을 탐할 뿐 인간에게 아무런 도움을 주지 못하는 파리의 생태를 상세하게 묘사하여 경망한 소인배가 횡행하는 현실을 비판한 작품이다.

> <파리를 비웃으며(嘲蠅)>59)
> 파리야 파리야 너는 어떤 물건이기에 / 蒼蠅蒼蠅汝何物
> 너를 보면 아무도 기뻐하지 않느냐? / 見汝無人相悅懌
> 한 몸뚱이에 여섯 개의 다리 매우 작은데 / 一身六足深微細
> 높이 날 줄도 모르면서 날개만 있네. / 未解高飛徒有翮
> 비린내 맡고 모여들 때는 소리가 요란한데 / 聞腥聚集聲紛然

---

59) 『耘谷詩史』 卷2.

쫓아도 다시 와서 무엇을 찾는가? / 驅去復來何所索
점점이 똥으로 여러 물건을 더럽혀 / 能成點穢汚凡物
흰 것은 검게 하고 검은 것은 희게 하네. / 白者爲黑黑爲白
부지런히 윙윙거리며 잠시도 쉬지 않고 / 營營役役無暫休
그릇에 앉았다가 다시 내 자리로 오네. / 止樊亦自來我席
붓끝으로 쫓으면 문득 놀라 날아가고 / 筆端遇逐忽驚飛
부채로 치면 발도 붙이지 못하네. / 扇上逢彈難寄跡
너는 태어날 때 성품이 어리석고 미련하지만 / 汝生稟質愚且癡
세상의 미움을 다 받으니 정말로 슬프구나. / 被世嫌憎良可惜
시인들이 꾸짖는 것은 예나 지금이나 같거늘 / 詩人所責古猶今
너는 너를 모르고 자못 헛수고만 하는구나 / 汝不知汝頗勞劇
너에게 권하노니 이제부터 경거망동하지 말라, / 勸汝從此減輕狂
경거망동은 너에게 백해무익하나니. / 輕狂於汝百無益
더위 따라 다니나 살날이 별로 없다네, / 趁炎赴熱不多時
시월의 서릿바람이 너의 액운을 재촉하기에. / 十月風霜催汝厄

　위의 시는 1370년에 쓴 칠언고시이다. 이 시는 疊字나 同字를 반복적으로 사용하여 운율감을 형성하고 의미를 강화시켰다. 또한 파리를 뜻하는 '汝'字를 8번이나 사용하여 독특한 미감을 자아내고 있다. 1구부터 12구까지는 파리의 모습과 생태를 핍진하게 묘사하였다. 파리가 자신의 먹이를 찾아 분주하게 오가며 이익만을 탐하고 사물들을 더럽힐 뿐 도무지 이로운 일을 할 줄 모른다고 비판하였다. 13구에서 20구까지는 이익만을 탐하는 파리의 본성을 적시하고 파리의 활동도 여름 한 철 뿐임을 말하여 正邪의 필연적인 교체를 주장하였다. 그런데 이 시에서 소재로 택한 파리는 단순히 파리라는 사물만이 갖는 폐해를 지적한다기보다는 파리처럼 자신의 이익만을 좇고 남에게 해를 끼치는 소인배에 대한 경계를 담고 있는 것으로 볼 때 작시 의도가 보다 분명하게 드러난다. 즉, 권세가에 빌붙어 일반 백성들에게 가렴주구를 행하는 탐관오리의 횡포를 파리의 행태에 견주어 寓意的으로 표현한 것이다.

원천석은 영물시에서 세태에 대하여 강렬하게 비판하기도 하였지만 대부분의 작품은 오히려 자신의 재능을 펼칠 수 없는 데에서 오는 비분강개를 표현하였다. 다음에 살필 <馬>나 <古鏡> 등이 그 좋은 예이다.

　　<말(馬)>[60]

　힘이 소금 수레에 시달린 채 때를 만나지 못하여 / 力困鹽車未遇時
　백락을 만나려고 또한 슬프게 울부짖네. / 相逢伯樂且悲嘶
　가벼운 발굽 쫑긋한 귀에 굳센 힘을 갖고 있어 / 輕蹄峻耳添驕力
　늘 삼천리 밖을 치달릴 것을 생각하네. / 常念三千里外馳

위의 시는 원천석이 1373년에 지은 작품이다. 천리마가 자신의 재능을 알아주는 사람이 없어 재능을 펼치지 못한 채 소금 수레 아래에서 곤액을 당하듯 자신도 때를 만나지 못하여 자신의 포부를 펼치지 못하는 현실을 강개하고 있는 작품이다. 불우한 현실이지만 자신의 뜻을 펼칠 그 날이 오기를 기다리는 시인의 심정을 잘 표현하고 있다. 이 시는 한유가 <雜說>에서 백락이 죽은 이후에 천리마를 알아보는 사람이 없게 되어 천리마가 여느 하찮은 말과 함께 수레나 끄는 신세로 전락하고 말았다는 문장을 전고로 하여 자신의 불우함을 표현한 것이다.

원천석은 만년에 이르러서도 자신이 재능을 발휘할 수 없는 현실에 대한 강개를 시로 표현하였다. 젊은 시절에 河允源에게 보낸 시에서 사람이 때에 나아가서 공덕을 널리 베풀어 역사에 이름을 드리우는 것은 고금 인정의 일반적인 현상이라고 하였다.[61] 그러나 원천석은 나이 60이 넘어서도 포부를 펼치지 못하였다. 다음의 시는 1392년에 쓴 작품으로 사물이 쓰여지지 않은 채 버림받은 것을 통하여 자신의 불우함을 드러낸 것이다. <杜門覽古 寓物興懷 此不遇時者之所爲也 因賦古器 作四絶以寓歎>이라는 詩題아래 <古

---

60) 『耘谷詩史』 卷2.
61) 卷2의 <上河刺史詩幷序允源>의 幷序에 "觀夫賢士大夫應時而出, 德被生民, 功施社稷, 勒之金石, 書之竹帛, 光耀後世, 垂之無窮, 此人情之所感, 今古之所同也"라고 하였다.

鏡>, <古劍>, <古琴>, <古鼎> 등의 네 가지 古器를 읊어 歎世之情을
표현하였다. 그 중에서 거울을 읊은 <古鏡>을 보이면 다음과 같다.

<옛거울(古鏡)>[62]

일찍이 예쁜 눈썹 화장한 얼굴 비추더니 / 曾照蛾眉粉面新
십 년 동안 경대함 아래서 오래 먼지에 묻혔네. / 十年奩底久埋塵
밝은 본바탕은 원래 손상되지 않았건만 / 皎然本質元無損
먼지 털고 광을 내는 한 사람이 없었네. / 刮垢磨光欠一人

미인의 단장을 돕던 거울이 버려져 먼지만 쌓인 채 아무도 찾는 이가 없
는 상황을 표현하여 자신의 불우함을 드러내었다. 거울에 먼지가 덮여도 거
울 자체의 본성은 변하지 않아 먼지와 때를 닦아내면 다시 맑은 거울이 될
수 있듯이 자신도 지금은 초야에 버려진 몸이지만 늘 심성을 수양하고 있기
에 자신을 찾아주는 사람이 있다면 그를 위해 일할 수 있음을 피력한 작품
이다. <古劍>, <古琴>, <古鼎> 등의 시도 불우한 자신의 처지를 이들
사물에 견주어 표현하였다. 특히 <古琴>[63]은 伯牙와 種子期의 고사를 빌
어 자신을 알아주는 참다운 벗이 없는 세상을 슬퍼하였다.

5. 결론

본고에서는 고려 말의 은사인 원천석의 생애와 詩史를 중점적으로 고찰
하였다. 원천석은 고려 말에 정치가 혼란스러워지자 강원도 치악산에 은거
하여 당시의 실정을 여러 편의 시로 표현하였다. 이러한 시들은 당시의 시
대상을 直書한 詩史로서 여말선초의 왜곡된 역사를 변증할 수 있는 여지를
제공하였다. 그리고 원천석의 시 속에는 당대의 역사가 공명정대하게 표현
되어 있고, 그의 처세관이 잘 나타나 있다. 원천석의 시와 행적은 조선조에
계속적으로 忌諱되었기 때문에 원천석의 생애와 시사를 온당하게 살피기

---

62) 『耘谷詩史』 卷5.
63) "太古冷冷韻技奇, 伯牙流水少人知. 子期死後絃初絕, 棄置虛堂良可悲".

위해서는 문집의 간행 경위와 체재에 대한 이해가 필요하다.

그래서 2장에서는 문집의 간행 경위와 체재, 시의 제작 연대를 상세히 고찰하였다. 3장에서는 원천석이 쓴 시를 토대로 하여 그의 행적과 교유 관계, 역사와 문학에 대한 인식을 자세히 살펴보았다. 4장에서는 원천석이 지은 詩史의 개념을 검토하고, 그의 詩史를 詠史를 통한 우국의 시, 觀風을 통한 감계의 시, 詠物을 통한 강개의 시 등 세 가지 범주로 나누어 고찰하였다. 시의 제재와 그 주제 의식을 드러내어 원천석 詩史의 특징과 의미를 밝혔다.

원천석의 시의 본령이 詩史에 있는 것은 사실이다. 본고에서는 이 부분에 논의의 주안점을 두어 원천석 시의 특징을 논의하였지만 원천석 시의 특징을 보다 엄밀하게 구명하기 위해서는 그가 지은 여러 편의 기행시와 교유시 등을 아울러 살펴보아야 할 것이다. 특히 원천석이 교유하고 詩作을 주고받은 인물과 그들의 시에 대한 정치한 연구가 필요하다.

元天錫의 생애와 현실인식 再考
-고려 말 지방거주 유교지식인의 삶과 생각-

이 익 주*

1. 문제의 제기

고려 말·조선 초에 살았던 元天錫(1330~?)은 역사 연구자들에게는 특별한 사람이다. 조선시대에는 조선 건국에 반대한 절의파 인물로서 추앙을 받았고, 『耘谷詩史』라는 시문집을 남겼지만, 정작 그가 살던 시대의 기록에는 이름이 보이지 않기 때문이다. 고려 말, 조선 초에 그의 이름이 찾아지는 것은, 필자가 찾은 한에서는, 우왕 5년에 건립된 神勒寺普濟禪師舍利石鐘碑의 記文이 유일하다.[1] 이 기문의 檀越 명단에 進士 元天錫의 이름이 보인다. 그러나 그뿐이고 고려 말, 조선 초의 다른 자료에서는 그의 이름을 찾을 수 없다. 그럼에도 불구하고 조선시대에는 이색·정몽주·이숭인 등 소위 三隱과 비견되면서 識者層 사이에서 그의 이름이 널리 회자되었고, 그의 일화가 야사에 적지 않게 기록되었다.

따라서 지금 원천석에 대해 연구를 하려 할 때는 '후대의 기록'과 '자신의 기록'(『운곡시사』) 두 가지를 이용하게 되는 셈이다. 그런데 두 가지 모두 사용에 있어서 세심한 주의를 기울이지 않으면 안 되는 자료들이다. '후대의 기록'은 윤색의 가능성이 농후하고, '자신의 기록'은 당연히 저자의 주관적인 서술이기 때문이다. 더욱이 『耘谷詩史』는 체계적이고 종합적인 저술이 아니라 그때그때의 감정을 비유와 과장, 반어 등 문학적 수식에 담아 노래

---

* 서울시립대학교 국사학과 교수
1) 『朝鮮金石總覽』 上, 「神勒寺普濟禪師舍利石鐘碑」.

한 시문집이므로 역사 연구의 자료로 활용하는 데 많은 어려움이 따른다.

그러나 한 가지 다행스런 것은 '詩史'라는 이름이 말해주듯 『耘谷詩史』의 시문들이 저작 시기 순으로 배열되어 있다는 점이다. 고려 말, 조선 초의 문집 가운데 『牧隱詩藁』와 『三峰集』이 역시 그러한데, 이러한 경우는 각 작품의 저작 시기를 추정할 수 있어 역사 연구에 크게 도움이 된다.2) 따라서 지금 가장 시급한 일은 『耘谷詩史』의 作品年譜를 작성하는 것이라고 할 수 있다. 그리고 앞으로 『耘谷詩史』를 역사 연구의 자료로 이용할 때에는 작품연보에 의거함으로써 자료의 時點을 분명히 할 필요가 있고, 원천석의 생애와 현실인식에 대해 연구할 때에도 작품의 시점에 따라 시기별 추이와 변화 양상을 항상 고려해야 할 것이다.

지금까지 원천석에 대한 연구는 『耘谷詩史』를 기본 자료로 하여 생애를 정리하고, 현실인식과 문학, 사상 등을 밝히는 것으로 진행되었다.3) 그런데 이들 연구는 대부분 원천석의 節義에 초점을 맞추거나, 적어도 절의의 인물이라는 시각에서 벗어나지 않고 있다. 이러한 시각은 실은 조선시대에 만들어진 것으로, 원천석에 대한 조선시대의 평가와 기록들은 그 자체로서 사학사나 지성사 연구의 대상이 될 뿐이지, 오늘날 그대로 받아들일 수 있는 것은 아니다. 그럼에도 불구하고 최근까지 연구자들이 그러한 시각에서 벗어나지 않고 있는 것은 다소 놀라운 일인데, 이 점은 고려시대의 어느 인물에 대해서 연구할 때에도 조선시대 학자들의 시각을 그대로 반영하지 않고 있음을 생각해보면 자명해진다. 최근에 이인재가 '절의와 은일'의 이미지에서 벗어나 '고려 말 지방거주 유교지식인'으로서 원천석의 생애와 사회사상, 학

---

2) 필자는 『三峰集』과 『牧隱詩藁』의 저작 시기별 편집 원칙에 주목하여 두 문집의 간략한 作品年譜를 만들어본 적이 있다. 이익주, 「삼봉집 시문을 통해 본 고려 말 정도전의 교유관계」, 『정치가 정도전의 재조명』, 경세원, 2004 ; 「『牧隱集』의 간행과 사료적 가치」, 『震檀學報』 102, 2006.

3) 梁銀容, 「元天錫의 三敎一理論에 대하여」, 『韓國宗敎』 11·12, 1987 ; 柳柱姫, 「元天錫研究-그의 現實認識을 中心으로-」, 『朴永錫先生華甲記念韓國史學論叢』, 1992 ; 安鍾律, 「耘谷 元天錫 文學研究」, 성균관대 교육대학원 석사학위논문, 1994 ; 金南基, 「元天錫의 생애와 詩史 연구」, 『韓國漢詩作家研究』 2, 1996 ; 林鍾旭, 『耘谷 元天錫과 그의 文學』, 太學社, 1998 ; 都賢喆, 「元天錫의 顔回的 君子觀과 儒佛道 三敎一理論」, 『東方學志』 111, 2001.

문관, 지역활동 등을 정리한 바 있어 주목된다.[4] 이러한 시각의 전환이 원천석에 대해 좀 더 객관적이고 풍부한 연구를 가능하게 하리라고 기대한다.

　이 글은 '고려 말 지방거주 유교지식인'으로서 원천석의 생애와 현실인식에 대해 고찰하려는 것이다. 이미 연구가 이루어진 주제에 대하여 재론하는 이유는, 앞의 시각 전환과 아울러, 지금까지 연구가 『耘谷詩史』를 자료로 이용함에 있어 작품연보에 철저하게 의거하지 않음으로써 각 작품들을 시간적 상황 속에서 분석하지 못하는 측면이 있다고 보았기 때문이다. 또 지나치게 원천석을 중심에 둠으로써 '원천석을 위한 연구'가 되고 말았다는 판단도 작용했는데, 이러한 연구들은 원천석의 사회적 지위와 정치적 위상을 객관적으로 파악하지 못한다는 점에 문제가 있다.

　이 글에서는 먼저 『耘谷詩史』를 정리하여 작품연보를 만든 다음, 이를 바탕으로 원천석의 생애를 고려 말의 정치적, 사회적 상황 속에서 정리하고, 원천석의 현실인식에 대해서는 시기별 변화의 가능성을 고려하면서 살펴보고자 한다. 그리고 이어서 원천석에 대한 후대의 평가를 정리해 보고자 한다. 이 연구는 일차적으로 원천석에 대한 객관적인 분석과 평가의 필요성을 제기하려는 것으로, 앞으로 원천석뿐 아니라 다른 인물에 대해 연구할 때에도 견지해야 할 관점과 연구 방법에 대해서 논의하는 계기가 되기를 바란다. 또한 원천석이 남긴 『운곡시사』를 통해서 고려 말 지방에 거주하던 유교지식인의 삶과 생각을 엿볼 수 있는 기회가 되리라고 생각한다. 이 글은 이미 몇 편의 논문으로 정리된 문제들에 대해 재론하는 것인 만큼, 선행 연구들을 비판적으로 검토할 수밖에 없었다. 이 점에 대해서는 선행 연구자들의 양해를 구해둔다.

2. 『耘谷詩史』의 작품연보

　지금 우리가 보는 『耘谷詩史』는 1858년에 간행된 활자본이다. 서두에는 1603년 初刊 당시 朴東亮의 서문이 있고, 1800년 鄭莊과 丁範祖의 서문이

---

4) 李仁在, 「高麗末 元天錫의 生涯와 社會思想」, 『韓國思想史學』 12, 1999 ; 李仁在, 「高麗末 元天錫의 學問觀과 地域 活動」, 『韓國思想史學』 15, 2000.

실려 있으며, 말미에는 1858년 간행 당시 元隲의 발문이 있다. 본문은 5권
으로, 모두 720題, 1,144首의 시가 수록되었다.5) 권말에는 「七峯書院事蹟」
을 비롯하여 원천석과 관련된 각종 기록과 원천석을 추모한 시문들이 실려
있다. 이로 볼 때 『耘谷詩史』는 1603년에 처음 간행되었고, 1800년에 중간
되었으며, 1858년에 세 번째로 간행된 것이다.6) 그런데 원은의 발문에서 원
고는 본래 2책 3편이었는데, 등본으로 남아 있는 것을 추가하여 3책 5편으
로 만들었다고 했으므로,7) 初刊 때 편집된 원고를 바탕으로 뒤에 부분적으
로 추가되었음을 알 수 있다.

박동량이 쓴 초간본 서문에 따르면, 작품들을 연대순으로 편집하고 제목
을 詩史라고 하였다고 한다.8) 이러한 편집 원칙은 三刊 때에도 그대로 지
켜졌는데, 원은의 발문에 따르면 당시 原稿에 없는 시를 추가하면서 본문의
차례는 文體 구분 없이 지어진 순서에 따랐다고 한다.9) 실제로 『耘谷詩史』
각 권 첫 시의 詩題를 보면, 제1권은 辛卯(1351) 三月, 제2권은 庚戌(1370)
春, 제3권은 丙寅(1386) 元日, 제4권은 己巳(1389) 正朝, 그리고 제5권은 辛
未(1391) 元正으로 시작하고 있어 작품들이 시간의 흐름에 따라 배열되어
있고, 해가 바뀌는 것을 계기로 권을 달리 했음을 알 수 있다. 이 점은 제1
권 중간에 "위 17首는 原稿에 빠진 것인데, 연월의 순서에 따라 여기에 붙
여둔다(右十七首逸於原稿 而以年月第次 係之于此)"고 밝힌 대목에서도 다
시 한 번 확인된다. 1858년 문집 발간 당시 등본 상태의 작품을 추가하면서
시간순 배열의 기존 원칙을 준수했다는 것이다. 이와 같은 시간순 배열은
문집의 사료적 가치를 크게 높여준다. 시제에 나타난 날짜와 내용 중의 계

---

5) 林鍾旭, 앞의 책, p.24와 李仁在, 앞의 논문, 1999, p.49에서는 『耘谷詩史』의 시가
   모두 737題라고 하였지만, 필자가 세기로는 720題이다. 권별로는 제1권에 171題,
   제2권에 114題, 제3권에 155題, 제4권에 91題, 제5권에 189題가 실려 있다.
6) 『耘谷詩史』의 간행 경위는 金南基, 앞의 논문, pp.315-318에 정리되어 있다.
7) 『耘谷詩史』, 「跋」(元隲), "原稿凡二冊 二冊凡三編 總一千一百有四十有四首 佚於
   原稿而存乎謄本者 亦在此數 然謄本之入梓者 雖有疑難處 從何質訛 以其簡秩重
   大 故二冊則分而三之 三編則釐而五之".
8) 『耘谷詩史』, 「序」(朴東亮), "編基歲月於其間 而名之曰詩史".
9) 『耘谷詩史』, 「跋」(元隲), "嗚呼 某年月日之逐題縣錄 五六七言之不以彙分 一依親
   筆之序 不敢改易".

절·절기 등을 분석하면 각 작품들이 지어진 시기를 추정할 수 있기 때문이다.

작품들이 시간순으로 배열되어 있으므로, 『耘谷詩史』를 분석하여 원천석의 생애를 재구성하는 것도 어느 정도 가능하다. 이 점에 주목하여 원천석의 생애를 정리한 글도 이미 있지만,[10] 작품의 편년에 약간의 착오가 있는 듯하여 바로잡고자 한다. 또 몇몇 작품들은 지어진 시기를 추정하는 데 있어서 약간의 논의가 필요하다.

『耘谷詩史』는 처음 간행될 때부터 작품의 시간순 배열 원칙이 지켜졌지만, 이후 중간 과정에서 오류가 발생하기도 하였다. 특히 1858년 三刊 당시, 위에서 언급한 대로 17수를 추가하면서 제1권의 제73제 <正月十七日雪[甲辰]> 앞에 끼워 넣는 과정에서 문제가 있었다. 추가된 17수는 제67제 <辛丑十一月(略)> 2수, 제68제 <謝榮親宴詩> 2수, 제69제 <次姪湜所寄詩韻> 1수, 제70제 <耘老吟> 10수, 제71제 <促織詞> 1수, 제72제 <白鷗詞家> 1수를 말하는데,[11] 시간의 흐름에 따른다면 이 시들은 갑진년(1364) 이전, 즉 1330년생인 원천석이 35세 이전에 지은 것이어야 한다. 하지만 제70제 <耘老吟>에서 자신을 '耘老'라고 표현한 것이나, '김매는 이 늙은이 한 평생 가여워라(耘老平生可憐)'로 시작하는 시의 내용으로 보나 30대 전반에 지은 시라고는 보기 어렵다. 또 이 시 셋째 수의 "김매는 늙은이가 형 한 분을 잃어 / 황천에 가셨으니 다시는 만날 수 없네."라고 한 데서 형 元天常이 죽은 뒤에 지은 것임을 알 수 있는데, 원천상의 몰년에 대해서는 논란이 있으므로 잠시 후 다시 살피기로 한다.

제69제 <次姪湜所寄詩韻>은 원천상의 아들인 元湜이 지방관으로 나가 있을 때 선정을 당부하며 쓴 시이다. 그런데 이 시에도 "우리 형님 이 세상 떠난 지도 / 이제 벌써 열 아홉 번째 봄이니"라는 구절이 있어 저작 시기가 원천상의 몰년과 관계된다. 원천상이 1375년 11월 무렵에 사망했음이 원천석의 다른 시에서 확인되므로[12] 그로부터 19번째 봄은 1394년 봄이 된다.

---

10) 金南基, 앞의 논문 ; 李仁在, 앞의 논문, 1999.

11) 金南基, 위의 논문, p.318의 주 15).

12) 『耘谷詩史』 2-054, <乙卯十一月念 三家兄病亡 道境禪翁作挽歌>. *2-054는 제2권

또 다른 시에서 비슷한 무렵인 1392년 겨울에 원식이 흡곡의 수령으로 있었음을 알 수 있어13) 이 시의 내용과 부합한다. 따라서 제69제와 제70제 두 작품은 원천석이 65세가 되는 1394년에 지은 것이고, 편집 과정에서 1364년 작품인 제73제 앞에 놓은 것은 착오이다.14) 이어지는 제71제 <促織詞>와 제72제 <白鷗詞>도 각각 "슬프구나! 네 신세가 내 신세 같건만, / 이따금 하소연해도 들어주는 이가 없네."와 "나 또한 평생 욕심을 잊고 사니"라는 구절로부터 역시 노년인 1394년 무렵에 지은 것으로 보는 편이 더 잘 어울리는 듯하다.

추가된 17수 가운데 제68제 <謝榮親宴詩>는 원천석이 급제했을 때 牧伯이 영친연을 열어 준 데 사례하여 지은 것이다. 뒤에 다시 언급하겠지만 원천석은 과거의 본시험인 예부시에는 급제한 적이 없고, 다만 국자감시에 합격한 것이 1360년(공민왕 9) 9월이므로 이 시를 지은 시기도 그 얼마 뒤가 되겠다. 그러나 그 앞의 제67제 <辛丑十一月(略)>은 詩題에서 1362년 정월 18일에 홍건적으로부터 도성을 탈환한 사실을 언급한 것으로 보아 그 뒤에 지은 것이 분명하므로 이 두 작품도 순서가 뒤바뀐 것이다. 이처럼 작품의 시간순 배열이 무너진 것은 아마 三刊 당시 원고에 없던 6제 17수를 추가하면서 <辛丑十一月(略)>이 1362년 조에 지은 것임을 알 수 있었으므로 그것을 필두로 17수를 함께 모아 1364년에 지은 제73제 <正月十七日雪[甲

제54제를 뜻한다. 이하 글에서는 모두 같다. 원천상의 몰년을 1343년으로 보는 견해가 있는데(김남기, 앞의 논문, pp.322-323), 이것은 次姪湜所寄詩韻을 1362년에 지은 것으로 판단하고 그로부터 19년을 역산했기 때문이다. 그러나 이 시의 위치가 잘못된 것이므로 원천상의 몰년은 乙卯十一月念(略)에 나타난 대로 1375년으로 보는 것이 타당하다.
13) 『耘谷詩史』 5-090, <寄姪歡谷令[湜 姪繼叔之任故云]> *詩題의 [ ]는 細註임을 표시한 것이다. 이 글에서는 모두 같다.
14) 李仁在, 앞의 논문, 1999, p.46의 주 15)와 p.47의 주 16)에서도 <次姪湜所寄詩韻>과 <耘老吟> 두 작품은 편집 과정에서 착오가 있었을 가능성을 제기하였다. 그러나 金南基, 앞의 논문, pp.322-323에서는 위 두 작품을 1362년에 지어진 것으로 보아 원천상의 몰년을 1343년으로 추정하고, 더 나아가 '어린 나이에 아버지와 형의 잇따른 죽음은 원천석에게 많은 방황을 가져다 준 것으로…… 시름을 이겨내기 위하여…… 은거에 뜻을 두기도 하였다.'고 하였는데, 이는 잘못된 자료 해석에서 비롯된 착오이다.

辰]> 앞에 배치했기 때문일 것이다.

　그밖에『耘谷詩史』의 작품들은 시간순 배열의 원칙이 대체로 잘 지켜진 것으로 보인다. 다만 저작 시기를 분명히 알 수 없는 작품들이 몇몇 있는데, 작품 수가 많지 않은 초반부의 경우가 주로 그러하다. 예를 들어,『耘谷詩史』의 첫 작품인 <辛卯三月 向金剛山 到橫川>은 시제로부터 신묘년 (1351) 3월에 지은 것임을 알 수 있고, 이어지는 제2제~제6제 <過葛豐驛>, <蒼峯驛路上>, <原壞驛>, <春州>, <原川驛>은 여정 중에 연작된 것이지만, 그 뒤의 몇 작품은 지은 시기를 알 수 없다. 제20제 <甲午十月 向淮陽到橫川(略)>이 1354년 10월에 지은 것이므로 제7제 <鶴上仙>부터 제19제 <次李尙書所示詩云>까지는 1351년 3월부터 1354년 10월까지 몇 년 동안 지었음을 알 수 있을 뿐이다. 제20제 이후로는 금강산을 다녀오는 도중에 지은 시들이 제35제까지 이어지고, 제37제 <乙未秋七月有日(略)>은 1355년 7월 작품이므로 제36제 <寄題春州辛大學郊居>는 그 사이에 지은 것이다. 그 뒤 제39제 <早春雨>에서 봄이 되었으므로 그 사이에 해가 바뀌었음을 알 수 있지만, 그것이 어느 해인지는 알 수 없다.

　제1권의 제46제 <卽事>는 1359년 12월에 있었던 홍건적의 침략을 소재로 한 것인데, '사람들이 모두들 새해 온 것을 모르니'라는 구절이 있어 1360년 초에 지은 것임을 알 수 있다. 따라서 그 앞의 제39제~제45제는 1356년부터 1358년 사이에 지은 것으로 추정된다. 뒤이어 딸의 죽음을 슬퍼하는 시(제50제)가 나오는데, 이것도 시기가 분명치 않다. 그 詩題를 보면, <庚子正月十九日生女 頎然且異 至今年五月十七日病亡 筆以哭之>라 하여 1360년 정월 19일에 태어난 딸이 '금년' 5월 17일에 사망했고, 그 때 이 시를 지은 것으로 되어 있다. 여기서 '금년'이 언제인지가 문제인데, 만약 그것이 태어난 해와 같은 해라면 굳이 '至今年'이라는 표현을 쓰지 않았을 것이다. 그러므로 이 시는 그 다음 해인 1361년 5월 17일 직후에 지은 것이고,[15] 제46제와의 사이에서 해가 바뀐 것으로 보아야 할 것이다. 그리고 1361년에 지은 시가 이어지다가 이 해 12월 17일 정도전과 만나 주고받은

---

15) 원천석의 딸의 사망 시기를 이인재는 1360년으로 보았고(앞의 논문, 1999, p.47), 김남기는 1361년으로 보았다(앞의 논문, p.325).

시가 실려 있다(제61제 <十二月十七日 同年鄭道傳到此 贈予詩云>). 이후 제64제 <次安同年仲溫見贈詩韻>의 "눈앞의 봄빛이 모두 새 단장일세"라는 구절과 제65제 <次安同年喜雨詩>의 "가뭄을 씻어 멀리까지 뿌리고 / …… / 구름 같은 벼이삭이 산뜻해졌네"라는 구절에서 해가 바뀌어 1362년이 되었음을 알 수 있고, 제66제 <病中書懷>는 미상, 그리고 편집과정에서 추가된 제67제 <辛丑十一月(略)> 등 6題 17首가 그 뒤를 잇는다.

제1권 제73제 <正月十七日[甲辰]>부터 제2권 제55제 <丙辰暮春 李楮谷席上 呈諸公>까지 153제는 1364년 1월부터 1376년 봄까지 지은 시들이다. 그 가운데는 지은 해가 나타나 있지 않지만 계절의 변화를 통해 해가 바뀌는 것을 추정할 수 있는 것들이 많아 작품의 편년이 가능한데, 제1권 제87제 <聞鸎>(1366년), 제103제 <苦雨>(1367년), 제2권 제13제 <暮春>(1371년), 제21제 <以苽寄子誠弟>(1372년), 제37제 <金城途中>(1374년) 등이 그러하다. 그러다가 1376년 작품에서는 편집과정에서 착오가 있었던 듯하다. 제2권 제55제 <丙辰暮春(略)>이 1376년 늦봄에 지은 것이므로 제63제 <冬夜 寓春城客館 卞大學携酒來訪 詩以謝之>는 같은 해 겨울에 지은 것이 되고, 제66제 <次道境所示詩韻 呈萬葳黨頭座下>는 '요즘 봄기운이 이미 시작했으니'라는 구절에서 해가 바뀌어 이듬해 봄에 지은 것을 알 수 있다. 따라서 이어지는 제69제 <郊居寒食>과 제73제 <暑中閑詠>도 각각 1377년 봄과 여름의 작품이 된다. 그런데 제76제 <丙辰閏九月 日本諸禪德來此 其叢林典型如我國之制 作一詩以贈>이 한 해 전인 1376년의 사실을 기록하고 있어 순서가 뒤바뀐 것이다.

하지만 바로 이어지는 제77제 <次鄭司藝詩韻>이 1377년 9월 9일에 지어진 것이어서 작품 연보를 정리하는 데 도움이 된다. 이 시는 정사예, 즉 정도전의 시에 차운한 것으로, 그 내용을 보면 원천석이 정도전·설장수 등과 동석한 자리에서 지은 것이다. 시의 전문은 다음과 같다.[16]

구월 구일에 하늘빛이 맑아 / 九月九日天光淸

---

16) 이 글에서 시의 번역은 모두 이인재·허경진 옮김, 『운곡시사』, 혜안, 2007의 것을 이용하였다.

쓸쓸히 물든 나뭇잎이 가을 소리를 보내오네. / 蕭蕭霜葉送秋聲

서재를 깨끗이 쓸고 기쁜 자리를 베푸니 / 淨掃鈴齋闢歡席

풍류 손님들 모두가 밝고 어지네. / 風流賓客皆賢明

잔을 주고받는 모습이 참으로 그림 같아 / 獻酬交錯眞似畵

깊은 술잔이 철철 넘치며 국화꽃잎을 띄웠네. / 深危瀲瀲浮金英

三峰의 시와 글씨가 모두 절묘하니 / 三峯詩筆俱絶妙

맑고 아름다운 구절이 陰鏗의 시 같고, / 淸佳句句如陰鏗

익숙한 솜씨로 취한 먹을 뿌리니 / 成章信手酒醉墨

종이에 가득한 빛이 구름과 연기 엉키었네. / 雲烟滿紙相交橫

사신이 된 상공이 가장 호걸스러워 / 奉使相君最魁傑

한 평생 阮生같이 거리낌 없이 살았네. / 一生放曠如阮生

바람 앞에서 시를 읊어 장한 기운을 토하면 / 臨風嘯詠吐壯氣

붓끝에 구슬 같은 구절들이 순식간에 이뤄지네. / 筆端珠琲須臾成

偰子가 거문고를 타면 옛 곡조가 많아 / 偰子彈琴傳古多

멀고 가까이서 그 소리를 들으며 마음을 다 쏟네. / 聞風邇遐心盡傾

세상에 으뜸가는 재주들을 어찌 다시 말하랴 / 冠世才華何更說

젊은 시절 그 이름이 金榜에 높이 걸렸네. / 妙歲高題金榜名

이같이 뛰어난 이들이 한 자리에 모였으니 / 如斯豪俊在一座

고금에 없는 학사들이 평생의 정을 털어놓았네. / 頭學士豁展平生情

회포를 이야기하다 산에 달 떠오른 것도 몰랐으니 / 懷不覺山月上

반 바퀴 달이 옥 술잔에 일렁이네. / 半輪輝玉觴

또 동쪽 울타리를 향해 서리 속 국화 향기를 주워 모으네. / 又向東籬掇拾霜中香

詩題의 정사예나 시 중의 삼봉은 모두 정도전을 가리킨다.[17] 정도전은 1377년 7월 유배에서 풀린 뒤 그해 겨울에 원주에서 교주도안렴사 하륜, 원

---

17) 三峰은 정도전의 호이고, 司藝는 정도전이 우왕 원년 유배되기 직전의 관직이다(『高麗史節要』卷30, 禑王 원년 정월). 당시 정도전은 관직에서 물러나 있었지만, 사적인 자리에서는 흔히 사례라고 불렀다. 『牧隱詩藁』에도 1378년과 1381년에 정도전을 鄭司藝로 지칭한 사례가 있다(『牧隱詩藁』 11-028, <聞鄭司藝道傳在提州村莊授徒> ; 28-100, <聞鄭司藝還向南京>).

주목사 설장수 그리고 김구용 등과 어울린 일이 있었다.[18] 그런데 이 모임
은 위 시에서 보듯이 9월에도 있었고, 정도전의 동년이며 마침 원주에 살고
있던 원천석도 자연스럽게 동석해서 이 시를 지었던 것이다.[19] 따라서 『운
곡시사』의 이 부근 작품들은 모두 1377년에 지어진 것이고, 1376년 작품인
제76제의 자리가 잘못된 것인데, 그렇게 된 이유는 알 수 없다.

이후 저작 시기가 분명한 작품은 제2권 제83제 <書谷溪卷[乙丑]>으로
1385년에 지은 것이다. 따라서 1377년 이후 당분간 詩作이 뜸했음을 알 수
있다. 그리고 그 뒤로는 작품연보를 작성하는 데 큰 어려움이 없다. 마지막
부분의 제5권 제58제 <壬申正月六日(略)>이 1392년 1월 6일에 지은 것이고,
제67제 <寄奉福君>이 봄, 제68제 <秋齋雨中卽事>가 가을, 제98제 <癸酉
元日>이 1393년 1월 1일에 각각 지은 것이니, 제5권 제68제부터가 조선이
건국된 1392년 7월 이후에 지은 것임을 알 수 있다. 그리고 마지막으로 저작
시기가 확인되는 작품은 1394년 4월 1일에 지은 제5권 제168제 <四月初一
日三首>이므로 그 뒤의 21제는 시기 미상으로 남겨 둘 수밖에 없다.[20]

지금까지 정리한 것을 바탕으로 『운곡시사』의 作品年譜를 만들어 보면
이 글 말미에 부록된 표와 같다.[21] 이 작품연보에는 미진한 부분이 없지 않

18) 『三峰集』 2-七言律詩-06, <原城 同金若齋 見按廉使河公[崙] 牧使偰公[長壽]賦之
[丁巳冬]>.

19) 위 시에 등장하는 三峰과 偰子는 정도전과 설장수이다. 그 사이에 '사신이 된 상공
(奉使相君)'이 나오는데, 이것은 안렴사로 왔더던 하륜을 가리키는 것으로 보인다.
원천석은 동석했던 정도전·하륜·설장수에게 4행씩을 할애하여 시를 지었던 것
이다.

20) 현재 원천석의 몰년을 알 수 없어 『耘谷詩史』의 제5권 제169제부터 제189제까지의
편년이 더 어렵다. 다만 원은의 발문에서는 『耘谷詩史』의 시가 신묘년(1351)에 시
작해서 갑술년(1394)에 마쳤다고 했으므로, 이것을 미루어 본다면 마지막 21제가
모두 1394년에 지어진 것으로 추정할 수 있다.

21) 이 작품연보에는 아직 미진한 부분이 있다. 예를 들어, 제1권 제97제 <趙摠郞見和
陋拙齋詩 復用前韻呈似>는 제3권 제146제 <頃者於弁巖南峯之下 新作一茅齋…
…名之日陋拙齋 因成長句六首以自詠> 다음에 와야 한다. 뒤의 시에 원천석이 陋
拙齋를 지은 사실이 기록되어 있고, 앞의 시에는 그것을 소재로 唱和하는 모습이
나타나 있기 때문이다. 또 앞 시의 운이 뒷 시 첫 수의 운과 같아 時題 중의 '復用
前韻'에 부합한다. 이러한 착오는 三뀌 당시 등본 상태의 시를 추가하면서 생긴 것

296

으나 계속해서 보완하기로 하고, 앞으로 『운곡시사』를 자료로 사용할 때는 이 연보가 함께 활용되어 작품이 지어진 시기가 착종되지 않기를 기대한다.

3. 원천석의 생애

『耘谷詩史』의 작품연보를 활용한다면 원천석의 생애를 비교적 상세하게 복원하는 것이 가능하다. 원천석의 생애도 선행 연구에서 이미 정리한 적이 있지만, 연구자마다 의견이 엇갈리는 대목이 있고, 새로 밝혀야 할 점도 남아있는 것 같아 여기서 다시 정리하고자 한다.

원천석의 가계는 조선 후기에 許穆(1595~1682)이 지은 「石逕墓所事蹟」을 바탕으로 정리할 수 있다.[22] 허목의 기록에 따르면, 원천석의 선대는 원주의 향리였고, 할아버지 때 처음 중앙의 무반직인 정용별장이 되었으며, 아버지 允迪은 관직이 정3품 종부령까지 올랐다. 조상이 향리였던 사실이나, 원윤적이 같은 원주 원씨와 혼인한 사실을 누락시키지 않고 "원주에 두 원씨가 있다"는 말로 동성혼의 혐의를 피해간 점으로 보아 허목의 기록은 일단 사실에 충실한 것으로 판단된다.

따라서 원천석의 집안은 고려 후기에 지방의 향리들이 중앙의 士族으로 상승하고 있던 흐름을 탔던 것이라고 할 수 있다. 다만 그 방법이 과거에 의한 것이 아니었던 점은 눈여겨볼 필요가 있다. 원천석의 선대에 급제한 사람이 없고, 元天常과 원천석 형제가 국자감시에 합격하여 진사가 되었을 뿐, 원천석의 아들과 조카 중에서도 과거에 급제한 사람은 찾아 볼 수 없다. 이것은 무신집권기 이후 지방 향리들이 주로 과거를 통해 중앙 관인으로 진출하였다는, '士大夫'에 대한 일반적인 설명과는[23] 다른 양상이다. 이들 士大夫가 원간섭기에 성리학을 받아들여 '과거에 급제한 성리학자'로서 新興儒臣의 일원이 되고, 고려 말에 이르러 독자적인 정치세력으로 발돋움해 갔

으로 보이는데, 당시 추가된 시를 분간할 수 없는 지금으로서는 잘못된 부분을 찾아내기가 어렵다. 앞으로 작품연보를 보완할 때 유념할 대목이다.
22) 李仁在, 앞의 논문, 1999, pp.43-45 참조.
23) 李佑成, 「高麗朝의 '吏'에 對하여」, 『歷史學報』 23, 1964.

던 것인데,[24] 이러한 기준으로 보자면 원천석은 신흥유신에 포함되지 않는다. 또 원천석이 성리학을 공부했는지도 지금으로서는 확언하기 어렵다.[25]

원천석은 1330년 7월 8일에 태어났고, 어린 시절을 춘천에서 보냈다. 노년에 지은 시에서 "죽마 타고 달리던 그 옛날을 생각하니 / 沐巖 시냇가 길과 鳳山 기슭이었지"라고 회고한 대목에서[26] 어린 시절에 춘천의 봉산 근처에서 살았음을 알 수 있다. 이곳은 다른 시에서 소양이라고 표현되었는데, 1355년 7월에 향교에서 함께 공부하던 金生・安生 두 사람을 송별하는 자리에서 "소양은 내가 옛날에 놀던 곳"이라 한 것이 그것이다.[27] 원천석도 그 향교, 즉 春城鄉校에서 수학했다. 이 사실은 1385년에 지은 <寄春城鄉校諸大學>(1-084)에서 "내가 떠나온 뒤에 세월이 너무나 빨라 / 예전에 놀던 자취 이제는 다 달라졌네. / …… / 옛 친구들이여, 모두들 평안하신지"라며 회상한 데서 알 수 있다.

향교에서의 수학은 당연히 과거 준비를 위한 것이었다. 20대 후반에 군적에 편입되었을 때, "살아오면서 학문에만 힘쓰고 / 마음으로는 항상 요로에 나가길 바랐는데"라고 한 것이[28] 수학기의 마음가짐이었을 것이다. 뒷날 "나 옛날 부지런히 책 읽을 적엔 / 충의를 지니고 임금을 섬길 뜻 품었지. / 이 백성들 편안히 살게 하고 / 빛나는 壽域을 팔방에 넓히려 했었지"라고 한 것도[29] 관직에 뜻을 두고 있던 젊은 시절을 회고한 것임에 틀림없다. 그

---

24) 이익주, 「공민왕대 개혁의 추이와 신흥유신의 성장」, 『역사와 현실』 15, 1995.

25) 都賢喆, 앞의 논문, 2001, p.292의 주 107)에서는 원천석이 국자감시에 합격한 것을 들어 그 과정에서 성리학을 익혔다고 하였지만, 국자감시는 詩賦를 시험하는 것이었으므로 성리학과는 아무런 관련이 없었다. 원천석이 성리학에 대한 소양을 가지고 있었는지는 매우 중요한 문제인데, 그의 유명한 三敎一理論이 성리학의 闢異端을 이해한 위에서 전개된 것인지, 그렇지 않으면 고려 전기 이래 儒佛共存의 차원에서 전개된 것인지를 구분할 필요가 있기 때문이다. 따라서 원천석이 성리학을 얼마나 이해하였는가는 앞으로 해명해야 할 문제이다.

26) 『耘谷詩史』 5-154, <次泥村李居士詩韻>.

27) 『耘谷詩史』 1-037, <乙未秋七月有日 春城金安二生罷課還鄉 諸生作詩送別 得秋字>.

28) 『耘谷詩史』 1-044, <余自少有志於儒名者久矣 今按部公幷錄於軍籍 作詩以自寬>.

29) 『耘谷詩史』 3-029, <丙寅冬至感懷 示元都領>.

리고 다른 사람들과 마찬가지로 예부시에 응시하기 전에 먼저 국자감시에 응시하여 합격하였다. 원천석이 국자감시에 합격한 시기가 연구자들마다 달라 혼선을 빚고 있지만,[30] 『耘谷詩史』의 여러 곳에서 정도전과 이숭인을 원천석의 동년으로 언급하고 있어 그 시기를 알아낼 수 있다.

정도전의 급제 시기는 『太祖實錄』에 있는 그의 卒記에서 확인된다. 그에 따르면 정도전은 1360년(공민왕 9)에 成均試, 즉 국자감시에 합격했고, 1362년(공민왕 11) 예부시에 급제했다.[31] 이숭인은 1362년 예부시에 급제한 사실이 알려져 있지만,[32] 국자감시에 합격한 시기는 밝혀져 있지 않다. 그런데 『牧隱詩藁』에서 이숭인이 14세 때 진사시에 합격했다는 사실을 언급한 시가 있어[33] 실마리를 찾을 수 있다. 이숭인의 생년이 1347년이므로 14세 되는 해는 1360년이 된다. 즉, 정도전과 이숭인은 국자감시와 예부시를 모두 함께 급제한, 말하자면 이중의 동년관계에 있었던 셈인데, 그 가운데 원천석은 당연히 1360년 국자감시에 이들과 함께 합격했던 것이다. 이 사실은 원천석의 다른 시에서 다시 확인할 수 있다. 즉, <送鄭禮安陪大兄判書歸覲草溪>(3-113)라는 시 중에 "나도 桃村의 문하인인데(我是桃村門下人)"라는 구절이 있는데, 桃村 즉 李嶠가 시험을 주관한 것이 1360년 9월의 일이었다.[34]

따라서 원천석이 31세인 1360년에 국자감시에 합격한 것은 의심할 나위 없는 사실이다. 그런데 다른 사람들과는 달리 원천석에 대해서는 응시의 계기가 새삼 문제가 되고 있다. 조선시대부터 이미 그러했는데, 원천석이 軍籍에 편입되었던 사실과 결부시켜 군역을 면하기 위해 국자감시에 응시했

---

30) 원천석의 국자감시 합격 시기를 류주희는 1355년(앞의 논문, p.533), 이인재는 1356년(앞의 논문, 1999, p.51), 김남기는 1360년(앞의 논문, p.324)으로 보았다.

31) 『太祖實錄』卷14, 太祖 7년 8월 己巳, "道傳……前朝恭愍庚子中成均試 壬寅中同進士".

32) 朴龍雲, 『高麗時代 蔭叙制와 科擧制 硏究』, 一志社, 1990, <資料 : 科試 設行과 製述科 及第者>, p.487.

33) 『牧隱詩藁』31-070, <東堂知貢擧興寧君安公 判開城尹公 成均試員李崇仁 落點狀下 穡聞之 以酒困不卽造門致賀 情不能已 吟成四首>, "十四初登進士科".

34) 『高麗史』卷74, 志28, 選擧2 科目2 國子試之額, 恭愍王 9년 9월, "御史大夫李嶠取朴季陽等九十九人".

다는 설명이 널리 받아들여지고 있는 듯하다. 하지만 이러한 견해는 원천석이 30세 이전에 이미 관직에 나가지 않겠다는 뜻을 가지고 있었음을 전제하고 있는 것이어서 수긍하기 어렵다. 조선시대에는 원천석에 대해 隱逸의 이미지가 워낙 강했기 때문에 그와 상반되는 응시의 이유를 어떻게든 설명하려 했던 것이지만, 원천석이 일찍부터 은거의 뜻을 가지고 있었음을 확신하기 어려운 지금으로서는 응시의 계기를 군이 설명하려는 것 자체가 무의미할 수 있기 때문이다.

원천석은 국자감시에 합격한 이후 평생 관직에 나가지 않음으로써 결과적으로 은거의 삶을 살았다. 그러나 그가 젊은 시절부터 의식적으로 은거의 길을 선택한 것인지는 분명치 않다. 1354년에 지은 <寄題春州辛大學郊居>(1-036) 가운데 "함부로 나가지 않는 것은 세상 길 험난해서인데 / 벼슬 떠나 돌아오니 그 뜻이 한가롭구나."라고 한 대목을 은거의 뜻을 피력한 것으로 해석하기도 하지만,[35] 이 시는 辛大學의 은거를 소재로 한 것이지 25세의 원천석 자신이 은거하겠다는 의지를 밝힌 것은 아니다. 또 제1권 제38제 <次家兄所示詩韻[四首 時先君謬被庸夫甚謗]>에 나타나듯 1355년에 아버지가 억울하게 비방을 받은 일 때문에 정계 진출에 흥미를 잃었다는 견해도 있지만,[36] 그 두 사실을 바로 연결짓는 것도 역시 무리이다. 더 나아가 당시 정치의 혼란이 은거를 결심하는 배경이 되었다는 설명도 있지만,[37] 오히려 원천석이 '은거'를 시작한 공민왕대는 신흥유신들의 정치 참여가 활발해지면서 현실 문제를 개혁하려는 노력이 경주되고 있던 때였다.[38]

고려 후기의 현실 문제란 권문세족의 토지탈점으로 인해 민생이 피폐한

---

35) 金南基, 앞의 논문, p.323.
36) 이인재, 앞의 논문, 1999, p.52.
37) 대부분의 조선시대 기록들은 원천석의 은거 이유를 고려 말 정치의 혼란에서 찾았다. 한 예로 1673년(현종 14) 七峯書院의 賜額祭文에서는 "혼탁하고 어지러운 세상을 만나 그동안 쌓은 경륜을 시험하지 못했"다고 하였고(『耘谷詩史』 事蹟), 『東史綱目』에서는 "원천석은…… 정치가 어지러워짐을 보고 雉岳山 아래에 숨어서 몸소 농사지어 부모를 봉양하면서 살았다."고 하였다(『東史綱目』 제17下, 恭讓王 4年 秋7月).
38) 공민왕대의 개혁에 대해서는 閔賢九, 「辛旽의 執權과 그 政治的 性格」(上·下), 『歷史學報』 38·40, 1968 ; 이익주, 앞의 논문, 1995 참조.

300

것을 말한다. 원천석도 25세 때 금강산을 유람하고 돌아오는 길에 낭천군의 속현인 양구군에 들렀다가 참담한 현실을 목격하고 기록으로 남긴 적이 있다. 다음과 같이 긴 詩題였다.[39]

> (공민왕 3년 3월) 15일, 方山을 떠나 楊口郡에 이르렀는데, 아전이나 백성들의 집이 모두 기울어지거나 땅바닥에 쓰러졌으며, (온 마을이) 텅 비어 연기나는 집이 없었다. 길가는 사람에게 물었더니, 이렇게 대답했다. "이 고을은 狼川郡에서 아울러 다스리는 곳인데, 옛부터 땅이 좁고 척박해서 백성이나 산물이 쇠잔했습니다. 근래에 와서는 밭마저 권세가에게 빼앗기고 인민들을 못살게 하는 데다 세금마저 굉장히 많아 발붙일 곳이 없게 되었습니다. 그런데도 겨울철만 되면 세금을 독촉하는 무리들이 문이 메어지도록 잇달아, 한번이라도 명을 어기면 손과 발을 높이 매달고 심지어는 곤장까지 때려서 살과 뼈가 해어지게 하니, 살던 백성들이 견디지 못하고 사방으로 흩어져서 마을이 이같이 되었습니다." 내가 그 말을 듣고 오언시 여덟 구를 지어 마을이 쇠망해 가는 실정을 적어둔다.

그리고 시에서는 "땅은 모두 권세가에게 빼앗겼는데 / 포악한 무리들은 문 앞에 잇달았네. / 남아 있는 사람들만 더욱 가엾으니 / 이러한 고생이 누구의 잘못이던가."라고 하여 민생의 피폐함에 대한 책임의식의 일단을 보여주었다.[40] 그러나 이러한 현실이 25세의 젊은이에게 은거를 결심하게 했다고는 보기 어려우며, 오히려 그가 말한 대로 '이 백성들 편안히 살게 하기 위해'[41] 과거 공부를 했다고 하는 편이 사실에 더 가까울 것이다. 실제로 이 시기에 지은 시 가운데는 "내 이제 활을 잡고서 오랑캐 진압하려네",[42] "매실과 소금 같은 신하가 많아진다면 / 이제부터 나라의 터전이 튼튼해지리",[43] "우리나라 터전이 반석처럼 견고하다면 / 하늘이 이 백성을 편히 잠자게 하련

39) 『耘谷詩史』 1-035.
40) 고려 후기 유교지식인의 책임의식에 대해서는 도현철, 「14세기 전반 유교지식인의 현실인식」, 『14세기 고려의 정치와 사회』, 민음사, 1994 참조.
41) 앞의 주 29)와 같음.
42) 『耘谷詩史』 1-040, <弓>.
43) 『耘谷詩史』 1-043, <水亭>.

만"[44] 등 포부와 기대를 표현한 대목이 많다. 이 시들은 아마 과거 준비를 위해 춘성향교에서 수학하는 동안 지은 것으로, 그 연장에서 원천석은 국자감시에 응시하고 합격했던 것이다. 따라서 원천석의 국자감시 응시는 군역 면제 등 구구한 이유를 들 것 없이 관직 진출을 위해 노력하는 가운데 자연스럽게 이루어진 것으로 보아야 할 것이다.

그런데 원천석이 국자감시에 합격한 뒤에는 오히려 현실에서 한발 물러서려는 모습을 보였다. 32세 때인 1361년 봄부터 여름 사이에 지은 것으로 추정되는 시 <自詠>(1-052)에서,

前生의 習氣가 아직 가시지 않아 / 生生習氣未消磨
세상 깔보는 마음이 갈수록 더하네. / 傲世心懷日更多
이 잡던 이야기 들을 땐 쓰라렸고 / 聞道悲辛捫蝨話
소먹이며 부르던 노래 생각할 땐 서글펐지. / 追思轗軻飯牛歌
고향으로 돌아가던 陶淵明이 그립고 / 歸來適意希元亮
애써 공 이루던 伏波將軍이 우습구나. / 勤苦成功笑伏波
시비를 잊으려면 역시 술이 있어야 해 / 攻破是非猶有酒
구름과 달 더불어 맘껏 취하고 싶네. / 欲將雲月醉無何

라고 하여 세상과 어울리지 못하는 자신의 처지를 고민하면서 도연명을 그린 것이 그것이다. 바로 다음 시에서도 "한가한 몸, 즐거운 곳이 바로 지금이니 / 名利의 땅에 살던 것이 그릇됨을 알겠네. / …… / 세상과 어긋난 나를 그 누가 알아주랴."라고 하여[45] 비슷한 정서를 드러냈다. 하지만 은거의 의지가 확고한 것은 아니어서 그 뒤에도 求官詩를 썼는데, 1362년 봄에 지은 것으로 추정되는 <次安同年仲溫見贈詩韻>(1-064)에서 "원컨대 公車를 향해 한 번 천거해 주기를 / 山林에도 세상 구제할 선비가 또한 있으니"라고 하여 동년 安仲溫에게 천거를 부탁한 것이 그 대표적인 예이다.

원천석의 출사를 둘러싼 고민은 1364년 가을부터 1365년 초여름 사이에

---

44) 『耘谷詩史』 1-046, <卽事[紅亂始起]>.
45) 『耘谷詩史』 1-053, <南谿柳下追凉 作鷓鴣天 憶契內張・趙二公>.

동년 許仲遠에게 보낸 28수의 시에 잘 드러나 있다.[46) 이때 허중원은 예부
시에 응시하기 위해 개경에 갔던 것 같은데, 원천석은 그의 급제를 기원하
는 한편으로 자신의 처지와 비교하면서 이 시를 지었다. 그 제7수(<生韻>)
에서,

> 인간사를 자세히 생각해보니 / 細算人間事
> 처량하게 온갖 느낌이 나네. / 悽然百感生
> 떠오르고 잠기는 것이 날에 따라 다르고 / 升沈隨日在
> 모였다 흩어지는 것도 구름 가는 것 같네. / 聚散似雲行
> 생전의 즐거움만 취하면 그만이지 / 但取生前樂
> 세상의 영화가 어찌 필요하랴. / 何須世上榮
> 이 생각을 말할 곳 없어 / 此懷無處說
> 시로 써서 참마음을 부치네. / 聊寫寄眞情

라고 하여 마치 과거를 포기한 것 같은 느낌을 준다. 같은 시의 바로 다음
수(<枉韻>)에서 "아아! 나는 학문이 가벼운데다 / 마음 밭이 거칠어 잡초가
묵었으니 / 문에 나가도 길 없어 어디를 가랴 / 때에 따라 부질없이 물상을
살펴보네."라 한 것도 마찬가지이다. 또 제19수(<可韻>)에서 "잠자코 지내
자니 어리석은 듯하건만 / 출세나 은둔이나 어느 쪽이나 좋아라. / 窮達은
본래 命이 있는 법 / 소먹이는 노래(飯牛歌) 부른들 그 무엇하랴."라고 한
것, 그리고 다음과 같은 제13수(<行韻>)에서는 出處를 운명에 맡긴다고 했
지만, 실은 과거에 응시하지 못하는 자신의 처지를 한탄하는 것으로 읽힌
다.

> 그대여! 이 세상의 富貴와 賢愚를 보시게 / 君看貧富與賢愚
> 출세와 은둔, 기쁨과 슬픔이 다 숙명일세. / 出處悲歡皆宿命
> 대체로 악한 자는 그 재앙을 받고 / 大都爲惡受其殃
> 선을 쌓은 자는 후손까지 복을 받는다네. / 積善應當有餘慶

---

46) 『耘谷詩史』 1-080, <許同年仲遠以詩見寄 分字爲韻二十八首>.

큰집을 지니고 복록이 가득해도 / 渠渠厦屋食千鍾

그 본성을 끝까지 지니기 어려워라. / 畢竟誠難保其性

어질구나! 顔回는 어떤 사람이기에 / 賢哉回也是何人

누항에 살며 도시락 표주박에도 덕행이 온전했던가. / 陋巷簞瓢全德行

세상 사람들 다투어 권력가에게 미끼를 먹여 / 世人爭欲餌權豪

이익과 명예를 얻느라 서로 날뛰는데, / 逐利求名競馳騁

그 누가 알아주랴! 십 년 동안 등불 아래 가난한 선비가 / 誰得知十年燈下
　一寒生

홀로 經書를 붙들고 孔孟을 바라는 줄이야. / 獨把經書希孔孟

다락에 기대어 때로 行藏을 탄식하다가 / 倚樓時復嘆行藏

고요히 산과 물을 바라보며 길게 시를 읊네. / 靜對湖山發長詠

　30대 전반에 원천석은 출사와 은거 사이에서 고민하다 결국 후자의 길을 택하지만, 그 은거가 의도적인 것이라기보다는 출사하지 못한 데서 오는 불가피한 선택이었을 가능성이 크다. 당시 국자감시 합격자들 가운데 예부시 응시의 비율을 현재로서는 알 수 없지만, 상당수가 예부시에 응시하지 않거나, 응시했어도 합격하지 못하고 평생을 진사로서 살아갔을 것이다. 따라서 원천석의 경우가 당시 상황에서 특이한 사례라고 보기는 어려우며, 그가 출사하지 않은 것을 의도적인 은거로 단정할 만한 근거도 찾기 어렵다.

　시간이 지나면서 원천석의 관직에 대한 희망도 점점 사라져갔을 것이다. 결국 41세 되던 1370년(공민왕 19) 봄에 지은 시의 서문에서는 관직을 구하는 것이 緣木求魚와 같다는 심경을 토로하였다.[47] 그리고 이후로는 출사를 포기하고 현재의 생활에 만족하는 모습을 보이는데, 같은 해에 지은 <次成相國所示詩韻>(2-006)에서 "푸른 산과 마주앉아 웃으며 살아가니 / 부귀공명이 어디 있는지 내 어찌 알랴."라고 한 것이나, 다음 해에 지은 <又>(2-016)에서 "생애는 표주박 하나로 만족하니 / 내 몸에 석자 비단이 원래 없었네. / 가난하게 사는 맛을 누가 물으면 / 푸른 시내 푸른 산이 세상을 막았다 하

---

47) 『耘谷詩史』 2-001, <庚戌春 旌善刺使安吉祥寄詩于牧伯云>, "……伏以無雙窮困 有一孤鰥 曾蒙薦拔之恩 實達疎狂之志 以所爲求所欲 猶緣木而求魚 望其賜待其 言 若守株而待兎 庶承一笑 聊獻三篇".

리"라고 한 것, 1374년 弁巖으로 이사한 뒤 지은 시에서 "속세 인연을 다 끊
지는 못했지만 / 머물러 살기가 한가롭고 편안하다오"라고 한 것,[48] 1377년
여름에 지은 <暑中閑詠>(2-073)에서 "시를 읊으며 산 빛을 마주하노라니 /
道의 맛이 깊은 줄 이제야 깊이 알겠네"라고 한 것 등 그러한 사례를 많이
찾을 수 있다. 반면 이 시기에는 관직 진출에 대한 미련이나 그로 인한 갈
등은 보이지 않는다.

　결국 원천석은 31세에 국자감시에 합격했지만, 그 뒤 출사를 포기하고 지
방의 進士로서 평생을 살았다고 할 수 있다. 그가 살았던 곳은 본관지인 원
주였으며, 몇몇 유람의 기회를 제외하고는 그곳을 거의 벗어나지 않았다.
현실의 정치에도 관심을 갖지 않았는데, 58세이던 1387년에 고려가 명의 요
구를 받아들여 관복제도를 고친 사실을 기록한 시[49] 이전에는 정치문제를
직접 언급한 적이 없다. 그동안 신돈의 등장과 몰락, 공민왕 시해, 우왕 원
년 외교정책의 차이에서 비롯된 신흥유신들의 유배, 그리고 우왕대의 잦은
옥사 등 굵직한 사건들이 줄을 이었지만, 원천석은 그런 문제들에 대하여
침묵으로 일관하였다.

　원천석의 지방 진사로서의 삶은 인간관계에서도 확인된다. 『운곡시사』의
시문을 분석해 보면 원천석이 평생 교유한 사람들은 가족·친지와 마을 사
람들, 원주목사·교주도안렴사 등 중앙에서 파견된 관리, 원주 출신의 전·
현직 관료, 그리고 원주 주변의 사찰에 머물렀던 것으로 추정되는 승려들이
대부분이고, 국자감시 동년들이 지역 연고에서 벗어나는 정도이다. 이처럼
원천석은 시종 '지방 거주 유교지식인'의 삶을 살았던 것이고, 따라서 고려
말 정치사에서 그의 위상을 밝히고자 할 때에는 이 점을 반드시 고려해야
할 것으로 생각된다.

　원천석이 원주에서 한 일 가운데 눈길을 끄는 것은 지방관의 업적을 칭
송하는 글을 쓴 것이다. 1361년 말경에 宋牧伯을 전송하면서 그의 업적을

---

48) 『耘谷詩史』 2-048, <甲寅三月 移居弁巖新居 家兄來設小酌 題詩贈之曰…… 次韻
　　二首>.

49) 『耘谷詩史』 3-065, <是月 朝廷奉大明聖旨 改制衣服 自一品至於庶官·庶民 各有
　　科等 作四節以誌之>.

기리는 시를 지은 적이 있고,[50] 1367년에 목백, 1370년에 목사 河允源, 1371
년에 안렴사 金濤, 1375년에 前牧使 閔公, 1376년에는 원주목사 金公의 치
적을 칭송하는 시를 짓는 등[51] 한 동안 이런 글을 썼다. 이러한 글들은 원
천석이 송별연 등 지방관과 함께 어울리는 자리에서 지었을 가능성이 큰데,
국자감시에 합격하고 지방에 거주하는 進士의 역할과 사회적 지위가 이런
자리를 통해 발휘되고 확인되었던 것이다.

  원천석은 지방관의 업적을 칭송하면서 "잠자코 있어 전하지 않으면 후세
사람들이 오늘의 아름다운 사실을 어찌 다 알 수 있겠는가."라고 하여[52] 詩
作의 동기를 내비친 적이 있다. 실제로 지방관에게 바치는 시에서 사실대로
직서하기란 매우 어려웠을 것이고, 그 때문에 본의에서 벗어난 시를 짓기도
했을 것이다. 한 예로, 1376년에는 심한 가뭄으로 농민들이 고통받는 것을
걱정하는 시를 짓고는 바로 이어서 그 가뭄 속에 원주목사가 정자와 연못을
만들고 奇花異草로 장식한 것을 칭송하는 시를 지어 서로 모순된 정서를
보였다.[53] 또 우왕대 초기의 현실을 다음과 같이 미화하기도 하였다.[54]

  왕업이 하늘과 함께 길고 기니 / 王業共天長
  산림에 묻혀 사는 선비가 없네. / 山林無逸士
  만백성은 모두 밝게 다스려지고 / 萬姓盡平章
  벼슬아치들도 다 맑고 깨끗하네. / 搢紳皆潔已
  덕과 은혜가 산 고을까지 미쳤으니 / 德澤及山鄕
  백성 사랑하기를 갓난아기 돌보듯 하며, / 愛民與赤子

50) 『耘谷詩史』 1-062, <奉送宋牧伯政滿如京>. 이 시에 나오는 宋牧伯은 原州牧使를
    지낸 宋光彦이다(『高麗史』 卷39, 世家39, 恭愍王 10년 12월 丁未).
51) 『耘谷詩史』 1-105, <丁未六月 牧伯出令……歌頌遺愛者亦幾人乎 作詩以識之> ;
    2-011, <上河刺史詩[幷序 允源]> ; 2-017, <次金按部旱中得雨詩韻[濤]> ; 2-053,
    <和前刺史閔公題徐奉翊郊居詩[幷序]> ; 2-058, <北原令刺史金公於公廨之北男山之
    麓 構危亭於其上……僕伏觀淸勝之境 吟得古詩一篇 呈似左右>.
52) 『耘谷詩史』 2-011, <上河刺史詩[幷序 允源]>.
53) 『耘谷詩史』 2-057, <苦旱> ; 2-058, <北原令刺史金公於公廨之北男山之麓 構危
    亭於其上……僕伏觀淸勝之境 吟得古詩一篇 呈似左右>.
54) 『耘谷詩史』 2-060, <又>.

위아래가 모두 밝고 어질어 / 上下盡明良
성대한 왕업이 끝이 없구나. / 盛業終無已
임금님의 수명이 천만년이니 / 寶筭千萬霜
福의 바다가 어찌 끝이 있으랴. / 福海寧有涘
곳곳마다 모두들 기뻐 날뛰고 / 處處皆歡場
어진 바람이 안팎에 통하네. / 仁風通表裏

　우왕은 혈통상의 시비 때문에 논란 끝에 왕위에 올랐고, 이후 우왕대는 공민왕대 개혁에 대한 반작용이 나타나던 시기였다. 원천석이 이 시를 쓰기 바로 전 해인 1375년에는 원과 외교관계를 재개하는 데 반대하던 신흥유신들이 대거 유배당하고, 그 중 몇 명은 죽음에 이르는 사건이 있던 터였다.[55] 따라서 우왕 초의 정치를 위의 시처럼 태평성대로 묘사한 것은 의례적인 수사라고 밖에 볼 수 없고, 지방관과 어울리면서 이런 시를 짓는 것이 당시 원천석의 처지였던 것이다.

　원천석의 원주 생활에서 또 한 가지 주목할 것은 승려와의 교류이다. 원천석이 승려들과 활발하게 교류하였고, 58세 때인 1387년에는 유교·불교·도교에 대한 자신의 생각을 정리한 글을 쓸 정도로 불교에 대한 조예를 지니고 있었음은 잘 알려진 사실이다.[56] 그러나 여기서 한 가지 더 주목하고자 하는 것은 대략 1377년(우왕 3)부터 1385년(우왕 11)까지 8년 사이에 원천석과 승려의 교류에서 중요한 변화가 있었던 점인데,『운곡시사』에는 그 8년 동안 지은 시가 없으므로, 이 공백기를 전후하여 원천석의 교유관계에 변화가 나타나는 셈이다.

　1377년 이전에 원천석이 교류한 승려는 覺宏,[57] 道境禪師,[58] 覺林寺 堂

55)『高麗史節要』卷30, 禑王 원년 7월.
56) 李仁在, 앞의 논문, 1999, pp.55-56.
57)『耘谷詩史』1-060, <幽谷宏師……作一首呈于宏上人> ; 1-096, <答默言宏上人> ; 2-010, <送雲遊子覺宏遊江浙幷序> ; 2-050, <幽谷宏師前以水芹見惠 今復惠瓜詩以謝之> ; 2-051, <又謝沈瓜>.
58)『耘谷詩史』1-058, <次道境詩韻> ; 1-076, <寄道境大禪翁丈室> ; 1-077, <禪翁見和 復次韻> ; 1-099, <道境大禪翁寄書曰……詞語切懇 感於予心 次韻奉呈> ; 2-052, <次道境詩韻> ; 2-054, <乙卯十一月念三 家兄病亡 道境禪翁作挽歌二章

頭 圓通,[59] 曹溪參學 允珠,[60] 白雲淵長老,[61] 僎其大選,[62] 曹溪長老 禪堅[63]
등 몇몇에 불과하였다. 이 가운데 각굉은 상원사 근처의 無住菴에 있었
고,[64] 각림사는 원주에 있는 절인 것을 보면,[65] 이들은 대부분 원주 근처의
승려들이었을 것이다. 또 각굉·도경과는 수차례 왕래한 사실이 확인되고,
원천석의 喪妻 등 哀事에 승려들이 위로하는 글을 보내온 것을 보아도 이
때는 원천석이 인근의 친밀한 승려들과 왕래했던 것이라고 할 수 있다.[66]

그러나 1385년 이후의 시에서는 수많은 승려들이 등장하여 교류의 범위
가 확대되었음을 보여준다. 반면 교류 회수가 단 1회에 그치는 승려가 많고,
그런 경우는 대부분 원천석이 승려들의 詩卷에 글을 써준 것이었다. 『운곡
시사』에서 그러한 작품들을 찾아 정리하면 다음의 표와 같다.

云……次其韻以敍悲哀> ; 2-066, <次道境所示詩韻 呈萬歲薰頭座下> ; 2-079,
<次道境禪翁山居苦寒詩韻>.

59) 『耘谷詩史』 1-086, <次覺林堂頭圓通祝上詩韻>.

60) 『耘谷詩史』 1-098, <二月有日 曹溪參學允珠自嶺南來……次韻> ; 1-112, <送曹溪
參學允珠遊嶺南詩[幷序]>.

61) 『耘谷詩史』 1-106, <次白雲淵長老詩韻[來詩有失婦之意]>.

62) 『耘谷詩史』 2-081, <哭僎其大選[去歲與宏幽谷讀書泉林寺]>.

63) 『耘谷詩史』 2-082, <次曹溪長老禪堅 贈丘大選詩韻>.

64) 『耘谷詩史』 1-060, <幽谷宏師於上院寺朱砂窟之西峰新搆一菴 名之曰無住 嘉其
高絶 作一首呈于宏上人>.

65) 이인재·허경진 옮김, 앞의 책, p.137의 주 391) 참조.

66) 李仁在, 앞 논문, 2000, p.132에서는 원천석이 1366년부터 1367년까지 치악산에 머
물렀던 眞覺國師 千禧와 교류한 사실이 없음에 주목하고, 진각국사가 신돈과 밀착
된 승려였기 때문에 원천석이 만나지 않았을 것이라고 추정하였다. 그러나 1366년
무렵 원천석은 주변의 몇몇 승려들과 교유하고 있었으므로 천희가 원주에 있었다
고 하더라도 원천석이 반드시 그를 만나거나 어울렸을 것이라고 보기는 어려우며,
그에 대한 정치적인 해석에는 무리가 있는 듯하다.

작품 번호	詩題	작품 번호	詩題	작품 번호	詩 題
2-083	書谷溪卷	3-089	書月谷明師卷	4-069	書琦峯海普禪者卷
2-084	書派源卷	3-090	書明峯月師卷	4-075	書遍菴海彌上人卷
2-085	書無際卷	3-091	書照菴鏡師卷	4-089	書說峯演師卷
2-100	書高巖卷	3-093	書療菴瑛師卷	5-002	題目菴眉月師卷
3-008	書笑巖卷	3-101	題壁峯性圭中德卷	5-006	書華巖英上人卷
3-017	書明菴卷	3-109	書越菴超上人卷	5-007	書野翁田上人卷
3-019	書忍菴卷	4-007	書袖隱椎上人卷	5-010	書履菴道上人卷
3-025	書元信卷	4-008	書鳴巖卷	5-014	次韻書天台義圓長老詩卷
3-037	書還源迥師卷	4-010	書寂音演師卷	5-015	書日菴杲師卷
3-038	書明菴聰禪者卷	4-012	書說菴卷	5-016	書南峯師友卷
3-039	書貞菴信忠侍者卷	4-024	書寒泉清師卷	5-019	書珣巖玉師卷
3-042	書透空岑上人卷	4-025	書晶菴旭師卷	5-020	書霧巖雲師卷
3-044	書弘山恢師卷	4-026	書無菴空師卷	5-027	書覺怡師卷
3-052	書無淨一禪者卷	4-027	書智巖哲師卷	5-037	書明菴照師卷
3-053	書虛舟海禪者卷	4-028	書峯日信山師卷	5-061	書和光熏師卷
3-054	書驪井海禪者卷	4-029	書平巖均師卷	5-063	書大素圓師卷
3-073	書無門全師卷	4-050	書川源海琳師卷	5-145	書水月潭師卷
3-074	書明山澈師卷	4-066	書寶峯琳師卷	5-176	題仁峯義師卷
3-075	書天中正揣師卷	4-067	書明菴珠師卷		
3-076	書寂峯禪者卷	4-068	書清裕海生上人卷		

　이 표를 보면 원천석이 승려의 시권에 써준 글들은『운곡시사』의 공백기를 지난 1385년부터 나타난다. 그로부터 모두 58편의 작품이 찾아지는데, 여기 등장하는 승려들이 대부분 1회 교류에 그치는 경우가 많고, 또 3~4편이 연이어 수록되어 있는 경우가 많다. 이것을 보노라면 승려 몇 명이 함께 원천석을 찾아와 시를 부탁하고, 원천석이 그들을 위해 시를 지어주는 광경이 떠오르는데, 그래서인지 이러한 시들은 詩題의 승려를 묘사하는, 다소 의례적인 내용인 경우가 많다. 고려 말에 유학자와 승려들이 문장을 매개로 교유했음이 이미 밝혀져 있지만,67) 원천석과 승려들의 교유도 그 한 사례가

---

67) 남동신,「목은 이색과 불교 승려의 시문(詩文) 교유」,『역사와 현실』62, 2006. 이 논문의 pp.130-132에서는 이색과 승려들의 시문 교류에 '글 값'이 매개되어 있었음을 지적했는데, 원천석의 경우도『耘谷詩史』3-102, <可能中德求詩>에서 보듯이 승려들의 청탁을 받아 글을 지었고 여기에는 당연히 '글 값'이 오갔을 것이다.

될 것이다. 한편, 이러한 양상은 승려들이 글을 청탁하기 위해 찾아올 정도
로 원천석의 지명도가 높아졌음을 보여주는데, 그 계기는 원천석이 懶翁의
문도들과 교류한 데서 마련된 것으로 추측된다.

원천석이 젊은 시절에 친밀하게 교류했던 覺宏은 나옹의 제자였다.[68] 그
는 1361년 상원사 무주암에 있을 때부터 원천석과 가까이 지냈는데, 1379년
(우왕 5) 神勒寺에 나옹의 부도를 세울 때는 나옹의 문인으로서 실무를 맡
았다.[69] 따라서 원천석이 그 佛事에서 단월에 이름을 올린 것은 결코 우연
한 일이 아니었을 것이다. 또 版圖判書致仕로서 관직에서 물러나 원주에
살던 徐允賢도 나옹 문도와 원천석을 연결하는 역할을 했을 것으로 추정된
다. 서윤현은 1388년(우왕 14) 원주 슦傳寺에 나옹의 사리탑을 만들 때 大功
德主가 되었던 사람으로[70] 평소 나옹 문도와 교류가 있었을 것인데, 그런
그가 1375년에 이미 원천석에게 시를 부탁한 적이 있었다.[71] 이와 같이 원
천석은 각굉이나 서윤현을 통해 나옹 문도와 접촉했고, 그럼으로써 나옹의
부도를 만드는 데 단월로서 참여하기에 이르렀다고 할 수 있다. 당시 불교
계는 나옹의 문도들이 주도하고 있었으므로,[72] 원천석은 이들과 교류함으
로써 승려들 사이에서 지명도를 높일 수 있었던 것이다.[73]

원천석과 나옹 문도의 교류는 그 뒤로도 계속되어『운곡시사』에는 나옹
의 제자인 日昇 杲庵과[74] 古鏡 釋希,[75] 그리고 나옹의 門孫인 信圓・信

---

68) 『耘谷詩史』 2-010, <送雲遊子覺宏遊江浙幷序>, "幽谷宏師……叅預江月軒懶翁
之門 爲弟子職".
69) 『朝鮮金石總覽』上,「神勒寺普濟禪師舍利石鐘碑」.
70) 『朝鮮金石總覽』上,「슦傳寺普濟尊者塔誌」.
71) 『耘谷詩史』 2-053, <和前刺史閔公題徐奉翊郊居詩[幷序]>.
72) 남동신, 앞의 논문, p.148.
73) 원천석이 나옹을 직접 만난 적이 있는지는 알 수 없다.『耘谷詩史』 1-085, <題懶翁
和尙雲山圖>를 근거로 교유 사실을 추측하기도 하지만(남동신, 앞의 논문, p.151),
원천석이 나옹의 그림만을 보고 시를 지었을 가능성도 있기 때문에 이것만 가지고
는 확언하기 어렵다.
74) 『耘谷詩史』 3-048, <神勒和尙國一都大禪師杲庵寄頌云……奉答云> ; 3-092, <借
杲巖韻又書[師爲唱首]>.
75) 『耘谷詩史』 4-077, <題元伊川所示詩卷後>. 古境 釋希가 나옹의 제자임은 이인재
・허경진 옮김, 앞의 책, p.487의 주 353) 참조.

廻[76) 등과 시문을 주고받은 사실이 나타나 있다. 원천석이 1387년에 懶翁眞
讚을 지은 것이나,[77) 만년에 寂用菴을 찾아가 나옹의 제자인 幻庵 混修를
추억하는 시를 지은 것도[78) 나옹 문도와의 관계를 짐작케 하는 대목이다.
한편, 원천석의 불교계 인맥이 확대되면서 점차 고위 승직자들과도 어울리
게 되었을 것인데, 1387년에 창화한 國一都大禪師 杲庵과 1392년에 원천석
이 시를 지어 보낸 奉福君 神照大禪師가[79) 원천석이 교류한 승려 중 최고
위직자였다. 이 중 고암은 원천석이 단월로 참여했던 신륵사 나옹 부도의
건립에서도 나옹의 문도로서 이름을 올린 바 있었다.[80)

　원천석은 나옹 문도와 교류하면서, 역시 나옹 문도와 시문의 교류를 통해
연결되어 있던 이색과도[81) 접촉할 기회를 갖게 되었을 것이다. 『운곡시사』
에는 1387년에 이색의 운을 빌려 시를 지은 것이 두 차례 나타난 데 이어[82)
같은 해 9월 27일에 이색의 부름을 받고 신륵사에 가는 도중에 지은 시가
보인다.[83) 그런데 마침 원천석과 교유했던 日昇 고암과 신조대선사가 모두
1383년에 이색이 주도한 신륵사 大藏佛事에 참여한 것을 보면[84) 이색과 친
분이 있었음을 알 수 있다. 즉, 원천석은 이들 승려들을 통해서 이색과 연결
되었던 것이며, 그 시기는 『운곡시사』에 이색 관련 시들이 나타나는 1387년
으로 추정된다.[85)

76) 『耘谷詩史』 4-030, <送信圓禪者遊江南詩 幷序> ; 5-053, <送竹溪軒信廻禪者遊
　　江浙詞[鷓鴣天 幷序]>.
77) 『耘谷詩史』 3-055, <讚懶翁眞>.
78) 『耘谷詩史』 5-164, <重遊寂用菴>.
79) 앞의 주 74) 및 『耘谷詩史』 5-067, <寄奉福君[神照大禪師]>.
80) 『朝鮮金石總覽』 上, 「神勒寺普濟禪師舍利石鐘碑」.
81) 남동신, 앞의 논문, p.148.
82) 『耘谷詩史』 3-076, <書寂峯禪者卷[借牧隱韻]> ; 3-078, <送笑嚴悟師叅方[借牧隱
　　韻]>.
83) 『耘谷詩史』 3-084, <二十七日 被韓山君召 向神勒寺途中作>.
84) 「神勒寺大藏閣記」. 단월 명단의 파손된 부분 중 '判天台□□□□□□□□□□
　　昇'을 '判天台宗師了圓國一都大禪師日昇'으로 추정한 것은 남동신, 앞의 논문,
　　p.146 참조.
85) 李仁在, 앞의 논문, 1999, p.58에서는 원천석이 이숭인을 통해 이색과 연결되었을
　　것으로 추정했지만, 원천석이 이숭인과 시문을 주고받은 것은 1390년에 들어서이

1387년(우왕 13) 무렵 이색은 이렇다 할 정치활동을 하고 있지 않았다. 즉, 이색은 1371년(공민왕 20)에 관직에서 물러난 뒤 우왕대 내내 어떠한 정치문제에 대해서도 간여하지 않았으며, 1388년 위화도회군 직후 창왕 옹립을 주장하는 것으로 정치활동을 재개했고, 곧이어 조준의 사전혁파 주장이 제기되자 반대파의 중심에 섬으로써 정치적으로 부각되기 시작하였다.[86] 따라서 그 이전인 1387년에 원천석이 이색을 만난 데서 정치적 의미를 찾기는 힘들다. 당시 이색은 최고의 학자이며 문장가로 존경받고 있었던 만큼, 원천석이 이색에게 접근하고자 했을 것이고, 시를 지을 때 이색의 운을 빌리는 등 이색과의 관계를 의도적으로 드러냈을 가능성이 크다. 이색과 원천석이 두 살 차이의 동년배임을 들어 두 사람이 친밀한 교유관계를 맺었다고도 하지만,[87] 이는 사실과 조금 다른 듯하다. 공민왕 때 이미 재상에 올랐다가 관직에서 물러나 있던 이색과, 국자감시 합격 이후 줄곧 지방의 진사로 지냈던 원천석의 지위에 큰 차이가 있었기 때문이다. 이색의 글 가운데 원천석에 대한 언급이 전혀 없는 점이 두 사람의 비대칭 관계를 잘 보여준다. 더 나아가 고려 말에 원천석이 이색의 정치적 견해에 동조하였으리란 예단도 아직은 하기 어렵다.

『운곡시사』에는 원천석이 1385년부터 10년 동안 지은 시가 매우 많나.[88] 그리고 그 가운데 상당수는 다른 사람들과 어울리면서 지은 시이다. 이는 50대 후반으로 가면서 원천석의 교유 범위가 확장되었음을 뜻한다. 그리고 나옹 문도와의 교류 및 이색과의 접촉 등은 원천석의 지명도를 더욱 높였을 것이며, 그것이 아니라도 나이가 들면서 지방 사회에서의 위상이 자연스럽

고(『耘谷詩史』 4-080, <同年李令公[崇仁] 被讒在忠州寄詩云……次韻奉答> ; 5-064, <奉寄李令公崇仁>), 그 전에는 교유한 흔적이 없다. 따라서 두 사람은 비록 국자감시 동년이지만 서로 왕래가 없었다가 원천석이 승려들을 통해 이색과 연결된 뒤에 다시 이색을 통해 연결된 것이 아닐까 한다.

86) 이익주, 「고려 우왕대 이색의 정치적 위상」, 한국역사연구회 연구발표회 발표문, 2006, pp.6-9.
87) 柳柱姬, 앞의 논문, p.534 ; 남동신, 앞의 논문, p.151에서도 "목은의 또 다른 벗인 원천석"이라는 표현이 있다.
88) 『耘谷詩史』의 1385년 이후 작품은 제3권 제83제부터로, 모두 476제이다. 이는 전체 720제의 66%에 해당하는 분량이다.

312

게 높아졌을 것이다. 특히 원천석은 원주향교에서 생도들을 가르쳤는데,[89] 그것이 원천석의 본업이 아니었을까 한다. 그리고 원천석의 생애 중 50대 후반에 주목되는 것은 현실의 정치문제에 관심을 표명하기 시작했다는 점이다. 사실 오늘날 알려져 있는 원천석의 작품들은 모두 이 시기에 지어진 것들로, 이에 대해서는 장을 달리하여 살펴보고자 한다.

4. 원천석의 현실인식

원천석이 처음으로 현실의 정치문제를 언급한 것은 1387년(우왕 13) 6월, 57세 때의 일이었다. 그 때 고려에서는 명의 제도를 받아들여 관복을 개정한 일이 있는데,[90] 원천석은 이것을 소재로 하여 다음과 같은 절구 네 수를 지었다.[91]

천자의 위엄이 바닷가까지 미쳐 / 天子宣威及海濱
의관 법제를 이미 선포하였네. / 衣冠法制已敷陳
옛것 버리고 새 옷 입음이 어찌 그리 빠른지 / 着新華舊何斯速
외국 사람이 이제 중국 사람 되었네. / 外國人爲中國人

옛부터 삼한은 큰 나라를 섬겨 / 自古三韓事大邦
그 典禮를 따라야 화를 입지 않는다네. / 從循典禮不蒙狵
풍속과 교화가 중흥되는 날을 만나면 / 得逢風教重興日
다른 지방이 모두 항복할 것을 비로소 믿으리라. / 方信殊方儘可降

금 고리, 은띠가 허리 사이를 비추고 / 金銀鈒帶映腰間
높은 모자에 둥근 동정이 어울리는구나. / 高預帽宜團領上

89) 원천석의 교육활동에 대해서는 李仁在, 앞의 논문, 2000, pp.126-128 참조.
90)『高麗史』卷136, 列傳49 辛禑4, 禑王 13년 6월, “依大明之制 定百官冠服……”；卷117, 列傳30 鄭夢周, “與河崙·廉廷秀·姜淮伯·李崇仁建議 革胡服襲華制”.
91)『耘谷詩史』3-065, <是月 朝廷奉大明聖旨 改制衣服 自一品至於庶官·庶民 各有科等 作四節以誌之>.

엄숙한 제도같이 정치도 그렇게 된다면 / 禮度嚴明政亦然
이제부터 백성들 소망을 달랠 수 있으리라. / 從玆足慰蒼生望

達人은 본래 시비를 뛰어넘으니 / 達人超出是非間
하늘 모자 구름옷에 강과 바다를 띠로 띠었네. / 天帽雲衣江海帶
칼을 어루만지며 다락에 올라 한바탕 웃으니 / 彈鋏登樓一笑開
장한 기운이 하늘 끝까지 뻗치네. / 慨然壯氣橫天外

여기서 원천석은 고려의 관복개정 사실을 기록하고 앞으로 정치도 그렇게 嚴明해지기를 소망하였을 뿐 그에 대한 평가를 앞세우지 않았다.[92] 이러한 점은 詩題 말미에 "절구 네 수를 지어 기록한다(誌之)"고 한 데서도 드러난다. 이 무렵부터 원천석은 사실의 기록을 염두에 두고 시를 짓기 시작했던 것이다. 이보다 조금 뒤에 최영이 명나라 황제를 알현하는 꿈을 꾸었다는 소문을 듣고는 "내가 절구 두 수를 지어 備忘으로 삼으려 한다."고 한 것도 마찬가지이다.[93] 그리고 이러한 태도는 당연히 현실문제에 대한 관심으로 이어진다.

1387년 무렵은 이인임·임견미·염흥방 일파의 권력 독점과 권세가들의 토지탈점이 극성을 부릴 때였다. 당시 원천석도 "나라의 근본이 이미 상했다"고 했는데,[94] 이러한 표현은 전에 보이지 않던 것이었다. 그리고 "이때 농민들의 토지를 빼앗으려는 무리가 벌떼처럼 일어났다"는 副題를 단 <有

---

92) 이인재는 이 시를 冠服制度 개정에 부정적인 것으로 해석하였지만(앞의 논문, 1999, p.60), 적어도 이 시에서는 그러한 느낌을 받을 수 없다. 이보다 뒤에 지은 다른 시(3-111, <冬至日寓懷>)에서 "조정이 황제 명령을 받들어 / 衣冠제도를 바꿔야 한다니, / 높건 낮건, 귀하건 천하건 / 中夏 사람이지 東夷가 아닐세. / 예법과 제도가 이미 이러한데 / 정치와 교화는 왜 베풀지 않나······"라고 한 것도 관복제도를 고쳤음에도 불구하고 정치가 바로 잡히지 않는 현실을 비판한 것이지, 관복제도 개정을 부정한 것은 아니다. 이인재는 이러한 이해를 바탕으로 원천석이 원·명간의 兩端外交를 지지했다고 보았지만, 이 역시 납득하기 어렵다.

93) 『耘谷詩史』 3-123, <六道都統使崔相夢謁大明皇帝 皇帝以各色衣服賜之 仍呼韻命製 相國隨韻奏呈云······聞之奉次韻 作二絶以備忘云>.

94) 『耘谷詩史』 3-087, <村舍>.

314

感>(3-110)에서 그 실태를 묘사했고, 이어서 다음과 같은 시를 썼다.95)

태평성대에 태어나 자랐고 / 生長大平日
늙어서도 태평성대를 만났건만, / 老値大平期
조정이 황제 명령을 받들어 / 朝廷承帝命
의관제도를 바꿔야 한다니, / 改制冠服儀
높건 낮건, 귀하건 천하건 / 尊卑幷貴賤
中夏 사람이지 東夷가 아닐세. / 中夏非東夷
예법과 제도가 이미 이러한데 / 禮度旣如此
정치와 교화는 왜 베풀지 않나. / 政刑何不施
백성들 살림은 더욱 쓸쓸해져 / 民居轉蕭索
밭 갈기도 누에치기도 다 틀렸으니, / 耕桑俱失宜
문에는 언제나 거적자리를 내려뜨리고 / 門戶常懸席
땅이라곤 송곳 세울 자리도 없네. / 土田無立錐
세금도 다 못 냈는데 / 未充貢賦額
가을마당에 벌써 남은 게 없어, / 浚盡無餘脂
아무리 애쓴들 어디로 가며 / 勞勞不遑處
헤매는 사정을 그 누가 걱정하랴. / 誰肯嘆流離
이익을 다투는 무리들은 / 忍看征利徒
채찍과 몽둥이를 마구 휘두른다니, / 鞭朴及肌膚
어려서 배웠지만 쓸모없이 늙어 / 幼學壯無用
이러한 꼴을 보고 부질없이 탄식만 하네. / 對此空嗟呿
이제 陽氣가 생기는 날이 되었으니 / 今遇一陽生
찡그렸던 눈썹도 조금 펴지겠지. / 聊可以伸眉

이 무렵 원천석은 최영과 이성계를 '海東二賢'이라 하여 칭송했는데,96)

95)『耘谷詩史』3-111, <冬至日寓懷>.
96)『耘谷詩史』3-068, <海東二賢讚>. 이 시는 1387년 여름~가을쯤에 지은 것으로,
   前冢宰・六道都統使 崔瑩과 判三司事 두 사람을 찬양한 것이다. 판삼사사의 이름
   이 밝혀져 있지 않은데,「神勒寺大藏閣記」(1383년)와「太古寺圓證國師塔碑」(1384

이는 잘못된 현실을 바로잡을 수 있는 가능성을 두 사람에게서 찾고 있던
당시의 여망을 반영한 것이 아닐까 한다. 우왕 14년 1월에 최영과 이성계가
이인임 일파를 몰아냄으로써 기대에 부응하였지만,[97] 원천석은 이에 대해
좀 다른 관점에서 기록을 남겼다. 당시 이인임 제거는 전 밀직부사 趙胖과
염흥방의 가노였던 李光의 싸움이 발단이 되어 결국 최영과 이성계가 왕명
을 받아 이인임·임견미·염흥방을 몰아냈던 것인데,[98] 원천석은 사건의
빌미를 제공한 조반을 칭찬했을 뿐[99] 최영과 이성계의 역할은 언급하지 않
고 모든 공을 우왕에게 돌렸다. <삼가 들으니 주상 전하께서 토지를 겸병
하는 포학한 무리들을 정의롭게 다 소탕하여 사방이 평안해졌다고 하기에
시를 지어 하례함>이라는 제목의 다음 시가 그것이다.[100]

어진 정치 베풀며 호령이 새로워지니 / 奮義施仁號令新
英斷을 내려 天神을 움직이시네. / 慨然英斷動天神
날뛰던 무리들을 하루아침에 다 소탕하니 / 一朝淸掃白拈賊
발가벗은 백성이 하나도 없어졌네. / 四海渾無赤脫民
늠름한 위엄이 강포한 자들을 놀라게 하고 / 凜凜威加强暴類
화목한 즐거움이 곤궁한 자들에게 흘러넘쳐, / 熙熙樂洽困窮倫

년)에 이성계가 판삼사사로 나오고, 『牧隱集』에도 1383년과 1387년에 이성계의 직
함이 판삼사사로 나오므로(『牧隱詩藁』 34-33, 「送李判三司事出鎭東北面」; 『牧隱
文藁』 15-1, 「李子春神道碑銘」), 원천석이 이 시를 지을 무렵의 판삼사사는 이성계
임이 분명하다. 시 중에 "북방 구름이 늘 태평한 기운을 띠고 있으니 / 이게 바로
明公이 할 일 다 했기 때문일세."라든가 "두 조정을 드나들며 장수와 재상을 겸했
으니"라고 한 것도 이성계에게 어울리는 표현이다. 이인재·허경진 옮김, 앞의 책,
p.352에서는 판삼사사를 이색으로 비정하였는데, 이색은 1382년과 1383년에 각각
판삼사사에 임명되었지만 그때마다 병을 이유로 곧 물러났고 이후 관직에 나가지
않은 상태에서 韓山君으로 불렸다.
97)『高麗史節要』 卷33, 禑王 14년 정월 癸未, "禑命崔瑩及李成桂 陳兵宿衛 下領三司
事林堅味 贊成事都吉敷于獄".
98)『高麗史節要』 卷32, 禑王 13년 12월.
99)『耘谷詩史』 3-124, <贊趙相國胖[時相國以義制强暴之徒 被其所辱 尋蒙上恩免
禍]>.
100)『耘谷詩史』 3-125, <伏聞主上殿下奮義掃盡 兼幷暴虐之徒 四方晏然 詩以賀之>.

높은 기상과 빛나는 문장을 우러러보고 / 仰看星斗文章煥
나라의 터전이 억만년 봄인 줄 비로소 깨닫겠네. / 方覺皇基億萬春
(中略)
아아! 늙고 병든 이 몸도 / 嗚呼抱衰疾
강개한 마음으로 충성되기를 사모하니, / 慷慨慕忠良
태평곡을 한가롭게 부르며 / 閑放太平曲
장수 비는 술잔을 임금께 올리네. / 祝君擎壽觴

이와 같은 勤王的 태도는 직접 정치에 참여하지 않음으로써 정치적 이해관계를 가지고 있지 않았던 지방의 유교지식인이 자연스럽게 가질 수 있는 것이었다. 그리고 원천석은 이러한 관점에서 왕명을 거역한 위화도회군이나 뒤이은 최영의 죽음, 우왕·창왕의 폐위와 '禑昌非王說' 등을 부정적으로 평가하게 되었던 것이다.

원천석이 생각하기에 이인임 일파 제거는 우왕에 의한 것이었고, 그것은 고려의 정치를 새롭게 할 수 있는 절호의 기회였다. 그리고 그 여파가 요동 출병으로까지 이어졌지만 위화도회군으로 말미암아 수포로 돌아가고 말았던 것이다. 원천석은 그 답답한 마음을 다음과 같은 시로 남겼다.[101]

흉포한 자들을 소탕하자 정치가 새로워져 / 掃除兇暴政惟新
해외까지 위엄 떨치니 한창 봄날일세. / 海外聲華白日春
온 나라 군사 일으켜 싸움터로 몰고 나가 / 舉國興兵驅士卒
성 쌓고 곡식 옮기며 인민들을 동원했으니, / 築城移粟動人民
어찌 그 수고가 끝내 무익하랴 / 豈徒辛苦終無益
기만당할 걸 두려워하지만 반드시 이웃 있으리라. / 還恐欺謾必有隣
숲 속에선 세상 이야기할 수 없으니 / 林下不堪談世事
하루 종일 산 바라보며 입을 다물고 있네. / 對山終日莫搖唇

원천석은 이인임 일파가 제거된 이후로는 토지탈점의 문제를 거론한 적

---

101) 『耘谷詩史』 3-135, <感事>.

이 없다. 그 전에 "이때 농민들의 토지를 빼앗으려는 무리가 벌떼처럼 일어났다"고 한 것과는 대조적이다. 아마 그는 토지탈점과 그로 인한 민생의 파탄이 이인임 일파의 책임이라고 생각했던 듯하다. 위화도회군 이후 중앙 정계에서는 조준의 상소를 시작으로 사전혁파를 둘러싼 찬반 논쟁이 치열하게 전개되었지만, 원천석은 그에 대해서 함구하였다.[102] 또 1391년(공양왕 3) 정도전이 중심이 되어 제기한 척불론에 관해서도 아무런 언급을 하지 않았다. 사실상 고려 말에 개혁파가 주도했던 전제개혁과 척불논쟁의 의미를 이해하고 동의하지 않는 한, '禑昌非王說'을 명분으로 전개된 일련의 정쟁을 부정적으로 평가할 수밖에 없었을 것이다. 이는 원천석의 현실인식이 비정치적이고 어느 정도는 피상적이었음을 보여주는 것이라고 할 수 있다.

당시 사전혁파 논쟁의 본질은 대토지소유자와 중소지주의 계급적 대립이었다.[103] 그리고 이 논쟁을 거치면서 이제까지 '과거에 급제한 성리학자'로서 정치적 공감대를 형성하고 있던 新興儒臣들이 각자의 사회경제적 기반이나 정치적 이상에 따라 분기되는 양상을 보였다.[104] 신흥유신 가운데 조준·정도전·윤소종 등은 사전혁파를 주장했고, 이색을 필두로 우현보·이숭인·권근 등은 그에 반대하였던 것이다. 이 두 세력의 대립은 시간이 흐를수록 격화되어 1390년(공양왕 2) 2월에는 간관들이 이색을 극형에 저할 것을 요구했고,[105] 1391년 5월에는 정도전이 이색과 우현보를 죽여야 한다고 주장하기에 이르렀다.[106] 원천석은 이미 이색과 정도전·이숭인 등을 알고 있었지만, 그들이 주인공이 된 정쟁에 대해서는 특별한 언급을 하지 않

102) 이인재는 원천석이 '一田一主的 전제개혁론'의 입장에 섰다고 했는데(앞의 논문, 1999), 이것은 고려 말 원천석의 정치적 입장과 관련하여 매우 중요한 문제이다. 도현철의 연구에서 고려 말의 사대부를 新法派와 舊法派로 나누고 토지문제에서 구법파가 '一田一主論'을 주장했다고 설명했으므로(都賢喆, 『高麗末 士大夫의 政治思想硏究』, 一潮閣, 1999), 이 견해를 따른다면 원천석이 구법파-실은 이색의 정치적 견해에 동조했다고 이해되기 때문이다. 그러나 이인재의 글에서는 충분한 근거를 제시하고 있지 않아 아쉬움이 있다.
103) 李景植, 『朝鮮前期土地制度硏究』, 一潮閣, 1986, p.78.
104) 이익주, 「고려 말 신흥유신의 성장과 조선 건국」, 『역사와 현실』 29, 1998, pp.26-27.
105) 『高麗史節要』 卷34, 恭讓王 2년 2월, "諫官又上疏 請置李穡·曹敏修等極刑".
106) 『高麗史節要』 卷34, 恭讓王 3년 5월, "鄭道傳上書都堂 請誅李穡 禹玄寶".

318

왔다.

　이색과 정도전의 정치적 대립에 있어서 원천석이 이색 편에 섰으리란 것이 일반적인 견해이다. '禑昌非王說'을 부정하고, 우왕·창왕 부자의 처형을 비난한 것이[107] 이색의 정치적 입장과 부합하는 점이 그 첫 번째 근거이다. 또 1389년 12월 이색이 장단으로 유배된 지 한 달여 만인 1390년 1월 25일에 원천석은 꿈에서 이색을 만났다는 내용의 서문과 함께 이색을 두둔하고 안녕을 기원하는 시를 썼다.[108] 당시 이색과 같은 처지에 있던 이숭인과 시문을 통해 교류한 것도[109] 원천석이 이색 계열에 기울었던 것으로 볼 수 있는 근거가 된다. 실제로 원천석은 개혁파의 공세를 讒訴라고 생각했고, 그로 인해 이색 등이 탄압받고 있는 현실을 개탄했다. 1391년 가을~겨울 무렵에 지은 다음 시가 그것이다.[110]

　　만사가 뜻대로 안 돼 모두가 뜬구름이니 / 萬事依依惚是浮
　　작은 몸 하나밖에 또 무엇을 구하랴. / 一微軀外更何求
　　망녕되게 자기를 높여도 끝내 이로움 없고 / 妄尊自己終無益
　　함부로 남을 헐뜯으면 아름답지 못하네. / 謀毀他人甚不休
　　하늘의 도는 착한 자에게 복을 악한 자에게 화를 주건만 / 福善禍淫天道近
　　세상 사람들은 어찌 거짓을 믿고 바른 걸 의심하나. / 信邪疑正世情悠
　　순후한 옛 풍속을 참으로 회복하기 어려우니 / 古風淳厚誠難復
　　孔子께서도 시냇가에서 흐르는 물 보며 탄식하셨네. / 川上宣尼歎水流

　그러나 원천석의 그러한 현실인식과 이색에 대한 동정적인 시각이 정세의 분석에 따른 결과는 아니었다. 무엇보다도 원천석은 위화도회군 이후 개혁파가 주도한 일련의 개혁을 '更化'라고 인식했고, 그에 대하여 동조하는

107) 『耘谷詩史』 4-034, <聞今月十五日 國家以定昌君立王位 前王父子以爲辛旽子孫 廢爲庶人> ; 4-036, <國有令 以前王父子賜死>.
108) 『耘谷詩史』 4-043, <記夢>.
109) 『耘谷詩史』 4-080, <同年李令公[崇仁] 被讒在忠州寄詩云……次韻奉答> ; 5-064, <奉寄李令公崇仁>.
110) 『耘谷詩史』 5-054, <嘆世>.

모습을 보이기도 했다. 伊川監務로 부임하는 元某에게 1389년 5월~9월 사이에 써준 시의 서문에서 그러한 면을 엿볼 수 있다.[111]

監務란 직책은 우리나라에서 관청을 설치해서 직분을 나눈 것인데, 옛날부터 各司에 속해 있어서 본래는 백성과 아전들이 받는 것을 파악하는 게 일이었다. 그 城을 도맡아 백성을 기르고 아전을 통솔하는 법에 있어서는 州나 牧의 大官들과 한가지였는데, 다만 지위가 낮고 책임은 막중해서 이따금 폐단이 있었다. 그러므로 지금 更化하는 초기에 憲司에서 아뢰어 감무와 현령의 지위를 叅官의 품계로 올리고, 현량하고 공정하여 수령이 될 만한 자를 가려 뽑아서 보내는 것이다.

감무와 현령을 叅職으로 높이는 것은 위화도회군 직후인 1388년 9월 대사헌 조준의 건의에서 비롯된 것이었다.[112] 그리고 당시 사람들이 조준 등 개혁파 신흥유신들이 주도한 정치를 '更化'로 인식했던 사실은 위화도회군 이후 洪永通이 영문하부사에 임명되자 "지금 更化하는 초기에 배척을 당하지 않고 上相의 지위에 오르다니 참으로 복 많은 사람이다."라고 한 世評 가운데서도 확인된다.[113] 원천석도 개혁파의 정치가 '更化'라는 점을 부인하지 않았고, 비록 단편적인 사실이기는 하지만 그 일환으로 감무와 현령의 품계를 높인 일에 대해서 공감을 표시하였던 것이다.

원천석의 이러한 비정치적인 면모는 당시 개혁파의 일원이었던 趙璞에게 시를 써 보낸 데서도 엿보인다. 원천석은 1390년 1월 12일~23일 사이에 조박에게 아들과 조카를 부탁하는 시를 보냈는데,[114] 조박은 바로 전 해 12월에 문하사인으로 있으면서 이색을 탄핵하여 파직하도록 한 장본인이었다.[115] 이처럼 조준의 개혁안에 동조하고, 이색을 탄핵한 조박에게 청탁을

---

111)『耘谷詩史』4-031, <送元承奉赴伊川監務詩[幷序]>.
112)『高麗史節要』卷33, 昌王 즉위년 8월, "大司憲趙浚陳時務曰……監務·縣令職又近民 近世仕出多門 人恥爲之 乃以除府史·胥吏不學墻面之輩 以毒于民 願自今以臺諫·六曹所擧有才幹者差遣 陞階叅官 以重其任".
113)『高麗史節要』卷33, 昌王 즉위년 8월, "以洪永通領門下府事 國人皆曰 以彼貪婪 得免正月之誅 今値更化之初 尙不見斥 又位上相 眞福人也".
114)『耘谷詩史』4-041, <奉寄趙中書璞>.

하면서, 동시에 이색이 억울하게 참소를 당했다고 동정하고 그러한 현실을
한탄하는 것은 분명 이율배반적인 태도이다. 그러나 원천석은 진사의 신분
으로 지방에 거주하면서 직접 정치에 참여하지 않았기 때문에 이러한 이중
적 태도를 가질 수 있었을 것이다.

당시 원천석은 혼란스런 정치를 바로잡을 수 있는 가능성을 오직 국왕에
게서 찾으려 했다. 이인임 일파의 제거를 우왕의 업적으로 찬양한 것부터가
그렇지만, 유배 중인 이색에게 "그릇되고 올바른 것을 바로 분별할 분 계시
니 / 자나깨나 기체 편안하시길 빌 뿐일세."라고 한 것이나,[116] 이숭인에게
"자고 먹는 것을 부디 편히 하시게 / 밝으신 임금의 도는 지극히 공평하다
네."라며 위로한 것도[117] 모두 국왕에 대한 기대를 보여주는 것이다. 그랬기
때문에 국왕의 동정을 시로 기록하곤 했는데, 1390년 7월 국왕의 宥旨가 반
포되자 그것을 찬양하는 시를 썼고,[118] 같은 달에 공양왕이 한양으로 옮겼
다가 이듬해 2월 개경으로 돌아간 일도 시를 지어 기록하였다.[119] 그러나
여기에는 공양왕이 '廢假立眞'을 명분으로 이성계 등에 의해 추대된 국왕이
라거나, 이색이나 이숭인을 보호해 줄 능력이 없다는 현실이 고려되지 않은
것으로, 중앙 정계에서 일정한 거리를 두고 있던 지방의 유교지식인이 가졌
을 법한 근왕적 관점을 보여주는 것이라고 할 수 있다.

그럼에도 불구하고 고려 왕조의 멸망은 원천석에게 매우 충격적인 사건
이었음에 틀림없다. 하지만 『운곡시사』에는 고려의 멸망이나 조선 건국에
대해 직접적으로 언급한 시가 없는데, 사건의 중요성에 비추어볼 때 뜻밖의

---

115) 『高麗史節要』 卷34, 恭讓王 원년 12월, "左司議吳思忠 門下舍人趙璞等 上疏曰…
   …".

116) 『耘谷詩史』 4-043, <記夢>.

117) 『耘谷詩史』 4-080, <同年李令公[崇仁] 被讒在忠州寄詩云……次韻奉答>.

118) 『耘谷詩史』 4-063, <讀宥旨>. 이 시는 1390년 7월 8일 이후 작품으로, 같은 달 6일
   이전에 반포된 국왕의 大赦敎書(『高麗史』 卷45, 世家45, 恭讓王 2년 7월, "大赦境
   內 敎曰……")를 읽고 쓴 것이다. 류주희는 이 시를 근거로 원천석이 이때 사면된
   것으로 해석하고, 그의 태도가 이성계파에 비판적이어서 배척을 받았다고 주장했
   지만(柳柱姬, 앞의 논문, pp.543-544), 이 교서는 원천석을 대상으로 한 것이 아니었
   다.

119) 『耘谷詩史』 5-003, <春初有感>.

일이라고 할 수 있다. 또 원천석이 관심을 가졌을 법한 정몽주의 죽음에 대해서도 언급한 시가 없다. 『운곡시사』에 1392년 봄에 지은 <寄奉福君>(5-067)에 이어서 가을에 지은 <秋齋雨中卽事>(5-068)가 등장하므로 그 해 7월 조선 건국을 전후하여 지은 시가 없는 셈이다. 조선 건국에 대해서는 그 해 겨울이 되어서야 처음으로 언급했는데,[120] 그때쯤이면 새 왕조의 개창을 이미 인정하고 있었다. 다음 시가 그것이다.

> 성스러운 임금께서 나라를 개화하시니 / 聖神開化國
> 伊尹과 呂尙 같은 신하들이 이웃해 있네. / 伊呂在臣隣
> 세상은 다시 伏羲·軒轅氏 세상 되었고 / 世復羲軒世
> 백성들은 요순의 백성 되었네. / 民爲堯舜民
> 사방이 모두 태평성대에 / 多方皆帖泰
> 다른 나라도 다들 화친 맺으니, / 異域盡和親
> 천자께서 諭旨를 내리셔 / 天子下宣諭
> 삼한의 즐거움이 다시금 새롭네. / 三韓樂更新
> (이상은 조정에 치하한 것이다[右賀朝])

조선이 건국된 1392년 7월부터 위 시를 지은 그해 겨울까지 원천석은 충격 속에서 사태를 관망하고 있었을 것이다. 그래서 한편으로는 조선 건국을 현실로서 인정하면서도 다른 한편으로는 왕조의 멸망에 대한 회한과 불만을 가지고 있었던 것으로 보인다. 그러한 감정은 그 해 동지 무렵에 지은 다음 시에 잘 나타나 있다.[121]

> 세상 뒤집히는 걸 헤아리기 어렵지만 / 飜覆固難測
> 흥망의 자취를 찾아볼 수는 있네. / 興亡從可尋

---

120) 『耘谷詩史』 5-073, <次牛刺楊先生所示按節鄭公題洪川客舘詩韻>. 이 시가 1392년 겨울에 지어진 것임은 바로 앞의 시 <次詩字韻>(5-072)이 1392년 겨울 작품이고, 뒤의 <閏臘月九日雪>(5-093)이 1392년 윤12월 9일 작품인 것으로부터 유추할 수 있다.

121) 『耘谷詩史』 5-081, <次牛刺先生韻>.

322

대체로 좋지 않은 상황에 / 大凡無善狀
모두들 불평스런 마음뿐일세. / 都是不平心
세상길은 위험하기만 한데 / 危險世間路
하늘 밖에 봉우리가 우뚝 솟아, / 孤高天外岑
이 모습 마주하여 옛 나라를 생각하니 / 對此思古國
푸른 소나무가 슬픈 소리를 보내 주네. / 松翠送悲音

이와 같이 멸망한 왕조에 대해 동정하는 것은 원천석뿐 아니라 당시 많은 사람들이 가졌던 감정이었을 것이다. 그러나 시간이 흐를수록 조선 건국을 현실로서 인정하는 것이 대세였던 듯한데, 원천석의 경우도 1393년 3월경에는 "올해 풍물이 바로 지난해 그대로건만 / 옛 나라 사람들은 모두 새 나라 사람되었네."라든가,[122] "어진 정치에 백성들 편안하니 / 밝은 임금을 밤낮 사모하네."라고 하는 등[123] 새 왕조를 인정하는 경향을 띠어갔다. 그리고는 국호를 조선으로 고친 사실에 대해

왕씨 집 사업이 문득 티끌이 되어 / 王家事業便成塵
산천은 그대로지만 나라 이름은 새로워졌네. / 依舊山河國號新
풍물만은 사람 일 따라서 변하지 않아 / 雲物不隨人事變
한가한 사람을 마음 상하게 하네. / 尙令閑客暗傷神

천자께서 동방을 소중히 여겨 / 恭惟天子重東方
조선이란 이름이 이치에 알맞다고 하셨네. / 命號朝鮮理適當
箕子께서 끼친 바람이 장차 일어난다면 / 箕子遺風將復振
반드시 中夏 사람들과 觀光을 경쟁하리라. / 必應諸夏競觀光

라고 하여,[124] 새 왕조에 대한 기대를 피력하기에 이르렀다. 그러나 원천석의 조선 건국에 대한 평가가 최종적으로 정리되어 나타난 것은 1394년에 지

122) 『耘谷詩史』5-101, <三月三日卽事>.
123) 『耘谷詩史』5-107, <次牛刺先生所寄詩韻>.
124) 『耘谷詩史』5-109, <改新國號爲朝鮮>.

은 <新國>(5-179)이었다.

> 해동 천지에 큰 터전을 마련하고 / 海東天地啓鴻基
> 綱常을 정돈해 마침 때를 만났네. / 整頓綱常適値期
> 四代의 왕손이 지금의 태조이고 / 四代王孫今太祖
> 삼한의 국토가 고려 뒤를 이었네. / 三韓國土後高麗
> 능침을 깨끗이 쓸고 새 명령 내렸으며 / 掃淸陵寢敷新命
> 朝班을 바로 정해 옛 제도를 고쳤으니, / 刪定朝班改舊儀
> 이로부터 다른 나라들이 큰 교화에 따라와 / 從此異邦投盛化
> 산에 오르고 바다 건너면서 피곤한 줄 몰랐네. / 梯山航海不知疲

이 시는 詩材부터가 그렇지만, 내용에 있어서도 이성계를 국왕으로 인정하고 조선을 고려의 뒤를 이은 왕조로서 인정하였다. 원천석은 조선이 건국된 지 불과 2년만에 그 현실을 받아들였던 것이다.[125] 그리고 더 나아가 정도전이 지은 夢金尺과 受寶籙, 그리고 文德曲 등을 찬양한 데서 조선에 대한 긍정적인 평가가 절정에 이른다. 정도전의 이 글들은 1393년 7월에 지어 올린 것으로,[126] 조선 건국이 天命에 의한 것임을 강조하고 이성계의 치적을 홍보하기 위한 것이었다. 그런데 원천석은 이에 대하여 "天命과 인심은 덕 있는 이에게 돌아가는 법"이라든가 "지금 우리나라의 祥瑞가 옛날과 같으니"라는 등으로 호응하였다.[127] 또 정도전이 지은 네 곡의 노래에 대해서는 다음과 같이 찬양하였다.[128]

　言路를 크게 열고 功臣들을 스승으로 삼으며 / 大開言路保

---

125) 류주희와 김남기는 이 시에서 조선이라는 국호를 쓰지 않고 <新國>이라 한 것이 조선에 대한 폄하의식을 드러낸 것이라고 했지만(柳柱姬, 앞의 논문, pp.545-546 ; 金南基, 앞의 논문, p.330), 과연 그런 것인지 알 수 없다. 그러한 주장은 조선시대부터 있어왔던 것인데, 이에 대해서는 다음 장에서 살펴보고자 한다.

126) 『太祖實錄』 卷4, 太祖 2년 7월 己巳.

127) 『耘谷詩史』 5-183, <伏覩奉金尺詞受寶籙致語 慶而贊之>.

128) 『耘谷詩史』 5-184, <贊鄭二相所製四歌[二相製開言路 保相功臣 正經界 定禮樂四曲 付于樂府 被于管絃]>.

功臣 經界를 바르게 하고 禮樂을 새롭게 했네. / 經界均平禮樂新
이 네 곡의 맑은 노래가 성대의 교화를 찬송했으니 / 四曲淸歌稱盛化
천년의 큰 업이 밝은 시대를 열었네. / 千年景業啓昌辰
가락은 雅頌처럼 높아 풍속을 바꾸고 / 調高雅訟移風俗
소리는 宮商에 맞아 귀신을 감동시키네. / 聲協宮商感鬼神
이로써 백성을 모두 고무시키면 / 以此庶民咸鼓舞
세상이 잘 다스려져 태평세월 되리라. / 太平煙火入陶鈞

해동 천지가 다시 맑고 평안해져 / 海東天地更淸寧
백성들은 변하고 시절이 좋아 태평을 즐기네. / 民變時雍樂太平
箕子의 순박한 바람은 더욱 떨치고 / 箕子淳風將益振
조선이라는 아름다운 이름이 다시 펼쳐졌네. / 朝鮮雅號復頒行
산하의 웅장한 기운이 왕기를 붙들고 / 山河氣壯扶王氣
해와 달의 두 빛이 성명에 합하네. / 日月明重合聖明
덕을 기리는 많은 이들이 이 곡을 노래하니 / 頌德幾人歌此曲
너무도 높고 넓어 찬양하기 어렵네. / 巍乎蕩也固難名

　이것이 『운곡시사』에서 현실 문제를 언급한 마지막 시이며, 따라서 원천
석의 조선에 대한 최종적인 인식을 보여주는 것이라고 할 수 있다. 즉, 원천
석은 조선 건국 직후에 잠시 충격과 혼란을 겪기도 했지만, 점차 왕조 교체
를 현실로서 인정했고, 머지않아 조선 건국을 찬양하기에 이르렀던 것이다.
원천석이 조선왕조에 대하여 한편으로 인정하면서 또 한편으로는 부정하는
이중적인 면을 가지고 있었다고 설명하는 경우가 있지만,129) 적어도 『운곡
시사』를 시간의 흐름에 따라 읽어보면 그와는 다른 결론을 얻게 되는 것이
다.

---

129) 柳柱姬, 앞의 논문, p.545 및 金南基, 앞의 논문, p.332.

5. 원천석에 대한 후대의 평가

원천석은 국자감시에만 합격하고 관직에 나가지 않음으로써 평생을 원주 지방의 진사로 살았다. 그의 시문집인『운곡시사』에 실려 있는 시문들은 그러한 삶 속에서 그때그때의 감정을 읊은 것으로, 후대 사람들이 생각하듯이 특정한 정치적 견해를 담고 있는 것이 아니다. 노년에는 현실 문제를 소재로 한 시를 짓기도 했지만, 여기에도 일관된 정치의식이 반영되어 있지 않다. 특히, 조선 건국을 전후한 일련의 정치적 격동에 대하여 위화도회군과 최영의 처형, '우창비왕설' 등을 부정적으로 묘사하기도 했지만, 개혁파의 정치를 긍정하고 조선 건국 후에는 새 왕조를 찬양하기에 이르렀다. 이러한 모습은 이중적이라기보다는 중앙의 정치에 직접 간여하지 않았던 지방의 유교지식인이 자연스럽게 가질 수 있던 태도라고 보아야 할 것이다. 따라서 원천석의 생애는, 적어도『운곡시사』에서 확인되는 한에서는 고려왕조에 대한 절의와는 아무런 관계가 없다. 그런데 어떻게 해서 원천석에 대해 절의의 이미지가 굳어지게 된 것일까? 이 문제는 조선시대의 원천석에 대한 평가와 관련이 있다.

원천석은 그가 생존했던 시기의 자료에는 나타나지 않으며, 조선 전기에 지방의 각종 정보를 수록한『東國輿地勝覽』에도 이름이 보이지 않는다.[130] 실록에서는 1663년(현종 4) 강원도 진사들이 七峰書院에 사액을 요청하는 글에서 원천석의 이름이 처음 보인다.[131] 즉, 조선 전기까지만 해도 원천석은 알려지지 않은 인물이었던 것이다. 민간의 야사류에서는 그보다 먼저 등장하지만, 필자가 조사하기로는 16세기 후반 任輔臣(?~1558)의『丙申丁巳錄』과 李墍(1522~1600)의『松窩雜說』이 원천석의 이름이 나타나는 최초의 기록이다.『丙申丁巳錄』에는[132]

내가 일찍이 듣기에, 정인길이 말하기를 "원주에 그의 선조 원천석의 유

---

130)『燃藜室記述』別集 제14권, 文藝典故에서는『東國輿地勝覽』에 원천석이 기록되지 않은 점을 특별히 지적하였다.
131)『顯宗實錄』卷6, 顯宗 4년 4월 甲子 ;『顯宗改修實錄』卷8, 顯宗 4년 4월 辛酉.
132)『大東野乘』卷3,「丙申丁巳錄」.

고를 가지고 있는 元氏가 있는데, (중략) 후세에 아직 알 수 없었던, 辛禑가 공민왕의 아들이라는 것까지 말하였다."고 하였다.

라고 한 대목이 있다. 또 『松窩雜說』에도[133) 원천석에 대한 기록이 있는데, 이 책의 저자인 이기는 이색의 후손으로, 원천석이 그의 외조부의 고조라는 연고가 있었다.[134) 그는 외가에 전해오던 원천석에 대한 이야기를 이 책에 옮겼던 것 같은데, 그렇기 때문에 1603년 박동량에 의해 『운곡시사』가 간행되기 전임에도 불구하고 원천석의 시 몇 편이 이 책에 소개되었던 것이다.[135) 하지만 이때까지만 해도 원천석은 후손들에게나 알려져 있는 정도였다고 할 수 있다.[136)

---

133) 『大東野乘』 卷56, 「松窩雜說」.
134) 『氏族源流』에서 원천석과 이기의 관계를 찾아 표로 만들면 다음과 같다.

李穡 ─李種善 ─李季甸─李 塙─李長潤─李 秩─李之蘭
                                          ├──李 墍
元天錫 ─元 泂─元自敦─元甫崙─元 璿─元氏

135) 『耘谷詩史』는 李墍가 세상을 떠난 뒤에 출간되었지만, 『松窩雜說』에는 원천석의 시 3편이 수록되어 있다. 그런데 『松窩雜說』에 인용된 시와 『耘谷詩史』의 시가 조금 다른 점이 있어 흥미롭다. 예컨대, 『松窩雜說』에서는 "나라에서 先王의 아들을 신돈의 아들이라 하여 폐위하고 庶人으로 만들어 강화에 내쳐버렸다."는 제목으로 "祖王信誓應乎天 餘澤流傳五百年 分揀假眞何不早 彼蒼之鑑昭昭然"라는 시를 싣고, 이어서 昌王은 폐위되어 강화로 가고, 우왕은 강화에서 강릉으로 옮겼다가 죽음을 당했다는 사실을 듣고는 "先王父子各分離 萬里東西天一涯 縱使一身爲庶類 寸心千古不遷移"라는 시를 지은 것으로 되어 있다. 그러나 『耘谷詩史』에는 위 두 시가 모두 <聞今月十五日 國家以定昌君立王位 前王父子以爲辛旽子孫 廢爲庶人>(4-034)이라는 題下에 하나의 시로 실려 있고, 우왕·창왕의 죽음과 관련해서는 또 다른 시가 수록되어 있다(4-036, <國有令 以前王父子賜死>). 또 『松窩雜說』에서 '先王'이라 한 것이 『耘谷詩史』의 같은 시에는 '前王'으로 되어 있고, '寸心'이라 한 것이 '正名'으로 고쳐져 있다. 『耘谷詩史』의 판본에 대한 연구와 校勘이 필요한 대목이라 하겠다.
136) 『耘谷詩史』에 실려 있는 鄭莊의 서문과 鄭弘翼의 글에는 李滉(1501~1570)이 원천석의 시에 대해 언급했다는 구절이 있다. 그렇다면 문집 출간 이전에 원천석의 시가 이황에게 알려졌던 셈인데, 두 사람이 무엇을 근거로 이 말을 했는지는 아직 확인하지 못하였다.

　원천석이 유명해지기 시작한 것은 1596년에 강원도 관찰사로 부임한 鄭球가 원천석의 묘소에 제사를 지내면서부터였다. 정구는 원주에서 고려 충렬왕 때 哈丹의 침략을 물리치는 데 공을 세웠던 元冲甲의 사당을 세우기도 했는데, 이러한 것들은 張顯光이 지은 鄭球行狀에 밝혀져 있듯이 "사람들로 하여금 모두 절의를 숭상해야 함을 알고 본받도록" 하려는 것이었다.137) 당시가 임진왜란 중이었음을 감안한다면 그 절실한 필요성을 충분히 이해할 수 있다. 그리고 곧이어 1603년에 강원도 관찰사 박동량이 『운곡시사』를 간행했고, 그 서문에서 "선생의 大節을 담은 글이라서 빨리 세상에 널리 퍼뜨려 표식을 삼아야 할 것이다."라고 한 대로 이후 원천석의 이름과 행적이 널리 알려지기 시작했던 것으로 보인다. 그 뒤로 李廷馨(1549~1607)의 『東閣雜記』,138) 沈光世(1577~1624)의 『海東樂府』,139) 申欽(1566~1628)의 『象村雜錄』,140) 李德泂(1566~1645)의 『松都記異』141) 등 여러 책에서 원천석에 대해 언급하였다.142)

　강원도 관찰사를 지낸 정구와 박동량이 원주에서 원천석을 '발견'한 이후 조선시대의 士林들이 그를 추앙한 데는 그의 절의를 강조하려는 정치적 목적이 있었다. 반면에 역사적 사실에는 큰 관심이 없었던 듯한데, 그 때문에 원천석에 관한 이야기들은 家傳을 바탕으로 하면서 일부 내용이 추가되고 변형되어 갔다. 대표적인 사례가 태종과 원천석의 관계에 대한 일화이다. 『송와잡설』에는 태종이 즉위하기 전에 원천석의 가르침을 받았고, 즉위해서 원천석의 안부를 물었으나 이미 죽은 지 오래되었으므로 아들 元泂에게 기천현감을 제수했다고 되어 있다. 그러나 『동각잡기』에서는 태종이 즉위한 뒤 1401년(태종 1)에 원천석을 불렀으나 나가지 않았으며, 태종이 친히

137)『旅軒集』卷13,「皇明朝鮮國 故嘉善大夫司憲府大司憲兼世子輔養官 贈資憲大夫吏曹判書兼知義禁府事 寒岡鄭先生 行狀」.
138)『知退堂文集』卷6, 東閣雜記 ;『大東野乘』卷53, 東閣雜記 乾 太宗 元天錫.
139)『休翁集』卷3, 海東樂府幷序 白衣來 ;『大東野乘』卷5, 海東樂府 白衣來.
140)『象村集』卷45, 外集5 彙言5 ;『大東野乘』卷25, 象村雜錄.
141)『大東野乘』卷71,「松都記異」.
142) 조선시대의 원천석과 관련된 전승 자료들은 林鍾旭, 앞의 책, pp.231-264의「元天錫 관련 인물전승에 대하여－文獻 傳承 양상과 樂府詩를 중심으로－」에 정리되어 있다.

만나러 갔지만 원천석이 피하고 만나지 않은 것으로 내용이 바뀌었다. 또 심광세의『해동악부』에서는 태종이 세종에게 전위한 뒤 원천석을 부르자 원천석이 白衣로 왔고, 태종이 여러 왕자들을 보이자 원천석이 세조를 가리키며, "이 아이가 조부를 몹시 닮았습니다. 아! 형제를 사랑해야 합니다."라고 했다는 이야기를 실어 전혀 새로운 내용이 되었다.

그러나 태종이 즉위하기 전에 원천석의 가르침을 받았다는 것 자체가 믿기 어려운 이야기이다.『송와잡설』에서는 태종이 어머니의 묘가 있는 삼척에 왕래하는 길에 원주에서 원천석을 만나 자문을 구한 것으로 되어 있지만,『太宗實錄』에는 이 사실이 나타나 있지 않다. 그뿐 아니라 태종의 즉위한 뒤에 원천석을 부르거나 만나러 갔던 사실도『태종실록』에는 기록되어 있지 않다. 그리고 무엇보다도 원천석의『운곡시사』에 이방원에 대한 언급이 전혀 없는 것이 이 이야기가 후대에 만들어진 것임을 보여주는 단적인 증거이다. 그랬기 때문에 박동량이『운곡시사』의 서문을 쓰면서 이 사실을 언급하지 않았던 것이다.

원천석의 글이『耘谷詩史』외에 또 있었는데 후손들이 태워 버렸다는 일화도 마찬가지이다. 이 이야기는『송와잡설』에는 없었고,『동각잡기』에서도 "원천석이 야사를 저술했는데, 고려 말의 時事를 기록하면서 말을 휘하지 않았다고 한다."고 언급한 정도였다. 박동량의『운곡시사』서문 첫머리에는

내 일찍이, 원주 사람 원천석이 고려 말에 숨어살면서 책을 써서, 우왕과 창왕 부자가 신돈의 자식이 아니라는 것을 자세하게 서술하였는데,……자손들이 그 책을 숨겨둔 지 오래 되어 읽어 본 사람이 없고, 그 이름조차 사라져 후세에 전해지지 않았다고 들었다. 200년 뒤에 내가 이 고을에 관찰사로 왔다가 마침 선생이 지으신 耘谷詩集을 얻어 보니 비록 기록한 것이 많지는 않아도 예전에 들었던 사실과 달라서 모두 특필할 만한 사실이었다.

고 했는데, 그 '숨겨둔 책'이란 바로 자신이 간행하는『운곡시사』를 가리키는 것이고, 불타 없어진 책은 거론되지 않았다. 그러던 것이 심광세의『해동악부』에서, 원천석이 평생 지은 글을 상자에 넣어 숨겨두었는데 증손대에

후손들이 화를 입을까 두려워 불태워 없앴고, 그러고도 남은 시집이 『耘谷詩史』라는 내용을 실은 이후 사람들이 이를 믿게 되었던 것이다. 그러나 심광세가 어떤 근거로 이런 말을 했는지 확인할 수 없는 한, 이를 사실로 받아들이기는 어렵다. 오히려 이러한 이야기가 원천석의 절의를 과장하기 위해 조작된 것이고, 조선시대에 원천석의 절의가 이처럼 과장된 사실에 주의해야 할 것이다.[143]

이와 같이 절의파로서 원천석의 이미지는 17세기 이후에 만들어진 것이다. 당시 사람들이 원천석에게 주목한 이유는 무엇보다도 禑昌非王說을 부정한 다른 기록이 없었기 때문일 것이다. 조선 후기에는 『東史綱目』에 이르기까지 거의 모든 사서들이 우왕과 창왕의 혈통문제를 언급할 때는 반드시 원천석의 시를 전거로 인용할 수밖에 없었다.[144] 또 한 가지 이유는 조선 후기에 들어 역사 속에서 절의의 인물을 찾아 선양할 필요가 있었다는 점이다. 이후 원천석에 대해서는 절의의 이미지가 계속 확대되면서 오늘까지에 이른 것이라고 할 수 있다.

그러나 『운곡시사』를 일독해 보면 쉽게 알 수 있듯이, 이러한 결론은 원천석의 시 가운데 몇 편을 집중적으로 부각시켜 얻은 것이다. 『운곡시사』에는 <新國>(5-179)을 비롯하여 조선 선국의 정당성을 인정한 시들이 또한 없지 않고, 원천석에 대한 평가는 당연히 이들 모두를 대상으로 해야 할 것이었다. 조선시대에도 이 점이 문제가 되었고, 그 때문에 심광세의 『해동악부』에서는 "우왕 이전은 國家라고 하고, 그 이후는 國이라고 했으며, 조선에 들어서는 단지 新國이라 했다."는 해설을 붙였지만, 이것이 원천석의 절의를 설명해주지는 못한다. 이밖에 원천석의 은일을 강조하기 위해 그에 위배되는 국자감시 응시를 군역과 관련지어 설명한 것도 마찬가지이다. 이러

143) 저술의 일부가 없어졌다는 이야기는 이색에게서도 보인다. 즉, 이색의 문집이 본래 70권이었는데, 조선 왕실에서 15권을 없애고 현재 55권만 남았다는 것이다. 그러나 이것도 근거 없는 이야기일 뿐이며, 이러한 조작을 통해 조선 건국의 반대자로서 이색의 이미지가 더욱 강화되는 점에 주의할 필요가 있다. 이에 대해서는 이익주, 앞의 논문, 2007, pp.234-236 참조.
144) 『東史綱目』 凡例 統系 ; 제17상, 後廢王昌 원년 ; 『燃藜室記述』 卷1, 太祖朝故事本末.

한 것들은, 말하자면 '자신들의 원천석을 위한 변명' 쯤이 될 것이다.

　그럼에도 불구하고 오늘날까지 원천석에 대하여 조선시대에 만들어진 절의의 이미지를 극복하지 못한 것은 커다란 문제라고 하지 않을 수 없다. 최근 이인재가 '절의와 은일'에서 '대안모색적 은거'로 시각을 바꿀 것을 제안하여[145] 변화의 가능성을 보여주었는데, 이 경우도 원천석의 생애가 적극적인 은거인지, 아니면 관직에 나가지 못함으로써 결과적으로 은거하게 된 것인지를 검토할 필요가 있다. 원천석이 관직에 나가지 않은 것을 적극적인 은거로 볼 수 있는 근거가 있는가? 당시 과거에 급제하는 것이 좀처럼 쉬운 일이 아니었음을 감안한다면, 원천석 역시 출사하지 못함으로써 불가피하게 은거의 길을 택하게 된 것으로 보는 편이 좀 더 일반적인 이해가 아닐까?

　그러나 그러한 문제보다는 오히려 관직에 오르지 못한 채 지방에서 진사로서 일생을 마친 한 유교지식인의 삶과 현실인식을 밝히는 쪽으로 연구의 방향을 전환할 필요가 있다. 고려시대에는 수많은 사람들이 과거에 급제하여 관리가 되고자 했고, 그 가운데는 국자감시에만 합격하고 예부시에 급제하지 못하거나, 혹은 예부시에 응시조차 하지 못한 채 진사로 살아간 사람도 많이 있었을 것이다. 고려 말의 원천석도 그런 사람들 중의 하나였고, 그런 점에서 지방에 거주하는 유교지식인으로서 평범한 삶을 살다 갔다고 할 수 있다. 단지 그가 의미를 갖는 것은 『운곡시사』라는 시문집을 남겼고, 그 안에 역사적으로 의미 있는 내용이 있기 때문이지, 그의 삶 자체가 특별하거나 의미 있는 것은 아니었다. 따라서 오늘날 원천석에 대한 연구의 과제는 그의 절의를 드러내는 데 있는 것이 아니라, 지방의 평범한 유교지식인이 고려 말, 조선 초의 역사적 격동을 어떻게 받아들이며 살아갔는가를 밝히는 것이라고 할 수 있다.

　실제로 『운곡시사』의 시들은 당시의 민심을 반영한 측면이 있다. 정치적 이해관계에 얽매이지 않고, 지방민들과 함께 생활하면서 경험하고 느낀 것을 시로 썼기 때문이다. 원천석이 62세인 1391년에 지은 <對民吟>(5-036)은 민의 입장에서 현실을 묘사한 대표적인 작품이라고 할 수 있다. 정치 문

---

145) 李仁在, 앞의 논문, 1999.

제에 대해서도 마찬가지였다. 예를 들어 禑昌非王說의 경우, 우왕이 즉위할 때부터 이에 대한 논란이 없던 것은 아니지만, 갑자기 두 왕이 신돈의 자손이라 하여 죽음을 당하는 사태를 맞아 당시 사람들이 의아해하거나, 그 정치적 의도를 의심하는 것은 당연한 일이었다고 할 수 있다. 최영의 죽음에 대해서도, 왜구 토벌에 공을 세웠고 '황금 보기를 돌같이 했던' 名將의 정치적 희생에 대하여 애석해 하는 것이 당시 민심이었을 것이다. 원천석은 어떠한 정치적 의도에서가 아니라 자신의 생각을 있는 그대로 시에 담았던 것이고, 따라서 그의 시로부터 당시의 민심을 읽는 것도 어느 정도 가능하리라고 본다.

오늘날 조선 건국에 대한 연구에서 미제로 남아 있는 것이 왕조 교체에 대한 민심의 향배이다. 즉, 직접 정치에 참여했던 사람들은 정치적 이해관계에 따라 태도를 달리했을 것이지만, 일반 민들의 경우는 어떠했을까 하는 문제이다. 이에 대한 원천석의 태도를 미루어 보면, 고려 말의 정쟁을 불만스럽게 바라보고 건국 초에는 왕조의 멸망을 아쉬워하기도 했지만, 불과 1~2년 사이에 새 왕조를 인정하고 그에 대한 기대를 나타내기에 이르렀다. 물론 원천석은 일반 민과는 또 다른, 지배층의 일원으로 지방에 거주하던 유교지식인이있지만, 이것이 지금으로시 확인할 수 있는 가장 낮온 계층의 조선 건국에 대한 태도가 아닐까 한다.

332

『耘谷詩史』作品年譜

詩題	저작 시기	詩題	저작 시기
제1권		036. 寄題春州……	
001. 辛卯三月……	1351년 3월	037. 乙未秋七……	1355년 7월
002. 過葛豐驛	(계속)	038. 次家兄所……	
003. 蒼峯驛路上	(계속)	039. 早春雨	이른 봄
004. 原壤驛	(계속)	040. 弓	
005. 春州	(계속)	041. 斗	
006. 原川驛	(계속)	042. 鼎	
007. 鶴上仙		043. 水亭	
008. 梅梢月	봄	044. 余自少有	
009. 畫山		045. 送春州朴……	
010. 蒲釣		046. 卽事	1360년 정월
011. 觀獵	가을	047. 書懷寄趙……	
012. 瀑布		048. 柳絮	
013. 枕鈴		049. 首夏郊行	초여름
014. 蠻牋		050. 庚子正月……	1361년 5월
015. 指南車		051. 哭趙牧監	
016. 招賢被		052. 自詠	
017. 題趙牧監……		053. 南谿柳下……	여름
018. 國有禁酒……		054. 草蟲	가을
019. 次李尙書……		055. 七夕	1361년 7월 7일
020. 甲午十月……	1354년 10월	056. 用前韻作……	
021. 初四日發……	1354년 10월 4일	057. 牧伯見和……	
022. 次洪川板……	(계속)	058. 次道境詩韻	
023. 宿末訖村	(계속)	059. 哭辛社主	
024. 初五日馬……	1354년 10월 5일	060. 幽谷宏師	
025. 麟蹄縣	(계속)	061. 十二月十……	1361년 12월 17일
026. 初七日宿……	1354년 10월 7일	062. 奉送宋牧……	
027. 八日道中……	1354년 10월 8일	063. 次同年金……	
028. 初九日發……	1354년 10월 9일	064. 次安同年……	1362년 봄
029. 次通浦縣……	(계속)	065. 次安同年……	
030. 淮陽遇冬至	1354년 동지	066. 病中書懷	
031. 十二日發……	1354년 10월 12일	067. 辛丑十一……	1362년
032. 靑陽路上	(계속)	068. 謝榮親宴……	1360년
033. 十四日早……	1354년 10월 14일	069. 次姪混所……	1394년
034. 方山路上	(계속)	070. 耘老吟	1394년
035. 十五日發……	1354년 10월 15일	071. 促織詞鷗……	

詩題	저작 시기	詩題	저작 시기
072. 白鷗詞		110. 二月十八……	1368년 2월 28일
073. 正月十七……	1364년 1월 17일	111. 夜雨	
074. 遊道境山齋		112. 送曹溪參……	
075. 安司戶家……		113. 聞任尙書……	
076. 寄道境大……	여름	114. 三月二十……	1368년 3월 20일
077. 禪翁見和……		115. 宿橫川	(계속)
078. 秋晚二首	늦가을	116. 過葛豊驛	(계속)
079. 遊麻田寺		117. 蒼峯驛	(계속)
080. 許同年仲……		118. 沙勿洞中	(계속)
081. 讀柳宗元……		119. 過洪川	(계속)
082. 首夏幽居……	1365년 초여름	120. 原壤驛	(계속)
083. 家兄與元……	여름	121. 春州	(계속)
084. 寄春城鄕……		122. 次崔向上……	
085. 題懶翁和……		123. 淸平寺	
086. 次覺林堂……		124. 過梨嶺	여름
087. 聞鶯	1366년 봄	125. 聞鸎有感	
088. 暮春丙午	1366년 늦봄	126. 遊圓通寺……	
089. 夏雲	여름	127. 月夜看白……	늦여름
090. 苔錢		128. 東階月花……	
091. 稼雲	가을	129. 秋日	가을
092. 瓦		130. 病中作	
093. 硯		131. 看雪寄元……	겨울
094. 釖		132. 遊麻田寺	겨울
095. 露	가을	133. 立春日寄……	
096. 答默言宏……		134. 野叟吟	
097. 趙摠郞見……		135. 己酉三月……	1369년 3월
098. 二月有日……		136. 堤州南郊	(계속)
099. 道境大禪……		137. 冷泉驛	(계속)
100. 次金牧伯……	가을	138. 竹嶺	(계속)
101. 牛		139. 宿順興府	(계속)
102. 鵲		140. 榮州路上	(계속)
103. 苦雨	1367년 여름	141. 宿安東次……	(계속)
104. 石竹花		142. 到寧海次……	(계속)
105. 丁未六月……	1367년 6월	143. 觀魚臺	(계속)
106. 次白雲淵……		144. 鳳松亭	(계속)
107. 十二月二……	1367년 12월 27일	145. 貞信洞	(계속)
108. 戊申正朝……	1368년 1월 1일	146. 燕脂溪	(계속)
109. 正月二十……	1368년 1월 24일	147. 泣仙樓	(계속)

詩題	저작 시기	詩題	저작 시기
148. 無價亭	(계속)	014. 桃花	봄
149. 到寧德	(계속)	015. 次趙侍郎……	
150. 酒登驛路上	(계속)	016. 又	
151. 圓寂菴	(계속)	017. 次金按部……	여름
152. 二十四日……	1369년 3월 24일	018. 夏日自詠……	여름
153. 平海望槎亭	(계속)	019. 金按部牧……	
154. 越松亭	(계속)	020. 次詠池蓮……	가을
155. 迎曦亭	(계속)	021. 以苽寄子……	1372년 여름
156. 宿蔚珍	(계속)	022. 子誠見和……	
157. 次臨漪亭……	(계속)	023. 趙侍郎寄……	가을
158. 登知峴望……	(계속)	024. 九月五日……	9월 5일
159. 次龍化驛詩	(계속)	025. 春寒癸丑	1373년 봄
160. 宿三陟却……	(계속)	026. 馬	
161. 次平陵驛……	(계속)	027. 午	
162. 宿羽溪次……	(계속)	028. 弘首惠以……	
163. 次鄕字韻	(계속)	029. 題西谷徐……	
164. 廣灘舟中	(계속)	030. 夜坐自詠	가을
165. 旌善路上	(계속)	031. 晩晴	
166. 登舟南江……	(계속)	032. 上金生員……	
167. 登碧坡嶺	(계속)	033. 送趙侍郎……	가을
168. 芳林驛路上	(계속)	034. 哭西谷元……	
169. 安昌驛	(계속)	035. 宿狼川	
170. 芍藥盛開……	(계속)	036. 前夜天之……	
171. 次春州拱……	(계속)	037. 金城途中	1374년 봄
제2권		038. 過原川驛	(계속)
001. 庚戌春旌……	1370년 봄	039. 途中作二首	(계속)
002. 題四皓圖		040. 母津二首	(계속)
003. 題三笑圖		041. 自馬峴到……	(계속)
004. 庚戌首夏……	1370년 초여름	042. 春城路上	(계속)
005. 端午	5월 5일	043. 次崔安乙……	(계속)
006. 次成相國……		044. 宿春州泉……	(계속)
007. 嘲蠅	여름	045. 渡安保驛……	(계속)
008. 秋思	가을	046. 恐灘	(계속)
009. 次河牧伯……		047. 宿萬歲寺	(계속)
010. 送雲遊子……		048. 甲寅三月……	1374년 3월
011. 上河刺史……		049. 卽事雙韻	
012. 奉寄前刺……		050. 幽谷宏師……	
013. 暮春二首	1371년 늦봄	051. 又謝沈爪	

詩題	저작 시기	詩題	저작 시기
052. 次道境詩……	1375년	090. 暮春六首	늦봄
053. 和前刺史……		091. 奉送都兵……	
054. 乙卯十一……	1375년 11월 23일	092. 江水深四……	
055. 丙辰暮春	1376년 늦봄	093. 七月橫川……	7월
056. 七月十日……	1376년 7월 10일	094. 春城客館……	
057. 苦旱		095. 廉公見和……	
058. 北原令刺……		096. 又	
059. 次春州辛……		097. 次鐵原館……	
060. 又		098. 寄遠代人作	
061. 寄春州郷……		099. 中秋拜先……	8월 15일
062. 諸公見和……		100. 書高巖卷	
063. 冬夜寓春……	겨울	101. 是日元國……	9월 8일
064. 書金相公……		102. 乞恩俚言……	
065. 又		103. 又	
066. 次道境所……	1377년 봄	104. 贈化經者	
067. 次同年金……		105. 初冬示友……	초겨울
068. 雲興遠壑		106. 又	
069. 郊居寒食	한식	107. 又	
070. 遊道境		108. 冬雨寓感	겨울
071. 同年沈盒……		109. 謝吳寧海……	
072. 送子誠弟……		110. 靈泉寺法……	
073. 暑中閑詠	여름	111. 冬夜吟	
074. 次刺史偰……		112. 寄李博士……	
075. 同年沈盒……		113. 哭楮谷元……	
076. 丙辰閏九……	1376년 윤9월	114. 又	
077. 次鄭司藝……	1377년 9월 9일	제3권	
078. 次偰刺史……		001. 是日自詠……	1386년 1월 1일
079. 又		002. 次趙奉善……	
080. 次道境禪……		003. 又	
081. 哭僎其大選		004. 二十四日……	1월 24일
082. 次曹溪長……		005. 二十九晦……	1월 29일
083. 書谷溪卷	1385년	006. 寄金海辛……	
084. 書派源卷		007. 余不幸早……	
085. 書無際卷		008. 書笑巖卷	
086. 謁吳元老……		009. 春晚病起	늦봄
087. 興法大禪……		010. 三月二十……	3월 29일
088. 又		011. 自詠	
089. 淸明日自詠	청명일	012. 南溪	

詩題	저작 시기	詩題	저작 시기
013. 秋居病中	가을	051. 古意	
014. 次趙奉善……		052. 書無淨一……	
015. 又		053. 書虚舟海……	
016. 又		054. 書驢井海……	
017. 書明菴卷		055. 讚懶翁眞	
018. 書本寂空……		056. 謝徐先生……	
019. 書忍菴卷		057. 牧伯徐公……	
020. 登悟道帖		058. 坐忘	
021. 廢雲臺寺		059. 希夷	
022. 國望帖		060. 三敎一理……	
023. 上院寺	가을	061. 閏六月	1387년 윤6월
024. 西鄰有一……		062. 西麓新開……	
025. 書元信卷		063. 謝徐先生……	
026. 哭李副正……		064. 雨夜書情……	
027. 夜夢與鄉……		065. 是月朝廷……	
028. 次金進士……		066. 次歡喜堂……	
029. 丙寅冬至……	동지	067. 姪湜以六……	
030. 趙奉善母		068. 海東二賢讚	
031. 次推田別……		069. 詠六言扇……	
032. 除夜子誠……	除夜	070. 眞感	
033. 願成西方……		071. 秋雨	가을
034. 又		072. 自詠二首	
035. 前按部豐……		073. 書無門全……	
036. 丁卯年人……	1387년 1월 7일	074. 書明山澈……	
037. 書還源迴……		075. 書天中正……	
038. 書明菴聰……		076. 書寂峯禪……	
039. 書貞菴信……		077. 得同年金……	
040. 送行		078. 送笑巖悟……	
041. 次歡喜堂……		079. 送寂峯圓……	
042. 書透空岑……		080. 九月三日……	9월 3일
043. 送行		081. 四皓	
044. 書弘山恢……		082. 秋晚寓懷	늦가을
045. 雨中卽事		083. 曉起吟	
046. 三月上巳……	3월 上巳日	084. 二十七日……	9월 27일
047. 禪師覺源……		085. 渡阿也尼……	
048. 神勒和尙……		086. 途中	
049. 食新蕨		087. 村舍	
050. 判書鄭乙……		088. 金堂川	

詩題	저작 시기	詩題	저작 시기
089. 書月谷明……		127. 春日偶書……	봄
090. 書明峯月……		128. 予二月下……	5월 24일
091. 書照菴鏡……		129. 遷居二首	
092. 借杲巖韻……		130. 六月初二……	6월 2일
093. 書療菴瑛……		131. 安都領兄……	
094. 送志曦上……		132. 曉起	
095. 自詠		133. 病中記聞	
096. 泂發惡瘡		134. 伏聞主上……	
097. 十月初一……	10월 1일	135. 感事	
098. 明晨妙音……	10월 2일	136. 七月七日	7월 7일
099. 是日雨中……	10월 2일	137. 卽事	
100. 次歡喜堂……		138. 十日諸生……	7월 10일
101. 題璧峯性……		139. 山亭	
102. 可能中德……		140. 謝契內諸……	
103. 卽事		141. 又賦二首……	
104. 題趙奉善……		142. 又	
105. 又		143. 秋居卽事	가을
106. 次泂韻四首		144. 遊道境寺……	가을
107. 十五日雨……	10월 15일	145. 送天台達……	
108. 趙奉善作……		146. 頃者於弁……	
109. 書越菴超……		147. 新雪	겨울
110. 有感八首		148. 木稼	
111. 冬至日寓懷	동지	149. 後二日又……	
112. 謝元都領……		150. 十一月二……	11월 23일
113. 送鄭禮安		151. 明日有雪……	11월 24일
114. 謝趙先生……		152. 臘月念七……	11월 27일
115. 因病未赴……		153. 明日李楮……	11월 28일
116. 又		154. 詠足巾	
117. 兒女輩餽歲		155. 除夜	除夜
118. 除夜	除夜	제4권	
119. 戊辰元日	1388년 1월 1일	001. 己巳正朝……	1389년 1월 1일
120. 七日劉辨……	1월 7일	002. 送弟副正……	
121. 謝明憲混……		003. 寄崔順興	
122. 奉寄高達……		004. 正初齋居……	正初
123. 六道都統……		005. 聞都統使……	
124. 贊趙相國胖		006. 外堂兄李……	
125. 伏聞主上……		007. 書袖隱椎……	
126. 奉寄李相……		008. 書鳴巖卷	

詩題	저작 시기	詩題	저작 시기
009. 栽松幷序		047. 有感	
010. 書寂音演……		048. 自詠	
011. 送行		049. 卽事二首	
012. 書說菴卷		050. 書川源海……	
013. 次金先達……		051. 春感三首	봄
014. 送辛承奉……		052. 雨中卽事	
015. 哭元措大……		053. 四月初六……	4월 6일
016. 端午贈冰……	5월 5일	054. 是月念三……	4월 23일
017. 六十吟二首		055. 鄭公見和……	
018. 次康節邵……		056. 復用前韻……	
019. 二十四日……	5월 24일	057. 感古	
020. 讀陶元亮……		058. 送元有寬……	
021. 節歸去來辭		059. 到鄕學謁聖	
022. 卽事		060. 示諸生三首	
023. 久雨獨坐……		061. 七月八日……	7월 8일
024. 書寒泉淸……		062. 以西瓜獻……	
025. 書晶菴旭……		063. 讀有旨	
026. 書無菴空……		064. 寄崔大諫嗣	
027. 書智巖哲……		065. 次大諫所……	
028. 書峯日信……		066. 書寶峯琳……	
029. 書平巖均……		067. 書明菴珠……	
030. 送信圓禪……		068. 書淸裕海……	
031. 送元承奉……		069. 書琦峯海……	
032. 卽事		070. 次韻邊竹……	
033. 重九	9월 9일	071. 復次	
034. 聞今月十……	11월	072. 復次	
035. 苦寒夜吟……		073. 復次	
036. 國有令以……		074. 復次	
037. 庚午元正……	1390년 1월 1일	075. 書遍菴海……	
038. 十二日立春	1월 12일	076. 元長興母……	
039. 遊文殊寺		077. 題元伊川……	
040. 有感		078. 再用韻擬古	
041. 奉寄趙中……		079. 崔沃州卜……	
042. 二十三日……	1월 23일	080. 同年李令……	
043. 記夢幷誌		081. 次牛刺先……	
044. 二月三日……	2월 3일	082. 十一月二……	11월 28일
045. 明日又吟……	2월 4일	083. 十二月初……	12월 1일
046. 十二日雨……	2월 12일	084. 冬夜	겨울

詩題	저작 시기	詩題	저작 시기
085. 二十三日……	12월 23일	031. 卽事	
086. 次山人角……		032. 中秋拜慈堂	8월 15일
087. 復次		033. 中秋月	8월 15일
088. 復次		034. 十六夜月	8월 16일
089. 書說峯演……		035. 賦雪饌	
090. 送行		036. 代民吟	
091. 除日曉起	除日	037. 書明菴照……	
제5권		038. 聞雁	
001. 辛未元正……	1391년 1월 1일	039. 自遣	
002. 題目菴眉……		040. 九月十日……	9월 10일
003. 春初有感……	초봄	041. 十二日有雪	9월 12일
004. 卽事		042. 牧隱相國……	
005. 讀杜集		043. 偶吟	
006. 書華嚴英……		044. 十八日戱詠	9월 18일
007. 書野翁田……		045. 是日卽事	9월 18일
008. 寄鄭定州……		046. 擬古	
009. 寄右街雪……		047. 夜坐有感……	
010. 書履菴道……		048. 天台演禪……	
011. 三月初九……	3월 9일	049. 送義圓長老	
012. 雨中謝靈……		050. 用深字韻……	
013. 十六日赴……	3월 16일	051. 次宋獻納……	
014. 次韻書天……		052. 次宋獻納……	
015. 書日菴杲……		053. 送竹溪軒……	
016. 書南峯師……		054. 嘆世三首	
017. 李契長席……		055. 次免山守……	
018. 山花		056. 代郡守	
019. 書珣嚴玉……		057. 感事呈牧伯	
020. 書霧嚴雲……		058. 壬申正月……	1392년 1월 6일
021. 得洞書信		059. 中書君	
022. 送舍弟子……		060. 哭姜主簿	
023. 四月八夕……	4월 8일	061. 書和光熏……	
024. 端午拜先塋	5월 5일	062. 送行借牧……	
025. 柳扇		063. 書大素圓……	
026. 萬歲寺新竹		064. 奉寄李令……	
027. 書覺怡師卷		065. 奉寄李公……	
028. 八月初二……	8월 2일	066. 奉寄趙藝……	
029. 初七日有霜	8월 7일	067. 寄奉福君……	
030. 夜吟		068. 秋齋雨中……	가을

詩題	저작 시기	詩題	저작 시기
069. 謝弟李宣……		107. 次半刺先……	
070. 遊松花寺……		108. 遊寂用菴	
071. 奉寄前牧……		109. 改新國號……	
072. 次詩字韻……		110. 四月十九……	4월 19일
073. 次半刺楊……		111. 端午偶吟	5월 5일
074. 豆腐		112. 幽居雨中……	
075. 冬至	동지	113. 又	
076. 次半官先……		114. 雨夜	
077. 夜雨卽事		115. 病中吟	
078. 杜門覽古……		116. 卽事三首	
079. 哭李判事……		117. 幽居卽事	
080. 代歡喜堂……		118. 謝牧伯惠……	
081. 次半刺先……		119. 謝金先生……	
082. 用前韻呈……		120. 聞原習登……	
083. 病中吟三首		121. 六月十五……	6월 15일
084. 卽事寄鄕……		122. 小齋晨興	
085. 歲暮書懷	歲暮	123. 復用晨興……	
086. 聞鄕學諸……		124. 病中戱書……	
087. 次酒泉公……		125. 七月初四……	7월 4일
088. 又		126. 七月七日……	7월 7일
089. 次冬至日……	冬至	127. 晝夜吟二首	
090. 寄姪歡谷……		128. 又	
091. 病中牧伯……		129. 十八日	7월 18일
092. 卽事		130. 是日夜李……	7월 18일
093. 閏臘月九……	1392년 윤12월 9일	131. 二十二日……	7월 22일
094. 又		132. 自詠	
095. 立春日呈……	1392년 윤12월 16일	133. 重九卽事	9월 9일
096. 立春日牛……	1392년 윤12월 16일	134. 詠菊	
097. 除夜	除夜	135. 述懷三首	
098. 癸酉元日	1393년 1월 1일	136. 復用前韻……	
099. 七日卽事	1월 7일	137. 自詠	
100. 半刺先生……		138. 感懷	
101. 三月三日……	3월 3일	139. 雨中牧牛圖	
102. 春野行排律	봄	140. 新晴	
103. 雨中卽事		141. 賀邊處厚……	
104. 曹進士餞……		142. 秋懷	가을
105. 又		143. 次諸生秋……	
106. 卽事		144. 得見三進……	

詩題	저작 시기	詩題	저작 시기
145. 書水月潭……		168. 四月初一……	4월 1일
146. 聞雞二首		169. 奉送崔典……	
147. 又		170. 張先生德……	
148. 次新及第……		171. 復次李居……	
149. 冬至後七……	겨울	172. 自詠	
150. 送行		173. 哭元良胤……	
151. 曉起梳頭		174. 又	
152. 十二月十……	12월 15일	175. 詠牛毛膾	
153. 十二月二……	12월 26일	176. 題仁峯義……	
154. 次泥材李……		177. 南行	
155. 十二月三……	12월 30일	178. 送行	
156. 甲戌新正……	1394년 1월 1일	179. 新國	
157. 又		180. 用晨興詩韻	
158. 又		181. 感懷	
159. 二十七日……	1월 27일	182. 次韻楊牛……	
160. 二月初二……	2월 2일	183. 伏覩奉金……	
161. 清明日雨……		184. 贊鄭二相……	
162. 三月初一……	3월 1일	185. 從泥材李……	
163. 初六日卽事	3월 6일	186. 諸生來訪	
164. 重遊寂用菴		187. 夜興	
165. 十三日銅……	3월 13일	188. 次金教授……	
166. 十五日趙……	3월 15일	198. 寄雪峯丘……	
167. 李□兄葬……			

원천석이 본 지방현실과 수령제

임 용 한[*]

1. 서론

원천석은 여말선초의 격동기를 산 지식인으로 당대의 현실을 노래한 많은 시를 남겼다. 그의 시는 서정적인 시도 많지만, 당시의 사회현실을 묘사하거나 또는 사회문제에 대한 생각을 표현한 시들도 적지 않아서, 이 시기의 시대상이나 원천석 자신의 세계관을 이해하는 데 귀중한 자료가 되고 있다.

본고는 그의 시 중에서 지방사회의 현실과 수령제에 대해 거론한 시들을 추출하여 그 내용과 의미를 분석해 보고자 한다. 원천석이 살았던 고려 말·조선 초는 중세국가의 체제가 크게 정비되는 시기였다.[1] 그 개혁의 내용은 매우 광범위하지만 어떤 개혁이든지 그 배경에는 국가기능의 확대와 강화라는 내용이 놓여 있다. 그리고 이처럼 강화된 국가기능을 집행하기 위하여 군현제와 수령제 개혁이 시행되었다.[2]

그런데 이 같은 개혁의 배경이 된 사회현실이나 모순, 개혁의 취지에 대한 기록은 거의가 중앙정부 혹은 정책주도층에 의해 서술된 기록이라는 문제가 있다. 그렇다면 과연 재야의 지식인 혹은 지방사족이나 토호층들은 이와 같은 현상을 어떻게 이해하고 받아들이고 있었을까? 안타깝게도 이 같은 내용을 보여주는 사료는 거의 남아 있지 않다. 이와 같은 상황에서 대부분의 연구사에서는 이 시기 신진사류의 정책과 지방사족의 인식을 동일시하

---

* 충북대학교 중원문화연구소 연구교수

1) 연세대학교 국학연구원, 『중세사회의 변화와 조선건국』, 혜안, 2005.

2) 임용한, 『朝鮮前期 守令制와 地方統治』, 혜안, 2002.

거나 반대로 중앙정부의 입장과 지방 및 향리층의 입장을 지극히 대립적으로 이해하는 경향이 있다.

그러나 조선 초기 개혁 주도층과 지방사족의 정치적, 경제적 이해관계에는 상당한 간격이 있다. 또한 당시 지방사회에서는 사족과 향리층이 과거 연구사에서 생각했던 것처럼 확연하게 구분되거나 대립적인 집단이 아니다. 그러므로 이 시기 중앙과 지방의 갈등도 사족의 정책과 향리의 입장을 무조건 대립적으로 설정하거나 토호와 향리층은 국가기능의 향촌침투를 거부할 것이라는 당위론적 입장에서 벗어나 양자간의 대립과 타협의 구도를 구체적으로 파악하고 설명해 나가야 할 것이다.

이런 점에서 볼 때 원천석의 기록은 상당히 의미 있는 자료가 되리라고 기대된다. 원천석은 원주의 상층 향리가문 출신으로 조부까지도 향리직을 역임했다. 그가 원주에서 지속적으로 교분을 나누는 상당수의 지역 인사와 승려 중에는 일가나 향리가문 출신도 많았을 것이라고 생각된다.

그러나 본인은 과거에 급제한 사족으로서 중앙 정계의 유력인사들, 특히 조선 건국기에 활약한 정도전, 정총과 같은 신진사류들과 상당한 교분을 맺고 있었고, 그의 동생과 조카, 손자는 지방관과 중앙 관료가 되어 활약했다.

하지만 그럼에도 불구하고 그는 정작 관직에는 나가지 않았으며, 본인 자신은 상당히 곤혹스러워 했지만 국가의 동원령에 의해 향리직인 軍職을 잠시 수행하기도 했다. 이 같은 원천석의 사회적 처지는 정서적 입장에서 보면 사족과 향리, 중앙 관료와 지방사족의 중간자적인 입장이었다고 할 수 있다. 그렇기 때문에 어느 한쪽의 입장에 투철하지 못하다는 단점이 있을 수도 있겠지만, 반대로 양측의 입장을 모두 충분히 이해할 수 있기 때문에 공정하고, 객관적인 시각을 지녔다고도 볼 수 있다.

따라서 본고에서는 그가 바라 본 지방사회의 현실에서 그가 특별히 주목하는 부분은 무엇이었는지를 살펴보고, 수령들과의 교유나 수령제에 대한 그의 생각과 기대 속에서 그의 생존시기에 시행된 수령제 강화정책에 대한 그의 생각은 어떠하였으며, 특히 그가 수령제에 대해 어떠한 기대를 품고 있었는가를 중점적으로 살펴보고자 한다. 이것은 원천석 개인의 경세론과 국가관을 이해하는 데에도 도움이 될 것이라고 생각된다.

2. 원천석이 본 지방사회의 실상과 문제의식

고려 후기 지방사회의 피폐와 농민의 유리 현상에 대해 지배층들도 토지
탈점과 전제문란이 사회 문제의 근인임을 지적하면서도 농민들의 恒心 부
족이나 향리층의 모리, 비리 행위를 병렬적으로 지적하는 경향이 있었다.

가장 급진적인 혁명론자이며 전제 개혁을 주장한 정도전 정도나 이러한
논지에 반박하여 농민들의 항심이 부족한 것이 아니라 恒産이 없어서 恒心
이 없는 것이라고 주장한 정도였다. 그렇다면 원천석의 경우는 어떠했을까?

원천석은 25세이던 1354년 狼川郡의 속현이던 양구에서 피폐한 농촌의
현실을 목도했다. 당시 양구는 아전이나 백성들의 집이 모두 기울어지거나
땅바닥에 쓰러졌으며, 온 마을이 텅 비어 연기 나는 집이 없었다.[3]

> "이 고을은 낭천군에서 아울러 다스리는 곳인데, 옛부터 땅이 좁고 척박
> 해서 백성이나 산물이 쇠잔했습니다. 근래에 와서는 밭마저 권세가에게 빼
> 앗기고 인민들을 못살게 하는 데다 세금마저 굉장히 많아, 밭붙일 곳이 없
> 게 되었습니다. 그런데도 겨울철만 되면 세금을 독촉하는 무리들이 문이 메
> 어지도록 잇달아, 한번이라도 명을 어기면 손과 발을 높이 매달고, 심지어
> 는 곤장까지 때려서 살과 뼈가 해어지게 하니, 살던 백성들이 견디지 못하
> 고 사방으로 흩어져서 마을이 이같이 되었습니다."[4]

양구의 현상은 당시 고려사회의 구조적인 모순을 계기적으로 보여주고
있다. 권세가의 토지탈점은 군현의 공전과 공민을 감소시킴으로써 군현의
부세부담 능력을 크게 저하시킨다. 국가는 재정부족분을 메우기 위해 세금
을 늘리고, 여기에 전란이 이어지면서 세금은 더욱 증가하였다. 그렇게 되
자 군현에서는 속현에 이 부담을 떠넘김으로써 속현 지역의 부담은 더욱 심
해졌다.

이 같은 현상은 부세액의 증가에 그치지 않는다. 위 기록에서 말한 '겨울
이면 찾아오는 세금을 독촉하는 무리'란 이 고을의 향리가 아니라 주현의

---

3) 『耘谷詩史』卷1, <十五日發方山到楊口郡>(『高麗名賢集』卷5, p.278).
4) 『耘谷詩史』卷1, <十五日發方山到楊口郡>(『高麗名賢集』卷5, p.278).

향리이거나 私田의 세를 거두는, 혹은 토지를 탈점한 권세가의 하수인이다. 수세에 응하지 못한 주민들에게 심한 가혹행위를 하는 것도 이들이 같은 고을에 사는 주민이 아니라 일종의 부재지주의 하수인이기 때문이다. 동향의 향리라고 해서 가혹행위를 하지 않는 것은 아니지만, 외지의 출장인일 경우 더욱 심한 가혹행위를 하고 인정사정을 보지 않는 것이 일반적인 현상이었다.

더욱이 이들의 가혹행위는 일반 주민만을 대상으로 하는 것이 아니었다. 수세의 책임은 일차적으로 향리들이 지기 때문에 특히 관에서 파견된 사람들일수록 먼저 향리를 문책하였고, 귀와 코를 베는 가혹행위까지 등장하였다.5) 그래서 양구의 경우 아전과 주민이 모두 피해자가 되고 그들의 집이 함께 쓰러지고 피폐했던 것이다. 그러나 이 같은 행동은 향리와 주민의 유망 정도가 아니라 백성들의 극단적 반발, 혹은 지역간의 극단적 행위를 초래할 소지도 있다. 실제로 고려사회는 차별적인 군현제 운영의 대가로 전국적인 농민반란을 겪은 역사적 경험도 있었다.

양구의 현실을 묘사한 이 짧은 기사에는 전제, 부세제, 군현제와 수령제, 향리제도의 문제가 집약되어 있다. 그러나 이 여러 문제의 근원은 田制문제이다. 그리고 전제문제의 근원은 권세가의 토지탈점이다. 이것은 이 양상을 듣고 지었다는 오언시에서도 분명하게 표현되어 있다.

> 땅은 모두 권세가에게 빼앗겼는데
> 포악한 무리들은 문 앞에 잇달았네.
> 남아 있는 사람들만 더욱 가엾으니
> 이러한 고생이 누구의 잘못이던가.6)

---

5) 이 같은 문제를 가장 심각하게 지적한 글이 창왕 즉위년에 올린 대사헌 조준의 상서이다. 아래의 글에서 이 문제에 대한 개혁파 사류의 문제의식을 볼 수 있다. 『高麗史節要』卷33-31·32, 辛禑 14年(辛昌 卽位年) 7月, 大司憲 趙浚 等 上書, "今也 巡問安廉 每所徵發 慮守令私其邑也 調南郡之兵 則必命北郡之宰 北郡之宰至於 南郡也 以未經之耳目 恐其欺罔 先施鞭撻 俄而調兵 北郡之牒至南郡 南郡之宰 投袂而起 直趨北郡 未下車而先刑人 繫累其父母 鞭撻其妻子 非止調兵而然也 凡 戶口之點檢 軍須之轉輸 徵督百端 無有紀極 於是 兩郡相怨 遂成仇讎 互相報復 民不堪苦 戶口蕭然 其承流宣化之意 安在".

346

30여 년이 지난 1387년 혹은 1388년(우왕 14)이 되면 그의 비난은 신랄해지고, 국가적 위기의식을 느끼는 수준으로까지 발전한다. 이 해에 지은 <有感>이라는 시[7]에서 그는 '時田民兼幷之徒蜂起'[8]한 것이 이 시를 지은 이유라고 밝혔다. 그리고 시의 첫머리에서 "나라의 명맥이 끊어져 가고……인륜의 기강이 무너져 간다."고 하였다. 하필 이 시를 지은 때가 위화도회군이 발발하고, 이성계와 개혁파 사류가 권력을 장악할 무렵이라는 사실도 의미심장하다.

시의 내용으로 보면 아직은 위화도회군이 발발하기 전이 분명하다. 원천석은 8수로 이루어진 이 시에서 "하늘 끝을 바라보니 어느새 석양일세" "멀리 창오산[9] 바라보며 눈물이 얼굴에 가득해지네"라는 식으로 왕조의 운명을 예감하는 듯한 표현을 남겼다. 이것은 원천석의 표현에 따르면 '귀신에 홀린' 것 같을 정도로 상식의 도를 넘고, 거의 이성을 상실한 듯한 극심한 토지탈점 현상이 원천석에게도 국가의 기초를 뒤흔들 수도 있다는 위기의식을 느끼게 할 정도였음을 의미한다.

조선을 건국한 개혁파 사류는 혁명의 이유로 우왕대에 극심해진 전제 문란을 들었다. 원천석의 이 시를 보면 당시의 전제문란의 심각성이 개혁파 사류의 과장은 아니고, 그것이 원천석이라는 재야 지식인이며, 결코 역성혁명에 동조하지 않을 인물이 스스로 임금에 대한 실망과 불길한 느낌을 가질

<hr>

6) 『耘谷詩史』 卷1, <十五日發方山到楊口郡>(『高麗名賢集』 卷5, p.278).
7) 이 시의 작시 연도를 1388년 경으로 본다. 그런데 시의 배열순서로 보면 다음에 동지에 지은 시, 1388년 설날에 지은 시가 있는 것으로 봐서 1388년이 아니라 1387년 겨울에 지은 시일 가능성도 높다.
8) 『耘谷詩史』 卷3, <時田民兼幷之徒起>(『高麗名賢集』 卷5, p.330).
9) 순임금이 죽었다고 전하는 곳. 이 표현이 전민변정도감을 운영했던 공민왕을 지칭한다고 보는 견해도 있다(이인재, 허경진 옮김, 『운곡시사』, 혜안, 2007, p.379, 주 430)). 그러나 전민변정도감을 공민왕만이 운영한 것도 아니다. 또 그것을 주도한 사람이 신돈이었고, 공민왕도 실정이 많았던 점을 감안하면 원천석이 공민왕을 순임금에 비유할 정도로 각별히 사모했을 이유도 없다고 생각된다. 그러므로 이 표현은 왕조의 몰락을 예감하면서 순임금과 같은 명군이 등장하기를 바라는 마음을 표현한 것이지만, 그럼에도 불구하고 그 생각을 하면 눈물이 난다는 것은 사실상 그럴 가능성이 없다고 생각하는 저자의 심정을 암시한다고 보는 것이 더 좋을 듯하다.

정도로 심각하게 진행되고 있었음을 말해 준다.[10]

田制문란에 이어서 원천석이 개탄했던 현실은 국가운영의 문란상이었다. 이 부분에 대해서 원천석은 위의 田制문제처럼 명확한 언급은 남기지 않았다. 그러나 몇몇 시에 그러한 생각을 유추할 수 있는 단서가 남아 있다.

원천석은 몇 번의 장거리 여행을 했다. 22세·25세·26세, 44세 때에 영서, 영동 특히 춘천 가평 일대를 여러 번 다녀왔고, 22세 때와 25세 때에는 금강산을 유람했다. 하지만 그의 일생 중에서 가장 길고 보람찼던 여행은 40세가 되던 1369년에 죽령을 지나 영해, 안동, 단양을 거쳐 동해안으로 올라와 울진, 삼척에서 정선에 이르는 길을 돌아본 여정이었다. 이 긴 여행에서 그는 안동과 단양, 삼척 일대에 사는 동년과 친구들을 만나고, 이곳의 명소를 두루 돌아보았다.

이 노정에서 그는 25세 때 양구에서 보았던 것과 같은 지방사회의 모순과 어려움을 상당히 많이 접할 수 있었을 것이다. 그런데 원천석은 이 여정에서는 이상할 정도로 이와 같은 부분에 대해 침묵한다. 그렇다고 해서 양구군의 사례가 원천석이 경험한 아주 특별한 사례였다고 할 수도 없다. 다른 지역에서도 비슷한 양상이 발생하고 있었던 사실은 다른 사람들의 기록에서도 쉽게 찾아 볼 수 있다. 또한 1369년의 상황은 1354년의 상황과 비교할 바가 아니었다. 그 사이에 고려는 홍건적의 침입과 덕흥군의 침공이라는 전란을 겪었고, 왜구의 침입은 더욱 극심해져, 삼남지방은 왜구의 피해를 가장 많이 받는 지역이었다. 당시 왜구의 위력은 충격적이었다. 1364년에 변광수가 이끌던 고려의 최정예 함대가 인천 앞바다에서 왜구에게 전멸을 당하는 최악의 패배를 당했고,[11] 왜구들은 200척이 넘는 함대를 동원하여

---

10) 이 묘사를 보면 시의 첫머리에서 말한 '인륜의 기강이 무너져 간다'는 표현도 중의적이고 상징적인 의미로 해석할 소지가 있지 않은가 한다. 표면적으로 이 표현은 지배층의 윤리를 넘어선 가혹하고 불법적인 수탈, 이런 불합리한 상황과 극한의 환경에 처한 백성들이 저지르게 되는 여러 가지 비윤리적 행위들을 의미한다. 그러나 시의 전체적인 분위기로 보면 이 같은 상황이 지속되면 농민반란이나 역성혁명 같은 극도의 비인륜적 상황이 야기될 수 있다는 경고 내지는 위기의식의 표현이라는 해석도 가능하겠다.

11) 『高麗史』 卷114, 列傳27, 변광수.

교동과 강화도를 점령하고 개경을 위협하는 상황이었다. 더욱이 경상도 연안에 자리한 영해부는 특별히 왜구의 침입이 극심했던 지역이었다.[12]

원천석은 이처럼 상당히 위험하고 힘든 시기에 경상도와 강원도 연해를 돌아보는 모험에 가까운 여행을 했는데, 왜구에 대한 언급은 한마디도 하지 않았을 뿐 아니라 노상의 정경은 오직 아름답고 평화롭게만 묘사하고 있다. 예를 들어 영주로 가는 길에서 그는 다음과 같이 노래한다.

> 희고 붉은 꽃 사이로 길이 갈라져
> 물 맑고 산 좋은데다 비가 시를 재촉하네.
> 푸른 바지 흰 소매 어느 집 자제이신지
> 꽃숲을 등지고 서서 눈도 돌리지 않네.[13]

그의 이러한 태도는 사회현실을 외면했다기보다는 오히려 그같은 풍경을 너무나 많이 보았기 때문에 詩作을 통해서 그런 고충이나 심란한 생각들을 떨어버리고자 했던 때문이 아닌가 한다. 여행과 문학활동이란 원래 고발적, 참여적인 성격도 있지만, 위로와 카타르시스의 기능도 있다. 그가 은둔생활을 했지만 한편으로는 관료생활과 현실참여에 상당한 미련을 지니고 있었고, 그가 바라는 때가 다가오기는커녕 현실은 더욱 타락하고 각박해져 가고 있었다. 그러므로 모처럼 먼 길을 나서 옛 친구들을 순례하는 여행에서 그는 의도적으로 이 같은 시작 태도를 유지했던 것 같다.

그러나 이 같은 作詩 방향에도 불구하고, 사회의 현실을 완전히 감추지 못한 부분이 있다. 그것이 바로 驛村 지역의 묘사이다. 냉천역의 정경을 그는 다음과 같이 묘사한다.

> 온 골짜기에 구름과 물이 고요하고
> 人家도 없어 적막하니,
> 오직 사람 맞으며 웃는 거라곤

---

12) 權近, 『陽村集』 卷11, 「寧海府西門樓記」.
13) 『耘谷詩史』 卷1, <榮州路上(号龜山)>(『高麗名賢集』 卷5, p.296).

들에 복사꽃 산에 살구꽃뿐일세.14)

　영덕현 동쪽에 있는 酒登驛15)에서도 들은 적적하고 나물 캐는 아이나 보인다고 묘사한다.16) 이처럼 역촌이 적막해진 이유는 驛制의 피폐 때문이다. 역제가 기능을 상실했다는 것은 국가의 기능과 행정이 제대로 수행되지 못하는 것을 의미한다. 그 원인을 살펴보면 권세가의 토지침탈이 驛田과 驛吏·驛民에게까지 미쳤고,17) 수조권 분급제의 문란에 따라 왕실, 기관, 개인들이 사적으로 파견하는 使臣들이 증가했는데, 이들이 모두 역을 이용함에 따라 역의 부담이 크게 가중되었기 때문이다.18) 收租문제만이 아니라 전란이 증가하고, 국가운영이 문란해지면서 각종 정책과 명령이 임시적 혹은 부서별로 독자적으로 진행되는 경우가 많았다. 이로 인해서 각종 사신의 파견이 크게 증가했는데, 이 역시 역에 큰 부담이 되었다.

　결국 역촌의 쇠락이라는 현상의 배후에는 田制紊亂과 마찬가지로 권세가의 토지겸병과 국가기구 및 국가운영의 私占化, 국가 공공기능의 상실이라는 체제 위기가 내재해 있었다. 그것은 원천석이 충성을 바쳐야 할 대상인 왕조의 위기이기도 했다. 그렇기 때문에 특별한 설명을 달지는 않았고, 굳이 아름다운 모습만 노래하려고 하고 있음에노, 인가와 인적을 찾아볼 수가 없는 역촌의 정경을 묘사하지 않을 수 없었던 것이다.

3. 고려 후기 수령제의 변화와 수령론

1) 수령제의 강화와 지방행정

　앞 절에서 살펴본 것처럼 원천석은 당시 사회의 문제를 국가체제의 구조적인 위기로, 그리고 그것이 왕조의 멸망까지도 초래할 수 있는 위험한 수

14) 『耘谷詩史』卷1, <冷泉驛>(『高麗名賢集』卷5, p.295).
15) 『新增東國輿地勝覽』卷25.
16) 『耘谷詩史』卷1, <酒登驛路上>(『高麗名賢集』卷5, p.296).
17) 『高麗史』卷82, 志36, 兵2, 站驛, 공민왕 12년 5월.
18) 『高麗史』卷82, 志36, 兵2, 站驛, 공민왕 20년 12월, 신우 14년 6월.

준의 위기로 이해하고 있었다. 또한 이것이 지방사회에서는 토지탈점, 과중한 세금과 무원칙한 징수, 속현과 역촌의 피폐, 향리와 농민의 유리, 가혹행위의 증가, 향리의 불법행위의 증가 등의 현상으로 표출되고 있었다.

이처럼 당면한 사회문제를 해결하기 위해서 어떻게 해야 하는가? 원천석은 앞서 인용한 권세가들의 토지겸병을 비난한 시에서 나라의 명맥이 끊어져 가니 교화가 필요하다고 말한다. 그런데 그가 말하는 교화란 정신적, 교훈적인 방법을 말하는 것이 아니다. 같은 시에서 그는 현실과 동떨어진 교화정책을 비웃는다.

儀仗의 말이 울지 않아 말(言)의 길이 막히고
울타리의 파리가 뜻을 얻으니 해괴한 일이 많네.
憲司가 밝은 교화는 펴지 않고서
衣冠을 바꾸라고 날마다 독촉하네.
(이 무렵 의복제도를 바꾼다는 통첩이 자주 있었기 때문이다)[19]

의복제도를 변경하라는 명령은 명나라의 의복제도를 따르라는 것이었는데, 원천석은 "예법과 제도를 선진문화를 받아들이려면, 국내 정치도 바뀌어야 하는데, 백성들의 살림이 더욱 쓸쓸하고 농사나 양잠도 다 틀려 토지라곤 송곳 세울 땅도 없고, 세금도 충당하지 못하는 것이 현실이니, 오히려 君子道를 널리 펴서 백성들이 잘사는 길을 트는 것이 우선 해야 할 일"이라고 생각하였다.[20]

그렇다면 그가 생각하는 진정한 교화란 어떤 것일까? 그의 생각은 "憲司가 밝은 교화는 펴지 않고서"라고 조롱하는 말 속에 단서가 있다. 헌사란 법과 제도의 공정한 시행을 감독하는 기관이다. 그러므로 헌사가 펴는 교화란 법과 제도의 합리적이고 공정한 집행을 의미하는 것이라고 할 수 있다.

그런데 헌사는 중앙의 행정기구이다. 지방에서 법과 제도를 집행하고 헌

19) 『耘谷詩史』 卷3, <有感(時田民兼幷之徒蜂起, 八首)>(『高麗名賢集』 卷5, p.330).
20) 『耘谷詩史』 卷1, <冬至日寓懷>(『高麗名賢集』 卷5, p.330) ; 이인재, 「高麗末 元天錫의 生涯와 社會思想」, 『耘谷元天錫研究論叢』, 原州文化院, 2001, p.53).

사의 기능을 수행하는 기구는 관찰사였다. 그래서 관찰사를 외방의 헌사라고 불렀다.[21] 이것은 현실적이고 밝은 교화를 집행하는 실체는 관찰사를 정점으로 하는 지방행정기구임을 의미한다.

이 시기에 진행된 수령제 개혁정책 중에서 양적으로나 질적으로 가장 큰 비중을 차지한 것은 최하급 수령이던 감무, 현령제의 개혁이었다. 대체로 공민왕대부터 제시되기 시작하여 위화도회군 후에 본격적으로 시행된 이 개혁안은 크게 네 가지 내용을 담고 있었다. ① 속현에 수령을 파견하여 수령의 파견지역을 늘린다. ② 감무, 현령의 職秩을 상승시켜 참상직으로 승격하고, 군현운영의 전권을 장악하게 한다. ③ 감무의 직질을 높이면서 각사에 분할되어 있는 감무의 인사권을 政曹에서 장악한다. ④ 수령직을 통해 재지사족을 적극 등용한다.[22]

그러면 이 같은 개혁안에 대해 원천석은 어떻게 생각하고 있었을까? 1387년(우왕 13) 일족인 승봉 원군이 이천 감무로 부임하기 위해 원천석을 찾아왔을 때, 원천석은 감무직에 대해 다음과 같이 말한다.

監務란 직책은 우리나라에서 관청을 설치해서 직분을 나눈 것인데, 옛날부터 各司에 속해 있었다. 본래는 백성과 이전들이 받는 것을 파악하는 게 일이었다. 그러나 그 城을 도맡아 백성을 기르고 아전을 통솔하는 법에 있어서는 州나 牧의 大官들과 한가지였는데, 다만 지위가 낮고 책임은 막중해서 이따금 폐단이 있었다. 그러므로 지금 更化하는 초기에 憲司가 나라에 아뢰어 감무와 현령의 지위를 叅官의 階位에 올려, 현량하고 공정하여 수령이 될 만한 자를 가려 뽑아서 (감무로) 보내는 것이다.[23]

감무에 대한 원천석의 이 해설은 감무직에 대한 몇 가지 중요한 사실을 말해주고 있다. 첫째 감무가 옛날에는 各司에 속해 있었다는 것이다. 이 언급은 감무제를 다룬 어떠한 기록에도 나오지 않는 기사로서 감무제만이 아

---

21) 『世祖實錄』 卷3, 世祖 2年 3月 丁酉, "況今之觀察使 卽所爲外憲 而黜陟守令者也".
22) 임용한, 『朝鮮前期 守令制와 地方統治』, 혜안, 2002, pp.59-87.
23) 『耘谷詩史』 卷4, <送元承奉赴伊川監務詩(幷序)>(『高麗名賢集』 卷5, p.342).

니라 고려시대의 국가체제를 이해하는 데에 대단히 중요한 기록이다.

고려시대의 수조권 분급제는 수조지를 각사와 관료에게 분급하는 데에 그치지 않는다. 수조지의 토지와 농민을 유지, 관리하고, 수조액을 감면하거나 지역 내의 분쟁을 조절하는 권리까지 부여하는 것으로 사실상 수령권 나아가 국가의 통치행위의 일부를 분담하는 제도이다. 이것이 수조권 분급제에 기초한 고려 국가체제의 가장 큰 특징이라고 할 수 있다.

그런데 고려 중기 이후 수조권 분급제도가 복잡해지기 시작하고, 권세가들의 토지탈점이 시작되면서 군현에서 수조지의 관리와 운영, 수취구조가 복잡해지기 시작했다. 하나의 군현에 여러 개의 수조지가 존재하고, 이 수조지들이 서로 탈점되거나 정부의 조세정책에서 빠져나가면서 수취 행정에 큰 혼란이 발생한 것이다. 이 같은 혼란은 수령이 없는 속현에서 더욱 심하였다. 이렇게 되자 정부에서는 군현에 사람을 직접 파견하여 수조지를 관리하고, 수취를 집행할 필요가 생겼다. 그렇게 해서 발생한 제도가 감무이다.[24] 위의 기록에서 감무의 임무가 "본래 백성과 아전의 받는 것을 파악하는 것이 일이었다"는 진술은 이를 의미한다.

그런데 이 같은 감무의 파견은 해당 지역에 수조지를 두고 있는 관서나 관료에게는 이해관계가 절실한 문제였다. 당연히 그들은 자신의 수조지에 자신과 관련이 있는 인물이 파견되기를 원했다. 그래야 다른 수조 업무에 앞서 자신들의 수조를 우선하거나 임시징발이나 과렴에서 자기 수조지를 보호할 수 있었다. 이를 위하여 각사에서는 자신들이 보유한 수령의 천거권을 이용하였다. 감무는 각사에서 자율적으로 파견하는 것은 아니었지만 각사는 수령의 천거권을 이용해 사실상 원하는 바를 얻을 수 있었다.

그런데 이와 같은 감무는 임시적인 수취 임무를 띠고 파견되었기 때문에 군현의 경영에 직접 개입하여 권세가와 불법적인 수취를 제압하고, 군현을 합리적으로 경영하는 일에는 손을 쓸 수가 없었다. 오히려 자신을 파견한 각사나 권세가의 이해에 맞추어 강제적이고 무리한 수취를 집행함으로써 지역사회의 폐단을 증가시켰고, 권세가나 여타의 전주들은 감무에 대항하여 자신들의 使人이나 하인을 별도로 파견하거나 이들에게 가짜 관직을 주

---

24) 임용한, 앞의 글, p.72.

어 수취를 집행하는 폐단까지 발생하였다.[25]

결과적으로 고려 후기에 감무는 사회모순을 해결하기는커녕 오히려 증가시키고 있었고, 지역사회에서의 수취체제의 혼란과 역제의 쇠락을 부추기는 요인이 되었다. 이에 개혁파 사류는 고려식의 감무제를 비판하고, 감무의 직질을 상승시키고, 각사의 수령 천거권을 폐지하는 한편 감무가 임시적인 수취 집행인이 아닌 정식의 수령이 되어야 한다고 주장했던 것이다.

원천석이 감무제를 설명하는 방식을 보면 이와 같은 개혁파 사류의 수령제 개혁안과 동일한 생각을 지니고 있었다고 보여진다. 감무가 각사에 속했다는 것은 제도적인 것이 아니라 각사에서 제도를 악용한 결과였다. 그럼에도 그가 감무를 이렇게 정의한다는 것은 감무의 문제를 구조적이고 깊이 알고 있고, 이런 구조에 비판적 문제의식이 뚜렷했다는 증거이다. 감무가 수취를 위해 파견하는 임시관원이지만 "城을 도맡아 백성을 기르고 아전을 통솔하는 법에 있어서는 州나 牧의 大官들과 한가지였다"고 말하는 데서는 고려시대의 감무가 아닌 정식의 수령이 되어야 한다는 의견의 표현이다.

한편 감무직이 참상직으로 승격하면서 새로운 관료자원이 필요해졌다. 과거 감무, 현령으로 충당하던 서리출신들은 7품 거관에 불과하기 때문에 참상직으로는 진출하기가 어려웠다. 따라서 이 기회를 이용하여 지방의 사족들을 감무로 선발하고 새로운 정치세력으로 삼고자 하는 시도가 발생하였다.[26] 이 같은 움직임은 이미 공민왕 때부터 간간이 있어왔는데, 원천석은 이러한 시도 역시 긍정적으로 받아들인다.

지금 그대가 감무에 선발된 것은 반드시 까닭이 있으니, 세상에 아첨하여 얻은 것은 아니다. 관찰사가 임금께 천거하고 임금께서 채용하셨으니, 소중하게 여기신 것이 분명하다. 그렇다면 그대의 도덕이 집안에 행해져서 밖에까지 퍼지는 것을 여러 사람들이 바라는 바이다. 또 한 고을을 먼저 해서 온 천하에까지 이르게 하는 것이 우리 임금과 관찰사의 마음이 아니겠는가. 그렇다면 뒷날 어떻게 성취될 것인지 헤아릴 수가 있다.[27]

25) 앞의 글, pp.81-84.
26) 임용한, 『朝鮮前期 守令制와 地方統治』, 혜안, 2002, pp.142-145.

354

원천석이 이와 같은 개혁안에 동조하고, 기대하는 것은 당시 자기 집안에서 세 사람이나 수령으로 선발되었다는 사실에 고무된 점도 있을 것이다.[28] 그러나 원천석은 이렇게 말하면서도 신임 수령들이 치적을 이룬다고 해서 과연 순조롭게 중앙 관료로 진출할 수 있을 지에 대해서는 아직 회의적이었다.

> 토산은 경기에 가까운 산 고을이라
> 監務의 푸른 적삼을 자줏빛 옷으로 갈아입었네.
> 어진 임금 위해서 병폐를 제거할 뿐이지
> 가고 멈춤(行止)이 뜻대로 안 된다고 탄식하지는 마시게.[29]

그는 당시 중앙 정계를 장악하고 있는 전통의 권문세가에 대해서는 거의 기대를 하지 않고 있었던 것 같다. 원천석의 글에서 비판적인 글들이 이 무렵에 집중되는 사실도 흥미롭다. 45세 때에 행한 영해 여행 때처럼 중년기에는 일부러라도 사회현실을 언급하는 것을 피하던 그가 59세라는 노년에 田制와 토지겸병, 의관 변경 등의 시책에 대해 비판적인 의견을 연이어 제시한다. 더욱이 이 시기는 그의 가문으로 보면 세 사람이 수령으로 선발될 정도로 정부 시책의 혜택을 입고 있는 때였다.

그의 이러한 태도는 왕조 멸망에 대한 위기감이 고조되었다거나, 고려 정계가 어느 정도 변화의 움직임을 보이는 데에 고무된 결과라고도 할 수 있겠다. 그러나 가장 본질적인 이유는 이 같은 정책이 미봉책이고 회유적인 정책임을 꿰뚫어 보았기 때문이 아닌가 한다. 고려의 전통적인 권문세가는 물론이고, 개혁파 사류로 분류되는 인물들도 소수의 급진파를 제외하고는 신진세력의 정계 유입과 정계 개편에는 매우 소극적이었다. 이것은 조선 건국 후의 역사를 통해서도 증명이 된 사실이다. 따라서 원천석은 이러한 현

---

27) 『耘谷詩史』卷4, <送元承奉赴伊川監務詩(幷序)>(『高麗名賢集』卷5, p.342).
28) 원천석의 일가로서 수령을 지낸 사람은 동생 元天祐와 이름을 알 수 없는 원승봉이다.
29) 『耘谷詩史』卷4, <送辛承奉(成安)赴兎山(時監務之任 用僉以上故云)>(『高麗名賢集』卷5, p.338).

실에 더욱 분노하였거나 아니면 왕조의 위기가 심화되는 상황에서 이러한 정책이 기만정책으로 끝나서는 안 된다는 심정에서 비판의 목소리를 높이게 되었던 것 같다.

조선시대에도 수령제에 대한 재지사족의 입장은 크게 상반된다. 국가 행정력을 강화하여 권세가와 토호의 횡포를 억제하고, 합리적인 군현경영을 이루어야 한다는 생각이 있는 반면, 수령권의 강화는 오히려 재지세력의 자율적이고 합리적인 향촌운영을 방해한다고 보는 견해도 있다. 이 문제에 대한 원천석의 견해는 분명하지 않다. 그러나 수령권과 상극에 위치한 향리문제에 대한 태도를 보면 그는 전자의 입장에 속하는 것 같다.

원천석은 향리가 폐단이 있는 집단임을 인정한다. 그가 역대의 원주 목사들의 치적을 칭송하기 위해 쓴 시를 보면 "아전의 횡포를 분별하였다"[30]고 하거나 "2년 동안 백성들이 아전을 보지 못했다."[31]는 등의 내용이 들어 있다. 이는 관과 백성 사이의 중간행정기구로서 향리들의 폐단을 지적하는 것이라고 볼 수 있다.

또 그는 1367년 원주목사가 관도에 일제히 가로수를 심은 일을 칭송하면서 아전과 백성들에게 부디 잘 길러서 10년 뒤에 녹음이 우거지게 하라는 당부를 남겼다.[32] 여기에는 은근히 향리들의 무사안일한 태도나 중간 관리자로서 이득을 챙기는 데만 몰두할 뿐 전통적인 고을의 운영자로서 책임의식이나 적극적인 자세가 부족해져 가는 것을 책망하는 태도도 엿보인다.

그러나 그는 아전을 부패와 모리의 주체로 비난한 적은 없다. 오히려 아전의 불법행위도 도리에 맞지 않는 세금이나 過斂, 수령의 탐욕, 불법적이거나 불투명한 행위의 결과라고 본다.

도리에 맞지 않으면 털끝 만한 물건도 백성들에게서 취하지 않고, 혹시 나라 일을 위해서 부득이 세금을 매기거나 부역을 시킬 일이 있으면 미리

30) 『耘谷詩史』 卷1, <謝榮親宴詩幷引上金牧伯>(『高麗名賢集』 卷5, p.283).
31) 『耘谷詩史』 卷2, <上河刺史詩(幷序, 允源)>(『高麗名賢集』 卷5, p.300).
32) 『耘谷詩史』 卷1, <丁未六月. 牧伯出令. 自南亭至北樓官道左右. 使種稚松. 蒼蒼然自成列. 且待成陰. 十年之後. 所庇幾何. 歌頌遺愛者亦幾人乎. 作詩以識之>(『高麗名賢集』 卷5, p.291), "爲報吏民須好養 成陰異日記吾賢".

시일을 정했으며, 고을 안에 榜을 붙이고 고을 밖에 글을 보내 모두들 듣고 알게 하였다. 백성들이 다 기꺼이 따랐기에 이뤄지지 않는 일이 없고, 없어지지 않는 폐단이 없었다. 2년 동안 백성들이 아전을 보지 못했다. (중략)

사신을 맞이하거나 보내는 비용도 백성들에게서 거둬들이지 않고 모두 공금으로써 충당하여, 남자에겐 곡식이 남아돌고 여자에겐 비단이 남아돌아, 떨거나 굶주리는 걱정이 없어졌다. 가혹한 법을 없애는 동시에 화목한 풍속을 일으켜서, 백성이나 아전이 어쩌다 죄를 짓더라도 너그럽게 용서하고 사랑하였다. (중략)

법 아닌 것을 살펴 금함으로써 사악하고 아첨하는 자들이 충직하게 변화하고, 완고하고 흉악한 자들을 징계함으로써 간사하고 교활한 자들이 순량한 자로 변하였다.[33]

향리문제에 대한 그의 태도는 지역민의 입장을 변호하고 동정하는 데서 나왔다고 볼 수도 있다. 그의 조부도 향리였고, 그의 집안 자체가 원주에서 제일 유력한 土姓 집안이었다. 그러나 향리문제를 어떻게 인식하느냐는 것은 향리에 대한 인정과 정서의 문제가 아니라 사회문제에 대한 구조적 인식 능력의 문제이다. 고려 후기에 향리문제가 증가하는 것은 향리가 특별히 타락해서가 아니라 국가운영의 모순이 증가함에 따른 것이다. 양구의 경우처럼 그 모순이 증폭될 경우 향리들도 피해자로 전락한다. 그러므로 원천석은 향리의 폐단을 방지하기 위해서는 수령 혹은 국가가 법을 공정하게 운영하고, 비용을 절검하고, 욕심을 자제해야 한다고 말한다.

그런데 원천석은 향리를 제압하는 또 하나의 주요한 방법으로 수령의 위엄을 제시한다.

"강직하여 스스로 이룬 분이 南陽의 朱季일세"라고 한 것은 아전들이 그의 위엄을 두려워하고 백성들이 그의 은혜를 사모하여 부른 노래이니, 朱暉가[34] 臨淮를 다스릴 때의 일이다.[35]

---

33) 『耘谷詩史』 卷2, <上河刺史詩(并序, 允源)>(『高麗名賢集』 卷5, p.300).
34) 朱暉 : 후한의 관리. 그의 전기가 『後漢書』 卷73에 실려 있다.
35) 『耘谷詩史』 卷2, <上河刺史詩(并序, 允源)>(『高麗名賢集』 卷5, p.300).

이것은 지나치게 안이한 혹은 향리문제에 대해 지나치게 일방적이거나 쉽게 대응하고 있다는 인상을 준다. 그러나 이 기사를 이해하기 위해서는 위엄이라는 말의 의미를 정확히 이해할 필요가 있다. 위엄이라는 말은 오늘날에는 권위, 엄숙함 등 외형적인 의미가 강하다. 그러나 이 시기에 관리가 위엄을 보인다는 말은 권위적이고 강압적으로 다스린다는 의미가 아니다. 관리가 주변의 압력이나 위세에 굴복하지 않고 법과 원칙에 따라 다스린다는 의미가 있다. 그래서 위의 朱暉의 일화에서도 그가 강직하니 아전들이 그의 위엄에 굴복하였다고 한 것이다.

수령이 향리를 제압하기 위해 위엄을 보여야 하는 이유는 향리의 배후에 권세가가 있는 경우가 많기 때문이다. 이와 같은 사례는『고려사』에서 허다하게 찾아 볼 수 있으며, 사실상 조선 후기까지도 변하지 않고 지속되었다.[36] 그러므로 원천석이 향리들을 위엄으로 다스려야 한다고 한 것은 향리들을 강하게 다스려 제압하라는 의미만이 아니라 그 배후에 있는 권세가에 저항해야 한다는 의미가 있다. 그는 강원도 관찰사로 재직 중이던 정탁을 칭송하는 시에서 다음과 같이 말한다.

은혜와 위엄을 두 도에 베푸니
덕스런 정치가 여러 이웃에 으뜸일세.
바다를 횡행하던 악어(鰐)도 자취 감추고
산림에 숨어 살던 선비도 일으켰건만[37]

여기서 말한 악어(鰐)가 향리나 토호를 지칭할 수도 있다. 그런데 원천석의 시에 등장하는 鰐의 용례를 살펴보면 좋은 의미도 있고 나쁜 의미도 있지만, 어느 경우든 대단히 권세 있는 자리를 의미한다. 특히 스스로 관직에 미련을 버렸음을 노래한 시에서도 "늘 바다에 들어가 악어 쫓을 생각을 하고, 언제나 산에서 놀기 위해 나귀를 탄다"고 하여 마음만은 이상적 세계를

36) 노혜경,「安鼎福과 黃胤錫의 對民政策比較」,『韓國思想史學』123, 2004.
37)『耘谷詩史』卷5, <次半刺楊先生所示按節鄭公題洪川客舘詩韻>(『高麗名賢集』卷 5, p.360).

추구하고 있음을 밝히고 있는데, 여기서 말한 악어가 향리나 토호 정도일 리는 없다.

결론적으로 말하면 당시 사회문제가 되어 있는 향리문제에 있어서도 원천석은 문제의 원인은 향리가 아니라 국가의 불합리한 제도와 운영, 권세가의 토지탈점과 불법적인 횡포가 문제의 근원이라고 파악하고 있음을 알 수 있다.

2) 수령의 역할

원천석의 수령론을 보여주는 자료로는 중국의 고사에서 수령의 치적을 인용한 글, 수령으로 임명된 일가에게 준 글,[38] 안렴사와 원주목사의 행적을 찬양한 글들이 있다. 하지만 이 글 중에서 그가 가장 크게 칭찬했고, 깊이 있는 수령론을 제시한 경우는 원주목사를 역임한 하윤원에게 올린 글이다.[39] 그의 업적을 칭송한 시의 서문에서 원천석은 이상적인 수령의 사례를 중국의 고사에서 뽑아 정리하고, 이를 하윤원의 업적과 대비시켰다.[40] 이 글에서 그는 수령의 정치를 寬政, 善政, 感政, 報政, 廉政으로 나눈다.

寬政이란 德治를 말한다. 善政은 사람을 이롭게 하고 법과 명령이 합당하고, 교화하는 정치를 말한다. 원천석은 중국의 고사에서 善政은 잘 다스리고, 사람을 이롭게 하는데 뛰어났다는 내용을 열거했다. 하윤원의 치적을 설명할 때도 환과고독을 구제하고, 아전을 위엄으로 제압하고, 계획하는 일이 사리에 맞고 민첩했다는 등의 내용을 들었다. 그가 善政으로 분류한 사

38) 원천석의 동생인 원천우와 조카인 원식이 흡곡현령이 되었을 때 준 3편의 시가 있고(『耘谷詩史』卷5, <送舍弟子誠赴歙谷令>(『高麗名賢集』卷5, p.354) ; <寄姪歙谷令>(『高麗名賢集』卷5, p.362) ; 『耘谷詩史』卷1, <次姪湜所寄詩韻>(『高麗名賢集』卷5, p.284), 동생인 자성과 원승봉, 신승봉이 감무로 임명되었을 때 준 3편의 글이 있다(『耘谷詩史』卷2, <送子誠弟赴金城令>(『高麗名賢集』卷5, p.312) ; 『耘谷詩史』卷4, <送辛承奉赴兎山>(『高麗名賢集』卷5, p.338) ; <送元承奉赴伊川監務詩>(『高麗名賢集』卷5, p.342) ; 이인재,「高麗末 元天錫의 生涯와 社會思想」, pp.59-60).
39) 『耘谷詩史』卷2, <上河刺史詩(幷序, 允源)>(『高麗名賢集』卷5, p.300).
40) 『耘谷詩史』卷2, <上河刺史詩(幷序, 允源)>(『高麗名賢集』卷5, p.300).

례는 약간은 추상적이고, 寬政의 내용과 중복되는 감이 없지 않다. 후술하겠지만 원천석이 寬政에 중점을 두다 보니 善政 부분이 오히려 추상적이고 약소해졌다.

感政은 하늘이 수령의 정치에 감동하여 특별한 징조를 보여주는 정치, 廉政은 청렴하고 재물을 절약하는 정치이다. 이 부분도 寬政과 약간 중복된다. 報政은 통치와 교화의 결과가 드러나 아전과 사람들이 순량해지고, 풍속이 변화하는 수준을 말한다. 한마디로 寬政이 오래 지속된 결과가 報政이라고 하겠다.

원천석이 열거한 사례를 통해 분석해 보면 이 정치 중에서 중심이 되는 것은 寬政 즉 德治이다. 일반적으로 德治라고 하면 소극적인 자세를 의미하기가 쉽다. 그런데 원천석이 생각하는 德治는 소극적인 정치를 의미하는 것이 아니다. 원천석은 하윤원의 사례를 통해 사리에 맞지 않는 것을 혁신하고, 도리에 맞지 않는 재물을 취하지 않고, 나라에서 강요하여 어쩔 수 없이 세금이나 역을 징발할 때는 백성들에게 알려 자발적인 협조를 유도한 사례를 들고 이런 것이 寬政이라고 하였다. 또한 비용을 절감하고, 사신을 접대하고, 공무를 집행하는 데는 오직 공금만을 사용하며 백성에게 징발하지 않았다. 그 결과 가혹한 형을 쓸 필요도 없어졌고, 아전과 백성에게 관용하고, 타이르며 군현을 운영할 수 있었다고 한다.

이 같은 寬政(德治)을 시행하기 위해서는 먼저 불합리한 법과 제도를 무시하고 개혁하는 것이 필요하다. 당시 고려사회는 전란으로 인한 加斂, 임시징세, 부역이 많았다. 수령이 덕치를 하기 위해서는 이런 명령에 저항해야 하며, 권세가들의 부당한 명령이나 청탁도 끊어야 하는 용기가 필요한 것이었다. 그리고 이런 정치가 자리 잡으면 그 결과로 재용도 풍족해지고, 향리에게 혹형을 가하거나, 사람들을 핍박할 이유도 없어지니 지방민들도 정부 정책에 적극 협조하게 되고, 인간들의 사이도 너그럽고 화목해진다는 것이다.

이처럼 비현실적인 교화를 비판하고, 實行이 있은 후에야 화목한 德化의 상태를 이룰 수 있다고 보는 것은 "恒産이 있어야 恒心이 있다"는 정도전의 논리와 상통한다는 점에서 주목된다.

더욱 주목되는 부분은 원천석의 설명대로라면 寬政 즉 德治란 곧 지방민의 입장이 기준이 되는 통치가 된다는 것이다. 조선 초기에 수령고과 방식에 있어서, 『경제육전』원전 단계에서는 德行等第를 사용했다. 그러다가 태종 6년에 수령7사를 기초로 한 실무 위주의 고과 방식으로 바뀌고,[41] 이것이 『경제육전』속집상절에 수록되었다.[42] 이러한 변화는 추상적인 평가방식에서 실무 위주의 평가방식으로의 전환이라는 평가가 지배적이다. 실록에도 "실효가 없고 수령이 헛된 명예를 구하여 사신과 과객에게 잘 보이려고만 하고, 품관 · 향리에게 잘해주려고만 한다"는 이유를 들었다.[43]

그러나 덕행등제는 결코 실무를 무시하는 등제방식이 아니었다.[44] "품관 · 향리에게 잘해 주려고만 한다"는 비판에서도 드러나듯이 덕행등제의 본질은 지방의 현실을 감안하는 평가방식이라는 데에 있다. 여기에 대해 태종대의 개혁안은 지방의 현실보다는 중앙정부의 명령과 이 명령에 대한 시행결과를 평가의 중점 대상으로 삼겠다는 것이었다. 한마디로 덕행등제가 지방의 사정과 과정과 방법을 고려하는 평가방식이라면 새로운 수령 7사는 업무 결과를 평가의 중점대상으로 삼겠다는 것이었다.[45]

이 같은 결과위주의 평가방식을 사용하면 중앙정부의 명령과 지방민의 이해가 심하게 충돌할 소지가 있고, 양심적인 수령들을 괴롭히는 요인이 되었다. 실제로 조선 후기까지도 이런 문제로 정부와 수령 간에 끊임없는 갈등이 연출되었다. 조선 후기에 세운 선정비의 건립사유를 보면 바로 이 같은 갈등구조에서 수령이 지방민의 입장을 대변하다가 파면 당하거나, 정부의 부당한 부세징수 명령에 저항하다가 拿捕되는 모욕을 겪거나, 사면했을 때에 지방민이 감사의 표시로 선정비를 세우는 경우가 종종 있었다.[46]

원천석이 하윤원의 치적을 열거하면서 사리에 맞지 않는 것을 개혁하고, 불필요한 징렴을 줄이는 행위를 善治가 아닌 德治로 분류한 것은 이것이

41) 『太宗實錄』卷12, 태종 6년 12월 乙巳.
42) 『世宗實錄』卷72, 세종 18년 5월 丁丑.
43) 위의 주.
44) 임용한, 『朝鮮前期 守令制와 地方統治』, pp.159-162.
45) 위의 책, pp.162-163.
46) 임용한, 「조선 후기 수령 선정비의 분석」, 『한국사학보』 26, 2007. 2, pp.184-187.

德化를 이루는 방법이라는 의미도 있지만 더욱 본질적인 의미는 德治는 곧 지방민의 사정과 지방민의 입장을 고려하는 통치방법이라고 보았기 때문이다. 이것이 德治의 진정한 의미이며, 역시 정도전·조준 계열의 德行等第와 이념적인 일치를 보이는 부분이다.

4. 결론

원천석은 여말선초의 격동기를 살아가면서 지방사회의 현실을 현장에서 목도하였다. 또한 그는 정도전, 정탁 등 개혁파 사류와 교제하였으며, 원주에서 지도적 위치에 있는 토착 가문의 명망가로서 지역 인사들과도 폭넓게 교유하였다. 이 같은 사회적 위치는 그로 하여금 중앙 정계 및 국가의 문제와 지방민의 현실 양쪽을 골고루 볼 수 있는 입장을 제공하였다.

그의 입장에서 당면한 사회문제는 역시 토지겸병이었다. 이것은 지방사회를 피폐하게 할 뿐 아니라 부족한 세수를 마련하기 위해 가혹행위와 처벌을 사용함으로써 신분간의 갈등을 악화시키고 있었다. 또한 과중한 부세가 상대적으로 약하고 척박한 속현에 전가됨으로써 지역 구조에서도 가난한 군현이 더 큰 피해를 입었고, 이것이 지역간 갈등을 조장하고 있었다. 그가 계수관인 원주목에 거주하였지만 특별히 속현의 피폐함을 보고 탄식하는 시를 읊었던 것은 이런 이유 때문이다.

원천석은 지방민으로서 지방의 현실을 개탄하기만 한 것은 아니다. 그는 국가의 체제 위기라는 부분에 대해서도 예민한 감각을 지니고 있었다. 45세 때 경상, 강원 지역을 유람하면서 그는 의도적으로 사회현실에 침묵하였지만, 驛村의 피폐상에 대해서는 감정을 숨기지 못하였다. 이것은 그가 당면한 사회현상을 토지제나 부세제에 국한된 부분적인 문제로 인식하지 않고, 국가의 체제와 기능이라는 부분에 대해 구조적인 문제의식을 지니고 있었기 때문이다.

실제로 그는 토지겸병과 수조권 분급제의 문란, 이로 인한 국가 기능의 쇠퇴와 파행적 운영이 끝내는 왕조의 멸망까지 초래할 것이라는 위기의식

을 느끼고 있었다. 그가 노년에 들어서, 특히 위화도회군이 일어나기 직전
에 전제 문제에 대한 강력한 비판의 목소리를 내는 것은 이 같은 인식의 결
과였다. 이는 개혁파 사류의 문제의식과 동일한 인식이라고 하겠다.

당면한 사회현실을 해결하는 방법으로서 그는 수령제 강화와 수령의 역
할을 통해 지방사회의 모순, 국가의 현안을 해결하는 방식을 모색하였다.

수령제에 있어서 원천석은 감무를 참상관으로 격상시켜 속현 지역에 파
견하고, 이들이 고려시대와 같은 임시적인 징세업무자가 아니라 정식의 수
령이 되어야 한다는 생각을 지니고 있었다. 또한 감무직을 참상으로 승격시
키면서 상당히 많은 참상직이 증설되었는데, 이 자리에 재지사족들이 충원
되고, 이들이 수령으로서의 실적을 바탕으로 중앙관료로 진출할 수 있어야
한다고 생각했다. 이 역시 정도전, 조준 계의 정책과 일치하는 것이다.

수령의 통치방식과 역할에 대해 그는 원주목사를 지낸 하윤원의 사례를
대표적인 사례로 보았다. 그의 업적을 칭송하는 글에서 그는 수령의 통치형
태를 寬政, 善政, 感政, 報政, 廉政의 5개로 나누었는데, 여기서 제일 중점
을 둔 것은 寬政 즉 德治였다. 그런데 원천석이 생각하는 德治는 단순한 관
용의 정치가 아니라 불법적이고 모순된 제도를 개혁하는 적극적인 통치행
위였다. 또한 德治에서 제일 중요한 부분은 그것이 중앙의 일방적인 입장이
아닌 지방민과 지방의 현실에 기초한 통치여야 한다는 것이다. 그것이 그가
수령에게서 제일 크게 기대한 측면이었고, 감무의 참상직 승격과 같이 수령
제의 확대와 강화정책을 지지한 본질적인 이유였다.

이 같은 德治의 개념 역시 정도전, 조준 계열의 德行等第 정책과 일치한
다. 일반적으로 원천석의 사상은 정도전, 조준 계열의 급진개혁파와 일치하
기도 하고, 이색 계열이 주도하는 온건개혁파와 일치하는 부분이 있다고도
알려져 있다. 그러나 원천석이 조선 건국을 비판했고, 원천석과 태종과의
관계 때문에 일반적으로는 원천석을 후자에 가까운 인물로 보는 경향이 짙
다.

그런데 수령제에 대한 생각은 개혁파 사류 중에서도 정도전, 조준 계열의
방안과 놀랍도록 일치하고 있다. 이는 급진개혁파가 사회현실의 분석에 보
다 철저해서 재지사족들로서는 그들의 분석과 대책에 공감할 소지가 많았

고, 그들이 재지사족의 폭넓은 등용을 전제로 한 개혁과 국가개조를 추구했던 것이 원천석의 사회적, 정치적 입장과도 일치했기 때문일 것이다.

수령제란 곧 국가행정, 국가기능을 집행하는 기구로서 국가의 기능을 어떻게 설정하며, 누가 그 주체가 되어야 하느냐는 문제이다. 이 부분에서 원천석이 급진개혁파의 생각과 일치하는 면이 많다는 것은 앞으로 원천석을 이해하는 데에서 중요하게 고려해야 할 점이라 하겠다.

高麗末 元天錫의 國家觀
-同年 鄭道傳과의 비교를 중심으로-

尹 薫 杓*

1. 머리말

元天錫(1330~?)은 고려 말 과거시험에 합격하고도 官界에 진출하지 않고 일생을 원주 등에서 은거하며 지냈다. 그의 시집인 『耘谷詩史』에는 왕조 교체기의 역사적 사실과 그에 관련된 소감 등이 담긴 1,000여 수의 시가 실려 있다. 이를 통해 당대의 여러 가지 사회 사정을 살펴볼 수 있다.[1]

정치적 격변기를 맞이하여 스스로 경험했거나 견문했던 일들의 의미 등을 헤아려 서술했던 시문들 속에는 비단 한 사람의 내면세계뿐만 아니라 동시기 지식인의 어떤 공통된 인식 등도 포함되어 있었다. 그런데 결정적으로 사회적 실천에 직면하게 되면 적지 않은 노선의 차이를 보이면서 각기 다른 방향으로 나아가려는 경향이 존재하기도 한다.

공감하는 것과 분화되는 것의 출발을 일상 속에서 찾아낼 수 있겠으나 비교적 간단하게 타협하는 속성 때문에 사실상 큰 의미를 두기 어렵다. 한편 쉽게 화해할 수 없다는 것은 그만큼 각자가 크게 가치를 부여했던, 그리고 차이의 뿌리가 깊기 때문에 도저히 해결될 수 없는 것이 있음을 의미했다. 전과 달리 통치체제의 근간마저 흔들리던 고려 말에 이르러서는 이는

* 연세대학교 국학연구원 연구교수

1) 李仁在, 「高麗末 元天錫 生涯와 社會思想」, 『韓國思想史學』 12, 韓國思想史學會, 1999.

결국 '국가'에 대한 이해 문제로 귀결될 수밖에 없었다. 즉, 심각한 위기 상황에 봉착했다는 것에 대해서는 공감하나 그 요인과 국면에 대한 진단을 각기 다르게 내리면서 궁극적인 수습 방안에 있어 근본적 차이를 보이게 되었다.

원천석은 마지막까지 절의를 지킨 인물로 널리 알려져 있다. 그 대상은 고려국가였다.[2] 절의가 개인의 학문 자세나 품성에서만 기인하지 않았을 것이다. 그 자신이 지녔던 국가관도 크게 작용했을 것이다. 즉 자신이 지향하고자 했던 가치 체계가 그 나라를 통해 달성될 수 있다는 믿음을 간직했던 것에서 연유했을 것이다. 그 점에 있어서는 과거 합격의 동기로 간간이 교류했던 정도전과 뚜렷하게 상반되었다.

이렇듯 동시대에 살면서 비슷한 이념을 지녔던 인물이었음에도 한쪽에서는 지켜야 할 국가가 다른 쪽에서는 무너뜨려야 하는 것으로 인식하게 되었던 이유가 무엇인지를 밝혀 보려는 것이 본고의 기본 목표이다. 이는 단순히 정권을 장악하기 위한 시도에서 나왔다거나 제도 개편 작업의 방향을 둘러싼 갈등 등에 국한된 문제가 아니라 어떠한 국가를 세워 운영해야 할 것인가의 근원적 물음에 대한 차이에서 유발되었던 것으로 보기 때문이다.

섬겨왔기 때문에 계속해서 지켜야 한다는 당위적 차원에 머무르지 않고 어떻게 유지하는 것이 최선의 길인가에 대한 적극적 모색이 추구되는 과정에서 절의가 자연스럽게 등장하였으며, 그 연장선상에서 새로운 왕조에 대한 입장도 정리되었다고 추정된다. 즉 절의도 특정한 국가관의 현실적 실현이라는 과정에서 나타난 하나의 입장이었음을 원천석의 사례 분석을 통해 고찰해 보고자 한다. 그리고 이를 좀 더 명확히 하기 위해 정반대의 길을 걸었던 정도전과 비교해 보고자 한다.

이를 위해 우선 2절에서는 원천석이 당시의 국가적 위기 상황에 대해 어떻게 인식했는지를 내부 문제 및 외침에 관한 문제로 구분해서 살펴보고자

---

2) 이우성, 「고려(高麗)·이조(李朝)의 역성혁명(易姓革命)과 원천석(元天錫)」, 『耘谷元天錫研究論叢』, 原州文化院, 2001.

한다. 더불어 정도전과의 입장 차이 및 그렇게 된 요인에 대해 고찰하고자
한다. 그리고 다음 장에서는 위기 타개방안에 나타난 특징 등을 양자의 상
호 비교를 통해 검토해 보고자 한다. 이로써 원천석의 국가관을 보다 구체
적으로 이해해 보고자 한다.

2. 국가적 위기 상황에 대한 인식

1) 내부 문제에 대한 분석

고려 말의 잇단 내우외환에 따라 한층 어려워진 사회 사정에 대해 원천
석도 깊이 우려했다. 그 가운데 민생의 피폐상이 매우 심각했다. <十五日
發方山到楊口郡>이라는 시의 서문에서 다음과 같이 묘사했다.

아전이나 백성들의 집이 모두 기울어지거나 땅바닥에 쓰러졌으며, 텅 비
어 연기 나는 집이 없었다. 길가는 사람에게 물었더니, 이렇게 대답했다.
"이 고을은 狼川郡에서 아울러 다스리는 곳인데, 예부터 땅이 좁고 척박해
서 백성이나 산물이 쇠잔했습니다. 근래에 와서는 땅마저 권세가에게 빼앗
기고 인민들을 못살게 하는 데다 조세마저 굉장히 많아, 발붙일 곳이 없게
되었습니다. 그런데도 겨울철만 되면 조세를 독촉하는 무리들이 문이 메어
지도록 잇달아, 한번이라도 명을 어기면 손과 발을 높이 매달고, 심지어는
매까지 때려서 살과 뼈가 해어지게 하니, 살던 백성들이 견디지 못하고 사
방으로 흩어져서 마을이 이같이 되었습니다."3)

위 서문에 권세가에게 토지를 탈점당한 채 혹독한 조세 수취에 시달리고
있는 당시 민들의 피폐상이 구체적으로 언급되었다.4) 비록 狼川郡이 개경

3) 『耘谷詩史』 卷1, <十五日發方山到楊口郡>(『高麗名賢集』 5, 成均館大學校 大東
文化硏究院刊[이하 같음], p.278).
4) 이는 원천석 개인만의 우려는 아니었으며 대부분의 지식인이 그러한 사태에 대해
심각하게 인식하고 있었다고 한다(유주희, 「원천석(元天錫) 연구(硏究)」, 『耘谷元天
錫硏究論叢』, 原州文化院, 2001, p.86).

에서 멀리 떨어진 궁벽한 지역이었음에도, 더구나 토지가 척박하여 물산도 풍부하지 못하고 인물도 조잔한 지역이었음에도 불구하고, 가혹한 수탈이 예외 없이 행해지고 있었다.

서문에서는 피폐함이 근본적으로 토지문제, 수취문제 등에서 기인함을 지적하였다. 그런데 정작 시에서는 "남아 있는 사람들만 더욱 가엾으니 이러한 고생이 누구의 잘못이던가?"로 끝을 맺고 있다.[5] 즉 실질적인 잘못이 어떤 특정 계층이나 사람들에게 있다는 인상을 주고 있다. <有感>이란 시의 부제에서 구체적으로 지적했는데, '당시 田民兼幷之徒들이 蜂起했다는' 것이다.[6] 그리고 본 시에서 '자리를 말 듯이 온 산천을 독차지하고 주머니를 뒤지듯이 다 수색하네'라고 함으로써 상황이 얼마나 심각한지를 보여주었다.[7]

가장 큰 문제를 일으켰던 田民兼幷之徒가 과연 누구인지를 <贊趙相國胖>이란 시를 통해 구체적으로 언급했다. 그 부제에서, "이때 상국이 의롭게 강포한 무리들을 제압하다가 그들에게 욕을 당했는데, 곧 임금의 은혜를 입어 화를 면했다"라고 했다.[8] 이는 이른바 前密直副使 趙胖이 자신의 토지를 빼앗으려 했던 당대의 권신 염흥방의 가노 李光을 살해했다가 고초를 겪었던 사건을 가리킨다. 이때 개경으로 올라와 자신의 억울함을 하소연하려던 조반을 염흥방 등이 모반죄를 적용해서 처벌하려다가 도리어 왕의 분노를 사서 거꾸로 제거당했다.[9]

당시 제거된 염흥방, 임견미 일당을 원천석은 시에서 '强暴之徒', '凶姦'으로 표현하였다. 심지어 그들을 숙청한 일을 높이 평가하여 특별히 시를 지

---

5) 『耘谷詩史』 卷1, <十五日發方山到楊口郡>(『高麗名賢集』 5, p.279).

6) 『耘谷詩史』 卷3, <有感>(『高麗名賢集』 5, p.330).

7) 『耘谷詩史』 卷3, <奮占山川如卷席 窮搜奴婢似探囊>(『高麗名賢集』 5, p.330).

8) 『耘谷詩史』 卷3, <贊趙相國胖, 時相國以義制强暴之徒, 被其所辱, 尋蒙上恩免禍>(『高麗名賢集』 5, p.332).

9) 이 사건의 전말 및 그 의미에 관해서는 李亨雨, 『高麗 禑王代의 政治的 推移와 政治勢力 硏究』, 高麗大 博士學位論文, 1999, pp.206-211 참조.

어 축하했다. 그 제목은 <삼가 들으니 主上 전하께서 (토지를) 겸병하는 포학한 무리들을 정의롭게 다 소탕하여 사방이 평안해졌다고 하기에 시를 지어 하례함>이었다.[10) 이미 제목 상으로 廉林 일당을 강포지도로 명명했던 주된 이유 중의 하나가 겸병을 일삼았기 때문이라는 점을 분명히 했다. 그리고 다음과 같이 구체적으로 그들의 죄상에 대해 읊었다.

> 가련하구나! 간사한 권력배와 토호의 무리들 / 可憐比儻權豪輩
> 망령되게도 충량한 사직의 신하라고 자처하다니 / 妄謂忠良社稷臣
> 영화로운 이름 얻고도 목숨을 보전하기 어려우니 / 旣得榮名難保命
> 많은 이익 탐내다가 자기 몸을 잊었네 / 專征厚利頓忘身
> 논과 밭이 바로 집을 망치는 화근이니 / 土田眞是侯家祟
> 남의 땅을 빼앗자마자 사람을 빠뜨리네 / 纔得兼幷卽陷人[11)

매사에 극도로 신중하게 처신했던 것으로 널리 알려진 원천석이 정치적 시류에 영합하기 위해 위와 같은 시를 짓지는 않았을 것이다. 사건이 일어나기 전부터 田民兼幷之徒에 대해서는 혹독하게 비판했는데 조반의 사례를 통해 廉林 일당이 그 일에 깊이 간여되었다는 사실을 만천하에 아낌없이 드러내고자 했다.

특히 위 시에서 당시 사회문제의 근본 원인이 흉간들이 겉으로는 충량함을 내세우고 실제로는 권력을 농단하면서 각종 부정부패를 저질렀던 것에 있음을 분명히 했다. 즉 권력과 재력에 대한 끝없는 탐욕이 자신들의 명성을 망치고 나아가 다른 사람들마저 도탄에 빠지게 했다는 것이다. 특히 '영화로운 이름을 얻고도 목숨을 보전하기 어려웠다'는 구절에서 크게 출세하여 고위직에 올랐다가 부정을 저질러 모든 것을 망치는 행태에 대해 심각한 우려의 뜻을 표했다.

---

10) 『耘谷詩史』卷3, <伏聞主上殿下奮義掃盡, 兼幷暴虐之徒, 四方晏然, 詩以賀之> (『高麗名賢集』5, p.332).
11) 위와 같음.

 반면에 廉林 일당 제거의 계기가 되었던 조반의 행위에 대해서는 아낌없
는 칭찬을 보냈다. 이에 대해 "史臣의 삼천 붓이 다 닳아 없어지리니 나라
보전한 그 공이 태산보다도 무겁네"라고 표현했다.12) 비록 처음부터 순수한
의도에서 시작했던 일이 아니었더라도 결과적으로 막강한 권세가의 부정에
대해 정면으로 대결하여 사회에 커다란 경종을 울린 그의 행위야말로 진정
한 의미에서 保國에 해당된다는 점을 재삼 강조했다. 그리고 조반을 구해주
고 드디어 廉林 일당을 제거한 주상, 즉 우왕의 행위는 나라의 터전을 굳건
히 했던 일로 간주하였다. 이에 대해 "나라의 터전이 억만년 봄인 줄 비로
소 깨닫겠네"라고 읊었다.
 원천석의 입장에서 볼 때 국가가 진정한 위기 상황에 처했는가 아닌가는
국왕 및 관리들이 탐욕스런 권세가들에 맞서 이들을 처단할 수 있는지의 여
부에 달려 있다고 해도 과언이 아니었다. 즉 권력을 농단하며 부정부패를
일삼아 민폐를 초래하고 국력을 약화시키는 무리들을 능히 제압할 수 있느
냐가 일대 관건이 되었다.
 그 과정에서 대개 당시 토지 및 조세 수취와 관련하여 제도라든가 운영
상의 문제보다도 관리들의 탐욕에서 기인하는 불법 행위가 훨씬 더 심각하
다고 인식했다. 그로 말미암아 이들을 제압하는 것이 곧 해결 방도를 찾는
일로 간주했다.
 그러나 이런 일을 국왕 혼자서 감당하기 어렵고 반드시 어진 신하들의
보필을 받아야 할 것으로 여겼다. 특히 청렴결백하여 사표가 될 만한 사람
이라면 더 할 나위가 없었다. 그에 적합한 인물로 많은 공적을 세웠고 청빈
으로 이름났던 최영 등을 꼽았다. 그에 대해서는 따로 시를 지어 높이 추앙
했다.13) 아무튼 이들이 국왕을 보필하여 사회의 각종 모순을 척결해 줄 것

 12)『耘谷詩史』卷3, <贊趙相國胖>(『高麗名賢集』5, p.332).
 13) <海東二賢讚>이란 제목의 시인데『耘谷詩史』卷3,『高麗名賢集』5, p.326), 여기
   서 '前家宰六道都統使崔瑩'과 '判三司事'를 칭송하였다. '判三司事'를 李穡으로
   보는 견해도 있으나(李仁在・許敬震 共譯,『耘谷詩史』, 原州文化院, 2001, p.328)
   정확하게 누구를 가리키는지 확실치 않다.

370

을 간절히 바랐으며, 그것이 곧 保國임을 믿어 의심치 않았다.

원천석의 입장은 동년이었던 정도전의 그것과 여러 모로 대조를 이루었다. 정도전은 토지문제, 수취문제 등이 민생 피폐의 근본적 원인이라고 보았다. 그런 점에서는 양자가 비슷했다. 하지만 근원적 요인에 대한 이해에 차이가 있었다.

정도전은 고려에서는 민이 경작하는 경우에는 스스로 개간하고 점유하는 것을 허락하며 官에서 간섭하지 않았다고 했다. 그 결과 노동력이 많은 사람은 개간하는 땅이 넓고 세력이 강한 사람은 점유하는 토지가 많아지게 되었다. 반면에 힘이 약한 사람은 강한 사람의 토지를 빌어 경작하여 그 소출의 반을 나누었다. 이로 인해 부자는 더욱 부유해지고 가난한 사람은 더욱 가난하여 스스로 살아갈 길이 없어지게 되었다는 것이다. 그리고 제도의 문란이 더욱 심해지면서 세력가들이 서로 토지를 겸병하게 되었고, 여기에 수취제도의 문란이 겹쳐지면서 화란이 일어나 마침내 나라가 망했다고 주장했다.[14]

기본적으로 개간 등을 이유로 넓은 토지를 차지하는 것을 방치했던 법제상에 문제가 있음을 지적했다. 즉 토지문제가 권세가들의 불법 행위에 앞서 국가가 무제한 점유를 허용했기 때문에 발생했다는 것이다. 원천적으로 토지소유의 불균형이 일어나게 허용하고서 권세가라든가 부자 등의 발호를 차단하는 조치를 취하는 것이 과연 의미가 있는지를 미심쩍어 했다. 그러므로 근원적인 조치가 필요하다고 여겼다. 아예 토지를 몰수하여 국가에 귀속시키고 인구를 헤아려서 나누어주는 방안을 채택해야 한다고 주장했다.[15]

그런데 고려의 위정자들이 개간 등의 무제한 허용으로 토지소유의 격차가 커질 것을 예측하지 못했을 리는 없었을 것이다. 오히려 개간 등을 통해 경작지를 확대하는 것이 여러 가지 사회경제적인 문제들을 해결하는 수단으로 간주했던 것이 아닐까 한다.[16] 일단 경작지를 늘리는 것이 국가적으로

14) 『朝鮮經國典』 賦典, 經理.
15) 『朝鮮經國典』 賦典, 經理.

중요했다. 그로 인해 생길지도 모르는 특정층의 토지보유 집중에 관한 문제 등은 수조권 분급제라든가 균분 상속 등으로 해결할 수 있을 것으로 기대했다. 자연히 민이 개간해서 점유하는 것에 대해 간섭하지 않는 것을 경제정책 운용의 근간으로 삼았다고 생각된다.

결론적으로 원천석은 충량을 가장했던 흉간들이 권력을 농단하는 사이에 겸병지도들이 발호함으로써 사태가 악화되었다고 파악했다. 따라서 임금과 현명한 관료들이 힘을 합하여 강포지도 등을 제거하면 문제가 해결될 것으로 판단했다. 반면에 정도전은 국가의 법제 및 운영에 오히려 근본적으로 문제가 있다고 간주했다. 따라서 제도를 철저히 개혁하되 설사 그것이 국가의 정체성 문제와 결부되어 있더라도 고쳐야 할 것이 있으면 그렇게 해야 한다고 인식했다.

2) 외침에 대한 인식

이 시기 내우와 더불어 민생을 어렵게 만들었던 것으로 외환, 그 중 외적의 잦은 침입을 들 수 있다. 원천석은 내륙지방이었던 원주 등에 주로 거주했는지 당시 매우 극성스러웠던 왜구에 대해 별 다른 언급을 하지 않았다. 오히려 홍건적의 침입을 더 우려했다. 1차 침입 때부터 이에 관한 시를 남겼다. <卽事>라는 제목에 '紅亂始起'라고 부제를 붙였다.[17] 본 시에서는 '우리나라 터전이 반석처럼 견고하다면 하늘이 이 백성을 편히 잠자게 하련만'이라고 표현하였다. 이를 통해 우선 국력이 충실해야만 설사 홍건적 같은 외적의 침입이 있더라도 백성들이 편히 살아갈 수 있을 것으로 여겼다.

대개 국제정세의 변동 등에 대해서는 크게 관심을 쏟지 않은 채 외적을 물리치기 위한 국력의 성쇠가 무엇보다 중요함을 강조하였다. 제2차 침공으로 개성을 점령했던 홍건적을 몰아낸 것을 기념하여 지은 시에서도 그 점을 분명히 했다. 서문에 "摠兵官 鄭世雲 등을 위시한 여러 장수들과 병사들이

---

16) 姜晋哲, 『高麗土地制度史硏究』, 高麗大出版部, 1980, pp.183-184.

17) 『耘谷詩史』 卷1, <卽事>(『高麗名賢集』 5, p.280).

1362년 정월 18일 도성에 들어가 사면으로 협공하여 적을 완전히 소탕함으로써 우리 三韓으로 하여금 王業을 다시 일으키게 했다"고 했다.[18] 그리고 본 시에서는 "넘친 충성 뛰어난 의기 몇몇 영웅들이 도성에 진격하여 그 계책 끝없었네"라고 읊었다.[19] 장수와 병사들의 공훈으로 토벌에 성공했음을 높이 평가하면서 그로 인해 왕업이 다시 흥기하게 되었다고 파악했다.

그 때 중심적인 역할을 장수들이 했으며 그 중에서 영웅적인 면모를 보인 사람들을 높이 평가했다. 그 표상으로 최영을 내세웠다. 비록 元을 대신한 明에 대해 사대관계를 유지하는 것이 화를 입지 않는 길임을 인정했으나,[20] 그로부터의 부당한 간섭에 대해 맞서 싸우는 일에는 반대하지 않았다. 그 점은 위화도회군으로 최영이 쫓겨난 것을 안타깝게 여기면서 쓴 시를 통해 확인된다.

장차 십만 대군을 이끌고 / 貔貅十餘萬
압록강을 건너려 한다네. / 欲渡鴨江綠
이제 遼海의 길을 건너면 / 方期遼海路
씩씩한 기운으로 깃발을 날리고 / 壯氣浮旗纛
무서운 위엄이 中原에 떨쳐 / 虎威振中原
감히 두려워 복종치 않는 자가 없겠지. / 誰敢不畏伏
응당 개선하는 날이 이르리니 / 應當凱旋日

---

18) 『耘谷詩史』卷1, <辛丑十一月, 紅頭賊兵, 突入王京, 國家播遷, 大駕南巡, 留住福州, 命平章事鄭世雲爲摠兵官, 平章事安祐爲上元帥·政堂文學金得培·贊成事李芳實·同知密直閔渙·密直副使金琳等爲副元帥, 摠領諸將帥兩界六道之馬步十萬, 於壬寅正月十八日, 直至京城, 四面合攻, 掃蕩賊塵, 使我三韓, 復興王業, 作二絶以賀太平云>(『高麗名賢集』5, p.283).
19) 위와 같음.
20) 명에 대해 사대관계를 유지하는 것이 화를 당하지 않는 길임을 인정한 것은 다음 시를 통해 확인된다. 즉 <是月, 朝廷奉大明聖旨, 改制衣服, 自一品至於庶官·庶民, 各有科等, 作四節以誌之>라는 제목으로 "옛부터 삼한은 큰 나라를 섬겨 왔으며 그 전례를 따라야 화를 입지 않는다네"라고 읊었다(『耘谷詩史』卷3, 『高麗名賢集』5, p.325).

四夷가 다 귀속되고 / 四夷皆附屬
聖主께서 무궁한 수명 누리시며 / 聖主壽無疆
周武의 발자취를 이어 밟으시리라. / 繼踐周武躅
내 비록 늙고 병들었지만 / 我雖老且病
함께 太平曲을 부르려 했는데 / 與唱太平曲
어이 압록강을 건너지 않고 / 乃何不渡江
갑자기 말고삐를 조국으로 돌리나. / 奮然回轡速[21]

위 시를 보면, 시초에 요동정벌의 성공을 의심치 않았음을 알 수 있다. 오히려 위화도회군에 대해 의아스럽게 여겼다. 그러므로 위 시를 놓고 본다면, '以小事大'에 대해서는 별로 찬성하지 않았던 것처럼 보인다.

국제정세 등을 고려해서 명과 어떻게 해서든지 화해하기보다는 정면 대결을 통해서라도 자주적인 입장을 취하는 것이 옳다고 보았다.[22] 그런 점에서는 최영 등의 노선에 대해 적극 찬동했다. 개인에 대한 존중에서 비롯되었는지, 그 노선에 공감했는지는 명확하지 않으나 언제나 '以小事大'가 옳은 것은 아니라고 생각했던 것 같다.

그러므로 현 시점에서 '以小事大'하기보다 국력을 충분히 과시하는 편이 오히려 국가보위에 도움이 되지 않을까라는 입장을 보였다. 갑자기 많은 군대를 동원하여 요동정벌에 나서면 왜구에 대한 방어가 취약해지거나 토지문제 등으로 피폐해진 민생이 더욱 악화될지도 몰랐다. 하지만 무력시위를 통해 위상을 크게 떨치는 편이 외적으로 하여금 함부로 넘보지 못하게 할 것으로 판단했다.[23]

---

21) 『耘谷詩史』 卷3, <病中記聞>(『高麗名賢集』 5, p.333).
22) 유주희, 앞의 논문, p.93 ; 李仁在, 「高麗末 元天錫 生涯와 社會思想」, p.64.
23) 이것은 우왕이 강화로 쫓겨나고 창왕이 즉위한 다음에 지은 <感事>라는 시를 통해 어렴풋이 짐작할 수 있다. 즉 "흉포한 자들을 소탕하자 정치가 새로워져 / 해외까지 위엄 떨치니 한창 봄날일세 / 온 나라 군사 일으켜 싸움터로 몰고 나가 / 성 쌓고 곡식 옮기며 인민들을 동원했으니 / 어찌 그 수고가 끝내 무익하랴 / 기만당할 걸 두려워하지만 반드시 이웃 있으리라 / 숲 속에선 세상 이야기할 수 없으니 / 하루 종일 산 바라보며 입을 다물고 있네"라고 했다(『耘谷詩史』 卷3, 『高麗名賢

한편 잦은 외침으로 민생의 어려움이 가중된다는 사실은 정도전도 인정했다. 귀향간 羅州에서 父老들을 효유하면서 쓴 글에 왜구로 인해 민간의 피해가 대단히 심각하다고 했다. 그런데 나주가 다른 고을과 달리 왜구의 피해를 보지 않았던 것은 조종의 은덕을 많이 입었고 牧守를 잘 만났던 탓도 있지만, 父老들이 제대로 가르쳐 백성들이 의리로 향하는 것을 알았기 때문이라고 했다. 그렇다고 방심하지 말고 子弟를 격려하여 器械를 수리하고 봉화를 삼가서 州縣을 안전하게 보존하여 국가에서 남쪽을 걱정함이 없게 할 것을 당부했다.[24]

외적을 물리칠 때 무엇보다 군대의 힘에 의존해야 하지만, 그 이상으로 중요한 것은 민이 자신을 지키려는 의지라고 인식했다.[25] 만약 그것이 미약하다면 소용이 없다고 생각했던 것 같다. 특히 부로들이 자제들을 제대로 가르쳐 자발적으로 지역 방위에 나서게 해야 한다는 점을 강조했다. 그렇게 하기 위해서는 당연히 恒産과 더불어 恒心을 갖게 해야 했다. 민에게 항산과 항심이 없는데 어떻게 싸우라고 할 수 있겠는가?

정도전은 그 시점에서 무엇보다 민생문제가 해결되어야 한다고 파악했던 같다. 즉 남방의 왜구문제 등이 제대로 해결되지 않는 상태에서 대규모 병력 동원에 따른 위험이 크기 때문에 요동정벌보다 '以小事大'가 더 현실적이라고 여겼던 것 같다. 그렇다고 어느 순간에서나 '以小事大'하자는 것이 아니라 국제정세의 흐름을 예의 주시해서 적절하게 행동할 필요가 있다는 것이다. 그런 점에서 국내 상황 및 국제정세의 변동을 예리하게 관찰할 필

集』5, p.335).

24) 『三峰集』卷3, 書, <登羅州東樓諭父老書 乙卯>.

25) 그런 점은 나주의 호장 출신으로 제주도에 제사지내려고 갔다가 왜구를 만났으나 끝내 굴복하지 않고 자살했던 鄭沈의 전기를 쓴 사실을 통해 확인된다. 같은 배에 있던 사람들이 모두 적에 항복했는데 죽음으로 항거한 사람은 정침 하나 뿐이었다는 점을 강하게 부각시킴으로써 그 의의를 높이 표창했다(『三峰集』卷4, 題跋, 錦南雜題, <鄭沈傳>). 이를 통해 외적을 물리치기 위해서는 지방민의 자발적 충절이 대단히 중요하다는 점을 강조하고자 했다. 이 <鄭沈傳>이 지닌 의미에 관해서는 문철영, 『고려 유학사상의 새로운 모색』, 경세원, 2005, pp.288-291을 참조할 것.

요가 있음을 강조했다.[26]

3. 위기 타개 방안의 모색

1) 위기 타개에 대한 기본 인식

국제정세가 심상치 않게 돌아가고 내적으로 민생의 어려움이 가중되는
상황 속에서 원천석은 교육을 통해 애써 키워 놓은 후속 세대의 성장에 큰
기대를 걸었다. 이는 <冬至日寓懷>라는 시를 통해 잘 표현되어 있다.

이제 陽氣가 생기는 날이 되었으니 / 今遇一陽生
찡그렸던 눈썹도 조금 펴지겠지 / 聊可以伸眉
君子道가 곧 자라면 / 君子道方長
너희들도 할 일이 있으리라 / 爾生當有爲
부디 농사짓기에 힘써 / 勉爾穩耕鑿
나라의 터전을 굳게 하거라 / 以固我邦基
나는 비록 노쇠한 몸이시만 / 我雖衰也甚
너희들 보면 즐거움이 넘치네 / 看汝藥熙熙[27]

위 시에서 동지 즉 묵은 해를 보내고 새로운 해의 시작을 맞이하는 자신
의 심경을 진솔하게 토로하였다. 노쇠한 자신은 어쩔 수 없지만 많은 노력
을 기울여 가꾸어 놓았던 '君子道'가 제대로 성장하기만 하면 여러 가지 얽
힌 문제들을 해결할 수 있을 것으로 기대하였다.[28]

---

26) 정도전이 귀양가게 되었던 것은 北元 使臣을 받아들이는 것을 강하게 반대했기 때
   문이었다(『高麗史』卷119, 列傳, 鄭道傳, 延世大東方學研究所影印本 下冊[이하
   같음], p.605). 그런 점에서는 明과의 관계 유지를 매우 중시했다고 볼 수 있다. 그
   런 연장선상에서 자연스럽게 요동정벌에도 강하게 반대했을 것이다. 하지만 언제
   나 사대만을 추구했던 것은 아니었다. 그 점에 관해서는 韓永愚,『改訂版 鄭道傳
   思想의 研究』, 서울大出版部, 1983, pp.180-185 참조.
27) 『耘谷詩史』卷3, <冬至日寓懷>(『高麗名賢集』5, p.330).

376

비록 지금 '征利徒'들이 폭력 등을 사용하여 백성들을 괴롭히며 숱한 말썽을 피우고 있으나,[29] 그것이 결코 오래가지 못할 것이라 여겼다. 그러한 확신은 '道 있는 나라에 항상 사는 것이 기뻐서'[30]라는 인식에서 유래되었다. '道 있는 나라'란 어디까지나 '君子道'가 '征利徒' 보다 많다는 것을 의미했다. 만약 반대라면 그것은 결코 '道 있는 나라'라 할 수 없다. 따라서 '君子道'들이 언젠가는 '征利徒'들을 제압하여 국가의 흥기와 민생의 안정을 가져올 것으로 확신했다.

마치 농사짓는 것처럼, 일시적으로 비바람이 친다거나, 기타 다른 이유로 방해놓는 일이 생기더라도 꾸준히 밀고 나가면 언젠가는 결실을 맺게 된다고 여겼다. 그것은 위 시의 농사짓기에 힘써 나라의 터전을 굳게 할 것을 권장하였던 구절로 확인된다. 다른 한편으로 스스로 교육에 전력, '君子道'를 행하는 인물들을 길러내는 일에 최선을 다할 것을 다짐하였다.

그런데 '君子道'의 의미상 유학을 힘써 배우고 실천하는 무리들을 지칭하는 것이 보통이다. 하지만 고려는 유교 국가가 아니었다. 따라서 유학자 출신의 '君子道'를 실천하는 사람들만으로 '征利徒'를 제압하는 것이 결코 쉽지 않았다. 오히려 유사한 길을 걸으면서 도를 행하는 사람들과의 교류 및 연대를 맺는 편이 훨씬 현실적이었다.

즉 유교에서 추구했던 가르침과 궁극적인 면에서 동일하다면 굳이 적대시할 필요가 없었다.[31] 힘을 한데 모아 '征利徒'들과 대결하는 것이 더 중요했다. 그런 점에서 이른바 如如居士가 주창했던 유·불·도교의 三敎一理論에 대해 깊이 공감하였다. 즉 盡性, 鍊性, 見性의 유·도·불의 삼도가

---

28) 원천석의 여러 활동 중에서 대단히 중요한 것은 지역에서의 교육 활동이었다. 이에 관해서는 이인재, 「고려말(高麗末) 원천석(元天錫)의 학문관(學問觀)과 지역활동(地域活動)」, 『耘谷元天錫研究論叢』, 原州文化院, 2001, pp.121-124가 크게 참조된다.
29) 위와 같음.
30) 『耘谷詩史』 卷3, <頃者於弁嚴南峯之下, 新作一茅齋>(『高麗名賢集』 5, p.334).
31) 그렇다고 유자로서의 역할을 포기한 것은 결코 아니었다. 이인재, 「고려말(高麗末) 원천석(元天錫)의 학문관(學問觀)과 지역활동(地域活動)」, p.135 참조.

조금씩 다르기는 하지만, 그 지극한 곳으로 돌아가면 막힘이 없다고 했다. 다시 말해 보편성의 입장에서 파악했을 때, 차이가 있다고 보기 어렵다는 것이다. 다만 세 성인의 후대 문도들이 각각의 종지에 의거하여 자기를 옳게 여기고 남을 그르게 여기는 마음으로 속이고 헐뜯고 있음으로써, 사람마다 가슴속에 삼교의 성이 밝게 있음을 알지 못하는 것이 참으로 안타깝다고 했다.[32] 근본을 제대로 인식하지 못하고 지엽적인 문제에만 매달리고 있다는 의미였다.[33]

자연히 불교를 신봉하는 사람 및 승려들과의 진정한 교류를 매우 중시했다.[34] 대표적으로 <題元伊川所示詩卷後>의 본 시에서 "유교와 불교의 마음 같은 벗님들이 / 시를 지어 시름을 흩어 버렸네"라고 읊음으로써 자신의 입장을 분명히 했다.[35] 즉 유·도·불의 차이를 떠나 진정한 도를 실천하고자 하는 사람들끼리 기꺼이 협력한다면 이 세상살이의 여러 문제를 충분히 해결할 수 있을 것으로 기대했다.

원천석의 입장에서는 각각의 종파에서 자기만을 옳게 여기고 남을 그르

---

32) 『耘谷詩史』卷3, <三敎一理(并序)>, "如居士三敎一理論云, 三聖人同生有周, 主盟正敎, 儒敎敎以窮理盡性, 釋敎敎以明心見性, 道敎敎以修眞鍊性, 若曰齊家治身, 致君澤民, 此特儒者之餘事, 若曰嗇精養神, 飛仙上昇, 此特道家之祖迹, 若曰越死超生, 自利利人, 此特釋氏之筌蹄矣, 要其極處, 未始不一, 由此觀之, 三聖人之設敎, 專以治性, 所謂盡之鍊之見之之道雖有小異, 歸其至極廓然瑩澈之處, 皆同一性, 何有所窒礙哉, 但以三聖人各有門戶, 門之後徒各據宗旨, 皆以是巳非人之心互相訛謷, 殊不知各人胸中, 三敎之性明然具在也, 騎驢者笑他騎驢, 良可惜哉, 因寫四絶, 以繼居士之志云"(『高麗名賢集』卷5, p.324). 원천석의 삼교일리론에 관해서는 양은용, 「운곡 원천석의 '삼교일리론'의 종교윤리」, 『耘谷元天錫研究論叢』, 原州文化院, 2001을 참조할 것.
33) 원천석이 지향하는 儒佛道 三敎一理는 유학의 修身論을 전제하는 것으로 태조 이래 유불도 삼교의 공존의 발전된 형태라고 할 수 있다고 한다. 도현철, 「원천석(元天錫)의 안회적(顏回的) 군자관(君子觀)과 유불도(儒佛道) 삼교일리론(三敎一理論)」, 『耘谷元天錫研究論叢』, 原州文化院, 2001, p.219 참조.
34) 원천석의 불교에 대한 지식과 승려들과의 교류에 관해서는 유주희, 앞의 논문, pp.80-81에 정리되어 있다.
35) 『耘谷詩史』卷4, <題元伊川所示詩卷後>(『高麗名賢集』5, p.349).

378

게 여기는 편협한 마음을 버리되 오직 폭력 등을 사용하여 백성들을 괴롭히
는 '征利徒'들을 억누르는 일에 함께 관심을 가지고서 대처해 나간다면 '道
있는 나라'가 이루어질 것으로 기대했다.

한편 정도전은 <答田夫>에서 자신이 귀양을 가게 된 것에 대해 그 힘이
부족한 것을 헤아리지 않고 큰소리를 좋아하고, 그 시기의 불가함을 알지
못하고 바른말을 좋아하며, 지금 세상에 나서 옛사람을 사모하고 아래에 처
하여 위를 거스른 것이라고 지적했다.[36] 한 마디로 자신의 역량과 시기를
제대로 헤아리지 않고 직언을 했기 때문이라고 생각했다.

그는 속으로 자신처럼 과감하게 직언할 수 있는 사람이 그리 많지 않다
고 여겼던 것 같다. 그 점은 <送趙生赴擧序>에서 儒者로 자칭하는 사람들
가운데 언어를 꾸미고 잔재주를 부리며, 요행을 바라 분주하게 利가 있으면
가로채고 또 평상시에는 고담준론을 일삼으며 능하지 못한 것이 없는 듯하
다가 만약 일을 맡기게 되면 아득하여 할 바를 알지 못하는 자가 대부분이
라고 주장했던 것을 통해 알 수 있다.[37] 즉 유자의 자격을 갖추지 못한 사
람들이 세상에 가득하기 때문에 여러 문제들이 제대로 풀리지 않고 있다고
보았다.

이어서 趙生에게 능히 국가의 뜻을 체득하여 앞서의 잘못을 답습하지 말
고 유자의 공효를 세상에 명백하게 드러내 태평한 시대를 만들어 줄 것을
마지막으로 당부했다.[38] 기존의 잘못된 점을 바로잡아 나가는 자기 혁신을
통해 진정한 유자로 거듭 태어남으로써 문제를 해결할 수 있음을 역설했다
고 생각된다.

그런데 정도전은 유자들이 제구실을 하지 못하는 것이 스스로 잘못을 저
질렀기 때문이기도 하지만 그들을 둘러싼 사회 환경에도 커다란 문제가 있
음을 지적하였다. 즉 이단의 발호를 방치하는 현실 탓으로 돌렸다. 실제로

---

36) 『三峰集』卷4, 說, <答田夫>.
37) 『三峰集』卷3, 序, <送趙生赴擧序>.
38) 위와 같음.

<上鄭達可書>에서 이단이 날로 성하고 吾道는 날로 쇠잔해져서, 백성들을 금수와 같은 지경에 몰아넣고 또 도탄에 빠져버렸다고 했다. 그리고 반드시 학술을 바르게 닦고 德과 位가 뛰어나 사람들이 믿고 복종할 만한 사람만이 이를 바르게 할 수 있다고 주장했다.[39]

이단의 발호란 불교와 도교, 그 중에서도 성격상 전자를 지칭했다. 이들을 완전히 제거하지 못하는 이상 태평시대가 도래하지 않을 것으로 여겼다. 따라서 진정한 유자가 되고자 한다면 안으로 수양을 통해 스스로를 바르게 해야 하고 밖으로 이단을 척결하여 세상을 바르게 해야 한다고 했다. 그것이 확고히 이루어질 때 비로소 나라다운 나라가 건설되며 태평하게 된다는 것이다.

결국 원천석의 입장에서는 유·불·도 삼교의 가르침은 궁극에 이르게 되면 보편적인 원칙으로 서로 통하기 때문에 얼마든지 조화와 협력을 통해 '君子道'를 지향할 수 있다고 파악했다. 동시에 그 과정을 통해 여러 문제들을 일으키는 '征利徒'를 제압할 수 있다고 여겼다. 그러한 보편성의 실행을 통해 드디어 '道 있는 나라'가 되는 것으로 인식했다.

반면에 정도전은 유학, 특히 성리학의 중요성을 강조하였다. 그리고 진정한 유자의 가르침을 실천하기 위해서는 내적으로도 거듭나야 하겠지만 외적으로 이단의 척결이 반드시 실현되어야 했다. 이단의 척결 없이 진정한 유자의 길을 걸을 수 없었다. 따라서 지금으로서는 특수한 위치에 놓여 있는 유학, 곧 성리학을 보편적인 원칙으로 자리 잡게 해야 하는데 그 핵심적 역할의 수행이 곧 국가였다. 동시에 그러한 목표를 실현하는 것이 진정한 유자층의 임무였다. 그러한 목표가 달성되었을 때 비로소 '道 있는 나라'가 실현되는 것으로 이해했다.

2) 실질적 방안의 마련

---

39) 『三峰集』卷3, 書, <上鄭達可書>. 이 글이 지닌 의미에 관해서는 문철영, 앞의 책, pp.359-362의 연구 성과가 참조된다.

380

원천석은 비록 문호가 다르더라도 궁극에 이르면 보편적인 원칙이 모든 가르침을 통해 하나로 회귀하여 실행된다고 여겼기 때문에 그에 충실하면 그 무엇도 문제될 것이 없다고 보았다. 다만 자기 것만 옳다고 고집하며 서로 비방하는 풍토가 사라지도록 진실된 상호 조화와 협력, 그리고 오해를 해소하기 위한 교류에 힘써야 한다고 했다.

민생문제의 해결 방도도 그런 바탕에서 마련하여 실천하면 충분할 것으로 여겼다. 특히 정치, 그 중에서도 민을 직접 다스리는 일은 오래 전부터 내려오던 보편적 원칙에 입각하여 시행함으로써 해소될 수 있을 것으로 인식했다. 이는 <上河刺史詩>의 서문을 통해 대개 짐작할 수 있다.[40] 먼저 어진 사대부들이 때에 따라 세상에 나와 백성들에게 덕을 베풀고, 종묘 사직에 공을 세웠는데, 그들의 공적을 역사에 기록하여 후세에 전함으로써 사람마다 느끼는 바가 있게 했다는 사실을 전제로 삼았다. 즉 역사를 통해 옛적의 훌륭한 관리들의 업적 및 그 정신을 이어받자고 했다. 그들이 남겨놓은 정신적 유산을 오늘날 충실하게 계승하여 실행함으로써 민생의 어려움을 구제하기 위함이었다.

이어서 그들을 업적별로 구분하여 열거하였다. 즉 너그러운 정치를 베푼 자, 정치를 잘한 자, 감화시키는 정치를 실시한 자, 보답하는 정치를 실행한 자, 청렴한 정치를 행한 자, 農桑을 권장하는 정치를 실천에 옮긴 자, 끝으로 獄事를 바르게 판결하여 소송을 그치게 하는 정치가 있다고 했다. 이렇게 7가지의 훌륭한 정치를 거론하며 그 각각에 대해 구체적으로 보충 설명하는 동시에 해당 인사들에 대해서도 언급하였다.

그리고 이런 7가지를 모두 갖춘 사람이 바로 이 고을을 다스리는 河刺史, 즉 河允源이라면서 그의 치적에 대해 상세히 설명하였다.[41] 그것은 단지 한

40) 『耘谷詩史』 卷2, <上河刺史詩(幷序, 允源)>(『高麗名賢集』 5, p.300).
41) <上河刺史詩>의 서문을 통해 원천석은 河允源의 지금까지의 치적에 대해 매우 상세하게 논급하였다. 한편 그 내용은 새로운 것이라기보다 역사책에 언급된 바가 있었던 이른바 훌륭한 정치에 관한 모든 사항들을 망라해서 정리한 것이다. 다시 말해 모범 통치의 보편적인 것을 전부 수록했다고 해도 과언이 아니었다. 그런 점

개인의 치적이 아니라 앞에서 말했던 7가지의 훌륭한 정치에 대한 종합적인 설명이었다.[42] 결론에 이르면 한 사람의 현명한 자사가 맡아 훌륭하게 다스림으로써 민들이 실질적인 은혜와 덕을 크게 입었다고 했다.

본 시에서는 다음과 같이 읊었다.

거룩한 임금 모신 지 이십 년인데 / 利見龍飛第十十年
어지신 使君 만난 것 또 기쁘구나 / 喜予方遇使君賢
은혜의 물결 흘러 넘쳐 천리 강산을 적시고 / 恩波浩浩涵千里
仁壽의 지역 넓고 빛나 두 세대를 칭송하네 / 壽域熙熙詠二天
미풍양속 이루어 백성을 교화하니 참으로 아름답고 / 成俗化人誠盡美
집에는 효도 나라엔 충성 온전히 갖추셨네 / 孝家忠國亦俱全
때 따라 내리는 호령은 마른 하늘의 날벼락이고 / 乘時號令晴雷殷
세상에 뛰어난 공명은 한낮의 해일세 / 冠世功名白日懸
감옥이 오래 비어 몽둥이와 밧줄이 한가롭고 / 囹圄久空閑木索
마을이 되살아나 재물이 넉넉하니 / 閭閻再活足財錢
한 고을의 기풍이 다시 변하고 / 煌煌一邑風還變
三韓에 이미 도가 선해졌네 / 林林三韓道已傳[43]

위 시를 통해 거룩한 임금 치하에서 한 명의 현명한 刺史가 부임하여 다스린 결과 한 고을의 기풍이 크게 변하여 삼한의 도가 전해졌음을 주장했다. 즉 7가지의 훌륭한 정치를 행할 수 있는 자질을 지닌 지방관이 맡아서 제대로 다스리기만 하면 그 간의 잘못된 것이 바로잡히며 본래의 평안함을 되찾을 수 있다고 보았다.

위 시에 대해 지나친 과장이라고 폄하할 수도 있다. 그러나 한 편의 시에

을 통해 널리 인정받는 보편적인 정치를 행함으로써 문제가 해결될 것으로 확신했음을 알 수 있다.

42) 이 7가지의 훌륭한 정치를 守令七事와 연결시켜 검토한 연구 성과가 있어 주목된다. 이에 관해서는 李仁在,「高麗末 元天錫 生涯와 社會思想」, pp.69-71 참조.

43)『耘谷詩史』卷2, <上河刺史詩(幷序, 允源)>(『高麗名賢集』5, p.300).

부친 상세하고도 방대한 서문의 내용을 검토해 볼 때 그렇게 간단히 치부할 수 있는 성질의 것은 아니었다.[44] 적어도 원천석의 정사에 대한 입장이 집약된 것으로 이해된다. 그 밑바닥에는 도를 실현할 수 있는 토대가 이미 마련되어 있다는 생각이 깔려 있었다. 즉 문호가 다르더라도 궁극에 이르게 되면 보편적인 원칙으로 서로 통하기 때문에 얼마든지 조화와 협력을 통해 도를 실현할 수 있다고 믿고 실천하는 사람들이 자신을 비롯해서 많다고 보았기 때문이다.

그 위에 골고루 어진 정사를 베푸는 사람만 있으면 되는 것이다. 이미 백성의 교화, 효도, 충성 등을 행할 수 있는 사람들은 기저에 준비되어 있었다. 따라서 이들을 하나로 꿸 수 있는 현명한 정치가가 나오면 되는 것이었다. 그리고 그를 구심점으로 한 고을이 제대로 운영되고, 나아가 장차 더 큰 지역을 맡겨 훌륭하게 통치하게 하며 더욱 올려 조정에 서게 한다면 국가의 다스림도 충분히 이루어질 수 있다는 입장이었다.

그러나 정도전의 입장은 달랐다. <哭潘南先生文>의 서문에서 道가 행해지고 행해지지 않는 것은 때이고, 死生과 禍福은 자기에게 있는 것이 아니라고 했다. 그런데 어진 이를 대수롭게 여기지 않으며 권세 있는 사람에게 붙지 않는 사람이 없고, 이득과 녹봉이 있는 곳을 온 세상이 다투어 달려가는데, 朴相衷은 차라리 굶어 죽을지언정 구차하게 얻으려 하지 않았다고 했다. 나아가 義를 행하다가 희생당했다면서 그를 높이 평가했다.[45]

위 서문을 통해 알 수 있듯이 정도전은 지금은 도가 행해지는 때가 아니라고 보았다. 그렇지만 진정한 의인이라면 자신을 희생시켜서라도 도가 행

---

44) 본시의 대상이 되었던 河允源은 『고려사』 열전에 입전되어 있는 인사이다. 충혜왕 말년에 과거에 급제해서 공민왕 때부터 본격적으로 관직 생활을 영위했다고 한다. 홍건적의 침입 때 경성을 수복한 공으로 2등 공신에 책봉되었으며, 경상, 서해, 양광, 교주 등 4도의 안렴사로 임명되었고, 원주, 상주의 목사도 지냈다. 그런데 가는 곳마다 명성을 떨치고 업적이 있었다고 했다(『高麗史』 卷112, 列傳, 河允源, 下冊, p.460). 그러므로 원천석이 일방적으로 하윤원에 대해 칭송했던 것이 아니라 실제로도 매우 유능한 관리로 인정받았음을 알 수 있다.

45) 『三峰集』 卷4, 祭文, <哭潘南先生文>.

해지는 세상을 만들어야 한다고 생각했다.46) 실제로 본인도 관직에서 밀려
나 삼각산 아래에서 結廬 즉 오두막을 짓고 살면서 배우려고 하는 자를 많
이 모아놓고 가르쳤는데, 이단의 배격을 사명으로 삼았다.47) 이단의 발호는
결코 도가 행해지는 때가 아님을 입증하는 것이다. 마땅히 그것을 세상에서
철저하게 배격해야 했다. 이는 도를 행하기 위한 선결 과제였다.

마침내 이성계 등의 도움으로 관직에 오르면서 주지하듯이 폐가입진을
내세우며 공양왕의 옹립에 적극 나섰으며 그 일로 공신에 책봉되었다.48) 그
때부터 건의한 바가 무척 많았는데 거리낌 없이 다 드러내어 말했기 때문에
칭찬을 받았다고 하는데 다른 한편으로는 忤旨 즉 임금의 뜻에 거슬리기도
했다고 한다.49) 아마 표면상으로 칭찬했을지 몰라도 내심으로는 무척 꺼렸
던 모양이다.

오히려 정도전은 자신이 억울하게 비방을 당했다고 공양왕에게 계속 하
소연했다. 대표적으로 군사제도, 사전제도에 관한 개혁에서 별다른 역할을
하지 않았음에도 모든 원망이 자신에게 쏠리고 있어 몹시 억울하다고 했
다.50) 하지만 국왕을 위시해서 많은 사람들이 정도전을 그토록 꺼려했고 원
망했던 것이 순전히 오해에서 비롯되있다고 생각되지 않는다. 그가 고려의
붕괴 및 조선의 성립 과정에서 행한 역할에 관해서는 후대의 사가들이 모두
인정하는 바와 같이 매우 컸다.51)

실제로 이데올로기를 비롯하여 세부적인 조직의 개편에 이르기까지, 심
지어 행정지침의 개정 작업 등에도 깊숙이 관여했다. 그의 역할에 필적할
만한 인물을 찾기 힘들 정도였다. 그것은 정도전이 기본적으로 지녔던 입

---

46) 즉, 구차한 삶을 택하지 않고 죽음을 택한 것이 오히려 그 자신을 보전하고 영광스
    럽게 한 所以임을 인식하면서, 정도전 자신도 그를 본받아 결코 부끄러운 삶은 살
    지 않겠다는 마음의 자세를 나타내고 있는 것이라 한다(문철영, 앞의 책, p.319).
47) 『高麗史』卷119, 列傳, 鄭道傳, 下冊, p.605.
48) 『高麗史』卷119, 列傳, 鄭道傳, 下冊, p.605.
49) 『高麗史』卷119, 列傳, 鄭道傳, 下冊, p.612.
50) 『高麗史』卷119, 列傳, 鄭道傳, 下冊, pp.608, 616-617.
51) 韓永愚, 앞의 책, 1983, pp.26-30.

장, 개인적인 희생을 무릅쓰고서라도 도가 행해지는 세상을 만들어야 한다는 것에서 나왔다고 생각된다. 그의 입장에서 볼 때 고려 후기 특히 말기로 올수록 도가 행해지는 그런 때가 아니었다.[52] 나아가 이것을 이룩하고자 한다면 방해되는 그 어떤 것과도 싸워야 했는데 필요하다면 자신이 몸담았던 국가, 충성을 다짐했던 국왕, 심지어 스승이라든가 동료도 과감하게 부정해야 한다고 인식했다.[53] 그 터전 위에서 진정한 의미의 새로운 국가를 건설해야 한다고 여겼다.

4. 맺음말

원천석은 당대의 여러 지식인들과 마찬가지로 권세가 등에게 토지를 탈점당한 채 혹독한 조세 수취에 시달리고 있는 당시 민들의 피폐상에 대해 깊은 우려감을 표시했다. 하지만 그는 토지제도라든가 수취제도 등에 치명적인 문제가 발생했기 때문이라기보다 충량을 가장했던 흉간들이 권력을 농단하는 사이에 겸병지도들이 발호함으로 인해 사태가 악화된 것으로 파악했다. 따라서 임금과 능력을 갖춘 청렴한 관료들이 협심해서 제대로 대처한다면 겸병지도 등을 억압해서 민생을 소생시킬 수 있을 것으로 기대했다. 밑바닥에 '道 있는 나라'라는 인식이 짙게 깔려 있었기 때문이었다.

그것은 외침에 대한 문제에서도 마찬가지로 작용했다. 홍건적 등의 잦은 외침으로 민폐가 한층 심각해졌다는 점에 대해서도 충분히 인식했다. 그에 대한 대비책이 마련되어야 한다는 점에 대해서도 적극 공감했다. 그렇지만 국제정세의 변동에 그대로 순응해서, 즉 明에 대한 사대를 통해 해결해야

---

52) 우선 국가의 상징인 국왕부터 그것과 거리가 멀었다. 그에 관해서는 김인호, 「여말선초 군주수신론과 『대학연의(大學衍義)』」, 『역사와 현실』 29, 1998을 참조할 것. 그것은 통치체제의 근간을 이루는 부문에서도 마찬가지였다. 이는 김인호, 「여말선초 육전체제의 성립과 전개」, 『東方學志』 118, 2002 등의 연구 성과를 통해 알 수 있다.

53) 都賢喆, 『高麗末 士大夫의 政治思想研究』, 一潮閣, 1999, pp.234-238.

한다는 주장에 대해서는 언제나 찬성했던 것은 아니었다. 물론 '以小事大'가 필요하고 중요하다는 것에 대해서는 동의했다. 그러나 일방적으로 따라야 한다고 여기지 않았다. 군사적 대결이 불가피하다면 단행해야 한다고 보았고 그런 점에서 요동정벌을 지지했다. 그에 따른 부작용, 즉 방대한 병력의 동원에 따른 민생 피폐의 가중이라든가 남방 왜구에 대한 방어력 약화 따위에 대해서는 크게 신경 쓰지 않았다. 그 이상으로 외압에 맞서 자주권을 보위하는 일이 중요하다고 보았기 때문이다.

이렇듯 내외에 걸쳐 국가적으로 매우 위험한 상황에 처했다 하더라도 스스로 극복할 힘이 내재해 있다고 여겼다. 백성들에게 폭력을 휘두르는 흉간과 외적들이 날뛰고 있지만 아직까지 무질서와 말기적 양상은 보이지 않고 있으며 이들을 물리칠 역량도 충분하다고 파악했다.

이는 과거 동기로 서로 교류하기도 했던 정도전과 여러모로 달랐다. 정도전은 국가의 근간을 이루는 토지제도 및 그에 근거해서 마련된 수취체계 자체가 빈부 차이를 극대화시키며 민생을 위협하는 근원적 요소로 작용하고 있다고 진단했다. 비록 일시적 조처로 완화시킬 수 있지만 진정한 해결은 아니라는 입장에 있었다. 따라서 민생 안정을 이루기 위해서는 근간을 이루는 제도 및 운영 체계를 철저하게 개혁해야 한다고 보았다. 그 과정에서 국가의 정체성 문제와 결부되어 있더라도 고쳐야 할 것이 있으면 단행해야 할 것으로 여겼다. 국가적으로 이미 전면적인 위기 상황에 놓여 있기 때문에 근간조차도 개혁 대상에서 제외되어서는 안 된다고 했다.

위기 상황에 대한 인식이 달랐기 때문에 당연히 타개 방안에서도 차이가 났다. 종교 및 사상적인 측면에서 원천석은 유·도·불의 삼도가 조금씩 다르기는 하지만, 그 지극한 곳으로 돌아가면 막힘이 없다고 했다. 보편성의 입장에서 보면, 차이가 있다고 보기 어렵다는 것이다. 이에 근간하여 진정한 도를 실천하고자 하는 사람들끼리 협력해서 이 세상살이의 여러 문제를 해결할 것을 기대했다.

자기만을 옳게 여기고 남을 그르게 여기는 편협한 마음을 버리되 오직 폭력 등을 사용하여 백성들을 괴롭히는 '征利徒'들을 억누르는 일에 함께 관심을 가지고 대처해 나간다면 君子道가 실질적으로 실현될 것으로 인식했다.

그 위에 골고루 어진 정사를 베풀 사람만 옹립하면 충분했다. 이미 백성의 교화, 효도, 충성 등을 행할 수 있는 사람들은 준비되어 있었다. 따라서 이들을 하나로 꿸 수 있는 현명한 정치가가 나오면 되는 것으로 여겼다. 그를 구심점으로 한 고을, 나아가 더 큰 지역을 맡겨 훌륭하게 통치하게 하며, 더욱 올려 조정에 서게 한다면 국가의 다스림도 충분히 이룰 수 있다고 보았다.

반면에 정도전은 유학, 특히 성리학의 중요성을 강조하였다. 그리고 진정한 유자로서 가르침을 실천하기 위해서는 내적으로 거듭나야 하며 외적으로 이단의 척결이 반드시 실현되어야 했다. 이단의 척결 없이 진정한 유자의 길을 성취할 수 없다고 보았다. 현재로서는 특수한 위치에 놓여 있는 유학, 곧 성리학을 보편적인 원칙으로 자리잡게 해야 하는데 그 핵심적 역할을 국가가 수행해야 하며, 그러한 목표를 실현하는 것이 곧 유자들의 임무였다.

이 같은 목표 달성을 위해서는 그 어떤 것과도 싸워야 했는데 필요하다면 자신이 몸담았던 국가, 충성을 다짐했던 국왕, 심지어 스승이라든가 동료도 과감하게 부정해야 한다고 인식했다. 그 터전 위에서 진정한 의미의 새로운 국가를 건설해야 한다고 여겼다.

결국 원천석은 유자로서 구래의 보편적인 원칙이 구현되는 국가를 지향했다. 자연히 고려에 대한 절의도 근본적으로 그의 국가관에서 기인하였다. 한편 정도전은 성리학의 중요성을 강조하면서 어떻게 해서든지 보편성을 성취하도록 만들려고 했다. 그로 말미암아 새로운 국가의 개창에 앞장서게 되었다.

元天錫(1330~?)의 은둔생활과 현실인식
-여말의 경제상황을 중심으로-

박 경 안*

1. 머리말

耘谷 元天錫은 子가 子正으로 宗簿寺令 允迪의 둘째 아들로 되어 있다.[1] 생몰연대가 정확치 않다는 사실은 그의 삶이 순탄치 않았음을 간접적으로 말해 준다. 여말선초의 격변기를 산 그는 고작 '國子進士'라는 신분상의 제약에도 불구하고 당대의 巨儒를 비롯하여 地方官, 禪師 등과 교유하였을 만큼 학식과 인덕이 두터웠으며 圃隱, 冶隱과 함께 舊王朝에 대한 절의를 지킨 인물로 유명하다. 6권의 野史와 2권의 詩를 남겼는데 그 중 후지만이 오늘날 『耘谷詩史』라는 독특한 형식으로 세상에 알려지게 되었다.

원천석의 글은 몇 가지 측면에서 특별한 의미를 갖는데, 첫째 민간자료가 흔치않은 시기에 주로 原州라고 하는 지역사회를 근거지로 하여 쓰여졌다는 점이다. 이는 역성혁명의 와중에서 벗어나 관망자적 입장에서 전환기적 상황에 대한 보다 객관적 시각을 담보로 할 수 있다는 점에서 유용성을 갖는다. 두 번째로는 『耘谷詩史』에는 1351년에서 1394년까지 737題 1,144篇의 詩가 문집에 실려 있는데 이는 麗鮮交替期의 40여 년에 걸친 사회상을 시간대별로 반영하고 있다는 점이다. 이는 당시 역사적 흐름과 그에 따른 원천석의 상황인식을 함께 파악해 볼 수 있다는 장점이 있다.

최근 원천석과 관련하여 다각적으로 연구와 검토가 이루어지고 있다.[2]

---

* 충북대학교 중원문화연구소 전임연구원
1) 許穆, 「石逕墓所事蹟」, 『耘谷詩史』(『高麗名賢集』 5, p.380).

388

필자는 과거 비슷한 시기의 토지 및 농업문제를 다루어 본 바가 있어서,[3] 미력하나마 이 연장선상에서 당시의 경제적 상황에 대한 원천석의 현실인식을 살펴보고자 한다. 구체적으로는 원주에서의 경제생활 그리고 이와 무관하지 않게 진행되었을 여말의 경제상황에 대한 인식들을 검토하게 될 것이다. 비록 제한된 주제이기는 하나 본 검토가 麗末 전제개혁의 본질을 이해하는 하나의 밑거름이 될 수 있다면 다행이라 하겠다.

2. 弁巖에서의 은둔생활

1) 草屋과 耘谷

고려시대 내내 원주 元氏는 중앙에서의 활약도 끊이지 않았으나 원천석 자신의 집안은 在地官班이었다고 한다.[4] 그는 개성에서 태어났으나 어린 시절 공부할 때에는 춘천의 향교에서 보냈고, 27세 때 정월에 개성에 가서 과거시험에 합격한 이후에는 줄곧 원주에 살았다. 그가 과거를 본 이유는 士籍에 올라 士로서 대우받을 수 있기 때문이었다. 그러나 그 이상의 목적은 없었기 때문에 국자감시에 합격하여 진사가 된 후, 곧 바로 다시 原州牧으로 돌아왔다.

원천석의 집안이 在地勢力이었다는 점은 그 자신에게도 일정한 경제적 기반이 있었을 것으로 생각해 볼 수 있다. 그러나 이에 관한 구체적 자료는

2) 元天錫에 관한 연구로는 다음 논문이 참고된다. 池敎憲,「麗末鮮初의 政治的 變革과 耘谷의 道學精神」,『淸州敎育大學論文集』17, 1980 ; 梁銀容,「元天錫의 三敎一理論에 대하여」,『韓國宗敎』11・12, 1987 ; 柳柱姬,「元天錫硏究-그의 現實認識을 中心으로」,『朴永錫華甲紀念韓國史學論叢』, 1992 ; 安鍾律,「耘谷 元天錫 文學硏究」, 성균관대 교육대학원 석사학위논문, 1994 ; 金南基,「元天錫의 생애와 詩史 연구」,『한국한시작가연구』2, 1996 ; 林鍾旭,『耘谷 元天錫과 그의 文學』, 太學社, 1998 ; 李仁在・許敬震 共編,『耘谷元天錫硏究論叢』, 原州文化院, 2001.
3) 朴京安,『高麗後期 土地制度硏究』, 혜안, 1996 ; 朴京安,「安牧(1290~1360)의 坡州農莊에 관한 小考」,『實學思想硏究』15・16합집, 2000 ; 朴京安,「姜希孟(1424-1483)의 農莊에 관하여」,『역사와현실』46, 2002.
4) 이인재,「고려 말 元天錫의 생애와 사회사상」,『耘谷元天錫論叢』, 2001, p.39.

알 수가 없다. 다만 그가 남긴 『耘谷詩史』의 내용을 통해 유추 해석해 볼 따름이다. 이러한 점에 비추어 여기서는 주로 원천석의 은둔지인 弁嚴을 중심으로 생활사적 조건에 치중하여 검토해 보기로 한다. 먼저 원천석의 경제적 토대로서 생각해 볼 수 있는 것은 伊城의 남쪽에 있었다는 땅이다.

2-1-1)[5]
　　<은혜를 청하는 俚言[6] 두 수를 牧兵馬使 周 相君에게 바침>[7]
　伊城 남쪽에 자갈밭(磽田)이 있어
　이 땅의 이름이 大谷員일세.
　民部의 公文이 조상 적부터 오더니
　군사 뽑는 붉은 글씨(選軍朱筆)가 내게까지 전해졌네.
　옛부터 裨補라는 일컬음을 듣지 못했는데
　어찌 지금에 와서 온전하길 살피는가.
　바라건대 조목조목 실상을 따져서
　만약 거짓말이라면 푸른 하늘이 굽어보시리.

　여기서 언급된 伊城 남쪽의 땅은 收租地로서 알려져 있다.[8] 당초 원천석의 할아버지가 精勇別將이 되면서 받은 것인데 그 자신도 이 토지에서 그대로 收租權을 행사하였으므로 과거에 합격하였음에도 불구하고 여전히 選軍名單에 이름이 남아있게 된 이유라는 것이다. 그는 명단에 오르게 된 사실을 안타깝게 여겨 실상을 밝혀줄 것을 바라면서도 만약 '裨補'로 되어 있었더라면 이런 일이 없었을 터인데 하는 속마음을 은연중 털어놓고 있다.
　그러나 이 토지가 단순한 수조지는 아닌 듯하다. 量案上에는 大谷員 地目으로 되어 있었을 이 땅은 選軍朱筆 이전에도 이미 四標와 더불어 소유주가 적혀 있었을 것이다. 명단에 오르기 전부터 이미 집안에서 관리하여

---

5) 편의상 인용자료의 번호는 '章-節-順序'의 형식을 취했다. 이하 모두 같음.
6) 俚語 : 항간에서 쓰는 속된 말.
7) 『耘谷詩史』卷2, <乞恩俚言二首. 呈牧兵馬使周相君>(『高麗名賢集』卷5, p.316 ; 『耘谷行錄』卷2, 影印標點 『韓國文集叢刊』卷6, p.166).
8) 이인재, 앞의 글, p.47.

오던 것일진대 그것은 소유주로서의 권리행사였을 것이다.[9] 아쉽게도 이곳에 관한 직접적 설명은 찾을 수 없다.

경제적 토대로서 두 번째로 생각해 볼 수 있는 것은 바로 원천석의 은거지였다는 原州牧의 弁巖이란 곳이다. 도대체 이 지역은 어떤 곳이었을까? 먼저 지명과 관련된 기록을 보면 다음과 같다.

2-1-2)
<또 趙侍郎에게>[10]
弁巖의 산 빛은 푸르디 푸르고
치악산 구름은 희디 희구나.

2-1-3)
<道境선사가 지은 <山居苦寒>란 시에 차운함>[11]
弁巖의 나무꾼이 춥다고 외치면서
혼자 절구를 찧어도 가련케 여기지 않네.

2-1-4)
<갑인(1374년) 3월. 弁巖의 새 집으로 옮겼는데 형님이 오셨기에 작은 술자리를 마련했더니 형님께서 시를 지어 주셨으므로 이에 次韻하여 두 수를 지음>[12]
물을 끌어다 남쪽 언덕을 개간하고
소나무를 심어서 북쪽 봉우리를 둘러쌌지요.

---

9) 이인재도 이 점에 관해서는 "元天錫도 이 토지에서 그대로 수조권을 행사하였다"고 하여 원래부터 소유지였음을 내비치고 있다(이인재, 위의 글, p.47).
10) 『耘谷詩史』 卷2, <又[次趙侍郎所寄詩韻]>(『高麗名賢集』 卷5, p.303 ; 『耘谷行錄』 卷2, 影印標點 『韓國文集叢刊』 卷6, p.153).
11) 『耘谷詩史』 卷2, <次道境禪翁山居苦寒詩韻>(『高麗名賢集』 卷5, p.313 ; 『耘谷行錄』 卷2, 影印標點 『韓國文集叢刊』 卷6, p.163).
12) 『耘谷詩史』 卷2, <甲寅三月. 移居弁巖新居. 家兄來設小酌. 題詩贈之曰>(『高麗名賢集』 卷5, p.306 ; 『耘谷行錄』 卷2, 影印標點 『韓國文集叢刊』 卷6, p.156).

2-1-5)

지난번 弁巖 남쪽 봉우리 아래 새로 초가집 한 간을 지었다. 지형이 가파르고 외진 데다가 집 모양까지 아름답지 못하고, 앞뒤와 오가는 것이 다 마땅치 않은 데다 몹시 누추하고 옹졸하였다. 그 주인은 몸가짐이 도에 어긋나고 뜻을 세운 것이 세상과 맞지 않았으며, 또 모든 처사가 세상 물정을 모른 데다 거처마저 썰렁하였으니, 그 누추하고 옹졸함이 더욱 심했다. 이 집의 누추하고 옹졸함이 주인의 누추하고 옹졸함과 들어맞았으므로, 집 이름을 陋拙齋라고 하였다. 이에 長句 여섯 수를 지어 스스로 읊어 본다.[13]

2-1-6)

<서쪽 기슭에 松亭 한 곳을 새로 세우다>[14]

낮은 산기슭에 작은 亭子를 세우니
땅이 외져서 수양하기에 알맞네.
(중략)
산열매가 막 익어 굶주림을 잊고
바위 샘이 차가와 갈증을 달랠 수 있네.

원천석이 은거하며 살고 있었던 弁巖의 집은 雉嶽山 자락 깊은 곳에 자리잡고 있었다. 변암 자체는 대략 치악산 정상 동쪽밑 해발 1,200미터 지점에 위치하고 있는 것으로 알려져 있는데[15] 元天錫의 집도 오솔길을 따로 내야할 만큼 깊숙하였으며[16] 게다가 겨울이면 몹시 추웠다.[17] 그래서 그는

13)『耘谷詩史』卷3, <頃者於弁巖南峯之下. 新作一茅齋. 其地勢也危僻. 締構也不巧. 且向背往復. 俱不適宜. 陋而拙者甚矣. 其主人. 行已也違於道. 立志也違於世. 又處事之迂闊. 居止之淸凉. 其爲陋拙. 又有甚焉者矣. 以其齋之陋拙. 合於主人之陋拙. 名之曰陋拙齋. 因成長句六首以自詠>(『高麗名賢集』卷5, p.334 ;『耘谷行錄』卷3, 影印標點『韓國文集叢刊』卷6, p.185).
14)『耘谷詩史』卷3, <西麓. 新開松亭一所>(『高麗名賢集』卷5, p.325 ;『耘谷行錄』卷3, (影印標點『韓國文集叢刊』卷6, p.175).
15) 弁巖은 치악산 정상 동쪽밑 해발 1200미터 지점에 위치하고 있으며 여러 사람이 들어가 피할 수 있는 공간과 석간수가 솟아나고 있다(『耘谷元天錫研究論叢』, p.11 [사진5 설명] 참조).『근세한국오만분지일지형도』(上)에 의하면 '竝岩'이라고도 하였다.

남쪽 언덕을 개간하면서 북쪽 봉우리에 소나무를 심어 한파를 막고자 하였다. 그 후 남쪽 봉우리에 새로 초가집 한 채를 더 지어 '陋拙齋'라 하여 서재를 두었으며 따로 스스로의 수양을 위하여 亭子도 지었다.

후술하는 바와 같이 弁巖에는 세금이 부과되는 대략 3畝 정도의 밭이 있었는데[18] 당연히 이는 量案에 등록되어 있었을 것이다. 뿐만 아니라 위의 내용으로 보면 元天錫은 남쪽 언덕에 開墾地도 갖고 있었다. 북풍을 막기 위해 소나무를 심었으며 개울물을 끌어들여 농사를 지었다는 점으로 보아 이는 水田이었을 것이다. 그 넓이는 대략 1畝 정도는 되었던 듯하다.[19] 따라서 실제로 그가 경작한 농토의 정확한 규모는 알 수 없지만 田畓을 합쳐 최소한 4畝(대략 700평) 정도는 되었을 것이다.[20]

그렇다면 여기서 말하는 弁巖이 앞서의 伊城 남쪽의 땅과 어떤 관련성이 있지는 않을까? 이 점과 관련하여 잠깐 정리할 필요가 있다. 元天錫은 그 자신이 머물던 지역을 '山城'으로 표현하고 있었다.

2-1-7)
<괴로운 가뭄>[21]
山城에 몇 달 동안 비가 오지를 않아
넓은 들판에 풀도 없이 천리가 시뻘게졌네.
(중략)
옛부터 성 동쪽에 신령스런 사당이 있어

---

16) 『耘谷詩史』 卷2, <甲寅三月. 移居弁巖新居. 家兄來設小酌. 題詩贈之日>(『高麗名賢集』 卷5, p.306 ;『耘谷行錄』 卷2, 影印標點 『韓國文集叢刊』 卷6, p.156).

17) 『耘谷詩史』 卷2, <次道境禪翁山居苦寒詩韻>(『高麗名賢集』 卷5, p.313 ;『耘谷行錄』 卷2, 影印標點 『韓國文集叢刊』 卷6, p.163).

18) 인용문 2-2-10)의 내용 및 설명 참조.

19) 인용문 2-2-1)의 내용 및 설명 참조.

20) 이 넓이는 오늘날 700평 정도에 해당된다. 頃畝法은 중국에서 사용된 양전단위인데 『唐六典』에 의하면 '五尺爲步 二百有四十步爲畝 百畝爲頃'이라고 하였다. 布帛尺(약 31㎝)을 기준으로 계산하면 一畝는 대략 576.6㎡(약 175평)가 된다.

21) 『耘谷詩史』 卷2, <苦旱>(『高麗名賢集』 卷5, p.308 ;『耘谷行錄』 卷2, 影印標點 『韓國文集叢刊』 卷6, p.158).

날마다 무당들 모여 복을 빌어 주네.

2-1-8)
　<2월 3일. 눈 내리는 것을 보고 스스로 읊음>[22]
　은빛 城과 분칠한 가퀴는 높고 낮게 이어졌고
　옥 나무와 구슬 가지는 앞뒤로 벌려 섰네.

　元天錫이 살고 있었던 弁嚴의 집은 山城을 중심으로 하는 지역이었다. 근처에는 넓은 들이 있었으며[23] 성의 동쪽에는 祠堂이 있어서 무당이 살고 있었다는 것이다. 또한 2-1-8)의 내용으로 보면 그가 살고 있었던 집도 山城 아래에 있었다. 그렇다면 伊城 남쪽의 땅이란 결국 弁嚴지역을 가리키는 것이 아닌가 생각된다. 땅이름이 '大谷員'이었다는 점(此地名爲大谷員)도 눈여겨볼 필요가 있다.[24]
　원천석의 號는 '耘谷'으로 알려져 있다.[25] 그런데 여기서 주목할 만한 사실은 아래의 모든 예에서 볼 수 있듯이 그 자신이 살고 있었던 弁嚴지역도 역시 '耘谷'이라고 표현했다는 점이다.

---

22) 『耘谷詩史』 卷4, <二月三日. 雪中自詠(三首)>(『高麗名賢集』 卷5, p.344 ; 『耘谷行錄』 卷4, 影印標點 『韓國文集叢刊』 卷6, p.194).
23) 정황상으로 보아 耘谷이 거처하던 지역은 오늘날 치악산의 동쪽 태종대가 있는 곳에 해당된다. 자연지형으로 보나 태종이 다녀갔다는 구전 등으로 보아 오늘날 횡성군 강림리 일대로 비정된다.
24) 현재 치악산에는 永遠山城이 남아 있는데 혹 이를 伊城으로 부른 적이 있는지도 모르겠다. 만약 이것이 사실이라면 元天錫이 갖고 있었던 땅은 弁嚴으로부터 남쪽으로 상당히 떨어져 있었다는 결론이 된다.
25) 그러나 元天錫이 자신을 '耘谷'이라고 한 사례는 보이지 않는다. 오히려 元天錫은 스스로를 '耘老', '林下一遺民' 혹은 '陋拙齋'라고 했을 뿐이다〔『耘谷詩史』 卷1, <耘老吟>(『高麗名賢集』 卷5, p.284 ; 『耘谷行錄』 卷1, 影印標點 『韓國文集叢刊』 卷6, p.134) ; 『耘谷詩史』 卷3, <前按部豐儲倉使李公寄詩云>(『高麗名賢集』 卷5, p.321 ; 『耘谷行錄』 卷3, 影印標點 『韓國文集叢刊』 卷6, p.171) ; 『耘谷詩史』 卷1, <趙摠郎見和陋拙齋詩. 復用前韻呈似>(『高麗名賢集』 卷5, p.290 ; 『耘谷行錄』 卷1, 影印標點 『韓國文集叢刊』 卷6, p.140)〕. 朴東亮의 『耘谷行錄詩史序』에서도 '適得其所爲詩耘谷集'이라고 했을 뿐이다. 그대로 해석하면 박동량이 얻어 본 책은 '耘谷을 노래한 詩集' 정도로 이해된다.

2-1-9)

　<조카 湜이 보내 온 시에 차운함>[26]

십 년 동안 耘谷 골짜기에서

몸소 밭 갈며 子眞을[27] 본받았지.

2-1-10)

　<병인(1386) 동짓날. 느낀 바를 元 都令 보이다>[28]

한 조각 봄빛이 耘谷으로 찾아드니

봉황산 산빛도 푸르름이 더하네.

2-1-11)

　<지난번 弁巖 남쪽 봉우리 아래 새로 초가집 한 간을 지었다. (중략) 집
이름을 陋拙齋라고 하였다. 이에 長句 여섯 수를 지어 스스로 읊어 본다
>[29]

자갈밭 초가집에 廣文이[30] 살았건만

누추하고 옹졸함이 어찌 耘谷의 오두막 같으랴.

2-1-12)

　<杜甫의 시집을 읽고>[31]

---

26) 『耘谷詩史』 卷1, <次姪湜所寄詩韻>(『高麗名賢集』 卷5, p.284 ; 『耘谷行錄』 卷1,
　　影印標點 『韓國文集叢刊』 卷6, p.133).

27) 子眞 : 漢末의 隱士인 鄭樸의 字. 벼슬에 응하지 않고 도를 닦으면서 谷口에 집을
　　지어 살았으므로, 谷口子眞이라고 일컬음. 성제(B.C 33~BC. 8) 때에 대장군 王鳳
　　이 예를 갖추어 그를 불렀지만, 가지 않았다. 『漢書』 卷72.

28) 『耘谷詩史』 卷3, <丙寅冬至感懷. 示元都領>(『高麗名賢集』 卷5, p.320 ; 『耘谷行
　　錄』 卷3, 影印標點 『韓國文集叢刊』 卷6, p.170).

29) 『耘谷詩史』 卷3, <頃者於弁巖南峯之下. 新作一茅齋. 其地勢也危僻. 締構也不巧.
　　且向背往復. 俱不適宜. 陋而拙者甚矣. 其主人. 行已也違於道. 立志也違於世. 又
　　處事之迂闊. 居止之淸凉. 其爲陋拙. 又有甚焉者矣. 以其齋之陋拙. 合於主人之陋
　　拙. 名之曰陋拙齋. 因成長句六首以自詠>(『高麗名賢集』 卷5, p.334 ; 『耘谷行錄』
　　卷3, 影印標點 『韓國文集叢刊』 卷6, p.185).

30) 廣文 : 唐 鄭虔의 별칭으로서 廣文先生이라 일컬음.

31) 『耘谷詩史』 卷5, <讀杜集>(『高麗名賢集』 卷5, p.352 ; 『耘谷行錄』 卷5, 影印標點

耘谷의 이 사내는 우습기만 해
황당하게 시 읊기를 쉴 줄 모르네.

2-1-13)
　　<8월 초이튿날. 큰 바람이 불다>32)
구름이 갑자기 몰려들며 그 기세 웅혼하더니
산 동쪽에서 큰 바람이 불어왔네.
(중략)
못 들은 척 문 닫고 책을 읽으니
耘谷 늙은이 마음이 陸放翁 같구나.

2-1-14)
　　<7일. 생각나는 대로 읊음>33)
서울에서 國祿을 받는 집들 생각해보니
아홉 거리에 수레와 말들이 먼지를 일으키겠지.
芝草를 캐는 耘谷에는 나라 창고가 없으니
구름과 연기나 마주하여 호탕한 노래를 부르네.

2-1-15)
　　<가을 회포>34)
만고의 연기와 아지랑이 낀 耘谷 속에서
아름다운 철을 또 만나 눈썹을 다시 폈네.

2-1-16)

　　『韓國文集叢刊』卷6, p.202).
32) 『耘谷詩史』卷5, <八月初二日有大風>(『高麗名賢集』卷5, p.354 ;『耘谷行錄』卷
　　5, 影印標點『韓國文集叢刊』卷6, p.204).
33) 『耘谷詩史』卷5, <七日卽事>(『高麗名賢集』卷5, p.363 ;『耘谷行錄』卷5, 影印標
　　點『韓國文集叢刊』卷6, p.213).
34) 『耘谷詩史』卷5, <秋懷>(『高麗名賢集』卷5, p.370 ;『耘谷行錄』卷5, 影印標點
　　『韓國文集叢刊』卷6, p.220).

396

<12월 15일 밤. 하늘은 맑게 개이고 눈빛과 달빛이 서로 맑게 어울려 참
으로 사랑스러웠으므로 한 장을 읊음>35)

눈빛이 달빛에 맑게 비쳐서
山城과 江村이 不夜城을 이루니,
(중략)
剡溪에서 배 띄우면 흥겹다고 들었는데
耘谷에서 붓 잡는 심정을 금하기 어렵네.

위 2-1-9)에서 2-1-16)에 이르기까지 『耘谷詩史』에는 모두 일곱 번의 '耘
谷' 관련 기사가 보인다. 그러나 여기에서 원천석이 자신을 '耘谷'으로 號稱
한 흔적은 찾아 볼 수 없다. 오히려 내용을 볼 때 耘谷은 弁巖 일대를 지칭
하는 것이며 그가 살고 있었던 耘谷 일대를 또한 '山城'이라 하여 江村(강
마을)'과 구별하고 있다. 또한 원천석은 자신이 "벼슬에 응하지 않고 도를
닦으면서 谷口에 집을 짓고 살았던 漢末의 隱士 鄭樸을 본받았다"36)라고
한 점으로 보아 '耘谷'이란 명칭도 역시 그러한 사실과 관련성을 갖는 것으
로 이해할 수 있다.

2) 耘谷에서의 삶

아래의 시는 <김매는 늙은이의 노래>라는 것이다. 여기서 원천석은 스
스로를 '耘老'라고 표현한 것에서도 알 수 있듯이 때로는 손수 쟁기질을 하
는가 하면37) 밭을 갈고 김도 맸다.38) 그러나 노쇠한 뒤로는 이러한 일을 할

---

35) 『耘谷詩史』卷5, <十二月十五夜. 天宇澄霽. 雪月交清絶可愛. 吟得一章>(『高麗名
賢集』卷5, p.371 ;『耘谷行錄』卷5 影印標點 『韓國文集叢刊』卷6, p.221).
36) 『耘谷詩史』卷3, <前按部豊儲倉使李公寄詩云>(『高麗名賢集』卷5, p.321 ;『耘谷
行錄』卷3, 影印標點 『韓國文集叢刊』卷6, p.171) ;『耘谷詩史』卷4, <奉寄趙中書
璞>(『高麗名賢集』卷5, p.343 ;『耘谷行錄』卷4, 影印標點 『韓國文集叢刊』卷6,
p.193).
37) 『耘谷詩史』卷3, <前按部豊儲倉使李公寄詩云>(『高麗名賢集』卷5, p.321 ;『耘谷
行錄』卷3, 影印標點 『韓國文集叢刊』卷6, p.171).
38) 『耘谷詩史』卷4, <節歸去來辭>(『高麗名賢集』卷5, p.340 ;『耘谷行錄』卷4, 影印
標點 『韓國文集叢刊』卷6, p.190).

수가 없었는데 아래의 시는 이를 안타까워하는 노래다.

2-2-1)
   <김매는 늙은이의 노래>[39]
김 매는 늙은이가 늙어가면서 병이 많아
귀밑머리도 드문드문 세어졌지만,
(중략)
김 매는 늙은이가 올해 농사라곤
一畝의 논조차 갈지 않았네.
(중략)
김 매는 늙은이가 김 매지 않아
가라지만 어지럽게 우거져 있네.

  원천석은 땅을 개간하고 물을 끌어들여 논농사를 짓고 있었다. 그러나 논을 갈지 못하여 가라지만 어지럽게 우거져 있는 상황을 무척 안타깝게 생각하고 있었다(耘老今年農業 不耕一畝水田). 그것은 農心 본연의 모습을 보여준 것이기도 하지만 무엇보다도 식량을 생산하는 논이었기 때문에 더욱 그러하였을 것이다. 사실 그는 모내기(揷秧) 방법도 잘 알고 있었던 듯하다.[40] 북풍을 막기 위해 소나무를 심어 방풍림을 조성하였다는 사실은 냉해를 막기 위한 것으로서 이 점은 실제로 그 자신이 모내기를 행하였을 가능성을 보여주기 때문이다. 이 시기에는 물레방아를 돌릴 정도로 관개용 수로가 활발히 이용되고 있었으며[41] 원천석의 논도 역시 당시 농업기술의 수준을 반영해주는 사례라고 할 수 있다.

  그러나 耘谷은 깊고 좁은 골짜기에 가파른 지형으로 인해 논농사에는 한

---

39) 『耘谷詩史』卷1, <耘老吟>(『高麗名賢集』卷5, p.284 ; 『耘谷行錄』卷1, 影印標點 『韓國文集叢刊』卷6, p.134).

40) 『耘谷詩史』卷1, <首夏郊行>(『高麗名賢集』卷5, p.280 ; 『耘谷行錄』卷1, 影印標 點『韓國文集叢刊』卷6, p.130).

41) 『耘谷詩史』卷2, <宿萬歲寺>(『高麗名賢集』卷5, p.306 ; 『耘谷行錄』卷2, 影印標 點『韓國文集叢刊』卷6, p.156).

398

계가 있었을 것이다. 따라서 논농사보다는 밭작물 재배가 상대적으로 많은
부분을 차지하고 있었던 것이며 이를테면 수박이라든가 오이 농사와 같은
경우가 그러한 예이다.

2-2-2)
　＜鄭副使의 行軒에 西瓜을 드리면서＞[42]
수박밭이라야 겨우 몇 이랑이건만
줄기가 뻗어 서재를 둘러쌌네.

2-2-3)
　＜경술(1370) 봄. 旌善 刺使 安吉祥이 牧伯에게 보낸 시를 보고 목백 좌
우에 바친 시와 짧은 서문＞[43]
오이 심으려 봄 밭의 깊은 진흙을 파헤치니,

2-2-4)
　＜또 짓다＞[44]
소나무 언덕이 버드나무 둑에 닿고
오이 시렁은 가지 이랑에 닿았네.

2-2-5)
　＜子誠 아우에게 참외를 보내면서＞[45]
산언덕에 풀 베고 참외를 심었건만
오랜 가뭄에 열매 많이 맺을 수 없었네.

---

42) 『耘谷詩史』 卷4, ＜以西瓜獻鄭副使行軒＞(『高麗名賢集』 卷5, p.347 ; 『耘谷行錄』
　　卷4, 影印標點 『韓國文集叢刊』 卷6, p.197).
43) 『耘谷詩史』 卷2, ＜庚戌春. 旌善刺使安吉祥寄詩于牧伯云＞(『高麗名賢集』 卷5,
　　p.299 ; 『耘谷行錄』 卷2, 影印標點 『韓國文集叢刊』 卷6, p.149).
44) 『耘谷詩史』 卷5, ＜又＞(『高麗名賢集』 卷5, p.366 ; 『耘谷行錄』 卷5, 影印標點 『韓
　　國文集叢刊』 卷6, p.216).
45) 『耘谷詩史』 卷2, ＜以苽寄子誠第＞(『高麗名賢集』 卷5, p.304 ; 『耘谷行錄』 卷2, 影
　　印標點 『韓國文集叢刊』 卷6, p.154).

2-2-6)

　　<스스로 읊음(두 수)>[46)]

숲 속의 나물과 토란도 염치를 기를 만하네.

　원천석은 수박밭이 겨우 '몇 이랑'라고 표현하였으나(瓜田纔數畝 成蔓繞
山齋)[47)] '蓬蒿三畝稅尤重'이라고 한 경우[48)]도 있는 것으로 보아 3畝로 생각
된다. 이는 그가 가진 밭의 거의 전부일 가능성이 있다. 그는 이를 '채소밭
(菜圃)'이라고도 했는데[49)] 땅이 부족할 경우에는 2-2-5)이나 2-2-6)에서처럼
산언덕의 풀을 깎고 참외나 토란을 심기도 하였다. 채소밭에는 수박, 오이,
가지라든가 우엉[50)]과 같은 菜蔬類는 물론 콩과 같은 穀類도 재배하였을 것
으로 보인다. 아래에서 볼 수 있는 바와 같이 콩을 이용하여 두부를 만들었
다는 사실은 그러한 개연성을 보여준다.

2-2-7)

　　<두부>[51)]

말 콩을 먼저 맷돌에 갈아

통에 가득 흰 눈 쌓이면 물과 섞는다네.

흔들어 즙을 내면 거품이 사라지고

걸러서 거품 가라앉히면 찌끼가 갑절 많아지네.

솥 안에 엉키면 우유처럼 진해지고

---

46) 『耘谷詩史』 卷3, <自詠(二首)>(『高麗名賢集』 卷5, p.326 ;『耘谷行錄』 卷3, 影印
　　標點『韓國文集叢刊』 卷6, p.176).

47) 그는 다른 곳에서 '閒寂蓬蒿數畝居 病多元不考詩書'라고도 했다［『耘谷詩史』 卷4,
　　<次金先達貂詩韻[五首]>(『高麗名賢集』 卷5, p.338 ;『耘谷行錄』 卷4, 影印標點
　　『韓國文集叢刊』 卷6, p.188)].

48) 2-2-9)의 내용 참조.

49) 『耘谷詩史』 卷4, <端午. 贈氷亭弟(五首)>(『高麗名賢集』 卷5, p.339 ;『耘谷行錄』
　　卷4, 影印標點『韓國文集叢刊』 卷6, p.189).

50) 『耘谷詩史』 卷5, <豆腐>(『高麗名賢集』 卷5, p.360 ;『耘谷行錄』 卷5, 影印標點
　　『韓國文集叢刊』 卷6, p.210).

51) 『耘谷詩史』 卷5, <豆腐>(『高麗名賢集』 卷5, p.360 ;『耘谷行錄』 卷5, 影印標點
　　『韓國文集叢刊』 卷6, p.210).

소반에 가득 담으면 구슬 빛이 되네.

이처럼 원천석은 이용 가능한 땅을 최대한 활용하면서 작물을 재배하였
다. 대추며 밤나무를 심어 수확하는가 하면52) 계절에 따라 들나물,53) 숲 속
의 나물,54) 약초55)도 캤다. 때로 자급할 수 없는 미나리, 오이(혹은 沈瓜)와
같은 것은 외부에서 구할 수밖에 없었는데, 특히 그는 오이재배를 어렵게
생각하고 있었다.

2-2-8)
　<子誠 아우가 화답한 시를 보고 다시 차운함 (세 수)>56)
東陵을 향해 오이 심기를 배우려 했지만
재주 원래 없음을 스스로 탄식했네.

이러한 정황으로 보아 원천석은 어려운 자연조건 속에서도 직접 농사일
을 수행하였으며 때로는 시행착오를 겪으면서도 나름의 농사기술을 터득한
것으로 보인다. 자연적 조건을 정확히 이해하는 가운데 환경에 맞는 작물을
선택하거나 작물에 적합한 환경을 만들어 가는 가운데 또한 그에 적합한 농
업기술을 습득하고 적용하고자 노력하였다. 그러나 이러한 노력에도 불구
하고 대다수의 농민들이 그랬듯이 그 자신도 세금독촉에 시달렸다.
　2-2-9)

52) 『耘谷詩史』 卷2, <九月五日. 與客小酌>(『高麗名賢集』 卷5, p.304 ; 『耘谷行錄』
卷2, 影印標點 『韓國文集叢刊』 卷6, p.154).
53) 『耘谷詩史』 卷2, <庚戌春. 旌善刺使安吉祥寄詩于牧伯云>(『高麗名賢集』 卷5,
p.299 ; 『耘谷行錄』 卷2, 影印標點 『韓國文集叢刊』 卷6, p.149) ; 『耘谷詩史』 卷5,
<自詠>(『高麗名賢集』 卷5, p.374 ; 『耘谷行錄』 卷5 影印標點 『韓國文集叢刊』 卷
6, p.224).
54) 『耘谷詩史』 卷3, <自詠(二首)>(『高麗名賢集』 卷5, p.326 ; 『耘谷行錄』 卷3, 影印
標點 『韓國文集叢刊』 卷6, p.176).
55) 『耘谷詩史』 卷5, <又>(『高麗名賢集』 卷5, p.366 ; 『耘谷行錄』 卷5, 影印標點 『韓
國文集叢刊』 卷6, p.216).
56) 『耘谷詩史』 卷2, <子誠見和. 復次韻(三首)>(『高麗名賢集』 卷5, p.304 ; 『耘谷行
錄』 卷2, 影印標點 『韓國文集叢刊 卷6, p.154).

<앞의 韻으로 시 두 수를 지어 宋 牧伯에게 올렸다>[57]

갑자기 병들어 몇 달을 지내고 보니

찬 물에 자라같이 오그라들었네.

온갖 쓰라림을 말할 수 없고

만 가지 걱정이 잠시도 떠나질 않네.

어제도 세금 내라 독촉받으니

가난한 살림살이에 눈썹 펼 틈도 없네.

2-2-10)

<밤에 앉아 느낌이 있어(두 수)>[58]

쑥대밭 세 이랑에 세금은 더 무거워지니

五湖의 연기와 달에 정이 더욱 깊어지네.

그는 쑥대밭 세 이랑에 세금은 더 무거워졌다고 하였다(蓬蒿三畝稅尤重).[59] 비록 은거생활을 하고는 있었으나 스스로 자급하기에는 턱없이 부족한 농토로 인하여 耘谷에서의 삶은 가난을 면키 어려웠다. 초가집에 살면서 그나마 면옷을 갈아입을 형편도 안되었다.[60] 그는 가난한 살림에 눈썹 펼 틈도 없다고 하였다.[61] 원천석은 陋꼴齋에서 책을 읽는다든가 시를 쓴다든가 혹은 향교에서 아이들을 가르치는 등 일을 하였다. 따라서 농사짓기가 그의 主業은 아니었다. 그러나 이 무렵 원천석이 강촌에 사는 사람들의 삶을 꿰뚫고 있었음은 그 자신이 직접 농사를 짓고 있었으며 그 결과 농사일

---

57) 『耘谷詩史』 卷1, <用前韻作二詩呈宋牧伯>(『高麗名賢集』 卷5, p.281 ; 『耘谷行錄』 卷1, 影印標點 『韓國文集叢刊』 卷6, p.131).

58) 『耘谷詩史』 卷5, <夜坐有感(二首)>(『高麗名賢集』 卷5, p.356 ; 『耘谷行錄』 卷5, 影印標點 『韓國文集叢刊』 卷6, p.206).

59) '쑥대밭 세 이랑'이라고 한 것은 실제로는 농사를 짓고 못하여 잡초만 우거져 있는 상황을 말한 것이지만 동시에 그 밭의 실제 면적이 3畝였음을 보여준 것이다.

60) 『耘谷詩史』 卷1, <可>(『高麗名賢集』 卷5, 288 ; 『耘谷行錄』 卷1, 影印標點 『韓國文集叢刊』 卷6, 138쪽) ; 『耘谷詩史』 卷4, <再用韻擬古>(『高麗名賢集』 卷5, p.349 ; 『耘谷行錄』 卷4, 影印標點 『韓國文集叢刊』 卷6, p.99).

61) 『耘谷詩史』 卷1, <用前韻作二詩呈宋牧伯>(『高麗名賢集』 卷5, p.281 ; 『耘谷行錄』 卷1, 影印標點 『韓國文集叢刊』 卷6, p.131).

402

의 어려움을 누구보다도 잘 알고 있었기 때문이었을 것이다.

3. 현실문제에 대한 인식과 태도

1) 자연재해와 그 대응

원천석은 비록 은거생활을 한다고 하였으나 단순히 외부로부터 갇혀 있는 생활은 아니었다.[62] 가깝게는 山城 아래 江村에 사는 사람들과도 접촉할 기회가 적지 않았던 듯하다. 그 결과 농사와 관련된 갖가지 행사며 때에 맞춰 농가에서 해야 할 일 따위에 관한 정확한 지식을 갖고 있었다. 때로는 수령의 입장에서[63] 때로는 농민의 입장[64]에서 각각이 처해 있는 어려움과 역할을 헤아릴 수 있을 정도였다. 그는 농민들이 겪고 있었던 어려움 가운데 자연재해를 중요한 하나의 원인으로 생각하였다.

3-1-1)
   <괴로운 가뭄>[65]

山城에 몇 달 동안 비가 오지를 않아
넓은 들판에 풀도 없이 천리가 시뻘개졌네.
사람들은 가뭄 병에 걸려 서로 탄식하며
몇 번이나 구름 바라보고 애가 탔던가.
商羊은 춤추지 않고 旱魃은 잔인해서
때아닌 西風이 쉬지 않고 불어대네.

---

62) 이를테면 그는 중앙과 지방의 사대부들에서 선후배에 이르기까지 동년모임을 비롯한 다양한 계기를 통해서 혹은 국내외 사찰의 스님들과도 교유하는 가운데 세상 돌아가는 내용을 파악하고 있었다.
63) 『耘谷詩史』卷5, <代郡守>(『高麗名賢集』卷5, p.358 ; 『耘谷行錄』卷5, 影印標點 『韓國文集叢刊』卷6, p.208).
64) 『耘谷詩史』卷5, <代民吟>(『高麗名賢集』卷5, p.355 ; 『耘谷行錄』卷5, 影印標點 『韓國文集叢刊』卷6, p.205).
65) 『耘谷詩史』卷2, <苦旱>(『高麗名賢集』卷5, p.308 ; 『耘谷行錄』卷2, 影印標點 『韓國文集叢刊』卷6, p.158).

오래 메마른 논에는 누런 먼지가 일어나고
곳곳에 샘물마다 물줄기가 끊어졌으니,
일년 농사를 다시 말해 무엇하랴
피와 조는 다 말라붙고 콩 보리도 없네.
농부들은 보습도 놓아버리고 호미도 내던졌으니
온갖 노력을 다했지만 끝내 무엇을 얻으랴.

위의 내용은 원천석이 살고 있던 耘谷에서 직접 체험한 사실을 기록한
것이다. 그는 극심한 가뭄으로 인해 농부들이 보습도 놓아버리고 호미도 내
던졌다고 하였다. 그는 바로 이웃마을에서 벌어지고 있는 農民流亡의 현실
을 목격하고 있었던 것이다. 이와 같은 일은 비단 가뭄에 한정된 것이 아니
고 水害도 마찬가지였다.

3-1-2)

<麟蹄縣>[66]

사방 둘러싸인 산 가운데 들판이 평평하네.
밭이며 논들이 물난리 겪었다더니
나무 끝에 걸린 뗏목 가지가 길가다 보이네.
사람이 드무니 달아난 집 많은 걸 알겠구나.

물난리를 겪은 뒤 생계를 잃게 되자 주민이 터전을 버리고 流亡한 사실
을 기록하고 있다. 이처럼 원천석은 극심한 가뭄이나 수해가 결국 농촌을
피폐하게 할 수 있음을 말하고 있다. 이는 지금까지 『高麗史』와 같은 官撰
史書를 통해서 익히 알고 있는 여말의 경제상황에 대한 평가에 비해서 간
과되어 온 측면이라고 할 수 있다.[67] 바로 이런 점에서 그는 여말의 상황에
대한 보다 객관적 현실인식을 보여준다고 하겠다. 그렇다면 이와 같은 상황
에 어떻게 대처해야 했을까?

---

66) 『耘谷詩史』卷1, <麟蹄縣>(『高麗名賢集』卷5, p.278 ;『耘谷行錄』卷1, 影印標點
『韓國文集叢刊』卷6, p.128).
67) 이 점은 여말의 경제상황에 대한 자연재해의 비중을 재평가할 필요가 있다.

3-1-3)

   <괴로운 가뭄>68)

옛부터 성 동쪽(城東)에 신령스런 사당이 있어
날마다 무당들 모여 복을 빌어 주네.
북 소리 나팔 소리가 천둥같이 시끄러운데다
머리에 불동이 이고 줄을 이어 다니네.
소리 치며 뛸 때엔 땀이 옷을 적시건만
하늘을 우러러봐도 푸르기만 하구나.
그토록 애쓰건만 비는 내리지 않으니
후세의 그 누가 靈感을 알아주랴.

또 절간을 찾자 스님들이 모여
眞經을 펼쳐 읽으며 法席을 베풀었네.
(이때 나라에서 명령을 내려 雲雨經을 읽게 하였다)
정성이 이러하건만 비는 계속 오지를 않아
조물주도 마땅히 꾸중을 들어야겠네.
인민들이 힘입을 데라고는 부처와 하늘뿐인데
기도해도 이뤄주지 않으니 아무런 이익이 없네.

위 내용은 원천석이 살고 있던 마을이 심각한 가뭄에 처해 있을 때 겪은
사실을 옮긴 것이다. 그는 인민이 힘입을 데는 오직 부처와 하늘뿐인데 기
도해도 이루어지지 않으니 아무런 이익이 없다고 하였다. 당시 무당을 동원
하여 하느님의 도움을 받거나 經典에 의거하여 부처님의 가호를 받는 일은
당연한 일로 여겨지고 있었다. 나라에서도 명을 내려 雲雨經을 읽게 할 정
도였다.

그러나 이러한 인식은 원천석 자신의 경우에도 크게 다름이 없었던 듯하
다. 다만 그 효과를 보지 못하고 있음으로 인해 오히려 조물주를 탓하고 있
을 따름이었다. 이는 巫俗 혹은 佛敎信仰에 대한 민중의 인식을 반영한 것

---

68) 『耘谷詩史』 卷2, <苦旱>(『高麗名賢集』 卷5, p.308 ; 『耘谷行錄』 卷2, 影印標點
    『韓國文集叢刊』 卷6, p.158).

이지만 그 자신도 이에 대해 부정하기보다는 일정하게 수용하는 자세를 보인 것이다. 이 점에 있어서 비록 전통적인 것일지라도 하늘에만 의존하는 사회풍속을 비판한 牧隱 李穡의 경우[69]와도 차이가 있다. 풍속의 개혁이란 측면에서 보면 보다 보수적 견해를 보인 것으로 판단된다.

2) 토지문제에 대한 태도

자연재해에 대한 두려움이 없는 것은 아니지만 그것은 불가항력인 경우가 많다. 이에 비해서 원천석이 가장 걱정하고 있었던 것은 역시 토지제도 그 중에서도 수조권 문제였다. 그는 이를테면 수조권 겸병행위를 일삼는 자를 '田民兼幷之徒'[70] 혹은 '權豪輩', '兼幷暴虐之徒', '豪强', '妄謂忠良社稷臣'이라고 표현[71]하였다. 그만큼 증오의 눈으로 보고 있었다. 따라서 농민들을 피폐시키는 주된 요소인 수조권 문제에 대해서 원천석은 과감하게 權豪들을 처단해야 할 것으로 생각하였다.[72] 문제의 핵심이 바로 수조권에 있음을 지적한 것이다.

3-2-1)

方山을 떠나 楊口郡에 이르렀는데, 아전이나 백성들의 집이 모두 기울어지거나 땅바닥에 쓰러졌으며, (온 마을이) 텅 비어 연기 나는 집이 없었다. 길가는 사람에게 물었더니, 이렇게 대답했다. "이 고을은 狼川郡에서 아울러 다스리는 곳인데, 옛부터 땅이 좁고 척박해서 백성이나 산물이 쇠잔했습니다. 근래에 와서는 밭마저 권세가에게 빼앗기고 인민들을 못살게 하는 데다

69) 박경안, 「姜希孟(1424~1483)의 家學과 農業經營論」, 『實學思想硏究』 10・11合輯, 1999, pp.357-364.
70) 『耘谷詩史』 卷3, <有感[時田民兼幷之徒蜂起, 八首>(『高麗名賢集』 卷5, p.330 ; 『耘谷行錄』 卷3, 影印標點 『韓國文集叢刊』 卷6, p.180).
71) 『耘谷詩史』 卷3, <伏聞主上殿下奮義掃盡. 兼幷暴虐之徒. 四方晏然. 詩以賀之>(『高麗名賢集』 卷5, p.332 ; 『耘谷行錄』 卷3, 影印標點 『韓國文集叢刊』 卷6, p.182).
72) 『耘谷詩史』 卷3, <伏聞主上殿下奮義掃盡. 兼幷暴虐之徒. 四方晏然. 詩以賀之>(『高麗名賢集』 卷5, p.332 ; 『耘谷行錄』 卷3, 影印標點 『韓國文集叢刊』 卷6, p.182).

406

세금마저 굉장히 많아, 발붙일 곳이 없게 되었습니다. 그런데도 겨울철만
되면 세금을 독촉하는 무리들이 문이 메어지도록 잇달아, 한번이라도 명을
어기면 손과 발을 높이 매달고, 심지어는 곤장까지 때려서 살과 뼈가 해어
지게 하니, 살던 백성들이 견디지 못하고 사방으로 흩어져서 마을이 이같이
되었습니다." 내가 그 말을 듣고 오언시 여덟 구를 지어 마을이 쇠망해 가
는 실정을 적어둔다.[73]

그가 당시 경제상황에 대한 가장 심각한 문제가 수조권이었다고 인식한
점에 있어서는 중앙신료들의 견해와 크게 다르지 않았다. 그러나 실제로 중
앙신료들이 우려하고 있었던 것은 주로 수조권의 겸병에 따른 士者世祿으
로서의 기능상실에 있었다.[74] 따라서 이 시기 중앙에서의 전제개혁의 방향
도 사실상 그러한 기능을 회복하기 위한 수조권 분급제도의 재조정에 두어
져 있었다.

그러나 토지문제에 대한 원천석의 문제의식은 수조권의 겸병으로 인한
농민생활의 피폐에 두어져 있었다. 그는 사대부계층 내부의 이해관계보다
는 농민의 입장에서 문제를 보다 구체적이고도 심층적으로 파악하고자 하
였다. 이를테면 楊口郡의 경우에 마을이 쇠망하게 된 원인을 크게 세 단계
로 파악하고 있었다. 첫째는 땅이 좁고 척박하다는 점, 둘째는 權勢之家의
수탈, 셋째로 官家의 과도한 세금을 들었다.

그런데 원천석은 수조권에 기인한 토지문제의 발생을 단지 경제적 요인
에 국한시키지 않았다. 그는 근본을 다스리려면 農政부터 먼저 해야 한다고
하면서 모름지기 農桑에 힘쓰기를 권면하되 백성을 感化시키는 정치를 해
야 할 것으로 생각하였다.[75] 感化를 막는 요소로서 權豪에 의한 토지겸병

73) 『耘谷詩史』 卷1, <十五日. 發方山到楊口郡. 吏民家戶欹斜倒地. 寂無烟火. 問諸
行路. 答曰. 此邑乃狼川郡之兼領官也. 自古地窄田磽. 民物凋殘. 比來權勢之家奪
有其田土. 擾亂其人民. 租稅至多. 雖容足立錐之地. 無有空閑. 每當冬月. 收租徵
斂之輩. 塡門不已. 一有不能則高懸手足. 加之以杖. 剝及肌骨. 居民不堪. 流移失
所. 故如斯也. 予聞其語. 作五言八句. 以著衰亡之實云>(『高麗名賢集』 卷5, p.278
;『耘谷行錄』 卷1, 影印標點『韓國文集叢刊』 卷6, p.128).
74) 朴京安, 「麗末 儒者들의 田制 改革論에 대하여」, 『東方學志』 85, 1994.
75) 『耘谷詩史』 卷2, <上河刺史詩(幷序, 允源)>(『高麗名賢集』 卷5, p.300 ;『耘谷行

을 보고 있었다. 경계를 바르게 해야 한다는 생각은 이에서 비롯된 것이었
다.[76] 그러나 감화를 통한 敎化가 이루어지지 않는 직접적 원인을 憲司의
탓으로 돌리고 있었다. 憲司가 敎化는 뒷전이고 의복제도의 교체와 같은
풍속의 개편에 매달리고 있기 때문이라는 것이다.

3-2-2)
　　<느낀 바가 있어 (이때 농민들의 토지를 빼앗으려는 무리들이 벌떼처럼
일어났다, 여덟 수)>[77]
儀仗의 馬이 울지 않아 말(言)의 길이 막히고
울타리의 파리가 뜻을 얻으니 해괴한 일이 많네.
憲司가 밝은 敎化는 펴지 않고서
衣冠을 바꾸라고 날마다 독촉하네.
(이 무렵 의복제도를 바꾼다는 통첩이 자주 있었기 때문이다)

쟁탈하는 바람이 일어나니 귀신의 지역인가
염치의 도를 잃었으니 사람 세상이 아닐세.
머리를 돌려 홀연히 옛 왕조 일을 생각하다가
멀리 창오산 바라보며 눈물이 얼굴에 가득해지네.

　사실 이 시기 의복제도의 교체는 풍속의 전환에 따른 것으로서 그 배경
에는 元明交替期라고 하는 대외적 요인이 있었다. 당시 개혁파 사대부 세
력이 言路를 장악하고 있었음은 주지의 사실이지만 특히 親明派를 중심으
로 구성되고 있었던 것으로서 이들이 풍속의 개변을 주도하고 있었던 것으
로 생각된다.

　　錄』卷2, 影印標點『韓國文集叢刊』卷6, p.150).
76)『耘谷詩史』卷4, <送弟副正赴春州量田>(『高麗名賢集』卷5, p.337;『耘谷行錄』
　　卷4, 影印標點『韓國文集叢刊』卷6, p.187).
77)『耘谷詩史』卷3, <有感[時田民兼幷之徒蜂起, 八首]>(『高麗名賢集』卷5, p.330;
　　『耘谷行錄』卷3, 影印標點『韓國文集叢刊』卷6, p.180).

3-2-3)

　<이 달 朝廷에서 大明의 聖旨를 받들어 의복제도를 바꾸었는데, 一品
에서 庶官과 庶民에 이르기까지 각각 등급에 따라 달랐다. 이에 절구 네
수를 지어 기록한다>[78]

천자의 위엄이 바닷가까지 미쳐
의관 법제를 이미 선포하였네.
옛것 버리고 새 옷 입음이 어찌 그리 빠른지
외국 사람이 이제 중국사람 되었네.

　그는 "朝廷에서 大明의 聖旨를 받들어 의복제도를 바꾸었는데, 一品에서
庶官과 庶民에 이르기까지 각각 등급에 따라 달랐다."라고 하면서 "옛것 버
리고 새 옷 입음이 어찌 그리 빠른지 외국 사람이 이제 중국사람 되었네."
라고 하였다. 이는 고려인이 주체성을 잃고 중국의 의관 법제를 따르는 것
을 비판한 것이다. 그는 중국과 우리나라는 거리가 멀고 風水와 陰陽의 기
운이 다른 것으로 보고 있었다.[79] 따라서 풍속에 있어서도 꼭 같을 수는 없
는 것으로 판단하고 있었던 것이다.
　말하자면 이 무렵 고려왕조는 明나라와의 事大關係를 따르게 됨으로써
그에 따른 의복제도의 전환이 강제적으로 요구되었던 것이다. 그는 "制度와
綱常이 海東에 있었는데 미친 물결이 덮쳐와 그 遺風이 없어졌네"라고도
하였다.[80] 그러나 더욱 중요한 것은 그것이 단지 풍속의 전환에 그치는 사
항이 아니라는 인식이었다. 이를테면 事大의 대상이 元에서 明으로 교체됨
에 따라 국내정세에 그 영향이 직접적으로 미쳤던 것이며 토지겸병이라는
경제적 위기상황이 초래되었다고 보았다. 요컨대 원천석은 토지겸병의 또

---

78) 『耘谷詩史』卷3, <是月. 朝廷奉大明聖旨. 改制衣服. 自一品至於庶官・庶民. 各有
科等. 作四節以誌之>(『高麗名賢集』卷5, p.325 ; 『耘谷行錄』卷3, 影印標點 『韓國
文集叢刊』卷6, p.175).

79) 『耘谷詩史』卷2, <送雲遊子覺宏遊江浙[幷序]>(『高麗名賢集』卷5, p.300 ; 『耘谷
行錄』卷2, 影印標點 『韓國文集叢刊』卷6, p.150).

80) 『耘谷詩史』卷4, <有感>(『高麗名賢集』卷5, p.345 ; 『耘谷行錄』卷4, 影印標點
『韓國文集叢刊』卷6, p.195).

다른 원인을 대외관계의 변화와 그로 인한 부정적 영향이라고 판단한 것이다.

한편 여말 전제개혁에서는 수조권과는 다른 차원에서의 地主的 토지소유에 대한 문제의식도 등장하였다. 그러나 이에 관한 원천석의 입장을 정확히 말하긴 어렵다. 직접적 자료가 없기 때문이다. 다만 당시 유행이었던 별장에 관한 몇 편의 글이 있을 뿐이다. 여기서는 徐允賢의 별장에 관한 글을 통해서 간접적으로나마 이 점에 관하여 생각해 보기로 하자.

3-2-4)
　　<前刺史 閔公이 徐 奉翊의 별장에 쓴 시에 차운한 시와 서문>[81]

奉翊 版圖判書에서 물러난 徐允賢 공이 하루는 내게 이렇게 말했다. "내가 사는 조그만 누각 앞 연못에 맑은 샘물을 끌어들이고, 그 곁에 밤나무 亭子(栗亭)를 만들었습니다. 못 가에 논 한 마지기가 있는데, 더운 철에 올라가 보면 서늘한 기운이 책상에 생겨납니다. 그곳에서 연꽃을 구경하고 농사를 감독하며 그윽한 정을 펼친 지가 여러 해 되었습니다. 그러다가 올해 7월 어느 날, 전 자사 閔公이 농사를 장려하기 위해 들판을 다니다가 마침 이곳을 지나게 되었는데, 한 번 둘러보고 시를 지어 주었습니다. 그 시를 흰 판에 써서 붙이자, 내 누각의 가치가 더욱 높아졌습니다. 그대도 나를 위해서 그 운에 따라 시를 지어, 우리 刺史의 風化를 찬미하지 않겠습니까?"

여기서는 徐允賢의 별장에 관하여 비교적 자세히 기록하고 있다. 그는 자신의 별장에 누각을 짓고 물을 끌어들여 연못을 만든 다음 누각 옆에 밤나무 亭子도 만들었다. 못가에는 一頃에 해당하는 논도 있었는데 그는 연못의 연꽃을 감상하면서 동시에 논에서 일하는 사람들을 감독하기도 하는(賞蓮觀稼) 가운데 그윽한 정을 누린지 여러 해가 되었다고 하였다.

이러한 풍경은 당시 사대부들의 별장에서는 흔히 이루어지는 모습이었을 것이다. 산곡의 물을 끌어들여 이를 이용하여 관개하는 방식은 전형적인 고

---

81) 『耘谷詩史』 卷2, <和前刺史閔公題徐奉翊郊居詩[幷序]>(『高麗名賢集』 卷5, p.307 ; 『耘谷行錄』 卷2, 影印標點 『韓國文集叢刊』 卷6, p.157).

410

려시기 농경의 형태였다. 여기서 一頃의 면적은 생각보다는 상당히 넓은 것이다. 結로 표시하지 않은 점은 아직 양안에 등록되지 않은 신개간지일 가능성도 있다. 일하는 사람들에 관해서는 자세히 설명하지 않았는데 奴婢일 가능성이 많지만 傭耕 혹은 小作人일 가능성도 배제할 수 없다.

요컨대 徐允賢의 별장은 자신의 토지 위에 성립된 경영형태의 일 유형임에는 틀림이 없다. 前刺史 閔公은 여기에 현판을 써서 달아주었으며 徐允賢으로부터 그의 풍화를 찬미하는 시를 요청받고 다음과 같이 말하였다.

3-2-5)
이제 서공이 벼슬에서 용기 있게 물러나 숲과 샘에 살면서 맑은 흥을 즐기는 줄 알고 민공이 별장을 지나다가 자기가 보는 대로 붓 아래 나타냈으니, 고을을 다스리는 여가에 자기를 알아주는 친구끼리 서로 만나서 고을살이의 즐거움을 잠시나마 얻은 것을 이 시에서 볼 수 있습니다.82)

여기서 알 수 있는 것은 별장형태의 농장에 관하여 元天錫은 별다른 의문점을 제시하지 않는다. 말하자면 소유권에 바탕을 둔 농업경영에 관한 그의 생각은 대체로 긍정적인 것으로 보인다. 이 점 소유권에 바탕을 둔 농업경영이 無勞動에 근거하여 富益富 貧益貧의 결과를 초래하는 것으로서 토지제도의 근본적 모순임을 간파한 三峰 鄭道傳의 경우와는 상당히 다른 모습이다.

4. 맺음말

원천석은 은둔생활을 하면서도 자연조건을 이해하는 가운데 몸소 작물을 선택한다든지 그에 적합한 환경을 만들었으며 또한 그에 적합한 농업기술을 습득 적용하고자 노력하였다. 농사에 대한 이러한 접근방법은 기본적으로 생계를 위한 것이기는 하지만 관찰과 실험을 통해 사물의 성질을 밝히고 그 오묘한 이치를 깨닫는 과정으로 결국 窮理에 의한 '格物致知'에 다름 아

---
82) 위의 글.

니었다. 그는 이를 修己의 한 과정으로 생각했는지도 모르겠다. 그렇기에 亭子를 지으면서도 修養을 염두에 두었던 것이다.

원천석의 이와 같은 格物致知的 자세는 營農과정에서 표출되었으나 個人에 그치지 않고 인근지역에서 國家에 이르는 共同體的 삶을 이해하는 과정에서도 그대로 드러나고 있었다. 이를테면 공동체적 삶을 파괴하는 民의 流亡에 주목하면서 그 원인을 자연재해와 더불어 수조권 분급제의 모순에서 찾고 있었다. 특히 중앙의 臣僚들이 정치적 이해관계에 의거하여 후자에만 주목하는 경향이 있었음에 비하여 원천석은 사실에 기초하여 현실을 바라보고자 했던 것이다. 아울러 그는 收租權 문제의 심각함을 지적하면서도 그 원인을 단순히 경제문제에 귀착시키지 않았다. 즉 元明교체기 국제질서의 재편과 이에 편승한 權豪들의 발호 그리고 이를 단속하지 않은 憲司의 책임으로 판단하고 있었다. 이와 관련하여 원천석은 고려 이래의 풍속을 긍정적으로 생각하면서 새로운 변화를 걱정하고 있었다. 그는 오히려 원래 制度와 綱常이 海東에 있었다고 말할 정도였다. 그러나 服制강요에서 볼 수 있듯이 明과의 관계 속에서 재래의 풍속은 개혁파들에 의해 점차 훼손되고 있었다. 때문에 그는 고려의 주체성이 상실될 위기에 처해 있었던 것으로 판단하였던 것이다. 그가 걱정하고 두려워했던 것은 바로 이 점이었다.

절의의 인물로서의 원천석은 사실상 宣祖 功臣이었던 朴東亮(1569~1635)에 의해 비로소 발굴 재조명되었다고 할 수 있다. 國基를 뒤흔들 수 있는 내용에도 불구하고 그보다는 不事二君의 節義가 강조될 수 있었던 것은 당시 특별히 守成의 필요성이 절감된 壬亂以後의 정치적 현실과도 무관하지 않았을 것이다. 耘谷이라고 하는 號도 그렇게 해서 만들어진 것은 아닐까?

오늘날 원천석에 대한 평가는 17세기적 상황 속에서 이루어진 것이다. 그에 대한 정당한 평가는 麗末鮮初라고 하는 당대의 관점에서 다시금 정립될 필요성이 있는 것이다. 그것은 단순한 절의의 인물이 아니라 나라의 주체성이 무엇이고 정체성은 무엇인지에 대한 나름의 고민과 좌절을 겪은 한 인물에 대한 평가일 수 있다.

원천석의 당대 인식과 처세의 지향

김 인 호[*]

1. 머리말

원천석은 조선왕조 성립을 전후해 살았던 대표적 지역지식인의 한 사람이다. 역성혁명 속에서 원천석은 지금까지 고려왕조에 대한 '의리'를 지켰던 인물로 평가받았으며, 이런 점에서 정몽주와 함께 주목받았다.

고려 말기 사대부들은 자신들의 정치적 입장이나 여러 처지에 입각해 신왕조 개창에 적극 협조하거나, 고려왕조를 지켜내려는 두 가지 방향 중에 하나를 선택해야 했다. 그렇지 않다면 지방에 낙향하여 은일하면서 생활하는 것이 그 선택지 속에 포함되어 있었다. 그러나 지식인의 隱逸에 대한 평가 역시 단순하지 않다. 은일은 자신의 보신을 위한 일종의 도피적 생활과 혼동되기 쉽기 때문이다.

은일과 출사, 이 양자 사이의 고민은 고려 말 조선 초기 지식인들만의 문제는 아니었다. 그러나 왕조교체라는 현실은 처세 문제에 대한 고민을 더욱 깊게 던졌음에 분명하다. 원천석 역시 여기서 예외가 아니었다.[1] 특히 그의 『耘谷詩史』는 이런 고민에 대한 흔적을 여러 곳에서 드러내고 있다.

지금까지 원천석에 대한 연구는 적지 않게 이루어졌다. 그 성과는 이미 『耘谷元天錫研究論叢』(李仁在·許敬震 공편, 원주문화원, 2001)으로 묶여져 나왔다(총 10편). 또한 최근에는 운곡학회에서 『耘谷學會研究論叢1』(원

---

* 광운대학교 교양학부 조교수

1) 원천석의 특성이 은일적 인물이라는 점은 이미 지적되었다. 그의 은일은 공민왕과 우왕대 정치를 꺼린 현실도피가 아니라고 평가되었다(이인재, 「고려 말 원천석의 학문관과 지역활동」, 『운곡원천석연구논총』, 원주문화원, 2001, pp.106-107).

주, 2005)을 발간하여 원천석 연구에 박차를 가하고 있다(총 6편). 이 중에서 崔光範은 「耘谷 元天錫의 處士的 삶과 義理精神」이라는 논고를 통해 원천석의 出處觀을 일부 다루고 있다.

그러나 이 문제는 원천석의 당대 인식과 연결시켜 보면 더욱 깊게 이해될 수 있을 것이다. 그 이유는 자신의 행동방식은 그가 살았던 시대인식과 직결되기 때문이다. 유학을 익혔던 원천석은 자신의 역할과 방향을 시대 속에서 규정했을 것이다.

따라서 본고에서는 원천석의 당대인식부터 시작해 보려 한다. 특히 여기서 주목하려는 것은 원천석이 생각한 군주와 그의 통치에 대한 인식이다. 그의 경우는 1330년(충숙왕 17) 7월 8일에 태어나 조선 초기까지 살았다. 이 기간에 그는 여러 명의 군주 통치와 왕조교체까지 겪어야 했다.

그의 『운곡시사』에는 그의 나이 22세(1351년, 충정왕 3)부터 65세(1394년, 조선 태조 3)까지의 글이 들어 있다.[2] 이처럼 그의 생애 동안 재위했던 군주의 숫자는 적지 않았다. 따라서 군주와 통치에 대한 인식은 그의 처세와 행동방식을 결정하는 중요한 요인이었다. 아울러 조선왕조에 대한 인식 역시 이 문제의 연장선 속에서 검토하려고 한다.

이후 원천석의 사유와 처세에 대한 태도가 검토의 대상이다. 그는 일생동안 출사하지 않고 자신의 근거지인 원주에서 주로 생활하였다. 그의 학문 능력에도 불구하고, 원천석이 출사하지 않은 이유는 어디에 있는가? 여기에서는 이 문제를 그의 사유방식과 연결하여 살펴보도록 할 예정이다. 특히 원천석의 위상은 동시대 인물들과의 비교 속에서 분명해질 것이다. 예컨대 그와 관계가 있었던 李穡, 鄭道傳 등처럼 중앙정계에서 활약했던 인물들이 그런 경우다. 우리는 이를 통해 원천석의 위상과 그의 사유의 특징을 보다 깊게 이해하려는 것이다.

---

2) 『운곡시사』는 원천석의 시를 대략 연대별로 수록하고 있다. 각 권에 대한 정보는 유주희, 「원천석 연구-그의 현실인식을 중심으로」, 앞 책, 2001, pp.82-84에 정리되어 있다.

2. 군주통치와 시대인식의 특징

1) 현실과 당대인식

원천석이 살았던 시대는 정치적 격변기였다. 그가 태어난 충숙왕 이후로 정치적 이유 때문에 군주의 교체가 잦았다. 여기에 더해 원천석은 왜구와 홍건적의 침입, 그리고 왕조교체로 가는 정치적 변동을 겪어야 했다. 그런 가운데 현실인식이 처음 드러나는 시는 공민왕 3년(1354)때의 것이다.

당시 그는 25세의 젊은이였고, 10월 淮陽으로 가는 길목에서 여러 편의 시를 지었다. 10월 15일 그가 楊口郡에서 본 것은 吏民의 집들이 텅 비었다는 사실이다.[3] 당시 그는 길가는 사람에게 그 이유를 물었다. 그 사람은 이 지역이 땅이 좁고 척박한 자연적 요인 이외에, 최근 권세가에게 땅을 빼앗기고 세금까지 많아 모두 도망쳤다고 알려주었다. 이를 들은 원천석은,

> 무너진 집에서 새들만이 서로 부르고
> 백성들은 달아났고 아전 역시 없네
> 해마다 민폐만 더해가니
> 어느 날에야 즐거움을 얻으랴
> 밭은 權豪의 집에 맡겼는데
> 문에는 포학한 무리가 연이어
> 남아 있는 사람들만 더욱 가엾으니
> 이러한 고생이 누구의 허물인가[4]

라고 했다. 그는 여기서 자연적 요인보다, 권세가 등에 의한 인위적 요인을 주목했다. 당시 권세가의 탈점에 대해서는 잘 알려진 사실이다. 특히 이들의 탈점은 양구와 같은 척박한 지역까지 미치고 있었고, 그 영향은 한 지역의 몰락으로까지 이어지고 있었다.

---

3) 『耘谷詩史』卷1, <十五日 發方山到楊口郡……>. 본고에서는 이인재·허경진 공역, 『耘谷詩史』(원주문화원, 2001)을 이용하였다.

4) 『耘谷詩史』卷1, <十五日 發方山到楊口郡……>, "破屋鳥相呼 民逃吏亦無 每年加弊瘼 何日得歡娛 田屬權豪宅 門連暴虐徒 子遺殊可惜 辛苦竟何辜".

이처럼 원천석은 현실에 분노하고 있었다. 주목할 것은 사태에 대한 원인 파악인데, 그는 원인을 토지탈점으로 파악했다. 그런데 고려 말 토지문제를 본격적으로 제기한 趙浚은 강원도 지역을 안찰하면서 이러한 시를 남기지 않았다. 예컨대 조준은 강원도 양구와 같은 관할지인 낭천에 유숙했지만[5] 그는 주로 인재를 찾는 쪽에 중심을 두고 있다.[6] 물론 원천석과 조준의 시는 지역적으로나 시간상으로 약간 차이가 있으며, 詩라는 형식을 고려할 필요는 있다. 그럼에도 원천석의 인식은 조준 이상으로 지방현실을 적확하게 보고 있었던 것이다.

그런데 그는 이 문제를 군주통치와 연관짓지 않았다. 실제 그의 시 대부분에서 통치에서 군주의 역할을 논하는 내용은 거의 발견되지 않는다. 고려 말 성리학이 유행하면서, 유학자들은 이전보다 군주의 역할과 수양문제에 주목하였다. 특히 군주역할을 위한 수양론이 본격화하면서, 『大學衍義』가 권장되기도 했다. 군주의 수양 방식이 자연재해에 대한 소재도량의 설치나 죄수 석방 등과 같은 외형적 형태에서 군주 마음의 학문적 수양으로 그 중심이 옮겨갔던 것이다.[7] 그럼에도 그는 군주 수양에 대한 언급이 별로 없었던 것이다.

원래 군주의 통치능력 문제는 권력체계와 연관된다. 현실사회에 대한 책임과 해결의 주체가 여기서 설정되기 때문이다. 공민왕대 홍건적 문제는 고려사회에 적지 않은 충격을 주었다. 공민왕은 홍건적을 피해 안동까지 가야 했고, 개경 회복까지 상당한 시간이 걸렸다. 국가적 위기였던 것이다. 1362년(공민왕 11) 정월의 개경수복은 원천석에게 다시 '태평성대'를 열 수 있게 한 사건으로 평가되었다.[8]

이에 관해 원천석은 이때 참전한 장수들의 이름과 적 소탕 사실을 설명하면서, 이로 인해 "우리 삼한에서 왕업이 다시 일어나게 되었다."고 하였

---

5) 양구는 고려시대 春州에 소속되어 楊溝縣으로 불렸으며, 예종 원년에 감무를 두어 낭천과 겸임토록 했다(『高麗史』 卷58, 志12 地理3, 楊溝縣).

6) 『松堂集』 卷1, <次狼川客舍韻>, "宇宙風塵一歎長 朝天馬上憶南陽 山西將士誰豪俊 圖畫凌煙鬢未蒼".

7) 김인호, 「여말선초 군주수신론과 『대학연의(大學衍義)』」.

8) 『耘谷詩史』 卷1, <辛丑十一月 紅頭賊兵 突入王京……>.

416

다. 그리고,

> 북쪽 오랑캐의 간교한 꾀가 크지가 않아
> 東韓의 융성한 왕업이 다시 무궁해졌네.
> 피비린내 나던 칼과 창, 티끌까지 고요해지니
> 사해 백성 편안한 것이 하루의 功이네.9)

라고 했던 것이다. 여기서 그는 정세운, 안우, 김득배, 이방실, 민환, 김림 등의 활약을 시의 제목에 적었다. 왕업이 무궁해진 것은 전적으로 이들의 활약 때문으로 보았다. 즉 원천석이 주목했던 것은 공민왕이 아닌, 당시 활약한 武將들의 역할이다. 그는 이어지는 시에서 이들을 '英雄'이라고 불렀다.

이는 그의 나이 33세 때이고, 26세(공민왕 4)에 국자감시에 합격한 이후 아직까지 관직에 진출해 있지 않은 상태였다. 그러한 원천석에게 공민왕에 대한 평가를 찾아보기 어렵다. 그 이유는 원천석 자신이 중앙 정계에서 직접 활약하지 않았기 때문이라고 본다. 이 점은 이색이나 한수처럼 공민왕대에 정계에서 활약했던 인물들과는 대조적이다.10)

원천석은 우왕대에도 군주의 역할이나 책임에 대한 언급을 거의 하지 않는다. 1376년(우왕 2)에 겪은 심한 가뭄에 대해 그는 책임을 조물주에 대해 돌린다.

> 山城에 몇 달 동안 비가 오지를 않아
> 넓은 들판에 풀도 없이 천리가 시뻘개졌네.……
> 정성이 이러하건만 비는 계속 오지를 않아
> 조물주도 마땅히 꾸중을 들어야겠네.
> 인민들이 힘입을 것이라고는 부처와 하늘뿐인데

---

9) 『耘谷詩史』卷1, <辛丑十一月 紅頭賊兵 突入王京……>, "北寇奸謀未足雄 東韓盛業更無窮 腥膻釼戟風塵靜 四海民安一日功".
10) 공민왕 사후 광암사에 비를 세우는 사업이 추진되었고, 설립까지 몇 년이 소요되었다. 이는 공민왕에 대한 평가 때문이라고 볼 수 있다. 이색이나 한수의 경우는 공민왕을 매우 긍정적으로 평가했다.

기도해도 이뤄주지 않으니 아무런 이익이 없네.……
만물이 무엇을 안다고 이리 초췌해졌나
사람이 죄를 지으면 하늘 꾸짖음을 당해야 하건만
알건 모르건 모두 같이 벌받고 보니
天道엔 필연 變易이 없나 보네.……
내 이제라도 용왕을 불러서
굴속에 있는 이무기들을 때려 일으키고 싶네.[11]

위에서 직접 인용하진 않았지만, 정부는 사찰에서 『雲雨經』을 읽게 하였고, 지역 내부에서는 사당에서 무당들을 불러 굿을 했다. 이는 가뭄에 대한 고려정부의 통상적인 조치이며, 중앙에서는 소재도량이 설치되고 기우제가 이루어졌을 것이다.

이 시는 가뭄의 원인을 '인간의 죄'와 연관짓고 있다. 그로 인해 하늘의 꾸짖음을 당한다는 것이다. 이것이 시에 등장하는 '天道', 즉 하늘의 길이다. 이런 인식이 천인감응론에 기초한다는 점은 상식적이다. 이 경우 그 책임은 대개 군주의 不德으로 치부된다.[12]

물론 이규보는 하늘이 백성을 버리지 말아달라고 부탁하는 시를 짓기는 했다.[13] 마찬가지로 원천석은 자신이 용왕을 부르는 염원을 말하지만, 우왕의 책임을 따로 언급하지는 않았다. 이는 성리학을 익힌 유학자가 군주수신론으로 말하는 것과 다른 것이다. 즉 원천석은 군주 수양에 대한 촉구가 없다.

그래서 그는 현실문제를 지적하지만, 대개 군주통치와 시대를 긍정적으로 본다. 가뭄이 심했던 해에 지어진 시에서는

왕업은 하늘의 영원함과 같이 하니

---

11) 『耘谷詩史』卷2, <苦旱>, "山城數月霖雨絶 大野不毛千里赤…… 人民所賴佛天神 禱不輒逐事無益…… 物有何知見憔悴 人有罪犯逢天嚇 無知有識俱等蒙 天道必然 無變易……我欲招呼龍伯翁 打起蛟螭空窟宅".
12) 李熙德, 『高麗儒敎政治思想의 硏究』, 一潮閣, 1984, pp.168-176.
13) 『東國李相國後集』卷9, 古律詩, <渴雨>, "天不棄我民 庶賜膏一滴".

산림에는 감추어진 선비가 없네.
만 백성은 모두 밝게 다스려지고
벼슬아치들도 다 맑고 깨끗하네.
덕과 은혜가 산 고을까지 미쳤으니
백성 사랑하기를 갓난아기처럼 하며,
위아래가 모두 밝고 어질어
성대한 왕업이 끝이 없구나.
임금님의 수명이 천만년이니
복의 바다가 어찌 끝이 있으랴.
곳곳마다 모두들 기뻐 날뛰고
어진 바람이 안팎에 통하네.……14)

라고 했다. 이 시는 春州에 있는 申大學(이름은 불명)이 보낸 五言詩에 차
운한 것이다. 따라서 위 시는 신대학에게 보내는 답장의 성격을 지닌다.

여기서 그는 우왕 통치를 태평성대처럼 묘사하고 있다. 단, 그의 시 속에
서 태평성대를 여는 군주의 역할에 대한 언급은 없다. 다른 시에서는 "천년
에 드문 明君과 良臣이 모였으니 태평성대에 풍운이 열린 줄 비로소 알겠
네"15)라고 하여, 군주를 지칭하고 있기는 하다. 그러나 이 시에서도 초점은
군주에 대한 충성이다. 또한 明君과 良臣의 만남은 儒學의 이상적 정치형
태를 말해주는 상투어이며, 明君에 대한 이유는 드러나 있지 않다. 이런 면
에서 원천석은 당대 인식에서 현실긍정적인 경향을 보인다.

단, 그렇지 않은 경우는 지방사회의 현실을 술회할 때이다. 예컨대 자신
의 집 서쪽 이웃에 살던 노파는 자식 없이 딸 한 사람만이 있었다. 그런데
이 딸이 樂府의 부름으로 娼妓가 되기 위해 길을 떠나게 되었다. 노파는 부
양해 줄 사람이 없어짐에 따라, 슬퍼 통곡했다. 이 얘기를 들은 원천석은

---

14) 『耘谷詩史』卷2, <又>, "王業共天長 山林無逸士 萬姓盡平章 搢紳皆潔已 德澤及
山鄕 愛民與赤子 上下盡明良 盛業終無已 寶算千萬霜 福海寧有涘 處處皆歡場
仁風通表裏".

15) 『耘谷詩史』卷2, <同年沈盆州方哲示尹壯元所贈詩云>, "傳家餘慶襲高門 竭力輸
忠翊聖君 千載明良相會合 方知盛代啓風雲".

"태평성대의 기상이 이 가운데 있을런가"16)라고 개탄했다.

또한 그는 이 시가 지어진 58세(1387, 우왕 13) 때에 토지탈점에 대해 다시 언급하고 있다. 25세 당시에 보여준 인식의 연장이었다. 여기에 대해 그는 다섯 수의 시를 지었는데, 그 중에서,

나라의 명맥이 퇴락하니 정치로 보살펴야 하고
인륜의 기강이 무너져 가니 교화를 펼쳐야 하건만,
임금의 문은 깊게 잠겨서 아홉 겹으로 막혔으니
아뢸 곳 없는 백성들이 저 푸른 하늘에 호소하네.
쟁탈하는 바람이 일어나니 귀신의 지역인가
염치의 도를 잃었으니 사람 세상이 아닐세.
머리를 돌려 홀연히 前朝 일을 생각하다가
멀리 창오산 바라보며 눈물이 얼굴에 가득해지네.17)

우왕 13년은 이인임·염흥방 등을 중심으로 한 권세가의 통치가 막바지에 이른 시기다. 당시 탈점의 심각성은 우왕 14년 조준의 상소에서 제기한 토지개혁론에서 잘 보어준다. 원천석은 지역사회에서 토지탈점에 그대로 노출되는 환경에 있었다.

그는 토지탈점으로 인해 나라의 맥이 끊어져 간다고 표현했다. 이 문제에 대해 그는 풍수지리의 地氣가 아닌, 儒者답게 정치로 해결해야 한다고 주장한다. 정치는 군주의 교화가 바탕인데, 민들의 情意가 군주에게 전달되지 않는다고 그는 인식했다. "임금의 문이 깊게 잠겨서 아홉겹으로 막혔으니"라는 표현이 이를 말해준다. 따라서 그 책임은 군주가 아닌, 관료들에게 돌아간다.

또한 이 시에서 우리는 그가 공민왕대의 정치를 바람직하게 보고 있음을 알 수 있다. 그가 "머리를 돌려 홀연히 前朝의 일을 생각하다"라고 했는데,

16) 『耘谷詩史』卷3, <西隣有一婆 無他息……>, "……昇平氣像此中存".
17) 『耘谷詩史』卷3, <有感時田民兼幷之徒蜂起八首>, "國脉將頹當輔治 人綱欲廢要開張 君門深鎖九重隔 無告嗷嗷籲彼蒼……爭奪風興非鬼域 廉恭道喪不人寰 回頭忽起前朝念 遙望蒼梧淚滿顏".

420

여기서 前朝가 공민왕을 의미하기 때문이다. 공민왕이 순임금이 묻혔다는 산, 즉 "멀리 창오산을 바라본다"는 표현이 이를 뒷받침한다. 순임금이 중국 고대의 성인 군주인데, 공민왕을 여기에 대비하고 있다.

이러한 토지탈점 등의 피해는 그 해 동지에 쓴 시에서도 적나라하게 나타난다. 그는 동짓날 감회에서 슬픔을 다음과 같이 표현했다.

　　태평성대에 태어나 자랐고
　　늙어서도 태평성대를 만났건만,
　　조정이 황제 명령을 받들어
　　의관제도를 바꿔야 한다니.
　　높건 낮건, 귀하건 천하건
　　中夏 사람이지 東夷가 아닐세.
　　예법과 제도가 이미 이러한데
　　정치와 교화는 왜 베풀지 않나.
　　백성들 살림은 더욱 쓸쓸해져
　　밭갈기도 누에치기도 다 틀렸으니
　　문에는 언제나 거적자리를 내려뜨리고
　　땅이라곤 송곳 세울 자리도 없네.
　　세금도 다 못 냈는데
　　가을마당에 벌써 남은 게 없어
　　아무리 애쓴들 어디로 가며
　　헤매는 사정을 그 누가 걱정하랴.[18]

그에게 이전이나 지금이나 현실은 태평성대라고 말한다. 그런데 위 시에 나오는 의관제도의 변경은 전 해인 우왕 12년 2월에 정당문학인 정몽주가 명나라의 남경에 가서 국왕의 편복과 조복 등의 의복제도를 요청한 결과였다.[19] 그에 따라 우왕 13년 6월 백관의 관복을 새로 정하게 된 것이다.[20]

---

18)『耘谷詩史』卷3, <冬至日寓懷>, "生長大平日 老值大平期 朝廷承帝命 改制冠服儀 尊卑幷貴賤 中夏非東夷 禮度旣如此 政刑何不施 民居轉蕭索 耕桑俱失宜 門戶常懸席 土田無立錐 未充貢賦額 浚盡無餘脂 勞勞不遑處 誰肯嘆流離".

  원천석은 이러한 천자의 국가질서에 포괄되는 것을 태평성대라고 인식했다. 그러나 그는 태평성대에 맞는 정치와 교화가 베풀어지지 못하는 것에 불만을 지녔다. 당시 약간의 토지를 가진 사람들은 땅을 탈점 당하고 과중한 세금이 시달려야 했던 것이다. 이런 현실에서 벗어난 계기는 조반의 토지탈점 사건으로 그는 보았다. 우왕 13년 趙胖이 염흥방의 종 李光과 토지탈점을 둘러싼 시비가 있었고, 이를 계기로 염흥방, 임견미 등이 몰락한 것이다. 원천석은 조반이 의롭게 강포한 무리들을 제압하다가 그들에게 욕을 당했는데, 임금의 은혜를 입어 화를 면하게 되었다고 보았다.[21] 그는 이렇게 조반을 찬양했다. 신료의 역할을 강조하고 있는 셈이다.

  나아가 그는 우왕 14년 1월에 벌어진 염흥방, 임견미, 이인임 등의 숙청에 대해서는 군주의 힘으로 평안해졌다고 했다.

  舜 임금이 四兇을 제거한 것처럼
  사방 백성들이 함께 즐거워했네.
  온 나라 백성들이 생업을 편안히 하고
  힘 자랑하던 豺狼들은 벌써 자취를 감추었네.……
  이제부터 성한 덕이 멀리까지 흘러가
  華夏와 蠻夷가 다 함께 복종하리.[22]

  원천석은 이때 처음으로 군주의 역할에 대해 칭송하였다. 우왕을 긍정적으로 본 것이다. 그에게 군주는 충성의 대상이었고, 지금까지는 주로 신료의 역할에 대해서 주목했었다.

  그러나 토지탈점에 의한 정계 변동을 보면서 그는 군주의 역할을 처음으로 인식하게 된 것이다. 유의할 것은 역시 군주의 학문이나 도덕적 수양이

---

19) 『高麗史節要』 卷32, 신우 12년 2월.

20) 『高麗史節要』 卷32, 신우 13년 6월.

21) 『耘谷詩史』 卷3, <贊趙相國胖 時相國以義制强暴之徒被其所辱尋蒙上恩免禍>.

22) 『耘谷詩史』 卷3, <伏聞主上殿下奮義掃盡 兼幷暴虐之徒 四方晏然 詩以賀之>, "正似虞時去四兇 四方咸樂變時雍 率濱民俗應安業 當道豺狼已絶蹤……自今盛德流諸遠 華夏蠻夷盡服從".

422

아닌 정치적 역할에 주목하고 있다는 점이다.

원천석은 고려 말 儒者들이 흔히 말하는 중국 三代시대를 이상으로 본 경우가 별로 없다. 위 시에서 등장하는 순임금의 四凶의 제거는 故事의 인용일 뿐이다. 이 점은 그의 시에서 역사를 논하는 경우가 거의 없는 것과 상통한다. 그렇다고 원천석이 故事를 인용하지 않는다는 의미가 아니다. 요컨대 그가 역사와 현재를 대비하거나, 또는 과거사에서 당대 문제해결의 모델을 찾지 않았다는 뜻이다. 이는 그의 역사인식을 찾아내기 어렵다는 의미이며, 그의 현실에 대한 긍정적이고 보수적인 태도를 이해하는 단서다.

그런 점에서 원천석은 당시 중앙에서 활동했던 조준이나 정도전과 같은 사람들과 달랐다. 또한 성리학의 정치적 실현에 대해 직접적인 관심을 거의 드러내지 않는다. 이렇게 된 것에는 중앙정계에서 활동 여부가 중요한 요인이라고 본다. 즉 그의 경우에 정계 변동이 곧바로 자신의 삶에 영향을 주지 않는다. 따라서 그에게는 권세가에 의한 토지탈점이나 세금부과 등과 같이 자신에게 영향을 주는 문제가 더 크게 다가왔다. 그러나 그의 노년기에는 국왕과 왕조교체라는 커다란 문제가 그에게 닥쳐오고 있었다.

2) 군주와 신 왕조 인식

고려 말의 정치변동은 원주에 은거하던 원천석의 인식에도 포착된다. 위화도 회군 이후 창왕의 즉위가 그 첫 번째 충격이었다. 원천석이 요동정벌과 이를 지휘하던 최영에 대해 지지하고 있음은 이미 알려진 사실이다.[23] 따라서 그는 위화도회군에 대해 '주춧돌이 위태로워졌다'고 하여[24] 국가의 위기로 파악하였다. 그 결과 우왕의 축출에 대해 다음과 같이 생각했다.

聖과 賢 서로 만나 교대하는 것도 알맞은 때가 있으니
천운이 돌고 도는 것을 이제야 알겠네.

---

23) 이인재, 「고려 말 원천석의 생애와 사회사상」, 『운곡원천석연구논총』, 원주문화원, 2001, pp.54-55 ; 유주희, 「원천석 연구-그의 현실인식을 중심으로」, 같은 책, pp.91-93.
24) 『耘谷詩史』 卷3, <病中記聞>.

초야에 묻힌 백성이라고 어찌 나라 걱정이 없으랴
더욱 충성을 다해서 나라의 安危를 염려한다네.
새 임금이 즉위하고 옛 임금은 옮기시니
쓸쓸한 바다 고을에 바람과 연기뿐일세.
하늘 문 바른 길을 그 누가 열고 닫으랴
밝고 밝은 거울이 눈앞에 있는 것을 보아야겠네.[25]

창왕의 즉위는 이성계와 달리 조민수와 이색 등의 의견이 반영된 것이다.[26] 이 사건은 그의 생애 동안 첫 번째 군주 교체가 아니며, 또한 우왕의 아들이 즉위했다는 점에서 충격이 적었을 수 있다.

이 시에서 그는 군주 교체를 天運으로 파악한다. 군주 교체에 대한 불만이 시에서 드러나고 있지만, 그가 말하고자 하는 점은 애매하다. 첫 시에서는 불안정한 시기의 근심과 자신의 충성을 언급했다. 두 번째 시에서는 '밝은 거울(明鑑)'을 통해 국왕 즉위 후의 일을 하늘과 역사 속에 맡기고 있다. 의미가 모호한 부분이 이곳이다.

사실 원천석 자신이 중앙정계에서 할 수 있는 역할이 거의 없기에 이렇게 모호한 표현이 나왔을 것이다. 물론 시라는 형식 때문이기도 하다. 또한 그는 '나라의 안위'에 대한 근심으로 새로운 군주에 대한 어떤 직접적인 표현을 하지 않고 있다.

그 해 11월 김저 사건으로 인해 창왕이 퇴위하고 공양왕이 즉위하게 되었다. 이에 대해 원천석은 우왕과 창왕이 신돈의 자손이라고 하여 폐위시킨 것에 대해 크게 반발했다. 앞서 창왕의 즉위와는 다른 반응이다. 그는 현실 속에서, "몸 하나야 庶人으로 만들 수 있지만 올바른 이름은 천고에 바꾸지 못하리라."[27]고 주장했다. 이성계 일파의 '우창비왕설'이 正名이 아니라는

---

25) 『耘谷詩史』 卷3, <伏聞主上殿下遷于江華元子卽位有感二首>, "聖賢相遇適當時天運循環自此知 畎畝豈無憂國意 更彈忠懇念安危 新土臨朝舊主遷 蕭條海郡但風烟 天關正路誰開閉 要見明明鑑在前."

26) 『高麗史』 卷137, 列傳50, 신우 14년 6월 己酉. 여기서는 이성계가 왕씨 후손을 국왕으로 세우러 했으나, 조민수와 이색의 의견 때문에 그렇지 못했음을 서술하고 있다. 이 문제는 '禑昌非王說'과 관련된다.

것이다. 이와 같은 그의 의식은,

> 할아비 왕의 믿음직한 맹세가 하늘에 감응했기에
> 그 끼친 은택이 수백 년을 흘러 전했었네.
> 어찌 참과 거짓을 일찍이 가리지 않았던가
> 저 푸른 하늘만은 거울처럼 밝게 비추리라.[28]

는 시로 이어진다.

여기서 '할아비 왕(祖王)'이란 태조 왕건을 뜻한다. 그의 은택이 건국 이후 수백 년 동안 지속되어 온 것으로 그는 보았다. 원천석의 불만은 우왕과 창왕의 혈연문제를 창왕 즉위 당시에 가리지 않았던 것에 있다. 즉 우왕과 창왕이 왕씨의 혈연이라는 주장이 아니다.

그가 믿는 것은 '푸른 하늘'이라는 추상적인 것이고, 이는 유학자들이 흔히 내세우는 표현이다. 원천석의 태도는 불만과 항의이지만, 그 대상은 공양왕이라는 군주 자체가 아니다. 우창비왕설을 주장하는 이성계 일파에 대한 그것이다. 결국 우왕과 창왕이 죽게 되었다는 소식을 들은 원천석은 이성계를 비판하게 된다.

> 지위가 鍾鼎까지 높아진 것도 임금의 은혜건만
> 도리어 원수가 되어 한 집안을 멸망시켰네.
> 한 나라에 큰 복을 누려 마땅하건만
> 九原에서도 그 원한을 씻기 어렵게 되었네.
> 옛 풍속은 없어져도 때는 되돌아오니
> 새 법이 맑아야 도가 더욱 높아지리.
> 오로지 대궐을 향해 만세 부르니
> 두터운 은혜 산촌까지 미치게 하소서.[29]

---

27) 『耘谷詩史』 卷4, <聞今月十五日國家以定昌君立王位前王父子以爲辛旽子孫廢爲庶人>, "……可使一身爲庶類 正名千古不遷移".

28) 『耘谷詩史』 卷4, <聞今月十五日國家……廢爲庶人>, "祖王信誓應乎天 餘澤流傳數百年 分揀假眞何不早 彼蒼之鑑照明然".

원천석은 이성계가 군주 은혜로 재상까지 되었지만 도리어 滅門의 주인공이 되었음을 개탄했다. 그가 주목한 점은 군주에 대한 不忠이라는 점이다.

그럼에도 새로운 정권에 대한 기대가 시의 후반기에 등장하고 있다. 여기서 그는 새 군주인 공양왕에 대해서도 '만세'를 부르며, 그 은혜를 기대하고 있다. 요컨대 원천석은 현실에 대한 불만이 있지만, 그것은 앞서 말했듯이 군주 자체의 문제가 아니다. 그의 태도는 신료들의 문제에 초점을 맞는 것이고, 군주 자체가 아닌 것이다. 이것은 현실 긍정적이고 보수적인 사유에서 기인한다. 특히 통치개선이 이루어진다면, 군주의 교체는 큰 문제가 되지 않는다. 그래서 원천석은 민을 위한 통치를 하는 군주를 찬양한다.

> 열 줄의 宥旨가 이 산골에 내리니
> 四海 백성들이 모두들 만세 부르네.
> 효를 세우고 명분 바로잡아 옛 법을 따르고
> 어버이 공경하고 조상 높이며 큰 터전을 지키라셨네.
> 喪을 치르고 제사 받들 땐 정성이 간절하고
> 허물 용서하고 어진 마음 미루어 덕과 의를 갖추라셨네.
> 읽고 나니 이 마음이 몹시 감격해
> 크나큰 왕업이 唐虞보다 뛰어남을 알겠네.[30]

열 줄의 宥旨는 공양왕 2년 7월에 大赦를 말한다.[31] 이때 사면령의 내용에는 孝와 조상숭배의 의례 등에 대한 강조가 들어 있다. 사면령 발표가 있기 전 달에 김종연 사건을 계기로 이색, 이림, 우인렬, 이숭인, 권근 등이 청주옥에 수감되었다. 그러나 홍수 등으로 인해 이들은 각 곳에 안치되었고,

---

29) 『耘谷詩史』 卷4, <國有令以前王父子賜死>, "位高鍾鼎是君恩 反自含讐已滅門 一國必應流景祚 九原難可雪幽寃 古風淪喪時還肅 新法清平道益尊 專向玉墀呼 萬歲 願施優渥及山村".

30) 『耘谷詩史』 卷4, <讀宥旨>, "十行寬敎下綿區 四海民同萬歲呼 立孝正名遵古典 敬親尊祖守丕圖愼終追遠誠心切 赦過推仁德義俱 讀罷寸懷多感激 須知景業邁唐 虞".

31) 『高麗史』 卷45, 世家45, 공양왕 2년 7월 辛卯.

426

또한 二罪 이하 죄수에 대한 사면조치가 있었다. 7월의 사면령은 이를 뒷받침하는 명분일 뿐이다.

이색과 관계가 있던 원천석은 이 사면령을 기쁘게 받아들였다. 그에 따라 그는 큰 왕업이 唐虞 즉 유교의 성인군주인 요순보다 뛰어나다고 칭송했다. 이런 의식은 현실 통치에 대한 긍정적 태도에 바탕을 둔 것이다. 그래서 동년이던 이숭인이 충주에 귀양가 붙인 시에 차운할 때에도 원천석은 "밝은 임금의 도는 지극히 공평하다."[32]고 했다. 현재 군주인 공양왕의 정체성에 대한 물음은 처음부터 없었다.

이는 중앙정계에서 직접 군주를 대한 이제현이나 이색 등과는 다른 태도였다. 이제현의 경우는 충선왕의 토번 유배지에 가면서, "임금과 신하란 아비와 자식 같아 잠깐 동안도 잊을 수 없는 것"[33]이라고 주장했다. 또한 이색은 부친과 자신을 등용했던 공민왕에 대한 추모를 토로했던 것이다.[34] 양자 모두가 관료의식의 소산이지만, 이제현 등은 군주의 은혜에 대해 忠의 직접적인 보답을 표현한다는 점에서 차이가 있다.

사실 원천석이 이성계의 즉위에 대한 인식을 직접 보여주는 시는 없다. 특히 이성계가 즉위하는 공양왕 4년 7월 경에는『운곡시사』에서 특별한 내용이 발견되지 않는다. 다만 다음의 시가 주목된다.

성스러운 聖神께서 나라를 開化하시니
伊尹과 呂尙 같은 신하들이 이웃해 있네.
세상은 다시 伏羲·軒轅氏 세상 되었고
백성들은 堯·舜의 백성 되었네.
사방이 모두 태평성대에
다른 나라도 다들 화친 맺으니,
천자께서 諭旨를 내리셔

32)『耘谷詩史』卷4, <同年李令公崇仁被讒在忠州寄詩云>, "……明君道至公".
33)『益齋亂藁』卷2, 「在上都奉呈柳政丞淸臣吳贊成潛」, "君臣之兮父子息".
34)『牧隱詩稿』卷24, <短歌行>, "士也孤立守爲急 用舍行藏非意及 遇知玄陵自稼亭 至今滿目燕山靑 初科狀元拜政堂 幾度手賜黃金觴 病中問候方絡繹 鼎湖龍去門 寂寂 光巖碑上刻繾終 我亦再就韓山封 政堂封君玄陵命 十年飽德何僥永……".

三韓의 즐거움이 다시금 새롭네.[35]

위 시의 첫 구절은 이성계의 국왕 즉위를 의미한다. 그의 주변에 신하들 역시 유학적 견지에서 보는 고대 중국의 이상적인 인물들이다. 이들로 인해 세상은 태평성대가 되었다는 것이다. 원천석이 이러한 변화에 대해 긍정적 인식만을 가졌던 것은 아니다. 위의 시가 안렴사로 온 鄭擢에게 보낸[36] 것 이라는 점을 감안한다면, 위 시에는 의례적 과장이 들어있을 것이다.

그는 조선왕조의 성립에 대해 모순된 감정을 갖고 있었다. 새롭게 나라 이름이 변경되었다는 소식을 들은 그는 두 수의 시를 지었다.

왕씨 집 사업이 문득 티끌이 되어
산천은 그대로지만 나라 이름은 새로워졌네.
자연 만은 사람 일 따라서 변하지 않아
한가한 사람을 마음 상하게 하네.
천자께서 동방을 소중히 여겨
조선이란 이름이 이치에 알맞다고 하셨네.
箕子께서 끼친 바람이 장차 일어난다면
반드시 中夏 사람들과 觀光을 경쟁하리라.[37]

첫 시에서는 고려왕조의 멸망과 신 왕조 성립에 대해 불만스러운 감정이 드러난다. 자신과 같이 한가한 사람의 마음을 상하게 했다는 것이다. 그는 조선왕조의 개창이 못마땅했다.

그럼에도 원천석은 명나라가 朝鮮이라고 불러주었다는 점을 평가한다.

---

35) 『耘谷詩史』卷5, <次牛刺楊先生所示按節鄭公題洪川客舘詩韻>, "聖神開化國 伊呂在臣隣 世復羲軒世 民爲堯舜民 多方皆帖泰 異域盡和親 天子下宣諭 三韓樂更新 右賀朝".

36) 정탁은 태조 즉위 이후 양광도 안렴사로 파견되었다(『太祖實錄』卷2, 1년 9월 己丑). 따라서 이 시의 제작 연대는 이후가 된다.

37) 『耘谷詩史』卷5, <改新國號爲朝鮮>, "王家事業便成塵 依舊山河國號新 雲物不隨人事變 尙令閑客暗傷神 恭惟天子重東方 命號朝鮮理適當 箕子遺風將復振 必應諸夏競觀光".

이는 과거 箕子와 같은 유교 성인의 교화가 있을 것이라는 기대가 들어 있다.[38] 분명히 그는 신왕조 개창에 대한 불만과 기대가 뒤섞인 감정을 지녔다. 여기에는 왕조의 변화 이상으로 儒道의 실현에 대한 기대가 더 중요하다는 의식이 내재해 있다.[39]

원천석은 조선 태조가 2년에 천도를 위해 계룡산에 간 소식을 듣고 동일한 의식을 드러내 보인다. 그는 南行이란 제목 하에 두 수의 시를 지었다. 앞 시에서 그는 "강과 산도 반드시 왕업을 도우리니, 어느 곳에다 새 서울을 정하시려나."[40] 하면서 기대를 나타냈다. 그러나 뒤의 시에서는, "서른 넘는 임금들이 왕업을 전한 뒤까지, 크나큰 英氣가 松京을 옹호하네."라고 하여, 고려왕조에 대한 미련을 버리지 못하고 있다. 이러한 모순성은 그의 현실긍정성과 과거에 대한 보수적 성향이 섞이면서 나타나는 결과였다. 물론 이는 그 자신이 정치를 바꿀 수 없다는 현실 앞에서 생기는 무기력함과 관계가 될 것이다. 그래서 그는 비판적이면서도 현실을 가능한 인정하였다. 어떻게 보면 이런 모순적인 의식은 현실 속에서 은일하고 있는 자신을 합리화하는 것일 수 있다.

그는 이성계가 4대 조상을 추존하여 왕으로 보했다는 소식에,

해동 천지에 큰 터전을 마련하고
綱常을 정돈해 마침 때를 만났네.
四代의 왕손이 지금의 태조이고
三韓의 국토가 高麗 뒤를 이었네.
陵寢을 깨끗이 쓸고 새 명령 내렸으며
朝班을 바로 정해 옛 제도를 고쳤으니,

---

38) 그의 이원적 생각은 이미 유주희, 앞 논문, 2001, p.98에서 지적되었다.

39) 원천석이 시의 제목에서 <新國>이라고 한 점은 후일 『동사강목』에서 문제시 하였다. 이 책에서는 원천석 후손이 그의 詩에, 우왕 이전은 '國家', 이후는 '國', 조선왕조 이후를 '新國'이라고 써 있었다는 내용을 들고 있다(『東史綱目』卷17, 임신년 공양왕 4년). 이를 통해 원천석이 조선왕조 개창을 비판했던 것으로 이해되고 있다. 그러나 이 관점은 후대의 것이고, 원천석 당대에는 신왕조를 '新國'이라고 부를 수밖에 없었을 것이다.

40) 『耘谷詩史』卷5, <南行>.

이로부터 다른 나라들이 큰 교화에 따라와
산에 오르고 바다 건너면서 피곤한 줄 몰랐네.[41]

라고 하였다. 이 시의 내용은 조선왕조의 건국을 합리화하고 있다. 특히 그
는 삼한의 국토가 계승된다고 보아 왕조의 계승을 인정하고 있는 셈이다.
즉 태조 이성계의 4대 조상들은 고려왕조의 '신하'이기 때문이다. 원천석은
'三韓國土' 위에서 왕조 계승을 말하고 있고, 이는 그의 영역의식의 일단을
보여준다. 이 영역 속에서의 왕조변화란 시간의 흐름 속에서 나타나는 연속
적인 일이라고 그는 생각하였다.

  이런 면은 금척을 받든 글(奉金尺詞)과 보록을 받는 어록(受寶籙致語)을
읽고 이를 경사롭게 여겨 찬양하는 시에서도 그대로 계승되고 있다.[42] 이
글은 정도전이 조선왕조 개창 이후에 이성계의 혁명을 정당화하기 위해 지
은 것임은 잘 알려져 있다.[43] 원천석은 이에 대해 "천명과 인심은 덕 있는
사람에게 돌아간다"고 하면서 역성혁명 자체를 인정하였다. 그리고 이 시
중에서 한 수는 개국공신인 정도전에게 주는 것이었다.

  또한 원천석은 정도전이 지은 4 곡의 노래를 樂府에 올린 것을 찬양하는
시를 지었다. 여기서도 그는 이 노래를 가지고, "백성을 모두 고무시키면 세
상이 잘 다스려져 태평세월 되리라."[44]고 하였다.

  이처럼 그는 정도전과 관계 속에서는 조선왕조의 건립을 찬양하거나 정
당하게 보는 글을 지었다. 그는 조선왕조 개창의 최고 공신이며 실권자인
정도전과 대립할 의도가 없었다. 두 사람은 科擧의 同年이기에 오래 전부
터 가까운 관계였다. 그러나 인간적 관계로만 원천석이 그런 시를 남겼을
것이라는 점은 의문이 든다. 여기에는 그가 오랫동안 가져왔던 현실긍정적
태도와 함께, 出仕에 대한 의식이 작용하지 않을까 하는 것이다.

---

41) 『耘谷詩史』 卷5, <新國>, "海東天地啓鴻基 整頓網常適値期 四代王孫今太祖 三
    韓國土後高麗 掃淸陵寢敷新命 刪定朝班改舊儀 從此異邦投盛化 梯山航海不知
    疲".
42) 『耘谷詩史』 卷5, <伏覩奉金尺詞受寶籙致語 慶而贊之>.
43) 『三峰集』 卷2, 樂章, 夢金尺幷序 ; 受寶籙幷序.
44) 『耘谷詩史』 卷5, <贊鄭二相所製四歌>.

3. 출사와 은일

出仕란 유학자의 입장에서는 自我의 실현이다. 벼슬에 나아가 자신의 인격과 통치능력을 실현하는 것, 그것이 出仕이기 때문이다. 이규보의 말처럼,

> 선비가 벼슬을 시작하는 것은, 구차하게 자기 한 몸의 榮達만 도모하려는 것이 아니라, 대개 앞으로, 배운 것을 정사에 실현하되, 經濟施策을 振作하여 왕실에 힘써 실시함으로써, 백세에 이름을 전하여 소멸되지 않게 하고자 하는 것입니다.[45]

라고 하였다. 출사의 목적이 단순한 개인적 출세에서 그치는 것이 아니라는 주장이다. 이런 생각은 주자학 수용 이후에 더 강화되었다. 주자학에서는 『大學』의 명제처럼 修身을 治國, 平天下와 연결시켜 실현하는 것을 중시한다. 따라서 원천석이 처음부터 出仕를 거부할 이유가 없었다.

고려왕조 하에서 출사란 그에게는 충성의 행위였다. 그는 이 점에 대해 우왕 12년(1386), 그의 나이 57세에 이렇게 말했다.

> 대개 남아의 뜻은
> 젊은 시절에 공명을 이루는 것이니,
> 나가건 들어오건 분수에 넘지 않고
> 쓰이건 버림받건 시대에 맡길 뿐이네.
> 날랜 천리마는 남의 뒤가 되지 않건만
> 절름발이 염소가 어찌 앞설 수 있으랴.
> 바라건대 충의의 깃발을 잡고
> 그 배를 타고 殷川을 건너시게.[46]

---

45) 『東國李相國全集』 卷26, 上崔相國讀書, "且士之所以筮仕者 非苟欲自營一己之榮宦而已 蓋將以所學於心者 施於有政 振經濟之策 宣力王室 垂名於百世 期爲不朽者也".
46) 『耘谷詩史』 卷3, <又>, "大抵男兒志 功名要壯年 行藏非分外 用捨在伊邊 逸驥不爲後 跛拜何敢前 願將忠義節 丹楫用殷川".

여기서 그는 출사에 대한 긍정적 생각을 드러낸다. 功名을 이루는 방식은 忠義와 연결된다. 비록 이 시는 귀양에 돌아온 李栢堂에게 준 것이지만, 본인의 생각을 반영하고 있다.

같은 시기 금강산 가는 國望 고개에서 지은 시에서는 원천석의 중앙지향적인 생각이 은연 중에 나타난다. 그는 "하늘 모퉁이에서 가만히 松嶽을 바라보니, 瑞氣가 영롱하게 임 계신 곳을 둘렀다"[47]고 하였다. 이 말은 우왕이 있는 개경을 표현한 것이고, 자신이 군주에 대한 충성심을 포기하지 않고 있다는 의미다. 그러나 충성심의 발현은 실제 관료가 되는 길이 가장 현실적이다.

이 시기에 그가 꾼 꿈은 이런 의식을 반영하고 있다. 꿈에서 그는 마을사람 수십 명과 함께 말을 타고 한 郊居에 이르렀다. 그리고 말에서 내려 평상에 앉으니 옆에 있던 한 사람이, "뜻밖에도 그대의 영화스러운 대우가 여기까지 이르렀구려"라고 했다. 이 말에 원천석은 웃다가 깨어서 시를 지었다.

　　나이가 쉰이 지난 늙은 미치광이가
　　조정 반열에 붙는 것을 어찌 바라랴.
　　조물주가 사람을 놀리다니 참으로 괴이해라.
　　일부러 꿈꾸게 해서 평상에 앉히다니.[48]

그는 고위관료가 되어 행차하는 꿈을 꾼 것이다. 그 자신이 말하듯이 천명을 알 나이에 관료가 되고 싶은 무의식이 이런 꿈으로 나타난 것이 아닌가 한다. 이런 꿈을 시로 지은 것은 자신의 出仕에 대한 욕구와 그에 대한 좌절감을 동시에 보여준다. 원천석 역시 사대부이기에 출사를 항상 의식하고 있었다.

그의 나이 50세는 1380년(우왕 6)경인데, 이 당시는 이인임이 권력을 장악

---

47) 『耘谷詩史』 卷3, <國望岾>, "天隅隱約看松嶽 瑞氣蔥蔥擁帝居".
48) 『耘谷詩史』 卷3, <夜夢與鄕黨數十輩……作二節以自解>, "年過知命老疎狂 攀附犀聯豈可望 造物戲人良可怪 故令魂夢據胡床".

하던 시기였다. 우왕 초기에 유배간 동년 정도전이 아직 복귀하지 못한 상황이었고, 또한 원천석 자신이 이인임과 관련 없기 때문에, 출사는 현실적으로 어려웠다.

물론 그가 출사가 아니더라도 국왕에 대한 충의를 포기한 것은 아니었다.

西方九品圖를 그리려 하는 까닭은
임금께 축수하고, 나라 위해 복 빌며, 중생을 제도하기 위해서라네.
시주들이여! 모두 같이 태어날 願을 세우는 데에
털끝만치라도 아끼거나 있고 없고를 따지지 마시게.[49]

불교 신앙에 의지하여 그는 군주에 대한 충의를 드러내고 있다. 불화나 종교적인 물건으로 축수하는 것은 고려시대 보편적인 방법이었다. 고려 후기 이승휴 역시 불교신앙을 통해 충렬왕에게 축원한 바가 있었다. 그는 삼척에 은거하면서,

海藏을 옮겨다가 遐壽를 축원하도다.
여기에서 우리 임금을 받듦이여!
어찌 東華門에 쫓아 나아가만 하리.[50]

라고 했다. 여기서 해장이란 불교 경전이며, 이승휴는 이를 통해 국왕을 위해 祝壽했다. 그래서 동화문 즉 궁궐에서 일하지 않아도 이처럼 충의를 다한다는 말이다. 이 방식은 원천석이 서방구품도를 만들어 축수하는 것과 동일한 형태다.

원천석은 젊은 시절부터 현실 속에서 좌절감을 느끼고 있었다. 지방관인 宋牧伯과 주고받은 시에서,

참되게 살아가자니 세상과 맞지를 않아

---

49) 『耘谷詩史』卷3, <願成西方九品圖詩>, "欲畵西方九品圖 壽君福國濟迷徒 檀家各發同生願 毋惜毫毛計有無".
50) 李承休, 『動安居士集』卷1, 「葆光亭記」.

창해에 가서 安期生을 만나고 싶네.
젊은 시절 행세가 이러하니
장성한들 공명을 언제 이루려나.……
어린 시절의 소원을 장성해서 못 이뤘으니
窮達은 원래부터 바라지도 않았네.
기이한 재주 없으니 쓰일 곳도 없지만
마음 바르면 때를 만나기 마련일세.……51)

안기생은 중국 진나라의 방사로 1,000년을 살았다고 한다. 그는 젊은 시
절부터 세상과 맞지 않아 이런 신선세계를 추구하고 싶어 했다. 물론 그는
공명을 이루는 일을 추구하기는 한다. 장성해서 공명을 이루려는 의지가 시
에 표현되어 있다. 그러나 현실에서는 그렇지 못하다. 그는 현재 공명을 이
루지 못하는 좌절감을 그대로 드러낸다. 그는 좌절감으로 인해 현실과 거리
를 두는 隱逸의 삶을 추구하려 한다. 자신의 회포를 적은 시에서 그는 굴원
보다 도연명의 처세를 추구했다.

사람들은 난초 찬 屈原을 가엽게 여기건만
나는 전원을 사랑한 陶淵明을 본받으리라.
의로운 길을 어찌 버리랴
名利의 마당에서 일찍이 도망했네.
산천과 함께 깨끗하게 살아가고
구름 달을 벗삼아 고고하게 지내리.
가난하자던 약속을 어찌 감히 사양하랴.
해마다 집에는 풀도 나지 않네.52)

이제 그는 세속의 세계를 '名利의 마당'으로 표방했다. 세속과 단절하여

51) 『耘谷詩史』卷1, <牧伯見和復次韻三首>, "悃愊無華與世違 欲尋倉海訪安期 早
年行止由斯道 壯歲功名在那時……幼年心願壯年違 窮達由來未敢期 才本無奇無
用處 心如有道有逢時".
52) 『耘谷詩史』卷5, "人憐紉佩屈 我效愛廬陶 義路何曾舍 名場早已逃 山川共蕭灑
雲月伴孤高 豈敢辭窮約 年年宅不毛".

434

그는 산천과 더불어 사는 삶을 추구한다고 했다. 흔히 등장하는 은일적인 삶의 전형을 의식하고 있는 것이다.

도연명은 고려시대 많은 문인들이 사랑했던 '은일'의 상징적 인물이다. 당대 이색의 경우 도연명에 대해 많은 언급을 했다. 원천석은 과거 합격 이후에 출사하지 못했으며, 추천받지도 못했다. 과거에 합격해도 출사하지 못한 사람들이 많았다. 고려 말 이색은 자신의 同年 중에서 출사하지 못한 사람들을 꼽았다. 예컨대 李夢游는 나이가 62세에 관직을 구하여, 이색은 그에 대한 賦를 지었다.53) 그리고 그의 동년 중 한 사람인 김세진은 益和(경기도 양근)에 퇴거하여 오랫동안 살았는데,54) 이런 경우는 원천석과 마찬가지였다. 일찍부터 원천석은 은일과 출사의 관계를 다음과 같이 생각하였다.

그대여! 이 세상의 부귀와 賢愚를 보시게.
출세와 은둔, 기쁨과 슬픔이 다 숙명일세.
대체로 악한 자는 그 재앙을 받고
선을 쌓은 자는 후손까지 복을 받는다네.
큰 집을 지니고 복록이 가득해도
그 본성을 끝까지 지니기 어려워라.
어질구나! 顔回는 어떤 사람이기에
陋巷에 살며 도시락 표주박에도 덕행이 온전했던가.
세상 사람들 다투어 권력가에게 미끼를 먹여
이익과 명예를 얻느라 서로 날뛰는데.
그 누가 알아주랴! 십 년 동안 등불 아래 가난한 선비가
홀로 經書를 붙들고 孔孟을 바라는 줄이야.
다락에 기대어 때로 行藏을 탄식하다가
고요히 산과 물을 바라보며 길게 시를 읊네.55)

53) 李穡,『牧隱詩稿』卷9, <同年李夢游年六十二求官因賦此>.
54)『牧隱詩藁』卷15, <金同年世珍 退居益和久矣 今以事來京枉顧 予以驪興歸計告之 且請資我牛種 因作絶句 庶其不忘焉耳>.
55)『耘谷詩史』卷1, <行>, "君看貧富與賢愚 出處悲歡皆宿命 大都爲惡受其殃 積善應當有餘慶 渠渠厦屋食千鍾 畢竟誠難保其性 賢哉回也是何人 陋巷簞瓢全德行 世人爭欲餌權豪 逐利求名競馳騁 誰得知十年燈下 一寒生 獨把經書希孔孟 倚樓

여기에서 그가 세속적 가치인 부귀와 개인적 자질, 그리고 삶의 행태를 숙명으로 받아들였다. 이런 생각은 원천석만이 아닌 대다수의 유교 지식인들이 갖고 있는 것이다.

그러나 숙명만을 강조할 때 인간행동에 대한 윤리적 책임을 물을 길이 없다. 그래서 그는 악한 자는 재앙을, 선을 쌓은 자는 복을 받는다고 했다. 또한 그는 『논어』에 등장하는 안회를 제시하여, 은연 중에 자신과 동일시하였다. 이렇게 그는 은일과 출사가 자신의 선택의 문제가 아니라고 보면서 현실을 비껴 갔다. 그가 보고 있는 현실은 세상사람들이 이익과 명예를 위해 날뛰고 있는 현장일 뿐이다. 이 속에서의 출사란 그 현장에 뛰어드는 일이라고 보았다.

이익과 명예의 추구가 세속적 가치이고, 이것을 부정하는 것은 지식인들 사이에서 흔한 일이었다. 이로 인해 은일을 결심한다는 것은 사실 자신의 의지에 대한 다짐을 표현하는 행위였다. 예컨대 척약재 金九容은 삼척의 沈中書가 보낸 시에 대한 답에서,

> 바닷가에서 늙기로 일찍이 갈매기와 맹세하더니
> 한 평생의 행동거지가 더욱 飄然하네.
> 공명과 부귀는 모두 쓸데없는 일이라
> 내버려두고 함께 만나니 허물 벗은 매미라네.[56]

라고 말해서, 원천석과 동일한 생각을 하고 있음이 확인된다. 즉 김구용은 공명과 부귀 같은 세속적 가치를 경시하고, 자신의 도를 위해 은일한다고 의식했다. 그것이 이 시기 유교 지식인들의 지향이었다. 그래서 그는 자신을 '허물 벗은 매미'로 상징화시켰다. 세속을 벗어나려는 지향은 은일을 향하게 하고, 세속적 가치인 공명, 부귀를 무의미한 것으로 치부케 한다.

그러나 현실 속의 인간이기에, 항상 자신에 대한 다짐이 필요했던 것이

　時復嘆行藏 靜對湖山發長詠".
56) 『惕若齋學吟集』卷上, 三陟沈中書以詩見寄 次韻奉呈, "早與鷗盟老海天 一生止更飄然 功名富貴渾閑事 棄置會同脫殼蟬".

다. 그것은 스스로 현재의 동요를 미래의 지향으로 바꾸는 방향이 된다. 원
천석은 조선왕조 건국 후에 자신의 고민과 삶의 방향을 이렇게 표현하였다.

> 답답한 회포가 언제나 풀리려나
> 젊어서부터 이룬 사업이 원래 없었네.
> 엎치락뒤치락 사람의 마음은 늘 어긋나고
> 얼기설기 세상 모습은 갈수록 많이 바뀌네.
> 뜬구름이 일었다 사라지니 하늘 더욱 푸르고
> 밝은 달이 이즈러졌다 다시 차니 물빛 더욱 맑구나.
> 세상 밖의 연기와 노을을 어찌 다 말하랴.
> 고사리나 캐어 먹으며 여생을 보내리라.[57]

젊어서부터 이룬 사업이 없다는 것은 자기 반성이다. 자기 고민은 자연의
순환과 연결된다. 하늘과 달처럼 세상일은 변하고, 자기 무력감으로 고민이
되지만, 결국은 자기의 모습으로 돌아온다.

그가 지향하는 모습은 세상 밖에서 고사리를 캐어 먹는 '백이와 숙제'였
다. 이들은 주나라 무왕이 은나라를 평정한 후에 수양산에 숨어 고사리를
캐어 먹은 인물들이다.[58] 원천석은 이러한 인물들의 삶을 본받겠다고 다짐
하고 있다.

현실과 이상의 괴리, 그것은 원천석만을 괴롭혔던 고민거리는 아니었다.
역사 속의 모든 지식인들의 고민이었다. 그러나 왕조가 바뀌는 현실을 겪었
던 지식인들이 역사 속에서 많았던 것은 아니다. 특히 이 시기 지식인들은
성리학이 던지는 문제, 즉 節義를 실현하는 방식에 대한 고민이 이전 시기
보다 컸을 것이다.

동년인 정도전은 현실문제를 해결하는 방향에 자신을 던졌지만, 원천석
은 현실과 이상 속에서 '은일'을 선택하였다. 그럼에도 그는 유학자라는 점

---

57) 『耘谷詩史』卷5, <自詠>, "幽懷鬱悒幾時平 少壯元無事業成 飜覆人情每相反 縱
橫世態漸多更 浮雲起滅天彌碧 明月虧盈水自淸 物外煙霞那足道 但將薇蕨送餘
生".
58) 『史記』卷61, 伯夷列傳.

에서 현실을 버릴 수 없었다. 그렇기 때문에 오히려 그는 시 속에서 끊임없이 자신의 은일에 대한 지향을 다짐해야 했을 것이다. 현실참여는 유학자로 당연한 일이지만, 현재는 도가 실현되지 않는 세속적인 추구만이 남는 시대였다. 이것이 그의 판단이었다. 그의 고민의 근원은 여기에 있었다. 오히려 그가 절의를 지키기 위해 출사하지 않았다는 지금까지의 주장은 표피적인 것이다.

이러한 그의 고민은 조선왕조 건립 이후에 현실을 대하는 이중적 태도로 드러난다.

소나무 그늘이 차츰 옮겨 해가 한낮인데
느끼는 대로 시를 쓰자니 뜻이 끝없네.
漢나라 하늘 트이는 빛을 기쁘게 보고
堯임금 해가 비추는 빛을 우러러보니,
비와 이슬 공평하게 베풀어 편파가 없고
하늘과 땅을 다시 지어 커다란 공이 있네.
다행히 밝은 시절을 힘입어 옹졸함을 기르면서
흰 머리틸 가을 하늘에 비추며 부질없이 슬퍼하네.59)

원천석은 현재 해가 한낮인 것처럼 조선왕조 건국 이후의 통치에 대해 긍정적인 가치를 부여하였다. 그래서 현재는 밝은 시절인데도 자신은 옹졸함을 기르면서 부질없이 슬퍼하는 이중성을 보인다.

시의 마지막 구절은 자신의 노쇠함을 말하는 것이지만, 여기에는 망해버린 고려왕조에 대한 탄식이 같이 묻어 난다. 그가 출사하지 않았던 것은 현실이 참여할 수 없는 場이라고 보았기 때문이다. 그것은 단지 조선왕조의 건립 이후의 절의를 지키는 문제가 아니라고 보았다. 이는 앞서 보았던 그의 현실긍정적인 사유와 연결이 된다.

사실 당시 대표적 지식인인 이색 역시 出處에 대해 고민했다. 그는 우왕

59) 『耘谷詩史』卷5, <感懷>, "松陰漸轉日方中 感事題詩意莫窮 喜觀漢天開晃朗 更瞻堯日照曨曈 方施雨露公無黨 再造乾坤大有功 幸賴明時專養拙 空嗟雪髮照秋空".

438

5년 5월에 쓴 시에서,

> 진퇴는 일찍이 범중엄을 배우려 했는데
> 돌아감은 도리어 진나라 도잠 같구나.……
> 백발은 처음 쇠하여 털이 막 짧아지고
> 충심은 늙어서도 늘 연연해 마지 않네.
> 한산의 산 아래엔 잡초들이 하 많거니
> 끝내 띠집 짓고 돌밭 개간하련다.[60]

이색은 송나라 사대부인 범중엄의 출사와 도연명의 은일 가운데에서 고민하였다. 그 역시 원천석과 마찬가지로 忠心은 계속되고 있어, 현실참여의식을 갖고 있다. 그러면서도 자신의 고향 한산에 돌아가 은일을 꿈꾸고 있는 것이다.[61] 이러한 이중적 사유는 이 시기 출처에 대해 고민했던 많은 지식인들에게 공통적인 것이었다. 원천석 역시 이런 고민의 틀에서 벗어나 있지 않다. 은일과 출사 사이의 고민은 이후 조선시대 지식인들에게 확산된다. 그런 점에서 원천석은 이후 유학자들의 한 표상으로 남을 수 있게 된 것이다.

4. 맺음말

원천석은 고려 말 조선 초의 대표적인 지역지식인의 모습을 보여주는 인물이다.『운곡시사』에는 그의 고민과 갈등을 잘 보여주는 시들이 곳곳에 산재해 있다. 그의 삶이 격동기에 있었으며, 특히 조선왕조의 개창은 그에게 많은 고민을 던져 주었을 것이다.

원천석의 의식 중에서 중요한 특징을 지적해 보면, 첫째는 군주에 대한 비판적 평가가 잘 보이지 않는 점이다. 물론 그가 남긴 글이 詩라는 점은 감안이 되어야 할 것이다. 그러나 무인집권기 이규보의 경우는 詠史詩 등을

---

60) 『牧隱詩藁』 卷17, <遣興>.
61) 김인호, 「이색의 자아의식과 심리적 갈등」, 『역사와 현실』 62, 2006, p.65.

통해 군주에 대한 비판을 은유적으로 표현했다.

원천석이 비판적이지 않았던 것에는 그가 지닌 현실 긍정적 사유 때문이었다. 그는 민의 고통에 대해서는 많은 지적을 하고 있지만, 군주 통치에 대한 비판과 연결시키지 않았다. 우왕의 경우에도 그는 태평성대라고 인식했던 것이다. 그래서 그는 현실에 대해 보수적이고 긍정적으로 보려 했으며, 이는 조선왕조 건립 이후에도 계속된다. 그는 문제의 근원을 항상 신료의 그것으로 보았다. 따라서 군주수양과 같은 군주론은 그의 글에서 잘 등장하지 않는다.

두 번째, 원천석은 조선왕조 개창이나 이성계에 대해 이중적 태도를 보여준다. 물론 여기에는 자신의 시를 받는 사람에 대한 배려가 있다. 그럼에도 그는 공양왕의 즉위에 대해 시비하지 않았다. 누가 군주가 되던 민에 대한 통치가 제대로 이루어진다면, 그에게는 크게 문제가 되지 않는다. 이 점은 조선왕조 개창이나 이성계에 대한 불만과 동시에, 기대가 뒤섞인 모습으로 나타난다. 원천석은 비판적이면서도 현실을 긍정하려 했다. 그래서 그의 시에서는 이러한 이중적 태도가 끊임 없이 등장하고 있다.

이런 점은 때로는 중앙정계에서 활약한 이제현 등과 다르게 나타난다. 이들은 자신이 충성했던 군주의 교체 등에 대해 보다 직접적으로 표현을 했다. 반면, 원천석은 군주에 대해 추상적으로 이를 표현하였다.

조선왕조의 건립은 그에게 분명히 충격이었을 것이다. 그러나 그는 왕조의 교체를 시간의 흐름 속에서 단절이 아닌 연속적인 것으로 이해했다. 따라서 원천석은 고려왕조 멸망에 대한 슬픔과 새 왕조에 대한 기대를 같이 하고 있었다.

그는 유학자이기에 出仕 자체를 부정적으로 생각하지 않았다. 그러나 원천석은 과거 합격 후에 원주지역에 거주했기 때문에 중앙정계에 진출하지 않았다. 당시 이러한 인물들이 상당히 있었다.

원천석의 고민은 출사와 은일 사이에서의 방황에 있었다. 이런 고민은 현실을 바라보는 생각과 관계가 있었다. 그는 현실을 자신의 도를 실현할 수 없으며, 세속적 가치를 추구하는 장으로 인식했다. 따라서 원천석은 시 속에서 계속 '은일'에 대한 태도와 생각을 드러냈다. 이것은 자신의 의지에 대한 다짐의 표현으로 여겨진다. 그러나 그의 은일이 흔히 생각하는 고려왕조에 대한 절의를 지키는 것에서 비롯된 것이라고 보지는 않는다. 그것은 현실 긍정적인 유학자에게는 당연한 삶의 추구였던 것이다.

또한 은일의 강조는 이후 조선왕조의 유학자들에게 삶의 지표 중에 하나가 되었다. 즉 출사와 은일에 대한 고민은 고려 말기 이후부터 분명하게 유학자들에게 의식되었다는 뜻이다. 이 점이 이전의 관료들과의 차이였다. 그런 점에서 원천석은 조선시대 유학자들의 표상 중에 하나가 되었던 것이다.

고려 말의 隱逸 원천석

金 昌 賢*

1. 머리말

왕조시대에 지식인들은 대개 벼슬하기 위해 공부를 했고 은거하는 경우도 대개 벼슬에서 물러난 때였다. 그런데 고려 말에 원천석은 벼슬하지 않고 학생시절을 제외한 평생을 隱逸로 살았다. 그가 은거한 곳은 그의 고향인 원주였다.

원주는 雉岳과 蟾江(남한강 줄기)을 지니고 竹嶺路에 위치한 요충지로 대읍이었다. 고구려 때 平原郡, 신라 문무왕 때 北原小京이라 불렸다. 고려 태조 23년에 原州라 개칭되고 현종 9년에 知州事가 되었는데 충주목 관할 領知事郡이었다. 고종 46년에 逆命으로 인해 一新縣으로 강등되었다가 원종 원년에 知州事를 회복하고 10년에 林惟茂 外鄕이라 靖原都護府로 승격되었다. 충렬왕 17년에 鄕貢進士 原州別抄 元冲甲의 주도 하에 哈丹賊을 막은 공로로 益興都護府를 거쳐 原州牧으로 승격되었다. 충선왕 2년에 목을 줄이면서 成安府로 강등되었다가 공민왕 2년에 胎를 치악산에 안치하면서 원주목을 회복했다. 영월군, 堤州(義川 : 義原), 평창현(魯山), 단산현(단양), 永春縣, 酒泉縣(鶴城), 황려현(여흥)을 속현으로 거느렸다. 원주의 土姓으로 元·李·安·申·金·石, 亡來姓으로 崔, 續姓으로 趙가 있었다.[1]

---

1) 『高麗史』卷56, 지리지 양광도 충주목 원주 ; 『世宗實錄』 지리지 원주목 ; 『新增東國輿地勝覽』卷46, 원주목 ; 『高麗史』卷104, 원충갑전. 충주와 원주는 충원도, 양광충청주도, 양광도, 충청도에 속했다. 趙는 횡성에서 원주에 來하여 鄕吏를 맡았

442

元天錫은 원주 土姓을 대표하는 元氏의 일원이었는데 충숙왕 17년(1330) 7월 8일에 태어났다.[2] 그는 字가 子正, 호가 耘谷이었다. 그의 가문은 시조가 호장 元克富이고, 그 다음에 元宗儒－倉正 元寶齡－倉正 元時俊－精勇別將 元悅－宗簿寺令 元允迪으로 이어졌다. 원윤적이 元天常, 元天錫, 元天祐를 낳았다. 원천석은 원주의 계파가 다른 종부령 元廣明의 딸을 아내로 맞이했는데 장남 元泜는 直長同正, 차남 元洞은 기천현감을 지냈다.[3] 원윤적의 아내 즉 원천석의 어머니는 원주 李松堅의 딸이었다. 원천상은 원주 元良吉의 딸과, 원천석은 원주 원광명의 딸과, 원천우는 元孟良(원광명의 아들)의 딸과 혼인했으니,[4] 이들은 모두 원주의 다른 계파 원씨와 혼인한 것이었다. 원주에서 元傅 가문은 시조 元克猷가 삼한공신 병부령을 지낸 이래 중앙에서 벼슬한 반면,[5] 원천석 가문은 시조 元克富 이래 호장과 倉正을 지내다가 고려 말 父親 무렵에 寒微하나마 사족으로 부상했다.

원천석의 은일생활과 작품은 고려 말~조선 초 지방지식인의 존재양상을 보여주는 귀중한 사례이다. 그가 남긴 시들은 일부를 제외하고 대개 시간순으로 배열되어 있어 사료로서의 가치가 크다. 그가 남긴 『耘谷行錄(耘谷詩史)』을 기본으로 하여 그의 隱逸에 대해 살펴보고, 현실에 대한 인식과 대응을 찾아보려 한다.[6]

다. 단산은 충주로 移屬되기도 했다.
2) 『耘谷行錄』 跋文. 경오년(공양왕 2년 : 1390) 7월 8일이 61세 생일이었다(卷4).
3) 『耘谷行錄』 事蹟 石逕墓所 史蹟. 씨족원류에 따르면 元宗儒도 호장이었다. 元悅이 역임한 別將은 鄕吏가 맡는 諸州一品軍의 지휘자인 別將·校尉·隊正(『高麗史』 卷81, 兵志 五軍, 문종 23년조)의 하나일 가능성도 있다.
4) 『씨족원류』 원주 원씨.
5) 「원부·원선지 묘지명」 ; 『高麗史』 卷107, 元傅傳.
6) 묘지명은 김용선의 『고려묘지명집성』을, 고승비문은 이지관의 『교감역주 역대고승비문』을 이용하려 한다.

2. 원천석의 은일 배경

원천석은 어릴 적에 충의를 고양함을 일삼아 民으로 하여금 그칠 곳에
편안히 하고 壽域을 八荒에 열려고 독서했으니[7] 원래 벼슬하여 세상을 경
영하려는 꿈을 지니고 있었다. 하지만 그는 그것을 포기하고 은일을 선택했
는데, 그 이유는 그의 여러 시에서 "세상과 어긋나서"라고 애매하게 표현되
어 있어 분명하지 않다.

원천석의 작품은 22세가 되는 신묘년(1351년) 즉 충정왕 3년 3월에 원주
에서 춘주를 거쳐 금강산에 오르는 여행에서 시작되는데, 춘주는 옛적에 遊
했던 곳이라 밝혔다. 공민왕 4년 7월에는 춘성(춘주) 金生・安生이 罷課하
여 고향으로 돌아가고자 하니 諸生이 시를 지어 송별했는데, 원천석은 송별
시에서 친구인 김생과 안생은 자신이 옛적에 遊하던 소양강에서 왔다고 했
다.[8] 이를 통해 원천석은 공민왕 즉위 이전의 어릴 적에 춘주에서 놀며 공
부했고, 26세가 되는 공민왕 4년 무렵에 개경의 성균관에서 공부했음을 알
수 있다. 원주에 향교가 있었음에도 춘주에 가서 공부한 이유는 잘 알 수
없는데, 부친이 춘주에서 근무했기 때문일 가능성과 정병산・청병사・소양
강을 좋아했기 때문일 가능성과 춘주가 원천석 집안의 생활권이었기 때문
일 가능성이 있다. 원천석 집안은 후술하듯이 伊城에 군역과 관련된 石田
을 대대로 지녔다. 伊城은 교주도 東州(철원) 소속의 伊川縣으로 여겨진
다.[9] 춘주는 伊川과 원주의 중간 쯤에 위치한 대읍이기에 원천석의 학문 연
마와 농지 관리에 적합했다.

청평산 문수원(문수사) 즉 청평사에는 고려 중기 希夷子 李資玄이 이 절
을 중수한 내용을 김부철이 찬술하고 탄연이 글씨를 쓴 비석이 서 있었고,

---

7) 『耘谷行錄』 卷3, <元都領에게 주는 시>. 원천석은 父傳의 經書를 시렁 가득 가졌
　　으니 그의 학문 바탕은 家學이었다. 『耘谷行錄』 卷2, <우왕 11년 牧兵馬使 周相
　　君에게 주는 시>.
8) 『耘谷行錄』 卷1.
9) 『高麗史』 卷58, 지리지 교주도 동주.

충숙왕 4년에 승려 性澄, 환관 允堅, 奉使 不花帖木兒 등이 원 泰定帝 황후의 명령을 받들어 藏經을 청평산 문수사에 시납한 내용을 이제현이 찬술하고 명필 이군해(이암)가 글씨를 쓴 비석이 서 있었다.[10] 원천석의 은일과 사상은 문수원(청평사)에 은거해 유·불·도의 일치를 추구했던 李資玄으로부터 많은 영향을 받았다고 여겨진다.

그런데 원천석이 공민왕 4년 7월에 춘주 김생과 안생을 송별하는 시 다음에 그가 家兄의 시에 次韻한 시가 실려 있다. "그들이 헐뜯고 속이도록 놔두세요, 불로 하늘을 태우는 것은 어리석으니까요, 치욕을 멀리하는 좋은 계책을 마련하기 어려워, 밤이 깊도록 만 가지 생각을 하네요, 하늘을 속일 수 없음을 알았으니 그들이 邪佞하며 미친 짓을 하도록 놔두세요." 細註에는 당시 先君이 잘못되어 庸夫에게 甚謗을 당했다고 되어 있다.[11] 이 시는 공민왕 4년 7월에 지은 시라고 단정하기는 어렵고 그 이후, 홍건적의 1차 침략 이전에 지은 시이다.[12] '先君'이라는 표현으로 보아 그가 이 시를 지을 당시 부친이 이미 사망했을 가능성도 있고, 후에 세주를 달면서 '선군'이라 했을 가능성도 있다. 원천석은 공민왕 9년에 절친한 친구 趙牧監에게 준 시에서 자신이 많은 사람들로부터 어지럽게 헐뜯음을 당하자 그것을 피하기 위해 束身·端坐하여 위기를 넘겼다고 회고했다.[13] 이는 부친 元允迪만이 아니라 원천석을 포함한 가족이 공민왕 8년 이전에 정치적 위기를 겪었음을 시사한다.

그러면 원윤적과 원천석 가족은 언제 무슨 정치적 위기를 겪었던 것일까? 첫째, 충정왕의 편을 들어 공민왕의 즉위를 반대했다는 혐의를 받았을

---

10) 「청평산문수원기」(『東文選』 卷64 ;『한국금석전문』 中世上) ;「청평산문수사 施藏 經碑」(『익재난고』 권7 ;『대동금석서』 ;『유점사본말사지』, 청평사). 문수원기에 적힌 祭文은 見佛寺 慧素가 찬술했다. 이암은 공민왕이 충정왕을 몰아내자 한동안 청평산에 은거한다.『高麗史』 卷111, 이암전.

11) 『耘谷行錄』 卷1.

12) 공민왕 4~8년 사이의 시들이 『운곡시사』에 많이 실리지 않았다.

13) 『耘谷行錄』 卷1.

가능성이 있다. 충정왕의 측근들은 공민왕이 즉위하면서 숙청당했는데 한수와 이암처럼[14] 구제받은 경우도 있었다. 둘째, 공민왕 5년에 附元세력인 기철, 권겸, 노책이 숙청당할 때 그 당여로 공격받았을 가능성이 있다. 원천석이 우왕 13년 3월에 元少卿에게 준 시에 "멀리 中原 이 시절을 생각하니"라는 구절이 있는데,[15] 이는 원소경(元立)과 원천석이 중원 즉 원에 유학 내지 유람했을 가능성을 시사한다. 원천석이 친원적 성향을 띠었음은 그의 여러 시에서 드러나는데, 원윤적과 원천석이 기철·권겸·노책과 어떠한 연관이 있어서 정적들로부터 공격받았을 가능성이 있는 것이다. 셋째, 附元者 채하중이 공민왕 5년에 순천에 유배되고 6년에 반역 혐의로 고문당하다가 그와 승려 達禪이 자살하고 全贊은 감옥에서 사망했으며, 이에 연루되어 채하중의 사위 홍상재와 매부 薛玄固·鄭光祖, 정광조의 아들 鄭珚, 康允成·康允暉 형제, 辛貴(강윤성의 사위), 盧成, 全祐 등이 처벌당했는데[16] 이 사건에 연루 혐의로 원윤적과 원천석도 공격받았을 가능성이 있다. 원천석이 조선 태조 원년에 前 牧伯 鄭公에게 부친 시에서, 옛적에 자신이 만나러 中和에 이르러 항상 樂職歌를 들었고, 紫霞仙洞에 安和가 있어 神仙이 노래를 연주했는데, 지금까지 축하하는 것은 中和 樂職詩를 얻어 보았을 때라고 했다.[17] 이는 원천석이 개경 시절에 송악산 자하동의 中和堂과 安和寺를 자주 찾아 놀았음을 시사하는데, 중화당은 충선왕의 측근으로 부를 축적한 채홍철이 자하동 저택에 조영한 건물로 耆老들을 초청해 자하동 신곡을 지은 곳이었다. 채홍철이 충혜왕 복위 원년에 사망하자 아들 채하중이 자산을 물려받았다.[18] 원천석은 원주목사 鄭公과 옛적에 채홍철·채하중의 중화당에서 자주 어울렸던 것인데, 이 鄭公은 채하중의 조카인 초계 鄭珚일 가능성이 있다. 원천석이 초계 정예안(정숙륜)과 친밀한 사이였고 元洞

---

14)『高麗史』卷107, 한강전 첨부 한수전 ;『高麗史』卷111, 이암전.
15)『耘谷行錄』卷3. 이 中原이 충주 혹은 개경일 가능성도 있다.
16)『高麗史』卷125, 채하중전.
17)『耘谷行錄』卷5.
18)『高麗史』卷108, 채홍철전 ;『高麗史』卷125, 채하중전.

(원천석의 아들)의 아들인 元自敏의 딸이 초계 鄭溫과 결혼한 것은 원천석
집안과 초계 정씨의 밀접한 관계를 시사한다.[19] 이처럼 원윤적과 원천석 부
자는 공민왕이 즉위하는 과정과 즉위 초기에 벌어진 정치적 사건에 혐의자
로 연루되어 정치적 타격을 받았으며 그로 인해 원천석은 일찌감치 은일을
선택했다.

그런데 원천석은 홍건적의 1차 침략 직전에 읊기를, 어릴 적부터 儒名에
뜻을 두어 온 지 오래되었지만 按部가 그를 軍籍에 올렸다며, 姓名이 鍊兵
人에 移屬되었으니 杏壇의 風月에 혼이 끊어지네 했다. 원래 杏壇 즉 성균
관 학생은 군역이 면제되었지만 공민왕 5년 반원개혁 이후에 원과 홍건적
의 침략 기도에 대처하기 위해 부과되는 일이 발생했던 것이다. 더구나 원
천석은 원래 군역과 연계된 향리 집안에 속했기 때문에 벗어나기 어려웠다.
그는 군역을 면제받기 위해 성균관에 다녔을 터라 부과에 충격받았을 것이
다. 군역에 수시로 징발당한다면 은일을 보장받지 못하기 때문에 더욱 그러
했을 것이다. 벼슬하지 않으면서 군역을 완전히 면제받기 위해서는 과거에
합격해야 했고, 그래서 응시해 국자시에 합격했는데 시기가 명확하지 않다.
『한국문집총간』의 『운곡행록』 해제에는 정도전・이숭인 등과 공민왕 9년에
사마시에, 공민왕 11년에 진사시에 합격했다고 되어 있는데, 진사시 즉 예
부시에는 합격한 적이 없었고 사마시 즉 국자시에는 공민왕 9년에 합격했
다.

공민왕 9년 9월에 어사대부 李嶠가 국자시를 주관해 朴季陽 등 99인을
선발했다.[20] 桃村先生이 경자년 監試를 관장해 得士했다고 칭송받았는데
李慕之는 이숭인과 이 監試에 합격하고 예부시에는 합격하지 못했지만 재
상이 모두 進士를 경유할 필요는 없다며 이모지를 천거해 御史로 삼았다.[21]

---

19) 鄭溫에 대해서는 『씨족원류』 초계 정씨 참조. 한편 공민왕 5년 6월에 林仲甫가 충
　혜왕의 孼子 釋器를 받들어 반역하려 한다는 사건이 발생해 손수경, 康允忠, 洪仲
　元 등이 처벌당했는데(『高麗史』 卷39), 원윤적과 원천석이 이 사건 혐의자로 지목
　되었을 가능성도 추구해 보아야 한다.
20) 『高麗史』 卷74, 선거지 과목 國子試之額. 朴季陽(朴啓陽)은 朴惇之이다.

경자년은 공민왕 9년이니 桃村은 李嶠인데,『씨족원류』철성(고성) 이씨에 따르면 杏村 李嵒의 동생인 李嶠의 호였다. 우왕 13년 말엽에 원천석은 동년 鄭禮安(鄭淑倫)이 판서 大兄을 모시고 초계에 歸覲함을 전송하는 시를 지었는데 자신이 桃村의 門下人이라 밝혔고, 공양왕 2년 4월에 관찰부사 鄭士毅에게 주는 시에서 '桃門 崔顥'를 언급했고, 조선 태조 3년 4월에 崔典書 즉 崔顥를 송별하면서 桃村 門客이 많이 英華한데 자신은 烟霞에 누워 있다고 했다.22) 원천석은 공민왕 9년 9월에 도촌 이교가 주관한 국자시(국자감시)에 박계양, 정숙륜, 최호, 이숭인, 이모지, 정도전 등과 함께 합격했던 것이다.

원천석은 이후 벼슬하거나 예부시에 응시하지 않았으니 국자시에 응시해 합격한 것은 벼슬 목적이 아니라 군역을 면제받아 은일에 충실하고자 했던 때문이었다. 국자시에 31세로 합격할 때 동년인 정도전은 19세, 윤소종은 16세, 이숭인은 14세였다. 공민왕 11년 예부시에 정도전은 21세로, 이숭인은 16세로 급제하고, 윤소종은 공민왕 14년 예부시에 21세로 장원급제했다. 원천석은 대부분의 응시생들보다 10년 이상의 선배로 국자시에 응시했던 것인데, 이렇게 늦어진 이유는 원에의 유학과 정치적 좌절과 은둔 때문으로 판단되며 군역 면제를 위해 마지못해 응시했던 것이다. 사정이 이러하니 그가 국자시에 합격한 일은 오히려 은일에 침잠하는 결과를 가져왔다.

3. 원천석의 은일생활

원천석은 원주에서 은일생활을 하면서도 가족과 친족은 물론 원주 사람들과 어울렸으며 친구, 선후배들과 교류했다. 부친 원윤적이 언제 사망했는지는 분명하지 않다. 원천석이 蓮榜(국자시)에 합격하자 공민왕 11년에 원주목사 金牧伯이 원천석의 老親을 위해 연회를 베풀었는데,23) 이 노친이

---

21)『陶隱集』卷4, 送李慕之 赴淸州牧詩序.
22)『耘谷行錄』卷4・5.

448

원천석의 부모인지 어머니인지 애매하다. 원천석은 공민왕 9년 정월에 딸을 낳았지만 5월에 병으로 잃자 슬퍼했다. 공민왕 14년 6월 15일에 아들을 잃은 데 이어 15년 12월 30일에 아내를 잃자 道境大禪翁으로부터 위로시를 받았다. 아내의 죽음에 큰 충격을 받아 16년 12월 27일에는 家人(아내) 무덤에서 술에 취해 울었다.[24] 공양왕 3년(1391) 仲秋에 慈堂(모친) 무덤에 절하면서 돌아가신 지 25년 秋라고 했으니,[25] 공민왕 15년(1366) 무렵에 어머니를 여의었다. 딸과 아들을 하나씩 일찍 잃었지만 다른 아들 元泂과 다른 딸이 있었다. 元泂은 우왕 13년에 惡瘡을 앓았지만 극복하여 14년 무렵에 벼슬하러 상경해 머물렀고 조선 태조 2·3년에도 京師에서 從事하고 있었다.[26]

원천석은 공민왕 11년(1362)에 조카 元湜의 시에 차운한 시에서 형이 세상을 버린 지 19년인데 자신은 10년간 耘谷口에서 躬耕하며 子眞을 본받네 했으니,[27] 이 형 元天常은 충혜왕 복위 4년(1343) 무렵에 사망했다. 다른 家兄은 원천석이 공민왕 23년 3월에 치악 弁巖 新居로 옮기자 찾아와 시를 읊었는데 우왕 원년 11월에 사망하자 도경禪翁이 만가를 지었다. 동생으로 子誠(元天祐)이 있었는데 우왕 2년에 從事郎(7품)으로 金城令에, 공양왕 3년에 通直郎(5품)으로 歙谷令에 임명되었다.[28] 창왕 원년 단오에 원천석이

23) 『耘谷行錄』卷1.
24) 『耘谷行錄』卷1. 원천석은 태조 2년 12월 30일에 읊기를 細君 歸日이 오늘 아침이라 했고, 6월 15일에 半刺先生의 시에 차운하면서 이 날이 佳節이지만 아들의 諱日이라 슬프다고 했다(卷5). 원천석은 자녀가 失所할까 봐 재혼하지 않았고, 우왕 12년까지 자녀를 모두 婚嫁시켰다(卷3).
25) 『耘谷行錄』卷5. 慈堂 옆에 叔母 元夫人의 무덤이 있어 명절 때 숙모 자손과 함께 제사했다.
26) 『耘谷行錄』卷3·5. 中女가 있는 것으로 보아 딸이 세 명이었다. 元泂이 上京한 시기는 창왕 원년 설날을 개경에서 맞는 점으로 보아 창왕 즉위년(우왕 14) 무렵이었다. 원천석은 공양왕 3년에 개경 元泂의 서신을 받자, 親老 家貧하면 仕가 迂闊하지 않다며 忠孝 겸비를 주문했다.
27) 『耘谷行錄』卷1.
28) 『耘谷行錄』卷2·5. 金城은 교주도 회양에, 歙谷은 東界에 속했다. 원천석은 弁巖 南峯 아래에 陋拙齋를, 서쪽 기슭에 松亭을 지었다(卷3). 그는 舊居 耘谷과 新居

동생 氷亭을 위해 시를 지었고, 태조 2년 동지 후 7일에 빙정이 두 아들과 술·안주를 들고 원천석을 찾았다.[29]

원천석을 위해 우왕 12년 정월 24일에 天明·憲·湜 3인, 14년 정월 7일 人日에 明·憲·湜 3인이 술을 가지고 내방했고, 태조 3년에 조카 元認이 牛毛膾를 선물했고, 원천석이 공양왕 4년에 歡谷令인 조카 元湜에게 시를 부쳐 충고했다.[30] 元湜은 형 원천상의 아들이었고, 元憲은 원주 元廣明의 손자로 원천석의 처조카이자 元湜의 매부였다.[31] 明(天明)도 원천석의 조카 내지 조카뻘로 여겨진다. 우왕 13년 10월에 摠持의 어머니와 妙音의 부모가 술과 안주를 마련해 신륵사 여행의 피로를 위로했고, 14년 12월에는 손녀 妙音이 足巾 즉 버선(保身)을 선물했다.[32] 총지의 어머니는 원천석의 딸로 원주 李琛의 아내였다. 묘음의 부모는 다른 딸과 그녀의 남편 金西裕로 여겨진다.[33]

원천석은 은일했지만 형제, 자녀, 사위, 조카, 손자들과 왕래하며 쓸쓸함을 달랠 수 있었다. 그는 노비와 원주·伊城에 토지를 소유 혹은 점유한 중소지주이고,[34] 향교의 선생이어서 직접 농사짓지 않아도 은일과 풍류를 즐길 수 있었다. 그는 시에서 자신의 생활을 顔回처럼 가난한 簞瓢로 자주 묘사했지만 화려한 생활이 아님을 강조하는 측면을 지녔다. 아내를 일찍 잃고

弁巖을 오가며 생활한 듯하다.

29) 『耘谷行錄』 卷4·5. 氷亭은 元天祐이거나 近親姻일 것이다.

30) 『耘谷行錄』 卷3·5.

31) 『씨족원류』 원주 원씨.

32) 『耘谷行錄』 卷3.

33) 『씨족원류』 원주 원씨. 別監夫婦가 공양왕 2년 4월 6일에, 牛谷夫婦가 태조 원년 12월 입춘에 원천석을 위해 設食했으며, 원천석은 태조 2년에 原習의 進士 합격을 축하했고 원습이 술을 들고 내방하자 시를 지었다. 『耘谷行錄』 卷4·5. 별감부부, 우곡부부, 原習은 원천석의 근친으로 여겨진다.

34) 원천석은 耘·耕한다고 가끔 읊었지만 상투적 표현 내지 일종의 취미이지, 농경은 佃客 혹은 노비가, 집안일은 노비가 담당했을 것이다. 원천석은 공양왕 3년 9월 18일에 빈 창자가 꾸르륵하니 '婦'를 불러 밥짓기를 재촉한다고 했는데(『耘谷行錄』 卷5), 이 '婦'는 노비로 여겨진다.

도 주리지 않고 약주를 즐기며 자녀를 양육·교육하고 결혼시킬 정도의 재력을 지녔던 것이고, 노년에는 자녀로부터 일정한 도움을 받을 수 있었다.

원천석은 친인척 및 지역 유지들과 활발하게 어울렸다. 그는 창왕 원년에 外堂兄인 李副令이 先君 追封을 고하러 선영을 참배하자 기념시를 헌정했고, 조선 태조 원년에 동생인 宣差 李師伯이 차를 선물하자 사례시를 지었는데,35) 이사백은 外堂弟로 여겨진다. 元立은 少卿과 都領을 역임하고 契長을 지냈는데, 원천석은 그와 절친하게 지내며 자주 시를 지어 주었다. 원천석은 우왕 12년에 李副正의 兄인 李實을 곡하는 시를 지었고, 창왕 원년에 동생 副正이 춘주에 나아가 量田함을 전송했고, 태조 3년 3월에는 李實형의 葬送에 병으로 가지 못하자 시를 지었다.36) 원립과 이실은 원천석의 처부 원광명의 동생 원광덕의 사위였다.37) 원천석은 우왕 11년 9월 8일에 國書 元天景이 安德從·元文質과 술을 들고 방문하니 시를 지었다. 창왕 원년 重九 즉 중양절에 李博士가 元措大와 함께 술과 국화를 들고 방문하니 시를 지었고, 이 해에 措大 元文質이 46세로 사망하자 슬퍼했는데 자신에게 시를 배웠다고 했다.38) 태조 3년에는 친구이자 兄인 元良胤이 83세로 세상을 뜨자 곡했다.39) 원천석은 원씨 유지들이 중심이 된 契에 참여했는데, 元立이 맡던 契長은 元叔老·元天富 등이 돌아가면서 맡았다. 공양왕 2년 11월 28일에 계장 원숙로가 要濟院에서 주연을 마련하여 契內 諸公을 초청했고, 3년 봄에는 契長 元天富가 嚴君을 위한 연회를 세 번 개최했다.40) 창왕 원년 9월에 伊川 감무에 부임하는 元 承奉(承奉郎)을 송별하는 시를 지으면서 감무·현령의 官階가 叅官으로 승격하고 그대의 姊夫·若婿도 먼저 이 직임에 나아갔다면서 장려했다.41)

---

35) 『耘谷行錄』卷4·5.
36) 『耘谷行錄』卷1·2·3·4·5.
37) 『씨족원류』원주 원씨.
38) 『耘谷行錄』卷2·4.
39) 『耘谷行錄』卷5.
40) 『耘谷行錄』卷4·5.

원천석은 공민왕 15년과 19년에 趙 摠郎(侍郎)과 시를 주고받았다. 또한 19년에 조시랑의 시에 차운했는데 그대가 皇州(개경)에 들어간 지 1秋가 지났다며 그대의 가족과 고향 걱정일랑 하지 말라고 했고, 22년에 고향에 觀省하러 왔다가 상경하는 조시랑을 전송하는 시를 지었다. 우왕 12년에, 趙奉善이 元日에 내방해 안부를 묻고 시를 헌정하자 차운하여 감사했고, 여강에 안치되었다가 사면된 李栢堂에게 증여한 조봉선의 시에 차운하여 이백당을 위로했고, 이웃에서 자신을 보살펴 주었던 조봉선의 모친 申夫人이 세상을 뜨자 挽詞를 지었다. 우왕 13년 10월에 조봉선이 찬술한 契內 同發願 十詠 서책의 뒤에 글을 썼고 조봉선의 八箇歌에 題目을 썼다. 우왕 13년 말엽에 선생 趙瑋의 방문에 사례하는 시를 지었다.[42] 趙瑋, 趙 奉善(奉善大夫), 조총랑(조시랑)은 동일 인물일 가능성이 크다. 원천석은 공양왕 2년에 과거에 응시하는 元有寬 高沃을 송별하는 시를 지었고, 태조 2년에 친구의 아들 申詮이 술을 들고 내방하자 사례했고, 趙進士와 두 元進士가 경성에서 원천석에게 편지를 보냈다.[43]

원천석은 공민왕 9년에 南谿에서 契內 張公과 趙公을 추억하며 자신이 세상과 어긋남을 누가 알아주리오 했다. 공민왕 13년에 安 司戶의 집에 5, 6인이 모여 연회를 열자 시를 지어 李乙生 선생에게 보였는데 그대가 압록강 가에 갔을 때 날마다 그대를 생각했다고 하였다. 우왕 14년 6월에 安都領의 형 安鼎이 벼를 선물하자 사례했다. 공양왕 3년 3월 9일에 都領 李乙生이 慈堂(모친)의 祝壽 연회를 개최해 초빙했지만 병으로 가지 못하자 시를 지어 축하했다. 그는 개경에 있는 박사 李乙華가 연달아 안부를 묻자,

---

41) 『耘谷行錄』 卷4. 洪武 二十年(우왕 13년)이라 되어 있는데 이 시가 기사년(창왕 원년)에 실려 있고 조준의 상소에 따라 현령·감무를 衆으로 올려 士人을 임명하기 시작한 것이 창왕 즉위년 8월이므로 洪武 二十二年의 오류이다. 監務는 본래 人吏가 받는 직책이라는 언급이 주목된다. 원천석은 공양왕 2년에는 元伊川이 보낸 詩卷에 글을 썼다.

42) 『耘谷行錄』 卷1·2·3. 한편 원천석이 지은 <十五日에 趙摠郎이 名醞을 선물하다>라는 시가 태조 3년 3월 항에 실려 있다(『耘谷行錄』 卷5).

43) 『耘谷行錄』 卷4·5.

452

우왕 11년에 시를 부쳐 만년에 대화할 자 없는데 언제 돌아오려는가, 고향과 처자는 걱정하지 말라고 했다. 공양왕 3년에는 契長 李子成이 마련한 연회에서 契內 諸公을 위해 시를 헌정했다. 태조 원년에는 판사 李乙琳이 73세로 세상을 뜨자 함께 忘年契를 맺었는데 어찌하랴며 슬퍼했다.[44] 우왕 2년 봄에 李楮谷의 연회에서 諸公에게 시를 헌정했고, 우왕 14년 12월 28일에 李楮谷이 내방하자 시를 지었다.[45] 태조 2년 12월에는 죽마고우인 泥村 李居士의 시에 차운했고, 태조 3년에 이거사가 아들 侍郎을 통해 시를 보내오자 차운했고, 이거사에게 丹棗를 구했는데 生栗을 얻자 노쇠한 형을 위로해 준다며 감사했고, 李穪가 술을 들고 내방하자 시를 지었다.[46] 이들 이씨들은 원천석의 인척으로 보이는데 이을생, 이을화, 이을림은 형제로 여겨진다.

　원천석은 공민왕 22년에 西谷 徐奉翊 즉 奉翊 版圖判書 致仕 徐允賢의 畵壁山水를 주제로 시를 썼고, 우왕 원년에 서윤현이 小樓 앞 연못 옆에 지은 栗亭에 前 刺史 閔公이 권농하러 다니다가 들러 시를 남겼다며 시를 부탁하자 화답했다.[47] 공민왕 22년에 생원 金璽에게 약을 청하는 시를 지었고, 우왕 11년에 86세 원로 吳翊에게 시를 헌정하며 금강경 암송 공덕이라 했고, 13년에 판서 鄭乙産의 처 辛郡君 挽詞를 지었다.[48] 우왕 13년 12월 마지막 날 庚申 모임에 병으로 가지 못하니 시를 지어 생원 金祖를 통해 諸公에게 부쳤고, 14년 정월 7일 人日에 劉辨이 술을 들고 방문하자 시를 지었다.[49] 창왕 원년에 선달 金貂의 시에 차운해 金榜 亞元을 찬미했고, 兎山

---

44) 『耘谷行錄』 卷1・2・3・5. 都領은 지역사회의 군사 지휘자로 보인다.
45) 『耘谷行錄』 卷2・3. 원천석은 우왕 11년에 故 家兄의 장모인 楮谷 元氏 郡君을 곡했다.
46) 『耘谷行錄』 卷5.
47) 『耘谷行錄』 卷2. 서윤현은 栗亭 맞은 편에 水田 1頃을 지녔다. 원천석은 우왕 13년에 徐先生의 살구선물과 방문을 감사하는 시를 지었는데, 이 서선생은 서윤현으로 보인다(卷3).
48) 『耘谷行錄』 卷2・3. 辛郡君은 後嗣가 없어 侄女가 양자가 되어 主喪했다.
49) 『耘谷行錄』 卷3.

감무에 부임하는 承奉(承奉郞) 辛成安을 송별하는 시를 지었고, 공양왕 3년에 兎山守(신성안)가 부친 시에 차운해 토산 鄕學 중수를 찬미했다. 공양왕 2년에는 大諫 崔嗣에게 시를 부쳤고, 최사가 화답시를 보내자 차운한 시를 부치면서 이미 愚兒(원천석의 아들)가 貴門에 출입함을 허락했는데 번거롭게 할까 걱정된다고 했다. 공양왕 3년에는 헌납 宋愚가 興法丈室에 올리는 시에 차운했고, 태조 2년에는 曹進士를 餞行하는 宋獻納(宋愚)의 시에 차운해 금의환향을 기원했다. 태조 2년에 邊處厚가 등제하자 축하했는데 옛적부터 교분이 깊다고 했으며, 변처후가 시를 부치자 차운해 고향과 부모를 걱정말라고 했다. 태조 3년 여름에 선생 張德至가 설사치료 용액을 선물하므로 사례했다.[50]

원천석은 원주향교의 선생으로서 학생을 지도했다. 우왕 14년 7월 10일에 諸生이 술과 안주, 찐 돼지를 넣은 만두를 가지고 방문하니 사례하는 시를 지었다. 공양왕 4년에는 鄕學 諸生이 새벽에 찾아와 수업을 쉬자고 진땀을 흘리고 부끄러워하며 말하자 허락했고, 鄕學 諸生의 賦雪에 차운했다. 태조 2년 7월 7일에 書生이 찾아와 맹자에 대해 묻자 등문공 상·하 章을 강독하면서 칠석인지라 견우와 직녀 이야기를 곁들였다. 태조 2년 가을의 어느 밤에 李生과 安生이 술을 들고 내방하자 사례하는 시를 읊으면서 자신이 利達을 구하지 않고 權豪를 가까이 하지 않았다고 했다. 태조 3년에, 諸生이 술을 들고 내방하자 시를 읊어 太平을 찬미했고, 金敎授의 口號에 차운했다.[51]

원천석은 유학자 혹은 관리와 활발하게 교류했다. 어릴 적에 함께 공부했던 춘주의 金生, 安生, 辛大學, 向上 崔安乙, 廉先生 등과 친분을 유지했는데, 김생·안생·신대학은 성균관에서 공부했던 사이였다. 원천석은 홍건적

---

50) 『耘谷行錄』 卷4·5.
51) 『耘谷行錄』 卷3·5. 金敎授는 원주에 파견된 儒學敎授官으로 판단되니 원주향교에서 가르쳤을 것이다. 만두가 대중화되었음이 드러난다. 『耘谷行錄』에는 豆腐, 豆粥, 국화주, 揷秧(태조 3. 4) 등이 등장하고, 冬至에 豆粥(팥죽)과 重陽에 국화주 먹는 풍습, 두부·팥죽 제조법이 소개되어 있다.

454

침략 직전에 中原에 遊하는 춘주의 少卿 朴允珍을 위해 송별시를 지었고, 우왕 2년에 춘주향교의 諸公을 위해 시를 지었다.52) 춘주향교와 밀접한 관계를 유지한 것은 어릴 적에 거기에서 공부한 인연이 작용했을 것이다. 국자시 동년들과 끈끈한 관계를 유지했는데, 외지로 여행하면 동년을 찾기도 했지만 대개는 동년이 원주를 들러 만남이 이루어졌으며, 직접 만나지 않고도 시를 주고받았다. 원천석과 교류한 동년은 정도전, 金費, 순흥 안중온(안경온), 許仲遠, 舍人 金偶, 益州 沈方哲, 尹壯元(윤소종), 刺史 偰公(偰長壽), 경주 김진양, 성주 이여충, 초계 정예안(정숙륜), 이숭인, 강릉 최윤하, 崔典書(崔顥), 안동 權從義 등이었다.53) 정도전은 공민왕 9년 12월에 원주에 들러 원천석과 시를 주고받았고, 우왕 원년 5월에 외교문제로 會津에 유배되었는데, 원천석은 2년 9월 9일에 鄭司藝(정도전)의 시에 차운해 三峯의 詩와 筆은 모두 絶妙하다고 찬미했다.54) 정도전은 親鄕 봉화만이 아니라 堤州·丹山(단양)에도 기반이 있어 원천석과 밀접한 관련을 맺었다.

원천석은 공민왕 즉위 전후에 李尚書와, 공민왕 15년에 상서 華之元과, 공민왕 19년에 成相國과 시를 주고받았다. 공민왕 9년에 회포를 토로하는 시를 친구 趙牧監에게 부쳤고, 조목감이 사망하자 애도했다. 옛적에 모시고 놀았던 相公 金乙貴와 서신을 주고받고 김을귀의 詩卷 뒤에 글을 썼다. 우

52) 『耘谷行錄』卷1·2.
53) 『耘谷行錄』卷1·2·3·4·5. 원천석은 우왕 14년에 相國 李宥에게 시를 헌정하기를, 이별한 지 9년이지만 金佛은 靈樹寺에 새롭고 銀蟾은 月松亭에 依舊하다고 했으며, 태조 원년(공양왕 4년)에 李宥에게 시를 부치면서 자신을 同庚 野叟라 했다(『耘谷行錄』卷3·5). 李宥도 同庚이 同年과 같다면 동년인데, 원주 사람으로 원천석의 인척일 가능성이 있다. 원천석은 관찰부사 鄭士毅에게 주는 시에서 桃門 崔顥의 방문을 언급했는데, 정사의도 원천석의 동년일 가능성이 있다. 원천석과 교류한 按部 金濤도 동년일 가능성이 있는데, 연안 사람인 그는 공민왕 11년에 예부시에 급제한다.
54) 『耘谷行錄』卷1·2 ;『高麗史節要』卷30, 우왕 원년 4·5월. 이색은 司藝 정도전이 堤州 村莊에 授徒함을 듣고 읊었다(『牧隱詩藁』卷11). 정도전은 김구용과 원주에서 만났는데, 정사년(우왕 3년) 겨울에 원주에 갔다고 한다(『三峯集』卷2,「聞金若齋……」 및 '按').

왕 11년에 吳寧海가 홍시를 선물하자 사례했고, 12년에 친구 김해 선달 辛
孟卿에게 시를 부쳤고, 창왕 원년 정월에 춘주에서 量田하고 있는 崔順興
에게 시를 부쳤다. 공양왕 2년에 中書 趙璞에게 개경에 遊하고 있는 아들과
조카의 진출을 부탁하는 시를 부쳤고, 태조 원년에 芸閣 조박에게 시를 부
쳐 去年 봄에 淸談을 나눈 일을 매번 추억한다며 이미 받아들인 조카를 후
원해 주기를 부탁했다. 공양왕 2년에는 邊竹岡(변안열로 추정됨)의 시에 차
운해 실각을 위로했고, 평량(원주)을 방문한 적이 있는 沃州 崔上河의 글을
받자 화답시를 지었고, 4년에는 평원(원주)을 거듭 방문했던 친구 姜主簿가
사망하자 곡했고, 태조 원년에는 강릉 생원 崔安璘이 찾아오자 시를 주었
다.55)

　원천석이 가장 존경했던 유자는 2년 선배인 牧隱 이색으로 서로 밀접한
관계를 유지했다. 원천석은 이색의 운을 따라 시 짓기를 즐겼다. 우왕 13년
9월에 한산군 이색이 신륵사에서 부르자 곧 달려갔으며, 이색이 실각해 長
湍에 遷居하자 공양왕 2년에 꿈속에서도 안위를 걱정했다. 공양왕 3년 9월
에 이색이 국화에 대해 읊으면서 "人情이 어찌 無情과 유사하리오, 접촉하
는 곳이 점점 不平하네"라고 하니, 원천석은 차운하기를 "無情을 믿고 有情
을 웃어야 하네"라고 했다.56) 현실 정치에 몸담은 이색과 벗어난 원천석의
차이가 대비된다.

　원천석은 원주지역에 파견된 관리들과 활발하게 교류했다. 공민왕 9년에
원주목사 宋牧伯과 시를 주고받았고, 12월에 개경으로 돌아가는 송목백을
위해 송별시를 지었다. 공민왕 11년에 원주목사 金牧伯이 원천석의 老親을
위해 榮親宴을 개최하자 사례하는지를 지었고, 15년에 김목백의 川陰亭 시
에 차운했고, 16년 6월에 목백이 南亭에서 北樓에 이르는 官道에 솔을 심
도록 하자 기념시를 지었다. 공민왕 19년에 원주 牧伯 하윤원에게 헌정한
정선刺史 安吉常의 시에 차운해 목백의 薦拔 은혜에 사례하고 목백의 활약

---

55) 『耘谷行錄』 卷1・2・3・4・5.
56) 『耘谷行錄』 卷3・4・5.

456

을 찬미하는 시를 지었으며, 하목백의 三可亭 시에 차운했고, 자사 하윤원을 찬미하는 글을 다시 지어 바쳤고, 하윤원이 개경으로 돌아간 뒤에도 찬미 시를 지어 보냈다. 공민왕 19년에 按部 金濤의 得雨 시와 모란 시에 차운했다. 우왕 2년에 北元令 刺史 金公이 관아의 북쪽 男山 기슭에 정자를 짓자 기념시를 지었고, 자사 偰公(설장수)과 산성별감 尹得龍의 唱和詩에 차운했고, 우왕 11년에 개경으로 돌아가는 도병마사 偰相君(설장수)을 송별하는 시를 지었다.[57] 우왕 11년에 자신의 伊城 토지가 조사대상이 되자 牧兵馬使 周相君에게 乞恩하는 시 두 수를 바쳤고, 12년에 推田別監 權公이 牧伯에게 올리는 시에 차운해 찬미 시를 지었다.[58]

원천석은 前 按部 豐儲倉使 李公이 우왕 12년에 시를 부쳐오자 화답 시를 헌정했고, 우왕 13년에 牧伯 徐公이 鄕學을 방문하자 시를 지어 大平을 노래했다.[59] 공양왕 2년에 觀察使 道副使 鄭士毅가 원천석의 陋齋를 방문하자 시를 주고받았고, 정사의가 楓岳 關東으로 향하려 하자 송별시를 지었고, 이동 중인 鄭副使(정사의)에게 山齋를 둘러싼 數畝의 瓜田에서 딴 西瓜를 보냈고, 공양왕 4년에 定州 鄭士毅에게 시를 부쳐 사모의 정이 날마다 새롭다고 했다.[60] 원천석은 공양왕 2년(1390)에 半刺 楊先生이 보낸 淮陽府使 李恒의 시에 차운했고, 조선 태조 원년 冬至에 歡喜堂頭 장로를 대신하여 按部 鄭擢에게 올리는 시를 지었고, 반자선생의 좌천을 위로하는 시를 지었고, 연말 입춘에 반자선생에게 시를 헌정해 土牛가 迎日한다고 했고, 2년 정월에 반자선생의 시에 차운해 위로하고 찬미했다.[61] 반자 양선생은 원천석과 친밀한 사이로 드러나지만 누구인지 불확실하다.

원천석은 공양왕 3년 늦가을 혹은 겨울에 牧伯(鄭公)에게 올리는 宋獻納(宋愚)의 시에 차운했고, 연말에 목백에게 헌정하는 시를 지었으며, 공양왕

57) 『耘谷行錄』 卷1・2.
58) 『耘谷行錄』 卷2・3.
59) 『耘谷行錄』 卷3.
60) 『耘谷行錄』 卷4・5.
61) 『耘谷行錄』 卷4・5.

4년 정월에 경성으로 돌아가는 목백에게 송별시를 헌정하면서 寒門의 弟姪 2, 3인이 경성에 遊한 지 몇 년째라며 보살펴 주기를 부탁했다. 그리고 같은 해인 조선 태조 원년의 가을 혹은 겨울에 前 牧伯 鄭公에게 시를 부치기를 정공이 부임한 지 반년만에 개경으로 돌아가 아쉽다며 옛적에 함께 개경 자하동 中和(中和堂)와 安和(安和寺)에서 놀던 때를 회상했다.62) 원천석의 옛 친우인 이 목백 정공은 鄭光祖(채하중의 매부)의 아들인 鄭珚으로 추정되었다. 원천석은 태조 원년 동지가 지난 겨울에 牧伯이 사람을 보내 약을 선물하므로 시를 지어 사례하였고, 태조 2년에 牧伯이 水波扇을 선물하자 감사하는 시를 지었다.63) 이 목백이 누구인지 확실하지 않지만 원천석을 깍듯이 예우하고 있었음이 드러난다.

원천석은 원주에 파견된 목사와 예하 관원, 산성별감, 교주도에 파견된 안렴사 등과 교류하고 시를 주고받으며 친분관계를 유지했다. 그들은 지방에 대한 권력을 행사하는 자들이었으므로 그들과 친분을 유지하는 것은 원천석의 안정된 은일생활을 보장받기 위해 필요했다. 그들도 관할 지역을 효율적으로 다스리기 위해서는 지역사회의 여론을 주도하는 원천석을 예우할 필요가 있었다. 원천석은 고향 원주에 살고 춘주·개경에 유학하면서 많은 친구와 선후배를 사귀었고, 국자시에 합격해 많은 동년을 가졌기에 지방관이나 안렴사도 그를 함부로 대하기 어려웠다. 더구나 동년을 포함해 원천석과 친분이 있는 사람이 원주지역에 파견된 경우는 더욱 서로 밀착되었다. 원천석의 뛰어난 문장(특히 시) 능력도 그의 지역사회에서의 위상을 고양시켰음은 물론 지식인 내지 관리들과의 친분을 쌓는 데에 기여했다.

원천석은 은일이지만 가족, 친인척, 지역 유지, 관리, 유학자, 승려들과 활발하게 어울렸는데, 특히 元日, 人日, 단오, 칠석, 仲秋, 重陽, 臘月 庚申, 동지, 입춘, 청명, 한식, 4월 초파일 등에 그러하거나 기념했다. 원천석은 자신은 은거했지만 다른 사람들에게 해동의 어느 왕 때이든 벼슬을 권했고, 아

---

62) 『耘谷行錄』 卷5.
63) 『耘谷行錄』 卷5.

458

들·조카를 위해 최사, 조박, 鄭公 등에게 청탁했다. 원천석의 삶은 국자시 정도만 합격하면 사족 대우를 받으며 지역사회에서 호기롭게 살아가기에 부족하지 않았음을, 원천석의 교류는 원주 등 지역사회에 士族이 많이 거주해 吏族과 공존하며 官을 도와 지역사회를 지배했음을 보여준다.

원천석은 자주 외방으로 여행을 떠났다. 그는 본격적으로 은거하기 이전에 금강산을 다녀왔다. 충정왕 3년 3월에 금강산을 향해 출발해 橫川(횡성), 葛豊驛, 蒼峯驛, 원양역을 거쳐 춘주에 도착하고 原川驛을 거쳐 금강산에 도착해 구경했다. 공민왕 3년 10월에 淮陽을 향해 떠났는데, 橫川·洪川을 거쳐 末訖村에서 숙박하고 馬奴驛, 인제현을 거쳐 瑞和縣에서 숙박하고 長陽을 거쳐 천마령에 올라 금강산을 바라보며 慈悲法起尊에 머리를 조아리고, 通浦縣을 거쳐 회양에서 冬至를 맞았다. 交州(회양)를 출발해 金城, 靑陽, 方山을 거쳐 양구군에 도착해 吏民 流亡을 목격하고 춘주 辛大學의 郊居에 머물다가 돌아왔다.[64]

그는 본격적으로 은거한 이후에도 여행을 즐겼다. 공민왕 17년 3월 20일에 춘주를 향해 출발해 橫川 旅館에서 숙박하고 葛豊驛, 蒼峯驛, 沙勿洞, 洪川, 원양역을 지나 춘주에 도착했다. 소양강가 樓에서 시를 읊고 崔安乙의 시에 차운했으며, 淸平寺 시를 짓기를 범종 소리가 一洞에 이어지고 玄福을 가지고 明君을 받든다고 했으며, 梨嶺을 지나 圓通寺에 놀고 大悲(관음)를 예배했다.

공민왕 18년 3월에는 寧海府를 향해 떠났는데, 堤州 南郊, 冷泉驛을 거쳐 사방의 길이 나뉘는 竹嶺을 지나 순흥부에서 숙박했고, 榮州를 지나 안동에서 숙박하면서 板上에 차운해 동년 權從義에게 주었다. 寧海(丹陽)에 도착해 官舍에 머물며 板上에 차운해 시를 지었고, 觀魚臺, 鳳松亭, 貞信洞, 燕脂溪, 泣仙樓, 無價亭 시를 지었으며, 寧德(野城)에 가서 酒登驛을 거쳐 圓寂菴을 찾았다. 3월 24일에 단양(영해)을 출발하면서 府使 韓公의 시에 차운해 봉송정에서 諸公과 이별하는 시를 지었다. 平海(箕城)에서 望

64) 『耘谷行錄』 卷1.

槎亭, 越松亭, 迎曦亭을 거쳐 蔚珍(仙槎)에 숙박했다. 臨漪亭 시에 차운하고, 知峴에 올라 蔚陵을 바라보았다. 龍化驛 시에 차운하고 三陟 公舘에 숙박하며 단양(영해) 故友에게 시를 부쳤다. 平陵驛 시에 차운하고 羽溪(玉堂)에 숙박해 板上에 차운했다. 廣灘에 배를 타서 旌善에 이르고 南江에서 배를 타서 倚風亭에 올라 시를 지었다. 碧坡嶺에 올라 시를 짓기를 沿江 十里 行路가 험난하다고 했고, 芳林驛을 거쳐 安昌驛에 이르러 시를 짓기를 故園이 가깝다고 했다. 작약이 만개하니 元 소경(元立)에게 부치는 시를 짓고, 춘주 拱北亭 시에 차운했다.65) 그가 안창역에서 원주로 온 것인지, 춘주로 간 것인지, 아니면 원주에 머물다가 춘주로 간 것인지 불확실하다.

공민왕 22년에는 狼川에서 숙박하고 金城, 原川驛, 母津, 馬峴을 지나 加平에 도착했는데 土田 황폐를 애석해 했다. 春城(춘주)에 이르러 崔安乙의 시에 차운했다. 춘주 泉田村에 숙박하고 安保驛(保安驛) 南江을 건너고 恐灘 시를 짓고 萬歲寺에 숙박했다. 우왕 2년에 춘주 辛大學의 시에 차운하고, 春州鄕校 諸公과 시를 주고받았으며, 겨울밤에 春城 客館에 머무는데 卞大學이 술을 가지고 내방하니 시를 지어 사례했다. 우왕 11년 7월에 橫川을 거쳐 春城 客館에서 廉先生에게 책을 빌리고 廉公의 시에 차운하기를, "일찍이 이곳에 노닌 지 13년이네" 했다. 鐵原舘 北寬亭을 방문해 그곳 시에 차운했다.66)

우왕 13년 9월 27일에는 한산군 이색의 부름을 받아 阿也尼 西江, 金堂川을 지나 황려 신륵사에 도착했다. 9월 말일에 원주로 돌아오자 10월 1일에 摠持 母가, 다음날에 妙音 父母가 주안상을 마련해 신륵사 여행의 피로를 위로했다. 조선 태조 원년 말엽에 酒泉의 公舘에서 有感詩에 차운했고, 冬至日 永春에 이르자 내방한 毗麼羅僧의 시에 차운했다.67)

원천석의 주된 여행 지역은 교주도의 회양, 춘주, 철원 일대였는데 伊城

---

65) 『耘谷行錄』 卷1.
66) 『耘谷行錄』 卷2. 우왕 2년은 11년의 오류일 가능성도 있다.
67) 『耘谷行錄』 卷3·5.

(伊川)의 토지를 관리하기 위한 목적도 깔려 있었을 것이다. 원천석의 근친으로 보이는 元承奉이 伊川 감무에, 원천석의 동생 元子誠이 金城令과 歙谷令에, 조카 元湜이 흡곡령에 임명된 것도 원천석 집안의 토지소유 내지 영향권과 관계가 있었을 것이다. 특히 춘주 일대를 빈번히 방문했는데 어릴 적에 이곳에 유학해 친구가 많고 청평산과 소양강을 좋아했기 때문일 것이다. 원주의 속현인 황려, 주천, 영춘 등의 지역도 방문했다. 경상도 영해지역도 여행했는데 故友 혹은 吳寧海의 초청에 응했을 가능성이 있다.

4. 원천석의 은일과 불교

원천석은 如如居士의 '三敎一理論'을 인용해 '窮理盡性'의 유교와 '明心見性'의 불교와 '修眞鍊性'의 도교가 極處는 治性으로 하나이니 會三歸一해야 한다고 했듯이[68] 유·불·도 삼교의 일치를 추구했다. 그는 어릴 적부터 유학을 공부해 정통했고, 맹자를 언급하고 소옹(강절)을 좋아한 점으로 보아 성리학에 대한 이해도 지녔다. 노자의 '希夷'에 근거해 希夷詩를 지은 것[69]으로 보아 老莊을 포함한 도교에 대한 이해가 깊었다. 다양한 승려들과 교류하며 글을 주고받고 그들의 서책에 글을 써줄 정도로 불교에 조예가 깊었는데 그러한 글 속에는 불교만이 아니라 유학과 도가·도교가 녹아 있었다. 유학자들은 대개 도가·도교에 대한 이해를 지니며, 은일을 선택한 경우 도가·도교에 심취하고 나아가 불교(특히 선종)에 심취하는 경향을 보이는데 원천석의 경우도 그러했다. 원천석은 유·불·도를 좋아했는데, 청소년 시절에는 유교에, 장년과 노년 시절에는 불교에 치우치는 경향을 보이니, 은일 시절에는 불교가 영향을 많이 미쳐 승려에 근접한 생활을 했으며

---

68) 『耘谷行錄』 卷3.
69) 『耘谷行錄』 卷3. 원천석이 도연명 같은 은일을 좋아한 점도 도가·도교의 측면으로 볼 수 있다. 원천석의 希夷는 希夷子 이자현으로부터 영향받았을 가능성이 있다.

如如居士도 그 자신이었다.[70]

원천석은 불교에 심취하여 승려들과 활발하게 교류했다. 공민왕 9년에 조계종 道境禪師 之鑑의 시에 차운했다. 13년에 道境 山齋에서 노닐고 道境大禪翁과 시를 주고받았다. 공민왕 15년에 道境大禪翁이, 去年에 아들을 잃고 지금 아내를 잃은 원천석을 위로하는 글을 보내니 원천석이 차운했다. 공민왕 17년 정월 24일에 西谷 張尙書가 80세로 사망하자 道境이 挽詞를 짓기를 10년 동안 相從했는데 文殊洞口에 눈만 내린다 하니 원천석이 차운했다. 우왕 원년에 원천석이 道境 시에 차운했고, 11월에 家兄의 病死에 道境禪翁이 挽歌를 지었다. 원천석은 우왕 2년에 道境의 시에 차운해 萬歲堂頭에게 헌정했고, 遊道境 시를 지었고, 道境에게 헌정한 偰 刺史의 시에 차운하기를, 松風 溪水가 모두 禪을 말하고 道境은 眞洞仙이고 虎溪 一笑에 인연이 없지 않네 했고, 道境禪翁의 山居苦寒詩에 차운했고, 14년 가을에 道境寺에 놀며 堂頭禪翁에 차운했다.[71] 上京하는 원주목사 河公(河允源)에게 시를 준 치악산 道境 鑑上人[72]이 도경사 대선옹 之鑑이었다. 원천석은 조계선종의 치악산 도경사 및 도경大禪翁(大禪師) 之鑑과 매우 친밀한 사이였다. 만세사의 당두와 교류했는데 도경선사와 관련이 있는 점으로 보아 만세사는 선종사찰로 보인다. 공민왕 22년에 춘주에서 원주로 돌아오다가 萬歲寺에 숙박하며 시를 지었고, 공양왕 3년에는 만세사 新竹을 읊었다.[73]

원천석은 공민왕 9년에 幽谷 宏師가 上院寺 朱砂窟의 西峯에 無住庵을 건축하자 시를 宏上人에게 바쳤고, 15년에 默言 宏上人에게 화답하기를, 침묵은 유마 不二門이라 했다. 19년 7월에 雲游子 覺宏이 찾아와 江浙 유학을 알리자 송별 글을 짓기를, 각굉이 經에서 반야의 義를, 論에서 三觀의

---

70) 如如居士가 원천석임은 공양왕 2년에 伊川太守(元伊川)가 如如居士를 방문해 沃州 崔上河의 편지를 전달한 데에서(『耘谷行錄』 卷4) 알 수 있다. 원천석의 불교 심취는 손자와 손녀의 이름을 摠持와 妙音이라 한 데에서도 엿볼 수 있다.

71) 『耘谷行錄』 卷1·2·3.

72) 『척약재학음집』 상권. 김구용과 정도전이 河公을 만나 시를 지었다.

73) 『耘谷行錄』 卷2·5.

理를 얻고 금강산에 들어가 10여 년 수도했다고 했다. 23년에 幽谷 宏師가 水芹·瓜·沈瓜를 선물한 데 감사 시를 짓기를, 祖印을 일찍이 江月軒(나옹)으로부터 전수받았다고 했다. 원천석과 宏幽谷과 僎其 大選은 우왕 원년에 泉林寺에서 함께 독서했는데, 2년 겨울에 僎其 大選이 열반하자 원천석이 곡했다. 원천석은 12년 가을에 上院寺 시를 읊기를, 洞天은 옛날처럼 먼데 重新한 殿宇는 다르다고 했다.[74] 유곡 覺宏이 머문 上院寺는 그가 나옹의 주요 제자라는 점에서 치악산보다 오대산의 사원일 가능성이 크다.

나옹이 우왕 2년 4월 15일에 회암사 중창의 낙성을 기념하는 문수회를 개최했다가 유배 도중인 5월 15일에 신륵사에서 의문의 죽음을 맞이하자 門人인 幽谷 覺宏이 나옹행장을 찬술하고 나옹화상 어록을 간행했다.[75] 보제존자 나옹의 사리 石鐘碑文은 우왕 5년 5월 15일에 여주 신륵사에 세워졌는데, 비문은 한산군 이색이 찬술했고, 나옹의 문인 覺珠·覺惺·覺宏 등이 立石을 주도했다. 陰記에는 후원 명단이 기재되어 있는데, 문생으로 환암 혼수, 杲菴, 비구니 등이 적혀 있고, 檀越에는 왕족과 고위관료는 물론 한양부 풍양 사람인 前典校寺事 趙云仡, 원주 사람인 前將軍 元㞳, 前開城少尹 李乙琳, 前中郎將 元老, 진사 원천석, 北原郡夫人 元氏 妙守, 優婆塞 元松·元呂 등이 포함되어 있으며, 重創緣化 문생으로 여흥군의 座主 趙英祐, 호장 閔藝·閔淸·金瑚, 前戶長 閔謙, 詔文記官 金秀, 記官 閔暢 등이 기재되어 있다. 신륵사 석종비문은 원주와 여흥 사람들이 건립을 주도했던 것이다. 우왕 14년 4월에 찬술된 보제존자 塔誌石文에는 "道人 覺修가 왕사 보제존자의 사리 1매를 主塔에, 비구니 妙寬이 보제존자의 사리 1매를 東塔에 안치했는데, 大功德主는 奉翊大夫 徐允賢 法名 覺喜와 아내 丹山郡夫人 張氏 法名 妙然이고, 石手는 道人 覺訓, 爐冶는 도인 覺淸, 勸化는 비구 覺如이다. 목사 姜隱, 施主 元老, 시주 元氏, 시주 元龍"이라고 되

74) 『耘谷行錄』 卷1·2·3.

75) 『나옹록』 행장·발문 ; 『高麗史』 卷133, 신우전. 나옹어록 발문은 우왕 3년 여름에 이달충이 썼다.

어 있다.76) 이 탑지석은 서윤현 부부, 元老 가족 등 원주 사람들이 제작을 주도한 점으로 보아 여주 신륵사의 것이라기보다 나옹의 사리 일부를 원주 지역 어느 절의 탑에 안치하면서 제작한 것으로 보인다.

원천석은 이처럼 나옹의 제자 각굉과 친분이 두터웠고, 나옹의 사망 후 추모사업을 후원했다. 그의 나옹에 대한 존경심은 대단했다. 공민왕 14년에는 나옹화상 雲山圖를 주제로 시를 지었고, 우왕 13년에는 나옹의 진영을 찬미하면서 指空을 계승했다고 했고, 공양왕 3년 봄에는 나옹의 시 1구를 가장 사랑해 休休處를 얻었다고 했다.77)

원천석은 각굉 외에도 나옹의 제자, 법손들과 교류했다. 우왕 13년에 나옹 제자인 신륵사 國一都大禪師 杲菴이 게송을 보내니 화답했다. 13년 9월에 이색의 부름을 받아 신륵사로 가서 月谷 明師・明峯 月師・照菴 鏡師・療菴 瑛師의 서책에 글을 썼고, 杲巖(杲菴)이 唱首하자 차운했고, 志曦上人의 遊方을 송별하는 시를 지었다. 우왕 13년에 이색의 운을 빌려 寂峯 禪者의 서책에 글을 썼고, 寂峯 圓師의 遊方을 송별하는 시를 지었다. 그는 나옹의 제자 溪月軒 無學의 문도인 信圓禪者(淸風軒 寂峯)인데, 창왕 원년에 나옹 행적을 쫓아 중국 강남에 유학하러 간다며 찾아오자 원천석이 송별시를 지었다. 원천석은 공양왕 3년에는 나옹의 문인 無學・本寂의 제자인 竹溪軒 信廻禪者가 江浙에 유학하려 하자 송별시를 지었다.78)

그 외에도 원천석과 교류한 나옹의 문도는 많았다. 공민왕 9년에 祖師禪을 얻은 雪岳 辛社主가 열반하자 곡했다. 우왕 12년에 笑巖(悟師)의 서책에

---

76) 『교감역주 역대고승비문』. 姜隱은 원주목사로 여겨진다. 허흥식, 『한국금석전문』 하편 목차에는 보제존자 탑지가 원주 슭傳寺 소속으로 소개되어 있다. 한편, 江華府 龍藏寺의 대장경을 우왕 4년에 지평 미지산(용문산)의 용문사로 옮겨 안치하는 비용을 北原郡夫人 元氏가 댔다. 『東文選』 卷74, 「지평현미지산용문사 大藏殿記」.

77) 『耘谷行錄』 卷1・3・5. 나옹은 국내의 경우 공덕산, 회암사, 오대산, 구월산, 개경, 용문산, 금강산, 청평사, 송광사 등에 머물렀는데 특히 오대산과 회암사가 주요 근거지였다. 『懶翁錄』 탑명・행장.

78) 『耘谷行錄』 卷3・4・5.

書하고, 우왕 13년에 이색 운을 빌려 笑巖 悟師의 叅方을 송별하는 시를 지었고, 本寂空板 首卷에 書했다. 창왕 원년에 만난 晶菴 旭師의 서책에 진사 張子儀의 운을 빌려 書하기를, 암자가 북으로 崗巒을 안고 火輪이 東溟에 떠오르네 했다.79) 雪岳, 本寂, 笑巖, 晶菴은 나옹의 제자였다.80) 우왕 13년 10월에 越菴 超上人의 서책에 書하기를, "眼不見 耳不聞하여 聲色을 초월하고 '江月照 松風吹'하여 道는 無爲하고 樂은 無極하네" 했다. 창왕 원년에 智巖 哲師의 서책에 書하기를, "四知가 圓滿하고 溪月松風에 禪에 드네" 했다.81) 江月軒은 나옹이고, 溪月軒은 무학이고, 松風軒은 絶磵 倫(益倫) 上人이니82) 월암 초상인과 지암 철사는 나옹 계열이었다. 우왕 13년에 透空 岑上人의 서책에 쓰고 送行 시를 지었는데,83) 岑上人은 檜巖寺로 향한 것으로 보아 나옹 계열로 보인다. 우왕 13년에 虛舟 海禪者의 서책에, 驪井 海禪者의 서책에, 공양왕 2년에 寶峯 琳師·明菴 珠師의 서책에 書했다. 창왕 원년에 만난 寂音 演師(寂音 禪德)의 서책에 書하기를, "說時에 침묵하니 道가 커서 언어가 끊어지고 마음이 맑아 靈山에 한 번 웃는 春"이라 했고, 送行 시를 헌정했다. 공양왕 2년 12월에 說峯 演師의 서책에 書하고 送行 시를 지었고, 3년 3월에 日菴 杲師의 서책에 書했다. 태조 3년에 仁峯 義師의 서책에 題하기를, "연민의 情은 性이 施한 것인데 유교에서는 仁이고 불교에서는 慈"라고 했다.84) 海禪者, 寶峯 琳師, 明庵 珠師, 演師, 日菴 杲師, 仁峯 義師는 나옹의 제자로 판단된다.85) 태조 2년에 寂用菴에 遊하면서 읊기를, 寂用 功夫를 禪이라 하는데, 禪門에서 氣味가 天然이라 했고, 3년 3월에 寂用菴에 重遊하며 읊기를, "蘭若를 剏成해 禪流를 모으

---

79) 『耘谷行錄』 卷1·3·4.
80) 『懶翁錄』 게송.
81) 『耘谷行錄』 卷3·4.
82) 『陶隱集』 卷1, 題倫上人絶磵松風軒卷 ; 『陽村集』 卷7, 絶磵 二首.
83) 『耘谷行錄』 卷3.
84) 『耘谷行錄』 卷3·4·5.
85) 海禪者, 志海, 寶峯, 珠侍者, 意珠, 自照 一珠, 演禪者, 日菴, 義禪者는 나옹의 제자였다. 『나옹록』 게송 ; 영변 안심사 지공·나옹 사리석종 비문.

네, 昔年에 감상했는데 오늘 거듭 와서 노니네, 새로 한 단청 빛이 찬란하니 幻菴이 응당 塔 중에서 머리를 끄덕이리” 했다.86) 환암은 나옹의 제자이므로 적용암은 나옹 계열의 사찰로 여겨진다.

원천석은 다양한 선종 사찰·승려와 교류했다. 공민왕 13년에 麻田寺에 노닐며 시를 지었고, 공민왕 17년 12월 입춘 후 8일에 麻田寺를 방문했지만 주인은 禪室에 앉아 침묵하니 유마힐이라고 읊었다.87) 마전사는 積城縣 麻田88)의 사원으로 보이는데 원천석의 伊城(伊川) 토지 경영과 관련되었을 것이다. 원천석은 공양왕 2년 정월에 文殊寺에 노닐며 읊기를, “崎嶇하게 絶磴을 지나니 突兀하게 危樓가 보이네, 눈에 묻힌 냇물은 느릿느릿하고 구름이 밀려온 골짜기는 그윽하네, 禪門事를 배우고자 마음으로 話頭를 묻네” 했다.89) 공민왕 15년 2월에 曹溪衲學 允珠가 영남에서 와 원천석을 만나 사부 麟角大禪翁의 시를 보였다. 원천석은 允珠 上人이 공민왕 17년 정월에 열린 京師(개경) 보제사 澝禪會에 참여했다가 영남으로 돌아가면서 원주에 들러 慈堂(모친)을 만나고 원천석을 찾아 同袍禪者 仁斐의 시를 보여주며 요청하기에 차운해 송별시를 지었다.90) 우왕 2년에 조계장로 禪堅가 丘大選에게 증여한 시에 차운했고, 11년에 興法大禪翁 省珍이 曹溪行脚인 文軫과 斯近의 시 1軸을 보내 요청하므로 차운했고, 13년 10월에 可能 中德의 요청에 시를 짓기를, 斷臂·舂麋 兩祖翁이 法燈을 서로 이어 宗風을 전파했다고 했다. 창왕 원년에 寒泉 淸師의 서책에 쓰기를 曹溪에 접했다고 했고, 無菴 空師의 서책에 목은의 운을 빌려 읊기를, ‘趙州無’를 들어올린다고 했다.91) 이들 승려들은 흥법 대선옹을 제외하면 모두 조계선종 승려

---

86) 『耘谷行錄』 卷5.
87) 『耘谷行錄』 卷1.
88) 『高麗史』 卷56, 지리지 왕경개성부 麻田縣.
89) 『耘谷行錄』 卷4. 문수사는 치악산 西洞에 있는 문수사일 가능성과 한양 삼각산에 있는 문수사일 가능성이 있다. 『新增東國輿地勝覽』 卷46, 원주목 불우 및 卷3, 한성부 불우 참조.
90) 『耘谷行錄』 卷1. 인각사의 대선옹은 일연 계열로 보인다.
91) 『耘谷行錄』 卷2·3·4.

들이었다.

원천석은 천태종 승려와도 활발하게 교류했다. 공민왕 14년에 覺林堂頭 圓通이 국왕에게 祝壽하는 시에 차운하여 "岳靈이 임금에게 長壽를 헌정한다"고 읊었다. 우왕 11년에 靈泉寺의 法華法席 勸化 시를 짓기를, "佛法堂을 重新해 군주의 千壽와 나라의 裨補를 축원하고 檀越의 도움에 기대어 蓮花 大道場에 들어간다"고 했다. 공양왕 3년 3월에 靈泉堂頭가 覺林寺에 주지할 때 술 보냄을 사례하는 시를 지었고, 4월 8일 저녁에 靈泉寺 燈을 구경하면서 재앙의 소멸을 기원했다. 공양왕 3년 3월에 天台 義圓長老의 詩卷에 차운하여 글을 쓰기를, "禪과 敎를 배우고 筆과 詩에 능하다"고 했다. 3년 가을 혹은 겨울에 각림사의 天台 演禪者가 총림에 가면서 들르니 송별시를 짓기를, "禪門은 名相을 끊어 閫閾이 본래 幽深하고 祖脉은 台嶺에서 전해지고 宗風은 少林과 隔했다"고 했으며, 총림에 가는 義圓長老를 송별하는 시를 지었고, 覺林寺 室에 시를 헌정했다. 조선 태조 원년 가을에 奉福君 神照大禪師에게 부치기를, "慈門을 향한 지 열 번의 春이 지났는데 각림사 八部는 옛 주인을 기다리고, 동국 중흥의 第一春에 農桑이 잘 된다"고 했다.[92] 우왕 13년에 禪師 覺源이 법화경을 강설하며 게송을 지어 원천석에게 "孔聖이 보살이지만 世諦門을 이루었다"고 하니, 원천석이 화답하기를 "敎門이 조금 다르나 治性은 본래 同倫"이라고 했다. 우왕 14년에 高達寺의 李大禪師 義澄에게 시를 부치기를, "멀리 彗目山을 바라보니 天台老가 있음을 알겠노라" 했고, 총림에 가는 天台 達義 禪者를 송별하는 시를 지었다. 태조 2년 가을에 水月 潭師의 서책에 쓰기를, "台嶺 寒山子가 碧潭 秋月의 시를 지었는데 이에 의거해 上人을 알겠다"고 했다.[93] 李大禪師 義澄은 원천석의 좌주 李嶠의 아우 雲菴 澄(淸叟)이었으니[94] 좌주문생

92) 『耘谷行錄』 卷1·2·5. 義圓은 『牧隱藁』에 자주 등장하는 이색의 친구 天台 圓公으로 여겨진다.

93) 『耘谷行錄』 卷3·5. 고달사(고달원)는 원래 선종사찰인데 천태사찰로 바뀌었다.

94) 『牧隱藁』 문고 卷3, 「長城縣 白巖寺雙溪樓記」; 『三峯集』 卷8, 「白巖山淨土寺(白巖寺)記」; 『씨족원류』 철성(고성) 이씨. 이색은 杏村 李嵒을 師事했다.

의 끈끈한 관계를 엿볼 수 있다.

원천석은 공양왕 2년 12월에 山人 角之 시에 차운하기를, 五臺 禪客이 오니 놀랐다며 早年에 南岳에 登臨하고 西來意를 탐구했음을 부러워했고, 師(道人)의 燕處에서 寫經 여가에 관음을 예배하고 싶고 봄에 天遊室을 방문하려 하며, 사람들이 師의 이름을 들으면 모두 '佛陀臨'이라 말하는데, 師는 坐禪·行道·계율·경전에 마음을 다하고 藏海에 日常으로 臨하니, 一乘이 三乘으로 分하고, 三心을 모아 一心을 攝한다고 했다.[95] 원천석은 우왕 11년에 興法大禪翁 省珍이 曹溪行脚 文軫·斯近의 시 1軸을 보내 요청하므로 차운했고, 공양왕 3년에 興法丈室에 올리는 獻納 宋愚의 시에 차운하기를, "寫經해 妙法을 흥하게 하네" 했다.[96] 이로 보아 원천석과 교류한 角之 및 홍법사와 省珍도 천태종 계열로 여겨진다.

원천석이 교류한 승려와 사원 중에는 曹溪禪 계열인지 天台禪 계열인지 애매한 경우도 있다. 우왕 13년에 歡喜堂頭 시에 차운하기를, "兄의 詩로 정신이 暢해지니, 조만간 相從하며 養神할까 한다"고 했고, 歡喜堂頭가 다시 시를 주자 차운했다. 13년 9월 3일에 慈親의 諱日로 인해 歡喜寺에 遊하면서 읊기를, "다행히 重陽節에 가까워 기쁘게 堂頭 大老兄을 알현하네" 했고, 10월에 歡喜堂大老의 시에 차운하기를, "吾兄이 오니 구름과 바람을 일으키네, 평생 親厚하니 매번 相逢하는 곳에서 함께 담소하네, 大兄이 근처에 거처하지 않으면 누구와 시를 읊으랴" 했다. 태조 원년에 歡喜堂頭長老를 대신해 按部 鄭擢에게 시를 헌정하기를, "關東兩道에 찬미가 멀리 퍼져 方外 禪僧도 感恩하네, 早歲에 相從했지만 10餘年 떨어졌다가 만나네, 年來에 陳厄하여 禪坊에 도착했지만 廚火가 蕭疎하고 齋鉢이 凉한데 누가 밥먹여주랴" 했다.[97] 우왕 13년에 無淨 一禪者의 서책에 글을 썼고, 明菴

95)『耘谷行錄』卷4.
96)『耘谷行錄』卷2·5. 원주 靈鳳山(建登山) 興法寺는 원래 선종사찰로 태조 왕건이 親製한 眞空大師(忠湛) 비문이 있었다(『新增東國輿地勝覽』卷46, 원주목 불우, 「홍법사 진공대사비문」). 원천석은 우왕 13년에 天中 正揖師의 서책에 書하여 義天이 澄朗하다고 했는데(『耘谷行錄』卷3), 正揖師도 천태승일 가능성이 있다.

聰禪者 서책에 쓰기를, 如來藏을 探得했다고 했다. 공민왕 16년에 白雲 淵 長老의 시에 차운하고, 우왕 11년 겨울에 읊기를 白雲禪室에 蒲團을 편다고 했다.[98] 공양왕 2년에 琦峯 海普禪者의 서책에 글을 썼고, 태조 원년에 松花寺에 遊했지만 主師가 不在라, 주인은 어느 곳에 禪堂을 닫았나 했다.[99]

원천석은 화엄종 승려와도 일정한 관계를 유지했다. 우왕 13년 10월에, 璧峯 性圭 中德의 서책에 題하기를, "華嚴海를 浸得하니 體相을 말하기 어렵다"고 했다. 공양왕 3년 봄에 華嚴 英上人 서책에 書하기를, "道는 반야를 쫓아 心中에서 얻고 걸음은 毘盧 頂上을 밟고 다닌다"고 했다. 공양왕 3년 봄에 右街 雪峯 丘僧統에게 부치는 시를 짓기를, "이별한 지 여러 해가 지나니 안부를 묻는다"며 서로 생각하면서도 만나지 못한다고 했고, 태조 3년에 雪峯 丘僧統에게 부치는 시에서는 "法王堂(法王寺)의 영수가 法의 王이고 圓融 道體가 思量을 끊었다"고 했다.[100] 丘僧統은 원천석의 좌주 李嶠의 숙부인 왕사 復丘(이존비의 아들)[101]로 판단된다.

원천석은 불교에서 선종 사찰·승려와 가장 활발하게 교류했는데, 나옹의 제자·법손과 특히 그러했다.[102] 다음으로 천태종 사찰·승려와 활발하게 교류했는데, 특히 이성계와 친밀한 신조가 주지했던 치악산 동쪽 각림사는 이방원이 독서했던 곳이었다.[103] 화엄의 몇몇 승려와도 교류했지만 미약했다. 그 외에도 다양한 승려들과 교류했다.[104] 원천석은 대개 원주 일대(속

---

97) 『耘谷行錄』卷3·5. 환희사가 새 왕조에서 탄압받은 듯하다.

98) 『耘谷行錄』卷3·1·2.

99) 『耘谷行錄』卷4·5.

100) 『耘谷行錄』卷3·5.

101) 『씨족원류』철성 이씨.

102) 한편, 원천석이 우왕 2년 윤9월에 일본의 諸禪德이 원주에 오자 그 叢林 典刑이 고려와 같다고 하면서 시를 증여하니 正宗禪者와 筌松과 全壽가 화답했다. 『耘谷行錄』卷2.

103) 『世宗實錄』지리지, 원주목.

104) 우왕 11년에 谷溪·派源 宗師·無際 海師·高巖 寧師의 서책에 書했고, 12년에 明庵 晤師의 서책에 書하기를, 定慧心을 觀한다고 했고, 忍菴 서책에 書했고, 元

현 포함)를 중심으로 한 강원도와 경상도 지역의 사찰·승려와 교류했다. 특히 도경사 대선옹 之鑑, 상원사 각굉, 환희사 당두, 각림사 승려와 친밀한 관계를 유지했는데 은거지 근처 환희사의 당두는 兄이라는 표현으로 보아 원천석의 친인척일 가능성이 있다. 유학자(특히 은일)는 선종을 좋아하는 경향을 지녔고, 특히 원주지역은 고승 나옹의 영향력이 강하게 미친 지역이니 원천석이 선종을 선호한 것은 당연한 측면이 있다. 그러한 상황에서도 그가 천태종을 좋아하며 활발하게 교류한 것은 고려 말에 선종과 천태종이 양대 산맥을 이루고 있었음을 보여준다. 태종 이방원이 甘盤 舊恩을 생각해 耘谷을 방문했지만 스승 원천석이 피하자 각림사의 田園을 하사하고 그 아들 元洞을 基川縣監에 임명했다고 하는데,[105] 이는 천태 각림사와 원천석과 이방원의 밀접한 관계를 시사한다.

원천석은 우왕 11년에 化經을 증여한 者에 대해 寫經하느라 金銀을 다투어 소비한다고 했고, 12년에 願成西方九品圖 시를 짓기를, 서방구품도를 그려 壽君福國을 빌고, 사람들이 서방정토 妙莊嚴의 피안에 오르기를 기원한다고 했다. 우왕 14년 2월 下旬에 병을 얻어 3월 그믐에 無盡廢寺에 옮겨 여름 2朔을 보냈는데, 5월 24일은 六月節이라 장차 遷居하고자 했다. <遷居> 시를 짓기를, 抱疾 遷居는 누가 그렇게 시킨 것인가 했고, 6월 2일에

信 淨師 서책에 書하기를, 元은 善의 長이고 信은 道의 元이라 했다. 13년에 還源 廻師·貞菴 信忠 侍者·弘山 恢師·無門 全師·明山 澈師의 서책에 書했다. 창왕 원년에 袖隱 樵上人·鳴巖의 서책에 書했고, 說菴 서책에 書하기를, 眞宗과 慈雲을 펴고 無生曲을 연주하면 八部天龍이 듣는다고 했고, 峯日 信山師·平巖 均師의 서책에 書했다. 공양왕 2년에 川源 海琳師·淸裕 海生 上人의 서책에 書했고, 遍菴 海彌上人 서책에 書하기를, 義天은 虛闊·澄淸하다고 했다. 3년에 目菴 眉月師·野翁 汀月軒 田上人·履菴 道上人의 서책에 書했고, 南峯 師友師에게 글을 써주었고, 珣巖 玉師·霧巖 雲師·悅峯(悅道) 覺怡師의 서책에 書했고, 明菴 照師 서책에 書하기를, 性海가 圓融해 두루 미친다고 했다. 4년에 和光 熏師 서책에 書하기를, 매화가 雪月과 混合하여 春風을 이루니 이것이 圓融으로 空·不空하네 했고, 목은 운을 차운해 送行하기를, 眞經을 읽지도 坐禪을 하지도 않고 기운이 하늘을 찌르네 했으며, 大素 圓師 서책에 書하기를, 두루 미쳐 圓하며 삼라만상이 中에 나타나며 妙用이 縱橫 自由하네 했다.
105) 『耘谷行錄』事蹟·序文.

읊기를 이웃 스님이 술을 가지고 왔네 했다. 공양왕 2년에는 前朝(공민왕)의
교화를 追感하며 만다라 꽃을 심었다.[106] 태조 2년의 <病中吟>에서, 時運
이 吉利를 만난 적이 없어 해마다 재앙을 만나 항상 신음하지만, 普門이 靈
感에 의해 나타나므로 '나무관세음'을 默念한다고 했다.[107] 그의 관음신앙
은 『법화경』 보문품에 의거한 것이니 천태종과 밀접한 관련이 있었다.

원천석은 우왕 13년 10월에 趙奉善이 찬술한 契內 同發願十詠 卷의 뒤
에 쓰기를, 十詠은 諸經을 추린 것인데 보전하기 어려워 능엄疏에 언급되
었듯이 함께 羊 도살장에 들어감과 같다고 했다. 또한 十詠을 보며 함께 菩
提를 발하려는데, 지옥에 누가 길을 열었는가, 天堂은 스스로 사다리를 만
드는 것이네, 나의 造作임을 알았으니 타인에게 미혹을 가리켜야 하네, 安
養이 어찌 분별이 아닌가 했다. 공양왕 2년 11월 28일에 契長 元叔老가 要
濟院에 연회를 마련해 契內 諸公을 초청하니 원천석도 참여해 시를 헌정했
다.[108] 원천석이 참여한 契도 불교적 모임의 성격을 띠었던 것이다.

5. 원천석의 현실 인식과 대응

원천석은 일찌감치 벼슬을 포기하고 고향에 은거했기 때문에 정치적으로
민감한 문제에 대한 발언은 궁벽한 고을의 황폐화를 가끔 지적했지만 대개
삼갔다. 세상과 거슬려서 은거해 세상의 시비에 참견하지 않는다고 종종 밝
혔듯이 정치적으로 민감한 분야는 회피했다. 하지만 자신과 관련된 분야는
회피할 수 없었다. 홍건적의 침략 직전에 按部 즉 안렴사가 자신을 군적에

---

106) 『耘谷行錄』 卷4. 병신년(공민 5)에 국왕이 內外 寺院・人家가 모두 이 꽃을 심도록
　　勅했다.
107) 『耘谷行錄』 卷2・3・5. 태조 3년 2월 2일에 조카가 부친을 모시고 모친의 명복을
　　빌기 위해 절에 水陸儀를 열었지만 원천석은 날씨가 궂어 참여하지 못했다.
108) 『耘谷行錄』 卷3・4. 한편, 원천석이 우왕 2년에 지은 <苦旱> 시에 따르면, 가뭄이
　　심하자 원주 城東에 옛적부터 내려온 靈祠에 날마다 巫覡을 모아 기도 鼓吹하고,
　　佛宇에 緇流를 모아 眞經을 읽고 法席을 열었는데, 세주에 당시 나라에서 雲雨經
　　을 읽도록 했다고 한다. 『耘谷行錄』 卷2.

올리자 공자를 받드는 일이 끊긴다며 반발했다.[109] 원천석은 후술하듯이 조상 대대로 軍役・鄕役과 관련된 토지를 국가로부터 받아 경영해 왔으므로 군역을 지는 것이 합당한 데도 유학자로서의 면역 특권을 주장한 것이었다.

원천석이 공민왕을 직접 언급한 글은 드물다. 공민왕 10년 11월에 홍두적의 침략으로 함락된 개경이 정세운, 안우, 김득배, 이방실, 閔渙, 金琳이 이끄는 10만의 고려군에 의해 다음해 정월에 수복되니 삼한 왕업이 부흥했다며 太平을 축하했는데,[110] 공민왕보다 정세운, 안우 등을 찬양한 것이었다. 원천석의 신돈 내지 신돈정권에 대한 인식이 어떠했는지는 그의 작품에 직접적으로 나타나지 않는다. 경상도 흥해 출신의 雪山 千熙(千禧)는 화엄종 승려이지만 공민왕 13년 가을에 중국 강남에 유학해 禪을 공부하고 15년에 귀국했다. 공민왕이 그를 만나 위로했는데, 15년 7월에 왕이 걸어서 佛福藏에 이르러 천희를 방문했다는 기사가 그것으로 보인다. 천희는 신돈과 사이가 좋았는데, 치악에 머물다가 동해를 유람하며 낙산사 관음을 배알하고 16년 1월에 치악으로 돌아왔고, 공민왕의 부름을 받아 5월에 개경에 올라와 국사에 책봉되었다.[111] 원천석은 치악에 머문 적이 있는 천희와 교류했을 가능성이 있지만 확인되지 않는데, 신돈을 싫어해 천희를 기피했다고 단정지어서는 곤란하다. 천희의 치악 은거는 최소 5개월, 최대 9개월 정도에 불과했기 때문이다. 게다가 원천석은 공민왕 14년에 아들을, 15년에 아내를 잃어 경황이 없었고, 천희가 동해에서 돌아와 치악에 머문 공민왕 16년 1월~5월에 원천석의 글이 확인되지 않기 때문이다.

원천석과 절친한 친우로 許仲遠이 있었다. 원천석은 공민왕 13년에 동년 許仲遠이 경도(봉황성)에서 시를 부쳐 왔기에 무려 28首를 지어 화답했다. 허중원을 그리워하며 龍門 도달을 기원했고, 선생(허중원)이 원천석과 마음

---

109) 『耘谷行錄』卷1.

110) 『耘谷行錄』卷1.

111) 수원 彰聖寺 「진각국사 大覺圓照塔 비문」;『高麗史』卷41, 공민왕 15년 7월 및 卷132, 신돈전. 천희는 존호 '大華嚴宗師 禪敎都摠攝 傳佛心印 大智無碍 性相圓通 圓應尊者'와 國師府를 받았나.

이 같고 道도 같아 鼓瑟처럼 잘 합하여 精一했는데, 帝鄕(개경)에 가면서 알리지도 않았냐며 평안을 기원했다. 許子는 雄才를 지녀 言行이 절륜하고 詩와 禮가 돈후하니 곧음으로써 굽음을 바로잡을 것이고, 백가지 행함이 모두 淸儀하니 이미 우리 鄕黨에 붙음을 좋아한다며 밤 깊도록 그대의 거처를 생각한다고 했다. 치악이 솟고 沙川이 흐르는 곳에 茅廬가 相對했는데 주인이 玉墀에 조회하러 갔다며 錦衣 환향을 기다리니 桂苑 春光을 일찍 차지하기를 기원했으며, 이별 후 수없이 생각하고 夢魂에서 서로 찾아 中原에 도달하고 장안(개경) 길을 쳐다본다고 했다. 許子가 오래 개경에 머물렀는데 美名을 전해들어 기쁘다며 평안하게 속히 돌아오기를 기원했다('阮郎歸'라 細註됨). 疏散한 자신의 행동이 時와 左하여 10년 동안 蝸廬에 홀로 앉아 어리석은 듯 침묵해 可도 不可도 없다며, 그대는 阮嗣宗(阮籍)이 臧否를 입에 담지 않아 화를 피할 수 있었음을 보지 않았는가 했고, 친우 許夫子는 眞賢儒인데 친하기가 형제와 같다고 했다.[112]

이를 통해 원천석과 허중원은 대단히 절친한 사이임을 알 수 있다. 원천석은 허중원의 인품과 능력에 대해 최상의 찬사를 보내고 있으며 예부시 응시를 위해 원주에서 개경으로 간 허중원의 급제를 기원했다. 그러면 허중원은 과연 누구일까? 그는 원주에 거처했지만 다른 고을 출신으로 원주 鄕黨에 붙은 자였다. 세주에 '阮郎歸'라 되어 있으니 許仲遠은 許阮인데 許完과 동일 인물로 판단된다. 許阮은 阮籍과 관련한 許完의 애칭이었을 것이다. 許完은 정당문학을 띠는 점으로 보아 급제자인데, 공민왕 14년 윤10월에 이인복과 이색이 주관하고 윤소종이 장원한 예부시에 급제했을 것이다. 그는 양천 許富의 아들이자 許珙의 손자인데 원주 元翊의 딸과 혼인했다. 신돈 정권에 참여했다가 공민왕 20년에 신돈이 실각하자 신순·신귀·기숙륜·기중제 등이 살해될 때 홍영통·金鉉 등과 유배당했다.[113] 원주 원씨의 사

---

112) 『耘谷行錄』 卷1.

113) 『高麗史』 卷105, 허공전 및 첨부 허부전 ; 『씨족원류』 양천 허씨 ; 『高麗史』 卷43, 공민왕 20년 8월 ; 『高麗史』 卷132, 신돈전.

위로 원주에 거주했던 허완은 신돈정권기에 급제하고 정계의 주요 인물로
활약했는데 그와 절친한 원천석은 만류하지 않았다. 원천석은 각림사와 친
밀하게 지냈고 그 주지를 지낸 신조와 교류했는데 신조는 신돈정권과 그 이
후 공민왕 측근이었다. 신귀와 이성계는 곡산 강윤성의 사위로 신돈정권에
참여했는데 신돈의 측근 신귀는 채하중과 관계가 깊었다. 이성계는 각림사
주지였던 신조와 친밀했고 이방원은 각림사에서 공부했다.114) 원천석은 채
하중과 관련이 있었기에 신귀와 교류했을 가능성이 있고, 각림사 및 신조와
친밀했기에 이성계·이방원과 교류하고 이방원을 가르쳤다. 이러한 면모들
은 원천석이 신돈정권에 호의적이었음을 시사하는데 그가 신돈에 대해 비
판한 글이 발견되지 않는 점도 그것을 뒷받침한다. 신돈정권의 친원적 면모
도 원천석의 친원적 성향과 통했다. 신돈정권기에 원천석은 마음만 먹었다
면 허완, 신조, 이성계 등의 주선으로 벼슬할 수도 있었을 것이다. 하윤원은
신돈에 아부하지 않았지만115) 원주목사 재직 때 원천석을 천거했는데 원천
석은 고마워하면서도 사양했다. 원천석은 이미 은일을 굳혔기에 벼슬하기
좋은 상황인데도 벼슬하지 않았다고 여겨진다.

　원천석은 우왕에 대해서는 조선 초기에 쓰여진 『고려사』와 달리 聖君으
로 묘사하곤 했다. 우왕 12년에 지은 國望岾 시에서 "은밀히 松嶽을 바라보
니 瑞氣가 총총히 帝居를 감싸네" 한 데에도116) 우왕에 대한 애정이 담겨
있다. 충주 출신의 池奫은 무녀의 아들로 무공을 세워 출세했는데, 신돈과
異父弟인 姜乙成(姜成乙)과 친족인 辛順이 살해당하자 신돈의 服玩을 취
했고, 강을성의 처를 첩으로 삼고 자신의 아들 지익겸으로 하여금 신순의

114) 신조에 대해서는 『高麗史』 卷114, 池湧奇傳 ; 『高麗史』 卷115, 李穡傳 ; 『高麗史』
　　卷131, 洪倫傳 ; 『高麗史』 卷133, 신우전 우왕 3년 8월 ; 『高麗史』 卷45, 공양왕 2
　　년 4월 ; 『懶翁錄』 행장 참조. 신조는 위화도회군 공신이었고, 충주 사람인 池湧奇
　　와도 친밀했다.
115) 『高麗史』 卷112, 하윤원전. 晋州 河楫과 고성(철성) 李瑀(李嶠의 부친)의 딸이 하윤
　　원을 낳았으니(『씨족원류』 진주 하씨), 하윤원은 원천석의 좌주 이교의 조카였다.
116) 『耘谷行錄』 卷3.

474

딸을 처로 삼도록 하여 재산을 차지했는데, 이는 지윤이 신돈과 일정한 관계가 있었음을 시사한다. 지윤은 간통한 乳媼 장씨를 통해 우왕 측근이 되더니 교주도 군대를 이용해 우왕 3년에 경복흥, 이인임, 최영을 제거하려다가 李悅·華之元·金承得·金允升 등과 함께 주살당했으며 金履·金密·李龍吉·李宗彦·李乙和·李匡·張德賢·金宗·李陽眞·安思祖 등이 처벌받았다.117) 화지원은 원천석과 교류했고, 李乙和는 원천석의 인척으로 보이는 원주 李乙華와 동일 인물로 여겨지며, 張德賢도 원주 張德至의 근친일 가능성이 있다.

우왕 5년에 정당문학 許完, 동지밀직 윤방안이 그 아내와 친밀한 乳媼 張氏를 통해 우왕을 움직여 내재추 임견미·도길부를 제거하려 하니 경복흥·이인임·최영이 위협을 느꼈다. 최영은 허완 등이 왕명으로 부르자 군대를 일으켜 장씨 족당인 康侑權·元順·元甫 등을 가두더니, 장씨를 砥平縣에 유배하고, 허완·윤방안·강유권·元順·元甫와 장씨의 양녀 사위인 孫元美를 죽이고, 평리 金庚와 지춘주사 孫元迪(손원미의 형)을 유배했으며, 6년 정월에 장씨를 죽였다.118) 지윤, 허완 등은 유모 장씨를 움직여 우왕의 왕권을 억압하는 최영, 이인임 등을 제거하려 했지만 실패했다.

書雲正 최천검의 妾出인 通濟院婢 龍德(加也只)은 毅妃의 궁인이 되었다가 의비를 젖히고 우왕의 총애를 듬뿍 받아 숙비에 책봉되었고, 모친은 명선옹주에 책봉되었고, 부친 최천검은 밀직사에, 언니 孩兒의 남편 정희계는 판밀직사사에 임명되었다. 우왕은 숙비 용덕을 위해 의혜부를 세웠다. 정희계는 이성계의 위화도회군 후 폐위된 우왕을 복위시키려 한 변안열의 모의에 참여했다고 윤소종 등으로부터 탄핵을 받았다.119)

곡산 강윤성의 아들인 康侑權(康有權)은 이성계와 신귀의 처남이자 강윤

117) 『高麗史』卷125, 지윤전 ; 『高麗史節要』卷30, 우왕 2년 11·12월 및 3년 1·2·3월.
118) 『高麗史節要』卷31, 우왕 5년 9월조 ; 『高麗史』卷113, 최영전.
119) 『高麗史』卷135, 신우전 우왕 10년 윤10월·11월 ; 卷136, 신우전 우왕 13년 12월 ; 卷126, 변안열전.

충·강윤휘의 조카였고, 최천검과 용덕 부녀는 여홍의 이웃 고을인 천녕 사람이었다.[120] 허완은 원주 元珝의 사위였고, 원순과 원보는 원주 사람으로 여겨진다. 우왕은 신돈의 婢妾 반야의 소생이었고, 金莊 즉 張氏는 金鉉이 신돈에게 선물한 노비로 우왕을 키운 乳媼(乳母)이었는데 고향이 지평현(양평)이었다.[121] 우왕은 14년에 이성계에 의해 쫓겨나 강화에 안치되었다가 창왕 즉위년 9월에 여홍(여주)에 옮겨져 '驪興王'으로 불렸는데,[122] 이는 우왕의 어머니 반야의 고향이 여주였을 가능성을 시사해준다.

원천석은 공양왕 2년(1390)에 邊竹岡의 '慨利名詩'에 차운하기를 "相如와 유사해 右居에 처한 公이 泉石에 安居했지만 굳센 지조를 비교할 데 없고 物望을 받고 있다며 현자를 찾는 날에 功名을 업신여겨 草廬에 눕지 말라"고 했다.[123] 이 변죽강은 邊安烈로 판단된다. 변안열은 본래 원(중국)의 심양인이었는데 공민왕을 따라 고려에 와서 원주를 관향으로 하사받고 무공을 많이 세워 출세했다. 창왕 원년(1389) 11월에 최영의 조카 金佇와 족속 鄭得厚가 이성계를 제거하고 황려(여홍)의 우왕을 복위시키려 했다는 혐의로 추궁받은 김저 사건이 벌어져 우왕은 강릉으로 옮겨지고 창왕은 쫓겨났으며, 공양왕이 즉위(원년)하고 문하시중 李琳(우왕 謹妃의 부친)과 아들 이귀생과 조카 李懃 등이 유배되고, 군대가 이색이 물러나 있는 장단을 지켜 비상사태에 대비했다. 판삼사사 변안열은 영삼사사로 승진했지만 김저 사건에 연루되어 12월에 한양 別業으로 유배되고 우왕과 창왕은 살해당했으며, 이색은 장단 별업에서 올라와 공양왕 지지를 밝혔지만 이성계 세력의 압력으로 처벌받았다. 변안열은 그 다음해인 공양왕 2년 정월 경진일(16일)

---

120) 『高麗史』 卷114, 양백연전 ; 『씨족원류』 곡산 康氏 및 천녕 최씨.
121) 『高麗史』 卷133, 신우전 우왕 총서 및 우왕 2년 8월·3년 11월·5년 12월조 ; 『高麗史』 卷125, 지윤전 ; 『高麗史』 卷56, 양광도 광주목 지평현. 지평의 인물로는 고종 때 거란군을 물리친 李績(李勣)이 유명하다. 「이적 묘지명」 ; 『高麗史』 卷103, 이적전.
122) 『高麗史』 卷137, 신우전 창왕 즉위년 9월.
123) 『耘谷行錄』 卷4.

476

에 한양에서 죽임을 당했고, 처족 元庠은 국문을 받았으나 공양왕의 배려로 석방되었다.[124] 원주 元庠은 원송수의 아늘이자 元卿(元傅의 아들)의 증손이었다. 元瓘(元傅의 아들)의 손자로 元顥·元翊·元顗가 있었는데, 행주 奇有傑은 원호의 사위였고, 양천 許完과 교하 盧瑜는 원익의 사위였고, 변안열은 元顗의 사위였다.[125]

우왕 지지세력이 양천(한양)의 허완, 지평(양평)의 유모 장씨, 천녕의 최천검과 용덕 부녀 및 최천검의 사위 정희계, 반야의 고향으로 생각되는 여흥(황려)을 거느린 원주의 원순·원보·원상, 원주·한양을 근거로 한 변안열, 충주의 지윤 등 남한강·한강 유역을 중심으로 형성되고 영산 신귀를 매개로 곡산 강씨 집안이 가담하고 이림을 매개로 고성 이씨들이 가담했는데, 허완·신귀·김횡·반야·유모 장씨가 신돈세력이었으므로 신돈세력 재건의 성격을 띠었다. 이처럼 우왕과 우왕 지지세력은 원주 및 원천석과 관련이 깊었으므로, 원천석은 우왕에 대해 친밀한 감정을 지니게 되었을 것이다. 게다가 원천석의 좌주인 李嶠의 아들 李琳의 딸(謹妃)이 우왕과 결혼해 창왕을 낳았고, 원천석이 이교의 숙부 復丘 및 아우 義澄과 교류했기 때문에 더욱 그러했을 것이다.

그런데 원천석의 정치적 발언은 우왕 말엽으로 가면서 격화되어 간다. 우왕 11년에 牧兵馬使 周相君에게 乞恩 시를 헌정했는데, "伊城 남면 大谷員의 磧田은 民部의 公文에 조상 이래로 적혀 있고 選軍의 朱筆이 자신에게까지 전하는데 裨補를 위한 용도로 변경되려 한다"며 살펴 주기를 간청했고, 茅屋과 石田으로 처량하게 살기를 구함이 부끄럽다며 餘生의 浩氣를 어디에 의지해 기르랴 한탄했다. 우왕 13년에 조정이 大明 聖旨를 받들어 의복제도를 바꾸어 1품부터 庶官庶民까지 각기 科等이 있게 하자, "着新革舊가 어찌 이리 빠른지, 외국인이 중국인이 되네"하며 비판적인 입장을

124) 『高麗史』 卷126, 변안열전 ; 『高麗史節要』 卷34, 공양왕 원년 11월·12월 및 2년 정월 ; 『高麗史』 卷137, 신우전 창왕 원년 11월 ; 『高麗史』 卷45, 공양왕 원년 11월 및 2년 정월·2월 ; 『高麗史』 卷116, 李琳傳 ; 『高麗史』 卷115, 이색전.
125) 『씨족원류』 원주 원씨.

드러냈다.126)

우왕 13년에 원천석은 <海東二賢贊>을 지었는데, <前冢宰 六道都統使 崔瑩>에서는 "海東聲價가 中原을 진동했고 軍籌는 번거롭지 않네, 忠壯한 마음은 海岳을 가벼이 하고 德業은 大乾坤이고 삼한 柱石이라 功이 더욱 중하여 六道가 더욱 존경하네, 하늘이 我邦을 위해 사직을 扶持하려 함이 네" 했다. <판삼사사>에서는 "朔雲이 항상 太平痕을 띠니 明公이 모두 보존한 바임을 알겠네, 두 손은 日月을 도왔고 片言은 端合해 乾坤을 정하네, 智勇이 憂國을 오로지 하니 一代 영웅 절반이 門에 있네, 兩朝에서 將相을 겸하니 功業을 혀로 논하기 어렵네" 했다.127) 최영은 우왕 10년 9월에 문하시중에 임명되었다가 10년 11월에 판문하부사가 되었다.128) 우왕 11년 태고사 원증국사탑비에 문도 관료 명단이 적혀 있는데, 칠원부원군 尹桓, 영삼사사 이인임, 판문하 최영, 문하시중 임견미, 수시중 이성림, 판삼사사 이성계, 철성부원군 이림, 삼사좌사 염흥방, 찬성사 우인열 등의 순으로 적혀 있다. 이를 통해 원천석의 <해동이현찬>의 <판삼사사>는 이성계임이 드러나는데, 이는 <판삼사사>에 '朔雲'이라는 표현이 들어 있고 군사적으로 대단한 영웅의 모습이 묘사되어 있는 데에서도 알 수 있다.

원천석은 田民兼幷의 무리가 봉기하자 우왕 13년 10월에 <有感> 시를 지어, "國脉이 무너지려 하니 輔治해야 하고, 人綱이 폐하려 하니 開張해야 하네, 君門이 잠겨 九重이 격리되니 고할 데 없어 하늘에 호소하네, 山川처럼 奪占하기를 자리를 말 듯이 하고 노비를 철저히 수색하기를 주머니 뒤지듯 하네" 했다. 또한 衣服改制의 牒이 빈번하니 憲司는 明化를 펴려 하지 않고 衣冠을 규찰함이 날마다 심하고, 쟁탈하는 바람이 일어나니 鬼域이고, 廉恭의 道가 상실되어 사람 세상이 아니라고 했다. 또한 "前朝를 생각하며 멀리 蒼梧를 바라보며 우나니, 天이 은하수를 퍼부어 貪婪·不義한

<hr>

126) 『耘谷行錄』卷2·3. 한편, 원천석은 우왕 12년에, 이웃 노파가 딸인 娼妓의 부탁으로 이웃의 봉양을 받았는데 딸이 樂府의 부름을 받자 심히 슬퍼하니 시를 지었다.
127) 『耘谷行錄』卷3.
128) 『高麗史』卷135, 신우 전.

情을 다 씻어 주기를 바라는데, 沙漠(몽골) 乾坤은 寂寞하고 金陵(明) 道里
는 微茫하다"고 했다. 우왕 13년 冬至에 寓懷하기를, "조정이 帝命을 받들
고 冠服儀를 改制하니 尊卑와 貴賤이 中夏이지 東夷가 아닌데 政刑은 베
풀어지지 않아 民居가 황폐하고 耕桑이 失宜하고 土田은 立錐의 여지가
없네, 貢賦 액수를 채우지 못했는데 다 빼앗겨 流離하네, 征利徒가 肌膚에
채찍질을 하지만 탄식만 하네" 했다.[129]

우왕 13년에 염흥방의 가노 李光이 趙胖의 白州 밭을 빼앗은 데 반발해
조반이 12월에 이광을 죽였는데, 염흥방이 우왕 14년 정월에 복수하려 하자
우왕이 최영 및 이성계의 협조를 얻어 임견미·염흥방 세력을 숙청하는 정
변이 발생했다.[130] 원천석은 우왕 14년에 相國 趙胖이 義로써 強暴한 무리
를 제압하려다가 곤욕을 당했지만 上恩을 입어 화를 면했다면서 조반을 찬
미했다. 또한 주상전하가 奮義하여 兼幷暴虐의 무리를 모조리 소탕해 四方
이 편안하니 축하한다며 읊기를, "仁을 베풀고 號令을 새롭게 하여 淸掃하
니 四海에 赤脫民이 없어 皇基가 億萬 春임을 깨닫네, 盛德이 멀리에 유포
되어 華夏와 蠻夷가 모두 服從하리라, 天이 斯民을 거처하게 하고 姦凶 무
리를 모두 처벌했네, 上帝가 衡鑒을 열고 吾王이 紀綱을 펴니 豪强이 모두
伏罪되고 백성이 광명을 보네, 異域에 威風이 떨치고 東方에 化日이 길어
지네, 太平曲을 부르며 임금의 장수를 기원하는 술을 올리네" 했다.[131]

원천석은 자신의 수조권 세습을 박탈하려는 국가정책에 대해 浩氣로운
생활 유지의 바탕을 빼앗아 간다며 반발했고, 유학자이지만 국풍을 좋아하
고 明보다 元을 좋아했고, 군사 영웅이 천하를 평정하기를 희구했다. 임견
미·염흥방 세력의 토지와 노비 탈점이 지나쳐 자신의 은일생활의 기반을
해칠까 염려했다. 지방 사족은 토지와 노비를 빼앗기면 사족으로서의 지위

---

129) 『耘谷行錄』 卷3.
130) 『高麗史』 卷32, 우왕 13년 12월·14년 정월 ; 『高麗史』 卷126, 임견미전. 이 정변은
　　우왕과 최영이 요동정벌을 위한 정지작업의 일환이었다.
131) 『耘谷行錄』 卷3. 또한 원천석은 우왕 14년 <春日偶書> 시를 읊기를, 京國에 文物
　　이 흥함을 들으니 기쁘고 다행히 태평 同樂日을 만났다고 했다.

가 흔들릴 것이고, 은일의 경우 특히 그러했다. 원천석을 포함한 지방 사족
은 자신들의 이익을 해치는 권세가의 탈점과 국가의 田民 조사에 분노했다.
그래서 원천석은 토지를 탈점한 권세가를 응징한 조반과 숙청한 우왕을 찬
양했는데, 우왕의 盛德에 蠻夷는 물론 華夏까지 복종하게 된다고 했으니
고려가 元처럼 중국까지 지배하는 大帝國이 되기를 바랐다.

그런데 우왕과 최영이 14년 2월에 요동정벌을 결정하고 3월에 정벌군을
일으켰지만, 이성계가 5월에 위화도에서 회군하고 6월에 개경에 진입해 우
왕과 최영을 실각시켜 권력을 장악했다.[132] 원천석은 이를 병중에 듣고 짓
기를, "근래 朝旨로 명의 연호·의복을 폐기하고 병사 10여 만을 동원해,
압록강을 건너 바야흐로 遼海路를 기약하면서 호랑이 위엄으로 中原에 떨
쳐 四夷가 모두 畏伏하여 附屬하고 聖主가 周 武王을 계승하려 하니 자신
도 함께 태평곡을 불렀다"고 했다. 그런데 "어찌하여 군대가 압록강을 건너
지 않고 고삐를 돌림이 빨랐는가, 가련한 都統公은 홀로 원망을 초래해 柱
石이 이미 기우니 어찌 廈屋을 지탱하리오" 했다. 또한 원천석은 주상전하
가 江華로 옮기고 원자가 즉위했음을 듣고 짓기를, "시골에 어찌 나라를 근
심하는 뜻이 없으리오, 忠을 다해 간절히 安危를 생각하네, 新主가 조정에
임하고 舊主가 옮겼는데, 쓸쓸한 海郡에 風烟 뿐이네, 天關正路를 누가 열
고 닫는가, 밝은 거울이 앞에 있음을 보게 되리라" 했다.[133] <七月七日>
시에서는 天孫을 향해 새로운 기교를 구하려 한다며[134] 창왕에 대한 기대
를 드러내었다. 창왕 원년에 都統使 최영이 처형당했음을 듣고 탄식하기를,
"柱石이 무너지니 사방 民物이 모두 비애하네, 功業이 썩음으로 돌아갔지
만 충성은 재가 되지 않으리, 아득한 重泉에서 眼을 도려낸 東門의 憤함을

---

132) 『高麗史節要』卷33, 우왕 14년 ;『高麗史』卷113, 최영전.
133) 『耘谷行錄』卷3. 또한 원천석은 <感事>를 읊기를, "兇暴를 掃除하여 政이 維新
　　하고 해외에 聲華하여 白日春이었네, 士卒을 몰아 성을 쌓고 곡식을 옮기고 인민
　　을 동원했는데 어찌 헛되이 辛苦해 이익이 없으랴, 이웃의 欺護가 두려워 世事를
　　담론하기 위험하니 종일 입을 열지 않네" 했다.
134) 『耘谷行錄』卷3.

480

풀지 못하리, 忠義로 諸難을 맛보고 六道 백성의 존경을 받고 삼한 사직을 안정시켰는데, 同列 영웅의 얼굴이 새삼 두텁고 亡하지 않은 邪侫의 骨이 서늘하네, 다시 亂日을 만나면 누가 계책을 세우리오, 時人 用事의 간사함이 가소롭구나, 公을 위해서가 아니라 나라를 위해서 슬퍼하는 것이라, 天運은 否泰를 알기 어렵고 邦基는 安危를 정할 수 없네" 했다. 그러면서도 "世事의 是非에 어찌 감히 處하리오, 人心 出入에 방향을 알 수 없다"고 했다.135) 원천석은 요동정벌을 적극 찬성했으니, 고려가 중국의 중원까지 정벌해 우왕이 周의 무왕처럼 천하를 제패하기를 바랐고 정벌군을 일으킨 우왕과 최영을 찬양한 반면 회군을 한 이성계와 그 세력을 비판했다.

원천석은 창왕 원년 11월 15일에 국가가 定昌君을 왕위에 세우고 前王 父子를 신돈 자손이라며 庶人으로 삼은 것을 듣고서 읊기를, "一身을 庶類로 만들 수 있지만 正名은 千古에 還移하지 않아, 祖王 信誓가 天에 응하여 餘澤이 수백년 流傳하니, 假眞을 분간함을 어찌 일찍 하지 않았으리오, 저 푸른 하늘의 거울이 밝게 비추네" 했다. <苦寒夜吟>에서 읊기를, "하늘을 흔드는 朔風이 노한 듯 불고 日色은 희미해 그늘이 지네, 朔風 朔雪은 추위가 威重한데 江郡(강릉)·江都(강화)는 憤氣가 심하네, 많이 염려되어 잠들지 못하는데 한 등불이 丹心을 비추네" 했다. 前王 父子가 죽임을 당하자 읊기를, "지위가 鍾鼎에 높은 것은 君恩인데 오히려 원수로 갚아 滅門하니, 九原에서 원통함을 씻기 어렵네, 古風은 사라져도 時는 돌아오며 新法이 淸平하고 道는 더욱 높네, 오로지 玉墀를 향해 만세를 부르니, 優渥을 베풀어 산촌에 미치기를 기원하네" 했다. 공양왕 2년 2월에 自詠하기를, "時事를 눈으로 보니 堪任하지 못하네, 盛世를 挽回하려고 누가 術을 쓰리오, 感古하고 悲今하기를 산에 대고 하네" 했다. 2년 봄에 <有感>을 읊기를, "制度綱常이 해동에 있었는데 狂瀾이 이미 遺風을 넘어뜨려 침몰시켰네" 했고, <春感>을 읊기를, "君親의 恩義가 重한데 보답을 어느 때에 하리오, 忠敬은 끝내 효과가 없어 헛되이 罔極詩만 부르네" 했다. 2년 7월에

135) 『耘谷行錄』 卷4.

宥旨를 읽고 읊기를, "寬敎가 내리니 四海 민이 함께 만세를 부르네, 景業이 唐虞보다 뛰어남을 알겠네" 했다.136) 공양왕 2년 가을에 大駕가 南都로 옮겼다가 3년 2월에 松京으로 돌아가자, <春初 有感>을 짓기를, "法駕가 움직여 南遊했네, 玉塞(몽골)의 音書가 끊어지고 金陵(명)은 道里가 머네, 덕이 陽和力에 합했으니 아름다운 기운이 멀리 떠오르네" 했다.137)

이성계 세력은 우왕과 창왕을 신돈의 자손이라며 廢假立眞을 명분으로 몰아내 죽였지만, 원천석은 우왕과 창왕이 공민왕의 자손임을 옹호하며 이성계 세력의 만행을 질타했다. 이는 원천석이 우왕 지지세력과 밀접한 관계를 맺어온 데 기인한다. 그렇다고 원천석이 공양왕을 부정한 것은 아니었으니, 공양왕이 정치를 잘 하여 바로잡아 주기를 기대했다.

그런데 결국 이성계 세력이 1392년 7월에 공양왕까지 몰아내고 이성계를 왕위에 앉혔다. 원천석은 태조 이성계와 친밀한 芸閣 조박에게 시를 부쳐 조카의 진출을 청탁했고, 신조에게 中興 第一春이라며 태조 원년을 만든 역성혁명을 축하하는 시를 부쳤다. 연말에 半刺 楊先生이 보낸 按節 鄭公(鄭擢)의 洪川 客館 시에 차운하여 <賀朝>·<按節行>·<半刺行>·<陳情>을 읊었는데, 聖神이 나라를 開化하니 태평시대가 열리고 명의 천자가 宣諭하니 삼한이 更新했다며 자신도 聖德의 새로움을 노래한다고 하여 이씨 왕조와 明을 찬양했다. 태조 2년(1393) 3월 3일에는 "今年 物이 去年 物이고 古國人이 新國人이"라 읊었고, 같은 달에 반자선생의 시에 차운해 태평과 明君·聖君·仁君을 찬미했다.138) 태조 2년 3월경에 <新國號를 고쳐

---

136) 『耘谷行錄』 卷4. 공양왕 2년 7월에 大赦가 내려졌다(『高麗史』 卷45).

137) 『耘谷行錄』 卷5. 원천석은 공양왕 3년에 지은 <代民吟>에서 "生涯가 寒하고 賦役이 亂하며, 築城 卒을 급히 뽑고 겸하여 鍛鐵軍을 뽑네, 風霜에 禾稼가 손상하고 눈보라에 해진 옷을 입고 妻孥 부양을 잊지 못해 애타서 불이 붙고자 하네"라 하고, <夜坐 有感>에서 "今歲 가난은 去歲 가난보다 더한데, 門前에는 租를 독촉하는 사람이 끊이지 않네, 蓬蒿 우거진 三畝에 稅가 더욱 무겁네"라 하여 시대상황을 비판했다.

138) 『耘谷行錄』 卷5. 원천석은 태조 3년에 楊半刺의 對葵吟에 차운하기도 했다. 鄭擢은 조선 태조 원년 9월 기축일에 여러 도의 안렴사를 임명할 때 대장군 직문하로

朝鮮이라 하다>를 읊기를, "王家 事業이 티끌이 되니 山河는 依舊한데 國號는 새롭네, 雲物은 人事를 따라 변하지 않아 오히려 閑客으로 하여금 神을 暗傷하게 만드네, 天子가 동방을 중히 여겨 명령하여 조선이라 호칭하니 이치에 적당하네, 箕子 遺風이 다시 떨치면 빛 보기를 諸夏와 경쟁하리" 했다.[139] 태조 2년 가을에 <感懷>를 읊기를, "沙漠(몽골) 乾坤은 어찌 아득히 멀고 어두우며, 金陵(명) 日月은 스스로 동이 트면서 환해지는가, 해동은 이미 高麗 칭호를 없애고 漢北에 創制功을 새로 열었네" 했다.[140] 원천석은 이성계의 회군 이후 행적을 그토록 비판했는데 막상 이성계가 왕위에 오르자 성군·명군이라 찬양했고, 고려에서 조선으로의 개칭을 속상해 하면서도 기자를 들먹이며 찬양했고, 元의 몰락을 아쉬워하며 明의 제패를 수용했다. 왕조의 교체에도 불구하고 사물과 사람은 변함없다며 현실에 순응했다. 이는 역성혁명이 원천석과 같은 지방 사족의 이익을 침해하지 않은 점, 원천석이 이성계·이방원과 밀접한 사이였던 점 때문이기도 했다.

태조 3년에 원천석은 복상을 마치고 還朝하는 崔典書(崔顥)를 奉送하면서 읊기를, "家鄉을 오래 이별한 小兒(元泂)가 6년간 輦下에서 卑官을 띠고 있다"면서 忠良을 다해 聖時를 도우라는 말을 자기 대신 전해달라고 했으니, 새 왕조에서 아들의 충성과 출세를 바란 것이다. <南行>을 짓기를, "鑾

서 교주강릉도 안렴사에 임명되었다(『太祖實錄』 卷2). 원천석이 조박에게 주는 시 바로 앞에 실린 <令公 李宥에게 주는 시>에, "風濤에 배를 띄우지 않네, 世途가 夷險해 經過가 익었네, 千鍾을 一毛처럼 보아야 하리" 라고 되어 있는데, 역성혁명의 발발 상황에서 몸조심하라는 내용인 듯하다.

139) 『耘谷行錄』 卷5.

140) 『耘谷行錄』 卷5. 원천석은 태조 원년 말엽에, "鳳城 雙闕 下를 생각하니, 雪中에 兵刃을 손에 쥐고 攪攪하게 싸우네"라고 읊었다. 태조 2년 端午에는, "新羅는 이 날을 '車(수리)'라 했는데 州郡 鄉風이 一科하지 않았네, 이 邑에서 금년은 古格을 제거하니 王家 舊澤의 餘波가 끊어졌네, 情을 품어 괴롭게 鄭遨頭(정도전)를 생각하니 新法을 따라 民區를 보전하려 하네, 呈戲함에 이미 黃色盖를 금지했네, 避兵에 赤靈符를 차야 하리"라고 읊어, 신법으로 단오 행사까지 제후 격식으로 격하됨을 애석해했다. 黃盖와 赤靈符는 鄉風에서, 伎會에 黃盖를 숭상하고, 古에 이르기를 五月 五日에 赤靈符를 차서 避兵한다고 해서 언급한 것이라 한다.

輅가 皇城을 나와 계룡산에 巡狩했는데 河岳이 반드시 盛業을 도우리니, 어느 곳에 新京을 만들려는가, 皇家가 鵠峯城에 初定한 것은 朝會에 水陸 程이 均調하기 때문이었네, 30餘 임금이 業을 傳한 후에도 英氣가 松京을 감싸네" 했다. <新國>에서는 이성계가 4대를 왕으로 추봉함을 기리며 4代 王孫이 태조라고 찬양했다. 또한 읊기를, "우리 임금 功德은 聖神이네, 海 邦이 朝覲해 방물을 바치네, 塞北(몽골)은 10년에 누가 서신을 부쳤던가, 江 南(명)은 萬里인데 스스로 이웃과 교통하네" 했고, "漢天이 밝게 열림을 기 쁘게 보고, 堯日이 점점 환하게 비춤을 우러러보네, 乾坤을 再造해 크게 功 이 있네" 했다.141) 원천석은 국왕 이성계를 찬미하고 조선 개창을 받아들이 면서도 도읍은 그대로 개경에 두기를 바랐다. 조선 개국에 대한 그의 찬양 은 태조 3년에 鄭二相(정도전)에게 헌정하는 <奉金尺詞 受寶籙致語를 伏 覩하고 慶賀해 찬미하다>와 <鄭二相이 지은 四歌를 찬미하다>142)에서 절정에 이르렀다.

원천석은 조선 개창에 반대해 은거한 것이 아니라 공민왕 초기 정변에 휩쓸려 은거한 것이었고 고려왕조에 벼슬하지 않았으므로 조선 개창을 어 렵지 않게 받아들일 수 있었다. 그는 우왕 지지세력 및 이성계 집안과 밀접 한 관계를 맺었고, 최영은 원천석과 밀접한 사람들을 억압했다. 원천석은 우왕 말기에는 최영과 이성계를 영웅으로 추앙했는데 이는 그들의 지배력 을 인정한 것이었다. 그는 元을 좋아했고 고려가 원처럼 중국을 지배하며 세계를 호령하기를 바랐으며 그래서 요동정벌을 주도한 우왕과 최영에 열 광했다. 하지만 그는 이성계가 회군하고 조선을 개창하자 수용했다. 그는 명분에 얽매이지 않는 실용적 현실주의자였다. 그러면서도 최후까지 벼슬 의 유혹을 뿌리쳐 고고한 은일로서의 명예를 지켰다.

---

141) 『耘谷行錄』卷5. 원천석은 태조 3년 新正에 築城 역졸이 行路에 바쁘게 달림을 애 석해했다.
142) 『耘谷行錄』卷5.

484

6. 맺음말

　원천석은 원래 벼슬하여 국가를 경영하려 공부했지만 공민왕 초기 정치
적 사건에 연루되어 은일생활을 택했다. 군역 면제를 위해 국자감시에 응시
해 합격했지만 은일생활을 접지는 않았다. 그는 부모, 형, 자녀, 아내를 일찍
잃는 슬픔을 겪었지만 다른 자녀와 형제, 친인척에 의지해 외로움을 달랬으
며 고을 유지는 물론 지방관과 활발하게 어울렸다. 그의 은일은 중앙 정계
와의 단절이지 세상과의 단절은 아니었으니 지역사회에서 유지로서 대우받
으며 사회활동을 전개했다.

　그는 문장과 고전에 능한 유학자이면서 도교에 정통했고 불교에 심취했
으며 유·불·도 삼교의 회통을 실천했다. 그의 은일생활에는 유교와 도교
도 영향을 미쳤지만 특히 불교가 심대한 영향을 미쳐 居士의 삶을 살았다.
그는 다양한 사원 및 승려와 교류했는데 선종이 가장 많았고, 그 다음이 천
태종이었고 화엄종도 더러 있었으며, 선종에서는 나옹 계열이 압도적이었
다. 특히 도경사, 상원사, 환희사, 각림사와 밀접한 관계를 맺었는데 각림사
는 이성계·이방원 부자와의 연결고리였다.

　원천석은 벼슬하지는 않았지만 중앙 정계와 완전히 단절한 것은 아니었
다. 중앙 정계의 상황은 교류하는 많은 사람들로부터 전해들어 잘 알고 있
었으며 때로는 관심을 표명했다. 그는 신돈정권의 참여자 및 우왕 지지세력
과 친밀한 사이였고 우왕에 대한 애정을 지녔다. 그는 정치·사회 현실에
대해서는 언급하지 않는 원칙을 지녔지만 자신의 이익과 직결되는 문제에
대해서는 발언했으며, 우왕 말기로 가면서 정국과 사회현실이 급변하자 적
극적으로 관심을 표명했다. 최영과 이성계에 대해서 애증을 지녔지만 대세
에 순응했다. 이성계의 회군과 우왕·창왕 축출을 비난했지만 이성계가 새
왕조를 열자 바로 받아들였다.

　원천석은 대의명분보다 형세를 따르는 실용적이고 현실적인 인생관 내지
세계관을 지녔는데 은일에 어울리는 측면을 지녔다. 그가 조선왕조의 개창

에 반발해 절개를 지켰다는 후대의 인식은 사실에 그리 부합하지 않는다. 그가 절개를 지킨 것은 사실이었지만 자신을 위해서였으니, 은일이 바로 그의 절개였다.

耘谷 元天錫先生 再照明

金 鎬 吉[*]

1. 序論

이 글은 耘谷學會에서 시행하는 學術會議用이다.[1] 이 기회에 평소의 의문점을 筆者 나름대로 피력하고자 한다. 그 하나는 一個 進士로 시조 몇 수와 한시 천여 수가 전할 뿐인 山中處士를 왜 그렇게 높여 추앙을 하였을까?

벼슬을 한 적도 없고 진사시에 응한 것도 軍籍에 入籍이 되어 애써 짠 베를 軍布로 바치게 될 때 老母가 혼잣말로 글 배운 선비로서 軍籍에 오르지 아니할 수도 있겠건만 참으로 속상하는 일이라고 탄식을 하는 것을 듣고 뜻한 바 있어 개경으로 가서 신현선생 문하에 입적을 하고 응시자격을 얻어 국자감시에 응하여 進士가 된 것이다. 동방에 三峰 鄭道傳이 있다. 운곡은 등과 후 이내 原州 雉嶽山에 들어가서 農事를 지어 호구지책으로 삼았으니, 그 연유도 고찰해 볼 사안이다.

또 하나는 不仕精神을 들 수 있겠다. 그렇게 손수 짓는 농사로 어렵게 가계를 꾸려가면서도 주경야독을 하고 찾아오는 學生들을 지도한 것은 당시 法泉寺 講院과 覺林寺 講院을 通하여서 학맥을 형성하게 된 것이니 후일의 太宗大王도 잠저 시에 耘谷에게 사사한 것이다.

그리고 自號로 김맬 耘과 골 谷을 택한 것도 우연은 아닌 것이다. 그리고 自然親和的 生活과 士·農·工·商의 身分계급마저 스스로 타파한 것으로 생각된다. 그래서 형편이 허락되면 金剛山을 위시해서 여러 곳을 찾아보는 여행을 즐긴 일도 특기할 만하다. 그리고 고려에서 61년, 조선에서 30여

---

* 반강문화연구소장

1) 운곡학회, 「원천석의 생애와 운곡사상」, 운곡학회 학술발표회, 2007. 1. 19.

년을 생활한 생활면도 한번 반추해 볼 사안이라고 사료된다. 年譜式으로 본론에서 고찰하겠다.

2. 本論

1) 生長 및 人物

성은 元氏요 諱, 즉 이름은 天錫이고 字는 子正이며 호는 耘谷이다. 出生年度는 서기 1330년, 고려 충숙왕 17년인 庚午生 말띠다. 生辰은 陰曆으로 七月 八日이다. 이 해는 고려가 참으로 元나라로부터 휘둘리던 해였다. 元의 使臣이 와서 국새를 가지고 가고 윤 七月에는 上王이 元으로 가고 王과 왕후인 元의 公主가 還國하였다. 고려는 高宗때 이후로 外患으로 시달릴 대로 시달리던 때였다. 그러면 詩를 通하여 연대별로 고찰하여 보면 다음과 같다.

(1) 1351년 신묘

<辛卯 三月 向金剛山到橫川>

연한 풀 붉은 꽃에 천리간이 봄일세 / 草軟花紅千里看
내린 채찍 말에 맡겨 성문나섰네 / 垂鞭信馬出城闉
가고 가고 점점 화전에 가까웠네 / 行行漸近花田境
나무꾼 향해서 친구소식 자주 물었네. / 頻向樵蘇問友人

이 시에서 우리는 耘谷의 面目을 알 수 있다. 이때 운곡의 연세가 우리 나이로 22세. 스물두 살의 靑年 耘谷이 三月에 금강산에 가는 것이다. 여기서 필자는 靑年 耘谷의 처세와 사상을 생각해 보고 싶다.

첫째는 이십대 초반의 청년이 工夫는 아니하고 금강산 구경을 간단 말인가? 요즘말로 공부는 담을 쌓고 놀러만 다니는 불량까지는 아니더라도 근면 성실한 학도는 아니지 않는가? 원주서 금강산이 어디인가? 그리고 시의 내용이 이십대 청년의 글은 아니다. 시만 뚝 떼어놓고 보면 한평생 다 살아본 노인의 시가 아니겠는가? 가도 가도 봄 풍경은 물릴 리 없고 말 가는대로 맡기어 채찍도 걸운 것은 성문을 나설 때 까지겠는가? 그렇게 가고 가면서 화전지경에 이르러 만나는 초부에게 친구소식 묻는 것이 어찌 20대 청년의 글이랴? 다음 시를 보자.

<過葛豊驛>

말채찍하며 유유히 갈풍역을 지나니 / 策馬悠悠過葛豊

산천은 그 모습이 예나 오늘이나 / 山川形勢古今同

인적 드문 조용한 강변길 / 人稀境靜江邊路

철쭉만 천 층으로 물에 비치네. / 躑躅千層映水紅

여기서 청년 운곡의 詩心은 무엇인가? 과거를 준비하는 청년선비보다는 아예 科業은 念頭에도 없고 붓을 즐기는 自然人 그대로가 아닌가? 여기서 筆者는 느끼고 보았다. 벼슬에는 아예 뜻이 없다는 것을! 不仕觀, 不仕精神! 환로에는 天性的으로 거부감이 가득한 청년 운곡을 볼 수가 있다. 그 이유는 한마디로 요약하기는 어렵겠지만 아마 당시의 고려 정국의 어려움을 직시한 까닭일 것이다.

(2) 1354년 갑오

<十月 초구일 장양을 출발하여 마천령에 올라 금강산을 바라보면서(初九日 發長陽 登天磨嶺望金剛山)>

일만이천봉이 반은 구름에 잠기고 / 萬二千峰半入雲

때로는 상서로운 기운 천문을 감싸는데 / 時看瑞氣擁天門

귀의할 마음 둘이 아님에랴 / 更將無二歸依念

자비 앞에 숙인 머리 세존의 법이 솟네 / 稽首慈悲法起尊

이 시에서 청년 운곡은 儒者라기보다는 佛法에 인연 있음이 보인다.

<淮陽過冬至>

객지에서 잠시 머물기도 어려워 / 客裏誠難暫駐驢

총총히 여가를 헤일 줄도 몰랐네 / 忽忽未暇計居諸

타향에서 맞는 양생일에 / 異鄕忽遇陽生日

청산과 마주 앉아 책력을 살펴보네! / 坐對靑山劍歷書.

운곡은 이때 25세다. 회양 땅에서 동지를 쇠면서의 글이다.

이 시도 참으로 老成한 시다. 보통은 타향을 떠돌다가는 연말이면 집을 찾는다는데 청년 원천석은 왜? 어째서 떠돌기만 하였을까? 타고난 여행가일까? 아니면 머물 줄 모르는 구름처럼 훌훌 떠도는 방랑객은 아닌지 모르겠다. 도무지 청운의 뜻은 어디에도 없다. 그저 山水와 自然 속의 나그네길 뿐! 그런 가운데 이런 시가 있다. <十五日 發方山到陽口郡으로……>로 참으로 긴 詩題로 지은 시가 있다.

무너진 집에서 새들만 지저귀고 / 破屋鳥相呼

백성도 아전도 모두 없고나! / 民逃吏亦無

해마다 폐해만 쌓이니 / 每年加弊痕

어느 날자 즐거움을 얻으랴? / 何日得歡娛

땅은 모두 권세가에게 빼앗겼는데 / 田屬權豪宅

문앞은 포악한 무리 줄을 서니 / 門連暴虐徒

남은 이만 더욱 불쌍하다. / 子遺殊可惜

이런 신고 누구의 탓인고? / 幸苦竟何辜

늘 자연과 호흡하던 운곡이 처음으로 백성들의 참상을 시로 읊었다. 필자는 인간의 고뇌를 일찍이 초월한 것으로 알았으나 운곡은 아니었다. 백성들, 아니 서민들의 참상을 차마 어쩌지도 못해 아파하면서 그 이웃들과 함께 사는 지식인이었던 것이다. 이 점을 우리는 유의해야 할 것이다. 왜 운곡이 위대한가에 대한 실마리는 이렇게 발견하여 잡을 수 있는 것이다.

490

⑶ 1360년 경자

<正月 生女. 五月 十七日 病亡. 筆以哭之>

번뇌란 본래 뿌리 없음을 일찍이 알았건만 / 曾知煩惱本無根

씨앗은 은애에서 생겨나는 것 / 種子生從恩愛門

측은한 내 마음이야 누그릴 수 있지만 / 惻惻我懷猶可緩

슬피 우는 어미의 통곡은 차마 들을 수 없구나 / 哀哀母哭不堪聞

잠시간에 멸하는 것 본시 참인데 / 須臾便滅是眞語

함께 죽으려면 망령된 말이지 / 欲與俱亡爲妄言

일만 가지 상심은 말할 곳 없고 / 萬種餘傷無處說

아직도 눈물 흘리며 그 자취 기억하네. / 涕零尙記剗舟痕

운곡은 31세 되던 正月 十九日 딸을 얻었는데, 참으로 예쁘고 귀여웠는데 그해 五月 十七日 病으로 죽었다고 한다. 百日 지난 귀여운 딸을 잃고 내외가 가슴아파 한 詩다. 운곡은 이 시에서 보면 大凡한 성격은 아닌 것 같다. 딸도 딸이지만 아내의 못 견디는 슬픔을 더욱 슬퍼한 情 많은 人間이다.

<十二月 十七日 同年鄭道傳到此贈予詩云>

동년인 원군이 원주에 있어 / 同年元君在原州

찾는 길 험하고 산골도 깊구나. / 行路不平山谷深

먼 길손 와서 말에서 나리니 / 客子遠來已下馬

삭풍은 소슬하고 해는 지는구나. / 朔風蕭蕭西日花

한번 웃는 속에 깊은 뜻 있고 / 一笑欣然有幽意

술잔 앞에 마음을 논하고 / 尊酒亦復論是心

내가 부르는 노래에 그대 춤추고 / 我唱高歌君且舞

영욕의 세상사 난감하구려! / 榮辱自我已難諶

이러한 三峰의 시에 운곡의 화답은 이러하였다.

군과 함께 급제한 지도 해가 지났지 / 與君同榜如隔晨

사귄 도리 깊고 얕음 논할 수도 없네. / 交道不復論淺深

각기 일에 매어 양쪽에 있어도 / 各以事牽在兩地

사람들 만나면 안부 물었고 / 逢人細間浮與沈

오늘 해후는 하늘이 시킨 것 / 今朝邂逅天攸使

잔 잡고 기쁜 마음으로 자세히 좀 얘기하세. / 開尊且善細論心

그대여! 길 재촉 마시게 / 公乎公乎莫崔轡

내 뜻은 자중하실 진실로 바람일세. / 此意自重誠之諶

　　우리는 여기서 三峰과 耘谷을 깊이 살펴야 할 대목이라고 본다. 三峰은 耘谷보다 일곱 살 아래다. 詩로 보아 三峰은 耘谷을 불러낼 뜻이 있는 것 같고 耘谷은 넌지시 충고하길 그저 자중할 것을 부탁한 시다. 운곡은 天壽를 누렸지만 三峰은 개국 후 王子의 난 때 죽었으니 운곡의 혜안이 돋보이는 대목이다. 이로 보아 운곡은 벼슬에는 뜻이 없었던 것이다.

⑷ 1361년 신축

　　<11월 홍건직 來侵……1362년 임인년 징월 18일 소텡하여 되찾은 太平성대를 축하하는 시를 짓다>

북쪽 오랑캐 간교한 꾀 족히 크지 않아 / 北寇奸謀未足雄

동한의 성업이 다시 무궁해졌네. / 東韓盛業更無窮

피비린내 칼과 창 풍진이 고요해지고 / 腥膻釖戟風塵靜

사해 민안이 하루의 공일세. / 四海民安一日功

몇몇 영웅들의 의리와 충성이 / 輸忠奮義幾英雄

떨친 군사 도성군사 계책으로 / 振旅京師開莫窮

모두 쓸고 원흉을 탕평한 날 / 掃盡頑兇平盪日

창칼 거두고 논공행상 떨치누니! / 各收旋戟竟論功

　　이 시로 보아 33세의 운곡은 나라의 안위와 백성의 고통을 걱정한 것을

492

알 수 있으니 운곡은 치악산 중에 묻혀 살아도 결코 애국애족하는 충성심 깊은 인간적인 사람이다.

⑸

<謝榮親宴詩幷引上金牧伯>

여기서는 길고 긴 사례문과 김목사에게 고마움을 표한 문장은 생략하지만 榮親宴이라는 것은 자식이 과거에 급제하면 고을에서 사또가 그 부모에게 잔치를 베푸는 것인데 필자는 의아한 점이 한 둘이 아니다. 우선 연대가 한참 틀리고 전후사정이 맞지를 않는다. 후일 시사 편집시에 착오가 있었던 것은 아닌가 한다. 하지만 榮親宴詩를 부인하는 것은 아니다.

<詩曰>

하늘이 이 백성을 위해 공을 보내셨네. / 天爲吾民遣我公
북원이 이미 풍속이 순해지고 / 北原今已變淳風
거문고 타고 누운 누각에 구름 길고 / 彈琴臥閣雲生北
고삐잡고 오는 관아엔 아침해 높았네. / 按轡廻衙日晏東
산속에 어진이 수고롭다고 마시오 / 莫愧賢勞山郡裏
묘당의 은총을 이제야 알겠소. / 方知寵迫廟堂中
목마른 백성 은혜를 누리니 / 涸鱗共得恩波闊
양양하게 헤엄쳐 가니 기쁨이 끝이 없네. / 遊泳羊羊喜不窮

구름 없고 아지랑이 낀 이월 하늘 / 雲淡烟濃二月天
아가위나무 아래 잔치자리 벌렸네. / 召棠陰下設華筵
노래하는 곡조 속에 그림 같은 사람 / 霖鈴一曲人如畵
천잔 술 오고가는 하루 한해 같네. / 霞醞千杯日似年
자리마다 경사를 주고받으니 / 座上獻酬俱可慶
이중에 광채가 더욱 어여쁘고 / 箇中先彩最堪憐
일문에 영예를 어찌 다 말로 하랴. / 一門榮遇夫何說
두 어깨에 산 같은 은혜 무겁기만 하오. / 荷擔恩山重兩肩

아무튼 이 시에서 가문의 영광을 한껏 누린 사실을 느낄 수 있다. 이렇게 영예로운 급제를 기뻐하는 운곡이 어찌해서 大科에 응시하지 아니한 것인지 참으로 모를 일이다.

(6) 1364년 갑진
<正月 17일 눈나림>이란 詩가 있었다.

(7) 1365년 을사
<首夏幽居>란 시가 보인다.

(8) 1367년 정미
6月 牧伯의 영으로 심은 소나무를 기리는 시가 있다. 이 해 12월 27일 <醉家人塚> 시가 있다.

구름은 산을 덮고 섣달 눈 깊은데 / 雲擁山崖臘雪深
백양나무 거센 바람 용울음 같네. / 白楊風緊似龍吟
내가 와서 외로운 무덤에 따르는 석잔 술 / 我來三酹孤墳上
옷소매를 적시는 눈물을 나도 모르네. / 不覺潸然漏滿襟

이 시에서 보면 운곡이 부인을 잃은 것은 우리 나이로 38세 때다. 이후로 재혼하지 아니하고 약 50년 세월을 홀아비로 살았다. 여기서 운곡의 또 하나의 진면목을 볼 수가 있다. 재취를 해서 계모에게 겪을 자식들의 고생을 생각하고 홀로 지낸 것은 참으로 높이 살 德目이 아니겠는가? 운곡의 속현을 아니한 고절을 한 번 더 음미할 일이다. 이후 운곡은 단양과 동해안 일대를 여행한 기록이 있다. 계속해서 영서 일대도 두루 여행한 기록이 있다.

(9) 1370년 경술
봄. 정선자사 안길상이 牧伯에게 보낸 시에 좌우가 차운할 때 지은 글이 있다.

운곡은 불혹의 나이가 되었다. 이 해에도 금성으로 마현·가평으로 여행한 기록이 있다. 춘주·안보로 여행은 계속되었다.

(10) 1374년 갑인

三月에 변암 새집으로 옮긴 후 형님이 오셔서 주고 받은 시가 있다. 운곡 45세다.

(11) 1375년 을묘

도경스님께 차운한 시가 보인다.

이 해 11월 23일 형님이 세상을 떠남.

(12) 1376년 병진

이 해 9월 日本의 선승들의 내방을 받고 지은 시가 보인다. 興法寺 대선사 省珍의 시축에 차운하여 붙인 기록이 돋보인다.

(13) 1386년 병인

설날. 운곡의 나이 쉰 일곱이다.

　　　<是日自詠(丙寅元日)>
　화기 퍼지는 때 새 소리도 그윽한데 / 和氣舒遲鳥語幽
　시내얼음 풀리며 햇빛도 따뜻한데 / 澗水初解日華浮
　바람 아지랑이 노는 이들 흥겹다. / 風烟欲攪遊人意
　눈·서리는 병객머리에 둘렀고 / 霜雪偏饒病客頭
　주야로 시냇물 흐르고 흘러 / 晝夜百川流浩浩
　고금에 만사가 이 같이 흘러가네. / 古今萬事去悠悠
　해마다 달라지는 내 모습 누가 있어 가련타 하랴? / 誰憐歲歲年年貌
　또다시 만나는 봄에 스스로 부끄럽구려! / 又復逢春却自羞

(14) 1387년 정묘

<丁卯年 人日 二首>가 보인다. 譜懶翁眞으로 나옹스님 영정에 찬한 글이 있다.

이 해 9월 3일 어머니 기일로 환희사를 방문하였다.

<九月三日 遊歡喜寺(因慈親諱日)>
길은 산허리를 돌면서 오르고 내려 / 路轉山腰平不平
짚신에 등지팡이 한가롭구나. / 草鞋藤杖稱閑行
다행 중양절에 / 幸因景迫重陽節
기쁘게 당두 노대형을 뵈었네. / 喜謁堂頭大老兄
산색은 마치 취한 것 같고 / 岳色渾如山間醉
시내 빛은 가히 백이·숙제 같이 맑네. / 溪光正似伯夷淸
술에 깃든 새들은 나그네 맞고 / 瞑禽爲迓曾遊客
날아와서 다헌가에 지저귀네. / 飛近茶軒疑疑鳴

만추에 찾은 육화 / 秋晚乘閑訪六和
절간은 퇴락해서 경소리 끊기고 / 梵宮寥落絶經過
세상사 인연이 적어 늙는구나. / 爲憐世事塵緣少
그래도 기쁜 정 솟나니 / 始信歡情喜氣多
동구 밖에 맑은 구름 비단 같구나. / 出洞晴雲飛素練
만산에 붉은 잎은 붉은 비단 같고 / 漫山脫葉剪紅羅
모든 것 잊고 찾은 곳 / 得來物外忘機處
세상에 뜨고 지는 사람 우습기만 하구나. / 笑殺浮沉人海波

운곡은 이때 쉰 여덟으로 어머니 기일에 절을 찾은 것이다.

(15) 1388년 무진

운곡은 이때 쉰 아홉이다.

496

<戊辰元日>

어릴 때 설이 되면 / 我昔爲兒遇歲時

매양 전배따라 여기저기 다녔지. / 每隨前輩競奔馳

늙어서 꽃시절 때 생각하니 / 衰年紀憶芳年樂

젊은 시절 기쁨이 늙은 시절 슬픔일세. / 少日歡娛老日悲

물가에 부들은 움트려 하고 / 帶雪渚蒲芽欲動

시냇가 버들은 줄기 늘어지는데 / 颺風溪柳線初垂

새해 맞고 옛 생각에 느낌이 많아 / 履新思舊偏多感

억지로 붓을 들어 이 시를 쓴다. / 强自濡豪寫此詩

　　老境의 쓸쓸한 회포를 ‘少日歡娛老日悲’라는 기막힌 글귀로 표현하였다.
그러면 都統使 최영 장군의 시에 차운도 하고 조반 정승을 기리는 시도 썼
다. 임금이 강화로 가고 원자가 등극하였을 때도 시를 지었다. 거처하는 집
이름을 ‘누졸재’라 짓고 長句 여섯 수를 남겼다.

(16) 1389년 기사

설날.

<乙巳正朝(二首)>

이 몸 나이 육십을 맞았네 / 身年當六十

성인의 말씀이 부끄럽네. / 自愧聖人言

이순은 실로 어려운데 / 耳順誠難得

마음이 통했다고 어찌 말하랴? / 心通豈敢論

아름다운 수석과 함께 살면서 / 寓居佳水石

하늘땅에 크게 감사하네. / 深謝泰乾坤

봄이 본 것을 이미 알겠는데 / 已覺東君至

새벽빛이 내 집문을 비치네. / 晨光照我門

또 봄을 맞는 객이 있으니 / 又作逢春客

새벽을 알리는 새소리에 놀라 깨었네. / 偏驚報曉鴉
사람들은 서로 절을 하고 / 人人爭拜賀
입입이 복받으라는 인사네. / 口口共稱嘉
형제자매 은정은 더욱 길고 / 第妹思情重
아손들의 효경도 더하는구나! / 兒孫孝敬加
멀리 벼슬하는 자만 가여운데 / 遙憐宦遊者
여관에서 먹는 밥으로 서울에 머물지. / 旅食帶京華

이때 작은아들 洞이 외지에서 벼슬살이를 할 때다. 도통사 최영 장군이
사형을 당했다는 소식을 듣고 지은 시도 세 수가 전한다. 또한 소강절의 춘
교십영시에 차운해서 지은 시는 운곡의 높은 식견을 알 수 있는 시다. 귀거
래사를 짧게 줄여 쓴 시도 참으로 걸작이다. 하늘의 뜻을 즐기고 운명도 안
다고 하였다. 허튼 말이 아니다. 천고에 따를 자가 없음을 알 만한 시다. 定
昌君이 왕이 되고 前王 父子를 신돈의 자손이라 해서 폐위시켜 서인을 만
들었다는 말을 듣고 지은 시가 있다.

<聞今月十五日 國家以定昌君立王位 前王父子以爲辛旽子孫 廢爲庶
人>
전왕 부자가 각각 헤어져 / 前王父子各分離
동서 만리 끝에서 끝 / 萬里東西天一涯
일신을 서인으로 할 수야 있지만 / 可便一身爲庶類
정명은 천고에 고칠 수가 있으랴? / 正名千古不遷移

조왕신서가 하늘에 감응되어 / 祖王信誓應乎天
그 끼친 은택이 수백 년을 흘렀는데 / 餘澤流轉數百年
어찌 참과 거짓을 일찍이 가리지 아니 하였으랴? / 分揀假眞何不早
저 푸른 하늘은 거울처럼 밝게 밝게 비추리라. / 彼蒼之鑑照明然

여기서 운곡의 史筆과 같은 詩史가 이루어진 것이다. 전왕은 강릉에 있

고 아들 왕은 강화에 있을 때도 苦寒夜吟二首를 짓고 前王父子賜死 때도
시를 남겼다.

(17) 1390년 경오
설날.

　　<庚午元正(二首)>
　닭 우는 소리에 일어나 옷길을 바로 하고 / 鷄鳴起坐整衣襟
　북두칠성 기울고 새벽 안개 깊구나. / 星斗闌干曉霧深
　손아들이 들어와 세배를 하니 / 時有兒孫來再拜
　씩씩한 마음이 솟는구나. / 油然發動壯年心

　동군은 새벽에 동에서 돌아오니 / 東君犯曉自東回
　나를 향해 따뜻이 웃어주네. / 向我溫溫一笑開
　늙었다고 한탄하는 말을 마세 / 且道莫嗟身已老
　봄빛이 그대 찾아 왔음이라. / 故將春色爲君來

운곡은 庚午生이니 이 해가 甲年이다.

　　<七月八日有感(是予生日)>
　내 나이 예순 하나 / 身年六十一
　오늘이 생일이다. / 今日是生日
　간은 떨어지고 마을은 재가 되었다. / 膽落心如灰
　머리도 시고 얼굴은 검어졌다. / 髮衰顔似漆
　몸 갖기가 괴롭고 / 指身何苦幸
　생각도 뛰어나질 못하고 / 絶念於超逸
　형제는 흩어지고 / 兄弟其違行
　아내도 자식도 함께 잊질 못하니 / 妻孥不在室
　어버이 은혜 어이 갚으랴? / 親思何以酬

자식도리 못한게 너무 많네. / 予職尤多失
이런 생각에 외로운 솔만 어루만지니 / 念此撫孤松
슬픈 마음만 일어나는구나! / 悲風起蕭瑟

운곡이 甲年 때의 회포다.

(18) 1391년 신미
    <牧隱相國對菊有感詩云>
인정이 어찌 무정한 물건과 같으랴? / 人情那似物無情
요즘은 모두가 불평인데 / 觸境年來漸不平
우연히 동리에 부끄러웠지 / 偶向東籬羞滿面
眞黃菊이 거짓 연명을 보았기에! / 眞黃花對僞淵明

이러한 시에 운곡은

무정을 믿고 유정에 웃으니 / 須信無情笑有情
유정은 본시 한 평이고 / 有情惟是一生平
도연명간지 천년인데 / 陶公死后千餘歲
동리의 국화는 예대로 피었네. / 依舊東籬粲粲明

운곡이 목은과의 교류를 엿볼 수 있는 詩의 교환이다. 道義로 맺어진 우정이다.

3. 結論

고찰해 본 실례를 18가지로 나누어 보았다. 이를 필자 나름대로 정리하면 다음과 같겠다. 耘谷 元天錫은 우선 時代的으로 참 선비가 出仕하기에는 부적절한 시대에 태어났고 성격이 관로에는 적격이 아니었다. 그래서 그는 士·農·工·商의 계급인 신분을 뛰어넘어 선비로 농사를 지어 호구지책을 삼은 勇斷을 決行한 시대를 앞선 선각자이다. 그러면 높고 맑은 생각으로 학문을 하고 실천궁행하는 실천인이었기에 후생들은 그를 공경하였던 것이다. 그러면서 三峰이나 牧隱과의 交遊가, 그리고 禪師들과의 교유가 그의 人格을 가늠할 수 있게 한 것이다.

平民으로 살면서도 흐트러지지 아니하는 조신한 선비성향이 그를 百代의 스승으로 보는 것이고 상처 이후에도 남은 일생을 고독한 가운데도 부인에 대한 의리를 지킨 것이 더욱 돋보인다. 平凡하면서 非凡하고 낮으며 높고 손수 김매어 삶을 영위한 生活人 耘谷이기에 세월이 가고 시대가 바뀌어도 그가 살고 간 人間象은 높기만 한 것이다. 근로와 면학을 함께 힘쓴 그 모습에서 앞으로의 세상에서도 끝없이 연구가 되고 살려서 그 眞面目을 발굴하는 데 가치를 둘 일이다.

마침 수년래 운곡학회가 설립되고 운곡을 연구하는 학자들이 늘고 있으니 그의 사상과 철학과 문학, 특히 난세에 대처하는 處世學이 구체적으로 연구될 것을 기다린다. 재주 없는 필자가 이미 七十에 이르러 운곡의 老境을 엿보려 한 것은 분단된 조국과 앞으로 오는 후손들에 길잡이역을 자처하고 이 글을 쓰고 발표를 하려고 마음먹고 미흡한 대로 정리를 해본 것이다.

운곡시에 투영된 생활상
-명절과 절후를 중심으로-

양 근 열*

1. 서론

명절과 節侯는 해마다 주기적으로 행해지므로 생활의 변화를 주었다. 만약 일만 계속한다고 하자. 얼마나 따분한 일인가. 그래서 명절과 절후를 맞아 휴식을 취하면서 삶의 여유를 갖고 살아가는 데 活力을 불어넣어 주었다.[1]

요즈음 주5일제가 행해지고 가족 단위로 축제를 찾아다니는 세상이 되었다. 핵가족이 보편화되어 옛날처럼 대가족 혹은 마을 단위로 명절을 쇠는 경우는 거의 없어졌다. 또한 계절 감각이 둔화되었을 뿐만 아니라 농경사회가 날로 피폐되어 가고 있다.

운곡은 명절이나 절후가 돌아오면 그것에 대하여 곧잘 詩化했다. 시를 지어 보여주기도 하고 남의 시를 읽고 次韻하여 짓곤 했다. 이 작업은 생활의 큰 부분이었다. 오랜 옛날에 겪은 것이 오늘날도 의미가 있고 생활에 실용하고 있는가. 본고에서는 명절과 절후에 대한 배경을 알아보고 운곡이 명절을 어떻게 쇠었으며 어떤 마음가짐으로 임했는가를 살펴봄으로써 옛 것을 익혀 새 것을 알자는 데 의미를 두었다. 무엇보다도 운곡의 마음자리-마음의 뿌리를 어디에다 내렸고, 마음의 향방이 어떻게 움직였나에 초점을 맞추어 고찰해 보고자 한다.

---

* 운곡학회 부회장
1) 운곡학회, 「원천석의 생애와 운곡사상」, 운곡학회 학술발표회, 2007. 1. 19.

2. 본론

명절과 절후는 계절에 따라 돌아온다. 그러므로 冊曆의 순서에 따라 서술했다. 인용한 운곡시는 번역시를 발췌했다.

'삼월 삼진날'과 '七夕'은 생략했다. 왜냐하면 계절 감각을 읊거나 견우와 직녀를 생각하는 내용의 작품이지 운곡 생활의 특징적인 면모를 발견하지 못해서였다.

1) 설날

<설날>
닭소리에 일어나 옷깃 바로 잡고 앉으니
북두성은 기울고 새벽안개 자욱하네.
때 맞춰 손자 아이들이 들어와 세배하니
壯年 시절 마음이 뭉클 일어나네.

손자 손녀들의 세배를 받기 위해 옷깃을 바로 잡는 자세에서 설날의 마음가짐을 읽을 수 있다. 그리고 장년 시절의 생기발랄했던 과거가 되살아나기 마련이다. 예나 지금이나 설날에는 선물을 주고받는다. 강릉에 사는 최윤하의 서신과 선물을 받고 다음과 같은 시를 썼다.

<설날 아침에 강릉에 사는 최윤하의 서신을 받고>
아름다운 선물이 동해 바다에서 날아와
바다 속의 새 맛 때 맞춰 얻었네.
봉함을 열어서 하늘과 땅의 은혜에 감사드리고
멀리 풍파 속의 조각배를 생각해 보네.

大詩人은 하늘과 대화하고 땅과 교감해야 한다. 선물을 받고 하늘과 땅에 감사드리는 것은 보통 사람들이 사람에게 감사하는 것과 다르다. 풍파 속의 조각배를 생각하는 것도 어부가 파도와 싸워서 얻은 것임을 시각적 이미지로 구상화했다.

2) 立春

<立春>

세월은 날아가는 새와 같고
넓은 들판에는 또 土牛가 있네.
인생은 손으로 뒤집는 구름이고
세상은 머리에 가득한 눈일세

土牛는 '봄철의 春牛'라는 뜻으로 썼다. 입춘이 되면 土牛로 동문 밖에서 밭을 갈게 권하였다. 農耕을 권장하기 위해 만든 제도였다. '입춘을 맞아 생각나는 대로 읊은' 시를 보자.

<立春 생각나는 대로 읊다>

근본을 다스리려면 農政부터 먼저 해야 하니
거룩한 임금도 쟁기 잡고 몸소 밭을 갈았네.
그 누가 나라 운명과 백성 목숨을 걱정하랴.
저 하늘만은 속이지 어려우리라.

농민을 걱정하는 마음에서 우러나온 詩心은 하늘만은 속이기 어렵다니 천지자연의 도리에 순응해야 한다는 마음의 發顯이다.

3) 淸明

날이 풀리고 화창하여 예로부터 청명을 한 해의 농사를 시작하는 중요한 날로 여겨 왔다. 또 양기가 발동하여 넘치니, 만물의 생기가 왕성해지는 때이므로 황소와 수말을 모아 암컷이 있는 곳에 놓아서 번식하게 한다.

<청명 날 스스로 읊다>

세상 맛 가운데 한가함이 으뜸인 줄 일찍이 알았으니
만금이 어찌 낚싯대 하나만 하랴.
분주히 이익 따라 다니는 것 누구의 시킴인가
고요함 지키면서 가난하게 사는 게 편안하네.
싸락눈 내릴 적엔 철 바뀜에 놀라고
지는 꽃 날릴 적엔 가는 봄을 아쉬워했지.
좋은 시절 만나면 한껏 취해 보세나.
바람과 달빛은 다함이 없고 하늘과 땅도 넓으니

　운곡의 시를 감상하는 이들이 그의 시를 대하면 마음이 편안해진다고 한다. 지은이가 사물과 계절을 편안하게 느끼고 여유를 가지고 보기 때문이리라.
　필자가 고3 담임을 할 때 일이다. 졸업하는 제자들이 추억 만들기로 자기가 좋아하는 노래 한 소절씩 녹음하고 끄트머리에다 담임교사의 목소리를 덧붙일 심산으로 마이크를 들이댔을 때 '가끔 동해 바닷가에서 끝없이 펼쳐진 수평선을 바라보아라. 거기에 갈 시간과 돈이 없으면 맨손 체조－가슴 운동을 하며 파아란 하늘을 보아라'라고 당부한 적이 있다. 여유가 없으면 사물이 바로 보이지 않는다. 마음이 고요하고 욕심이 없는 것을 낱말로 平淡이라 한다. 우리 모임 최광범 회원은 그의 박사학위논문 『고려 한시의 품격 연구』에서 운곡의 한시를 평담 계열의 작품으로 보고 있다. 운곡은 이런 품격을 평생 동안 굳게 지키고 있음을 확인할 수 있다.

4) 관등놀이 – 사월 초파일에

　운곡의 <사월 초파일 저녁 靈泉寺에서 관등놀이를 하다>라는 작품을 보면 예나 지금이나 풍습이 비슷함을 알 수 있다.

푸른 하늘에 장대 하나를 높이 세우고
찬란한 구슬들이 하늘 한가운데 걸렸네.
하나하나 변하여 끝없는 불꽃 이루니

다함없는 그 빛이 삼천 세계를 비추네.

불자들은 부처님께 정성을 드려 공양하고 축원한다. 운곡은 그 정성 드림에 대하여 <불경을 베끼는 이에게 지어주다>라는 작품에서 그 견해를 밝혔다.

경전을 베끼려고 서로 금은을 뿌리면서
내생에 부처가 될 인연을 심는다고 하지만
만물은 마침내 썩어지게 마련이니
반드시 떠도는 티끌처럼 흘러 다니게 될 걸세.
밝은 경전은 이름과 모양을 벗어났건만
어리석은 사람들이 허망과 진실을 분별 못하네.
제게 있는 값진 보배는 알지 못하고
부질없이 마음과 힘을 다해 남의 보물을 헤아리네.

아래 운곡의 <불교>라는 작품에서 그의 불교에 대한 관점을 헤아려 보자.

하나의 원융한 성품이 열 가지 묘리를 갖춰
시방 세계에 두루 법이고 하늘에 통하는 기운일세.
저 참된 본체를 어떻게 말하랴.
푸른 바다에 둥글고 차가운 달이 아울러 해맑구나.

짧막한 작품에다 불교에 대하여 모든 것을 함축하고 있다. 작자는 무엇보다도 인간의 본체인 마음이 해맑기를 희구하고 있다. 결구에서 세종대왕이 지은 「월인천강지곡」이 연상된다. '月印千江'은 밝은 달이 이 세상에 있는 모든 강물을 고루 비친다는 뜻이니, 이는 무엇을 비유했는가? 부처님의 敎化가 온 세상에 가득함이라.

5) 端午

  <단옷날>

바람 따뜻하고 날씨는 청명한데
집집마다 문 위에 쑥 사람을 걸어 놓았네.
창포 술항아리 마주 앉으니
난초 물가에 홀로 깨었던 신하가 우습구나.

  午月 午日 午가 달과 날이 같은 수로 겹치는 것을 중요시한 데서 음력 5월 5일을 명절날로 하였다. 고려가요 <동동>에서는 단오를 '수릿날'이라 하였고, 天中節이라고 한다. 5월은 비가 많이 오고 나쁜 병이 유행하므로 여러 가지 厄을 제거하려는 미신적인 풍습이 생겨났다. 그래서 쑥으로 만든 인형이나 호랑이를 그려서 문에다 걸었었다. 수리취를 넣어 둥글게 절편을 만들고 부채를 선물하기도 했다.

  결구의 '신하'는 초나라 시인 屈原을 가리킨다. 그는 학식이 뛰어나 초나라 회왕의 左倒라는 중책을 맡아 내정·외교에서 활약하였으나 정적과 충돌하여, 중상모략으로 국왕 곁에서 멀어졌다. 離騷는 그 분함을 노래한 것으로 '자기가 옳고 세속이 그르다'고 자신의 결백을 주장한 작품이다. 멱라수에 빠져 죽은 그를 추모하는 중국 사람들은 대나무통에 쌀을 넣고 소태나무잎으로 감아 물 속에 던졌다. 이 풍습이 변하여 대나무잎으로 싸서 찐 떡을 먹는 풍습이 되었다.

  그런데 이토록 중국 사람들이 굴원을 추모하고 있는데 운곡은 왜 창포 술항아리를 마주하니 굴원이 우습다고 하였을까? 현실에 참여한 굴원과 현실에 참여하지 않은 운곡 입장에서 헤아려 볼 일이다. 벼슬살이를 한 굴원이 번뇌에 싸여 '離騷'를 노래했으나 초지일관 天道에 自適했던 운곡의 시심으로 보면 우스울 수밖에 없다.

  <단옷날 氷亭 아우에게>

산 속 서재에 고요히 앉았노라니 해가 참으로 길건만
한 잔 창포 술에 향기가 남았네.

고을 사람들의 풍악 소리가 귀에 들리니
조상님 끼친 풍속이 우리 고향에 있네.

우리 조상은 모내기가 끝나면 일손을 잠깐 멈추고 그네뛰기·씨름·탈춤
·사자춤·가면극 등을 단오 명절에 즐겨 왔다.

6) 팔월 한가윗날

<한가위 달>
한가위 날씨가 차츰 맑고 서늘해져
저녁 되면 뜨락 가지에 흰 이슬이 엉기네.
구름은 하늘 한가운데서 구슬 잎을 거두고
달은 산꼭대기서 은쟁반으로 솟아오르네.
피리 소리와 노래 소리 곳곳에 사람들은 춤추고
시를 읊조리며 나 혼자 달을 보네.
적막한 곳이건 번화한 곳이건 한가지 빛이니
어찌 사사로운 뜻이 감히 끼어 들랴.

둥근 달을 보고 사물을 관조하여 맑고 밝음의 마음을 표출했다. 사사로운
뜻이 감히 끼어 들 수 없다는 것은 公明正大한 세계를 지향하는 것이다.

<한가윗날 선영에 참배함>
십 년 동안 아이 적 마음으로 이 언덕에 있었네.
올 때마다 술 석 잔에 한결같이 슬펐네.
흰 구름 흐르는 물 유유한 이곳에
소슬한 가을바람이 白楊에 일어나네.

단풍잎과 갈대꽃이 눈에 가득한 가을날
가을되니 남몰래 흐르는 눈물을 막을 수 없네
아버지 어머니 다 돌아가셨는데 형마저 왜 떠나셨나.

시름겹고 시름겨운네 또 시름이 닥치네.

송편과 박나물, 토란국을 장만하여 차례를 올린 다음에는 성묘를 했다. 누구나 느낄 수 있게 정서에다 조상을 기리는 정황을 그림을 그리듯 묘사했다.

7) 重陽節 – 음력 9월 9일에

  <중양절에 생각나는 대로 읊다>
  병중이라 새 서리 밟기가 몹시 두려워
  아침 늦도록 겹이불 속에서 잠자는 맛이 길었네.
  딸아이가 국화 띄운 술을 가져 왔기에
  오늘이 중양절인 줄 알고 깜짝 놀랐네.

홀수는 陽이므로 홀수가 겹치는 날을 모두 명절로 쳤다. 1월 1일 설날, 3월 3일 삼짇날, 5월 5일 단오, 7월 7일 칠석과 같이 9월 9일 중양절은 가장 큰 홀수가 겹치는 날로서 명절이다. 이날 산에 올라가서 시를 읊거나 그림을 그리며 술을 마셨다.

이 날은 柚子를 잘게 썰어 석류 알, 잣과 함께 꿀물에 타서 마시는데 이것을 花菜라고 했다. 그러면 요즘 등산하는 사람이 많아졌으니 중양절이 돌아오면 고을마다 전통을 이어받아 즐길 수는 없을까?

"마지막 악수는 손이 시리답니다"라고 나뭇가지에서 잎이 떨어지는 순간을 노래한 친구의 즉행시가 생각난다. 대학시절 가을 야유회에 가서의 일이다. 노교수가 장원으로 뽑은 다음 입이 귀밑까지 찢어지게 웃던 모습이 떠올려진다.

8) 冬至

  <동지 팥죽> 중에서
  음기가 사라지고 양가가 되돌아오는 날

붉은 팥죽 향내가 푸른 항아리에서 떠오르네.
한창 솥에서 끓을 때 처음 소금을 넣고
다시 새알심을 넣은 뒤에 주걱으로 뒤적이네.

동짓날 식생활에 대한 단면을 군더더기 없이 구상화하여 각각 다르게 경험한 독자일지라도 자연스럽게 동지를 떠올린다.

　　<동짓날 감회를 읊다> 중에서
　조정이 황제 명령 받들어
　의관제도를 바꿔야 한다니
　높건 낮건 귀하건 천하건
　中夏 사람이지 東夷가 아닐세.
　예법과 제도가 이미 이러한데
　정치와 교화는 왜 베풀지 않나.

위 시에는 의생활에 대한 운곡의 견해가 드러났다. 우리나라 정부가 주체적으로 의관을 관장하지 못하고 중국이 간섭하는 시대상이 반영되었다.

　　<동짓날 느낀 바를 元都令에게 보이다> 중에서
　백성들 살림은 더욱 쓸쓸해져
　밭 갈기도 누에치기도 다 틀렸으니
　문에는 언제나 거적자리를 내려뜨리고
　땅이라곤 송곳 꽂을 자리도 없네.
　세금도 다 못 냈는데
　가을 마당에 벌써 남은 게 없어
　아무리 애쓴들 어디로 가며
　헤매는 사정을 그 누가 걱정하랴.
　이익을 다투는 무리들은
　채찍과 몽둥이를 마구 휘두른다니
　어려서 배웠지만 쓸 모 없이 늙어

이러한 꼴을 보고 부질없이 탄식만 하네.

동짓날에는 어려운 백성들이 모든 빚을 청산하고 새로운 기분으로 하루를 즐겼다. 그러나 운곡의 시에 나타난 백성들의 생활은 그렇지 못했다. 운곡은 현실을 인식하고도 문제 해결의 역할을 못하는 자탄의 한숨을 짓는다.

추운 겨울을 엄동설한, 동지섣달이라 했는데 왜 동지를 음기가 사라지고 양기가 되돌아오는 날이라 했을까? 음력 10월에 한 해의 음기가 다하고 11월 동지를 기점으로 양기가 발동하니 한겨울에 봄기운이 시작된다는 것이다. 운곡은 지난해에도 동짓날의 감회를 시로 읊었고, 또 동지가 돌아왔으니 찡그렸던 눈썹도 조금 펴지겠다고 하고 기운을 북돋운다. 귀밑에는 온통 서리가 내렸고 병까지 깊어져 기력이 지난해와 아주 달라졌다고 노쇠한 자신의 심정을 털어놓는다. 그러면서도 만물과 나는 이치가 같으니 양기가 만물과 화합하여 다들 화합하는데 어찌 나 혼자만 잃으랴. 걱정과 즐거움, 스러지고 자라는 것을 누가 구분하랴. 뜬구름은 피었다 스러지고 달도 차면 기우는데 인생살이 모이고 흩어지는 게 참으로 황당하구나.

어느 시인도 '눈 속에 복숭아꽃잎이 조각조각 나는구나'라 노래하였듯이 운곡은 동짓날에 '한 조각 봄빛이 운곡으로 찾아드니 봉황산 산빛도 푸르름이 더 하네'라 읊으며 추위를 이겨냈다.

9) 섣달 그믐밤

　　<섣달 그믐밤>
亥時를 마지막으로 정묘년(1387)이 끝나고
子時 초부터는 무진년(1388) 봄일세.
북소리 그치지 않고 푸득거리 한창이니
온갖 邪鬼 물리치고 복된 경사가 몰려드소서

나쁜 귀신을 물리치고 복을 비는 요즘 말로는 送舊迎新에 해당하는 시이다.

내일 아침이면 나이가 예순인데도
아직 雄渾한 내 마음은 스러지지 않아
靑州가 어디 있는가 물어보고
그곳에 從事하면서 오늘밤을 보내려네.

靑州從事는 좋은 술을 일컫는다고 『世說新語』에 전하며, 從事라는 主簿
가 술을 잘 구별했다고 한다. 耳順에도 술을 즐겼다. 웅장하고 막힘이 없는
마음으로 섣달 그믐밤을 보내고 새해를 맞이하겠다는 작품이다.

3. 결론

본론의 내용 가운데 명절과 절후에 대한 특기할 만한 것들은 다음과 같
다.

- 설 : 운곡은 天道에 自適한 분이다. 설날 선물을 받고 하늘과 땅에 감사
  드린다고 했다. 하늘과 대화하고 땅과 교감하는 大詩人의 慧眼은 감사
  의 대상인 강릉에 사는, 선물을 보낸 최윤하가 아니라 근원적인 감사의
  대상 하늘과 땅으로 본 것이다. 마음의 뿌리를 이렇게 내렸다.
- 立春 : 농사일이 시작되는 절기로 農耕을 권장하기 위해선 農政이 우선
  되어야 한다고 했다. 농민을 걱정하는 마음이 표출되어 있다.
- 淸明 : <청명 날 스스로 읊은 시>에서 "세상 가운데 한가함이 으뜸이다.
  만금이 어찌 낚싯대 하나만 하랴"라 했다. 사물을 여유를 가지고 보고
  있다. 그래야만 사물이 바로 보이고 마음이 편안해진다. 항상 마음이 고
  요하고 욕심이 없는 삶을 누렸다.
- 관등놀이 : 4월 초파일의 의식을 묘사했고 운곡의 불교관을 이해할 수 있
  었다. 하늘에 통하는 기운과 참된 본체를 깨닫지 못하고 경전(불경)을 금
  은으로 베끼려는 불자는 진실과 허망을 분별 못한다고 했다.
- 端午 : 厄을 제거하려고 쑥으로 만든 인형을 문 위해 걸어 놓는 등 무속
  의 풍습이 작품에 반영되어 있다. 고을 사람들의 풍악 소리가 들린다는
  詩句로 보아 그때도 단오 굿이나 민속놀이가 행해졌으리라.

◦ 팔월 한가윗날 : 맑고 둥근 달을 바라보면서 사사로운 뜻이 어찌 끼어들
　수 없다 했다. 이것은 사물을 관조하면서 맑고 밝음의 마음이 드러났음
　으로 公平無私와 公明正大한 세계를 지향한 것이다.

◦ 重陽節 : 술에다 국화잎을 띄워 마시는 것은 조상들의 풍류정신(風流精
　神)의 단면이다. 요즘 등산객이 많아지므로 실현가능한 놀이문화는 계승
　하면 좋겠다.

◦ 冬至 : 동지 팥죽을 읊은 시에서 그때의 풍습이 잘 그려졌고, 동지를 '음
　기가 사라지고 양기가 되돌아오는 날'이라고 하고 높은 산 속 강추위를
　정신력으로 물리친다.

◦ 섣달 그믐밤 : 나쁜 귀신을 물리치고 새해 복을 비는 풍습으로 送舊迎新
　의 생활이라고 할 수 있다.

　운곡은 天道에 自適했다. 바꾸어 말하면 天體가 운행하는 것처럼 사물에
얽매임이 없이 마음 내키는 대로 즐겼다는 것이다. 이런 거침없는 생활에
마음의 뿌리를 내렸다. 마음의 향방도 한가하고 고요함을 유지하면서 평생
옳음을 추구함에 흔들림이 없었다. 그리고 詩 짓는 일을 끊임없이 해냈다.
　명절과 절후를 맞이할 때마다 구차스런 삶을 자탄하면서도 모든 어려움
을 詩心으로 극복했다. 이것이 운곡 생활의 主流를 이루고 있다. 운곡의 마
음자리는 매서운 詩心으로 채워져 있었다. 시심은 모든 것을 生成하게 한
다. 이러한 시심은 어떠한 것일까? 그것은 맑고 밝으며 사심이 없었다. 이런
시심의 發現이 운곡의 생활이요, 이것이 운곡을 올곧게 한 것이다.

高麗末 元天錫의 學問觀과 地域 活動

이 인 재[*]

1. 서론

전통시대 지방지식인의 유형과 활동의 특징은 고려시대의 경우만 해도
매우 다양하였다. 가령 고려시대 원주만 해도 흥법사 진공대사 충담이나 법
천사 지광국사 해린과 같이 평생을 중앙 불교계 활동에 종사하다가 말년에
원주로 내려와 활동한 인물도 있고,[1] 나말여초 격변기에 고려의 삼한공신
으로 중앙에서 활동하는 원극유나[2] 1291년 카단적 침입 당시 세운 공으로
지방에 살다가 중앙에 올라가 활동한 원충갑과 같은 인물도 있으며,[3] 원천
석과 같이 비록 태어난 곳은 개경이고 국자감 시험에 합격한 진사출신이기
는 하지만 평생을 원주에 거주하며 생애를 마친 인물도 있었다.[4]

---

[*] 연세대학교 원주캠퍼스 인문예술대학 역사문화학과 교수

[**] 이 논문은『한국사상사학』15(한국사상사학회, 2000)에 수록한 것을 본서에 재수록
함.

1) 金南允,「高麗前期의 法相宗과 海麟」,『江原佛教史研究』, 1996 ; 이인재,「지광국
사 해린의 생애와 활동」,『평론원주』3, 2000.

2) 金光洙,「高麗太祖의 三韓功臣」,『史學志』7, 1973.

3) 신호철,「哈丹賊의 侵入과 元冲甲의 鴿原城(雉岳城) 勝捷」,『原州 鴿原山城・海
美山城 地表調査報告書』, 1998 ; 李仁在,「1291년 카단(哈丹)의 치악성 침입과 원
충갑의 항전」,『韓國思想과 文化』7, 2000.

4) 원천석에 관한 연구로는 다음 논문이 참고된다. 池教憲,「麗末鮮初의 政治的 變革
과 耘谷의 道學精神」,『淸州教育大學論文集』17, 1980 ; 金鍾武,「耘谷先生－그의
人物과 文學」,『耘谷元天錫詩史』, 1984 ; 梁銀容,「元天錫의 三教一理論에 대하
여」,『韓國宗教』11・12, 1987 ; 柳柱姬,「元天錫研究－그의 現實認識을 中心으
로」,『朴永錫華甲紀念韓國史學論叢』, 1992 ; 安鍾律,「耘谷 元天錫 文學研究」, 성
균관대 교육대학원 석사학위논문, 1994 ; 金南基,「元天錫의 생애와 詩史 연구」,

그런데 이들 세 유형의 인물 群 가운데 앞의 두 유형은 중앙 지식인과 다를 바 없으므로 지방 역사에서도 중요하게 다루어지고 있는 반면에 세 번째 유형의 지방지식인들은 그동안 크게 주목받지 못해 왔다. 이는 오랜 기간 都城 집중적 집권국가 형태를 유지해 왔던 우리 역사의 특성에 기인하는 것으로, 지방 거주 지식인이 평가받는 경우 역시 '절의를 위한 은둔', 구체적으로 보면 중앙 정치혼란이 싫어 지방에 피해 사는 인물로 의미를 부여하는 것이 일반적이다. 중앙 혹은 국가적 규모의 사회문제를 기준으로 지방 거주 지식인을 평가한다는 점에서 앞의 두 유형과 같은 맥락에서 평가하는 것이라고 할 수 있다.

그 결과 우리가 갖고 있는 지방지식인의 일반적인 평가는 ① 지방사회에서 최소한의 학문 습득에 필요한 서적을 구입할 수 있고, 학문 수업기간 중에 이를 뒷받침해 줄 수 있는 경제력을 지니고 있으며, ② 지방사회에서 상당히 높은 지위를 보장받을 수 있으나 ③ 본인들의 희망과는 달리 중앙 관직에 나갈 수 없었기 때문에 ④ 노장 관련 서적과 사회적인 불만이 드러나 있는 시경 등을 애독하면서 자연을 벗삼아 술을 마시면서 시를 읊조리는 자포자기한 생활을 즐겼는데, ⑤ 이러한 현실도피적 경향의 다른 이면에는 현실사회를 부정하는 비판적인 성향이 주요 특징이라는 것으로 생각해 왔다.[5]

사실 이러한 삶의 유형과 특징을 지방지식인의 경제적, 사회적, 정치적, 사상적 특징으로 규정하는 것에 대해서는 여러 가지 이유로 공감하는 점이 적지 않다. 무엇보다도 원극유나 원충갑의 예에서 보듯 국가적 규모로 사안이 전개될 경우 우리나라 전근대 왕조국가의 특성상 국왕이 거주하는 都城에서 문제를 해결하는 것이 일반적이라고 볼 수 있다. 그러나 그렇다고 해서 전근대 지방 거주 지식인이 중앙 관직에 나갈 수 없었기 때문에 현실도피적인 생활을 했다는 지적은 쉽게 받아들이기 어렵다. 현실도피라는 표현은 구체적으로 중앙 정치현실에서의 도피를 의미하는 것으로 파악되는데,

---

『한국한시작가연구』2, 1996 ; 崔光範, 「耘谷 元天錫 漢詩研究」, 고려대 석사학위 논문, 1996 ; 林鍾旭, 『耘谷 元天錫과 그의 文學』, 太學社, 1998 ; 李仁在, 「高麗末 元天錫의 生涯와 社會思想」, 『韓國思想史學』12, 1999.

5) 시대는 다르지만 나말여초 지방지식인을 분석한 김주성이 위와 같은 결론을 내렸다. 金周成, 「신라말·고려초의 지방지식인」, 『湖南文化研究』19, 1990.

시각을 바꾸어 지방사회에서 보면 상당히 적극적인 현실 참여를 하는 것으로 보는 것이 타당하다고 생각되기 때문이다.

본고에서 소개하고자 하는 고려 말 원천석도 그러한 점을 확인하는데 매우 유용한 사례이다. 운곡 원천석이 원주 생활을 하던 고려 말은 우리 역사에서 왕조교체로 대변되는 격변의 시대였다. 국제적으로는 원(몽골) 중심의 동아시아 세계질서가 한족의 명나라로 중심이동을 하고 있었으며, 국내적으로는 정치세력이 권문세족에서 신진사대부로 바뀌면서 그에 따라 중앙정치제도, 지방정치제도의 구조적 변화와 각종 경제정책(토지제도와 권농정책)이 변화하는 시기였고, 그에 따라 사회적 기반을 튼실하게 하기 위한 각종 사회정책이 새로 마련되어 논란을 거듭한 시기였다. 이러한 역사적 전환기에 원주에 거주하던 운곡 원천석이 어떤 생각을 하고 살았는가에 대해서는 이미 필자의 견해를 밝힌 바 있다.[6]

그러므로 본고에서는 이런 점을 기초로 운곡의 학문관과 지역 활동에 대해 서술하고자 한다. 학문관의 서술은 물론이고, 특히 지역 활동의 범주를 나누기가 상당히 어려웠지만 크게 가정생활과 후학 양성, 사회생활로서의 각계 지식인들과의 교류를 잡아 서술하기로 하겠다. 이를 통해 고려 말 유교적 지방지식인의 학문적 계보와 일상생활이 좀 더 구체적으로 이해할 수 있기를 기대하기 때문이다.

2. 운곡의 학문관

1) 학문관 고찰의 배경

운곡 원천석에 대한 평가를 한마디로 정의하면, 節義의 인물이며, 隱逸의 인물이라는 것이었다. 절의의 인물이라는 평가는 조선 후기 원천석 문집의 서문을 쓴 사람들로부터 시작되었는데, 근거는 조선 건국세력들이 고려 우왕과 창왕을 신돈의 아들이라고 몰아 부치는 것에 대해 운곡은 자신의 글을 남겨 우왕과 창왕이 왕씨임을 주장하였다는 것이다. 이러한 '禑昌眞王說'은

---

6) 이인재, 앞의 논문, 1999.

516

懷古歌와 함께 지금까지 운곡이 절의의 인물이라는 평가에 매우 주요한 역할을 해 왔다.

그런데 '우창진왕설'은 운곡이 60세(1389) 때에 쓴 글로, 노년기 운곡 사상을 보여주는 데에는 매우 중요하지만 청·장년기 운곡의 생애와 사상을 이해하는 데에는 많은 한계가 있다. 절의의 인물이라는 평가가 운곡의 전 생애를 종합적으로 이해하는 데 오히려 걸림돌이 되고 있는 것이다. 더구나 운곡이 조선 개국에 대해서 스스로는 절개를 지켰다고는 하지만 조선 개국 자체에 대해서 "천명과 인심은 덕이 있는 곳으로 돌아가니 새 왕조의 공은 하루아침 사이에 있었다"고 평가하거나 개국에 참여한 사람들에게 충성을 권하고 집안사람들의 조선 관료 진출을 허용했다는 점을 어떻게 정리해야 하느냐는 매우 어려운 문제이다.

운곡을 조선 후기와 같이 절의의 인물로 평가하면서 생기는 문제는 이것만이 아니다. 운곡의 청·장년기의 생애와 사상은 隱逸로서 요약할 수 있다. 절의를 위해 은일했다고 볼 수도 있지만, 운곡의 은일은 공민왕과 우왕대의 정치가 싫어서 현실회피를 위해 은일한 것이 아니라는 점에 중요성이 있다.

그는 27세 때(1356년, 공민 5) 당시 최고 학부인 국자감 진사 출신이다. 운곡과 함께 국자감 입학자격 시험에 합격한 사람들은 정도전과 이숭인의 예와 같이 당시 정치계의 핵심으로 활동하였고, 운곡 자신도 본인의 정치에 대한 태도에 따라 충분히 진출할 수 있는 자격이 있었다.

운곡이 시험에 합격한 때는 이제현을 중심으로 한 공민왕 원년의 개혁도 진행되고 있었고, 합격한 다음해인 공민왕 6년에는 유명한 공민왕의 반원정책이 시행된 시기였다. 운곡이 정치적 진출을 적극적으로 원했다면 충분히 활동할 수 있었다. 국자감 입학 자격에 합격했다는 것은 그런 정치, 사회적 의미가 있는 것이었다. 그런데도 운곡은 원주로 귀향하여 지방 생활에 만족했다. 왜 그랬을까?

필자는 이런 의문을 해결해 보고자 앞서 '운곡의 생애와 사회사상'이라는 주제로 운곡 시집을 검토해 본 일이 있다. 그 결과 두 가지 사항에 대해서는 나름대로 입장을 정리할 수 있었다. 하나는 운곡이 절의의 인물이긴 하지만 조선 후기 운곡 시집의 서문을 쓴 사람들과 같은 평가는 할 수 없다는 것이었다. 절의를 조선 후기적으로 해석하면 '충신'이라는 개념으로 해석해야 하지만, 현대나 고려 후기적 상황에서는 자기 입장을 일관되게 유지하며 평생을 산 인물이라는 선상에서 해석해야 한다는 것이었다. 미세한 차이지만 이 점은 매우 중요하다고 생각하였다. 그에 따라 '우창진왕설'도 고려 충신을 지향하여 쓴 것이 아니라 사실을 사실대로 밝히려는 역사의식을 갖고 쓴 것이고, 이러한 운곡의 역사의식은 스스로 구상한 학문관에 입각한 것이라는 점을 파악할 수 있었다.

다른 하나는 운곡이 국자감 입학 자격시험을 본 것은 군역을 피하기 위한 것이 아니라는 점이었다. 이 점을 굳이 밝히려고 했던 것은 운곡의 은일적 생활에 대한 조선 후기 이래의 소극적 평가를 극복하기 위한 것이었다. 은일을 소극적으로 평가하면 현실회피적, 혹은 일관된 현실 비판으로만 국한하여 평가하게 되지만 적극적으로 생각하면 현실과 일관된 거리를 두고, 대안을 마련하고자 한 '대안모색적 은일'로 평가할 수 있다.

사실 운곡이 자신의 시집에서 간간이 서술하고 있는 국내외 정세에 대한 인식을 따져보면 충분히 그런 평가가 가능하다고 생각하였다. 그는 고려가 君子道에 입각한 君子國을 지향하는 왕조였다는 자부심에서 원·명간의 사대외교보다는 양단외교를 주장하였고, 같은 선상에서 명나라가 요청한 의복 착용에 반대하였다. 요동정벌과 그 주역인 최영의 실패와 좌절에 대해서도 동료의 입장에서 아니라 나라를 위하여 슬퍼한다고 평가하였다. 우창진왕설도 우왕과 창왕을 내리깎으려는 조선 건국파의 의도에 방어적으로 대응하려는 것이 아니라 우왕대의 군신관계를 요순시대와 비교함으로써 적극적인 현실 긍정적 사회변화를 모색하고 있었음을 확인할 수 있다. 뿐만 아니라 토지제도 개혁의 배경에 대한 철저한 인식과 이에 대한 一田一主制라는 전주전객제의 개선론도 폈고, 수령제 개혁론은 입론의 근거는 달랐지만 고려 말 수령제 개혁론의 방향과 일치하고 있음을 확인하였다.

이렇게 운곡이 당시 국내외 정세에 대한 폭넓은 안목과 태도를 가지고 있었다는 사실은 운곡이 스스로 정치적 진출을 포기하고 지방에 남은 것이 정치적 능력이나 관심의 부족 때문이 아니라 자신의 학문관에 입각하여 현

518

실을 평가하고 대안을 모색하고자 했던 '대안모색적 은일'이었음을 확인시켜 준 작업이었다.

때문에 앞으로 운곡에 대한 연구는 節義의 인물이라는 점보다는 隱逸의 인물이라는 점에 중점을 두어 연구해야 할 것인데, 이를 위해 먼저 운곡의 은일을 이해할 수 있는 학문관을 천착할 필요가 있다. 그러나 본인 스스로 자신의 학문관을 서술한 글은 없다. 그러므로 운곡의 학문관을 파악하기 위한 기초 작업의 일환으로 다음 두 가지 측면을 먼저 살펴보고자 한다. 하나는 이숭인과 정도전의 정치적 좌절과 성공에 대해 노년기 운곡의 평가를 분석하는 일이고, 다른 하나는 운곡의 학문관을 유추하는데 도움이 될 것이라고 판단되는 소옹의 학문관과 비교하는 일이다. 전자는 운곡이 현실 정치에 대해 갖고 있던 태도를 고찰해 보려는 것이고, 후자는 '대안 모색적 은일'의 학문적 계통을 따져보려는 것이다.

2) 도은과 삼봉에 대한 평가

이숭인이 운곡에게 시를 보낸 것은 43세 때인 1390년(공양 2) 5월 尹彛·李初의 獄事 관계로 충주에 귀양을 갔을 때였다. 윤이·이초 옥사란, 윤이와 이초를 명에 보내 고려에 출병을 요청한 혐의로 정도전 일파가 이색과 이림, 우현보, 권근, 우인열, 정지, 이숭인, 이종학, 이귀생, 정중화 등을 체포한 사건을 말한다.

이때 이숭인은 "벼슬살이하다 잇달아 세 번 내쫓겼다. 나그네살이 여러 번에 공허하기만 한데, 누가 마음을 움직일까 자문해보다가, 북쪽을 바라보니 원공이 있더라."라는 글을 보내 왔고, 이에 대해 운곡은 "홀로 사는 곳이 맑고도 차갑지만, 손을 묶고 不空함을 부끄러워한다. 편안히 자고 식사하기를 바랄 뿐이네, 明君의 도가 公에게 이를테니까"라는 글로 위로하였다.[7]

1391년(공양 3) 정월 이숭인은 귀양에서 풀려나 11월 정몽주와 이색과 함께 『국조실록』을 편찬하다가 1392년(공양 4) 4월 정몽주 일파라고 하여 순

---

7) 『耘谷詩史』卷4, <同年李令公崇仁被讒在忠州寄詩云>(『高麗名賢集』卷5, p.349), "宦海連三黜 羈棲已屢空 問誰能感激 北望有元公" ; 次韻奉答, "單棲清且冷 束手愧不空 但願安眠食 明君道至公".

천에 유배되었다가 조선이 건국(1392년 7월)한 한달 뒤 8월에 나주 남평에서 피살되고 말았다. 당시 운곡은 이숭인의 귀양 소식을 듣고 다시 그를 위해 "하늘과 땅은 현격히 떨어져 있지만 나가는 곳(出處)은 학과 닭이 다른 것이 있겠는가, 축수하는 마음은 용수산 북쪽을 달리고 있지만, 고사리 캐는 이 내 몸은 치악산 서쪽에 있을 뿐이네."라는 시와 "여생에 남아있는 귀찮은 일들은 다 잊어버리고, 煙霞에 쓸쓸하게 늙다보면 옳고 그름을 다 끊어버리시길, 무릎 꿇어 신을 신고 만나고 싶은 마음 아직 있지만, 흰 구름 서북 가는 길에 수고로움을 날려보낸다."[8]라는 시를 지었다.

한편 이숭인이 죽은 지 2년 후인 1394년(태조 3) 운곡은 정도전이 개국과정에서 언로를 크게 열고, 공신들을 대우하며, 경계를 바르게 하고, 예악을 새로 정하여 홍보하려는 목적으로 지은 노래(樂府 : 서사시, 정도전, 1393년 7월 작품)에 대해 매우 긍정적인 평가를 하고 있다. 천년을 기다려온 큰 위업이 마침내 펼쳐진 것이고, 풍속이 바뀌고 귀신도 감동할 것이라고 하였다. 이 노래로 서민들은 북치고 춤출 것이며, 태평스런 정치의 세계에 살 것이라고 하였다. 뿐만 아니라 산과 강의 기운도 장대해져 王氣를 지탱할 것이고, 덕을 기리는 많은 사람들이 이 노래를 부를 것이니, 너무나 높고 넓어 진실로 이름 붙이기 어려울 정도라고 극찬하였다.[9]

이렇게 운곡은 고려 충신 정몽주와 정치적 색깔을 같이 한 이숭인의 좌절에 대해서도 위로하였고, 도은과는 정치적 입장이 전혀 다른 조선 공신 정도전의 정치적 노력에 대해서도 긍정적인 평가를 하고 있다. 운곡의 정치적 성향은 지금까지 알려진 바와 같이 현실 정치에 대한 극도의 혐오감을 갖고 있다기보다는 오히려 현실 정치의 세세한 변동에 사안별로 위로할 것

---

8) 『耘谷詩史』卷5, <奉寄李令公崇仁>(『高麗名賢集』卷5, p.358), "山林霄漢隔雲泥 出處何殊鶴與鷄 祝壽心歸龍岫北 採薇身在雉峯西", "殘生萬事已忘機 空老煙霞 絶是非 跪履相從心尙在 白雲西北夢勞飛".

9) 『耘谷詩史』卷5, <贊鄭二相所製四歌 二相製 開言路·保相功臣·正經界·定禮 樂 四曲 付于樂府 被于管絃>(『高麗名賢集』卷5, p.376), "大開言路保功臣 經界均 平禮樂新 四曲淸歌稱盛化 千年景業啓昌辰 調高雅訟移風俗 聲協宮商感鬼神 以 此庶民咸鼓舞 太平煙火入陶鈞 海東天地更淸寧 民變時雍樂太平 箕子淳風將益 振 朝鮮雅號復頒行 山河氣壯扶王氣 日月明重合聖明 頌德幾人歌此曲 巍乎蕩也 固難名".

520

은 위로하고, 칭찬할 것은 칭찬하는 자세를 보이고 있는 것이다. 이숭인의 마지막 유배생활에 대해서는 마치 그의 죽음을 알고 있는 듯한 자세까지 취하고 있다. 이런 운곡의 정치적 자세에서 유추해 보면, 우왕과 창왕이 왕씨가 아니라는 조선 건국세력들의 주장에 대해서는 당연히 비판하였을 것이고, 조선 건국 역시 그다지 괘념하지 않고 수용하였을 것이라는 생각을 자연스럽게 갖게 된다. 그렇다면 운곡이 여말선초라는 격변기에 정치사적 조류에 흔들리지 않고 스스로의 사고를 냉철하게 정리하고 대처할 수 있었던 힘은 어디에서 연유하는 것일까?

이에 대한 실마리는 앞서 인용한 이숭인과 정도전에 대한 평가에서 찾아볼 수 있다. 즉 이숭인의 충주 귀향에 대해 明君의 도가 공에게 이를 것이라고 하였다. 고려 왕실의 마지막 역할을 하던 공양왕을 明君이라고 본 것이다. 운곡이 왕조 멸망의 조짐을 읽지 못했다고 보지 않는 한, 공양왕을 명군이라고 본 것은 납득할 수 없다. 우왕의 정치는 공민왕 개혁정치의 반동이라고 평가하는 것이 요즘 일반적인 평가인데, 오히려 우왕을 요순에 비교하고, 공양왕을 명군에 비유한 것은 상당한 역사적 반어법이라고 할 수 있다. 그럼에도 불구하고 이에 대해 담담히 서술한 것을 보면, 운곡이 여러 면에서 독특한 세계관을 가지고 있었음이 분명하다.

이런 심증은 정도전이 지은 노래에 대한 평에서도 나온다. 이 노래가 잘 불리면 "태평스럽게 밥 짓는 연기는 도균의 시대로 들어선다(太平煙火入陶鈞)"고 한다. 도균의 시대란, 잘 다스려지는 시기를 말한다. 시에서는 이 점을 재차 강조하여 "민들은 변하고 때는 온화하여 태평을 즐길 것이다(民變時雍樂太平)"라고 하였다. 왕조 창업기가 어떤 시기인지를 역사를 읽어 족히 알았을 운곡이 조선 개국을 곧바로 태평으로 평가하였던 것이다. 단순한 바람이 아니었다면, 매우 독특한 평가라고 하지 않을 수 없다.

그러나 이러한 운곡의 평가가 어떤 학문적 계통이 있을 것이라고 생각하면 그럴 수도 있으리라는 생각이 가능하다. 이런 목적으로『운곡시사』의 글에 나오는 인물 가운데 운곡의 학문관과 유사한 생각을 갖고 있었던 사람을 찾아보면, 송나라 학자 강절선생 邵雍을 찾을 수 있다. 소옹의 시 가운데에도 太平과 盛化를 노래한 글이 상당히 많다.[10] 물론 요순과의 비교 역시 빠질 수 없다.

실제 운곡도 성정은 소옹의 말을 따르려 했음(性情常效邵雍云)을 진술하고 있다.[11] 性이라는 것을 구체적으로 보면 仁・義・禮・智・信을 말하고, 情이라는 것은 喜・怒・哀・懼・愛・惡・欲을 말하는데, 소옹은 성과 정에 대한 차이를 자기 방식대로 이해하고 있었고, 그 결과 군자는 性에 따라 움직이는 사람이고, 소인은 情으로 움직이는 사람으로 이해하였다. 소옹의 성정에 관한 생각은 역학이나 역사에 대한 사고에까지 연결되어 있는데, 운곡이 성정은 소옹의 말을 따르려 했다는 것은 곧 소옹의 역학이나 역사관에 대한 사고도 이해하고 수용하였다고 평가할 수 있을 것이다.

3) 소옹과 운곡의 학문관 비교

邵雍(1011~1077, 북송)은 서른에서 일흔까지 낙양 교외의 伊水가에 安樂窩(편안히 즐기는 움집)를 짓고 살면서 평생 관직에 나가지 않았던 인물이다. 소옹의 저작으로는『皇極經世書』20권과『伊川擊壤集』20권이 있는데, 전자는 觀物 내・외편으로 주로 사물의 성질과 함께 易과 역사에 대한 본인의 입장을 서술한 것이고, 후자는 시집으로 총 3천 편을 썼다고 하는데 현재에는 천오백 편 정도가 남아 있다. 그의 시집에는 자신의 詩論에 대한 글도 있다. 이에 따르면 일(事)을 잘 기록하는 것이 史筆이고, 物을 잘 기록하는 것이 畫筆이며, 뜻(意)을 잘 기록하는 것이 詩史이고, 情을 잘 기록하는 것이 詩畫라고 하였다.[12]

운곡과 비교하면 재미있는 점이 몇 가지 있는데, 운곡 역시 평생 벼슬에 나가지 않았고, 물가는 아니지만 산기슭에 변암을 짓고 책을 읽었으며, 운곡이 부쳤을 것으로 생각되는「詩史」라는 표현도 소옹의 詩論과 비교할 수

10)『伊川擊壤集』10,「觀盛化吟」,「太平吟」; 趙東元,「邵雍의 歷史觀」,『釜大史學』6, 1983.
11)『耘谷詩史』卷4, <六十吟>(『高麗名賢集』卷5, p.339).
12) 이상은 다음의 글을 참고하여 작성한 것이다. 趙東元,「邵雍의 歷史觀」,『부대사학』6, 1983 ; 大島晃,「邵康節의 觀物」,『東方學』51, 1976 ; 三浦國雄,「伊川擊壤集의 世界」,『東方學報』47, 1974. ; 廖明春 외 지음, 심경호 옮김,『주역철학사』, 1994.

522

있고, 스스로를 詩魔로 생각했던 것이나 관물 내·외편에 해당하는 글은 없
지만 詠物시가 상당히 재미있게 서술되어 있다는 것이다. 실제 운곡은 소옹
의 글 하나에 화운하여 <康節 소옹 선생의 春郊 十詠詩에 차운함>이라는
글을 짓기도 하였다.[13]

소옹의 춘교십영시와 운곡의 시는 여러 각도에서 분석할 소지가 많다. 지
금까지 운곡의 역사적 위치는 목은이나 포은과 관련하여 자리매기는 것이
일반적이지만, 목은과 포은과 다른 점도 상당하여 많은 어려움을 겪어 온
것이 사실이다. 가령 목은의 경우 소옹의 역학이나 정이천의 역학을 모두
읽었음에도 불구하고 정이천에 기울어졌던 반면에 운곡은 소옹에 가까웠다
고 파악할 수 있는 점도 한 예이다.

소옹은 37세의 본인이 <춘교십영시>를 쓰게 된 배경을 "이른바 바른 것
(雅)에 맞는 것은 아니지만, 오히려 性情을 이끌 수 있기 때문"이라고 하였
다.[14] 정주학에서 춘하추동을 잡는 방식과 다른 방식으로 춘추를 구분하는
소옹이 춘교십영시를 예사롭지 않은 생각에서 서술하였음을 보여주는 자료
이다.

운곡은 이를 받아 "시의 뜻이 내 마음을 매우 감동시켰다"고 하면서, "하
늘이 부여한 본성(天之所賦之性)은 예나 지금이나(古今) 다를 바 없다"고
하고 있다.[15] 쉽게 넘어갈 수도 있는 글귀이나 '性'에 대한 정의나 고금에
대한 이해가 관심을 끈다. 소옹은 古今에 대해서 "무릇 古今이란 천지간에
있어서는 아침에 떠서 저녁에 지는 해와 같다. 지금으로써 지금을 보면 오
늘이지만, 미래로서 오늘을 보면 지금은 또 옛이고, 과거로써 과거를 보면

---

13) 『耘谷詩史』 卷4, <次康節邵先生春郊十詠詩>(『高麗名賢集』 卷5, p.339). 소옹과
    운곡의 관계에 대해서는 이미 임종욱이 서술한 바 있다. 임종욱, 앞의 책, 1998,
    pp.186-203. 임종욱은 이 글에서 운곡이 소옹의 작품에 나타난 산수미를 수용한 점
    에 대해 상세히 서술한 것이다. 본고에서는 이러한 서술을 염두에 두되, 시각을 달
    리하여 소옹의 시가 일종의 '思想詩'라는 평가에 주목하여 운곡이 소옹의 작품에
    서 세계관의 수용과 변용을 하였는지에 대한 부분을 도출할 수 있는지를 검토해
    보고자 한다.

14) 『擊壤集』 卷20, 「共城十吟小序」.

15) 『耘谷詩史』 卷4, <次康節邵先生春郊十詠詩 幷序>(『高麗名賢集』 卷5, p.339), "其
    詩意 深有感於予心者 若然則天之所賦之性 固無古今之異者歟".

과거는 지금이라고 말할 수 있다. 이렇게 되면 옛이 반드시 옛이 아니고 지금도 반드시 지금이 아니란 것을 알 수 있다. 모두 나로부터 본 것이다. 어찌 千古의 옛날이나 萬古의 훗날 그 사람은 자시로부터 보지 않는다고 할 수 있을까"라고 하였다.16) 운곡의 성정과 고금에 대한 개념이 소옹의 성정과 고금에 대한 개념과 일치하는 것이다.

열 편의 시 하나 하나도 각별한 주의를 기울이면 여러 측면이 분석될 여지가 있으나, 그 가운데 <봄비 그친 후(春郊雨後)>의 시귀 하나에 주목하고자 한다. 운곡은 이 시에서 "한번의 비로 남아 있는 봄기운을 씻어버리니 산천이 모두 참모습을 드러낸다(一雨洗殘春 山川面目眞)"고 하였는데, 소옹은 "쉬엄쉬엄 내리는 비가 남은 봄을 씻어버리니, 하늘빛이 太眞을 드러낸다(雨歇蕩餘春 天光露太眞)"고 표현하였다. 여기서의 眞은 태고 자연의 있는 그대로를 말하는 것으로 소옹이 강조한 "사물로써 사물을 본다(以物觀物)"에 꼭 필요한 측면인 것이다.

이상과 같다면 운곡의 학문관은 다음 세 가지 측면으로 정리하는 것이 가능하겠다. 첫째, 지금까지 운곡을 절의의 인물이라는 측면에서 주로 평가해 왔는데, 앞으로는 은일의 인물이라는 측면을 좀 더 높이 평가하는 것이 필요하다는 것이다. 절의의 인사라는 평가에는 조선 후기적 관점이 상당히 짙게 배여 있으나, 대안모색적 은일의 인물이라는 점에서 보면 좀 더 적극적으로 운곡을 평가할 여지가 생기게 된다. 둘째, 이렇게 보게 된 직접적인 이유는 고려 말 정치적인 변동 와중에서 운곡이 너무 초연했다는 것을 들 수 있다는 것이다. 고려의 멸망과 조선의 개국, 이숭인의 좌절과 정도전의 성공을 아주 담담히 서술할 수 있었던 것은 그가 왕조의 흥망성쇠를, 정치의 중심에 있었던 이색이나 정도전과는 다른 시각에서 바라보았던 결과 갖게 된 태도였던 것이다. 셋째, 이러한 관점을 갖게 되었을 때 운곡의 학문관이 더욱 궁금해지는데, 이런 학문관은 북송대 소옹의 학문관과 맥락을 같이한다는 점이 주목된다. 소옹의 시는 '思想詩'라 평가할 수 있는데, 그렇다면 운곡의 시도 그런 측면이 적지 않았을 것이라는 점을 들 수 있다.

---

16)『性理大全』卷9,「觀物內篇」5.

524

3. 원천석의 지역 활동

운곡이 대안모색적 은일을 하게 된 사상적 배경은 일단 "사물로써 사물을 본다(以物觀物)"는 것과 "하늘이 부여한 본성(天之所賦之性)은 예나 지금이나(古今) 다를 바 없다"는 소옹적 학문관을 바탕에 깔고 있었기 때문이었다. 그리고 그 연장선상에서 국제 관계에 대해서는 원나라와 명나라 사이의 兩端外交的 시각을 갖고 있었고, 국내적으로는 禑昌眞王說로 대표되는 왕실의 권위를 인정하는 선상에서 一田一主制的 田制改革論과 守令七事論에 입각한 지방관 역할 변화론을 자신의 현실인식으로 확인하고 있었다.

이러한 생각을 가지고 있었기 때문에 운곡은 정치권력과 직접 연관되어 있는 현실 정치에서 일정한 간격을 두고 생활하였으며, 중앙 정치와 거리를 두기 위해 선택한 것이 고향인 원주에서의 지방 생활인 것이었다. 그렇다면 그가 선택한 지방 생활은 구체적으로 어떤 생활이었을까? 이에 대해서 가정생활과 후학 양성, 지방에 거주했던 각계 지식인들과의 교류 양상들을 중점적으로 살펴보기로 하겠다.

1) 가정생활과 후학 양성

운곡의 아버지는 원윤적이고, 어머니는 원주 원씨이다. 아버지는 운곡이 열 살 때인 1339년에 사망한 것으로 추정되고, 어머니 원주 원씨에 대한 기록이 없는 것으로 보아 어머니 역시 일찍 여읜 것으로 생각된다. 운곡은 모두 삼 형제였는데, 형 원천상은 운곡이 46세 때인 1375년에 사망하였고, 동생 원천우는 원주에서 같이 생활하다가 운곡이 47세 때인 1376년 교주 속현 금성군의 감무를 역임하였고, 62세 때인 1391년 흡곡현의 현령을 지냈다. 아이들은 아들 둘, 딸 하나였는데 딸은 31세 때인 1360년 태어난 지 백일만에 죽었고, 큰아들 泚는 직장동정을 지냈으며, 작은아들 洞은 개성에 가서 생활을 하다가 나중에 기천현감을 역임하였다. 이 가운데 큰아들과의 서신 교환이 하나도 없어 궁금증을 자아내게 하는데, 친하게 지냈던 도경선사가 "지난 해에 아들을 잃고 올해 또 부인을 잃으셨으니"라는 편지의 내용이[17] 사실이라면 큰아들도 일찍 죽었다고 보는 것이 타당하겠다. 부인은 운곡이

39세 때인 1366년 사망하였으므로, 운곡이 원주에서 생활하던 때의 가족은 단출하다는 말로서도 표현 못할 지경이었을 것이다. 직계 가족으로서는 동생과 작은아들만 데리고 살았는데, 이들도 지방관으로 파견되기도 하였고 서울에서 생활하였으니 홀로 사는 외로움을 이기기 어려운 상황이었겠다.

운곡의 가정생활 사례 가운데 잘 알려진 내용이 아내가 죽은 뒤 아이들을 위해 재혼을 하지 않았다는 사례이다. 재혼하지 않은 이유에 대해서는 스스로 의지할 데 없는 아이를 위해 홀아비로 지냈고, 그 결과 시렁 위에 책 천 권을 가졌다는 것으로 대신 설명하고 있다.[18] 그래서 그런지 남아 있는 가족에 대해서는 매우 자상하게 대한 면모를 여러 곳에서 보여주고 있는데, 가령 작은아들 원형이 개성에 가 있는 동안 손녀딸이 병에 걸려 고생하고 있다는 것에 대해서 매우 안타까워한다거나 작은아들이 서울에 가서 악운이 겹쳤다는 것에 대한 심려,[19] 그리고 조카 원식(형의 아들)이 1392년 흡곡현령이 되었을 때에는 백성을 자식처럼 보호하고 公道에 맞는 정치를 해야 함을 충고하면서 아버지가 돌아가신 지 19년이 되었는데 살아 계셨으면 굉장히 기뻐하셨을 것이라는 편지도 보낸 것을 보면 가족들의 보살핌에 매우 힘썼음을 알 수 있다.

又賦二首示元契長立	『耘谷詩史』卷3, 『高麗名賢集』卷5, p.335
十一月二十八日元契長淑老設宴	『耘谷詩史』卷4, 『高麗名賢集』卷5, p.350
十六日赴元契長天富契內筵呈諸公	『耘谷詩史』卷5, 『高麗名賢集』卷5, p.353
李契長席上呈契內諸公	『耘谷詩史』卷5, 『高麗名賢集』卷5, p.353

운곡과 친족과의 관계는 契 모임을 통해 이루어졌다. 운곡의 글 가운데 契長으로 명기되어 나오는 사람은 위와 같이 元立·元淑老·元天富와 李契長, 모두 4사람이다. 표기하는 방법에서 이계장만 이름을 밝히지 않고, 원

---

17) 『耘谷詩史』卷1, <道境大禪翁寄書云>(『高麗名賢集』卷5, p.290), "去年哭子 今又 失主婦".

18) 『耘谷詩史』 卷3, <余不幸早失主婦慮迷息所示索然守鰥>(『高麗名賢集』 卷5, p.318).

19) 『耘谷詩史』卷3, <次同韻>(『高麗名賢集』卷5, p.329).

526

주 원씨 세 사람은 이름을 명기한 것으로 보아 두 契는 구성원이 다른 것으로 생각된다. 고려시대의 계는 동년자의 同甲契, 동족간의 사교를 목적으로 하는 同族契, 무인정변 때 조직되어 문무간의 반목을 없애고 우애적인 관계를 유지하기 위해 마련된 文武契 등 세 가지 유형의 계가 확인된 바 있는데, 이 구분대로라면 원천석이 언급한 계는 동족계라고 볼 수 있겠다.

원립이 계장을 맡았을 때 契員들이 운곡의 집을 방문했을 때 쓴 글 등 몇 편을 보면,[20] 고려 말 동족계의 활동 내용을 유추할 수 있다. 이때 계원들이 방문한 이유는 운곡이 어떤 병에 걸려 앓고 있었기 때문이었다.[21] 때문에 계원들은 술병을 들고 위문하러 갔는데, 이에 대해 운곡이 모두 4편의 시를 써서 감사의 마음을 표했던 것이다.[22] 몸이 병들어 마음까지 약해지는데, 계원들이 찾아와서 비록 병든 몸이지만 호기가 생긴다는 내용이다. 특별히 계장 원립에게는 그해 봄에 급한 兵務가 있었음에도 불구하고 찾아와 술자리를 같이 해 주어 매우 고맙다는 시를 지어 주고 있다. 이를 보면 동족계를 구성한 목적이 무엇보다도 계원들의 여러 일상사를 서로 위로하고 격려하는 일을 하기 위해 구성되었다고 볼 수 있다.

이와 함께 계장이 정기적으로 모임을 만들어 서로 시를 주고받는 일을 하기도 하였다. 1390년 11월 28일 원숙로는 새로 지은 요제원에서 잔치를 베풀고 계원(契內諸公)들을 위로한 일이 있었다.[23] 이 글은 이때 운곡이 잔치에 초대받아 쓴 것인데, 시내가 옆에 새로 지은 요제원은 소나무와 매화나무로 둘러싸여 있어 보기도 좋고, 귀한 사람들이 많이 모여 좋았다는 내용으로 되어 있다. 1391년 3월 16일 계장 원천부가 주선한 모임은 치악산 근처 원천부의 집에서 있었는데,[24] 모인 이유는 수명을 언급한 것으로 보아 아마도 원천부의 생일날이었던 듯하다. 그래서 계원들이 마루에 앉아 있는 원천부에게 인사를 드리고 술을 마셨던 것이다. 그 해 봄에만 이런 모임이

---

20) 『耘谷詩史』卷3, <謝契內諸公見訪>(『高麗名賢集』卷5, p.335).
21) 『耘谷詩史』卷3, <謝契內諸公見訪>(『高麗名賢集』卷5, p.335), "年來百般病 叢集一微軀".
22) 『耘谷詩史』卷3, <又賦二首示元契長立>(『高麗名賢集』卷5, p.335).
23) 『耘谷詩史』卷4, <十一月二十八日元契長淑老設宴>(『高麗名賢集』卷5, p.350).
24) 『耘谷詩史』卷5, <十六日赴元契長天富契內筵呈諸公>(『高麗名賢集』卷5, p.353).

세 번이나 있었다는 것으로 보아 이런 종류의 모임은 자주 있었을 것이다. 그러나 동족계라고 해서 친족들만 모인 것은 아니었다. 좋은 날이나 나쁜 날이나 아무래도 관련 인사들이 참석했을 것인데, 앞서 契長 李子成이 썼다는 글은 손님으로 방문하여 쓴 것이라 생각된다.[25]

운곡의 원주 생활에서 빼놓을 수 없는 것이 교육활동에 관한 것이다. 원천석이 원주에서 주된 교육 장소로 삼은 곳은 鄕學이었다. 고려시대 향교는 小學·府學·州學·州縣之學·鄕學·鄕校 등으로 불렸으므로,[26] 그가 후학 양성을 위한 교육의 장으로 삼은 곳은 주로 원주향교였다고 할 수 있다.

牧伯徐公訪鄕學	『耘谷詩史』卷3, 『高麗名賢集』卷5 p.324
久雨獨坐鄕學書五絶以示諸生	『耘谷詩史』卷4, 『高麗名賢集』卷5 p.340
到鄕學謁聖	『耘谷詩史』卷4, 『高麗名賢集』卷5, p.346
卽事寄鄕學諸生	『耘谷詩史』卷5, 『高麗名賢集』卷5, p.362
聞鄕學諸生賦雪次韻寄似	『耘谷詩史』卷5, 『高麗名賢集』卷5, p.362

1389년(공양 1) 12월 조준 등이 상소한 내용을 보면,[27] 당시 전쟁으로 말미암아 학교는 헐고 무너져 무성한 풀이 자라고, 지방의 수준 낮은 사람(鄕愿)들이 스스로 선비라고 자처하여 군역을 피할 목적으로 5~6월 여름이 되면 어린이들을 모아놓고 당나라나 송나라 때의 시(唐宋絶句)나 한 50일 정도 읽다가 폐지하는데도 수령들은 이를 알면서도 관심을 보이지 않으니 문제가 많다고 하였다. 그래서 이를 위한 대책으로 부지런하고 민첩하며 박학한 사람들을 교수관으로 삼아 5도를 맡도록 하고, 道 밑의 고을에서는 한가로이 살면서 유학을 연구하는 사람을 敎導로 임명하여 四書五經을 읽혀 詞章(시, 부, 절구 등)을 읽지 못하게 하자는 대책을 제시하고 있다. 이러한 대책을 원주가 수용했다면 원천석은 敎導를 맡아 향학의 서생들을 교육한 것이 된다.

25) 『耘谷詩史』卷5, <李契長席上呈契內諸公>(『高麗名賢集』卷5, p.353).
26) 宋春永, 「高麗時代 鄕校의 變遷」, 『高麗時代 雜學敎育硏究』, 1998, p.307.
27) 이하의 내용은 『高麗史』卷74, 選擧2 學校, 恭讓王 元年 12月 대사헌 조준 등 상소에 의거한 것이다.

운곡의 글 가운데 당시 목사였던 서아무개가 향학을 방문한 것에 대해 쓴 글을 보면,[28] 원천석이 후학들을 양성하던 향학의 성격이 향교와 같은 곳임을 짐작하게 해 준다.

서공이 틈을 내어 서생들을 방문하니 / 我公乘暇訪書生
이 나라가 태평시대로 바뀐 줄 알겠네 / 方覺朝家更太平
공자님이 현명한 제자를 기뻐 맞이하듯 / 夫子喜逢賢弟子
완연한 미소로 남쪽을 바라보고 있네 / 莞然徵笑向离明

이 시기 원주향교 건물은 남쪽을 바라보고 있었다. 운곡이 어느 날 향교에 가서 대성전에 참배를 한 내용을 적은 글을 보면, 대성전과 학당이 모두 남쪽으로 배치되었음을 알 수 있다.[29] 주지하다시피 향교의 기능은 奉祀적 기능과 교육적 기능이 있고, 이를 각각 대성전과 학당이 나누어 맡고 있었는데 원주향교의 경우 두 건물이 각각 떨어져 있었는데, 한 건물에 붙어 있었는지는 명확하지 않다. 이색의 아버지인 가정 이곡이 영해부의 향교를 새로 만들 때의 상황을 기록한 것을 보면,[30] 祠宇와 학당이 한 담장 안에 있어서 아이들이 들어와 노닐므로 무례함이 심하니 대성전을 별도로 두어 공자상을 모시고 左右廡를 설치하여 학당으로 삼았다는 것으로 보아 영해부보다 격이 높았던 원주의 경우 祠宇와 학당이 각각 분리되어 있었다고 하겠다. 그렇기 때문에 원천석도 이를 殿堂(대성전과 학당)으로 표기한 것이라 생각된다.

당시 원주향교의 입학자격이 어떠했는지에 대한 운곡의 글은 없다. 학생들에 대해 '書生' '諸生'으로 표기하고 있는데, 이들은 아마 양인 이상의 鄕衆子弟였을 것이다. 이들이 모여『대학』1개월,『중용』3개월,『논어』와『맹자』각 4개월,『시경』,『서경』,『춘추』각 6개월 등의 교과과정을 이수하였

---

28)『耘谷詩史』卷3, <牧伯徐公訪鄕學>(『高麗名賢集』卷5, p.324).

29)『耘谷詩史』卷4, <到鄕學謁聖>(『高麗名賢集』卷5, p.346), "殿堂寥落向南開 雨過庭除滿綠苔".

30) 李穀,『稼亭集』卷5, 記,「寧海府新作小學記」.

는데, 운곡의 글 가운데 書生이 와서 『孟子』 책의 뜻을 묻기에 「등문공
(상·하)」 장을 강독해 주었다는 것을 보면,[31] 다른 지방의 향교에서와 같은
교과과목을 맡았을 것이다.

운곡의 제자 가운데 이름이 명확히 드러난 사람은 申詮 한 사람뿐이고,
성만 알 수 있는 사람은 李·安 두 사람이다. 운곡과 제자들의 사이는 상당
히 좋았던 듯한데, 이들이 밤에 술을 들고 산길을 뚫고 가 산 속에 있던 선
생의 집을 찾아가고, 이에 대해 운곡 역시 맑은 술을 가져와 대접하는 것에
상당히 고마워하는 것을 보면, 역시 사제간의 관계는 상당히 좋았다고 할
수 있다.[32]

2) 사회 생활과 불교계·유교계 지식인과의 교류

운곡이 원주 생활을 하면서 무엇보다 중요하게 생각한 것은 여러 계통의
인물들과 어떠한 관계를 맺느냐는 것이었으리라 여겨진다. 전국의 상황을
파악하고 자신의 학문을 연마하기 위해서는 각계 각층의 사람들을 만나거
나 여행을 하는 것이 필수적이기 때문이다. 운곡이 만났을 것으로 추정되는
사람의 범위는 매우 막연하다. 그러나 운곡이 양단외교적 요동정벌론을 피
력한다거나 명나라에서 관복제정을 요구했을 때 중국 황제의 명령에 따라
관복제도를 바꾸어 존비귀천이 달라진다면 이것은 중하의 예법일 뿐이라는
주장을 펼 수 있었던 것, 우왕과 창왕이 신씨가 아니라 왕씨라거나 一田一
主的 전제개혁론, 수령제 개혁론에 대해 나름대로의 주장을 펼 수 있었던
것은 당시 국내외 정세에 일정한 정보를 갖고 있었기 때문에 가능한 것이었
다.[33]

물론 이러한 정보는 운곡이 만났던 사람들을 통해 의견을 직접 교환하거
나 각종 서신을 통해, 아니면 여러 계통의 문헌을 접함으로써 획득 가능한

---

31) 『耘谷詩史』 卷5, <七月七日 卽事>(『高麗名賢集』 卷5, p.368), "書生來問軻書意
講讀滕君上下章".
32) 『耘谷詩史』 卷5, <是日夜李安二生携酒來訪. 二十二日 有申詮携訪>(『高麗名賢
集』 卷5, p.368).
33) 이인재, 「고려말 원천석의 생애와 사상」, 『한국사상사학』 12, 1999.

것으로 생각된다. 그러나 운곡의 글에서 얼마나 많은 사람들을 만나 어떤 이야기를 했고, 어떤 책들을 읽었는지에 대한 단서를 찾기는 쉽지 않다. 그렇기 때문에 많은 한계를 가질 수밖에 없지만, 그가 만났던 불교계, 유교계 인사들을 추적해 보면 다음과 같다.

1603년 박동량(1569~1635)이 강원도 관찰사로 원주에 부임하여『耘谷詩史』를 읽은 다음 서문을 쓰면서, 운곡의 시 2권은 山人과 釋子들과 더불어 오가면서 읊은 것이 많다고 할 정도로 운곡과 불교계 지식인과의 교류는 활발하였다.[34]『운곡시사』에는 운곡이 31세 때(1360년, 공민 9)에 평생 교류했다고 믿어지는 가지산문계 도경선사와 사굴산계 각굉스님이 등장하는데, 이들을 중심으로 한 당대 불교계 인사들과의 교류는 상당한 빈번하였다.

운곡이 국자감시에 합격한 후 원주로 돌아온 공민왕대에서 우왕·창왕·공양왕 대에 걸치는 50여 년간, 고려 중앙 불교계는 위기의 시대에 처해 있었다. 당시 고려국가에서 차지하는 불교계의 위치가 흔들리게 된 것은 기본적으로 불교계 자체의 문제점에 기인하는 바가 컸다. 무신정권기와 원간섭기에 정치실권자들이 특정 종파를 지원하고 밀착함에 따라 종파간 분쟁이 발생하였고, 승려들 역시 각 종파의 특색있는 敎理를 발전시키지 못하고 실천과 신비적인 사조를 강화하였다. 더구나 원간섭기 원나라의 불교제도가 수용되어 승려의 세속적인 우대를 높이고 僧政에 간여함에 따라 종파간의 갈등은 더욱 커졌다. 특히 공민왕 때에 보우와 신돈이 僧政을 장악하고 갈등을 벌이는 일환으로 정치세력과 밀착한 것은 그것이 비록 어쩔 수 없었다고 하더라도 고려 중앙 불교계가 사회에 대한 영향력을 약화시키는 데 결정적 역할을 하였다.[35]

공민왕대 중앙 불교계는 가지산문 선종계의 보우가 왕사로 책봉되면서 격동의 시대로 돌입하게 되었다. 보우는 이미 원나라 유학시절 재위 전의 공민왕을 만난 일이 있었다.[36] 이후 1352년(공민 1)에 일어난 조일신의 난에

34) 朴東亮,『耘谷詩史』序(『高麗名賢集』卷5, p.273 ; 影印標點『韓國文集叢刊』卷6, p.123), "公之詩二卷 皆公所自書 多與山人釋子所嘗往來酬唱".
35) 許興植,「僧政의 紊亂과 宗派間의 葛藤」,『高麗佛敎史硏究』, 一潮閣, 1986, pp.498-521.
36) 李英茂,「太古普愚國師의 人物과 思想」,『建大史學』5, 1976 ; 崔柄憲,「太古普愚

서 일정한 역할을 하던 보우는 1356년(공민 5) 4월 24일 왕사가 되었다.[37]
왕사가 된 후 곧바로 광명사에 圓融府를 설치하고, 官屬으로 左右司尹·
丞·舍人·注簿·左右寶馬指諭·行首를 둔 보우는 선문 9산을 통합하려
는 목적 하에 전국 사찰의 주지임명권을 장악하였다.[38] 공민왕의 입장에서
는 보우를 내세워 불교계를 통합함으로써 왕권을 강화시키고 반원적 개혁
정치를 실시하고자 한 때문이었다.[39] 공민왕의 지원을 받은 보우는 이후 한
동안 고려 불교계에서 막강한 영향력을 행사하였다.

보우의 영향력은 1365년(공민 14) 5월 신돈의 등장으로 약화되기 시작하
였다.[40] 신돈의 등장은 공민왕의 왕권강화정책과 맞물린 정책이었는데,[41]
1366년(공민 15) 10월 보우는 왕사의 사임서를 인장과 함께 보내면서 신돈
을 논박하는 상소문을 올렸다.[42] 이에 신돈은 1367년(공민 16) 5월 전해
(1366년, 공민 15)에 중국 유학을 마치고 돌아와 치악산에 은거하다가 양양
낙산사를 방문한 후 다시 1367년(공민 16) 1월 치악산에 돌아와 있었던 화엄
종계 眞覺國師 千禧(1307~1382)를 국사로 임명하고[43] 그해 8월 종파불명
의 禪顯을 왕사로 임명한 후,[44] 본격적인 보우 제거에 나섰다. 마침내 신돈
은 1368년(공민 17) 보우가 강절지방에 유학하고자 하는 것에 대해 그가 유
학을 가려는 뜻은 다른 의도가 있기 때문이라고 공민왕에게 고하여 마침내

의 佛敎史的 位置」, 『韓國文化』 7, 1986 ; 李相瑄, 「恭愍王과 普愚」, 『李載龒博士
還曆紀念韓國史學論叢』, 1990.
37) 『高麗史』 卷39, 恭愍王 5年 4月 癸酉.
38) 『高麗史』 卷39, 恭愍王 5年 4月 癸酉, 5年 5月 乙酉 ; 李穡, 「楊州太古寺圓融國師
塔碑文」(李智冠, 『校勘譯註 歷代高僧碑文(高麗篇4)』, 1997).
39) 李相瑄, 앞의 논문, 1990, p.272.
40) 『高麗史節要』 恭愍王 14年 5月.
41) 閔賢九, 「辛旽의 執權과 그 政治的 性格(上)(下)」, 『歷史學報』 38·40, 1968.
42) 李穡, 「楊州太古寺圓融國師塔碑文」(李智冠, 『校勘譯註 歷代高僧碑文(高麗篇4)』,
1997).
43) 李穡, 「水原彰聖寺眞覺國師大覺圓照塔碑文」(李智冠, 『校勘譯註 歷代高僧碑文(高
麗篇4)』, 1997), "玄陵勞慰良渥 國人爭先瞻禮 師 隱于雉岳 游于東海 致洛山觀音
放光之瑞 丁未正月 還雉嶽".
44) 『東國通鑑』 卷48, 恭愍王 16年 8月, "僧千熙爲國師 禪顯爲王師 二僧皆辛旽所善
者也".

532

속리산에 禁錮시키는데 성공하였다.45) 그리고 이러한 신돈과 보우의 불화
는 당시 중앙 불교계가 비판을 받는 중요한 계기가 되었다.

이렇게 중앙 불교계가 격동치고 있을 때, 20대와 30대를 보낸 운곡은 원
주에 있었다. 1361년 운곡의 나이 31세 때에『운곡시사』에 처음 등장하는
도경선사는 도경산재에 머물렀던 승려로 태고 보우와 같은 가지산계 선종
승려로 추정되고,46) 각굉은 나옹의 제자로 상원사 주사굴 서쪽 봉우리 무주
암에 거주하였던 사굴산계 선종승려이다.47) 당시 중앙 불교계의 양대 선종
승려인 보우와 나옹의 제자와 교유하고 있었던 것이다. 직접 교류 여부는
확인할 수 없지만, 나옹의 제자 무학대사가 운곡의 집터를 지정해 주었다는
이야기가 전해지는 것으로 보아 교류 폭은 상당히 넓었다고 할 수 있다.48)

그런데 이 시기 운곡과 원주 불교계 인사와의 교류 범위를 생각할 때 일
단 짚고 넘어가야 할 것이, 그가 35세와 36세 때인 1366년부터 67년에 치악
산에 머물렀다던 화엄종계 眞覺國師 千禧(1307~1382)와의 교류 내용이 전
혀 없다는 것이다.49) 당시 불교계 인사들과 폭넓게 교유했다면 당연히 진각
국사와의 교류도 있어야 하는데, 그에 관한 기록을 전혀 남기지 않았다. 그
이유는 진각국사가 중앙 불교계 인사이거나 교종승려이기 때문에 운곡이
만나지 않았을 가능성이 있는데, 이에 대해서는 운곡이 천태종 승려이며 중
앙 불교계 인사인 神照에 대한 글이 있어 이해할 수 없다.50) 오히려 진각국

---

45) 李穡,「楊州太古寺圓融國師塔碑文」(李智冠,『校勘譯註 歷代高僧碑文(高麗篇4)』,
 1997). 보우는 1369년(공민 18) 3월 금고에서 풀려났다.
46)『耘谷詩史』卷1, <次道境詩韻>(『高麗名賢集』卷5, p.281 ; 影印標點『韓國文集叢
 刊』卷6, p.131), "師本曹溪翁". 운곡이 도경을 조계의 노장으로 표현한 것으로 보
 아 그는 가지산문계 승려로 추정된다.
47)『耘谷詩史』卷1, <幽谷宏師於上院寺>(『高麗名賢集』卷5, p.282 ;『耘谷行錄』卷
 1, 影印標點『韓國文集叢刊』卷6, p.132), "幽谷宏師於上院寺朱砂窟之西峰 新搆
 一菴 名之曰無住 嘉其高絶 作一首呈于宏上人".
48)『東國輿地備考』卷1, 漢城府.
49) 진각국사는 운곡이 40세 때인 1371년(공민 20)에도 치악산에 머물렀을 가능성이 높
 다. 기록에는 진각국사가 1371년 가을 치악산으로 돌아가고자 간청했는데, 1372년
 영주 부석사에 주석하여 복구사업에 참여하였다고 되어 있다. 李穡,「水原彰聖寺
 眞覺國師大覺圓照塔碑文」(李智冠,『校勘譯註 歷代高僧碑文(高麗篇4)』, 1997).
50)『耘谷詩史』卷5, <寄奉福君>(『高麗名賢集』卷5, p.359 ;『耘谷行錄』卷5, 影印標

사가 신돈과 밀착된 승려이기 때문에 만나지 않았을 것이고, 이는 곧 운곡이 당시 정치판도에 밀접하게 개입하기 싫었기 때문이 아니었을까 생각된다. 그러나 운곡은 가지산문계 선종승려인 도경과 윤주, 사굴산문계 선종승려인 각굉과 신회, 신원과는 최소 한 차례 이상 만난 흔적을 시로 쓴 일이 있다. 또 이들의 소개로 45세 때인 1375년에는 일본에서 온 선종승려(正宗禪者·亞松·全壽)들과도 시를 주고받았을 정도로 교류의 폭은 넓었다.[51]

불교계 인사들과의 교류 폭이 넓은 것이 사실이겠지만 이는 도경선사와 각굉스님이 중간역할을 했기 때문에 가능한 일이었다. 도경이 원주 어느 편에 있는 절에 머물렀는지 그 위치는 확인할 수 없지만 운곡은 그곳을 道境山齋·道境寺라고 불렀다. 도경과 운곡이 얼마나 가까운 사이였는지는 운곡의 부인이 죽었을 때나 형이 사망했을 때 편지도 쓰고 시도 지어 보낸 것을 보면 알 수 있는데,[52] 두 사람은 西谷 張尙書가 세상을 떠났을 때도 도경이 晩詞를 써 보내니 이에 운곡이 차운하여 시를 짓기도 하고,[53] 원주목사 설장수가 도경선사에게 보낸 시에 대해 운곡이 차운하여 시를 짓는 등 상당히 친밀한 교류를 하고 있었다.[54]

次道境詩韻	『耘谷詩史』 卷1, 『高麗名賢集』 卷5, p.281
遊道境山齋	『耘谷詩史』 卷1, 『高麗名賢集』 卷5, p.285
寄道境大禪師翁丈室	『耘谷詩史』 卷1, 『高麗名賢集』 卷5, p.285
禪翁見和復次韻	『耘谷詩史』 卷1, 『高麗名賢集』 卷5, p.285
道境大禪翁寄書云	『耘谷詩史』 卷1, 『高麗名賢集』 卷5, p.290
西谷張尙書亡道境作晩詞	『耘谷詩史』 卷1, 『高麗名賢集』 卷5, p.292
次道境詩韻	『耘谷詩史』 卷2, 『高麗名賢集』 卷5, p.307
乙卯十一月念三家兄病亡道境禪翁作挽歌	『耘谷詩史』 卷2, 『高麗名賢集』 卷5, p.308

點『韓國文集叢刊』 卷6, p.209), "神照大禪師 (下略)".
51) 『耘谷詩史』 卷2, <丙辰潤九月 日本諸禪德來此其叢林典刑如我國> <正宗禪者答曰> <亞松答曰> <全壽答曰>(『高麗名賢集』 卷5, p.312 ;『耘谷行錄』 卷2, 影印標點『韓國文集叢刊』 卷6, p.162).
52) 『耘谷詩史』 卷1, <道境大禪翁寄書云>(『高麗名賢集』 卷5, p.290) ;『耘谷詩史』 卷2, <乙卯十一月念三家兄病亡道境禪翁作挽歌>(『高麗名賢集』 卷5, p.308).
53) 『耘谷詩史』 卷1, <西谷張尙書亡道境作晩詞>(『高麗名賢集』 卷5, p.292).
54) 『耘谷詩史』 卷2, <次偰刺史寄道境詩韻>(『高麗名賢集』 卷5, p.313).

534

次道境所示詩韻呈萬歲薰頭座下	『耘谷詩史』卷2, 『高麗名賢集』卷5, p.311
遊道境	『耘谷詩史』卷2, 『高麗名賢集』卷5, p.312
次偰刺史寄道境詩韻	『耘谷詩史』卷2, 『高麗名賢集』卷5, p.313
又	『耘谷詩史』卷2, 『高麗名賢集』卷5, p.313
次道境禪翁山居苦寒詩韻	『耘谷詩史』卷2, 『高麗名賢集』卷5, p.313
遊道境寺次堂頭韻	『耘谷詩史』卷3, 『高麗名賢集』卷5, p.334

　　그러나 가지산계 선종의 계통에 대해 운곡 자신의 견해를 밝힌 것은 도경선사에 관한 글에서가 아니라 영남으로 공부하러 떠나는 윤주스님에 관한 글에서였다.[55] 이 글은 윤주스님이 개경 보제사에서 있었던 담선법회에 참석한 후 모친이 있는 영남으로 가는 길에 운곡에게 들러 글 한편 써달라고 하여 작성된 것이다. 이 글에서 운곡은 부처의 말씀을 적어 놓은 것이 經이고 이에 뒷사람들이 더하여 놓은 것이 論인데, 불도를 전파하는 방법은 교종과 같이 經論으로써 하는 방법과 염화가섭의 미소에 기원하는 선종이 있다고 하였다. 선종의 계보는 인도의 47조사와 중국의 23조사로 이어져 왔는데, 윤주스님은 바로 선종승려라는 것이다. 이들 도경과 윤주 외에 가지산계 선종승려로 운곡과 사귀었던 승려는 흥법사의 성진선사가 있었다.[56]

幽谷宏師於上院寺	『耘谷詩史』卷1, 『高麗名賢集』卷5, p.282
送雲遊子覺宏遊江浙	『耘谷詩史』卷2, 『高麗名賢集』卷5, p.300
幽谷宏師前以水芹見惠 今復惠瓜 詩以謝之	『耘谷詩史』卷2, 『高麗名賢集』卷5, p.307
又謝沈瓜	『耘谷詩史』卷2, 『高麗名賢集』卷5, p.307
哭偰其大選	『耘谷詩史』卷2, 『高麗名賢集』卷5, p.313

　　한편 사굴산계 선종승려인 유곡 각굉스님과는 미나리와 오이를 선물로 주고받고, 천림사에서 글을 같이 읽고 토론할 정도의 친분이 있는 사이였다.[57] 각굉이 입적한 시기는 아마도 천림사에서 다비한 일을 거론한 것을 보면 1384년, 운곡의 나이 53세 때였던 것으로 생각된다. 나옹의 제자였던

---

55) 『耘谷詩史』卷1, <送曹溪參學允珠遊嶺南詩>(『高麗名賢集』卷5, p.292).
56) 『耘谷詩史』 卷2, <興法大禪翁省珍以曹溪行脚文責予詩>(『高麗名賢集』 卷5, p.314).
57) 『耘谷詩史』卷2, <哭偰其大選>(『高麗名賢集』卷5, p.313).

각굉스님과의 친분으로 나옹이 입적할 때 운곡도 참가하였을 것이다.

　운유자 각굉스님은 어려서 중이 되어 여러 名山을 두루 돌아다니면서 학업이 성숙해진 뒤에는 江月軒 懶翁의 제자가 되었다. 叢林에 있을 때 언제나 사람들의 존경을 받으면서 藏主의 책임을 두 번이나 맡았으며, 經을 보고는 般若의 도리를 얻었고 論을 읽고는 三觀[58]의 이치를 좋아한 이였다.[59] 그후 10여 년 동안 금강산 등 전국 각지를 돌아다니다가 1370년(공민 19) 7월 여름 安居의 마지막 날에 승려들이 한 곳에 모여 그동안의 죄과를 고백하고 참회하는 행사에 참여한 뒤 중국 유학을 결심하였다. 이에 운곡이 당시 중국이 전란으로 말미암아 위험할 것이라고 지적하자, 부처의 제자로서 걱정할 것이 없다고 하여 중국 유학을 다녀온 승려였던 것이다. 각굉과 운곡의 관계를 보여주는 자료는 위와 같을 뿐이지만 두 사람의 관계 역시 매우 돈독하였을 것으로 판단된다.

　그렇기 때문에 각굉의 제자인 信園禪者가 중국에 유학갈 때에도 운곡에게 인사를 하였고,[60] 竹溪軒信廻禪者가 유학 길에 나설 때에도 운곡을 찾아와 인사를 한 것으로 생각된다.[61] 두 사람은 운곡에게 와서 자신들이 유학가는 이유가 1348년(지정 무자년) 나옹이 연경(원나라 도성)에 들어가 지공선사를 뵈옵고, 1350년(경인) 가을에는 강절에 이르러 평산선사를 만났으며, 1352년(임진) 여름에는 무주에 이르러 천암선사를 뵙는 등 총 5~6년간 중국에 갔다 왔으니 본인들도 가야 한다고 말하자, 운곡은 올바로 공부하고 오기를 기대한다고 하면서 중국과 우리나라의 풍토는 다르지만 공부는 같다고 하면서 충고할 수 있었던 것이다.

　운곡은 이들 불교계 인사들과 교류하면서 불교에 대한 이해를 깊게 할 수 있었다. 그는 『金剛經』[62] 『法華經』[63] 『楞嚴經』[64]을 읽었으며, 당시 유

---

58) 불교에서 말하는 灌法의 세 종류.
59) 『耘谷詩史』 卷2, <送雲遊子覺宏遊江浙>(『高麗名賢集』 卷5, p.300).
60) 『耘谷詩史』 卷4, <送信圓禪者遊江南詩>(『高麗名賢集』 卷5, p.341).
61) 『耘谷詩史』 卷5, <送竹溪軒信廻禪者遊江浙詞>(『高麗名賢集』 卷5, p.357).
62) 『耘谷詩史』 卷2, <謁吳元老翊 呈似座下 二絶>(『高麗名賢集』 卷5, p.314).
63) 『耘谷詩史』 卷2, <靈泉寺法華法席勸化詩>(『高麗名賢集』 卷5, p.316) ; 『耘谷詩史』 卷3, <禪師覺源講法華經>(『高麗名賢集』 卷5, p.322).

행하던 看話禪의 '庭前栢樹子'[65] '前三三後三三'[66] '無字'[67] 話頭 등 여러 公案을 이해할 정도였다. 그렇기 때문에 임금의 장수와 국가의 복, 중생의 제도를 위해 西方九品圖를 그리는 일이나,[68] 가뭄을 극복하기 위해 雲雨經 독경을 하는 일,[69] 조카가 어머니를 위해 수륙재를 지내는 일[70] 등에 관대할 수 있었던 것이다.

주지하다시피 운곡은 三敎一理論의 입장에서 유학과 불교를 공부하였다.[71] 가령 유교는 窮理盡性으로써 교리로 삼았고, 불교는 明心見性으로써 교리로 삼았고, 도교는 修眞鍊性으로써 교리로 삼았는데, 집을 다스리고(齊家) 몸을 닦고(治身) 임금을 바로 잡고(致君) 백성을 잘 살게 하는 일(澤民)들은 유교의 일이며, 정기를 모으고 심신을 길러서(嗇精養神) 신선이 된다는 것(飛仙上昇)은 도교의 논리이며, 생사를 초월하여(越死超生) 스스로가 이롭고 남을 이롭게 하는 것(自利利人)이 불교의 진리라는 것이다. 그러므로 진성이나 연성이나 견성은 부분적으로 차이는 있지만, 대체로는 같은 것이라는 입장을 지니고 있었던 것이다. 당시 신진사대부들의 불교에 대한 입장은 크게 儒佛同道論과 排佛論으로 나뉘어져 있었는데,[72] 그는 전자의 입장을 취했던 것이다.[73]

---

64) 『耘谷詩史』卷3, <題趙奉善契內同發願十詠卷後>(『高麗名賢集』卷5, p.329).

65) 『耘谷詩史』卷1, <遊疏田寺>(『高麗名賢集』卷5, p.285) ; 『耘谷詩史』卷3, <送志曦上人遊方>(『高麗名賢集』卷5, p.328).

66) 『耘谷詩史』卷3, <送志曦上人遊方>(『高麗名賢集』卷5, p.328) ; 『耘谷詩史』卷4, <書明菴珠師卷>(『高麗名賢集』卷5, p.347).

67) 『耘谷詩史』卷4, <書無菴空師卷>(『高麗名賢集』卷5, p.341).

68) 『耘谷詩史』卷3, <願成西方九品圖詩>(『高麗名賢集』卷5, p.321).

69) 『耘谷詩史』卷2, <苦旱>(『高麗名賢集』卷5, p.308).

70) 『耘谷詩史』卷5, <二月初二日雨中雜詠>(『高麗名賢集』卷5, p.372).

71) 『耘谷詩史』卷3, <三敎一理>(『高麗名賢集』卷5, p.324).

72) 都賢喆, 『麗末鮮初 新·舊法派 士大夫의 政治改革思想硏究－李穡·鄭道傳의 政治思想의 比較硏究를 중심으로』, 延世大學校 博士學位論文, 1996.

73) 梁銀容, 「元天錫의 三敎一理論에 대하여」, 『韓國宗敎』11·12.

題三笑圖	『耘谷詩史』卷2, 『高麗名賢集』卷5, p.299
次偰剌史寄道境詩韻	『耘谷詩史』卷2, 『高麗名賢集』卷5, p.313
興法大禪翁省珍以曹溪行脚文責予詩	『耘谷詩史』卷2, 『高麗名賢集』卷5, p.314
又	『耘谷詩史』卷2, 『高麗名賢集』卷5, p.314
次山人角之詩韻	『耘谷詩史』卷4, 『高麗名賢集』卷5, p.350
復次	『耘谷詩史』卷4, 『高麗名賢集』卷5, p.350
復次	『耘谷詩史』卷4, 『高麗名賢集』卷5, p.351

운곡이 유불동도론의 입장에 설 수 있었던 것은 호계삼소 정신이 있었기 때문에 가능한 것이었다. 호계삼소는 晉의 慧遠法師가 廬山의 東林寺에 있으면서 虎溪를 건넌 적이 없었는데, 어느 날 儒者 陶淵明과 道士 陸修靜을 전송 나가서 자기도 모르는 동안에 호계를 건너게 되어 세 사람이 크게 웃었다는 고사에서 나온 말로 삼교 사이의 경계를 넘어 융합하려는 정신을 표현한 것이다. 원천석은 이를 支遁과 許詢, 太顚과 韓愈 관계의 예로 이해하였던 것이다.[74]

그렇긴 하지만 운곡이 삼교를 동등하게 대우한 것은 아니었다. 산인(오대산의 禪客) 각지가 글에서 "程朱와 고삐를 나란히 하다"는 말에 "어찌 감히 程子·朱子와 말고삐를 나란히 하랴"는 말로 맞받아 친 것을 보면 비록 삼교일리라는 사고를 갖고 있기는 하지만 스스로는 儒者임을 자부하고 있었던 것이다.

운곡이 유교지식인이라는 것은 주지하는 바이다. 家學과 춘주향교 등에서 공부한 운곡이기 때문에 요순시대와 군자국이라는 이상 사회를 목표로 하고 있었으며,[75] 修身·修養에 힘써 仁義禮智의 四端을 통하여 性善이라는 인간 본성에 대한 신뢰가 있었고, 三省과 九思의 수양을 한 인물이었다.[76] 이런 그가 중앙정계에 적극적으로 나서 사회개혁정책을 펼치지 않았

---

74) 『耘谷詩史』卷2, <次偰剌史寄道境詩韻>(『高麗名賢集』卷5, p.313), "相從不愧支許輩";『耘谷詩史』卷4, <次山人角之詩韻>(『高麗名賢集』卷5, p.350), "支遁許詢能合意 太顚韓愈亦傳心".
75) 이인재, 앞의 논문, 1999.
76) 都賢喆, 「元天錫의 顔回的 君子觀과 儒佛道 三敎一理論」, 『운곡 원천석의 종합적 고찰』, 2000.

538

고, 세상을 등지고 의리를 지킨 伯夷나 顔回 등의 군자상을 지향하며 학문에 정진한 인물인 것도 사실이다.[77] 그러나 운곡이 중앙 관직에 나갈 수 없었기 때문에 노장 관련 서적과 사회적인 불만이 드러나 있는 시경 등을 애독하면서 자연을 벗삼아 술을 마시면서 시를 읊조리는 자포자기한 생활을 즐겼다거나 현실사회를 부정하는 비판적인 성향을 띤 것은 아니었다.

同 榜	鄭道傳・金費・安仲溫・許仲遠・權從義・金偶・沈方哲・金晉陽・李汝忠・鄭淑倫・李崇仁・崔允河
開京人	李穡
牧 使	송牧伯(?～1361)・김목백(1361～1364)・하목백(河允源)・서목백・설자사(偰長壽, 偰相君)・정목백(鄭士毅)・周相君
按廉使	金壽・李公・鄭擢
退官人	李尚書・華尚書(華之元)・張尚書・任尚書・趙牧監・趙摠郎・趙侍郎・徐奉翊
同 學	辛大學・朴小卿・辛祉主
同鄕人	安司戶・崔向上(安乙)・旌善刺使 安吉祥・弘首・生員 金壘

운곡이 원주에서 생활하면서 관계를 유지하였던 유교지식인의 범위는 상당히 넓었다. 젊은 시절 국자감시에 같이 합격했던 인물들과도 꾸준한 관계를 유지하고 있었고, 원주에 파견된 목사와 안렴사 등 현직 관료들과의 교류, 퇴임 관료들과의 관계, 동학, 동향인들과의 관계도 변함없었던 것이다. 운곡이 학문을 연마하기 위해서는 동시대에 대한 여러 정보와 새로운 문헌의 수집이 필수적이었을 것인데, 전통사회에서는 사람을 만나 이야기를 나누고 읽을 만한 서적을 구입하지 않으면 불가능한 일이었기 때문이었다. 이런 사람들과의 만남으로 운곡은 유교적 가치관에 입각한 현실인식을 할 수 있었던 것이다.

---

77) 都賢喆, 앞의 글, 2000.

4. 결론

지금까지 운곡 원천석의 학문관과 지역 활동을 분석함으로써 고려 말 지방지식인의 존재형태를 파악해 보고자 하였다. 운곡의 생애, 현실인식, 학문관 지역 활동을 종합적으로 정리할 수 있다면 노장 관련 서적과 사회적인 불만이 드러나 있는 시경 등을 애독하면서 자연을 벗삼아 술을 마시면서 시를 읊조리는 자포자기한 생활을 즐겼다는 지방지식인에 대한 소극적인 평가로는 뭔가 부족했던 점을 해소할 수 있을 것으로 생각했기 때문이다. 그 결과 몇 가지, 운곡의 학문 계보와 지역 활동에 대해 조사할 수 있었는데, 이를 요약하면 다음과 같다.

첫째, 운곡이 지방생활을 하게 된 배경은 일단 "사물로써 사물을 본다(以物觀物)"는 것과 "하늘이 부여한 본성(天之所賦之性)은 예나 지금이나(古今) 다를 바 없다"는 소옹적 학문관을 바탕에 깔고 있었다. 이를 통해 운곡은 대안모색적 은일을 추구하고 있었다.

둘째, 운곡의 가정생활은 매우 단출하였다. 부모도 일찍 여의었고, 형, 부인과 큰아들도 젊은 나이에 잃었기 때문에 남은 가족에 대해서는 많은 배려를 하고 있었다. 한편 친족관계는 주로 동족계를 중심으로 이루어졌는데, 계장이 주선한 동족간의 사교모임에 참석한 경우는 여러 차례 확인할 수 있었다.

셋째, 운곡의 지역 활동은 주로 향학에서의 후학 양성과 지역사회 내의 불교계, 유교계 인사들과의 교류로 특징지을 수 있는데, 당대 가지산계 선종승려와 사굴산계 선종승려와의 폭넓은 교류를 통해 불교계 현안을 파악하고 있었고, 이색과 정도전 등 여러 계통의 유교계 인사들과의 교류를 통해 유교지식인으로서의 현실인식을 갖출 수 있었다. 운곡의 현실인식에 대해서는 앞서 확인한 바 있으므로, 앞으로 좀 더 기회가 주어진다면 생활사적 입장에서의 지역 활동에 대해 정리해 보고자 한다.

『耘谷詩史』를 통해서 본 원천석의 교유관계

이 정 훈[*]

1. 서론

　인간이 살아가는 데 있어 인간관계는 매우 중요하다. 어떠한 사람들과 관계를 맺고 교유하느냐는 개인의 인격, 사상, 나아가 개인의 사회적 위치와 역할을 가늠하는 데 중요한 영향을 미친다. 역사학 분야에서 한 개인의 현실인식이나 사상을 파악할 때, 그 사람의 인간관계나 교유관계를 중요하게 고려하는 것은 이러한 이유 때문이다.

　전근대사회에서 특정 개인의 인간관계나 교유관계를 파악하는데 가장 기초적인 자료로 문집을 들 수 있다. 문집은 개인이 쓴 시나 산문을 모은 것이기 때문에, 어떤 자료보다도 가장 확실하게 그 사람의 인간관계나 교유관계를 파악할 수 있게 해 준다. 그런데 개인이 쓴 시나 산문을 모아 문집을 만드는 것은 고려시대부터 보편화되었다. 고려시대에도 문집을 남긴 사람들은 많았지만, 현존하는 것은 많지 않다. 그러므로 고려시대 인물의 인간관계나 교유관계를 파악하는 것은 쉽지 않다. 관료인 경우는 관직의 이동경로나 국왕에게 올린 건의안이나 정책, 묘지명을 통해서 유추할 수 있다. 그러나 관료가 아닌 경우는 문집 이외에 개인에 대한 정보를 제공하는 자료가 거의 없어, 인간관계나 교유관계를 파악하는 것은 매우 어렵다.

　『耘谷詩史』는 원천석이 현실에 대한 생각, 사람들과의 교유, 여행을 다니면서 느낀 감정, 일상생활 등 다양한 내용을 소재로 쓴 시를 모은 문집이다. 고려시대의 문집 중 현존하는 것이 많지 않다는 점에서, 원천석이 관료를

* 연세대학교 BK21 한국언어·문학·문화 국제인력양성사업단 박사후 연구원

역임하지 않고 원주에 은거하였던 지식인이라는 점에서, 『耘谷詩史』는 원천석 개인에 대한 이해만이 아니라 고려시대 지방지식인의 존재 형태, 지방사람들의 교유 형태, 지방사회의 운영, 중앙과 지방의 연계 상황 등을 파악할 수 있는 중요한 단서들을 제공한다.

이제까지 원천석에 대한 연구는 현실인식과 사상적 특징을 밝히는 데 중점이 두어졌다.1) 반면 원천석의 인간관계나 교유관계에 대한 연구는 거의 이루어지지 못하였다. 일부 원천석의 교유관계를 언급한 연구도 이색, 정도전, 이숭인 등 고려 말 유명한 학자와의 교유, 승려와의 교유만을 지적하는

---

1) 원천석에 관한 연구들은 다음과 같다. 이우성, 「高麗·李朝의 易姓革命과 원천석
-역사에 있어서의 선비정신과 지성의 역할」, 『月刊中央』 1월호, 1973(『韓國의 歷
史像』, 창작과 비평사, 1982 소수) ; 池敎憲, 「麗末鮮初의 政治的 變革과 耘谷의
道學精神-『耘谷元天錫詩史』를 中心으로-」, 『淸州敎大論文集』 17, 1981 ; 梁銀
容, 「元天錫의 三敎一理論에 대하여」, 『한국종교』 11·12합집, 1987 ; 柳柱姬, 「元
天錫 硏究-그의 現實認識을 중심으로」, 『朴永錫華甲紀念韓國史學論叢』(上), 1992
; 金南基, 「元天錫의 生涯와 詩史 연구」, 『한국한시작가연구』 2, 1996 ; 崔光範,
「耘谷 元天錫의 現實認識」, 『한문교육연구』 10, 1996 ; 김호길, 「耘谷 元天錫 선생
연구」, 『耘谷先生硏究集』, 원주원씨 대종회, 1997 ; 박경용, 「운곡 원천석 선생과
치악산」, 『耘谷先生硏究集』, 원주원씨 대종회, 1997 ; 梁權烈, 「耘谷文學이 갖는
鄕土敎材로서의 효용성」, 『耘谷先生硏究集』, 원주원씨 대종회, 1997 ; 李相鉉, 「운
곡 원천석의 시조가 연시조의 효시다」, 『耘谷先生硏究集』, 원주원씨 대종회, 1997
; 이영주, 「耘谷 元天錫 詩史 硏究」, 『耘谷先生硏究集』, 원주원씨 대종회, 1997 ;
林鐘旭, 「耘谷 元天錫의 佛敎詩 硏究」, 『동고학논총』 창간호, 1997 ; 全石萬, 「元
耘谷 居義」, 『耘谷先生硏究集』, 원주원씨 대종회, 1997 ; 林鐘旭, 「元天錫 詩文學
의 精神의 背景 硏究」, 『동고학논총』 2, 1998 ; 林鐘旭, 「元天錫 人物傳承에 대하
여」, 『동악어문논집』 33, 1998 ; 林鐘旭, 『耘谷 元天錫과 그의 文學』, 太學社, 1998
; 李仁在, 「高麗末 元天錫 生涯와 社會思想」, 『韓國思想史學』 12, 1999 ; 이인재,
「고려말 원천석의 학문관과 지역활동」, 『耘谷元天錫硏究論叢』, 2001 ; 李貞和, 「耘
谷 元天錫의 贈僧詩 硏究」, 『韓國思想과 文化』 12, 2004 ; 신경철, 「元天錫과 元
昊의 삶과 精神」, 『耘谷學會硏究論叢』 1, 耘谷學會, 2005 ; 이애희, 「耘谷 元天錫
의 節義精神과 經世觀」, 『耘谷學會硏究論叢』 1, 耘谷學會, 2005 ; 申景澈, 「北原
文化의 耘谷 元天錫 선생」, 『耘谷學會硏究論叢』 1, 耘谷學會, 2005 ; 李貞和, 「耘
谷 元天錫의 贈僧詩 연구」, 『耘谷學會硏究論叢』 1, 耘谷學會, 2005 ; 심재관, 「耘
谷 元天錫의 불교인식」, 『耘谷學會硏究論叢』 1, 耘谷學會, 2005 ; 崔光範, 「耘谷
元天錫의 處士的 삶과 義理精神」, 『耘谷學會硏究論叢』 1, 耘谷學會, 2005 ; 趙明
濟, 「元天錫의 佛敎認識-朱子學의 수용과 관련하여-」, 『보조사상』 26, 2006.

정도였다. 이 역시 원천석의 사상적 특징 또는 현실인식에만 초점을 두었기 때문이다. 그런데『耘谷詩史』에는 훨씬 풍부한 교유관계 시가 있다. 원천석이 교유한 사람들은 이색·정도전·이숭인이 중심이라기보다는, 지방관이나 使臣, 지방지식인, 친척들이었다. 그리고 원천석은 국자감시 및 과거를 준비하는 몇 년을 제외하고는 줄곧 원주에 거주하였다. 그러므로 원천석의 사상이나 현실인식도 원주라는 공간에서, 지방관이나 使臣, 지방지식인, 친척들과의 교류 속에서 자연스럽게 성장하였을 것이다. 이런 점에서 원천석의 인간관계나 교유관계는 재정리될 필요가 있다. 또한 이를 바탕으로 원천석의 현실인식이나 사상적 특징도 재고찰될 필요가 있다.

본고에서는 이런 점에 유의하면서, 원천석의 인간관계 및 교유관계를 추적해보려고 한다.『耘谷詩史』에 나오는 인물들을 - 직접 시를 주고받은 인물들 -, 국자감시 동년, 관료, 유교적 소양을 갖춘 지방지식인, 승려, 친척 집단으로 분류하여, 이들 그룹과 원천석의 교유관계, 교유관계에서 나타나는 특징, 각 그룹과의 교유관계를 유지하는 매개 고리가 무엇인지를 살펴보려고 한다.

2. 국자감시 동년들과의 교유

어릴 때부터 관료가 될 것을 희망하였던[2] 원천석은 관료로서의 예비관문인 국자감시[3]에 응시하였다. 원천석의 국자감시 합격 연도에 대하여, 기존 연구에서는 柳淑이 고시관이었던 공민왕 4년으로 본다.[4] 그런데『耘谷詩史』에 원천석이 이숭인을 同年이라고 지칭한 점을 고려한다면, 원천석의

2)『耘谷詩史』卷3, <丙寅冬至感懷示元都領>.
3) 고려시대에는 예부시 시험에 앞서 보는 시험을 국자감시, 진사시, 성균시, 남성시, 사마시, 남궁시 등 다양한 호칭으로 불렀다(허홍식,『고려의 과거제도』, 일조각, 2005, pp.212-213). 본문에서는 혼동을 피하기 위해 국자감시로 부른다.
4) 柳柱姬,「元天錫 硏究 - 그의 現實認識을 중심으로」,『朴永錫華甲紀念韓國史學論叢』(上), 1992(『耘谷元天錫硏究論叢』, 原州文化院, 2001 소수) ; 李仁在,「高麗末 元天錫 生涯와 社會思想」,『韓國思想史學』12, 1999(『耘谷元天錫硏究論叢』, 原州文化院, 2001 소수).

국자감시 합격 연도는 재고해 보아야 할 것이다.

> 도천 선생이 경자년 감시를 맡아 보았는데, 선비를 많이 얻었다고 세상에
> 서 칭송하였다. 정사로서 공이 현저한 사람은 충주 김통헌, 전주 황통헌, 영
> 광 류조봉, 청주 봉순 이모지가 선발되어 원을 나가게 되니 어찌 그리 장하
> 랴! 모지가 가는데 교유한 친구들이 시를 지어 한 권이나 되었다. 다들 내가
> 동년급제라 해서 책머리에 서문을 하라는 것이다.[5]

위의 사료는 청주목으로 부임하는 이모지를 보내면서 이숭인이 동년들과
쓴 시의 서문이다. 위 사료의 桃村은 御史大夫를 지낸 李嶠의 호이다.[6] 경
자년은 공민왕 9년을 가리키며, 감시는 국자감시를 말한다. "도천 선생이
경자년 감시를 맡아 보았다"는 것은 이교가 공민왕 9년 국자감시를 주관하
였음을 의미한다. 『高麗史』에도 "공민왕 9년 9월 어사대부 이교가 박계양
등 99인을 취하였다"[7]라고 하여, 이교가 공민왕 9년에 국자감시를 주관했다
는 기록이 있다. 따라서 이숭인, 김통헌, 황통헌, 류조봉, 이모지는 이교가
주관한 공민왕 9년 국자감시에 합격한 同年들이었다고 할 것이다.

원천석이 국자감시만 보고 예부시를 보지 않았다는 점을 상기한다면, 원
천석이 이숭인을 同年이라고 지칭할 수 있었던 것은 원천석이 이숭인과 함
께 국자감시에 합격하였기 때문이다. 따라서 원천석의 국자감시 합격연도
는 공민왕 4년이 아니라, 공민왕 9년이다.

원천석도 직접 이교의 주관하에 국자감시에 합격하였음을 내비치고 있
다. 원천석은 동년인 정숙륜과 주고 받은 시에 자신을 '桃村 門下人'이라고
지칭하였다.[8] 일반적으로 과거 고시관과 합격자는 座主·門生이라고 하는

---

5) 『陶隱集』 卷4, 서, 送李慕之赴淸州牧詩序, "桃村先生 掌庚子監試 世稱得士其以
   政事顯庸 若忠州金通憲全州黃通憲靈光柳朝奉及吾淸州李奉順慕之氏 同時被廟
   選 出宰百里 何其盛哉 交遊歌詩慕之氏之行 將成卷矣 咸以予側同年之列 俾序其
   卷端".
6) 원천석 지음, 이인재·허경진 옮김, 『耘谷詩史』, 혜안, 2007, p.383.
7) 『高麗史』 卷74, 선거2, 과목, 국자시 액수.
8) 『耘谷詩史』 卷3, <送鄭禮安陪大兄判書歸覲草溪(二首)>.

544

데, 門生이 바로 門下生을 의미한다. 그러므로 원천석이 자신을 '桃村 門下人'이라고 하는 것은 바로 도촌이 주관한 국자감시에 합격했음을 말한다.

이교가 주관한 공민왕 9년 국자감시는 위의 이숭인의 글에서 "선비를 많이 얻었다고 세상에서 칭송하였다"고 할 정도로 많은 인원을 배출하였다. 이교가 선발한 국자감시생 중 정도전·이숭인처럼 예부시에 응시하여 관료로 진출한 인물도 있었고, 원천석처럼 예부시에 응시하지 않고 자신의 고향에 은거한 인물도 있었다.

그런데 이교가 선발한 많은 국자감시 합격생 중, 『耘谷詩史』에 거론된 인물은 정도전·정숙륜·안중온·심방·최윤하·이숭인·김비·허중·권종의·김우·김진양·이여충·최○○ 등 13명이다.9) 다른 동년들은 이름을 명확하게 밝힌데 반해, 최○○는 典書라는 관직만 밝힐 뿐 이름은 명확하게 언급하지 않았다. 최○○에게 보낸 시에 '도촌의 문객'이라고 일컫는 것으로 보아,10) 최○○도 원천석과 동년이었다고 생각된다.

원천석이 최○○에게 써 준 시에 "가족을 이끌고 봄날 고향에 돌아와……服을 벗고 다시 조정으로 돌아가니"라고 하였고, 원천석 자신을 대신해 "家鄕을 떠난 작은 아이에게 임금에게 충성을 다하라"라는 말을 전해 달라고 부탁하는 것으로 보아,11) 최○○은 葬禮 문제로 고향에 와 머물다가 수도로 돌아가는 상황이고, 원천석이 고향을 떠난 자신의 아이를 수도로 돌아가는 최○○에게 부탁한 것으로 생각된다. 이러한 정황으로 볼 때, 최○○는 원주 또는 원주 인근 지역 출신으로 생각된다. 그런데 『朝鮮王朝實錄』에는 "戶曹 典書 崔云嗣를 보내어 일본에 報聘하였다"12)거나, "원주 사람인 죽은 典書 崔云嗣의 家婢 蓋德이 한꺼번에 2남 1녀를 낳았다"13)는 기록이 있다. 전서 최○○에 대한 언급은 『耘谷詩史』권5에 나온다. 『耘谷詩史』는 시간적인 순서로 시가 배열되었는데, 특히 권5에는 공양왕 3년에서 태조 3년에 쓰여진 시가 수록되었다고 한다.14) 원주 또는 원주 인근 출신으

9) <표 1>을 참조.
10) 『耘谷詩史』卷5, <奉送崔典書服盡還朝>.
11) 『耘谷詩史』卷5, <奉送崔典書服盡還朝>.
12) 『定宗實錄』卷2, 정종 원년 8월 계해.
13) 『太宗實錄』卷12, 태종 6년 윤7월 무진.

로 조선 초기에 典書에 재직하였다는 점을 고려할 때, 『耘谷詩史』권5에
나오는 典書 최○○는 아마도 崔云嗣가 아닌가 생각된다.[15]

그런데 위 이숭인의 글에서 보이는 황통헌, 김통헌, 류조봉, 이모지 등은
『耘谷詩史』에 전혀 언급되지 않고 있다. 『耘谷詩史』가 원천석이 쓴 시로만
구성되었다는 점을 감안하더라도, 원천석이 동년 98명 중에서 13명만을 언
급하였다는 것은 국자감시 동년들과의 교류가 광범위하게 이루어지지 않았
음을 보여준다고 생각된다.

원천석이 동년들에 대해 쓴 시를 보면, 정도전에 대해서 4번, 정숙륜에
대해서는 3번, 안중온·심방·최윤하·이숭인과는 2번, 김비·허중·권종
의·김우·김진양·이여충과는 1번이었다. 원천석이 시를 쓴 계기를 보면,
정도전이 '奉金尺詞'와 '受寶籙致語'를 쓴 것을 읽고 시를 쓰거나,[16] 이숭인
에게 시를 보낸 것[17]처럼 원천석이 먼저 시를 쓰거나 보낸 경우도 있다. 그
러나 대체로 동년들이 원주에 와서 원천석을 찾거나,[18] 동년들이 원천석에
시나 편지를 보낸 경우,[19] 원천석이 여행을 하면서 그 지역에 사는 동년에
게 시를 쓴 경우[20]가 많았다.

권종의에게 준 시에 "뜻밖에 서로 만나 눈이 다시 환해지니, 십 년 동안
그리던 정을 이제야 풀었네"라고 하였고,[21] 정숙륜에게 준 시에 "십 년 동
안 고개 너머서 그리워하던 뜻을 同年인 鄭淑倫과 이야기하네"라고 하였

14) 『耘谷詩史』卷1은 충정왕 3년(1351)~공민왕 18년(1369), 卷2는 공민왕 19년(1370)~
    우왕 11년(1385), 卷3은 우왕 12년(1386)~우왕 14년(1388), 卷4는 창왕 원년(1389)~
    공양왕 2년(1390), 卷5는 공양왕 3년(1391)~태조 3년(1394)에 쓰여진 시가 수록되었
    다고 한다(유주희, 앞의 책, pp.83-84).
15) 최운사는 『原州李氏大同譜』에 의하면, 원천석의 사촌 동서인 이실의 사위였다(『原
    州李氏大同譜』卷1, 원주이씨대동보편찬위원회, 1991, p.15). 그러므로 원천석과 최
    운사는 인척관계이다. 원천석이 동년이라고 하였기 때문에, 본문에서 국자감시 동
    년으로 분류하였다.
16) 『耘谷詩史』卷5, <伏觀奉金尺詞受寶籙致語慶而贊之>.
17) 『耘谷詩史』卷5, <奉寄李令公崇仁(二首)>.
18) 이 경우에 정도전, 정숙륜이 해당된다.
19) 이 경우에 김비, 안중온, 허중원, 김진양, 이여충, 이숭인, 최윤하가 해당된다.
20) 이 경우에 권종의가 해당된다.
21) 『耘谷詩史』卷1, <宿安東次板上韻贈權同年從義>.

546

다.22) "십 년 동안 그리던 정을 이제야 풀었네"라거나 "십 년 동안 고개 너머서 그리워하였다"는 것을 액면 그대로 믿을 수 없다고 하더라도, 원천석이 동년들과 자주 만났다거나 자주 시나 편지를 주고받으면서 교류하였던 것은 아니라고 생각된다.

원천석이 동년들에게 자주 편지나 시를 보낸다거나 자신이 직접 찾아가서 만나지 않았던 것은 동년들 때문이라기보다는 원천석이 의도하였던 바가 아니었던가 생각된다. 정숙륜에게 보낸 시에 "나도 桃村의 門下人인데, 늙어가며 교제 끊은 게 몹시 부끄럽네"라고 하였다.23) 늙어가며 교제를 끊었다는 것은 원천석이 의도적으로 동년들과의 교류를 멀리하였다는 의미이다. 동년들이 원주에 와서 원천석을 찾았을 때 만난다거나 동년들이 먼저 시나 편지를 보냈을 때 원천석이 화답하는 것으로 보아, 원천석이 늙어가면서 동년들과 교류를 멀리한 것이 아니라 관직을 포기하고 원주로 내려오면서부터 동년들과의 만남을 멀리한 것으로 생각된다.

이상으로 볼 때, 원천석은 국자감시 동년들과 활발한 교류를 하였다고는 말하기 어렵다. 또한 동년들과의 교류가 원천석에 의해 주도되었다기보다는 동년들에 의해 이루어지는 경향이 강하다고 생각된다.

3. 관료들과의 교유

『耘谷詩史』에는 많은 관료들이 나온다. 원천석이 교우한 관료들로 尚書, 摠郎 등과 같은 중앙 관료도 있었지만, 牧伯이나 단양부사와 같은 지방관, 관찰사와 같은 使臣도 있었다. 김우처럼 국자감시 동년을 제외하다면, 『耘谷詩史』에 언급된 관료는 총 45명이다.24)

<표 1>을 보면, 원천석이 교유하였던 관료들 중 가장 많은 비중을 차지하는 것은 원주 또는 원주 인근 지역에 파견된 지방관 및 使臣들이었다.

---

22) 『耘谷詩史』卷3, <送鄭禮安陪大兄判書歸覲草溪(二首)>.
23) 『耘谷詩史』卷3, <送鄭禮安陪大兄判書歸覲草溪(二首)>.
24) 이 숫자에는 최영처럼 직접 만나거나 시를 주고 받은 적이 없는 관료들은 제외하였다.

『耘谷詩史』에 나오는 牧伯은 宋○○, 金○○, 하윤원, 偰○○, 徐○○, ○○○, 鄭○○ 등이다. 『耘谷詩史』의 목백은 원주목사를 말한다.[25] 『高麗史節要』에 "적 3백여 기가 원주를 함락시키니, 목사 宋光彦이 죽었다"라는 것으로 보아,[26] 宋○○은 宋光彦으로 추정된다. 우왕 9년에 건립된 神勒寺大藏閣記에 原州牧使 偰延壽가 나오는 것으로 보아,[27] 偰○○은 偰延壽로 추정된다.[28] 『高麗史節要』에 "원주목사 徐信을 죽였다"라는 것으로 보아,[29] 徐○○는 徐信으로 추정된다.

원천석이 원주목사에 대해 쓴 시에는 원주목사의 치적을 칭송하는 의례적인 것도 있었지만, 지방관으로서의 자세를 논하기도 하였고,[30] 榮親宴을 베풀어 준 것에 대하여 하례를 하기도 하였고,[31] 자신의 잘못으로 관직에 나아가지 못하는 마음을 하소연하였으며,[32] 목백이 약과 水波扇을 보내준

---

25) 원주는 현종 9년 지방제도 개편시에 知州事였고, 고종 46년 원주에서 왕명을 거역하였다는 이유로 一新縣으로 강등되었다. 원종 원년에 知州事로 회복되었다가, 10년에 임유무의 外鄕이라는 이유로 靖原都護府로 승격되었다. 충렬왕 17년 哈丹 군사를 방어하였다는 이유로 益興都護府로 바뀌었다가, 34년에 原州牧으로 승격되었다. 충선왕 2년 牧이 폐지됨에 따라 成安府로 되었다가, 공민왕 2년 왕의 胎를 치악산에 묻고 원주목으로 고쳤다(『高麗史』 卷56, 지리1, 충주목 원주).

26) 『高麗史節要』 卷27, 공민왕 10년 12월.

27) 許興植 編, 「神勒寺大藏閣記」, 『韓國金石全文』 중세하, 亞細亞文化社, 1984, p.1219.

28) 『新增東國輿地勝覽』에는 고려조의 명환 중 원주목사로 재직한 인물로 설장수가 나온다(『新增東國輿地勝覽』 卷46, 江原道 原州牧). 기존 연구에서는 『新增東國輿地勝覽』을 따라, 『耘谷詩史』의 목백 偰○○을 설장수로 보았다(이인재, 앞의 책, p.44). 그런데 「神勒寺大藏閣記碑」에 단월로 원주목사 설연수가 나온다. 『新增東國輿地勝覽』과 「神勒寺大藏閣記碑」 중에서 神勒寺大藏閣記碑가 1차 사료라고 하는 점을 감안할 때, 『耘谷詩史』에 나오는 설공은 설장수가 아니라 설연수가 보는 것이 더 타당하다고 생각된다. 설장수와 설연수는 형제(『高麗史』 卷112, 열전 25, 설손)라는 점을 고려한다면, 비슷한 시기에 형제가 원주목사를 역임하는 것은 매우 어려웠을 것이다. 아마도 후대에 설장수와 설연수를 혼동하여 『新增東國輿地勝覽』에서 원주목사 설장수로 기록한 것이 아닌가 생각된다.

29) 『高麗史節要』 卷33, 우왕 14년 2월.

30) 『耘谷詩史』 卷2, <上河刺史(允源)詩(幷序)>.

31) 『耘谷詩史』 卷1, <謝榮親宴詩(幷引 上金牧伯)>.

32) 『耘谷詩史』 卷1, <用前韻作二詩呈宋牧伯>.

548

것에 대한 감사하는 마음을 표시하기도 하였다.[33] 또한 시를 주고받은 횟수를 볼 때―『耘谷詩史』에 기재된 것을 기준으로 말하면―다른 관료와는 1번 정도인데 반하여, 원주목사에게는 3~4차례에 달한다. 이로 볼 때, 원천석이 원주목사로 파견된 관료들과는 상대적으로 매우 친밀한 관계를 유지하였음을 알 수 있다.

원주목사와의 교유는 목사와 원천석의 일대일의 만남으로 끝난 것은 아니었다. 원주목사를 통해 다른 관료들과의 만남 또는 교유로 연결되었다. 정선자사인 안길상이 원주목사에게 보낸 시를 보고 원천석이 이에 대해 화답하는 시를 지었고,[34] 목백 설○○와 山城別監 尹得龍이 唱和한 시에 원천석이 차운하였고,[35] 推田別監 權○○이 원주목사에게 올린 시에 원천석이 차운하였고,[36] 獻納 宋愚가 원주목사에 올린 시에 원천석이 차운하였다.[37] 이렇듯 원주목사와의 교류는 원주 인근 지역에 파견된 지방관, 원주 지역으로 파견된 使臣, 중앙관료와의 교류로 확대되었다.

원주목사 외에도 원천석이 교유하였던 지방관들은 단양부사 韓○○, 토산수령 신성안, 이천감무 元○○, 半刺[38] 楊○○ 등이 있다. 토산수령 신성안과 이천감무 元○○는 둘 다 부임지인 토산과 이천에 가기 전에 원천석을 찾아오자, 원천석이 이들에게 수령으로서 업무를 잘 하라는 뜻의 시를 써 주었다. 특히 이천감무 원○○에게는 "그대의 매부와 사위가 먼저 이 직책을 맡았다"라는 이야기를 하는 것으로 보아,[39] 원○○과는 집안끼리 잘

---

33) 『耘谷詩史』卷5, <病中牧伯使人惠藥詩以謝之(二首)> ; 卷5, <謝牧伯惠水波扇>.
34) 『耘谷詩史』卷2, <庚戌春旌善刺使安吉常寄詩于牧伯而次韻并書短引拜呈牧伯左右>.
35) 『耘谷詩史』卷2, <次刺史偰公與山城別監尹得龍唱和詩韻>.
36) 『耘谷詩史』卷3, <次推田別監權公上牧伯詩韻>.
37) 『耘谷詩史』卷5, <次宋獻納上牧伯詩韻>. 송우와의 교류는 원주목사를 통해서만 이루어진 것은 아니었다. 송우가 홍법사 장실에 올린 시에 원천석이 차운하였다는 것으로 보아, 홍법사를 통해서도 원천석과 송우의 만남이 있었던 것으로 생각된다.
38) 半刺는 郡의 屬官인 長史나 通判, 別駕 등을 지칭하는 말이라고 한다(이인재·허경진 옮김, 『耘谷詩史』, 혜안, 2007, p.492). 반자를 목사나 수령과 같은 지방관은 아니지만, 지방관을 보좌하는 관원이기 때문에 본고에서는 관료(지방관)에 포함시켰다.

아는 사이였던 것으로 생각된다.[40]

원천석이 교류하였던 지방관들 중 半刺 楊○○과는 아주 돈독한 관계를 유지하였다. 『耘谷詩史』에는 원천석이 半刺 楊○○과 주고받은 시 9수가 실려 있으며, 대부분의 시가 장문이다.[41] 또한 半刺 楊○○과 주고받은 시가 권4, 권5에만 실려 있다. 이런 점으로 볼 때, 半刺 楊○○은 원천석이 말년에 가장 친밀하게 교유하였던 관료로 보여진다. 뿐만 아니라 半刺 楊○○을 통해 원천석은 淮陽府使 李恒을 알게 되는 등 교유의 폭도 넓어졌다.[42] 특히 半刺 楊○○이 山城 창고를 돌아보고 느낀 소감을 시로 짓자, 원천석이 이를 보고 식량을 운반하는 민들의 고통을 알게 되었다고 하는 것으로 보아,[43] 半刺 楊○○과의 교유를 통해 원천석이 현실에 대한 이해를 높여 갈 수 있었던 것이 아니었던가 생각된다.

원천석이 교유하였던 使臣으로는 관찰사 김도, 관찰사 정탁, 관찰사도부사 정사의, 원주목 병마사 周○○, 풍저창사 李○○, 향상[44] 최안을, 춘주양전관 崔○○ 등이 있다. 이 중 관찰사 김도는 공민왕 11년에 과거에 급제하고 공민왕 20년에 制科에 합격하였고, 우왕 5년에 죽었다.[45] 김도가 관찰사로 파견될 수 있었던 기간은 공민왕 20년 이후 우왕 5년 이전이었다. 그러므로 원천석과 김도가 만난 시점은 공민왕 20년 이후 우왕 5년 이전이었다고 생각된다. 정탁이 交州江陵道按廉使가 된 것은 조선 태조 원년 9월이고,[46] 태조 2년 3월에 본직인 直門下로 복귀한다.[47] 그러므로 원천석과 정

---

39) 『耘谷詩史』 卷4, <送元承奉赴伊川監務詩(幷序)>.

40) 元○○이 원천석과 같은 元氏이고, 元○○의 친척관계에 대하여 자세히 아는 것으로 보아, 친척이었다고 생각된다. 그러나 친척으로 단정할 만한 다른 자료들이 없어, 본문에서는 관료로 분류하였다.

41) 『耘谷詩史』에서 半刺 楊○○이 언급된 것은 9번이다. 또한 半刺 楊○○과 주고받은 시는 장문인 경우가 많다. 이는 원천석과 半刺 楊○○과의 교류가 상당히 돈독했음을 말해준다고 생각된다.

42) 『耘谷詩史』 卷4, <次半刺先生所示淮陽府使李恒詩韻(九首)>.

43) 『耘谷詩史』 卷5, <次半官先生山城反庫次有感詩韻(六首)>.

44) 향상은 向上別監의 준말로서, 궁중에서 임금의 옷이나 음식 따위의 수발을 드는 일을 맡은 별감이라고 한다(이인재·허경진 옮김, 『耘谷詩史』, 혜안, 2007, p.164).

45) 『高麗史』 卷111, 列傳24, 金濤.

550

탁이 만남을 가졌던 것은 태조 원년 9월~태조 2년 3월이었다. 풍저창사 李
○○는 관찰사로서 원주에 왔다가 원천석이 기거하던 치악산 근처 松亭에
서 만났던 인물이다. 그리고 관찰사의 임무가 끝나고 풍저창사로 옮겨가면
서, 원천석과 계속된 만남을 가졌다.46) 최안을의 시에 차운한 시에 "나그네
길에 좋은 나그넬 만나 반가우니, 기꺼이 한 번 웃으며 마음을 털어 놓으
세"라는 표현이 있고,49) 차운한 시 앞뒤에 춘주지역을 여행하면서 읊은 시
가 있는 것으로 보아, 원천석이 춘주지역을 여행하면서 항상 최안을 만났
던 것으로 생각된다. 춘주양전관 崔○○는 崔順興이라고 하는 것으로 보
아,50) 순흥수령에서 춘주양전관으로 파견되었던 인물로 보인다. 친척 중에
서 副正 아우51)로 불리는 사람이 춘주양전관으로 파견되었는데,52) 원천석
이 춘주양전관 崔○○과 교류하게 된 것은 副正 아우 때문이 아닌가 생각
된다.

『耘谷詩史』에 나오는 중앙관료로는 도병마사 偰○○, 목감 趙○○, 총랑
(시랑) 趙○○, 奉善 趙○○, 尙書 이순천, 상서 화지원, 소경 박윤진, 상서
張○○, 상서 任○○, 相國 成○○, 판도판서 서윤현, 相公 김을귀, 우림낭
장 김철, 판서 정을산, 이색, 중서 및 예각을 지낸 조박, 相國 이유, 대간 최
사, 헌납 송우, 판사 이을림 등이 있다. 이 중 박윤진은 원천석이 춘주 소경
이라고 지칭하는 것으로 보아,53) 춘주 출신이라고 생각된다. 원천석이 춘주
향교에서 공부하였으므로,54) 아마도 박윤진은 원천석이 춘주향교에서 공부
할 때 같이 공부하였거나 그때 알게 된 사이로 보여진다.

46) 『太祖實錄』卷2, 태조 원년 9월 기축.
47) 『太祖實錄』卷3, 태조 2년 3월 신해.
48) 『耘谷詩史』卷3, <前按部豊儲倉使李公寄詩云>.
49) 『耘谷詩史』卷1, <次崔向上安乙所贈詩韻(二首)>.
50) 『耘谷詩史』卷4, <寄崔順興(時在春州量田)>.
51) 『耘谷詩史』에서 弟, 兄으로 표현되는 것은 가까운 친척일 경우에만 사용되었다. 그
    러므로 副正 아우도 분명히 친척 중에 한 명이라고 생각되지만, 누구인지는 명확
    하지 않다.
52) 『耘谷詩史』卷4, <送弟副正赴春州量田>.
53) 『耘谷詩史』卷1, <送春州朴少卿遊中原(允珍兩遊字)>.
54) 이인재, 앞의 책, p.40.

　그리고 원천석은 張尙書와 서윤현에 대하여 西谷 張尙書,[55] 西谷 徐奉翊[56]이라고 하였다. 서곡은 지명이다. 서곡 장상서는 서곡에 사는 또는 서곡 출신의 상서 장○○라고 생각되며, 西谷 徐奉翊도 서곡에 사는 또는 서곡 출신의 봉익 서○○라고 생각된다. 서곡의 위치는 현재 불분명하다. 그런데 형인 원천상과 서곡 元○○이 함께 원천석에게 시를 부치자, 이에 원천석이 "서곡 한 구석에 卜居하였는데, 연못가 정자에 꽃다운 철이 지나가네"라고 하면서 서곡에 사는 자신의 일상생활을 시로 지었다.[57] 원천석은 국자감시에 합격하고 원주에 내려온 뒤에 여행을 제외하고는 원주에서 은거하였다. 이러한 정황으로 볼 때, 아마도 원천석이 卜居한 서곡은 원주에 있었던 어떤 마을의 이름이었을 것으로 생각된다. 서곡 장상서가 죽자 도경선사와 목백이 輓詞를 지어보냈다는 것으로 보아,[58] 서곡 장상서는 서곡, 즉 원주에 거주한 인물로 생각된다. 또한 서윤현이 판도판서에서 물러나 별장에 거주하면서 원천석을 불렀다는 것으로 보아,[59] 서윤현도 원주 출신 또는 원주에 거주했던 관료로 생각된다.

　상서 任○○이 거문고 타는 소리를 듣고, 원천석이 이에 대한 소감을 노래하면서 "이 달 20일에 이곳 고향에 와서 밤에 초연히 앉아 거문고를 타니, 그 소리가 물 흐르듯 맑아 내 불편한 마음을 풀게 하였다"라고 하였다.[60] 상서 任○○이 고향에서 와서 탄 거문고 소리를 원천석이 들었다라는 표현으로 보아, 상서 任○○도 원주 출신의 관료로 생각된다. 또한 개경에 있는 총랑(시랑) 趙○○에게 원천석이 자신이 거주하는 치악산의 풍경을 자랑하고 또한 조○○의 부모님도 잘 계시니 고향 생각을 너무 하지 말라는 당부를 하는 것으로 보아,[61] 총랑(시랑) 趙○○도 원주 출신의 관료로 생각된다.

55)『耘谷詩史』卷1, <正月二十四日西谷張尙書亡道境作挽詞云(四首)>.
56)『耘谷詩史』卷2, <題西谷徐奉翊畵壁山水(二首)>.
57)『耘谷詩史』卷1, <家兄與元西谷見和復書二首>.
58)『耘谷詩史』卷1, <正月二十四日西谷張尙書亡道境作挽詞云(四首)>.
59)『耘谷詩史』卷2, <和前刺史閔公題徐奉翊郊居詩(幷序)>.
60)『耘谷詩史』卷1, <聞任尙書彈琴詩>.
61)『耘谷詩史』卷2, <趙侍郎寄詩次韻>.

552

"2월 어느 날. 曹溪 參學 允珠스님이 영남에서 돌아와, 그의 스승인 麟角
大禪師로부터 받은 시를 보여 내게 주었다. (이 시를 보고) 尙書 華之元이
차운하여 짓고, 나도 차운하여 시 두 편을 지었다"고 하고, 또 인각대선사의
시, 화지원의 시, 원천석의 시가 차례로 나열되어 있다.62) 이로 볼 때, 원천
석과 화지원이 서로 알고 만남을 가졌던 계기는 인각대선사를 통해서였다
고 생각된다.

이색과의 만남도 사원 또는 승려를 통해서였다고 생각된다. 국자감 학생
으로 원천석이 개경에 머물렀기 때문에, 원천석과 이색의 만남은 개경에서
이루어졌다고도 볼 수 있다. 그러나 『耘谷詩史』나 『牧隱集』에 개경에서 이
들이 만났던 흔적이 보이지 않는다. 그리고 『耘谷詩史』에는 우왕 14년에
처음으로 이색에 대한 언급이 나온다.63) 이로 볼 때, 원천석이 이색과 교유
하게 된 것은 원주에 내려 온 이후라고 생각된다.

원천석과 이색의 만남을 시사해 주는 것은 우왕 5년에 건립된 神勒寺普
濟尊者石鐘碑이다. 보제존자는 나옹을 말한다. 이색은 많은 승려들과 교유
하였는데, 특히 나옹 문도들과 돈독한 관계를 유지하였고 나옹 문도를 통해
불교계 인맥을 형성하였다.64) 원천석이 나옹과 직접 만났다는 기록은 없지
만, 나옹의 운산도나 나옹의 영정에 시를 쓰는 등 나옹에 대하여 각별한 애
정을 보였다. 원천석이 자주 만나고 교유하였던 覺宏,65) 杲菴66)은 나옹의
제자들이었다. 神勒寺普濟禪師舍利石鐘碑에는 이색이 비문을 찬하였고,
覺宏이 비석을 세웠고, 杲菴이 나옹의 제자로 나오며, 원천석은 檀越로 나
온다.67) 이런 정황으로 보아 神勒寺普濟禪師舍利石鐘碑의 건립에 즈음하

62) 『耘谷詩史』 卷1, <二月有日曹溪參學允珠自嶺南來過予因示師尊隣角大禪翁所贈
詩曰>.
63) 원천석이 고려의 2명의 현인을 찬하면서 처음으로 이색에 대하여 언급하였다. 이때
원천석은 이색을 판삼사사 이색이라고 하였다(『耘谷詩史』 卷3, <海東二賢讚>).
이색이 판삼사사에 임명된 것은 우왕 14년이다(『高麗史』 卷137, 열전50, 우왕 14년
정월).
64) 남동신, 「목은 이색과 불교 승려의 시문(詩文) 교유」, 『역사와 현실』 62, 2006.
65) 『耘谷詩史』 卷2, <送雲遊子覺宏遊江浙(幷序)>.
66) 『牧隱集』 卷6, 杲菴記. 『耘谷詩史』에는 國一都大禪師 杲菴으로 나온다.
67) 「神勒寺普濟禪師舍利石鐘碑」, 許興植編, 『韓國金石全文』 中世下, 亞細亞文化社,

여 이색과 원천석이 처음 만나게 된 것으로 생각된다.[68] 그리고 神勒寺普濟尊者石鐘碑 건립 이후 杲菴이 신륵사에 있게 되자,[69] 원천석과 이색이 신륵사를 방문하고[70] 그 속에서 자연스럽게 교우관계가 형성되었던 것으로 보인다.

이상으로 볼 때, 원천석과 교우하였던 관료들 중 상당수는 원주지역에 파견된 지방관 또는 원주 인근의 지방관들이 많았다. 중앙관료들도 대부분 원주 출신이거나 원주에 거주하거나 지역적 기반을 가지고 있었던 인물들이었다. 따라서 원천석이 관료들과 광범위하게 교유하였던 것은 아니었다고 생각된다.

4. 유교적 소양을 갖춘 지방지식인들과의 교유

『耘谷詩史』에는 대학, 서생, 박사 등 지방에 거주하는 유교적 소양을 갖춘 지식인들이 많이 등장한다.[71] 이 중에서도 원천석이 교유하였던 유교적 소양을 갖춘 지방지식인 중에는 향교와 관련된 인물들이 많다. 고려시대 향교는 성종·현종 및 예종대를 거치면서 군현 단위까지 보급되었고, 인종대에는 속현에까지 설치가 확대되었다. 비록 무인집권기 및 원간섭기를 거치면서 일시 침체되기는 하였지만, 수령들의 독려로 연령·정원의 제한도 없이 고을 자제들을 모집하여 유교 교육을 독려하였기 때문에 향교를 통해 지

1984, p.1213.

68) 神勒寺普濟尊者石鐘碑에는 이을림도 檀越로 참가한 것으로 나온다. 神勒寺普濟尊者石鐘碑 건립때, 원천석과 이을림이 만났을 것으로 생각된다. 그러나 『耘谷詩史』에는 이을림이 죽자 곡을 하였다는 것만 나오므로(『耘谷詩史』卷5, <哭李判事(乙琳)>) 이을림과 원천석의 만남이 사원 또는 승려로 인한 것인지 아니면 다른 사람을 통해서였는지는 명확하지 않다.

69) 『耘谷詩史』卷3, <神勒和尙國一都大禪師杲庵寄頌云>.

70) 『耘谷詩史』卷3, <二十七日被韓山君召向神勒寺途中作>.

71) 유교적 소양을 갖춘 지방지식인들에는 주로 대학, 진사, 서생, 생원, 선생 등으로 호칭된 사람들을 포함시켰다. 단 司戶는 조세 수취를 담당한 향리이지만, 향리직을 수행하기 위해서는 유교적 소양까지는 아니라고 하더라도 일정정도 글공부를 하여야 했기 때문에 유교적 소양을 갖춘 지방지식인들에 포함시켰다.

554

방 교육의 확대·보급 등이 꾸준히 전개되고 있었다.[72] 그리하여 지방에서
는 향교를 통해 많은 지식인들이 배출되었다.

원천석의 교우관계에서 향교는 큰 역할을 담당하였다. 원천석이 춘주향
교의 대학들에게 보낸 시에 "春城은 山水의 고을인데, 내 일찍이 그곳에 나
그네 되었지"[73]라고 하거나 "내가 떠나온 뒤에 세월이 너무나 빨라, 예전에
놀던 자취 이제는 다 달라졌네"[74]라고 한 것으로 보아, 원천석이 춘주향교
에서 공부하였음을 알 수 있다. 젊은 시절을 춘주향교에서 공부해서 그러했
는지는 모르겠지만, 원천석은 춘주 및 춘주향교에 대한 애착이 상당히 강하
였다.『耘谷詩史』에 원천석이 강원도 일대를 여행하면서 읊은 시들을 보면,
강원도를 여행할 때면 춘주를 자주 들렀고, 춘주향교에서 공부한 자신의 젊
은 시절을 자주 회상하였다.

그리하여 춘주향교에서 공부한 지 오랜 시간이 흐른 뒤에도 춘주 출신의
사람들과 친밀한 관계를 유지하였다. 앞서 언급한 것처럼 춘주 출신 박윤진
은 원천석과 같이 공부한 인물로 생각되는데, 박윤진이 중국으로 갈 때 원
천석은 잘 다녀오라는 뜻을 담은 시를 지어 보내기도 하였다. 춘주향교의
대학인 辛○○과도 시를 주고받았고, 辛○○의 별장을 방문하기도 하였
다.[75] 춘주향교의 대학들에게 자주 시를 보내 안부를 묻기도 하였다. 원천
석이 강원도를 여행할 때는 춘주향교의 대학들이 술을 가지고 오기도 하
고,[76] 책을 빌려주기도 하였다.[77] 원천석이 춘주향교 및 춘주 출신들과 자
주 교류를 함에 따라 원천석의 학문이 뛰어나는 사실이 춘주지역에도 알려
져, 원천석의 명성을 듣고 書生 金○○ 및 李○○ 등과 같이 춘주 출신의
학생들이 원천석에게 배우러 오기도 하였다.

원천석은 원주향교와도 친밀한 관계를 유지하였다. 원주향교에 나아가

---

72) 朴贊洙,「高麗時代의 鄕校」,『韓國史研究』42, 1983 ;『高麗時代 教育制度史 研
　　究』, 景仁文化社, 2001, pp.287-288.
73)『耘谷詩史』卷2, <寄春州鄕校諸公>.
74)『耘谷詩史』卷1, <寄春城鄕校諸大學>.
75)『耘谷詩史』卷1, <寄題春州辛大學郊居>.
76)『耘谷詩史』卷2, <冬夜寓春城客舘卜大學携酒來訪詩以謝之>.
77)『耘谷詩史』卷2, <春城客舘雨中呈廉先生借冊>.

학생들에게 열심히 공부할 것을 독려하였고,[78] 원주향교 書生들이 원천석을 자주 방문하기도 하였으며,[79] 때로는 원천석이 書生들에게 지를 지어 보내기도 하였다.[80] 그런데 원천석이 서생들에게 시를 지어주면서 독려하는 것으로 보아, 원천석은 원주향교에서 書生들을 가르치는 위치에 있었던 것으로 생각된다. 원문질이 죽자 원천석이 "어릴 적부터 글읽기에 마음 간절해, 나도 그 당시 한 편을 가르쳤었지"라고 하는 것으로 보아,[81] - 원문질이 원주향교 서생인지는 모르겠지만 - 원문질은 원천석에게 직접 가르침을 받았다.

이들 향교 관련자들 외에도 원천석이 교유하였던 인물 중에는 원주에 거주하였던 張○○, 李○○, 진사 金○○, 선생 徐○○, 生員 김조, 도령 安○○, 선달 김초, 進士 원습, 개경에 머물고 있었던 박사 이을화, 진사 曹○○[82] 등이 있었다. 이외에도 단양의 지식인들, 김해에 거주한 선달 신맹경, 강릉에 거주하는 생원 최안린 등 원천석은 원주 이외 다른 지역의 지식인들과 교유하였다.

그런데 『耘谷詩史』를 보면, 원천석이 춘주 출신의 지방지식인들과 주고받은 시는 권1 및 권2에 집중적으로 나오며, 원주지역의 지식인들이나 원주향교 書生들과 주고받은 시는 권4 및 권5에 많이 나온다. 『耘谷詩史』가 시간적인 배열이라는 점을 고려할 때, 이러한 경향은 원천석의 교유관계에 일정한 변화가 있었다고 생각된다. 즉 시간이 지남에 따라 춘주향교에서 같이 알고 지냈던 인물들이 죽거나 왕래가 줄어들면서 춘주지역 지식인들과의 관계는 소원해졌으며, 반면 원천석의 생활무대가 점점 원주지역으로 제한

---

78) 『耘谷詩史』 卷4, <久雨獨坐鄕學書五絶以示諸生> ; 卷4, <示諸生(三首)> ; 卷5, <次諸生秋日詩韻>.

79) 『耘谷詩史』 卷3, <十日諸生來訪(三首)> ; 卷5, <七月七日卽事> ; 卷5, <是日夜李・安二生携酒來訪> ; 卷5, <諸生來訪>.

80) 『耘谷詩史』 卷5, <卽事. 寄鄕學諸生> ; 卷5, <聞鄕學諸生賦雪. 次韻寄似>.

81) 『耘谷詩史』 卷4, <哭元措大(文質)(二首)>.

82) 진사 曹○○가 원주에 거주하였다는 기록은 없다. 그러나 길을 떠나는 조○○에게 원천석이 "낮에 비단옷 입고 고향에 돌아오면, 영광이 마을에 가득하리라"라고 치하하는 것으로 보아(『耘谷詩史』 卷5, <曹進士餞行次宋獻納詩韻>), 원주에 거주하였던 인물로 판단된다.

556

되면서 원주지역 지식인과의 교류는 이전보다 많아졌던 것이다.

『耘谷詩史』가 시로 이루어진 문집이라는 점에서 제한적이기는 하지만, 지방지식인들간의 인적 교류를 위한 모임이 있었던 것으로 보여지는 구절들이 있다.

> 가) 남쪽 계곡 버드나무 아래 시원한 곳을 찾아 鷓鴣天을 지으니, 契內의 張公과 李公이 생각났다.[83]
>
> 나) 병 때문에 庚申의 약속을 지키지 못함을 生員 金祖에게 알리고, 아울러 座上 諸公께 드리다.[84]

가)의 契內는 계모임을 말한다. 고려시대의 계는 동년자의 同甲契, 동족간의 사교를 목적으로 하는 同族契, 무인정변 때 조직되어 문무간의 반목을 없애고 우애적인 관계를 유지하기 위해 마련된 文武契 등이 있었다.[85] 가)는 『耘谷詩史』 권1에 실려 있고-권1은 충정왕 3년에서 공민왕 18년까지 지은 시가 실려 있다.[86]-, 또한 장공 및 이공을 원천석이 옛 친구라고 하면서 "옛 친구들은 솔숲의 흙이 되었으니, 세상과 어긋난 나를 그 누가 알아주랴"고 하면서 名利를 좇은 자신의 어리석음을 후회하는 것으로 보아,[87] 장공과 이공은 국자감시를 보기 이전에 알았던 사람들로 생각된다. 특히 장공 및 이공을 옛 친구라고 지칭한 점으로 볼 때, 아마도 장공 및 이공은 춘주향교에서 같이 공부하였거나 또는 춘주에서 공부할 때 알았던 그 지역 지식인들로 생각된다. 계내라는 표현으로 볼 때, 장공 및 이공 등을 포함한 몇몇 사람들이 모여서 契를 형성하고, 자주 모임을 가졌던 것으로 생각된다.[88] 그 모임의 성격이 무엇인지는 알 수 없지만, 契의 특성상 성원들간의

---

83) 『耘谷詩史』 卷1, <南谿柳下追凉作鷓鴣天憶契內張趙二公(二首)>.
84) 『耘谷詩史』 卷3, <因病未赴庚申之期寄金生員祖兼簡座上諸公(二首)>.
85) 이인재, 앞의 책, p.119.
86) 유주희, 앞의 책, pp.83-84.
87) 『耘谷詩史』 卷1, <南谿柳下追凉作鷓鴣天憶契內張趙二公(二首)>.
88) 장공·이공·원천석이 참여한 계가 원천석이 춘주지역에 있을 때만 모였던 계였는지, 아니면 원천석이 원주에 와서도 계속 모였던 계였는지는 다른 자료(시)가 없어 분명하지 않다.

친목도모를 위한 것이 아니었던가 생각된다.

나)의 座上은 '여러 사람이 모인 자리' 또는 '한 자리에 모인 사람 가운데 주로 나이가 가장 많은 사람'으로 해석된다.[89] 좌상 다음 諸公이라는 표현이 있는 것으로 보아, 나)의 좌상은 '여러 사람이 모인 자리'로 보는 것이 타당하다. 원천석과 생원 김조가 그 모임에 참석하는 것으로 보아, 좌상에 참가하는 사람들은 원주 또는 원주 인근 지역에 거주하는 지식인들의 모임이라고 생각된다. 이 모임이 얼마나 자주 있었는지는 알 수 없다. 다만 경신의 약속을 지키지 못한다는 것으로 보아, 원주 또는 원주 인근 지역 지식인들이 날짜를 정해 놓고 모임을 가졌던 것은 분명하다.

그런데 이러한 모임에는 지방 지식인들만 참석하는 것은 아니었다.

다) 안 司戶 집에 5, 6인이 모여 술잔을 나누면서 시 한 수를 지어 이을생 선생에게 보였다.[90]
라) 趙奉善이 지은 契內에서 함께 발원한 十詠 시권 뒤에 썼다.[91]

다)의 司戶는 고려 후기에 신설된 향직의 하나로, 邑司의 戶長이 맡아 조세수취를 담당하였다고 한다.[92] 안 사호의 집에 5~6인이 모여 술잔을 나누었다는 것으로 보아, 이 모임은 지방 향리와 이 지역 지식인들이 같이 모이는 자리였다고 생각된다. 라)의 봉선 趙○○는 3장에서 언급한 것처럼 원주 출신의 관료이다. 계내에 참석한 사람을 구체적으로 알 수 없지만, 가)와 연결해 본다면 계내에 참석한 사람들은 원주지역의 지식인들이라고 생각된다. 원주지역 지식인들의 모임에 봉선 趙○○가 우연히 참석하였는지, 봉선 趙○○도 참여하는 모임인지는 명확하지 않다. 그러나 지방지식인들과 지방 향리, 지방지식인들과 그 지역 출신의 중앙 관료가 모임을 가졌던 것은 확실하다.

이런 모임은 다)와 같이 술잔을 나누면서 시 한 수를 짓는 것이 주된 것

---

89) 이인재·허경진 옮김, 『耘谷詩史』, 혜안, 2007, p.384.
90) 『耘谷詩史』 卷1, <安司戶家五六人成小酌作一首示李先生(乙生)>.
91) 『耘谷詩史』 卷3, <題趙奉善所逃契內同發願十詠卷後(二首)>.
92) 강은경, 『고려시대 호장층 연구』, 혜안, 2002, p.164.

이었을 것이다. 고려시대 지식인들 사이에서 시를 주고받는 것은 일종의 문화였다. 그리고 시나 說과 같은 문학작품이 내면수양과 친교의 수단일 뿐만 아니라 커뮤니케이션의 수단으로 이용되어 정치적 여론을 형성하거나 상호 격려하고 분발을 촉구하는 수단으로도 사용되었다.[93] 이는 원천석을 포함한 원주 또는 원주 인근 지역의 지식인들의 모임에서도 그대로 적용되었을 것이다. 이들 지식인들이 지역사회에서는 지배층에 속하였다는 점에서, 이런 모임은 지역사회에서 이들의 정치적 결속을 다져주는 역할도 하였을 것이다. 특히 이 모임에 지방 향리나 관료가 참석한다는 점에서 지방에서 형성된 여론과 지방사회의 실정이 중앙으로 전달되고, 국가의 정책이나 명령 나아가서는 대내외적인 정보 등이 지방으로 전달되는 장으로서의 역할도 담당하였을 것이다. 이러한 점은 원주에 은거하였던 원천석이 명나라의 명령으로 公服이 변경되었다거나,[94] 위화도회군과 최영의 죽음,[95] 우왕의 폐위와 창왕의 즉위,[96] 다른 사람의 토지를 수탈한 염흥방·임견미에 대한 처벌,[97] 이색에 대한 탄핵[98] 등 중앙 정계가 돌아가는 상황을 자세하게 알고 있었던 것에서 잘 드러난다.

5. 승려와의 교유

원천석의 사상적 특징 중의 하나가 三敎一理論이라고 한다.[99] 어렸을 때부터 유교를 공부하였던 원천석이 三敎一理를 주장하게 된 밑바탕에는 사

---

93) 채웅석, 「『목은시고(牧隱詩藁)』를 통해서 본 이색의 인간관계망」, 『역사와 현실』 62, 2006, p.100.
94) 『耘谷詩史』 卷3, <是月朝廷奉大明聖旨改制衣服自一品至於庶官·庶民各有科等作四節以誌之>.
95) 『耘谷詩史』 卷3, <病中記聞>.
96) 『耘谷詩史』 卷3, <伏聞主上殿下遷于江華元子卽位有感(二首)>.
97) 『耘谷詩史』 卷3, <伏聞主上殿下奮義掃盡兼幷暴虐之徒四方晏然詩以賀之>.
98) 『耘谷詩史』 卷4, <記夢>.
99) 도현철, 「원천석(元天錫)의 안회적(顔回的) 군자관(君子觀)과 유불도(儒佛道) 삼교일리론(三敎一理論)」, 『耘谷元天錫硏究論叢』, 原州文化院, 2001.

원과 승려들과의 교유가 중요한 역할을 차지하였을 것이다.

『耘谷詩史』에 언급된 사원은 麻田寺, 淸平寺, 圓通寺 등 20곳이나 된다. 주지를 만나기 위해 松花寺에 갔다는 것처럼,[100] 승려들을 만나기 위해 절을 방문하는 경우가 많았다. 그렇지만, 각굉 승려와 함께 泉林寺에서 불경 공부를 하였고,[101] 어머니의 忌日에 歡喜寺에 갔고,[102] 병이 나서 요양을 위해서 2달 가량 無盡寺에 머물기도 하였고,[103] 이색을 만나기 위해 神勒寺를 방문하는 것처럼[104] 공부, 제사, 휴식, 치료, 여행, 다른 사람을 만나기 위한 목적으로 절을 방문하기도 하였다. 이러한 측면은 중앙 귀족들의 일상생활에서 사원이 매우 밀접한 관련을 가지는 것과 마찬가지로 지방지식인의 일상생활에서도 사원이 매우 밀접한 관련을 맺고 있음을 보여주는 것이라고 하겠다.[105]

『耘谷詩史』에 언급된 승려들은 도경선사를 비롯해 총 89명이다.[106] 원천석이 교유한 승려들은 의원 장로·達義·천태 演처럼 천태종 승려도 있었지만, 대체로 선종계열의 승려들이 많았다. 도경선사는 보우와 같은 가지산계 선종승려였으며, 나옹 제자인 각굉은 사굴산계 선종승려였다. 이들 외에도 윤주는 가지산계, 신회와 신원은 사굴산계 승려들이었다. 또한 일본에서 온 선종 승려와도 시를 주고받았을 정도로 선종계열의 승려들과 폭넓게 교유하였다.[107]

---

100) 『耘谷詩史』卷5, <遊松花寺適主師出外待之而作>.
101) 『耘谷詩史』卷2, <哭偰其大選>.
102) 『耘谷詩史』卷3, <九月三日遊歡喜寺(因慈親諱日)>.
103) 『耘谷詩史』卷3, <予二月下旬得疾三月晦移接無盡廢寺經夏二朔五月二十四日乃六月節也將欲遷居偶書一詩>.
104) 『耘谷詩史』卷3, <二十七日被韓山君召向神勒寺途中作>.
105) 趙明濟, 「元天錫의 佛敎認識－朱子學의 수용과 관련하여－」, 『보조사상』 26, 2006, p.326.
106) <표 1>에서 만세사 당두 좌하는 1명으로 처리하였다. 또한 辛社主에 대해 만년에 祖師禪을 닦았다고 일컫는 것으로 보아(『耘谷詩史』卷1, <哭辛社主>), 신사주를 승려로 분류하였다.
107) 이인재, 「고려말 원천석의 학문관과 지역활동」, 『耘谷元天錫硏究論叢』, 2001, pp.124-132. 원천석이 주로 선종 계열의 승려들과 교유하였던 것은 고려 말에 선종이 불교계에서 주도적인 위치를 차지한 사정과 더불어 고려 말 당시 사대부들이

560

많은 승려들 중에서 원천석과 오랜 친분을 쌓은 승려는 도경선사와 각굉이다. 도경선사는『耘谷詩史』1권부터 등장하는데, 아마도 원천석이 개경에서 원주로 내려오면서부터 교류한 승려로 생각된다. 원천석은 도경선사가 머무르는 절에 자주 갔으며, 도경선사와 자주 시를 주고받았다. 원천석이 도경선사가 보낸 시에 차운한 것을 보면 '四威儀', '正念', '六識' 등과 같은 불교 용어가 자주 등장한다. 도경선사와의 교류를 통해 불교에 대한 인식의 정도가 매우 높아진 것으로 생각된다.

도경선사와는 학문적인 것만이 아니라 서로의 고민과 아픔을 나누던 사이였던 것으로 보인다. 원천석이 연이어 아들과 부인을 잃어버리자, 도경선사는 시를 보내 "너무 상심하실까 염려되어 因果의 말을 빌려서 시를 지어 바치니, 바라건대 마음을 다스리시어 슬픔을 푸소서"라는 위로를 전달하기도 하였다.108) 또 형인 원천상이 죽자, 도경선사가 挽歌를 지어 원천석의 슬픔을 달래주기도 하였다.109)

또한 도경선사를 통해 다른 사람들과의 교유로 확대되었다. 도경선사가 보낸 시에 차운하여 만세사 堂頭 좌하에게 원천석이 시를 보내기도 하였고,110) 목백 설○○이 도경선사에게 보낸 시에 차운하기도 하였으며,111) 서곡(원주)에 거주하던 尙書 張○○이 세상을 떠나자 도경선사와 원천석이 함께 시를 짓기도 하였다.112) 이처럼 도경선사를 통해 승려, 지방관, 원주로 낙향한 관료들과의 만남으로 확대되었다. 원천석의 목백 설○○ 및 상서 장○○와의 만남이 반드시 도경선사를 통해서 이루어졌다고는 할 수 없다. 오히려 원천석이 설연수에게 직접 보낸 시가 있음을 고려한다면, 설연수 및 상서 장○○과 이미 알고 있었을 것으로 생각된다. 그러나 원천석이 환희사

불교의 선사상에 많은 관심을 가졌던 경향과도 무관하지 않다고 한다(조명제, 앞의 논문, p.332).
108)『耘谷詩史』卷1, <道境大禪翁寄書曰先生不幸去年哭子今又失主婦悲哀相繼痛甚無極予懼其傷也推因果綴言爲詩以奉贈庶亂思而紓哀也詩曰>.
109)『耘谷詩史』卷2, <乙卯十一月念三家兄病亡道禪翁作挽歌二章云>.
110)『耘谷詩史』卷2, <次道境所示詩韻呈萬歲黨頭座下(雙音)>.
111)『耘谷詩史』卷2, <次偰刺史寄道境詩韻>.
112)『耘谷詩史』卷1, <正月二十四日西谷張尙書亡道境作挽詞云(四首)>.

당수 장로를 대신해 관찰사 정탁에게 보낸 시가 있는 것으로 보아,[113] 도경 선사를 통해 원천석과 설연수·상서 장○○과의 교유가 더욱 돈독해질 수 있었던 것이 아닌가 생각된다.

나옹의 제자였던 각굉과도 원천석은 친밀한 관계를 유지하였다. 각굉은 원천석에게 미나리, 오이, 沈瓜를 보내주기도 하였다. 강소성과 절강성으로 유학가는 각굉을 원천석이 배웅하면서 쓴 시와 서문에는 각굉이 어린 나이에 출가하였다는 사실, 각굉이 여러 명산을 돌아다니며 학업을 성취한 뒤에 나옹의 제자가 된 사실, 叢林에 있을 때에 두 번이나 藏主의 책임을 맡았다는 사실, 經을 보면 般若의 도리를 얻었고 論을 읽으면 三觀의 이치를 깨달았다는 사실 등을 상세하게 쓰고 있다.[114] 원천석이 각굉에 대하여 이렇게 자세한 사실을 알 수 있었던 것은 단순히 승려와 신자로서의 관계를 넘어서 친구와 친구로서의 돈독한 관계를 유지하였기 때문에 가능한 것이었다고 생각된다.

그런데 원천석이 승려들과 친밀한 관계를 유지했던 것은 원천석이 특별하였기 때문이 아니라 당시 지방지식인들의 일반적인 모습이었다.

> 이 詩軸은 木菴先生 朴東雨·簡甫先生 金坤, 승려인 恬軒 愚公·晦軒 古鏡 등이 서로 주고받은 시를 모아서 한 軸을 이룬 것인데, 또 伊川의 漁隱先生 韓子龍과 太守 素堂 元公이 서로 주고받아 38수를 이루었다.[115]

위의 사료는 이천감무로 부임한 원공이 보내온 시권을 보고 원천석이 시권 뒤에 쓴 서문이다. 이천감무 원공이 보낸 시권은 목암선생 박동우, 간보선생 김곤, 승려 염헌 우공, 승려 매헌 고경이 주고 받은 시를 모은 것이었다. 그런데 『耘谷詩史』에서는 태수 소당 원공처럼 관료인 경우에는 반드시 관직을 표기하며, 진사 원습처럼 진사나 대학인 경우에도 반드시 그것을 명

---

113) 『耘谷詩史』 卷5, <代歡喜堂頭長老上按部公鄭(擢)詩(四首)>.

114) 『耘谷詩史』 卷2, <送雲遊子覺宏遊江浙(幷序)>.

115) 『耘谷詩史』 卷4, <題元伊川所示詩卷後>, "此軸乃木菴先生朴東雨簡甫先生金坤釋·恬軒·愚公·晦軒·古鏡互相賡和 成一軸 又伊川漁隱·韓先生子龍·與太守素堂元公相和 成三十八首也".

기해 주고 있다. 박동우와 김곤을 각각 목암선생, 간보선생이라고만 한 것은－원천석이 박동우와 김곤을 존경하는 의미도 있었겠지만－박동우와 김곤이 관료도 아니며 진사나 대학도 아니라는 것을 의미한다. 원천석이 목암선생, 간보선생이라고 호칭하는 것으로 보아, 박동우와 김곤은 유교적 소양을 갖춘 지식인들로 생각된다.

이천의 지식인인 박동우와 김곤이 승려인 우공·고경과 주고받은 시가 한 축을 이루었다는 것은 이들이 주고받은 시가 매우 많았음을 의미한다. 또한 이들이 상당한 시간을 두고 교유하였으며, 나아가 친밀한 관계였음을 의미한다.

박동우와 김곤이 우공·고경과 교유하였던 것은 원천석이 도경선사나 각굉과 교우하였던 것과 같은 것이었다. 이는 고려 말 당시 지방지식인, 특히 유교를 공부한 지식인이 승려들과 친밀한 교유관계를 유지했음을 말해주는 것이라고 생각된다.

6. 친척들과의 교유

먼저 친가 친척들을 보면, 원천석의 친가는 원주 원씨였다. 시조 원극부가 호장이었고, 고조 원보령이 창정, 증조인 원시준이 창정이었다. 할아버지 원열이 정용별장을 역임하였다. 아버지 원윤적은 종4품직인 종부시령을 역임하였다. 정용은 보승과 함께 경군과 주현군의 주력을 이룬 부대였으며, 별장은 그 부대장이었다.[116] 그러므로 원천석의 집안은 원주에서 대대로 세거하던 집안이었고, 늦게 중앙정계로 진출하였다고 할 수 있다.

그런데 『耘谷詩史』에는 아버지와 어머니에 대한 구체적인 언급이 없다. 다만 아버지에 대한 것은 형인 원천상이 원천석에게 보낸 편지에 "아버지가 庸夫들에게 비방을 당하였다"[117]고 하였으며, 어머니에 대해서는 "어머니의 기일이라 환희사를 방문한다"는 내용만 나온다. 원천석이 軍籍에 이름

---

116) 李基白, 『高麗兵制史』, 一潮閣, 1968, pp.208-220.
117) 『耘谷詩史』 卷1, <次家兄所示詩韻(時先君謬被庸夫甚謗四首)>.

이 올라가고, 국자감시에 합격했음에도 불구하고 예부시를 보지 못한 것으로 볼 때, 원윤적은 庸夫들의 비방을 당한 뒤 얼마 지나지 않아 세상을 뜬 것이 아닌가 생각된다. 아마도 원윤적이 관료로서 중앙정계에 오랫동안 있었다면, 원천석이 군적에 이름이 오르지는 않았을 것이다.

원천석의 형제는 사남매였다. 형 원천상은 진사로, 원주에 거주하였다. 원천석은 원천상을 家兄이라고 불렀다. 원천상은 서곡 사는 원공과 함께 원천석에게 시를 보내기도 하였으며,[118] 甲寅年(1374)에 원천석이 변암으로 집을 옮기자 원천석을 찾아와 위로하여 서로 시를 짓기도 하였다. 원천상은 원천석이 46세 때인 을묘년(1375)에 사망했다. 동생 원천우는 자가 子誠으로, 원천석과 같이 원주에서 생활하다가 금성군의 감무를 역임하였고, 흡곡현 현령을 지냈다. 여동생은 외가인 원주 이씨 집안 사람이었던 이자수와 결혼하였다. 이자수의 형은 이자성으로, 『耘谷詩史』에서 계장 이자성이라고 나오는 인물이 바로 이 사람이다.[119] 그리고 이자성의 아들은 이반계인데, 이반계는 원천석과 함께 고려 말에 절의를 지킨 인물로 평가된다. 이반계는 『耘谷詩史』에서 니촌에 사는 거사 이○○로 추정된다.[120]

원천석의 부인은 원천석이 39세 되던 해에 죽었다. 원천석은 재혼하지 않고, 홀로 자식들을 키웠다. 원천석의 자식은 2남 2녀였는데, 딸 한명은 태어난 지 백일만에 죽었다. 다른 딸은 원주 병마사를 지낸 李琛과 결혼하였는데,[121] 『耘谷詩史』에 나오는 摠持母가 바로 그녀이다. 큰아들 元沚는 직장 동정을 지냈으며, 원천석이 38세가 되던 해에 죽었다. 둘째 아들 元泂은 개경에서 생활하다가, 나중에 기천현감을 역임하였다.[122] 원천상의 자식은 元湜, 李聖富와 결혼한 딸, 元憲과 결혼한 딸이 있었다.[123] 원천우의 자식은

---

118) 『耘谷詩史』 卷1, <家兄與元西谷見和復書二首>.
119) 『耘谷詩史』 卷5, <李契長席上呈禹契內諸公(子成)>.
120) 『耘谷詩史』 卷5, <次泥村李居士詩韻>.
121) 『原州李氏大同譜』 卷1, 農經出版社, 1986, pp.5-6. 『原州李元大同譜』에 의하면 李琛과 결혼한 딸은 아들 3명과 딸 1명을 두었는데, 아들은 摠持, 摠宜, 摠綱이고, 딸은 李程과 결혼하였다.
122) 『耘谷詩史』에 원천석에게는 손녀로 妙音이 있다고 한다(『耘谷詩史』 卷3, <詠足巾(孫女妙音童所贈)>). 묘음이 구체적으로 누구의 자식인지는 분명하지 않다.
123) 『原州元氏世譜』, 원주원씨 대동보소, 1986.

元認, 元譜, 李植과 결혼한 딸[124]이 있었다.

부인과 큰아들이 죽고, 딸이 결혼한 다음, 원천석은 원주에서 동생, 작은 아들, 조카들만 데리고 살았다. 같이 살던 가족들도 개경에서 생활하거나 지방관으로 파견되어, 원천석과 떨어져 지내는 경우가 많았다. 그러므로 원천석의 원주에서의 생활은 매우 단출하였던 것으로 생각된다.

원천석의 외가는 익흥 이씨[125]로, 외할아버지는 대장군을 지낸 李松堅이다. 이송견에게는 이윤생, 원천석의 어머니, 이윤비 등 3명의 자식이 있었다. 『耘谷詩史』에는 외할아버지, 외삼촌에 대한 기록은 없고, 다만 외가 친척으로는 외당형 副令 이○○, 宜差 이사백 등이 나온다. 『原州李氏大同譜』에 따르면, 이사백은 이윤비의 아들이다.[126] 즉 이사백은 원천석에게는 외사촌이 된다. 외당형 부령 李○○는 누구인지 명확하지 않다. 『耘谷詩史』에는 李○○가 아버지를 추봉하였는데, 그 아버지의 추봉한 지위에 대해 원천석은 "지위가 막중한 鴻樞使"라고 하였다.[127] 고려시대에 중추원을 鴻樞라고 지칭하는 경우가 많았다.[128] 그런데 『原州李氏大同譜』에 의하면 운곡의 외삼촌인 이윤생이 밀직으로 추봉되었다고 한다.[129] 아마도 『耘谷詩史』에서 추봉된 사람은 이윤생으로 생각되며, 부령 李○○는 이윤생의 아들 李乙靑으로 추정된다.

원천석의 처가는 원주 원씨로, 장인은 종부시령을 역임한 원광명이었다.[130] 원광명은 아들 셋, 딸 셋을 두었다. 아들은 元孟良, 元方甫, 元季良

---

124) 『原州李氏大同譜』에 의하면 李植은 원천우의 딸과 결혼한 것으로 되어 있다(『原州李氏大同譜』 卷1, 農經出版社, 1986, p.3).

125) 익흥 이씨는 원주 이씨로 불린다.

126) 『原州李氏大同譜』 卷1, 원주이씨대동보편찬위원회, 1991, p.4.

127) 『耘谷詩史』 卷4, <外堂兄李副令追封先君拜其塋作二節以呈似>.

128) 고려시대에는 문하성을 鷺臺라 하였고, 중서성을 鳳閣, 중추원(추밀원)을 鴻樞라고 하였다(변태섭, 『高麗政治制度史硏究』, 일조각, 1971, pp.52-53).

129) 『原州李氏大同譜』 卷1, 원주이씨대동보편찬위원회, 1991, p.3.

130) 이인재는 원천석의 어머니를 원주 원씨 원광명의 딸로 보았다(이인재, 앞의 책, 2001, p.35). 그런데 허목이 쓴 「高麗國子進士耘谷先生墓碣篆」이나 1986년 편찬된 『原州元氏世譜』를 보면 원천석의 어머니가 익흥 이씨로, 원천석의 부인이 원주 원씨 원광명의 딸로 기록되어 있다.

이었고, 딸은 각각 원천석, 元天奉, 申自溫과 결혼하였다.

원광명의 동생은 元光德이다. 원광덕의 사위로는 李實과 元立이 있다. 『耘谷詩史』에 나오는 부정 이실과 소경 원립이 바로 이들이다. 이실은 副正을 역임하였는데, 원천석이 형이라고 하는 것으로 보아 원천석보다 나이가 많았다. 이실이 죽자 원천석이 지은 시에는 "남과 사귀는 도가 언제나 친밀했지만, 내게 유달리 사랑이 많으셨네"[131]라고 한 것으로 보아, 이실은 원천석을 매우 사랑했던 것으로 보인다. 원립은 도령 및 소경을 역임하였다. 『耘谷詩史』에는 새해, 입춘, 동짓날 등 명절뿐만 아니라 가을에 바람이 불 때, 눈이 내릴 때에도 원천석이 원립에게 보낸 많은 시들이 실려 있다. 이로 볼 때, 원천석과 원립은 매우 돈독한 관계였던 것으로 생각된다.

그런데 원천석이 친척들과 교유하는 데에도 契 모임이 중요한 역할을 하였던 것으로 보인다. 원척석은 계모임을 계내라고 표현하였다. 그리고 계내의 대표를 계장이라고 불렀다. 『耘谷詩史』에 계장이라고 불리는 사람은 원립,[132] 원숙로,[133] 원천부,[134] 이자성이다.[135] 원천석과 원숙로, 원천석과 원천부의 관계는 정확하게 알 수 없지만, 원씨인 것으로 보아 친가쪽의 친척들이 아닌가 생각된다. 원립은 원천석과 사촌 동서간이며, 이자성은 외가로도 친가로도 친척이 된다. 고려시대에는 동족간의 친목과 사교를 목적으로 하는 동족계가 있었다. 그러므로 원립, 원숙로, 원천부, 이자성이 계장으로 있는 계내는 모두 동족계라고 생각된다.

같은 시기에 계장 원천부, 계장 원립, 계장 이자성이 나오는 것으로 볼 때, 원천부·원립·이자성이 계장으로 있는 계는 하나의 계를 지칭하는 것은 아니었다고 생각된다. 원천부가 친가쪽 친척이고, 원립은 처가쪽 친척이라는 점을 고려한다면, 원천석이 지칭한 계내는 친가·처가·외가가 각각 존재하였던 것이 아닌가 생각된다. 계의 속성상, 계원들은 정기적으로 모임

---

131) 『耘谷詩史』 卷3, <哭李副正兄實>.
132) 『耘谷詩史』 卷3, <又賦二首示元契長立>.
133) 『耘谷詩史』 卷4, <十一月二十八日元契長叔老設宴于要濟院招契內諸公予亦參于席末作一首以呈似>.
134) 『耘谷詩史』 卷5, <十六日赴元契長(天富)契內筵呈諸公>.
135) 『耘谷詩史』 卷5, <李契長席上呈契內諸公(子成)>.

을 갖는다. 이러한 계를 통해 원천석은 집안의 경사나 弔事를 챙기고, 관료로 부임하거나 돌아오는 사람들을 환영하는 등 친척들과의 우의를 도모하였을 것이다.

7. 결론

원천석은 공민왕 9년 이교가 주관한 국자감시에 합격하였다. 이교가 주관한 국자감시에 합격한 사람은 원천석을 포함해 99명이었다. 이 중 원천석이 교유하였던 동년은 정도전, 이숭인을 포함해 13명이었다. 원천석은 동년들과의 관계를 그 자신이 주도적으로 이끌어 가기보다는, 동년들이 원주를 방문하면 만나고 동년들이 시를 보내면 화답하는 등 소극적이었다.

원천석이 교유한 중앙 관료는 원주 출신 또는 원주지역에 집이나 별장이 있는 관료들이 대부분이었다. 지방 관료로는 원주지역에 파견된 지방관, 그 중에서도 원주목사와는 활발한 교유관계를 유지하였다. 원주목사를 통해 다른 지방 관료들과 연결되는 경우도 많았다.

지방지식인들과 교유는 유교계와 불교계 지식인으로 구분해 볼 수 있는데, 원천석이 교유한 유교계 지식인들은 춘주향교와 원주향교 관련자들, 원주지역 지식인들이었다. 춘주향교 관련자들은 원천석이 춘주향교에서 공부한 관계로 인연을 맺었고, 원주향교 관련자들은 원천석이 후진 양성에 뜻이 있어 자주 원주향교에 나아가 학생들을 가르쳤던 관계로 인연을 맺었다. 한편 원천석의 인간관계 중에서 가장 많은 수의 사람들은 불교계 지식인들, 즉 승려들이었다. 원천석이 주로 교유한 불교계 지식인들은 선종계열이었고, 특히 나옹계열 승려들과 매우 긴밀한 친분을 유지하였다. 승려들과의 교유는 승려들이 알고 있던 관료들과의 만남으로 이어지는 경우가 많았다.

부모, 형, 부인, 아들, 딸이 일찍 죽어 가족은 매우 단출하였지만, 가족 이외의 친가, 처가와 외가 친척들과 활발한 만남을 가지면서 돈독한 관계를 유지하였다.

원천석이 여러 그룹의 사람들과 교유를 하는데 있어, 중요한 역할을 한 것은 契內(契)였다. 원천석이 참가한 계는 유교계 지방지식인들과의 계, 친척들과의 계였다. 친척들과의 계는 친가, 외가, 처가 각각에 계가 존재하였다. 이러한 친족 계를 통해 원천석은 친족들과 돈독한 관계를 유지할 수 있었다. 유교적 소양을 갖춘 지방지식인들의 계는 유교계 지식인들만 참석하는 것이 아니라 관료, 승려들도 참여하는 광범위한 계였다. 이러한 유교적 소양을 갖춘 지방지식인들과의 계는 성원들간의 학문적 교류와 친목을 도모하고, 나아가 지역 사회와 중앙 정부에 대한 다양한 정보를 제공하는 장이었다. 원천석이 비록 원주에 은거하였지만, 계를 통해 최영·이색이 탄핵받은 사실, 명나라에 의해 공복이 바뀐 사실, 우왕·창왕·공양왕이 폐위된 사실 등 당시 중앙정계의 동향을 파악할 수 있었다.

<표 1> 『耘谷詩史』에 나오는 원천석과 교유한 인물

이름	관직	분류	비고
鄭道傳		A	
金賚		A	
安仲溫		A	
許仲遠		A	
權從義		A	
金偶	舍人	A	
沈方哲	益州 수령	A	
金晉陽		A	
李汝忠		A	
鄭淑倫		A	
崔允河	옥주·강릉 수령	A	
李崇仁		A	
崔○○	典書	A	원주 출신. 崔云嗣로 추정됨
趙○○	牧監	B	
趙○○	摠郞(侍郞)	B	
趙○○	奉善	B	
李順天	尙書	B	
朴允珍	少卿	B	춘주 출신
宋○○	牧伯	B	宋光彦으로 추정됨
金○○	牧伯	B	
華之元	尙書	B	
張○○	尙書	B	
任○○	尙書	B	원주 출신
崔安乙	向上	B	춘주에서 같이 공부
韓○○	단양 부사	B	
安吉祥	정선 자사	B	
吳○○	영해 수령	B	
成○○	相國	B	
河允源	牧伯	B	
徐允賢	版圖判書	B	원주(서곡) 거주
金濤	관찰사	B	
金乙貴	相公	B	
金哲	羽林郞將	B	
偰○○	牧伯	B	偰延壽로 추정됨
偰○○	都兵馬使	B	
尹得龍	山城別監	B	
周○○	원주목 병마사	B	

李〇〇(栢堂)		B	여강의 안치에서 풀려났다고 함
權〇〇	推田別監	B	
李〇〇	豊儲倉使	B	
鄭乙産	判書	B	
徐〇〇	牧伯	B	徐信으로 추정됨
李穡		B	
趙璞	中書, 藝閣	B	
李宥	相國	B	
崔〇〇	春州量田官	B	
辛成安	토산 수령	B	
元〇〇	이천 감무	B	
鄭士毅	觀察使道副使/정주수령	B	
崔嗣	臺諫	B	
宋愚	獻納	B	
〇〇〇	토산 수령	B	
〇〇〇	牧伯	B	
姜〇〇	主簿	B	
鄭〇〇	牧伯	B	전 목백이라고 왈
鄭㩮	觀察使	B	
楊〇〇	半剌	B	
李恒	淮陽府使	B	
李乙琳	判事	B	
曹〇〇	進士	C	
辛〇〇	大學	C	춘주 출신
金〇〇	書生	C	춘주 거주
安〇〇	書生	C	춘주 거주
張〇〇		C	계모임 회원
李〇〇		C	계모임 회원
李乙生	先生	C	
諸 大學		C	춘성향교
단양 친구들		C	
金㫋	生員	C	
卞〇〇	大學	C	춘성 거주
吳翊		C	元老로 지칭
廉〇〇	先生	C	춘성 거주
元文質		C	원천석에게서 수학
安德從		C	
李乙華	博士	C	개경에 머뭄
申孟卿	先達	C	김해 거주

金○○	進士	C	
徐○○	先生	C	
趙瑋	先生	C	
金祖	生員	C	
劉辨		C	
安○○	都令	C	
安鼎		C	도령 安○○의 형
諸 書生		C	원주향교
金貂	先達	C	
元高沃		C	
邊龜壽		C	두문동 72인 중 한 명
崔安獜	生員	C	강릉 거주
金○○	先生	C	원주 거주
原習	進士	C	원주 거주
李○○	書生	C	원주 거주
安○○	書生	C	원주 거주
申詮		C	
邊處厚		C	변귀수 아들
李稠		C	
張德至	先生	C	
金○○	教授	C	
安○○	司戶	C	
道境 禪師		D	
辛 社主		D	
覺宏		D	나옹 제자
懶翁		D	
圓通		D	각림사 당두
默言 宏		D	
允珠		D	조계종 승려. 인각대선사 제자
白雲淵 長老		D	
弘首		D	
萬歲寺 堂頭 座下		D	
正宗		D	일본 승려
珵松		D	일본 승려
全壽		D	일본 승려
僕其		D	
雪峰 丘		D	
谷溪		D	
宗師 派源		D	

海師 無際		D	
興法寺 大禪師 省珍		D	
寧師 高菴		D	
悟師 笑巖		D	
晤師 明菴		D	
忍菴		D	
淨師 元信		D	
還源廻師		D	
貞菴 信忠 侍者		D	
歡喜寺 堂頭		D	
透空 岑		D	
弘山恢師		D	
覺源		D	
國一都大禪師 杲菴		D	나옹의 제자
無淨 一		D	
虛舟 海		D	
驪井 海		D	
無門全師		D	
明山澈師		D	
天中正揣師		D	
寂峯圓師		D	
月谷明師		D	
明峯月師		D	
照菴鏡師		D	
療菴瑛師		D	
志曦		D	
歡喜寺 大老		D	
達義		D	천태종 승려
袖隱 椎		D	
鳴巖		D	
寂音 演師		D	
說菴		D	
寒泉 淸師		D	
晶菴 旭師		D	
無菴 空師		D	
智巖 哲師		D	
峯日信 山師		D	

572

平巖 均師		D	
淸風軒 信圓		D	
川源海林師		D	
寶峰琳師		D	
明菴 珠師		D	
淸裕 海生		D	
琦峰 海普		D	
遍菴 海彌		D	
角之		D	
說峰演師		D	
目庵眉月師		D	
華嚴英		D	
汀月軒 野翁田		D	
履菴道		D	
靈泉寺 堂頭		D	
義圓 長老		D	천태종 승려
日菴杲師		D	
南峰師友		D	
珣嚴玉師		D	
霧嚴雲師		D	
中德 璧峰		D	
中德 可能		D	
月菴 超		D	
高達寺 李義澄 大禪師		D	
道境寺 堂頭		D	
水月潭師		D	
仁峰義師		D	
元天相		E	형
元混		E	조카
元○○		E	원주(서곡) 거주
元立	都令, 少卿	E	사촌 동서(원광덕의 사위)
元天佑		E	동생
元天景		E	
元郡君		E	형(원천상)의 장모라고 함.
元天明[1]		E	
元憲		E	처 조카
李實	副正	E	사촌 동서(원광덕의 사위)
元泂		E	아들

摠持 母		E	딸(李琛의 처)
妙音 母		E	자식
妙音		E	손녀
李○○	副令	E	외당형. 李乙靑으로 추정
元○○	장흥 수령	E	
元叔老		E	
元天富		E	
李子成		E	원천석의 처남 이자수의 형
李○○	居士	E	이반계로 추정. 두문동 72현
元良胤		E	형으로 지칭
元認		E	조카
李師伯	宣差	E	원천석의 외사촌(외삼촌 이윤비의 아들)
覺怡師		D	
明菴照師		D	
天台 演		D	천태종 승려
竹溪軒 信廻		D	나옹의 사숙 제자, 무학 제자
和光熏師		D	
大素圓師		D	
神照 大禪師		D	
歡喜寺 堂頭 長老		D	

비고 : 위 표에서 ○○은 이름이 명확하지 않은 경우임.

위 표에서 A는 국자감시 동년, B는 관료, C는 유교적 소양을 갖춘 지방지식인, D는 승려, E는 친척들을 표시함.

1) 『耘谷詩史』 卷3에는 <二十四日. 天明·憲·湜三人携酒來訪. 是日有雪>과 <謝明憲湜三人見訪>이라는 시가 있다. <謝明憲湜三人見訪>에서 "지난해 봄눈이 내렸을 때에도 세 사람이 함께 찾아왔다"라는 표현으로 볼 때, 두 시에서 원천석을 방문한 사람들은 같은 인물로 생각된다. 그러므로 원천명과 원명은 같은 인물이다. 아마도 쓰는 과정 또는 인쇄 과정에서 '天'자가 탈락된 것으로 보인다. 그리하여 <표 1>에서는 원천명으로 표시하였다.

『耘谷詩史』에 나타난
고려 후기 지식인의 여행 문화

강 은 경*

1. 머리말

고대 이래 교통수단이 변변치 않았지만 중국뿐 아니라 인도까지 찾아다
닌 사람들이 있었다. 이러한 여행을 통해 새로운 사회의 모습을 익히고 새
로운 지식을 습득하는 등 배움을 넓힐 수 있었다.

이른바 '원간섭기'라 불리는 고려 후기 사회에서는 중국으로 여행가는 것
도 상당히 자유로웠던 시기로 보인다. 고려의 왕이 원나라를 오가야 했던
시절이었으므로, 왕을 따라다녀야 했던 인물들에게는 장기간 여행이 필수
적인 요소였다. 『西征錄』『後西征錄』에 표현되었듯이[1] 이제현과 같이 10년
동안 중국의 아미산, 보타산, 도스마 등 총 4만 350㎞를 오가는 대장정을 세
차례나 한 사람도 있었다.[2] 원나라에 가서 세계의 크고 발달한 문명을 접하
는 것은 지식인의 사상 형성에 매우 중요한 요소를 이루지 않았을까 생각한
다.

하지만 당시의 여행은 지배층에 한정된 건 아니었다. 『老乞大』[3]라는 통

---

* 충북대학교 중원문화연구소 전임연구원

1) 이 책들을 그의 후손이 『益齋集』으로 묶어 출간하는 바람에 원 이름을 잃게 되었
   다. 여행의 자세한 경로는 지영재, 『서정록을 찾아서』, 푸른역사, 2003 참조.
2) 지영재, 위의 책, 2003, pp.29-33 참조. 이 거리는 이제현이 1314년 27세에 연경을 간
   이후 1323년 36세까지 아미산, 보타산, 도스마 여행과 연행 8차례 한 것을 합한 것
   이다.
3) 정광 역주 · 편집, 『老乞大』, 김영사, 2004.

역 훈련 교재를 보면, 고려 상인들이 어떻게 원나라에 가서 장사를 하게 되는지를 소재로 하고 있다. 장사를 위해 개경에서 외국어 학교를 별도로 다녔다고 하니, 이후 전개되는 조선시대와 비교한다면 매우 다른 양상이었음을 알 수 있다.

이러한 시기에 지방사회에서 토착세력의 인물로서 이름을 남긴 사람이 있으니, 문집『耘谷詩史』의 저자 원천석이다. 원천석은 6대조 이래 원주의 戶長 또는 倉正, 精勇別將 등을 역임하였고, 아버지 때에 비로소 중앙 관직 宗簿寺令까지 올랐던 호장층 출신이다.[4] 그 자신도 공민왕 5년(1356)에 27세의 나이로 과거에 합격했으나 관직에 나아가지 않고 일생을 원주에서 보냈다.[5]

하지만 그의 아들, 조카, 형제 등 가족은 관직에 진출하였고, 그들의 신상에 대하여 원천석도 신경을 많이 쓰고 있었다. 또한 중앙 정치세력의 방향에 대하여 끊임없이 관심을 갖고 있었다. 함께 과거에 합격했던 同年들과 계속 연결되어 교류를 하고 있었다.[6] 이제 막 중앙과 연계되기 시작한 호장층 집안의 모습을 잘 보여주고 있다.

『耘谷詩史』에는 원천석의 일상과 교류뿐 아니라, 여행까지 시로 표현되어 있다. 특히 여행을 표현한 시에는 여행 일정을 비롯해서 그의 상황이 잘 나타나 있다. 원천석의 여행은 크게 세 가지로 나눌 수 있다. 첫째, 수시로 드나들었던 춘주 일대의 여행이 있고, 둘째로는 회양 및 금강산을 목적지로 하여 돌았던 교주도 일대 여행이 있다. 그리고 셋째로는 가장 지배층답게 구경을 목적으로 한 경상도 및 동해안 일대의 여행이 있다.

현재 남은 기록이 전부가 아니므로 여행 전체를 살펴볼 수는 없다. 하지

4) 호장층에 관해서는 강은경,『高麗時代 戶長層 硏究』, 혜안, 2002, pp.13-19에서 이미 자세히 밝힌 바 있다,

5) 그의 가계에 대한 상세한 분석은 다음의 논문을 참조하였다. 이우성,「高麗·李朝의 易姓革命과 元天錫－역사에 있어서의 선비정신과 지성의 역할」,『月刊中央』1월호, 1973(『韓國의 歷史像』, 창작과비평사, 1982 재수록 ;『운곡원천석연구논총』, 원주문화원, 2001 재수록) ; 이인재,「고려말 원천석의 생애와 사회사상」,『한국사상사학』12, 1999(『운곡원천석연구논총』, 2001 재수록).

6) 원천석의 가족 관계 및 친구 교류에 관해서는 이인재,「고려말 원천석의 학문관과 지역활동」,『운곡원천석연구논총』, 2001 참조.

576

만 여행의 흐름을 파악해 보려고 한다. 또 여행에는 나름대로의 목적이 있었을 것이다. 아름다운 경치와 인물들을 만나기 위해 떠나기도 하지만, 삶의 기반을 유지하기 위해서도 움직여야 했을 것이다. 목적에 따라 여행이 어떻게 달라졌는지 검토할 필요가 있다. 본고는 여행의 일정과 방법을 살피고 그에 따라 여행의 목적을 살펴보려 한다.

비슷한 시기에 살았어도 그의 여행은 이규보나 이제현과 같이 전문 관료와는 다른 성격을 지닌다.[7] 비록 지배층의 한 사람이었지만 그는 지역사회의 한 일원으로서, 한 사람의 지식인으로서 살았다고 할 수 있다. 이를 기반으로 여행의 성격을 파악하고, 아울러 당시 흔들리고 있던 고려사회에서 지역의 지식인은 어떠한 생각을 하며 살았는지도 살펴볼 수 있기를 기대한다. 이는 관직자에 한정된 『東國輿地勝覽』의 기록과는 또 다른 모습을 보여주지 않을까 생각한다.

2. 수시로 드나든 春州

1) 고향 같은 성곽

원천석은 원주 출신이고 또 거의 모든 생애를 원주에서 보냈다. 따라서 원주와 그 일대를 수시로 움직였던 흔적이 시 곳곳에 잘 드러난다. 그런데 그와 아울러 중시되는 지역이 바로 춘주이다. 그 곳이 어떤 연관이 있는지 구체적으로 알려져 있지는 않다. 그의 시를 통해서 파악하기도 어렵다. 하지만 분명한 것은 그가 어렸을 때부터 살았던 곳이 춘주였고, 어린 시절 공부했던 곳도 바로 춘주의 향교였다. 그래서인지 금강산 등 일대의 다른 지역으로 여행할 때에도 자주 들른 곳이 춘주였다.

『耘谷詩史』에는 충정왕 3년(1351)의 금강산 여행을 비롯해서 공민왕 3년(1354)의 회양 여행, 공민왕 17년(1368)의 춘주 여행, 공민왕 22년(1373)의 가

---

7) 고려 후기에는 많은 관료들이 문집을 남겨 현재 전하고 있다. 그들 중 개인적인 여행을 하고 그 과정을 글로 풍부하게 남긴 사람으로 이규보(1168~1241)와 이제현(1287~1367)을 들 수 있다. 『李相國集』(『高麗名賢集』 卷1, 성균관대학교 대동문화연구원, 1987 영인), 『益齋亂藁』(『高麗名賢集』 卷2) 참조.

평과 춘천 여행 등 네 차례의 여행이 꽤 자세히 실려 있다. 그밖에 소소한 기록까지 합하면 몇 차례 더할 수 있다. 상당히 자주 교주도 일대를 돌아다녔는데, 그때마다 늘 춘주를 거쳤다.

첫 여행 기록은 그가 22세 되던 충정왕 3년(1351)에 나타난다. 이 시는 『耘谷詩史』의 첫 번째 편이기도 하다.

> 가-(1) <辛卯年 3월, 金剛山 가는 길에 橫川에 이르러>8)
> 풀 보드랍고 꽃 붉어 천리가 봄이기에 / 草軟花紅千里春
> 채찍 내리고 말 가는 대로 성문을 나섰네. / 垂鞭信馬出城闉
> 가고 또 가다가 花田 땅에 가까워져 / 行行漸近花田境
> 나무꾼 만날 적마다 친구 소식을 자주 묻네. / 頻向樵蘇問友人

신묘년은 1351년, 즉 충정왕 3년이고 계절은 음력 3월이므로 봄이 한창이던 때였다. "붉게 핀 꽃이 천리를 덮었다"면, 진달래가 만발하던 시기였다. 강원도 산간 지대에 진달래가 만발할 정도면 이미 봄이 익어가던 무렵이었다. 3월 중에서도 후반에 해당하는 것으로 추정된다. 그러한 계절에 금강산 가는 길에 들른 곳이 횡천이었다.

관련된 시는 모두 6편인데, 모두 그 제목에 경과지점을 표시하고 있다. 사료 가-(1)과 함께 편집된 일련의 시 5편은 <갈풍역을 지나면서>,9) <창봉역 길 위에서>,10) <원양역>,11) <춘주>,12) <원천역>13) 등이다. 시가 마치 일지와 같은 성격을 지닌다. 이를 지도에서 확인하면 다음과 같다.

---

8) 『耘谷詩史』 卷1, <辛卯三月向金剛山到橫川>(『高麗名賢集』 卷5, 성균관대학교 대동문화연구원, 1987 영인, p.276). 번역은 이인재·허경진 옮김, 『운곡시사』, 혜안, 2007, p.57 참조.
9) 『耘谷詩史』 卷1, <過葛豊驛>(『高麗名賢集』 卷5, p.276 ;『운곡시사』, p.57).
10) 『耘谷詩史』 卷1, <蒼峯驛路上>(『高麗名賢集』 卷5, p.276 ;『운곡시사』, pp.57-58).
11) 『耘谷詩史』 卷1, <原壤驛>(『高麗名賢集』 卷5, p.276 ;『운곡시사』, p.58).
12) 『耘谷詩史』 卷1, <春州>(『高麗名賢集』 卷5, p.276 ;『운곡시사』, p.58).
13) 『耘谷詩史』 卷1, <原川驛>(『高麗名賢集』 卷5, p.276 ;『운곡시사』, pp.58-59).

578

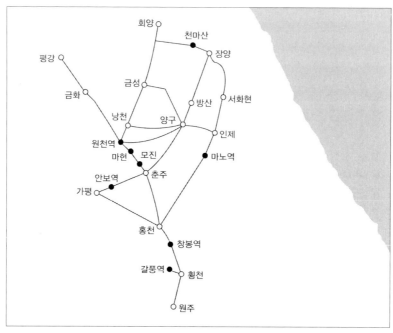

<지도 1>[14]

    <지도 1>은 1861년에 김정호가 제작한 『大東輿地圖』[15]에서 찾아낸 지역이므로, 거의 5백 년이나 뒤의 상황이기 때문에 당시 사정을 그대로 반영한 것으로 볼 수는 없다. 다만 대강의 위치를 짐작할 수 있는 자료로 사용하고자 한다. 더욱이 고려 말의 驛名이 거의 그대로 남아 있어서 약간의 변경은 있었을지라도 흐름을 짐작하는 데에는 크게 지장을 주지는 않는다.

    출발점은 원천석의 주거지였던 원주였을 것이다. 원주에서 금강산까지 어떠한 경로를 통해 갔는지는 언급되어 있지 않다. 다만 횡천을 비롯해서 갈풍역,[16] 창봉역,[17] 원양역, 춘주, 원천역[18] 등만 나타나 있다. 사료 가-(1)

---

14) 원천석이 돌아다닌 교주도, 즉 오늘날의 강원도 일대와 경기도 일부를 표시한 지도이다. 주요 거점 도시는 'ㅇ'로 표시하였고 역이나 경과지는 '●'로 표시하였다. 길은 '―'로 표시하되 『大東輿地圖』의 역로를 따랐다.

15) 『大東輿地圖 ; 東輿圖 註記 添加 縮小版』, 1991 영인, 匡祐堂.

16) 『新增東國輿地勝覽』 卷46, 횡성현 역원, 횡성현 서쪽 6리에 있다.

의 시에서는 "금강산 가는 길"이라 하였지만, 춘주 이후에 있는 원천역을
제외하면 이후 춘주에 갈 때에도 같은 길을 가는 모습을 확인할 수 있다.
즉 원천석이 일대를 돌아다닐 때 가장 자주 이용하는 교통로였다.

이 중 『高麗史』에는 창봉역과 원양역이 있지만 갈풍역과 원천역은 보이
지 않는다.[19] 반대로 『東國輿地勝覽』에는 원양역만 보이지 않는다.[20] 그렇
다면 고려 말을 계기로 원양역은 없어졌고, 나머지 역은 계속 유지되어 조
선 후기까지 존속했음을 알 수 있다. 창봉역과 춘주 사이에 원양역이 있고
원양역이 춘주도에 속했으므로, 그 위치는 홍천을 지나 춘주 가기 전에 있
었다고 보인다.

사료 가-(1)에서 "성문을 나섰네"라고 한 것으로 보아, 원주는 성을 쌓고
문을 통해 출입을 통제하는 지역이었음을 알 수 있다. 약 60년 전인 충렬왕
16년(1290)에 원나라의 乃顔의 잔당인 哈丹이 동북쪽에서 대거 침입하여 살
육과 약탈이 극심했는데,[21] 원주는 유일하게 맞서서 승리하였던 곳이다.[22]
이듬해 1월에 원주까지 침입한 哈丹을 물리쳤다. 그 상황에 대하여 충렬왕

---

17) 『新增東國輿地勝覽』 卷46, 횡성현 역원, 횡성현 북쪽 40리에 있다.
18) 『新增東國輿地勝覽』 卷47, 낭천현 역원, 낭천현의 남쪽 15리에 있다.
19) 『高麗史』 卷82, 兵志2, 站驛, "春州道는 24驛을 관장하니……員壤[春州]……蒼峰
    [橫川]이 있다." 이 사료에 뒤이어 각 역의 丁戶를 나누어 6科로 분류하였는데, 창
    봉역과 원양역은 모두 6과에 해당하는 것으로 나온다.
20) 고려의 驛路에 관한 자료는 너무 미흡하다. 『耘谷詩史』에서 언급된 역 중 『高麗
    史』에 나오지 않는데 조선의 『東國輿地勝覽』에는 나오는 것이 있어서, 『高麗史』
    의 자료가 보다 전기의 것임을 짐작하게 해준다.
21) 전쟁은 충렬왕 16년 5월에 시작되어 충렬왕 17년까지 거의 1년 동안 지속되었으며,
    침략 받은 대부분의 지역이 항복하였다. 자세한 상황은 다음의 사료를 참조하였다.
    『高麗史』 卷30, 世家, 忠烈王 16年 5月 戊申, "김흔, 羅裕, 鄭守琪 등이 급한 연
    락을 취하면서 哈丹이 海陽 지역에 침입해 들어왔다고 하였다"; 忠烈王 16年 6月
    甲戌, "대장군 韓愼에게 명하여 西京兵을 거느리고 哈丹을 東界에서 방어케 하였
    다"; 忠烈王 16年 12月, "哈丹兵 數萬이 和州, 登州 두 개의 州를 함락시키고, 사
    람을 죽여 양식을 삼는데 부녀를 얻어 만나면 취우하고 그것을 포를 떴다"; 忠烈
    王 17年 正月 己未, "哈丹이 철령을 넘어 교주도에 난입하여 楊根城을 함락시켰
    다".
22) 『高麗史』 卷30, 世家, 忠烈王 17年 正月 甲寅, "哈丹이 原州에 주둔하자 別抄 鄕
    貢進士 元冲甲이 그들을 무찔렀다".

24년(1298) 正月에 즉위한 충선왕이 치하하기를 "州郡이 소문만 듣고 맞아 항복했으나 오직 原州는 외로운 성으로 적의 예봉을 꺾었다."고 하면서 그에 대한 포상으로 상요와 잡공을 3년 동안 면제해 주었다.[23] 당시에 원주는 이미 성으로 방어체제를 든든히 갖추었던 곳이다.

원주성을 벗어나 첫 번째로 들어간 곳이 사료 가-(1)과 같이 횡천이었다. 횡천은 아직 감무도 파견되지 않은 원주의 속현이었다. 이전에는 춘주의 속현이었는데, 이때쯤에는 원주에 소속되어 있었다.[24] 원천석은 횡천을 '花田'이라는 별호를 사용하여 부르기도 했다. 그만큼 이 지역을 잘 알고 있었기 때문에 가능했을 것이다. 횡천은 원주에서 매우 가깝기도 하고, 무엇보다 원천석 집안이 바로 이 지역 호장층이었음을 기억할 필요가 있다.

더욱이 횡천에는 가까운 친구도 있었다. 사료 가-(1)에서 횡천이 가까워지면서 친구 소식을 묻는다는 건 그 곳에 친구가 살고 있었음을 의미한다. 또 나무꾼에게 안부를 물을 정도였다면 그 친구가 그 지역에서는 누구나 알 수 있는 유명한 인사였음을 보여주는 게 아닐까 생각한다. 매우 성공한 관료였을 가능성도 있지만, 원천석의 지위와 물어본 상대인 나무꾼을 고려한다면 혹시 그 지역 호장층과 같은 토착세력이 아니었을까 추정해본다. 여행은 일대의 친구들을 만날 수 있는 매우 좋은 기회였다.

횡천을 지나 이른 곳은 갈풍역이었다.

　　가-(2) <갈풍역을 지나면서>[25]
　말을 채찍질하며 유유히 갈풍역을 지나노라니 / 策馬悠悠過葛豊
　산천 모습은 예나 이제나 같구나. / 山川形勢古今同
　사람 드물어 고요한 강가 길에는 / 人稀境靜江邊路
　철쭉꽃만 층층이 물에 붉게 비치네. / 躑躅千層映水紅

23) 『高麗史』卷80, 食貨志3, 賑恤 恩免制, 忠烈王 24年 正月.
24) 『高麗史』卷58, 地理志3, 交州道 春州 橫川縣, 본래 고구려의 橫川이다.……고려에서 다시 橫川을 칭하여 그대로 소속하였다가 뒤에 原州에 속하게 하고 恭讓王 元年에 監務를 두었다. 別號를 花田이라 한다.
25) 주9) 참조.

가-(3) <창봉역 길 위에서>[26)

왼쪽에는 시냇물 오른쪽엔 푸른 산 / 左邊溪水右靑山
기이한 경치 다 보려니 눈길 바쁘구나. / 考閱奇觀目不閒
시냇가 풀 바위틈 꽃이 서로 비추는 곳에 / 澗草巖花相映處
나그네 발길이 그림 속으로 들어가는 듯하네. / 行裝如入畵圖間

갈풍역은 <지도 1>을 보면 횡천에서 가까운 곳에 위치하고 있었다. 조선
시대의 지도에서는 횡천에서 창봉역으로 가는 직선 도로에 있지 않고, <지
도 1>과 같이 서쪽으로 달리 뻗은 도로에 있는 것으로 나온다. 하지만 지나
는 길에 있었다면 별도로 있는 역은 아니었을 것이다.

길은 강을 끼고 이어졌다. 사료 가-(2)에서 갈풍역 지나는 길이 "강변로"
라고 되어 있으며, 사료 가-(3)에서 창봉역 가는 길도 왼쪽에는 시냇물이 흐
르고 오른쪽에는 산이 있다고 표현하고 있다. 갈풍역 길 역시 산으로 둘러
싸인 강변로였다.

그런데 이 길은 사람이 많이 다니는 길은 아닌 듯하다. 꽃피는 계절에 사
람들이 몰려 나와 여기저기서 꽃놀이를 하여 시끄러웠을 법한데, 사료 가
-(2)의 표현대로라면 "사람이 드물어 매우 고요한" 길이었다. 그리하여 원천
석은 이 여행을 사료 가-(3)에서 "그림 속으로 들어가는 듯"한 한 폭의 그림
같이 고요함을 지니고 있었다고 표현하고 있다. 이 길에는 거주하는 사람들
이 매우 적었던지, 아니면 봄놀이를 즐길 만큼 여유가 없었는지도 모르겠
다. 하지만 원천석이 가는 길에 경치를 보고 느낌을 표현하는 것은 이 여행
이 급하게 가는 길이 아니었음을 보여준다. 나름대로 즐기고 있었던 것 같
다.

이 길은 처음이 아니었다. 사료 가-(2)에서는 이를 산천 모습이 옛날과 같
다고 표현한다. 이제 22세 된 그에게 이러한 일정이 처음이 아니라면, 좀 더
어린 시절부터 오간 길이었음을 나타낸다. 사료 가-(1)~(3)의 시가 『耘谷詩
史』의 첫 부분이어서 이전의 기록은 알 수 없으나, 이후에도 똑같은 길을
가는 게 발견된다.

---

26) 주10) 참조.

582

원천석이 39세의 중년이었던 공민왕 17년(1368)에도 춘주로 여행을 떠나는데, 그 여정이 이와 똑같았다. 역시 봄이 한창 무르익는 3월 20일에 출발하여 원주, 횡천, 갈풍역, 창봉역, 사물동, 홍천, 원양역, 춘주로 이동을 하였다. 이 여정을 8편의 시로 남겼는데, <3월 20일, 春州를 향해 떠나다>,27) <횡천에 묵으면서>,28) <갈풍역을 지나면서>,29) <창봉역>,30) <사물동에서>,31) <홍천을 지나면서>,32) <원양역>,33) <춘주>34) 등이다. 22세 때와 비교하면 사물동만 추가되었을 뿐이다. 그만큼 이들 지역은 원천석의 여행에서 의미 있는 곳이었다.

다음은 이 여행의 출발을 알리는 시이다.

　가-(4)　<3월 20일 春州를 향하여 떠나다>35)
　날씬한 말에 가벼운 차림으로 성문을 나서면서 / 細馬輕裝出郡城
　나그네 마음은 멀리 석양 길을 가리키네. / 歸心遠指夕陽程
　온갖 봄 경치가 구경꾼의 눈길을 끌어 / 萬般春景牽遊目
　이 걸음이 자못 적막하지는 않겠네. / 此去殊非寂寞行

이미 중년이 되었지만 그의 여행 차림은 달라지지 않았다. 여전히 말을 타고 원주성을 출발하고 있다. "가벼운 차림"이라면 격식을 갖추지 않은 옷차림을 의미할 것이다. 신분에 따른 옷차림도 갖추지 않고 홀가분한 여행을 출발하는 여행자의 마음을 잘 나타낸다.

그의 마음이 흥분되어 있는 것은 "온갖 봄 경치"라는 표현에 드러난다.

---

27) 『耘谷詩史』 卷1(『高麗名賢集』 卷5, p.293 ;『운곡시사』, pp.160-161).
28) 『耘谷詩史』 卷1(『高麗名賢集』 卷5, p.293 ;『운곡시사』, p.161).
29) 『耘谷詩史』 卷1(『高麗名賢集』 卷5, p.293 ;『운곡시사』, p.161).
30) 『耘谷詩史』 卷1(『高麗名賢集』 卷5, p.294 ;『운곡시사』, p.162).
31) 『耘谷詩史』 卷1(『高麗名賢集』 卷5, p.294 ;『운곡시사』, p.162).
32) 『耘谷詩史』 卷1(『高麗名賢集』 卷5, p.294 ;『운곡시사』, pp.162-163).
33) 『耘谷詩史』 卷1(『高麗名賢集』 卷5, p.294 ;『운곡시사』, p.163).
34) 『耘谷詩史』 卷1(『高麗名賢集』 卷5, p.294 ;『운곡시사』, p.163).
35) 『耘谷詩史』 卷1, <三月二十日向春州發行>(『高麗名賢集』 卷5, p.293 ;『운곡시사』, pp.160-161).

그 자신도 구경꾼으로서 봄날의 여행을 출발하는 것이다. 다른 사람들도 구경을 나설 것이기 때문에 적막한 여행은 아닐 것이라고 말한다. 앞서 살폈던 고요하고 적막한 여행길과는 매우 다른 모습이다. 그것은 이후의 갈풍역을 지나면서도 동일하게 나타난다.

　　가-(5)　<갈풍역을 지나면서>[36]
　　긴 다리 다 건넌 뒤에 자주 돌아보네. / 過盡長橋首屢回
　　가슴 가득한 봄날의 흥취를 어쩔 줄 모르겠네. / 滿懷春思浩難裁
　　물가 풀밭엔 노랑나비 춤추고 / 水邊細草飛黃蝶
　　두 언덕 나무마다 꽃이 피었네. / 樹樹閑花隔岸開

　사료 가-(2)에서 보았던 갈풍역 가는 길은 강변로였다. 그 강변로에는 긴 다리가 있었던 모양이다. 다리가 길었다면 제법 큰 강이나 시내가 있었음을 나타낸다. 그의 마음은 "봄날의 흥취로 가득"하다니, 이러한 모습은 사료 가-(2)와 가-(3)에서 보았던 적막한 풍경과는 매우 다르다. 젊은 날에 금강산 여행이라면 더욱 흥분되었을 텐데, 오히려 중년에 춘주 가는 여행이 훨씬 가슴 뛰는 풍경으로 그려져 있다. 시에서는 이를 "노랑나비 춤추는" 모습으로 표현하고 있다. 그것은 아마도 여행자의 마음이었을 것이다.
　바뀐 것은 여행 목적지뿐인데, 금강산 가는 길에서 느낀 그 적막함이 춘주 가는 길에서는 흥분으로 나타난다. 똑같이 3월 말경에 출발하는 봄날의 여행이 이렇게 달라진 이유는 무엇일까. 그러한 여정을 거쳐 다다른 춘주에 관한 노래에서 내막을 짐작할 수 있을 것 같다. 다음은 22세 때 금강산 가는 길에 들른 춘주에 관해서 노래한 시이다.

　　가-(6)　<춘주>[37]
　　다시 와보니 성곽이 내 고향 같고 / 重來城郭似吾州
　　눈에 가득한 강산이 내 놀던 곳일세. / 滿眼江山是舊遊

---

36)『耘谷詩史』卷1, <過葛豐驛>(『高麗名賢集』卷5, p.293 ;『운곡시사』, p.161).
37) 주12) 참조.

다행히 늦봄 삼월 좋은 철을 만나 / 幸值芳菲三月暮
꽃과 달에 의지해 이 시름을 푸네. / 好憑花月解閑愁

　원주에서 금강산 가는 길은 여러 갈래이지만 이때의 경로는 횡천을 지나
춘주에 들렀다. "꽃과 달에 의지한" 것으로 보아 이곳에 묵었던 것 같다. 그
리고 원천역을 거쳐 금강산 있는 지역으로 향했을 것이다. 비록 가는 길에
들렀지만, 바로 그 곳의 성곽은 고향 같은 곳이었다. "어린 시절 놀았던 산
과 들의 경치"를 보는 것은 그 자체로 "시름을 풀어주는" 계기가 되었다. 그
러한 기능은 중년에 접어든 39세 때에도 마찬가지였다.

　　가-(7) <춘주>[38]
　소양강 위의 누각을 다시 찾아오니 / 重到炤陽江上樓
　다락 가득한 봄빛이 더욱 풍류스럽네. / 滿樓春色更風流
　구름과 연기 꽃과 달을 한가롭게 읊는 곳에서 / 雲烟花月閑吟處
　얽히고 설킨 나그네 시름을 풀어보려네. / 消遣縈盈客裏愁

　여전히 3월 늦은 봄에 원천석이 춘주에 들렀는데, 봄날 경치를 시로 읊고
나면 "얽히고 설킨 나그네 시름"도 풀 수 있을 것 같은 마음이었다. 원천석
이 춘주를 자주 찾는 이유도 이와 관련되어 있었던 것 같다. 짧은 기록이지
만 봄마다 옛날 살던 곳을 찾았다면 이곳에 토지와 같이 삶의 기반이 있던
것은 아니었을까 추정해본다. 무엇보다 확실한 것은 춘주에 오면 원천석은
젊은 날이나 중년의 날에도 늘 시름을 잊을 수 있었다.
　그같이 가까이 느꼈기 때문인지 춘주 일대에 대해서 상세히 파악하고 있
었다. 44세였던 공민왕 22년(1373) 봄에 금성까지 갔다가 춘주에 머물렀는
데, 거기에는 <모진에서>,[39] <마현에서 가평에 이르러>[40] 등을 통해 춘

---

38) 『耘谷詩史』卷1, <春州>(『高麗名賢集』卷5, p.294 ; 『운곡시사』, p.163).
39) 『耘谷詩史』卷2, <母津(二首)>(『高麗名賢集』卷5, p.306 ; 『운곡시사』, pp.233-234) ; 『新
　　增東國輿地勝覽』卷46, 춘천도호부 산천. 母津은 춘주 북쪽 42리에 있다.
40) 『耘谷詩史』卷2, <自馬峴到加平(二首)>(『高麗名賢集』 卷5, p.306 ; 『운곡시사』,
　　pp.233-234) ; 『新增東國輿地勝覽』卷8, 양근군 산천. 馬峴은 양근군 서쪽 10리 되

주 일대의 상세한 지명이 언급되고 있다. 특히 가평은 "하루 종일 산길 넘고 물을 뚫어" 이르렀는데, "저녁 연기 쓸쓸하고 가까운 이웃도 없는" 지역이 되고 말았다고 묘사하고 있다. "논밭은 거칠어지고 가시덤불뿐"이라면서 "아직도 남아 있는 고을 이름"을 안타까워했다.

춘주에서는 어느 고을에 머물러도 그에게는 고향 같았을 것이다.

　가-(8) <春州 泉田村에 묵으면서>[41]
　고요한 초가집이 조그만 배 같은데 / 茅舍寥寥小似舟
　종이도 없는 창에 바람이 차갑구나. / 破窓無紙冷颼颼
　처마에 떨어지는 밤비 소리에 첫잠을 깨고 보니 / 滴簷夜雨眠初覺
　벽에 걸린 푸른 등불이 나그네 시름을 비추네. / 半壁靑燈照客愁

　44세에 춘주를 방문한 원천석은 객관이나 어느 여관이 아니라 춘주의 작은 마을 천전촌에 묵었다. 그것도 "조그만 배 같고" "종이도 없는 창"을 가진 "고요한 초가집"에서 밤을 맞았다. "밤비에 잠을 깨야" 했고 "나그네 시름"을 가라앉힐 수 없었지만, 그 곳은 고향 같은 곳이었다. 이러한 취침이 가능했던 것은 혹시 그의 근거지와 관련되는 게 아니었을까 추정해본다.

　2) 말을 타고 홀로 떠나다

　상당히 자주 오갔던 이 길을 어떻게 돌아다녔을까. 원천석의 여행은 홀로 다니는 모습으로 나타난다. 간혹 춘주나 영해 등에서 옛 친구들이 한 자리에 모이기는 하지만, 동행을 하여 움직이지는 않았다.

　가끔 崔安乙[42]과 같은 친구를 만나기도 하지만, 거기서 표현했듯이 누구

는 곳에 있다.
41) 『耘谷詩史』 卷2, <宿春州泉田村>(『高麗名賢集』 卷5, p.306 ;『운곡시사』, pp.235-236).
42) 『新增東國輿地勝覽』卷26, 청도군 조항에 따르면 최안을은 공민왕 4년(1355)에 과거 급제한 후 청도군 수령을 지냈다고 한다. 원천석보다 한 해 먼저 과거에 급제하였으며, 예전에 놀던 곳에 다시 찾아왔다고 하므로 최안을이 춘주에서 함께 공부한 동료인 것 같다.

를 꼭 만나려고 춘주에 가는 건 아닌 모양이다. 최안을은 원천석이 39세에 춘주 방문 때에도 시를 주고받았고,[43] 44세 때에도 시를 주고받았다. 44세 때 원천석이 최안을에게 보낸 시 <최안을이 보낸 시에 차운함>[44]에는 가장 마지막 구절이 "나를 보려는 사람도 원래 없거니와 / 나도 역시 보기를 바라지 않네."[45]였다. 즉 사람을 만나러 다니는 것이 아님을 분명히 하고 있다. 그래서인지 자주 갔던 춘주였지만 대개는 홀로 다니는 모습이었다.

> 나-(1) <원천역을 지나면서>[46]
> 강 따라 읊으면서 原川을 지나노라니 / 沿江朗詠過原川
> 날은 따뜻하고 바람도 가벼운데 한낮이 가까웠네. / 日暖風輕近午天
> 온통 오얏꽃 빛이 삼 리쯤 되는데 / 一色李花三許里
> 말달리는 채찍 끝에 풀이 연기 같구나. / 馬飛鞭末草如煙

사료 나-(1)의 시는 원천석이 44세이던 공민왕 22년(1373) 봄의 일이었다. 이때에는 춘주뿐 아니라 거기서 더 나아가 낭천을 거쳐 금성까지 갔다가, 춘천으로 돌아올 때 원천역을 지나는 길이었다. 44세가 되었는데도 말을 타고 "채찍을 휘두르며" 말을 달리는 모습이 그려진다. 여전히 누군가를 동행하지 않은 여행이었기에 말을 달릴 수 있었다.

사료 가-(1)과 가-(4)의 출발점에서 보았듯이 이러한 여행에서 이용된 교통수단은 말이었다. 그런데 그 말은 아랫사람이 고삐를 쥐게 한 것이 아니라,[47] 본인이 직접 움직이게 하였다. 앞의 시에서 "채찍 내리고", "말을 채

---

43) 당시 崔安乙의 관직은 '向上'이라고 표현되어 있는데, 이는 向上別監의 준말이다. 궁중에서 임금의 옷이나 음식 따위의 수발을 드는 일을 맡은 별감을 말한다.

44) 『耘谷詩史』卷2, <次崔安乙所贈詩韻>(『高麗名賢集』卷5, p.306 ;『운곡시사』, p.235).

45) "元無願見人 吾亦不願見".

46) 『耘谷詩史』卷2, <過原川驛>(『高麗名賢集』卷5, p.305 ;『운곡시사』, pp.232-233).

47) 『東國李相國集』卷6, 古律詩, <馬上有作>, "……가다가 지치면 또다시 말을 타고 / 말 위에서 잠이 드니 죽은 사람 같아라.……어린 하인 숨이 차서 헐떡거리며 / 나무그늘 자주 찾아 땀을 들이네.……"라는 표현을 보면 이규보는 당시 관직이 없었는데도 '童奴' 한 명, 즉 최소한 노비 한 명이 고삐를 쥔 말을 타고 가는 모습이었

찍질하며" 등으로 표현된 것은 바로 원천석 자신이 채찍을 직접 휘두르고 있음을 나타낸다. 이 여행은 노비가 시중을 들며 가는 편안한 지배층의 여행이 아니라, 직접 말을 부리며 가야 하는 조금은 고달픈 길이었다.

홀로 말을 타고 가는 여행에서는 말에게도 음식을 먹이고 쉬도록 해야 하기 때문에 반드시 들러야 하는 곳이 바로 역이었다. 더욱이 홀로 말을 부리며 다닌다면, 역에서 말에게 먹이를 주고 물 먹이는 것을 도와주어야 했다. 원천석의 여행 시에서 제목으로 유난히 역명이 많은 것도 그러한 이유 때문이었을 것이다.

　　　나-(2) <창봉역>[48]
　　정자 밖 숲 속에 고목이 우뚝하고 / 亭外森森古木尊
　　蒼峯 푸른 기슭에 푸른 구름 날아가네. / 蒼峰蒼翠蒼雲麤
　　시냇물이 맑아서 거울 보는 듯한데 / 溪流澄澄開鏡面
　　산 기운은 어슴푸레 연기가 끼었네. / 山氣藹藹橫烟痕
　　잠시 쉬며 방황하다 차마 떠나지 못하는데 / 暫憩彷徨不忍去
　　숲 너머 우는 새 소리 들을 만하네. / 隔林啼鳥猶堪聞
　　역마을 사람 아뢰길, 해가 벌써 기울었다니 / 郵民報道日已側
　　말 위에 다시 올라 부질없이 달리네. / 且復上馬空馳奔

역로에는 국가뿐 아니라 여행자들이 이용할 수 있는 편의시설이 있었다. 원천석도 창봉역의 정자에서 잠시 쉬었다 가고 있다. 잠시 쉬는 동안 "방황하다 차마 떠나지 못하다가" 시간이 상당히 늦어졌던 모양이다. 역참의 백성이 해가 기울었다고 하자, 말에 다시 올라 달렸다. 말이 달린다는 것은 역시 홀로 말을 타고 다니기 때문에 가능했을 것이다.

이렇게 홀로 오가는 동안 역참의 일을 하는 사람들과 대화도 하였던 듯하다. 거기에는 신분의 차이나 맡은 일의 구별이 필요 없었다. 역 사람들에게는 그들의 역할이 있었고, 원천석과 같이 홀로 여행을 다니는 이에게는

　　다. 150년이 지났어도 고려 후기에 있었던 지배층의 여행 모습을 짐작할 수 있다.
　48)『耘谷詩史』卷1, <蒼峯驛>(『高麗名賢集』卷5, p.294 ;『운곡시사』, p.162).

588

그들의 안내가 필요했을 것이기 때문이다.

나-(3) <원양역>[49]

말먹이는 역 마을에 해는 벌써 석양인데 / 秣馬郵亭日正晡
옛이야기 나눌 사람 없고 까마귀만 우짖네. / 人無話舊有啼鳥
주민들이여! 싫어하지 마소. 말달리는 일을 / 居民莫厭奔馳役
이 세상 슬픔과 기쁨이 모두 운명이라오. / 世上悲歡命矣夫

역은 민간인도 말을 먹이기 위해 쉴 수 있는 곳이기도 했다. 원천석은 역을 아예 "말먹이는" 마을로 인식하고 있었다. 그것은 역마을에서 여행 중 말을 가다듬는 데 반드시 필요한 존재였기 때문이다. 그러나 그와 같이 말달리는 일이 역 주민들에게는 싫어하는 일에 속했다. 그들에게는 그렇게 오가는 인물을 시중들어야 하는 게 부담이 되었다.

사료 나-(3)은 원천석이 22세 때 들렀던 원양역에 관한 시이다. 그런데 "옛 이야기 나눌 사람이 없다"는 것으로 보아 이전에도 이 역을 자주 거쳤던 모양이다. 역 주민들은 이런저런 일을 해주기도 하지만, 또한 자주 본 사람들과 이야기도 나누었던 것 같다. 그러나 원양역에는 이제 원천석이 아는 인물들이 없어진 듯하다. 역은 존재하지만 역을 유지해야 하는 인물들이 줄어들고 있음을 보여준다. 결국 이 역은 사라져 조선시대에는 보이지 않게 된다.

이와 반대로 고려 말에 거의 사라져 가던 역이 조선시대에는 다시 부활하기도 하였다.

나-(4) <원천역>[50]

붉은 복숭아 두어 그루가 엉성한 울타리 위로 솟았는데 / 紅桃數樹出疎籬
문 밖의 봄바람에 가는 버들이 늘어졌네. / 門外東風細柳垂
옛 역 마을은 썰렁해 사람 소리도 들리지 않고 / 古驛荒涼人語少

49) 주11) 참조.
50) 주13) 참조.

비둘기만 살구꽃 가지 위로 날아오르네. / 鶉鳩飛上杏花枝

  원천역은 "옛 역마을"이라고 한다. "사람 소리도 들리지 않는" 마을이었
다면, 역으로서 기능하지 못하게 되었다는 뜻이다. 하지만 사료 나-(4)의 시
가 22세 때 지은 것이었는데, 20여 년이 지난 44세 때의 시인 사료 나-(1)에
서도 여전히 원천역을 지나고 있다. 엉성하지만 역은 존속하였고, 조선시대
에 와서 다시 살아난 듯하다. 역은 민간인들이 오가는 길에도 지나쳐야 하
는 핵심 도로에 세워졌을 것이기 때문이다.

  원천석은 교주도 일대를 돌아다니는 데 철저히 역로를 이용하였다. 역로
에는 이들이 자고 쉴 수 있는 시설이 갖추어져 있었을 것이다. 말을 먹일
수 있고 자신의 침식을 해결할 수 있는 시설이 있어야 했다. 그러한 길을
수시로 이용했기 때문에, 원천석은 옛 역마을까지 구별할 줄 아는 등 역로
에 관한 상당한 지식이 있었다. 그 곳에 대한 지리적 여건뿐 아니라 역사까
지도 어느 정도 간파하고 있었다.

    나-(5) <金城 가는 도중에서>[51]
  한낮에 곧바로 山陽 길을 지나 / 亭午直過山陽路
  걷고 또 걸어 趍坡嶺에 올랐네. / 行行上到趍坡嶺
  고개가 높아서 하늘이 멀지 않고 / 趍坡巓高天不遠
  봉우리들 내려다보니 아득하구나. / 下視列峀蒼茫然
  ……
  추파령 옛 역이 이 근처였던가? / 問坡古驛已當近
  산 속 초가집에서 저녁연기가 일어나네. / 傍山茅店生炊烟

  위의 시는 공민왕 22년(1373) 봄에 춘주를 비롯해서 일대를 돌아다닐 때
금성으로 가면서 쓴 것이다. 현재 남아 있는 일련의 시를 보면 낭천에서 금
성으로 올라갔다가 다시 원천역으로 내려와, 춘주 인근의 모진을 건너 마현
에서 가평까지 이르고 있다.

―――――――――――
51) 『耘谷詩史』 卷2, <金城途中>(『高麗名賢集』 卷5, p.305 ; 『운곡시사』, pp.231-232).

그런데 금성 가는 도중에 "추파령에 올랐는데", 워낙 높은 지역이어서 "하늘이 멀지 않았다"는 것이다. 그렇게 험하고 높은 지역이지만, 원천석에게는 익숙한 곳이었다. 그래서 지금은 사라져 없어졌지만 "추파령의 옛 역"의 위치를 가늠해보고 있는 것이다. 교주도 일대의 길과 역에 관한 그의 지식을 짐작할 수 있다.

원천석은 말을 타고 역로를 따라 홀로 여행하는 인물이었다. 그렇다면 어떤 곳에서 잠을 자고 쉴 수 있었을까.

나-(6) <횡천에 묵으면서>[52]
여관이 고즈넉해 하루 밤이 길더니 / 旅舘寥寥一夜遙
꿈길에 봉래섬 찾아 구름다리를 건넜네. / 夢尋蓬島渡雲橋
깜짝 놀라 깨어보니 東窓이 밝고 / 覺來忽見東窓白
반쯤 깨진 달이 나무 가지에 걸렸네. / 半破氷輪掛樹梢

사료 나-(6)은 39세 때 춘주로 여행을 떠나면서 첫 휴식을 취한 것에 관련된 시이다. 원천석이 횡천에서 묵은 곳은 "旅館"이라고 표현되어 있다. 사료 가-(1)에서 22세 때에는 횡천에 친구가 있었던 것 같은데, 그런 친구를 찾기보다는 공적인 휴식공간으로서 여관을 택했다. 3월 20일에 출발하였다면 이미 봄인데, "하루 밤이 길게" 느껴진 것은 그만큼 여관이 매우 고요했음을 의미한다. 그렇기 때문에 충분한 휴식을 취할 수 있었을 것이다.

다음 휴식처는 원양역이었다.

나-(7) <원양역>[53]
한낮에 홍천 객관을 거쳐 / 午過洪川館
늦게 원양정에 닿았네. / 晚投原壤亭
저무는 해 그림자를 보고 또 보니 / 看看斜日影
푸른 산 그림자가 점점이 푸르구나. / 點點暮山靑

---

52) 『耘谷詩史』 卷1, <宿橫川>(『高麗名賢集』 卷5, p.293 ; 『운곡시사』, p.161).
53) 『耘谷詩史』 卷1, <原壤驛>(『高麗名賢集』 卷5, p.294 ; 『운곡시사』, p.163).

홍천에는 지인이 없었는지 머물지 않았다. 홍천같이 제법 큰 고을을 지나치고 있다는 것은 그만큼 유대가 없었음을 표현한다. 홍천에서 머문다면 시에 나오는 객관에서 묵었을 것이다. 원양역에 도착할 즈음엔 이미 해가 저물고 있었다. 사료 나-(2)에서 창봉역에 정자가 있었듯이, 원양역에도 원양정이 있었다. 역에는 이러한 정자가 있어 쉴 곳이 되었다.

사실 원천석 정도의 인물이라면 지방 객관을 쉽게 이용할 수 있었다.

　　나-(8) <酒泉 公舘에 홀로 앉아 있다가 느낌이 있어 지은 시에 차운함>[54]
　사람 드물어 외로운 공관이 고요한데 / 人稀孤舘靜
　나무 흔드는 바람소리는 용처럼 울부짖네. / 風樹似龍吟
　들판의 학은 높은 봉우리로 날아가고 / 野鶴投高岵
　굶주린 까마귀는 가까운 숲에 모여 드네. / 飢烏集近林
　쓸쓸한 마을엔 밥 짓는 연기 드물고 / 村寒烟火索
　빽빽한 산엔 물과 구름 깊으니, / 山密水雲深
　만약 시를 짓지 않으면 / 若不題詩句
　답답한 마음을 그 누가 알아주랴. / 誰知鬱鬱心

위의 시는 원천석이 63세였던 1392년 말에 이루어졌다. 왕조 교체가 이루어진 직후이기도 하다. 그 해 7월에 공양왕이 폐위되어 原州로 추방되었고, 여기에 妃와 세자 및 嬪들이 따라왔다.[55] 원천석은 그러한 광경을 직접 맞닥뜨리면서 어떠한 생각을 하였던 것일까. 원주의 지식인으로서 어떠한 행동을 하였는지 일체 전하지 않는다.

이러한 격동의 시기에 어떤 사연에서인지 원천석은 酒泉의 公館에 홀로 앉아 있었다. 酒泉은 원주의 속현이었는데,[56] 인적이 많은 곳은 아닌 듯하

---

54) 『耘谷詩史』卷5, <次酒泉公舘獨坐有感詩韻(二首)>(『高麗名賢集』卷5, p.362 ; 『운곡시사』, pp.565-566).

55) 『高麗史』卷46, 世家, 恭讓王 4年 7月. 이어 공양왕을 간성군으로 옮기고 恭讓君으로 봉했는데, 3년 후인 甲戌年(1394)에 삼척부에서 죽음을 맞이하였다고 한다.

56) 『新增東國輿地勝覽』卷46, 원주목 속현, "酒泉은 일명 학성이라 한다. 주의 동쪽 90리에 있다".

592

다. "사람 드물어 외로운 공관이 고요한" 것은 "쓸쓸한 마을엔 밥 짓는 연기 드문" 것과 연계되는 게 아닐까. 전체적으로 속현의 인구가 감소하고 있음을 보여주는 사례이다.

원천석은 가까운 곳인 주천에 웬 여행을 간 것일까. 고려의 마지막 왕의 유배지로 선택될 정도로 수도 개경에서 멀리 떨어졌다고 인식되는 그 곳에서 나름대로 마음을 달래고 있었던 심성이 시에는 나타난다. "만약 시를 짓지 않으면 / 답답한 마음을 그 누가 알아주랴."고 토로했던 것은 바로 그러한 심성의 표현이었던 게 아닐까.

거의 모든 여행에서 나타나는 원천석의 그림은 홀로 말을 타고 역로를 따라 돌아다니는 모습이다. 역의 정자에서 또는 공적인 객관에서 말의 먹이와 자신의 침식을 해결하면서, 거기서 만나는 일하는 백성들과 이야기를 나누며 돌아다녔던 것이다.

3. 교주도 일대, 馬奴같이 달리다

원천석의 시집 『耘谷詩史』에 남아 있는 시에는 전라도, 충청도 일대를 돌아다닌 흔적은 보이지 않는다. 그러한 곳에 갔더라도 시를 남기지 않았는지 모르겠으나, 현재의 기록에서는 교주도 일대를 돌아다닌 것이 매우 큰 비중으로 나타나고 있다. 바로 그 곳이 그의 근거지였기 때문에 더욱 주목되고 있다.

특히 회양을 비롯해서 금강산 일대를 가끔 오갔던 모양이다. 때가 되면 놀이삼아 금강산을 오간 것일까. 하지만 『耘谷詩史』에는 그렇게 자주 다녔을 금강산에 관련된 시가 거의 보이지 않는다.57) 조금만 감흥이 일어도 일기를 쓰듯 시를 지은 문집이었는데도 말이다.

더욱이 사료 가-(1)에서는 시 제목에 '금강산을 향하여'라고 명기하고 있다. 즉 여행의 목적지가 금강산이라는 것이다. 실제로 뒤에 이어진 일련의

---

57) 금강산 봉우리의 하나인 國望岾을 노래한 것으로 보이는 <國望岾>(『耘谷詩史』
卷3 ;『高麗名賢集』卷5, p.320)를 꼽을 수 있을 뿐이다.

시는 일정을 따라 지은 것으로 보인다. 지도를 보면 거리로 보아도 그 자체가 이동의 경로라고 할 수 있다. 그럼에도 정작 금강산 유람이 그의 목적이었을까 하는 의심이 든다. 여기서 원천석의 여행을 꼼꼼하게 검토할 필요가 있다.

금강산 여정이 잘 나타난 시는 공민왕 3년에 작성된 것이다. 당시 원천석은 25세였는데, 하루하루를 시로 마무리하거나 출발하는 기점을 시로 표현하였다. 하루를 시로 종결짓는 것은 그만큼 시에 녹아든 생활을 보여주는 것이다.

15편의 시에는 날짜와 함께 지역명이 잘 나타나 있다. <지도 1>에서 경로를 살펴보면 이때에도 금강산은 잠시 바라보는 정도에 그치고 있다. 실제로 이 일정을 시작하는 첫 시도 제목에 '向淮陽'이라 하여 회양이 여행의 목적지임을 밝히고 있다. 각 시에 나타난 일정과 경로지, 숙박지 등을 표로 정리하면 위와 같다.

위의 지역을 <지도 1>에서 찾아보면 회양으로 가던 길과 돌아오는 길이 달라졌음을 알 수 있다. 다만 말흘촌,[58] 통포현, 청양[59] 등을 확인할 수 없을 뿐이다. 그런데 이들 지명을 보면 모두 교주도에 한정됨을 알 수 있다. 교주도의 주요 군현인 원주에서부터 가장 북쪽 끝에 있는 회양에 이르기까지 펼쳐져 있다. <표 1>에 나오는 횡천, 홍천, 인제현, 서화현, 방산현, 양구군 등은 본래 춘주의 속현이었으며, 장양군과 금성현은 회양의 속현이었다.

원천석이 살던 고려 말에는 횡천은 원주의 속현으로 변했고, 인제현과 서화현, 방산현은 회양의 속현이 되었다. 또 홍천현과 금성현에는 감무를 파

---

58) 『운곡시사』, p.67, 주58)에서는 말흘촌을 금화현 근처에 있는 末訖川坪이라 추정하는데, 『新增東國輿地勝覽』 卷47, 금화현 산천조에서 末訖川坪이 금화현의 북쪽 25리에 있다고 하므로, 지도로 보면 이 곳에서 마노역과 인제현으로 가기에는 너무 멀다. 비록 이름은 비슷하나 위치상 동일하게 보기 어렵다.
59) 『운곡시사』, p.72, 주90)에서는 『高麗史』 卷56, 地理志1, 楊廣道 洪州 靑陽縣 조항을 근거로 청양현을 양광도에 있던 것으로 보고 있는데, 회양을 오가는 도중에 양광도 지역을 언급하는 것은 잘못된 추정이라 생각한다. <표 1>과 <지도 1>을 보면 청양은 금성에서 양구로 가는 중간에 있는 지점으로 보아야 한다.

견하였으며, 양구군은 낭천 감무가 겸임하도록 하였다.[60] 어떻든 이들 지역

<표 1> 1354년 회양여행 일정

날짜	출발지	경로지	숙박지	근거 시 제목	출전
10월 초	원주				
10월 3일			횡천	甲午十月向淮陽到橫川次板上韻	『耘谷詩史』卷1,『高麗名賢集』卷5, p.277 ;『운곡시사』, p.66.
10월 4일	횡천	홍천	말흘촌	初四日發橫川(二首) 次洪川板上韻 宿末訖村	『耘谷詩史』卷1,『高麗名賢集』卷5, p.277 ;『운곡시사』, pp.66-67. 『耘谷詩史』卷1,『高麗名賢集』卷5, p.277 ;『운곡시사』, p.67. 『耘谷詩史』卷1,『高麗名賢集』卷5, pp.277-278 ;『운곡시사』, pp.67-68.
10월 5일	말흘촌	마노역	인제현	初五日馬奴驛 麟蹄縣	『耘谷詩史』卷1,『高麗名賢集』卷5, p.278 ;『운곡시사』, p.68. 『耘谷詩史』卷1,『高麗名賢集』卷5, p.278 ;『운곡시사』, pp.68-69.
10월 7일	인제현		서화현	初七日宿瑞和縣	『耘谷詩史』卷1,『高麗名賢集』卷5, p.278 ;『운곡시사』, p.69.
10월 8일	서화현		장양		
10월 9일	장양	천마령-통포현		初九日發長陽登天磨嶺望金剛山次通浦縣板上韻(淮陽刺史康永岣作重營記, 二首)	『耘谷詩史』卷1,『高麗名賢集』卷5, p.278 ;『운곡시사』, p.70. 『耘谷詩史』卷1,『高麗名賢集』卷5, p.278 ;『운곡시사』, pp.70-71.
10월 11일			회양	淮陽過冬至	『耘谷詩史』卷1,『高麗名賢集』卷5, p.278 ;『운곡시사』, pp.71-72.
10월 12일	교주(회양)		금성	十二日發交州到金城	『耘谷詩史』卷1,『高麗名賢集』卷5, p.278 ;『운곡시사』, p.72.
10월 13일	금성		청양	靑陽路上	『耘谷詩史』卷1,『高麗名賢集』卷5, p.278 ;『운곡시사』, pp.72-73.
10월 14일	청양		방산	十四日早發靑陽 方山路上	『耘谷詩史』卷1,『高麗名賢集』卷5, p.278 ;『운곡시사』, p.73. 『耘谷詩史』卷1,『高麗名賢集』卷5, p.278 ;『운곡시사』, pp.73-74.
10월 15일	방산		양구군	十五日發方山到楊口郡……	『耘谷詩史』卷1,『高麗名賢集』卷5, p.278 ;『운곡시사』, pp.74-75.

---

60)『高麗史』卷58, 地理志3, 交州道 春州 및 交州 참조.

은 모두 교주도에 한정되어 있었다. 더욱이 금강산도 직접 방문하기보다는 장양에서 출발하여 천마령에 올라 금강산[61]을 바라보았다고 한다. 천마령이란 지명은 지리지에서 찾을 수 없으나, 장양에서 서쪽 방향에 있던 천마산으로 추정할 수 있다.[62]

<표 1>을 보면 약 15일 동안 날마다 숙박지를 바꾸어가며 일정을 진행하고 있다. 더욱이 여행의 시기는 음력 10월로서 늦가을 또는 초겨울에 해당한다. 금강산을 비롯한 산악지대에서는 겨울이 더욱 빨리 찾아왔을 것이다. 그러한 계절에 회양에 가는 이유는 무엇일까. 확실한 것은 <초아흐렛날, 長陽을 떠나 天磨嶺에 올라서서 金剛山을 바라보다>[63]라는 시에 나오듯이 금강산 유람을 위해서는 아니었다는 점이다.

다-(1) <청양 가는 길 위에서>[64]
산길 이십 리에 / 山程二十里
다니는 사람 없어 고즈넉하네. / 寂寂無人行
시냇물은 얼어붙어 소리도 끊어졌는데 / 凍合溪聲斷
구름 흩어지니 산 빛이 더욱 밝구나. / 雲收岳色明
기이한 경치를 어떻게 다시 설명하랴 / 奇觀何更說
이상한 모습들을 말하기 어려워라. / 異狀固難名
나는 거듭 오는 나그네라서 / 我是重遊客
남모르게 옛정이 가슴속에 느껴지네. / 潛生感舊情

22세 때 이미 금강산을 향해 갔던 그에게 이 여행은 당연히 처음이 아니었다. "거듭 오는 나그네"로서 이 지역에 대한 "옛 정"이 있었을 것이다. 청양으로 가는 길은 "20리나 되는" 산길을 가야 했으며 "다니는 사람도 없어" 매우 적적한 곳이었다. 더욱이 "시냇물은 얼어붙어" 이미 겨울인데, 왜 그러

61) 『新增東國輿地勝覽』 卷47, 회양도호부 산천, 금강산은 장양현의 동쪽 30리에 있다.
62) 『新增東國輿地勝覽』 卷47, 회양도호부 산천, 天磨山은 장양현의 서쪽에 있다.
63) 『耘谷詩史』 卷1, <初九日發長陽登天磨嶺望金剛山>(『高麗名賢集』 卷5, p.278 ; 『운곡시사』, p.70).
64) 『耘谷詩史』 卷1, <靑陽路上>(『高麗名賢集』 卷5, p.278 ;『운곡시사』, pp.72-73).

596

한 길을 거듭 가야 했던 것일까.

　일정을 보면 바쁜 시간을 재촉하며 여행을 강행하고 있다. 바삐 움직이는
것은 돌아오는 길도 마찬가지였다. 또 돌아온다고 해서 같은 길을 왕복하는
것이 아니었다. 회양에서 금성으로 빠져 방산으로 돌아오는 길이었다. 그
중간에 청양이 있었던 모양이다.

　　다-(2) <열 나흘날, 일찍 靑陽을 떠나며>[65]
　　첫 닭 우는 소리에 청양을 떠나니 / 曉發靑陽第一鷄
　　밝아오는 하늘빛이 푸르고도 쓸쓸하네. / 欲明天色碧凄迷
　　잠자던 새들은 사람 피해 숲으로 들고 / 避人棲鳥穿林去
　　굶주린 사슴은 언덕 너머서 소리 지르네. / 爭穴飢麕隔岸啼
　　북두칠성은 은하수 북쪽으로 차츰 희미해지고 / 星斗漸稀銀漢北
　　달은 이제 눈 덮인 산 서쪽에 지네. / 月輪初入雪山西
　　깊은 생각이 어찌 끝나랴 / 却將何限冥搜意
　　시 읊다보니 골짜기 지나는 것도 몰랐네. / 不覺沈吟過一溪

　10월 14일에 청양에서 출발할 때에도 "첫 닭이 울 때"였다. 아직 "북두칠
성이 희미해지고" "달은 지고 있던" 새벽에 길을 떠났던 것이다. 이 여행이
회양에 가서 볼일을 보고 그저 돌아오는 게 아니었다는 뜻으로 보아야 하지
않을까 생각한다. 이 여정에서는 날씨는 나쁘고 눈이 와도 새벽에 일어나
출발해야 했다.

　　다-(3) <초나흘날 횡천을 떠나면서>[66]
　　잠자던 까마귀 막 일어나고 먼 산이 밝아오기에 / 棲鴉初起遠山明
　　새벽 일찍 행장 차려 눈 맞으며 떠나네. / 蓐食催裝冒雪行
　　나무꾼 영감은 나그네 뜻도 모르고 / 樵叟不知征客意

65) 『耘谷詩史』 卷1, <十四日早發靑陽>(『高麗名賢集』 卷5, p.278 ;『운곡시사』, p.73).
66) 『耘谷詩史』 卷1, <初四日發橫川(二首)>(『高麗名賢集』 卷5, p.277 ;『운곡시사』, p.66-67).

머리 돌려 앞길 묻는 걸 이상스레 여기네. / 却嫌回首問前程

구름 쌓이고 바람 찬데다 눈까지 하늘에 가득해서 / 雲重風寒雪滿天
산천도 알아볼 수 없게 캄캄하기만 하네. / 昏昏未可辨山川
들밭에서 굶주린 까마귀 우는 걸 보고 / 野田行見飢烏噪
양양의 맹호연이 문득 생각나네. / 忽憶襄陽孟浩然

10월 4일에 횡천에서 묵고 길을 떠나는데, "먼 산이 밝아올 때" "새벽에 일찍 행장을 꾸려" 떠나고 있다. "구름 쌓이고 바람 차며 눈까지 내려" "산천도 알아볼 수 없게 캄캄한데도" 길을 떠났다. 사료 나-(6)을 참고로 한다면, 횡천에서 묵은 곳은 여관이었을 것이다. 그 곳에서 나무꾼 노인이 시중을 들어주었는데, 그렇게 힘든 날씨에 앞길을 나아가는 것을 이해하지 못해 "이상스레 여겼다"고 한다.

　　다-(4) <초이렛날 서화현에 묵으면서>[67]
　　아침에 인제현을 떠나 / 朝發麟蹄縣
　　가고 또 가서 서화현에 이르렀네. / 行行到瑞和
　　두어 집 모여 살며 닭도 개도 조용하고 / 數家鷄犬靜
　　한 마을 물과 구름이 아름답더니, / 一洞水雲嘉
　　차가운 북녘 바람이 갑자기 불어와 / 冽冽朔風緊
　　질펀한 저녁 눈이 많기도 해라. / 漫漫暮雪多
　　난간에 기대어 마음 정하지 못했네. / 倚欄心未決
　　갈까 말까. 어쩌면 좋을까. / 去住欲如何

한번 내리기 시작한 눈은 쉽게 그치지 않았다. 10월 7일에 인제현을 떠나 서화현에 머물게 되었는데, "몇몇 집이 모여 사는" 곳이었다. 인구가 적어서인지 "닭과 개도 조용한" 마을이었다. 하지만 "질펀한 저녁 눈이 많아서" 마음에 번민이 일었던 모양이다. 갈까 말까 망설이고 "마음을 정하지 못했

---

67) 『耘谷詩史』卷1, <初七日宿瑞和縣>(『高麗名賢集』卷5, p.278 ; 『운곡시사』, p.69).

598

던" 것이다. 하지만 결국은 길을 계속 가기로 정했다.

　　다-(5) <초여드렛날 길 위에서 지음>68)
두어 간 갈대집들이 / 數間蘆葦屋
눈 내리는 산 앞에 비스듬하네. / 斜傍雪山前
천 그루 나무 다 베어내고 / 伐盡千株木
손바닥만한 밭을 갈고 김매네. / 耕耘一片田
金盞의 바닥 같이 고요하고 / 靜如金盞地
玉壺天 같이 깊숙하구나. / 深似玉壺天
양 창자같이 구불구불한 길이 / 屈折羊腸路
바위 앞에서 끊어졌다 다시 이어지네. / 巖頭斷復連

　10월 8일에는 서화현에서 장양으로 가는 길이었다. 여전히 눈이 많이 왔
지만 결국 계속 길을 가고 있다. 길은 "양 창자같이 구불구불하였고", "바위
가 군데군데 나타나는" 산길이었다. 거기에는 "두어간 갈대집이" 있을 뿐이
었다. 몇 일째 계속 눈이 와도 이 길을 가야만 했다.

　　다-(6) <淮陽 땅에서 동지를 쇠다>69)
나그네 길에 잠시도 걸음 멈추기 어려워 / 客裏誠難暫駐驢
총총히 세월 가는 줄 몰랐네. / 忽忽未暇計居諸
타향에서 갑자기 동지 아침을 맞고는 / 異鄉忽遇陽生旦
푸른 산 마주앉아 책력을 뒤적이네. / 坐對靑山檢曆書

　결국 원천석은 "잠시도 걸음 멈추기 어려웠던" 나그네로서 찾아간 회양
에서 동지를 보내게 되었다. 타향에서 동지 아침을 맞게 된 것이 "갑작스러
운" 일이라고 표현한 것은, 그것이 일상적인 일이 아니었음을 나타내는 듯
하다. 그렇게 고생하며 찾아간 회양에서 긴 시간을 보낸 게 아니라 기껏해

68)『耘谷詩史』卷1, <八日道中作>(『高麗名賢集』卷5, p.278 ;『운곡시사』, pp.69-70).
69)『耘谷詩史』卷1, <淮陽過冬至>(『高麗名賢集』卷5, p.278 ;『운곡시사』, pp.71-72).

야 이틀 정도 묵었을 뿐이다. 그렇다면 이 여행은 회양에 다녀오는 것보다 오며가며 보아야 할 일이 있었음을 나타내는 게 아닐까 생각한다.

사실 이 길을 오가며 원천석은 민간의 생활에 지대한 관심을 표시한다. 이는 뒤에서 살펴볼 영해부를 비롯해서 경상도와 동해안을 여행한 시기와는 매우 다른 모습이라고 할 수 있다. 수조권 폐단 등 이 지역의 생활상을 관찰하는 모습을 볼 수 있다.

> 다-(7) <인제현>[70]
> 강 건너 고개 넘어 鄕城에[71] 이르고 보니 / 渡江穿嶺到鄕城
> 사방 둘러싸인 산 가운데 들판이 평평하네. / 四擁山中一野平
> 밭이며 논들이 물난리 겪었다더니 / 聞道水災田畝澀
> 나무 끝에 걸린 뗏목 가지가 길가다 보이네. / 行看樹杪海査橫
> 사람이 드무니 달아난 집 많은 걸 알겠구나. / 人稀始覺多逋戶
> 땅이 좁아서 훌륭한 이름 얻기 어렵네. / 地窄終難得盛名
> 임금께서 보살필 마음 깊이 품으셨으니 / 聖主深懷完護意
> 백성들아! 다시는 걱정하지 말게나. / 吏民休復有愁情

인제현은 "들판이 평평한" 지역이긴 하지만 "땅이 좁아서" 살기 힘든 곳이었다. 더욱이 "밭이며 논이 물난리를 겪어" 아직도 "나무 끝에 걸린 뗏목 가지가" 보이고 있다. 이곳에 사람이 드문 건 달아난 집이 많기 때문이라고 하면서, "鄕吏와 백성들"에게 "임금이 보살필 마음"이 있으니 걱정하지 말라고 한다.

거의 지나치다시피 하면서도 그 지역의 현재의 상황과 과거의 겪은 고난을 시로 표현한다는 것은 그만큼 지역에 대한 지식뿐 아니라 애정이 있음을 나타낸 것이다. 그러한 마음은 양구군에 이르러 더욱 확연하게 드러난다.

---

70) 『耘谷詩史』 卷1, <麟蹄縣>(『高麗名賢集』 卷5, p.278 ; 『운곡시사』, pp.68-69).
71) 香城寺址가 있는 강원도 양양군 도천면 장악리 설악산에 있는 절터 부근 마을로 추정하고 있다.

다-(8) <열닷새. 方山을 떠나 楊口郡에 이르렀는데, 鄕吏나 백성들의 집이 모두 기울어지거나 땅바닥에 쓰러졌으며, (온 마을이) 텅 비어 연기 나는 집이 없었다. 길가는 사람에게 물었더니, 이렇게 대답했다. "이 고을은 狼川郡에서 아울러 다스리는 곳인데, 옛부터 땅이 좁고 척박해서 백성이나 산물이 쇠잔했습니다. 근래에 와서는 밭마저 권세가에게 **빼앗기고** 인민을 못살게 하는 데다 세금마저 굉장히 많아, 발붙일 곳이 없게 되었습니다. 그런데도 겨울철만 되면 세금을 독촉하는 무리가 문이 메이도록 잇달아, 한 번이라도 명을 어기면 손과 발을 높이 매달고, 심지어는 곤장까지 때려서 살과 **뼈가** 해지게 하니, 살던 백성이 견디지 못하고 사방으로 흩어져 마을이 이같이 되었습니다." 내가 그 말을 듣고 오언시 여덟 구를 지어 마을이 쇠망해 가는 실정을 적어둔다.>[72]

무너진 집에는 새만 지저귀고 / 破屋鳥相呼

백성은 달아난 데다 鄕吏도 보이지 않네. / 民逃吏亦無

해마다 민폐만 더해가니 / 每年加弊瘼

어느 날에야 즐겁게 지내랴. / 何日得歡娛

땅은 모두 권세가에게 **빼앗겼는데** / 田屬權豪宅

포악한 무리는 문 앞에 잇달았네. / 門連暴虐徒

남아 있는 사람만 더욱 가엾으니 / 子遺殊可惜

이러한 고생이 누구의 잘못이던가. / 辛苦竟何辜

10월 15일에는 양구군에 이르렀는데, 본래 "땅이 좁고 척박"했으나 이때에 더욱 심해 鄕吏와 백성이 모두 쇠잔해졌다는 하소연을 듣게 되었다. "온 마을이 텅 비어 연기 나는 집이 없을" 정도인데도 권세가의 수탈과 국가의 강력한 세금으로 더욱 피폐했다는 것이다. 한번이라도 세금을 내지 못하면 "손과 발을 높이 매달고, 심지어 곤장까지 때려서 살과 **뼈가** 해지게 하며",

---

72) 『耘谷詩史』卷1, <十五日 發方山到楊口郡 吏民家戶欹斜倒地 寂無烟火 問諸行路 答曰 此邑乃狼川郡之兼領官也 自古地窄田磽 民物凋殘 比來權勢之家奪有其田土 擾亂其人民 租稅至多 雖容足立錐之地 無有空閑 每當冬月 收租徵斂之輩 塡門不已 一有不能則高懸手足 加之以杖 剝及肌骨 居民不堪 流移失所 故如斯也 予聞其語 作五言八句 以著衰亡之實云>(『高麗名賢集』卷5, p.278 ;『운곡시사』, pp.74-75).

이러한 행위는 겨울에 더욱 기승을 부려 백성이 견디지 못하고 도망한다고
한다.

이러한 이야기는 원천석이 그 곳의 주민에게 물어 파악한 것이므로, 그의
여행이 결코 풍경의 감상이 아니었음을 짐작할 수 있다. '吏民'이 어떻게 사
는지 실태를 보고, 그렇게 된 사정이나 원인을 나름대로 파악하려는 자세가
나타나는 것이다. 이는 지방사회에서 지식인으로서 갖는 책임감일 수도 있
지만, 어려운 길을 다니며 이렇게 실태를 파악하는 행위는 임무에 가까운
게 아니었을까 생각한다.

원천석이 백성의 생활에 관심을 가졌던 만큼, 백성도 그에게 관심을 나타
내는 게 보인다.

　　다-(9) <말흘촌에 묵으면서>[73)]
　　저물어 가는 산마을에 흥겹게 찾아드니 / 暮向山村得得過
　　가시나무 숲 아래 길이 구부러졌네. / 棘荊林下路橫斜
　　말머리 앞에 이따금 주민들이 절하고는 / 馬頭時有居民拜
　　멀리 시냇가 가리키며 저희 집이라네. / 遙指溪邊是我家

10월 4일에 묵었던 곳이 사료 다-(9)의 말흘촌이다. 홍천에서 마노역에 이
르는 중간에 있던 곳으로 짐작되는데, 이곳에 도착할 즈음엔 이미 해가 저
물고 있었다. "산마을"이라고 표현한 것으로 보아 산간지대에 있는 작은 마
을이었던 모양이다. 이 마을 주민들은 말을 타고 가는 원천석에게 인사하고
자기네 집을 가리켰는데, 이러한 행위는 서로 자기네 집에 묵어가라는 뜻이
아니었을까. 그만큼 주민들이 원천석을 가깝게 느꼈던 것으로 보인다.

그것은 단순히 인간적인 호의가 아니라, 원천석이 그들에게 필요한 것을
제공할 수 있는 일을 하고 있기 때문에 가능했던 것 같다. 원천석이 주민들
을 대하는 태도에는 관료의 엄격함이 없었다.

---

73) 『耘谷詩史』 卷1, <宿末訖村>(『高麗名賢集』 卷5, pp.277-278 ; 『운곡시사』,
　　pp.67-68).

602

다-(10) <초닷새 마노역>74)

인간 만사에 어찌 떳떳함이 없을손가 / 人間萬事豈無恒
名實이 어긋나면 세상이 미워하네. / 名實相違世所憎
맡은 일이란 게 파발마 따라 달리는 신세니 / 役是奔馳隨馹騎
馬奴라는 역 이름이 제대로 어울리네. / 驛名端合馬奴稱

10월 5일에는 인제현 근처의 마노역75)에 묵었다. 원천석은 아무런 관직이 없었는데도 맡은 일이 "파발마 따라 달리는 신세"라고 표현하고 있다. 그래서 "馬奴라는 역 이름"이 어울린다고 자조하고 있다. 이는 젊은 원천석이 반드시 처리해야 할 일이 있었음을 보여준다. 여기서 원천석이 호장 집안이었음을 잊어서는 안 된다.

<安司戶 집에 몇몇 사람이 모여 술잔을 나누면서 시 한 수를 지어 李乙生 선생에게 보임>76)이라는 시를 보면 원천석이 이 지역 향리들과 친분을 나누고 있음을 알 수 있다. 安司戶도 그 중 하나였다.77) 이을생 선생에게 시를 보여주었다고 하므로 이 모임에는 양반과 향리가 섞여 있었다.

사실 이 시기는 원천석이 아직 과거에 합격하기 이전이었다. 아버지가 관직에 나가긴 했어도 이때에는 원천석도 軍籍에 올랐던 시절이었다. 원천석의 집안이 본래 호장층이었으므로, 다소의 지위 변화는 있었을지라도 교주도 일대에서 서로 연계가 이루어졌을 것으로 본다. 이는 그의 집안이 지역 사회에서 호장층으로서 일정한 역할을 했기 때문에 가능하지 않았을까 생각한다.

역로를 따라 가면서 역의 사람들과 친분이 있는 것도 바로 이러한 관계에서 비롯된 게 아닐까. 그 일대에 어디를 가더라도 호장으로서 대접을 받았던 것 같다. 자주 있었던 교주도 일대의 여행도 그러한 역할을 위해 이루어진 게 아닌가 생각한다.

74)『耘谷詩史』卷1, <初五日馬奴驛>(『高麗名賢集』卷5, p.278 ;『운곡시사』, p.68).
75)『新增東國輿地勝覽』卷46, 인제군 역원, 馬奴驛은 인제현의 북쪽 30리에 있다.
76)『耘谷詩史』卷1, <安司戶家五六人成小酌作一首示李先生(乙生)>(『高麗名賢集』卷5, p.285 ;『운곡시사』, pp.110-111).
77) 司戶에 관해서는 강은경, 앞의 책, 2002, pp.159-164 참조.

4. 동해안을 따라 곳곳을 구경하다

그렇다고 해서 원천석이 그렇게 심각한 여행만을 다닌 것은 아니었다. 교주도 일대에 대한 정서와는 전혀 다른, 본격적인 여행의 느낌이 풍기는 경우도 있었다. 공민왕 18년(1369)에 그가 40세의 나이에 영해부로 떠난다면서 출발하였는데, 영해를 비롯해서 인근의 평해와 동해안의 명소를 굽이굽이 찾는 모습이 나타난다. 또 교주도에 들어와서도 절경을 찾아 굽이진 길을 택해서 다니고 있다. 이러한 광경에서는 당시 지배층의 여행문화와 전혀 다를 바 없는 모습을 확인하게 된다.

<표 2> 1369년 영해부 여행 일정

경유지	숙박여부 및 관광지	근거 시 제목	출전
堤州		提州南郊	『耘谷詩史』卷1, 『高麗名賢集』卷5, p.295 ; 『운곡시사』, p.172.
냉천역		冷泉驛	『耘谷詩史』卷1, 『高麗名賢集』卷5, p.295 ; 『운곡시사』, p.173.
죽령		竹嶺	『耘谷詩史』卷1, 『高麗名賢集』卷5, p.295 ; 『운곡시사』, p.173.
순흥부	숙박	宿順興府	『耘谷詩史』卷1, 『高麗名賢集』卷5, p.295 ; 『운곡시사』, pp.173-174.
榮州		榮州路上(号龜山)	『耘谷詩史』卷1, 『高麗名賢集』卷5, p.296 ; 『운곡시사』, p.174.
안동	숙박	宿安東次板上韻贈權同年從義	『耘谷詩史』卷1, 『高麗名賢集』卷5, p.296 ; 『운곡시사』, pp.175-175.
영해	관사	到寧海次官舍板上韻	『耘谷詩史』卷1, 『高麗名賢集』卷5, p.296 ; 『운곡시사』, p.175.
	관어대	觀魚臺	『耘谷詩史』卷1, 『高麗名賢集』卷5, p.296 ; 『운곡시사』, pp.175-176.
	봉송정	鳳松亭	『耘谷詩史』卷1, 『高麗名賢集』卷5, p.296 ; 『운곡시사』, pp.176-177.
	정신동	貞信洞	『耘谷詩史』卷1, 『高麗名賢集』卷5, p.296 ; 『운곡시사』, p.177.
	연지계	燕脂溪	『耘谷詩史』卷1, 『高麗名賢集』卷5, p.296 ; 『운곡시사』, pp.177-178.

영해	읍선루	泣仙樓	『耘谷詩史』卷1, 『高麗名賢集』卷5, p.296 ; 『운곡시사』, p.178.
	무가정	無價亭	『耘谷詩史』卷1, 『高麗名賢集』卷5, p.296 ; 『운곡시사』, p.178.
영덕		到寧德(号野城)	『耘谷詩史』卷1, 『高麗名賢集』卷5, p.296 ; 『운곡시사』, pp.178-179.
주등역		酒登驛路上	『耘谷詩史』卷1, 『高麗名賢集』卷5, p.296 ; 『운곡시사』, p.179.
평해	망사정	平海望槎亭	『耘谷詩史』卷1, 『高麗名賢集』卷5, p.297 ; 『운곡시사』, pp.180-181.
	월송정	越松亭	『耘谷詩史』卷1, 『高麗名賢集』卷5, p.297 ; 『운곡시사』, p.181.
	영희정	迎曦亭	『耘谷詩史』卷1, 『高麗名賢集』卷5, p.297 ; 『운곡시사』, p.181.
	임의정	次臨漪亭詩韻	『耘谷詩史』卷1, 『高麗名賢集』卷5, p.297 ; 『운곡시사』, p.182.
	취운루		
울진	숙박	宿蔚珍(号仙槎)	『耘谷詩史』卷1, 『高麗名賢集』卷5, p.297 ; 『운곡시사』, p.182.
용화역		次龍化驛詩	『耘谷詩史』卷1, 『高麗名賢集』卷5, p.297 ; 『운곡시사』, p.183.
삼척	숙박	宿三陟却寄丹陽故友	『耘谷詩史』卷1, 『高麗名賢集』卷5, p.297 ; 『운곡시사』, p.183.
평릉역		次平陵驛詩韻	『耘谷詩史』卷1, 『高麗名賢集』卷5, p.297 ; 『운곡시사』, p.184.
우계	숙박	宿羽溪次板上韻(号玉堂)	『耘谷詩史』卷1, 『高麗名賢集』卷5, p.297 ; 『운곡시사』, p.184.
정선	광탄	廣灘舟中	『耘谷詩史』卷1, 『高麗名賢集』卷5, p.297 ; 『운곡시사』, p.185.
	수혈	旌善路上	『耘谷詩史』卷1, 『高麗名賢集』卷5, p.297 ; 『운곡시사』, p.185.
	의풍정	登舟南江看水穴登倚風亭(二首)	『耘谷詩史』卷1, 『高麗名賢集』卷5, p.298 ; 『운곡시사』, p.186.
방림역		芳林驛路上	『耘谷詩史』卷1, 『高麗名賢集』卷5, p.298 ; 『운곡시사』, p.187.
안창역		安昌驛	『耘谷詩史』卷1, 『高麗名賢集』卷5, p.298 ; 『운곡시사』, p.188.

위의 표는 이 여행의 첫 시 <기유년 3월, 寧海府 가던 도중에 짓다>[78]

를 비롯해서 그가 남긴 35편의 시를 통해 돌아다닌 여행지를 표로 만든 것
이다. 이를 지도로 표시하면 다음과 같다.

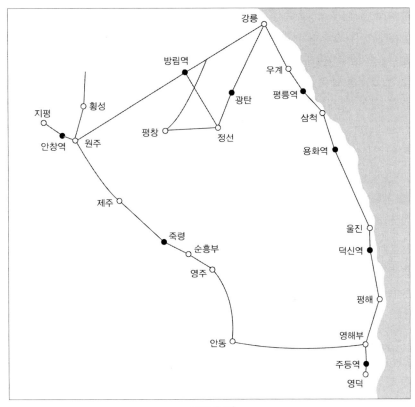

<지도 2>[79)]

<표 2>에 나오는 일정을 <지도 2>에서 따라가 보면, 3월에 원주에서
출발하여 제주를 거쳐 죽령을 넘고, 순흥부・영주・안동을 지나 영해부에
도착하였다. 영해부에서 영접도 받고 영해부와 인근의 영덕 일대를 관광한

---

78) 『耘谷詩史』 卷1, <己酉三月向寧海府途中作>(『高麗名賢集』 卷5, p.295 ; 『운곡시
   사』, p.172).
79) 원천석이 돌아다닌 경상도 및 교주도 일대를 표시한 지도이다. 표기방법은 <지도
   1>과 동일하다. 주14) 및 주15) 참조.

뒤에, 3월 24일에는 영해부를 출발하였다. 그 후 동해안 길을 따라 평해·울진·삼척 등으로 죽 올라갔다. 우계에서 숙박을 하였다고 하므로 아마 그 길이 강릉까지 미쳤을 것 같다. 조선 후기의 지도『大東輿地圖』에서도 우계에서 정선 쪽으로 직접 연결되는 길은 없었다.

강릉에서 원주로 직접 가는 교통로가 있었지만 원천석은 여기서 다시 길을 틀어 산악지대에 있는 정선으로 들어간다. 그 경로가 바로 광탄이었다. 정선 일대를 돌아본 후 다시 본래의 도로로 나와 방림역에 이르고, 이후 원주로 향한 것 같다.

원천석은 봄이 한창일 때 여행 일정을 진행하였다. 이것이 봄 나들이였음을 보여주고 있다. 실제로 영해부에서 돌아올 때의 여정은 철저히 관광 위주로 되어 있다. 당시에 어떻게 여행했는지를 명확하게 보여준다. 그렇다 하더라도 원천석은 역시 말을 홀로 타고 가는 여행을 한 것 같다.

라-(1) <죽령>[80]
말을 채찍해 죽령 구름을 뚫고 달리니 / 策馬行穿竹嶺雲
행장이 마치 하늘 문에 닿은 듯하네. / 行裝彷彿接天門
높고 낮게 멀고 가깝게 산은 끝없건만 / 高低遠近山無盡
남북 동서에 길은 절로 분명하네. / 南北東西路自分
곳곳마다 구역 경계를 평평하게 그렸고 / 處處封疆平布列
겹겹이 골짜기가 서로 이어졌는데, / 重重洞壑互馳奔
채찍 멈추고 사방을 돌아보니 하늘과 땅이 너무나 넓어 / 停鞭四顧乾坤豁
눈앞에 아득한 빛이 저녁 자취에 들어오네. / 眼界微茫入暮痕

교주도에서 경상도로 가려면 죽령을 넘어야 한다. 원천석은 죽령을 말을 타고 넘었다. 그것도 "말을 채찍질하며", "구름을 뚫고 달렸던" 것이다. 즉 스스로 말의 채찍을 잡고 달렸다면 시중드는 아랫사람이 없었던 것으로 보인다. 그리하여 쉬고 싶을 때에는 "채찍 멈추고" 사방을 둘러볼 수 있는 여유도 있었다.

---

80) 『耘谷詩史』卷1, <竹嶺>(『高麗名賢集』卷5, p.295 ;『운곡시사』, p.173).

비록 관광차 떠난 여행이지만 말을 타고 길가는 사람에게는 역시 역이 매우 중요했다. 이 여행에서도 곳곳에서 만나는 역에 대한 기록이 상당히 많은 편이다. <표 2>에서 보아도 냉천역, 주등역, 용화역, 평릉역, 방림역, 안창역 등이 나타난다. 이러한 역명이 시의 제목으로 표현되고 있다는 것은 그만큼 역이 여행에서 중요했음을 보여주는 것이다.

    라-(2) <냉천역>[81]

    온 골짜기에 구름과 물이 고요하고 / 一溪雲水靜

    人家도 없어 적막하니, / 寂寞無人家

    오직 사람 맞으며 웃는 거라곤 / 惟有迎人笑

    들에 복사꽃 산에 살구꽃뿐일세. / 野桃山杏花

堤州를 지나 죽령을 넘기 전에 거친 곳이 바로 냉천역이다. 현재는 그 위치를 확인할 수 없다.[82] 시의 표현대로 고려 말에는 이미 인가도 드문 곳이 되어, 이후 역 자체가 소멸된 게 아닐까 생각한다. 하지만 여행자에게는 죽령을 넘기 전에 말을 재정비하고 출발 준비를 할 수 있는 쉼터가 되었을 것이다.

무엇보다 이 여행에서는 옛 친구들을 만나고 명소도 찾아보는 모습이 곳곳에 나타난다. 사실 당시 사대부들은 여행시에 인근의 친구와 유명 인사 및 관리들을 만나고 서로 접대하는 경향이 강하였다.[83] 원천석도 영해부 여행에서는 중간중간에 친구들을 만나기도 하였다.

    라-(3) <安東에 묵으면서 현판 시에 차운하여 同年 權從義에게 지어 주다>[84]

---

81) 『耘谷詩史』卷1, <冷泉驛>(『高麗名賢集』卷5, p.295 ; 『운곡시사』, p.173).

82) 『新增東國輿地勝覽』卷26, 경상도 청도군 역원에서 "冷泉院은 군의 남쪽 15리에 있다"고 되어 있는데, 그 근거가 혹시 냉천역이 있었던 영향이 아니었을까 추정한다.

83) 『東國李相國集』卷6, 古律詩를 보면, 이규보의 경우 경상도 일대를 돌아다닐 때 많은 사람들과 교류를 나누었음을 잘 보여준다.

608

뜻밖에 서로 만나 눈이 다시 환해지니 / 邂逅相逢眼更淸
십 년 동안 그리던 정을 이제야 풀었네. / 已償思慕十年情
푸른 등불 아래 이야기 다 못 나누고 / 留連未辦靑燈話
총총히 떠나려니 한가롭지 못해라. / 却恐忽忽不暇行

　죽령을 넘어 바로 아래 있는 순흥부에서 숙박하고, 다시 길을 나서 영주
를 거쳐 도착한 곳이 안동이었다. 안동에는 그의 同年, 즉 같은 해에 과거에
합격한 사람인 權從義가 있어 만날 수 있었다. 同年은 그 당시 매우 친밀한
관계를 유지할 수 있는 인간관계였다. 바로 그러한 친구에게 원천석은 별다
른 연락 없이 갔던 모양이다. 그리하여 "뜻밖에 서로 만나는" 장면이 연출
되었다. 영해부 가는 길에 들렀기 때문에 그 만남이 예정된 것은 아니었던
것 같다.
　"10년의 정"이라 표현한 것으로 보아, 두 사람이 만난 것이 10년이 넘었
음을 알 수 있다. 공민왕 5년(1356)에 과거에 합격했는데, 공민왕 18년이 되
도록 10년을 보지 못했다면, 아마 權從義도 원천석처럼 관직 없이 안동에서
거주하고 있는 게 아닐까 생각한다. 그런데도 한가롭게 만나는 것은 어려웠
다. "밤에 이야기를 나누었지만" 미처 다하지 못하고, "한가롭지 못하게"
"총총히 떠나야" 했다. 이번 여행은 날짜를 정하고 출발했기 때문에 일정
안에 영해부에 도착해야 했다.
　출발하는 시 <기유년 3월, 寧海府 가던 도중에 짓다>[85]에서 영해부를
향한다고 밝힌 것으로 보아 영해부에는 미리 예고가 되어 있었던 것 같다.
따라서 관련된 인사들이 모일 수 있도록 준비도 되어 있었던 게 아닐까 생
각한다.

　라-(4) <영해에 이르러 官舍의 현판 시에 차운함>[86]

84) 『耘谷詩史』 卷1, <宿安東次板上韻贈權同年從義>(『高麗名賢集』 卷5, p.296 ; 『운
　곡시사』, pp.174-175).
85) 『耘谷詩史』 卷1, <己酉三月向寧海府途中作>(『高麗名賢集』 卷5, p.295 ; 『운곡시
　사』, p.172).
86) 『耘谷詩史』 卷1, <到寧海次官舍板上韻>(『高麗名賢集』 卷5, p.296 ; 『운곡시사』,

丹陽의 풍경이 襄陽보다 뛰어나 / 丹陽風景勝襄陽
사람마다 시 짓느라 붓 잡기에 바쁘네. / 覓句人人援筆忙
바다 기운이 추녀에 이어져 개인 빛이 떠오르고 / 海氣連軒浮霽色
햇살이 벽에 비쳐 비단같이 산뜻하네. / 日光涵壁照新章
연기 낀 물가에 선 해오라기는 희기도 흰데 / 鷺翹煙渚離離白
꽃떨기에 둘린 나비는 점점이 노랗구나. / 蝶遶花叢點點黃
이런 모습을 보자 내 마음이 밝고도 고요해지니 / 對此襟懷清且靜
무슨 일이 또 다시 내 가슴을 흔들랴. / 更無餘事攪吾腸

영해부에서는 원천석을 관청 건물에서 대접했던 모양이다. 관청 건물에서 모였다면 그 지역 관리들이 참여하고 있음을 짐작할 수 있다. "사람마다 시 짓느라" 바빴던 모습은 여기에 여러 사람들이 함께 모여 시를 지으며 놀았던 광경을 묘사하고 있다. 눈에 보이는 광경을 그저 시로 읊었던 게 아니라 정식으로 "붓을 잡아" 시를 지었던 것이다. 거기에는 손님을 접대하는 예식이 갖추어져 있었다. 원천석도 영해의 옛 이름인 丹陽[87]을 근처의 襄陽[88]에 비교하여 더 뛰어나다고 하면서 이에 호응하는 모습을 보이고 있다.

이러한 모임은 원천석이 영해부를 떠날 때에 다시 있었다. 여기 모인 사람들이 바로 사료 라-(4)에서 모였던 사람들로 보인다.

라-(5) <24일, 丹陽을 떠나면서 府使 韓公의 시에 차운하여 여러 친구에게 남기다>[89]
바다 마을 삼월에 우연히 들렀다가 / 海村三月偶尋芳
꽃과 버들 좋은 곳을 노닐며 구경했네. / 遊賞花叢與柳行
오늘 봉송정 위에서 헤어지면 / 今日鳳松亭上別
언젠가 꿈속에 혼이 찾아오겠지. / 他年應入夢魂場

_____

    p.175).
87) 『新增東國輿地勝覽』卷24, 영해도호부 군명.
88) 『高麗史』卷57, 地理志2, 慶尚道 安東府 基陽縣 참조. 기양현의 別號가 襄陽이다.
89) 『耘谷詩史』卷1, <二十四日發丹陽次府使韓公詩韻留別諸公>(『高麗名賢集』卷5,
    p.296 ; 『운곡시사』, p.180).

3월 24일에는 이별의 의식도 있었던 모양이다. 거기에는 부사를 비롯해서 여러 친구들이 모였다. 영해부의 최고 책임자인 부사가 참여한 자리가 마련된 것이다. 비록 관직에 전혀 나가지 못하였지만 원천석에 대한 지방사회의 대우를 짐작할 수 있다. 원천석은 이미 40세가 되어 관직과는 연계되지 못했지만 그 명성이 높아져 있었던 것 같다. 그렇기에 미리 약속을 하고 여행을 떠나올 수 있었다.

원천석을 부른 친구들이 누구인지는 표현되어 있지 않으나, 이들은 기생도 곁든 잔치를 열어주었다.

　라-(6) <정신동>[90]

버들 푸르고 꽃 붉어 한 골짜기가 그윽한데 / 柳綠花紅一洞幽
맑은 시내 양 언덕은 모두가 기생집일세. / 淸溪兩岸盡靑樓
묻노니 그 누가 정결을 지키는가 / 問誰守信懷貞潔
부질없이 비단 창 닫고 栢舟詩를 읊조리네. / 空掩紗窓詠栢舟

　라-(7) <연지계>[91]

이 긴 물줄기를 누가 연지라 불렀던가. / 誰號燕脂一派長
산 빛을 띠고 넘실거리며 흐르네. / 溶溶漾漾帶山光
복사꽃 몇 잎이 물결 따라 흘러내리니 / 桃花點點隨流到
아마도 예쁜 여인이 묵은 화장을 씻는가 보네. / 疑是佳人洗宿粧

영해부의 친구들이 원천석을 안내한 곳에는 貞信洞과 燕脂溪도 있었다. 정신동은 "맑은 시내와 언덕"이 갖추어진 곳이고 연지계는 "긴 물줄기"와 "산빛"이 있어, 두 곳 모두 아름다운 계곡이 있는 마을이었음을 보여준다. 하지만 당시에는 기생들이 모여 사는 곳이었던 모양이다. 정신동에는 "맑은 시내 양 언덕이 모두 기생집"이었고, 연지계는 "예쁜 여인이 묵은 화장을 씻는" 계곡이었다.[92] 이러한 마을을 그저 구경하려고 간 것은 아니었을 것

---

90) 『耘谷詩史』 卷1, <貞信洞>(『高麗名賢集』 卷5, p.296 ; 『운곡시사』, p.177).
91) 『耘谷詩史』 卷1, <燕脂溪>(『高麗名賢集』 卷5, p.296 ; 『운곡시사』, pp.177-178).

이다. 아마도 대접을 하는 사람들이 이끌고 간 곳이 아니었을까 생각한다.

당시 영해부에서는 가장 유명한 곳이었을 텐데, 두 곳은 며칠 묵는 동안 들렀던 것 같다. 원천석은 정신동이 "정조와 신의를 지킨다"는 뜻인데도[93] 온통 기생집이었으므로 "그 누가 정조를 지키는가" 하면서 헛되이 "柏舟詩[94]를 읊조린다"고 표현하였다. 손님 접대에서 기생이 동원되는 것은 이전부터 있었던 일이다.

원천석은 영해부에서 친구들과 만나서 교류를 했을 뿐 아니라 여기저기 구경을 많이 다녔다. 3월 24일 떠날 때까지 위의 표에서 보이듯이 돌아다니며 그 곳의 풍경을 묘사한 시가 <觀魚臺>,[95] <鳳松亭>,[96] <泣仙樓>,[97] <無價亭>[98] 등이다. 바로 영해부의 명승지였고, 원천석은 각각 시로써 노래하였다.

---

92) 『新增東國輿地勝覽』卷24, 영해도호부 산천, "燕脂溪는 含恨洞에 있는 官妓들이 사는 곳이다".

93) 『新增東國輿地勝覽』卷24, 영해도호부 古跡, "貞信坊은 松峴의 남쪽에 있다. 예전에 정절이 굳은 여자가 있어서 스스로 지키면서 절조를 고치지 않았으므로, 그 동네를 貞信이라 이름지어 표창한 것이다".

94) 『詩經』卷2, 邶風 柏舟 참조. 위나라 세자 共伯이 일찍 죽었는데, 그의 아내 共姜이 수절하며 지내자 친정 부모가 억지로 재혼시키려 하였다. 그러자 공강이 죽어도 다시 시집가지 않겠다고 다짐하며 이 시를 지었다고 한다. 그 뒤로 수절하는 젊은 과부를 표현하기 위해 많이 쓰였다.

95) 『耘谷詩史』卷1, <觀魚臺>(『高麗名賢集』卷5, p.296 ; 『운곡시사』, pp.175-176). 『新增東國輿地勝覽』卷24, 영해도호부 樓亭, "觀魚臺는 영해도호부의 동쪽 7리에 있다. 李穡의 賦와 序에 '관어대는 영해부에 있다. 동해의 바위 아래에 서 있어 물고기를 셀 수 있다. 그래서 관어대라고 이름한 것이다……' 라고 하였다".

96) 『耘谷詩史』卷1, <鳳松亭>(『高麗名賢集』卷5, p.296 ; 『운곡시사』, pp.176-177). 『新增東國輿地勝覽』卷24, 영해도호부 누정, "奉松亭은 영해의 북쪽 4리에 있다. 바다 어귀가 텅 비어 허전하더니, 옛날에 奉氏 성을 가진 이가 府使로 부임하여 소나무 일만 그루를 심어 돌개바람을 막았으므로, 그로 인하여 奉松寺라 이름 지었다"고 한다. 원천석은 鳳松亭이라고 썼는데, 전설에 따르면 奉松亭이라고 써야 할 듯하다.

97) 『耘谷詩史』卷1, <泣仙樓>(『高麗名賢集』卷5, p.296 ; 『운곡시사』, p.178). 『新增東國輿地勝覽』卷24, 영해도호부 고적, "挹仙樓는 부의 서쪽 2리에 있다".

98) 『耘谷詩史』卷1, <無價亭>(『高麗名賢集』卷5, p.296 ; 『운곡시사』, p.178). 『新增東國輿地勝覽』卷24, 영해도호부 고적, "無價亭은 영해 동쪽 3리에 있다. 李穀이 지은 것이며, 남은 터가 아직도 있다".

영해부에 온 김에 그 아래에 있는 영덕으로 발길을 돌렸다. 시는 <영덕에 이르러(영덕의 옛 이름은 野城)>,[99] <주등역 가는 길에>,[100] <원적암>[101] 의 순서로 되어 있다. 이를 <지도 2>에서 보면 일단 영덕으로 내려갔다가 돌아오는 길에 酒登驛[102]을 들렀던 것으로 보인다. 원적암은 바로 그 근처에 있었던 게 아닐까 생각한다.

당시 영덕은 權近의 記에 따르면 왜구 침입으로 제대로 된 관청 건물도 없었던 시기였다.[103] 그의 표현에 따르면 "縣令이 거처하는 곳은 초가집 몇 칸으로 낮고 좁은 것이 민가와 다를 바 없었다."고 한다. 1391년이 되어서야 李仁實이 이곳 현령으로 오면서 관청의 건립이 이루어지니까 원천석이 방문했을 때에는 매우 궁핍하던 때였다. 이곳으로 원천석이 굳이 간 것은 영덕보다는 바로 이어지는 원적암에 들르려고 했던 게 아닐까.

라-(8) <원적암>[104]

---

99) 『耘谷詩史』 卷1, <到寧德(号野城)>(『高麗名賢集』 卷5, p.296 ;『운곡시사』, p.178-179).

100) 『耘谷詩史』 卷1, <酒登驛路上>(『高麗名賢集』 卷5, p.296 ;『운곡시사』, p.179).

101) 『耘谷詩史』 卷1, <圓寂菴>(『高麗名賢集』 卷5, p.296 ;『운곡시사』, pp.179-180).

102) 『新增東國輿地勝覽』 卷25, 경상도 영덕현 역원, "酒登驛은 영덕현 동쪽 5리에 있다".

103) 『新增東國輿地勝覽』 卷25, 경상도 영덕현 궁실, 客館은 權近의 記에 "盈德은 바닷가에 있는 가장 멀고 궁벽한 곳이다. 오랫동안 왜놈 등쌀에 백성들이 마을과 성터에서 숨은 지 몇 해나 된다. 그러다가 城이 수축되어 모여들게 되자 유민들이 조금 돌아와 조잡하나마 생업에 편안하게 되었다. 내 일찍이 귀양가는 길에 여기를 지났거니와, 그때에는 아직 관청의 건물이 없었다. 縣令이 거처하는 곳은 초가집 몇 칸으로 낮고 좁은 것이 민가와 다를 바 없었다. 洪武 辛未年(1391) 가을에 鷄林 李仁實이 이곳 현령으로 오면서, 政事와 訟事가 제대로 되어 한 고을이 잘 다스려지게 되었다. 이에 여러 사람과 의논하여 公館을 짓기로 하였다. 다음해 가을에 산에서 나무를 벌채했고, 또 그 다음해 봄에 빗물로 물이 불었을 때 개울로 재목을 흘려보내니 실어나르는 수고를 하지 않고도 모두 성밑으로 옮겨지게 되었다. 이리하여 대청과 좌우의 방·문·낭하·부엌·마굿간 등이 모두 갖추어지게 되었다. 또 그 성에는 전부터 우물이 없었는데, 땅을 점쳐서 팠더니 먹을 수 있는 맑은 샘이 솟아올랐다. 온 고을 사람들이 경축해 마지않았다.……"고 하였다.

104) 『耘谷詩史』 卷1, <圓寂菴>(『高麗名賢集』 卷5, p.296 ;『운곡시사』, p.179-180).

사방에 푸른 산이 촘촘히 둘렸는데 / 四擁靑山密
그 가운데 푸른 골이 깊숙하구나. / 中開碧洞幽
대나무 바람은 처마 끝에 불고 / 竹風生屋角
꽃 그림자는 다락 위에 올랐네. / 花影上樓頭
선탑엔 스님이 禪定에 드는데 / 禪榻僧初定
차 끓이는 마루에 나그네가 잠시 쉬네. / 茶軒客小留
이 좋은 곳을 찾아오니 너무 기쁘구나 / 喜予尋勝地
반나절 맑게 노닐 수 있었다니. / 半日得淸遊

원천석은 당대 많은 高僧을 잘 알고 교류도 많이 하였다. 아주 친하게 지내는 승려도 영남으로 갔다는 표현이 있는데, 그렇게 알았던 승려 중 한 명이 원적암에 있었던 건 아닌지 궁금하다. 바로 이곳 스님을 만나려고 영덕에 온 게 아닌가 생각한다. 원적암은 "사방이 산으로 촘촘히 둘린" 산속 암자로 "대나무 울창한 곳"이었다. 원천석은 그 곳에서 "반나절 쉬고" 떠났는데, 그가 쉬었던 곳은 "차 끓이는 마루"였다. 차를 대접받으면서 기쁨을 누리고 떠날 수 있었다.

영덕을 다녀온 후에 드디어 영해부를 떠났다. 돌아가는 길은 왔던 길이 아니라 동해안을 따라서였다. 그 첫 지점이 평해였다. 시로 표현된 <평해망사정>,105) <월송정>,106) <영희정>,107) <임의정 시에 차운함>108) 등은

105) 『耘谷詩史』 卷1, <平海望槎亭>(『高麗名賢集』 卷5, p.297 ;『운곡시사』, pp.180-181).『新增東國輿地勝覽』卷45, 평해군 누정, "望槎亭은 고을 남쪽에 있다".
106) 『耘谷詩史』卷1, <越松亭>(『高麗名賢集』卷5, p.297 ;『운곡시사』, p.181).『新增東國輿地勝覽』卷45, 평해군 누정, "越松亭은 평해군 동쪽 7리에 있다. 월송진에 있으면서 푸른 솔이 만 주나 있으며 모래가 10리나 깔렸다".
107) 『耘谷詩史』卷1, <迎曦亭>(『高麗名賢集』卷5, p.297 ;『운곡시사』, p.181).『新增東國輿地勝覽』卷45, 울진현 역원, "迎曦亭은 울진현 남쪽 45리에 德神驛이 있는데, 그 곳에 영희정이 있다".
108) 『耘谷詩史』卷1, <次臨漪亭詩韻>(『高麗名賢集』卷5, p.297 ;『운곡시사』, p.182).『新增東國輿地勝覽』卷45, 평해군 누정. 臨漪亭은 臨漪臺를 가리키는 것으로 보인다. 평해군에 있는 望洋亭 아래 벼랑을 따라 내려가면 돌 하나가 우뚝 솟아 있는데 그 위에 7-8명은 족히 앉아 있을 수 있고, 그 아래에는 땅이 보이지 않을 정도였

바로 평해의 명승지였다. 이곳을 거처 도착한 곳이 울진이었다.[109] 울진에서는 어디서 잤는지 나타나지 않으나, 삼척에 이르면 객관에서 잠들 수 있었다.

　　라-(9) <삼척에 묵으면서 丹陽의 옛 친구들에게 부침>[110]
　　옷을 벗고 한가히 누우니 마루가 서늘하구나. / 解衣閑臥一軒凉
　　객관은 고즈넉한데 달빛이 침상을 비추네. / 公舘寥寥月照床
　　한밤에 대숲 바람이 나그네 창을 두드려 / 半夜竹風春旅枕
　　놀라서 깨어보니 단양을 꿈꾸었네. / 忽然驚破夢丹陽

　객관은 지방을 탐방하는 관리들의 숙소로 운용되었지만, 원천석과 같은 인물도 이용할 수 있었던 것 같다. 이를 보면 원천석이 지방 일대를 지나며 머문 곳이 대강 짐작된다. 비록 과거에 합격한 경력밖에 없지만 하나의 관리로서 대접을 받은 게 아닌가 생각한다. 이곳에서 영해부의 친구들을 기억하며 시를 부쳤다. 그 친구들을 '故友'라고 한 것으로 보아 오래된 옛 친구였음을 짐작할 수 있다. 사실 원천석을 여러 기생으로 대접했던 친구들이 바로 이들이 아니었을까 생각한다.
　삼척을 지나 강릉의 속현 우계현에 이르렀다.[111] 이곳부터는 바닷가 길을 틀어서 내륙으로 길을 돌렸다. 정선에 있는 廣灘은 대음강의 상류로 보이는데,[112] 그 곳을 배타고 건넜으며,[113] 정선의 명승지인 水穴을 구경하고 倚

　　다고 한다.
109)『耘谷詩史』卷1, <宿蔚珍(号仙槎)>(『高麗名賢集』卷5, p.297 ;『운곡시사』, p.182).
110)『耘谷詩史』卷1, <宿三陟却寄丹陽故友>(『高麗名賢集』卷5, p.297 ;『운곡시사』, p.183).
111)『耘谷詩史』卷1, <宿羽溪次板上韻(号玉堂)>(『高麗名賢集』卷5, p.297 ;『운곡시사』, p.184).『高麗史』卷58, 地理志3, 東界 溟州 羽溪縣, "본래 고구려의 羽谷縣인데 신라 景德王이 지금 명칭으로 고쳐서 三陟郡 領縣으로 만들었다. 顯宗 9년에 來屬하였다. 別號는 玉堂이다".
112)『新增東國輿地勝覽』卷46, 강원도 정선군 산천, "廣灘津은 군의 북쪽 13리에 있다".
113)『耘谷詩史』卷1, <廣灘舟中>(『高麗名賢集』卷5, p.297 ;『운곡시사』, p.185).

風亭에도 올랐다.[114) "강 따라 십리 길 험난하기만 해서" "벼랑 밑 바위틈
으로 기어" 와야만 했던 벽파령이 어디에 있는지 알 수 없으나, "가고 또 가
서 벽파령에 이르니" "천 구비 사다리길이 하늘까지 이어졌다"고 한다.[115)
지나는 길이 매우 험준했는데, 이러한 곳으로 일부러 길을 틀어 들어왔다는
것이다.[116) 지도를 통해 이 길을 살펴보면 정선 일대를 보고자 길을 틀었음
을 알 수 있다.

그리하여 모든 일정이 끝나자 다시 원래의 평탄한 길로 나섰다. 정선에서
방림역으로 나온 것이다.

  라-(10) <방림역을 지나는 길에>[117)
  묵은 안개가 나무에 깊숙이 걸리고 / 宿霧棲深樹
  풀에 엉킨 이슬방울 차갑기만 해라. / 冷冷草露濃
  말은 구름 그림자 끝을 달리고 / 馬飛雲影畔
  새는 물소리와 함께 지저귀네. / 鳥語水聲中
  사람은 멀리 있어 그리움 끝이 없고 / 人遠思無極
  산이 높아서 길이 고르지 않아, / 山高路不平
  기나긴 나의 회포 어찌 끝이 있으랴 / 悠悠何限意
  지는 꽃바람에 다 부쳐 보내리라. / 都付落花風

이제 방림역[118)에 이르자, 꽤 오랫동안 지속된 여정이 끝나고 마무리할
무렵이 되었음을 자각하였다. "사람은 멀리 있어 그리움 끝이 없고", "산이

---

114) 『耘谷詩史』卷1, <登舟南江看水穴登倚風亭(二首)>(『高麗名賢集』卷5, p.298 ; 『운곡
    시사』, p.186). 『新增東國輿地勝覽』卷46, 정선군 산천, "水穴이 있으니 南江의 물이
    여기에 이르러 나누어져 땅속으로 들어갔다가 毛廠於村에 이르러 땅위로 나온다".
115) 『耘谷詩史』卷1, <登碧坡嶺(二首)>(『高麗名賢集』卷5, p.298 ; 『운곡시사』,
    pp.186-187).
116) 『新增東國輿地勝覽』卷46, 정선군 산천, "碧破山은 군의 서쪽 26리에 있다." 벽파
    령은 바로 벽파산에 있는 게 아닐까 추정한다.
117) 『耘谷詩史』卷1, <芳林驛路上>(『高麗名賢集』卷5, p.298 ; 『운곡시사』, p.187).
118) 『新增東國輿地勝覽』卷44, 강릉대도호부 역원, "芳林驛은 강릉 치소에서 서쪽으로
    백칠십 리에 있다".

616

높아서 길이 고르지 않다"는 것이다. "회포는 끝이 없지만", 이 모두 날려버리고 다시 평상의 생활로 돌아가야 했다. 그렇게 마음을 다잡고 나니 드디어 안창역이었다. 안창역은 바로 원주의 관할 역이었다.[119]

라-(11) <안창역>[120]
구름다리 길을 다 지나고 보니 / 過盡雲橋路
안창역이 말 앞에 있네. / 安昌在馬頭
고향이 이제 멀지 않으니 / 故園今已近
나그네 시름이 풀리는구나. / 聊可謝羈愁

안창역에 다다랐다고 하니 이 여정이 끝났음을 알 수 있다. 여전히 말을 타고 움직이고 있는 원천석에게 이 역은 마지막 정리할 수 있는 지점이었다. 이제 다 왔으므로 "나그네의 시름"도 풀리고, 여행이 마무리되었던 것이다.

5. 맺음말

『耘谷詩史』에는 원천석의 여행이 많이 나타나는데, 본고는 그 여행의 성격을 파악하고 아울러 당시 흔들리고 있던 고려사회에서 지역의 지식인은 어떠한 생각을 하며 살았는지도 살펴보았다.

그가 어렸을 때부터 살았던 곳은 춘주였고, 어린 시절 공부했던 곳도 바로 춘주의 향교였다. 그 일대의 다른 지역으로 여행할 때에도 자주 들른 곳이 춘주였다. 『耘谷詩史』에서 첫 여행 기록은 그가 22세 되던 충정왕 3년(1351)에 나타난다. 춘주에 오면 원천석은 젊은 날이나 중년의 날에도 늘 시름을 잊을 수 있는 곳이었다.

원천석의 여행은 홀로 다니는 모습으로 나타난다. 여행에서 이용된 교통수단은 말이었다. 그의 여행은 노비가 시중을 들며 가는 편안한 지배층의

119) 『新增東國輿地勝覽』卷46, 원주목 역원, "安昌驛은 원주 서쪽 45리에 있다".
120) 『耘谷詩史』卷1, <安昌驛>(『高麗名賢集』卷5, p.298 ; 『운곡시사』, p.188).

여행이 아니라, 직접 말을 부리며 가야 하는 조금은 고달픈 길이었다. 홀로 말을 타고 하는 여행에서는 말에게도 음식을 먹이고 쉬도록 해야 하기 때문에 반드시 들러야 하는 곳이 바로 역이었다. 홀로 오가는 동안 역참의 일을 하는 사람들과 대화도 하였다. 원천석은 교주도 일대를 돌아다니는 데에 철저히 역로를 이용하였다. 따라서 옛 역마을까지 구별할 줄 아는 등 역로에 관한 상당한 지식이 있었다. 또 지방의 여관이나 객관을 이용하여 묵기도 하였다.

『耘谷詩史』에 현재 남아 있는 시에는 전라도, 충청도 일대를 돌아다닌 흔적은 보이지 않는다. 현재의 기록에서는 교주도 일대를 돌아다닌 것이 매우 큰 비중으로 나타나고 있다. 『耘谷詩史』에는 그렇게 자주 다녔을 금강산에 관련된 시가 거의 보이지 않는다. 금강산 여정이 잘 나타난 시는 공민왕 3년에 작성되었다. 당시 원천석은 25세였는데, 15편의 시에는 날짜와 함께 지역명이 잘 나타나 있다. 이들 지명은 모두 교주도에 한정되었다. 교주도의 주요 군현인 원주에서부터 가장 북쪽 끝에 있는 회양에 이르기까지 펼쳐져 있다. 약 15일 동안 날마다 숙박지를 바꾸어가며 일정을 진행하고 있다. 더욱이 여행의 시기는 음력 10월로서 늦가을 또는 초겨울에 해당한다. 금강산을 비롯한 산악지대에서는 겨울이 더욱 빨리 찾아왔을 것이다.

일정을 보면 바쁜 시간을 재촉하며 여행을 강행하고 있다. 바삐 움직이는 것은 돌아오는 길도 마찬가지였다. 이 여정에서는 날씨는 나쁘고 눈이 와도 새벽에 일어나 출발해야 했다. 그렇게 고생하며 찾아간 회양에서 긴 시간을 보낸 게 아니라 기껏해야 이틀 정도 묵었을 뿐이다. 그렇다면 이 여행은 회양에 다녀오는 것보다 오며가며 보아야 할 일이 있었음을 나타내는 게 아닐까 생각한다. 이 길을 오가며 원천석은 민간의 생활에 지대한 관심을 표시한다. 이는 영해부를 비롯해서 경상도와 동해안을 여행했던 시기와는 매우 다른 모습이었다.

이러한 모습에서 그의 집안이 지역사회에서 호장층으로서 일정한 역할을 했던 건 아닐까 조심스럽게 추정해본다. 왜냐하면 이것이 그의 여행 경향이라고 말하기는 어렵기 때문이다. 당시 다른 지배층과 동일한 여행도 하고 있는 모습을 확인할 수 있다. 바로 영해부를 비롯해서 동해안 일대의 여행에서였다.

이 여행은 40세 때에 영해부로 출발한다는 시로 시작되는데, 영해를 비롯해서 영덕을 거쳐 동해안 길을 따라 평해·울진·삼척 등으로 죽 올라가며 명소를 굽이굽이 찾는 모습이 나타난다. 교주도에 들어와서도 절경을 찾아 굽이진 길을 택해서 다니고 있다. 강릉에서 원주로 직접 가는 교통로가 있었지만 원천석은 여기서 다시 길을 틀어 산악지대에 있는 정선으로 들어간다. 그렇다 하더라도 말을 홀로 타고 가는 여행을 한 것 같다. 따라서 이 여행에서도 곳곳에서 만나는 역에 대한 기록이 상당히 많은 편이다.

무엇보다 이 여행에서는 옛 친구들을 만나고 명소도 찾아보는 모습이 곳곳에 나타난다. 영해부에서 있었던 이별의 의식에는 부사 한공과 여러 친구들이 모였다. 영해부의 최고 책임자인 부사가 참여한 자리가 마련된 것이다. 비록 관직에 전혀 나가지 못하였지만 원천석에 대한 지방사회의 대우를 짐작할 수 있다.

원천석 역시 다른 지배층과 마찬가지로 곳곳의 명소를 즐기며 친구들과 만나는 여행을 한 적도 있었다. 하지만 이와 아울러 자신의 거주지였던 교주도 일대에서는 백성의 생활에 관심을 기울이는 여행이 진행되었고, 그것이 큰 비중을 차지하고 있었음도 확인할 수는 있었다. 이는 그의 집안이 호장층이라는 단순히 지역의 토착세력이라기보다, 지방지식인으로서 보다 긍정적인 모습으로 파악될 수 있는 근거가 되리라 생각한다.

여말선초 『耘谷詩史』에 나타난 時間觀

한 정 수*

1. 머리말

운곡 원천석은 충숙왕 17년(1330)에 태어나 조선 세종대까지 살았던 여말선초 대표적인 은거지식인(隱逸)이라 할 수 있는 인물이다. 특히 흔치 않게도 지방에 은거한 지식인으로서 많은 시문을 남겨 주목된다. 평생을 관직에 나아가지 않고 고향인 원주에 거처하면서 개경 및 한양, 그외 각지를 여행하며 해와 달, 별, 그리고 산천 및 수목 등과 지인들과의 교류 등을 시로 읊었고, 이것이 문집으로 묶여진 것이 『운곡시사』이다.

운곡의 시문은 다양한 방면에 걸쳐 지어졌다. 운곡이 남긴 시문 가운데서 주목할 만한 점은 시간의 흐름과 속절 등이 구체적으로 기록되고 있다는 것이다. 물론 당시 비슷한 시기를 살았던 목은 이색이나 포은 정몽주, 야은 길재, 삼봉 정도전, 양촌 권근 등의 시문에서도 이 같은 점이 나타나기는 하지만 치악산 일대를 근거로 살았던 운곡의 경우는 특이하다고 평할 만한 것이다.

운곡의 시에 보이는 시간과 계절, 시후에 따른 시문은 어떻게 작성되었던 것일까?[1] 말하자면 운곡은 이를 어떻게 알 수 있었고 또 어떠한 기준으로

---

* 대진대학교 연구교수

1) 고려시대의 세시풍속과 관련하여 관련 자료를 분류 정리한 것이 있어 도움이 된다 (국립민속박물관, 『한국세시풍속자료집성－삼국・고려시대편』, 2003). 또한 고려시대 세시의례와 관련해서는 김선풍, 「고려시대 세시풍속고」, 『斗山金宅圭博士華甲記念文化人類學論叢』, 두산김택규박사화갑기념논문집간행위원회, 1989 ; 천진기, 「고려 俗節 연구－『동국이상국집』을 중심으로」, 『文化財』 31, 문화재관리국, 1998 ; 박종민, 「고려왕실의 세시의례」, 『民俗學研究』 5, 국립민속박물관, 1998 ; 정구복・주

시간을 인식하였을까 하는 것이다. 고려시대의 시간은 기본적으로는 역법
에 의해 계산된 책력으로부터 출발한다. 고려 초부터 원간섭기 초까지 수시
력이 도입되기 전에는 선명력에 의한 계산이 이루어졌고, 이후 원의 멸망
때까지는 수시력에 의해 이루어졌다. 그리고 명의 건국 이후에는 대통력이
반포되어져 이를 사용하였다.[2]

　따라서 운곡이 살았던 시기는 수시력과 대통력이 쓰였던 때라고 할 수
있다. 그렇지만 고려에서는 이러한 역법에 의한 계산 이외에도 독자적 역법
계산이 있었다. 그 이유는 중국과 고려의 지리적 위치 차이로 인한 것과 이
로 인해 시후의 차도 있었기 때문이다. 그러므로 고려의 서운관에서는 바로
이것을 계산하여 역을 만들기도 하였던 것이다.

　『운곡시사』에 나타난 시간관을 살피는 것은 실제 고려 말의 지방사회에
서 어떻게 시간을 이해하였고 또 그것을 실생활에 반영하고 있었는가를 살
펴보는데 도움이 된다. 그것은 또 한편 고려 말 조선 초의 시공간 속에서
중앙과 지방의 시간 일원화를 어떻게 꾀하였는가, 지방사회에서는 이를 어
떻게 받아들였는가 등의 문제를 해결하는 방법이 될 수 있다.

　이러한 문제의식을 전제로 본 연구에서는 첫째, 고려 말의 역서와 그 이
용이 어떠한 양상으로 전개되었는가와 둘째, 실제 『운곡시사』의 내용을 분
석하여 운곡이 시간표현을 어떻게 하고 있는가를 살펴보고, 마지막으로는

영하, 「고려시대 세시풍속 연구」, 『한국세시풍속자료집성 - 삼국·고려시대편』, 국
　립민속박물관, 2003 등이 참조된다.
2) 고려시대의 역법과 관련해서는 다음의 선행 연구가 있었다. 全相運, 『韓國科學技
　術史』, 정음사, 1984 ; 나일성, 『한국천문학사』, 서울대학교출판부, 2000 ; 이은성,
　『韓國의 冊曆』— 전파과학사, 1978 ; 박성래, 「한국 전근대 역사와 시간」, 『역사비
　평』 통권 50, 2000. 이들 연구는 고려시대의 역법을 심도있게 다룬 것이라기 보다
　는 한국의 천문학사 혹은 책력에 대해 개괄적으로 정리 서술한 것이었다. 그렇기
　때문에 고려시대에서 어떻게 구체적으로 시간을 이해하여 책력을 정리하고 또 시
　간을 나누었으며 그 시간의 단위들은 무엇이었는가에 대해서는 연구가 미흡한 실
　정이다. 다만 시간의 틀 속에서 고려왕조가 지배의 일원화를 꾀하는 과정에서 각
　지의 시간 통제를 하나로 모아가는 과정에서 『예기』 월령편이 주목되어 이용되었
　다고 하는 연구가 있었다. 한정수, 「高麗時代 禮記 月令思想의 도입」, 『史學硏究』
　66, 한국사학회, 2002 ; 한정수, 『高麗前期 重農理念과 農耕儀禮』, 건국대학교 박
　사학위논문, 2004.

시간의 흐름 속에 발생하는 자연의 변화로서의 시후가 어떻게 파악되고 있었는가를 정리해 보고자 한다.

2. 고려 말의 역서와 이용

『서경』의 첫머리에 해당하는 虞書 堯典에서 "삼가 넓은 하늘을 따라 일월성신을 관찰하여 삼가 사람들에게 때를 알리도록 하였다(欽若昊天 曆象日月星辰 敬授人時)"는 대목이나 역을 만들어 때를 밝히는 '治曆明時' 등을 통해 하늘의 도를 따르도록 한다는 것(順天)은 바로 역서를 만드는 의미를 밝히는 것이었다. 이러한 역서는 다양하게 일컬어졌다. '冊曆', '正朔', '鳳曆', '紀年書', '御覽書', '堯曆', '曆日書', '日書', '日曆' 등으로 부르기도 한다. 이처럼 역은 제왕이 때를 밝혀 農桑의 빠르고 늦음 즉 農時를 알게 하는 중농의 수단이 되었고, 한편으로는 天地人에 대한 제사의례의 때를 정하는 기준이 되기도 하는 등 통치의 수단으로서 오직 제왕만이 이를 산출하여 반포하는 것으로 이해되었다. 특히 중국 역대 왕조에서는 과학적 계산에 의해 정삭을 정하는 것뿐만 아니라 왕조 및 군주의 교체 혹은 길흉화복 등의 정치적 목적에 의해 改曆이 자주 행하여졌다.

고려에서도 역시 이러한 역서는 매우 주목되었다. 그리고 역서의 편찬을 위하여 국초부터 태사국을 두었다. 태사국은 이후 서운관으로 합쳐져 운영되기도 하였다.

고려사에서 역법의 이용 상황을 알려주는 것이 『고려사』에 정리된 12분야의 志 가운데 두 번째인 曆志이다. 여기서 역지의 편찬을 주관한 鄭麟趾는 다음과 같이 말하고 있다.

고려는 따로 역을 만들지 않았다. 唐의 宣明曆을 이용하였던 것이나 당에서 선명력을 쓰게 된 長慶 壬寅年(822)으로부터 고려 태조의 開國까지는 거의 100년이 지났고 그 術도 이미 差가 생겼으므로 이에 앞서 唐에서는 이미 改曆하였던 것이다. 이로부터 22회나 바뀌어졌으나 고려에서는 아직 이것을 그대로 써왔던 것이다. 忠宣王에 이르러 元의 授時曆으로 바꾸어 쓰게

622

되었으나 開方의 術이 전하여지지 않았다. 그러한 까닭에 交食의 一節은
여전히 宣明曆術을 따라서 日月의 虧食 加時가 天體에서 일어나는 實際의
現象과 맞지 않았다. 日官은 대략 선후의 것을 서로 끌어들여 數値를 맞추
려고 생각하였던 것이나 다시 맞지 않은 것이 있었던 것이니 고려가 끝날
때까지도 능히 고치지 못하였던 것이다.

이 내용을 본다면 고려 초부터 당의 徐昻에 의해 만들어진 선명력3)의 역
법 원리를 계속하여 사용하여 왔고 원 세조 지원 18년(1281)에 이르러 許衡
·王恂·郭守敬 등이 만든 수시력4)이 고려에 전해져 이용되었다고 하였
다.5) 그러나 선명력의 경우 여러 가지 오류가 있음에도 불구하고 이를 그대
로 이용하는 잘못을 범하였다고 지적하였다.

정인지의 글에서는 언급하지 않았으나 원이 무너지면서 공민왕 19년
(1370) 7월 을미부터 공식적으로 명의 연호인 '洪武'를 쓰기 시작하였고, 정
삭인 大統曆6)이 홍무 3년 5월 26일에 명에서 반사되어 7월 갑진일에 이것
이 고려에 전해졌다.7) 이후 조선왕조에서도 이것이 이용되었다.

---

3) 당나라 때 徐昻이 만든 역법. 822년에 만들어져 그 이듬해부터 채택되어 71년간 계
속 이용된 것으로 그 특징은 1년을 365.2446일, 1개월을 29.53059일로 정하고 있고,
일월식의 계산에 太陽視差의 계산법을 개량하여 時差·氣差·刻差의 3차를 구함
으로써 視差의 영향을 계산해 낼 수 있었다. 이처럼 일월식의 계산에 진보가 있어
당에서는 가장 오랜 기간 이용되었고 고려에서도 통일신라 말에 수용된 이래 고려
충렬왕 때까지 그 계산법이 이용된 것으로 보인다.
4) 원나라 곽수경 등이 만든 역법으로 원 지원 18년(1281)을 기준으로 계산한 것이다.
이 수시력을 통하여 비로소 역계산의 기준이 되는 동지의 시각이 정확히 결정되었
고 回歸年(歲實)과 恒星年(關天分) 또한 각각 365.2425일과 365.2527일로 하게 되
었다. 이외에도 동지 때의 태양의 위치나 달의 운동을 결정하고 추적하는 등 세계
역법사에서 큰 획을 그었다.
5) 『高麗史』 卷29, 충렬왕 7년 정월 무술삭.
6) 명나라 초 漏刻博士 元統이 곽수경 등이 만든 수시력을 토대로 개력한 것이다. 그
내용은 수시력의 천문상수 중 일부와 曆元을 지원 18년에서 홍무 17년으로 옮기는
등의 수정을 가한 것에 불과하다. 이에 따라 만들어진 것이 大統曆法通軌이며, 이
후 時憲曆 사용 때까지 이용되었다. 원통이 만든 대통력법통궤 이전 1368년 명의
태사원사 劉基에 의해 戊申大統曆이 만들어졌고 1370년에 大統民曆이 편찬되었
는데 1370년 고려에 전해진 것은 대통민력이었을 것이다.

하지만 고려에서도 당의 선명력을 이용하면서도 독자의 역을 만들면서 송의 역을 이용하거나 요 및 금의 역을 참조하면서 나름의 역서 편찬을 하였다. 이러한 분위기를 짐작케 하는 것이 문종 6년 3월의 기사이다. 이때 문종은 太史 金成澤에게 十精曆을, 李仁顯에게 七曜曆을, 韓爲行에게 見行曆을, 梁元虎에게 遁甲曆을, 金正에게 太一曆을 각각 편찬케 하여 오는 해의 재이의 해소와 상서를 빌게 하였다.8) 한편 문종 35년(1081) 12월 知太史局事 梁冠公이 아뢴 내용도 주목된다. 즉 문종 36년 임술년의 역일을 교감하는데 납일 계산 시 문종 33년(1079) 기미년 이래 대송역법에 의해 戌日을 썼으나 고려에서는 大寒 전후 辰日로 하여 왔으니 이를 다시 상정토록 하고 난 후 시행하여야 한다는 것이 주 내용이었다.9)

또한 역일 및 일월식을 계산하는 태사나 일관들이 잘못된 것을 바로 잡기 위해 노력하였던 것으로 보인다. 현종 21년 4월의 기록에서 송력과 비교하면서 현종 20년 12월의 크기를 大盡으로 해야 하나 태사가 올린 역에는 小盡으로 되어 있는 것이나 21년 정월 15일 일식이 있을 것이라 하였으나 하지 않은 것 등에 대해 이를 추국할 것을 아뢴 것10) 등의 기록은 제도적으로도 일월식의 계산 착오나 역일 계산이 잘못되었을 경우 일관들이 중형을 받았던 것을 말해준다.

문종 35년 12월 양관공의 기사에서 주목되는 것은 매년 12월에 태사국에서 이듬해의 역일을 교감하여 올린다는 것이었다. 그런데 고종대에 주로 활동한 이규보의 시문을 모은『동국이상국집』에 보면 冬至曆이 있음이 보인다. 시문의 내용을 보면, "바야흐로 지금은 동짓날 아침, 차례로 늘어선 내년 날짜를 벌써 보았네"라고 하였다.11) 동지는 대략 음력 11월 중기에 해당하면서도 한 해의 시작으로 여겨지기도 한다. 그렇기 때문에 동지 전에 역을 교감하여 만들어 올렸던 것으로 여겨지는 것이다.

이를 확인시켜 주는 것이 충렬왕 6년 11월의 기록이다. 이때 충렬왕은 일

7)『高麗史』卷42, 공민왕 19년 7월 을미 및 갑진.
8)『高麗史』卷7, 문종 6년 3월 무오.
9)『高麗史』卷9, 문종 35년 12월 계해.
10)『高麗史』卷5, 현종 21년 4월 을유.
11)『東國李相國集』後集 卷2, 고율시 見冬至曆.

624

관에게 명하여 동지 원정력을 바치지 말라고 하였다.[12) 이러한 충렬왕의 명
이 내려졌다고 해서 동지 원정력이 계속 만들어지지 않게 되었다는 것은 아
니었다. 사실 이 명이 내려진 데에는 그 이듬해 원으로부터 반포된 수시력
이 고려에 전해져 오고 있기 때문이었다.[13)

이후에도 원으로부터 역일이 내려지고 있었지만[14) 현실적으로 수시력에
의한 역일을 그대로 쓸 수 없었다. 예컨대 충숙왕 7년 정월 신사일의 기록
을 보면 이 같은 이유를 알 수 있다. 당시 원의 사신이 와서 이날 일식이 있
을 것이라 하여 이를 위해 백관이 소복을 입고 기다렸던 일이 있었다.[15) 하
지만 실제로는 일식이 없었다.

그것은 바로 중국과 고려의 지리적 위치가 달랐기 때문이었다. 따라서 고
려에서는 고려에 맞게 역일을 운영하고 그에 따른 일월식 등을 추정하여야
했던 것이다. 이 같은 점에서 충선왕대에 崔誠之가 원의 태사원에서 수시력
의 역술을 수학한 뒤 그 공부를 전하여 준용하게 되었다라는 기사[16)는 중요
시된다. 이러한 최성지의 뒤를 이어 공민왕 초에 판서운관사를 지낸 바 있
는 姜保는『授時曆捷法立成』을 저술하여 역술에 대한 해법을 제시하였
다.[17)

그렇다면 현실적으로 고려왕조에서 만들어졌던 역일은 어떻게 반포되었
을까? 이를 알려주는 구체적인 기사가『고려사』에서는 보이지 않고 있다.
이를 추정키 위해 조선왕조의 사례를 살펴보도록 하겠다.『經國大典』에 보
면,

---

12)『高麗史』卷29, 충렬왕 6년 11월 기미.
13)『高麗史』卷29, 충렬왕 7년 정월 무술삭.
14) 예컨대 충렬왕 10년 11월 신사일이나 충렬왕 22년 3월 기묘에 역일이 하사되었다
   고 하는 기록이 나온다.
15)『高麗史』卷35, 충숙왕 7년 정월 신사삭.
16)『高麗史』卷108, 열전21 제신 최성지.
17) 이 책은 현재 서울대학교 규장각에 보관 중이다(奎重892). 소개된 목차를 보면, "冬
   至日, 閏餘日, 入轉遲疾日, 入交汎日, 冬至前後盈初縮末限, 夏至前後縮初盈末限,
   入轉遲疾差度, 加減刻立成, 滅日立成, 沒日立成, 時刻立成, 命日傍通, 超經朔望
   立成, 超入轉遲疾日, 超恒氣立成, 超入交汎日, 超盈縮曆" 등으로 되어 있다.

매년 日曆을 나누어 준다. 觀象監에서 4,000건을 인쇄하여 여러 관사·여러 고을 및 宗親·武堂上官 이상에게 나누어준다. 濟州三邑을 제외하고 모든 고을은 다 用紙를 바치고 받아간다. 남은 것은 용지로 바꾸어 明年의 需用에 대비한다. 校書館에서는 1,000건을 인쇄하여 여러 책을 印出할 때의 자료로 삼는다.[18]

라고 하였다. 즉 역일은 관상감에서 인쇄하여 이를 각 중외 관사 및 종친 문무 당상관 이상에게 나누어주며 한편으로 교서관에서 책을 인출할 때의 자료로 삼는 것이다.

이 같은 점은 고려에서도 마찬가지였으리라 짐작된다. 이규보는 그의 시문에서 동지력을 반사받았고 이를 지인들에게 보내준 적이 있음을 말하면서 오직 재상이나 치사한 자들만이 책력을 받을 수 있었다고 세주로 밝힌 바 있다.[19] 때로는 역일을 베껴 받기도 하였는데, 이색은 사천대의 제조, 제감으로 근무한 적이 있어 이 인연을 구실로 종이 13폭을 司天臺 長房에 보내 역일을 초해 받았던 것이다.[20]

이 과정을 본다면 고려시대에서도 서운관에서 역일을 동지 전에 만들어 교감하여 임금에게 올리고 이후 이를 인쇄하여 중외의 관사와 종친, 문무당상관, 치사한 관원 등에게 나누어 주었으며, 때로는 베껴 받는 일도 있었다고 정리할 수 있다.

이제 위에서 검토한 내용을 토대로 고려시대 특히 운곡이 살았던 공민왕대 이후의 시기인 고려 말의 역일의 이용 상황을 요약해보자. 공민왕 19년까지는 원에서 만든 수시력의 역술을 바탕으로 역일을 만들었고 그 이후는 명에서 반포한 대통력을 바탕으로 서운관에서는 역일 계산이 있었을 것이다. 하지만 실제로 수시력과 대통력의 경우는 역술의 차이는 거의 없었다고 평가된다. 대략 동지를 전후하여 만들어졌기 때문에 동지력 혹은 원정력이라 불리기도 했으며 서운관에서 중국의 선명력과 수시력의 역술, 그리고 아

18) 『經國大典』卷3, 禮典 藏文書.
19) 『東國李相國集』後集 卷5, 고율시, 次韻丁秘監 而安 以詩二首 謝予所寄冬至曆黃柑子見贈 兼携酒來慰.
20) 『牧隱詩藁』卷27, 시, <以紙十三幅 送司天長房 抄曆日>.

마도 서운관에서 행해 온 역술이 합쳐져 역일 계산이 있었으리라 본다. 이렇게 만들어진 역일은 교감 인쇄되어 중외 여러 관사와 종친, 문무 당상관 이상, 치사한 관원 등에게 반사되었고, 이것이 이용됨으로써 전 지역에서의 역일 계산이 이루어졌을 것이다. 그리고 때로는 역일을 베껴 이용하기도 하였으나 사적으로 이를 만들거나 하는 것은 금해졌던 것이다.

3. 운곡시사에 나타난 시간 표현

앞 장에서 고려 말의 경우는 수시력의 역술을 이용하여 역일이 계산되어 교감 인쇄되었고 특히 공민왕 19년에 이르러 명에서 반사한 대통력에 의한 역일이 전해졌다고 언급하였다. 그렇다면 운곡 원천석은 수시력의 역술과 고려의 현실을 감안하여 계산 작성된 역일을 이용하였다고 볼 수 있다. 하지만 지방에 거주하면서 관직이 없이 은일로 있던 운곡의 경우 역일을 구하는 것이 쉽지 않았으리라 짐작된다. 운곡의 경우 이를 어떻게 구했을까?

먼저 이를 확인하기 위해 원주 치악산 일대에 은거하여 살았던 운곡이 실제로 역일을 이용했는가를 보자.

가-1) <淮陽 땅에서 동지를 쇠다(淮陽過冬至)>
나그네길에 잠시도 걸음 멈추기 어려워 / 客裏誠難暫駐驢
총총히 세월 가는 줄 몰랐네. / 忽忽未暇計居諸
타향에서 갑자기 동지 아침을 맞고는 / 異鄕忽遇陽生旦
푸른 산 마주앉아 책력을 뒤적이네. / 坐對靑山檢曆書

가-2) <입춘날. 少卿 元立에게 부침(立春日 寄元少卿立)>
흰머리가 정녕 나를 놓아주지 않아 / 白髮丁寧不放吾
당당히 세월이 가고 또 가네. / 堂堂歲月又云徂
늙어가면서 새 달력 보기 두렵고 / 老來却恐看新曆
병든 뒤에는 낡은 입춘첩을 바꿀 마음도 없네. / 病後無心換舊符
즐거운 때가 되면 그대여! 사양치 말게 / 行樂及時君勿讓

술이 다 떨어지면 내가 사리라. / 酒杯窮處我當沽
풍광이 벌써 젊은 마음을 일으키니 / 風光已作靑春意
꽃 아래 함께 만나서 맘껏 취하세나. / 花下相期共醉扶

위의 두 시문을 보면 타향인 회양에서 동지에 역서를 살펴보고 있다는
것과 입춘이 되었지만 점점 나이 들어감을 느끼게 하는 신력을 보기 두려운
소회를 말하고 있다. 일단 이 내용만을 보더라도 운곡이 역일을 소지하면서
이를 확인하고 있음을 알 수 있다. 가-1)의 시문에서 동지에 역서를 가지고
있었음을 알 수 있으며 가-2)에서는 입춘에 신력을 보고 있다고 하였다. 그
렇다면 운곡이 이미 대략 동지 전후로 반포되는 역일 즉 동지력을 가지고
있다는 것을 알 수 있으며 입춘의 신력 역시 이를 말하는 것으로 보인다.

운곡이 이 역일을 어떠한 과정으로 소지케 되었는가에 대해서는 언급이
없으므로 알 수 없다. 운곡은 당상관 이상이나 치사한 전직 고위관원이 아
니었으므로 역일 반포 과정에서 그 자격이 없었다고 할 수 있다. 지방지식
인으로 생활을 향유하고 있던 운곡은 어떻게 이를 받을 수 있었을까?

그 이유를 추정할 수 있는 것이 앞 장에서 언급한 이규보와 이색의 사례
이다. 즉 이규보는 치사한 관원으로서 역일을 받았고 또 이를 지인들에게
나누어준 바 있으며 이색은 서운관 관원에게 종이를 주어 베껴 받은 바 있
었다. 운곡은 원주 일대에서 상당한 명망을 가지고 있었으며 또 교유관계도
폭넓었다. 그렇기 때문에 중앙의 지인이 보내준 것이라 여길 수 있는 면이
있다. 아우인 元天佑와 조카인 湜도 지방관으로 사환한 바 있어 이들로부
터 초해 받았을 가능성도 있다. 한편으로는 이색의 경우처럼 운곡이 지방에
내려온 역일을 필사한 것으로도 볼 수 있을 것이다.

그렇다면 이제 운곡의 시문에서 자주 등장하는 동지나 입춘, 한식, 중추,
중양 등의 절기나 속절 등의 기준이 이 역일에 의해 이루어졌음을 알 수 있
다. 그 내용은 어떠했을까를 보자. 이를 추적하기 위해 수시력과 대통력의
역술이 크게 다르지 않다는 점을 염두에 두면서 수시력에서의 시간 표현이
어떻게 되었는가를 먼저 보고자 한다.

<표-1> 수시력에서의 24절기와 72候

四時	月	常氣	月中節	初候	次候	末候
春	正月	立春	正月節	東風解凍	蟄虫始振	**魚陟負冰**
		雨水	正月中	獺祭魚	**候鴈北**	草木萌動
	二月	驚蟄	二月節	桃始花	倉庚鳴	鷹化爲鳩
		春分	二月中	玄鳥至	雷乃發聲	始電
	三月	淸明	三月節	桐始華	田鼠化爲鴽	**虹始現**
		穀雨	三月中	萍始生	鳴鳩拂其羽	戴勝降于桑
夏	四月	立夏	四月節	螻蟈鳴	蚯蚓出	王瓜生
		小滿	四月中	苦菜秀	靡草死	**麥秋至**
	五月	芒種	五月節	螳蜋生	鵙始鳴	反舌無聲
		夏至	五月中	鹿角解	**蜩始鳴**	半夏生
	六月	小暑	六月節	溫風至	蟋蟀居壁	**鷹始摯**
		大暑	六月中	腐草爲螢	土閏溽暑	大雨時行
秋	七月	立秋	七月節	涼風至	白露降	寒蟬鳴
		處暑	七月中	鷹乃祭鳥	天地始肅	禾乃登
	八月	白露	八月節	鴻鴈來	玄鳥歸	群鳥養羞
		秋分	八月中	**雷始收聲**	**蟄蟲培戶**	水始涸
	九月	寒露	九月節	鴻鴈來賓	雀入大水爲蛤	菊有黃華
		霜降	九月中	豺乃祭獸	草木黃落	蟄蟲咸俯
冬	十月	立冬	十月節	水始冰	地始凍	**雉入大水爲蜃**
		小雪	十月中	虹藏不見	**天氣上升地氣下降**	閉塞而成冬
	十一月	大雪	十一月節	**鶡鳴不鳴**	虎始交	荔挺出
		冬至	十一月中	蚯蚓結	麋角解	**水泉凍**
	十二月	小寒	十二月節	鴈北鄉	鵲始巢	**雉雊**
		大寒	十二月中	**雞乳**	**征鳥厲疾**	水澤腹堅

* 이 내용은『高麗史』卷51, 지5 역2 수시력경 상에 실린 것이다. 표 안에 굵은 글씨로 표시된 곳은 宣明曆의 기후와 차이가 있는 부분이다. 그렇지만 선명력이든 수시력이든 전반적으로『예기』월령의 시후의 내용과 큰 차이는 없다. 다만 선명력의 경우 동지로부터 시작되지만 선명력의 경우 정월절인 입춘으로부터 시작되고 있어 차이를 보인다.

이처럼 24절기를 중심으로 절후가 설정되고 있으며 이는 농사와 자연의 변화를 살피는 기준이 되기도 하였다. 이 24절기 이외에도 고려에서는 이른바 俗節이 있었다. 元正, 上元, 寒食, 上巳, 端午, 重九, 冬至, 八關, 秋夕 등이 그것이다.[21] 이때는 각종 풍속과 함께 관리들에게는 휴가가 주어지는

---

21)『高麗史』卷84, 지38 형법1, 禁刑.

관리급가가 있었다. 급가가 있는 속절의 명칭과 그 시일을 보면 원정(1월 1일) 人日(정월 7일), 상원(정월 15일), 燃燈(2월 15일), 春社, 諸王社會(3월 3일, 上巳), 한식(동지로부터 105일), 단오(5월 5일), 七夕(7월 7일), 中元(7월 15일), 추석(8월 15일), 三伏, 秋社(社稷祭日), 授衣(9월 1일), 重陽(9월 9일), 下元(10월 15일), 팔관(11월 15일), 臘享 등이 나오며 절기 중의 입춘, 입하, 입추, 하지, 동지와 매월 入節日이 포함되고 있다. 또한 일월식이 있는 날도 포함되고 있다. 이외 매달 초1일, 초8일, 15일, 23일도 급가가 행해졌다.[22]

운곡은 기본적으로 이러한 때의 구분과 그 의미에 대해 이해하고 있을 것이다. 그렇다면 실제 운곡의 시문에서는 이것이 어떻게 나타나고 있는가를 보자. 운곡의 시문에서 나온 속절 및 절기 등을 정리하면 다음과 같다.

정조(원일), 인일, 입춘, 한식, 청명, 3월 上巳, 곡우, 4월 8일 관등, 망종, 단오(천중가절), 소서, 6월 15일(流頭, 流頭飮, 禊飮), 입추, 칠석(7월 7일), 중추, 중양, 10월 15일(下元), 동지(養生旦, 陽生日), 12월 15일, 제야

이를 보면 9개의 속절 가운데 상원과 팔관이 없으나 대체로 속절과 절기, 세시풍속의 날을 중심으로 시간의 흐름이 단락지어졌음을 짐작할 수 있다. 팔관의 경우는 국가적 의례로서 주로 개경과 서경에서 성대하게 시행되었으므로 지방에서 이를 볼 수 없어서라고 이해는 되나 상원이 없는 것은 의외로 여겨진다. 어쨌든 운곡은 1년의 시간을 크게는 월별 속절과 절기 등을 중심으로 구분하고 있음이 나타나는 것이다.

운곡은 한 해를 크게 춘하추동의 四時로 나누면서 '三春', '三冬' 등처럼 구분하여 표현하였으며, 한 달을 나눌 때에는 10일 단위인 '순'을 써서 상순, 중순, 하순으로 하였다. 다만 그믐(晦)과 1일(朔), 그리고 15일(望) 등의 표현으로 볼 때 15일 간격의 인식이 있음을 보게 된다. 또한 달의 경우 해당 달의 특징을 들어 표현하고도 있다. 예컨대 1월을 '寅月' 혹은 '陽春'이라 한다든가, 2월을 仲春, 3월을 늦은 봄을 뜻하는 '暮春'이라 한다든가, 4월을 '首夏'라 하고 8월을 '仲秋', 12월을 '臘月'이라 하였던 것이다.

---

22) 『高麗史』卷84, 지38 형법1, 관리급가.

630

한편, 운곡의 시문을 보면 날짜의 시간 표시를 해당 해의 간지와 몇 월 몇일의 형태로 기록하고 있다. 예컨대 정묘년 9월 3일의 형태이다. 그러나 절일일 경우는 3월 상사 혹은 그냥 인일이나 동지로 하였는데 이는 누구나 그 때가 언제인지를 알고 있기 때문이었을 것이다. 또 때로는 절일을 중심으로 계산하고 있기도 하다. 가령 무신 12월 입춘 후 8일 등의 표현이 그것이다.

다만 날짜 기록의 경우 4월 8일이나 7월 자자일(15일) 등의 표현을 주목할 필요가 있다. 바로 불교적 색채가 강한 시간이기 때문이다. 주지하듯 4월 8일은 석가탄신일이었으며 7월 자자일은 승려들의 夏安居를 마치는 날이었다. 이는 불교적 시간의 개념이 일상화하고 있는 것을 보여준다.

여기서 한걸음 더 나아가 좀 더 세밀하게 시간이 아닌 시각의 표현은 어떻게 나타나고 있는가를 보자. 즉 하루의 시간을 구분하는 기준을 보고자 하는 것이다.

고려시대 지방에서의 시간 계산이 어떻게 이루어졌는가에 대해서는 구체적으로 알려져 있지 않다. 다만 예종 11년에 서경의 刻漏院을 分司太史局이라고 하고 있는 것이나 경주의 경우 신라 성덕왕 17년(718) 6월에 누각전을 세우고 관원을 두었다[23]고 한 바 있기 때문에 개경과 서경, 그리고 동경에 해당하는 경주에서는 시간 계산이 이루어졌다고 할 수 있다. 조선시대의 경우를 보면 세종 16년 7월 초하루부터 경복궁의 자격루를 표준 시계로 정하였으나 지방에 시계가 모두 보급되지는 못하였다. 세종대에 이르러 주로 태조의 어진이 있던 개경, 평양, 경주, 전주, 영흥이나 참성단이 있던 강화 등 국가 제사 치러졌던 곳과 군사적 요충지에 해당하는 함길도와 평안도의 도절사영이 있는 고을에 시계가 보급되고 그 시간 계산을 할 수 있도록 하기 위해 서운관원이 파견되기도 하였던 것이다.[24]

고려왕조에서는 시간을 12지를 이용하여 12개의 시간단위 즉 辰刻으로 나누고 있었다. 이에 따라 자시부터 해시까지의 시간이 나누어졌다. 시간

23)『三國史記』卷38, 잡지7 직관 상 누각전.
24) 정연식,「조선시대의 시간과 일상생활—시간의 앎과 알림」,『역사와현실』37, 한국역사연구회, 2000 참조.

계산은 물시계인 漏刻 및 해시계인 日晷로 계산하였던 듯하다.[25] 1진각은 8각 28분이며 하루는 100각으로 보았다. 이를 따르면 1각은 84분으로 계산된다.[26] 이러한 계산을 통해 定時法이 적용되었다. 그렇지만 또 한편으로는 부정시법도 쓰였는데, 부정시법은 일출과 일몰을 기준으로 하기 때문에 각 시각의 간격이 1년 내내 일정하지 않은 시법을 말한다. 고려사에서 중요한 길례의 제사의례나 사면령을 내리는데 있어 해가 뜨기 전인 未明을 쓰고 있는 것이나 일몰 후 1등성 별이 보이기 시작할 때의 시각인 昏刻과 별이 보이지 않을 때부터 일출 때까지의 시각인 晨刻을 제외한 나머지의 시간, 즉 혼각과 신각의 사이를 5등분하여 5更으로 한 것 등은 이를 말해준다.

하루의 시작은 언제로 보았을까? 고려왕조에서는 하루의 시작 즉 새로운 하루를 동틀 무렵인 '昧爽' 혹은 '黎明'으로 하였다는 설이 있다.[27] 운곡의 시문에서도 동틀 무렵인 새벽을 많이 표현하고 있다. 그런데 시문 중에 "해시를 마지막으로 정묘년(1387)이 끝나고 자시 초부터는 무진년 봄일세"[28]라 한 대목이 있다. 대략 자시가 밤 11시에서 1시 사이를 말한다고 하면 자시를 중심으로 하루가 시작된다고 볼 수 있게 된다.

이 두 가지를 놓고 본다면 운곡은 하루의 시작이 언제인가를 분명히 구

---

25) 누각원의 존재 및 선명력술에 보이는 陽城日晷의 존재를 통해 짐작할 수 있다.

26) 고려시대 시간 표현을 보면 12지를 이용한 시각 표시를 하고 있지만 때로는 未明이라는 기준이 이용되고 있음이 나타난다. 해 뜰 시간을 계산하여 이를 기준으로 그 전 몇 각이라 하고 있는 것인데, 국가의례 가운데 길례 제사를 치르는 데에 이러한 시간이 적용되고 있음이 보인다. 이러한 시간 관리는 태사국의 각루원 등에서 맡았던 것으로 보이며 개경과 서경에 각기 두어졌었다.

27) 박성래 교수는 충렬왕 24년 정월 병오에 충렬왕으로부터 전위를 받은 충선왕이 무오일에 즉위교서에서 정월 21일 매상을 기하여 참형과 교형의 두 죄 이하는 모두 사면한다는 내용(『高麗史』 卷33, 충선왕 즉위년 정월 무신)과 충렬왕이 죽은 뒤 다시 즉위하면서 至大 원년(1308) 10월 16일 여명 이전의 죄수들에 대해 사면을 한 기사(『高麗史』 卷33, 충선왕 복위년 11월 신미) 등을 통해 매상 혹은 여명이 기준이 되고 있다 하였다(박성래, 「한국 전근대 역사와 시간」, 『역사비평』 50, 2000). 그러나 사면령의 기준이 그렇다고 하여서 이것을 절대적인 것으로 볼 수는 없을 듯하다. 고려에서는 12辰을 적용하여 하루의 시간을 나누고 있어 자시를 기준으로 하루의 시작을 정한 면도 고려해야 하기 때문이다.

28) 『耘谷行錄』 卷3, <除夜>.

분치 않고 있다. 새벽과 자시 이 두 가지가 대략 하루의 시작으로 함께 쓰였다고 여겨지는 것이다. 다만 시문에 나오듯이 새벽이 하루의 시작으로 쓰였다는 느낌이 강하다.

운곡은 하루의 과정을 크게 보면 새벽, 아침, 낮, 저녁, 밤으로 구분하고 있다. 이를 보자. 먼저 새벽에 대해 시문에서는 '曉'나 '晨', '第一鷄', '鷄鳴', '曙' 등으로 표현되고 있다. 이보다 약간 늦은 때를 이른 아침이란 의미의 '晨朝'를 썼고, 늦은 아침은 '終朝' 혹은 '日晏'이라 하였다. 낮의 경우는 '晝'라 하되 한낮을 '日將午', '日午'라 하였다. 저녁의 경우는 해질 무렵을 뜻하는 것으로서 '日已側', '向夕', '晡', '晚', '夕' 등이 쓰였다. 이보다 늦은 시간인 밤은 '宵', '夜', '半夜'로 표현되었으며 아주 늦은 밤의 경우는 '三更'이라 하였다.

하루의 과정을 본다면 운곡의 경우 구체적인 시각 표시가 거의 없이 대략적인 詩的 시간 표현이 주로 쓰인 것을 볼 수 있다. 삼경이나 자시 등 구체적 표현이 있기는 하나 삼경은 구체적 시각보다는 한밤중이라는 의미가 더 강하다. 따라서 운곡은 시간의 이용이라는 관점에서 본다면 구체적이지 않았다라는 평을 내릴 수 있을 것이나 당시 지방사회의 시간계산 및 개인이 시간을 측정하기에는 많은 어려움이 있었으므로 이는 일면 이해되는 내용이라 하겠다.

4. 운곡의 생활에 반영된 時候

『예기』 월령편이나 선명력, 수시력 등에서는 1년의 어느 때에 해당하는 자연현상을 특징적으로 지적하고 이를 기록하였다. 때를 알려주는 징후라고 할 수 있기 때문에 이를 '時候'라고 부른다. 선명력이나 수시력에서는 모두 각 달마다 6개의 징후가 소개되었고 도합 72후가 나온다. 그 내용은 앞 장의 <표 1> 수시력에서의 24절기와 72候와 같다.

중국에서 만든 72후의 내용이 고려에서 그대로 실현되는 것은 아니었다. 그것은 지리적 위치와 환경의 차이가 있어서였다. 그러나 전체적인 의미에서 볼 때, 이 시후들은 때로 정기적인 계절적 특징을 보여주기 때문에 역일이 없을 경우 하나의 자연력과 같은 의미를 가진다. 예컨대 땅과 얼음이 녹고 새싹이 나오고, 개구리가 보이며 뻐꾸기가 운다든가, 올챙이들이 있고 서리가 내리고 기러기가 날아가고 하는 등의 움직임이 그것이다. 그렇기 때문에 언제 무슨 꽃이 피는가, 또 달의 모양은 어떠한가, 무슨 새가 울며, 날아가는가, 어떤 동물들이 보이는가, 서리나 눈, 안개, 비, 바람 등은 어떠한가 등이 기록되었던 것이다.

또는 일년의 풍흉이 어떠할 것인가나 비가 내릴지, 바람이 불지, 눈이 올지, 태풍이 불지, 비가 그치고 해가 날지 등을 점치는 占候로서 의미가 있는 경우도 있다. 겨울에 눈이 많으면 풍년이 든다 라든가 하는 것이 그것이다. 이러한 일들은 특히 농업과 깊은 관련을 맺게 된다. 언제 무슨 농사일을 하여야 하는가를 스케줄대로 행하는 기준이 되기 때문이다.

시후를 잘 이해하고 기억하는 것은 역일에 의한 시간만이 아니라 각 시점에서의 시후와 시후의 사이인 시간을 보여주기도 한다. 계절이 바뀌는 시간을 체감케 하여 다음의 일을 준비하는 신호를 보내는 것이다.

이러한 내용의 시후에 대해 운곡은 어떻게 파악하고 이를 시문에 표현하고 있는가를 보자. 먼저 이를 위해 운곡의 다음 시문 등을 주목해보자.[29]

나-1) <봄>

채색구름이 눈을 뿌려 아름다운 기운 엉기니 / 彩雲灑雪凝佳氣
설날 아침 풍년 들 징조로 많은 눈이 내리다. / 先應豐祥密雪新
얼음 녹은 시냇물에는 푸른 비단이 일렁이네 / 氷釋溪流漾碧羅
푸른 아지랑이가 산시에 이어졌네. / 嵐翠連山市
눈 다 녹은 봄산에 명아주가 캘 만하네 / 雪盡春山可採藜
푸성귀 잎과 고사리 싹이 날마다 자라겠지. / 蔬葉蕨芽隨日長
버들눈과 꽃망울은 모두 물이 안 올랐지만 / 柳眼花唇俱已澁

---

29) 나-1)에서 나-4)까지 인용된 시문은 모두 『운곡시사』에서 추출한 것이다. 고려 말 조선 초의 시후와 관련하여 더 많은 자료의 검토와 분석을 통해 시후 표현의 보편적 내용을 정리하는 작업이 필요하나 이는 앞으로의 과제로 남겨두고자 하며 우선은 운곡의 자료만을 검토하여 그 기초로 삼고자 한다.

문 밖의 봄바람에 가는 버들이 늘어졌네. / 門外東風細柳垂

바람 따라 흩날리는 솜꽃은 가엾기만 하구나. / 飜嗟亂絮逐風飛

포곡조가 처음으로 씨뿌리라 알려주고, / 初聞布穀報耕種

제호조 또한 자주 술 권하다 / 亦有提壺呼酒頻

살구꽃은 이제 막 예쁜 모습 드러내고 / 杏花將吐艶

원추리도 벌써 움이 트려고 하네. / 萱草欲生芽

철쭉꽃이 층층이 푸른 물가를 비추니 / 躑躅層層映碧漣

나-2) <여름>

훈훈한 바람이 뜻을 내기 시작해 / 熏風用意初

이제부터 녹음이 우거지고 / 綠陰當鬱密

아름다운 꽃들이 벌서 드물어지네. / 紅艶已稀疏

바람 따뜻하고 날씨는 청명한데 / 熏風微軟氣清新

둥지의 제비새끼들은 젖 떼고 / 巢鷰盡離乳

박에 오른 누에들은 실얽기를 시작하니. / 箔蠶初引絲

밤꽃 이미 늘어져 / 栗樹花已垂

해당화 꽃이 한창 피다, / 海棠花正發

작약꽃 활짝 피니 유달리 아름답네. / 芍藥奇芳獨出群

지루한 비가 보름이나 이어지다 / 苦雨連旬半

돌길엔 황매 비가 떨어지다 / 野逕黃梅落

따가운 볕이 삼 분쯤 사라졌으니 / 畏景三分已盡消

서늘한 날씨가 머지않아 기쁘구나. / 新涼一陣喜非遙

나-3) <가을>

남은 더위가 난간을 핍박하건만 / 殘暑逼軒楹

들에 가득한 가을빛이 상서로운 조짐인지 / 滿野秋光天降祥

비가 지나자 남은 더위가 서늘하게 바뀌었네. / 雨過餘熱遞新涼

이슬 꽃이 막 내려 밤이면 서늘해지네. / 露華初重夜生涼

아득한 하늘 거리에 상서로운 기운이 어리어 / 天衢漂渺氣凝祥

은하수는 물결 없고 밤 빛은 서늘하네. / 河漢無波夜色涼

매미는 늙고 제비는 돌아가 바람도 쓸쓸한데 / 蟬老燕歸風颯颯

명아주 평상에 벌레 우니 벌써 가을인가. / 虫弔藜床序已秋

오동나무 우물가에 벌레소리 들리자 / 聲緊孤梧金井畔

한가위 날씨가 차츰 맑고 서늘해져 / 中秋氣候稍清寒

달은 산꼭대기에서 은 쟁반으로 솟아오르네. / 月從山頂湧銀槃

구월 구일에 하늘빛이 맑아 / 九月九日天光清

국화꽃 단풍나무가 또다시 가을일세. / 菊澗楓林又一秋

　나-4) <겨울>

오늘은 또다시 양기가 생기는 것을 보게 되다니 / 今日又逢生一陽

겨울비는 왜 이리 지루하게 내리나. / 冬雨何漫漫

나무에 눈이 얼어붙어 / 木稼

안개가 모이고 찬 기운이 엉켜 / 霧合氣凝結

음기가 차갑게 엉켜 새벽 안개 짙으니 / 陰氣寒凝曉霧濃

겨울이 일 만들어 눈 농사를 지었네. / 玄英用事作爲農

한낮이 되도록 눈이 그치지 않았네. / 日高猶未消

차가운 북녘 바람이 갑자기 불어와 / 冽冽朔風緊

　운곡은 그의 시문에서 봄·여름·가을·겨울의 자연의 움직임에 대해 위와 같이 묘사하고 있다. 이 내용의 추출은 그의 시문 전체에서 절후 혹은 풍습 등과 관련된 구절 등을 선택하여 그 가운데 상징적 내용을 갖는 것 등을 정리한 것이다. 또한 계절 속 시간의 흐름에 따라 임의적으로 재배치한 것이다. 이와 같이 운곡은 때로 이러한 요소들에 대한 정밀한 파악을 통하여 계절 감각과 그 흐름을 파악하고 있었다.

　이와 관련된 내용을 다시 정리하여 보면 다음 <표 2>『운곡시사』에 보이는 시후와 같다.

　운곡은 때로 자신을 김매는 노인(耘老)이라고 자처할 만큼 목가적이었다. 입춘과 관련한 행사에서 토우를 내어 첫 밭갈이를 하며 동교에서의 영춘제사가 있다라고 한 내용을 기록한 것은 그만큼 농사의 때에 대한 관심의 표

현이었다. 신년에 눈이 많이 내려 풍년이 기대된다고 한 것 역시 마찬가지
라 할 수 있다.

<표 2> 운곡시사에 보이는 시후

	봄	여름	가을	겨울
時候 상징 요소	①春雪, 눈이 녹음, 和氣, 아지랑이, 春 雨 ②수달 ③부들 ④버들 ⑤매화 ⑥명아주와 고사리, 나물 ⑦포곡조 제곡조 비 둘기 ⑧살구꽃 원추리 철 쭉 복사꽃 모란 할 미꽃	①여름바람 綠陰 햇볕 날씨 ②새, 제비 나비 매 미 ③밤꽃 해당화꽃 작 약 ④비 ⑤지렁이 자라 ⑥살구 복숭아 참외 수박 채소밭	①날씨(청량, 청한) 달(중추월) ②이삭 ③벌레울음(귀뚜라 미, 促織, 鷦鴣天, 蛬啾) 매미 제비 ④단풍 국화 ⑤기러기 ⑥대추 밤 ⑦메밀꽃	①날씨(겨울비, 한 기, 木稼) 눈, 바람 (朔風) ②농공필
時事	입춘 원일 인일 한 식 청명 정조하례, 입춘 음 식대접, 동쪽 거리 에서 봄맞이 제사, 토우 초경, 인일 음 주, 청명 비, 권농시 파견, 꽃놀이	망종 4월 8일 단오 소서 유두 보리를 거둠, 모내 기(揷秧) 함, 망종 때의 농사, 4월 초8 일, 참외농사, 단오 날 선영 참배, 수박 농사, 단오놀이 때 黃蓋를 쓰고 적령 부를 참, 창포주를 마심, 애인을 걸어 놓음, 유월 복숭아 와 참외를 주고 받 음, 동류수 구경	입추 칠석 중추 중양 부채질과 갈포옷을 벗음, 칠월칠석의 행 사(걸교), 중추의 달 맞이(달맞이 피리와 노래·춤, 선영), 사 냥, 국화주를 마심, 대추 따고 밤 구워먹 음	동지, 제야 동지(冬至豆粥), 제 야(鄉儺, 逐鬼, 守 歲)

위의 <표 2>에서 시후 상징 요소를 보면 대략 봄>여름>가을>겨울의
순으로 분량 면에서 차이가 있다. 운곡이 이렇게 시문을 만든 데에는 몇 가
지 이유가 있었을 것이다. 하나는 사계절에 대한 그의 기호가 반영된 것일

수 있다. 和氣와 陽氣, 生氣가 있는 봄은 그에게 생명의 시작을 뜻하는 것
이었기 때문이다. 여름의 경우도 그러한 생명이 자리 잡을 수 있도록 해야
하는 것으로 여겨졌을 것이다. 다른 하나는 그의 농사에 대한 이해를 들 수
있을 것이다. 밭갈이와 파종은 농사의 시작이기 때문에 그와 관련한 시후
파악이 중요했다. 그렇기 때문에 이와 관련한 표현이 늘어날 수 있었고, 이
것이 그에게 있어서는 가장 중요한 것으로 여겨졌던 때문이라 하겠다.

이처럼 운곡은 시후를 파악하고 그 시후를 기록하여 남겨 두었다. 그것은
그가 자연의 주기를 이해하고 그에 따른 농사나 단오 때의 艾人 걸기와 창
포주 마시기, 칠석 때의 걸교, 중추 때의 달맞이와 놀이, 중양 때의 국화주
마시기나 동지팥죽 먹기, 제야 때의 축귀 등 인간의 행위를 함으로써 하늘
이 주는 때의 흐름에 순응하게 되는 것이라 여긴 결과였다.

5. 맺음말

본고에서는 여말선초 운곡 원천석의『운곡시사』에 대한 내용 분석을 통
하여 15세기 전후의 시간의식과 시후에 대한 파악을 도모하고자 하였다. 이
에 따라 문제의식을 크게 세 가지로 나누어 검토해 보았다. 고려 말의 역서
와 그 이용, 운곡의 시간 및 시후의 이해와 그 표현이 그것이었다.

고려시대의 역일 계산은 크게 두 가지로 나누어 볼 수 있다. 하나는 태양
과 달, 별의 주기적 움직임을 계산하여 정리한 계산상의 역일이며 다른 하
나는 자연의 주기적 움직임을 관찰하여 이를 생활 속에 체화한 자연력이라
할 수 있다. 전자의 경우는 서운관의 주도로 이루어진 것이라 할 수 있으며
그 계산은 선명력과 수시력, 그리고 대통력의 역술에 따른 것이었다고 보여
진다. 후자의 경우는 지역마다 편차는 있겠으나 그렇더라도 각 고려왕조 전
체 혹은 각 지방에서 시후를 관찰하여 이를 기록으로 혹은 기억으로 정리하
는 것이었다.

왕조 차원에서 공인된 역일과 월령을 통하여 고려왕조가 지향하고자 한
것은 무엇일까. 그것은 첫째 중외의 모든 시간을 일원화함으로써 한편으로

는 통치와 지배의 원활함을 기하는 것이었다. 다른 한편으로는 제왕으로서 행해야 할 의무로 상징된 농상의 시간을 정리하여 농업생산과 일상생활의 편의를 제공하는 것이었다. 때로는 제왕의 권위를 상징하는 일식과 월식, 성변, 기타 재이 등을 정확히 예측하는 것도 그 목적의 하나가 되기도 하였다. 이 점에서 시각과 시간, 절기의 계산, 일월식의 계산 등은 정부에 의해 독점될 수밖에 없었던 것이다. 그렇지만 시후의 경우는 다르다. 시각과 시간이 지배의 수단으로서 인위적으로 만들어진 면이 있다면 시후는 오랜 관찰과 기억, 기록에 의해 형성되기 때문이다.

운곡은 이 같은 점에서 볼 때 고려왕조의 역일에 의한 시간의 영향을 받을 수밖에 없었다. 다만 그는 시후를 직접 관찰하고 기록하여 기억에 넣어두었던 것이다. 때로 이 내용은 일반성 내지는 보편적 시각을 가지게 된다. 하지만 고려 말 조선 초라는 시점에서 운곡은 지방지식인으로서 매우 깊은, 자연에 대한 관찰력을 가지고 역일 및 시간의 흐름에 따라 그 변화상을 정리했다는 점을 이해해야 할 것이다.

그렇다면 운곡에게 있어 시간은 어떻게 정리되었는가를 보자. 그에게 하루의 시간은 구체적이지는 않았으며 대략 해가 뜨고 지는 것, 어둠이 지고 달이 뜨는 것 등으로 양분된다. 이를 좀 더 나누면, 해가 뜨기 전인 새벽과 동틀 무렵, 아침, 한낮, 해가 질 무렵, 밤이 될 무렵, 한밤 등으로 구분되고 있다. 하루의 시작은 객관적으로는 자시를 중심으로 보고 있기는 하나 전체적인 이해는 해가 뜨기 전이라는 이해도 가지고 있었다.

그에게 있어 1년은 정월 초하루 즉 원일로부터 시작되어 그 해 제야 亥時 때까지를 뜻하는 것이었다. 12개월로 구분되는 역을 따르기는 했지만 절기와 중기로 형성된 24절기를 중심으로 계절의 흐름을 보았고 여기에 속절이라 할 수 있는 시간 기준도 갖고 있었다. 즉 원일, 인일, 상원, 중원(유두), 하원(10월 15일), 한식, 4월 8일, 단오, 칠석, 중추, 제야 등이 그것이다.

결국 운곡은 이 같은 기준을 토대로 하여 비·바람·눈·서리·구름의 흐름을 보았고 얼음이 얼고 새싹이 돋고 꽃이 피고 지며, 열매가 달리는 때를 볼 수 있었다. 또한 그에 따른 농사와 각종 생활의 풍속을 맞추기도 하였던 것이다. 따라서 운곡에게 있어 시간은 자연의 흐름이기도 하였지만 고

려 말 조선 초라는 시점에서 인위적으로 파악된 역일에 의해 규정된 것이기
도 하였다.

운곡 원천석의 한시에 보이는 풍속

임 종 욱*

1. 시작하는 말

강원도 원주 치악산에 은둔하면서 麗末鮮初를 살다간 운곡 원천석은 천 편이 넘는 많은 한시를 남겼다. 세상과 등 돌리고 직접 농사를 지으면서 생활했던 그가 남긴 작품들은 은둔의 과정과 여파, 자연과의 친화적인 생활과 심리적 불안정[1] 등등의 요인 때문에 의외로 복잡하고 다양하다. 한문학사에서 그의 입지가 다소 소외되어 있었던 현상에는 몇 가지 이유가 있겠지만, 志士的 삶이 어떤지 그 지표를 보여주고 은둔인의 정신세계를 유추할 수 있는 좋은 전범이라는 점에서 새삼스럽게 그의 문학에 주목해야 할 필요를 느낀다. 근래 들어 그에 대한 연구나 관심이 부쩍 늘어나는 것은 이런 점에서 참으로 바람직하고 고무적인 일이 아닌가 여겨진다.

이 글은 운곡의 한시 가운데 특히 風俗과 관련된 한시들을 분석해 그의 시세계의 일면에 주목하고자 한다. 여느 왕조시대나 마찬가지로 고려시대 역시 농경국가였다. 해와 달의 움직임에 맞추어 농사를 지어야 했던 농경사회는 농사의 흐름에 맞춰 다양한 풍속들이 자리하게 된다. 그런 풍속에는 동아시아 전체가 공동으로 수용했던 연례행사도 있는 반면, 우리나라에서

---

* 동국대학교 역경원 역경위원

1) 심리적 불안정이란 정서적인 문제가 아니라, 은둔하면서도 당대 정치의 흐름이나 변화에 관심을 두었고, 작품을 통해 이를 비판하고 해석하는 자세를 일컫는 말이다. 원천석으로 일생동안 가치관 자체가 혼란을 겪은 일은 없었다고 여겨진다. 분명한 자기만의 기준을 가지고 세상을 판단하고 평가했기 때문에 그는 여러 면에서 안정적인 삶을 살았다.

발생하여 치러진 독자적인 것도 있다. 계절이나 여건에 맞게 배치된 풍속들은 당대 민중들의 삶에 일정한 흐름을 유지하게 했고, 공동체의 일원으로 자신의 정체를 확인시켜 주기도 했던 것이다. 평생을 농사를 지으면서 원주라는 일정 지역에서 생활한 원천석에게는, 그 성격 때문에 단조로우면서도 대신 지속적이면서 규칙적인 풍속의 모습들이 시에 녹아들게 되었다. 정확한 통계에 의미가 있는 것은 아니지만, 근 100여 수에 이르는 작품들이 다양한 풍속과 관련이 있다는 점이 이를 증명한다. 풍속에 따라 생활하고 그런 정취를 시에 담는 것은 그에게 있어서는 일상사였다고 말해도 좋을 것이다.

원래 풍속은 風과 俗이 합쳐진 말이다. '풍'은 위로부터의 敎化라는 성격이 짙고, '속'은 아래에서의 習俗이라는 의미가 강하다.[2] 이때 위는 지배계층을 의미하고, 아래는 피지배계층을 뜻한다. 대개 풍속이란 위에서 제정하여 아래에서 시행하는 것이 기원이겠지만, 아래에서 널리 행해지던 민간 습속이 위로 올라간 경우도 적지는 않다. 결국 풍속이란 그 사회의 구성원 전체가 요구하면서 동의한, 그리하여 오랜 기간의 시행착오를 거쳐 정착된 자발적인 행사라고 규정해야 할 것이다. 강요된 풍속은 일시적으로 통용될지는 모르지만, 발의자의 형편에 따라 대개 사라지기 마련이다.

원천석의 풍속 관련 한시에서 가장 많은 비중을 차지하는 것은 節氣와 관련된 작품들이다. 한 해의 흐름을 24등분하여 그 시기에 맞는 농경 및 시속 행사를 준비하고 시행하기 위해 만들어진 것이 24절기다. 그 숫자만큼이나 작품수도 많을 것은 당연한 일이다. 따라서 풍속시를 분석할 때 이들 작품은 당연히 우선적으로 고려되어야 할 것이다.

그러나 이 글에서는 24절기와 관련된 한시들을 할애하였다. 그 밖의 풍속 관련 한시와 비교할 때 반수 이상을 차지해 함께 거론하기가 균형이 맞지 않은 탓이다. 24절기와 관련된 풍속시들은 나중에 다른 지면을 통해 다시 논해보려고 한다. 이 점에 대해 미리 양해를 구하면서, 원천석의 풍속시들을 行事와 事物, 名節 세 부분으로 나누어 살펴보겠다. 이런 구분이 아주 적절하다고 하기는 어렵지만, 마땅한 대안이 없는 상황에서 나온 편의적인

---

2) 『유교대사전』, 유교사전편찬위원회, 1990, '풍속'조 참조.

구분인 것을 미리 밝혀둔다.

2. 行事 : 풍속사의 현장을 보여주다

원천석은 원주라는 좁은 지역에서 평생을 살았던 만큼 당시의 민간 풍속
이나 국가의례에 참여할 기회가 많지는 않았던 것으로 보인다. 또 생의 대
부분을 농사를 짓거나 아니면 여행을 많이 다닌 탓인지 농한기와 같은 여가
를 이용해 연례적인 행사에 참여한 경우도 적었다. 그의 시집에 보이는 행
사 관련 한시들은 가까운 친지들과의 조촐한 술자리 모임 때 지어졌거나 문
상을 가거나 조문할 때 쓴 輓詩가 주류를 이루고 있다. 소박한 그의 생활을
엿볼 수 있지만, 전혀 행사와 관련된 작품이 없는 것은 아니다. 아래 네 작
품이 그런 예로 들 수 있는 한시들이다.

첫 번째 작품은 사냥하는 모습을 보면서 쓴 작품이다.

<觀獵>[3]

| 흰 새가 갑자기 후리 속으로 떨어지고 / 霜翎忽落四圍中 |
| 이따금 보라매가 늦바람을 잡아채네. / 時見蒼鷹掠晚風 |
| 옥 굴레 금 안장에 푸른 창을 잡고서 / 玉勒金鞍兼翠戟 |
| 박달나무 곤봉에 깃 화살, 붉은 활까지 둘러몄네. / 檀槍羽箭與彤弓 |
| 짐승들은 갈 길 막혀 어쩔 줄 모르고 / 豺狼遇窘趍蹌急 |
| 씩씩한 사냥꾼들은 기세가 당차구나. / 士卒生獰勢氣雄 |
| 노루 사슴 가득 싣고 저물녘에 돌아오니 / 滿載麕麚廻日暮 |
| 가을 하늘에 풍악 소리가 흘러넘치네. / 樂聲洋溢殷秋空 |

어느 시기나 비슷하지만, 사냥은 지배층이나 무인들의 중요한 유희이면
서 장정들을 동원한 군사훈련의 일환으로 시행되었다. 고려시대도 크게 다
르지는 않았을 것이다. 특히 고려 후기는 몽고의 난부터 왜구의 창궐과 홍

---

3) 『耘谷詩史』 卷1(『高麗名賢集』 卷5, p.276 ; 『耘谷行錄』 卷1, 影印標點 『韓國文集
叢刊』 卷6, p.126).

건적의 침입까지 끊임없는 외침에 시달린 시기였다. 게다가 오랜 기간 무신
정권이 집권했던 관계로 상무정신도 남달랐을 것이다. 물론 원천석이 살던
시대는 무신정권이 무너진 지 꽤 오랜 세월이 지났지만, 여러 가지 이유로
해서 집단적인 사냥 풍속이 잔존했을 가능성은 높다.

  원천석이 지켜본 사냥이 어떤 성격의 행사였는지 작품만으로는 판단하기
어렵다. 화려한 차림새나 풍악 소리로 볼 때 지방 고위층들의 유희의 하나
로 진행되었을 것처럼 보이지만, 원래 군사훈련의 성격상 武威를 드날리고
진법을 익히기 위한 목적이 강했던 만큼 후자일 가능성도 무시할 수는 없겠
다. 원천석은 현실적 이유 때문에 軍籍에 이름을 올렸으니, 관렵도 구경꾼
으로 마냥 지켜본 정도는 아니었을 것이다.

  하늘에서는 보라매가 풀려 새들을 낚아채고, 땅에서는 짐승들을 구렁으
로 몰아 포획하는 광경이 실감나게 묘사되고 있다. 지휘부의 화려한 차림새
가 상당한 규모로 사냥이 진행되었음을 짐작하게 한다. 막다른 길목에 몰려
허둥대는 짐승들과 이들을 후려치는 몰이꾼들의 역동적인 움직임이 생생하
게 전달된다. 포획물을 수레에 싣고 노을을 밟으면서 오는 풍경이 태평성대
의 시끌벅적한 놀이판을 연상케 하지만, 사실 원천석이 살던 시대는 그렇게
미래를 낙관할 형편은 아니었다. 이런 저런 일로 불안한 시국을 느끼면서도
보무당당한 사냥터의 진용을 보고 감개에 젖은 시인의 모습을 읽을 수 있
다.

  다음 작품은 국가에서 禁酒令을 내렸다는 소식을 듣고 쓴 것이다.

    <國有禁酒之令聞提壺鳥>[4]
  陶淵明을 茶客이 되게 했으니 / 已敎元亮爲茶客
  다시는 高陽의 술꾼들 모일 일이 없겠구나. / 無復高陽會酒徒
  산새는 금주령이 내린 것도 모르고 / 山鳥不知邦國令
  숲 너머서 이따금 술잔을 들라 권하네. / 隔林時復勸提壺

---

  4) 『耘谷詩史』卷1(『高麗名賢集』卷5, p.277 ; 『耘谷行錄』卷1, 影印標點 『韓國文集
    叢刊』卷6, p.127).

644

금주령이 시행되는 것은 흉년이 들어 곡물이 부족하거나 관민의 기강이 해이해졌을 때 이를 통제하고 시정하기 위한 방편으로 집행된 경우가 대부분이다. 아쉬운 것은 『고려사』나 『고려사절요』 등에 구체적으로 금주령이 시행된 기록을 찾을 수 없다는 점인데,5) 위 시가 나라에서 금령을 내렸다고 못 박은 것으로 보아 그런 예가 있었을 것은 짐작할 수 있다.

특별한 소일거리 없이 농사만 짓고 살았던 원천석으로서는 적적할 때 술만큼 위로가 되는 벗이 없었을 것이다. 더구나 시국이 급변하는 소식을 들을 때마다 끓어오르는 마음을 달랠 수 있는 것은 술밖에 없었을 것이다. 그런데 느닷없이 금주령이 내리자 당혹스럽기 짝이 없게 되었다. 국령을 어기면서까지 음주를 결행할 수도 없는 노릇이고, 술을 멀리하면서 심화를 달래자니 난감하기 짝이 없다. 이를 빗대어 쓴 작품이 한편으로는 해학적이면서, 답답한 심경이 은근히 노출되어 흥미를 끈다.

역사적으로 문인들은 대개 酒黨이 많았다. 그 가운데 대표적인 인물을 들라면 도연명이 빠질 수는 없을 것이다. 술과 국화 없이는 하루도 살지 못했던 그에게 원천석은 자신을 투영한다. 자신 역시 도연명 못지 않은 술꾼인데, 이제는 술을 끊고 차나 마셔야 하는 처지가 되었다. 도연명이라면 괘의치 않고 酩酊에 젖었을 것이지만, 시인은 그럴 만큼 배짱이 두둑하지는 않다. 묵묵히 국령을 좇는데, 속으로는 술 생각이 간절하다. 그 때 숲속에서 새 울음소리가 들리는데, 하필이면 提壺鳥다. 제호조는 사다새로, 보통 펠리컨이라 불리는 새다. 턱주머니가 달려 있는 강물을 벌컥 마시는 모습이, 한 말들이 물통을 비우는 것처럼 보여 붙은 별명이다. 그러나 壺하면 먼저 떠오르는 것이 술통인지라, 술 권하는 새로 통용되었던 것이다.

안 그래도 술을 마시지 못해 안달인데, 새마저 술 마시라고 지저귀니 시인으로서는 진퇴양난에 빠진 꼴이다. 나라의 지엄한 명령이 미물에게는 미치지 않아 멋모르고 권주를 뇌까리는 꼴이 밉기도 하지만, 한편으로 새소리로나마 술 생각을 달랠 수 있어 고맙기도 하다. 세상이 시끄럽고 부조리해

---

5) 대신 『조선왕조실록』을 보면 왕조 전시기에 걸쳐 금주령에 대한 기사가 225건이나 기록되어 있다. 이로 볼 때 고려시대 역시 금주령이 있었을 것으로 추측할 수 있다.

서 술을 마셔야 하는 것보다는 새소리가 술을 권해 마시는 것이 더 낫지 않
느냐는 마음의 위로가 깔려 있는 작품이다.
    다음 작품은 守庚申 풍속과 관련이 있다.

    <因病未赴庚申之期 寄金生員祖 兼簡座上諸公 二首>6)
    겨울 추위가 날이 갈수록 더하니 / 冬寒連日甚
    병든 몸이 더욱 시큰거리네. / 病骨益辛酸
    걸어갈 수도 타고 갈 수도 없어 / 步騎俱難得
    멍하니 혼자서 탄식한다오. / 茫然獨自歎

    누구누구 모인 곳을 멀리서 생각하니 / 遙想盍簪處
    송장 같은 몸이 어찌 감히 참여하겠는가. / 三尸豈敢干
    술항아리 앞에는 우스개 소리가 많은 법이니 / 樽前多戲謔
    이야기와 웃음으로 마음껏 즐겁겠구려. / 談笑盡淸歡

    수경신이란 庚申日에 밤을 새워 三尸蟲의 해악을 막는 풍습을 일컫는 말
이다. 守三尸라고도 부르는데, 사람의 몸 안에 있으면서 여러 가지 해로운
일을 하는 三尸 혹은 삼시충을 제거하거나 약화시켜야 불로장생할 수 있다
는 도교의 신앙에서 비롯된 풍속이다.
    도교에서는 사람이 百穀을 먹게 된 뒤부터 邪魔가 생겨났다고 보는데,
삼시충도 이때 나타났다고 한다. 3마리인 이 벌레는 60일마다 돌아오는 경
신일 밤에 인체를 빠져나가 그동안 사람이 저지른 죄를 上帝에게 보고하여
수명을 단축시킨다는 것이다. 때문에 경신일 밤이 오면 잠을 자지 않고 새
움으로써 삼시충이 상제에게 보고하지 못하도록 막는 풍습이 생겨난 것이
다. 연달아 3번 수경신하면 삼시가 약해지기 시작하고, 7번 수경신하면 삼
시가 영영 없어져 정신이 안정되고 五臟이 편해져 장생할 수 있다고 믿었
다.

---

6) 『耘谷詩史』 卷3(『高麗名賢集』 卷5, p.331 ; 『耘谷行錄』 卷3, 影印標點 『韓國文集
   叢刊』 卷6, p.181).

중국에서는 宋나라 때부터 널리 퍼졌으며, 불교와 접목되어 수경신 때 『圓覺經』이 독송되기도 했다. 고려 元宗 때에는 신분의 위아래를 막론하고 널리 퍼져 있었는데, 조선시대에는 더욱 성행했다. 특히 왕이 직접 참여하는 궁중행사로까지 발전하게 되자 儒臣들의 계속적인 諫諍을 받기도 했지만 그대로 지속되었다. 궁중에서의 행사가 폐지된 것은 英祖 때였으나 민간에서는 다양한 방식으로 지켜졌다. 특히 15세기 중엽부터 겨울의 마지막 경신일에 수경신을 하는 것으로 정해졌다고 한다.

원천석이 참석하려고 했던 수경신도 겨울철 마지막 경신일에 행해졌던 모임인 것으로 보인다. 불로장생을 위한다는 명목 아래 일종의 친목 모임 같은 성격을 띤 풍속이 되었던 것이다. 그런데 몸이 병들어 모임의 약속을 지키지 못하고 말았다. 이 모임은 밤을 새워야 하기 때문에 정담을 나누거나 안부를 묻는 등의 소식도 주고받지만 주로 술을 마시면서 시를 주고받는 詩會의 성격도 겸하고 있었다. 늘 적적하게 지내다가 오랜만에 지인도 만나면서 세상 소식도 전해 들으려고 했는데, 뜻밖의 장애를 만나 참석하지 못했으니 갑갑한 심정을 십분 이해할 수 있다. 그런 시인의 심경이 두 편의 5언절구 속에 잘 녹아 있다.

첫째 수는 날씨도 추운 데다 몸까지 병들어 걷지도 말을 타고 가지도 못하는 딱한 처지를 한탄하는 내용이다. 말을 탄다고 했지만, 장식적인 표현일 것이다. 좋은 자리에 합석하지 못하는 안타까운 심정을 비유적으로 묘사한 시구라고 봐야 적절하다.

둘째 수는 떠들썩한 모임 자리를 연상하면서 지은 것이다. 삼시충이 나가는 것을 막으려고 모임에 참석하려는 것인데, 여의치 못하니 이제 불로장생을 틀렸다는 自嘲가 承句에 보이지만, 목숨에 연연해서 하는 소리는 아니다. 삼시충이 상제에게 올라가 고자질 못하게 함으로써 수명을 연장할 수 있는 것이 아니라, 즐거운 환담 속에 무르익는 술자리에 참여하지 못해 시름을 덜어내지 못하니, 그게 섭섭하다는 말이고 수명이 줄어들겠다는 뜻이 담겨 있다.

수경신 풍속과 관련된 작품은 다른 문인들의 시에도 자주 등장한다. 원천석과 동시대 사람인 遁村 李集(1314~1387)에게도 경신일을 山寺에서 보낸 사실을 담은 작품이 있고,[7] 牧隱 李穡(1328~1396)에게도 경신야와 관련된 시가 여러 편 있다. 이처럼 여말 지식인 사회에서 수경신 풍속은 일상화되어 있었던 것이다.

다음으로 볼 작품은 사월초파일에 행해졌던 여러 풍속 가운데 하나인 觀燈과 관련된 것이다.

<四月八夕 觀靈泉寺燈>[8]

푸른 하늘에 장대 하나를 높이 세우고 / 一竿高揷翠微顚
찬란한 구슬들이 하늘 한가운데 걸렸네. / 燦爛連珠掛半天
하나하나 변하여 끝없는 불꽃 이루니 / 一一變成無盡焰
다함없는 그 빛이 三千 세계를 비추네. / 盡爲無盡照三千

十方 부처님과 스님께 두루 공양하는 / 供佛供僧遍十方
그 많은 복을 다 헤아리기 어렵네. / 福如塵數固難量
밤이 깊어갈수록 더욱 찬란해지니 / 夜深點點尤增潔
이즈러진 달과 성긴 별들이 광명을 사양하네. / 缺月疎星共讓光

남은 빛이 鐵圍山까지 비치고 / 餘光照及鐵圍山
아득히 어둡던 거리에 새벽이 밝아오네. / 杳杳昏衢曉色還
이제부터 공덕의 바다가 더욱 깊어지리니 / 從此更深功德海
인간 세상 재앙을 다 씻어 버릴진저. / 盡禳災疹世人間

삼국시대와 고려시대까지만 해도 불교국가답게 사월초파일은 국가적인 행사로 치러졌다. 儒佛의 소속에 관계없이 모두가 불교신자였고, 당연히 사

---

7) 李集,『遁村雜詠』, 七言古詩, <念昔 一首 呈諸君子>, "去年山寺庚申夜 團欒共惜歲月流 四更山月照炯炯 萬壑松風鳴颼颼 高僧入定默不語 沙彌煮茗香煙浮 同遊賓客盡儒雅 一觴一詠爲歡謳 當時二公今兩府 餘子登樓聊消憂 歸來相顧頭尙黑 白首吾今守一丘 聚散悲歡幾時極 更期秉燭山中遊".

8)『耘谷詩史』卷5(『高麗名賢集』卷5, p.354 ;『耘谷行錄』卷5, 影印標點『韓國文集叢刊』卷6, p.204).

월초파일은 신앙의 궁극적인 현현으로써 중시되었다. 경전을 읽거나 참선을 하는 일은 남녀노소 신분과 처지를 초월한 생활의 한 요소였다. 고려 말로 접어들면서 신유학인 性理學이 수용되면서 교조적인 성리학 이론에 매몰되어 闢異端의 妄論이 부상하고, 결국 조선조로 왕조가 바뀌면서 불교는 치명적인 제제를 받게 된다. 그러나 천여 년을 넘게 이 땅 민중들의 신앙의 뿌리를 형성한 불교가 제도적인 억압으로 소멸할 수는 없었다. 알게 모르게 불교는 지식인층과 기층 민중 계층들의 정신세계를 지배하는 사상으로 자리하게 되었다.

원천석이 살던 여말선초는 정치사적의 격동만큼이나 이런 이념 분쟁도 첨예화되어가는 상황이었다. 당시 불교의 타락상이 이를 더욱 부채질한 측면도 있지만, 고려 왕조와 불교를 동일시했던 개국파 유가 지식인들의 그릇된 편견과 이해관계 때문에 더욱 타격을 심하게 입었다. 그러나 초파일은 알게 모르게 다양한 방향에서 그 영향력을 잃지 않았다.

음력 4월 8일 저녁 무렵에 시인은 영천사에 가 화려하게 경내를 장식한 蓮燈을 감상하였다. 탑돌이를 하며 잡념을 씻어내고, 중생을 제도하신 부처의 탄생을 축하하는 이 행사는 어쩌면 유일하게 신분과 제도에서 벗어날 수 있는 공간을 제공하기도 했다. 모두가 다 보살이 되어 다복장수를 축수하고, 積善의 願力을 일깨우는 시간이었던 것이다. 더구나 이 시기는 만물이 한창 자라면서 푸르게 세상을 장식하는 봄날의 한가운데 있었다. 꽃보다 휘황찬란하고 아름다운 연등의 행렬을 지켜보는 시인의 심정도 남달랐을 것이다.

첫째 수는 연등의 걸린 모습을 묘사한 것이다. 하늘을 찌를 듯 장대를 세워 줄줄이 연등이 걸려 하늘을 뒤덮고 있다. 낮부터 준비를 마친 연등은 밤이 되자 꽃송이가 일시에 꽃망울을 터뜨리듯 밝은 불꽃을 장엄하게 피운다. 그리하여 어둠의 세상 삼천 세계를 광명으로 환하게 밝히는 것이다. 원천석은 그 장엄한 모습에 일순 호흡을 멈춘다.

둘째 수는 부처와 승려를 공양함으로써 파생하는 복에 대해 노래하고 있다. 수많은 연등처럼 헤아릴 수 없이 많은 복이 사람들마다 베풀어질 것을 믿어 의심치 않는다. 어둠이 깊을수록 별빛은 더욱 밝아지듯이, 세상의 번뇌가 깊어질수록 공덕에 따른 보상도 커지기 마련이다. 연등의 불빛은 곧 지혜와 해탈의 깊이만큼 환하게 타오른다.

셋째 수는 새벽이 올 때까지 정성을 다해 공덕을 쌓은 결과 사바세계의 온갖 재앙과 모순들이 일거에 씻겨나가는 모습을 묘사했다. 연등의 불빛은 세상의 끝까지 뻗어나가고, 마침내 무명을 떨치고 광명의 세상으로 나가도록 중생들을 인도한다. 이에 감회된 사람들은 너나없이 功德을 쌓는 일에 매진하고, 그 결과 세상에 남아 있는 죄악의 먼지들도 깨끗이 씻겨 사라지는 것이다. 그것은 단지 시인의 상상 속에서만 이뤄지는 희망이 아니다. 시인이 실제로 그런 변화의 조짐들을 이 행사를 통해 확인하고 있다.

원천석의 한시에서 풍속과 연관된 행사들이 치러지는 장면을 담은 작품은 그리 많지 않다. 단조로웠던 삶만큼이나 그의 시에 드러나는 사건 역시 완만하고 정적이다. 이는 어떤 면에서 원천석 자신이 정적인 성격의 소유자였음을 암시하기도 한다. 靜中動으로 내면화된 인격이 그의 작품 속에서 그대로 표출되어 있는 것이다. 觀獵과 禁酒令, 守庚申夜, 觀燈, 이 네 가지 행사들은 당시 민간과 관청에서 행해졌던 풍속의 실제를 잘 보여주는 요소들이라고 할 수 있다. 아주 새로운 자료는 아니라고 해도 여말선초 풍속사의 일면을 이 작품들을 통해 우리는 재구할 수 있을 것이다.

3. 事物 : 범상한 사물 속에 담긴 참된 삶의 현장과 가치

기록은 오래 가지만 실물은 바로 사라지고 만다. 사라져버린 실물을 간접적으로나마 확인할 수 있는 것은 바로 기록이 있기 때문이다. 때문에 기록이란 소중한 것이다.

이 장에서 소개할 내용은 구체적인 사물에 대해 원천석이 어떻게 접근하고 이해했는지 보여주는 것이다. 개별적인 사물로만 주목하면 직접 풍속과 관련이 없어 보일지도 모르겠다. 그러나 풍속이란 것 자체가 인간과 사물의 지속적인 만남에서 이루어지는 공감대가 지속적으로 형성되는 것을 말한다고 볼 수도 있다. 사람과 節氣가 만나 歲時風俗이 이루어지는 것처럼, 사물

650

과 사람이 만나 일종의 文化風俗을 이룬다고 여겨지기 때문이다. 그런 측면에서 이 장에서 소개한 여섯 개의 사물은 곧 원천석 시대 문화의 단면을 보여주면서, 문화가 지속적으로 현재까지 이르는 궤적을 보여주기도 한다. 사라져버린 사물은 역사를 형성하고, 현존하는 사물은 기억을 형성하는 것이다.

이 장에서 인용되는 작품은 큰 범주에서 보면 詠物詩에 해당한다. 어떤 특정한 물건 또는 사물을 소재로 쓰여진 작품이기 때문이다. 대개 영물시는 鳥獸나 花卉, 器皿 등을 대상으로 하는 경우가 많다. 물론 원천석에게도 그런 영물시가 적지 않지만, 본 장에서 살펴볼 영물시들은 당대 문화사의 자취와 유물들을 확인할 수 있다는 점에서 다소 차이가 있다고 할 수 있다.

첫 번째 사물은 종이이다. 선비문인들의 文房四友의 선두를 자리하고 있는 종이는, 인간의 삶에 있어서 없어서는 안 될 필수품이기도 하다. 그러나 원천석이 소개하는 종이는 필사용이 아니라 壁紙로도 쓰이는 것이어서 흥미를 끈다.

<蠻牋>9)

翰苑에는 값진 종이가 많기도 하지만 / 翰苑珍奇紙最先
南蠻에서 진상한 것이 가장 으뜸이지. / 南蠻貢進九重天
창을 바르자 머리 옆에 눈빛이 비치고 / 糊窓雪色明頭側
벽에 붙이자 눈앞에 은빛 번쩍이네. / 帖壁銀光眩眼前
가난한 羊續은 이불 만들어 추위 견디고 / 裁被禦寒羊續窶
명필 右軍은 붓 잡아 먹물을 적셨지. / 揮毫洒墨右軍賢
희고도 미끄러워 티 하나 없으니 / 皦然平滑無纖累
글 하는 사람 벗되어 몇 년을 지내왔던가. / 長伴詞人幾許年

南蠻 땅에서 온 종이라 했으니 귀한 것임에 분명하다. 그러나 꼭 중국 땅의 남만이라고 봐야 할 이유는 없을 듯하다. 품질의 여하를 떠나 그렇게 귀

---

9) 『耘谷詩史』卷1(『高麗名賢集』卷5, p.277 ; 『耘谷行錄』卷1, 影印標點 『韓國文集叢刊』卷6, p.127).

한 종이를 창호지나 벽지로 쓸 만큼 원천석은 부유하지도 않았고, 헤프지도 않았다. 어쩌면 남쪽 지방에서 만든 종이란 뜻이거나, 거칠고 보잘것없다는 의미로 '蠻'자를 붙인 것은 아닐까 여겨진다. 어쨌거나 여기서는 액면 그대로 믿어도 좋을 것이다.

만지를 입수하게 된 경위는 알 수 없지만, 귀한 종이를 받아들자 시인은 뿌듯한 기쁨을 느낀다. 얇고 은은해서 빛을 투과시키기도 하지만, 바탕이 고와 글씨를 더욱 선명하게 보여주었던 모양이다. 그러면서 그는 종이와 얽힌 두 가지 典故를 소개한다. 가난했던 양속은 이부자리로 쓸 천이 없어 대신 종이를 기워 생활해야 했다. 그런 각고의 시절을 겪고 난 뒤 태수에까지 올랐지만, 젊었을 때를 잊지 않고 청렴한 관리로 처신했다. 하찮은 종이 한 장이라도 추위를 막아줄 수 있을 만큼 긴요하니, 사물의 가치를 그는 체험에서 알았던 것이다. 왕희지는 당대 명필로 알려졌던 사람이고, 또 화가로서도 명망이 높았다. 종이를 보면 그대로 붓에 먹물을 찍어 一筆揮之로 써내려간 솜씨가 神筆이라 불렸다. 종이 앞에 서자마자 솟구치는 예술혼의 면모가 이런 그의 일화에서도 잘 드러난다.

원천석은 종이를 통해 심성을 도야하는 수단으로서의 가치와 장신 정신을 일깨우는 도구로서의 가치에 주목했다. 여기서 원천석이 굳이 만지를 꺼낸 것은 특정한 종이에 국한해서 논의를 펼치기 위한 것은 아니라고 보인다. 평소 보지 못했던 진귀한 물건을 보고, 그 품질이며 용도를 소개하면서 종이가 가진 일반적인 미덕을 노래했다고 보는 것이 타당할 것이다. 구체적인 종이의 형상을 묘사하고 있지는 않아도 당시 종이의 유통 과정이나 용도를 유추할 수 있게 한다는 점에서 흥미가 있는 작품이다.

두 번째 작품은 <指南車>[10]다.

<指南車>[11]

652

무지개 같은 깃발들이 사면에 둘러싸고 / 霧旌霓旗四面圍
붉은 바퀴 화려한 바퀴통이 빛나는구나. / 彤輪華轂有光輝
바람 따르는 술법으론 鄭人이 부끄럽고 / 鄭人應愧奔風術
길 찾아 돌아갔다고 越나라 사신 자랑했네. / 越使堪誇得路歸
멍에 앞의 방향은 남쪽 끝까지 가리키고 / 軶軏正當离表極
멍에 채의 모형은 북두의 기틀일세. / 梁輈桮法斗星機
軒轅氏가 蚩尤를 치려던 그날 / 軒轅欲伐蚩尤日
이 기계를 만들어 위엄을 떨쳤네. / 作此奇權奮虎威

주석을 읽어보면 알겠지만 나침반인데 규모가 큰 편인 것으로 보인다. 아니면 수레이긴 해도 작게 축소해서 만든 것이 아닌가 여겨진다. 방위를 알려주는 편리한 기구인 지남거가 실제 수레만한 크기라면 기능상 아주 불편했을 것이다. 그러니 정교하게 축소해서 만든 물건이었을 가능성이 높다.

원천석도 지남거는 처음 보았던 듯하다. 용도를 떠나 구조나 형태가 사뭇 신기하게 눈에 들어왔을 것이다. 오색 깃발들이 펄럭거려 무지개처럼 빛난다고 했는데, 지남거의 장식이 그렇다는 말로 보인다. 이런 것들이 자체에 붙어있다면 방위를 가리키는 기능을 방해할 것이기 때문이다. 아마도 수레 위에 남북 방향을 일정하게 지시하는 기구가 얹어 있었던 것으로 보인다. 방향을 정확하게 앎으로 해서 무서운 괴수를 무난하게 물리쳤던 옛 이야기를 떠올리면서, 이 물건이 국난을 극복하는 데 도움이 되기를 빌었을 것이다.

다음으로 볼 작품은, 우리 선조들이 발을 보호하기 위해 신었던 '버선'이 소재로 등장한 것이다. 아마 필자의 생각에 保身으로 기록된 버선이 등장하는 최초의 작품이 아닐까 생각된다. 그런 면에서 더욱 의미가 있는 작품이다.

<詠足巾(孫女妙音童所贈)>[12]

叢刊』卷6, p.127).
12) 『耘谷詩史』卷3(『高麗名賢集』卷5, p.336 ; 『耘谷行錄』卷3, 影印標點 『韓國文集

베 버선이 눈같이 희어 / 布襪白如雪

이것을 이름하여 保身이라 하네. / 是名爲保身

네가 가져다 준 뜻이 정말 고마우니 / 憐渠持贈意

새 봄을 밟고 싶은 내 마음을 알았구나. / 知我履新春

　손녀 묘음동이 할아버지를 위해 정성스럽게 버선을 만들어 선물로 주었다. 어린 계집아이가 정성을 다해 한 땀 한 땀 바느질하는 모습이 정겹게 연상된다. 베로 짠 버선이 눈처럼 하얗다니, 얼마나 정갈하게 만들었는지 짐작할 수 있다. 그 마음이 너무나 고맙고 기특해, 시인은 어서 빨리 새 봄이 와서 이것을 신고 나가고 싶어 가슴이 벅차오른다.

　버선은 한자로는 足巾이라 쓰고, 음사하여 保身이라고 썼다. 원래 우리말로는 '버선'인데, 이 말이 고려 말기부터 쓰여졌던 것을 이 시를 통해 알 수 있다. 그런 면에서도 이 시는 문화사적인 의의가 있다.

　다음 작품은 豆腐를 노래한 것이다.

　　<豆腐>[13]

말 콩을 먼저 맷돌에 갈아 / 斗豆先將石磨磨

통에 가득 흰 눈 쌓이면 물과 섞는다네. / 盈槽白雪水相和

흔들어 즙을 내면 거품이 사라지고 / 攪成汴處漚還滅

걸러서 거품 가라앉히면 찌끼가 갑절 많아지네. / 漉取泡來滓倍多

솥 안에 엉키면 우유처럼 진해지고 / 凝結釜中濃似酪

소반에 가득 담으면 구슬 빛이 되네. / 滿盛盤上色如瑳

우엉과 토란 한데 삶아 향기로운 밥을 지으니 / 雜烹芋苨炊香飯

서산에 고사리 캐는 노래가 우습기도 해라. / 笑彼西山採蕨歌

　시의 앞부분에서는 두부를 만드는 공정을 상세하게 묘사하고 있다. 이러

　　叢刊』卷6, p.186).

13)『耘谷詩史』卷5(『高麗名賢集』卷5, p.360 ;『耘谷行錄』卷5, 影印標點『韓國文集叢刊』卷6, p.210).

한 묘사가 가능한 것은 그가 두부를 만드는 과정에 직접 참여했거나 적어도
그것을 유심히 살펴본 결과였을 것이다. 그가 농부와 함께 생활하지 않았다
면 얻을 수 없는 경험이다. 단지 추체험된 죽은 지식이 아니라 생산 과정을
현장에서 지켜본 생생한 체험이 있었기 때문에 감히 「採薇歌」를 부르면서
首陽山에서 굶어죽은 백이와 숙제의 절의를 웃어넘길 수 있었던 것이다. 물
론 이 말은 원천석이 두 사람의 절조가 무의미했었음을 지적하고자 했다는
것은 아니다. 만드는 과정을 알지 못하고 먹는 음식에는 만든 이의 혼이 깃
들어 있는 것을 알지 못한다는 뜻에서 사용한 것이다. 때문에 우엉과 토란
을 섞어 만든 밥에 두부로 만든 반찬을 먹으면서 그 음식 속에 담긴 참다운
맛을 느낄 수 있었던 것이다. 이는 곧 백이와 숙제가 절조를 보이기 위해
고사리를 캐먹은 일과 동등한 의의가 있음을 간접적으로 강조한 발언으로
볼 수도 있다. 영물시가 지녀야 할 미덕이라고 하는 형체(形)와 정신(神)의
겸비라는 조건이 이 작품에서 적절하게 구현되어 있는 사실을 확인하게 된
다. 다음 작품은 동짓날 먹는 팥죽을 노래한 것이다.

<冬至(豆粥)>[14]

음기가 사라지고 양기가 되돌아오는 날 / 陰消陽復正當期
붉은 팥죽 향내가 푸른 항아리에서 떠오르네. / 紅雪香浮碧玉瓷
한창 솥에서 끓을 때 처음 소금을 넣고 / 始下鹽時方沸鼎
다시 새알심을 넣은 뒤에 주걱으로 뒤적이네. / 更投蜜處正翻匙
瀋沱의 보리밥보다 품이 더 들고 / 瀋沱麥飯功兼重
金谷의 나물보다 맛이 더 기이하니, / 金谷萍莖味寂奇
나 역시 가난한 살림이 갑자기 더하건만 / 我亦窮居倉卒甚
아! 만들고 보니 동지가 된 걸 알겠네. / 咄嗟成辦要須知

역시 앞부분에서는 동짓날 팥죽을 만드는 과정이 상세하게 묘사되어 있
다. 지금 우리가 먹는 팥죽의 그것과 큰 차이를 느낄 수 없음은 그만큼 이

---

14) 『耘谷詩史』 卷5(『高麗名賢集』 卷5, p.360 ; 『耘谷行錄』 卷5, 影印標點 『韓國文集
叢刊』 卷6, p.210).

풍습이 오래 전부터 전승되어 계승되었음을 알게 만든다. 뜨끈하게 익은 팥
죽의 맛이, 정성도 어떤 음식보다 많이 들어갔지만, 膏粱珍味로 차려놓은
음식에 못지 않다고 시인은 자랑을 아끼지 않는다.

　궁핍하게 사는 가운데에도 동지를 맞아 서투나마 팥죽을 끓여먹었다. 제
대로 격식을 갖춰 만들지는 못했지만, 이를 통해 사람들과 어울려 살며 陰
陽의 조화가 바뀌는 계절을 깨닫게 된다는 것이다. 값비싼 음식보다는 생활
의 지혜가 담겨 있는 음식이 평범하다고 해도 참된 맛과 멋이 있음을 시인
은 거듭 강조한다.

　끝으로 牛毛膾란 제목이 붙은 작품을 살펴보자. 우모회란 '우뭇가사리'를
한자어로 쓴 것이다.

　　　<詠牛毛膾(侄元認所贈)>[15]
　　바다 나물을 말려 가늘기가 털 같은데 / 枯乾海菜細如毛
　　물과 불로 삶느라 온갖 수고를 다했네. / 水火烹煎也有勞
　　아주 맑은 체질이 그릇에 가득 엉켰으니 / 品寂澄淸凝滿器
　　물에서 건진 귀한 것을 거룻배에 실었네. / 貴從波浪載輕舠
　　취할 때 먹으면 몸에도 좋고 / 每逢醉日呑何害
　　날씨가 더워지면 그 값이 더욱 높아지네. / 始信炎天價更高
　　손수 들고 온 그 정성이 고마워 / 手把重來誠意重
　　시 한 수를 지어 붓을 휘두르네. / 卽成詩律一揮毫

　우뭇가사리는 속명으로 Gelidium이라 불린다. '응고'라는 뜻을 가진 라틴
어 gelidus에서 유래하였다. 지방마다 이름도 다양하게 불려 부산이나 장흥,
서산, 통영, 거제에서는 '우무'라 부르고, 울릉도나 목포 및 강원, 경남지역
에서는 '천초'라 부르며, 울산에서는 '까사리', 제주에서는 '우미', 강릉과 속
초, 동해, 삼척, 양양, 고성에서는 '한천'이라 불린다. 생김새가 소의 털과 닮
았다 하여 牛毛草라 부르기도 하고, 끓인 다음 식히면 얼음처럼 딱딱하게

　15)『耘谷詩史』卷5(『高麗名賢集』卷5, p.374 ;『耘谷行錄』卷5, 影印標點『韓國文集
　　叢刊』卷6, p.224).

656

굳는다 하여 海東草라 불린다고 『자산어보』에 기록되어 있다. 몸은 크게 뭉쳐서 나고 선상이며 줄기는 납작하고 가지의 끝은 뾰쪽하다. 줄기와 잔가지가 깃털 모양으로 갈라져 전체가 부채 모양으로 퍼져 있다. 지방에 따라서 생육시기에 약간의 차이가 있지만 대체로 5~11월에 생육한다. 이 시기가 지나면 모체는 점차 녹아 없어지나 다음해 봄이 되면 남아 있던 기부에서 새로운 가지가 돋아나는 한편 포자에서 발아한 개체도 자라서 함께 번성한다.

원주는 동해에서 태백산맥을 넘은 서쪽에 있으니, 바다와는 사뭇 거리가 먼 지방이다. 그러니 해물을 구경하기가 쉽지 않았을 것이다. 그런데 조카 元認이 어디서 구했는지 우뭇가사리를 그릇에 담아 먹기 좋게 다듬어서 가지고 왔다. 이때에도 우뭇가사리를 조리해서 한천으로 만드는 기술이 있었음을 알 수 있다.

첫 대목에서 원천석은 가늘고 길게 잘라진 우뭇가사리의 모양부터 묘사한다. 이것을 물과 불로 삶아 형체를 갖추었으니, 들어간 수고와 정성이 보통이 아니라는 것이다. 반투명한 몸체를 빌려 체질이 맑다고 너스레를 떨더니, 참으로 귀한 물건을 거룻배에 싣고 왔다며 감격해 한다. 이어 우뭇가사리의 효용에 대해 말한다. 술에 취했을 때 후루룩 마시면 해장에 그만이고, 더울 때 한 사발 말아 마시면 더위를 몰아내는 데도 일조를 한다는 것이다.

한창 무더위가 기승을 부릴 때 더위에 지쳤을 삼촌을 생각해서 조심조심 들고 온 조카의 마음씨가 읽어지면서, 시인은 시 한 수로 그 고마움을 표시하고 있다.

이처럼 원천석은 자신의 주변에서 일상적으로 마주치게 되는 비근한 사물들을 대상으로 삼아 한시를 창작하였다. 대상이 일상적이라 해서 의미까지 일상적일 수는 없는 일이다. 웅장하고 값비싼 보석들로 치장해야 귀한 문화재는 아니다. 원천석은 오히려 이러한 범상한 사물 속에 담긴 참된 삶의 현장과 가치를 훨씬 높이 평가했던 것이다. 중세 시대 평민들의 생활사라든가 풍속사에 관련한 자료가 태부족한 현실 속에서 이러한 원천석의 작품들은 중국적인 소재에만 얽매여 자신의 문화를 돌아보지 못했던 동시대의 몰지각한 문인들을 각성시키는 기능도 했으리라 짐작할 수 있다. 그만큼 원천석이 자국 문화와 풍속의 소중함을 일찍이 깨달았다는 사실을 이러한 작품은 웅변으로 증명해 준다.

4. 名節 : 농경사회의 흥겨움과 감회를 노래하다

명절이란 계절에 따라 佳日 또는 佳節이라 하여 좋은 날을 택해 여러 행사를 하며 즐기는 '이름난 날'을 가리키는 말이다. 때문에 명절은 보름마다 한 번씩 돌아오는 節氣와는 구분된다. 이날이 되면 오랫동안 헤어진 친지들이 모여 그간의 회포를 풀거나 안부를 묻고, 또 여러 가지 풍속 연희를 통해 한 해의 무병무탈을 기원하기도 한다.

우리나라의 명절은 농경생활의 순환 속에서 발전했다. 대체로 명절을 크게 나눠보면 설을 시작으로 대보름과 한식, 초파일, 단오, 流頭, 百中, 칠석, 추석, 중양절, 冬至 등이 있다. 산업사회로 바뀌면서 차츰 그 의미가 쇠퇴해가기는 하지만, 여전히 우리 민족 고유의 풍속으로 유지되고 있다.

원천석의 시에도 절기와 관련된 한시 못지않게 많은 명절 풍속을 노래한 시들이 전하고 있다. 여기서는 그 가운데 대표적인 몇 가지 사례를 살펴보기로 하겠다.

첫 번째 작품은 端午를 노래한 것이다.

<端午>16)

바람 따뜻하고 날씨는 청명한데 / 薰風微軟氣淸新
집집마다 문 위에 쑥 사람을 걸어 놓았네. / 萬戶千門掛艾人
창포 술 한 항아리 마주 앉으니 / 靜對菖蒲一尊酒
난초 물가에 홀로 깨었던 신하가 우습구나. / 笑他蘭渚獨酷臣

단오는 한국과 중국·일본 등 동아시아 삼국에서 모두 지키는 명절이다. 수릿날(水瀨日) 또는 天中節, 重五節, 端陽 등 다양한 이름으로 불려왔다.

16) 『耘谷詩史』 卷2(『高麗名賢集』 卷5, p.299 ; 『耘谷行錄』 卷2, 影印標點 『韓國文集叢刊』 卷6, p.149).

658

동아시아에서는 예로부터 3월 3일과 5월 5일, 6월 6일, 7월 7일, 9월 9일 등 월과 일이 겹치는 날은 陽氣가 가득 찬 吉日로 쳐왔는데, 그 가운데 5월 5일을 가장 양기가 센 날이라고 해서 으뜸 명절로 지내왔다. 이날이 바로 단오다. 추위가 늦게까지 계속되는 북쪽지방은 이때가 되어서야 비로소 날이 완전히 풀리기 때문에 경사스러운 날이 될 수밖에 없었다. 남쪽이 추석을 중요하게 여기는 반면에 북쪽에서는 단오를 더 중시했던 것은 지역간의 기후 차이에서 비롯된 것이다.

쑥으로 사람을 엮어 걸어놓는 풍습을 지금은 흔하게 볼 수 있는 광경이 아니지만, 고려 후기 사회에서는 일상적인 관습이었다. 艾俑으로도 불리는 이 인형은 단옷날 문 위에 걸어 요사스럽고 나쁜 기운을 쫓았다고 한다.[17] 사람 나이 쉰 살을 艾人이라고도 하는데, 위 작품은 1370년 그의 나이 41세 때 지어진 작품이다. 육신의 나이보다 앞질러 늙어버린 자신의 투老를 시인은 이렇게 표현한 것일 법도 하다.

아울러 단옷날에는 창포를 다려 머리를 감아 부스럼을 물리치는데, 이것으로 술을 빚어 마시기도 하였다. 술과의 인연을 끊을 수 없었던 시인이기에 그의 시에는 특히 飮酒와 관련된 작품이 상당수 전하고 있다. 봄날을 보내고 여름 무더위를 맞은 시기에 가는 봄을 아쉬워하며 그 또한 술잔을 마주잡았다. 마지막 시구에 나오는 신하란 바로 중국 전국시대 때 楚나라의 충신 屈原(기원전 343~277)을 가리킨다. 조국의 혼란상을 가슴 아파하면서 愛國의 시를 남기고 끝내 스스로 목숨을 끊은 시인에 대해 그는 실소를 짓는다. 물론 누구보다도 시대의 다난한 현상에 울분을 토했던 그가 굴원의 그러한 삶을 비웃었을 리 만무하다. 다만 그는 어차피 天運에 따라 스러질 수밖에 없었던 고국의 운명에 그렇게 목매달았던 충신의 모습을 보면서 우러나온 자괴감을 이렇게 표현했던 것이고, 소박하게는 술잔을 마주해 醉한 자신과 끝까지 깨어있는(醒) 인간으로 살아간 그를 단순하게 대비한 것일 수도 있을 것이다. 단옷날 민간에서 행해진 풍속의 일부를 소재로 하여 지어진 작품이다.[18]

---

17) 『한국민속대사전』, 한국사전연구사, 1994, '端午'조 참조.
18) 원천석에게는 이밖에도 단오와 관련된 작품이 몇 편 더 있다. 그 가운데 <端午偶

다음에 볼 작품은 칠월칠석을 노래한 것이다.

  <七夕>19)

견우 직녀 오래 못 만났다고 아쉬워 말게나. / 莫嫌牛女久相違
이날의 약속만은 만고에 끝이 없네. / 萬古無窮此日期
달나라 궁전 구름 누각에서 만나 / 月殿雲樓相會處
금 북과 옥 가마를 함께 멈추었네. / 金梭玉輦共停時
구슬 계단 밤 빛은 즐거움을 바치는데 / 瑤階夜色供歡樂
은하수 새벽빛은 이별을 재촉하니, / 銀漢晨光促別離
실 꺼내어 바늘 꿴 사람이 그 얼마던가 / 披縷貫針人幾許
맑은 길 쳐다보며 다시금 기뻐하네. / 俾看清路更軒眉

  칠석의 유래는 워낙 유명하니 굳이 췌사를 붙이지는 않겠다. 칠석날 내리
는 비는 견우와 직녀의 만남의 기쁨을 상징하기도 하지만, 자라는 벼가 성
장하는 데에도 긴요하게 쓰이는 자연의 혜택이기도 하다. 오랜 시간 헤어졌
다가 재회한 두 사람의 기쁨만큼이나 꼭 필요할 때 내리는 비는 농민들의
애 타는 마음을 적셔준다. 농민들의 그와 같은 기쁨과 비를 그리는 심정이
빚어냈을 견우 직녀 설화는 이처럼 땅을 생명처럼 소중히 여겼던 사람들의
염원이 담겨 있는 것이다. 그러기에 이날이 오기를 두 사람만큼이나 농민들
도 기다렸던 것이고, 기다렸던 절기에 맞춰 단비가 내리자 시인은 그들을
대신해 기쁨과 자연의 은혜를 노래했던 것이다.
  그러나 세상일이란 때가 되면 물러설 줄도 알아야 하는 것이 미덕이다.
자연의 혜택만 기다리면서 스스로의 노력을 도외시한다면 이는 진정한 자

吟>이란 제목으로 5편으로 묶여진 연작시도 있다. 그 중 네 번째 작품을 보면 다
  음과 같은 해설이 실려 있다. "고을 풍속에 놀음을 벌일 때에는 언제나 누른빛 일
  산을 썼으며, 옛사람의 말에 의하면 '5월 5일(단옷날)에는 赤靈符를 찼다'고 한다.
  난리를 피하기 위해서였다고 한다(鄉風 伎會尙黃盖 古云五月五日 佩赤靈符避兵
  故云)". 적령부는 일종의 액막이를 위한 노리개나 護身符였을 것으로 추측된다.
19) 『耘谷詩史』卷1 『高麗名賢集』卷5, p.281 ; 『耘谷行錄』卷1, 影印標點 『韓國文集
  叢刊』卷6, p.131).

연을 사랑하는 이의 마음이 될 수 없다. 길쌈을 하면서 베틀에 올라 옷감을
짰던 이들의 땀에 젖은 노력이 뒤따르지 않는다면 참담고 풍성한 수확을 기
대할 수는 없는 일이다. 천지의 조화를 기대하는 정성만큼 自重自愛하는
자신들의 노력이 갖추어져야 함을 시인은 시구의 이면 속에 풀어내고 있다.
자연의 전능함을 믿는 태도가 依他的인 추수가 아님은 분명하지만, 盡人事
한 뒤에 待天命하는 자세와 그에 따르는 결실의 의의를 시인은 다시 한 번
강조하고 있다. 홍겨운 축제의 계절을 만끽하는 농민들의 순박한 마음씀씀
이에 어울려 기쁨을 노래하는 시인의 표정이 작품 속에 서려 있다.[20]

　　이 작품은 또한 3·4구의 절묘한 대구 솜씨가 압권을 이룬다. 물론 1·2
구에서도 '違'와 '期'가 이미지상으로 대구를 이루지만, '月殿雲樓'와 '金梭
玉輦'의 수사 또한 좋은 한 짝을 이룬다. 동양 한시문학에서 對句가 주는
미학적 아름다움이야 재론할 필요도 없는 중요한 형식이다. 원천석의 한시
의 주종이 동시대 문인들과 마찬가지로 律詩나 絶句가 대종을 이루기는 동
일하지만, 대구의 사용은 기교적 측면에서보다는 내용상의 무게를 확보하
기 위해 쓰여진 측면이 강한데, 이 점을 중심으로 원천석의 한시 문학이 보
여주는 미학적 특징도 주목할 필요도 있을 것이다.

　　다음 작품은 重九日과 관련된 것이다.

　　　<重九>[21]
　　李 博士가 元 措大와 함께 / 李博士同元措大
　　술병에 국화 꺾어 들고 산 속 서재를 찾아왔네. / 携壺折菊訪山齋
　　노란 꽃 띄워 술잔 드는 것도 해롭지 않은데 / 泛黃擧酒殊無害
　　흰 털 뽑으며 꽃을 보니 어찌 아름답지 않으랴. / 鑷白看花豈不佳
　　즐겁게 놀 때가 왔으니 흥을 내야 하고 / 行樂及時須遣興

20) 원천석에게는 위 작품 외에도 다른 한 편의 七夕과 관련된 시가 전한다. <七月七
　　日>이라 제목을 붙인 이 작품은 절기적 특징보다는 자신의 감상을 담은 述懷的인
　　성격이 강하다. 같은 절기를 만나면서도 자신의 상황에 따라 각기 다른 반응을 보
　　인 그의 시세계의 편력이 엿보인다.
21) 『耘谷詩史』 卷4(『高麗名賢集』 卷5, p.343 ; 『耘谷行錄』 卷4, 影印標點 『韓國文集
　　叢刊』 卷6, p.193).

아무리 바빠도 회포는 풀어야 옳겠네. / 奔忙底處可開懷
반쯤 취한 마음은 하늘 땅 밖으로 달리는데 / 半酣心遠乾坤外
붉게 물든 가을 산이 작은 섬돌을 비추네. / 紅樹秋山映小階

중구일은 보통 重陽節로 많이 불린다. 음력 9월 9일이 이날에 해당한다. 중양이라는 말은 9가 양수이기 때문에 양수가 겹친 것을 뜻한다. 9가 2번 겹치므로 '중구'라고도 부르는 것이다. 속설에는 제비가 3월 3일에 왔다가 중양절에 강남으로 간다고 한다.

중국 고대사회에서는 9를 양수의 극이라 하여, 이것이 겹쳤기 때문에 이날을 쌍십절(10. 10)과 같이 큰 명절로 삼아왔다. 이날은 높은 곳에 올라가서 먼 곳을 바라보며 고향생각을 했다고 전한다. 우리나라에서는 신라시대부터 명절로 정하여 잔치를 베풀어 군신이 더불어 즐거움을 같이 했으며, 조선시대에는 봄(3. 3)과 가을(중양절) 2차례에 걸쳐 노인잔치를 크게 베풀어 경로사상을 드높이는 동시에 조상에게 차례를 지냈다. 지방에 따라서는 이날 성묘하고 시제를 지내기도 한다.

중양절은 지금 우리나라에서는 秋夕과 시기가 비슷해 거의 풍속으로서의 지위를 잃었다. 그러나 원천석 당시만 해도 대단히 풍요롭고 흥겨운 명절이었다. 추수가 끝난 시점에서 치러지는 명절이라 모든 것이 풍성한 계절이었기 때문이다. 이런 정취가 그의 시에도 그대로 녹아 흐른다.

평소에 알고 지내던 지인 둘이 중구일이라 해서 술병을 들고 찾아왔다. 보통 이날은 국화지짐을 안주삼아 국화술을 마시는 것이 관례였다. 노란 국화꽃을 술잔에 띄우고 뜻 맞는 친구와 술자리를 가지니 시인의 기분도 거나해졌다. 아무리 세사가 각박하고 현실이 가혹해도 좋은 때를 만났으면 흥겹게 보내야 하고, 묵은 회포는 풀고 넘어가야 분망함도 잊을 수 있다면서 감회를 노래한다. 한나절 거나하게 마신 술에 취해 뉘엿뉘엿 가을 하늘의 노을을 등지고 집으로 돌아오는 시인의 모습이 한 폭의 그림처럼 잘 어우러져 있다.

다음 작품은 除夜의 밤을 맞아 떠오른 시인의 감상과 제야 풍습을 절기적 성격과 연관시켜 풀어놓은 것이다.

<除夜>[22]

亥時를 마지막으로 정묘년(1387)이 끝나고 / 亥末已終丁卯臘
子時 초부터는 무진년(1388) 봄일세. / 子初方啓戊辰春
북소리 그치지 않고 푸득거리 한창이니 / 鼓聲不絶鄕儺盛
온갖 사귀 물리치고 복된 경사가 몰려드소서. / 驅逐精邪福慶臻

등잔불이 다해 가니 밤이 얼마나 깊었나. / 一燈垂燼夜如何
병든 가슴 무료해 아홉 번 일어나 한숨 쉬었네. / 病肺無聊九起嗟
귀밑에 서리 늘어날까 걱정되어 / 却恐霜絲添兩鬢
자주 처마 끝으로 은하수를 바라보았네. / 數從簷隙望星河

이 시에서는 두 가지 사회 풍속이 묘사되고 있다. 하나는 送舊迎新의 절기를 맞아 묵은 재앙을 물리치고 새로운 경사를 맞이하려는 辟邪進慶의 驅儺戱 장면이 기술되는 것이고, 또 하나는 '섣달 그믐날 잠을 자면 귀밑 머리카락이 하얗게 쉰다'는 禁忌에 따라 밤잠을 자지 않는 이야기가 그것이다. 나례희는 신년을 맞이하면서 뭇 재난을 물리치고 지난날의 우울한 기억을 지워버리려는 농촌에서의 전통적인 풍속이었다.[23] 한 해의 마지막 날과 첫날을 밤새워 지켜보는 풍속 또한 이러한 나례희와 연관하여 생각할 수 있을 것이다.[24] 두 편의 작품은 이렇게 서로 연관을 가지면서 기술되어 있다. 떠들썩하게 펼쳐지는 마을의 제례의식을 지켜보는 시인과 그런 가운데 한 해가 시작되었는지 가슴 조이면서 살펴보는 모습이 중첩되어 묘사되고 있다. 이 모두 새해의 의미를 되새기려는 당시 민중들의 소박한 희망이 갈무리 지어 있는 풍습이다. 그런 연희의 현장에서 민중들과 함께 호흡하고 있는 작

---

22) 『耘谷詩史』卷3(『高麗名賢集』卷5, p.331 ; 『耘谷行錄』卷3, 影印標點 『韓國文集叢刊』卷6, p.181).

23) 이 행사를 하면서 方相氏를 앞세워 遊街를 했다고 한다. 『한국민속대사전』, 한국사전연구회, 1994, '驅儺禮'조 참조.

24) 이렇게 섣달 그믐밤을 잠들지 않고 철야하는 풍습은 道家의 守庚申夜 관습과도 관련이 있을 것으로 보인다. 두 달에 한 번 꼴로 치러졌던 수경신야 풍습이 한 해의 마지막 달 마지막 날에 절정을 이루었고, 이것이 오늘날까지 전해진 것이 아닐까 추측되는 것이다.

자의 충심을 이 두 편의 시는 선명하게 부각시켜주고 있다.25)

이렇게 네 편의 작품을 통해 단오와 칠석, 중구일과 제야에 얽힌 풍속과 시인의 감회를 정리해 보았다. 天時를 좇으면서 농사를 짓는 농부답게 명절을 맞으며 느끼는 원천석의 감회는 낙관적이다. 천시를 어기는 것이 곧 天命을 어기는 것으로 보는 세계관이 이런 작품에는 잘 반영되어 있다.

5. 끝맺는 말

이렇게 하여 운곡 원천석이 묘사하고 있는 풍속과 관련된 작품들을 두루 살펴보았다. 위정자들의 불의와 시대적 모순, 부조리를 개탄하고 애달파 하면서 은둔의 길을 택한 지사형의 지식인답지 않게 그의 풍속시들은 세사에 대한 잔잔한 향수와 담담한 묘사로 일관되어 있다. 민중들과 어깨를 나란히 하고 산 그였던지라 기층민중이 지닌 낙천성과 농경사회가 가진 조화에의 지향을 그도 배운 것이 아닌가 여겨진다. 간단히 각 장의 내용을 정리하면서 글을 마치고자 한다.

첫 번째 행사와 관련된 한시는 觀獵과 禁酒令, 守庚申夜와 觀燈 네 편을 읽어보았다. 이를 통해 관찰자가 아닌 참여자로서 풍속사의 흐름 속에 깊이 몸을 담았던 시인의 자세를 확인할 수 있었다.

두 번째 사물과 관련된 한시는 蠻牋과 指南車, 버선(保身), 豆腐, 동지팥죽, 우뭇가사리(牛毛膾) 등 여섯 종류에 걸쳐 있었다. 이를 통해 원천석은 평민들의 생활사나 풍속사에 관한 자료가 태부족한 현실 속에서, 자국 문화와 풍속의 소중함을 일찍이 깨달았다는 사실을 알게 되었다.

세 번째 명절과 관련된 한시는 端午와 七夕, 重九日, 除夜 등과 관련된

---

25) 이밖에도 풍속과 관련되어 지어진 작품은 여러 편이 눈에 띄는데, 인용한 시를 포함해서 목록을 작성하면 아래와 같다. 이처럼 그의 문집에 풍속과 관련하여 지어진 작품이 많은 것은 그만큼 그가 당대 민중들의 삶과 생활에 친숙하게 다가가 있었던 사실을 반증하는 자료가 될 것이다.
冬至 : 5편, 七夕 : 3편, 立春 : 6편, 端午 : 4편, 寒食 : 1편, 淸明 : 2편, 中秋 : 3편, 元旦 : 7편, 除夜(歲暮) : 6편, 人日 : 1편, 上巳日 : 1편, 木稼 : 1편, 重九日 : 2편, 三月三日 : 1편.

네 편을 읽어보았다. 이를 통해 농민들과 하나가 되어 농경사회의 흥겨움과 감회를 자유분방하게 노래한 시인의 면모를 발견할 수 있었다.

본고에서는 절기와 관련된 한시에 대해서는 지면의 양 때문에 전혀 언급하지 못했다. 이 점은 뒷날 후고를 기약하면서 양해를 구하고자 한다.

운곡 원천석 '삼교일리론'의 종교윤리

梁 銀 容*

1. 서언

운곡 원천석(1330~1401?)은 고려 말의 혼란한 사회상을 개탄한 나머지 은둔해 버린 문인이다. 이성계(조선 태조, 재위 1392~1398)를 중심한 개혁파, 즉 조선 건국세력이 권력을 장악해가는 과정에서 고려조정은 정쟁이 계속되며 거기에서 많은 문인이 순절하거나 은사가 된다. 이 고려 守節臣의 은사들을 가리켜 소위 두문동 72인이라 부르거니와 운곡은 그들 중의 한 사람이다.[1]

마침내 易姓革命이 일어나 고려가 망하고 조선이 건국(1392)되자 그는 원주 치악산에 숨어 '耘谷'이라 號하고 종신토록 나오지 않았다. 그러나 은사가 된 후에도 그는 時事에 끊임없이 관심을 가지며 李穡(1328~1396)등 당세의 문사들과 교유를 계속하며 학문에 精勵하였다.

태종(재위 1400~1418)이 즉위하고 그를 기용하였으나 고사하였다. 운곡은 태종과 同學이며 태종과는 일찍이 사제의 관계에 있었던 것이다. 이듬해 다시 태종은 그를 맞이하기 위하여 방문하였으나 자리를 피하여 만나지 아니하였다. 그는 한사코 고려의 舊臣으로 남아 있고자 하였던 것이다.

이러한 그는 時事에 대하여 매우 예리한 안목을 가졌던 모양이다. 그에

---

* 원광대학교 한국문화학과 교수

** 이 논문은 『韓國宗敎』 11·12(원광대 종교문제연구소, 1987)에 수록한 것을 필요한 부분을 손질하고 주석을 가해 본서에 재수록함.

1) 운곡의 행장에 대해서는 高麗崇義會 편, 『麗末忠義列傳』, 고려숭의회 출판부, 1994, p.208 이하 「운곡 원천석」편 참조.

게는『野史』6권이 있었다고 전한다. 고려 말기의 상황을 見聞直筆한 실록
으로 자손들에게 함부로 열람하지 말도록 일렀으나 이를 본 증손이 國史에
저촉되는 바 많은 것을 알고, 멸족을 두려워한 나머지 焚書해 버렸다는 것
이다.[2] 그 외에 운곡의 저술로는『耘谷詩史』[3](이하『시사』로 약칭함) 5권이
유일하다. 그의 삼교일리론이 이『시사』에 나타나 있음은 더 말할 나위 없
다.

　본고에서는 이 '삼교일리론'을 중심으로 운곡사상의 일단을 더듬어 보기
로 한다. 신진문사들 사이에 배불숭유 사상이 팽배한 가운데 불교사상에 입
각하여 제시된 '삼교일리론'[4]이 三敎가 공존한 당시 사회에 어떠한 논리를
제시하고 있는가 밝혀보려는 것이다.

2.『운곡시사』와 '삼교일리론'

『詩史』5권은 자작시를 제작년도별로 편집한 운곡의 시 문집이다. 內題
에『耘谷行錄』이라 記하여 이러한 編年時의 성격을 말해준다. 이는 운곡이
20세 된 충정왕 3년(1351)부터 64세 되던 조선 태조 3년(1394)까지의 44년간
쓰여진 것이다.

　수록된 시는 총 1,058首이다. 이들 중에는 불교에 관한 것이 많다. 주제가
명확한 것을 중심으로 헤아려보면 그 구성은 <표>와 같다.[5]

2) 千惠鳳,「해제『耘谷詩史』」,『高麗名賢集』5, 성균관대학교 대동문화연구원편,
　　1980, p.29 참고.
3) 유행본에는 成均館大學校 大東文化硏究院 편,『高麗名賢集』5(대동문화연구원,
　　1980, pp273-384) 본이 있다. 影印標點『韓國文集叢刊』6권 소수본은『耘谷行錄』
　　으로 명명되어 있으나, 같은 판본(16대 元隲 편집 활자본)이다.
4)『耘谷詩史』卷3 소수.
5)『운곡시사』의 시에는 제목이 있어 사명이나 승명 등이 나타나 있는 것 외에, 해설
　　이 붙어있어 제작상황을 알려주는 경우도 있다. 이 <표>는 이들을 망라한 것이다.

『운곡시사』의 구성

卷別	卷一	卷二	卷三	卷四	卷五	계
詩 總數	252수	155	216	196	239	1,058
불교관련 시 수	28수	30	62	29	37	186

『시사』가 행록인 것처럼 이들 시는 그의 생활상을 나타내고 있는데 이중에 불교관계 시가 186수로 전체의 17% 이상을 점하고 있는 것이다. 종래 운곡을 유학자로 본 견해가 있었으나 이에 의해서 보면 그 설에 재고가 요망됨을 알 수 있다. 물론 일찍이 國子進士를 거쳤던 그가 사대부가 닦던 유학의 교양을 갖추고 있었던 것은 사실이며, 이들 시 가운데는 당대의 名儒인 李崇仁(1349~1392)이나, 배불학자인 정도전(?~1398)과 화답한 것도 들어있다.[6]

그러나 그의 생활은 한결같이 불교적 환경 속에서 영위되었으며 『시사』 각권에 고루 나타난 불교관계 시가 이를 증명해준다. 불교관계 시는 대부분 승려와의 교유·화답이며,[7] 나머지는 사찰에 遊宿하면서 감상을 읊은 것들이다. 다른 문집이 없어서 분명히는 밝힐 수 없으나, 이 『시사』를 통해 보는 한, 그의 생활 특히 은거생활은 居士的인 모습이며 그의 사상은 불교에 기반하고 있었음을 알 수 있다. 그리고 그의 불교사상은 다시 다음과 같은 두 가지 성격으로 나타난다.

첫째, 禪的인 경향이다. 승려들과의 화답시를 보면 小數의 天台僧을 제외하고는 하나같이 禪僧들이다. 이중에는 重光·鋒光 등 3명의 일본선승의 시도 들어 있고, 道境·允珠大禪師等의 이름이 가장 빈번하다. 그에게는 1360년에 지은 <題懶翁和尚雲山圖>가 있어서[8] 여말조계종의 거장 懶翁慧勤(1320~1376)과 교섭이 있었음이 증명된다. 따라서 그는 太古普愚(130

---

6) 『耘谷詩史』 卷4의 <同年李令公(崇仁)被讒在忠州>, 卷5의 <奉寄李令公崇仁>, 卷1의 <辛丑十一月紅頭賊兵突入王京國家播遷> 등이 그것이다.

7) 卷1의 <寄道境大禪翁丈室>, 卷2의 <送雲遊子覺宏遊江浙幷序>, 卷3의 <送天台達義禪者赴叢林>, 卷4의 <書寒泉淸師卷>, 卷5의 <送義圓長老> 등이 그 예인데, 시 중에 깊은 交遊관계가 드러난다.

8) 권1 소수. 이밖에도 나옹화상과는 권3, <讚懶翁眞> 등이 있어서 그 교유관계의 깊음을 알 수 있다.

1~1382), 懶翁慧勤으로 대표되는 고려 말기 實修的 성격이 강한 조계선종의 흐름을 수용했으리라 보인다.

둘째, 이러한 그의 시 가운데는 불교의 圓融會通性이 특히 강조되고 있다. 普照知訥(1158~1210)의 出世 이후 선종이 고려불교의 주류를 점하게 되면서 선교대립의 양상은 禪敎和會의 방향으로 바뀌고 선은 華嚴 등 교학사상을 적극적으로 수용하게 되는데, 운곡의 사상에 있어서도 그러한 경향이 뚜렷하게 나타나고 있다. 그의 시에서 나타나는 '法性圓融'의 화엄사상이나 '願成西方'의 정토사상이 그 예가 될 것이다.

이렇게 보면 그의 삼교일리론도 선교회통사상과 맥을 같이하고 있다 할 것이다. 『시사』에 수록된 連詩는 다음과 같다.

<삼교일리론과 서>

如如거사 삼교일리론에 말하기를 "세 성인이 같은 周 시대에 나와서 바른 가르침을 주창하였으니, 유교는 窮理盡性으로써 가르치고, 불교(釋敎)는 明心見性으로써 가르치고, 도교는 修眞練性으로써 가르쳤도다. 말하자면 齊家治國하고 致君澤民하는 것은 특히 유가의 일(餘事)이며, 嗇精養神하고 飛仙上昇하는 것은 특히 도가의 전통이며, 越死超生하고 自利利人하는 것은 특히 불가의 가르침이다. 그 극처를 요약하면 아직 하나에 벗어나지 않으니, 이로 말미암아 보면 세 성인의 가르침을 베푼 바가 오직 성품을 다스림에 있으며 이른바 다하고(盡之) 보고(見之) 닦는(練之) 도라, 비록 다소의 다름은 있더라도 그 지극한 바에 돌아가면 廓然瑩徹한 곳이 모두 하나의 성품으로 같으니 어찌 막고 거리낌이 있겠는가. 다만 세 성인이 각각 문호가 있을 따름이로다. 문도의 추종자들이 각각 종지를 들어 모두 시비인심으로써 서로 헐뜯고 비방하니, 특히 각자 마음 속에 삼교지성을 명확하게 갖추고 있음을 모르기 때문이라. 당나귀를 탄 사람이 다른 당나귀 탄 사람을 비웃는 격이라, 참으로 애석한 일이로다." 하였으니 이에 인연하여 4절을 적어 거사의 뜻을 있고자 말하노라.

<유교(儒)>

격물하고 수신하고 깊은 뜻을 궁리하며 / 格物修身窮理玄

마음 다해 성품 알고 또 하늘을 아나니 / 盡心知性又知天
이로부터 천지의 화육을 돕는 데는 / 從玆可贊乾坤化
제월과 광풍이 함께 쇄연하도다. / 霽月光風共洒然

    <도교(道)>

중묘의 문이 깊고 또 깊어 / 衆妙之門玄又玄
진기와 신화가 하늘에 응하나니 / 眞機神化應乎天
精을 닦아 바로 노자(希夷)경지에 이르면 / 精修直到希夷地
수색과 산광이 함께 적연하도다. / 水色山光共寂然

    <불교(釋)>

한 성품이 원융하여 열가지 깊이를 갖췄으니 / 一性圓融具十玄
법이 사바세계에 두루하고 기가 충천하도다 / 法周沙界氣衝天
저 진체를 어떻게 설하랴 / 只這眞體如何說
벽해와 수륜이 함께 담연하도다. / 碧海水輪共湛然

    <會三歸一>

삼교종풍이 본래 차이 없으니 / 三敎宗風本不差
시비하여 싸움은 우물안 개구리 같도다 / 較非爭是亂如蛙
하나의 성품으로 무애를 갖췄으니 / 一般是性俱無礙
어찌 불교, 유교, 도교라 할 것인가 / 何釋何儒何道耶[9]

1387년에 지은 이 시를 통해 삼교의 원리가 하나임을 역설하고 있으며

---

9) 『耘谷詩史』卷3, "三敎一理幷序 如如居士三敎一理論云 三聖人同生有周 主盟正
  敎 儒敎 敎以窮理盡性 釋敎 敎以明心見性 道敎 敎以修眞練性 若曰 齊家治身 致
  君澤民 此特儒者之餘事 若曰 嗇精養神 飛仙上昇 此特道家之祖迹 若曰 越死超
  生 自利利人 此特釋家氏之筌蹄矣 要其極處 未始不一 由此觀之 三聖人之設敎
  專以治性 所謂盡之 見之練之道 雖有小異 歸其至極 廓然瑩徹之處 皆同一性
  何有所室 礙哉 但以三聖人各有門戶 門之後從 各據宗旨 皆以是已非 人心互相
  訾警 殊不知各人胸中 三敎之性 明然具在也 騎驢者笑他 騎驢良可惜哉. 因寫死
  絶 以繼居士之志云".

670

이를 전후한 몇 편의 시가 유불관계를 다루어 같은 사상을 전한다. 『삼교일리론』을 찬한 如如居士에 대해서는 구체적인 해명을 요하지만,[10] 운곡이 그 사상에 공감하고 그 趣意에 입각하여 자신의 논을 전개하고 있다.

3. '삼교일리론'의 종교윤리

문제는 耘谷이 당시 왜 이와 같은 삼교일리를 강조했는가 하는 것이다. 결론부터 말하면 이는 신유학의 전래 이후 고려사회에 노정된 유불대립을 원리적인 면에서 극복하려는 사상으로 해석된다. 주지하는 바와 같이 주자(1130~1200)에 의하여 집대성된 성리학으로서의 신유학은 본질적으로 宋의 불교나 도교가 지니고 있던 實修的인 이념을 수렴한 체계이다. 즉 신유학은 종래의 經世的인 禮敎學에 사변적 內省的인 성리학을 아울러 居敬窮理의 학을 이룬 것이다. 이러한 신유학의 전래에 따라 고려유학은 새로운 장을 맞이한다. 종래의 유학사상에서 한걸음 진전을 보이며 시대적 임무를 자각하게 되고, 동시에 점차 배불이라는 사회적 성격을 띠게 된다.

신유학 전래 이전의 상황은 崔承老(927~989)의 「時務二十八條」에서,

> 또 삼교는 각각 맡은 업이 있어 행함에 차이가 있으니, 섞어서 하나로 보는 것은 불가합니다. 불교(釋敎)를 행함은 수신의 근본이요, 유교를 행함은 치국의 근원이라, 수신은 내생의 준비가 되고 치국은 곧 오늘의 힘써 행할 바입니다.[11]

---

10) 본고를 발표할 당시(1987)에는 如如居士에 대해 알지 못하고, 막연하게 시대적으로 보아 원나라 사람이 아닌가 생각하고 찾아보았으나 알 수 없었다. 그후 일본에서 은사인 마키타 다이료(牧田諦亮, 전 京都大學 人文科學硏究所長) 박사로부터 『如如居士三敎大全語錄』(2권)을 전해 받았다. 이를 통해 여여거사가 송나라 顔丙이며, 이 어록이 남송 光宗 5년(1194)에 발간되었음을 밝힐 수 있었다. 『삼교일리론』은 이 어록의 권上에 수록되어 있는데, 서론과 함께 偈 1편, 三敎無爭頌 6편 등 7편의 시로 구성되어 있다. 아마도 이 어록을 읽은 운곡은 불교사상을 근간으로 한 여여거사의 사상에도 공감했던 것으로 보이는데, 이에 대해서는 별도의 기회에 다루기로 한다.

11) 『高麗史』列傳 6, "且三敎各有所業 而行之著 不可混而一之也 行釋敎者 修身之

라 말한 바와 같이 三敎의 業을 각기 별도로 보는 것이었다. 최승로의 설이 불교를 비판하는 입장에서 전개된 것이긴 하지만 이처럼 '三敎鼎足의 治世觀'[12]이 근간이 되어 있으므로 치국은 유교의 업이요, 수신은 불교의 업으로 상호공존이 가능했다. 그러나 인성수양의 면이 강화된 신유학에 있어서는 불교의 역할이 필요 없게 된 것이다.

이와 함께 여말의 불교계는 왕실의 호국신앙을 중심으로 한 祈福化, 佛事를 중심한 국고의 낭비, 사원경제력의 확대에 따른 각종 부작용, 사회혼란과 함께 야기된 승려의 자질저하 등으로 인해 국가의 흥망에 관건으로 부각되어 왔다. 신진사림의 배불 움직임은 성리학에 입각한 시대상황에 대한 반성이라 할 것이다. 특히 공민왕(재위 1352~1374)때부터 논의되어 고려가 멸망하기까지 국력을 기울여 중건한 演福寺塔은 배불 움직임의 쟁점이 되었다.[13] 수많은 사림이 斥佛疏를 올려 불교를 '無父無君의 敗倫之道'라 공격하고, 이에 대해 圖讖原理를 응용한 護國護佛疏가 제기되기도 하였다. 정치적 혼란과 함께 기존 가치관에 커다란 변질을 가져온 것이다. 그리고 이러한 위기상황이 고려사직을 염려하는 운곡의 詩想을 일으킨 것이라 생각된다.

일찍이 고려 태조(재위 918~943)시의 行軍福田 能兢法師 等은 天台의

本 行儒敎者 理國之 源 修身 是來生之資 理國 乃今日之務……".

12) 한국에 있어서 삼교정족적 치세관은 고구려 말의 권신 淵蓋蘇文이 寶藏王에게 고하는 가운데 "三敎譬如鼎足 闕一不可 今儒釋竝興 而道敎未盛 非所謂天下之道術者也"(『三國史記』 高句麗 本紀 권21)라 하여 삼교를 정족에 비유한 바에서 비롯하여 하나의 思潮를 형성해 왔다. 崔致遠의 「鸞郎碑序」에서 "國有玄妙之道 曰風流 設敎之源 備詳仙史 實內包含三敎 接化群生 且如入則孝於家 出則忠於國 魯司寇之旨也 處無爲之事 行不言之敎 周柱史之宗也 諸惡莫作 諸善奉行 竺乾太子之化也"(『三國史記』 新羅 本紀 권4, 眞興王條)라 한 것 등이 이후 흐름의 일단을 말해 준다.

13) 졸고, 「高麗末演福寺塔の重建をめぐる儒佛間の論爭について」, 『印度學佛敎學硏究』 31-1, 日本印度學佛敎學會, 1982, p.150 이하 참조. 공민왕대부터 시도된 연복사탑의 중건을 둘러싸고 갖가지 찬반 논쟁이 전개된 끝에 고려가 멸망한 1392년에 완성되어, 이듬해인 조선 태조 2년에 낙성법요를 행하고 있다. 裨補(圖讖) 原理에 의해 고려 왕실의 흥성을 도모할 목적으로 행해진 이 불사는 그 멸망을 재촉하게 되며, 그 과정에서 정도전의 排佛疏 등이 제출되고 있다.

會三歸一原理를 삼한통일의 이념으로 부각시킨 바가 있었거니와[14] 운곡에 있어서도 이는 같은 성격을 띤다. 유교는 窮理盡性으로 가르치고, 도교는 修身鍊性으로 가르치며, 불교는 明心見性으로 가르쳐 각기 맡은 바 업이 있다.[15] 그러므로 三敎宗風에는 본래 차별이 없으며 그들의 우열을 논하는 것은 우물안의 개구리에 불과하다고 운곡은 본다.

운곡은 삼교를 근원적으로 會通시킴으로써 治世澤民에 한 가지 역할하는 것을 會三歸一로 본 것이다. 이후 조선조에 있어서 유교는 치국이민의 원리가 되고, 도교는 의례적인 科儀도교에서 수련도교의 성격으로 바뀌게 되며, 불교는 산중에 은둔하면서 實修的인 경향 즉 禪一元化의 길을 걷게 된다.

그러나 고래의 三敎等位의 관념은 조야에 홍통하며, 특히 儒臣들의 척불에 대한 호불론은 한결같이 운곡과 같은 삼교일리론으로 전개된다. 그 대표적인 사례가 涵虛己和(1376~1433)撰으로 알려진 『顯正論』이나 西山休靜 (1520~1604)의 『三家龜鑑』이다. 다시 말하면 운곡은 승려들이 함구하는 고려 말기의 혼란한 사회상황 속에 삼교일리론을 전개하여 삼교가 회통하는 해후의 윤리를 제시한 것이다.

4. 결어-운곡 원천석 연구의 과제

이상에서 운곡의 '삼교일리론'을 다루어 보았다. 고려 말 격변하던 사회상황 아래 수용된 신유학은 신진문사들에 의해 시대정신으로 수용되면서 마침내 조선왕조의 치세이념으로 자리잡게 되는데, 그 가운데 배불사상이

---

14) 閔漬 撰, 「國淸寺金堂主佛釋迦如來舍利靈異記」(『東文選』卷68)에 의하면 능긍 등은 상소를 올려 "聞大唐國 有會三歸一 妙法蓮華經及天台智者 一心三關禪法 與聖君 合三韓成一國 風土相合 若求是法流行 則後嗣龍孫 壽命延長 王業不絶 常爲一家矣"라 하였다.

15) 정도전의 「心氣理篇」에서는 불·도·유를 각각 심·기·리에 配對하고 있으며, 이는 排佛·好佛間의 三敎 등위의 관념이 유지된다. 오늘날 유·불·도 三合을 말하면서 이들을 각각 存心養性·修心練性·明心見性으로 배대하는 것이 같은 흐름이다.

노정되면서 사상계의 일대 혼란을 초래한다.

운곡의 '삼교일리론'은 이러한 시대정신을 반영하면서도 신진문사들과는 달리 '삼교일리론' 즉 회삼귀일의 원리를 제시한다. 이는 한국 고래의 삼교 정족적 치세관과 맥락을 같이 하는 종교윤리이다. 따라서 여말선초의 정도 전을 필두로 하는 배불사상과 함허기화·서산휴정으로 대표되는 호불사상 을 밝혀내는 데 있어서 이를 간과해서는 안될 것이다.

그리고 이러한 그의 사상을 밝히는데 있어서 '삼교일리론'의 사상적 연원 이 되는 여여거사의 삼교사상에 대한 천착이 필요하다. 이는 다만 그의 '삼 교일리론'의 영향유무에 그치는 것이 아니라 당시 지식인들 사이에 읽혔던 저술의 사상을 통해 시대정신의 일단을 파악할 수 있으리라 보기 때문이다.

이렇게 보면, 전술한 대로 그는 한사코 고려의 구신으로 남아 있었지만, 『운곡시사』의 내용에는 신왕조인 조선에 긍정적으로 대응한 모습에 대해서 도 구체적인 해명이 요청된다. 예컨대,

<새나라(新國)>

해동 천지에 큰 터전을 마련하고 / 海東天地啓鴻基
강상을 정돈해 마침 때를 만났어라. / 整頓網常適値期
사대의 왕손이 지금이 태조요 / 四代王孫今太祖
삼한의 국토가 다음의 고려라. / 三韓國土後高麗
능침을 깨끗이 쓸고 새 명령을 내리니 / 掃淸陵寢敷新命
조반을 바로 정해 옛 제도를 고쳤는데 / 刪定朝班改舊儀
그로부터 다른 나라도 큰 교화에 돌아와 / 從此異邦投盛化
산에 오르고 바다를 건너면서 피로함을 모르네. / 梯山航海不知疲[16]

<새 국호를 조선으로 고치다(改新國號爲朝鮮)>

고려(王家) 왕업이 티끌이 되자 / 王家事業便成塵
산천은 옛날대로 인데 국호가 바뀌네. / 依舊山河國號新
사물은 사람따라 변하지 않아 / 雲物不隨人事變

---
16) 『耘谷詩史』 卷5.

674

오히려 한객을 가만히 상하게 하네. / 尙令閑客暗傷神
아마 천자가 동방을 중히 여겼음인지 / 恭惟天子重東方
조선 명호는 이치에 적당한 듯 하네. / 命號朝鮮理適當
기자의 유풍이 장차 일어나면 / 箕子遺風將復振
반드시 모든 중국(夏) 사람들이 관관을 다투리. / 必應諸夏競觀光[17]

라고 하는 시들이 남아 있다. 물론 이밖에도 조선과 관련된 시가 적지 않
으며,[18] 이들에 대한 인과관계가 밝혀져야 할 것이다. 이들이 분명해질 때
그가 시대정신으로 제시한 유·불·도 삼합의 종교윤리도 그 성격이 분명
해질 것이기 때문이다.

　어떻든 종래 연구자들이 간과해 왔던 '삼교일리론'처럼 운곡의 문집에는
당시 상황을 파악하는데 요체가 될 만한 상황이 적지 않은 것으로 보인다.
특히 자작시를 연대순으로 적어 놓고 편성해 놓고 있으므로, 그의 사상이
어떻게 전개되었는지도 흥미를 끈다.

　아울러 운곡의 '삼교일리론'은 전술한 대로 그 연원으로서의 여여거사 사
상을 파악하는 작업이 남아 있다. 이는 그의 불교 내지 삼교사상을 규명하
는데 필요함은 물론 조선시대 호불론자에게 미친 영향관계 파악에는 도움
이 될 사항이지만, 이는 다음의 과제로 삼기로 한다.

---

17) 『耘谷詩史』 卷5.
18) 『耘谷詩史』 卷5의 <伏覩奉金尺詞受寶籙致語慶而贊之> 등이 그 일례이다.

운곡 원천석 삼교일리론의 연원

梁銀容*

1. 서언

易姓革命이 일어나는 시기는 어느 때나 사상계의 혼란을 전제로 한다. 고려의 사직이 무너지고 조선이 건국(1392)되는 여말선초의 思潮도 예외는 아니라서 명나라에 대한 관계문제나, 왕실혈통의 정통성 문제, 그리고 피폐한 민생의 구원문제 등 분출되는 다양한 사회문제와 함께 사상계도 일대 변혁기를 맞이하고 있었다. 그리고 그 변혁은 고려왕조의 일대를 종시하여 이국치세의 근간이 되어 왔던 불교이념에 대하여, 조선왕조에서는 유학 즉 성리학이 그 위를 점하는 것으로 상징된다.

당시는 성리학의 전래를 安珦(晦軒, 1243~1306)이 1288년 충렬왕을 호종하여 원나라 燕京을 다녀오면서 『朱子全書』를 필사하여 돌아온 것을 효시로 볼 때 대체로 1세기를 경과한 시점이다. 그간 성리학은 신진문사들을 중심으로 시대정신으로 수용되어 마침내 이국치세의 이념으로 거양되기에 이르렀고, 이를 儒佛二敎 내지 儒佛道三敎의 관계로 보면 抑佛崇儒사조의 전개로 정리된다. 따라서 변혁기의 저술은 鄭道傳(三峯, ?~1398)의 『佛氏雜辨』・『心氣理篇』에서 보는 것처럼 새로운 이국치세의 이념인 성리학을 거양하는 이른바 排佛思潮를 담고 있는 것이 일반적이다.

그러나 역성혁명기의 혼란한 사회상황에서 排佛思潮가 야기되었다면 당연히 護佛사조도 엄존했을 것이요, 그 가운데 진정한 시대정신을 찾아볼 수

---

* 원광대학교 한국문화학과 교수

** 이 논문은 『원주학연구』3(연세대학교 매지학술연구소, 2002)에 수록한 것을 본서에 재수록함.

있을 터인데, 이를 대변하는 자료는 찾아보기 어렵다. 元天錫(耘谷, 1330~ 1401?, 이하 운곡으로 약칭함)1)의 「三敎一理論」을 중시하는 연유도 여기에 있다. 주지하는 바와 같이 운곡의 유일하게 남아 있는 『耘谷詩史』2)는 시문 을 저작 연대별로 정리하고 있어서, 그의 사상의 전개는 물론 시대사조를 살피는 데도 도움이 된다. 「耘谷行錄」이라는 내제가 전해주는 이념도 이와 다르지 않다. 이 중에서 「삼교일리론」은 1387년의 저작이며, 그 내용은 다 음과 같다.

<삼교일리론과 서>

如如거사 삼교일리론에 말하기를 "세 성인이 같은 周시대에 나와서 바른 가르침을 주창하였으니, 유교는 窮理盡性으로써 가르치고, 불교(釋敎)는 明 心見性으로써 가르치고, 도교는 修眞練性으로써 가르쳤도다. 말하자면 齊 家治身하고 致君澤民하는 것은 특히 유가의 일(餘事)며, 嗇精養神하고 飛 仙上昇하는 것은 특히 도가의 전통이며, 越死超生하고 自利利人하는 것은 특히 불가의 가르침이다. 그 극처를 요약하면 아직 하나에 벗어나지 않으 니, 이로 말미암아 보면 세 성인의 가르침을 베푼 바가 오직 성품을 다스림 에 있으며 이른바 다하고(盡之) 보고(見之) 닦는(練之) 도라, 비록 다소의 다 름은 있더라도 그 지극한 바에 돌아가면 廓然瑩徹한 곳이 모두 하나의 성 품으로 같으니 어찌 막고 거리낌이 있겠는가. 다만 세 성인이 각각 문호가 있을 따름이로다. 문도의 추종자들이 각각 종지를 들어 모두 시비인심으로 써 서로 헐뜯고 비방하니, 특히 각자 마음속에 삼교지성을 명확하게 갖추고 있음을 모르기 때문이라. 당나귀를 탄 사람이 다른 당나귀 탄 사람을 비웃 는 격이라, 참으로 애석한 일이로다." 하였으니 이에 인연하여 4절을 적어

---

1) 운곡 원천석에 관한 기존 연구는 李仁在・許敬震 공편, 『耘谷元天錫硏究論叢』, 원주문화원, 2001에 정리되어 있다.

2) 유행본으로는 성균관대학교 대동문화연구소편, 『高麗名賢集』 권5(1980) 수록의 耘 谷詩史(영인본), 민족문화추진회편『韓國文集叢刊』 권6(1990) 수록의 耘谷行錄 등 이 있다. 『운곡시사』의 체제에 대해서는 이인재, 「고려말 원천석의 생애와 사회사 상」(이인재・허경진 공편, 앞의 『운곡원천석연구논총』 p.40 이하)을 참조. 이에 의 하면 문집에는 22세되던 1351년부터 65세 때인 1394년까지 737제 1444편의 시가 배열되어 있다.

거사의 뜻을 있고자 말하노라.

　　<유교(儒)>
격물하고 수신하고 깊은 뜻을 궁리하며 / 格物修身窮理玄
마음 다해 성품 알고 또 하늘을 아나니 / 盡心知性又知天
이로부터 천지의 화육을 돕는 데는 / 從玆可贊乾坤化
제월과 광풍이 함께 쇄연하도다. / 霽月光風共洒然

　　<도교(道)>
중묘의 문이 깊고 또 깊어 / 衆妙之門玄又玄
진기와 신화가 하늘에 응하나니 / 眞機神化應乎天
精을 닦아 바로 노자(希夷)경지에 이르면 / 精修直到希夷地
수색과 산광이 함께 적연하도다. / 水色山光共寂然

　　<불교(釋)>
한 성품이 원융하여 열가지 깊이를 갖췄으니 / 一性圓融具十玄
법이 사바세계에 두루하고 기가 충천하도다. / 法周沙界氣衝天
저 진체를 어떻게 설하랴 / 只這眞體如何說
벽해와 수륜이 함께 담연하도다. / 碧海水輪共湛然

　　<會三歸一>
삼교종풍이 본래 차이 없으니 / 三敎宗風本不差
시비하여 싸움은 우물안 개구리 같도다. / 較非爭是亂如蛙
하나의 성품으로 무애를 갖췄으니 / 一般是性俱無礙
어찌 불교, 유교, 도교라 할 것인가. / 何釋何儒何道耶[3]

---

3) 『耘谷詩史』卷3, <三敎一理幷序>, "如如居士三敎一理論云 三聖人同生有周. 主盟正敎. 儒敎敎以窮理盡性. 釋敎敎以明心見性. 道敎敎以修眞練性. 若曰齊家治身. 致君澤民. 此特儒者之餘事. 若曰齒精養神. 飛仙上昇. 此特道家之祖迹. 若曰越死超生. 自利利人. 此特釋家氏之筌蹄矣. 要其極處. 未始不一. 由此觀之. 三聖人之設敎. 專以治性. 所謂盡之. 見之練之之道. 雖有小異. 歸其至極. 廓然瑩徹之處. 皆同一性. 何有所窒礙哉. 但以三聖人各有門戶. 門之後從. 各據宗旨. 皆以是

서문과 함께 연시로 엮어낸 삼교일리론은 마음을 다스리는데 있어서 지극한 자리가 하나이니, 종풍을 시비하여 쟁란을 일으킴은 우물 안의 개구리 같다고 논한다. 그가 주장하는 회삼귀일에는 배불론과는 분명한 거리가 보인다. 삼교대립이 아니라 공존을 지향하는 윤리이다.[4]

본고에서는 이러한 운곡의 '삼교일리론'이 갖는 시대정신에 유의하면서 그 사상적 연원을 더듬어 보려고 한다. 이에는 여러 가지 접근 방법이 상정되지만 다음과 같은 두 가지 점에 한정하여 다루기로 한다.

첫째는 삼교일리론이 베풀어진 사상적 바탕에 관한 문제이다. 유불도 삼교가 한국사상의 주류를 점하게 된 것이 이미 오래 전의 일이므로 그 이념이 어떻게 수용되고 전개되었는가를 밝힐 필요가 있다. 한마디로 삼교교섭사조의 전개라 할 것이며, 이를 밝힐 때 詩가 지니는 시대적 의미도 드러나리라 본다.

둘째는 삼교일리론의 전거가 된 如如거사의 원문에 관한 사항이다. 종래 그가 어떤 인물인지, 그 시를 수록하고 있는 책자가 어떤 것인지 밝혀지지 않았으나, 근래에『如如居士 三敎大全語錄』(이하『삼교어록』으로 약칭함)을 입수하게 되었으므로,[5] 관련사항을 분석해 보려는 것이다. 운곡이 관련 기사를 채록하면서 공감을 표하고 있는 것은 문건 전체를 읽었음이 전제되며, 당연히 저자의 사상에 공명했음을 뜻하는 것이라 생각되기 때문이다.

巳非人心. 互相誹訾. 殊不知各人胸中. 三敎之性. 明然具在也. 騎驢者笑他騎驢. 良可惜哉. 因寫四絶. 以繼居士之志云".

4) 이를 삼교공존의 종교윤리로 해석할 수 있을 터인데, 이에 대해서는 졸고, 「운곡원천석의 삼교일리론에 대하여」(『한국종교』14, 원광대학교 종교문제연구소, 1987, p.269 이하 ; 이인재·허경진 공편, 『운곡원천석연구논총』, p.183 이하에는 改稿하여 「운곡원천석 삼교일리론의 종교윤리」로 수록) 참조.

5) 졸고, 「운곡 원천석의 삼교일리론에 대하여」를 1986년 5월 31일에 열린 제10회 국제불교문화학술회의(일본교토, 佛敎大學)에서 발표했을 때, 이 대회에 참석하여 가르침을 준 牧田諦亮 박사(埼玉工業大學 學園長, 전 京都大學 인문과학연구소장)로부터 관련저술이 전해짐을 알게 되었다. 牧田박사는 終戰 이전의 북경 유학시절에 소장하게 된 이 책을 서고에서 찾아내지 못하다가 이삿짐을 정리하던 1991년 5월에 발견하여 제공해 주었다(원광대 종교문제연구소편, 『한국종교』권26, 2001, 부록의 졸고 「해제·顔丙文集『如如居士三敎大全語錄』과 三敎一理論」 및 영인본 원문 참조).

어떤 사상이 시대정신으로 제기될 때 그것은 숙성되는 과정이 있으며, 유포되는 사회적 배경, 그리고 후래적 영향이 있게 마련이다. 그렇게 보면 운곡의 삼교일리론은 당시의 사조를 살피는 하나의 지남이 되는 것이 아닐까. 격변하는 시대상황 속에서 그 첨단을 드러내는 것이 의미있는 일이라면, 뭇 지성이 침묵하는 가운데, 전통사상의 기반을 드러내는 용기도 또한 주목할 가치가 있는 일이라 할 것이다. 그것은 운곡사상을 밝히는 데 있어서는 물론, 당대의 시대사상을 밝히는데 있어서 자칫 간과하기 쉬운 전통사상의 정체성을 확인하는 사료를 제공한다는 면에서도 그러하다.

2. 三敎交涉思潮와 耘谷의 삼교일리론

운곡이 관심 가진 삼교사상은 이미 오래 전부터 전통사상의 주류를 이루어 온 것이었다. 삼교가 우리나라에 수용된 것은 삼국시대로 고구려에 불교 공전이 이루어진 372년(소수림왕 2)에는 태학이 설립되고 있다. 도교의 흐름을 신선사조를 포함해서 보면 이미 당시에 삼교병립의 원시적 형태를 찾아볼 수 있을 것이다. 외래사상으로서의 삼교는 고유사상의 바탕 위에 수용되고 전개됨으로써 한국적 특질을 형성하게 되는데, 그 대표적인 성격의 하나가 삼교합일적 성격이다. 그것은 삼교가 정립의 형태로 공존하면서 부단한 교섭관계를 유지한 결과이기도 하다.

고구려 말의 연개소문은 643년(보장왕 2) 왕에게 당으로부터 도교도입을 주청하는 내용에는 다음과 같은 사항이 확인된다.

3월에 소문이 왕에게 고하기를 "삼교는 비유하자면 鼎足과 같으므로 하나라도 빠져서는 안됩니다. 지금 유교와 불교는 함께 번성하나 도교는 아직 성하지 못하니 천하의 도술을 갖추었다고 할 수 없습니다. 청컨대 사신을 당에 보내어 도교를 구하여 백성들에게 가르치게 하소서"하니 왕이 "그러겠다"고 하고 글을 보내어 청하니 당태종이 도사 叔達 등 8명에게 『노자도덕경』을 주어 파견하였는데, 왕은 기뻐하며 불교사원(僧寺)을 취하여 도관으로 하였다.6)

유불도 삼교를 국가경영의 이념으로 보기 때문에 균형을 유지하지 못하면 나라가 위태롭다는 논리이다. 삼교의 조화로운 공존을 통한 치세를 강조한 이른바 三敎鼎足의 治世觀[7]이 분명하게 드러나고 있는 것이다. 당시 왕실의 도교장려는 불교계와 갈등을 빚어 사상계의 혼란을 초래하고 있다. 반룡사의 고승 普德(?~650?)이 도교와 불교가 대치하여 국운이 위태로워지는 것을 딱하게 여겨 여러 번 왕에게 간하였으나 듣지 아니하자, 650년 절(方丈)을 날려 백제지역인 완산주 고대산으로 옮겨간 경우가 이를 잘 말해준다.[8] 교섭사적으로 보면 삼교의 조화가 깨지면 사직이 무너진다는 점이 자연스럽게 드러나고 있다.

백제에 있어서 유불도 삼교관계는 우선 方術의 유행과 관련하여 확인된다. 중국측의 기록에 의하면 백제는 다양한 학술이 발전한 가운데 음양오행은 물론 의약·卜筮·占相의 술을 이해하고 있었다. 백제의 문물은 불교의 公傳(538, 일설은 552)에서 보는 바와 같이 일본에 전해져 일본문화의 기반을 이루고 있는데, 『日本書紀』602년(推古天皇 10)조에

　　겨울 10월에 백제의 승 觀勒이 本朝(일본)에 渡來하여 曆書·천문·지리의 서, 그외 둔갑·방술의 서를 바쳤다. 그래서 서생 3~4명을 선택하여 관료 밑에서 학습하게 하였다. 陽胡史의 원조 玉陳은 역법을 배우고, 大友村主인 高聰은 천문·둔갑을 배우고, 山背臣인 日立은 방술을 배워 학업을 다 달성하였다.[9]

---

6) 『三國史記』卷21, 寶藏王 2년, "三月. 蘇文告王曰. 三敎比鼎足厥一不可. 今儒釋竝興. 以道敎未盛. 非所謂備天下之道術也. 伏請遣使於唐. 求道敎以訓國人. 大王深然之. 奉表陳請. 太宗遣道士叔達等八人. 兼賜老子道德經. 王喜. 取僧寺館之".

7) 졸고, 「高句麗末の讖書流布について」, 『印度學佛敎學硏究』28-1, 日本印度學學佛敎學會, 1978, p.132 참조. 『三國遺事』卷3, 寶藏奉老普德移庵조에서는 같은 사항을 "鼎有三足. 國有三敎. 臣見國中. 唯有道釋. 無道敎. 故國危矣"로 기술하고 있는데, 이는 이후 한국사상사의 주류를 이루는 三敎等位觀이나 三敎合一思想의 연원이라 할 수 있다.

8) 『三國遺事』卷3, 寶藏奉老普德移庵조 참조.

9) 『日本書紀』卷22, 推古天皇 10년條, "冬十月. 百濟僧觀勒來之. 仍貢曆本及天文地理書. 幷遁甲方術之書也. 是時. 選書生三四人. 以俾學習於觀勒矣. 陽胡史祖玉陳習曆法. 大友村主高聰學天文遁甲. 山背臣日立學方術. 皆學以成業".

고 전한다. 이보다 앞서 285~286년대(일설 405)에는 박사 王仁이 일본에 건너가면서 『논어』·『천자문』·『효경』·『주역』·『산해경』을 전하고, 태자(菟道椎郎子, 聖德太子)에게 전적들을 가르치고 있다.[10] 승려가 도교서를 휴대하고 유학자가 도교서를 전하는 데 그치지 않고 삼교사상에 박통하고 있는 것이다. 이러한 일본의 상황에서 볼 때, 백제에서는 삼교관련의 전적이 두루 유통하고, 관계자들의 교양이 이를 넘나들고 있었으리라는 것이다.

신라에서도 이러한 흐름은 마찬가지이다. 삼교회통 사례는 고승 元曉(和諍國師, 617~686)에게서 우선 잘 드러난다. 그는 수학과정에서 佛敎內典 외에도 讖書에 이르기까지 외가서를 두루 섭렵하고 있는데,[11] 그러한 사항이 저서 속에 회통사상으로 나타나고 있다. 和諍사상이 그것이며, 이는 불교 내부에서부터 삼교를 비롯하여 모든 사상과의 만남에서도 和會로 확인된다. 노장적인 것에 한해 보더라도 여러 가지 표현을 읽을 수 있다. 그 대표적인 것으로 다음과 같은 사항이 전한다.

因에는 공용이 있으나 果에는 공용이 필요 없으므로 덜고 덜어 무위에까지 이를 수 있기 때문이다.[12]

杜口大士와 目擊丈夫가 아니면 누가 언어를 초월하여 대승을 논하겠는가.[13]

---

10) 權寧遠,「百濟의 崇文精神으로 본 扶餘世系와 儒佛仙三敎思想」, 車勇杰외 공저, 『百濟의 宗敎와 思想』, 충청남도, 1994, p.53 참조.

11) 「誓幢和上塔碑」에는 "王城西北有一小寺□讖記□□外書等見斥於世□"이라 하였는데, 이는 儒道典籍은 물론 참서 등 세상에서 배척받는 외가서까지도 섭렵한 것으로 해석된다(졸고,「韓國圖讖思想史에 있어서 元曉大師」, 金知見편, 『元曉聖師의 哲學世界』, 민족사, 1989, p.170 참조).

12) 元曉撰, 『金剛三昧經論』, 『韓國佛敎全書』 1, p.606, "因有功用. 果無功用. 損之又損之. 以至無爲故". 이는 『道德經』 48장의 "爲學日益. 爲道日損. 損之又損. 以至於無爲. 無爲而無不爲"와 관련된 내용이다.

13) 元曉撰, 『大乘起信論疏』, 『韓國佛敎全書』 1, p.698, "自非杜口大士. 目擊丈夫. 誰能論大乘於離言". 이는 『莊子』 田子方 제25의 "若夫人者. 目擊而道存焉. 亦不可以容聲矣"에 관련된 내용으로, 維摩居士(두구대사)와 목격장부를 회통시키고 있는 것이다.

682

그가 '금강삼매'를 인위를 넘어선 무위의 경지로 해석한 바나, '대승'을 언어를 떠난 개념으로 승화시키는 논리가 다같이 불교이념을 노장사상의 핵심인 무위와 회통시키고 있음이 엿보인다. 『삼국사기』에서는 金仁問(629~694)의 행적에 관해서도,

어려서부터 학문에 힘써 유가의 책을 많이 읽었고 아울러 노장과 불교의 학설까지 널리 섭렵하였다.[14]

고 하여, 이러한 흐름이 당시 지식인층의 일반적인 경향이었음을 전해준다. 신라 말의 문호 崔致遠(文昌候, 827~?)이 찬술한 「鸞郎碑序」에 표현된 풍류도의 가르침도 이러한 흐름 위에서 전개된 바라 할 것이다. 『삼국사기』에 채록된 내용은,

나라에 현묘한 도가 있으니 이를 風流라 한다. 이 敎를 설치한 근원은 仙史에 상세히 실려 있거니와 이는 실로 三敎를 포함한 것으로 모든 민중과 접촉하여 이를 敎化하였다. 또한 그들은 집에 들어와서는 부모에게 효도하고 나가서는 나라에 충성을 다 하니 이는 魯나라 司寇(孔子)의 취지이며, 또한 모든 일을 거리낌없이 처리하고 말 아니하면서 일을 실행하는 것은 周나라 柱史(老子)의 종지였으며, 또는 악한 일을 하지 않고 모든 착한 실행만 신봉하여 행하는 것은 竺健太子(釋迦)의 교화이다.[15]

라 전한다. 고유사상에 바탕한 풍류도의 사상성이 유불도 삼교와 근원적으로 회통하고 있다는 말은 신라사회에 있어서 삼교가 정립적으로 공존했음을 뜻하는 바라 할 것이다.

사상적 기반을 신라의 전통에 따르고 있는 고려에 있어서도 이러한 삼교 정족의 치세관은 견지되고 있다. 신유학 전래 이전의 상황은 崔承老(927~

14) 『三國史記』 卷44, 列傳4 金仁問, "幼而就學 多讀儒學之書 兼涉老莊浮屠之說".
15) 『三國史記』 新羅本紀4, 眞興王條, "國有玄妙之道 曰風流 設敎之源 備詳仙史 實乃包含三敎 接化群生 且如入則孝於家 出則忠於國 魯司寇之旨也 處無爲之事 行不言之敎 周柱史之宗也 諸惡莫作 諸善奉行 竺健太子之化也".

989)의 개혁건백서인 「時務二十八條」에서 잘 드러나는데, 그는,

　　또 삼교는 각각 맡은 업이 있어 행함에 차이가 있으니 섞어서 하나로 하
는 것은 불가합니다. 불교(釋敎)를 행함은 수신의 근본(修身之本)이요, 유교
를 행함은 치국의 근원(理國之源)이라, 수신은 내생의 준비가 되고 치국은
곧 오늘의 힘써 행할 바이옵니다.[16]

라 말하고 있다. 삼교의 업을 각각 별도로 보면서도 서로 相補관계가 전제
되고, 유불이교의 역할이 전제되고 있는 것이다. 최승로의 설이 불교를 비
판하는 입장에서 전개된 것이라고는 해도, 삼교정족의 치세관이 전통사상
의 근간이 되어 있으므로 치국은 유교의 업이요. 수신은 불교의 업으로 상
호공존이 가능했다는 말이다.
　고려 말에 있어서 삼교정족의 치세관 즉 회삼귀일의 사상적 의미는 고려
건국과 관련하여 잘 드러난다. 이는 閔漬(1248~1326)가 찬한 「國淸寺金堂
主佛釋迦如來舍利靈異記」(1313)에서,

　　고려태조가 창업할 때 行軍福田 四大法師인 能兢 등이 상서를 올리기를
"듣건대 당나라에는 회삼귀일의 『妙法蓮華經』과 天台智者의 一心三觀禪
法이 있다고 합니다. 聖君께서 삼한을 합하여 일국을 이룬 것과 풍토가 서
로 합하니, 만약 이 법을 구하여 널리 행하도록 한다면 뒤를 잇는 龍孫의
수명이 현장되고, 왕업이 끊어지지 않아서 항상 一家를 이룰 것입니다."라
고 하였다.[17]

는 기록에서 분명히 드러난다. 이는 같은 시대의 천태법주였던 天頙(眞淨國
師, ?~1232?)의 「答芸臺亞監閔昊書」에서도 확인되고 있다. 즉,

---

16) 『高麗史』 列傳6, "且三敎各有所業 而行之著 不可混而一之也 行釋敎者 修身之本
　　行儒敎者 理國之源 修身是來生之資 理國乃今日之務".
17) 『東文選』 卷68, "在我太祖創業之時 行軍福田四大法師能兢等 上書云 聞大唐國
　　有會三歸一妙法華經 及天台智者一心三觀禪法 與聖君合三韓成一國 風土相合
　　若求是法 流行則後嗣龍孫 壽命延長 王業不絶 常爲一家".

> 옛날 聖祖의 왕업초창 때에 行營福田 능긍이 친히 道詵(道光)의 聖訣을 전하였는데, 三乘會一乘, 三觀在一心인 깊은 妙法으로서 삼국을 하나로 합하기를 태조(왕)에게 상주하였다. 그러나 그것은 선조 3년에 이르러 大覺國師가 入宋求傳하여 이 땅이 받들게 되어, 회삼귀일의 宗福과 회삼합일의 터전이 닦아졌다.[18]

고 전한다. 이를 통해보면 당시의 회삼귀일이란 유도불 삼교가 쟁투없이 하나로 모이는 정도가 아니라, 안정된 국가를 다스리는 이국치세의 의미로 부각되고 있는 것이다. 아마도 운곡은 유불간 논쟁이 사상적 갈등구조로 노정되는 데 대하여 안타까워하면서 회삼귀일적인 공존을 염원했던 것으로 보인다.

3. 麗末鮮初의 儒佛間 대립

유불 二敎 내지 유불도 三敎의 공존 분위기가 갈등구조로 바뀐 것은 신유학이 전래된 이후부터이다. 居敬窮理의 학, 즉 人性修養의 면이 강화된 성리학에 있어서는, 최승로가 불교의 역할로 지칭했던 수양의 면을 자체 내에서 담당할 수 있게 된 셈이다. 물론 고려 말에 있어서 유불 이교의 대립이 확대된 사원경제 등에 따른 불교의 사회적 성격에 기인한 면도 없지 않다.

당시의 정황을 살펴보면, 양교의 갈등이 사회적으로 표출된 커다란 계기는 演福寺塔의 중건문제이다. 왕도 개성에 위치한 연복사는 고려 초 裨補寺塔說에 의해 세워진 禪門叢林이다.[19] 대웅전과 오층탑이 대칭으로 이루어진 이 절의 탑이 무너진 것이 언제인지는 분명하지 않으나, 고려 말에 이

---

18) 『湖山錄』28張, "昔聖祖草創之際 行營福田能兢 親傳道光聖訣 以三乘合一乘 三觀在一心 甚深妙法 合我會三之國 上奏天聰故 至宣王三年 大覺國師入宋求傳 此土奉 此會三歸一之宗福 此會三合一之基 其來尙矣".

19) 『東文選』卷79, 權近 찬,「演福寺塔重建記」, "高麗王氏統合之初. 率用無替以資密佑. 置於中外置寺社. 所謂裨補是已. 演福寺……內鑒三池九井. 其南又起五層之塔. 應風水".

르면서 복원움직임이 줄기차게 제기된다. 원래 비보사찰이므로 제 모습을 갖추어야 왕업이 융창한다는 설에 의해서이다. 복원과 관련된 사항의 일부를 정리해 보면 다음과 같다.[20]

1352~1374(공민왕대) 狂僧 長遠心, 연복사탑의 중수를 시도하다(『東文選』卷119, 權近 찬, 「演福寺塔重建記」).

1354년(공민왕 3) 6월. 왕이 연복사에 賑濟色을 두다(『高麗史』卷38).

1365년(공민왕 14) 3월. 연복사못의 물이 끓어오르다(『高麗史』卷53).

1368년경(공민왕대) 연복사승 達玹, 辛旽에게 讖言을 가지고 三池九井의 필요성과 文殊會의 개설을 말하자. 돈은 李云牧에게 명하여 삼지구정을 파게 하다(『高麗史』卷132).

동 4월. 왕이 신돈가에 행차하여 연등을 보았는데, 연기 같은 것이 연복사 불전에서 생기니, 돈이 "부처가 빛을 발한다"고 고하다. 연복사에 행차하여 문수회를 9일간이나 설하다(『高麗史』卷54, 卷41).

1369년(공민왕 18) 4월. 신돈, 연복사에서 문수회를 설하니, 왕이 가서 보고, 승려에게 베 5500필을 내리다(『高麗史』卷41).

1370년(공민왕 19) 4월. 연복사에 문수회를 설하고 신돈에게 먼저 가게 한 다음 친행을 하여 승려 1400명을 밥먹이다(『東文選』卷119).

1384년(우왕 10) 6월. 왕이 궁녀들을 이끌고 연복사에 이르러 종과 묵을 치고 비를 빌다(『高麗史』卷135).

1390년(공양왕 2) 1월. 연복사승 法猊, 절에 오층탑전과 삼지구정을 만들

---

20) 졸고, 『高麗佛敎の硏究』卷6, 일본 佛敎大學 박사학위논문, 1986 참조.

면 國泰民安한다고 왕에게 고하자 왕이 기뻐하며, 上護軍 沈仁鳳·大護軍
權緩에게 조성도감별감을 설하여 경영하다(『高麗史』卷45).

동 7월. 연복사 근처 민가 30여호를 철거토록 하다(『高麗史』卷45).

1391년(공양왕 2) 2월. 왕이 연복사탑전의 건립을 위하여 京畿·楊廣민에
게 통나무 5천주를 명하자 소가 죽고 민이 심히 원망하는지라, 공(정도전)이
그 해를 극언하였으나, 윤허하지 않다(『三峯集』卷8).

동 3월. 弘福도감에 명하여 연복사에 베 2000필을 시납하여 탑을 쌓도록
하다(『高麗史』卷46).

동 4월. 右代言柳廷顯, 연복사 공역을 멈추도록 청하였으나, 듣지 않다
(『高麗史』卷46).

동 5월. 郎舍許應 등, 상소를 올려 "釋氏之道 無父無君 戎裔之敎"라는
말로 연복사탑 건립의 폐를 논하다. 이조판서 鄭摠 등, "浮屠之敎. 敗倫滅
理"를 들어 상소하자. 연복사탑의 중수를 파하다(『高麗史』卷46).

동 6월. 前典醫副正 金瑼, 소를 올려 불교가 "三韓基業之根本"임을 강조
한 다음, "無識僧徒가 民土를 거두어 그 업을 꾸리면서 위로는 佛供을 않
고, 아래로는 養僧않음"을 지적하면서 불사중수를 권하자 가납하다. 예문춘
추관에서는 김전의 '佞佛媚王의 죄'를 물어 탄핵하다. 연복사탑 중수를 계
속하다(『高麗史』卷46).

1392년(공양왕 4) 5월. 연복사탑이 이루어지다(『高麗史』卷46).

이들 자료에 나타나는 것처럼 연복사탑의 중건은 고려왕업의 융창을 기
한다는 명분이었다. 오랜 기간의 논의 끝에 본격적인 추진이 이루어진 것은
1390년 조성도감이 설치되면서부터이므로 공역을 마치도록 3년간에 걸쳐
있다. 도읍 한 가운데서 진행된 거대한 토목공사에는 민가가 헐리고, 양민

들이 공역에 차출되는 등 민폐가 매우 컸음이 드러난다. 이에 따라 공역을 둘러싼 조정의 논쟁은 점차 배불론으로 전개되고 있다. 왕실이 불교의례를 위해 지출하는 비용이 국가재정의 운영에 지장을 초래하고 있음은 신료들이 인지하고 있던 터였다. 즉 불교의례는 위의 자료에 나타나는 것처럼 行幸·設齋·飯僧·施納 등 여러 가지인데, 여기에 불탑건립을 위한 공역이 무리하게 진행되자 신료들의 반발이 점차 강해지고 있는 것이다.

한편에서는 공역을 중지시키기 위해 배불론을 전개하고, 다른 한편에서는 왕업융창의 논리를 세워 佛事의 추진을 촉구한다. 이러한 논쟁을 배불호불 논쟁이라 할 수 있을 터인데, 이들 모두가 당시의 구체적인 사건을 중심으로 전개되고 있는 것이다. 정도전의 배불론 역시 이러한 범주에서 벗어나지 않음이 자료를 통해 증명되고 있는 것이다. 허응이나 정총이 전개한 '無父無君의 戎裔之敎'라는 불교관을 정도전이 같이 공유하게 된 이유를 여기서 발견하게 된다.

공교롭게도 연복사탑의 공역이 끝난 것은 고려가 멸망하는 1392년 5월이요, 그로부터 2개월 후인 7월에 역성혁명이 일어나고 조선의 건국을 보게 된다. 고려왕업의 융창을 기하기 위해 무리하게 전개된 불사는 오히려 고려 멸망을 촉진하는 역할을 수행하고 있는 것이다. 조선은 이 연복사탑에 단청을 하는 등으로 공역을 마치고 이듬해 4월 낙성법요로 文殊會를 열어 조선 왕업의 융창을 기원한다. 「演福寺塔重建記」에 의하면,

> (탑의) 상층에는 불사리를 안치하고, 중층에는 대장경(萬軸)을 안치하고, 하층에는 비로자나불 초상을 안치하였으니, 국가를 資福하여 만세에 永利케 함이라.[21]

하였는데, 그 장엄함이 왕실을 능가하였다고 한다.[22]

---

21) 『東文選』 卷119, "上安佛舍利 中置大藏 下置毘盧肖像 所以資福邦家 永利萬世也".
22) 당시 조성했던 연복사종이 오늘날 개성 남대문루에 걸려 있는데, 흔히 한국의 3대 신종으로 불린다. 이에는 파사마문자 등이 명문으로 남아 있어서 귀중한 자료를 제공하고 있다.

주목되는 것은 운곡의 삼교일리론이 이 연복사탑의 중건공사가 시작되는 상황에서 이루어졌다는 사실이다. 아직은 정도전의 극언이 개진되기 전이므로, 조정의 의론이 양 방면으로 나누어질 단계였다는 말이다. 그렇다면 그의 논지는 다만 연복사탑의 중건을 건의하는 차원이 아니었음이 분명해진다. 시대정신으로 보면, 호불배불로 나누어져 논쟁을 벌이는 그 자체가 삼교사상의 본질에 맞지 않을 뿐만 아니라, 이국치세에 전혀 도움이 되지 않는다는 사실이 강조되고 있는 것이다.

배불론이 전개되는 상황 아래서 전개된 호불론의 한 형태는 裨補寺塔說에 의해 佛刹의 훼손을 막는 방법이었다. 즉 사찰은 왕업의 융창을 위해 道詵(先覺國師, 827~898)이 점지한 땅에 건립한 裨補所이기 때문에 이를 훼손하면 '나라가 망하고 백성이 죽는다(國破民死)'는 원리를 내세워 보호하려는 입장이다. 여말의 禪匠 懶翁慧勤(1320~1376)은 운곡과도 교분이 두터웠는데, 그의 제자 宏演(?~?)에게는 『高麗國師道詵傳』[23]이 전하여 이러한 사항을 대변해 주고 있다. 운곡의 사상이 이러한 경향과 다른 점은 삼교를 치세관을 통해 전개하고 있는 점이다.

4. 『如如居士 三敎大全語錄』의 구성

『삼교어록』을 저술한 如如居士 顔丙에 대해서는 『宋史』에 입전되지 않고 있다. 사전의 소개는,

> 顔丙, 송나라, 거사(우바새). 호 여여거사로 雪峰然공을 만나 법을 얻었다. 박학다문하며 겸하여 유교(孔)와 도교(老)에 통하였다. 일찍이 삼교노래를 지었는데 세상에서 즐겨 부른다. 또 勸修淨業文을 지었는데 역시 세상에 유행한다.[24]

고 하여, 그 대강을 엿볼 수 있을 뿐이다. 따라서 구체적인 행장 등에 대해

---

23) 조선총독부편, 『朝鮮寺刹史料』 권2, p.1065.
24) 『佛敎人物大辭典』.

서는 전문가의 연구를 기다릴 수밖에 없다. 생물연대가 확실하지 않으므로
나머지 사항은, 우선 이『삼교어록』을 통해 살펴보아야 한다. 즉「서」에 의
하면 이 문집은 1194년(남송 광종 5)에 찬집되었으며,[25] 그의 활동도 이를
전후한 시기가 될 것이다.

목판본 61장으로 된 유행본의 외제는『如如語錄 大全 上·下』라 묵서하
였다. 내제는 권1에 '新刊增廣 如如居士 三教大全語錄'이라 하고, 권2에
'新刊增廣 如如居士 三教語錄'이라 한 것으로 보아, 원제를 '如如居士 三
教大全語錄'이라 했음이 드러난다.「신간증광」은 유행본의 개판과 관련된
것으로, 목차 후미에 밝힌 '洪武丙寅孟春 翠巖精舍新刊'이 이를 설명한다.
즉 1386년(明太祖 19)에 새롭게 증편하여 발간했다는 말이다.

목차에 의하면 구성은 상하 2권을 전체 12문으로 나누어서 편집하였다.
이들에는 각각 여러 건의 시·문이 수록되어 있는데, 권상에는 諸文門上
11건, 諸文門下 10건, 傳燈門 8건, 修行方便門 13건, 善惡報應門 8건, 自由
門 6건이며, 권하는 偈頌雜著門 10건, 齋疏門 16건, 誥牒門 20건, 六道輪廻
門 6건, 諸天世界門 11건, 劫數世界門 2건이다. 12문에 수록된 시·문은 총
117건이다. 그러나 목차에 나타나는 명목이 내용에 있어서는 그 하부를 구
성하는 것이거나, 내용에 나타나는 명목이 목차에는 빠져 있기도 하여, 이
를 정리하면 실제로는 총 13門 107건이 된다. 이들 명목을 정리하여 옮겨보
면 다음과 같다.

『如如居士 三教大全語錄』의 구성
<卷上>
諸文門上
  見性成佛直指 普勸戒殺生文 普勸發心文 勸孝文 放生文
  齋戒文 敬僧文 選佛捷逕 後說禪病 三教一理論 三教无諍頌

諸文門下
  燒三界夜香文 佛前燒香文 廣行陰德 回心向善 藏眼語

---

25)『如如居士三教大全語錄』의「序」에 "紹熙甲寅正月……修撰"이라 하였다.

藏眼兩邊語 東嶽藏眼輪廻圖 人道能學佛 菩薩教人念佛(天道
修羅道 人道 畜生道 餓鬼道 地獄道) 初學坐禪法

傳燈門
佛祖傳燈捷徑撮要(七佛偈 二十八祖師偈 東土六祖偈
南嶽讓和尚偈 江西馬大師偈) 釋迦佛總偈 五家宗派

修行方便門
士夫方便修行　在家方便修行　武士方便修行　公門方便修行
醫人方便修行　工藝方便修行　辛苦方便修行　婦人方便修行
老人方便修行　少年方便修行　屠人方便修行　娼門方便修行
出家方便修行　參諸方便修行

道釋三藏經善惡報應門
酒戒 淫戒 五戒 五欲 十惡 善報 惡報(道藏) 惡報(釋藏)
惡報(并善報附末)

因由門
入院開堂疏(居士受疏語 陞座祝香語 問話語) 晚出宿詩禮堂
(上座索話語)

<卷下>
偈頌雜著門
至節上堂偈 二月上堂偈 三月上堂偈 四月上堂偈 戒文
剪髮偈 寶峰題石庵 化鐵燈樹偈 創庵疏 舉舊公案

齋疏門
豫修齋疏 四緣會疏 放生會疏 放生散語 彌陀生日齋疏
淨土會齋疏 靑菓社朝拓疏 四緣會齋疏

吉凶燈疏門

移葬父母 寶峰上元 薦女婿 上元 薦母小祥疏 燈疏
薦父五七 開華嚴經

誥牒門
生七誥 六緣會牒 四緣會牒 中元薦亡牒 金剛會過牒語
募衆禮阿育王塔牒 慘血盆牒 生七牒 還願 保安 禳災
薦長子溺水 七七

序跋諸語門
試經跋 普門品經跋 施普門品經跋 佛頂心經跋
張孝祥寫經跋 贈徐道鑒髓救母 中元迎聖者 迎聖者
迎大明庵聖者 迎聖者獻香致語

六道輪廻門
天道 人道 阿修羅道 地獄道 鬼神道 畜生道
娑婆世界三界圖 須彌山上燄摩等天依空而住

劫數世界門
明曩劫前事 紀混沌後事

　목차상의 명목과 실제 내용에 차이가 있는 것은 목차정리에서 편집자의
의도가 잘 담겨있지 않기 때문이다. 편집을 찬자인 안병 자신이 했는지는
분명하지 않으나, 목차는 제3의 인물이 정리했다는 말이다.[26]
　『삼교어록』에 의하면, 안병은 여여거사라는 호에서 확인할 수 있는 것처

---

26) 예컨대 기본구도상의 「序跋諸語門」을 약하여 「諸牒門」에 붙이면서, 「六道輪廻門」
　의 부도로 마련된 <娑婆世界三界圖> 등의 그림을 「諸天世界門」으로 별립하고
　있는 것 등이 그러하다. 목차에서도 "이 글은 즉 여여거사 안공의 저술이다(此文乃
　如如顏公居士所著) 운운"이라 하여, 제3의 인물이 편집했음을 밝히고 있다. 이에
　는 문맥에 나타나는 도교관련 사항을 제목으로 올리는 등의 작업을 하여 내용파악
　을 용이하게 하면서도, 한편에서는 목록을 목차에 빠뜨리는 등의 실수를 범하고
　있다.

럼, 불교사상을 기반으로 하고 있음이 확연해진다. 勸善文·說戒文·設齋疏文·薦度法門 등 여러 가지에 걸쳐 있다. 특히 傳燈門에 수록된「佛祖傳燈捷徑撮要」에 나타나는 七佛偈·二十八祖師偈·東土六祖偈·南嶽讓和尙偈·江西馬大師偈 등 일련의 게송은 그가 송대에 유행한 禪宗의 흐름을 강하게 받고 있음을 증명해 준다. 과거칠불－釋尊－菩提達摩(?~528)－六祖慧能(638~713)－馬祖道一(709~788)로 이어지는 傳燈法統이다. 이것이 '五家'로 나타나는데, 洞山良价(807~869)과 曹山本寂(839~901)에 의한 曹洞宗, 雲門文偃(864~949)에 의한 雲門宗, 法眼文益(885~958)에 의한 法眼宗, 臨濟義玄(?~867)에 의한 臨濟宗, 潙山靈祐(771~853)와 仰山慧寂(814~890)에 의한 潙仰宗이 그것이다.

　이는 실천수행적 성격이 강한 송대 불교의 성격을 말해주는 것으로, 그가 方便修行門에 수록한 각급 인사에 대한 방편수행이 이와 맥을 같이 하고 있다. 즉 재가·출가는 물론 직업과 관련하여 사대부·무사·醫人·屠人, 연령적으로는 소년·노년, 그리고 부인은 물론 娼門의 수행방편에 이르기까지 다양하다. 재가출가·유식무식·남녀노소·선악귀천 등 어떠한 인물도 수행이 가능하며, 그 방편을 설하여 권면하고 있는 것이다.

　그렇다고 해서 그의 불교사상이 선종에 한정된 것만은 아니다.「보문품」등의『法華經』, 그리고『華嚴經』에 대한 교설을 펴고 있는 것이 그러하다. 그리고 이러한 사상은 도교와 유교의 가르침에까지 확대되고 있다. 道釋三藏經善惡報應門에서 불도이교의 대장경을 끌어 선악보응을 논하고 있는 것이 그러하며, 그 극치가 諸文門에 수록된「三敎一理論」과「三敎无諍頌」으로 보인다.

　운곡『운곡시사』의 <삼교일리론 병서>는, 위의 자료에서 보는 바와 같이, 서문과 시로 구성되어 있는데, 이는 안병『삼교어록』의 삼교일리론과 삼교무쟁송을 조합한 형태라 할 수 있다.『삼교어록』의 삼교일리론은 서문과 함께 1편의 시(게송)를 싣고 있다. 그리고 三敎無諍頌은 시(게송) 6편으로 구성되어 있다. 게송이 7언 4구로 이루어진 것이나, 유도불 삼교의 순서로 배열된 것이 모두 운곡의 그것과 마찬가지이다.

　『삼교어록』의 관련부분 중에서 시 즉 게송만을 옮겨보면 다음과 같다.

「三敎一理論」

<偈>

삼교의 유래는 예부터 있었으니 / 三敎由來古有之
시든 잎으로 아이울음을 그치려 하지 말라. / 休將黃葉止兒啼
창공에 치솟은 소나무는 천척이요 / 衝開碧落松千尺
속진을 끊은 물은 한 아름이다. / 截斷紅塵水一圍

「三敎无諍頌」

<유교(儒, 夫子)>

상인의 마음씨는 허공과 같으니 / 上人心地等虛空
현자가 누구에게 용납되지 못할손가. / 賢者於人豈不容
너나 나나 백년을 헛되이 꿈꾸는데 / 尒汝百年俱幻夢
무엇을 다투다가 복숭아는 붉었는가. / 到頭爭甚大桃紅

<도교(道, 老君)>

상근기는 玄微에 이르렀으니 / 上根上器造玄微
어찌 옳다 그르다 말할 틈이 있겠는가. / 豈有工夫說是非
도리어 우습구나 지혜없는 하근기가 / 却笑下根无智慧
헛되이 혀를 놀려 狐假虎威를 하네. / 徒將口舌假狐威

<불교(佛)>

항상 삼매로 생애를 삼으니 / 常將三昧作生涯
어디 한가로이 시끄러이 다툴 틈이 있겠는가. / 那有閑工鬪諍譁
너와 나는 妄想을 버리려는 것이 아니라 / 不是要除人我妄
因緣盜賊을 내 집으로 삼지 않기 위함이라. / 爲緣賊不打貧家

<유교(儒, 子張)>

大賢이 어찌 용납하지 못할 것이 있으리요 / 大賢寧有不相容

가슴속에 품은 것이 허공과 같구나. / 胸以包函等大空
곧바로 人我의 相이 없으니 / 直下尙无人我相
시비는 다투어 그 中庸을 얻었네. / 是非爭得到其中

<도교(道, 老氏)>
상선은 어떻게 다투지 않는고 하니 / 上善云何不當爭
오직 마음씨가 심연처럼 고요하기 때문이라네. / 祇緣心地若深淵
시내와 연못은 원래 한량이 없으니 / 澗溪沼沚元无量
큰 바다라야 모든 냇물을 받아들일 수 있네. / 大海方能納百川

<불교(佛)>
과거에 몸이 잘리는 형벌 당하던 일을 생각건대 / 憶昔曾遭割截身
원통함과 친애함이 똑같아 성낼 것이 없구나. / 寃親平等不生嗔
비로소 부처가 된다는 것이 다른 말할 것 없이 / 始知成佛无他語
온전히 자비로 인욕하는 사람임을 알겠구나. / 盡是慈悲忍辱人[27]

　안병은 삼교일리론을 전개하여 삼교무쟁을 역설하고 있는 것이다. 삼교가 鼎立의 형태를 취한 중국에 있어서 도불이교간에 다툼이 없지 않았는데, 이른바 三武一宗의 法難[28]으로 불리는 불교박해는 한결같이 崇道抑佛政策과 관련이 있으며, 특히 회창·현덕의 법난은 안병 당대에까지 일정한 흔적이 남아 있었을 것이다. 그러므로 理國治世의 구원이념으로서 세상에 역할하는 데 있어서 쟁투를 없앤다는 것은 중요하며, 그는 이를 삼교무쟁송으로 남기고 있는 것으로 보인다.

---

27) 『如如居士三敎大全語錄』諸文門上.
28) 중국역사상에서 불교법난은 크게 4회를 기록하는데, 제1은 北魏 太武帝 太平眞君 2년(441)의 파불, 제2는 北周 武帝 건덕 3년(574)의 폐불, 제3은 당 武宗 회창 5년(845)의 폐불, 제4는 後周 世宗 현덕 2년(955)의 폐불이다. 당시 폐불을 단행했던 군주의 이름에 의거하여 삼무일종의 법난으로 부른다.

5. 결어

운곡이 삼교일리론을 지은 1387년 당대에는 고려 말의 신진문사들을 중심으로 배불사상이 강조되는 가운데, 국도 개성의 演福寺塔 중건을 둘러싸고 유불 이교간에 거센 논쟁이 전개되던 시기이다. 안병의 『삼교어록』이 1386년 중각되었으므로 운곡이 1387년 「삼교일리론병서」를 짓기 위해 열람한 책도 같은 판본이었을 가능성이 크다 하겠다.

어떻든 불교적 교양을 가지고 있는 삼교일리론·삼교무쟁송은 주목되었을 것이고, 운곡은 이를 시대정신으로 제기하고 있다. 이를 당시 상황에 대비시켜 보면, 신진문사들에 의한 배불론의 유행이 정책적 성격을 띠는 과정에서 운곡은 이를 사상계의 혼미 내지 불교의 법난으로 인식한 것은 아니었을까? 그러기에 '삼교무쟁'에 그치지 않고 오히려 적극적으로 '會三歸一'로 정리하고 있는 것이라 여겨진다.

이렇게 보면, 『삼교어록』은 이러한 여말선초의 사조를 파악하는데 있어서 하나의 단초를 제공하고 있다는 점에서 그 사료적 가치가 인정된다. 한국사상사에 있어서 『운곡시사』가 여말선초의 격변하는 사조를 밝히는 데 일단의 비중을 갖는 이상, 『삼교어록』은 그 사상적 연원을 찾는데 도움이 된다는 말이다. 특히 『삼교어록』은 안병의 생애와 사상에 관련된 기록 외에도 선종에 관련된 비교적 풍부한 기록을 포함하고 있어서 중국선종사의 연구에 도움이 될 것으로 기대한다.

元天錫의 顔回的 君子觀과
儒佛道 三敎一理論

都賢喆[*]

1. 머리말

원천석은 고려와 조선의 왕조교체기를 살다간 유학자이다. 그는 유학뿐
만 아니라 불교와 도교사상을 연구하고, 이색・정도전・이숭인, 승려인 覺
宏 등과 교류하며 현실을 인식하고 정치사상을 전개했다.[1] 이 시기 유학자
들은 왕조교체, 사회변동을 타개하기 위한 대응 논리를 개발했는데, 원천석
역시 지배사상인 유불도 삼교에 대한 견해를 제시하면서 사회변동에 대응
하였던 것이다.

원천석의 유불도 삼교에 대한 견해는 고려의 사상정책이나 수용된 성리
학과 관련하여 주목된다. 대내외적 사회변동에 대하여 당시 사상계에서는,
고려의 지배사상인 유불도 삼교를 중심으로 대응하느냐, 아니면 불교・도
교와 같은 비유교를 異端으로 배척하는 성리학을 지배이념으로 채택할 것
이냐의 문제가 대두되었다. 즉, 고려의 유불도 삼교의 병존이라는 관점에서
성리학을 수용할 것인가, 아니면 이단 배척에 철저한 성리학을 수용하여 여

---

* 연세대학교 서울캠퍼스 문과대학 사학과 부교수

** 이 논문은 『동방학지』 111(연세대학교 국학연구원, 2001)에 수록한 것을 본서에 재
수록함.

1) 그는 『耘谷行錄』에서 22세(1351)부터 65세(1394)까지 737題 1,144篇의 시를 지었는
데, 이색이 6천여 수를 지은 것에 이어 당대의 최고의 작품을 남기고 있다. 이 글에
서는 민족문화추진회에서 간행한 『韓國文集叢刊』 6의 『耘谷行錄』과 『耘谷元天錫
詩史』(이진영 역, 원주시중앙종친회, 1977), 『耘谷 元天錫과 그의 文學』(林鍾旭, 태
학사, 1998)을 참고하였다.

타 사상을 비판할 것인가 하는 점이 논점이 되고 있었다. 요컨대 고려 후기 사회변동에 대한 정치사상적 대응의 일환으로 수용된 성리학의 이해를 둘러싸고 다양한 견해가 제시되고 있었던 것이다.

본고는 고려 후기 사상계의 동향 곧 유불도 삼교와 성리학과의 연관성을 원천석의 유불도 삼교에 대한 이해를 통하여 살펴보고자 한다. 원천석은 유불도 삼교에 관한 깊은 이해 속에 성리학을 익혔으므로, 이 시기 사회변동에 임하는 유교지식인의 한 모습을 파악할 수 있기 때문이다.[2]

물론, 종래 연구에서 고려 후기 유학자의 사상연구가 행해지지 않은 것은 아니지만 주로 개인 연구에 한정되고, 그 사상이 고려 후기 사상계나 사회 전반의 흐름과 관련해서 파악되지 못하였으며, 불교 입장에서 성리학과 유사한 개념과 용어에 집착해서 그 연관성을 찾는데 주안점이 두어졌다. 따라서 유불도 삼교와 성리학과의 상호 관련성을 구조적으로 파악하거나, 고려 전기 이래의 사상적 맥락과 연결시켜 파악하는 데에는 미흡하였다[3]고 할 수 있다.

따라서, 본고는 고려 후기 사상계를 구조적으로 이해하기 위한 방법 가운데 하나로 성리학이 전통적인 사상계와 어떠한 맥락에서 조화하여 수용되

2) 池敎憲,「麗末鮮初의 政治的 變革과 耘谷의 道學精神」,『淸州敎育大學論文集』17, 1980 ; 梁銀容,「元天錫의 三敎一理論에 대하여」,『韓國宗敎』11·12, 1987 ; 柳柱熙,「元天錫 硏究-그의 現實認識을 중심으로-」,『朴永錫華甲紀念韓國史學論叢』, 1992 ; 安鍾律,「耘谷 元天錫 文學硏究」, 성대 교육대학원 석사학위논문, 1994 ; 金南基,「元天錫의 생애와 詩史 硏究」,『한국한시작가연구』2, 1996 ; 林鍾旭,『耘谷 元天錫과 그의 文學』, 태학사, 1998 ; 李仁哲,「高麗末 元天錫의 生涯와 社會思想」,『韓國思想史學』12, 1999 ;「高麗末 元天錫의 學問觀과 地域 活動」,『韓國思想史學』15, 2000 ; 김풍기,「耘谷 元天錫의 강원도 인식과 隱居의 의미」,『江原文化硏究』18, 1999.
3) 張東翼,『高麗後期外交史硏究』, 1994 ; 高惠玲,『14세기 高麗 士大夫의 性理學 受容과 稼亭 李穀』, 이화여대 박사학위논문, 1992 ; 李源明,『高麗時代性理學受容硏究』, 1996 ; 李碩圭,『朝鮮初期 民本思想硏究』, 한양대 박사학위논문, 1995 ; 邊東明,『高麗後期性理學受容硏究』, 1995 ; 牧隱硏究會,『牧隱 李穡의 生涯와 思想』, 1996 ; 李廷柱,『麗末鮮初 儒者의 佛敎觀』, 고려대 박사학위논문, 1997 ; 都賢喆,『高麗末 士大夫의 政治思想硏究』, 1999 ; 金仁昊,『高麗後期 士大夫의 經世論 硏究』, 1999.

었는지 살펴보고, 이를 위해서 원천석이라는 개별 유학자가 고려의 주류사상인 유불도 삼교를 어떻게 인식하고 성리학을 수용하였으며, 그의 사상이 당시 사상계에서 차지하는 위치는 무엇인지 살펴보고자 한다.

2. 顔回的 君子觀과 佛敎와 道敎에 대한 긍정

1) 顔回的 君子觀으로의 傾斜

원천석은 유학자로서 유교적 이상사회를 지향하였다. 그는 몸을 닦아 성인군자가 되고 이를 기초로 사람을 다스리는, 이른바 修己治人이라는 유교의 인간형을 목표로 하였다.[4] 유교에서는 사물의 이치를 궁구하고 몸을 닦아 세상을 다스린다는 修己治人을 집약한『大學』의 8조목이 있었는데, 이에 충실하였던 것이다.[5] 그는 유교에서 제시하는 학문론이나 공자의 가르침대로 학문에 정진하고 修身·修養에 힘썼다.『孟子』가 말하는 仁義禮智의 四端을 통하여 性善이라는 인간 본성에 대한 신뢰가 있었고[6] 이를 기초로 天性을 따라 살아가면서 하늘의 도를 즐기고자 하였다.[7]

그리고 구체적인 수양공부에서는 "젊었을 때에 三省을 하지 않았고, 늙어서는 九思마저 끊었구나"[8] 하여,『論語』의 三省 곧 "남을 위하여 일을 도모해 줌에 충성스럽지 못한가? 朋友와 더불어 사귐에 성실하지 못한가? 전해받은 것을 제대로 익혔는가?"[9]와 九思 곧 "밝게 보고, 얼굴빛은 온화하

---

4)『耘谷行錄』卷2, <次同年金偶舍人詩韻二首>, p.161ㄷ-ㄹ ; 卷2, <次崔安乙所贈詩韻>, p.156ㄴ-ㄷ ; 卷3, <自詠>, p.178ㄹ ; 卷3, <冬至日寅懷>, pp.180ㄷ-181ㄱ ; 卷4, <栽松>, p.188ㄴ-ㄷ ; 卷4, <示諸生三首>, pp.196ㄹ-197ㄱ ; 卷4, <次韻邊竹岡恒懺利名詩書千卷後>, pp.197ㄹ-198ㄱ.

5)『耘谷行錄』卷3, <三敎一理幷序>, p.174ㄷ-ㄹ ; 卷3, <儒>, p.174ㄹ.

6)『耘谷行錄』卷5, <送舍弟誠赴歙谷令>, p.204ㄱ-ㄴ ; 卷5, <次新及第邊處厚所寄詩韻>, pp.220ㄹ-221ㄱ.

7)『耘谷行錄』卷1, <耘老吟>, p.134ㄴ-ㄷ.

8)『耘谷行錄』卷4, <春感>, p.195ㄴ-ㄷ, "君親恩義重 酬答定何時 小少不三省 衰遲絶九思 世緣俱背理 心事例違期 忠敬終無效 徒歌罔極詩".

9)『論語』卷1, 學而, "曾子曰 吾日三省吾身 爲人謀而不忠乎 與朋友交而不信乎 傳不習乎".

게 하며 얻는 것을 보면 의를 생각하는가"10)를 들어 스스로를 되돌아보았고, 60대가 되어서는 공자가 말한 耳順11)의 경지를 생각하고 善의 참뜻을 살펴보고 있다.12) 학문하고 도를 닦는 유학자로서 성인의 말씀을 그대로 실천하고 있는가 반성하고 있는 것이다.

또한 그는 堯舜시대를 이상시대로 생각하고 요순의 백성이 되는 것을 기대하였다.13) 이는 당시 토지를 겸병하는 무리를 제거하는 일을 순 임금이 四兇을 제거하여 태평성대를 이루는 것과 비교하거나,14) 조선의 건국을 통하여, 신하가 伊尹과 呂尚과 같고, 세상은 伏羲・軒轅씨의 세상이며, 백성은 요순시대의 백성이 되었다고 한 것에서 알 수 있다.15) 四海一家 혹은 一視同仁이라는 유교의 세계관을 전제한 이상 당연히 유교의 이상사회를 지향하게 된 결과였다. 그에게는 수레바퀴의 폭이 같듯이 문자가 통일되어 있고 윤리도덕의 기준과 예의범절이 통일되어 있다는 天下同文 의식16)이 전제되어 있다.17) 조선이 새로 성립하자 명이 우리의 국호를 朝鮮이라 한 것은 참으로 이치에 맞는 일이라 하면서, 기자가 남긴 풍속이 장차 우리 문화를 中華와 같은 선진문화로 전환시킬 것으로 생각하고 있다.18) 유교문화를 받아들이고 유교적 이상향을 지향하고 있는 것이다.

그런데 유교적 이상형인 군자상과 관련하여, 그는 공자의 제1제자인 顔回19)를 본받고자 하였다. 유교적 이상형을 추구하더라도 주어진 현실상황

10) 『論語』 卷16, 季氏, "孔子曰 君子有九思 視思明 聽思聰 色思溫 貌思恭 言思忠 事思敬 疑思問 忿思難 見得思義".
11) 『論語』 卷2, 爲政, "子曰 吾十有五而志于學 三十而立 四十而不惑 五十而知天命 六十而耳順 七十而從心所欲 不踰矩".
12) 『耘谷行錄』 卷3, <除夜>, p.186ㄷ ; 卷4, <己巳正朝>, p.187ㄱ ; 卷4, <六十吟>, p.189ㄴ-ㄷ.
13) 『耘谷行錄』 卷3, <前按部豊儲倉使李公寄詩云……>, pp.171ㄷ-172ㄱ.
14) 『耘谷行錄』 卷3, <伏聞主上殿下奮義掃盡 兼幷暴虐之徒 四方晏然 詩以賀之>, p.182ㄴ-ㄷ.
15) 『耘谷行錄』 卷5, <次牛刺楊先生所示按節鄭公題洪川客舘詩云>, p.220ㄱ.
16) 『中庸』 28장, "今天下 車同軌 書同文 行同倫".
17) 『耘谷行錄』 卷4, <送信圓禪者遊江南詩>, pp.191ㄷ-192ㄱ, "吾東方與中國相距道途雖遠 方今聖天子之風化 一視同仁 四海衣冠文軌 混一無間".
18) 『耘谷行錄』 卷5, <改新國號爲朝鮮>, p.215ㄴ-ㄷ.

에 따라 구체적인 성인군자의 상은 달라질 수밖에 없는 것인데, 원천석은 안회의 학문하는 자세나 주위의 어려운 여건에서도 굴하지 않는 모습을 높이 평가하였다. "안회의 어리석음은 곧 나의 스승이다"[20] "안회는 어떤 사람이길래, 누항에 살며 도시락밥과 표주박 국에도 그 덕행이 뛰어났는가"[21] "안회의 陋巷의 즐거움이여, 사람들은 근심을 견디지 못하지만, 나는 이제 즐거워할 뿐, 봄에도 해어진 무명옷을 입었다오"[22] "도시락밥이 안회의 거리에 남음이 있거늘, 시루에 먼지가 생긴들 范丹[23]의 집을 부끄러워하랴."[24] 라고 한 것이 그러한 것을 보여준다. 학문에 뜻을 두면서도 어려운 환경을 뛰어 넘어 安貧樂道하는 삶을 높이 산 것이다. 그가 중국 위진시대의 부호로 金谷을 가졌다는 石崇의 거처에 마음을 두지 않고, 漢나라 때 벼슬에서 물러나 下賜金을 향리의 친척들에게 나눠주었다는 疏廣과 疏受에게서 배운다고 하거나,[25] 군자는 원래 빈궁함을 잘 지켜 명예와 이익을 업신여기고 신선을 짝하나니, 才略으로써 벼슬에 오르지 않는다고[26] 한 것들은 그러한 원천석의 생각을 보여주는 것이다. 안회가 그랬듯이 하늘로부터 부여받은 天性을 따라 살아가면서 하늘의 도를 즐기고, 학문에 정진할 것을 다짐하는 것이다.

---

19) 顔回(B.C.514~483)는 字가 子淵, 顔淵. 춘추시대 말기 노나라 사람이다. 그는 가난하고 불우한 성장에도 불구하고 연구와 수덕에 전념하여 공자의 제자 가운데 가장 뛰어나다는 평을 들었다(『史記』 卷67, 列傳17, 仲尼弟子).

20) 『耘谷行錄』 卷1, <書懷寄趙牧監>, p.130ㄷ, "爲避紛然衆所譏 束身端坐過危時 由之行詐非吾儻 回也如愚是吾師 與世升沈深有意 較人長短獨無思 憑誰共話心中事 空對靑山憶舊知".

21) 『耘谷行錄』 卷1, <行>, p.137ㄴ-ㄷ, "……賢哉回也是何人 陋巷簞瓢全德行".

22) 『耘谷行錄』 卷4, <再用韻擬古>, p.199ㄴ, "……回之陋巷樂 人不堪斯憂 我今聊樂耳 衣弊木綿裘……".

23) 가난하여 시루에 먼지가 나는 范(冉)丹의 집에 비유한 것이다(『後漢書』 卷81, 列傳 獨行 卷71, 范冉).

24) 『耘谷行錄』 卷3, <安都領兄惠稻石>, p.183ㄷ, "……簞食有餘顔子巷 甑塵何愧范丹家……".

25) 『耘谷行錄』 卷1, <次通浦縣板上韻>, p.128ㄴ-ㄷ.

26) 『耘谷行錄』 卷4, <次韻邊竹岡恒懶利名詩書千卷後>, pp.197ㄹ-198ㄱ, "君子由來自固窮 懶於名利伴仙翁 不將才略登華秩……".

주지하듯이 안회는 공자의 여러 제자 가운데 仁 사상을 가장 충실히 계승하고, 과단성 있게 실천하는 子路와 달리, 학문에 힘쓰고 덕행을 닦은 겸허한 구도자로서 알려져 있다.[27] 그는 학문을 좋아하여 노여움을 남에게 옮기지 않으며 잘못을 두 번 다시 저지르지 않았고,[28] 평소에는 어리석은 듯하지만 참된 이치를 깨달으며,[29] 누추한 시골에서도 한 그릇의 밥과 표주박 국으로도 즐거워하였다.[30] 공자는 안회를 도에 가까운 인물, 好學者, 君子라고 부르기에 주저하지 않았다. 원천석은 안회와 같은 군자상을 본받으며 자신의 몸을 갈고 닦아 세상을 다스리는 修己治人의 유학에 힘쓰고자 하였던 것이다.

그가 안회와 같은 군자상을 지향한 것은 절의와 깨끗함을 실천한 인물에 대한 평가에서도 드러난다. 그 대표적인 인물은 은나라에 절의를 다하고 수양산에서 굶어 죽은 伯夷이다. 원천석은 시내 빛(溪光)과 伯夷의 맑음을 같이 말하였고,[31] 부귀와 빈궁은 그대로 맡겨두고 首陽山에 고사리 캐는 백이를 본받고자 하였다.[32] 주지하듯이 유학의 대표적인 인물상으로는 伊尹과 伯夷라는 뚜렷이 대비되는 두 인물이 제시된다.[33] 이윤은 천하의 책임을 자

---

27) 『史記』孔子 世家편에 의하면 공자의 제자는 3천 명에 달하고 高弟는 70여 명에 이른다고 하는데, 『論語』에는 28명의 제자가 나온다. 이들 제자를 『韓非子』顯學에서는 법가의 연원이 되는 子夏를 제외하고 유가 8학파를 말하는데 각 연구마다 분류가 다르다. 예컨대 『儒敎史』(溝口雄三 외)에서는 증자학파와 子游, 子夏학파로 구분하기도 한다. 어떻게 구분하든 안회가 공자의 사상을 계승한 최고의 제자라는 사실에는 이론이 없다.

28) 『論語』卷6, 雍也, "哀公問 弟子孰爲好學 孔子對曰 有顔回者好學 不遷怒 不貳過 不幸短命死矣 今也則亡 未聞好學者也".

29) 『論語』卷2, 爲政, "子曰 吾與回言終日 不違如愚 退而省其私 亦足以發 回也不愚".

30) 『論語』卷6, 擁也, "子曰 賢哉 回也 一簞食 一瓢飮 在陋巷 人不堪其憂 回也不改其樂 賢哉 回也".

31) 『耘谷行錄』卷3, <九月三日遊歡喜寺>, p.177ㄴ-ㄷ.

32) 『耘谷行錄』卷4, <復次>, p.198ㄱ.

33) 『孟子』萬章章句下, "孟子曰 伯夷 目不視惡色 耳不聽惡聲 非其君不事 非其民不使 治亦進 亂亦退 橫政之所出 橫民之所止 不忍居也 思與鄕人處 如以朝衣朝冠坐於塗炭也 當紂之時 居北海之濱 以待天下之淸也 故聞伯夷之風者 頑夫廉 懦夫有立志 伊尹曰 何事非君 何使非民 治亦進 亂亦進 曰天之生斯民也 使先知覺後

임하면서 군주나 정치가 어떠하든 관계없이 민을 위하고 이상정치를 위하여 정치에 적극 참여하는 현실참여형이라면, 백이는 섬길 만한 군주가 아니면 섬기지 않고 부릴 만한 백성이 아니면 부리지 않아서 다스려지면 나아가고 어지러워지면 물러나는 절의형이라고 할 수 있다.[34] 원천석은 伊尹이 은왕을 도운 것은 蒼生을 위한 것이라는 사실을 알고 있었고, 동료에게 伊尹과 같은 인간형을 말하기도 하였다.[35] 즉 과거 역사 속에서 현실정치에 직접 참여하여 도를 실현하려고 했는가 하면, 세상을 등지고 의리를 지킨 이가 있음을 알고 있었다.

그런데 원천석은 伯夷나 顔回처럼 주위의 불리한 환경에서 의리를 지키며 스스로를 깨끗이 하여 절의를 다한 인간형을 지향하였다. 그가 陶淵明[36]이나 商山 四皓[37]와 같은 은둔인사를 흠모하고,[38] 阮籍[39]·嵆康[40] 같은 죽림칠현을 인정한 것은 절의와 선함을 추구한 인물에 대한 공감에서 찾을 수 있다.[41] 유학자로서 수신·수양에 힘쓰고 학문에 정진하는 것이 은거하며 도를 닦는 과거인물에 대한 깊은 이해와 연결되었던 것이다.

원천석은 유학자로서 修己治人의 자세를 견지하였고, 현실상황에 대한 관심을 놓지 않았다. 그는 최영의 요동정벌, 조선왕조의 건국 그리고 명의 衣服制度에 대한 견해를 가지고 있었고, 토지겸병·유망과 이에 대한 지방관의 역할 등에 의견을 제시했다.[42] 그러나 그렇다고 해서 현실의 모순과

知 使先覺覺後覺 予天民人先覺者也 予將以此道 覺此民也 思天下之民 匹夫匹婦 有不與被堯舜之澤者 若己推而内之溝中 其自任以天下之重也".

34) 최연식,『麗末鮮初 性理學的 政治談論의 形成과 分化에 관한 研究』, 연세대 박사학위논문, 1997, p.96.

35)『耘谷行錄』卷2, <又>, p.160ㄱ-ㄷ.

36)『耘谷行錄』卷2, <夏日自詠>, p.153ㄷ-ㄹ ; 卷2, <次崔安乙所贈詩韻>, p.156ㄴ-ㄷ.

37) 진나라 말기에 전란을 피해서 섬서성 상산에 은거한 네 사람의 백발노인.

38)『耘谷行錄』卷2, <題四皓圖>, p.149ㄴ-ㄷ ; 卷3, <四皓>, p.177ㄷ.

39)『耘谷行錄』卷4, <復次>, p.198ㄷ.

40)『耘谷行錄』卷2, <七月十日復用前韻>, p.158ㄷ-ㄹ.

41) 林鍾旭, 앞의 책, pp.60-63.

42) 이인재, 앞의 논문, pp.57-73.

대결하여 해결하는 능동적인 자세를 보인 것은 아니다. 안회처럼 주위의 환경에 초탈하여 遵性樂天 즉 하늘로부터 부여받은 天性에 따르고 하늘의 도를 즐기면서[43] 수기·수양에 힘쓸 뿐이었다.

말하자면 그는 현실문제에 매달리는 유학자이지만 백이나 안회처럼 주어진 환경에 초탈한 인간상을 지향하였고, 유교의 修己治人 가운데 특히 修己·修養에 힘쓰는 모습을 보여주는 것이다.

2) 佛敎와 道敎에 대한 긍정

원천석은 불교를 긍정하였다. 공맹의 도를 종지로 삼았지만 불교와 도교를 두루 섭렵하여 그 장점을 이해하고 있었다. 그는 『楞嚴經』[44]·『法華經』[45]·『金剛經』[46]을 애독하였고, 道境 覺宏 등을 비롯한 많은 승려와 교류하면서 생각을 주고받고 유교와 불교의 공존의 가능성을 타진하였다. 특히 幻巖 混修,[47] 幽谷 覺宏,[48] 呆庵,[49] 淸風軒 信圓[50] 등과 시문을 주고 받았고, 懶翁 惠勤의 雲山圖[51]나 影幀에 찬을[52] 짓기도 하였다. 그가 교류한 懶翁 惠勤, 無學 自超, 得通 己和 등은 禪宗[53]의 맥을 잇는 승려였다.[54]

---

43) 『耘谷行錄』卷1, <耘老吟>, p.134ㄴ·ㄷ.
44) 『耘谷行錄』卷3, <題趙奉善所述契內同發願十詠卷後二首>, p.179ㄷ.
45) 『耘谷行錄』卷2, <靈泉寺法華法席勸化詩>, p.166ㄹ.
46) 『耘谷行錄』卷2, <謁吳元老翊 呈似座下二絶>, p.164ㄱ·ㄴ.
47) 『耘谷行錄』卷5, <重遊寂用菴>, p.223ㄴ.
48) 『耘谷行錄』卷1, <幽谷宏師於上院寺……>, p.132ㄱ·ㄴ ; 卷1, <答默言宏上人>, p.140ㄷ ; 卷2, <送雲遊子覺宏遊江浙>, p.150ㄱ·ㄴ ; 卷2, <幽谷宏師前以水芹見惠 瓜 詩以謝之>, p.157ㄱ·ㄴ.
49) 『耘谷行錄』卷3, <神勒和尙國一都大禪師呆庵寄頌云……>, p.173ㄴ ; 卷3, <右謌 呆庵>, p.173ㄴ.
50) 『耘谷行錄』卷4, <送信圓禪者遊江南詩>, pp.191ㄷ-192ㄱ.
51) 『耘谷行錄』卷1, <題懶翁和尙雲山圖>, p.139ㄴ.
52) 『耘谷行錄』卷3, <讚懶翁眞>, p.174ㄱ·ㄴ.
53) 『耘谷行錄』卷2, <送雲遊子覺宏遊江浙>, p.150ㄱ·ㄷ ; 卷4, <送信圓禪者遊江南詩>, pp.191ㄹ-192ㄱ ; 許興植, 「懶翁의 思想과 繼承者」, 『韓國學報』58·59, 1990.
54) 그렇다고 해서 天台宗과 같은 불교의 다른 종파와 거리가 있었다는 것은 아니다. 선종과 긴밀함이 상대적으로 더하다는 것이다.

704

14세기 선종계에서는 『蒙山法語』의 영향 속에서 看話禪이 성행하였는데, 당시 간화선법은 '無字' 화두 위주의 話頭 參究法이나, 의심을 강조하는 경향 그리고 깨달은 이후에는 반드시 善知識으로부터 印可를 받도록 한 것 등이 주된 특징이었다.[55] 원천석은 懶翁 惠勤・幻巖 混修・幽谷 覺宏 등으로 이어지는 선승과 교류하면서 '庭前栢樹子'[56] '前三三後三三'[57] '無字'[58] 話頭 등 다양한 公案을 이해하고 직접 參究하였다.[59]

그는 불교의 진리나 그러한 진리에 도달하려는 승려의 삶을 긍정하였다. 般若나 空과 같은 불교의 핵심개념을 떠올리며, 세속적인 이익에 초탈하여 깨달음을 얻고자 하는 승려의 경건한 삶에 경외심을 느꼈다. 현상계의 차별상과 혼란함에서 벗어나 禪定의 세계 또는 진리의 세계를 염원하며,[60] 외부의 작용에 흔들리지 않는 마음의 안정, 현상계를 초월하는 불교의 가르침에 공감하고 있었던 것이다.[61] 곧 승려의 모습은 원천석에게 현실을 초월할 수 있는 논리를 제공해 주는 것이었다. 물론 그렇다고 해서 불교 승려처럼 현실을 완전히 초탈해서 세상의 인연을 끊어버리려는 것은 아니었다. 원천석의 이원적 의식세계에는 현실의 차별과 어지러움을 벗어나고자 하는 현실초탈과 다른 한편 현실을 도피하거나 외면할 수 없다는 현실인식이 공존하는 것이다.[62]

이러한 불교의 현상계와 본체에 대한 이해는 維摩의 不二門을 말한 것에

---

55) 재래의 고려불교에서는 得道師로 正師僧을 삼는 것이 원칙이었으나, 고려 후기에는 本分宗師로부터의 印可가 중시되었고 이는 깨달음을 완성하는 과정에서 필수적인 조건으로 자리잡게 되었다(姜好鮮, 「14세기 前半期 麗・元佛敎交流와 臨濟宗」, 서울대 석사학위논문, 2000, pp.55-56).

56) 『耘谷行錄』 卷1, <遊廠田寺>, p.135ㄹ ; 卷3, <送志曦上人遊方>, p.178ㄷ.

57) 『耘谷行錄』 卷3, <送志曦上人遊方>, p.178ㄷ ; 卷4, <書明菴珠師卷>, p.197ㄷ.

58) 『耘谷行錄』 卷3, <書無菴空師卷>, p.191ㄴ.

59) 趙明濟, 『高麗後期 看話禪의 受容과 展開』, 부산대 박사학위논문, 2000, p.143.

60) 『耘谷行錄』 卷4, <書智嚴哲師卷>, p.191ㄴ-ㄷ ; 卷4, <書平巖均師卷>, p.191ㄷ.

61) 『耘谷行錄』 卷1, <道境大禪翁寄書曰 先生不幸……>, pp.140ㄹ-141ㄴ ; 『耘谷行錄』 卷3, <次歡喜堂頭詩韻>, p.172ㄴ-ㄷ.

62) 현실긍정과 현실초탈의 이원적 의식은 원천석뿐만 아니라 불교에 호의적인 이색과 같은 이 시기 사대부들에게 보이는 공통의 현상이다(申斗燮, 「牧隱 佛敎詩의 二元的 世界」, 『漢文學論集』 5, 1987).

서도 확인된다. 維摩詰은 在家의 居士였는데, 수행이 깊어 불제자들도 미칠 수 없었다고 한다.[63] 유마거사가 병이 들자 문수보살이 여러 聲聞과 보살을 데리고 문병을 갔다. 그때 유마는 여러 가지 신통력을 보였는데, 마지막에 말없는 것으로써 뜻을 표현했다고 한다.[64] 39살 되던 해 원천석은 麻田寺에서 주인이 문을 열지 않고 묵묵히 말이 없는 모습을 維摩詰로 비유하였고,[65] 默言대사 覺宏에게 답하면서 홀로 우뚝 앉아 말이 없는 維摩詰을 언급하였다.[66] 원천석은 유학자이지만 참선하면서 불도를 닦는 居士의 모습을 보여주었고, 같은 맥락에서 維摩詰을 동경하였던 것이다.[67]

또한 그는 불교 승려의 사회적 역할을 인정했다. 승려는 항상 몸을 닦아 중생을 구제하는 데 자신은 그러한 은덕을 입는다고 하였다.[68] 그는 <西方

---

63) 朴敬勛 역, 『維摩經』, 현대불교신서 16, 동국대부설역경원 ; 박용길 옮김, 『유마경』, 민족사, 1993.

64) 維摩不二門은 번뇌 때문에 고통받는 중생을 위하여 병든 유마거사가 문병온 여러 보살들이 不二의 이치에 대해 논하게 하여 이치를 깨닫게 하는 내용이다. 특히 文殊菩薩은 不二의 妙理란 표현하지 않는데 있다고 하였는데, 유마거사는 이런 말조차도 않기 위해 입을 꼭 다물었다. 이 默然無言이 곧 유마거사의 不二門이라고 한다(安啓賢, 「李穡의 佛敎觀」, 『韓國佛敎思想史硏究』, 동국대학교출판부, 1983, pp.290-294 ; 林鍾旭, 같은 책, p.165, 주 135).

65) 『耘谷行錄』卷1, <遊麻田寺>, p.145ㄴ, "戊申十二月 立春後八日 客子訪僧居 僧居依翠密 陽崖雪半消 陰壑風蕭瑟 主人不開門 安然坐禪室 問道默無言 正是維摩詰 目擊心自知 無得亦無失 端坐凡忘機 斜日照書帙 山鳥莫催歸 重遊恐難必".

66) 『耘谷行錄』卷1, <答默言宏上人>, p.140ㄷ, "兀然端坐默無言 此是維摩不二門 一顆明珠光始現 十方無礙大平痕"；卷4, <書說峰演師卷>, p.201ㄴ, "不動廣長舌 宣揚不二門 巍然妙高頂 至靜絶名言".

67) 그는 거사불교에 깊은 동경이 있었다. 거사는 출가하지 않으면서 불문에 귀의한 사람을 말하는데, 고려를 통하여 유학을 공부한 사람들이 거사불교를 지향했었다. 이자연이나 윤언이가 金剛居士라고 하거나 權㫜이 夢菴居士, 蔡洪哲이 中菴居士로 칭한 것이 이에 해당된다(崔柄憲, 「高麗中期 李資玄의 禪과 居士佛敎의 性格」, 『金哲埈博士華甲紀念史學論叢』, 1983 ; 鄭濟奎, 「高麗後期의 居士觀과 그 特性」, 『文化史學』11・12・13, 1999). 원천석은 如如居士의 말을 빌려 자신의 생각을 표현했고(『耘谷行錄』卷4, <題元伊川所示詩卷後>, p.199ㄱ-ㄴ ; 卷4, <崔沃州寄詩云……>, p.199ㄴ-ㄷ ; 卷5, <次泥村李居士詩韻>, pp.221ㄹ-222ㄱ ; 卷5, <復次李居士所贈詩>, p.224ㄴ ; 卷5, <從泥村李居士求丹棗反得生栗>, p.226ㄴ), 유자로서 불교에 크게 동감하고 있다.

706

九品圖>를 그려 임금의 장수와 나라의 복과 중생의 제도함을 노래하였
고,[69] 水陸齋와 같은 불교식 의례를 통하여 자연재해의 해소를 바랬다. 효
성 있는 조카가 水陸齋를 베풀어 어머님을 위해 冥福을 비는 것을 높이
고[70] 雲雨經을 읽어 비가 오기를 기원하는 것을 당연히 생각하였던 것이
다.[71] 水陸齋는 물과 육지에서 헤매는 靈魂과 餓鬼를 달래며 위로하기 위
하여 불법을 설행하는 것이고,[72] 雲雨經은 祈雨행사를 위한 것인데, 원천석
은 불교식 도량을 통하여 자연재해를 제거하고 명목을 비는 기복불교를 긍
정하였다. 부모나 임금의 장수를 기원하고 복을 비는 행위는 불교를 통하여
가능하다고 보는 것이다.

한편 원천석은 도가사상을 긍정하였다. 도가는 인위적이고 일상적인 것
에서 초탈하여 문화보다는 자연을 지향하여 是非・善惡・生死의 분별로부
터 벗어나려는 경향이다. 노자의 도는 언어와 문자로 설명할 수 없고 내면
적으로 체득해야만 알 수 있다. 老子는 보아도 보이지 않는 것을 希라 하고
들어도 들리지 않는 것을 夷[73]라고 하였는데, 이는 도의 접근은 눈・귀・손
등을 이용하여 현상적으로 파악하는 것이 불가능함을 말한 것이다. 도의 속
성이 외부적으로 나타나서 맛을 담고 있고 감각기관을 가지고 파악할 수 있
는 관찰의 대상이 된다면, 이는 도가 의도하고자 하는 바가 아닌 것이다.[74]
원천석은 이러한 希夷를 노래하며 노자의 도를 이해하고 있는 것이다.[75]

또한 그는 도를 얻기 위한 방법으로 坐忘을 지적했다. 흐르는 물 앞에 두
고 떠나갈 줄 모르는 자신을 돌아보고, 물과 내가 모두 잊고 일체가 되며,[76]

---

68) 『耘谷行錄』卷2, <幽谷宏師前以水芹見惠瓜 詩以謝之>, p.157ㄱ-ㄴ.

69) 『耘谷行錄』卷3, <願成西方九品圖詩>, p.171ㄷ.

70) 『耘谷行錄』卷5, <二月初二日雨中雜詠>, p.222ㄷ-ㄹ.

71) 『耘谷行錄』卷2, <苦旱>, pp.158ㄹ-159ㄱ.

72) 金炯佑, 『高麗時代 國家的 佛教行事에 대한 研究』, 동국대 박사학위논문, 1992, p.71.

73) 『道德經』14장, "視之不見 名曰夷 聽之不聞 名曰希 搏之不得 名曰微".

74) 徐慶田, 「道家의 敎化論」, 『韓國道家와 道敎思想』, 1991, p.16.

75) 『耘谷行錄』卷3, <希夷>, p.174ㄷ-ㄹ ; 卷3, <三敎一理>, p.174ㄷ-ㄹ.

76) 『耘谷行錄』卷1, <次金牧伯川陰亭詩韻>, p.141ㄴ, "穩坐忘歸對水流 樹陰溪影別
藏秋 野禽亦感賢侯德 隔岸相呼勸久留".

四體와 六塵을 다 떠나보내고, 보고 듣고 생각하는 것도 모두 끊었다고 하
였다.[77] 눈·귀·생각을 초월한 가운데 도에 접근하려는 뜻을 엿볼 수 있
다. 도가에서는 시간과 공간을 초월한 실체로서 보이지 않는 추상적인 존재
인 도를 얻기 위한 방법으로 無己·坐忘·心齋의 과정이 있다. 無己는 자
기에 집착하지 않고 대립을 없애서 도와 同體가 되는 것이고, 坐忘은 나의
형체를 잊고 물체와 나를 모두 잊어서 空冥玄同의 세계에 이르러 生을 즐
거워할 줄도 모르고 死를 싫어할 줄도 모르는 이른바 生死를 초월하는 경
지에 이르는 것으로, 이렇게 되면 心靈이 虛靜한 경지에 이르러야 함으로
心齋의 과정을 내세운다.[78]『莊子』에서 안회는 공자의 물음에 답하여 "손
발과 몸을 벗어버리고 귀나 눈의 밝음을 떨쳐버리는 것, 곧 형체를 떠나고
앎을 버려서 위대한 도와 하나가 되는 것을 일러 '고스란히 잊었다(坐忘)'라
고 하였다.[79] 이는 공자와 안회를 가탁하여 도의 체득을 말한 것으로서, 좌
망이란 인의예악을 잊어버릴 뿐만 아니라 자기를 잊고 앎을 잊고 外物과
自我의 구별을 잊어버리고, 시비의 구별도 잊어버리는 것으로서, 그것은 현
실의 차별상을 초월하여 天地의 大道와 명합한 融通無碍의 심경인 것이
다.[80] 곧 좌망은 是非·善惡·眞僞·美醜 등을 차별하는 분별의식이 없어
지고 절대평등을 견지하는 것을 말한다. 원천석은 坐忘과 希夷 등 노자와
장자의 핵심개념을 통하여 도가의 도나 도를 얻는 방법에 공감하고 있었던
것이다.

　그리하여 '物我一體', '物我同理'라는 인식이 성립된다. 사물과 인간은 일
체이고 같은 이치라는 것이다. 그는 인간사의 변화를 구름이 피어났다가 사
라지고 달이 찼다가 기울어짐과 같은 것으로 보고 만물의 이치나 인간의 이

---

77)『耘谷行錄』卷3, <坐忘>, p.174ㄴ-ㄷ, 顔子 墮支體 黜聰明 離形去智 通於大道 謂
　　之坐忘, "四體六塵都放下 千思萬慮絶追攀 水流不管風簫灑 雲去無蹤月等閑".
78) 文明淑,「蘇軾詩에 나타난 思想」,『中國語文學』11, 1986, p.132.
79)『莊子』大宗師, "顔回曰 回益矣 仲尼曰 何謂也 曰 回忘禮樂矣 曰 可矣 猶未也
　　他日 復見曰 回益矣 曰 何謂也 曰 回忘仁義 曰 可矣 猶未 他日 復見曰 回益矣
　　曰 何謂也 曰 回坐忘矣 仲尼蹴然曰 何謂坐忘 顔回曰 墮肢體 黜聰明 離形去知
　　同於大通 此謂坐忘 仲尼曰 同則無好也 化則無常也 而果其賢乎 丘也請從而後
　　也".
80) 藤吉慈海,「坐禪と坐忘について」,『東方學報』36, 1964.

708

치가 같다고 하였고,[81] 물고기에 비유하여 物我가 하나이고, 자네는 나를 알고, 나는 고기를 알 수 있다고 하였다.[82] 특히 "나는 절로 물고기를 아니, 너 또한 나를 알 것이다. 같고 다름을 가지고 다시 생각치 말라"[83] 하였는데, 이는 『莊子』의 秋水에서 말한 '萬物與我爲一'을 받아들인 것으로, 나와 물고기 사이에 간격이 없는 즉 物我의 거리를 전제하지 않은 발상을 보여준다.[84]

생사를 초월하고 일상의 세계에서 벗어나려는 경향은 仙界를 꿈꾸는 것으로 나타난다. 그는 『莊子』의 彭殤, 곧 요 임금때부터 은말년까지 700여년을 살다간 彭祖와 20살 미만에 죽은 사람을 예로 들어,[85] 수명의 길고 짧음이 결국 같은 것으로 이해하였다.[86] 竹林七賢과 도가적 은둔자를 긍정하고 찬사를 보낸 것도 같은 맥락이라고 할 수 있다. 阮籍[87] 嵇康[88]과 같은 竹林七賢을 노래하면서 생사를 초탈한 삶에 공감하고,[89] 이러한 공감은 仙의 세계, 仙人, 仙村 등 곳곳에서 신선의 세계를 그리는 것으로 이어진다.[90]

---

81) 『耘谷行錄』 卷3, <丙寅冬至感懷示元都領>(pp.170ㄹ-171ㄴ).
82) 『耘谷行錄』 卷4, <次金先達貂詩韻>, p.188ㄷ-ㄹ.
83) 『耘谷行錄』 卷1, <觀魚臺>, p.146ㄴ.
84) 李鍾殷, 「高麗後期 漢詩의 道敎的 樣相」, 『韓國學論集』 25, 1994, p.30.
85) 『莊子』 齊物論 5, "天下莫大於秋毫之末 而大山爲小 莫壽於殤子 而彭祖爲夭 天地與我竝生 而萬物與我爲一 旣已爲一矣 且得有言乎 旣已謂之一矣 且得无言乎 一與言爲二 二與一爲三 自此以往 巧曆不能得 而況其凡乎 故自无適有以至於三 而況自有適有乎 无適焉 因是已".
86) 『耘谷行錄』 卷2, <七月十日復用前韻>, p.158ㄷ-ㄹ, "每看存沒悌垂頤 人道容顏減舊時 凜凜壯心雖似昔 星星衰髮已當期 違時且學嵇康懶 送夏仍懷宋玉悲 早識彭殤同一軌 却將身世付深扂".
87) 『耘谷行錄』 卷4, <復次>, p.198ㄷ.
88) 『耘谷行錄』 卷2, <七月十日復用前韻>, p.158ㄷ-ㄹ.
89) 竹林七賢은 후한이래 준수되온 유교의 예법을 배격하고 노장사상에 근거하여 이론보다 실천을 중시하는 입장을 취했다. 阮籍 嵇康이 이를 대표하는데 이들은 도가적 은일사상을 지향하였다(李鍾殷, 『韓國詩歌上의 道敎思想硏究』, 普成文化社, 1978, pp.86-94).
90) 『耘谷行錄』 卷2, <金按部牧丹詩次韻>, p.153ㄹ ; 卷2, <九月五日與客小酌>, p.154ㄴ ; 卷4, <鄭公見和復次韻>, p.196ㄴ-ㄷ ; 卷5, <次泥村李居士詩韻>, pp.221ㄹ-222ㄱ.

유학자로서 안회적 군자관으로의 지향이 도교의 신선이나 죽림칠현처럼 현실을 초탈하고 자연과 더불어 도를 지키는 것에 대한 공감으로 나타난 것이다. 그렇다고 해서 유자임을 포기하는 것은 아니다. "赤松子를 따르려 해도 仙藥을 못 이루고, 黃蘗을 찾으려 해도 그 도를 감당하기 어렵다"[91]고 하듯이, 원천석은 적송자[92]와 같이 세상을 떠나 신선이 되는 길을 구하려 하지만 연단술에 능통하지 못하고, 황벽[93]과 같이 禪에 들어 불법을 깨치고자 하나 불도를 감당하기 어려웠다.[94] 도교·불교를 긍정하고 있지만 도교의 적송자나 불교의 황벽처럼 되지는 못한다. 구체적인 현실을 배경으로 하는 修己治人의 유자임을 부인할 수 없었던 것이다.

  그는 유학자로서 요순의 도를 말하고 이상사회를 지향하면서 불교나 도교의 교리를 긍정하였다. 안회와 같은 군자상을 지향하고 유교의 修己·修養을 중시하는 경향이 불교나 도교의 인간의 내면을 중시하는 경향과 일치한다고 할 수 있다. 불교인식에서 無心이나, 현상계의 차별없는 본질적인 禪定의 세계를 염원하고, 도교인식에서 希夷나 坐忘처럼 자기를 잊고 外物과 自我의 구별을 잊어버리며, 시비의 구별도 잊어버리는 物我一體를 말한 것은, 유학자이면서 안회적 군자상을 지향한 결과 현실을 초탈하여 주어진 환경에 연연하지 않고 도를 지키며 절의를 다하려는 것을 보여주는 것이다. 안회와 같은 학문태도와 삶의 자세가 불교의 깨달음의 세계나 도교의 생사를 초탈하는 삶에 공감하게 하였던 것이다.

---

91) 『耘谷行錄』 卷3, <有感>, p.180ㄴ-ㄷ, "……欲訪赤松丹未就 擬尋黃蘗道難當".
92) 赤松子는 중국 전설 상의 神農氏 때의 雨師로서 후에 곤륜산에 들어가 신선이 되었고, 西王母의 石室에서 묵었는데 風雨를 타고 산을 오르내렸다고 한다(李鍾殷, 『韓國詩歌上의 道教思想研究』, 普成文化社, 1978, pp.124-126).
93) 黃蘗은 『臨濟錄』의 저자인 臨濟義玄을 배출했으며, 중국선의 대표적인 법어인 『傳心法要』의 저자로 당의 禪僧이다. 『傳心法要』는 그 사상의 명료함과 장중한 특성 때문에 오늘날까지 널리 읽혀지고 있다고 한다.
94) 김풍기, 「耘谷 元天錫의 강원도 인식과 隱居의 의미」, 『江原文化研究』 18, 1999, p.57.

710

3. 儒佛道 三敎一理論

원천석은 불교와 도교를 긍정하였고 궁극적으로 유불도 삼교는 하나의 이치라고 하였다. 유학자 입장에서 불교와 도교를 긍정하고 승려나 신선의 경지를 찬미한 것에서 더 나아가 유교와 불교·도교는 같은 이치라고 본 것이다. 이는 如如居士의 말로서 三敎一理論를 전개한 것에서 알 수 있다.

如如居士는 三敎一理論에서 이렇게 말했다. "세 성인은 함께 나서 두루 함이 있으니 바른 가르침으로 주장을 삼는다. 유교는 窮理盡性(이치를 궁구하여 본성을 다하는 것)으로 가르쳤고, 불교는 明心見性(마음 밝혀 본성을 보는 것)으로 가르쳤으며, 도교는 修眞鍊性(참됨을 수련하여 본성을 단련하는 것)으로 가르쳤다. 齊家治身(집안을 가지런히 하고 몸을 다스리며)과 致君澤民(임금을 올바로 이끌고 백성들에게 혜택을 주는 일)로 말한다면 이는 유자에게 남은 일이다. 만약 嗇精養神(정기를 아끼고 정신을 기르며)과 飛仙上昇(신선이 날아올라 상승하는 일)으로 말한다면 이는 도가의 자취이다. 生死超越(죽음을 넘어 삶을 초월함)과 自利利人(스스로를 이롭게 하고 남을 이롭게 하는 일)으로 말한다면 이는 석가의 방편이 될 것이다. 그 다하는 곳을 요하면 처음부터 하나이다"라고 하였다. 이로써 본다면 세 聖人이 가르침을 베푼 것은 오로지 治性으로 하였으니, 이른바 盡性 鍊性과 見性의 도가 조금 다르긴 하지만, 그 지극하고 맑고 맑은 곳으로 돌아가면 모두 하나의 性이니 무슨 막힘이 있겠는가. 다만 세 성인에게는 각각 門戶가 있어, 뒤의 문도들이 각각 종지에 의거해서 모두 자기를 옳게 여기고 남을 그르게 여기는 마음으로 속이고 헐뜯으니, 세 사람의 가슴 속에 삼교의 성이 밝게 있음을 알지 못하는 것이다. 이는 나귀 탄 사람이 다른 나귀를 탄 사람을 보고 웃는 격이니 참으로 안타깝다. 그래서 네 절구를 지어 거사의 뜻을 잇는다.95)

---

95) 『耘谷行錄』卷3, <三敎一理幷序>, p.174ㄷ-ㄹ, "如如居士三敎一理論云 三聖人同生有周 主盟正敎 儒敎敎以窮理盡性 釋敎敎以明心見性 道敎敎以修眞鍊性 若曰 齊家治身 致君澤民 此特儒者之餘事, 若曰 嗇精養神 飛仙上昇 此特道家之祖迹 若曰 越死超生 自利利人 此特釋氏之荃蹄矣 要其極處 未始不一 由此觀之 三聖人之設敎 專以治性 所謂 盡之鍊之見之之道 雖有小異 歸其至極廓然瑩澈之處 皆

1387년(우왕 13) 如如居士의 말을 빌리는 방식으로 원천석은 유교·불
교·도교의 핵심사상을 비교하고 결국 이치는 하나라고 하였다. 유교는 이
치를 궁구하여 본성을 다하는 것(窮理盡性), 불교는 마음 밝혀 본성을 보는
것(明心見性), 도교는 참됨을 수련하여 본성을 단련하는 것(修眞鍊性)을 주
내용으로 한다고 하였다. 유교·불교·도교는 인간의 本性을 중시하고 참
되고 깨끗한 최고의 상태를 이상시한다. 이때 유불도 삼교가 하나의 이치라
고 보는 것은 그 궁극적인 지향점이 ‘본성을 다하거나(盡性)’, ‘본성을 보거
나(見性)’, ‘본성을 단련하는(鍊性)’ 등 人性이라는 인간의 본성을 대상으로
한다는 점이다. 따라서 세 집안의 종풍을 두고 서로 시비를 따지는 것이야
말로 개구리들이 서로 목청이 크다며 우는 어리석은 행동과 다를 바 없다고
하였다. 그리하여 ‘무엇이 불교이고, 무엇이 유교이며, 무엇이 도교인가’라고
하여 유교·불교·도교의 귀결점은 하나라고 하였다.96) 인간의 본성을 중
시한다는 점에서 삼교의 공통점을 지적한 것이라고 할 수 있다.

더욱 유불도의 내용이나 그 효과에 대하여, 유교는 집안을 가지런히 하고
몸을 다스리며(齊家治身), 임금을 올바로 이끌고 백성들에게 혜택을 주는
일(致君澤民)을 지향한다면, 불교는 죽음을 넘어 삶을 초월하며(生死超越)
스스로를 이롭게 하고 남을 이익되게 하는 일(自利利人)을 추구하며, 도교
는 정기를 아끼고 정신을 기르며(嗇精養神) 신선이 날아올라 상승하는 일
(飛仙上昇)을 말한다고 하였다. 그리고 이를 요약하면 처음부터 하나라고
하였다. 삼교를 창시한 세 성인의 가르침은 治性으로 집약되는데, 이른바
盡性 鍊性과 見性의 도가 조금 다르긴 하지만, 그 지극한 것으로 돌이킨다
면 모두 하나의 性이라는 것이다.

이때 삼교의 현실적 효용성에 있어서 각각의 차이가 인정된다. 유교의 齊
家治身이나 致君澤民, 불교의 生死超越과 自利利人 그리고 도교의 嗇精養
神과 飛仙上昇을 비교하면, 齊家·治國·平天下에 이르는 현실에 적극적

同一性 何所窒礙哉 但以三聖人各有門戶 門之後徒各據宗旨 皆以是已非人之
心互相訕謷 殊不知各人胸中 三敎之性明然具在也 騎驢者笑他騎驢 良可惜哉 因
寫四絶 以繼居士之志云”.

96)『耘谷行錄』卷3, <會三歸一>, p.175ㄱ, “三敎宗風本不差 較非爭是亂如蛙 一般是
性俱無礙 何釋何儒何道耶”.

인 정치사상을 담고 있는 것은 유교이고, 불교와 도교는 인간의 본성의 완성을 최고의 목표로 두고 있다. 이미 불교 자체가 출세간의 종교이고 도교역시 자연회귀의 성격을 갖기 때문이다. 따라서 삼교는 인간의 본성을 중시한다는 점에서 공통점을 가지고 같은 점을 말할 수 있는데, 그것은 어디까지나 개인의 윤리, 개인의 완성에 중점을 둔다는 한에서이다. 이렇게 볼 때원천석의 三敎一理는 삼교가 모두 人性을 중심개념으로 하여 논의의 출발점을 삼는다는 점에서 그 이치가 같다고 보는 것이다. 이는 원천석이 유자로서 治人이라는, 사회 참여적이고 현실정치가로서의 의미보다는, 修身이라는 개인수양・절의도덕과 같은 인간의 내면을 중시하는 것이며, 안회와같은 군자상을 지향한 것의 귀결점이다.

人性 중심의 三敎一理論은 과거 인물에 대한 평가에서도 그 입장이 드러난다. 원천석은 위 글에서 공자・석가・노자를 세 성인으로 말했다. 원래유교에서 성인은 최고 인간형으로 禮樂刑政을 제정하여 천하를 다스리는치자로서의 의미를 가지고, 불교에서는 과거・현재・미래를 통하여 그릇됨이 없고 지혜가 넘치며 자비심이 큰 인물로서 견도한 사람을 가리키고, 도교에서는 품격이 높고 무위의 도를 체득한 인물로 나타난다. 이들 성인은도를 체득하여 마음에 걸릴 것이 없고, 자연의 지극함을 체득하고 만물의본성을 顯暢하는 자로 이해할 수 있는데, 원천석은 三敎의 성인 개념을 포용하여 공자와 석가・노자에게 똑같은 칭호를 붙였던 것이다.

이렇게 넓어진 성인 개념으로는 유자나 승려・도사는 쉽게 어울릴 수 있는 것이다. 중국과 고려사회에서는 晉나라 때 유학자인 陶淵明, 승려인 惠遠法師, 도사인 陸修靜이 廬山에서 함께 웃었다는 <三笑圖>가 널리 알려져 있다.[97] 혜원법사는 江西省 九江縣에 있는 廬山의 東林寺에 머물고 있었는데, 여기에는 虎溪가 흐르고 있다. 하루는 법사가 儒者 도연명, 道士陸修靜과 함께 이야기를 하다가 호계를 지나자 범이 울부짖으니 세 사람이크게 웃었다고 한다. 세 사람이 호계를 넘었다는 것은 본래에 있지도 않았는데 그어놓은 三敎 사이의 분별의 금을 넘어섰고, 이들이 한번 웃는 것은 그 경계를 초탈하여 서로 융섭한 마음의 표현이다.[98]

---

97) 『耘谷行錄』卷2, <次偰刺史寄道境詩韻>, p.163ㄱ-ㄴ ; 卷2, <題三笑圖>, p.149ㄷ.

    <三笑圖>는 이제현이나 이색[99]처럼 당대의 유학자들은 알고 있었고 이
를 통해서 유불도 삼교의 조화가능성을 이해하고 있었다. 특히 이제현은
"불교와 도교는 유교와 이치가 본래 같으니, 억지로 분별하려 하면 혼란만
가져올 뿐인데, 三賢의 마음을 사람들이 알지 못하니, 한 바탕 웃는 것은 虎
溪를 지난 것과는 관계없다"[100]하여 虎溪와 관계없이 이미 불교와 도교 그
리고 유교는 이치가 본래 같은 것이라고 하였다. 이색은 유교가 格物致知
하여 齊家·平天下에 이르는 것과 부처의 맑은 마음(澄念)과 고요한 생각
(止觀)으로 깨달음의 세계, 즉 寂滅의 경지에 들어가는 것과 다르지 않다고
하였다.[101] 유교와 불교가 같은 이치라고 보는 것은 유학자가 승려와 도사
와 함께 융합하는 모습을 보여주는 것이다. 승려·도사는 유학자처럼 인간
의 본성을 되찾는데 공통점이 있고 이와 같은 점에서 유불도 삼교가 하나의
이치라는 것이다.
    원천석이 지향하는 儒佛道 三敎一理는 유학의 修身論을 전제하는 것으
로, 태조 이래 유불도 삼교의 공존의 발전된 형태라고 할 수 있다. 최승로는
"유불선 三敎는 각각 일삼는 바가 있으므로 그것을 행하는 사람이 혼동하
여 하나로 해서는 안됩니다. 불교를 행하는 것은 몸을 닦는 근본이요, 유교
를 행하는 것은 나라를 다스리는 근원입니다. 몸은 닦는 것은 來生의 바탕
이고, 나라를 다스리는 것은 현세의 일인데, 현세는 지극히 가깝지만 내세
는 지극히 멀기에 가까운 것을 버리고 먼 것을 구하는 것은 잘못이다"[102]고
하였다. 불교가 修身의 근원이고 유교가 理國의 근본이라고 하여 유교와

---

98) 李鍾殷, 앞의 논문, pp.13-14.
99) 『牧隱集』詩藁 卷3, <葫蘆島次韻>, p.547ㄴ(『韓國文集叢刊』4) ; 卷3, <答東菴禪
    師>, p.552ㄷ ; 卷3, <夏日游城南永寧寺>, p.548ㄱ ; 卷3, <次韻贈曇峯>, p.553ㄷ.
100) 『益齋亂藁』卷3, <盧山三笑>, p.527ㄱ(『韓國文集叢刊』2), "釋道於儒理本齊 强將
     分別自相迷 三賢用意無人識 一笑非關過虎溪".
101) 『牧隱集』文藁 卷3,「澄泉軒記」, p.26ㄷ(『韓國文集叢刊』5), "予曰……吾儒以格致
     誠正而致齊平 則釋氏之澄念止觀 以見本源 自性天眞佛 度人於生死波浪 而歸之
     寂滅 豈有異哉".
102) 『高麗史』卷93, 列傳 卷6 崔承老(하책, p.87), "三敎各有所業而行之者 不可混而一
     之也 行釋敎者修身之本 行儒敎者理國之源 修身是來生之者 理國乃今日之務 今
     日至近 來生至遠 捨近求遠 不亦謬乎".

불교의 기능을 각기 설정하였던 것이다.

그런데 고려 후기가 되면 성리학이 수용되고 유교의 심성론·수양론이 받아들여져, 종래 불교의 전유물처럼 생각되던 修身·修養의 기능을 유교도 수행하게 된다. 원천석이 유교를 말하면서 '본성을 다한다(盡性)'고 하여, 불교의 '본성을 보거나(見性)', 도교의 '본성을 단련하는(鍊性)'처럼 修身·修養의 기능을 전제하였고, 원천석과 같은 생각을 견지했다고 보여지는 이색은 유교가 사물의 이치를 궁구하여 참된 지에 도달하고(格物致知) 다른 사람을 다스린다(齊家·平天下)고 하였고, 敬을 통한 修身·修養을 말하였다. 그에 의하면 인간은 하늘로부터 부여받은 본연의 선한 성품은 氣質과 物慾에 의해 가리워진다.[103] 따라서 가려진 본연의 선을 회복할 修己·修養論이 제기되고, 天理를 보존하고 人慾을 억제하는 이른바 '存天理 遏人慾'으로 이를 설명하며,[104] 敬을 구체적인 수양법으로 제시하였다. 『禮記』의 '毋不敬'과 『書經』의 '欽'을 인용하여 禮의 본질을 敬으로 파악하고, 학문하는 자는 물론 정치하는 자, 夫婦간이나 田野·朝廷과 鄕黨·屋漏에서도 敬이 가장 기초적인 덕목이라고 하였다.[105] 敬 중시의 성리학은 도덕 실천에 있어서 인간의 주체적이고 자발적인 행위를 중시하였음을 의미한다. 敬은 道心과 天理를 체득하는 실천원리이고, 도덕적 본성을 자각·함양하는 방법론이기 때문이다.[106]

유교가 修身·修養의 기능을 확립하게 됨으로써, 최승로가 지적한 유교와 불교의 분업적 의미는 사라지게 되었다. '理國의 源'으로서의 유교는 정치운영의 윤리나 사회규범을 제시하였는데, 여기에 修身·修養의 기능이 첨가되게 되었다. 이에 따라 종래 불교의 독자적인 기능으로 이해되던 修

---

103) 『牧隱集』文藁 卷10,「韓氏四子名字說」, p.78ㄷ, "人之得乎天 而具衆理應萬事 本然之善也 氣質或拘之 物欲或蔽之 於是乎失之矣 得之於天 失之於己 故曰虛位 故其本然之體 未嘗亡焉".

104) 『牧隱集』文藁 卷10,「伯中說贈李壯元別」, p.84ㄴ, "欲致中和 自戒懼始 戒懼之何 存天理也 愼獨焉何 遏人欲也 存天理 遏人欲 皆至其極 聖學斯畢矣".

105) 『牧隱集』文藁 卷10,「韓氏四子名字說」, p.78ㄴ, "禮曰 毋不敬 禮儀三百 威儀三千 冠之以敬 卽堯典先書欽之義也 學道者 由敬以誠正 出治者 由敬以治平 夫婦之相敬 史又書之 田野間亦不可無敬也 況於朝廷乎 況於鄕黨乎 況於屋漏乎".

106) 都賢喆, 같은 책, pp.62-76.

身·修養의 기능을 유교도 함께 수행하기에 이르렀다.

수신·수양의 기능을 인정하게 되는 것은 수용된 성리학의 영향이다.[107] 성리학은 理氣·人性說을 근간으로 하여 우주와 인간을 통일적·완결적으로 설명하는 철학사상으로 체계화된 점에서 단순히 사회·정치론, 수양론의 수준에 머물렀던 종래의 유교와 차원을 달리했다.[108] 이렇게 성리학을 통하여 유교가 심성론·수양론이 갖추어지고 독자적인 사상체계를 갖추면서, 유학자들은 유교를 吾教, 正學으로 인식하고 불교를 유교와 구분하며 불교와 같은 비유교를 異端으로 인식하게 되었다.[109]

그런데 주목되는 것은 불교의 修己·修養法과 성리학의 그것을 같은 수준에서 이해하는 것이다. 이색은 "聖門의 心學이 어찌 헛되이 전해졌겠는가. 主一功夫는 坐禪과 흡사하다.……"[110]고 하여, 성리학의 마음공부법인 敬(主一)[111]이 불교의 수양 방법인 坐禪과 흡사하다고 하였다. 성리학과 불교는 세계와 인간에 대한 이해가 다르고 공부방법론도 다르다.[112] 또한 성

---

107) 고려 후기 사대부는 원 萬卷堂이나 원 과거의 준비과정에서 성리학을 익혔고, 충목왕 원년(1344)의 과거시험에 六經義四書疑가 채택되고[『高麗史』 卷73, 志 卷27 選擧 p.1(충목왕 즉위년 8월)(중책, p.594), "改定初場試六經義四書疑 中場古賦 終場策問"], 成均館에서 四書五經齋[『高麗史』 卷74, 志 卷28 選擧2 學校(공민왕 16년)(중책, pp.628-629), "成均祭酒林樸上言 請改造成均館 命重營國學于崇文館舊址 令中外儒官隨品出布以助 其費增置生員 常養一百 始分五經四書齋"]가 만들어진 것에서 성리학 수용을 확인할 수 있다. 원천석은 공민왕 9년 國子監試에 합격하였는데 이 과정에서 성리학을 익혔다.

108) 金駿錫, 「朝鮮前期의 社會思想」, 『東方學志』 29, 1981.

109) 『拙藁千百』 卷1, 「問擧業諸生策二道」, p.10ㄴ(『韓國文集叢刊』 3).

110) 『牧隱集』 詩藁 卷21, <有感>, p.282ㄱ.

111) 『論語』 卷1, 學而(子曰 道千乘之國 敬事而信……)(集注), "敬者 主一無適之謂"; 『牧隱集』 文藁 卷6, 「寂菴記」, p.48ㄱ, "敬者 主一無適而已矣 主一 有所守也 無適 無所移也".

112) 주자학은 인간론에서 心과 性을 구별하여 心에 있는 理가 性이라고 한다. 그러므로 주자학은 마음 속에 갖추어져 있는 이치를 외계 사물을 통하여 밝히고 이를 기초로 사물의 완성을 이루도록 한다(修己治人, 成己成物). 반면에 불교는 心이 곧 이치고 본체이며 心의 작용인 性은 空으로 일체의 작용이 허망하다고 파악함으로 存心과 盡心의 수양 공부가 없고 이치를 궁구하지 않는다. 오직 마음을 갈고 닦아 본체만을 터득하면 된다. 즉 마음 작용에만 기초한 일체 행위는 그 객관적 정당성

리학은 불교와 도교와 같은 비유교를 異端으로 배척한다. 하지만 이색은 이를 뛰어넘어 불교와 유교의 수양법인 敬과 坐禪을 같은 차원에서 이해하였다.

그렇다면 異端에 비판적인 성리학을 수용하고도 오히려 성리학과 불교의 유사점에 주목한 이유는 무엇인가. 결론적으로 말하면 고려 후기 성리학은 왕조의 재건을 위하여 수용되었고, 따라서 불교·도교·유교가 공존하는 고려의 사상계와의 절충을 시도한 결과이다.

고려 후기 성리학은 원과의 관계가 긴밀한 고려의 지배층에 의하여 수용되었다. 안향·이제현·이색·이곡·최해 등의 초기 수용자는 고려뿐만 아니라 원 과거에 급제하였고 관직을 두루 역임하였다. 이들은 원의 부당한 간섭에 비판의식을 견지하였는데, 원을 천자국으로 하고 고려를 제후국으로 하는 사대외교를 유지하고자 하였고, 나아가 원을 천자국으로 하는 동아시아의 질서 속에서 고려의 위상을 찾고자 하였다. 고려는 무인집권기에 무인들에 의한 국왕의 폐위와 즉위 그리고 몽고의 침입에 의하여 왕실의 권위, 왕조의 절대성은 약화되고 있었다.

이에 사대부들은 원으로부터 수용된 성리학을 통하여 제후국으로서의 고려의 왕권을 강화하고자 하였다. 성리학은 五倫을 기초로 한 名分을 인간관계에서는 반드시 지켜야 할 합당한 도리, '當然之則'으로 파악한다. 즉 君에 대해서는 臣, 父는 子, 天子는 諸侯에게 주어진 직분과 분수에 충실하도록 요구한다. 그리하여 사대부는 인륜도덕에 관한 명분론을 우선 받아들였다. 안향은 자식이 되어서는 효를 해야 하고, 신하가 되어서는 충을 해야 하며, 예로써 가정을 糾率하고, 신으로써 붕우를 사귀어야 한다는 윤리의 덕목을 제시하여, 가정에서는 가족에 관한 윤리, 국가 사회에 있어서는 군신간의 윤리와 장유 붕우간에 관한 윤리가 있어야 한다고 하였고,[113] 이색은

(理)을 확보하기 어렵다는 것이다. 따라서 불교는 도덕적 원리로서의 天理를 心 속에서 밝혀내지 못하게 되어 도덕적 원리(天理)를 어기는 일도 정당화된다. 유교와 불교는 유사한 점이 많지만 본질적으로 다른 것이다(秦家懿, 「朱子と佛敎」, 『朱子學入門』, 1974 ; 韓正吉, 「朱子의 佛敎批判에 관한 연구」, 『연세대 철학과 보고서』, 1993).

113) 李佑成, 「朝鮮時代 社會思想史」, 『韓國文化史新論』, 1975, pp.480-484.

군신, 부자, 천자, 제후가 각각 주어진 직분과 분수에 충실하도록 요구하였다.[114]

성리학의 수용을 통하여 人倫道德에 관한 名分論을 강조하는 것은 현존의 지배질서를 옹호하는 근거를 제공한다. 인륜도덕을 '當然之則'으로 설명하는 성리학은 군신, 부자관계를 당연히 지켜야 될 절대적인 인간의 도리로 성립시키고, 성리학에 입각한 名分論은 주어진 인간관계를 존중하고 현존하는 원 중심의 세계질서나 고려의 지배질서를 강화하는 역할을 하게 된다.[115] 이에 따라 원 천자를 정점으로 하는 상하질서는 절대적인 관계로 확립되고, 제후국인 고려국왕은 이러한 질서에서 위상을 확보할 수 있는 계기를 마련할 수 있었다. 따라서 성리학은 고려국왕의 권위 회복에 기여하게 되고, 국왕의 권위 회복은 국왕을 정점으로 하는 지배질서의 안정을 도모할 수 있게 하였다. 이는 무인집권기와 몽고와의 항쟁을 통하여 실추된 왕권의 정통성이나 권위가 주자학의 명분론을 통하여 확보되는 논리근거를 마련해 주는 것이다.

이렇게 고려 사회가 당면한 문제 곧 왕조의 재건, 왕권의 강화와 밀접하게 연결되어 성리학이 수용되었다. 이에 따라 이 시기 성리학은 지배질서를 유지하는 선상에서 고려의 주류사상인 유불도 삼교와 절충하게 된다. 성리학이 불교와의 유사점에 주목하고, 성리학과 불교의 핵심개념을 서로 비교하고 결합하는 것은 이러한 경향의 반영이었다.

불교를 긍정한 이 시기 성리학은 제한된 의미를 갖는다. 정통 성리학에서와 같이 異端은 비유교로서 철저히 비판되어야 할 대상이 아니라, 나의 사상(유교)이 아닌 다른 사상을 의미할 뿐이다. 이러한 입장에서는 불교와 노장은 각각 의의가 있고, 유교에 해가 되지 않는 한 용인될 수 있다. 柳伯淳은 박초가 排佛疏를 올리려는 것을 막으면서 "천하는 넓은데 비록 이단이 있어도 우리 도에 무슨 방해가 되겠는가"라고 하였다.[116] 이단(불교)은 자신

---

114) 『牧隱集』 文藁 卷9, 「周官六翼序」, pp.72ㄹ-73ㄱ ; 卷9, 「送慶尙道按廉李持平詩序」, p.68ㄱ.

115) 金勳埴, 「麗末鮮初 儒佛交替와 朱子學의 定着」, 『韓國 古代・中世의 支配體制와 農民』, 지식산업사, 1997.

116) 『高麗史』 卷120, 列傳 卷33 金子粹(하책, p.640), "司藝柳伯淳知礎等將上疏 招諸生

이 믿고 따르는 종교사상은 아니지만 유교의 도에 방해가 되지 않고 받아들일 수 있게 되는 것이다.

성리학을 통하여 유교의 심성·수양론을 받아들이고 성리학과 불교의 수양론의 유사점에 유의한 사대부들은 사회현실 문제를 해결하는 데에도 심성·수양론에 주안점을 둔다. 유불도 삼교일리론의 맥락, 곧 인성·본성을 중요시하는 입장에서 성리학의 심성·수양론을 받아들이고, 人性의 함양, 인간의 윤리도덕을 회복하는 정치론을 전개하는 것이다. 교화의 실현, 사회질서의 핵심은 인간 본성의 수양 여하에 달려 있다고 보는 것이다. 따라서 사회변동을 법과 제도의 개폐와 같은 구조적이고 체제적인 문제보다는 인간의 수신·수양론을 기축으로 윤리도덕을 회복함으로서 해결할 수 있다고 보게 된다.

4. 맺음말

고려 말기 지방지식인으로서 유불도 삼교에 대한 견해를 논리적으로 전개한 원천석의 사상을 분석함으로써 고려 후기 사상계의 동향을 파악하려는 것이 본고의 목표였다.

이상을 요약하면서 원천석 사상의 특성과 유불도 삼교의 공존의 시기에 성리학의 수용이 갖는 역사적 의의를 되새겨 보고자 한다. 원천석은 유학자로서 유교적 이상향을 지향하였고 몸을 닦아 성인군자가 되고 이를 기초로 사람을 다스리는 修己治人의 이념을 목표로 하였다. 그는 유학에서 제시하는 학문론이나 공자의 가르침대로 학문에 정진하고 修身·修養에 힘썼다. 『孟子』가 말하는 仁義禮智의 四端을 통하여 性善이라는 인간 본성에 대한 신뢰가 있었고 이를 기초로 인간에게 부여된 天性대로 살아가고자 하였다.

그런데 이상적 인간형과 관련하여 원천석은 안회와 같은 군자상을 지향하였다. 안회는 공자의 제1제자로 仁 사상을 충실히 계승하고 평소에는 어리석은 듯하지만 참된 이치를 깨달았으며, 누추한 시골에서 한 그릇의 밥과

止之日 天下旣廣 雖有異端 何害吾道".

표주밥 국도 즐거워하였다. 관직생활을 하며 현실을 바로잡으려는 伊尹과 달리 안회처럼 세속적인 이익을 멀리하고 오로지 학문에 정진하는 君子像을 높이 산 것이다. 유학자의 목표는 부와 권력 같은 세속적인 이익이 아니라 몸을 갈고 닦아 세상을 다스리는 데 있다는 것이다.

한편 그는 유학자로서 요순의 도를 말하였지만 불교나 도교의 사상을 긍정하였고, 불교나 도교에서 말하는 이치는 유교의 그것이 다르지 않다고 하였다. 유교의 盡性과 불교의 見性, 도교의 鍊性은 인간의 본성(性)을 기초로 논의를 전개한다는 점에서 같은 이치라고 하였다. 삼교는 현실적 효용성에서 각기 차이가 있지만, 유교에서 몸을 닦는 것과 불교나 도교에서 인간의 본성을 다스리는 것은 같다는 것이다.

그리하여 원천석은 유교·불교·도교가 같은 이치라는 유불도 '三敎一理'를 주장하였다. 유교는 이치를 궁구하여 본성을 다하는 것이고, 불교는 마음을 밝혀 본성을 보는 것이며, 도교는 참됨을 수련하여 본성을 단련하는 것이라는 사실을 전제로, 유교는 齊家治身과 致君澤民, 도가는 嗇精養神과 飛仙上昇, 불교는 生死超越과 自利利人을 말하였는데 결국 처음부터 하나라는 것이다. 물론 유교는 인간의 본성이 회복되면, 가족이나 사회·국가로 확대하는 정치론을 전개하는데 비하여, 불교와 도교는 인간의 본성의 완성에 최고의 목표로 둔다. 즉 삼교는 인간의 본성을 중시한다는 점에서 공통점을 가지고 같은 점을 말하지만, 그것은 어디까지나 개인의 완성에 중점을 둔다는 한에서이다. 이렇게 볼 때 원천석의 三敎一理는 삼교가 모두 人性을 중심개념으로 하고 논의의 출발점을 삼는다는 점에서 그 이치가 같다고 보는 것이다.

원천석의 '三敎一理'는 유학의 修身論을 전제하는 것으로, 태조 이래 유불도 삼교의 공존의 발전된 형태라고 할 수 있다. 최승로는 불교가 修身의 근원이고 유교가 理國의 근본이라고 하여 유교와 불교의 기능을 각각 설정하였다. 그런데 고려 후기가 되면 성리학이 수용되고 유교의 심성론·수양론이 받아들여져, 종래 불교의 전유물처럼 생각되던 修身·修養의 기능을 유교도 수행하게 된다. 성리학이 理氣·人性說을 근간으로 하여 우주와 인간을 통일적·완결적으로 설명하는 철학사상으로 체계화된 점에서 단순히 사회·정치론, 수양론의 수준에 머물렀던 종래의 유교와 차원을 달리한 결과이다.

그런데 이색과 원천석은 불교의 修己·修養과 성리학의 그것은 같은 차원에서 이해하였다. 이색은 성리학의 마음공부법인 敬(主一無適)이 불교의 수양 방법인 坐禪과 흡사하다고 하였다. 성리학과 불교는 세계와 인간에 대한 이해가 다르고 공부방법론도 다르지만, 이색은 이를 뛰어넘어 불교와 유교의 수양법인 敬과 坐禪을 같은 수준에서 이해하였다. 이는 수용된 성리학이 왕조의 재건을 위하여 필요하였고, 따라서 불교·도교·유교가 공존하는 고려의 사상계와의 절충을 시도하는 것이다.

修己·修養 중심의 성리학을 받아들이고 성리학과 불교의 수양론의 유사점에 유의한 사대부들은 사회현실 문제를 해결하는 데에도 인간의 심성·수양론에 주안점을 둔다. 이는 교화의 실현, 사회질서의 핵심은 인간 본성의 수양 여하에 달려 있다고 보고, 人性의 함양, 인간의 윤리도덕을 회복하는 정치론을 전개하는 것에서 알 수 있다.

원천석의 삼교일리론은 유불도 삼교가 모두 人性을 중시하였다는 점에서 같은 이치라고 파악하는 것인데, 이는 원천석이 인간의 본성, 도덕심을 중시하고 節義로 나갈 수 있는 근거를 제시하는 것이다. 인간의 본성, 도덕적 본질에 충실함으로써 인간으로서 당연히 지켜야 할 도리를 인식할 근거를 마련할 수 있기 때문이다. 고려 후기 유불도 삼교에 긍정적인 이들이 왕조에 절의를 다한 사상적 배경에는 이러한 人性 중심의 三敎 이해와 연관되는 것이 아닌가 생각된다. 이에 대한 구체적인 고찰은 후고를 기약하고자 한다.

元天錫의 佛教認識
-朱子學의 수용과 관련하여-

趙 明 濟*

1. 머리말

元天錫(1330~?)은 고려 말에서 조선 초에 걸쳐 활동한 사대부이며, 평생을 고향 원주에서 은거한 인물로 잘 알려져 있다. 그의 문집인『耘谷行錄』에 실린 시는 모두 1,144수로서, 고려시대의 작품으로서는 이색, 이규보에 이어 많은 편이다. 따라서 지금까지 원천석에 대한 연구는 주로 시문학 방면의 연구가 많은 편이며, 종교학, 역사학 방면에서는 그의 삼교일리론, 현실인식, 주자학 수용과 관련된 문제 등이 단편적으로 다루어져 왔다.[1]

이러한 연구 성과에 의해 원천석의 생애와 사상에 대한 이해가 어느 정도 이루어졌다. 그러나 그에 대한 연구는 아직까지 한정된 시각과 주제로 다루어져 왔기 때문에 원천석의 사상이나 그가 남긴 시문 자료를 통하여 여말선초의 사상사를 구성하는 본질적인 요소를 놓친 측면이 남아 있다. 잘 알다시피 그가 생애를 보냈던 고려에서 조선으로의 왕조 교체기는 사회적

---

* 신라대학교 사학과 교수
** 이 논문은『보조사상』26(2006)에 수록한 것을 본서에 재수록함.

1) 지교헌,「여말선초의 정치적 변혁과 운곡의 도학정신」,『청주교육대학논문집』17, 1980 ; 양은용,「원천석의 삼교일리론에 대하여」,『한국종교』11·12, 1987 ; 류주희,「원천석 연구-그의 현실인식을 중심으로-」,『박영석화갑기념 한국사학논총』, 1992 ; 임종욱,『운곡 원천석과 그의 문학』, 태학사, 1998 ; 이인재,「고려말 원천석의 생애와 사회사상」,『한국사상사학』12, 1999 ; 이인재,「고려말 원천석의 학문관과 지역활동」,『한국사상사학』15, 2000 ; 도현철,「원천석의 안회적 군자관과 유불도삼교일리론」,『동방학지』111, 2001.

인 변동만큼 삼국시기 이래 근 1000년간 사상계를 주도하였던 불교가 몰락하고 주자학을 중심으로 한 유교사회로 이행한 시기였다. 따라서 주자학이 고려사회에 수용되는 과정에서 유교와 불교의 상호 대응관계가 어떻게 드러나고 있는지, 주자학의 수용과 불교와의 관계는 어떠한지에 대한 해명은 이 시기 사상사의 중요한 과제라고 할 수 있다.[2] 또한 이러한 과제와도 연관되지만, 원천석의 문집에서는 불교관계 자료가 대단히 많은 분량을 차지하고 있음에도 불구하고 아직까지 문학 분야 이외에는 그 의미가 상대적으로 낮게 평가되고 있다고 생각된다.

그러므로 이 글에서는 기본적으로 원천석의 불교 이해와 불교계 교유의 양상이 어떠한지를 구체적으로 분석하고, 나아가 유불도 삼교일치로 표방되는 그의 유불관이 갖는 사상사적 의의가 무엇인지에 대해 살펴보고자 한다. 나아가 원천석의 불교 이해가 그 자신의 주자학 이해와는 어떻게 연관되는지, 또한 그것이 여말선초 사상사에서 갖는 의미가 무엇인지를 살펴보고자 한다. 따라서 이 글은 단순히 특정한 인물에 대한 개별 연구에 그치는 것이 아니라 대표적인 인물을 통하여 여말선초의 사상사 일반의 흐름을 이해하는 것에 보탬이 되기를 기대한다.

2. 불교계와의 교유관계와 불교 이해

원천석의 호는 耘谷이고, 자는 子正이며, 齋名은 陋拙齋이다. 그의 할아버지는 精勇將軍을 지낸 元悅이고, 아버지는 宗簿寺令을 지낸 元允迪이며, 그 자신이 원주 원씨의 중시조이다. 그는 정도전과 同年의 관계였다는 그 자신의 표현을 통하여 그의 나이 33세 때인 1362년에 과거에 급제한 것으로 보인다. 그는 진사시에 급제하였지만, 고려왕조에 출사하여 관직생활을 보

---

2) 이에 대한 연구는 다음의 글을 참고하기 바란다. 趙明濟, 「高麗末 士大夫의 佛敎觀」, 『한국중세사회의 제문제』, 한국중세사학회, 2001 ; 趙明濟, 「高麗末 士大夫의 看話禪 이해와 실천」, 『韓國思想史學』 16, 2001 ; 趙明濟, 「高麗末 사대부의 儒佛一致論과 그 의의」, 『민족문화논총』 27, 2003 ; 趙明濟, 「麗末鮮初 朱子學의 受容과 佛敎」, 『불교사연구』 4·5합집, 2004.

내지는 않았다. 그는 일찍부터 그의 고향인 원주의 치악산에 은거하여 일생을 보냈다.

그러나 그 자신이 직접 조선왕조의 태종이 된 이방원을 가르친 일이 있고, 그러한 인연으로 인해 후일 태종이 그를 방문하였으나 미리 소식을 듣고 산 속으로 피하였다고 한다. 또한 그 자신이 일찍부터 은거하였지만, 그가 결코 현실에 무관심하지는 않았다. 오히려 그는 끊임없이 당시의 정치적 현실에 깊은 관심을 갖고 있었고, 그러한 면모는 그의 문집에서 다양하게 드러난다.

이와 같이 은거라는 형태로 일생을 보낸 원천석의 삶은 그의 가치관이나 사상적 경향과도 밀접한 연관을 지니는 것으로 드러난다. 무엇보다도 그는 유학자로서의 면모만이 아니라 도교, 불교에 대한 깊은 관심과 이해를 갖고 있었다. 특히 그의 불교에 대한 관심과 이해나 불교계와의 교유 관계는 대단히 폭넓게 이루어지고 있었다.

먼저 그의 불교에 대한 이해 기반이 어떠한가를 간략하게 보기로 한다. 그가 남긴 자료가 대부분 시문 자료이기 때문에 구체적인 표현이 적으므로 일정한 한계가 있지만, 대체적으로 그의 불교에 대한 관심과 이해는 선사상에 집중되고 있다. 우선 그의 불교에 대한 이론적인 기반이 어떠한가를 보여주는 자료를 통하여 그가 『法華經』, 『金剛經』, 『楞嚴經』 등을 읽었던 사실을 확인할 수 있다. 그는 특히 『능엄경』의 주석서를 인용할 만큼 『능엄경』을 깊이 애독하였다.[3] 구체적인 자료가 적은 한계가 있지만, 이들 경전을 통하여 그의 불교에 대한 이론적 기반은 선사상에 대한 관심과 이해가 중심이라는 것이 잘 드러난다.

또한 그는 재물을 써서 寫經하는 것보다 자기 마음이라는 보배를 알기 바란다고 표현한다든지,[4] 각종 선의 표현을 자유롭게 시문에서 구사하고

---

3) 『耘谷行錄』 卷2, <靈泉寺法華法席勸化詩>(『韓國文集叢刊』 6, 166d) ; 『耘谷行錄』 卷3, <題趙奉善所述契內同發願十詠卷後二首>, 179c, "群公須諦聽, 十詠撮諸經, 少壯猶難保, 居諸況不停. 六塵撩妄想, 三毒蔽眞靈, 共入屠羊肆, 嗚呼醉未醒. 楞嚴疏云, 如羊入屠肆, 步步趨死地".

4) 『耘谷行錄』 卷2, <贈化經者>, p.166, "寫經爭欲費金銀, 曰種來生做佛因, 漸次磷緇成朽物, 必應流轉作浮塵, 大淳明藏絶名相, 少智慧人迷妄眞, 不省自家無價寶,

724

있다.5) 가령 2조 혜가나 육조 혜능 등 선의 역사나 조사의 기연에 대한 이
해를 자연스럽게 표현하고 있다.6) 아울러 그가 '前三三後三三' 화두, '정전
백수자' 화두, '無字' 화두를 구사하는 모습에서 그가 공안에 대한 이해가
깊고, 간화선을 실제 참구하였던 것으로 보인다.7)

　이와 같이 원천석의 불교 이해가 선사상을 중심으로 하고 있다는 사실은
당시 사상계의 경향과 일치하는 것이지만, 그의 생애나 가치관과도 일정한
관계가 있는 것으로 생각된다. 즉 그는 평생 향리에서 은거 생활을 하였고,
일찍부터 자녀와 아내를 잃는 등 개인적으로 인생의 무상감을 깊이 맛보았
다. 그러한 체험을 겪으면서 그는 불교적 무상감을 다양하게 표현하고,8) 더
욱이 육신의 질병을 종종 체험하면서 그러한 병의 원인에 대해 도의 뿌리가

　　讓勞心力數他珍".

　5)『耘谷行錄』卷5, <天台演禪者將赴叢林自覺林寺來過余觀其語默動靜甚是不凡雖
　　　當釋苑晚秋將是以復興其道臨別需語泚筆以贐行云>, p.207, "禪門絶名相, 闐闠本
　　　幽深, 祖脈傳台嶺, 宗風隔少林, 應吹無孔笛, 閑弄沒絃琴, 此別何須恨, 不同塵土
　　　心";『耘谷行錄』卷4, <六十吟二首>, p.189, "我生飄蕩又疏狂, 多病筋骸五紀强,
　　　已免風雷於世上, 更何氷炭到心腸, 無窮歲月難留滯, 有限肥膚莫毁傷, 但媿宣尼
　　　言耳順, 邇來聞見摠相忘. 學道無成寡所聞, 欲憑何事報明君, 一涯水石知涯分, 二
　　　世塵埃混世紛, 氣質敢希蓬瑗化, 性情常效邵雍云, 已於萬務忘筌久, 足以安心臥
　　　白雲, 康節集有性情吟".

　6)『耘谷行錄』卷3, <可能中德求詩>, p.179, "斷臂春麋兩祖翁, 法燈相續播宗風, 各
　　　承一處爲名號, 欲備三心了性空, 碧海更澄明月裏, 青山不動白雲中, 如斯境界人
　　　皆具, 須覓眞源要着功".

　7)『耘谷行錄』卷3, <送志曦上人遊方>, p.178, "志于西北又東南, 青布行縢緇布衫,
　　　江上葦莖將欲跨, 庭前柏樹已曾參, 恒修不二兼無二, 莫問前三與後三, 我亦他年
　　　尋訪去, 不知何處結雲菴".

　8)『耘谷行錄』卷1, <許同年仲遠以詩見寄分字爲韻二十八首>, p.136, "「苦」浮沈世
　　　間外, 山色無今古, 人心異朝昏, 實虛那足數,看君一首詩, 詞語何更苦, 君意重千
　　　金, 兒心輕一羽, 元無彼此分, 後塵如蟻聚, 且莫信毛皮, 所行無可取, 我生絶風流,
　　　獨行常踽踽, 把酒對青山, 隆然歌且舞";"「業 代金蓮」送君無日不懷君, 淸淚涓涓
　　　滿紅頰, 雖然兩地隔江山, 夜夜夢魂能跋涉, 兒家離別知幾何, 此別愁城最重疊, 倚
　　　欄搔首獨含情, 却嘆年來多惡業, 知君去作五陵郎, 花月樓臺心自愜, 休將新愛負
　　　前盟, 背信人難可追攝, 銘心歷歷省愆尤, 人自不能見其睫, 但願努力到龍門, 萬里
　　　雲衢穩跨躐";"「生」細審人間事, 悽然百感生, 升沈隨日在, 聚散似雲行, 但取生前
　　　樂, 何須世上榮, 此懷無處設, 聊寫寄眞情".

미약해서 세상 정에 끌리기 때문이라고 자책하기도 한다.[9] 따라서 그의 개인사나 체험, 나아가 은거라는 실존적 상황은 단순히 불교의 이론에 탐닉하기보다 실천적인 성향이 강한 선으로 관심이 쏠리게 되었던 것이 아닌가 한다.

그런데 원천석이 은거를 지향하면서도 평생 현실에 대한 강한 관심을 표명하였던 것과 마찬가지로 그의 불교관 역시 현실지향적인 측면이 드러나고 있다. 가령 그가 法華法席을 권하는 시에서 愛君憂國의 기원을 표현한다든지,[10] 西方九品圖를 그리고자 하는 까닭은 왕에게 축수하고 나라를 위해 복을 빌며 중생을 제도하기 위한 것이라고 한 데에서 잘 드러난다.[11]

이와 같이 원천석이 불교에 대한 이해가 깊고, 관심이 적지 않았던 만큼 불교계와의 교유도 폭넓게 이루어지고 있었다. 그러면 그가 교유한 승려는 당시 불교계에서 어떠한 종파와 인물이 중심이 되고 있는지, 나아가 그러한 교유관계에서 고려 말 사상사의 흐름과 관련하여 주목되는 경향이 무엇인가를 살펴보기로 한다.

먼저 그의 문집을 통하여 그가 방문하거나 머문 사찰로는 麻田寺,[12] 上院寺,[13] 松花寺,[14] 歡喜寺,[15] 寂用菴,[16] 圓通寺,[17] 萬歲寺,[18] 圓寂菴,[19] 文

---

9) 『耘谷行錄』卷3, <遷居二首>, p.183, "抱疾遷居誰使然, 道根微劣世情牽, 無聊藉草松陰下, 咄咄書空盡日眠. 欲學知言養浩然, 不堪憂病共纏牽, 老來世味消磨盡, 長短榮枯付一眠".

10) 『耘谷行錄』卷2, <靈泉寺法華法席勸化詩>, p.166, "發願重新佛法堂, 高甍突兀接雲岡, 祝釐君主千年壽, 裨補邦家萬代昌, 欲設香煙因慶讚, 仰憑檀越助弘揚, 莫論多寡皆隨喜, 同入蓮花大道場".

11) 『耘谷行錄』卷3, <願成西方九品圖詩>, p.171, "欲畫西方九品圖, 壽君福國濟迷徒, 禪家各發同生願, 毋惜毫毛計有無".

12) 『耘谷行錄』卷1, <遊麻田寺>, p.135.

13) 『耘谷行錄』卷3, <上院寺>, p.170.

14) 『耘谷行錄』卷5, <遊松花寺適主師出外待之而作>, p.209.

15) 『耘谷行錄』卷5, <代歡喜堂頭長老上按部公鄭擢詩四首>, p.211 ; 『耘谷行錄』卷3, <九月三日遊歡喜寺因慈親諱日>, p.177.

16) 『耘谷行錄』卷5, <遊寂用菴>, p.215.

17) 『耘谷行錄』卷1, <遊圓通寺二首>, p.144.

18) 『耘谷行錄』卷2, <宿萬歲寺>, p.156 ; 『耘谷行錄』卷5, <萬歲寺新竹>, p.204.

殊寺[20] 등이 있다. 그는 이러한 사원에서 교유하고 있던 승려들과 만나거나, 공부, 휴식, 여행, 치료 등의 장소로 활용하고 있었다. 이러한 면은 고려시기 지배층의 일상생활과 사원이 밀접한 관계를 갖고 있던 경향과 마찬가지임을 잘 드러내고 있다. 그가 교유한 승려에 대해 그 문집에서 확인되는 인물들을 정리하면 <표 1, 2>와 같다.[21]

<표 1> 원천석이 교유한 승려

인명	근 거	특징	비고
道境	次道境詩韻禪師之鑑 遊道境山齋 寄道境大禪翁丈室 道境大禪翁寄書云先生不幸去年哭子今又失主婦悲哀相 繼痛甚無極予懼其傷也推因果綴言爲詩以奉贈庶亂思而 紓哀也 (中略) 詞語切懇感於予心次韻奉呈四首 正月二十四日西谷張尙書亡道境作挽詞云 (中略) 次韻 次道境詩韻 二首乙卯年 次道境所示詩韻呈萬歲堂頭座下雙韻 遊道境 次偰刺史寄道境詩韻 次道境禪翁山居苦寒詩韻 遊道境寺次堂頭韻		131-132 135a 135b 140d 142b 157c 161b 162a 163a 163b 185a
辛社主	哭辛社主		132a
幽谷覺宏	幽谷宏師於上院寺朱砂窟之西峯新搆一菴名之曰無住嘉 其高絶作一首呈于宏上人 送雲遊子覺宏遊江浙幷序 幽谷宏師前以水芹見惠今復惠瓜詩以謝之 又謝沈瓜 答默言宏上人	나옹 계열	132a 150a 157a 157b 140c
覺林堂頭 圓通	次覺林堂頭圓通祝上詩韻		139b
白雲淵	次白雲淵長老詩韻 來詩有失婦之意		141d

---

19) 『耘谷行錄』卷1, <圓寂菴>, p.146.
20) 『耘谷行錄』卷4, <遊文殊寺>, p.193.
21) 원천석이 교유한 승려를 두 그룹으로 나눈 이유는 두 번째 그룹이 원천석으로부터 詩卷에 대한 글을 받았다는 공통점이 있고, 그것이 갖는 의미를 따로 설명하기 위해서이다.

允珠	送曹溪參學允珠遊嶺南詩幷序		142d
	二月有日曹溪參學允珠自嶺南來過(中略)次韻二首		140c
正宗	正宗禪者答日	일본선승	
聖松	聖松答日	일본선승	
全壽	全壽答日	일본선승	
僎其	哭僎其大選 去歲與宏幽谷讀書泉林寺		163c
禪豎	次曹溪長老禪豎贈丘大選詩韻		163d
省珍	興法大禪翁省珍以曹溪行脚文軫斯近兩人所著詩一軸走 价責予詩次韻奉寄 又		
歡喜堂頭	次歡喜堂頭詩韻 四首		172b
	次歡喜堂頭所贈詩韻		175d
	次歡喜堂大老詩韻		179a
	代歡喜堂頭長老上按部公鄭擢詩四首		211b
覺源	禪師覺源講法華經作一頌示予云孔聖雖菩薩猶成世諦門 一言金口說能度海無邊和成三絶呈似		173
杲菴	神勒和尚國一都大禪師杲菴寄頌云須彌山主感通知降賜 一條無節枝壽等蟾輪長不老能將柱杖任施爲奉答云	나옹 제자	173b
	借杲嚴韻又書師爲唱首		178c
笑嚴悟	送笑嚴悟師參方借牧隱韻		177b
寂峯圓	送寂峯圓師遊方		177b
志曦	送志曦上人遊方		178c
可能	可能中德求詩		179b
天台達義	送天台達義禪者赴叢林		185a
義澄	奉寄高達寺李大禪師 義澄		182a
信圓	送信圓禪者遊江南詩 幷序	나옹 계열	191c
靈泉堂頭	雨中謝靈泉堂頭送酒覺林住時也		203b
天台演禪者	天台演禪者將赴叢林自覺林寺來過(中略)臨別需語泚筆 以贐行云		207a
義圓長老	送義圓長老		207a
神照	寄奉福君神照大禪師		209b
雪峯丘	寄右街雪峯丘僧統		203a
	寄雪峯丘僧統		227a

　　<표 1, 2>에서 드러나는 바와 같이 원천석이 교유한 승려는 대단히 많으며, 그 가운데 무엇보다도 선승이 다수를 차지하고 있다. 사대부와 선승의 교유가 많은 것은 원천석만이 아니라 이색이나 다른 사대부의 경우에도 마찬가지이며, 여말선초 사상계의 흐름을 반영하는 것이다. 즉 당시 불교계에

728

서 선종이 주도적인 사상으로서 자리 잡고 있는 측면을 반영하는 것이고, 나아가 당시의 사대부가 관심을 갖고 있었던 불교사상도 역시 선사상이라는 측면을 반영한 것이다.

그리고 원천석이 교유한 선승 가운데는 도경, 환희당두, 각림당두 등 치악산 인근의 지역 사원의 승려들과의 교유가 많다. 그러면서도 신조와 같이 중앙 정계나 개경의 불교계와 밀접한 관계를 가진 인물도 적지 않으며, 특히 선승들의 경우 나옹계열의 인물이 적지 않다는 사실이 주목된다. 그와 나옹과의 직접적인 관계를 알 수 없지만, 간접적으로 그와의 관계가 있었고,22) 그의 문하인 각굉, 고암, 신원 등과 교유하였다.23) 나옹계열과의 교유가 다양하게 드러나는 것은 원천석만이 아니라 이색 등 당시 사대부 사회에서 두드러지게 드러나는 현상이다.24)

이러한 면은 사대부 사회에서 나옹의 사상적 영향력이 적지 않음을 반영하는 것이고, 이를 달리 말한다면 불교계 내에서 차지하는 나옹의 영향력도 적지 않음을 보여주는 것이라 할 수 있다. 그렇다면 종래 고려 말 선종계의 동향을 얘기할 때에 주로 태고보우에 치중된 평가를 내리는 문제에 대해 재고의 여지가 적지 않음을 반증하는 것이 아닌가 한다.

한편 위의 자료에서 또 하나 주목되는 사실은 당시 선승들의 유력이 성행되고 있었고,25) 그것이 중국에까지 가서 인가를 받고자 하는 현상이 지속되고 있었다.26) 특히 원천석의 문집에서는 1391년 무렵까지 이러한 현상이

22) 『耘谷行錄』 卷3, <讚懶翁眞>, p.174 ;『耘谷行錄』 卷1, <題懶翁和尙雲山圖>, p.139.
23) 『耘谷行錄』 卷3, <神勒和尙國一都大禪師杲菴寄頌云須彌山主感通知降賜一條無節枝壽等蟾輪長不老能將柱杖任施爲奉答云>, p.173.
24) 조명제, 「목은이색의 불교인식」,『한국문화연구』 6, 1993 ; 조명제,『高麗後期看話禪硏究』, 혜안, 2004.
25) 『耘谷行錄』 卷3, <送笑嚴悟師參方借牧隱韻>, p.177, "休將有限趁無涯, 燕坐觀空可以爲, 此去必應多所得, 還家說法問何時. 東坡云, 脚力盡時山更好, 莫將有限趁無窮";『耘谷行錄』 卷3, <送寂峯圓師遊方>, p.177 ;『耘谷行錄』 卷5, <送義圓長老>, p.207 ;『耘谷行錄』 卷5, <送行>, p.201 ;『耘谷行錄』 卷5, <送行借牧隱韻>, p.208 ;『耘谷行錄』 卷5, p.221 ;『耘谷行錄』 卷5, <送行>, p.225 ;『耘谷行錄』 卷4, <送行>, p.188 ;『耘谷行錄』 卷3, <送志曦上人遊方>, p.178.

이어지고 있음을 확인할 수 있다. 그렇다면 이러한 현상이 갖는 사상적 의미는 무엇일까.

14세기 이후 원을 중심으로 한 고려, 일본 등 동아시아 세계에서는 출판, 학술, 문화가 선승과 사대부를 통한 인적, 물적인 국제적인 교류를 통하여 형성되고 있었고, 새로운 선종문화, 주자학이 고려, 일본에 수용되고 있었다. 이러한 경향과 관련하여 고려, 일본의 선승들도 대거 원에 들어가 원의 지식인과 선승들과 활발하게 교류하고 있었다.

따라서 원천석의 문집에서 드러나는 선승들의 중국 유학도 그러한 양상을 반영하는 것이며, <표 1>에서 볼 수 있듯이 일본 선승과의 교류도 주목된다. 특히 원천석이 원주라는 지방에서 은거하고 있었던 점을 고려한다면 지방사회의 사대부와 일본 선승이 교류하는 현상은 자료의 부족으로 인해 고려와 일본의 선승간의 교류가 어떻게 이루어지고 있었는지 구체적으로

---

26) 『耘谷行錄』 卷4, <送信圓禪者遊江南詩幷序>, p.191, "淸風軒圓禪者, 溪月軒無學之門徒, 號曰寂峯, 蓋有志者也. 一日過予曰, 吾輩之所業, 專以遊江海涉山川, 尋師訪道爲事, 故有行脚之說焉. 吾師嗣法於懶翁, 吾於懶翁, 義當爲孫. 惟我先祖師普濟尊者, 越至正戊子, 入燕都參見指空. 庚寅秋, 到江浙參見平山. 壬辰夏, 到婺州參見千巖, 皆傳密付而來. 其五六年間, 遍參需語之處甚多, 人雖逝矣, 行脚之遺躅完然. 吾欲南遊, 一觀先師遊覽之跡, 以償平生之志, 卽今行矣. 予應之曰, 圓之言也是矣, 然其志則何哉. 切惟懶翁, 志于大道, 不憚道里之險阻, 單逾萬里, 參訪明師, 契明宗旨, 苟以是求之. 上人之志卽懶翁之志也, 上人眞勉之哉. 吾東方與中國相距道途雖遠, 方今聖天子之風化, 一視同仁, 四海衣冠文軌混一無間. 又復干戈已定, 一無道途之艱梗, 且上人之道與行俱有餘力, 三觀之理, 般若之用, 足乎已無待於外, 眞釋門之一法器也. 然則其於天下叢林, 到處何所不容乎. 若非窮究其敎深於慕道者, 不能也. 此去也非惟歸敬先師契悟之處, 實釋子得意行脚之秋也. 予所區區臨分之意, 安足盡言, 乃嘉其志壯其行, 書一詩以贐之. 蕭灑乎容儀, 恢弘乎識量, 一盂生計輕, 萬里歸心壯, 最早離塵埃, 不曾少鹽醬, 閩吳爲浪遊, 楚越亦閑放, 欲跨渡江蘆, 常携扶路杖, 宗風嗣阿誰, 普濟大和尙."
『耘谷行錄』 卷5, <送竹溪軒信廻禪者遊江浙詞幷序>, p.207, "三韓無學, 本寂二師皆懶翁門之秀者也. 翁信而待之異於衆, 及懶翁示寂之後, 一國禪流敬而致禮, 尊榮無對. 上人投於二師爲弟子, 而於懶翁, 義當門孫也. 蓋其學道修習, 從可知矣. 今欲遠遊江浙, 飛錫而去, 其意無他, 切欲參訪明師, 亦歸敬 懶翁舊遊之地也. 若用其有餘力之智力, 歷參天下善知識, 則必於無所得處有所得矣. 作短歌以贐行云 鷓鴣天. 布襪靑縢意趣深, 欲參天下大叢林, 隻條杖抹千峯影, 一片雲含萬里心, 無孔笛沒絃琴, 必應今去遇知音, 要看普濟曾遊處, 須向平山古道尋".

알 수 없는 상황에서 여러 가지 시사점을 준다. 다시 말해 이색의 경우와 같이 개경이라는 중앙 문화권만이 아니라 지방사회까지 일본 선승과의 교류가 이루어지고 있었다고 한다면 일본 선승과의 교류도 적지 않게 이루어졌으며, 고려 사상계에 대한 일본의 관심이 적지 않음을 반영한다고 하겠다.

한편, 14세기 말까지 선승들의 중국 유학이 이어지는 것은 원 간섭기 이후 고려 선종계에서 蒙山, 高峰의 사상적 영향에 의해 인가가 중시되는 경향이 유행하고 있었음을 반영한다.[27] 그러나 당시의 선승들이 중국에까지 가서 인가를 받고자 하는 것은 단지 사상적인 이유만이 아니라 현실적인 이해관계가 작용하였고, 고려 불교계를 주도하던 선종이 세속화, 형식화된 경향을 반영하고 있다. 따라서 중국 강남 지역과의 교류를 통한 새로운 모색이 별로 보이지 않고, 당시 몰락하고 있던 불교계의 한 단면을 보여주는 것이라 하겠다.

다음으로 원천석의 불교계 교유에서 상당히 많은 양을 차지하는 시권 관계 자료를 정리한 <표 2>에 대해 살펴보기로 한다.

<표 2> 詩卷 관련 자료

번호	시권의 저자	전거 및 내용	비고
1	谷溪	書谷溪卷 乙丑	163
2	泒源宗	泒源卷宗師	164a
3	無際海	書無際海卷	164a
4	高巖寧	書高巖卷寧師雙韻	165d
5	笑巖悟	書笑巖卷悟師	169a
6	明菴晤	書明菴卷晤師	169c
7	本寂空板	書本寂空板首卷	169d
8	忍菴	書忍菴卷	169d
9	元信淨	書元信卷淨師	170b
10	還源廻	書還源廻師卷	172
11	明菴聰	書明菴聰禪者卷	172a
12	貞菴信忠	書貞菴信忠侍者卷	172b
13	透空岑	書透空岑上人卷	172c
14	弘山恢	書弘山恢師卷	172c

---

27) 조명제, 「고려말 원대 간화선의 수용과 그 사상적 영향」, 『보조사상』 23, 2005.

15	無淨一	書無淨一禪者卷	173d
16	虛舟海	書虛舟海禪者卷	174a
17	驢井海	書驢井海禪者卷	174a
18	無門全	書無門全師卷	176d
19	明山澈	書明山澈師卷	176d
20	天中正揣	書天中正揣師卷	177a
21	寂峯	書寂峯禪者卷借牧隱韻二首	177a
22	月谷明	書月谷明師卷	178b
23	明峯月	書明峯月師卷	178b
24	照菴鏡	書照菴鏡師卷	178b
25	療菴瑛	書療菴瑛師卷	178c
26	璧峯性圭	題璧峯性圭中德卷	179b
27	越菴超	書越菴超上人卷	180a
28	袖隱椎	書袖隱椎上人卷	187d
29	鳴巖	書鳴巖卷	188a
30	寂音演	書寂音演師卷	188b
31	說菴	書說菴卷	188b
32	寒泉淸	書寒泉淸師卷	191a
33	晶菴旭	書晶菴旭師卷借張進士子儀韻	191a
34	無菴空	書無菴空師卷借牧隱韻	191b
35	智巖哲	書智巖哲師卷	191b
36	峯日信山	書峯日信山師卷	191c
37	平巖均	書平巖均師卷	191c
38	川源海琳	書川源海琳師卷	195b
39	寶峯琳	書寶峯琳師卷	197c
40	明菴珠	書明菴珠師卷	197c
41	淸裕海生	書淸裕海生上人卷	197c
42	琦峯海普	書琦峯海普禪者卷	197d
43	遍菴海彌	書遍菴海彌上人卷	198d
44	說峯演	書說峯演師卷	201b
45	目菴眉月	題目菴眉月師卷	202a
46	華嚴英	書華嚴英上人卷	202d
47	野翁田	書野翁田上人卷汀月軒	202d
49	履菴道	書履菴道上人卷	203a
50	日菴杲	書日菴杲師卷	203c
51	南峯師友	書南峯師友師	203c
52	珣巖玉	書珣巖玉師卷	203d
53	霧巖雲	書霧巖雲師卷	203d
54	天台義圓	次韻書天台義圓長老詩卷	203c
55	覺怡	書覺怡師卷號悅峯或悅道	204d

56	明菴照	書明菴照師卷	205d
57	和光熏	書和光熏師卷	208c
58	大素圓	書大素圓師卷	208d
59	水月潭	書水月潭師卷	220c
60	仁峯義	題仁峯義師卷	225a

<표 2>는 원천석이 지은 題詩卷詩 60수를 모두 정리한 것이다. 제시권시란 시권을 읽고 나름대로의 감상을 술회한 시이다. 여말선초 시기에 제시권시가 대량으로 저작되었기 때문에 문학사적으로 주목을 받고 있지만, 왜 이 시기에 시권이 대량으로 만들어졌는가에 대해서는 의문으로 남아 있다.[28] 성석린의 『獨谷集』에도 15편의 승려 제시권시가 있지만 원천석의 문집에 남아 있는 60편은 대단히 많은 분량이다. 그런데 사대부의 시권에 붙인 작품도 있지만, 이 시기 승려들, 특히 그 중에서도 대부분을 차지하는 선승들이 시권을 많이 남기는 이유는 무엇일까.

현재 전하는 시권이 전혀 없는 상태에서, 더구나 문학사를 전공하지 않는 필자가 이를 추론하는 것은 무리라고 생각된다. 다만 원대 이후의 중국 선종계의 동향을 통하여 일정한 추정이 가능한 것으로 보인다. 주지하듯이 송대에 이르면 선의 문학적 성격이 두드러지게 드러나는데, 이러한 경향으로 인해 사대부와의 교유가 확산되면서 교제의 수단으로 시문이 중시되는 방향으로 나아가게 된다. 나아가 선승들이 여기로서 회화를 즐기는 경향도 늘어나는 등 문학, 예술에의 애호는 남송대에 이르면 일반화되기에 이른다.

그런데 이러한 경향이 원대에 이르게 되면 더욱 확산되고 새로운 양상으로 바뀌게 된다. 즉 14세기 초에 이르면 『江湖風月集』이 편찬되는 데에서 알 수 있듯이 많은 선승의 詩偈를 모은 저작도 등장하고, 그 내용도 점차 세속화하여 일반의 시와 다르지 않게 되었던 것이다. 또한 이러한 경향은 주로 大慧派의 선승들에게 현저히 드러나고 있었다.[29]

이와 같은 현상은 남송대 이후 세속화된 선종계가 원대 이후 고착된 모습을 반영하는 것이다. 특히 그것이 대혜파를 중심으로 한 계열에서 현저하

---

28) 임종욱, 앞의 책, pp.171-176 참조.
29) 伊吹敦, 『禪の歷史』, 法藏館, 2001, 4, 5장 참조.

다는 사실은 당시의 선종이 사상적으로 새로운 면모를 제시하지 못하고, 오히려 점차 퇴락해가는 양상을 드러내고 있었음을 잘 보여준다. 따라서 고려 말에 이르러 선승들을 중심으로 시권이 유행하는 현상도 원대 선종계의 그것과 마찬가지 흐름을 보여주는 것이라 할 수 있다. 아울러 이와 같이 선문화가 불교계를 대표하는 단면과 함께 당시 선사상이 새로운 진전 없이 퇴락된 양상을 드러낸다는 사실을 반영하는 것이다. 이러한 면은 결국 사대부와의 교유가 고려 말에서 차지하는 위상을 잘 드러내면서, 다른 한편으로 불교계가 당시 주자학으로 대변되는 유교의 새로운 사상적 흐름에 대응하는 데에 있어 일정한 한계가 있음을 보여준다고 하겠다.

3. 유불일치론과 그 사상적 의미

고려 말기에 이르면 원 간섭기를 거치면서 심화된 정치사회적인 모순이 드러나면서 당시의 사대부는 사회개혁을 모색하였고, 그 이론적 토대로서 새로운 사상인 주자학을 본격적으로 수용하고 있었다. 주자학은 당 후반기 이후 天觀의 변화 등 새로운 사상이 등장하면서 신유학의 경향이 대두되고, 이어 송대에 이르러 등장한 다양한 신유학의 흐름을 계승하여 남송대 주희에 의해 완성된 사상이다. 그런데 요, 금, 원 등 이민족의 등장으로 인해 거의 전시기를 압박받고 결국 강남으로 후퇴하게 된 송의 시대적 환경은 그 지배층인 사대부로 하여금 강한 민족주의적인 경향인 華夷論을 제기하게 되었다. 또한 주자학은 그 사상체계의 형성과정 자체가 종래 수당대까지 전성기를 구가하던 불교와 도교 등에 대한 대결과정과 밀접한 관계가 있다. 따라서 주자학은 불교나 도교의 사상적 영향을 받으면서도 그들 사상을 이단으로 몰고 스스로를 정통으로 간주하는 논리를 내세웠던 것이다.

이러한 경향은 고려사상계에도 마찬가지로 나타나고 있었다. 고려 말에 주자학이 수용되면서 종래와 다른 불교 비판이 사대부 사회에서 점차 대두하고 있었다. 그러한 비판의 배경에는 물론 당시 고려사회의 개혁이라는 과제와 사원경제의 모순 등 불교계의 부패도 일정한 상관관계가 있었다. 그러나 사회개혁의 방향이나 방법의 차이, 정치적인 이해관계의 차이, 불교와의 관계 등 다양한 노선의 차이로 인해 사대부 사회도 단일한 노선만이 존재한 것은 아니었다.

그런데 종래 통설적으로 이해되고 있는 유불대립이라는 도식으로는 여말 선초의 사상사를 제대로 파악할 수 없는 것이 아닌가 한다. 당시의 사대부 는 불교 비판론보다 불교와의 관계를 유지하면서 불교의 가치나 이해를 폭 넓게 보이고 있었다. 그러한 경향은 유불조화론, 나아가 유불일치론까지 표 방되고 있었다. 원천석의 경우에도 그러한 사상적 경향이 적극적으로 제시 되고 있다.

가령 그는 유불도 삼교의 교류를 이상적인 것으로 설정하고 있는 虎溪三 笑에 관한 고사를 자주 거론한다든지,30) 그 자신이 선승과의 교유 관계를 거론하면서 유불 관계를 긍정적으로 묘사하고 있다.31) 이러한 모습은 당시 사대부에게도 자주 표현되는 정도의 수준이다. 그런데 원천석에게는 이러 한 유불조화론의 입장에서 더 나아가 유불일치론을 강조하고 있다.

---

30) 『耘谷行錄』卷2, <題三笑圖>, p.149, "同携蒼石路, 也任日將西, 一笑乾坤窄, 忘言 過虎溪"; 『耘谷行錄』卷4, <次山人角之詩韻四首>, p.200, "忽得新詩意轉深, 五 臺禪客偶來臨, 悠然驚斷煙霞夢, 怳若都忘塵土心, 氣焰高高虹萬丈, 詞源浩浩海 千尋, 程朱並轡吾何敢, 自愧愚蒙荷德音, 來詩有程朱幷轡之語故云. 道味何勞問 淺深, 早年南岳獨登臨, 羨師能究西來意, 愧我難專上達心, 白首塵埃何所樂, 靑山 水石擬追尋, 裁詩欲繼無生曲, 已斷琴絃絶至音. 來詩有無生一曲之句故云. 闃然 廬岳白雲深, 靖節先生每到臨, 三笑幾時相會面, 七言八句已知心, 石田茅屋身空 老, 溪月松風夢屢尋, 想得我師淸燕處, 寫經餘暇禮觀音. 釋儒交契古來深, 須要乘 閑肯暫臨, 支遁許詢能合意, 太顚韓愈亦傳心, 一篇所說堪爲誠, 千載遺風可復尋, 多感禪翁情懇款, 敬將詩律以傳音"; 『耘谷行錄』卷2, <次倪刺史寄道境詩韻>, p.163, "松風溪水俱設禪, 寥寥道境眞洞仙, 板閣翬飛白雲 外, 日斜松檻橫蒼煙. 禪 心炯炯竟不老, 廣布慈雲潤枯槁, 幸今相遇刺史賢. 爭賦新詩. 山中多感雨露偏, 眞 空亦有人情牽, 相從不愧支許輩, 虎溪一笑非無緣".

31) 『耘谷行錄』卷4, <題元伊川所示詩卷後>, p.199, "此軸乃木菴先生朴東雨, 簡甫 先生金坤釋恬軒愚公晦軒古鏡互相賡和, 成一軸. 又伊川漁隱韓先生子龍與太守素 堂元公相和, 成三十八首也. 儒釋同心友, 賦詩聊散憂, 共持鸚鵡盞, 每典鷫鸘裘, 氣逸裁雲筆, 心淸載月舟, 兩軒前拾得, 諸子後閭丘. 誌詩爲言志, 把酒要寬憂, 但 愛鵝黃酒, 何思狐白裘, 循山閑策杖, 觀水緩廻舟, 回首六朝事, 荒煙狐兔丘".

여여거사는 「삼교일리론」에서 이렇게 말했다. "세 성인이 함께 주나라 무렵에 태어나 바른 가르침으로 주장을 삼아 맹약하였다. 유교는 이치를 궁구하여 본성을 다하는 것으로 가르쳤고, 釋敎(불교 : 필자주)는 마음을 밝혀 본성을 보는 것으로 가르쳤으며, 도교는 참됨을 수련하여 본성을 단련하는 것으로 가르쳤다. 만약 집안을 가지런히 하고 몸을 다스리며, 임금을 올바로 이끌고 백성들에게 혜택을 주는 일로 말한다면, 이는 특히 유자에게 남은 일이다. 만약 정기를 아끼고 정신을 기르며 신선이 되어 날아올라 상승하는 이를 말한다면, 이는 특히 도가의 조적일 것이다. 만약 죽음을 넘어 삶을 초월하며 스스로를 이롭게 하고 남을 이익되게 하는 일로 말한다면, 이는 특히 釋氏의 방편이 될 것이다. 그 극점을 요약한다면 하나가 아님이 없다." 이를 좇아 살피건대 세 성인이 베푸신 가르침은 오로지 본성을 다스리는 데 있다. 이른바 극진히 하고 단련하며 드러나는 도에 있어서 비록 다소차이가 나지만 그 지극하여 확연하고 맑디맑은 곳으로 돌아가면 모두 한 가지 본성과 일치한다. 어찌 막히고 거리낄 바가 있겠는가? 다만 세 성인에게는 각기 문호가 있어 문하의 계승자들이 각자의 종지에 의거하여, 모두 자신은 옳고 남을 그르다는 마음으로 서로를 헐뜯고 비방하니, 더욱 각자의 가슴 속에 세 가르침의 본성이 밝게 갖추어져 있음을 모르는 것이다. 당나귀 탄 사람이 다른 당나귀 탄 사람을 비웃는 꼴이니 참으로 안타까운 일이로다! 이 때문에 절구 네 수를 지어 거사의 뜻을 잇노라.

사물을 꿰뚫고 몸을 닦아 이치의 현묘함을 다하고
마음을 극진하게 하고 본성을 알며 또 천명을 아네.
이로부터 천지의 조화를 칭찬할 수 있으니
달은 환히 밝아오고 바람은 시원히 불어온다.
온갖 오묘한 문이 현묘하고 현묘하니
참된 기틀 신비한 조화는 하늘에 응했도다.
면밀히 수행하여 희이의 경지에 이르렀으니
물빛과 산빛이 모두 고요하다.
하나의 본성이 둥글게 융화하고 십현을 갖추었으니
불법이 사바세계 두루하여 기운은 하늘에 가득
다만 이 참된 본체를 어떻게 말로 할까
푸른 바다 투명한 달빛이 함께 맑디맑구나.

세 가르침의 종풍이란 본래 어긋나지 않으니

시비를 견주고 다투는 꼴 개구리 울음이로구나.

한결같은 이 본성은 모두 막힘이 없으니

무슨 불교니, 유교니, 도교를 따지려는가.32)

먼저 위의 글에서 인용되고 있는 如如居士라는 인물은 남송말에서 원 초기에 걸쳐 활동한 顔丙을 가리키며, 최근 국내를 비롯하여 중국과 일본에도 그의 어록이 남아 있음이 확인되고 있다.33) 그는 대혜종고의 제자인 可庵慧然의 法嗣인 만큼 간화선을 통해 인가를 받은 선지식이기도 하다.34) 가암은 『大慧語錄』,『大慧普說』,『大慧書』등의 編者이기도 하며, 대혜 문하의 중진이다.

안병의 어록으로는 현재『如如居士語錄』(이하『여여록』이라 함),『重刊增廣如如居士三敎大全語錄』(이하『대전어록』이라 함)이 전하고 있다.『여여록』은 全7集으로 구성되어 있는데, 甲集과 乙集은 서문에 의해 紹熙 5년

---

32)『枯谷行錄』卷3, <三敎一理并序>, pp.174-175, "如如居士三敎一理論云, 三聖人同生有周, 主盟正敎. 儒敎敎以窮理盡性, 釋敎敎以明心見性, 道敎敎以修眞鍊性. 若曰齊家治身, 致君澤民, 此特儒者之餘事. 若曰齎精養神, 飛仙上昇, 此特道家之趨迹. 若曰越死超生, 自利利人, 此特釋氏之筌蹄矣. 要其極處, 未始不一, 由此觀之, 三聖人之設敎, 專以治性. 所謂盡之鍊之見之之道雖有小異, 歸其至極, 廓然塋澈之處, 皆同一性. 何有所窒礙哉. 但以三聖人各有門戶, 門之後徒各據宗旨, 皆以是已非人之心互相詆謷, 殊不知各人胸中, 三敎之性明然其在也. 騎驢者笑他騎驢, 良可惜哉. 因寫四絶, 以繼居士之志云.

「儒, 格物修身窮理玄, 盡心知性又知天, 從玆可贊乾坤化, 霽月光風共洒然.」

「道, 衆妙之門玄又玄, 眞機神化應乎天, 精修直到希夷地, 水色山光共寂然.」

「釋, 一性圓融具十玄, 法周沙界氣衝天, 只這眞體如何說, 碧海氷輪共湛然.」

「會三歸一, 三敎宗風本不差, 較非爭是亂如, 一般是性俱無礙, 何釋何儒何道耶.」".

33) 趙明濟,「高麗末 士大夫의 儒佛一致論과 그 意義」,『民族文化論叢』27, 2003 ; 許興植,「三敎語錄의 서지와 藏書閣本의 중요성」,『장서각』13, 한국학중앙연구원, 2005.

34) 안병은 대혜의 법맥을 계승한 인물이라는 점에서 주목되며, 아울러 그가 대부분의 생애를 福建지역에서 보냈다는 것도 흥미 깊다. 주지하듯이 주희도 복건 출신이나, 주희가 불교에서 유교로 전향했다고 한다면, 안병은 유교에서 불교로 전향했다고 할 만큼 상반된 길을 걸었다.

(1194)에 간행되었음을 알 수 있다. 庚集은 別集으로서 嘉定 5년(1212)에 편집, 간행되었다. 『대전어록』은 明初의 洪武 19년(1386)에 간행되었다. 이들 어록에서 대단히 주목되는 것은, 『여여록』의 丁集의 내용이 모두 頌儒敎門, 頌道敎門, 頌釋敎門이고, 『대전어록』卷上에는 三敎一致理論과 儒敎五十頌, 道敎五十頌, 釋敎一百則公案 등이 수록되어 있기 때문이다.

이러한 자료를 통해 안병이 제시하는 삼교일치론의 내용은 어떠한 것일까? 「삼교일치이론」에서 그는 유교의 '齊家治身, 致君澤民'이나 도교의 '嗇精養身, 飛仙上昇'이나 불교의 '越死超生, 自利利他'도 결국은 二義的인 방편에 지나지 않는 것이라고 한다. 따라서 삼교란 임시로 이름을 세운 것이고, 본래는 각인의 흉중에 혼연하여 하나인 것이라고 한다. 또한 이치만을 설하는 것이 아니라 결국은 실천하지 않으면 안 된다고 강조하면서, 장구성이 대혜를 만나 格物의 뜻에 대해 논한 것을 인용하면서 방편으로서 삼교의 구별을 세우는 것도 부정한다.

안병의 삼교일치론이 주목되는 것은, 이전의 중국불교에서 제기된 논리가 대부분 이론적인 것에 비해 안병의 그것은 보다 현실적이고 실천에 중점이 두어져 있다는 것이다. 그것은 그의 法祖父에 해당하는 대혜의 영향이 크게 작용하였기 때문이다. 그런데 대혜의 사상적 영향력이 대부분 사대부에게 미쳤던 것에 비해, 안병은 사대부 이외의 다양한 계층, 특히 서민층에게까지 관심의 대상이 놓여있다는 것은 대단히 주목된다. 이러한 면은 물론 안병의 선사상의 특징이 상대가 놓인 사회적 입장과 그 육체적 조건을 배려했던 것과 밀접한 관련이 있기 때문이다.

그런데 원천석은 안병의 「三敎一理論」을 인용하여 유교는 窮理盡性, 불교는 明心見性, 도교는 修眞鍊性으로 요약되며, 세 성인이 베푸신 가르침은 오로지 본성을 다스리는 데 있는 것으로 이해하였다. 다만 문하의 계승자들이 각자의 종지에 의거하여, 모두 자신은 옳고 남은 그르다는 마음으로 서로를 헐뜯고 비방할 뿐이지, 그 근본적인 가르침은 동일하다는 것이다. 즉 원천석은 유교, 불교, 도교가 지향하는 바는 궁극적으로 동일한 것이며, 그것을 교단적인 입장에서 상호 비방하거나 서로의 도에 대해서 올바로 이해하지 못하는 폐단을 지적하였다. 이는 당시 사상적인 대립을 염두에 두고 안병의 「三敎一理論」을 통하여 삼교일치론을 표방한 것으로 보인다. 다만 그의 글에서는 이러한 삼교일치를 주장하면서도 그 기본적인 시각은 불교를 본위에 두고 전개하고 있는 점이 주목된다.

나아가 그가 이러한 삼교일치를 주장하는 것 자체가 상대적으로 불교를 옹호하고자 하는 입장이 드러난다고 하겠다. 아울러 안병의 어록이 중국, 일본 선종계에서는 그다지 널리 읽히지 않았던 점을 고려해 볼 때 고려 사상계에서 주목된 이유는 무엇일까? 그것은 고려 말 유불관계의 새로운 변화에 대응하기 위해 불교에 호의적이었던 사대부계층에서 불교비판론에 대응하기 위한 논리를 표방하기 위한 것에서 출발하는 것이며, 이는 달리 말하면 삼교일치론에 대한 공감대나 인식이 공유되고 있었던 것을 반영하는 것이라 할 수 있다.

따라서 당시 불교 비판론에 못지않게 사대부의 내부에서는 유불일치론이 적지 않았음을 반영하는 것이 아닌가 한다. 나아가 안병의 선사상적 입장은 대혜에 의해 제기된 강한 실천적 경향과 관련이 있고, 무엇보다도 간화선을 선승만이 아니라 사회의 다양한 계층에까지 확산시키는 데에 관심을 갖고 있었던 점을 고려해 볼 때 고려 말 간화선을 중심으로 한 선의 확산과 관련하여 적지 않은 시사점을 보여주고 있다.

그런데 원천석의 삼교일치론은 그 자신만이 표방한 것이 아니라 당시 사대부계층에서 널리 수용되고 있는 논리였다.[35) 고려 말 사대부는 불교계가 갖고 있는 현실적 모순과 폐단에 대해서는 사원경제에 대한 문제를 중심으로 당시의 시대적 과제로서 인식하고 있었으나, 주자학에서 제기하는 바와 같은 이단 비판론에 입각한 차원에서의 문제제기는 일반화되지 않았다고 할 수 있다. 오히려 불교와의 교유나 불교에 대한 이해를 바탕으로 유불일치적인 경향이 넓게 공유되고 있었고, 그러한 인식이 서서히 제기되고 있던 불교 비판론에 대응하기 위한 차원에서 불교계와 공감을 갖고 추진되기도 하였다.

---

35) 주2)의 논문을 참조.

4. 주자학의 수용과 불교

　앞서 언급한 바와 같이 주자학은 그 사상적인 형성과정이 불교와의 대결 과정이었고, 그 결과 불교가 가진 한계를 극복하고 새로운 사유체계를 완성할 수 있었다. 그러나 다른 한편으로 주자학은 그러한 과정에서 불교의 사상적 영향을 받은 면도 적지 않다. 그런데 이러한 경향은 고려 말에 주자학이 수용되는 과정에서도 비슷한 맥락을 갖고 있다. 즉 당시의 사대부가 주자학이라는 새로운 사상체계를 수용하는 과정에서 불교적 세계관의 영향이 일정하게 드러나고 있다. 원천석의 경우에도 그러한 면모는 마찬가지이지만, 특히 다른 사대부와 뚜렷한 차별성을 갖고 있는 사례가 있어 주목된다.

　　"안회의 어리석음은 곧 나의 스승이네."[36]

　　"어질도다. 안회는 어떤 사람이건데 누항에 살며 도시락밥과 표주박 국에도 그 덕행이 뛰어났는가."[37]

　　"안회의 누항의 즐거움이여, 사람들은 근심을 견디지 못하지만, 나는 이제 즐거워할 뿐, 봄에도 해어진 무명옷을 있었다네."[38]

　위의 시는 元天錫이 顔回에 대한 흠모를 표현한 시이다.[39] 그렇다면 이러한 시를 통해 그가 지향하고자 한 이상적인 가치란 무엇이고, 그것이 갖는 사상적 맥락이란 무엇일까? 결론부터 말하면 안회가 이상적인 인물로서

---

36)『耘谷行錄』卷1, <書懷寄趙牧監>, p.130, "爲避紛然衆所譏, 束身端坐過危時, 由之行詐非吾儕, 回也如愚是我師, 與世升沈深有意, 較人長短獨無思, 憑誰共話心中事, 空對靑山憶舊知.".

37)『耘谷行錄』卷1, <行>, p.137, "君看貧富與賢愚, 出處非歡皆宿命, 大都爲惡受其殃, 積善應當有餘慶, 渠渠하屋食千鍾, 畢竟誠難保其性, 賢哉回也是何人, 陋巷簞瓢全德行".

38)『耘谷行錄』卷4, <再用韻擬古>, p.199, "回之陋巷樂, 人不堪斯憂, 我今聊樂耳, 衣弊木綿裘".

39) 안회와 관련된 표현은 다음의 시에서도 볼 수 있다.『耘谷行錄』卷1, <病中書懷>, p.133 ;『耘谷行錄』卷1, <耘老吟>, p.134 ;『耘谷行錄』卷2, <夏日自詠>, p.153 ;『耘谷行錄』卷2, <又謝沈瓜>, p.157 ;『耘谷行錄』卷3, <安都領兄惠稻石>, p.183.

부각되는 것은 송대에 이르러 부상된 聖人의 내면화와 밀접한 관련을 갖는다. 본래 성인이란 사람으로서 최고의 존재를 가리키는 말로『論語』,『孟子』등에서는 堯, 舜, 伯夷, 伊尹 등 역사상의 구체적인 이상인물을 성인으로서 받아들인다. 이후 시대가 내려오면서 공자가 성인화된다든지, 도덕적 완성자로서의 측면과 함께 민의 생활을 풍부하게 하는 유능한 王者의 측면이라는 두 가지 요소가 부각된다.

그런데 북송 이후가 되면 역사상의 성인들의 존재는 그대로 인정하면서도 서서히 성인의 개념에 순수하게 내면의 완전성만을 조건으로 하는 용법이 눈에 띄게 된다. 이러한 성인의 내면화 현상이 등장하면서 성인의 구체적인 예로서 강하게 의식되었던 것이 공자이고, 그와 동시에 성인에 이르는 한 단계 앞의 존재로서 제자인 顏回가 부각되었다. 공자는 제왕이 되지 않았고, 제왕을 성인의 조건으로 한다면 최초부터 문제가 되지 않고, 더욱이 안회는 누항에 있었던 무위무관의 이미지가 강한 인물이다. 공자에게는 선왕의 도를 후세에 전했다고 하는 특별한 공적이 인정되지만, 공자보다 일찍 죽은 안회에게는 그것도 없었다. 즉 안회의 단계를 통해서 성인에 도달하자고 하는 것은 성인을 단순히 내면의 문제로 파악하는 것이다.

이러한 안회에 대한 표창은 한의 揚雄과 당의 李翶 등에게도 보이지만, 이른바 '顏子好學論'은 주돈이의『通書』志學, 程頤의「顏子所好何學論」등이 그 대표적인 것이다. 특히 안회에 대한 현창이 갖는 의미는 후자에서 "그렇다면 顏子만이 좋아했던 학문이란 어떠한 학인가? 그것은 성인에 이르는 도를 배우는 것이다. 그러면 성인은 배우는 것으로 도달할 수 있는가? 할 수 있다."라고 하는 논리를 통해 단적으로 잘 드러난다. 이 주장의 근저에는 만인이 학문·수양에 의해 성인에 도달할 수 있다고 하는 聖人可學說이 자리잡고 있다.

특히 도학의 집대성자인 주희는 이러한 사고를 축으로 그 체계를 구축하고 있다. 그는『大學或問』에서 八條目의 최후에 위치하는 '治國'과 '平天下'는 천자와 제후의 문제이기 때문에 일반 사대부와 그 이하는 관계하지 않는 것은 아닌가? 라는 설문을 제시한다. 이에 대한 답으로서 그는 군자의 마음이 광대공평하기 때문에 천하의 일체의 것을 해야 할 직무가 있고, 그것도 자기의 내적 요구로부터 나온 것이라고 하고 각각의 직분을 통해서 천하의 안녕에 참여하는 것을 말한다. 따라서 聖人可學說에는 주자학의 근본적인 세계관의 변화가 집약되어 있고, 聖人이라는 개념의 변화에 어울리는 인물로서 안회가 등장하게 된 것이다.[40]

그러한 근본적인 세계관의 변화는 새로운 인간관의 등장, 즉 天譴論的인 주재자적 天觀, 天意에 원점을 둔 천인관에서 天理論的인 理法的 天觀, 理에 원점을 둔 천인관으로의 전환을 토대로 하며, 그것에 따른 상하의 차별이 운명적으로 고정하고 있다는 인간관으로부터 배우는 것에 의해 누구라도 성인이 될 수 있다(聖人可學)고 하는 열린 인간관으로의 전환을 의미한다.[41]

그런데 이러한 성인 개념의 내면화는 이미 도교나 불교를 통해 활발하게 제기되고 있었다. 가령 『涅槃經』에 기반한 불교의 悉有佛性(누구나 불성을 갖고 있다), 悉皆成佛論(누구라도 부처가 될 수 있다)은 그 전형적인 논리를 담고 있는 표현이다. 불교의 이러한 사조는 남북조시대에 서서히 일반화되고, 특히 중당 이후의 선종의 확대와 함께 정착해 갔다. 이러한 선종의 사상적 영향에 의해 도교에서는 당 吳筠의 神仙可學論이, 유교에서는 도학을 비롯한 성인가학론이 등장하게 되는 것이다.

따라서 북송 이후 도학이 등장하면서 모든 인간에 대해 완전한 인격에 이를 수 있는 가능성을 인정하는 것을 전제로, 도학은 마음에 모든 관심을 집중시키고, 내심과 외계의 관계에 문제를 좁혀 들어갔던 것은 불교로부터 받은 사상적 영향에서 비롯되었던 것이다.

도학 특히 주자학의 문제영역은 당시 지식인이 문제로 했던 전영역이라고 해도 과언이 아니지만, 그 핵심에 있는 것은 인간의 의식의 문제이다. 주자학의 장대한 우주론도, 사회와 역사에 대한 투철한 인식도 인간의 마음의

40) 關口順,「聖人」, 溝口雄三・丸山松幸・池田知久編,『中國思想文化事典』, 東京大學出版會, 2001, pp.91~96 ; 吾妻重二,『朱子學の新研究』, 創文社, 2004, 제2부 제1장 道學の聖人概念.
41) 溝口雄三,「朱子學の成立」,『世界歷史大系 中國史』3, 山川出版社, 1997 ; 溝口雄三,「中國近世の思想世界」, 溝口雄三・伊東貫之・寸田雄二郎 共著,『中國という視座』, 平凡社, 1995.

문제에 대한 해답을 배후로부터 보강하기 위한 것이었다고 말할 수 있다.[42)
또한 주자학의 도통론은 불교의 법통론과는 성격을 달리 하지만, 도의 내용
을 '道心'과 '人心'의 전으로 하는 것처럼 마음에 두는 점에서는 일치한다.

주자학을 형성하는 과정에서 주희는 이단으로서 무엇보다도 도교와 불교
를 배척하였지만, 도교와 불교를 초극하려 한 주희의 작업이 그러한 사상의
영역 밖에서가 아니라 도교와 불교를 지탱하는 사상적 토양 위에서 행해진
것이라는 점이 주목된다. 이는 달리 말한다면 주희를 정점으로 하는 도학의
사상운동이 가능하였던 것은 유교와 도교 및 불교를 포함하는 공통의 토양
이 있었기 때문일 것이다.[43)

따라서 원천석의 경우에서 볼 수 있듯이 안회에 대한 흠모의 표현은 성
인 개념의 내면화라는 현상이 고려 말 사대부에게 수용되고 있었던 양상을
단적으로 드러낸 것이다. 이는 곧 주자학이 표방하는 성인가학설과 마찬가
지 입장이 잘 드러나고 있다. 앞서 살펴 본 바와 원천석의 경우는 안병의
삼교일치론을 비롯한 유불일치론에 적극적으로 공감을 표시하고, 선승과의
다양한 교유나 불교에 대한 깊은 이해를 갖고 있었다.

그러므로 원천석에게 있어서 안회를 모델로 하는 성인 개념의 내면화라
는 현상이 드러나는 것은 유불일치론을 주장하는 경향에 가장 잘 어울리는
모습을 단적으로 드러낸 것이다. 아울러 불교계와의 폭넓은 교유, 삼교일치
론의 제시에서 보여지는 불교에 대한 이해와 지식은 그의 주자학 수용과 이
해에 깊은 영향을 미쳤던 것으로 이어진다.

---

42) 土田健次郎, 「道學と佛教・道教」, 『道學の形成』, 創文社, 2002.

43) 이러한 공통의 토양에 대해서는 荒木見悟가 송명대의 중국사상사에 대해서 本來
性과 現實性이라는 개념을 통해 전체적인 흐름을 분석한 바가 있다. 그에 의하면
송명시대의 유불 대립은 거의 완전히 중국화된 불교와, 그것을 부정적으로 초월,
극복하려는 유학의 대립이라는 형태를 띠고 있었다. 따라서 송명시대의 유불 대립
은 전체적이고 종합적인 중국사상의 발전운동으로서 파악되고 구명되어야 한다고
하는 주장은 공감되는 바가 크다고 생각된다.

5. 맺음말

여말선초의 사상사는 무엇보다도 불교에서 주자학을 중심으로 한 유교사
회로 전환되는 것이 그 주된 지표라고 할 수 있다. 종래 유불대립이라는 단
선적인 시각에서 탈피하여 근래 유교와 불교의 상호 관계, 나아가 불교가
사상적으로 몰락하게 된 원인 등을 규명한 성과가 제시되고 있다. 그 결과
여말선초 사상사의 흐름이 단선적이거나 결과론적인 해석이 아닌, 보다 역
동적이고 구조적인 해명의 방향으로 나아가고 있는 것으로 보인다. 따라서
불교사, 유교사라는 하나의 영역에 그치기보다 사상사라는 범주의 차원에
서 이 시기 사상의 흐름을 보다 입체적이고 구조적으로 분석하는 작업이 이
어져야 할 것으로 생각된다. 이 글은 그러한 시각에서 元天錫이라는 한 인
물을 통하여 여말선초 사상사의 흐름과 관련된 문제를 검토해 보았다. 그
내용을 간략하게 요약하면 다음과 같다.

첫째, 원천석은 선종을 중심으로 불교계와 교유하였으며, 불교에 대한 관
심과 이해도 선사상에 집중되고 있다. 그는 향리 원주를 중심으로 다양한
사원을 방문하고, 승려와의 교유도 폭넓은 양상을 보이고 있다. 그가 불교
와 교유한 배경에는 그 자신이 평생 향리에서 은거 생활을 하였고, 일찍부
터 자녀와 아내를 잃고 각종 질병으로 고통을 겪는 등 개인적으로 인생의
무상감을 깊이 맛보았던 것과 관계가 있다고 생각된다. 아울러 그의 개인사
나 체험, 나아가 은거라는 실존적 상황은 단순히 불교의 이론에 탐닉하기보
다 실천적인 성향이 강한 선으로 관심이 쏠리게 되었던 것이 아닌가 한다.
그가『法華經』,『金剛經』,『楞嚴經』등 주로 선과 관련된 경전에 관심이 많
고, 각종 선의 표현을 자유롭게 시문에서 구사하고, ‘前三三後三三’ 화두,
‘정전백수자’ 화두, ‘無字’ 화두 등 간화선에 대한 이해가 깊은 것에서 그러
한 면모가 잘 드러난다.

둘째, 원천석이 불교계와 교유한 경향은 당시 불교계의 상황을 반영하고
있다. 즉 사대부와 선승의 교유가 중심인 것은 당시 다른 사대부의 경우에
도 일반적인 것이었다. 즉 당시 불교계에서 선종이 주도적인 사상으로서 자
리 잡고 있는 측면과 당시의 사대부가 관심을 갖고 있었던 불교사상도 역시

선사상이라는 사실을 보여주는 것이다. 또한 당시 동아시아의 불교문화의 교류 양상이나 선승들이 인가를 받기 위해 중국에 대거 유학하는 현상에 대하여 원천석과 교유가 있던 승려를 통하여 확인할 수 있다. 특히 원주지역까지 일본 선승들이 찾아와 교유하는 사실은, 관련 자료가 부족한 상태이지만 고려와 일본의 선승간의 교류에 대해 여러 가지 시사점을 준다. 아울러, 당시의 선승들이 중국까지 가서 인가를 받고자 하는 것은 단지 사상적인 이유만이 아니라 현실적인 이해관계가 작용하였고, 고려 불교계를 주도하던 선종이 세속화, 형식화된 경향을 반영하고 있다.

이러한 경향은 원천석의 문집에 수록된 題詩卷詩 60수에서도 잘 드러난다. 여말선초에 선승들이 시권을 대량으로 남기는 이유는 구체적으로 알 수 없지만, 당시 선사상의 경향과 관련되는 것으로 보인다. 즉 송·원대의 그것과 마찬가지로 선의 문학적 성격이 두드러지게 드러나는 현상을 반영한 것이고, 달리 말해 선사상이 새로운 진전 없이 세속화되고 퇴락되는 양상을 반영하고 있다.

셋째, 원천석은 유교와 불교와의 관계에 대하여 유불일치론을 제시하고 있다. 그가 인용한 안병의 「三敎一理論」은 그러한 논리를 잘 담고 있다. 이 글을 통하여 그는 유교, 불교, 도교가 지향하는 바는 궁극적으로 동일한 것이며, 그것을 교단적인 입장에서 상호 비방하거나 서로의 도에 대해서 올바로 이해하지 못하는 폐단을 지적하였다. 아울러 그가 삼교일치를 주장하면서도 그 기본적인 시각은 불교를 본위에 두고 전개하고 있는 점이 주목된다.

넷째, 원천석이 주자학을 수용하고 이해하는 바탕에는 불교, 특히 선사상과의 관계나 영향이 적지 않았다. 이러한 경향은 특히 聖人可學說의 수용에서 잘 드러난다. 元天錫이 顔回에 대한 흠모를 표현한 시에서 드러나는 성인가학설은 송대 이후 부상된 聖人의 내면화와 밀접한 관련을 갖고 있다. 그런데 만인이 학문·수양에 의해 성인에 도달할 수 있다고 하는 聖人可學說이나 성인 개념의 내면화는 이미 도교나 불교를 통해 활발하게 제기되고 있었다. 따라서 북송 이후 도학이 등장하면서 모든 인간에 대해 완전한 인격에 이를 수 있는 가능성을 인정하는 것을 전제로, 도학은 마음에 모든 관심을 집중시키고, 내심과 외계의 관계에 문제를 좁혀 들어갔던 것은 불교로부터 받은 사상적 영향에서 비롯되었던 것이다.

따라서 원천석의 경우에서 볼 수 있듯이 안회를 흠모한 표현은 성인 개념의 내면화라는 현상이 고려 말 사대부에게 수용되고 있었던 양상을 잘 보여준다. 따라서 원천석의 경우, 불교계와의 폭넓은 교유, 삼교일치론의 제시, 불교에 대한 폭넓은 이해와 지식은 그의 주자학 수용과 이해에 깊은 영향을 미쳤던 것이다.

운곡 원천석의 불교 인식

심 재 관*

1. 이끄는 말

필자의 고향은 원주로, 梵學과 佛學을 본업으로 하고 있던 차에, 운곡의 학문세계를 논의할 수 있게 된 인연을 얻게 되어 남다른 기쁨이 있다. 『擇里志』에서 표현한 바, 원주는 산협이 있어 유사시에 피해 숨기 쉽고 무사할 때는 서울로 나갈 수 있는 까닭에 많은 사대부들이 이곳에 살기를 즐겨한다는 표현이 있는데, 원주에서 지냈던 역사속 隱逸의 인물들을 이러한 원주의 지리적 특성과 연계지었던 것은 비단 필자만의 생각이 아닐 것이다. 운곡도 필자의 머리 속에서 단순히 그러한 隱者로만 자리잡고 있다가 이번 기회에 다시 생각을 고쳐먹게 된 계기를 갖게 되었다.

필자가 여기서 논의할 바는 운곡의 불교인식이다. 이미 여러 학인들에 의해서 운곡의 전체적인 학문관이나 종교관이 어느 정도 그려졌고, 그 가운데 불교에 대한 운곡의 관점도 여러 곳에서 서술되었다. 따라서 이를 반복하는 것은 불필요하고 다만, 그의 불교인식을 포괄적으로 그려보되, 그 속에서 그동안 이루어진 논의들을 보완 또는 재검토해보는 기회로 삼고자 한다. 물론 운곡의 불교이해에 대한 독립적인 논문은 아직 등장하지 않았으나, 사실 운곡이 남긴 문집만으로는 그러한 연구가 나오기에 부족한 것이 아닌가 하는 생각도 드는 것이 사실이다. 이는 당대의 李穡의 경우와 달리, 그의 구체적인 불교 교학에 대한 평가나 수행에 대한 구체적 행적을 보여주는 글이 없기 때문이다.

* 금강대학교 불교문화연구소 연구원
** 이 논문은 『운곡학회연구논총』 1(운곡학회, 2005)에 수록한 것을 본서에 재수록함.

　운곡이 이해했던 불교가 어떤 것이었는가를 본격적으로 논하기 위해서
는, 고려 말의 중앙불교계의 상황과 당시 사대부의 전반적인 불교인식, 그
리고 원주 불교계의 상황을 그리되, 승려 諸人들과의 교류 상황과 고려의
원주 佛敎史跡 등을 통해 운곡에게 끼쳤을 원주불교의 역사문화적 지형을
탐색한 다음 개진해야 할 것이다. 그러나 이런 본격적인 작업은 차후로 미
루고, 우선 필자는 그의 시 속에 드러난 불교용어에 주목하고 이를 통해 운
곡이 이해했던 불교 교학의 일단을 아주 간단히 피력할까 한다.

2. 운곡의 불교관 일반

　불교일반에 대해 운곡이 가지고 있었던 생각이 분명하게 표현된 것은 嶺
南으로 떠나는 禪僧 允珠에게 주었던 시의 서문(1-112)과, 잘 알려진 바대
로, 운곡의 <三敎一理>라는 시의 서문(3-060)이다.
　앞의 시 서문을 약간 인용하면 다음과 같다.

　　(부처님의) 말씀을 저술한 것이 經이고, 보태어 이룬 것이 論인데, 그 道
　는 대개 孝敬에 근본을 두고 온갖 덕을 쌓아서 무위에 귀결시킨 것이다. 부
　연해서 가르쳐 세상에 전한 것을 두 가지로 나눈다면, 하나는 禪이고, 하나
　는 敎이다. 敎는 앞에서 말한 經과 論이고, 禪은 (부처께서) 49년 동안 삼백
　회가 넘는 법회를 가진 뒤에 최후로 靈山법회에서 꽃을 들어 보이셨는데
　가섭이 미소를 지은 것이다. 그때부터 인도의 47祖師와 중국의 23조사가 서
　로 전수하여 아무리 사용해도 끝이 없었다.……(지금 스님께서는)……담선
　회를 마치고 돌아가는 길에 어머니께 문안드리기 위해 천릿길을 멀다하지
　않고 찾아오셨으니, 이것이 어찌 孝敬에 바탕을 둔 행실이 아니겠는가.

　글에 나타난 바와 같이 운곡은 禪·敎에 대한 기본적인 이해가 분명하다.
拈花示衆의 선불교적 기원과 그 傳燈의 祖師禪脈, 그리고 경·논으로 구분
되는 교학의 정의도 분명하다. 그러나, 주목해야 할 것은 불교의 근본적인
취지(道)를 孝敬에 둔 점에 있다. 그리고 운곡은 그 例를, 윤주스님이 어머

니께 문안인사를 드리는 것에서 들고 있다. 비록 이러한 불교이해가 불교 본연의 근본적 도리는 아니라 할 지라도, 당대 불교에 호의적인 유학자가 불교를 이해하는 한 방식을 보여주는 것이다. 불교에서 효경을 도외시하는 것은 결코 아니지만, 佛徒가 세속의 인연과 절연하여 出家沙門이 되는 근본은 불교의 근본 취지 속에 효경이 있어서가 아니다.

당대 鄭道傳 등의 유학자들뿐만 아니라 중국을 비롯한 수많은 排佛論者들이 斥佛을 주장하는 이유 가운데 하나가 효경의 人倫을 불교가 저버린다는 것에 있었으므로, 운곡이 불교의 근본도리를 효경으로 평가한 것은 그만큼 운곡이 불교에 애정을 갖고 있었고 옹호하고자 했음을 반증하는 것이라 하겠다.

운곡은 그의 <삼교일리>라는 시에서 보다 분명히 불교의 근본취지를 밝히고 있다. 즉, "불교는 明心見性을 가르치고, 自利利人을 수단으로 한다(釋教敎以明心見性……自利利人 此特釋氏之筌蹄矣)"는 것이었다. 여기서 운곡은 불교가 마음의 본성을 깨닫는 종교라는 것을 분명하게 인식하고 있었으며, 上求菩提 下化衆生의 불교적 이상도 알고 있었던 것이다. 이와 같이 불교의 근본정신에 분명했던 운곡이 전자의 예와 같이, 효경을 불교의 근본으로 이야기했던 것은 가능한 유교와의 접점을 마련하고자 했던 취지에서 비롯된 것임에 분명하다.

이러한 종교학적 자세가 의도적이든 그렇지 않든, 운곡은 자신의 여러 시 속에서 유교와 불교와의 친화성을 그려내고 있다. 가령, 중국 唐代의 儒家와 佛徒였던 支遁과 許詢의 관계나 太顚과 韓愈의 예를 들면서 예부터 유교와 불교가 깊은 유대를 맺어왔음을 시 속에 표현하고 있는 것이다 (4-087-04).

3. 운곡의 불교세계에 대한 편력

1) 정토사상

운곡은 雲雨經 독송회나 水陸齋와 같은 기복적 불교행사 등에도 매우

호의적인 입장을 취하고 있는데, 이러한 입장은 서방구품도 제작과 같은 佛
事행위에도 동일하다. 그런데, 서방구품도 제작을 기리는 시(3-033/034)에서
특정한 불교이해를 보여준다. 그 시는 다음과 같다.

서방구품도를 그리려 하는 까닭은
임금께 축수하고, 나라 위해 복 빌며, 중생을 제도하기 위해서라네.
시주들이여! 모두 같이 태어날 願을 세우는 데에
털끝만치라도 아끼거나 있고 없고를 따지지 마시게.

西方淨土는 미묘 장엄해서
그 차례가 十六觀으로 나뉘어졌네.
바라건대 사람마다 彼岸에 오르시어
이 그림 이뤄지면 먼저 마음 속으로 보소서.

서방구품도의 제작에 앞서 운곡이 이 시를 지은 것을 놓고 운곡이 직접
이 구품도 제작에 참여한 것으로 보는 경우도 있지만,[1] 불화제작은 金魚나
畵員에 의해 전문적으로 불화제작의 儀軌를 수업한 후 가능하다는 일반 사
례를 고려할 때, 다시 고려해야 할 점이 아닌가 싶다. 불가에서 서방구품도
의 제작은 중요하고 규모있는 佛事의 하나이기 때문에 운곡이 사찰에서 이
루어진 이 불사를 앞두고 시를 지은 것으로 보인다.

중요한 것은 운곡이 이 시를 지으면서 『觀無量壽經』에 施說되어 있는 16
觀法[2]을 언급하고 있는 점이다. 16관법은 관무량수경의 핵심본문에 해당하

---

1) 도현철, 「원천석의 顔回的 군자관과 儒佛道 三敎一理論」, 『耘谷元天錫硏究論叢』,
   2001, p.209.
2) 『관무량수경』에서는 極樂往生의 구체적인 수행법으로 16관법을 말한다. 16관법 중
   에서, 제13관법까지는 극락의 여러 모습을 관상하는 수행법이고, 제14 상배관과 15
   중배관, 그리고 16 하배관 등은 根機를 달리하는 여러 부류의 중생에게 자신의 근
   기에 맞는 수행법을 제시하고 있다. 각 수행법의 차제는 다음과 같다 : 1) 지는 해
   를 생각하는 관(日想觀) 2) 맑은 물을 생각하는 관(水想觀) 3) 보배 땅을 생각하는
   관(寶地觀) 4) 보배 나무를 생각하는 관(寶樹觀) 5) 보배 연못을 생각하는 관(寶池
   觀) 6) 보배 누각을 생각하는 관(寶樓觀) 7) 연화대를 생각하는 관(華座觀) 8) 불상

750

는 正宗分 전체를 이루고 있는 내용인데, 이를 두고 운곡은 서방정토의 '차제상이 16관으로 나누어졌다'고 말한다. 이는 아미타불의 국토인 서방정토를 마음 속에 그리는 관상법의 자체를 말하는 것으로 그 경전의 근본사상인 정토사상과 수행법을 충분히 숙지하고 있었음을 시사하는 구절이다. 또한, '그림이 이루어지면 마음으로 보라'는 글귀는 그가 사찰의 主佛殿 후불탱화나 하단탱화에 걸리는 서방구품도가 어떤 의미를 갖는가를 알고 있다는 것을 말하는 것이므로 불화와 그 의미에 대해서도 충분한 지식을 갖고 있었다는 것을 짐작할 수 있다. 16관법은 천태종의 止觀수행과도 밀접한 관계가 있어 천태사상의 흔적으로도 볼 수 있지만, 이 시의 내용으로 볼 때, 정토사상이나 『관무량수경』의 내용을 전제로 노래한 듯하다.

2) 천태법화사상

정토사상에 대한 이해를 전제로 하고 운곡의 행적을 따라가면 우리는 그가 각굉스님을 두고 다양한 불법의 경지를 이룬 인물로 격려와 찬사를 보냄을 볼 수 있다. 특히, 굉스님을 두고 '般若의 도리를 얻고, 三觀의 이치를 좋아한 이'였다고 말하고 있다(2-010). 뿐만 아니라, 운곡은 나옹의 法孫인 信圓스님이 江南으로 운수행각을 떠나기 전에도 그를 동일한 말로 표현하고 있다(4-030). 이때, 운곡이 표현한 '삼관의 이치'는 천태교학에서 말하는 空, 假, 中의 삼관을 말하는 것으로 보인다.

삼관은 천태종의 敎義와 實踐의 골격을 이루는 법문으로, 불법의 실천과정을 압축적으로 표현한 것이다. 말하자면, 空觀은 현실세계가 갖는 허망한 의미의 세계를 초월해서 空을 깨닫는 것이고, 假觀은 체득한 그 깨달음을 토대로 다시 허망한 현실세계로 돌아와 중생을 교화하면서 수행을 익혀 나간다. 공의 깨달음(공관)과 현실세계 내에서 중생의 제도(가관)는 수행자에게 필수적이지만, 한쪽에 치우치기 쉬우므로, 중관에 이르러야 한다. 따라서

___
을 생각하는 관(像想觀) 9) 진신을 생각하는 관(眞身觀) 10) 관세음보살을 생각하는 관(觀觀) 11) 대세지보살을 생각하는 관(勢觀) 12) 자신의 왕생을 생각하는 관(普觀) 13) 정토의 잡상을 생각하는 관(雜觀) 14) 상품극락을 생각하는 관(上輩觀) 15) 중품극락을 생각하는 관(中輩觀) 16) 하품극락을 생각하는 관(下輩觀) 등이다.

中觀은 앞의 공관과 가관 두 입각지 사이에 놓여진 불법실천의 긴장을 균형감각을 갖고 실천해나감을 말한다. 이를 간단히 空假中 三觀이라고 한다.

물론 기타 종파나 경전에 의해 다른 맥락의 삼관을 제창한 경우가 있을 수 있으나, 필자가 운곡이 말한 '삼관'을 천태의 그것으로 추측한 것은, 천태교학에서는『관무량수경』과 그 경전의 주석서들을 통해 정토실천법을 펼치고 이 속에서 삼관이 해석되기 때문이다.『관무량수경』은 이미 운곡에게 익숙했던 경전이 분명하므로 그가 말한 삼관은 천태의 그것으로 볼 수 있을 것이다. 이러한 추측은 다시, 운곡이 원주 靈泉寺에서 이루어진 法華法席에 대해 勸化詩를 쓴 사실로(2-110), 더 굳어진다. 이 법화법석은 단순한『법화경』강의가 아닌, 이미 앞 시대에 이루어진 了世(1163~1245)스님에 의한 천태종 法華結社가 제 사찰의 법석에 미친 결과 위에 있었던 것으로 보인다.

하지만, 운곡이 천태법화사상의 핵심에 분명한 인식을 가지고 있었다는 점은 그가 천태교학의 핵심어인 會三歸一을 사용하고 있다는 점에서 알 수 있다. 이 말은『법화경』의 제2方便品에서 유래한 말로서, 회삼귀일이란 三乘을 모아 一乘으로 돌아간다는 뜻이다. 다시 말해, 四聖諦에 의하여 깨친 聲聞과 12緣起를 이해함으로써 깨우친 緣覺과, 그리고 6波羅蜜을 닦아 성불한 보살이 모두 불타의 최고 진리에 포섭된다는 것이다.『법화경』에서 유래한 이 가르침은, 기존에 다양한 방법을 통해 진리(또는 불법)을 추구해 온 경지들이 모두 하나의 方便들로서 최상의 가치를 가지고 있음을 말한 것이다. 따라서 이 말 속에는 모든 가르침들이 평등함을 전제로 하고 있다.

운곡은 이러한 천태법화사상의 취지를 잘 알고 있었기에, 회삼귀일이란 이 단어를 유·불·도 삼교의 가르침에 빗대어 말한다. 잘 알려진 바와 같이 운곡은 如如居士의 三敎一理論에 기대어서 유교와 불교와 도교의 근본 가르침이 다르지 않고 그 가르침들이 궁극적으로는 하나라는 자신의 종교관을 분명히 내보인다(3-060). 불교의 삼승이 모두 하나의 진리로 포섭되듯, 이 유·불·도 삼교의 가르침도 그 근본이 같다는 것을『법화경』의 언어인 회삼귀일로 표현한 것이다. 자신의 종교관을 불교용어를 빌어 한마디로 압축해냈던 것이다.

그 외에 "一乘에서 三乘이 나눠지고, 三心이 一心으로 포섭된다"는 등의 천태사상을 드러내는 이러한 글귀나(4-089-02), "普門으로 나타나는 건 영감에 달렸다기에 나무관세음을 염한다"(5-115-02)는 만년의 싯귀는 『법화경』의 「觀世音菩薩普門品」을 상기시키는데, 이는 그의 천태사상이나 법화경에 대한 깊은 이해를 시사한다.

이러한 여러 단서들로 짐작해 볼 때, 운곡은 천태법화교학에도 상당한 조예가 있었던 것이 분명하다.

3) 화엄사상

한편, 운곡이 보여준 삼교일리론의 詩句 가운데 불교의 덕을 노래하면서, 불교의 가르침은 "하나의 원융한 성품이 열 가지 묘리를 갖추고 있음(一性圓融具十玄)"을 보이는 것이라 말한다(3-060-03). 十玄은 분명히 華嚴철학의 용어이다. 화엄학에서 보자면 우주의 모든 존재나 사건은 독립적으로 발생하거나 성립되지 않는다. 모든 존재와 사건은 서로가 서로를 받아들이고(相入) 하나가 되어(相卽) 진행되며, 이로써 圓融無碍한 無盡緣起를 이루고 있다. 그러니까 하나의 사건은 무수히 많은 인연 속에서 발생한 우주 자체이며, 그 사건은 그대로 또하나의 우주적 사건을 발생시키는 조건이 되는 것이다. 이것을 간단히 法界緣起라 부른다. 여기서 십현, 또는 十玄緣起는 세계가 끝없이 연기적으로 발생함을 설명하는 화엄의 法界緣起를 보다 더 구체적으로 설명하게 있는 핵심적인 말이다.[3]

다시 운곡은 이러한 화엄의 세계를 璧峰의 詩에서 발견한 듯 '화엄의 바닷물에 환하게 담궈 냈으니 體와 相을 말하기 어렵고 쓰임도 끝이 없네'(3-101)라고 노래하고 있다.

또한 운곡의 시에서 가끔식 보이는 寂用이라는 말도(5-108, 5-164) 그가 탐색했던 화엄학의 단면을 시사한다. 이 말은 眞如의 모습이 여러 차별상의 모습을 떠나 고요한 상태의 모습으로 있으나 그 선량한 쓰임이 중생을 이롭

---

[3] 十玄門을 열거하자면, 同時具足相應門, 廣狹自在無碍門, 一多相容不同門, 諸法相卽自在門, 隱密顯了俱成門, 微細相容安立門, 因陀羅網境界門, 託事顯法生解門, 十世隔法異成門, 主伴圓明具德門 등이다.

게 하는데 결코 부족함이 없다는 자유자재한 경지를 말하는 것이다. 『화엄경』의 「賢首菩薩品」에는 10가지의 三昧가 설해지는데 그 가운데 寂用無涯三昧가 설해지며, 『華嚴經疏』에서는 遮那佛身이 갖춘 10종 無礙 가운데 하나로 寂用無礙가 설해진다.

운곡이 '寂用菴'이란 사찰에 들러 그 암자의 이름을 풀면서 '寂用의 공부가 곧 禪'(5-108)이라 말한 것이나, 후에 또다시 그 사찰의 丹靑불사를 둘러보면서 '적용의 공부가 성품을 구하는 것'(5-164)이라고 읊은 것은 화엄경 속에 함장된 그 단어의 의미를 충분히 이해하고 있었던 것이라 짐작된다.

4) 禪佛敎의 이해

운곡이 읽었던 불경은 여러 가지가 있으나, 충분히 그가 읽었을 것으로 추정되는 『圓覺經』이나 『大乘起信論』, 『華嚴經』을 제외하고라도, 분명히 그의 탐독의 대상이 된 것들만 뽑자면 『楞嚴經』과 『維摩經』, 『法華經』, 그리고 『金剛經』[4] 등을 꼽을 수 있다. 이것은 대체로 선불교의 所依經典에 해당하는 경전들이다. 특히 『능엄경』류는 고려 말 사대부에게도 널리 애독되었던 것으로, 그러한 사례는 운곡뿐만 아니라, 李穡, 鄭夢周, 鄭樞, 權近, 李崇仁 등도 폭넓게 읽었으며, 척불의 선도에 섰던 鄭道傳 또한 이 경을 접한 바 있다. 조명제가 논문에서 밝힌 바 있듯이, 이러한 『능엄경』의 유포는 당대 고승이었던 나옹의 영향으로도 볼 수 있다.[5] 나옹과 그 문하승들이 특히 이 경을 중시하였는데, 太古화상보다는 나옹의 법맥에 더 친밀함을 가지고 있었던 운곡으로서는 당대에 유행하던 이 경전의 친밀감을 가지고 있었을 것이다.

이러한 경전을 통한 선사상의 이해뿐만 아니라, 운곡은 그의 시 속에서

---

4) 실제 이 경전에 대한 구체적인 증거는 없다. 학자들이 이 경전을 운곡의 불경 탐독 목록에 포함시킨 것은 노승인 吳翊스님을 만난 후 지은 시(2-068) 때문이다. 운곡이 그 시에서 오의스님의 건강이 좋을 것을 스님이 금강경을 수지독송한 까닭으로 말한 것이다. 그러나, 운곡이 금강경을 읽지 않았다면, 그런 헌사를 바칠 수 있었겠는가.

5) 조명제, 『고려후기 간화선의 수용과 전개』, 부산대 박사학위논문, 2000, p.141.

여러 가지의 實參修行을 위한 話頭를 남기고 있다. 화두는 그 자체로는 글의 의미를 갖고 있는 것이 아니라, 사량분별의 습관을 오히려 궁지로 몰아가서 순간적 득오의 경지를 이끌어내는 수행의 한 방편이다. 따라서 화두는 그 자체로 무의미하며, 글의 의미를 따져서는 별 소득이 없는 문구이다. 익히 알려진 조주선사의 '無'자 화두를 비롯해 '이뭣고', '萬法歸一 一歸何處(모든 것이 하나로 돌아가는데 그 하나는 어디로 돌아가는가)' '麻三斤(삼서근)' '뜰 앞의 잣나무'가 대표적 화두이다.

운곡의 시 속에는 예를 들면, '뜰 앞의 잣나무(庭前栢樹子)'나 '앞의 셋과 뒤의 셋(前三三後三三)'(3-094), '무(無字)' 등의 화두가 그것이다. 이러한 화두는 역시 당대의 사대부들이 선승으로부터 받아 수행한 사례들이 있기 때문에 운곡이 자신의 시 속에 이 화두들을 표현했던 것은 당연해 보인다.

문제는 운곡이 실제로 화두를 들고 실참수행을 했는가 하는 점인데, 이는 입증할 어떠한 글귀도 필자로서는 찾아볼 수가 없었다. 적어도 실참을 했다면 그 심리적 정황이 당연히 그의 시 속에 표현되어야 하는 것이 마땅할 터인데, 수행의 상황이나 심정을 토로한 시구는 발견되지 않는다. 일부 연구자들은 당연히 고려 말의 일부 사대부들이 실지로 화두참구했던 정황을 들어 운곡도 그러할 것이라 판단하지만,[6] 이는 다소 심사숙고해야 할 점으로 보인다.

사대부들이 실참을 했는가는 개개인의 성향의 문제이며, 비록 그들이 어떤 종류의 公案이 있고, 그 공안들이 어떠한 사연하에서 등장했는지는 알 수 있어도, 공안은, 말한 바처럼 그 문장 자체로는 무의미한 것이기 때문에 '이해'의 대상은 아닌 것이다. 따라서 필자는 운곡이 화두실참을 했다기 보다 다만, 당대의 선수행의 풍조를 잘 이해하고 승려들이나 사대부들이 참구했었던 화두의 종류를 알고 있었던 것이 아닌가 생각된다.

그렇지만, 비록 운곡의 시구 속에서 그의 실참수행의 흔적이 나타나지 않는다고 해서, 운곡이 선불교의 취지나 정신을 몰랐던 것은 결코 아니다. 오히려 그의 시 상당수는 禪的인 분위기로 가득하다. 특히 그가 승려와 주고

---

6) 도현철, 「원천석의 안회적 군자관과 유불도 삼교일리론」, 『운곡원천석연구논총』, 2001, 원주문화원, p.207 ; 조명제, 앞의 논문, p.143.

받은 시나 승려의 시집을 읽은 후 썼던 시들은 禪詩의 냄새가 물씬 풍긴다.

그가 자신의 시 속에 남긴 교학의 언어들을 통해 볼 때, 그가 선불교나 교학에 밝았던 것뿐만 아니라, 그것들이 그 정신 속에서 깊은 歸依處가 된 것은 사실이다. 하지만 李穡 등의 경우와 같이 화두실참의 흔적이 분명히 드러나지 않는 것은 운곡 자신의 성향 때문이 아닌가 생각된다.

4. 맺음말

『耘谷詩史』만으로는 운곡이 이해한 불교의 전모를 이해하는 것이 불충분하지만, 그 속에서 그가 선택한 불교적 是語만을 통해 보더라도 운곡이 폭넓게 佛典을 섭렵했으며 그를 통해 깊이 있는 불교이해에 이르렀음을 짐작할 수 있다.

불교의 근본 취지를 정확히 인식하고 있었으며, 禪敎 양면에 모두 섭렵해 있었다. 운곡은 교학적으로 淨土와 天台, 華嚴 계통의 典籍들을 많이 접했던 것으로 보이며, 禪佛敎의 소의경전도 두루 섭렵했던 것으로 보인다.

특히 천태교학에 깊은 이해를 가졌던 것으로 나타나는데, 이는 천태교학 자체가 갖는 세련됨과 체계성이 운곡의 前代에 왕실과 사대부에게 큰 영향을 미쳤고, 이러한 사상적 경향이 운곡에게 그대로 계승된 것이 아닌가 생각된다. 뿐만 아니라, 운곡이 접했던 천태종 승려, 특히 達義스님(3-145)과 高達寺에 있었던 義澄스님(3-122), 각림사에서 만난 演스님 등을 고려할 때, 그가 천태교학에 깊은 이해를 가질 수 있었던 것은 우연이 아닐 것이다. 또한 천태종의 소의경전인『法華經』을 읽었던 것에서도 천태교학과의 친밀성을 드러내는 것이다.

물론 운곡은 고려 말 크게 흥성한 선불교의 유행 속에 있었고 특히, 太古와 懶翁으로 대표되는 禪風의 영향 속에 있었다. 운곡은 태고보다도 나옹 계열의 승려들과 훨씬 자주 접했던 것으로 보이는데, 이것은 나옹이 갖는 태고계열 승려들이 갖는 정치적 상황을 나름대로 고려한 것일 수 있다. 이러한 선종 계파에 대한 운곡의 선택은 단순히 정치적인 고려를 떠나, 그의 학문적 성향과도 일정한 관계가 있을 수도 있다. 왜냐하면 비록 나옹은 臨濟禪의 맥을 잇고 있지만, 指空으로부터 또다른 사상적 계보를 잇기 때문이다. 지공의 영향 때문에 나옹의 계열은 참선뿐만 아니라 교학과 계율도 함께 수학하는 것이 강조된다.

운곡이 선불교와 교학 모두에 이러한 조화로운 태도를 보였던 것은 이러한 불교계의 경향과 일정한 관계가 있을 것이다.

운곡 원천석과 주변 사원과의 관계
―그의 정토신앙과 관련하여―

김 혜 완*

1. 머리말

여말선초는 신흥사대부가 주도가 되어 조선을 건국해 가는 과도기이다. 신흥사대부는 지방의 향리가문 출신으로 보통 성리학을 사상적 기반으로 하고 자신의 향촌사회에서 중소지주로서 토지를 소유하며 일부 손수 경작을 하여 생활하였다고 한다.

보통 신흥사대부라면 성리학을 사상적 기반으로 하기 때문에 불교에 대하여 부정적인 입장을 가진 것으로 생각하기 쉬우나 대부분 신흥사대부들의 불교에 대한 비판은 교리자체가 아니라 과도한 신앙생활, 과도한 佛事로 인한 사회적 문제와 일부 불교사원의 막대한 사원전의 소유와 당시 세력가들이 소유한 사원전을 가장한 농장 등 국가 경제에 역기능하는 부작용이 그 대상이었다. 더욱 일부 사대부들, 즉 급진사대부들의 불교배척은 위화도회군 사건 이후 적극적인 조선건국의 준비단계 중 정치적 목적에서 시도된 것으로 볼 수 있다.[1]

고려의 유학자들은 고려 전기부터 유불조화적 입장을 견지하고 있었고 유교와 불교 상호간의 공존을 자연스럽게 받아들이고 있었다. 이는 보통 유학자들이 승려의 비문을 찬술할 경우 불교에 대한 상당한 지식을 갖고 있었

* 운곡학회 연구부장

1) 李廷柱, 「사상가로서 鄭道傳의 새로운 모습―불교계의 교류와 '心問天答' 속의 反功利思想―」, 『한국사학보』 2, 1997, p.148.

던 점에서 손쉽게 알 수 있다.[2]

대표적 고려 말 척불론자인 정도전은 「佛氏雜辨」을 찬술하였고, 金貂는 斥佛上疏를 통하여 불교교리에 대해서도 격렬한 척불논리를 폈으나[3] 이런 척불론도 해박한 불교에 대한 지식이 없으면 불가능한 것이었다. 더욱 신흥 사대부들의 경우 지방사찰에서 독서를 하며 자연스럽게 승려들과 교유하였던 점은 신흥사대부들이 당시의 불교사상과 불교계에 대해 많은 이해와 지식을 갖고 있었다는 것으로 정도전도 척불론 이전에는 많은 승려와 교류를 하였음이 확인된다.[4]

耘谷 元天錫은 원주지방의 토호 출신으로 국자감시 급제 후 관직에 나아가지 않았음으로 士大夫라는 용어보다 新興士類에 속한다고 할 수 있다. 그가 남긴 『耘谷詩史』에는 운곡 원천석(이하 운곡)이 22세(1351년)부터 65세(1394년)까지 43년간 원주에서 생활하고 주변 인물 즉 가족, 친척, 승려, 목백 등 지인들과 교유하면서 남긴 詩 1,144수가 실려 있다. 이 시기는 공민왕 이후 우왕·창왕·공양왕·조선 태조 이성계가 집권하던 소위 여말선초의 격동기였다.

『耘谷詩史』에는[5] 고려 말의 지방사회의 피폐한 농민의 모습, 당시의 풍속, 농사 등의 구체적 생활모습과[6] 운곡이 원주지방에서의 전현직 관리, 유교지식인인 신흥사류, 승려와 교유하면서 나눈 詩를 통해 당시 운곡이 가졌던 儒佛一致, 三敎一理사상 등 유교, 불교사상 등이 실감 있게 연대순으로

2) 대부분의 고려의 승려비문은 유학자 관료들에 의해 찬술되고 있다.
3) 宋昌漢, 「金貂의 斥佛論에 대하여－공양왕 3년의 上疏文을 중심으로－」, 『大丘史學』 27, 1985 참조.
4) 李廷柱, 앞의 논문 참조.
5) 『韓國文集叢刊』 卷6에는 『耘谷行錄』이라 되어 있으나 朴東亮은 「耘谷行錄詩史序」에서 연대순으로 묶었다는 이유에서 詩史라고 하였다고 한다. 이에 따라 '耘谷詩史'라는 제목으로 호칭한다. 이 글에서는 원주문화원에서 2001년 출간된 이인재·허경진 공역, 『耘谷詩史』를 저본으로 하였다. 또한 원문과 번역문을 인용할 때에도 『耘谷詩史』에 나온 권수와 詩번호를 그대로 인용하고자 한다. 왜냐하면 그것이 시의 연대순을 표시하기 때문이다.
6) 『耘谷詩史』 序-001 참조. 朴東亮은 「耘谷行錄詩史序」에서 『耘谷詩史』를 당시의 풍속을 살피려는 자들이 반드시 보아야 할 책이라 밝히고 있다.

표현되어 소위 '詩史'로서의 모습을 갖추고 있다.

이번의 주제는 운곡이 원주에서 생활하면서 주변 사원과 어떠한 관계를 유지했나를 알아보려는 것으로 운곡이 일상생활에서 사원과는 어떠한 관계에 있었고 이런 가운데에서 운곡과 가장 관계가 많았던 원주 치악산 주변의 覺林寺와 靈泉寺를 중심으로 그의 불교사상과 신앙의 단면을 살펴보려는 것이다. 운곡은 보통 나옹계의 선사상을 중시하여 주로 나옹의 제자들과 관계를 맺은 것으로만 인식되었으나 운곡은 선사상과 동시에 당시의 천태승려들과도 교유하였고, 그의 불교신앙 중에는 천태법화사상에 기반을 둔 정토신앙의 모습이 나타나고 있다.

운곡의 유불일치적 사유관은 이미 여말선초의 사대부의 불교관을 살피는 속에서 많이 지적되어 왔다.[7] 그리고 그것은 주로 선사상에 관한 것으로 천태종과의 관계는 아직 구체적으로 밝혀진 것이 미미한 것으로 보인다.[8] 이번 글에서는 천태종 사찰과의 관계에 중점을 두어 그의 불교신앙적인 면을 살펴보려고 한다.

2. 운곡과 교유한 승려

운곡은 자칭 유학자였고 『耘谷詩史』 3권-7에 나오는 바와 같이 일찍이 喪妻하고 아이를 홀로 키우면서 21년 동안 주머니에 돈 한 푼 없이 시렁의 천권의 책만을 벗삼아온 隱士였다.[9] 그러나 운곡은 隱士로서 원주에서 평생을 보냈지만 왕래하는 친척, 牧伯, 同學, 승려들과의 교유를 통하여 중앙

---

7) 이인재·허경진 공편, 『耘谷元天錫研究論叢』, 원주문화원, 2001 ; 耘谷學會, 『耘谷學會研究論叢』Ⅰ, 2005 ; 趙明濟, 「고려말 사대부의 불교관」, 『한국중세사의 제문제』, 2001 ; 趙明濟, 「고려말 사대부의 유불일치론과 그 의의」, 『민족문화논총』 27, 2003 ; 趙明濟, 「元天錫의 佛敎認識 - 朱子學의 수용과 관련하여 -」, 『보조사상』 26, 2006.

8) 운곡의 불교신앙에 대해서는 심재관, 「운곡 원천석의 불교인식」, 『耘谷學會研究論叢』Ⅰ, 2005를 참조할 수 있다.

9) 『耘谷詩史』 卷3-7, <余不幸早失主婦 慮迷息失所 索然守鱞 迨今二十一年矣 卽今婚嫁已畢 稍弛念慮 故作詩一首以自貽>.

760

의 사정을 신속히 알 수 있었고,10) 원주에 隱逸하면서도 절대로 현실에 무
관심하지 않아 끊임없이 당시의 정치현실과 경제에 관심을 두어 그 대안을
모색하였고11) 중앙불교계의 동향에도 관심을 갖고 있었다.

특히『耘谷詩史』에 실린 운곡과 승려와의 지속적인 교유시 속에는 그의
불교에 대한 관심과 지식이 피력되어 있고, 원주에서 은사로서 생활하면서
관계하였던 원주 주변의 사원, 여행을 하면서 들렸던 사원 등이 기록되어
있다. 운곡은 이들 사원을 신앙의 차원에서 뿐만 아니라 실생활 속에서 여
러 모습으로 관계하고 있어 당시 유학자들이 불교계와 사상적인 교유뿐만
아니라 실생활 속에서도 깊숙이 연관되었음을 알 수 있다. 사실 아무리 성
리학이 理氣論 心性論과 더불어 사회이론으로서의 성격을 갖추었다 할지
라도 불교 자체가 가지고 있던 祈禳消災·冥福祈願과 같은 종교적인 측면
즉 天變地災에 대한 구원의 손길과, 인간 사후 명복을 비는 행위 등은 유교
가 지향하는 이념으로는 초극할 수 없는 것이었다. 그리하여 李穡, 權近과
같은 사대부들도 구복적이라 할 수 있는 불교신앙에 관심을 가졌고 실제 아
미타신앙을 갖고 있었다.12)

『耘谷詩史』는 朴東亮의 서문에서 밝힌 바와 같이 연대순으로 편집된 것
으로『耘谷詩史』에 나오는 권별에 따른 운곡의 나이와 시편수를 22세부터
65세까지 총 737제 1,144편을 구분해 보면 다음 표와 같다.13)

아래의 표에서 보면 운곡의 나이 62세에서 65세 사이 4년간에 해당하는
권5의 시의 편수가 월등히 많다. 즉 운곡의 승려, 사원과의 교류도 운곡의
나이에 따른 시기적 차별성을 갖고 보아야 될 것이다.

10) 이인재, 「고려말 원천석의 학문관과 지역활동」, 『한국사상사학』 15, 2000, p.138. 운
곡과 교유한 유교지식인을 同榜·開京人·牧使·按廉使·退官人·同學·同鄕人
으로 나누었다.

11) 이인재, 위의 논문, p.106.

12) 이색에 대해서는 최병헌, 「牧隱 李穡의 佛敎觀－공민왕대의 정치세력과 관련하여
－」, 『牧隱 이색의 생애와 사상』, 1996 ; 조명제, 「목은 이색의 불교인식－성리학의
이해와 관련하여－」, 『한국문화연구』 6, 1993. 권근에 대해서는 李廷柱, 「권근의 불
교관에 대한 재검토」, 『역사학보』 131, 1991을 참고할 수 있다.

13) 이인재, 「고려말 원천석의 생애와 사회사상」, 『한국사상사학』 12, 1999, pp.50-51.

『耘谷詩史』 권별에 따른 시와 운곡의 나이와의 관계

권수	시제	편수	기간	나이	연도	왕조년도
권1	198題	245편	19년간	22세-40세	1351-1369	충정3-공민18
권2	107題	158편	16년간	41세-56세	1370-1385	공민19-우왕11
권3	153題	222편	3년간	57세-59세	1386-1388	우왕12-우왕14
권4	94題	176편	2년간	60세-61세	1389-1390	창왕1-공양2
권5	185題	343편	4년간	62세-65세	1391-1394	공양3-조선태조3

한편 『耘谷詩史』에는 운곡이 詩卷를 통해 교유한 승려들은 많으나 직접 만나 교유한 승려는 道境大禪師, 幽谷 覺宏, 曹溪參學 允珠, 信圓, 角之, 竹溪縣의 信廻 등 선승들과 함께 天台 達義, 天台 演 禪師 등이다. 이중 제일 많이 시로 연결된 승려는 도경과 각굉으로 도경선사와 관련된 것은 모두 10題인데 대부분 1, 2권에 집중되어 있다.

도경선사는 朴尙衷의 「贈曹溪禪師云鑑詩序」에서[14] 그의 성격이 표현되어 있다. 이 문장은 당시 判典校寺事 右文館直提學 河允源이 도경을 위하여 詩軸을 만들고 박상충이 序를 쓴 것으로 하윤원은 도경을 안 지가 오래이나 털끝만큼이나 부탁을 받은 적이 없을 만큼 도경은 청렴한 성격이었다고 한다.

다음으로 覺宏과 관련된 것은 5제로 각굉은 나옹혜근의 제자로 평소 나옹화상을 흠모하던 운곡은 각굉과 泉林寺에서 같이 글을 읽은 적이 있고,[15] 각굉은 운곡에게 오이와 미나리, 침과를 보내는 등[16] 각별한 관계를 유지하였음을 추측케 해 준다. 운곡은 각굉과의 교유를 통하여 나옹의 선사상을 이해하고 더욱 존경하고 있었다고 할 수 있다. 또한 원주 출신으로 보이는 曹溪參學 允珠도 개경과 영남지방을 오가면서[17] 운곡을 찾아 시를 나누고 있다. 『耘谷詩史』에는 운곡이 원주에 찾아온 일본 선승들과(正宗, 玉松, 全

14) 朴尙衷, 「贈曹溪禪師云鑑詩序」, 『東文選』 卷87.
15) 『耘谷詩史』 卷2-81, <哭僕其大選(去歲. 與宏幽谷讀書泉林寺)>.
16) 『耘谷詩史』 卷2-50, <幽谷宏師前以水芹見惠 今復惠瓜 詩以謝之>, 2-51 <又謝沈瓜>.
17) 『耘谷詩史』 卷1-98, <二月有日 曹溪參學允珠自嶺南來 過予因示師尊隣角大禪翁所贈詩曰>, 1-122, <送曹溪參學允珠遊嶺南詩 (幷序)>.

壽) 시를 나눈 적이 있을 정도로[18] 운곡은 교통의 요지인 원주에 있으면서
각지의 승려들과 시를 주고받으며, 아니면 방문한 승려들과의 교유를 통해
중앙의 소식뿐만 아니라 중국 일본의 소식까지 관심을 갖고 있었다.[19] 그중
에서도 운곡과 밀접하게 교유한 선승들 즉 도경, 각굉, 윤주와의 교유는 대
부분 1권, 2권에 나오는데 운곡의 50대 중반까지에 해당한다고 할 수 있다.
  이와 함께 운곡과 교유한 승려들 중에는 선승뿐만 아니라 천태승려들이
있어 주목된다. 즉

  A① 覺林寺 堂頭 圓通：『耘谷詩史』 권1-86, <次覺林堂頭圓通祝上詩韻>
  A② 覺源禪師：『耘谷詩史』 권3-47, <禪師覺源講法華經 作一頌示予云>
    각원이 천태종승려임은 직접 나와 있지 않으나 법화경을 강하였다는 것
    과 화답한 내용이 법화경의 주요 내용인 火宅과 三車를 인용한 것으로
    보아 천태승으로 보았다.
  A③ 高達寺의 李義澄大禪師：『耘谷詩史』 권3-122, <奉寄高達寺李大禪師
    (義澄)> 의징을 天台老로 표현함[20]
  A④ 天台達義：『耘谷詩史』 권3-145, <送天台達義禪者赴叢林>
  A⑤ 天台義圓長老：『耘谷詩史』 권5-14, <次韻書天台義圓長老詩卷> ;
    『耘谷詩史』 권5-49, <送義圓長老>
  A⑥ 天台演禪者：『耘谷詩史』 권5-48, <天台演禪者將赴叢林 自覺林寺來
    過余 觀其語默動靜 甚是不凡 雖當釋苑晚秋 將是以復興其道 臨別需語
    泚筆以贐行云>
  A⑦ 覺林寺 丈室：『耘谷詩史』 권5-50, <用深字韻呈覺林室>
  A⑧ 神照大禪師：『耘谷詩史』 권5-67, <寄奉福君(神照大禪師)>

---

18) 『耘谷詩史』 卷2-76, <丙辰潤九月 日本諸禪德來此 其叢林典刑 如我國之制 作一
    詩以贈>. 1376년 윤9월 일본의 여러 禪德들이 왔는데 그들의 叢林의 典型이 우리
    나라 제도와 비슷해서 시 한 수를 지어 주었다.
19) 조명제, 「원천석의 불교인식－주자학의 수용과 관련하여－」, 『보조사상』 26, 2006,
    p.333. 운곡시사에 나타난 자료를 통해 당시 선승들 사이에는 유력을 중시하였고
    중국까지 가서 인가받고자 하는 현상이 지속되고 있었음을 알 수 있다고 하였다.
20) 『耘谷詩史』 卷3-122, <回首遙看慧目山 一堆蒼翠白雲間 就中知有天台老 籲得强
    剛百歲閑>.

운곡과 천태종 승려와의 교류를 보여주는 시는 3권과 5권에 있다. 3권의 시기는 운곡이 57~59세까지의 시기로 원명교체기이자 고려의 기본체제가 근본적으로 교체되는 시기로 3권에는 불교관련 글이 많은데 운곡의 三敎一理論이 거론되어 그의 사상적 시야가 넓어진 것을 알 수 있고[21] 요동정벌,[22] 위화도회군에 대한 운곡의 의견과 禑昌眞王說 등 현실정치에 대한 자신의 주장을 펴서 이성계 등의 신흥무장과 정도전 등 급진파 사대부들의 본격적인 활동에 대해 과감히 자신의 의견을 피력하고 있다. 이 당시 운곡의 생각은 고려왕조를 인정하고 왕실의 온존을 통해 국가질서의 회복을 바라는 온건개량파의 생각과 일치하는 것이었다.[23] 그러나 『耘谷詩史』 권5는 운곡이 62세에서 65세 사이에 쓰여진 것으로 조선왕조가 개창된 시기이다. 이때 운곡은 노쇠하고 병약한 모습으로 요양을 위해 각림사에 거처한 적이 있는데[24] 이 시기 운곡은 각림사의 중흥을 위해 奉福君 神照에게 시를 보내고 東國의 中興을 찬양하고 있다.[25] 또한 고려왕조의 멸망을 슬퍼하면서도 새로운 나라에서 箕子의 유풍을 다시 펼칠 것이라 하여 조선건국의 이념을 칭송하고 있는 모습은[26] 그의 변화된 모습을 보여주고 있는 것으로[27] 이어 운곡 65세 태조 3년(1394)에는 조선이라는 새 나라에 대해 해동의 천지에 鴻基가 열려 綱常을 정돈하고 왕씨에 이어 태조가 왕위에 오르니 三韓의 국토는 고려의 뒤를 이은 나라라고 일컬어[28] 새 왕조 조선에 대한 완전한 인식과 태도의 변화를 읽을 수 있다.[29] 나아가 권5-184에서는 "해동 천지가 다시 맑고 평안해져 백성들은 변하고 시절이 좋아 태평을 즐기네"라고

---

21) 『耘谷詩史』 卷3-60, <三敎一理(幷序)>에서 유불도의 이치를 '會三歸一'이라는 용어로 귀결시키고 있다.
22) 『耘谷詩史』 卷3-133, <病中記聞>.
23) 유주희, 「원천석연구-그의 현실인식을 중심으로-」, 『耘谷元天錫硏究論叢』, 2001, p.89.
24) 『耘谷詩史』 卷5-12, <雨中 謝靈泉堂頭送酒(覺林住時也)>.
25) 『耘谷詩史』 卷5-67, <寄奉福君(神照大禪師)>.
26) 『耘谷詩史』 卷5-109, <改新國號爲朝鮮>.
27) 유주희, 앞의 논문, p.98.
28) 『耘谷詩史』 卷5-179, <新國>.
29) 『耘谷詩史』 卷5-183, <伏覩奉金尺詞受寶籙致語 慶而贊之>.

하여 조선 개국을 찬양하는[30] 모습으로『耘谷詩史』는 끝나고 있다. 운곡은 隱士로서 비록 절의를 지켜 조선에서 仕宦하지는 않았으나 그의 조선왕조 개창에 대한 긍정적 인식변화는 인정해야 할 것이다.

운곡의 승려, 사원과의 교류도 운곡의 나이와 시기적 차별성을 갖고 보아야 할 것으로 운곡의 불교에 대한 관심은 20대에서 50대에는 선사상이 주류를 이루나 조선왕조 준비기에 해당하는『耘谷詩史』권5의 시기에는 천태종으로의 불교에 대한 주요관심의 대상이 변하고 적극적으로 雪峰 丘僧統 등 중앙의 승려들과의 교류를 추진하고 있었음을 알 수 있다.[31] 이러한 인식변화의 이면에는 조선왕조 개창의 주동자 이방원과 운곡을 연결시켜준 천태종의 각림사와 운곡의 관계를 통하여 그의 일정한 노력이 있었음을 살펴볼 수 있다.

3. 운곡의 원주생활과 주변 사원과의 관계

운곡은 1330년 개경에서 출생하였으나 부친 元允迪은 운곡이 11세인 1339년에 사망하였고, 운곡 나이 27세 때인 공민왕 5년(1356) 국자감시에 합격하여 國子進士가 되는데 관계에 진출하지 않고 국자진사로서 원주생활을 시작하여 몇 번의 여행을 제외하면[32] 원주에서 계속 생활하였다. 운곡은 원주원씨를 부인으로 맞이하였는데 1366년 운곡이 39세 때에 사망하였고 슬하에 2남 1녀를 두었으나 장남 泚는 直長同正이었다가 1365년에 젊은 나이로 사망하였고,[33] 차남 泂은 基川縣監을 역임하였는데 1391년까지는 서울

---

30)『耘谷詩史』卷5-184, <贊鄭二相所製四歌(二相製開言路 保相功臣 正經界 定禮樂 四曲 付于樂府 被于管)>.

31)『耘谷詩史』卷5-9, <寄右街雪峰丘僧統> ; 5-67, <寄奉福君(神照大禪師)> ; 5-189, <寄雪峯丘僧統>.

32) 운곡이 여행한 것을 보면 22, 25, 26세에 영서영동지역 금강산 유람(회양-교주-청양-방산-양구), 40세에 죽령을 넘어 영주·안동·영해를 거쳐 동해안으로 올라와 삼척-정선 여행, 44세에 가평과 춘천 여행한 것이 확인된다.

33)『耘谷詩史』卷1-99, <道境大禪翁寄書曰 先生不幸 去年哭子 今又失主婦 悲哀相繼 痛甚無極 予懼其傷也 推因果綴言爲詩以奉贈 庶亂思而紓哀也>.

에서 벼슬하지 못하고 있다가 늦은 나이에 조선 태종이 상왕으로 있을 때 基川縣監으로 제수받았다.[34] 딸은 31살에 낳았으나 백일이 지나 죽어 운곡 은 재혼하지 않은 것으로 보아[35] 40대 이후는 독신으로 살았다.

이렇게 보면 운곡의 원주에서의 생활은 가족도 없는 매우 참기 어려운 외로운 생활이었다. 더군다나 나이가 들수록 질병에 대한 내용이 많은 것으로 보아 지방에서 혼자 손수 경작하면서 생계를 꾸리는 隱士로서 지낸다는 것이 학문과 교유만으로 생활하기에는 浩然之氣을 외치나, 경제적으로 심정적으로 견디기 어려운 상태였을 것이다. 이러한 운곡의 상황은 정신적 위안처인 사원과 여러 형태로 실생활에서 관계하게 하였고 불교신앙의 모습도 더욱 표출된 것으로 보인다.

운곡의 경제적 여건은 원주에 고조, 증조가 향리직인 倉正을 맡았고 조부가 同正職인 精勇別監, 부친이 宗簿司令을 역임한 것으로 보아 원주에 본관을 둔 이래 토지를 소유하고 있었다. 56세(1385)에 원주목 병마사 周相君에 바친 시에 의하면[36]

伊城 남쪽에 자갈밭이 있어 / 伊城南面有磽田
이 땅의 이름이 大谷員일세. / 此地名爲大谷員
民部의 公文이 조상 적부터 오더니 / 民部公文來祖上
군사 뽑는 붉은 글씨가 내게까지 전해졌네. / 選軍朱筆至吾傳

라 하여 伊城 남쪽에 대곡원이라 부르는 자갈밭을 소유하였음을 알 수 있다.[37] 또한 운곡집안에는 조상때부터 내려오는 民部(戶曹)에서 내려준 公文이 있었는데 이 공문은 국가에서 수조권을 지급할 때 작성하던 문서로 운곡

---

34) 李墍,「松窩雜說」,『大東野乘』卷56.
35) 『耘谷詩史』卷3-7, <余不幸早失主婦 慮迷息失所 索然守鰥 迨今二十一年矣 卽今 婚嫁已畢 稍弛念慮 故作詩一首以自貽>.
36) 『耘谷詩史』卷2-102, <乞恩俚言二首 呈牧兵馬使周相君>.
37) 大谷員의 위치는 伊城 南面이라 한 것으로 보아 伊城 즉 '이 성' 즉 원주목 남쪽으로 볼 수 있다고 한다. 허경진,「원천석이 누정에서 지은 시에 대해」,『원천석의 생애와 운곡정신』발표문, 2007, p.19.

은 조부가 정용별장이 되면서 수조권 분급지를 받았을 것이고 운곡도 수조
권을 행사하였을 것이라 한다.[38] 그러나 운곡의 생활은 그리 넉넉하지 않았
다. 운곡이 집안에 아버지로부터 물려받은 시렁위의 책 천권만을 알고 살았
음은[39] 유학을 집안 대대로 물려받은 隱士로서 손수 경작하여 생계를 꾸려
야 하는 운곡의 생활이 빈한하였음을 보여준다.

운곡은 말년에 사원 인근에서 살았다. 즉 그는 45세에 지은 弁巖 밑 초가
집에서 58세(1388)에 변암 남쪽 봉우리 아래 北向으로 초가집 한간을 새로
짓고 옮겨와 陋拙齋라 하였다.

> 서리 뒤에 산초는 푸른 빛이 짙어가니 / 霜後山椒翠色濃
> 한 그루 전나무와 두어 그루 소나무일세. / 一株蒼檜數株松
> 천년을 겪은 그대들의 쓸쓸한 지조가 / 憐渠冷落千年操
> 십 년 늙어 가는 내 얼굴을 친구해 주니 고마워라. / 伴我衰遲十載容
> 멀리선 마을의 피리 소리가 들려오고 / 遠聽村墟長短笛
> 가까이선 이웃 절의 아침저녁 종소리가 들려와 / 近聞隣寺暮朝鍾
> 이 사이에서 띠를 벨 생각이 간절하니 / 此間深有誅茅意
> 일없는 사람에게 소식 전하지 마시게. / 莫向閑人道所從[40]

이상에서 보면 이때 지은 누졸재는[41] 변암 남쪽 봉우리 아래 북향을 하
여 운곡이 여생을 보내기 위해 지은 것으로 변암보다 인적이 많은 곳으로
가까운 주위에 사원이 있어 아침, 저녁 종소리가 들렸다는 것으로 보면 사
원과 누졸재가 매우 가깝게 있었던 모양으로 『耘谷詩史』에도 사찰 이름이

---

38) 이인재, 앞의 논문, 1999, p.55.
39) 『耘谷詩史』 卷2-103, 「又」; 卷3-7, <余不幸早失主婦 慮迷息失所 索然守鰥 迨今
   二十一年矣 卽今婚嫁已畢 稍弛念慮 故作詩一首以自貽>.
40) 『耘谷詩史』 卷3-146, <頃者於弁巖南峯之下 新作一茅齋 其地勢也危僻 締構也不
   巧 且向背往復 俱不適宜 陋而拙者甚矣 其主人 行已也違於道 立志也違於世 又
   處事之迂闊 居止之淸涼 其爲陋拙 又有甚焉者矣 以其齋之陋拙 合於主人之陋拙
   名之曰陋拙齋 因成長句六首以自詠>.
41) 누졸재는 일찍부터 사용했던 이름이다. 즉 37세 되던 1366년에 지은 『耘谷詩史』
   卷1-97, <趙摠郞見和陋拙齋詩 復用前韻呈似>에도 나온다.

나왔을 것으로 보이나 확인되지는 않는다.

운곡은 생활에서 주변의 사원과 여러 가지 형태로 연관되어 있었다. 물론 사원은 불교의 예배와 수행의 공간이나 불교가 실생활에 깊숙이 파고 들어와 있던 고려의 경우 사원은 기본적으로 예배장소이자 유학자들에게는 독서와 강학의 장소, 상거래의 장소, 여관, 시약의 빈민구제의 장소, 釀酒, 수공업의 운영 등 사회적 기능을 하고 있어[42] 일반백성에서 왕실에 이르기까지 관계하지 않을 수 없었고 여말의 신흥사대부들도 자연스럽게 실생활에서 관련을 맺고 있었다. 고려 말에는 신흥사대부들의 척불론에서 지나친 사원경제가 국가재정을 고갈시킨다고 한결같이 주장될 만큼 반국가적 요인으로 작용한 것도 사실이나 『耘谷詩史』에는 권문세가의 토지겸병,[43] 지방관리들의 지나친 수탈로 지방농민들의 참담한 생활모습이 나와 있고, 운곡이 피폐해진 백성들의 모습에 대해 한탄하는 모습이 나와 있으나[44] 그 원인에 대하여 지방관의 侵虐을 주로 지적하였지 사원의 토지집적 등 불교의 반국가적 행위에 대한 비판은 없다. 이는 원주와 같은 지방의 소규모 사원의 경우 권문세가와 연결된 대사원과는 달리 지방에서는 백성들의 시주를 통한 공덕신앙에 의지하는 정신적 위안을 찾는 안식처로, 축제의 장소로, 사원에서는 보시의 차원에서 경제적 도움을 주는 경우도 있었을 것으로 사원과 백성들은 상호호혜적 상관관계가 성립된 것으로 볼 수 있겠다.

지방사원의 경우 면세의 사원전의 경작, 시주, 연화를 통하여 그래도 경제적으로 여유가 있었을 것으로 사원은 여러 형태로 세속인과의 연관 속에서 존재할 수밖에 없었을 것으로 지방사회에서는 사원의 역할은 施惠的인 면이 강조되었을 것으로 보인다. 사실 당시 배불·척불론자라 지목되는 崔

---

42) 이병희, 『고려후기 사원경제의 연구』, 서울대 박사학위논문, 1992 참조.

43) 『耘谷詩史』 卷3-124, <贊趙相國胖 (時相國以義制强暴之徒 被其所辱 尋蒙上恩免禍)> ; 卷3-125, <伏聞主上殿下奮義掃盡 兼幷暴虐之徒 四方晏然 詩以賀之>.

44) 『耘谷詩史』 卷1-35, <十五日 發方山到楊口郡 吏民家戶欹斜倒地 寂無烟火 問諸行路 答曰 此邑乃狼川郡之兼領官 也 自古地窄田磽 民物凋殘 比來權勢之家奪有其田土 擾亂其人民 租稅至多 雖容足立錐之地 無有空閑 每當冬月 收租徵斂之輩 塡門不已 一有不能則高懸手足 加之以杖 剝及肌骨 居民不堪 流移失所 故如斯也 予聞其語 作五言八句 以著衰亡之實云>.

瀻는 만년에 獅子岬寺에서 밭을 빌려 小作하였고[45] 鄭道傳,[46] 權近[47] 등도 정치적 사건에 연루되어 유배를 간 경우 유배지에서의 생활은 그곳의 사원으로부터 실생활에 많은 도움을 받을 수밖에 없었다.

『耘谷詩史』에는 운곡과 관련되어 사원이름이 약 20여 개 나오나 이중에는 여행 중에 들렸던 사원도 있고 詩를 주고받은 승려가 거처한 사원도 나와 있다. 그중에서 현재 확인되는 사원으로 원주관내에 있었던 것은 覺林寺, 靈泉寺, 文殊寺, 上院寺, 興法寺 등으로 대부분 그가 거처하고 생활하였던 치악산을 중심으로 위치하고 있다. 한편 위치는 확인되지 않으나 운곡이 3번의 여행을 빼고는 거의 원주에서 생활하였던 것을 보면 歡喜寺, 無盡寺, 松花寺 등도 원주를 중심으로 그리 멀지 않은 곳에 위치하고 있었다고 볼 수 있을 것이다.

그런데 權近이 찬술한 「普覺國師碑銘」에 의하면[48] 운곡이 존경하던 混修(1320~1392)가 우왕 4년(1378) 치악산에서 연회암으로 돌아갔다고 하고, 3년후(1380) 치악산 白雲菴에 있으면서 용문·청평·치악 등의 산문을 巡歷하다가 우왕 9년(1383) 다시 연회암으로 가서 국사로 책봉 받았다 하므로 혼수는 원주에 1378년, 1381~1383년 사이에 거주한 것으로 된다. 더욱 이색도 혼수가 원주 瑞谷寺 골짜기 白雲菴에 계신다는 소식에 글을 올렸다는 내용의 시가 있는 것으로 보아[49] 서곡사 백운암에 혼수가 한동안 기거했던 것이 확인되나 운곡과 만났다는 기록은 없다.[50] 이때는 운곡의 나이 50대로 운곡은 소식을 몰랐을 것으로 보이는데 서곡사는 현재의 지명과 연결시켜

---

45) 『高麗史』卷109, 崔瀻列傳.

46) 『三峰集』卷4, 「消災洞記」에는 정도전이 나주 유배시절 湧珍寺 古印寺와 그 주변 지역의 승려들과 교유하였고 정도전도 나주에 속한 居平部曲에 유배당했을때 소재사를 중심으로 동네사람들의 도움으로 생활하는 모습이 보인다.

47) 권근은 공양왕 2년 益州로 귀양갔는데 미륵사에서 4개월간 머물고 자식들을 승려 性圓에 맡겨 교육시키고 있다. 『陽村集』卷8, 「送岬山住持圓公詩 幷序」.

48) 『陽村集』卷37, 「有明朝鮮國普覺國師碑銘」.

49) 『牧隱詩藁』卷26, <進無門侍者言 吾師幻菴公 今在原州瑞谷寺之洞白雲菴 走筆附呈(無門名禧進)>, "白雲深處白雲菴 明月團團照碧潭 柳巷東邊溪水淺 誰知孤影也相參".

50) 『耘谷詩史』에는 西谷이라는 지명이 나오는데 현재의 瑞谷이라 보여진다.

보면 치악산 북쪽 현재 원주시 판부면 남송쪽으로 이는 운곡의 원주에서의 활동반경이 치악산 동남서로 제한되었음을 보여준다 할 것이다.[51]

운곡은 주변 사원에서 예배와 선수행 등[52] 불교사원이 갖는 본래의 행위 외에 다음과 같이 연관을 맺고 있었다.

> B① 독서와 강학, 교유의 장소 : 『耘谷詩史』에는 나와 있지 않으나 태종 이
> 방원은 13세에 각림사에서 운곡에게 사사받은 것으로 유명하다. 나중에
> 태종은 이 일을 못 잊어 각림사에 찾아갔고 운곡이 만나주지 않아 그냥
> 돌아갔다는 유명한 얘기가 있다. 태종은 대신 운곡의 아들 泂을 基川縣
> 監으로 제수하였다고 한다.[53] 영천사에서도 이방원은 운곡의 조언을 받
> 았다는 것으로 보아[54] 운곡은 영천사에서도 강학을 한 것으로 보인다.
> 조선에 들어와 각림사는 국가적으로 많은 경제적인 도움을 받아 중흥의
> 기회를 맞았고 조선 전기 천태종의 주요 사찰이 되었다.
>
> 사찰에서의 독서와 강학은 당시 지방의 新興士類들의 일반적 현상으
> 로[55] 원주 법천사에서 조선 초 泰齋 柳方善도 權擥·韓明澮·康孝文·
> 徐居正 등에게 글을 가르쳤다고 한다.[56]
>
> 운곡의 경우도 위치가 확인되지 않지만 泉林寺에서 覺宏과 같이 독서

---

51) 이인재는 당시 화엄종의 실권자 眞覺國師 千禧(1307~1382)가 1366년부터 67년 사
   이 치악산에 머물렀는데 운곡이 만나지 않은 것에 대해 천희가 중앙불교계 인사이
   거나 교종승려이기 때문에 만나지 않았을 가능성이 있다고 하였으나 오히려 운곡
   이 몸소 찾아가기에 어려웠을 가능성도 있다. 이인재, 앞의 논문, 2000, p.132.

52) 『耘谷詩史』 卷4-39, <遊文殊寺>, "(前略) 欲學禪門事 將心問話頭".

53) 『大東野乘』 卷56, 「松窩雜說」, "原城雉岳山之東 有覺林寺 其初數間茅舍 蕪沒於
   林藪之中 獻陵龍潛之日 嘗往來棲息 寺之南三四里之許有龍湫 其上有臺岩 依山
   而立 獻陵有時挾冊吟咏於岩上 登極之後特命改構 遂爲巨利 而居民以岩稱爲太
   宗臺 壬辰倭賊之亂 寺盡焚蕩而臺岩猶屹然立焉".

54) 위의 책, "麗季進士元天錫 余之外王父之高祖考也 號耘谷 文章富瞻 學問該博 居
   原州之弁岩村 州之東北五里許 有寺曰靈泉 獻陵龍潛之日 嘗投宿棲息 而咨於公
   公之啓沃良多 蓋平昌郡穆祖之外鄕 考妃陵在於三陟府 獻陵有時往來三陟也 及
   卽位駟問公之在否 其沒已久而公之子倜存焉 召至便殿 特授基川縣監 聖主不忘
   甘盤之舊如此 寺之廢壞 不知幾年而三塔兀然 至今猶".

55) 황인규, 「고려후기 儒生의 寺刹讀書」, 『한국불교학』 45, 2006.

56) 『新增東國輿地勝覽』 卷46, 강원도 원주목 법천사.

하였다고 하고[57] 道境寺에서는 도경선사와 함께 머물면서 道를 논하면서 기뻐하는 모습이 나와 있다.[58] 사찰의 경우 사대부들에게 독서할 수 있는 장소제공뿐만 아니라 교통의 요지에 있어 많은 사람들이 왕래하여 만남의 장소를 제공할 수 있었던 점이 이러한 역할을 할 수 있게 만들었을 것이다.

B② 여행, 숙박, 기숙장소 : 『耘谷詩史』에는 운곡은 3차례 여행을 한 것으로 나와 있다. 이 경우 대부분 숙박은 사원에서 했던 것으로 보이는데 22, 25, 26세에는 영서·영동지역 즉 금강산 유람(회양–교주–청양–방산–양구)할 당시 麻田寺, 淸平寺, 圓通寺, 圓寂菴을 들렀고 40세에 죽령을 넘어 경북·강원 남부지방(영주·안동·영해)을 거쳐 동해안으로 올라와 삼척에서 정선을 여행할 당시에는 萬歲寺에 묵은 것으로 나온다. 44세에 가평과 춘천 여행을 하고 있다.

이들 사원의 경우 대부분 운곡이 여행하면서 숙박하거나 휴식하였던 곳으로 보인다. 사원의 경우 교통의 요지에 院이라는 시설을 마련한 것은 이미 고려 현종대부터 확인되나[59] 운곡의 경우 여행길의 요처에 있는 사원을 구간기점으로 숙박하였을 것이다.

한편 『耘谷詩史』 권5-12에 <雨中 謝靈泉堂頭送酒(覺林住時也)>라는 제목에서 나타난 것과 같이 운곡은 60대의 노년에는 누졸재와 가까운 각림사에 자주 거처한 것이 아닌가 보인다.[60]

B③ 시약과 요양시설 : 『耘谷詩史』에는 외로움과 병마와 싸우는 모습이 자주 나온다. 운곡의 병은 주로 3권에 집중되어 있는데[61] 50대 후반(57에서

---

57) 『耘谷詩史』 卷2-81, <哭僕其大選 (去歲 與宏幽谷讀書泉林寺)>.

58) 『耘谷詩史』 卷3-144, <遊道境寺 次堂頭韻>, "好山如畵正矜秋 來伴禪翁物外遊 道境道人俱有道 得堪留處喜相留".

59) 현종 17년(1026)에 세워진 「奉先弘慶寺碣記」에서 확인된다.

60) 각림사는 누졸재와 거리상 『耘谷詩史』 卷3-146에 나오는 이웃 절의 종소리가 들리는 것과 같이 근접하지는 않았으나 각림사지가 현재 강림우체국 자리임에서 보면 (강원도·횡성군, 『횡성군의 역사와 문화유적』, 1995, pp.356-358), 운곡은 일상생활에서 누졸재로 올라가는 초입에 있는 각림사를 항상 왕래하였을 것이다.

61) 『耘谷詩史』 卷3의 내용 중 운곡이 병중이었음을 알 수 있는 내용은 다음과 같다.

59세 사이)에는 병중에 있으면서 3년 사이에 자신의 당시 정치 시회 전반에 대한 그의 생각을 담은 비중있는 시를 남기고 있다. 한편 권3-128에는 <予二月下旬得疾 三月晦 移接無盡廢寺 經夏二朔 五月二十四日 乃六月節也 將欲遷居 偶書一詩>라는 제목의 시가 있어 운곡이 45세인 1388년 2월 말로 병이 들어 3월 그믐부터 무너져 가는 무진사에서 2달 정도 요양한 것을 알 수 있는데 당시 사원은 치료와 요양을 위한 장소로 이용되었고, 무너져 가는 무진사라는 것으로 보아 사람들의 왕래가 별로 없는 한적한 사원을 일부러 고른 것같이 보인다.

B④ 酒食과 일상생활용품 조달 : 운곡의 원주생활은 소유한 토지가 있었음에도 경제적으로 넉넉하지 않았던 것 같다. 더욱 직접 농사를 지었던 운곡은 기상재해 등으로 어려움이 많아[62] 자신뿐만 아니라 백성들의 생활이 매우 어려웠음을 나타내는 구절이 많다.[63] 운곡이 정기적으로 사원에서 酒食을 받은 것이라고는 볼 수 없으나 친밀한 관계를 맺었던 覺宏이 미나리와 오이, 침과를 보내와 달게 먹었다고 한 시에서 보면 각굉이 친밀함의 표시로 채소를 보낸 것으로 볼 수도 있겠으나 음식을 자신이 해결해야 하는 운곡에게는 생활의 활력소와 함께 경제적으로도 도움이 되었을 것이다.[64]『耘谷詩史』에는 감사의 표시로 쌀, 과일 채소 등 농산물을 주고받는 일이 많았던 것으로 나온다. 특히 술은 사원에서 釀造가 일반적이었던 것으로 보아 운곡에게도 사원이 술의 주요 공급원이었을 것이다.[65]

卷3-5, <二十九晦日 雨雪大作 因眼疾甚無聊 以示二三子(三首)> ; 3-9, <春晚病起> ; 3-13, <秋居病中> ; 3-41, <次歡喜堂頭詩韻(四首)>, "多事仍多病 年來愧不人(하략)" ; 3-63, <謝徐先生見訪> "臥病無聊火日長 感君軒騎載壺觴(하략)" ; 3-66, <次歡喜堂頭所贈詩韻> ; 3-115, <因病未赴庚申之期. 寄金生員祖. 兼簡座上諸公> ; 3-128, <予二月下旬得疾 三月晦 移接無盡廢寺 經夏二朔 五月二十四日 乃六月節也 將欲遷居 偶書一 詩> ; 3-129, <遷居(二首)>, "(중략)欲學知言養浩然 不堪憂病共纏牽(하략)" ; 3-131, <安都領兄鼎惠稻石> ; 3-133, <病中記聞>.
62)『耘谷詩史』卷2-21, <以苽寄子誠第> ; 2-57, <苦旱> ; 2-68, <雲興遠壑> ; 3-130, <六月初二日卽事>.
63)『耘谷詩史』卷2-57, <苦旱>.
64)『耘谷詩史』卷2-50, <幽谷宏師前以水芹見惠 今復惠瓜 詩以謝之> ; 2-52, <又謝沈瓜>.

B⑤ 망부모를 위한 추선시설 : 고려에서는 돌아가신 부모를 위해 사원에서 우란분재를 올리는 일, 수륙재를 올리는 일 등 死者追善을 위한 의례들이 사원에서 많이 개최되었다. 운곡도 모친의 기일에 歡喜寺를 방문하여[66] 천도재를 올렸을 것으로 조카가 그의 모친을 위한 수륙재에도 참석하려고 어려운 길을 떠나는 것으로 보면[67] 당시 일반적으로 부모의 기일에는 주변사원에서 재를 올리는 것이 보통이었다고 할 수 있다.[68]

B⑥ 축제의 장소 : 4월 8일은 석가탄신일로 당시에도 연등을 해 달아 관등 놀이를 즐겼던 것으로 나오는데 고려에서는 본래 연등회가 태조대 이후 정월대보름에 행해지다가 공민왕 1년부터 초파일에 개최되었다고 한다. 당시 궁중에서는 100명의 승려에게 공양을 하였다고 하나 지방사원의 경우 지역축제와 같은 분위기를 연출하였고 운곡도 영천사에서 새벽이 되도록 관등놀이를 하며 그 공덕으로 인간세상의 재앙이 없어지기를 바라고 있다.[69]

이상에서 보면 운곡은 승려들과의 교유뿐만 아니라 일상생활 속에서 주변의 사원과 여러 형태로 밀접한 관계를 맺고 있었음을 알 수 있다.

그런데 이런 여러 사찰 중에서도 운곡이 가장 밀접한 관계를 맺은 사원은 각림사와 영천사, 환희사라 할 것이다. 환희사의 경우 위치가 확인되지 않으나 어머니의 기일에 방문하는 것으로 보아[70] 운곡집안과 관계된 사원으로 볼 수 있을 것이다. 천태종의 각림사는 누졸재를 기준으로 보면 치악산 동쪽으로 현재 횡성군 안흥면 강림리(현재 강림우체국자리)에 위치하고

65) 『耘谷詩史』 卷5-12, <雨中 謝靈泉堂頭送酒(覺林住時也)>.

66) 『耘谷詩史』 卷3-80, <九月三日 遊歡喜寺(因慈親諱日)>.

67) 『耘谷詩史』 卷5-160, <二月初二日雨中雜詠>, "孝姪開張水陸儀 今辰爲母賁冥禧 欲叅勝會同歸敬 泥水難堪弱馬騎".

68) 허흥식, 「불교와 융합된 사회구조」, 『고려불교사연구』, 1986, pp.28-31.

69) 『耘谷詩史』 卷5-23, <四月八夕 觀靈泉寺燈>.

70) 『耘谷詩史』 卷3-41, <次歡喜堂頭詩韻(四首)> ; 3-66, <次歡喜堂頭所贈詩韻> ; 3-80, <九月三日 遊歡喜寺(因慈親諱日)> ; 卷5-80, <代歡喜堂頭長老 上按部公鄭(擢)詩(四首)>.

영천사는 누줄재에서 능선(황골?)을 넘어 원주시 태장동에 위치한다.

영천사는 선종사찰로 운곡이 이방원을 강학하며 자문하였던 곳으로 운곡과 일찍이 관련 있던 사원이다. 현재 영천사 옆 능선에는 운곡의 아들 기천 현감 泂의 묘소가 있어 본래 운곡 집안 소유의 토지 옆에 위치한 영천사와 더욱 밀접한 교류를 한 것이 아닌가 추측된다. 더욱 「松窩雜說」에는 저자 李墍(1522~1604) 당시 영천사에 3기의 탑이 남아 있었다고 하는데 현재 밝혀진 바에 의하면 3개의 탑 중 2개는 속칭 令傳寺址 삼층석탑 즉 영전사지 보제존자 사리탑이고 나머지 1기는 속칭 천수사 삼층석탑으로 1915년 현재 경복궁으로 이전되었던 것이라 한다.[71] 그중 2기의 보제존자 나옹의 사리탑에서 나온 탑지에 의하면[72] 영천사 보제존자 사리탑은 1388년(운곡 59세) 봉익대부 徐允賢과 부인 張氏의 발원으로 세워진 것임을 알 수 있다. 발원자 서윤현은 운곡이 徐奉翊의 별장에 쓴 前刺史 閔公의 시에 차운하여 시를 쓴 것으로[73] 보아 운곡도 알고 있었던 인물로 평소 나옹화상을 흠모하던

---

71) 이순우, 『제자리를 떠난 문화재에 관한 조사보고서·하나』, 2002, pp.85-116.
72) 영전사지 석탑은 2기로 주탑인 西塔에서는 보제존자탑지석, 청자발, 청동합, 은제접시, 은제도금육각사리기, 은제원통형사리기, 皇宋通寶, 가사편이 발견되었고 東塔에서는 납석제사리호, 청동사리호 등이 발견되었다. 지석의 명문을 보면 다음과 같다, 김혜완 편, 『원주금석문대관』, 2004, p.298 참조.
전면
　　道人覺修
王師普濟尊者舍利一枚□□
安邀比丘尼妙寬同舍利一枚
東塔安邀
　大功德主奉翊大夫徐允賢
　法名覺喜
　妻氏丹山郡夫人張氏法
　名妙然
후면
　　石手道人覺訓
　　爐治道人覺淸
　　勸化比丘覺如
洪武二十一年戊辰四月日誌
牧使 姜隱

운곡도 영천사에 가면 사리탑을 각별히 예배했을 것이다. 운곡은 이미 영천사에 새 법당을 짓고 시주들에게 동참을 권하는 法華法席 勸化詩를 지었고[74] 이후 영천사에서 초파일에 열린 관등놀이에도 참여하는[75] 등 識者로서 영천사의 경영에 관여할 만큼 밀접한 관계를 맺었는데 운곡은 영천사에서 나옹의 사리탑을 보면서 그의 선적인 수행과 나옹에 대한 존경심을 높였을 것이다.

4. 운곡과 覺林寺 - 천태법화신앙 -

운곡과 관련이 깊었던 사찰로는 또한 각림사를 들 수 있다. 각림사는 이방원이 13세, 운곡의 나이 40세(공민왕 18년 : 1379)에[76] 운곡한테 강학을 받았던 곳으로 운곡이 거처하였던 변암, 누졸재와는 가깝게 위치하여 운곡이 일상생활에서 가장 많이 왕래하였을 것으로 보인다. 『耘谷詩史』에서 각림사에 관한 것을 발췌해 보면 다음과 같다.

    C① 권1-86, <次覺林堂頭圓通祝上詩韻>
    C② 권5-12, <雨中 謝靈泉堂頭送酒(覺林住時也)>
    C③ 권5-48, <天台演禪者將赴叢林 自覺林寺來過余 觀其語默動靜 甚是不
        凡 雖當釋苑晚秋 將是 以復興其道 臨別需語 泚筆以贐行云>
    C④ 권5-50, <用深字韻呈覺林室>
    C⑤ 권5-67, <寄奉福君(神照大禪師)>

이상을 보면 각림사 관련 시는 주로 『耘谷詩史』 5권에 있고 운곡의 나이 60대 중반 각림사에 머물고 있었던 시기와 관련된 것으로 나타난다. 운곡은 앞에서 살펴본 바와 같이 천태종 승려들과도 교유하였는데 C③에 의하면

---

73) 『耘谷詩史』 卷2-53, <和前刺史閔公題徐奉翊郊居詩(幷序)>.

74) 『耘谷詩史』 卷2-110, <靈泉寺法華法席勸化詩>.

75) 『耘谷詩史』 卷5-23, <四月八夕 觀靈泉寺燈>.

76) 『世宗實錄』 1년 己亥.

당시 각림사는 쇠락하여 중흥시키려는 의도가 있었는데 이어지는 C⑤에서
운곡은 당시 조선개국의 공신인 봉복군 신조에게 10년 동안이나 중건을 부
탁하였고 조선이 건국되자 신조가 그 일을 주도해 주기를 바라는 모습이다.
즉 C⑤ <寄奉福君(神照大禪師)>에서는

오로지 인자한 문을 향해 열 번이나 봄을 보냈으니 / 專嚮慈門十過春
縮地法을 배우지 못해 늘 마음만 괴로웠네. / 無因縮地每勞神
覺林寺 八部 중생이 威德을 더하여 / 覺林八部增威德
옛 주인 경영하기를 못내 기다리네. / 忙待經營舊主人

東國이 중흥하는 첫 번째 봄이니 / 東國中興第一春
농사와 누에치기가 뜻대로 되어 天神께 감사하네. / 農桑得意謝天神
스님도 역시 풍운이 만남을 느껴 / 沙門亦感風雲會
예사롭게 복을 받들어 한 사람에게 바치네. / 奉福尋常獻一人

라고 하여 동국(조선)의 중흥 첫째 봄에 옛 주인의 경영을 기다린다고 하였
다. 이는 각림사의 중흥에 대해 신조의 역할을 기대한다는 뜻으로 이해된
다.

奉福君 神照는 각림사에 오래 전에 거처하였는데 그 시기는 신조가 공민
왕 4년(1355) 기사에 공민왕이 총애하던 倖僧으로 나오고 그 이후 줄곧 중
앙에서 활약하기 때문에 적어도 공민왕 4년 이전으로 운곡이 각림사에서
이방원을 가르치기 이전이다. 운곡이 대략 40년 이전에 각림사에 있었던 신
조에게 중흥을 기대한 것은 신조가 당시 천태종의 중요한 위치에 있었던 인
물이었던 것뿐 아니라 조선 건국에 공로자로 봉복군이라는 공신호까지 받
았던 인물임에서 보면 그 동기와 목적에 대해 관심이 높아진다.

神照는 공민왕 4년(1355) 당시 崔萬生, 洪倫 등의 난에 주모자로 이인임
으로부터 의심을 받을 정도로 항시 대궐 안에 있으면서 완력이 있고 간사한
꾀가 많아[77] 공민왕의 倖僧으로 표현되어 있다.[78] 공민왕 19년(1370) 나옹

77) 『高麗史節要』 卷29, 공민왕 4년.

이 주관한 당시 불교계를 총괄하는 廣明寺 功夫選에는 직접 참여하지 않았지만 공민왕이 공부선이 끝난 다음 왕이 그를 나옹에게 보내어 출제 내용이었던 功夫十節에 대해 의문을 제기하므로 나옹이 직접 써서 바쳤다고 한 것으로 보아79) 당시 천태종을 대표하는 공민왕의 측근이라 할 수 있다.

그러나 신조는 공민왕이 시해 당했을 때는 영가를 천도하는 일에 진력하였으나 한동안 시해혐의를 받았으며80) 이후 이성계에 밀착하여 왜구가 침입하여 방어전을 벌일 때 酒肉으로 貢饋하여 사기를 충천시켰으며81) 더욱 위화도회군에 동참하여 공훈을 인정받고 있다.82) 또 權近 찬,「水原萬義寺祝上華嚴法會衆目記」에 의하면83) 공양왕 2년(1390)에 신조는 이성계의 막하에 있으면서 세운 공으로 功牌를 받았으며 수원의 萬義寺를 노비와 田土와 함께 받아 법손들에게 전하게 하였는데, 신조는 이러한 恩賜를 보답하기 위해 1391년 1월에 消災道場을 열었으며 조선왕조가 수립되고 난 후 태조로부터 '大禪師重大匡奉福君'이라는 호를 받았다. 그 뒤에 龍巖寺의 주지로 있으면서 태조 1년(1392) 2월 나라를 위한 기원대법회를 열어 왕의 장수와 국가의 안녕과 중생구제를 기원하였는데 이때 華嚴三昧懺儀를 행하고 이어 法華經戒環疏를 21일간이나 강의하였다. 이는 신조가 권모술수에 능하여 공민왕의 행승이었으나, 입장을 바꿔 신흥무장인 이성계와 함께 무공을 세운 武將僧으로서 조선왕조 건국에 적극 참여한 인물임을 뜻한다. 이러한 이중적인 인물에게 운곡이 각림사 중흥의 역할을 기대함은 운곡의 조선왕조 개창에 대한 인식의 한 단면을 보여주는 것이라 할 것이다.

이러한 운곡의 노력과 함께 조선왕조에 들어와 각림사는 운곡에게 강학하였던 태종 이방원의 많은 지원을 받는데 태종은 잠저시 스승 운곡과 각림사에서 여러 해 묵으면서 학문을 연마하였던 사실과 주변의 풍경에 대해 오

---

78) 『高麗史』卷115, 李穡傳에 의하면 공민왕 20년 신조는 공민왕이 이색과 이인복을 대할 때 齋戒하고 지나치게 정중함을 지적하고 있다.

79) 覺宏,「懶翁和尙行狀」,『韓國佛教全書』卷6.

80) 『高麗史』卷114, 池湧奇.

81) 『高麗史』卷133, 신우 3년.

82) 『高麗史』卷45, 공양왕 2년.

83) 權近,「水原萬義寺 祝上華嚴法會衆目記」,『東文選』卷78.

래도록 잊지 못하고 여러 번 왕래하였으며 각림사가 기울고 비좁다 하여 보수를 명령하였고 田地와 戶口를 하사하여 공양하였다.[84] 더욱 당시 태종은 각림사 田園을 운곡에게 하사하도록 명령하였는데 운곡은 나타나지 않았다고 한다.[85] 각림사에는 태종 10년(1410) 무렵에 釋休가 주지로 있으면서 궁궐에 출입하였고[86] 同年 12월에는 釋超가 주지가 되었다.[87] 이어 태종 16년 4월말부터 1년간 각림사가 중창되자 왜구에 의해 폐사가 된 만덕산 백련사를 중창한 行乎가 태종의 명으로 각림사 중건 낙성식을 주관하였다.[88] 중창된 각림사에서는 법화법석이 열렸는데 변계량의 疏에 의하면 법화경을 강론하고 衣鉢을 고루 나누어 주고 香燈을 널리 켜 놓았다고 한다.[89] 이어 萬法의 묘리로 一心을 밝혀 친히 관음보살을 만나 환상에 나아가 실상을 증명하기를 바라고 있다. 또한 각림사 정문에는 대장경을 안치하였는데 그 연화문에 의하면[90] 각림사 대웅전에는 아미타불이 안치되었음을 알 수 있다. 이러한 각림사의 중창은 각림사가 가진 기존 천태종의 신앙경향을 참고하였을 것으로 운곡 당시의 신앙경향과 큰 차이는 없을 것으로 보인다.

사실 운곡의 불교에 대한 관심과 이해는 삼교일치론, 유불일치론이라고 지칭될 만큼 대단히 폭이 넓고 개념적이었다고 할 수 있다. 그리고 운곡이 道境, 覺宏, 允珠 등 선사들과 교유하고, 간화선을 수행하는 모습이나 나옹과 혼수를 흠모하는 모습에서 선사상에 깊숙이 빠져 있음을 알 수 있다. 그러나 운곡은 천태사상에도 이해도 깊었다. 이는 『耘谷詩史』 권4-87, <次山人角之詩韻(四首)>의 오대산 禪客 角之에게 주는 마지막 시에서 잘 표현되고 있다.

---

84) 卞季良, 『春亭集』 추보, 「原州覺林寺重創慶讚法華法席疏」, 『東文選』 卷113.

85) 鄭弘翼, 『海東樂府詞』, "太宗大王以甘盤舊恩訪耘谷 而先生避不見 太宗大王以覺林田園命賜耘谷 而先生終不視先生平生所守 未嘗有一毫之或動". 『海東樂府』는 沈光世(1577~1624)가 지은 史詩集이다.

86) 『太宗實錄』 卷24, 태종 12년 10월 17일.

87) 『太宗實錄』 卷20, 태종 10년 12월 20일.

88) 尹淮, 「萬德山白蓮社重創記」, 『東文選』 卷81.

89) 卞季良, 「原州覺林寺重創慶讚法華法席疏」와 「同前」, 『東文選』 卷113.

90) 『春亭集』 추보, 「覺林寺正門安置大藏經緣化文」.

藏經의 바다는 문이 많고 이치가 깊어 / 藏海多門義甚深
道人이 날마다 그곳에 나아가네. / 道人於此日常臨
一乘에서 三乘이 나눠지는 걸 알고 / 要知一乘分三乘
三心이 一心에 포섭되는 걸 알아야 하네. / 須會三心攝一心
세속의 이치가 어지러우니 장차 무엇으로 풀랴 / 世諦紛紜將底解
진실의 근원은 空寂하니 어디 가서 찾으랴. / 眞源空寂向何尋
바라건대 스님이시여! 생사 없는 이치를 연설하시고 / 願師演說無生理
어리석은 이들을 이끌어 주는 德音을 퍼뜨리소서. / 導愚蒙播德音

여기에서 '一乘分三乘' '須會三心攝一心'이라는 내용은 會三歸一 一心三觀이라는 천태사상의 기본사상으로[91] 운곡의 시에 나타난 이러한 용어 사용과[92] 사유방식은 당시 了世의 백련결사 이래 천태종에서 추구하는 一心三觀, 法華懺悔, 淨土求生의 천태법화신앙과 같은 맥락이라 할 것이다. 이는 운곡의 정토신앙의 모습에서 더욱 확실해진다.

운곡은 영천사 법화법석 참여를 권하는 시를 쓴다든가[93] 가뭄이 심해 나라에서 『雲雨經』을 읽는 독송회에 참가한다든지[94] 돌아가신 부모를 위한 수륙재에 참가하는 것을[95] 보면 선사상을 중시하나 불교의례나 의식에 대한 거부감이 없었고 불교신앙에 대해서도 소극적이라 볼 수 없다. 더욱 계속된 외로운 생활, 잦은 병이라는 인생의 고통과 무상에 있어서는 불교신앙을 인정하고 이해하는 수준을 넘어 신앙자의 모습을 보여주기도 한다. 한편 그의 정토신앙자로서의 모습은 禪的 유심정토설에 기반한 것으로 볼 수 있으나 오히려 천태법화신앙자로서의 모습이라 할 수 있고 그 내용은 당시 천태종에 의한 아미타정토신앙이라 할 수 있다.

---

91) 심재관, 앞의 논문, pp.337-338.
92) 운곡은 宋나라 如如居士 顔丙의 三敎一理論을 바탕으로 자신의 삼교일리론을 전개하였는데 삼교가 차이가 없다고 결론을 내리면서 '會三歸一'이라는 말로 결론을 내리고 있다. 『耘谷詩史』卷3-60.
93) 『耘谷詩史』卷2-110, <靈泉寺法華法席勸化詩>.
94) 『耘谷詩史』卷2-57, <苦旱>.
95) 『耘谷詩史』卷4-160, <二月初二日雨中雜詠>, "孝姪開張水陸儀 今辰爲母責冥禧 欲叅勝會同歸敬 泥水難堪弱馬騎".

　　나옹도 관음보살을 깊이 신앙하였던 것을 보면[96] 자신만의 수행을 통해
불성을 터득하는 선종에도 사후 극락왕생을 원한다든가 관음보살의 구원력
에 의지하려는 마음은 무시하기는 어려웠을 것이다. 물론 운곡도 지나친 불
사나 신앙의 허망함을 지적하였다. 즉 『耘谷詩史』 권2-104, <贈化經者>에
서는

　　경전을 베끼려고 서로 금은을 뿌리면서 / 寫經爭欲費金銀
　　내생에 부처가 될 인연을 심는다고 하지만 / 曰種來生做佛因
　　만물은 마침내 썩어지게 마련이니 / 漸次磷緇成朽物
　　반드시 떠도는 티끌처럼 흘러 다니게 될 걸세. / 必應流轉作浮塵
　　밝은 경전은 이름과 모양을 벗어났건만 / 大淳明藏絶名相
　　어리석은 사람들이 허망과 진실을 분별 못하네. / 少智慧人迷妄眞
　　제게 있는 값진 보배는 알지 못하고 / 不省自家無價寶
　　부질없이 마음과 힘을 다해 남의 보물만 헤아리네. / 謾勞心力數他珎

라고 하여 금은으로 사경하는 경전불사에 대해 어리석은 사람들이 허망과
진실을 분별하지 못한 것으로 자신에게 있는 값진 보배를 알아야 한다고 지
적하고 있다. 이는 공덕의 추구보다 마음의 불성을 깨닫는 것이 중요하다는
禪的인 표현이다. 그러나 당시 선종승려들 사이에서는 사경불사를 많이 하
였던 모양으로 『耘谷詩史』 권4-87, <次山人角之詩韻>에는 角之스님이 관
음보살을 예배하면서 사경을 하는 모습이 나와 있고, 권5-51 <次宋獻納(愚)
上興法丈室詩韻>에도 興法寺 丈室이 사경을 하여 妙法을 일으켰다는 내
용이 있다. 이는 선사들에게도 사경공덕을 쌓는 것과 같은 기복적인 신앙행
위가 거부감 없이 받아들여지고 있었음을 보여주는 것으로 현존 고려 후기
사경의 경우 거의 묘법연화경(법화경)이 주종을 이루는 것을 보아 이들도
법화경을 사경하였을 것으로 보인다.[97]

---

96) 覺宏, 「懶翁和尙行狀」, 『한국불교전서』 권6. 나옹은 중국에서 平山處林을 만나 뵙
　　고 明州 補陀洛迦山으로 가서 관음에 예배한다.
97) 權憙耕, 「고려사경의 시대적 배경에 대한 고찰-삼국유사를 통해본 고려후기의 사
　　상적 경향-」, 『한국전통문화연구』 1, 1985, p.3. 고려시대 사경은 주로 화엄경과 법

운곡의 정토신앙의 사례를 보면『耘谷詩史』권1-51, <哭趙牧監(二首)>
에서는 조목감이 평생 선교에 의지해 진리를 닦았고 때문에 사후 서방극락
세계의 주인이 되었을 것이라 추정하는 문구가 있어[98] 이미 자신이 평소 생
각했던 왕생신앙의 일 단면을 보여주고 있다. 이어 운곡은 법화법석에 동참
을 권유하는 시를 쓰고 있다. 권2-110, <靈泉寺法華法席勸化詩>에서는

발원하여 부처님 법당을 다시 새롭게 세우니 / 發願重新佛法堂
우뚝 높은 기와지붕이 구름 언덕에 닿았네. / 高甍突兀接雲岡
임금님의 천년 장수를 빌며 / 祝釐君主千年壽
나라가 만대 창성하기를 / 裨補邦家萬代昌
향 연기를 피우며 서로 치하하니 / 欲設香烟因慶讚
시주들의 큰 보시를 우러러 의지하네. / 仰憑檀越助弘揚
많고 적음을 따지지 말고 모두 따라 기뻐하여 / 莫論多寡皆隨喜
연화 세계 큰 도량에 함께 들어가세. / 同入蓮花大道場

라고 하여 영천사에서 열리는 법화법석을 통해 임금님의 장수와 국가의 창
성을 기원하면서 연화세계에 함께 들어가자고 하였다. 사실 이는 영천사에
법당을 신축하였고 이에 시주들의 많은 보시를 권하는 내용이라 할 수 있
다. 나아가 법화법석에 함께 참여하기를 권함은『법화경』을 읽고 법화참회
를 통하여 함께 蓮花大道場으로 들어가자는 것으로 연화세계는 곧 아미타
정토로 법화경을 읽고 정토왕생하려는 신앙의 일면이다. 나아가 운곡 자신
이 아미타정토로의 왕생을 원함은 권3-33 <願成西方九品圖詩>와 이어지
는 권3-34 <又>에서 천태법화신앙으로서의 정토신앙임이 나타난다. 즉,

西方九品圖를 그리려 하는 까닭은 / 欲畵西方九品圖

화경이 주종을 이룬다고 한다. 선사들의 경우 선종의 소의경전 중에 하나인 법화
경을 당연히 사경하였을 것이다.
98)『耘谷詩史』卷1-51, <哭趙牧監(二首)>, "少年才氣冠鄕隣 晩節淸貧押隱倫 不以利
名常逐妄 且憑禪敎好修眞 悲凉北枕飛蝴蝶 留滯西方作主人 淚葉豈應看宿草 尋
蹤異日更沾巾".

임금께 축수하고, 나라 위해 복 빌며, 중생을 제도하기 위해서라네. / 壽君
　福國濟迷徒
시주들이여! 모두 같이 태어날 願을 세우는 데에 / 檀家各發同生願
털끝만치라도 아끼거나 있고 없고를 따지지 마시게. / 毋惜毫毛計有無

西方淨土는 미묘 장엄해서 / 西方淨土妙莊嚴
그 차례가 十六觀으로 나뉘어졌네. / 次第相分十六觀
바라건대 사람마다 彼岸에 오르시어 / 願共人人登彼岸
이 그림 이뤄지면 먼저 마음속으로 보소서. / 繪成先使眼中着

　서방구품도를 그리려는 까닭이 임금과 나라를 위해 또 중생제도를 위한
것으로 불제자 중생이라면 모두 함께 동참하자는 것이고 서방정토는 차례
가 16관으로 나뉘어져 있다고 하였다. 즉 16관은『관무량수경』에 나오는 아
미타불의 불신·국토를 觀想하는 16종의 방법으로 서방정토로 가기 위한
16가지의 구체적 수행방법을 제시한 것이다. 운곡은 詩에서 각각 근기에 맞
게 願을 세우고 수행하면 모두 서방정토로 갈 수 있다는 점을 강조한 것으
로 천태종에서 四明知禮(960~1028) 이래 천태의 一心三觀과『관무량수경』
의 16관을 회통하는 若心觀佛說이 전개되어 천태사상과 정토신앙의 이론
적으로 결합을 시킨 것과 상통한다. 즉 운곡이 서방정토에 가기 위해 제시
한 16관도 그의 천태법화신앙과 연결되어 있음을 알 수 있다. 또한 권5-115
<病中吟>은 운곡의 나이 62~65세 사이에 지은 시로

더위도 괴로운데 병까지 날 괴롭혀 / 苦熱仍逢苦病侵
온갖 아픔을 금하기 어렵네. / 百般疼痛捴難禁
슬픔과 기쁨에 이미 관심 없으니 / 悲歡旣已休關念
살고 죽음에 어찌 마음을 움직이랴. / 生死猶能不動心
효험 없는 옛 방편 따위는 시름 속에 던져 버리고 / 無效古方愁裡擲
쓸 만한 새 시를 고요한 가운데 읊어보니 / 可題新律靜中吟
산새만이 유유한 내 뜻을 알아 / 山禽只解悠悠意

솔숲 너머에서 아름다운 소리를 보내 오네. / 啼隔松林送好音

성긴 흰 머리털에 세월이 스며들어 / 霜髮蕭蕭歲月侵
이제야 세상만사를 다 잊게 되었네. / 如今萬事盡能禁
한가할 때 흥겨우면 걷기도 하고 / 閑來信步緣乘興
병들면 마음 어지러울까 봐 많이 말하지 않네. / 病不多言恐亂心
일찍이 길한 시운을 만나지 못하고 / 時運未曾逢吉利
해마다 신음하는 재앙 만났네. / 年災恒是値呻吟
普門으로 나타나는 건 영감에 달렸다기에 / 普門爾現依靈感
가만히 南無觀世音을 외우네. / 默念南無觀世音

　　운곡이 노년에 몸이 병들어 쇠약해져 가는 자신의 모습을 보고 마음을
달래기 위해 읊은 시로 생사를 초탈하여 세상만사를 잊게 되었지만 한편 일
찍이 좋은 時運을 만나지 못하고 해마다 재앙을 만난 것에 대한 한탄의 마
음도 있어 이를 떨치고 普門으로 나타나기 위해 관세음보살을 외우는 모습
이 묘사되어 있다. 普門은 관음보살을 지칭하는 것으로 결국 관음보살에 귀
의하여 아미타정토로 회향하기를 기원하는 것으로 볼 수 있다. 또한 보문은
법화경의 「관세음보살보문품」에 나오는 것으로 여기에서도 운곡의 천태법
화신앙의 모습으로 이해할 수 있다.
　　고려 말의 천태종은 了世의 맥을 이은 백련사계와 권문세가 趙仁規家와
결합하여 귀족불교로 변질된 묘련사계가 양립하다가 백련사계가 다시 강세
를 보이던 시기로, 白蓮社 본래의 성격 즉 일심삼관, 법화참회, 정토신앙을
기반으로 하였고 白蓮社 4세 天頙과 그의 사상을 이어받은 雲默의 사상이
부각되었던 시기이다. 천책은 儒者 출신으로 유불의 근원을 승려의 입장에
서 동일하게 보려는 태도를 가지고 있었고[99] 정토사상도 법화경 7軸에 정
토가 두루 예찬되고 있지만 정토의 殊勝함을 강조하고, 「小本彌陀經」이 간
결하게 미타교의를 攝盡한 경전이라고 극찬하고 있어 천책의 정토사상은
미타경을 중시하고 유심정토설과 타력정토설이 결합된 것으로 볼 수 있다

---

99) 채상식, 「고려후기 천태종의 백련사 결사」, 『한국사론』 5, 1979, p.165,

고 한다.[100] 더욱 천책은 禪·敎의 어느 한편을 강조하려는 것이 아니라 선과 교의 갈등을 해소하여 사부대중인 남녀 승속이 불법에 편벽되지 않고 바르게 실천하도록 禪觀을 수행하였다고 한다.[101] 천책의 제자 而安의 문하인 雲默도 그의 저서 「釋迦如來行蹟頌」에서 보리달마의 전등사실을 열거하면서도 문자를 담은 경전의 중요성을 역설하여 一心三觀의 관법을 설명하였다. 이는 궁극적 깨달음의 세계 자체가 경전 문자를 매개로 하지만 그것에 집착하지 않고 실현되는 것이 천태 圓頓止觀의 실천임을 보여 주는 것으로 雲默의 天台禪은 智顗의 摩訶止觀에 의한 禪이나 교리면에서는 교선일치적인 성향을 보여준 것이라 한다.[102]

이러한 백련사계의 부활은 각림사와도 연결되는데 각림사에 일찍이 있었던 神照는 조선 건국과정에서 세운 공훈으로 받은 萬義寺에서 「戒環解法華經」을 강의하였는데 계환해법화경은 일찍이 만덕산 백련사 보현도장에서 읽혔던 것으로 신조는 백련사계의 전통을 잇고 있음을 알 수 있고,[103] 나아가 일찍이 신조가 머물렀던 천태종 각림사의 성격도 백련사계의 전통을 이었을 것으로 이후 天台法事宗으로 소속되었을 것으로 보인다.[104] 그렇다면 각림사의 사상경향은 교선일치적 성향에 법화경과 함께 아미타경을 더 중시하는 정토신앙,[105] 一心三觀의 마하지관을 실천하려는 천태선의 경향을 갖고 있었던 것으로 운곡의 불교사상의 기반에는 간화선을 중시하는 선사

---

100) 고익진,「白蓮社의 思想傳統과 天頙의 著述問題」,『불교학보』16, 1979, p.133에서 고익진은『湖山錄』卷4,「金字華嚴法華經慶讚疏」에 나오는 "唯心淨土에 直達하고 自性彌陀를 親覩하여 이루는 바 金剛身으로서 沙界를 普霑하기 바란다"는 疏文에서 천책이 일반 禪家와 같은 유심정토관을 가졌던 것이 아닌가 상정하였다.
101) 이영자,『천태불교학』, 2001, p.283. 이영자는 「禪門寶藏錄」도 천책의 저술로 보고 있다.
102) 채상식, 앞의 논문, p.195 ; 이영자, 위의 책, p.289.
103)『耘谷詩史』卷5-14, <次韻書天台義圓長老詩卷>에는 天台義圓이 "學禪仍學敎 能筆又能詩 有志通三要 無爲絶百非"라 하여 선·교를 함께 배운 것으로 나온다.
104) 고익진에 의하면『태종실록』태종 6년 3월조에 의하면 천태종은 언제인지는 몰라도 疏字宗과 法事宗로 나누어진 것을 알 수 있는데 묘련사계는 법화경과 천태소에 중점을 둔 것으로 보아 천태소자종으로 백련사계는 법화참과 정토신앙에 중점을 둔 천태법사종으로 분리된 것으로 보인다고 하였다. 고익진, 위의 논문, p.158.
105) 각림사 대웅전에는 아미타불이 안치되었다. 주96) 참조.

784

상과 노년기에는 더욱 정토신앙자로서 천태법화신앙의 실천성이 조화를 이루고 있었던 것으로 볼 수 있다.

5. 맺음말

지금까지 『운곡시사』에 나타난 시를 통하여 운곡이 주변사원과 어떠한 관계로 연결되었으며 운곡의 불교사상과 신앙을 알아보았다. 앞의 내용을 요약하여 결론을 대신한다.

첫째, 운곡은 원주에서 진사시에 합격한 후 隱士로서 줄곧 살았지만 결코 은둔의 모습은 아니라 중앙의 인사나 승려들과의 교유로 중앙의 소식을 빠르게 입수할 수 있었고 이에 따른 의견도 모색할 수 있었다. 또한 조선이 건국이 되자 바로 긍정적인 입장을 가졌다.

둘째, 운곡의 불교인식은 간화선의 수행을 중시하는 선사상을 기반으로 하였으나 운곡은 일찍이 부인과 자식을 잃고 자주 병마와 싸우는 등 인생의 무상함과 시운을 만나지 못한 한탄 속에서 기복적인 정토신앙도 가졌던 것으로 보인다. 운곡의 정토신앙은 법화경과 아미타경을 중시하는 천태법화신앙의 모습이다. 운곡의 불교사상의 기반에는 간화선을 중시하는 선사상과 노년기에는 정토신앙자로서 천태법화신앙의 실천성이 조화를 이루고 있었던 것으로 볼 수 있다.

셋째, 운곡은 원주 주변 특히 자신의 거처인 누졸재를 중심으로 치악산 동남쪽에 위치한 사찰과 교류하면서 강학, 요양, 기숙, 제의, 축제의 시설 등으로 이용하고 있었다. 이러한 모습은 주변사원이 운곡의 생활의 일부분이 었음을 보여주는 것으로 이들 사원 중에서 각림사와 영천사를 가장 밀접한 관계를 이루고 있었다. 이들 사원은 모두 운곡이 태종 이방원을 잠저시 강학하였던 곳으로 각림사는 운곡이 거처하였던 누졸재와 가깝고 당시 원주에서 선종과 천태종을 대표하는 사원이었다.

넷째, 『耘谷詩史』에는 전반 1·2권에 선종승려와의 교류가 치중된 반면, 5권에는 각림사와 천태승려와의 교류가 많았음을 보여준다. 특히 운곡은 각림사의 중흥을 위하여 당시 공민왕의 倖僧이었다가 당시 천태종에서 실력자이면서 조선개국에 공신으로 봉복군이라는 공신호까지 받은 神照에게 구원을 요청하는 시를 보내고 조선개국을 치하하는 듯한 모습을 보여주고 있어 조선개국에 대한 인식의 변화를 살필 수 있다. 결국 각림사는 신조에 의해서가 아니라 태종 이방원에 의해 중건된다.

다섯째, 각림사는 조선 초 천태법사종에 속했을 것으로 사상경향은 교선일치적 성향에 법화경과 함께 아미타경을 더 중시하는 정토신앙을 가진 백련사계의 전통을 잇고 있었고, 一心三觀의 마하지관을 실천하려는 천태선의 경향과 함께 갖고 있었던 것으로 볼 수 있다.

이상으로 운곡 원천석의 불교신앙과 그의 지방생활 속에서 원주근교 사원과의 관계에 대해 살펴보았으나 앞으로 각림사와 운곡의 관계는 더욱 명확하게 밝혀야 할 것으로, 숙제로 남긴다.

『운곡시사』의 승려·사찰과
여말선초의 불교 동향

김 홍 삼[*]

1. 머리말

강원도는 달리 '岊下古佛' 내지 '岊下老佛'이라 불렀다. 강원도민의 진취성이 없는 심성을 폄하하여 부른 말이지만 불교와의 관련을 일단 상기시킨다. 강원도에는 미약한 도세에 비해 불교와 연관된 사찰이나 지명과 문화 등이 많이 남아 있다. 그래서 필자는 일찍이 이에 관심을 갖고 굴산사 등 강릉의 불교에 대해 여러 편의 글을 썼고, 최근에는 춘천의 청평사에 관심을 두고 글을 정리하고 있다. 이러던 차에 원천석과 관련된 글을 써보지 않겠는가 하는 제의가 있어 주저하지 않고 승낙하였다. 원주지역의 불교에 대해 공부하고자 하는 마음이 앞섰기 때문이다. 그러나 원천석의 불교에 관한 연구는 지금까지 필자가 주로 연구한 시기와 지역적인 차이가 있어 이해하는 데 어려움이 있었다. 그래도 후일 원천석과 원주지역의 불교 연구를 위한 디딤돌을 세워보자는 작은 바람에서 원천석과 관련된 불교를 개괄적이나마 정리해야겠다는 생각이 들었다.

여말선초에 활동했던 元天錫(1330~?)은 1,144수의 시를 『耘谷詩史』에 남겼다. 이 『운곡시사』는 이미 朴東亮이 이 책의 서문에서 지적한 바와 같이 대부분이 승려와 주고받은 글을 엮어 놓은 것이다.[1] 이처럼 원천석이 불교

---

1) 李仁在·許敬震 共譯, 『耘谷詩史』, 原州文化院, 2001, 序-1, p.5. 본고는 이 책을 저본으로 하였다. 誤字는 民族文化推進會, 『耘谷行錄』, 『韓國文集叢刊』 卷6, 1990 을 참조하여 고쳤다. 또 번역상 매끄럽지 않은 부분도 고쳤다.

와 끊임없는 대화를 하여 남긴 『운곡시사』는 '여말선초 불교자료집'이라고 말해도 과언이 아닐 것이다.[2]

이와 같이 『운곡시사』에 불교 관련 자료가 많이 있는데도 불구하고 아직까지 이에 대한 연구는 그렇게 왕성하게 진행되어 오지 않았다. 기왕의 원천석의 불교에 대한 연구는 주로 한국한문학에서 이루어졌다.[3] 또 불교학과 역사학에서는 원천석의 불교인식에 대한 개괄과 그의 삼교일리론, 주자학 수용과 관련된 문제를 집중적으로 다루었다.[4] 그러나 이들의 연구에서

---

2)　　　　　　　　　<표 1> 『운곡시사』와 불교관련 시

권수	창작연도	기간	원천석 나 이	양은용			김흥삼		
				시 총수	불교관련		시 총수	불교관련	
					수	연평균		수	연평균
권1	1351~1369	19	22~40	252	28	1.47	245	26	1.37
권2	1370~1385	16	41~56	155	30	1.88	158	28	1.75
권3	1386~1388	3	57~59	216	62	20.67	222	60	20.00
권4	1389~1390	2	60~61	196	29	14.50	176	33	16.50
권5	1391~1394	4	62~65	239	37	9.25	343	43	10.75
합계		44		1058	186	4.23	1144	190	4.32

　　<표 1>과 같이 『운곡시사』에 실린 글이 양은용은 17.58%(「운곡 원천석 '삼교일리론'의 종교윤리」, 『耘谷元天錫硏究論叢』, 原州文化院, 2001, p.185), 필자는 16.60%가 불교와 관련된 것으로 보았다. 약간의 차이가 보이나(시를 이해하는 기준에 따라 불교적인 요소를 갖고 있다고 생각하는 시의 수는 어느 정도 편차가 있을 수밖에 없다), 거의 『운곡시사』에 불교자료가 17%정도에 이른다는 데에는 일치하고 있다. 불교관련 시에는 『운곡시사』의 詩題와 서문, 이들의 내용에 포함된 사찰이름과 승려명 및 불교관련 용어가 있을 경우 모두 망라하였다. 원천석이 불교활동을 가장 왕성하게 한 시기는 권3에 해당하는 57~59세였다. 가장 미약하게 보이는 시기는 혈기왕성한 22~40세이다.

3) 林鍾旭, 「耘谷 元天錫의 佛敎詩 硏究」, 『佛敎語文論集』 2, 1997 ; 李貞和, 「耘谷 元天錫의 贈僧詩 硏究」, 『韓國思想과 文化』 26, 2004 ; 南宮遠, 「元天錫의 佛敎詩에 관한 小考-禪的 趣向의 詩를 中心으로-」, 『漢文古典硏究』 10, 2005. 전반적인 『운곡시사』에 대한 연구 동향은 林鍾旭, 『耘谷 元天錫과 그 文學』, 太學社, 1998, pp.13-17 참조.

4) 도현철, 「元天錫의 顔回의 君子觀과 儒佛道 三敎一理論」, 『耘谷元天錫硏究論叢』, 原州文化院, 2001 ; 양은용, 「운곡 원천석 '삼교일리론'의 종교윤리」, 『耘谷元天錫硏究論叢』, 原州文化院, 2001 ; 심재관, 「운곡 원천석의 불교인식」, 『耘谷學會硏究論叢』 1, 耘谷學會, 2005 ; 趙明濟, 「元天錫의 佛敎認識」, 『보조사상』 26,

는『운곡시사』에 실린 승려와 사찰에 대한 글을 문학적 작품으로 다루거나 피상적으로 이해하고 있어 그 실체를 확실히 파악하고 있지 못하다.

그러므로 본고에서는『운곡시사』에 나타난 승려와 사찰을 조사하여 여말선초 불교계의 동향과 원주지방의 불교를 파악하고자 한다. 불교는 불도를 닦는 승려와 그들이 생활하는 사찰에 의해 전파·확립이 되므로 이들 간의 관계가 아주 밀접하다는 것은 누구나 아는 사실이다. 그런데 승려는 '學無常師'의 의미를 새기며 운수행각으로 깨달음을 얻는 종교인이어서 당대의 여러 승려와 지식인을 많이 만나게 된다. 그러므로 원천석이 사귄 스님을 통해 여말선초의 불교계의 동향을 파악할 수 있을 것이다. 한편 사찰은 부동산이므로 그 지역의 불교를 이해하는 데 크게 도움이 된다. 원천석이 거의 평생 동안 머물렀다고 해도 과언이 아닌 여말선초 원주지역의 사찰을 통하여 이 지역의 불교현황을 살필 수 있을 것이다.

2.『운곡시사』승려와 여말선초 불교계의 동향

승려는 스님 또는 중이라 불린다. 승려는 가르치는 임무를 맡아 스승님·승님 등으로 불리다가 스님이 되었다고 한다. 인도에서 승을 僧伽(Samgha)라고 하여 중국에서 衆이라고 번역했으며, 우리나라에서는 그 음을 따서 사용하였다. 이들은 불교의 가르침을 배우고 실천하는 출가 수행자들이다. 이러한 의미를 지닌 승려와 원천석의 교유가 많았다. 이는 그가 지은『운곡시사』를 통하여 살펴볼 수 있는데, 정리하면 <표 2>와 같다.

<표 2>에 의하면, 원천석은 100명의 승려와 직·간접적으로 관련을 가지고 있었다. 이것은 시에 드러난 수치로 실제 원천석은 더 많은 승려와 만남을 가졌을 것이다. 그들 간의 관계는 대부분 1회 내지 2회 정도의 짧은 만남에 그치고 있다. 이것도 역시 시에 드러난 빈도수일 뿐 실제 만남은 훨씬 많았을 것으로 보인다.

2006.

<표 2> 『운곡시사』에 보이는 승려[5]

승려명	異稱	권1	권2	권3	권4	권5	종파	비고
道境	道境禪師, 道境大禪翁, 禪翁, 道境寺堂頭	6	5	1			선종	
辛社主		1					선종	
幽谷宏師	默言宏上人, 雲遊子 覺宏, 懶翁弟子, 宏幽谷	2	3				선종	
懶翁	懶翁和尚, 江月軒懶翁, 普濟尊者, 普濟大和尚, 普濟	1	1	2	1	1	선종	간접
覺林堂頭圓通		1					천태종	
曹溪參學允珠[1]		2					선종	
麟角大禪翁[2]		2					선종	간접
白雲淵長老[3]		1					선종	
同袍禪者仁斐		1					선종	간접
萬歲寺堂頭座下			1				선종	
正宗禪者			1				선종	일본
聖松禪者			1				선종	일본
全壽禪者			1				선종	일본
僎其大選			1					
曹溪長老禪堅			1				선종	
丘大選	右街雪峰丘僧統, 雪峰丘僧統		1			2	교종	
谷溪			1					
孤源宗師			1					
無際海師			1					
興法大禪翁省珍			1				선종	
曹溪行脚文軫			1				선종	

5) '禪師'는 『耘谷詩史』卷3-122, p.365과 卷5-67, p.538에서, '禪者'는 『운곡시사』卷 3-145, p.385과 卷5-48, p.525에서 보이는 바와 같이 선종에서 뿐만 아니라 천태종에서도 사용되었다. 또한 '선사'는 『三國遺事』(卷3, 興法, 「原宗興法」)를 보면 유가종 승려에게도 사용되었음을 보여준다. 그래서 '선사'와 '선자'는 확실히 시와 다른 자료에서 선종과 관련이 있을 때에만 선종이라 표시하였다. 동일인이 하나의 시에 여러 번 나왔을 때에는 1회로 처리하였다.

曹溪行脚斯近		1				선종	
高巖	高巖寧師	1	1				
笑巖悟師			2			화엄종	
明菴晤師	明菴聰禪者, 明菴珠師, 明菴照師		2	1	1	선종	
本寂	本寂空板, 懶翁門		1		1	선종	
忍菴			1				
元信淨師			1				
還源廻師			1				
貞菴信忠侍者			1				
歡喜堂頭	歡喜寺堂頭大老　兄, 歡喜堂大老, 歡喜堂頭長老		3	1			
透空岑上人			1				
弘山恢師			1				
禪師覺源			1			선종	
呆庵	神勒和尙國一都大禪師呆庵		1			선종	
無淨一禪者			1				
虛舟海禪者			1				
驢井海禪者			1				
指空			1	1		선종	인도, 간접
無門全師			1			선종	
明山澈師			1				
天中正揣師			1				
寂峯	寂峯禪者, 寂峯圓師, 信圓禪者, 淸風軒圓禪者, 無學門徒		2	1		선종	
月谷明師			1				
明峯月師[4]			1				
照菴鏡師			1				
療菴瑛師			1				
志曦上人			1			선종	
璧峯性圭中德			1				
可能中德			1			선종	

越菴超上人				1			
義澄	高達寺李大禪師, 天台老			1		천태종	
天台達義禪者				1		천태종	
袖隱椎上人					1	선종	
鳴巖					1		
寂音演師	寂音禪德				2	선종	
說菴					1		
寒泉淸師					1	선종	
晶菴旭師					1		
無菴空師					1	선종	
智巖哲師					1	선종	
峯日信山師					1		
平巖均師[5]					1		
無學	溪月軒無學				1	2	선종	간접
平山					1	1	선종	중국, 간접
千巖					1		선종	중국, 간접
文殊寺堂頭石頭					1		선종	
川源海琳師					1		
寶峯琳師					1		
淸裕海生上人					1		
琦峰海普禪者					1		
遍菴海彌上人					1		
恬軒愚公					1		
晦軒古鏡					1	선종	
山人角之					1	선종	
說峯演師					1	선종	
目菴眉月師[6]						1		
華巖英上人[7]						1		
野翁田上人	汀月軒[8]					1	선종	
履菴道上人						1	선종	
靈泉堂頭						1	선종	
天台義圓長老						2	천태종	
日菴杲師[9]						1	선종	

南峯師友師						1		
珣巖玉師						1		
霧巖雲師						1		
覺怡師	悅峯, 悅道					1	선종	
天台演禪者						1	천태종	
覺林室						1	천태종	
興法丈室						1	선종	
竹溪軒信廻禪者						1	선종	
和光熏師						1		
大素圓師						1		
神照大禪師	奉福君					1	천태종	
松花寺主師						1	선종	
毘麼羅僧						1	화엄종	
水月潭師						1		
溪月軒門						1	선종	
幻菴						1	선종	간접
仁峯義師						1		
계		17	23	39	28	34		
연평균		0.89	1.44	13	14	8.5		

1) 『懶翁和尙歌頌』, 「送珠侍者」(『韓國佛敎全書』6, 東國大學校出版部, 1987, p.738)
에서 珠가 윤주가 아닐까 한다. 가송의 내용 중에 "萬里參方意莫窮"이 있는데,
參方은 윤주를 지칭하는 參學과 관련성이 있어 보이기 때문이다.

2) 인각은 李崇仁, 『陶隱集』 詩集 卷2, 「送鏡上人還山仍作三絶寄麟角定覺兩禪師」
에 보인다.

3) 白雲淵은 구체적인 근거는 없지만 고려 말 삼화상의 한 사람인 白雲景閑(1299~
1375)이 아닌가 한다. 이와 관련된 시가 지어진 해가 1367년으로 원천석의 나이
가 38세였으므로 전혀 무관하지만은 않을 것이다. 백운은 元나라에 가 指空과
石屋淸珙의 법을 배우고 돌아와 神光寺・興聖寺 등에서 종풍을 선양하였다. 자
세한 내용은 『白雲和尙語錄』(『韓國佛敎全書』6)을 참조.

4) 명봉은 成石璘, 『獨谷集』 卷下, 「題明峯詩卷」에 보인다.

5) 李崇仁, 『陶隱集』 詩集 卷3, 「送均師還」.

6) 韓脩, 『柳巷詩集』, 「目菴上人携卷子求詩」.

7) 華巖은 玉泉寺에서 한때 駐錫하였다(李詹, 『雙梅堂篋藏集』 卷1, 「送華巖宗師友
雲還住所」). 華巖은 華嵓寺에서 참선을 했던 華菴과 동일인물일 가능성이 있다
(卞季良, 『春亭集』 卷2, 「題華菴淵月軒詩卷」). 이들이 동시대에 살았을 뿐만 아
니라 '華巖'의 '巖'과 '華嵓寺'의 '嵓'이 같은 글자이기 때문이다.

8) 野翁田의 堂號가 汀月軒이다. 나옹·무학의 당호는 江月軒·溪月軒이다. 또 누구인지는 알 수 없으나 나옹의 제자로 梅月軒이라는 당호를 쓴 이가 있다(『懶翁和尙歌頌』,「梅月軒」,『韓國佛敎全書』 6, p.738). 당호에 돌림자인 '月'을 쓰고 있는 야옹은 나옹계통의 승려가 아닌가 한다.
9) 金九容,『惕若齋學吟集』卷下,「題日庵卷子」.

  원천석이 사귄 승려 중 도경이 12회로 가장 높은 빈도를 나타낸다. 원천석은 도경을 선사의 귀감이며 조계의 원로로 六識에서 벗어나 眞如와 신선의 경지에 이른 인물로 존경하였다.6) 한편 도경은 1366년 원천석이 아내를 잃자 그에게 보낸 편지에서, "선생께서 불행하게도 지난해에는 자식이 죽고 올해엔 또 부인이 죽어 슬픔과 애달픔이 잇달아 일어나 그지없이 애통하시리라 생각됩니다. 너무 상심하실까 염려되어 인과의 말을 빌려서 시를 지어 바치니, 바라건대 마음을 다스리시어 슬픔을 푸소서."라고 하였다.7) 또한 1375년 11월 23일에 원천석의 형이 병으로 세상을 떠나자 도경은 挽歌를 지어 보냈다. 도경은 원천석이 형과 부인·자식이 사망하여 힘들 때마다 정신적인 지주 역할을 하는 등 친분이 두터웠음을 알 수 있다.8) 이와 같이 어려울 때 슬픔을 같이 나눈 사이였지만 안타깝게도 권3까지만 보인다. 아마 도경과 관련된 마지막 시를 지었던 1388년 즈음에 사망한 것으로 추정된다.
  『운곡시사』에는 원천석이 河允源 刺史에게 올린 시와 서문이 있다.9) 하윤원이 원주에서 자사의 임기를 마치고 떠나려 하자, 그가 고을을 다스릴 때 너그러운 정치, 잘하는 정치, 청렴한 정치, 보답하는 정치, 감화시키는 정치를 이루어낸 것을 높이 평가하면서 흠모하는 글이다. 이때 원주 치악산의 외로운 절의 승려 云鑑도 원천석과 같이 하윤원이 재임시 정치를 잘했고, 이에 떠나려 하니 백성들이 가슴아파 한다는 시를 지어 주었다.10)

6) 『耘谷詩史』卷1-59, p.53 ; 卷1-77, p.75.
7) 『耘谷詩史』卷1-99, p.111.
8) 西谷 張尙書가 죽었을 때, 도경이 만사를 보내니 원천석도 차운하여 시를 지었다(『耘谷詩史』卷1-109, p.119). 또 원주목사 偰長壽가 도경에게 보낸 시에 대해 원천석이 차운하여 시를 지었다(『耘谷詩史』卷2-78, p.244). 이와 같이 이들 두 사람은 차운하여 시를 짓는 등 상당히 친밀한 교류가 있었다.
9) 『耘谷詩史』卷2-11, pp.172-180.

운감은 하윤원이 원주에서 서울로 올라간 뒤에도 사모함을 견디지 못해 글을 보냈다.[11] 이 글에서 운감이 바로 도경이라는 사실을 찾아낼 수 있다. 한편 원주목사를 마치고 개성으로 가 判典校寺事右文館直提學이 된 하윤 원은 朴尙衷에게 原州 道境鑑師에 대해 "내가 운감을 안 것이 오래요, 원 주에 있은 것도 또한 오래였으나, 그는 일찍이 한번도 털끝 만한 일이나마 간청하지 아니하였고, 나도 역시 일찍이 오래 사귄 처지라 해서 운감에게 후하게 한 일이 없었는데, 지금 나에게 시를 부쳐왔다. 그 시의 내용이 비록 과한 예찬이기는 하나, 또한 그가 나에 대한 사랑이 깊음을 볼 수 있다. 그 런데 내가 사례할 것이 없으니, 搢紳들에게 청해서 운자를 나누어 시를 짓 게 하여 한축을 만들어주고자 한다. 그대는 그 시축머리에 서를 써 주지 않 겠는가."라고 하였다. 박상충은 하윤원이 원주를 맡아 다스리자 백성이 편 안해지고 서리가 엄숙하게 되어 치적의 소문이 대단하였고, 그가 소환됨에 이르러서는 원주 백성이 하공을 깊이 사모하여 赤子가 부모에게 하듯 할 뿐만 아니라, 그가 평일에 원주 백성에게 부모 노릇했다는 것을 또한 알 수 있다고 하였다.[12]

鄭夢周(1337~1392)는 원주목사를 지냈던 河允源이 만든 시축과 僧 云鑑 의 시에 화답을 하였다.[13] 그는 하윤원이 원주목사로 재임할 때 훌륭한 일 을 이루어냈다고 하는 운감의 시까지 덧붙여 놓았다. 운감은 禪林의 걸물로 다니거나 서거나 눕는 데 마음이 편안하였으며, 조주의 무자 화두를 日用하 였다.[14]

도경은 지방관인 원주목사 하윤원과 설장수와 친분이 있었는데, 특히 하

---

10) 『新增東國輿地勝覽』卷46, 原州牧「名臣」.
11) 金九容, 『惕若齋學吟集』卷上,「原州河公政成上京道境鑑上人思慕之餘以詩見寄 河公分韻其詩爲贈搢紳諸公皆賦予與達可方回自江南河公請賦得南字作小詩二首 ○朴公尙衷序之」.
12) 朴尙衷, 『東文選』卷87,「贈曹溪禪師云鑑詩序」.
13) 鄭夢周, 『圃隱集』卷3, 拾遺「原州牧使河允源湛之詩軸和僧天鑑分韻得乃字」·「附僧天鑑詩」. 『포은집』에 天鑑으로 되어 있으나 내용상 云鑑이 맞다. '云'자를 비슷한 글자인 '天'으로 誤記한 듯하다.
14) 釋祖異, 『東文選』卷10,「贈曹溪禪師云鑑得無字」. 이외 운감에 대해서『東文選』卷5에 閔霽가 쓴「贈曹溪禪師云鑑」이 실려 있다.

윤원으로 인해 중앙에 알려진 지방승려였다. 또한 그가 머물렀던 절이 잘 알려지지 않은 도경사인 것으로 보아 고승은 아니었을 것이다.[15]

다음으로『운곡시사』에 유곡 각굉이 많이 나온다. 그는 明信한 사람으로 어려서 스님이 되어 도를 배웠다. 여러 명산을 돌아다니며 학업을 성취한 뒤에 나옹의 제자가 되었다. 叢林에 있을 때 사람들에게 존경을 받아 藏主의 책임을 맡았다.[16] 經을 보면 般若의 도리를 얻었고, 論을 읽으면 三觀의 이치를 기뻐했다. 어느 날 금강산으로 들어가 밤낮으로 정진한 지가 십여 년이나 되었다. 1370년 7월 하안거가 끝나자 산에서 내려와 강소성과 절강성으로 유람하면서 밝으신 스승을 만났다. 중국 유학을 떠날 때, 원천석은 장하게 생각해 시를 지어 주었다. 원천석은 菜農한 각굉으로부터 미나리와 오이·沈瓜를 받으면서 그를 일찍이 禪機를 파악하여 物外에 노닌 인물로 높이 평가하였다.[17] 또한 그는 원주 상원사 서쪽 봉우리에 無住庵을 지었고,[18] 원천석과 함께 泉林寺에 머물면서 글을 읽은 적도 있었다.[19]

각굉은 우뚝하게 앉아 묵묵히 말이 없는 維摩居士와 같은 默言宏上人과 동일인물로 보인다. 각굉이 장주로 있을 때 나옹이 쓴 글 중에 그를 宏上人

---

15) 이인재는 원천석이 도경을 '조계의 노장(師本曹溪翁)'으로 표현했다 하여 가지산문계 승려로 추정하였다(「고려말 원천석의 학문관과 지역활동」,『운곡원천석연구논총』, p.127, 주46). 또 어떤 이유를 밝히지 않고 윤주와 성진도 가지산문계 승려로 이해하였다(같은 글, p.129, p.131). 아마 이들 앞뒤에 '曹溪'라는 표현을 썼기 때문으로 생각된다. 먼저『운곡시사』에 나오는 '조계'에 대한 다른 용례를 보면, "曹溪一滴本無味"(『耘谷詩史』 卷2-76, p.243)와 "曹溪長老禪堅"(『耘谷詩史』 卷2-82, p.248)를 들 수 있다. 후자에서는 조계의 의미가 어떤 것인지 찾기 어렵다. 전자의 조계는 통설적으로 좁게는 혜능을, 넓게는 조계종이나 선종을 뜻한다. 金煐泰는 고려시대 조계를 ① 조계6조 혜능의 선을 계승한 뜻, ② 고려에서 성립된 조계종의 宗名으로 정리한 바 있다(「高麗의 曹溪宗名考」,『韓國曹溪宗의 成立史的 硏究 - 曹溪宗法統問題中心 -』, 民族社, 1986). 그러므로『운곡시사』에 조계라는 말을 쓴 승려는 禪門 소속임에는 분명하지만 가지산문인지 사굴산문인지 알 수 없는 것이다.
16) 각굉이 藏主로 있을 때 나옹이 쓴 글이 있다(『懶翁和尙語錄』,「示宏藏主」,『韓國佛教全書』 6, p.724).
17)『耘谷詩史』 卷2-50, pp.208-210 ; 卷2-51, pp.210-211.
18)『耘谷詩史』 卷1-60, p.54.
19)『耘谷詩史』 卷2-81, p.248.

이라고 지칭하였고[20] 선수행을 하며 비슷한 시기에 살았기 때문이다. 그렇다면 각굉은『운곡시사』에 5회에 걸쳐 보이게 된다.

그런데 그가 권2, 1375년 이후에 보이지 않아 도경의 예와 같이 사망한 것으로 추정해 볼 수 있다. 그러나 각굉은 1376년 나옹이 죽자 그를 위해 語錄의 跋文을 李達衷에게 청하였다.[21] 또 1379년 신륵사에 나옹의 비문을 세울 때 門人으로 참여하였고,[22] 나옹의 행장을 쓰기도 하였다.[23] 아마 나옹이 적멸한 뒤 원주지역의 사찰에서 다른 지역의 절로 옮겨간 듯하다.[24]

각굉 다음으로 明菴이 4회 보인다. 이와 같이 다른 승려에 비해 많이 보임에도 불구하고 그에 대한 자료는 빈약하다. 명암은 재주가 총림에서 뛰어나 편히 앉아서 定·慧·心을 觀하였다.[25] 또 圓融한 성품을 가지고 眞常을 깨달아 걸림이 없어,[26] 원융무애한 불법을 소유한 승려가 되었다.

한편 원천석은 환희당두를 자신의 친형처럼 여겼다.[27] 특히 다음의 시에서 더욱 그런 점이 두드러진다.[28]

가-①
우리 형이 푸른 산에서 날 찾아 오셨으니
걸을 때마다 지팡이가 바람을 만들어 구름이 날리네.
한 평생 매우 친한 뜻이 너무나 고마워
매번 만나는 곳마다 같이 웃고 이야기하네.
······
내 몸이 쇠약해져 초가집에 누워 있으니
세상맛 전혀 없어도 道의 바람은 있네.

---

20)『懶翁和尙語錄』,「示宏藏主」,『韓國佛敎全書』6, p.724.
21) 李達衷,『東文選』卷102,「懶翁和尙語錄跋」.
22) 李穡,「神勒寺普濟禪師舍利石鐘碑」, 朝鮮總督府,『朝鮮金石總覽』上, 1919, p.516.
23) 覺宏,『懶翁和尙語錄』,「懶翁和尙行狀」,『韓國佛敎全書』6.
24) 각굉은 이색과도 사귀었다(『牧隱集』詩藁 卷29,「送宏幽谷」).
25)『耘谷詩史』卷3-17, p.284.
26)『耘谷詩史』卷5-37, pp.517-518.
27)『耘谷詩史』卷3-41, p.303 ; 卷3-80, p.335.
28)『耘谷詩史』卷3-100, pp.346-347.

형께서 가까운 곳에 살고 계시지 않았더라면
그 누구와 함께 붓 휘두르며 시를 읊으랴.

위 가-①의 시에서 보는 바와 같이, 원천석은 환희당두를 진정한 마음을
가지고 자신의 형처럼 여겼다. 또한 한평생 같이 즐기면서 친하게 지낸 것
과 가까이 산 것에 대해 감사의 마음을 깊이 지니고 있었다. 이처럼 그는
원천석에게 정신적인 휴식처를 제공해 주었다.[29] 또한 원천석은 그의 어머
니 제삿날에 환희당두를 방문하였고,[30] 환희당두장로를 대신해 관찰사에게
글을 보낸 적도 있었다.[31] 환희당두는 다른 승려와 달리 이름과 같이 시에
밝고 명랑한 승려의 모습과 낙천적인 삶이 보인다.[32]

그는 권1과 2에 보이지 않고, 권3의 1387년에 처음으로 보이더니 집중적
으로 나타나고 있다. 아마 이즈음에 그가 원주로 옮겨왔을 것이다. 1387년
에 원천석의 나이가 58세로 원천석이 그를 형이라고 부른 것을 보면 환희의
나이는 이보다 많았을 것이다. 세상사 많은 일을 겪은 환갑을 넘겼을 법한
나이에 원주에 왔기에 서로 의지하는 마음이 남달라 둘의 관계는 더욱 돈독
하였을 것이다. 환희당두 역시 도경과 같이 고승이 아니라 원주지역의 자그
마한 사찰에 머문 잘 알려지지 않은 승려였다.

적봉 信圓은『운곡시사』에 3번 보인다. 그는 堂號가 청풍헌으로 나옹과
무학의 법을 이었다.[33] 나옹의 종풍을 흠모하여 1389년 중국의 강남으로 가
르침을 받고자 떠났다. 적봉은 道와 行에 여력이 있어 三觀의 이치와 반야
의 작용이 자신에게 충족하여 남에게 의지할 것이 없는 참된 釋門의 法器
였다. 이와 같이 그의 도가 삼관의 이치와 반야의 작용을 갖출 수 있었던
것은 지공의 空思想을 바탕으로 전개된 사상이 무학을 통해 그의 문도들에
게 전해졌기 때문이다.[34] 또 그는 敎를 끝까지 연구하고 도를 사모하는 마

29)『耘谷詩史』卷3-66. pp.325-326.
30)『耘谷詩史』卷3-80, p.335.
31)『耘谷詩史』卷5-80, p.551.
32)『耘谷詩史』卷3-41, pp.303-304 ; 卷3-100, pp.346-347.
33)『耘谷詩史』卷4-30, pp.428-430.
34) 황인규,「무학 자초의 초선초 계승자들」,『고려후기·조선초 불교사 연구』, 혜안,

798

음이 깊은 사람이었다.[35] 이로 보아 그는 선승으로서 천태학에 대한 깊은 이해를 갖고 있었으며, 그 외 교학에 대해서도 끊임없이 천착하려고 노력하였을 것이다.[36]

적봉의 法祖이자 앞에서 살펴본 각굉의 스승인 나옹(1320~1376)은 6회에 걸쳐 『운곡시사』에 보인다. 원천석이 비록 나옹을 직접 만난 적은 없지만, 그의 제자들과의 관계를 설명하는 글이나 나옹을 찬양하는 시에서 자주 보인다.[37] 이와 같이 원천석이 나옹과 그의 제자를 『운곡시사』에서 자세히 자주 거론하고 있는데, 이를 도표로 나타내면 다음 <표 3>과 같다.

<표 3> 『운곡시사』에 보이는 나옹의 계통도

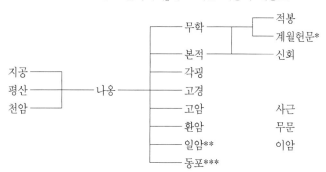

* 『운곡시사』 권5-150, p.612. 무학의 제자 누군가를 지칭하나 시에서 확인할 길이 없다.
** 『懶翁和尙歌頌』, 「日菴」(『韓國佛敎全書』 6, p.736).
*** 『懶翁和尙歌頌』, 「臨移棲寄同袍」(『韓國佛敎全書』 6, p.745).

2003, p.486. '삼관의 이치'는 천태교학에서 이야기하는 空·假·中의 삼관을 말하는 것으로 보기도 한다(심재관, 앞의 논문, p.337).

35) 『耘谷詩史』 卷4-30, pp.428-430.

36) 信圓은 志林 등과 나옹의 畵像을 금강산 潤筆菴에 봉안하고 아침저녁으로 향을 피웠다는 信元과 동일인물일 가능성이 있다(李穡, 『牧隱集』 文藁 卷2, 「金剛山潤筆菴記」).

37) 원천석은 나옹이 그린 그림을 높이 평가하거나(『耘谷詩史』 卷1-85, pp.101-102), 나옹의 영정에 讚하는 등(『耘谷詩史』 卷3-55, pp.315-316) 나옹을 흠모하였다. 특히 그의 "가장 사랑하는 건 나옹의 시 한 구절이니"(『耘谷詩史』 卷5-4, p.498)에서 나옹에 대한 마음을 파악할 수 있다.

나옹과 지공・평산・천암의 관계는 나옹의 法孫임을 자랑스럽게 여기던 적봉과 신회가 중국으로 유학을 떠나고자 원천석을 찾아왔을 때 나눈 이야기로 파악할 수 있다.[38]

이들 두 사람은 원천석에게 중국으로 유학을 떠나는 이유에 대해 1348년 나옹이 원나라 수도에 들어가 지공을 뵙고, 1350년 가을에는 강절에 이르러 평산을 만났으며, 1352년 여름에는 무주에 이르러 천암을 뵈었는데, 그 자취를 찾아 歸敬하고자 한다는 것이다. 이와 같은 나옹의 중국에서의 행적은 그의 어록에 자세히 적혀 있다.[39] 나옹이 원주와 관련이 있다는 것은 아래의 영천사와 윤필암에서 찾아볼 수 있고,[40] 지명에서도 확인된다.[41]

나옹의 제자인 自超 무학(1327~1405)은 조선 건국에 적극적으로 참여한 승려로 널리 알려져 있다. 그러나 아이러니컬하게도 조선 건국에 반대한 원천석의 집터와 묘자리를 잡아 주었다는 이야기가 전한다.[42] 무학의 제자 本寂 達空은 權近과의 친분 때문인지 그에 대한 행적이 『운곡시사』에 나온 다른 승려들에 비해 비교적 자세히 전해진다.[43] 달공은 호가 本寂으로, 처음에 지공을 섬겼다. 20년동안 積功하고서 비로소 洪川으로 나옹을 찾아가 一轉語를 하여 인가를 받았다. 마침내 무학과 함께 나옹의 고제가 되었다. 그래서 나옹은 歌頌으로 본적에 대한 애틋한 마음을 몇 차례 글로 남겼다.[44] 이러한 마음에 보답이라도 하듯이 그는 1384년 安心寺에서 지공과 나

---

38) 『耘谷詩史』 卷4-30, pp.428-430 ; 卷5-53, pp.528-529.
39) 『懶翁和尙語錄』(『韓國佛敎全書』 6).
40) 『懶翁和尙歌頌』에 나옹이 원주에 머물렀을 때 쓴 시로 추정되는 것이 있다(「贈原州牧使金有華」, 『韓國佛敎全書』 6, p.744).
41) 원천석과 인연이 깊은 覺林寺가 있던 횡성군 강림면에는 나옹과 관련된 지명이 몇 있다. 강림리에 羅翁沼가 있는데, 고려말 나옹이 각림사를 짓고 洑를 막아 만든 것이라고 한다(陳演鎬, 「橫城郡의 地名」, 『橫城郡의 歷史와 文化遺蹟』, 강원도・횡성군, 1995, p.433). 또 부곡리에 懶翁水가 있는데, 처음에 나옹대사가 발견하였고 이 물줄기를 따라 올라가 절을 지었는데 그 절이 치악산에 있는 上院寺라 한다(한글학회, 『한국지명총람 -강원편-』, 1967, p.612). 지금의 원주 관설동에는 고려말 나옹대사가 놀던 정자가 있었다고 한다(같은 책, p.312).
42) 『東國輿地備考』 卷1, 「漢城府」. 앞의 『운곡시사』에 수록된 원천석 선생 묘역 사진 참조.
43) 權近, 『陽村集』 卷17, 「達空首座問答法語序」.

옹을 기리는 비를 만들 때 首座로 참여하였다.[45] 1387년 달공은 1,000명이
契를 조직하여 임금의 萬壽無疆과 國泰民安을 기원하기 위하여 매향할 때
비의 글을 지었다.[46] 본적과 무학으로부터 배웠던 신회는 堂號를 竹溪軒이
라 하였고, 1391년 이름난 스승을 참배하고 흠모했던 法祖인 나옹의 行脚
地를 찾아보기 위해 江浙지방으로 떠났다.[47]

고경은 나옹의 제자인 고경 釋希로 亭谷寺 주지를 지냈다.[48] 그는 이색
과 함께 신륵사를 찾아온 홍법사당두와 뱃놀이를 하면서 연못의 연꽃을 감
상하였다.[49] 杲庵 日昇은 공민왕의 知遇를 받아 10년 동안 光嚴寺의 주지
를 지내고 중국의 강남에 가 공부를 하였다.[50] 고려로 돌아와 회암사와 신
륵사에서 주지 생활을 하였으며, 한때 오대산에 머물기도 하였다. 이색과
李崇仁(1349~1392)·韓脩(1333~1384)와 친분이 있었다. 특히 나옹이 죽자
고암은 회암사를 絶磵益倫과 함께 중창하였다.

환암 混脩(1320~1392)는 蒙山의 임제선풍을 이은 繼松과 息影庵에게 출
가·정진하였다.[51] 나옹에게 도를 물었고, 1370년 나옹이 주관한 工夫選場
에서 단독으로 선발되었다. 그는 1378년 무렵 원주의 치악산에 머물다 떠난
후 宴晦菴·光嚴寺의 주지를 역임하였다. 광암사에서 3년간 머물다 다시
원주로 돌아와 白雲菴과[52] 치악산에 머물기도 하였다. 사근은 환암의 제자

44) 『懶翁和尚歌頌』, 「本寂」(『韓國佛教全書』 6, pp.734-735).
45) 李穡, 「安心寺指空懶翁舍利石碑」, 『朝鮮金石總覽』 上, p.522.
46) 達空, 「泗川埋香碑」, 許興植, 『韓國金石全文』 中世下, 亞細亞文化社, 1984, pp.1241-1242.
47) 『耘谷詩史』 卷5-53, pp.528-529.
48) 李穡, 「安心寺指空懶翁舍利石鐘碑」, 『朝鮮金石總覽』 上, p.522. 고경 석희는 粲英의 비문과(朴宜中, 「億政寺大智國師智鑑圓明塔碑」, 『朝鮮金石總覽』 下, p.717) 『懶翁和尚歌頌』에도 보인다(「古鏡」, 『韓國佛教全書』 6, p.735).
49) 李穡, 『牧隱集』 詩藁 卷35, 驪興吟 「興法堂頭將入院來過璧寺予與古鏡翁同浮舟賞蓮郡池」.
50) 李穡, 「神勒寺普濟禪師舍利石鐘碑」, 『朝鮮金石總覽』 上, p.516 ; 李穡, 「安心寺指空懶翁舍利石鐘碑」, 『朝鮮金石總覽』 上, p.522 ; 李穡, 『牧隱集』 文藁 卷6, 「杲菴記」; 詩藁 卷18, 「柳巷喫粥」; 詩藁 卷34, 「題門生崔中正竹堂」; 韓脩, 『柳巷詩集』, 「到神勒寺見前光岩長老杲菴」.
51) 權近, 「靑龍寺普覺國師定慧圓融塔碑」, 『朝鮮金石總覽』 下, p.720.

로53) 伊庵으로도 불렸으며,54) 조선 건국 후 흥복사의 승려로 탄압을 받았
다.55) 환암의 제자인 무문은 希進(禧進)으로 환암이 입적했을 때 비문을 세
웠다.56) 履菴 또한 환암의 제자로,57) 柳方善(1388~1443)의 方外友였다.58)

한편 나옹의 사리를 모셔놓은 이른바 '令傳寺址普濟尊者舍利塔'이 국립
중앙박물관에 있다. 이 탑에는 사료적 가치가 높는 誌石이 있어 원천석과
나옹계열과의 관계를 이해하는 데 도움을 준다.

가-②

道人 覺修가 王師 普濟尊者의 舍利 1枚를 主塔에 安置하였고, 比丘尼 妙
　寬도 보제존자의 사리 1매를 東塔에 안치하였다.

大功德主 奉翊大夫 徐允賢의 法名은 覺喜이며, 妻氏는 丹山郡夫人 張氏
　이니, 법명은 妙然이다(이상은 前面部分이다).

石手는 도인 覺訓이고, 爐冶는 도인 覺淸이며, 勸化 比丘는 覺如이다.

洪武 21년 戊辰 4월 일에 기록한다.

牧使는 姜隱이다(이상은 後面部分이다).

施主 元老, 시주 元氏, 시주 元龍(銅盒點刻).59)

令傳寺는 뒤에서 밝히는 바와 같이 원천석과 밀접한 관계를 유지하고 있

---

52) 權近, 「靑龍寺普覺國師定慧圓融塔碑」, 『朝鮮金石總覽』 下, p.721 ; 李穡, 『牧隱
　　集』 詩藁 卷26, 「進無門侍者言吾師幻菴公今在原州瑞谷寺之洞白雲菴走筆附呈無
　　門名禧進」.

53) 權近, 「靑龍寺普覺國師定慧圓融塔碑」, 『朝鮮金石總覽』 下, p.723. 사근은 粲英의
　　비문에도 보인다(朴宜中, 「億政寺大智國師智鑑圓明塔碑」, 『朝鮮金石總覽』 下,
　　p.717). 나옹계열로 보이는 환암과 고경·사근이 보우계열에도 나타나는데, 그 이유
　　는 잘 모르겠다.

54) 朴興生, 『菊堂遺稿』 卷1, 「雪中贈伊庵師斯近」.

55) 『太祖實錄』 卷14, 태조 7년 6월 3일 정미.

56) 李穡, 『牧隱集』 詩藁 卷26, 「進無門侍者言吾師幻菴公今在原州瑞谷寺之洞白雲菴
　　走筆附呈無門名禧進」 ; 權近, 「靑龍寺普覺國師定慧圓融塔碑」, 『朝鮮金石總覽』
　　下, p.723.

57) 柳方善, 『泰齋集』 卷1, 「履菴歌」.

58) 柳方善, 『泰齋集』 卷1, 「寄履菴道上人」.

59) 「普濟尊者塔誌石」, 『韓國金石全文』 中世下, pp.1242-1243.

었던 원주의 靈泉寺를 말한다. 먼저 영천사에 나옹의 사리탑을 모신 것으로
보아 앞의 <표 2>의 영천당두는 나옹의 제자였을 것이다.

위 가-②에서 보는 바와 같이 1388년(우왕 14) 나옹의 사리탑을 만드는데
승려로 覺修·妙寬·覺訓·覺淸·覺如가 참여하였다. 각수는 1384년 神勒
寺에 大藏閣을 세울 때 단청을 하였다.[60] 각훈은 같은 해 安心寺에서 지공
과 나옹을 기리는 비를 만들 때 墨守로 참여하였다.[61] 각청과 각여는 1379
년 나옹의 사리 석종을 만들 때 각각 석종과 목수의 역할을 하였다.[62] 또
각청은 나옹이 입적하자 妙香山의 윤필암에 그의 진영을 모시고 아침저녁
으로 예배를 하였다.[63] 시주를 하였던 徐允賢의 法名은 覺喜이며, 그 妻 張
氏의 법명은 妙然이다. 이중 비구와 우바새인 남자들은 모두 '覺'자의 돌림
을 썼고, 비구니와 우바이인 여성들은 모두 '妙'자의 돌림을 썼다. 그러므로
앞의 <표 2>에 나왔던 '覺源'과 '覺怡'는 나옹의 제자일 가능성이 높다.[64]
이 점은 금석문과 문집에 보이는 나옹의 문도 중 '覺'자를 쓴 이가 57명이라
는 것과[65] 앞의 <표 2>에 보이는 覺宏이 나옹의 제자인 것을 보면 거의
확실하다.

지금까지 살펴본 것과 같이 원천석은 나옹계열의 사굴산문과 친분이 두
터웠다. 이에 비해 가지산문계와의 관계는 미약한 편이다. 文軒은 閥閱出身
으로 內院과 億政寺에 머무른 判曹溪使 竹菴이다. 그는 이색과 친분이 있
어 어려움이 있을 때 위로해 주고 음식을 대접받기도 하였다.[66] 演福寺 주

60) 李崇仁, 「神勒寺大藏閣記碑」, 『朝鮮金石總覽』上, p.508.

61) 李穡, 「安心寺指空懶翁舍利石鐘碑」, 『朝鮮金石總覽』上, p.524.

62) 李穡, 「神勒寺普濟禪師舍利石鐘碑」, 『朝鮮金石總覽』上, pp.518-519.

63) 李穡, 『牧隱集』文藁 卷2, 「香山潤筆菴記」. 潤筆菴은 나옹이 생전에 인연을 맺은
곳에 사리를 모시고 眞堂을 지어 香燈을 올리기 위해 세운 절이다. 나옹의 제자들
은 이 윤필암을 7곳에 만들었는데, 勝明은 치악산에 지었다(李穡, 「安心寺指空懶
翁舍利石鐘碑」, 『朝鮮金石總覽』上, p.521). 치악산 어디에 윤필암이 위치하였는지
는 알 수 없으나 원주지역에 나옹의 영향이 크게 미쳤다는 것을 보여준다.

64) 각원은 선사로 선의 소의경전인 『法華經』을 講하고 있는 것을 보면(『耘谷詩史』卷
3-47, pp.307-308) 더욱 그러하다.

65) 許興植, 「懶翁의 門徒」, 『高麗로 옮긴 印度의 등불-指空禪賢-』, 一潮閣, 1997,
pp.370-375.

지를 지냈으며, 승과 大選에 합격한 幻翁 坦如라는 제자가 있었다.[66) 보우의 門人으로 그가 죽자 「太古和尙語錄序文」을 李穡에게 청하기도 하였다.[68) 省珍은 보우의 제자인 粲英(1328~1390)의 비문에 보인다.[69) 이것으로 보아 문진과 성진은 보우의 제자임에 틀림이 없다. 이 두 승려를 제외하고는 가지산문의 승려라고 확신이 서는 스님을 찾아보기 어렵다.

이처럼 원천석이 나옹계열의 많은 승려와 긴밀한 관계를 갖고 보우계열과는 소원한 데에는 원천석의 정치적 성향 내지 出世觀이 나옹계열과 비슷했기 때문일 것이다. 즉 나옹은 원에서 1358년(공민왕 7) 귀국한 후 거의 세속적인 활동을 하지 않았다. 특히 辛旽이 정치권력을 장악한 1365년 이후에는 더욱 속세의 일을 떠나 은둔하였다. 그는 1371년에 왕사로 책봉되었으나 보우와 같이 현실정치에 대해 제안을 하거나 승정을 장악하지도 않았다. 결국 원천석이 보우처럼 세속적이고 극히 현실적인 경향이 강한 분위기를 싫어했기 때문이다. 그래서 원천석은 눈앞에 보이는 당장의 현실적 이익보다 나옹과 같이 불교 수행에 충실한 경향을 선호하였을 것이다.

나옹계열과의 교유가 다양하게 보이는 것은 원천석만이 아니라 이색 등 당대 사대부사회에서 일반적으로 나타나는 현상이다.[70) 이것은 나옹이 여말선초 불교계 내에서 차지하는 비중이 컸을 뿐만 아니라 사대부사회에도 큰 영향을 미쳤음을 보여준다. 아울러 앞의 <표 2>에서와 같이『운곡시사』에서 현재 파악할 수 있는 불교의 종파는 거의 선종이 차지하고 있어서 원

---

66) 李穡,『牧隱集』詩藁 卷35, 衿州吟「判曹溪事竹菴軨公退院歸住所億政寺留岩串以船若湯蔬菜五星來慰吾三黜也新亭適成共坐移日而夫」; 같은 책,「請竹菴設菲食朴判書姜判事玄判書適來談笑極歡而罷用前韻」; 같은 책,「明日送竹菴不及同朴判書到權洪州所寓朝飧訖 …… 」.
67) 李穡,『牧隱集』文藁 卷9,「贈幻翁上人序」.
68) 李穡,『太古和尙語錄』,「太古和尙語錄序」(『韓國佛敎全書』6).
69) 朴宜中,「億政寺大智國師智鑑圓明塔碑」,『朝鮮金石總覽』下, p.717.
70) 과장은 되었겠지만, 나옹의 문도는 셀 수 없을 만큼 많았고 그가 입적하자 사람들이 비로소 그의 도를 크게 신봉하여 따르며 사모해 막강한 영향력을 끼쳤다는(李穡,『牧隱集』文藁 卷2,「香山潤筆菴記」; 같은 책,「金剛山潤筆菴記」) 말이 참조가 된다. 趙明濟,「牧隱李穡의 佛敎認識」,『韓國文化硏究』6, 1993 ; 趙明濟,『高麗後期 看話禪 硏究』, 혜안, 2004.

천석은 사굴산문과 가지산문 외 여러 禪門의 승려들과 관계를 유지하였을
것이다. 이러한 경향은 원천석만이 아니라 이색이나 다른 사대부의 경우에
서도 마찬가지이다. 여말선초 당시 불교계에서 선종이 주류 사상으로 자리
매김해 나가는 모습을 반영한 것이고, 당시 사대부들이 관심을 가졌던 불교
사상도 또한 선사상이라는 측면을 드러내주는 것이다.

　원천석의 승려 사귐은 선종계열에 한정되지 않고 천태종계열과 이어졌
다. 먼저 각림사에 주지하였고 여말선초 정치권력과 긴밀한 관계를 갖고 있
었던 神照(?~?)를 들 수 있다.[71] 그는 공민왕의 총애를 받아 궁궐에 출입하
여 왕의 측근으로 권력을 키워나갔다. 나옹이 功夫選을 주관할 때 화엄종의
千凞와 함께 참여하였다.[72] 이후 천태종 사찰인 용암사와 龍華寺의 주지를
하였고, 1383년 신륵사에서 대장각을 지을 때 천태종의 대표로 참가하였
다.[73] 이와 같이 신조는 천태종 세력을 대표하면서 왕실의 측근세력을 이루
었으나 이성계 세력과 연합하였다. 그는 이성계의 휘하에 들어가 참모가 되
어 1388년에 위화도에서 회군대책을 논의하였다. 이 공로로 功牌를 받았고
수원 만의사에 머물면서 소재도량과 법회를 베풀었다. 조선 건국 이후 태조
로부터 奉福君이라는 공신호를 받았다.[74]

　천태 演은 각림사에서 총림으로 가던 길에 원천석을 찾아왔다.[75] 그는 말
이 묵묵하고 움직임이 고요하여 매우 범상치 않았다. 그래서 쇠락해 가는

71)『耘谷詩史』卷5-67, p.538.『운곡시사』에 보이는 다른 천태종 승려와는 달리 신조에
　　대한 기록은 여러 곳에 보인다.『高麗史』卷45, 世家, 恭讓王 2년 11월 壬寅;卷
　　114, 池湧奇傳;卷115, 李穡傳;卷131, 洪倫傳;卷133, 禑王 3년 8월 戊午;『太祖
　　實錄』卷1, 總序;權近,『陽村集』卷12,「水原萬義寺祝上華嚴法會日記」;卷40,
　　「李穡行狀」;『龍飛御天歌』제37장 夾註;李肯翊,『燃藜室記述』卷1, 太祖朝故事
　　本末「潛龍時事」.
72) 각굉,『나옹화상어록』,「나옹화상행장」(『한국불교전서』 6, p.707).
73) 李崇仁,「神勒寺大藏閣記」,『조선금석총람』상, p.609.
74) 현재 횡성군 청일면 신대리에 鳳腹寺가 있다. 이 절의 옛 이름은 奉福寺였다(『新增
　　東國輿地勝覽』卷46, 橫城縣「불우」;『梵宇攷』;『輿地圖書』, 江原道 횡성현「사
　　찰」). 신조가 머물던 각림사와 인근한 곳에 신조가 받은 봉복군이라는 공신호와 같
　　은 이름의 사찰이 있다는 것은 이들이 어떤 관련이 있을 것으로 생각된다.
75)『耘谷詩史』卷5-48, p.525.

절의 도를 다시 일으킬 능력을 갖고 있었다. 이외에 『운곡시사』에 천태종 승려로는 天台義圓長老가 2회,[76] 覺林堂頭圓通·義澄·天台達義禪者·覺 林丈室이 1회 나온다. 이 중 의징에 대해 『운곡시사』에서 "奉寄高達寺李大 禪師(義澄) …… 就中知有天台老"라고 표현하였다.[77] 『牧隱集』 文藁 권5, 「無隱菴記」에 "天台嵩山寺長老 全義李氏之良也"가 보인다. 둘은 姓과 天 台老라는 공통점을 갖고 있어 동일인으로 생각된다. 즉 의징은 전의 이씨로 천태종계열의 승적을 갖고 고달사와 숭산사에서 수행을 하였다.

한편 『운곡시사』에는 기록되어 있지 않지만 각림사에서 활동한 天台領 袖 都大禪師 行乎(?~?)선사가 있었다.[78] 그는 文憲公 崔冲(984~1068)의 후 손으로 어려서 출가하여 戒行이 남보다 뛰어나 妙法을 頓悟하여 승려들의 존경을 받았다. 태종이 치악산 각림사를 짓고 대회를 베풀어 낙성하는데, 선사의 명망을 듣고 불러서 그 자리를 주장하게 하였다. 세종 때 判天台宗 事를 지냈고, 孝寧大君의 歸依를 받아 궁중에 불교를 보급했다. 그러나 스 스로 나옹과 짝할만 하다며 세상을 유혹하고 백성을 속인다고 하여 마침내 죽음을 당하였다.[79] 또한 여말선초 원주지역에서 활동한 천태종 승려 敬田 이 확인된다.[80]

이미 원천석이 천태교학에서 말하는 三觀의 의미를 잘 파악하고 있었으 며, 천태종의 소의경전인 『觀無量壽經』을 이해하고 있었고, 法華法席에 대 해 勸化詩를 썼고, 천태교학의 핵심어인 會三歸一을 사용하고 있었으므로 원천석은 천태법화사상에 상당히 조예가 깊었다고 지적한 바 있다.[81] 또한 그가 근처에 있어 자주 왕래하였던 각림사가 천태종계열의 사찰이어서 이 종파와 원천석은 떼어내어 설명할 수 없을 것이다. 그래서 원천석의 생존시

---

76) 天台義圓은 天台圓公일 가능성이 있다(李穡, 『牧隱集』 詩藁 卷11, 「圓天台見和對 侍者口號二絶」·「圓天台見和復作一首就來使奉呈」; 卷13, 「華嚴宗大選敬如在妙 覺寺携東坡詩從天台圓公受其說因其來訪訊之如此喜其知慕斯文賦詩以贈」).

77) 『耘谷詩史』 卷3-122, pp.365-366.

78) 尹淮, 『東文選』 卷81, 「萬德山白蓮社重創記」.

79) 『世宗實錄』 卷85, 세종 21년 4월 18일 을미.

80) 李穡, 『牧隱集』 詩藁 卷24, 「原州釋敬田中天台選歸其鄕求詩」.

81) 심재관, 앞의 논문, pp.336-338.

806

인 태종 때 각림사 주지로 있었던 釋超와 釋休도 원천석이 알고 지냈을 것이다.[82]

아울러 화엄종계통의 비마라승도 눈에 띈다.『운곡시사』에 소암이 笑菴悟師로 되어 있다.[83]『獨谷集』에 華嚴大師笑菴悟公이 보이는데 동일인물인 듯하다. 동일한 시기의 인물로 笑菴悟라는 말을 공동으로 사용하기 때문이다.『獨谷集』에는 소암이 華嚴大師로 표기되어 있어 그의 종파를 가늠해 볼 수 있다.[84] 화엄종이 포함된 교종에만 쓰이는 승계인 승통을 쓴 雪峰도 교종승려였을 것으로 보인다.[85] 원천석의 시에 十玄과 華嚴海·寂用이라는 말이 사용된 점으로 미루어 보아 원천석은 화엄사상에 대해 충분히 이해하고 있었다.[86] 또『운곡시사』에 원천석의 禪敎一致적인 사고가 곳곳에서 보여 원천석의 교종에 대한 태도를 엿볼 수 있다.[87]

또한『운곡시사』에 없지만 고려 말 원주의 치악산에서 활동한 화엄종 승려 千熙(1307~1382)가 있었다.[88] 그는 1319년 般龍寺에 출가하여 佛門에 들어왔다. 1366년에 중국 유학을 끝내고 고려로 돌아와 치악산에 머물렀다. 그후 낙산사를 방문하고 1367년에 다시 치악산으로 돌아왔다. 신돈이 그를 왕사로 임명하여 중앙으로 나아갔다가 1371년에 치악산으로 왔다.[89]

---

82)『太宗實錄』卷20, 태종 10년 12월 20일 임자 ;『太宗實錄』卷24, 태종 12년 10월 17일 기사 ;『世宗實錄』卷11, 세종 3년 3월 8일 경오.

83)『耘谷詩史』卷3-8, p.279.

84) 成石璘,『獨谷集』卷下,「華嚴大師笑菴悟公見一老人日逼西山無所用心心生憐愍贈之以菩提子念殊令脩淨土老人得之掛塵壁間如前飽食煖衣指揮家僮營息産業揚揚自以爲得計無一念悔心未知此老其眞無事歟爲無智歟作二偈呈乞師一言處之」. 같은 시기 동명이인으로 나옹의 제자 笑巖이 있었다(『懶翁和尙歌頌』,「笑菴」(『韓國佛敎全書』6, p.733)).

85)『耘谷詩史』卷5-9, p.501 ; 5-189, p.644.

86) 심재관, 앞의 논문, pp.338-340. 심재관은 원천석이 이 천태법화사상과 화엄사상 외에도 정토신앙과 선에 대해서도 잘 이해하였다고 보았다(앞의 논문, pp.334-336과 pp.340-342).

87)『耘谷詩史』卷1-51, p.45 ; 卷1-112, p.123 ; 卷5-14, p.504.

88) 李穡,「彰聖寺眞覺國師大覺圓照塔碑」,『朝鮮金石總覽』上.

89) 이외에 원천석과 관련을 맺은 불교종파로 摠持宗을 들 수 있을 것이다(『耘谷詩史』卷3-97, pp.345-346 ; 卷4-42, pp.440-441). 한편 1376년 원주에 가뭄이 들자 무당들이

한편 원천석은 국내의 승려뿐만 아니라 중국 등 외국 승려에 대해 관심을 가지고 있었다. 먼저 그는 각굉·적봉·신회 등 중국의 승려를 만나러 유학을 떠나는 승려들에게 시와 더불어 특별히 서문을 썼다.[90] 뿐만 아니라 그는 나옹과 관련된 평산과 천암 등 중국의 승려에 대한 언급도 몇 차례 하였다. 이때 인도승 지공을 말하곤 하였다.[91] 이것은 고려 말 선승들이 중국에까지 가 배워 인가를 받으려고 했던 것이 유행했음을 보여주는 예이다. 그리고 불교와 매우 밀접한 관계가 있는 如如·拾得·寒山子 등 중국 거사에 대해 원천석은 잘 알고 있었다.[92] 반면 원천석은 1376년 윤9월에 정종·성송·전수 등 일본승려의 방문을 받았다.[93] 고려 말 일본의 승려들이 고려로 찾아와 지방의 지식인에게 교유를 청한 좋은 예이다.

지금까지 살핀 바와 같이 원천석이 교유한 선승은 이름이 많이 알려진 고승이라기보다는 지방에서 활동하여 잘 알려지지 않은 도경과 명암·환희당두 등이었다. 이들은 주로 원주 치악산과 그 인근 지역의 사원에 머무르고 있었다. 이에 대하여는 절을 달리하여 다루고자 한다.

3.『운곡시사』사찰과 여말선초 원주불교 현황

사찰은 절·寺·伽藍이라고도 한다. 가람은 범어의 Saṅghārāma를 한자로 음역한 것이다. 이는 僧院 또는 衆院·精舍라는 뜻으로 남자승려(比丘)·여자승려(比丘尼)·남자신도(淸信男)·여자신도(淸信女)와 같은 四衆이 모여 사는 집을 의미한다. 일반적으로 불상과 탑을 모시고 승려들이 거주하면서 佛道를 닦고 교법을 가르쳐 펴는 기능을 가진 건축물을 사찰이라고 한다. 이러한 사찰을 원천석은 여러 가지 이유로 자주 찾는데, 이를『운곡시사』를

치악산에서 치성을 드릴 때, 승려들은『雲雨經』법석을 배풀었다(『耘谷詩史』卷 2-57, p.218).

90)『耘谷詩史』卷2-10, pp.169-171 ; 卷4-30, pp.428-430 ; 卷5-53, pp.528-529.

91)『耘谷詩史』卷3-55, p.316 ; 卷4-30, p.428.

92)『耘谷詩史』卷3-60, pp.319-320 ; 卷4-78, p.475 ; 卷5-145, p.606.

93)『耘谷詩史』卷2-76, pp.241-243. 일본인들은 주로 수로를 이용해 興原站으로 들어왔을 것이다(李墍,『大東野乘』卷56,「松窩雜說」).

통하여 표로 나타내면 <표 4>와 같다.

<표 4> 『운곡시사』에 나타난 사찰

사찰명	권1	권2	권3	권4	권5	현위치	비고
上院寺	1		1			강원 원주	
無住庵	1					강원 원주	
道境寺	1	1	1			강원 원주	道境山齋, 道境菴
麻田寺	2						麻田菴
覺林寺	1				3	강원 횡성	운곡사적 2, 조선말까지 원주
普濟寺	1					경기 개성	간접
淸平寺	1					강원 춘천	
圓通寺	1						
圓寂菴	1						
萬歲寺		2			1		
泉林寺		1					
興法寺		1			2	강원 원주	
靈泉寺		1			2	강원 원주	
雲臺寺			1				
歡喜寺			4		1	강원 원주	환희당
檜巖寺			1			경기 양주	간접
神勒寺			3			경기 여주	
高達寺			1			경기 여주	
靈樹寺			1				
無盡寺			1				
文殊寺				1		강원 원주	
松花寺					1		
毘廬羅寺					1	충북 단양	화엄십찰, 고려때 원주목 속현 영춘
寂用菴					2		선종
계	10	6	14	1	13		
연평균	0.53	0.38	4.67	0.5	3.25		

<표 4>에는 현재 이름만 거론하면 알 수 있는 사찰들이 몇 있다. 이들 중 나옹과 긴밀한 관련을 갖고 있었던 것이 청평사·회암사·신륵사이다. 청평사는 강원도 춘천시에 있었던 사찰로 973년에 창건되었고 李資玄과 普雨에 의해 크게 중창되었다. 이곳에서 나옹은 1367년부터 2년여 동안 머물렀다.[94) 회암사는 경기도 양주군에 있었던 사찰로 1328년에 지공이 개창하

였고, 1376년에 나옹이 중창을 하였다. 나옹이 죽자 회암사에 1381년 이색이 명을 지은 비를 세웠다.[95] 신륵사는 경기도 여주군에 있는 사찰로 신라시대에 창건된 것으로 추측한다. 이 절에서 나옹이 1376년에 입적하여 1379년에 그의 제자들이 신륵사를 크게 중창하면서 나옹의 부도를 세웠다. 이때 원천석도 檀越로 참여하였다.[96] 또 원천석은 1387년에 이색을 만나기 위해 신륵사를 방문하였다.[97] 이것으로 보아도 원천석이 나옹계열의 불교에 얼마나 경도되었는지를 알 수 있다.

이외 잘 알려진 사찰로는 보제사를 들 수 있다. 이 절은 경기도 개성시에 있었던 사찰로 談禪大會를 열었던 대표적인 선찰이며 演福寺로도 불렸다. 또 고달사는 원주의 인근지역인 경기도 여주군에 있었던 사찰로 元宗大師慧眞塔과 부도로 유명하다. 이 절에 천태종계열의 승려인 의징이 머물렀던 것을 보면,[98] 원천석 당시에는 이 계통의 사찰이었을 것이다. 원래 선종사찰이었으나 義天이 천태종을 개창할 때 이 종파에 포함되었는데, 약 200여 명이 거주하고 있었다.[99]

위의 <표 4>에 의하면『운곡시사』에 나타난 사찰은 총 24곳이다. 이 중 5회로 가장 빈도수가 높은 사찰은 환희사이다. 환희사는 원천석과 스스럼없이 자주 왕래한 환희당두가 머문 사찰이다. 어머니 휘일에도 방문했던 것을[100] 보면 원천석 집안의 원찰이 아니었나 한다. 고려시대의 제례는 가정에서 가례로 시행된 것이 아니라 모두 사원에서 齋를 올려 제례를 실시하였다.[101] 사람들이 제례로 인해 사원과 밀접한 관계를 가지게 되는 계기가 되었던 것이다.

그러나『운곡시사』에 보이는 환희사는 현재로서는 어느 곳에 위치하였는

94) 李穡, 「檜巖寺址禪覺王師碑」,『朝鮮金石總覽』上, p.501.
95) 李穡, 「檜巖寺址禪覺王師碑」,『朝鮮金石總覽』上.
96) 李穡, 「神勒寺普濟禪師舍利石鐘碑」,『朝鮮金石總覽』上, p.518.
97)『耘谷詩史』卷3-84, p.339.
98)『耘谷詩史』卷3-122, p.365. 비슷한 시기에 고달사에는 眞上人이 머무르고 있었다(金九容,『惕若齋學吟集』卷上, 「驪江樓上寄高達眞上人」).
99) 林存, 「僊鳳寺大覺國師碑」,『韓國金石全文』中世上, pp.600-601.
100)『耘谷詩史』卷3-80, p.335.
101) 許興植, 「佛敎와 融合된 社會構造」,『高麗佛敎史硏究』, 一潮閣, 1986, pp.28-29.

지 알 수 없다. 『韓國寺刹全書』에 의하면 함경남도 정평군 백운산과 함경남도 평양시 백록산, 충청남도 예산군 덕산면 덕숭산에 있었다.[102] 앞에서 이미 환희당두를 말할 때 언급한 것처럼 원천석이 자주 찾아갈 수 있었던 것으로 보아 살던 곳 가까이에 있었던 가람이었을 것이다. 이 사찰이 다른 자료에 남아 있지 않은 것을 보면, 그 규모 또한 크지 않은 듯하다.

다음으로 『운곡시사』에 4차례 보이는 각림사를 들 수 있다. 이 절은 원주 치악산 동쪽에 있었으나, 창건연대는 알지 못한다. 天台 演은 각림사에서 총림으로 가던 길에 원천석을 찾기도 하였다.[103] 각림사에는 丈室이 있었고,[104] 당두 원통이 머물기도 하였다.[105] 원천석이 각림사에 머물고 있을 때 영천사 당두가 술을 보내왔다.[106] 이곳에서 원천석은 오랫동안 머무르면서 독서도 하고 이방원 등 여러 제자들을 길러냈을 것이다.

앞에서 이미 언급한 바와 같이 여말선초에 대단한 권력을 가지고 있었던 신조가 한 때 이곳에 머물러 있었다.[107] 이 절에는 天龍八部가 머물러 威德을 더하며 지켰다.[108] 한편 『운곡시사』 「운곡사적」에 태종이 각림사의 田園을 원천석에게 하사했을 때 받지 않았고, 각림사는 태종대 옆에 있었다고 적고 있다. 이들 「운곡사적」 건을 포함하면 각림사는 『운곡시사』에서 가장 높은 빈도를 나타낸다.

이와 같이 각림사는 태종과 관련되어 있었기 때문에 원주지역의 다른 사

---

102) 權相老, 『韓國寺刹全書』, 東國大學校出版部, 1979, p.1195. 朴枝華, 『守庵遺稿』 卷1, 「歡喜寺前溪紀興奉別辛校理君望十二韻」과 盧守愼, 『穌齋集』 卷5, 「歡喜寺俗稱萢串寺萢串實山名」에 환희사가 보인다. 그러나 이것은 내용상 청주의 파곶산에 있었던 사찰이다(『新增東國輿地勝覽』 卷15, 淸州牧 「山川」). 같은 청주의 洛迦山에 東歡喜寺도 있었다(같음, 「불우」).

103) 『耘谷詩史』 卷5-48, p.525.

104) 『耘谷詩史』 卷5-50, p.526.

105) 『耘谷詩史』 卷1-86, p.102.

106) 『耘谷詩史』 卷5-12, p.502.

107) 『耘谷詩史』 卷5-67, p.538.

108) 『耘谷詩史』 卷5-67, p.538 ; 卞季良, 『春亭集』 卷4, 「覺林寺」 ; 『春亭集』 追補, 「原州覺林寺重創慶讚法華法席疏」 ; 『春亭集』 追補, 「覺林寺正門安置大藏經緣化文」 ; 『新增東國輿地勝覽』 卷46, 원주목 「불우」.

찰에 비해 자료가 많은 편이다. 먼저 이 사찰에 대한 개괄적인 내용을 담고
있는 것이 『신증동국여지승람』이다. 여기에 각림사에 대해 "치악산 동쪽에
있었고, 태종 이방원이 잠저 때에 글을 읽었다. 임금이 된 뒤에 횡성에서 講
武할 때에 이 절에 들러 옛 어른들을 불러 위로하였다. 이때 절에 토지와
노비를 하사하고, 州의 관원에게 명령하여 조세・부역 따위를 면제해 구휼
토록 하였다."는[109] 기록이 있다. 이처럼 태종은 임금이 되기 전에 각림사에
서 글을 읽은 인연이 있었다. 이 인연으로 인해 등극한 후에도 각림사에 들
러 노인을 위로하고 토지와 노비를 주는 등 특별한 관심을 가지고 지원을
아끼지 않았다. 이와 관련된 구체적인 내용이 『조선왕조실록』에 여러 차례
보인다.

먼저 태종은 등극한 지 10년이 되는 1410년에 자신이 잠저 때 각림사에
서 글을 읽었다는 이유로 각림사 住持로 가는 釋超에게 향을 주어 보냈
다.[110] 2년 뒤인 12년에 承政院에 명령하여 원주목사에게 각림사 승려가 田
稅를 많이 거두어들인 일을 覈問하지 말게 하였다. 또한 요역을 감면하게
하였다. 이 절이 중창되어 낙성을 보자 中官을 보내어 부처에게 玄纁幣 1필
을 각각 바치고, 승려들에게는 綿布・紬布・麻布・楮貨를 내려 주었는데,
임금이 잠저 때 독서하던 곳이기 때문이었다.[111]

마침내 1414년 어렸을 적 공부하던 각림사에 거동을 하였다. 이 절의 승
려에게 綵段・紅綃를 각각 3필씩을 내려주고, 쌀과 콩을 아울러 1백 석을
하사하였다. 또 田地 1백 結과 노비 50口를 더 하사하고, 노비 등에게 쌀과
콩을 아울러 30석을 내려주었다.[112] 이듬해 태종은 각림사를 강무할 장소로
정하였다.[113] 16년 4월에는 각림사를 중창하는데 필요한 철 1천 근을 주었
다.[114] 이 해 8월에는 태종이 강원도 都觀察使에게 명하여 각림사를 중창하
는데 쓰이는 材木 1천 株를 주도록 하였다. 또 승정원에 傳旨하여, 本宮의

109) 『新增東國輿地勝覽』 卷46, 원주목 「불우」.
110) 『太宗實錄』 卷20, 태종 10년 12월 20일 임자.
111) 『太宗實錄』 卷24, 태종 12년 10월 17일 기사.
112) 『太宗實錄』 卷28, 태종 14년 윤9월 14일 갑인.
113) 『太宗實錄』 卷29, 태종 15년 2월 3일 신미.
114) 『太宗實錄』 卷31, 태종 16년 4월 28일 경인.

812

쌀·콩 1백 석을 軍資監에 주고, 충청도 제천 창고의 쌀·콩과 바꾸어 각림
사에 주도록 하였다.115)

　다음해인 17년 2월 2일에 태종은 각림사는 내가 어렸을 적에 遊學한 곳
이므로, 寺宇와 산천이 매양 꿈속에 들어오는 까닭에 한 번 가보고 싶었을
뿐 애초부터 부처를 위함은 아니었다고 하였다.116) 며칠 후 태종이 봄 강무
를 쉬고 각림사로 행행하고자 하였다.117) 그러나 이 태종의 각림사 행차 때
문에 司諫院에서 상소하는 등 반대에 부딪쳤다.118) 제천현 창고의 쌀·콩 1
백 석을 각림사에 주었는데, 본궁의 쌀·콩 1백 석과 바꾼 것이었다.119) 이
달 27일에 태종은 각림사로 행행하였다. 이때 태종은 "내가 어렸을 때 글을
각림사에서 읽었는데, 자라서도 매양 꿈을 꾸면 어렸을 적에 놀던 것과 같
다. 그래서 내가 田土를 주고 중창하게 한 것이다." 하였다.120) 이처럼 태종
은 각림사에 대한 추억과 애정이 몹시 깊었다. 다음달 5일에 태종이 각림사
에 이르렀다. 이때 각림사의 승려에게 田地와 옷을 주고, 9월에는 佛事를
하겠다고 했다.121)

　같은 해 4월 2일에 태종은 각림사에서 낙성을 알리자 畵員 李原海 등 15
인을 보냈고, 또 여러 가지 彩色을 내려 주었다.122) 7월 5일에는 태종이 각
림사의 승려가 私穀 2백 석을 근처 제천 창고의 쌀 1백 석과 바꾸도록 청하
니 허락하였다. 승정원에 傳旨하기를, "각림사는 내가 젊었을 때에 놀던 땅
이다. 지금도 꿈속에서 가끔 간다. 그래서 중수하는 것이지 好佛하기 때문
인 것은 아니다. 승려의 성품은 본래 支離하고 탐하는 마음이 있으므로 幹
事僧으로 하여금 나를 빙자하여 汎濫하는 일이 없도록 하라." 하였다. 그
뒤에 또 전지하기를, "延安府의 본궁 곡식 200석을 그 府의 창고에 넣어서

115)『太宗實錄』卷32, 태종 16년 8월 23일 임오.
116)『太宗實錄』卷33, 태종 17년 2월 2일 기미.
117)『太宗實錄』卷33, 태종 17년 2월 6일 계해.
118)『太宗實錄』卷33, 태종 17년 2월 10일 정묘.
119)『太宗實錄』卷33, 태종 17년 2월 22일 기묘.
120)『太宗實錄』卷33, 태종 17년 2월 27일 갑신.
121)『太宗實錄』卷33, 태종 17년 3월 5일 신묘.
122)『太宗實錄』卷33, 태종 17년 4월 2일 무오.

충청도 제천 고을의 창고 쌀 1백 석과 慶源倉의 보리 20석을 각림사에 주
라." 하였다. 대개 落成한 法會를 도운 것이다.[123] 이 해 9월에 태종은 劉敞
에게 華嚴經과 內香·疏를 주어 각림사에 보내 법회를 베풀어 낙성토록 하
였다.[124]

이와 같이 태종이 각림사를 중창할 때, 가까이서 이와 관련된 업무를 담
당하였을 것으로 보이는 卞季良은 2편의 「原州覺林寺重創慶讚法華法席
疏」를 지어 당시의 상황을 자세히 전하고 있다.[125] 앞 편의 疏를 보면, 태종
이 어렸을 때 머물렀던 각림사가 낡고 훼손되어 시주를 받아 6개월만에 僧
寮와 佛宇가 완성되어 낙성법회를 연다고 하였다. 뒤편의 소에서는, 태종이
치악산의 각림사에서 젊었을 때 여러 해 머물렀으므로 오래도록 잊지 못하
여 누차 거동하였다고 했다. 이때 각림사가 기울고 비좁아 보수와 단청을
하고 전지와 노비를 주어 부처와 스님을 공양토록 하였다. 또 태종의 명령
에 의해 각림사가 중건될 때 단청이 이루어지고 대웅전에 무량불을 안치했
고 정문의 문루에 대장경을 봉안하기도 하였다.[126] 한편 이 각림사를 낙성
할 때 태종은 천태종 영수 행호에게 명하여 주장하게 하였다.[127]

세종대에 이르러서도 각림사에 대한 기록은 사그라지지 않는다. 먼저 이
것은 선왕인 태종과 각림사와의 긴밀한 관계 때문이다. 태종은 세종에게 임
금 자리를 물려준 뒤에도 각림사에 관심을 갖고 있었다. 1419년 태종은 원
주의 鋤音所에 이르러 점심을 들었다. 이때 판원주목사 趙啓生과 원주의
耆老 鄭政·柳善寶 등이 알현하였다. 태종이 유선보에게 이르기를, "내가
13살 때에 각림사에 거처하면서 너의 집에 갔었는데, 네가 지금 기억하는
가. 내가 일찍이 너의 사위 印時敬을 장군에 임명하였는데, 지금은 어디에
있는가." 하였다.[128] 지금까지 태종이 막연히 어렸을 때 각림사에 거주하였

---

123)『太宗實錄』卷33, 태종 17년 7월 5일 무오.

124)『太宗實錄』卷33, 태종 17년 9월 15일 정묘.

125) 卞季良,『春亭集』追補,「原州覺林寺重創慶讚法華法席疏」.

126) 변계량,『春亭集』追補,「覺林寺正門安置大藏經緣化文」. 이 글의 첫 4구는『春亭
集』卷4,「각림사」와『新增東國輿地勝覽』卷46, 원주목「불우」에 그대로 실려 있
다.

127) 尹淮,『東文選』卷81,「萬德山白蓮社重創記」.

814

다고 언급하였는데, 여기에서는 구체적으로 13살 때라고 말하고 있다. 즉 태종은 1379년을 전후하여 각림사에 머무르면서 공부를 하였던 것을 알 수 있다. 이때 50세였던 원천석이 태종에게 가르침을 주었을 것으로 보인다.[129]

세종은 1421년에 각림사 주지 釋休가 알현하니, 쌀 2백 석을 하사하였다. 각림사는 태종이 임금되기 전에 공부하던 곳이며, 석휴는 일찍이 시중드는 공로가 있었기 때문이다.[130] 세종은 불교와 관련된 정사를 논할 때, 태종은 각림사에서 法筵을 베풀어 그 교를 받들었고,[131] 각림사에서 예전에 머물렀으므로 친히 勸文에 手決해 두시어 幹事하는 중에게 주어 중창을 권유하였다는 말을 했다.[132]

1424년 예조에서 兩宗 36寺에 田地 및 恒居僧數를 정할 때, 각림사는 선종에 속하고 元屬田이 300結이며 居僧은 150명이었다.[133] 세종 8년 사헌부에서 올린 狀啓에 의해 각림사 주지 中皓는 白銀合錠 문제로 직첩을 삭탈당하였다.[134] 중호는 이미 한해 전에 判禪宗事事로 있었는데 사간원에 의해 사찰의 정해진 승려의 수를 많이 闕員했다는 이유로 笞를 받고 환속을 당할 뻔하였다.[135] 같은 해 각림사 주지 義游가 白銀 贈遺 사건으로 직첩을 삭탈당하였다.[136] 얼마 뒤 탄핵당한 의유는 禪宗僧 卍雨와 相見하였다.[137]

---

128) 『世宗實錄』 卷6, 세종 1년 11월 9일 기유.
129) 이때 원천석과 태종의 만남에 대한 기록은 『운곡시사』에 보이지 않는다. 그 뿐만 아니라 이를 전후한 1377년부터 1384년까지의 시들이 전혀 기록되어 있지 않다. 이 부분이 없어진 것이 우연한 逸失인지 아니면 태종에 대한 기록이 있었는데 부정적인 내용으로 인해 고의로 삭제된 것인지 알 수 없다.
130) 『世宗實錄』 卷11, 세종 3년 3월 8일 경오.
131) 『世宗實錄』 卷64, 세종 16년 4월 13일 경신.
132) 『世宗實錄』 卷68, 세종 17년 5월 20일 경신 ; 『世宗實錄』 卷68, 세종 17년 5월 21일 임진.
133) 『世宗實錄』 卷24, 세종 6년 4월 5일 경술.
134) 『世宗實錄』 卷31, 세종 8년 3월 9일 계묘.
135) 『世宗實錄』 卷27, 세종 7년 1월 25일 병신 ; 『世宗實錄』 卷27, 세종 7년 2월 5일 을사.
136) 『世宗實錄』 卷32, 세종 8년 4월 9일 임신.
137) 『世宗實錄』 卷32, 세종 8년 5월 8일 신축.

결국 의유에게서 백은을 받은 조말생은 먼 지방으로 付處당하였고, 장물은 관청에서 몰수하였다.[138] 1440년 세종은 水陸齋 때에 쓰고자 예조에 전지하여 鑄印 1개를 각림사에 내렸다.[139]

문종은 1451년 각림사의 講武場을 革罷하였다.[140] 1470년 강원도 관찰사 芮承錫의 啓를 받은 병조에서 성종에게 각림사에 轉輸하는 소금이 해마다 40碩으로 驛吏가 江陵府에서 60여 리를 가져오므로 牛馬가 많이 죽고 양이 축나면 징수하는 등 괴로움을 감당하지 못하니 遊手의 무리들에게 점차 운수하게 하여서 驛路의 폐단을 없애자 하니 따랐다.[141] 다음해 鄭麟趾는 사찰에 施納한 노비에 대해 논의하는 과정에서 성종에게 태종은 寺社의 노비를 혁파할 때 자신의 소년 시절에 독서하던 각림사도 오히려 혁파시켰다고 말하였다.[142]

성종 15년에는 각림사 등의 사찰의 田稅에 대한 논쟁이 몇 차례 보인다. 성종은 寺社田稅의 官收를 啓請했을 때, 호조에 각림사의 田稅는 관에서 3분의 2를 징수하라고 전교하여 감해졌다.[143] 副提學 安琛이 각림사 사사전의 조세를 관가를 시켜 거두어 들여야 한다고 주장하였으나, 성종은 받아들이지 않았다.[144] 또 大司憲 李克均이 경연에서 각림사 등 3寺에 한해서는 田土의 세금을 3분의 2를 감하고 나머지 사찰에 대해서는 반으로 내자고 하였으나, 성종은 따르지 않았다.[145] 1487년 국가에서 1년에 飯僧하는 비용으로 각림사에 소금 120석을 주었다.[146]

---

138)『世宗實錄』卷32, 세종 8년 5월 13일 병오.
139)『世宗實錄』卷88, 세종 22년 2월 17일 경인.
140)『文宗實錄』卷6, 문종 1년 3월 17일 병진.
141)『成宗實錄』卷6, 성종 1년 7월 9일 을유.
142)『成宗實錄』卷13, 성종 2년 11월 22일 경신.
143)『成宗實錄』卷166, 성종 15년 5월 10일 병신 ;『成宗實錄』卷166, 성종 15년 5월, 13일 기해.
144)『成宗實錄』卷167, 성종 15년 6월 8일 계해.
145)『成宗實錄』卷169, 성종 15년 8월 3일 정사.
146)『成宗實錄』卷199, 성종 18년 1월 23일 갑자. 이외 조선 초기 각림사와 관련을 맺었던 이로는 金時習을 들 수 있다(『梅月堂集』卷10, 遊關東錄「宿覺林寺」). 또한 조선 중기의 四溟堂은 각림사 尋劍堂이 落成될 때 一乘의『妙法蓮華經』을 講演

지금까지 살펴본 바와 같이 각림사는 조선 초에 태종 등 왕의 배려로 寺
勢가 커졌음을 보았다. 이 같은 각림사의 현황은 李塈(1522~1600)의 「松窩
雜說」을 통하여 다시 정리해 볼 수 있다.

　나-①
原城의 치악산 동쪽에 각림사가 있었다. 처음에는 띳집 두어 칸이 숲속에
황폐하게 있었다. 獻陵이 즉위하기 전에 오가며 머물렀다. 절 남쪽으로 3~
4리쯤에 龍湫가 있고 그 위에 臺岩이 산에 기대어 서 있는데, 헌릉이 때때
로 책을 끼고 바위 위에서 읊조렸다 한다. 등극한 후에 특별히 명을 내려 고
쳐 짓게 하여 드디어 큰 절이 되었으며, 주민은 대암을 太宗臺라 불렀다.
임진년 왜적의 난리에 절은 다 타서 없어졌으나 대바위는 우뚝 서 있다.[147]

위 나-①의 자료에 의하면, 각림사는 태종이 임금이 되기 전에 공부를 하
면서 머물 때에는 규모가 보잘것없이 작았다. 태종이 왕이 된 후에 적극적
인 후원을 하여 큰 사찰이 되었다. 이렇게 태종의 비호를 받고 커진 각림사
는 마침내 1592년 임진왜란 때 일본군에 의해 소실되었다.

위의 「송와잡설」과 같이, 이익은 치악산 각림사에는 태종대가 있는데 태
종이 등극하기 이전에 책을 끼고 다니며 휴식하던 곳이라 하였다.[148] 또 위
의 「송와잡설」과 같이, 각림사는 치악산의 동쪽에 있었는데, 변계량은 이
산의 사찰 중에 각림사가 가장 좋다고 하였다.[149]

이 치악산에는 각림사 외 그 정상에 上院寺(上元寺)가 있었다.[150] 이 절

하기도 하였다(『四溟堂大師集』卷6,「覺林寺尋劍堂落成疏」,『한국불교전서』권8,
　p.64). 각림사는 조선 후기 숙종대에 이르러서는 覺林廢寺의 位田을 鄕校와 內司
　에 귀속시킬 것에 관한 논의가 주를 이루고 있다(『承政院日記』肅宗 13년 3월 18
　일 ; 3월 20일 ; 3월 22일 ; 5월 12일 ; 13년 8월 14일 ;『肅宗實錄』卷18, 숙종 13년
　8월 12일).
147)『大東野乘』卷56.
148) 李瀷,『星湖僿說』卷12, 人事門「元耘谷」.
149)『新增東國輿地勝覽』卷46, 원주목「불우」; 卞季良,『春亭集』卷4,「각림사」;『春
　亭集』追補,「覺林寺正門安置大藏經緣化文」.
150) 李萬敷,『息山集』別集 卷3, 地行錄6「關東」; 같은 책 卷4, 地行附錄「雉嶽」; 柳

은 신라 문무왕 때 義湘이 창건하였고, 고려 말에 나옹이 중창하였다고 한
다.[151] 원천석 당대에 불전을 새로 세우기도 하였고,[152] 김시습은 상원사의
우아한 경치는 마치 天台와 같다고 하였다.[153] 이 상원사 주사굴 서쪽 봉우
리에 각굉이 창건한 無住庵이 위치하였다.[154] 이 절에 대한 다른 자료가 없
어 어떤 사찰이었는지 알 수 없다.

각림사의 서쪽에 문수사가 있었고,[155] 여기에 당두가 머물렀다.[156] 서거
정이 젊었을 때 이 문수사에 머물면서 공부를 하였다. 이때 법천사에 시를
써 놓고, 홍법사에 가 탁본을 하기도 하였다.[157] 여말선초 사대부가 사찰에
서 공부를 하는 것이 일반화되어 있어 교육기관으로서 큰 역할을 하였는데,
그 좋은 예가 된다. 또한 그들은 앉아서 공부만 한 것이 아니라 주위의 사
찰을 순례하고 시나 탁본을 하면서 여가를 즐겼던 것이다.

이 문수사 근처에 도경사가 있었다.[158] 오래된 절로 푸른 골짜기와 물 흐
르는 곳에 위치하며 丈室이 머물렀다.[159] 도경사는 雉岳山中에 풀로 엮어
만든 암자이다. 白雲이 깊었는데 小卍菴이라 불렸다.[160]

한편 홍법사는 원주의 建登山에 있던 사찰이다. 이 절에서 불경을 베꼈
고, 丈室이 머물렀다.[161] 원천석이 원주에 거주했던 시기에 金九容(1338~

馨遠,『東國輿地志』卷7, 原州牧「寺刹」;『輿地圖書』, 原州牧「寺刹」.

151) 金成讚,「原州의 佛敎遺蹟」,『原州의 歷史와 文化遺蹟』, 江原道·原州市, 1997,
p.150.

152)『耘谷詩史』卷3-23. p.287.

153) 金時習,『梅月堂集』卷10, 遊關東錄「上院寺」.

154)『耘谷詩史』卷1-60, p.54.

155) 李萬敷,『息山集』別集 卷3, 地行錄6「關東」.

156)『耘谷詩史』卷4-39. p.439.

157)『新增東國輿地勝覽』卷46, 원주목「불우」.

158)『耘谷詩史』卷1-109, p.120.

159)『耘谷詩史』卷1-76, pp.72-73.

160) 金九容,『惕若齋學吟集』卷上,「原州河公政成上京道境鑑上人思慕之餘以詩見寄
河公分韻其詩爲贈搢紳諸公皆賦予與達可方回自江南河公請賦得南字作小詩二首
○朴公尙衷序之」.

161)『耘谷詩史』卷5-51, p.527. 이와 같이『운곡시사』에는 장실이라고 하였는데, 李穡,
『牧隱集』詩藁 卷35, 驪興吟「興法堂頭將入院來過甓寺予與古鏡翁同浮舟賞蓮郡

818

1384)은 흥법사에 머물면서 交州道按廉使 河崙(1347~1416)에게 글을 보낸 적이 있다.162) 흥법사에는 고려 太祖가 唐太宗의 글씨를 集字하여 지은 충담의 비가 있어 세인의 관심을 많이 받았다.163) 특히 고려 말 李齊賢(1287~1367)은 "비문의 말뜻이 웅장하고 깊고 위대하고 고와 마치 검은 홀과 붉은 신으로 廊廟에서 揖讓하는 것 같다. 글자는 큰 글자와 작은 글자, 해서와 행서가 서로 섞여 있다. 마치 鸞鳳이 일렁이듯 기운이 우주를 삼켰으니 진실로 천하의 보물이다." 하였다.164) 이와 같이 이제현이 흥법사비에 대하여 구체적으로 평가하고 있는 것으로 보아 직접 답사를 하고 나서 쓴 글일 것이다.165)

한편 원천석은 원주의 靈泉寺에서 이루어진 法華法席에 대해 勸化詩를 썼다.166) 이 절에서 관등놀이가 이루어졌으며,167) 영천사 당두는 각림사에 머물기도 하였다.168) 이 영천사에 대해 이기의 「송와잡설」에서는 다음과 같이 기록하고 있다.

나-②

고려 말 進士 원천석은 나의 외조부의 고조로 호는 耘谷이다. 문장이 뛰어나고 학문이 해박하였는데, 원주 弁嚴村에 살았다. 고을 동북쪽 5리쯤에 靈泉寺라는 절이 있었다. 헌릉이 즉위하기 전에 이 절에 묵으면서, 공에게 참

池」에서는 같은 의미를 지닌 堂頭라고 했다. 이 흥법사당두는 內願堂으로 들어가던 중 이색을 만나기 위해 신륵사를 찾아왔다.

162) 金九容,『惕若齋學吟集』卷下,「宿興法寺 寄河廉使崙」.

163)『世宗實錄』卷153, 강원도 「원주목」;『新增東國輿地勝覽』卷46, 원주목 「불우」; 徐居正,『四佳集』卷2,「讀原州興法寺碑」; 成俔,『虛白堂集』文集 卷9,「題興法寺眞空大師碑銘」; 李堣,『松齋集』卷1, 關東行錄 「原州興法寺碑」; 李敏求,『東州集』前集 卷7, 關東錄 「興法寺碑歌幷序」; 李德懋,『靑莊館全書』卷55, 盎葉記 2 「興法寺碑後」; 李瀷,『星湖僿說』卷30, 詩文門 「東方石刻」.

164) 李齊賢,『益齋集』櫟翁稗說 後集1.

165) 이제현의『익재집』이 1431년 원주에서 간행이 된 점으로 보아 둘 사이에 어떤 관계가 있으리라 짐작된다(「附錄, 跋」).

166)『耘谷詩史』卷2-110, p.266.

167)『耘谷詩史』卷5-23, p.510.

168)『耘谷詩史』卷5-12, p.502.

問하여 공의 깨우침이 자못 많았다. 대개 平昌郡은 穆祖의 외가 고을이고, 考妣의 능이 三陟에 있었다. 그러므로 헌릉이 가끔 삼척에 왕래하였던 것이다. 헌릉이 즉위하자, 驛馬를 달려 보내, 공의 안부를 물으니, 공은 죽은 지 벌써 오래였고, 공의 아들 元侗이 있었다. 便殿으로 불러와서 특별히 基川縣監에 제수하였으니, 聖主께서 스승의 옛 정을 잊지 못함이 이와 같았다. 절이 허물어진 지 몇 해인지 모르나 세 탑은 지금도 오똑하게 남아 있다.[169]

영천사는 고을 동북쪽으로 20㎞ 떨어진 곳에 위치한 사찰이다. 앞에서 이미 살펴본 각림사의 예와 같이 태종 이방원이 영천사에서 원천석에게 가르침을 받았다고 한다. 앞의 다른 자료와 차이가 나는 것은 이방원이 원천석에게 가르침을 받은 장소가 각림사가 아니라 영천사라는 것과 이곳에 공부를 하기 위해 머문 것이 아니라 태종의 조상과 관련이 있는 평창과 삼척을 왕래할 때 머물렀다는 것이다.

위 나-②를 보면, 李塈가 생존해 있을 때 이미 영천사는 무너진 지 여러 해가 되었고, 그곳에는 다만 3개의 탑만이 남아 있었다. 이 3개의 탑 중 2개는 이른바 '令傳寺址 3층석탑'으로 국립중앙박물관에 있고, 나머지 1개는 '泉水寺 삼층석탑'이라는 이름으로 1916년 경복궁으로 옮겨졌다.[170] 이들은 모두 같은 양식의 탑으로, 총독부에서 수장품 카드를 만들 때 영전사와 천수사로 나누어 잘못 기재하였다. 영전사는 영천사를 후대에 잘못 전하여 만들어진 이름이다.

앞의 가-②에서 보았던 「보제존자탑지석」에는 탑을 세울 당시 원주목사가 강은이라는 것과 시주를 한 元老와 元氏·元龍이 보인다. 이들은 영천사에 나옹의 사리탑을 세울 때 매우 중요한 역할을 담당하였을 것이다.[171] 강은의 자는 之顯으로 이색의 제자였다.[172] 그는 젊은 나이에 과거에 급제

169) 『大東野乘』 卷56.
170) 이순우, 「천수사 삼층석탑의 정체에 대한 몇가지 의문」, 『제자리를 떠난 문화재에 관한 조사보고서』, 하늘재, 2002.
171) 李穡, 「神勒寺普濟禪師舍利石鐘碑」, 『朝鮮金石總覽』 上, p.518.
172) 李穡, 『牧隱集』 文藁 卷10, 「之顯說」.

820

하고 나서 명성을 떨치며 臺省의 직책을 역임하였다. 시주를 한 이들은 당
시 원주지역을 대표하는 성씨인 원씨라는 점에서 주목된다. 원로는 이미 신
륵사에서 나옹의 사리탑을 만들 때 前中郞將 직함으로 단월의 역할을 하였
다. 이때 같은 역할로 進士 원천석도 참여하였다. 또 이 사업에 단월로 前
將軍 元堂와 北原郡夫人元氏妙守,[173) 우바새로 元松과 元呂도 같이 참석
하였다. 이로 보아 당시 원씨는 원주지역과 그 인근 지역에서 큰 세력가로
활동한 것으로 파악된다. 이들은 같은 원씨로서 동일한 종교적인 행사에 참
여하여 하나의 종교공동체를 형성할 수 있어 친분이 남달랐을 것이다. 혹
구체적인 이름이 거론되지 않은 「보제존자탑지석」의 원씨는 원천석일 수도
있다. 이는 그가 나옹의 사리탑이 모셔진 여주 신륵사의 단월로도 참여하였
으며, 이웃에 위치하여 법화법석과 관등놀이에 참여한 적이 있는 영천사에
서 나옹의 사리탑을 만드는 동일한 목적을 갖고 참여하는 게 손쉬운 일이었
을 것이기 때문이다.

또 앞의 가-②에서와 같이 「보제존자탑지석」에는 탑을 세울 때 大功德主
奉翊大夫 徐允賢이 나온다. 그는 奉翊 版圖判書에서 물러나 원주의 西谷
에 살면서 그림을 그렸다.[174) 원천석은 그의 별장에 찾아가 前刺史 閔公이
쓴 시에 차운하여 글을 지었다. 이와 같이 원천석이 서윤현과 밀접한 관계
를 유지하고 있었는데, 서윤현이 영천사에서 나옹의 사리탑을 만들 때 대공
덕주의 역할을 한 점으로 보아 원천석이 아무런 역할을 하지 않을 수 없었

---

173) 李穡,「神勒寺普濟禪師舍利石鐘碑」,『朝鮮金石總覽』上, p.518. 北原郡夫人元氏
는『白雲和尙抄錄佛祖直指心體要節』을 발간할 때에도 단월로 참여하였다(『韓國
佛敎全書』6, p.636). 그녀는 유대언에게 시집을 가 閨閤의 가문을 빛냈다(李穡,
『牧隱集』詩藁 卷33,「柳代言夫人元氏挽詞」). 이색이 그녀의 만사를 짓고 있는 것
을 보면 친분이 있었을 것이며, 원씨는 원주의 대성(北原元大姓)이라고 지적하고
있다. 또 유대언의 부인 원씨는 죽장암을 중수할 때 功德主가 되었다(李穡,『牧隱
集』文藁 卷2,「砥平縣彌智山竹杖菴重營記」). 용문사 대장전은 모두 세칸으로 되
어 있는데, 재물을 희사해 도와준 사람이 北原郡夫人元氏이다(같은 책 卷4,「砥平
縣彌智山龍門寺大藏殿記」). 그녀는 만년에 신륵사 주변에서 살았다(韓脩,『柳巷詩
集』,「卒柳代言妻元氏挽詞」). 이와 같이 북원군부인 원씨가 많은 시주를 한 것으
로 보아 불심과 경제력이 대단하였던 모양이다.
174)『耘谷詩史』卷2-29, p.195 ; 卷2-53, pp.211-212.

을 것이다.

　한편 위의 사찰 중 현재 어디에 위치하고 있는지 확실하지 않은 것들이 몇 개 있다. 이들을 사찰의 이름이 많이 게재되어 있는『한국사찰전서』를 통하여 살펴보면 다음과 같다. 묵묵히 말이 없는 維摩居士 같은 주인이 머문 마전사는[175]『한국사찰전서』에 충북 보은과 평남 강서 두 곳에 있다.[176] 원천석이 남행을 하다 들른 곳이므로 보은의 것으로 추정된다. 또한 이 가람은 "언제 다시 올는지 알 수가 없네"라는 시 구절로 보아 원주와 가까운 거리에 있는 것이 아님을 보여준다. 원통사는『한국사찰전서』에 많이 보이나[177] 고성군 서쪽에 있던 梨嶺이 이보다 앞의 時題에 보이고 있어 고성이나 회양쯤에 있었던 절로 추정된다.[178]

　원적암은 원천석이 동해안을 여행하면서 지은 시제에 나온 것이므로[179]『한국사찰전서』에 실린 사찰들은 이에 해당되지 않는다.[180] 천림사는 원천석과 친분이 깊은 각굉이 선기와 함께 책을 읽던 사찰이다.[181] 이 이름의 절이 경상북도 경주에 있는 신라 憲德王陵의 북쪽에 있다는 기록이 있다.[182] 그러나 각굉은『운곡시사』에 의하면 젊은 시절 오랫동안 원주에 거처하였으므로 천림사는 원주지역에 있었던 사찰로 추정된다. 운대사는『한국사찰전서』에 경남 남해에 있는 사찰로 되어 있으나[183] 이에 해당하는지『운곡시사』나 현자료로 확인할 길이 없다.

　원천석은 1392년 동짓날에 영춘에 도착하여 찾아온 비마라승과 만나 시를 주고받았다.[184] 비마라사는『三國遺事』에 원주에 있는 華嚴 10찰이었다

---

175)『耘谷詩史』卷1-132, p.138.

176) 권상로, 앞의 책, p.339.

177) 권상로, 앞의 책, pp.916-925.

178)『耘谷詩史』卷1-124, p.132 ; 卷1-126, pp.133-134.

179)『耘谷詩史』卷1-151, pp.146-147.

180) 권상로, 앞의 책, pp.915-916. 나옹의 제자 雪嶽上人이 머문 圓寂寺가 보인다(李穡,『牧隱集』文藁 卷6,「負暄堂記」).

181)『耘谷詩史』卷2-81. p.248.

182)『三國史記』卷10, 新羅本紀10, 憲德王 18년 10월.

183) 권상로, 앞의 책, p.889.

184)『耘谷詩史』卷5-89, p.559.

는185) 등의 자료가『한국사찰전서』에 실려 있다.186) 이 사찰의 위치는 강원도 영월군과 충북 단양군 영춘면 경계에 있는 大華山 일대로 추정하고 있다.187) 현재 행정구역으로 충북 단양군 영춘면 사지원리 비마루이다.

한편『한국사찰전서』에 나오지 않은 사찰들이 몇 있다. 만세사는『운곡시사』에 3차례나 보이지만188) 그 위치를 비정하기는 어렵다. 이곳에는 당두와 그의 좌하가 머물렀다. 영수사에는 金佛이 있었다.189) 이곳은 원천석이 살던 원주지역을 떠나 헤어진 지 오래된 친구에게 보내는 시라는 느낌을 받기에 이전에 그 친구와 노닐었던 고향의 사찰이 아닌가 한다. 무진사는 산속의 낡은 암자로 원천석이 병을 얻어 두 달간 요양한 사찰이다.190) 사찰이 의료의 역할을 한 예로, 승려들이 불경의 신비스러운 힘을 이용하거나 신통력으로 치료하려고 했을 것이다. 큰 병 때문에 간 사찰이기에 원주지역이나 그 주변 지역에 있던 사찰이었을 것이다.

禪堂이 있고 主師가 머물렀던 송화사는191)『한국사찰전서』에 없으나 김유신 집안의 원찰인 松花房이 보인다.192) 그러나 송화사라는 사찰에 관한

---

185)『三國遺事』卷4, 義解,「義湘傳敎」.

186) 권상로, 앞의 책, p.585.

187) 김성찬,「원주 비마라사지 위치고」,『박물관지』7, 충청대학 박물관, 1998.

188)『耘谷詩史』卷2-47, p.206 ; 卷2-66, pp.235-236 ; 卷5-26, p.512. 이와 같이 다른 사찰에 비해 빈도가 높은 것은 원천석의 거주지와 가까운 거리에 위치하였던 사찰이었기 때문이 아니었을까 한다. 특히 필자가 관심을 갖는 부분은 "烟深石逕紫苔封 行到松門已暮鍾"이다. 여기에서 '石逕'을 일반명사인 '돌길'뿐만 아니라 지명으로 보면 현재 원주시 행구동 石逕村에 해당한다. 이 마을에는 石逕寺가 있는데, 절 가까이에 원천석의 묘와 재실이 있다. 이로 보아 원천석과 석경사의 관계를 짐작케 되는데, 이 석경사가 만세사가 아닌가 한다. 앞에서 인용한 글은 "물안개가 깊어 돌경이 마을의 돌길에 자색이끼가 덮였는데 어느새 절에 이르니 저녁 종이 울리네."로 번역할 수 있을 것이다. 즉 석경 마을을 지나다보면 사찰에 어느덧 다다르게 되는데, 이 사찰을 석경사로 볼 수 있지 않을까 한다.

189)『耘谷詩史』卷3-126, p.371. 원주시 귀래면 주포1리에 황산사가 있다. 이 절은 경순왕이 鶴樹寺라는 이름으로 창건하였다고 전한다. 학은 흔히 신선이 타고 다니는 새로 알려져 있으며, 천년을 장수하는 靈物로 인식되어 있다. 그러므로『운곡시사』의 靈樹寺와 이 학수사는 동일한 사찰일 가능성도 있다.

190)『耘谷詩史』卷3-128, pp.372-373.

191)『耘谷詩史』卷5-70, p.540.

시를 썼을 무렵에는 원천석이 원주를 벗어나 다른 지역으로 여행한 흔적이
보이지 않아 원주지역이나 그 인근의 어느 사찰로 생각된다. 적용암도 또한
이러하다. 적용암에는 환암의 사리탑이 있었다.[193]

지금까지 『운곡시사』에 나타난 사찰을 살펴보았는데, 주로 원주지역에
위치하였다. 그러나 『운곡시사』에 법천사와 거돈사 같이 역사적으로 큰 역
할을 하였던 대사찰이 보이지 않아 의아하다. 이제 『운곡시사』에 보이지는
않지만 원천석과 관련이 있었을 여말선초 원주지역의 사찰을 파악하고자
한다.

『세종실록』 지리지에는 각림사와 흥법사 두 사찰만 기록되어 있다. 『신
증동국여지승람』 「불우」조에는 이 두 사찰과 法泉寺·桐華寺·居頓寺·문
수사가 기재되어 있다.[194] 이들 중 『운곡시사』에 보이지 않았던 법천사·동
화사·거돈사가 눈에 띈다.

법천사는 원주의 鳳鳴山에 있는데 고려 때 智光의 탑비로 유명하다. 泰
齋 柳方善이 법천사에서 학문을 강의하였는데, 먼 곳에서 權摯·韓明澮·
康孝文·徐居正 등 배우러 오는 자가 많았다. 이들이 여기에서 배울 때 탑
위에 시를 써 놓은 것이 『신증동국여지승람』이 쓰여질 때까지도 남아 있었
다.[195] 서거정 등이 법천사에서 講學한 내용이 『四佳集』에 자세히 보인
다.[196] 여기에서 서거정이 이 법천사에서 뿐만 아니라 흥법사 등 치악산의

---

192) 『三國遺事』 卷1, 기이1, 김유신.
193) 『耘谷詩史』 卷5-164, p.622.
194) 원주의 사찰에 대한 『신증동국여지승람』(권46, 원주목)의 기록은 「불우」조 이외에
도 「고적」조에 弓裔가 머물렀다던 石南寺와 원래는 州의 동쪽 2리쯤에 있었는데,
지금은 폐쇄하여 射廳이 된 天王寺가 보인다.
195) 『新增東國輿地勝覽』 卷46, 원주목 「불우」.
196) 徐居正, 『四佳集』 卷2, 「讀書法泉寺用康子武韻錄似權正卿摯」·「讀書法泉寺次正
卿韻」·「將往法泉寺與子武遇驪江繼有權上舍綸金上舍命中來會偕往途中有作」;
卷14, 「同年金正言(漬)說驪江村墅之樂求予作詩居正少遊㙓嶽驪江諸山寺讀書計
今三十年于玆……」; 補遺3, 「送閔貞赴任原州」. 서거정의 스승 柳方善의 『泰齋
集』 卷2, 「送李水砧判官之京」에서도 법천사에서 강학한 내용이 보인다. 유방선이
서거정 등에게 강학하였던 것에 대해서는 이종묵, 「원주 법천사의 강학과 유방선」,
『조선의 문화 공간』 1, 휴머니스트, 2006 참조. 이 강학한 일이 유명하여 후학들이
계속 관심을 보였다(金宗直, 『佔畢齋集』 卷6, 「上黨府院君詩卷」; 李滉, 『退溪集』

여러 산사에서 독서를 한 것이 확인된다.

법천사는 지광 이전부터 법상종의 사찰로 운영되어 왔다. 이 종파는 고려 말까지도 유지되어 자은종과 유가로 법천사를 표기하였다.[197] 그렇다고 모든 승려가 법상종 계통은 아니었다. 즉 여말선초 한 때 법천사에는 화엄종 계열의 珠上人이라는 승려가 머무르고 있었다.[198]

桐華寺는 都也尼峴에 있었는데,[199] 현 원주시 문막읍이다. 이 사찰에 조선 초 한때 김시습이 머물기도 하였다.[200] 居頓寺는 玄溪山에 위치하며 고려 崔冲이 찬술한 승려 勝妙의 비가 있다.[201] 거돈사는 원래 禪刹이었으나 義天의 천태종 개창 이래 이 종파에 포함되었는데, 약 200여 명이 거주하고 있었다.[202]

이외 문헌자료를 통하여 여말선초에 있었을 법한 원주지역의 사찰을 살펴보면 다음과 같다. 고려 말 원주에 瑞谷寺가 있었고 그 골짜기에 환암이 머물던 白雲菴이 자리하였다.[203] 현재 원주시 판부면 瑞谷 4리에 '塔거리'라 불리는 지역이 있다. 이 주변에서 많은 塔部材가 출토되어 꽤 큰 사찰이 있었을 것으로 추측한다. 이와 가까운 白雲山에 '된절터'로 불리는 곳이 있다. 아마도 이들이 각각 서곡사와 백운암이었을 것이다.

權適(1094~1147)은 淸平山 文殊寺에서 李資玄에게 선을 배우고 20세에 北原의 開善寺에 놀러 갔다.[204] 이때 申毅夫는 꿈에서 한 위인이 와서 "내

攷證 卷1,「原州憑虛樓云云原州屬江原道嶺西郡名一新靖原○憑虛樓在客館東」;
        許筠,『惺所覆瓿藁』卷6,「遊原州法泉寺記」).

197) 李穡,『牧隱集』詩藁 卷24,「謝慈恩宗師法泉長老 以滿花方席見遺」;『牧隱集』詩
    藁 卷18,「走筆奉寄法泉僧統」.

198) 柳方善,『泰齋集』卷1,「贈珠上人」. 이외 여말선초에 법천사에는 僧回(金九容,『惕
    若齋學吟集』卷下,「明日與法泉僧回委轡醉睡馬自近江覺而迷路相與大噱因有一
    絶奉獻東亭」)와 一雲上人(李原,『容軒集』卷2,「寄一雲上人」), 珪上人(柳方善,
    『泰齋集』卷3,「寄法泉珪上人」)이 살았다.

199)『新增東國輿地勝覽』卷46, 원주목「불우」.

200) 金時習,『梅月堂集』詩集 卷10,「宿桐花寺原州」.

201)『新增東國輿地勝覽』卷46, 원주목「불우」.

202) 林存,「傂鳳寺大覺國師碑」,『韓國金石全文』中世上, pp.600-601.

203) 李穡,『牧隱集』詩藁 卷26,「進無門侍者言吾師幻菴公今在原州瑞谷寺之洞白雲菴
    走筆附呈無門名禧進」.

일 귀양간 신선이 이곳으로 올 것이오."라고 일러주었는데, 권적이 오니 꿈이 맞아 떨어졌으므로 시를 지어 주었다. 또 개선사 별채에서 『起信論』을 읽었는데 마지막 대목에 이르자 감동하고 깨달아서 눈물을 흘렸다. 원주에서 元氏로 태어난 釋胤(?~1173)은 13세에 치악산 三泉寺의 慧詣法師에게 출가하였다. 18세에 無㝵智國師에게 수학하였고, 치악산 開善寺 등의 주지를 역임하였다.205) 그가 개선사에 머무르고 있을 때 智英이 가르침을 받았다.206) 확인된 바는 없지만 고려 말까지 이들 치악산에 있던 삼천사와 개선사는 유지되었을 것이다. 또 조선 초에 치악산 化主가 判事 鄭修道의 도움으로 세운 修道庵이 있었다.207)

한편 유물과 유적을 통하여 여말선초 원주지역에 있었을 것으로 보이는 사찰을 살펴보면 다음과 같다.208) 먼저 신라시대에 창건되어 현재까지 존속한다는 龜龍寺·鴿原寺·立石寺·國亨寺(國享寺)·普門寺·阜川寺(富泉寺)·龍德寺를 들 수 있다. 특히 國亨寺는 조선 태조가 이 절에 東岳壇을 쌓아 東岳神을 봉안하고, 매년 원주·횡성·영월·평창·정선 고을의 수령들이 모여 제향을 올렸다고 한다. 다음 왕인 定宗의 둘째 공주인 희희공주가 병을 얻어 백약이 효과가 없어 이 절에서 백일기도를 하였다. 하루는 공주의 꿈에 백발노인이 나타나서 병을 고쳐준다고 한 뒤 완쾌되었으므로 정종이 기뻐하여 절을 크게 중창하였다고 한다.

현재 사지로만 남아있지만 유물·유적으로 보아 여말선초에 있었을 것으로 보이는 사찰은 四天王寺址·黃山寺(鶴樹寺)址·念佛庵址·龍雲寺址·

---

204) 金子儀,「權適墓誌」,『朝鮮金石總覽』上, pp.353-354.

205) 許興植,「龍壽寺 開刱記」, 앞의 책, 1986, p.655.

206) 皇甫倬,『商山誌』卷6,「龍巖寺記」.

207) 張志淵,「震彙續考」,『張志淵全書』2, 檀國大學校出版部, 1979, p.106. 여말선초에 있었을 법한 사찰 중 지금까지 거론하지 않은 원주지역 사찰에 대한 자료로는 다음과 같은 것이 있다. 928년(태조 11) 원주의 山澗寺의 철불이 3일간 땀을 흘렸다 (『高麗史』卷54, 五行2). 補闕 陳澕는 李奎報(1168~1241)와 동시대의 문인으로 詩文에서 그와 쌍벽을 이루었다. 그가 치악산의 서쪽을 지날 때 水石이 아름다운 곳이 있어 가 보았다. 초가 두 세집이 있었는데, 凡俗을 떠난 한 老僧이 보여 시를 주고받았다(崔滋,『補閑集』下,「陳補闕因王事雉岳」).

208) 김성찬, 앞의 글에 근거해 정리하였다. 문헌을 통하여 살펴본 사찰은 제외하였다.

富興寺址를 들 수 있다. 또 鳳山洞 석조보살입상과 당간지주, 神仙庵과 梅芝里의 석조보살입상, 橋項里·周浦里·壽岩里의 마애보살상, 一山洞과 鳳山洞의 석불좌상, 橋項里 석조불두, 貴來里 석탑재 등의 유물을 통해 원주지역의 여말선초 불교를 파악할 수 있다.209)

이와 같이 원천석이 생존했던 여말선초 원주지역은 佛國土라 부를 수 있을 정도로 많은 사찰들이 있었다. 특히 원천석의 시 중에 "가까이선 이웃 절의 아침저녁 종소리가 들려와"210)와 "쓸쓸한 옛 절을 이웃 삼아 지내네."211)를 보면, 그가 거처하던 곳 주위에 여러 사찰이 있었을 것이다.

4. 맺음말

"집도 절도 없다."는 속담이 있다. 어디에도 의지할 데가 없을 때 쓰이는 말이다. 이 말은 守節과 은둔으로 상징되는 원천석을 보면 딱 맞는 표현이다. 그러나 『운곡시사』를 한번 읽어보면 원천석은 집도 절도 있었던 그런 사람임을 알 수 있다. 원천석은 다른 지식인들보다 강한 자아와 獨存意識으로 마음에 들지 않았던 舊社會와 새로이 건국된 국가로부터 고의로 실존적 절대 고독을 느끼고 싶었던 것뿐이다. 실제로 그는 여러 사람을 만나면서 삶을 영위했던 인물이다. 그들 중에 꽤 많은 이가 승려였다. 이들이 거주하는 곳이 사찰이기에 그곳도 자주 찾아들게 되었다.

『운곡시사』에 보이는 승려는 12회에 걸쳐 나타난 도경, 6회의 나옹, 5회의 각굉, 4회의 명암과 환희, 3회의 적봉 등 많다. 이들 중 간접적으로 만난 나옹과 무학·환암을 제외하고는 잘 알려지지 않은 승려였다. 특히 도경과 환희는 원천석이 어려울 때마다 인생의 반려자로 정신적 휴식처의 역할을 톡톡히 한 지방승려였다.

여말선초에 원천석이 만난 승려는 주로 선종계열이었다. 특히 각굉·적

---

209) 위 열거한 모든 사찰에 1356년 나라에서 명령을 내려 曼多羅(흰 연꽃)를 심으라고 하였다(『耘谷詩史』 卷4-56, p.455).
210) 『耘谷詩史』 卷3-146, p.386.
211) 『耘谷詩史』 卷3-146, p.387.

봉·본적·신회·고경·고암 등 사굴산문의 나옹계열 승려와 친분이 많았다. 이처럼 원천석이 보우계열보다 나옹계열의 승려와 긴밀한 관계를 가졌던 것은 원천석과 나옹계열 모두 세속적이고 현실적인 경향을 싫어했기 때문이다.

『운곡시사』에 신조와 의원·의징 등 천태종의 승려들이 많이 보인다. 이것은 다른 지역과 달리 원주지역과 인근에 각림사와 거돈사·고달사와 같은 천태종 계열의 사찰이 많았기 때문이다. 각림사는 특히 태종이 잠저시에 머물렀다는 이유로 후원을 받아 여말선초 원주지역의 사찰 중 가장 번성하였다. 이외에 원천석은 비마라승과 소암 같은 화엄종 승려와도 교분을 가졌다.

이와 같이 원천석이 여러 승려와 사귄 데에는 몇 가지 이유가 있다. 가장 큰 이유는 원천석과 승려의 삶의 방식이 유사한 데에 있다. 원천석은 오랜 기간 동안 초야에서 은둔한 방외인의 삶을 살아 승려의 삶과 그렇게 차이가 없었다. 그래서 원천석은 자신의 삶을 스님과 같기를 열망하였다. 그는 일상생활에서도 향을 사르며 경을 외고 앉아 스님과 같기를 바랐다.[212] 또 원천석은 스님같이 한적하게 지내며,[213] 자신의 죽 솥이나 찻잔이 스님의 격식과 같다고 만족하기도 하였다.[214] 이러한 원천석의 삶의 태도 때문에 스님이 찾아와서 친구가 되고,[215] 더 나아가 술친구까지도 되었다.[216]

둘째로 원천석은 자신이 처한 현실로부터 벗어나 정신적 평안을 얻고자 함이었다. 그는 세상일에 적당한 것이 없으면 번민을 없애고 정신적 위안을 찾기 위해 승려가 있던 절을 주로 찾아가곤 하였다.[217] 승려들은 세상과의 불화를 이기지 못해 마음이 편치 못한 원천석에게 정신적인 안정을 제공하였다. 또한 그는 당면한 사회적 不和 때문에 세속을 초월해 정신적 평안을 추구하는 승려들과의 교류를 통해 같아지기를 바랐다.

---

212) 『耘谷詩史』 卷2-22, p.189.
213) 『耘谷詩史』 卷1-66, p.59.
214) 『耘谷詩史』 卷5-122, p.587.
215) 『耘谷詩史』 卷5-73, p.544.
216) 『耘谷詩史』 卷3-130, p.374 ; 卷5-12, p.502.
217) 『耘谷詩史』 卷3-106, p.352.

828

『운곡시사』에는 원주지역의 사찰로 상원사·무주암·도경사·각림사·문수사·흥법사·영천사가 기재되어 있다. 이들 사찰 중 흥법사를 제외하고는 모두 치악산에 위치하고 있다. 원천석이 주로 치악산을 중심으로 생활을 했기 때문에 그 반경 안에 있는 사찰을 주로 찾았던 것이다. 그러므로 같은 원주지역의 법천사와 거돈사와 같은 대사찰이 『운곡시사』에 기록되지 않았을 것이다.

원주지역으로 비정되는 사찰로 환희사·천림사·만세사·영수사·무진사·송화사·적용암을 들 수 있다. 원주 인근 지역에 있었던 사찰은 고달사·신륵사·비마라사 등이다. 그 외 여행을 목적으로 찾아간 몇 개의 타지역 사찰이 보일 뿐이다. 그러므로 원천석이 방문했던 사찰은 주로 원주와 그 인근 지역에 있었다.

이처럼 원천석과 관련된 사찰이 많았는데, 이들 사찰에서는 사찰 본래의 업무뿐만 아니라 다양한 기능을 하였다. 영천사에서는 법화법석과 관등놀이가 시행되었으며, 사리탑을 건립하였다. 보제사에서는 談禪法會를 열었고, 환희사에서는 조상의 제례가 이루어졌다. 마전사와 청평사·원통사·원적암은 여행의 장소였고, 무진사는 요양을 취했던 곳이다. 각림사와 영천사·문수사·법천사·천림사는 독서와 강학의 기능을 하였다.

이와 같이 원천석은 주로 일급의 불교계 인사와 사귀지 않았고 대사찰을 중심으로 불교활동도 하지 않았다. 그가 지방지식인으로 원주에서 오랫동안 생활을 하였기 때문이다. 반면 이로 인해 정치색이 없고 현실적인 이익에 얽매이지 않는 스님 본래의 순수하고 진정한 수행자의 모습이 남아 있는 승려들과 교유하게 되었다. 그 결과 여말선초에 잘 알려지지 않은 승려와 사찰을 『운곡시사』에 남기게 되었다. 이처럼 『운곡시사』는 영원히 死藏되어 묻혔을 승려와 사찰을 많이 실어 사료적 가치가 높다. 특히 『운곡시사』에 불교자료가 많이 남아 있어 고려 말 조선 초 불교와 원주지역의 연구에 큰 도움이 된다.

본고는 원천석과 관련된 불교자료를 찾는데 급급해 시간을 많이 허비하여 단순히 자료정리로 그친 감이 있다. 앞으로 필자는 이 자료를 통하여 원천석과 관련된 사찰과 승려에 대해 구조적으로 분석하고 유형별로 분류하여 서술할 것이다. 특히 여말선초 원주지역에서 활동한 승려들의 역할과 사찰의 기능을 상세히 밝힐 것이다. 또한 원천석의 불교를 보다 깊이 있게 이해하기 위해서는 원천석의 정토와 천태·화엄, 선종과 삼교일리론, 시간적 추이에 따른 불교신앙의 변화를 지금까지의 접근 방법과는 달리 여말선초의 다양한 문집과 답사를 통하여 미시적으로 다루어야 할 것이다.

耘谷 元天錫 先生의 贈僧詩 研究

李 貞 和[*]

1. 들어가는 말

운곡 원천석은 고려에서 조선으로 왕조가 교체되어가는 지점, 즉 우리 역사상 가장 격동적인 시기 중의 하나였다고 할 수 있는 바로 그 때의 역사적 증인으로 알려진 분이다. 따라서 그의 시집에서는 대체로 "흥망이 유수하니 만월대도 추초로다"로 시작되는 절의적인 내용의 시조들이 널리 회자되어 왔다.

학계의 연구동향을 보아도 『耘谷詩史』에 수록된 그의 시는 곧 麗末鮮初의 역사적 진실에 대한 직필에 기인한 것으로 여겨 사료적 가치에 우위를 두고 연구가 이루어졌다.[1] 또, 지금까지 운곡시에 대한 연구사는 임종욱[2]에 의해 체계적으로 정리되었다. 최근에는 『耘谷詩史』에 대한 완역작업까지 이루어진 상태여서,[3] 일반인들도 운곡의 삶과 문학을 이해하기가 한결 수월해졌다.

文・史・哲을 하나로 생각하였던 선인들의 정신세계에서 미루어 볼 때, 운곡의 시대에 대한 역사적 사실뿐만 아니라, 문학 의식과 철학사상이 모두 운곡을 이해하는 테마가 되어야 한다고 사료된다. 그의 시들은 일상생활의

---

* 숙명여자대학교 국문과 강사

** 이 논문은 『한국사상과 문화』 12(2004)에 수록한 것을 본서에 재수록함.

1) 2001년도에 원주문화원에서 발행한 『耘谷 元天錫 研究論叢』에는 역사학 5편, 문학 2편, 철학 3편의 논문이 수록되어 있다.

2) 임종욱, 『耘谷 元天錫과 그의 文學』, 태학사, 1998.

3) 李仁在・許敬震 共譯, 『耘谷詩史』, 혜안, 2007.

잔잔한 詩情을 읊고 있는 것들이 많다. 그리하여 양근열, 김호길의 연구에서는 이러한 작품들을 순수문학의 결정체들로 보기도 하였다.[4] 본고는 운곡시의 문학성을 탐색하는 것을 연구의 핵심과제로 삼고, 그 당시에 운곡이 스스로 도성과는 멀리 떨어진 산속에서 승려들과 교유하는 가운데 지속적으로 詩를 제작하였던 점에 착안하여, 이에 贈僧詩에서 나타나는 그의 문학 의식을 살펴보고자 한다.

2. 耘谷의 佛教觀

운곡은 종교를 믿고 그것을 전도, 포교하는 사람이 아니라, 儒學, 佛學, 老莊學에 두루 관심을 놓지 않은 유가적 지식인이라 할 수 있다. 그도 역시 젊은 시절에는 儒家的 知識人의 이상적인 삶을 부정하지 않는 등 靑雲의 포부가 있었을 것이다. 새로운 시대의 지도자가 된 太宗을 가르쳤던 스승이 바로 운곡이었다는 데서도 이 점을 짐작할 수 있다. 그러나, 그의 유가적 삶은 墨守한 顏回를 回憶하는 가운데 대체로 山林에서 이루어진 것이었다.[5] 그는 자신이 알고 있고 자신이 지향하는 이상사회와 다른 방향으로 흘러가는 역사를 응시하면서 점차 세상을 피하여 隱士로 살아가게 된다. 그의 산림생활에서는 유교, 불교, 도교의 견해를 시화한 작품이 제작되기도 하는데, 다음과 같은 것들을 들 수 있다.

　　<儒(유교)>
　사물의 이치를 구명하고 몸소 수양하며 깊은 이치를 찾아내니 / 格物修身
　　窮理玄

---

4) 梁槿烈, 「詩人 耘谷 元天錫 先生」, 『원주신협』, 1985, 가을호 ; 梁槿烈, 「운곡 원천석의 시조와 한시에 대하여」, 『원주문학』 창간호, 1993 ; 金鎬吉, 「운곡 元天錫 선생 연구」, 『원주신문』, 1990. 3. 16~1990. 7. 6.

5) 도현철, 「원천석의 안회적 군자관과 유불도 삼교일리론」, 『耘谷 元天錫 硏究論叢』, 원주문화원, 2001, p.206.

832

마음을 다하여 본연의 성을 알고 또한 하늘을 아네. / 盡心知性又知天
이로부터 천지가 化育하도록 도울 수 있는데 / 從玆可贊乾坤化
비개인 뒤의 달과 바람이 모두 상쾌하네. / 霽月光風共洒然

<道(도교)>
만물의 근원은 현묘하고도 현묘하니 / 衆妙之門玄又玄
진리의 기틀과 신비한 변화가 하늘에 응하네. / 眞機神化應乎天
그 정기를 닦아야 곧바로 希夷의 경지에 이르는데 / 精修直到希夷地
山水가 모두 적막하네. / 水色山光共寂然

<佛(불교)>
하나의 원융한 성품이 十玄門을 갖추니 / 一性圓融具十玄
불법이 사바세계를 둘러싸서 기세가 충천하네. / 法周沙界氣衝天
저 진리의 본체를 말로 어찌 하리오 / 只這眞體如何說
푸르른 바다와 투명한 달이 모두 맑구나. / 碧海氷輪共湛然

세 분야의 이치들을 모으면 한 가지로 귀결되어 / 會三歸一
세 분야의 가르침엔 風化가 원래 다르지 않은데도 / 三敎宗風本不差
是非를 다툴 때는 개구리들이 우는 것처럼 소란스럽네. / 較非爭是亂如蛙
한 가지 성품이라 모두 막힌 데가 없으니 / 一般是性俱無礙
어떤 게 佛이고, 어떤 게 儒이며, 어떤 게 道란 말인가. / 何釋何儒何道耶

『大學』의 格物致知는 운곡의 <儒> 시에서 간과할 수 없는 개념인 바, 이것은 理는 사물에 自在한 것이고 사람이 그것을 窮究할 때에만 다만 그 物理의 極處에까지 이른다는 말이며, 주관(心)의 인식 작용에 따라서 객관의 理가 心에게로 이른다는 뜻이기도 하다.[6] 그는 마치 비 개인 뒤의 밝은 달빛이나 바람결처럼 상쾌하고 시원하다는 뜻의 '光風霽月'에 빗대어 儒道의 본질을 '洒然'하다고 언급하였다.

6) 裵宗鎬,「退溪學問의 방법론」,『退溪學報』39, 퇴계학연구원, 1983 참조.

운곡의 <道> 시는 老子가 "하나의 명칭마저도 없는 것이 천지가 시작되던 시기의 상태이며, 어떤 이름부터 생겨 만물의 어머니가 되었으므로, 언제나 마음을 완전히 비운 직관으로 사물의 미묘한 근원을 보며, 언제나 어떤 욕망이 있는 마음으로는 사물의 주변적 상황을 볼 뿐이다. 이 두 가지는 같은 근원에서 나와 이름만 달리 할 뿐으로, 한가지로 현묘하다고 일컫는다. 이는 현묘하고 또 현묘한 것으로, 만물의 근원은 이것을 통하여 나오는 것이다."[7]고 한 것에서 유래한 것이다. 운곡은 仙道는 본래 감각으로 잡을 수 있는 것이 아니어서, 들을 수도 없고(希), 볼 수도 없으며(夷), 잡을 수도 없는(微)의 것이 혼합하여 절대의 하나가 된 것, 즉, '希夷'의 경지에 이르는 것이라 하였다. 운곡은 仙道의 본질을 '寂然'하다고 표현하였다.

한편, 운곡은 <佛> 시에서 圓融會通의 이치를 강조하였다. 圓融會通性은 普照國師의 출세 이후에 고려불교계가 점차 禪敎和會의 방향으로 바뀌면서 그 시대의 불교적 경향으로 자리 잡았다.[8] 운곡은 불교에서는 明心見性하면, 越死超生하고, 自利利人 하게 되는 것을 가르친다고 하였다.[9] 위의 시에서 운곡은 佛道를 不立文字에 빗대어 설명하기도 하였다. 다시 말하면, 그는 말이나 글에 의지하지 않고 다만 마음에서 마음으로 불도가 전해져서 깨달아야 한다는 不立文字의 이치를 말하였다. 운곡은 '湛然'한 마음, 곧, 때묻지 않은 맑은 마음이 佛道의 본질이라 하였다. 위의 <佛> 시에 등장하는 '十玄門'은 모든 법이 개별적인 존재가 아니어서 하나를 취하면 어느 것이든지 모두 全一의 관계가 있는 것으로 인식한다는 내용이 담긴 法語다. 佛家에서는 月印千江의 이치를 중요시하였는데, 위의 시에서도 釋迦의 光明함을 달(水輪)에 비유하였다. 중생의 마음이 맑으면 부처가 이에

---

7) 『道德經』 觀妙章 第一, "無名天地之始 有名萬物之母 故常無欲以觀其妙 常有欲以觀其徼 此兩者同出而異名 同謂之玄 玄之又玄 衆妙之門".

8) 양은용, 「운곡 원천석 '삼교일리론'의 종교윤리」, 『耘谷 元天錫 硏究論叢』, 2001, p.187.

9) 『耘谷詩史』 卷3, <三敎一理并序>, "釋敎敎以明心見性……越死超生 自利利人 此特釋家氏之筌蹄矣".

응하여 나타나는데, 그것이 마치 물 속에 비친 달과 같다는 것이다. 운곡은 위의 시들을 통해, 세 종교의 특징을 각각 '洒然, 寂然, 湛然'이라고 비유하여 유, 불, 선이 화해하고 공존할 수 있는 道의 餘地를 마련하였다.

위의 시들 가운데 <會三歸一> 시를 보면, 왕조교체기인 그 당시에 건국이념이 불교에서 유교로 교체되는 과정에서 오는 혼란상이 그려지고 있다. 또, 이 시에 나타난 유, 불, 도의 교섭적인 학문세계를 不事二君의 忠節을 지키려는 節義精神에 바탕을 둔 것으로 이해하는 경우도 있다.[10] 운곡이 이 시에 幷記한 序文을 보이면 다음과 같다.

여여거사는 삼교일리론에서 이렇게 말했다.

"세 성인은 함께 나서 두루함이 있으니 바른 가르침으로 주장을 삼았다. 유교는 窮理盡性(이치를 궁구하여 본성을 다하는 것)으로 가르쳤고, 불교는 明心見性(마음을 밝혀 본성을 보는 것)으로 가르쳤고, 도교는 修眞鍊性(참됨을 수련하여 본성을 단련하는 것)으로 가르쳤다. ……이로써 본다면 세 성인이 가르침을 베푼 것은 오로지 治性(그 성품을 다스림)으로 하였으니, 이른바 盡性이나, 鍊性이나, 見性의 도가 조금 다르긴 하지만, 그 지극하고 맑고 맑은 곳으로 돌아가면 모두 하나의 性이니 무슨 막힘이 있겠는가. 다만 세 성인에게는 각각 문호가 있어 뒤의 문도들이 각각 종지에 의거하여 모두들 자기를 옳다고 하고 남을 그르다고 하는 마음으로 속이고 헐뜯으니, 사람마다 가슴 속에 세 종교의 性이 밝게 있음을 알지 못하는 것이다. 이는 나귀를 탄 사람이 다른 나귀를 탄 사람을 보고 비웃는 격이니 참으로 안타깝다. 따라서 네 절구를 지어 거사의 뜻을 잇는다.[11]

---

10) 이애희, 「耘谷 元天錫의 節義精神과 經世觀」, 『忠烈祠와 江原의 얼』, 제3회 운곡학회 학술대회발표논문집, 2003, pp.17-19.

11) "如如居士三敎一理論云 三聖人同生有周 主盟正敎 儒敎敎以窮理盡性 釋敎敎以明心見性 道敎敎以修眞鍊性……由此觀之 三聖人之說敎 專以治性 所謂盡之鍊之見之之道雖有小異 歸其至極廓然瑩澈之處 皆同一性 何有所窒礙哉 但以三聖人各有門戶 門之後徒各據宗旨 皆以是己非人之心互相詆訾 殊不知各人胸中 三敎之性明然具在也 騎驢者笑他騎驢 良可惜哉 因寫四絶 以繼居士之志云".

여기에서 운곡은 불교를 배척하느라고 혈안이 된 儒者들의 유감없이 발휘된 목소리를 개구리 울음소리에 빗대어 비판하였다. 정도전의 경우, 오직 유교적 입장에서만 불교를 비판하고 있어서 반대를 위한 반대이론을 말하기도 하였으며, 유교와 불교는 상통하는 이치가 있음에도 불구하고, 불교를 부정하기 위하여 공자의 교훈까지도 부정한 결과를 가져오기도 하였던 일은 널리 알려진 사실이다.[12] 운곡은 生前에 이미 程子, 周子와 비견할 만한 분이라는 칭송을 받을 정도로 碩學이었으니, 운곡 역시 同榜及第한 삼봉의 변론에서 논리적인 오류를 발견하기란 그리 어려운 일이 아니었을 것이다. 불교신자였던 李穡마저도 공민왕에게 상소를 올려 당대에 사찰에서 벌어지는 민폐의 실상을 고발할 정도로 불교가 부패했던 것은 사실이다. 물론 승려와 불자들이 세속적 욕망을 끊고 불법에만 충실하게 수행하여 사찰이 청정도량의 제 기능을 수행하였다면 유자들의 비판도 거세지 않았을 것이었다.

운곡의 시대에는 斥佛論만이 있었던 것은 아니었다. 운곡과 마찬가지로 三敎의 화해와 공존을 강조한 지식인으로는 涵虛和尙을 들 수 있다. 그는 세 종교의 역할은 솥의 세 발과 같이 공존해야 한다고 보았으며, 삼교의 도가 모두 마음에 근본을 두고서 유교는 드러난 마음을, 불교는 그 진을 추구하는데, 도교는 그 두 가지 가운데 걸쳐 있다고 보았다.[13] 이와 같이, 운곡과 함허화상의 종교관은 거시적이고도 통합적인 사유방식에 의한 것이라 할 수 있다.

운곡의 경우, 다음의 글을 통해 참된 佛道의 구현이 무엇인지를 구체적으로 피력하고 있다.

清風軒 신원스님은 溪月軒 無學大師의 문도인데, 호는 寂峰이며, 뜻이 있는 사람이다. 그가 어느 날 나를 찾아 와 말하였다. "우리들이 하는 일은

---

12) 李鍾益, 「정도전의 闢佛論 비판」, 『東大佛敎學報』 8.
13) 李鍾益, 「朝鮮의 排佛 정책과 佛敎會通思想」, 『韓國思想』, 우석, 2004, p.224.

오로지 江海에 노닐고 산천에 다니면서 스승을 찾아 道를 묻는 것입니다. 그래서 行脚이라는 말이 있는 것입니다. 우리 스승님께서 나옹선사로부터 불법을 이어받으셨으니, 저는 나옹선사의 손자가 됩니다.……저도 남방에 노닐면서 선사들께서 유람하시던 자취를 한번 보고 평생의 뜻을 이루어 볼까 하여 지금 떠납니다."

내가 이 말을 듣고 대답하였다. "……나옹선사께서는 大道에 뜻을 두셨기 때문에 그 험한 길을 마다하지 않으시고 홀로 만 리를 유람하시며 밝으신 스승을 찾아뵙고 宗旨를 밝히셨으니, 이와 같이 한다면 스님의 뜻이 곧 나옹선사의 뜻입니다.……그 敎를 끝까지 연구하고 道를 사모하는 깊은 사람이 아니라면, 이러한 일은 할 수가 없습니다. 스님의 이번 유람은 선사께서 깨달으신 곳에 歸敬하는 것만이 아니라, 진실로 승려로서의 뜻을 이루는 행각입니다. 헤어지는 마당에 저의 구구한 정이야 어찌 이루 다 말할 수 있겠습니까?"

신원스님의 그 뜻을 아름답게 생각하고 그 행각을 장하게 여겨, 시 한 수를 써서 路資로 드린다.[14]

위의 글을 보면, 운곡은 懶翁禪師의 학문적 손자임을 자랑스럽게 여기는 신원스님과 더불어 나옹선사의 行脚에 대해 對談하고 있다. 나옹선사는 20세 때 친구의 죽음을 보고 生에 대한 의문이 생겨 출가하였는데, 고려는 물론, 중국의 강남지방을 다니며 行脚하였다.[15] 운곡과 스님의 대화를 통하여, 진정한 佛弟子가 되는 길이 쉽지 않음을 짐작할 수 있다. 신원스님이 만 리

---

14) 『耘谷詩史』 卷4, <送信圓禪者游江南詩幷序>, "淸風軒信圓禪者 溪月軒無學之門徒 號曰寂峰 盖有志者也 一日過予曰 吾輩之所業 專以游江海涉山川 尋師訪道爲事 故有行脚之說焉 吾師嗣法於懶翁 吾於懶翁 義當爲孫……吾欲南遊 一觀先師遊覽之跡 以償平生之志 卽今行矣 予應之曰 圓之言也是矣 然其志則何哉 切惟懶翁 志于大道 不憚道理之險阻 單遊萬里 叅訪明師 契明宗旨 苟以是求之 上人之志卽懶翁之志也……若非窮究其敎深於慕道者 不能也 此去也非惟歸敬先師契悟之處 實釋子得意行脚之秋也 予所區區臨分之意 安足盡言 乃嘉其志壯其行 書一詩以贐之".

15) 백련선서간행회 편, 『懶翁綠』, 장경각, 2002, p.7.

길의 행각을 다짐하는 까닭은 밝은 스승을 뵙고 佛學의 이치를 궁구하기
위한 것이다. 이 글에서 운곡의 안목은 신원스님이 곧 부패되어가는 伽藍을
일으킬 불제자의 자질까지도 직감하고 있다. 운곡의 기대심리는 이러한 승
려들이 佛家에 있어야 나옹화상과 같은 高僧大德에게서 전수되는 辛苦의
行脚을 체험하게 되고, 나아가 善知識의 大道까지도 실현할 수 있다고 본
것이다. 운곡은 佛家에서도 세상의 혼탁함을 救濟할 소금과 같은 존재들이
이어지기를 기대했으리라 사료된다.

3. 贈僧詩의 시세계

앞에서 살펴보았듯이, 운곡은 그 당시 사대부들의 정신적 지표가 崇儒排
佛로 강하게 표방되었던 점과는 달리, 유와 불 내지는 유, 불, 도의 정수는
모두 마음의 깨달음에 있다고 보았으므로, 각 문도들이 서로 배격하기보다
는 도의 이치를 구현하는 것에 마음을 쏟아야 함을 주장하였다.

운곡은 혼탁한 세상에서 때 묻히기를 싫어하여 벼슬을 구하지 않고 스스
로 치악산 아래에 숨어살면서 산수자연에서 느끼는 즐거움을 시화하는 등
고결한 선비로 살았다. 그의 江湖自然에서의 삶은 立身揚名을 기다리기 위
한 假漁翁에서 비롯된 것이 아니었으므로, 그의 시에서는 淸澄無垢한 자연
의 모습이라든지,[16] 簞瓢로 영위하는 졸박한 생활이라든지, 日新又日新하
기 위해 노력하는 학자의 자세를 살펴볼 수 있다. 이러한 측면들은 그가 비
단 원주지방 선비들의 정신적 지주로만 인식되지 않았을 뿐더러, 이후로도
京鄕의 儒林들에게 강직한 선비의 모범으로 인식되었으며, 지속적으로 그
의 삶과 인품을 흠모할 수밖에 없는 원인이 되었다.

또, 운곡이 제작한 贈僧詩를 음미하면, 그의 삶과 시를 아끼지 않을 수
없다. 그의 증승시에서는 불, 유, 도를 모두 품에 안은 스케일이 큰 대장부

---

16) 임종욱, 「운곡 원천석의 자연시에 나타난 미의식」, 『耘谷 元天錫 硏究論叢』, 원주
문화원, 2001, p.254.

838

의 모습을 볼 수 있다. 운곡은 불교를 믿기 때문에 스님들을 공경한 것이
아니라, 깨달음에 이른 스님의 道를 높이 샀기 때문에 그러했던 것이다. 그
는 비록 儒者라 할지라도, 유학 이외의 다른 학문에 대해 편협하지 않았다.
佛敎, 老莊으로 깨달음에 이른 경우, 그는 다른 儒者들처럼 그것을 이단으
로 매도하지 않았으니, 도는 모두 하나라고 생각하였기 때문이다.

1) 先覺에의 欽崇

　운곡이 거처했던 치악산 지역은 여전히 구룡사, 영천사를 비롯하여 千年
古刹의 자취가 남아 있는 곳이기도 하다. 운곡의 시대에, 원주지방에서는
수많은 사찰들이 高僧大德을 모시며, 호국불교의 도량이자, 선방으로 자리
하였었다. 이 지역을 왕림하게 된 고승들이 隱士로 살아가는 운곡과 교유하
였던 사실은 운곡의 인품을 염두해 볼 때 그에게는 예사로운 것이었으며,
그의 증승시는 그들과 교유하며 영위해 간 삶의 편린이라 할 수 있다. 이러
한 시에서는 先覺의 스님들에게 기꺼이 欣慕하고 공경하는 정감이 표출되
어 있다.

　　　<도경선사의 시에 차운하여(次道境詩韻)>
　　스님은 조계종의 원로이시니 / 師本曹溪翁
　　법희식을 드시기 좋아하시네. / 好飡法喜食
　　고치실 것, 닦으실 것 또한 없으셔서 / 無訂亦無修
　　선근을 일찍이 심으셨네. / 善因曾所植
　　가실 때나 머무실 때나 좌정하실 때나 누우실 때 / 於四威儀中
　　바른 생각 잠깐이라도 놓으시지 않고 / 正念不消息
　　반듯하게 앉으시어 진여를 깨달으셨으니. / 端坐悟眞如
　　六識 모두 비우셨네. / 虛閑是六識
　　아아, 나는 무엇을 하려고 / 差予欲何爲
　　이러한 이치를 익히지 못했던가. / 此理未純熱
　　괴로움의 바다에 돌아다니면서 / 役役苦河中

지리한 생활만 계속해왔네. / 瀾漫且狼藉
언제나 눈과 귀에 따라 / 常隨眼耳根
성색에만 얽매었었네. / 局於聲與色
스님께 한 말씀 내려주시기 바라오니 / 願師垂一言
실상을 어디에서 얻어야 할지요. / 實相從何得

위의 시에서, 시적 대상인 도경선사는 가지산문계의 禪僧으로 알려져 있다. 이 시에서도 나타나듯이, 운곡은 선사들과 더불어 議論을 주고받을 정도로 佛家에 대한 탁월한 식견을 갖춘 분이었다. '法喜食', '善因', '四威儀', '正念', '眞如', '六識', '苦河', '眼耳根'과 같은 불가의 용어들을 거침없이 시어로 구사하고 있다는 점에서도 그러한 사실을 확인할 수 있다. 이 시의 핵심은 '眞如'에 있으며, 이는 곧 六根淸淨한 '實相'인 것이다. 불교에서는 위의 '眞如'를 細分하여, 얽매어 있는 진여와 얽매임을 벗어난 진여로 인식하는데, 단정하게만 앉아 있다고 하여 결코 얽매임을 벗어날 수 없으니, 定慧의 힘으로 자기마음을 밝혀야 할 것을 강조하였다.[17] 위의 시에서 운곡은 눈, 귀, 코, 혀, 몸, 뜻의 六根이 작용하는 色, 聲, 香, 味, 觸, 法의 六識과 같은 얽매임을 벗어난 진여의 경지에 바로 도경선사가 도달하였음을 우러르고 있다.

<도경선사의 시에 차운하여 쓴 시(次道境詩韻)>[18]
원래부터 현달한 선비는 스스로 보배로움을 지녀 / 由來達士自懷珍
티끌 속에 있어도 티끌을 벗어나네. / 雖在塵間逈脫塵
부귀하면 근심 많아지고 빈천도 괴로우니 / 富貴多憂貧賤苦
일생동안 부러워하네, 구름 속에 누워 사는 사람을. / 一生長羨臥雲人

---

17) 이종욱 역, 『普照法語』, 「定慧結社文」, 삼장원, 1991, p.63, "不可端居抱愚 効無分別 而爲大道 所謂在列眞如 昏散皆具 出列眞如 定慧方明 摠別條然 前後無濫故也".
18) 이 詩題에는 시 두 수가 있는데, 이 시는 其二에 해당한다.

이 시의 起句와 承句에서, 운곡은 먼저 도경선사에게 자신의 삶에 대한 持論을 밝히고 있다. 반면에, 轉句와 結句에서는 자신의 지론대로만 100% 살아갈 수 없는 인생의 회한이 드리워져 있어서, 이 시의 안짝과 바깥짝이 서로 대비되어 있다. 그는, 삶의 항로는 부귀를 지향하든지, 그렇지 않든지 모두 고통으로 가득 찬 바다 위에서 이루어지는 것임을 일깨우고 있다. 널리 알려진 바와 같이, 그가 일찍이 아내와 사별을 한 후에 홀로 자제들을 길렀다는 일화 속에서도 삶의 波瀾曲折을 읽을 수 있다.

시상의 중심은 結句로 귀결되고 있는데, 여기에서 그는 도경선사를 '臥雲人'이라고 別稱하고는 凡俗하지 않은 선사의 풍격을 우러르게 된다. 그에게도 삶이 苦海로 느껴지는 순간이 있었을 것이며, 그럴 때에는 속세의 번민을 잊기 위해, 한번쯤 도경선사를 생각하며 超逸의 경지를 꿈꾸어 보기도 했으리라 여겨진다.

> <묵언 굉 상인께 답례하며(答默言宏上人)>
> 우뚝 꼿꼿하게 앉으신 채 묵묵히 말씀 없으시니 / 兀然端坐默無言
> 이것이 바로 유마힐의 불이문의 이치일세. / 此是維摩不二門
> 밝은 구슬 한 알이 광채를 보이니 / 一顆明珠光始現
> 시방세계 막힌 데 없이 태평세상 이루신 흔적이네. / 十方無礙大平痕

위의 시에서 운곡이 오로지 欽羨하는 데에만 마음을 쓴 굉 상인은 치악산의 산봉우리에 無住庵을 세운 禪僧으로도 알려진 분이다. 산봉우리를 택하여 절을 지을 뿐만 아니라, 默言의 방식으로 修道를 하였던 그의 삶은 苦行의 연속이다. 이와 같이, 불도를 사수하려는 굉스님의 치열한 삶이 운곡의 詩心에 와 닿았을 것이다. 묵언수행으로써 부처의 경지를 깨닫겠다는 굉 상인의 목표는 維摩居士가 체득한 '不二門'의 이치를 몸소 행하는 것이었다. 따라서, 이 시는 말로써 전해질 수 없는 불법을 깨닫기 위해, 직접 도의 세계를 들어가는 굉 상인의 적극적인 구도 자세에 초점을 두고 있다. 유마거사는 비록 出家하지 않았어도 불도에 전념하여 여느 불제자들이 도달할 수 없는 높은 경지에 이르렀으므로, 거사의 수행방식 또한 널리 전파되기도 하였다. 운곡은 이러한 사실과 관련하여, 굉 상인의 정신력이 유마거사의 佛心과 다르지 않음을 보여주었다.

2) 山林處士의 日省

그가 人跡이 드문 窮鄕에 살면서도 하루하루 자신의 행실에 대해 반성하였다는 점은 바로 산림처사인 운곡의 眞面目을 확인케 한다. 그의 증승시 중에는 언제든 만날 수 있는 比隣이어서 더욱 친분이 두터웠던 스님들로부터 야채나 과일, 술을 받았을 때에 제작된 것들이 있다. 여기에서 운곡은 그분들에 대한 細情을 표출하는 것으로 詩想을 멈추지 않았을 뿐더러, 오히려 그날그날의 自省을 담아 그분들을 禮待하는 것에 마음을 쓰고 있다.

> <유곡 굉스님이 전에 미나리를 주셨는데, 이번에 다시 오이를 주시므로 시로써 이에 사례하며(幽谷宏師前以水芹見惠 今復惠瓜 詩以謝之)>
> 지난 날, 미나리를 계속 보내주셨는데 / 往日連連惠水芹
> 오늘은 오이 따서 가난한 집에 보내셨네. / 摘瓜今復寄寒門
> 지난날엔 마디마디 푸른 실을 먹더니 / 莖莖昔作靑絲食
> 오늘은 알알이 푸른 구슬 삼키게 되네. / 箇箇今將碧玉呑
> 번번이 마음 쓰시어 나의 갈증을 삭여주셨는데 / 再度有心澆我渴
> 일평생 스님의 은혜에 보답할 방도가 없네. / 一生無計報師恩
> 오이를 먹고 나자 마음이 거울같이 맑아지니 / 啖終懷抱淸如鏡
> 작은 헌함에 비껴 앉아 남산을 바라보네. / 坐看南山控小軒

운곡이 山中生活에서 느낄 수 있는 즐거움 중의 하나는 바로 가까운 이들과 人情을 나누는 것이었다. 위의 시는, 菜農하는 스님이 운곡에게 布施한 菜果들이 계기가 되어 지어졌다. '靑絲'와 '碧玉' 같은 푸른 채소들이 善事하는 맑고 깨끗한 味感을 '淸如鏡'에 담아 스님에게 贈呈하는 정황은 운곡 자신이 淸流이기에 가능한 것이다.

아울러 그는 이 시에서 그날그날의 성찰하는 모습을 빼놓지 않고 있으니, 尾聯이 그러하다. '南山'을 바라본다는 말은 자연에 뜻을 둔 자신의 마음을 재차 확인하는 것이라 할 수 있다. 이 점은 陶淵明이 田園에 대한 志趣를 읊은 시들 가운데 유독 '南山'이라는 시어가 자주 등장한다는 사실과도 연관되어 있다. 즉, 운곡의 자연취향은 도연명의 그것과도 맥이 닿아 있다.

> <또 스님께서 보내주신 침과에 대해 사례하며(又謝沈瓜)>
> 簞瓢로 살아가는 누추한 집을 찾는 이가 없는데 / 無人見訪簞瓢巷
> 소나무, 계수나무에 둘린 山門으로부터 이 침과가 왔네. / 有物來從松桂門
> 달고 연한 것 몇 개 조금씩 베어 물다가는 / 甘脆數枚曾細嚼
> 달고 신 맛에 한 통 전부 먹어치우겠네. / 甜酸一榼又全呑
> 소갈증과 굶주려 생긴 질병마저도 이미 다 나았으니 / 已痊渴病兼飢病
> 하늘의 은혜와 법의 은혜를 가슴 깊이 느끼네. / 深感天恩與法恩
> 스님과 더불어 배불리 구워 먹고자 하니 / 擬欲共師同飽炙
> 다헌을 掃除하여 깨끗한 자리를 마련하게. / 宜須淨備掃茶軒

위의 시에서, '簞瓢巷'은 『論語』「雍也」篇의 "一簞食一瓢飮在陋巷"에 근거를 둔 시어다. 이것은 孔子가 顔回의 安貧樂道하는 정신을 들어 어질다고 격찬한 대목에 실려 있다. 안회처럼 固窮을 지키는 운곡의 모습은 도연명의 託傳 대상인 五柳先生의 그것과도 흡사하다. 시적 화자인 운곡 역시 <五柳先生傳>의 "環堵蕭然 不蔽風日. 短褐穿結 簞瓢屢空 晏如也. 常著文章自娛 頗示己志. 忘懷得失. 以此自終"에서와 같이, 청렴결백한 인격을 함양하고 있다.

簞食瓢飮으로 지내어 飢渴('飢病', '渴病')까지 들었다가, 어느 날 스님으로부터 귀한 과일을 받게 되자, 마침내 그는 감사드리는 마음에서 詩心을 가다듬게 된다. 하지만, 운곡의 詩想은 여기에서 멈추고 않고, 詩佛 王維의 詩境으로까지 확대되어 있다. 즉, 위의 시는 왕유가 "世事浮雲何足問, 不如高臥且加餐"이라 하여, 세상일 뜬구름만 같으니 물어 무엇하랴. 조용히 지

내며 맛있는 것 맘껏 먹느니만 못하다고 읊은 것과도 그 意想이 상통하고
있다. 이와 같이, 운곡은 스님에 대한 禮待를 하면서도 자신의 마음을 추스
르는 것을 잊지 않고 있다.

<빗속에 술을 보낸 영천사 당두 스님께 사례하며(雨中謝靈泉堂頭送
酒)>
꽃이 지는 봄 난간에 보슬비 내리는데 / 落花春檻雨霏微
병든 나그네 쓸쓸하여 홀로 사립문을 닫았네. / 病客無聊獨掩扉
여악의 술 한 병이 외로움을 달래주니 / 廬岳一壺來慰寂
얼근해져 이 내 몸은 기심을 모두 잊어버렸네. / 陶然身世揔忘機
거센 바람 불더니 붉은 꽃 다 쓸어버리고 / 嫣紅掃盡狂風際
가랑비 지나가자 고운 잎새 푸르러지네. / 嫩綠初均小雨餘
이 술에 의지해 모든 한을 가다듬었으나 / 賴此麯生攻萬恨
봄을 아껴 새로운 시구 무심히 지어보겠소. / 惜春新句等閑書

이 시는 원래 詩題의 오른쪽에 '覺林寺時也'가 별도로 附記되어 있다. 각
림사는 치악산에 있는 절인데, 太祖 李成桂가 독서하던 곳으로도 유명하다.
운곡은 다른 선비들과 마찬가지로 조용한 山寺를 찾아가서 학문에 정진하
던 시기가 있었는데, 위의 시는 이때 지어진 것이다. 치악산 영천사의 당두
스님이 운곡에게 보낸 술을 통해, 그들이 僧侶와 處士라는 마음의 거리를
두지 않고 人情을 나누며 지냈음을 알 수 있다.

杜甫가 <曲江> 시에서 "一片花飛減却春 風飄萬點正愁人. 且看欲盡花
經眼 莫厭傷多酒入脣……細推物理須行樂 何用浮名絆此身"이라 한 것처
럼, 운곡의 마음은, 지는 꽃잎이 많음을 가슴 아파하여 술잔을 기울이는 두
보의 그것과 같다. 또, 운곡이 술로써 뜬구름 같은 명리(機心)를 잊는다고
한 것도 역시 이 <曲江> 시에 근거를 둔 것이다. 스님과 운곡 모두 機心을
버려 마음의 티끌이 없이 사는 것을 지향하였으므로, 이렇듯 그는 두보시의
意想을 담아 티끌 없는 마음으로 스님에게 禮待하였다.

3) 詩友와의 交感

운곡의 증승시에서는 禪僧들의 깊은 學德을 잊지 않아 항상 以心傳心으로 그분들과 교감하고 있음을 밝히기까지 한다. 즉, 자신의 詩心을 헤아려 주는 스님에게는 別離의 정감을 路資로 드리는가 하면, 竹林 속에서 詩僧과 의기투합하기도 하며, 그리운 스님에게는 자신이 시를 부칠 수밖에 없는 悲傷한 심정임을 감추지 않고 있다.

<도경 대선옹의 장실에 보내며(寄道境大禪翁丈室)>
뽕나무에는 오디가 많이 열렸고 / 桑林椹多熟
밤꽃도 이미 늘어졌네. / 栗樹花已垂
둥지의 어린 제비들 모두 젖떼었고 / 巢鷰盡離乳
박에 오른 누에들은 실타래 만들 준비 시작하네. / 箔蠶初引絲
사물의 현상들이 변하는 모습을 보니 / 行看物像變
세월의 바뀜에 문득 탄식하게 되네. / 却嘆光陰移
인간 세상에 마치 붙어사는 것 같아 / 人世恰如寄
우리의 삶이 정령 슬프다네. / 吾生良可悲
언제나 서글픔 느끼면서 / 悠悠長慘感
사방으로 허덕이며 돌아다니네. / 役役幾奔馳
경치 좋은 곳에는 발 디디기 어렵지만 / 勝地難容足
숨어 살다보니 눈썹 찌푸릴 일없네. / 幽居欠蹙眉
티끌세상 얽매임을 벗어나지도 못하고서 / 未除塵土累
부질없이 물과 구름 찾아다니네. / 空懷水雲奇
가고 싶어도 아무 계획도 없고 / 欲往終無計
거듭 놀러 가려 해도 때는 이미 놓쳤네. / 重遊早失期
하는 일없이 긴 나날을 지내다가 / 徒然消永日
좋은 시절마저 돌연 지나쳤네. / 倏忽過良時
춤추는 나비는 나의 졸함을 비웃고 / 舞蝶斯予拙
우는 매미는 나의 어리석음을 부르짖는구나. / 鳴蜩訴我癡
모두들 천 섬이나 되는 한을 지녀 / 相將千斛恨

이 한 편의 시를 짓게 하네. / 題作一篇詩
선옹의 책상 아래에서 받자와 올리노니 / 奉寄禪床下
이 마음 응당 헤아려 주시기를. / 此心須細知

　韓退之의 말을 따르면, 하늘은 사계절의 때에 맞게 잘 우는 것을 골라서
그것으로 하여금 울게 하는데, 사람의 경우도 이와 같아서, 伊尹은 殷나라
에서 자신의 재주를 드러내어 울었고 周公은 周왕조의 기초를 다지고 예악
을 제작하는 등 周나라에서 큰 업적으로 울었다. 위의 시를 보면, 운곡은 인
간과 우주에 대한 시를 지어 울었다고 생각된다.

　위의 시에서 운곡은 하늘이 나타내 보이는 계절의 변화를 체감하면서 찰
나적인 인생 역시 죽음으로 변화할 수밖에 없다는 생각이 들어 萬感이 교
차하게 된다. 운곡은 자신의 이러한 심정을 담은 시를 도경선사에게 부쳤는
데, 선사는 운곡과 가장 가까이 지내던 比隣이었다. 또, 선사는 운곡의 시집
에서 가장 많이 등장하는 승려이기도 하다.

　운곡이 '桑林', '箔蠶' 등으로 序頭를 연 것은 도연명이 <歸田園居>에서,
"相見無雜言 但道桑麻長"이라 한 것과도 무관하지 않다. 즉, 운곡은 자신
이 청정한 마음을 가진 詩友가 되어, 선사와 더불어 交感하기를 바라고 있
다.

　　<천태 연스님이 총림에 가시다가 각림사를 지나게 되어 나를 찾아오셨
다. 스님의 언사가 묵묵하시고 거동이 진중하심을 보게 되었는데, 매우 범
상치 않으셨다. 비록 불교가 쇠락해가는 지경에 이르렀으나 장차 불도를
다시 일으키실 것이므로, 이별하는 마당에 시 한 수를 지어 붓을 적셔 노자
로 드린다.(天台演禪者 將赴叢林 自覺林寺來過余 觀其語默動靜 甚是不
凡 雖當釋苑晚秋 將是以復興其道 臨別需語 泚筆以贐行云)>
禪家의 宗門에서는 이름과 모습을 다 끊었으니 / 禪門絶名相
그 문턱이 본래 그윽하고 깊었네. / 閫閾本幽深
祖師의 맥은 台嶺에서 전했고 / 祖脉傳台嶺

종단의 風儀은 少林을 격했네. / 宗風隔少林
구멍 없는 피리를 불기도 하고 / 應吹無孔笛
줄 없는 거문고를 타기도 했으니. / 閑弄沒絃琴
오늘의 헤어짐을 어찌 한하겠는가 / 此別何須恨
속세의 마음과 같지 않네. / 不同塵土心

餞別하며 주는 詩를 路資로 여기고 있다는 점에서 볼 때, 운곡과 스님의 교유는 이미 예사로운 교분이 아니라 하겠다. 이 시의 제작 동기는 각림사로 향하는 도중에 방문한 스님에 대한 禮待 때문이다.

'絶名相', '無孔笛', '沒絃琴'에서 알 수 있듯이, 이 시에서 그가 마음을 쏟고 있는 것은 '幽深'한 無의 경지다. 이것은 그가 스님에게 심정적으로 한층 더 다가가려는 배려에서 지어진 것임을 암시하기도 한다. 『般若心經』같은 佛經을 보아도 거의 無에 대한 法語로 구성되어 있듯이, 佛道가 심오하게 여겨지는 이유 중의 하나는 바로 無의 경지 때문일 것이다. 頸聯과 尾聯에서는, 오늘의 相見은 세속적인 생각으로부터 超逸하게 되어 운곡과 스님의 교감 속에서 이루어진 것임을 보여 준다.

　　<헌납 송우가 홍법사 장실에 올린 시에 차운하여(次宋獻納(愚)上興法丈
室詩韻)>
생각할 것도 없고 집착할 것도 없는 / 無念亦無證
큰 자비로움이시고 큰 웅혼함이시네. / 大慈仍大雄
寫經을 하시어 오묘한 법도를 흥기하시고 / 寫經興妙法
총채를 휘둘러 참된 風化를 퍼뜨리시니. / 揮塵播眞風
세상에서 드문 선옹이시며 / 禪翁稀世上
시대에 뛰어난 시객이시네. / 詩客間時雄
서로 마주하여 회포를 나누는 곳 / 相對論懷處
차 끓이는 연기가 竹林의 바람 속에 피어오르네. / 茶烟颺竹風

위의 詩題에 소개된 홍법사는 원주시 지정면에 있는 절이다. 이 시에서,

운곡은 이 절의 장실스님이 知行合一을 실천한 것에 感化되어 있다. 즉, 스님은 禪僧이기는 해도 面壁修行만 하지는 않았으며, 풍속의 교화에 주력하였다는 점을 들어 운곡은 그를 우러르고 있다.

또 스님은 詩僧으로도 널리 알려져 있으므로, 운곡은 俗氣없는 깨끗한 마음으로 스님의 시정신에 교감하고 있다. 이 시의 '竹風'은 속기가 사라진 고결한 정신을 비유한 것이라 할 수 있다. 竹林에 淸談으로 모인 老莊的 시인들로부터 사대부와 승려에 이르기까지, 그들이 동양정신의 상징적 코드로 인식한 것이 바로 '竹'이다. 위의 시는 蘇東坡가 <于潛僧綠筠軒>시에서 "無肉令人瘦 無竹令人俗. 人瘦尙可肥 士俗不可醫"라 한 것과 그 意想이 상통한다. 소동파는 대나무가 없으면 속물이 되기 마련이며, 俗病이 든 선비는 고칠 수도 없다고 하였다. 소동파가 대나무 시를 지어 우잠 고을의 惠覺스님과 교유하였듯이, 운곡은 대나무의 기상을 읊으며 고결한 마음으로 스님과 의기투합하고 있다.

4. 맺는 말

지금까지 본고에서 고찰한 내용을 요약하여 정리하면 다음과 같다.

첫째, 贈僧詩를 제작한 운곡의 사상적 배경을 이해하기 위하여 그의 불교관을 살펴보았다. 운곡이 이해한 불교는 明心見性하면, 越死超生하고, 自利利人할 수 있다는 데 핵심을 두고 있다. <會三歸一> 시를 통해, 운곡은 왕조교체기인 그 당시에 건국이념이 불교에서 유교로 교체되는 과정에서 오는 혼란상을 극복하는 대안을 마련하고 있다. 즉, 그는 유와 불 내지는 유, 불, 선의 정수는 모두 마음의 깨달음에 있다고 보았으므로, 각 문도들이 서로 배격하기보다는 도의 이치를 구현하는 것에 마음을 쏟아야 한다고 주장하였다. 그는 洒然, 寂然, 湛然을 읊조리면서 유, 불, 선이 화해하고 공존할 수 있는 道의 餘地를 마련하였던 것이다.

先覺을 欽崇하기 위해 지어진 한시 가운데, 詩題가 <次道境詩韻>인 작품들은 六識과 같은 얽매임을 벗어난 도경선사의 풍격을 음미한 것들이다. 그리고, <答默言宏上人>에서는 굉 상인의 정신력이 유마거사의 佛心과 다르지 않음을 칭송하고 있다.

　그날그날의 自省을 담아 禮待하는 모습을 보이는 작품으로는, 푸른 채소들이 善事하는 맑고 깨끗한 味感을 '淸如鏡'에 담아 贈呈하는 시(<幽谷宏師前以水芹見惠 今復惠瓜 詩以謝之>)와, 簞食瓢飮으로 지내어 飢渴까지 들었다가 스님으로부터 귀한 과일을 받게 된 날의 感應을 읊은 시(<又謝沈瓜>)가 있다. 또, 杜甫詩의 意想을 담아 티끌 없는 마음으로 스님에게 禮待하는 시(<雨中謝靈泉堂頭送酒>)도 있다.

　운곡과 스님이 詩友가 되어 교감을 이루는 시들에서는, 자신의 詩心을 헤아려주는 스님에게 別離의 정감을 路資로 드리는 시(<天台演禪者 將赴叢林 自覺林寺來過余 觀其語默動靜 甚是不凡 雖當釋苑晚秋 將是以復興其道 臨別需語 泚筆以贐行云>)와, 그리운 스님에게 인생무상에서 오는 悲傷한 마음을 감추지 않은 시(<寄道境大禪翁丈室>), 그리고, 대나무의 기상처럼, 超逸한 마음으로 詩僧과 의기투합하는 시(<次宋獻納愚上興法丈室詩韻>)가 있다.

　운곡은 불교를 믿기 때문에 스님들을 공경한 것이 아니라, 깨달음에 이른 스님의 도를 존모했기 때문에 그리한 것이다. 그의 증승시를 통해 불, 유, 도를 모두 품에 안은 스케일이 큰 대장부가 바로 운곡이라는 사실을 확인할 수 있었다. 이러한 사실은 그의 삶과 시를 아끼지 않을 수 없게 한다.

耘谷 元天錫 先生의 寺刹題詠詩 研究

李 貞 和*

1. 들어가는 말

운곡 원천석은 강원도의 정신을 형성한 핵심인물[1]이며, 나아가 우리 민족의 가슴에 綱紀肅正으로 면면히 계승되어 온 志操를 表證한 학자로 널리 알려져 있다. 운곡의 저술에 대한 諸家의 評은 退溪 李滉으로부터 시작되었는데, 퇴계가 운곡의 저술에 대해서 一言以蔽之하여 "원주에는 믿을 만한 역사가 있다"[2]라 한 이후로 寒岡 鄭逑와 澤堂 李植을 위시한 후대의 학자들의 襃稱이 이어졌다.

주지하다시피 운곡의 학문정신이 그의 생애에 결실을 이룬 시기는 자신의 지조를 실천에 옮기기 위해서 치악산에 卜居하며 은둔생활을 시작한 이후부터라 하겠다. 다시 말하면 孔孟의 정신에 입각해 학문을 切磋琢磨하였던 운곡은 왕조교체기의 혼란한 시대가 핍박해오자 그러한 정국에 闡發하며 勢利에 영합해 살아가는 俗人의 삶을 부끄럽게 여겨 스스로 物外의 자연에서 退潛하게 된다.

운곡은 생애의 후반기를 江湖에 의탁한 채 物外閒人을 자처하며 곤궁한 생활을 이어갔다. 현전하는 『耘谷詩史』에는 이러한 日常의 자취들이 시화되어 있는데,[3] 본고에서 살펴볼 사찰제영시도 隱逸之士로 살아간 그의 생

---

* 숙명여자대학교 국문과 강사

1) 신경철, 「北原文化와 耘谷 元天錫 先生」, 『耘谷學會研究論叢』 1, 사단법인 운곡학회, 2005, p.292.

2) 이인재·허경진 공역, 「耘谷事蹟」, 『耘谷詩史』, 혜안, 2007, p.652.

3) 이정화, 「耘谷 元天錫의 贈僧詩 研究」, 『耘谷學會研究論叢』 1, 사단법인 운곡학

이 그대로 무르녹아 있다. 특히 人跡의 來住이 없는 산중 생활에서 그의 比鄰이 된 불승들과 더불어 교유하며 학문을 담론한 일들은 作詩에서 중요한 소재로 작용하고 있으니 사찰제영시의 제작도 이와 무관하지 않다. 이에 본고는 사찰제영시를 吟詠하게 된 운곡의 시정신과 詩作이 지닌 의미에 대해 살펴보고자 한다.

2. 耘谷先生과 寺刹

운곡은 원래 자신의 이상을 세상에서 실현하겠다는 포부를 지녀 학문에 전념하였으나, 스스로 목도한 정국이 자신의 뜻과 맞지 않음을 깨닫게 되자 치악산 기슭으로 피신하여 은거한 채 끝내 그곳에서 생을 마감하게 된다. 그의 은거생활은 궁핍한 유자의 삶 그 자체였으므로, 이로 인해 그의 시에는 때때로 삶의 비애를 핍진하게 나타나기도 한다.

한편 운곡시에는 산중에 기거하는 그가 사찰을 방문하거나 승려와 교유하는 가운데 위로의 시간을 갖는 생활상이 보인다. 즉 比鄰이 자신의 은거지인 陋拙齋를 찾아왔을 경우 그를 진심으로 禮待하는 모습과, 지난 날 서로 의기투합하였던 승려의 거처를 몸소 찾아가는 모습을 시화한 것에서 이를 확인할 수 있다. 그와 교유한 벗들 가운데 유독 불승들이 많다는 사실을 발견할 수 있는데, 이는 불승들 역시 운곡과 마찬가지로 세상에서 격리된 채 산중에 주로 사찰이 자리해 있으므로 오히려 접촉하기가 수월했기 때문이다.

중요한 것은 운곡에게 사찰이란 곧 자연 속에서 도를 함양할 수 있는 수양의 공간이 되고 있다는 점인데, 다음의 시를 통해 그러한 사실을 확인할 수 있다.

<도경사를 방문하여 당두의 시에 차운함(遊道境寺 次堂頭韻)>
그림같이 좋은 산이 가을을 뽐내는데 / 好山如畵正矜秋

회, 2005, p.319.

선옹과 함께 와서 세상 밖에서 노니네. / 來伴禪翁物外遊
도경과 도인이 다 도가 있으니 / 道境道人俱有道
함께 머물면서 함께 기뻐하네. / 得堪留處喜相留4)

　이 시를 보면 운곡이 때때로 방문한 바 있는 도경사는 세속으로부터 멀리 있는 物外의 장소란 이유로 운곡의 사랑을 받은 것이 아니라, 오히려 수행에 정진하는 불승이요 자신의 벗이 깃들어 사는 고결한 삶의 공간이란 점에서 더욱 애호하였음을 알 수 있다. 위의 시는 평소 유가적 신념으로 살면서도 '三敎一理論'을 설파한 운곡의 度量을 이해하기에 충분한 것이 되고 있다.
　다음의 시는 人跡의 왕래가 드문 산중의 절에 도착한 운곡이 <송화사>란 詩題로 시상을 가다듬으며 솔바람이 부여하는 청한한 자연의 미감을 향유하는 모습을 시화하였다.

　　<송화사를 방문하여(遊松花寺)>
　아침 이슬 내린 숲을 헤치며 이 산봉우리에 올랐더니 / 朝露披榛陟此岡
　주인은 어느 곳에 갔는지 절집이 닫혀 있네. / 主人何處鎖禪堂
　솔바람만이 나의 심중을 이해하여 / 松風只解遊人意
　빈객의 자리 위로 시원한 바람을 보내주네. / 偏向賓筵送晚凉5)

　唐나라의 시인 賈島가 지은 <尋隱者不遇> 시6)의 의상을 떠올리며 주지스님이 돌아오기를 기다리는 운곡에게 송화사의 주위 풍광은 松林의 淸凉한 미감을 선사하고 있다. 이를 통해 운곡은 진정한 자연미를 향유할 수 있게 하는 名區勝地이요 天然의 공간이 바로 사찰이 지닌 매력이기도 하다는 것을 보이고 있다.
　이밖에도 운곡은 삶의 의미를 확인하며 家內 의식을 실행하는 관습적 간

---

4)『耘谷詩史』卷3, <遊道境寺 次堂頭韻>.
5)『耘谷詩史』卷5, <遊松花寺 適主師出外 待之而作>.
6) 이장우 외,『中國名詩鑑賞』, 명문당, 2005, p.294, "松下問童子 言師採藥去 只在此山中 雲深不知處".

으로서의 사찰에 그 의미를 부여하고 있는데, 특히 다음의 詩題에서 어머니의 諱日이 되어 추모의식을 행하기 위해 절을 찾고 있는 운곡의 모습을 통해 이를 확인할 수 있다.

> <9월 3일 어머님의 휘일이므로 환희사를 방문함(1)(九月三日 遊歡喜寺
> 因慈親諱日 其一)>7)
> 산길이 굽이굽이 감돌아드는데 / 路轉山腰平不平
> 짚신에 등 지팡이 한가한 걸음일세. / 草鞋藤杖稱閑行
> 다행히 중양절 아름다운 때를 만나 / 幸因景迫重陽節
> 반갑게 당두 大老兄을 뵈었네. / 喜謁堂頭大老兄
> 봉우리 빛은 마치 山簡이 취한 것 같고 / 岳色渾如山簡醉
> 시냇물 빛은 백이의 맑은 마음 같구나. / 溪光正似伯夷淸
> 숲새들도 지난번 노닐던 손님을 맞으려고 / 暝禽爲迓曾遊客
> 茶軒에 가까이 날아와 정답게 지저귀네. / 飛近茶軒疑疑鳴

이 시에서 나타난 바와 같이 운곡은 家內의 年中 儀禮를 행하기 위해 절을 찾기도 하거니와, 다음의 시에서처럼 초파일을 맞이하여 사찰의 觀燈 행사에도 참여하게 되는데 이럴 때에는 불교에서 강조하는 등불공양의 의미를 시화하기도 한다.

> <4월 초파일 저녁 영천사에서 밝힌 불등을 보며(四月八夕 觀靈泉寺
> 燈)>
> 푸른 하늘에 장대 하나 높이 세우고 / 一竿高插翠微顚
> 찬란하게 이어진 구슬들이 하늘에 걸려있네. / 燦爛連珠掛半天
> 하나하나 변하여 끝없이 불꽃을 만드니 / 一一變成無盡焰
> 꺼지려 하다가도 꺼지지 않고 삼천 세계를 비추네. / 盡爲無盡照三千8)

부처님께 공양하며 스님께 공양하며 시방세계에 두루 공양하니 / 供佛供僧

---

7)『耘谷詩史』卷3, <九月三日 遊歡喜寺 因慈親諱日 其一>.
8)『耘谷詩史』卷5, <四月八日 觀靈泉寺燈 其一>.

遍十方

먼지처럼 수많은 복덕은 진실로 헤아리기 어렵네. / 福如塵數固難量

밤이 깊어질수록 등불은 점점이 더욱 밝아지고 / 夜深點點尤增潔

이지러진 달과 성긴 별들은 빛을 양보해주네. / 缺月疎星共讓光[9]

『均如傳』의 <普賢十願歌>[10]에서도 나타난 바와 같이 등불공양은 불자들이 成佛하기 위해서 반드시 실천해야 하는 것으로 인식되어 왔다. 匹夫匹婦들의 소박한 염원을 담고서 밤하늘을 찬란하게 수놓고 있는 등불을 바라보는 운곡의 의중은 그들의 福德으로 지금 이 순간 평화로운 세상이 이루어지기를 간절히 희구하고 있다. 이처럼 운곡에게 있어 사찰이란 공간은 뭇 사람들의 소박하고도 진실한 모습을 확인할 수 있는 또 다른 삶의 장소로 인식되고 있다.

3. 사찰제영시의 시세계

1) 超俗의 意想

운곡의 사찰제영시에는 세속적인 삶으로부터 초월하여 그만의 고고한 정신세계를 구현하려는 의지가 잘 나타나 있다. 훗날 왕좌에 오른 이방원의 스승이기도 한 운곡의 생애는 스스로가 적극적으로 세속의 영화부귀를 도모하려 하였다면 물질적인 풍요를 누릴 수 있을 정도의 현실적인 삶은 보장될 수 있었을 것임은 물론이다. 하지만 그는 정신적인 가치를 고려하지 않고 단지 욕망만을 추구하는 삶이란 의미가 없는 것이라 판단하였기 때문에 오로지 정신적인 가치에 우위를 두는 삶을 선택하였던 것이다.

<원통사에 가서(1)(遊圓通寺 其一)>[11]

9) 『耘谷詩史』卷5, <四月八日 觀靈泉寺燈 其二>.

10) 최철·안대회 역, 『譯注 均如傳』, 새문사, 1986, p.67, "지성으로 부처님전에 등불을 밝히오니 이 香煙이 法界에서도 피어오르기 원하옵니다.……"

11) 『耘谷詩史』卷1, <遊圓通寺 其一>.

보이는 것마다 속세가 아니어서 / 所見非塵世
나그네 눈을 돌리게 하네. / 遊人眼更勞
구름에 들어간 두 줄기 시냇물은 고요하고 / 入雲雙澗靜
하늘을 떠받친 사방의 산은 높기만 하네. / 撑漢四山高
맑고 담박하게 살려면 스님의 격조를 따라야 하니 / 冷淡隨僧格
분주하고 바쁜 우리들이 부끄럽네. / 奔忙愧我曹
욕심을 잊고 선탑에 기대어 / 忘機倚禪榻
시구를 찾으며 붓을 휘두르네. / 覓句一揮毫

　수련의 "所見非塵世"에서 운곡은 원통사 주변의 풍광이 매우 수려한 것임을 보이면서 도연명이 "別有天地非人間"이라 읊은 것과 똑같은 심정으로 脫俗의 의상을 표출하고 있다. 俗氣가 제거된 운곡의 마음상태야말로 자연경관의 순수한 형용을 목도하는 순간 그대로 物化가 되어 진정한 자연합일이 가능할 수 있었다고 사료된다.

　위의 시에서는 스님의 격조 높은 마음과 俗人의 분주한 마음을 대비하여 자연 속에서 초속적인 의상을 함양하며 살아가는 스님의 고결한 정신을 형상화하고 있다. 이와 같이 운곡시에서는 자연이라는 공간에서 수행으로 일관되게 살아가는 스님의 정신세계를 高揚하고 있는 작품들을 자주 발견할 수 있는데, 이것이 바로 운곡의 사찰제영시의 특징이 된다. 유자의 삶에 충실한 운곡의 생각에는 자연 속에서 드높은 정신적 성취를 이루며 살아가는 불승의 정신세계가 곧 聖人의 고결한 삶을 지향하는 유자의 그것과도 합치될 수 있음을 보이고 있다. 이러한 운곡의 차원 높은 정신적 지향이 다음의 시에 이르면 세속적 인간을 냉소적인 시선으로 바라고 있다.

　　<9월 3일 어머님의 휘일이므로 환희사를 방문함(2)(九月三日 遊歡喜寺 因慈親諱日 其二)>[12]
　늦가을 한가한 틈에 절을 찾으니 / 秋晚乘閑訪六和
　불당이 황폐해져 지나는 객도 끊겼네. / 梵宮寥落絶經過

---

12) 『耘谷詩史』 卷3, <九月三日 遊歡喜寺 因慈親諱日 其二>.

세상일에 인연이 적어 좋으니 / 爲憐世事塵緣少
기쁜 정이 절로 솟아남을 알겠네. / 始信歡情喜氣多
골짜기 벗어난 맑은 구름이 흰 비단처럼 날리고 / 出洞晴雲飛素練
산에 가득 떨어진 잎은 붉은 비단처럼 깔렸네. / 漫山脫葉剪紅羅
모든 욕심을 잊고 세상 밖에 오니 / 得來物外忘機處
세상에서 부침하는 중생들이 우습기만 하네. / 笑殺浮沈人海波

　　이 시에서 운곡은 세속적인 욕망에 얽매여 萬事를 勢利에 영합하며 사는
것은 참으로 불행한 일임을 보이고 있다. 따라서 함련을 통해 복잡한 세상
일에서 私利私慾을 충족시키기 위해 觸手를 뻗치는 짓을 거부하고 살아온
隱士로서의 자신에 대해 만족하는 모습을 보이고 있다. 심지어 그는 世事
에 구애받지 않고 초연하게 살아가는 자신의 삶을 오히려 다행한 것으로 여
기기까지 한다. 미련에서 운곡은 인간이 살아가는 세상을 '人海'에 비유하
여 험난한 세상에서 생존을 위해 몸부림치는 인간의 삶을 "바다에 일렁이
는 파도"라 묘사하고 있다. 이를 통해 그는 時勢가 바뀜에 따라 興亡盛衰를
飜覆해야 하는 인생관에서 초연해야 함을 일깨우고 있다.

　　　　<만세사에 묵으며(宿萬歲寺)>[13]
안개 자욱한 돌길에는 상서로운 이끼 덮었는데 / 烟深石逕紫苔封
소나무 드리운 문에 다다르니 벌써 저녁 종소리 울리네. / 行到松門已暮鍾
바람 불자 듣게 되는 파초의 울음소리는 속세의 것이 아니고 / 風動蕉鳴非
　　世態
서리에 꺾여 조락하는 초목은 가을의 모습으로 변하네. / 霜摧樹落變秋容
달빛아래 누각의 법고는 사람이 두드리는데 / 月樓禪鼓人來鼓
눈 녹은 석간수 흐르니 물레방아가 절로 도네. / 雪澗機舂水自舂
산속의 동자가 잠에서 깨어나 남은 불씨를 일으켜 / 睡罷山童吹宿火
한 바리의 스님 죽을 기꺼이 올리네. / 一盂僧粥喜相從

---

13) 『耘谷詩史』 卷2, <宿萬歲寺>.

위의 시에서 超俗의 의상은 人爲가 없이도 삼라만상이 자연의 이치에 맞게 순행하고 있다는 운곡의 자연인식을 반영하고 있다. 깊숙한 골짜기에 자리한 山寺는 언제나 숲 속의 그늘이 드리워진 곳이어서 저녁 종소리를 통하여 하루가 저물고 있음을 감지할 수 있는 幽閑한 공간으로 묘사되어 있다. 봄이 되어도 여전히 남아있는 눈이 다 녹아내려 물레방아까지 이르러야 비로소 봄이 왔음을 느낄 수 있는 그러한 幽閑한 장소야말로 운곡이 애호한 공간이라 하겠다.

자연을 바라보는 운곡의 사유는 仙的 超越의 경지와도 상통하는 것이라 할 수 있다. 그는 인위가 배제된 자연 그대로를 최고의 경지로 여기는 無爲의 철학을 부정하지 않는다. 그의 인식은 대자연의 운행에 순응해 살아가야 한다는 것을 보이고 있다는 데서 道家[14]의 시정신과도 어느 정도 합치되는 부분이 있다 하겠다.

2) 淸平世界의 希求

운곡이 지은 사찰제영시에는 그의 산수생활의 단면이 잘 나타나 있다. 그에게 산수자연이란 대상은 단순히 一身上의 安寧을 유지하기 위해 존재하는 것은 아니었다. 운곡은 유자로서 마땅히 지녀야 할 憂患意識을 견지한 채 산수에서 은거하였으므로, 그는 堯舜시대와 같은 태평성세가 실현되기를 염원하는 심정에서 忠君의 詩情을 표출하게 된다.

<청평사(淸平寺)>[15]

소나무 계단 넘고 넘어 소나무 드리운 문에 닿으니 / 排鱗松磴到松門
대낮에 들리는 염불소리 온 골짜기 구름 속에 이어지네. / 午梵聲連一洞雲
한적한 곳에 안거하며 무엇으로 하루를 보낼 것인가 / 閑寂安居何日用
깊은 복을 빌어 우리 임금께 바치려네. / 但將玄福奉明君

---

14) 이상우, 『동양미학론』, 시공사, 1999, p.75.
15) 『耘谷詩史』 卷1, <淸平寺>.

운곡은 청평사를 詩題로 삼아 운곡 당시에 왕조가 교체되어 가는 격동기의 혼란상을 피부로 느끼면서 국정운영이 하루빨리 안정을 회복하여 맑고도 평안한 세상이 오기를 간절히 바라고 있는 것이다. 국가의 안녕을 간구하는 그의 의지는 武力에 힘입어 세상을 평정하려한 覇道政治를 이상으로 여긴 것은 더더욱 아니기 때문에 위의 시에서처럼 임금의 德化에 세상이 感化되어 淸平世界가 구현될 수 있으리라는 희망을 담아내고 있다. 즉, 王道政治에 의한 정국 안정을 희구하는 운곡의 의중은 이렇듯 한적한 산사에서의 여유로운 일정조차도 虛度歲月로 이끌지 않고 있다. 따라서 그는 결구에서 알 수 있듯이 스님의 염불소리에 의지하여 護國의 정신을 가다듬는 수행이야말로 日課 가운데 가장 중요한 일이 됨을 명심하는 것으로 시상을 접고 있다.

이와 같이, 운곡에게 있어서 사찰이란 공간은 단순한 휴식의 장소로 그 의의가 있는 것이 아니라, 내면에 충만해 있는 호국정신을 마음껏 발산할 수 있는 공간이라는 데에 그 가치가 있다. 다음의 시에서도 이러한 그의 생각이 잘 반영되어 있다.

<원통사에 가서(2)(遊圓通寺 其二)>[16]
산 속 선방에 고요한 밤이 되니 / 禪窗岑寂夜
이에 세속의 공로를 꿈꾸지 않네. / 曾不夢塵勞
성정이 고요하니 달빛은 오래도록 가득하고 / 性靜月長滿
정신이 맑으니 바람 절로 높구나. / 神淸風自高
복을 빌며 삼보께 귀의하니 / 冥禧歸寶位
이 昊天上帝께서 백성들을 조용히 지켜주시기를 원하네. / 密護是天曹
대자대비께 우러러 절하는데 / 瞻禮大悲主
향 연기가 白毫에서 피어오르네. / 香煙繞白毫

이 시에 묘사된 원통사 주변의 풍광은 시인에게 玩月의 고요한 풍취를 제공하며 淸風明月의 미감을 좀더 향유하라고 손짓하는 듯하다. 하지만 운

---

16) 『耘谷詩史』 卷1, <遊圓通寺>.

곡은 이러한 청정 도량인 원통사에 잠시 머무는 시간조차도 자신의 憂國衷
情을 망각하지 않은 채 오로지 나라의 평안을 향한 일념으로 예불을 드리
고 있을 따름이다.

　운곡은 孔孟思想을 철두철미하게 학습한 유자임에는 틀림없으나 그의
학문정신의 높이를 충족할 知的 에너지는 유가의 지식뿐만 아니라, 불교와
도가의 지식을 비롯한 모든 학문적 대상을 섭렵한 것에서 이루어진 것이었
다. 신라 이래로 고려와 조선에 이르기까지 지속적으로 한국불교는 우리 민
족으로 하여금 호국정신을 고취하여 호국불교로서의 소임을 준수하며 성장
한 종교이기도 하다. 따라서 그는 오랜 세월동안 계승되어 온 한민족 특유
의 호국의 얼을 이렇듯 圓通寺의 '香煙'에서 발견하고 있다.

> <4월 초파일 저녁 영천사에서 밝힌 불등을 보며(3)(四月八夕 觀靈泉寺
> 燈 其三)>17)
> 남은 빛은 철위산까지 비추고 / 餘光照及鐵圍山
> 아득하게 어둡던 길거리는 새벽빛으로 되살아나네. / 杳杳昏衢曉色還
> 여기서부터 다시 공덕의 바다가 깊어지리니 / 從此更深功德海
> 인간세상의 재앙을 모두 없앨진저. / 盡禳災珍世人間

　이 시에서 운곡은 사월 초파일에는 한밤중에도 찬란하게 등불을 밝히기
때문에 새벽처럼 환하게 조명효과를 연출하고 있는 사찰 주위의 壯觀을 목
도하고 있다. 이러한 사찰의 광경은 다만 배경에 그칠 뿐 아니라 운곡의 심
중은 大我的 입장을 견지하여 혼란한 세상에서 벗어나 맑고도 평안한 세계
를 맞이할 수 있도록 자신 또한 義烈한 자세로 수행할 것을 다짐하는 데에
힘쓰고 있다. 부처의 원력에 힘입어서라도 밝고 정의로운 세상이 되기를 희
구하는 운곡의 소박한 情意는 『論語』18)에서 이른바 天子라 할지라도 빼앗
을 수 없는 "匹夫의 衷心"을 닮고 있다.

---

17) 『耘谷詩史』卷5, <四月八日 觀靈泉寺燈 其三>.
18) 『論語』卷9, 「子罕」, "子曰 三軍可奪帥也 匹夫不可奪志也".

3) 名刹 探勝의 愉樂

운곡은 일상에서 지쳐있거나 암울해진 마음상태일 때 자주 명승지의 사찰을 찾아다니며 스스로 침체된 마음으로부터 산뜻한 심사를 환기시키기도 한다. 특히 산사를 찾아가는 경로가 대체로 험한 산비탈로 되어 있기 때문에 몹시 힘든 여정임에는 틀림없으나, 운곡은 이러한 육체적인 고달픔을 아랑곳하지 않은 채 산사의 풍광에서 체득된 淡泊한 詩情을 표출하는 것이야말로 인생의 또 다른 즐거움이라 여기고 있다.

<문수사에 가서(遊文殊寺)>19)
나무에 바람 부니 향기로운 이삭들이 흩어지고 / 風穚散香穗
범패 소리는 종루를 흔드네. / 梵唄動鍾樓
나그네의 마음은 고요하고도 적막한데 / 客慮靜還寂
스님의 이야기는 맑고도 그윽하네. / 僧談淸且幽
빈 산의 구름은 만고에 변함없고 / 山空雲萬古
노송에 비낀 달도 천년세월 그대로이네. / 松老月千秋
길이 미끄러워 발 디디기조차 어려우니 / 路滑難容足
절간이 곧 바위 꼭대기에 있다네. / 堂頭是石頭

예로부터 우리나라에는 문수사가 수십 개 있었는데, 그 가운데 북한산의 문수봉 중턱에 위치한 문수사가 가장 널리 알려져 있다.

수련은 심산유곡에서 자생하는 방초들이 내뿜는 향기로움이란 바로 범패 소리를 통해 풍기는 불승의 향기로운 마음을 빗댄 것이라 할 수 있다. 함련에서는 나그네가 되어 산사를 찾은 운곡 역시 淸談을 나누고 있는 불승으로부터 수행에서 이루어진 마음의 향기에 다시 한번 매료되어 있음을 고백하고 있다. 경련에 이르러 그는 산사를 찾은 까닭을 밝히고 있는데, 그것은 인생의 유한함과는 대조적으로 천년세월을 변함없이 이어가는 산수자연의 依舊함 때문이다. 구름, 노송, 달의 道體를 형상화함으로써 자신이 추구하는 시정신 또한 이러한 자연물과 같이 常道를 지니는 것임을 보이고 있다.

19) 『耘谷詩史』 卷4, <遊文殊寺>.

따라서 미련에 이르러 그는 山行이 매우 힘든 路程이라 할지라도 이 산사를 향해 기꺼이 힘든 발걸음을 내딛게 된다는 사실을 보여준다.

    <상원사(上院寺)>[20]

단풍 숲에는 가을이 저물려 하는데 / 楓林秋欲晚
솔숲의 절에는 해가 기울려 하네. / 松寺日將曛
경치 좋아 명승지는 아득히 옛 모습 그대로이며 / 依舊洞天遠
다시 절을 신축하여 分設하였네. / 重新殿宇分
나그네의 마음이 물같이 맑고 / 客心淸似水
스님의 법어는 구름같이 담박하네. / 僧語淡如雲
고요히 앉아 깊이 자성하는데 / 靜坐發深省
풍경소리가 들려오네. / 風鈴聲可聞

上院寺 가운데 가장 널리 알려진 사찰은 오대산에 위치한 월정사의 말사와 치악산에 위치한 상원사가 있다. 수련과 함련에서 운곡은 이곳이 송림이 울창한 심산유곡에 자리하고 있기 때문에 萬古不變의 風光을 이어갈 명승지로 더욱 사랑받는 곳임을 보이고 있다. 아울러 경련에서 그는 이곳이야말로 물 같이 담박한 마음으로 교유할 수 있는 장소로서 적합하기 때문에, 불승과의 의기투합이 가능한 곳으로써 더욱 애호하고 있음을 나타내었다. 또한 미련에서는 '靜坐'하여 자신의 내면에 침잠하며 깊은 성찰의 시간을 갖는 공간으로서 이곳이 더욱 의미 있는 것임을 암시하기도 한다.

특히 산사의 적막을 깨는 "풍경소리"의 청각적 이미지를 주목하게 되는데, 이는 운곡과 불승, 그리고 산수자연이 서로 풍경소리를 매체로 하여 心心相印하고 있음을 나타낸 것이라 할 수 있다. 다음의 시는 산사를 탐승한 데서 오는 즐거움을 시각적 이미지로 형상화한 점이 특징적이다.

    <원적암(圓寂菴)>[21]

---

20) 『耘谷詩史』 卷3, <上院寺>.
21) 『耘谷詩史』 卷1, <圓寂菴>.

푸른 산이 사방을 둘렀는데 / 四擁靑山密
그 가운데 깊고 푸른 골짜기가 펼쳐 있네. / 中開碧洞幽
대숲에 이는 바람은 처마 끝으로 나오고 / 竹風生屋角
꽃 그림자는 누각 가장자리에 오르네. / 花影上樓頭
선탑에서 스님은 선정에 들고 / 禪楊僧初定
차 끓이는 마루에서 나그네는 조금 쉬네. / 茶軒客小留
나를 기쁘게 하는 승경지를 찾으니 / 喜予尋勝地
반나절 자연 속에서 風趣를 즐길 수 있네. / 半日得淸遊

위의 시 가운데 미련의 "勝地"라 묘사한 것으로 미루어 볼 때, 원적암의 위치는 정확히 고증할 수는 없으나 名區勝地에 해당되리라 사료된다. 이 시의 수련에서는 온통 숲과 계곡으로 둘러싸인 산사의 주위 경관을 "靑山"과 "碧洞"이라 묘사하여 푸른색이 부여하는 淸新한 미감으로 표출하고 있다.

함련 상구에서는 처마 끝에까지 뻗치는 대숲의 바람결을 형상화하여 이곳이 대나무의 드높은 기상을 함양할 수 있는 장소임을 부각시키고 있다. 즉 그는 대나무를 읊조리며 경건한 君子의 마음에 대해 성찰하고 있다. 한편 함련 하구에서 만발한 꽃들이 드리우는 陰影의 壯觀을 형상화하여 스스로 花客을 자처하며 즐거워하고 있는 모습을 보이기도 한다. 다시 말하면 함련의 상구와 하구는 군자의 경건한 마음과 화객의 즐거운 마음이 조화를 이루고 있다는 말이다. 운곡은 山寺 探勝에의 興趣를 군자의 마음과 화객의 풍류가 조화를 이룬 마음으로 묘사하고 있다. 이로써 보면 운곡의 내면 세계가 이미 中和의 경지에 이르렀음을 헤아릴 수 있다.

4. 맺는 말

운곡의 치악산 은거생활은 물질적으로는 매우 궁핍한 유자의 삶 그 자체였으므로, 이로 인해 그의 시에는 때때로 삶의 비애가 핍진하게 나타나기도 한다. 산중에 은둔하는 그에게 比鄰으로 존재한 불승들과의 교유는 적막한

산중생활에 적지 않은 위로가 되었다. 불승들 역시 운곡과 마찬가지로 세상에서 격리된 채 산중의 사찰에서 수행하였기 때문에 운곡과 人情을 나누기가 한결 수월하였다.

중요한 것은 운곡에게 사찰이란 곧 자연 속에서 도를 함양할 수 있는 수양의 공간이 되고 있다는 점인데, 시 <遊道境寺 次堂頭韻>에서 그러한 사실을 확인할 수 있다. 또한 운곡은 삶의 의미를 확인하며 家內 의식을 실행하는 관습적 공간으로서의 사찰에 그 의미를 부여하기도 하는데, 특히 <九月三日 遊歡喜寺 因慈親諱日>의 詩題를 보면 어머니의 諱日이 되어 추모 의식을 행하기 위해 절을 찾고 있는 운곡의 모습을 확인할 수 있다. 한편 시 <四月八夕 觀靈泉寺燈>에서는 사찰이란 공간은 뭇 사람들의 소박하고도 진실한 모습을 확인할 수 있는 또 다른 삶의 장소로 인식되고 있다.

운곡의 사찰제영시에는 부귀영화와 같은 세속적인 것으로부터 초월하여 그만의 고고한 정신세계를 구현하려는 의지가 잘 나타나 있다. 정신적인 가치를 고려하지 않고 욕망만을 추구하는 삶을 수치스럽게 여겼기 때문에 오로지 정신적인 가치를 우위에 두는 삶을 선택하였던 것이다. <遊圓通寺> 시에서는 스님의 격조 높은 마음과 俗人의 분주한 마음을 대비하여 자연 속에서 초속적인 의상을 함양하며 살아가는 스님의 고결한 정신을 형상화하고 있다. 운곡시에서는 자연이라는 공간에서 수행으로 일관되게 살아가는 스님의 정신세계를 高揚하고 있는 것들을 자주 발견할 수 있는데, 이것이 바로 그의 사찰제영시의 한 특징이 된다. 유자의 삶에 충실한 운곡의 생각에는 자연 속에서 드높은 정신적 성취를 이루며 살아가는 불승의 정신세계는 곧 聖人의 고결한 삶을 지향하는 유자의 그것과도 어느 정도 소통할수 있음을 보이고 있다. 심지어 운곡의 超俗的 시정신의 지향점은 시 <遊圓通寺>를 제작할 때 세속적 인간에 대해 냉소적 시선으로 바라보게 된다. 또 시 <九月三日 遊歡喜寺 因慈親諱日>을 통해 그는 시세가 바뀜에 따라 흥망성쇠를 飜覆해야 하는 인생관에서 초연해야 함을 일깨우고 있다. 아울러 시 <宿萬歲寺>에 나타난 超俗의 의상은 人爲가 없이도 삼라만상이 자연의 이치에 맞게 순행하고 있다는 운곡의 자연인식을 반영하고 있다.

본고에서는 운곡에게 산수자연이란 대상은 단순히 一身上의 安寧을 유지하기 위해 존재하는 것이 아니라는 사실을 확인하였다. 즉, 운곡은 유자로서 마땅히 지녀야 할 憂患意識을 견지한 채 산수에서 은거하였으므로, 그는 堯舜시대와 같은 태평성세가 실현되기를 염원하는 심정에서 忠君의 詩情을 표출하고 있다. 운곡은 '淸平寺'를 詩題로 삼아 운곡 당시에 왕조가 교체되는 격동기의 혼란상을 피부로 느끼면서 혼탁한 국정운영이 하루빨리 안정을 회복하여 맑고도 평안한 세상이 오기를 간절히 바라고 있는 것이다. 운곡에게 사찰이란 공간은 단순한 휴식의 장소로서 그 의의가 있는 것이 아니라, 내면에 충만해 있는 호국정신을 마음껏 발산할 수 있는 공간이라는 데에 그 가치가 있다. 그는 오랜 세월동안 계승되어 온 한민족 특유의 호국의 얼을 圓通寺의 "香煙"에서 발견하기도 한다.

운곡은 일상에서 지쳐 있거나 암울해진 마음상태일 때 자주 명승지의 사찰을 찾아다니며 스스로 침체된 마음으로부터 산뜻한 심사를 환기시키기도 한다. 특히 산사를 찾아가는 경로가 대체로 험한 산비탈로 되어 있기 때문에 몹시 힘든 여정임에 틀림없으나, 운곡은 이러한 육체적인 고달픔을 아랑곳하지 않은 채 산사의 풍광에서 체득된 담박한 시정을 표출하는 것을 인생의 또 다른 즐거움이라 여기고 있다. <遊文殊寺> 시는 구름, 노송, 달의 道體를 형상화함으로써 자신이 추구하는 시정신 또한 이러한 자연물과 같이 常道를 지향하는 것임을 보이고 있다. 또한, <上院寺> 시에서는 산사의 적막을 깨는 "풍경소리"의 청각적 이미지를 주목하게 되는데, 이는 운곡과 불승, 그리고 산수자연이 서로 풍경소리를 매체로 하여 心心相印하고 있음을 나타낸 것이라 할 수 있다. 그리고 <圓寂菴> 시는 산사를 탐승한 데서 오는 즐거움을 시각적 이미지로 형상화한 점이 특징적이다. 이 시는 온통 숲과 계곡으로 둘러싸인 산사의 주위 경관을 "靑山"과 "碧洞"이라 묘사하여 푸른색이 부여하는 淸新한 미감으로 표출하고 있다. 특히 山寺 探勝에의 興趣를 君子의 마음과 花客의 풍류가 조화를 이룬 마음으로 향상화한 점에서 운곡의 내면은 이미 中和의 경지에 달하였음을 감지할 수 있다.

麗末鮮初의 政治的 變革과 耘谷의 道學精神

─『耘谷元天錫詩史』를 中心으로 ─

池 敎 憲*

1. 서언

운곡 원천석은 1330년(충숙왕 17) 7월 8일 원주에서 출생하여 90여 세의 평생을 주로 치악산에 은거하였다고 한다.

조선왕조 제3대 태종은 즉위하기 전 일찍이 운곡에게 글을 배운 일이 있고 매우 존경하였기 때문에 즉위한 후에는 그에게 여러 차례 벼슬을 주려하였고 몸소 치악산까지 枉顧하였음에도 불구하고 운곡은 태종을 만나지 않고 피하였다고 하며 覺林田園을 하사해도 눈을 돌리지 않았다고 伝한다. 이러한 사실들은 弁岩・嫗岩(老嫗沼)・橫指岩・駐蹕臺(太宗臺)・拜向山・冤痛재・大王재 등 원주지방 일대에 산재한 유적들이 傍証하고 있다.[1]

운곡이 이와 같이 권력과 등지고 深山에 은거하게 된 까닭은 여말선초의 정계를 비관한 데 있었다. 그의 시에서도 충분히 엿볼 수 있는 바와 같이 당시의 세태는 고유한 제도와 강상이 퇴폐하고[2] 왕위계승이 문란하며 역성혁명이라는 극단적인 사태까지 일어나는가 하면 탐관오리로 인하여 민생은 도탄에서 헤어나기 어려운 특수한 장황성을 지니고 있었다.

운곡은 이러한 시대적 배경을 지니고 『野史』6卷을 저술했다고 하는데

---

* 한국학중앙연구원 명예교수

** 이 논문은『청주교대 논문집』17(1981)에 수록한 것을 본서에 재수록함.

1)『耘谷元天錫詩史』刊行辭 및 寫眞資料 참조.

2) 위의 책, p.386, p.424, "制度綱常在海東 狂瀾旣倒沒遺風".

별세하기 전에 손수 石函을 만들어 그 안에 넣고 자손들에게 "賢子가 아니면 망령되이 열지 말라"고 유언했으나[3] 그 증손대에 이르러 開函하여 『야사』를 읽어보니 여말선초의 정치적 변혁에 얽힌 불의를 사실대로 開陳하였으므로 자손에 대한 후환이 두려워 史書를 모두 소각해 버렸다고 한다.

운곡의 사상은 6권이나 되는 그의 史書 속에 잘 나타나 있을 것이다. 그러나 이미 오랜 옛날에 湮滅되고 말았으니 부득이 『耘谷元天錫詩史(耘谷行錄詩史)』에서 斷片的으로 알아 볼 道理밖에 없다.

『운곡원천석시사』의 원본 『운곡행록시사』는 그의 나이 22세(1351년, 충정왕 3)부터 65세(1394년, 태조 3)에 이르는 44년간 쓰여진 1,144편이나 되는 방대한 시집이다.[4]

그러나 이러한 많은 양의 시 가운데는 여말선초의 王朝鼎革에 직접 또는 간접으로 얽힌 여러 가지 작품들이 상당히 있었을 것으로 추측됨에도 불구하고 그것이 별로 엿보이지 않는 것은 『야사』를 소각할 때에 함께 멸실된 것이 아닌가 짐작된다.[5]

『운곡원천석시사』는 1975년 원영도로부터 입수한 원전 『운곡행록시사』 3책 5권을 이진영이 번역하고 민진식·김종무의 감수를 거쳐 1977년에 발행되었다.

운곡에 대하여는 이미 부분적으로나마 연구되고 평가되고 있으나 여기서는 그의 詩史만을 자료로 하여 정치·역사·사회·종교 등 제영역에 걸친 운곡의 道學情神을 考察하려는 것이다.

이리하여 2절에서는 그가 평생을 살아 온 시대적 사회적 배경이라고 할수 있는 여말선초에 일어났던 정치적 변혁을 고찰하고 3절에서는 그의 학문적 사상적 배경을 이루었다고 볼 수 있는 여말선초의 성리학파의 양대조류와 그의 종교관을 살핀 다음에, 4절에서는 그의 구체적인 도학정신을 이루고 있는 정치철학과 吏道精神, 역사의식과 우국정신, 사회의식과 애민정

---

3) 위의 책, p.571, p.587, 石逕墓所事蹟, "初先生有藏書六卷 言亡國古事 戒子孫勿妄開" 참조.

4) 김종무, 「耘谷先生 그의 人物과 文學」, 『耘谷元天錫詩史』, p.30.

5) 김종무, 위의 글, p.31.

신을 차례로 논하고 5절에서는 그의 도학정신에 입각한 인생관을 언급함으로써 결언을 삼고자 한다.

2. 여말선초의 정치적 변혁

14세기 후반의 고려왕조는 정치적으로 커다란 변혁을 일으킨 대전환기였다고 할 수 있다. 이 기간은 바로 고려왕실이 멸망하고 조선왕조가 창업되는 시기인 까닭에 조정과 중신들을 둘러싸고 중요한 사건들이 잇달아 일어나기도 하였다.

우선 1374년 9월에는 환관 崔萬生 등이 공민왕을 살해한 사건이 일어났다. 최만생은 益妃가 子弟衛 洪倫과 내통하여 잉태하였음을 왕에게 밀고한 연유로 오히려 처형을 당하게 되자 洪倫・韓安・權瑨・洪寬・盧瑄 등 자제위와 모의하여 夜半에 침실을 침범하였던 것이다. 이리하여 江寧大君 禑가 즉위하게 되었다.

1388년 5월에는 본의 아니게 요동정벌에 나서지 않으면 안 되었던 右軍都統使 이성계가 위화도에서 개경으로 회군하여 우왕을 폐하여 강화로 추방하고 왕자 昌을 옹립하였고, 12월에는 高峰縣에 유배중이었던 친원파이자 보수세력의 정치적 주축이었던 崔瑩을 살해하였다.

이리하여 정치적으로나 군사적으로나 정상의 실권자로 등장한 이성계는 1389년 11월에 창왕을 왕씨의 혈통이 아니라는 구실로 폐위해 버리고 定昌君 瑤(공양왕)를 迎立하였으며 12월에는 폐왕부자(우・창)를 살해하였다. 다음해 2월에는 李穡을 拷訊하고 4월에는 유배하였으며 5월에는 하옥하였다.

1392년 4월에는 고려왕실의 賢臣 정몽주를 擊殺함으로써 이성계는 고려왕조의 충신들과 반대세력을 거의 모두 제거한 결과가 되었고, 창업의 기틀이 완전히 확보되었기 때문에 7월에 이르러서는 드디어 中軍總制使守門下侍中의 자리에 있던 裵克廉 등에 의하여 왕으로 추대되었다. 이때 공양왕은 폐위되고 원주에 放置되었으며 이성계는 壽昌宮에서 즉위함으로써 역성혁명이 성취되었다.

　그 이듬해인 1393년 2월에는 국호를 조선으로 고치고 1394년 4월에는 공양왕 부자를 비롯한 많은 왕씨족을 살해하였으며 10월에는 도읍을 한양으로 옮기었다.6)

　그런데 이로부터 4년 후인 1398년 8월에 이르러서는 이른바 戊寅靖社라고 불리는 '왕자의 난'이 일어남으로써 자중지란을 겪게 되었다. 이것은 왕위계승권을 에워싸고 일어난 왕자간의 싸움으로 芳碩의 난 또는 정도전의 난이라고도 부르는 것이다. 이태조는 즉위 후 전왕비 韓氏 소생의 여섯 왕자를 모두 제쳐놓고 繼妃 康氏 소생의 방석을 세자로 책봉하였는데 이것은 한씨 소생 왕자들의 불평을 사게 되었고 특히 방원은 부왕의 창업을 도와 공로가 클 뿐만 아니라 방석을 지지하는 정도전 등이 강력한 권력을 장악하고 있는데 대하여도 대단한 불만을 품고 있었던지라 정도전 등의 음모를 사전에 방지한다는 명분을 조작하여 정도전 일파를 죽이고 세자 방석도 폐위하여 살해하고 芳蕃도 함께 죽여버렸다. 이로 인하여 芳果가 세자로 책봉되고 이태조는 방석의 죽음에 心惱하여 정사에 뜻을 잃어 다음 달 9월에는 세자에게 왕위를 물려주고 말았다.7)

　그러나 戊寅靖社의 피비린내가 미쳐 가시기도 전인 그로부터 2년 후인 1400년에는 또다시 세칭 芳幹의 난이라는 제2의 왕자의 난이 일어났던 것이다. 이태조의 제4남 방간은 왕위계승에 대한 야심과 호기도 있었으나 인격이나 위세가 방원에게 미치지 못하여 항상 猜疑와 불안 속에 있었다. 그런데 마침 무인정사 때에 적잖은 공을 세웠던 朴苞가 만족한 賞爵을 받지 못한데 불만을 품어 오다가 방원이 방간을 害하려 한다고 誣告하므로써 방간으로 하여금 군사를 일으키게 하였던 것이다. 그러나 방간은 방원의 반격으로 패주하다가 생포되어 兎山에 유배되었고 박포는 처형되었다. 定宗은 河崙 등의 奏請으로 상왕(태조)의 허락을 얻어 동년 2월에 방원으로 世弟를 삼고 11월에는 드디어 傳位함으로써 태종이 즉위하게 되었다.8)

---

6) 震檀學會,『韓國史年表』; 千寬宇監修,『韓國史大系 朝鮮前期篇』, pp.23-29 참조.
7) 震檀學會,『韓國史 近世前期篇』, pp.72-74 ; 千寬宇, 위의 책, pp.30-31 참조.
8) 위와 같음.

3. 운곡 도학정신의 성리학적 종교적 배경

1) 여말선초의 성리학파의 양대 조류

고려 말의 성리학자들은 주자학을 배경으로 신유교를 숭상한 점은 공통되지만 현실문제에 대한 해석과 평가는 각각 다른 두 가지 모습을 보여 주었으니 이것은 두 말할 필요조차 없이 이 시대의 정치적 사회적 대변혁에 기인한다고 할 수 있다.

즉 당시의 성리학자들은 고려 말의 정치적 혼란과 사회기강의 문란, 국민경제의 피폐와 같은 심각한 현실에 대하여 대립된 입장을 취하였던 것이다. 고려주자학의 鼻祖 安珦 이래로 白頤正에 이르기까지는 불교와 대립을 보였을 뿐이었으나, 정몽주·정도전 이후부터는 고려왕조를 지지하는 혁신세력으로 양립하였음을 볼 수 있다.[9]

조선조의 도학자로 지극히 추존되고 있는 趙光祖가 있다. 그의 도학사상의 연원은 金宏弼-金宗直-金叔滋-吉再-정몽주로 遡及된다. 정몽주는 안향과 함께 고려조 500년간의 대표적 儒賢으로 추존되고 있거니와 그의 위치는 한국유학사상사에 있어서 그 正脈을 이루고 있다.

그러나 이와 대립한 정도전의 학문과 사상은 權近에게서 더욱 보강되고 조선의 훈구파 정치인들에게 많은 영향을 주었다. 이들은 정몽주와는 달리 의리사상을 근본으로 하지 않고 현실적 정치적 상황과 사회적 변동을 감안하여 새롭고 합리적인 가치판단에 의하여 문제를 타개하려는 입장에 섰던 것이다.[10]

다시 말하면 정몽주계열은 인간의 내면적 본성을 강조하며 만고불변의 도덕의식을 개발하는데 그 주안목이 있는데 반하여 정도전계열은 불변하는 인간성의 계발보다는 상황에 대응하는 창의적 변혁을 강조하는 만큼 관념적 의리 도덕보다는 인간의 의지적 연마와 지식의 개발과 문화의식을 고취하는데 그 초점을 두었던 것이다.

그리하여 정몽주계열은 이상적인 인간상으로 伯夷와 같은 인물을 높이는

---

9) 柳承國, 『韓國의 儒敎』, pp.177-178 참조.

10) 위의 책, pp.178-180 참조

데 반하여 정도전계열은 武王와 같은 인물을 높인다.[11] 이것은 전자가 綱常을 존중하는 데 반하여 후자는 天命과 權變을 존중함을 말하는 것이다.[12]

맹자는 齊宣王과의 대화 가운데서 湯이 放桀하고 武王이 伐紂했다고 하는데 신하로서 그 主君을 弑逆함이 가하냐는 제선왕의 질문을 받고 대답하되 "仁을 害하는 자를 賊이라 이르고 義를 害하는 자를 殘이라 이르며 殘賊之人을 夫라 이르니 夫로서의 紂를 殺害했다는 말은 들었으나 군주를 弑逆했다는 말은 듣지 못하였다"고 하였다.[13]

여기서 桀紂는 凶暴淫虐하여 天理를 絶滅한 害仁者요 顚倒錯亂하여 彝倫을 傷敗한 害義者이다. 본디 四海의 백성들이 귀속하면 천자가 되지만 천하 이탈하면 一夫에 지나지 않는 법이기 때문에 桀紂는 일개 지아비에 지나지 않는다는 것이다.[14] 이러한 폭군은 아무리 諫爭을 해도 소용이 없고 그대로 두면 백성들만 도탄에서 신음하기 때문에 放伐하여 제거하는 것이 천명을 받드는 것이며 따라서 폭군을 방벌하는 것은 결코 시역이 아니고 인의의 실천인 것이다.

臣下된 도리로서는 忠誠으로써 왕을 섬김이 이른바 綱常임에 틀림이 없는 것이지만 신하로서 할 수 있는 충성에는 한계가 있는 것이고 天下의 백성을 위하여 부득이한 특수한 상황에서 君主를 放伐하는 것은 이른바 權變인 것이다.

맹자는 淳于髡과의 대화에서 "남녀가 몸소 授受하지 않는 것은 禮이오 형수가 물에 빠졌을 때 손으로 건져주는 것은 權"이라고 하였다.[15] 權이란

---

11) 伯夷는 孤竹國의 王子로서 그의 아우 叔齊와 더불어 王位를 辭讓한 나머지 國外로 나와 西伯(文王)에게 歸屬하려 하였으나 西伯은 이미 죽고 그의 아들 武王이 先王의 木主를 받들고 紂를 放伐하기 위하여 動兵하자 伯夷는 叔齊와 함께 武王의 말고삐를 잡고 動兵을 中止하라고 諫하였으나 듣지 않으므로 首陽山에 들어가 고사리로 延命하다가 餓死했다고 한다(司馬遷, 『史記』 列傳 伯夷傳 참조).

12) 柳承國, 위의 책, pp.180-181 참조.

13) 『孟子集註』 梁惠王章句 下, "齊宣王問曰 湯放桀 武王伐紂 有諸 孟子對曰 於傳有之 曰臣弑其君可乎 曰賊仁者謂之賊 賊義者謂之殘 殘賊之人謂之一夫 聞誅一夫紂矣 未聞弑君也".

14) 앞의 朱子註 참조.

15) 『孟子集註』 離婁章句 上, "男女授受不親禮也 嫂溺援之以手者權也".

저울질을 뜻하는 말이며 저울질이란 衡平(中)을 求하는 일이다. 그러므로 물건의 경중을 저울질하듯이 주어진 현실을 정확히 통찰하여 中을 얻으면 그것이 바로 예의 근본원리를 실천하는 수단이 될 수 있는 것이다. 예(綱常) 는 萬世之常이라 할 수 있는데 반하여 권(權變)은 一時之用이다. 따라서 綱 常의 도를 온전히 체득하지 못하고는 權變을 행사할 수 없는 것이다.

이리하여 앞서 소개한 맹자와 제선왕의 대화에 대한 註에서 朱子는 王勉 의 말을 인용하여 오직 在下者는 湯武의 인의를 가지고 있고 在上者는 桀 紂의 포학을 가졌을 때만 放伐이라는 權變을 행사할 수 있는 것이지 그렇 지 않으면 篡弒의 죄를 면할 수 없는 것이라 하였다.16)

강상이 규범적 보편성을 근본으로 한다면 權變은 상황적 타당성을 근본 으로 한다고 하겠다. 조선시대의 유학자 張維는 이러한 권변에 대하여 時義 라는 말로 표현하여 사람이 처세하는 데는 각각 시의가 있다고 지적하고 周 易의 卦爻도 또한 시의아님이 없어서 사람이 살아가는데 시대에 순응하고 의리에 합당하게 하면 吉하고 이에 반하면 흉하다고 하였다.17)

2) 운곡의 종교관

여말선초의 성리학자들이 강상과 권변 또는 보수와 혁신의 양대조류를 형성한 것은 상술한 바와 같거니와 유가의 입장에서 불가와 도가에 대하여 는 어떠한 견해를 취하였는지를 살핌으로써 운곡의 종교관을 이해하는 데 도움이 된다고 생각된다.

고려유학의 태두로 알려진 안향은 國子生徒들을 논시하는 글에서 "저 불 가는 친족을 버리고 집을 떠나 인륜을 멸시하며 의에 거역하니 夷狄의 무 리라"18)하였고 이색은 "다만 불교신자만이 아니라 그 비루한 데 물든 백성 중에는 놀고 먹는 자들이 많다"19)고 하였으며 정몽주는 "유가의 도는 평상

---

16) 『孟子集註』 梁惠王章句 下, "王勉 曰斯言也 有在下者 有不武之仁 而在上者 有 桀紂之暴 則可 不然 是未免於篡弒之罪也".

17) 『谿谷漫筆』 卷之一, "人之處世 各有時義 面易中卦爻 亦無非時義 人之行也 順易 合義則吉 反易則凶".

18) 柳承國, 앞의 책, p.171, 安珦의 論國子諸生文 참조.

의 도이다. 음식을 먹고 남녀가 생활하는 것이 모든 사람의 공통된 일인데
그 가운데 지극한 이치가 내재해 있는 것이다.……그런데 불교는 친척을 버
리고 남녀가 떨어져 있으며 홀로 산 속에서 나물을 먹으며 空을 생각하니
어찌 평상의 도라 하겠는가"20) "가소롭다 분분히 도를 깨치려는 자들이여,
聲色을 떠나 眞如를 어찌 찾을 수 있겠는가"21)라고 하였다.

  이들의 공통된 견해는 유학이 현실 속에서 진리를 추구하는데 반하여 불
교는 초현실 또는 비현실 속에서 진리를 추구한다고 보는 点이다. 이러한 유
학자들의 배불은 정도전의 「佛氏雜辨」과 「心氣理篇」, 權近의 「入學圖說」
과 「五經淺見錄」 등에 의하여 이론적으로 체계화되었다.22)

  정도전은 「불씨잡변」에서 윤회설·인과설을 비롯하여 자비, 眞假, 지옥,
禍福 등 불가의 모든 교설을 비판하였고, 또한 心氣理篇에서는 心難氣, 氣
難心, 理論心氣 등 3장으로 구분하여 불가(心)와 도가(氣)를 비판하였다.

  그는 理論心氣章에서 "성인이 천년이나 멀어져 도학이 흐려지고 말만이
커져서 氣로써 도를 삼고 心으로 宗主를 삼는다"23) "老佛兩家에서는 스스
로 無上高妙의 경지에 이르렀다고 하나 形而上者가 무엇인지 알지 못하고
마침내 形而下者만을 가리켜 말하였으니 淺近하고 迂闊하며 편벽된 가운
데 빠져 스스로 깨닫지 못하는 것이다. 옳지 않고 長壽하는 것은 거북과 뱀
일 따름이오 瞌然히 앉아 있는 것은 허수아비 같은 形骸일 뿐이라"고 하였
다.24)

  이와 같이 여말선초의 많은 유학자들이 불가와 도가를 이론적으로 또는
행동적으로 비난하고 배척하면서 그들을 이단으로 보고 백안시한 것이 일
반적인 현상이었다고 할 수 있다.

19) 柳承國, 위의 책, p.171 ;『高麗史』 列傳 李穡條 참조.
20) 柳承國, 위의 책, p.172 ;『圃隱集』 經筵啓事 참조.
21) 柳承國, 위의 책, p.173.
22) 柳承國, 위의 책, pp.173-177 참조.
23) "……聖遠千載 學誣言厖 氣以爲道 心以爲宗".
24)『三峰集』心氣理篇, "……此二家 自以爲無上高妙 而不知形而上者 爲何物卒 指
    形而下者而爲言 陷於淺近迂僻之中 而不自知也 不義而壽 龜蛇矣哉 瞌然而坐 土
    木形骸".

872

그러나 이러한 분위기 속에서도 운곡은 유불선 삼교가 근본적으로는 하나로 귀일할 수 있는 동질적 요소가 있다고 믿었고 따라서 불교나 도교를 배척하거나 경원하지 않고 특히 승려들과는 매우 친근히 교유하였던 것이다.

운곡의 종교관은 如如居士의 삼교일리론과 일치한다고 볼 수 있다. 여여 거사는 그의 삼교일리론에서 "세 성인이 같은 시대에 앞뒤로 태어나서 각각 正敎를 부르짖었으니 유교는 窮理盡性으로써 그 교리를 삼았고 불교는 明心見性으로써 그 교리를 삼았으며 도교는 修眞練性으로써 그 교리를 삼았다. 말하자면 齊家 修身 致君 澤民은 유교의 일이며 啬精養神 飛仙上昇 하는 것은 특히 도교의 근본논리이며 越死超生 自利利人은 불교의 진리이다. 그러나 그 極處는 하나에 벗어나지 않으니 이것으로 말미암아 본다면 세 성인의 가르침이 모두 성품을 다스리는 것이다. 이른바 盡性이라던가 練性이라던가 見性이란 그 도가 비록 다소의 차이가 있긴 하지만 그 극치에 이르러서는 환히 통하는 곳이 다 하나의 성품이거늘 무슨 窒礙가 있겠는가. 다만 세 성인이 각각 그 門戶를 보여 주었을 뿐이다. 그런데 그 문호의 후진들은 각각 宗旨를 내세워 是己非人之心으로 서로가 헐뜯고 배척하니 이것은 각인의 흉중에 三敎之性을 明然히 갖추고 있음을 모르기 때문이다. 당나귀를 탄 자가 남의 당나귀 탄 것을 비웃는 격이니 얼마나 답답한 일이냐"25)고 서술하였음을 소개하고 운곡은 이에 느낀 바 있어 유교 도교 불교에 대하여 각각 絶句를 짓고 또한 三敎歸合에 대하여도 하나의 절구를 지었다.

먼저 유교에 대하여는 "格物하고 修身하고 마음을 다해 성품을 알고는 또 하늘을 아나니 이로부터 천지의 化育을 돕는데는 霽月과 風光이 함께

25)『耘谷元天錫詩史』 p.344, "如如居士三敎一理論云 三聖人同生有周 主盟正敎 儒敎敎以窮理盡性 釋敎敎以明心見性 道敎敎以修眞鍊性 若曰齊家治身 致君澤民 此特儒者之餘事 若曰啬精養神 飛仙上昇 此特道家之祖迹 若曰越死超生 自利利人 此特釋氏之筌蹄矣 要其極處 末始不一 由此觀之 三聖人之設敎 專以治性 所謂盡之鍊之見之之道雖有小異 歸其至極廓然瑩徹之處 皆同一性 何有所窒礙哉 但以三聖人各有門戶 門之後徒各據宗旨 皆以是已非人之心互相詆謷 殊不知各人胸中 三敎之性明然具在也 騎驢者笑他騎驢 良可惜哉".

洒然하다"[26]고 하였고, 도교에 대하여는 "衆妙의 門이 깊고도 깊어 眞機와 神化가 하늘에 응하나니 그 精氣를 닦아 바로 希夷의 경지에 이르면 水色과 山光이 모두 함께 寂然하도다"[27] 하였으며, 불교에 대하여는 "圓融한 하나의 성품이 열 가지 妙理를 갖췄으니 十方世界에 두루한 法이고 하늘에 통하는 기운이라 저 참다운 본체를 어떻게 말하랴. 푸른 바다 달바퀴가 함께 湛然토다"[28]라 하였다.

운곡이 유교에 학문적 조예가 깊었음은 더 말할 나위가 없겠지만 그는 특히 불교에 있어서도 일가견을 가지고 있었던 것 같다. 그는 영남지방으로 유람가는 曹溪 參學允珠를 餞送하는 시의 서문에서 다음과 같이 서술하고 있다.

즉 부처님의 "말씀을 저술한 것이 經이오. 그것을 논리적으로 보강하여 이루어진 것이 論이다. 그 도는 대개 孝敬에 근본을 두고 衆德을 쌓아서 無爲의 경지에 귀결시킨 것이다. 그 가르치고 경계한 내용을 세상에 펴서 전한 것은 두 가지가 있으니 하나는 禪이오 하나는 敎이다. 교란 것은 앞서 말한 경과 논이오, 선이란 것은 49년간에 걸쳐 삼백이 넘는 법회를 가졌다가 최후의 靈山法會에서 꽃을 들어 보이시는데 迦葉이란 제자가 미소를 지었다는 것이 그것이다. 그로부터 西乾(인도)의 47祖師와 東震(중국)23祖師가 서로 계승하여 아무리 사용해도 끝이 없었으며 기회를 따라 應變하는 그 미묘한 용도가 종횡으로 自他를 다 이익되게 한 것이 곧 불도인 것이다."[29]

"(지금 允珠大師는)……서울의 普濟寺에 가 澹禪會를 끝내고 돌아가는 길에 慈堂께 문안드리기 위해 천리길을 멀다 하지 않고 이곳을 찾아왔으니 이것이 어찌 효경에 근본을 둔 것이 아니겠는가. 그렇다면 장차 전일한 마음으로 닦고 닦아서 무위의 경지에 도달할 것은 틀림없는 사실이라 하겠다."[30]고.

---

26) 위의 책, "格物修身窮理玄 盡心知性又知天 從玆可贊乾坤化 霽月光風共洒然".
27) 위의 책, "衆妙之門玄又玄 眞機神化應乎天 精修直到希夷地 水色山光共寂然".
28) "一性圓融具寸玄 法周沙界氣衝天 只這眞體如何說 碧海氷輪共湛然".
29) 위의 책, pp.13-124, p.165 참조.
30) 위의 책, p.124, p.165 참조.

운곡은 여기서 불교의 본질이 효경에 근본을 두고 衆德을 쌓아서 무위로 돌아가는 것으로 보았으며 그 隨機應辯의 妙用이 종횡으로 自他를 유익하게 한다고 논한 것이다.

또한 道境禪師의 詩韻에 次韻해서 이르되 "선사께서는 曹溪의 老將. 法食 자시기를 즐겨하시네. 고칠 것도 닦을 것도 없어 善因을 일찍이 심으셨고 가거나 머물거나 앉거나 눕거나 正念이 잠시도 쉬지 않고 端正히 앉아 眞如를 깨달으니 六識이 모두 비어버렸네. 아아 나는 무엇을 하느라고 이 이치에 純熟하지 못했던가. 괴로움 바다(苦河) 속에 놀아다니면서 기나 긴 생활을 계속해 왔고 眼根과 耳根을 따라 언제나 聲色에 얽매어 왔네……"[31]라고 하였다.

여기서 운곡은 도경선사의 불교수업에 대하여 眼根, 耳根, 鼻根, 舌根, 意根을 모두 超克하고 眞如에 도달하였다고 극찬하였고 자신은 苦海 속에서 방황하면서 聲色에 이끌리어 세속적 醉生夢死를 일삼고 있다고 겸손하게 표현하고 있다.

불교에 대한 운곡의 학문적 심도와 범위는 자료의 제약으로 자세히 알수가 없으나 도경선사를 비롯하여 宏大師 允珠大師 등 수천명에 달하는 많은 승려들과 시를 함께 읊조리고 교유하면서 불교에 대한 이해가 더욱 깊어졌으리라는 개연성을 보여 준다.

유교에서는 霽月風光이 함께 洒然한 경지를, 도교에서는 水色山光이 함께 寂然한 경지를, 불교에서는 碧海氷輪이 함께 湛然한 경지를 체득한 운곡인지라 이러한 유불선의 宗旨를 한데 묶어 <會三歸一>이라 題하고 다음과 같이 읊었던 것이다.

"三敎의 宗風이 본래 그릇되지 않았거늘 부질없는 시비의 소리 개구리처럼 시끄럽네. 하나의 품성이라 모두 거리낌이 없을진대 불교는 무엇이고 유교는 무엇이며 도교는 또한 무엇인가."[32]

---

31) 위의 책, p.154, "師本曹溪翁 好湌法喜食 無訂亦無修 善因曾所植 於四威儀中 正念不消息 端坐悟眞如 虛閑是六識 差予欲何爲 此理未純熟 役役苦河中 瀾漫且狼藉 常隨眼耳根 局於聲與色……".

『삼국사기』에 의하면 崔致遠은 「鸞郎碑序文」에서 "나라에는 玄妙한 도가 있으니 가로되 風流라 한다. 設教의 연원은 仙史에 상세히 기록되어 있다. 실상인즉 삼교를 포함하여 群生을 接化한다. 들어와서는 집에서 효도하고 나가서 나라에 충성하는 것은 魯나라 司寇의 가르침이오, 無爲之事에 處하고 不言之教를 行하는 것은 周나라 柱史의 가르침이오, 모든 악을 짓지 말고 모든 善을 봉행하는 것은 竺乾(인도)태자의 가르침"이라고 하였고[33] 또한 「眞鑑禪師碑」에서는 "무릇 도란 것은 사람으로부터 멀지 않으며 사람은 自國과 異國이 따로 없는 것이다. 그리하여 東人之子는 불교도 믿고 유교도 믿고……하는 것이 필연이라"[34]고 하였다.

위에서 소개한 「난랑비서문」에서 보건대, 신라에는 이미 유불선 삼교가 있었을 뿐만 아니라 삼교의 本旨를 포함하는 風流道가 設教되어 이를 신앙으로 삼았음을 알 수 있다. 이러한 유불선 삼교는 그 형식적인 면에서 볼 때는 상이한 양상을 띨 수 있으나 본질적인 면에서 볼 때는 결코 이질적이라고만 할 수 없는 동질적인 요소를 가지고 있어서 하나의 종교로 妙合될 수 있었다고 생각된다. 더욱이 「진감선사비」에서는 진리라고 하는 것이 사람으로부터 멀지 않으며 自國이나 異國이 따로 없이 진리라면 국경을 초월하여 받아들일 수 있음을 피력한 것이라고 할 수 있다.

다시 말하면 우리 조상들은 제각기 다른 역사적 사회적 배경을 가지고 발생한 종교들을 민족과 영토를 초월하여 수용하였던 것이며 진리라는 본질에 입각하여 융합하였던 것이다. 그리하여 유가나 불가나 도가가 서로 갈등한다기보다는 조화를 이룰 수 있어서 相補的인 기능을 발휘할 수 있었던 것이다.

이러한 인식 속에서 운곡은 수많은 사찰과 암자에서 수많은 승려들 또는

<hr>

32) 위의 책, p.289, "三教宗風本不差 較非爭是亂如蛙 一般是性俱無礙 何釋何儒何道耶".
33) 『三國史記』 新羅本紀 眞興王 37年條, "國有玄妙之道曰風流 設教之源備詳仙史 實乃包含三教接化群生 且如入則孝於家 出則忠於國 魯司寇之旨也 處無爲之事 行不言之教 周柱史之宗也 諸惡莫作諸善奉行 竺乾太子之化也".
34) 「新羅國故康州智異山双溪寺教諡眞鑑禪師大空塔碑銘並序」, "夫道不遠人 人無異國 是以東人之者 爲釋爲儒○○必也".

거사들과 더불어 교유하고 수행한 것으로 보인다.

4. 운곡의 도학정신

1) 정치철학과 吏道精神

운곡의 정치철학은 刺史 河允源에게 올린 「上河刺史詩」의 서문에서 잘 나타나 있다. 즉 "어진 선비 대부들은 때를 맞추어 세상에 나와 백성들에게 덕을 입히고 나라에 공을 세운다" "옛날엔 남의 신하가 된 자로서 여러 고을을 겪으면서 정치와 교화를 널리 베푸는 이가 많았는데 魯恭은 中牟令이 되어 오로지 德化에 힘써 형벌을 일삼지 않았고 及黯은 東海守가 되어 그 다스림이 관대하여 세밀하고 까다롭지 않았으며, 劉寵은 會稽守가 되어 번거롭고 까다로움을 제거함으로써 온 고을이 크게 교화되었고 龔遂는 渤海守가 되어 오로지 학문과 예법을 써서 일체를 편의케 했으며, 崔景鎭은 平章守가 되어 죄를 지은 사람이 있으면 다만 부들채찍(蒲鞭)만을 썼으니", 이것이 이른바 너그러운 정치이다.

또 "黃霸는 穎川守가 되어 교화를 힘써 행하면서 그 재주는 사람을 이롭게 하는데 능하였고, 魏颯은 桂陽守가 되어 그 베푸는 바 법령이 모두 사리에 마땅하였으며, 韓延壽는 東都守가 되어 온 천하에 뛰어났고 梁彦光은 鄱陽守가 되어 가장 잘 다스렸다는 칭찬을 받았으며, 劉廣은 莒州의 刺使가 되어 그 정치가 제일이었으니", 이것이 바로 선정이란 것이다.

또 "鄭弘이 淮陽守가 되자 수레따라 비를 이루었고 孟常이 合浦守가 되자 버린 구슬이 되돌아 왔으며, 戴封이 西華令이 되자 蝗虫이 그 경계 안에 들어오지 못하였고 劉混이 弘農守가 되자 사나운 호랑이가 새끼를 업고 강을 건너 갔으며 王鼻가 重泉令이 되자 난새(鸞)가 뜰에 날아 들었으니 이것이 정치의 三異라는 것"이며 이른바 感政이라는 것이다.

또 "唐彬은 鄴縣令이 되어 예로서 인도하고 풍속을 바로잡는데 1년 만에 성공하였고 第五訪은 新都令이 되어 손만 흔들어도 교화가 행해져 이웃 고을까지 다 돌아 왔으며, 宓子賤은 單父令이 되어 거문고만 타고 마루에 내려가지 않았으나 고을이 잘 다스려졌고, 顧凱之는 山陰令이 되어 晝夜로 발(簾)만 드리우고 있었으나 사무가 간편하고 정사가 다스려졌으니", 이것이 이른바 報政인 것이다.

또 "胡威는 西州刺使로 옮겨 늘 淸潔함을 숭상하여 정치 교화에 힘썼고, 劉虞는 幽州牧이 되어 해어진 옷에 미투리를 신고 食卓에는 魚肉이 없었으며, 羊續은 南陽守가 되어 생선을 뜰에 매달아 두고서 뇌물을 거절하였고 時苗는 壽春令이 되어 송아지를 두고 떠났으니", 이것이 이른바 廉政인 것이다.

또 "張湛은 漁陽守가 되자 뽕나무에 곁가지가 없고 보리는 밭마다 두 갈래로 무성했으며 召信臣은 南陽守가 되자 몸소 밭을 갈아 백성들에게 권하고 도랑을 파기도 했으며 趙軌는 峽州刺使가 되자 5천이나 되는 이랑의 밭에 물을 대어 사람들을 이롭게 하였으니", 이것이 이른바 農桑을 권장한 例이다.

또 "王煥은 洛陽令이 되어 모든 것을 法理에 따라 곡진히 판단하였고 周處는 廣漢守가 되어 고을에 누적된 소송사건을 하루 아침에 모두 판결하였으니", 이것은 곧 止法이라 한다.

이밖에도 郭賀, 廉范, 岑熙, 朱李, 召公, 陸雲, 羊祜, 荀勗, 第五倫, 姚元崇, 留後覇 등과 같은 사람들이 각각 남긴 훌륭한 치적을 일일이 소개하고 있다.[35]

이와 같이 이상적인 정치를 소개한 데 이어 현직 河刺史에 대하여는 "백성들을 무마함에 있어서 옛날의 훌륭한 정치를 참작하여 지금에 알맞은 일을 시행하고 理國之說을 상고함에 있어서 사람들에게 칭송받는 것을 받들어 지키며 民間일을 정리함에 있어서 과거에 불편했던 것을 모두 혁신했다."[36]고 하였으며, 또한 "도리에 맞지 않으면 털끝만한 물건도 백성들에서 취하지 않고 혹시 나라를 위해 부득이 세금을 부과하거나 役事할 일이 있으면 미리 시일을 정하고는 고을 안에 방을 붙이고 고을 밖에 글을 보내

---

35) 『耘谷元天錫詩史』, pp.179-182, pp.244-246 참조.
36) 위의 책, p.245, "撫吾民 酌古良牧之政宜于今者 宗而奉之 考諸理國之說稱于人者 承而守之 民間舊有不便事理 一皆革去".

모두 듣고 알게 함으로써 백성들이 다 기꺼이 따른다"[37]고 하였고, 이어서 "부임하는 첫날부터 먼저 公廚에 공급하는 일을 제한하여 酒色와 기타 연회의 오락을 금하는 한편 중요하지 않은 사소한 일을 낱낱이 없애고 뇌물은 물론 일체의 혐의되는 물건을 받지 않는가 하면 비록 다른 고을의 수령들로부터 보내 온 것일지라도 官用에 보충하여 조석으로 밥 한 그릇과 국 한 그릇으로 부엌이 閑散하고 밥상이 쓸쓸하였으니 이것이 그 淸白한 정치이다".

또 "법이 아닌 것을 살펴 금하므로써 奸邪하거나 아첨하던 자가 충직으로 화하고 頑凶한 무리들을 징계함으로써 교활하던 자가 淳良으로 변하고 죄인을 다스림에 있어선 관용의 덕을 베풂으로써 神明이 보호하고 소송을 판결함에 있어서는 공정을 다함으로써 백성들이 올바른 길을 걷는다"[38]고 하였고 따라서 "너그러운 정치, 착한 정치, 淸白한 정치, 효과의 정치, 감화의 정치 등을 이미 한몸에 다 갖추었다"[39]고 하였다.

운곡의 吏道精神은 그의 조카 元湜의 시에 次韻하여, "백성은 하늘의 소생이니 함부로 對해서는 안 된다. 그들이 바라는 바를 주어야 하고 艱難辛苦를 주어서는 안 된다. 그들에게 은혜와 사랑을 베풀지 않으면 한갓 행인으로밖에는 보지 않으니 관리는 부모가 자식을 보호하듯 백성을 보호해야 한다.……너그러운 용서 公道에 합쳐진 인사라야 덕망이 뛰어나다. 임금이나 백성에게도 그렇게 해야만 한다"[40]고 한 시에 잘 나타나 있다. 여기서는 爲民思想에 입각한 牧民의 기본적 요체가 잘 서술되었음을 본다.

또한 許仲遠의 시를 分字하여 韻을 붙인 시에서, "詩禮에 敦厚하여 여유

37) 위의 책, p.245, "如其非道 一毫之物 不取於民 或有邦國之須 不得已斂役 則計定日時 榜示于內 牒傳于外 感使聞知 民皆悅從事".
38) 위의 책, pp.245-246, "到任初日 先制公廚供給之事 禁斷酒肴 凡百雜冗 一一蠲免 不納苞苴 身遠嫌疑 雖他郡守令所寄之物 終不容私以補官用 朝與夕惟一飯一羹 廚火蕭疎 机案凄凉 此其政之庶也 禁察非法 邪佞化爲忠直 懲戒頑兇 姦猾變爲循良 體獄有陰功 神明扶佑 決訟至公正 民庶得宜".
39) 위의 책, p.246, "所謂寬政·善政·廉政·報政·感政 公於一已俱已備焉".
40) 위의 책, p.156, "臨民豈易忽 民是天生民 要須與所欲 毋使多艱辛 苟不施惠愛 視如行路人 爾今爲父母 保之如子身 散也今久矣 宜赦以循循 公道合人事 德望出于倫 以此致君民".

가 있으니 반드시 곧은 사람을 쓰고 굽은 사람을 버릴지라"41)고 하였다.

여기서 곧은 사람을 쓰고 굽은 사람을 버린다는 말은『논어』爲政편에 나오는 말이다. 魯나라 임금 哀公이 어떻게 하면 백성이 服從하는가를 묻자, "直者를 일으키고 모든 枉者를 버리면 백성이 복종하고 枉者를 일으키고 直者를 버리면 백성이 복종하지 않는다"42)고 공자는 대답한 것이다. 이에 대하여 朱子도 곧은 사람을 좋아하고 굽은 사람을 미워하는 것은 천하의 지극한 인정이니 이를 좇으면 백성이 복종하고 거역하면 좇지 않는 것은 必然之理라고 하였다.43)

정치의 성패는 백성이 복종하느냐 복종하지 않느냐에 달려 있고 백성의 복종여부로 인재를 잘 물색하여 등용하느냐 그렇지 못하냐에 달려 있는 것이며 또한 인재의 물색에는 무엇보다도 곧고 곧지 못함을 기본적인 기준으로 삼지 않을 수 없는 것이다. 왜냐하면 아무리 재능이 훌륭하더라도 사람이 곧지 않으면 그 재능은 백해무익할 수밖에 없는 까닭이다.

直者를 쓰고 枉者를 버리는 것은 국가사회의 기강과 불가분의 관계에 있는 것이다. 여말의 사회상에 비추어 사회기강의 확립은 무엇보다도 절실한 당면과제이었음을 짐작할 수 있다. 그리하여 운곡은 金進士가 보낸 시에 차운한 가운데서 "퇴폐한 기강을 바로잡는 것이 당면한 일이니 공자의 遺風을 떨치라"44)고 강조하였던 것이다.

또한 운곡은 伊川監務로 부임하는 元承奉을 보내면서 쓴 시에서 "그대의 펴는 교화에 偏黨이 없고……민중의 마음을 내 마음으로 삼는다면 옛날의 龔黃이 될 수 있다"45)고 하였고 시의 서문에서는 "그대의 도덕이 안에 행해지고 밖에까지 퍼지는 것은 여러 사람들의 바라는 바"46)라고 하였다.

41) 위의 책, p.158, "敦詩厚禮有餘裕 必須擧直措諸枉".
42)『論語』爲政편, "擧直錯諸枉則民服 擧枉錯諸直則民不服".
43) 위의 글, "好直而惡枉 天下之至情也 順之則服 逆之則去 必然之理也".
44)『耘谷元天錫詩史』pp.339-340, "整頓頹網當是日 請君須振素王風".
45) 위의 책, p.422, "使君宣化無偏黨……若以衆心爲已用 卽今元子古龔黃". 앞서 指摘된 바 漢나라의 龔遂와 黃霸를 말함. 龔遂는 明經으로 벼슬하여 宣帝時에 渤海太守로 儉約한 生活과 勸農桑으로 百姓을 잘 다스리었으며 黃霸는 律令을 공부하여 벼슬하고 潁川太守와 丞相을 지낸 으뜸가는 漢代의 牧民官임.
46) 위의 책, p.421, "君之道德行乎中而薄於外 衆所望也".

운곡은 공자의 正名思想에 입각한 名實論을 중시한 것으로 보인다. 그리하여 馬奴驛에서 읊은 시로 "인간만사에 어찌 떳떳함이 없으리, 명실이 서로 맞지 않는 것은 세상이 증오하는 바"[47]라고 하였다.

정명사상은 『논어』 子路篇에서 그 연원을 찾아볼 수 있다. 어느 날 자로가 공자에게 "衛나라 군주가 선생님을 초빙하여 정치를 해나가고자 하는데 선생님께서는 장차 무엇을 먼저 하시겠습니까?"하고 물었더니, "반드시 먼저 名을 바르게 하겠다"고 공자는 대답하였다. 그러나 이러한 공자의 대답은 자로가 쉽사리 납득할 수 없는 것이었다. 왜냐하면 명을 바르게 한다는 것, 즉 정명이란 것이 현실과는 거리가 먼 것이어서 우선적으로 해야 할 급무는 아니라고 생각되었기 때문이다. 그리하여 공자는 다시 부연하여 말하기를 "명이 바르지 못하면 말이 불순하고 말이 불순하면 일이 성취되지 못하고 일이 성취되지 못하면 예악이 不興하고 예악이 不興하면 형벌이 적중하지 못하고 형벌이 적중하지 못하면 백성이 수족을 둘 바가 없다"[48]고 하였다.

자로의 생각처럼 정명이 결코 迂遠한 걱정에 지나지 않는 것은 아니라는 것을 공자는 역설한 것이다. 명이 부정한 결과는 행위의 척도를 객관적으로 백성들에게 제시하지 못하게 되므로 정치가 제대로 될 리가 없는 것이다. 그러므로 정명이야말로 정치의 기본이며 제일보라고 말할 수 있는 것이다.

공자가 말하는 정명은 정명 자체로써 의미가 있는 것이 아니고 정치적 사회적 현실문제를 해결하는 수단으로서 중요한 의미를 갖는다. 名을 바르게 한다는 것은 名과 物이 바르게 대응하도록 하는 것인데 이를테면 왕은 왕대로 그 명에 적합한 덕망과 행실이 요청되는 것이며, 신하는 신하대로 그 명에 적합한 덕망과 행실이 요청되는 것이다. 따라서 왕이던 신하던 간에, 왕으로 또는 신하로 명명되고 또한 호칭되는 이상, 그에 적합한 덕망을 갖추고 소임을 행하지 않으면 안 되는 까닭에 비록 형식논리적으로는 정명

---

47) 위의 책, p.150, "人間萬事豈無恒 名實相違世所憎".

48) 『論語』 子路편, "子路曰衛君 待子而爲政 子將奚先 子曰 必也正名乎……名不正則言不順 言不順則事不成 事不成則禮樂不興 禮樂不興則刑罰不中 刑罰不中則民無所措手足".

이 개념의 정의로만 보이기 쉬우나, 단순한 개념의 정의에만 그치지 않고 한 걸음 더 나아가 행위의 규범이기도 한 것이다. 이와 같이 논리의 근본조작이라고 할 수 있는 정의와 도덕적 규범으로서의 실천논리가 불가분의 관계로 결합된 것이 바로 정명사상이며 명실론인 것이다.[49]

운곡이 "인간만사에 어찌 떳떳함이 없으랴"고 한 글에서 떳떳함(恒)이란 바로 명과 실이 상부하는 정명사상의 철학이 내포된 개념인 동시에 인간사회에 있어서 표면적이고 종속적인 變因과는 달리 심층적이고 독립적인 변인의 세계를 긍정하는 것이며, 사실의 세계와는 다른, 가치의 세계, 당위의 세계를 강조한다고 생각된다.

운곡은 前按部豊儲倉使 李公의 시에 차운한 시에서 "붉은 티끌이 사람을 굽게 할까 두려워 홀로 구름과 달을 벗하여 天眞대로 산다. 한 보습 有莘의 들에 남은 일은 없고 다만 堯舜의 백성되기를 바랄 뿐, 평생에 남을 모를까 걱정하여 골짜기 어귀에 김을 매면서 漢나라 鄭子眞(樸)을 본 받는다"[50]고 하였다.

그는 세속적인 부귀영화로 인하여 자신의 순결무구한 천성을 더럽힐까 두려워한 것이다. 다만 雲月을 벗하여 存心養性하면서 옛날에 伊尹이 湯에게 세 번씩이나 초빙되어 마지못해 세상에 나가기까지 논밭을 갈던 有莘과 같은 초야에서 스스로 만족하니 남은 욕심이라곤 唐虞時代와 같은 태평성대의 백성되는 것밖에는 없다는 것이다. 그러면서 평생을 통해 남이 자기를 알아주지 않는 것을 근심하기보다는 오히려 자신이 남을 알아주지 못할 것을 걱정하면서 漢나라 鄭樸이 成帝때에 대장군 王鳳에게 禮聘을 받아도 굳이 나아가지 않고 침묵을 지킨 청아한 高節을 본 받는다고 노래한 것이다. 그리고 그는 이 시를 통하여 자신의 隱遁 속에서 간직하고 있는 인생관을 잘 나타내는 동시에 다른 한편으로는 요순과 같은 성인의 정치를 이상으로 그리고 있음을 말해 주고 있다. 그는 眞感이라는 詩題로도 "어진 성인이 통치하는 唐虞時代와 같은 태평성대를 만나서 한 평생 태평가를 불러보기

---

49) 末木剛博, 『東洋の合理思想』, 東京 : 講談社, 1977, pp.228-232 참조.

50) 『耘谷元天錫詩史』, pp.340-341, "却恐紅塵枉活人 獨將雲月養天眞 一犁莘野無餘事 但願身爲高舜民 平生只患不知人 谷口躬耕效子眞".

882

를 원한다"51)고 하였다.

이러한 운곡의 정치철학은 『論語』 爲政편에서 이른바 "법제금령으로써 이끌어 나가고 형벌로써 가지런하게 하면 백성이 그것을 면할 만하고 부끄러워함이 없으며, 덕으로써 이끌어 나가고 예로써 가지런하게 하면 부끄러워함이 있고 바르게 된다"52)는 원리와 일치하는 것으로 이것은 춘추시대의 공자와 전국시대의 맹자 이래로 논리화한 유가의 덕치주의에 입각한 德主刑輔思想이며 唐虞의 치세를 이상으로 삼는 정치철학인 것이다.

2) 역사의식과 우국정신

운곡은 病中記聞에서 "근래 듣건대 조정의 명령으로 연호를 없애고 의복을 고치며 장정의 수대로 군사를 뽑아 上下가 모두 준비에 바쁜가하면 장차 십만 대군을 이끌고 압록강을 건너려 한다니 곧 遼海의 길에 오르면 그 씩씩한 기운이 깃발을 날리고 무서운 위엄이 중국에 떨침으로써 감히 畏服하지 않을 자 없어 응당 凱旋의 날이 다가올세라. 그 때엔 四夷가 다 귀속되고 聖主께선 무궁한 수명을 누려 周武의 발자취를 이어 받으시리니 비록 이 늙고 병든 몸이나마 기꺼이 태평의 노래를 함께 부르겠거늘 어찌타 압록강을 건너지 않고 돌연히 말고삐를 빨리 돌리며 西都에 계시는 大駕도 돌아오는 거동이 왜 그리 급박하신고. 가엾도다 都統公만이 홀로 서서 원망을 듣게 되었도다. 기둥과 주추가 이미 위태로운데 크나 큰 집을 그 누가 지탱할건가"53)라 하였다.

---

51) 위의 책, p.346, "願逢仁聖唐虞世 民變時雍詠太平".
52) 『論語』 爲政편, "道之以政 齊之以刑 民免而無恥 道之以德 齊之以禮 有恥且格" "道之以德 齊之以禮 有恥且格"에 대하여 朱子는 "實踐躬行으로 거느리면 百姓들이 그것을 보는 바가 있어서 感發하여 興起한다"는 것을 말하는 것이라고 解釋한다. (同註 참조)
53) 『耘谷元天錫詩史』, pp.353-354, "近聞有朝旨 除年號改服 抽兵盡丁數 上下事馳逐 貔貅十餘萬 欲渡鴨江綠 方期遼海路 壯氣浮旗纛 虎威振中原 誰敢不畏伏 應當凱旋日 四夷皆附屬 聖主壽無疆 繼踐周武躅 我雖老且病 與唱太平曲 乃何不渡江 奮然回轡速 翠華在西都 反駕何踢促 可憐都統公 獨立招怨讟 柱石旣傾危 將何支厦屋".

이것은 이른바 위화도회군을 비판한 것이다. 1388년(우왕 14) 5월 요동정벌차 군사를 이끌고 압록강 하류의 위화도까지 진군한 우군도통사 이성계는 소국으로써 대국을 거역함이 불가하다는 점을 비롯하여 夏季發兵의 불리로 왜구침입의 우려 등을 이유로 내세워 요동정벌이 불가능함을 주장하였으나 당시 서도(평양)에 있던 팔도도통사 최영과 우왕은 오히려 진군명령만 거듭하였으므로 이성계는 회군을 단행하여 최영을 잡아 高峰縣(高陽)으로 유배하고 왕은 강화도로 추방하였던 것이다.[54]

이 사건에서 운곡은 요동정벌계획을 지지하고 찬양하면서 이것이 중단되고 좌절됨을 애석하게 보는 것 같다. 이어서 우왕을 폐위하고 왕자 창을 즉위시킨 데 대하여 <伏聞主上殿下遷于江華元子卽位有感二首>에서 "군신도 적당한 시기에 서로 만나는 법, 돌고 도는 천운을 이제부터 알겠네, 초야의 백성인들 나라 걱정 없으랴. 다시 충성을 다해 편코 위태로움을 염려한다오. 새 임금이 즉위하고 옛 임금이 옮기니 쓸쓸한 바다고을에 바람과 연기뿐이로세. 하늘 문의 바른 길을 그 누가 열고 닫을 것인가. 곧 밝고 밝은 거울이 눈앞에 있을 것을 보게 되리"[55]라고 읊었다.

1389년(공양왕 원년) 창왕을 폐위하고 定昌君 瑤를 즉위시키고 나서 전왕부자 우왕과 창왕을 신돈의 자손이라 하여 庶人으로 격하시킨데 대하여 다음과 같이 시를 읊었다. "전왕부자가 각기 헤어졌다니 만리나 떨어진 동쪽 서쪽 하늘의 끝이다. 몸 하나는 서민으로 만들 수 있을망정 정당한 명분은 千古에 바꾸지 못하리라. 祖王의 진실한 맹서가 하늘에 감응했기에 그 끼친 은택이 수백년을 흘러 전했거늘 어찌하여 거짓과 참을 일찍이 가리지 않았던가. 저 푸른 하늘의 거울만은 밝게 비추시리라".[56] 여기서 "可使一身爲庶類 正名千古不遷移"라 한 것은 正名의 항구성을 강조한 것이라 할 수 있다.

---

54) 『韓國史大系 朝鮮前期편』, p.25.

55) 『耘谷元天錫詩史』, p.354, "聖賢相遇適當時 天運循環自此知 畎畝豈無憂國意 更殫忠懇念安危. 新主臨朝舊主遷 蕭條海郡但風烟 天關正路誰開閉 要見明明鑑在前".

56) 위의 책, p.422, "前王父子各分離 萬里東西天一涯 可使一身爲庶類 正名千古不遷移 祖王信誓應乎天 餘澤流傳數百年 分揀假眞何不早 彼蒼之鑑照明然".

884

『禮記』儒行篇에는 "偏黨을 만들어 위협하는 자가 있어서 몸은 비록 위태로울 수가 있으나 뜻은 가히 **빼앗기지** 않는다"[57]고 하였거니와 우왕 창왕을 아무리 서인으로 격하한다 하더라도 왕씨족의 정통성은 부인될 수 없는 사실이라고 역설한 것이다. 이때 우왕은 강릉에 있었고 창왕은 강화에 폐출되었었다.

같은 해 12월에 우왕과 창왕이 賜死당한 데 대하여 "지위가 鐘鼎에 높은 것이 왕의 은혜이거늘 도리어 원수가 되어 일문을 멸망시켰네"[58]라고 읊었다. 여기서도 운곡은 이성계가 은혜를 은혜로 갚지 못할망정 오히려 원수로 갚는 배은망덕과 패륜을 신랄히 비판한 것으로 해석된다.

운곡은 최영의 처형에 대하여 <聞都統使崔公被刑寅歎>이라 題하고 다음과 같이 읊었다. "水鍾의 빛이 묻히고 기둥과 주추가 무너졌으니 西方의 民物들이 모두 슬피 울부짖네. 빛나는 공업은 마침내 썩고 말았지만 확고한 충성이야 죽어선들 어찌 사라지랴. 紀事靑篇이 일찍이 帙에 가득한데 가엾어라 누런 흙은 이미 무덤을 이룩했네.……나 이제 부음듣고 애도의 시를 짓는 것은 공을 위한 슬픔이 아니고 나라 위한 슬픔이라오."[59] 이 시에서 일개 장수의 죽음을 슬퍼하는데 그치지 않고 국가의 운명과 강상이 무너짐을 비탄하였다고 볼 수 있다.

국호를 조선으로 개정한데 대하여는 "왕씨가의 사업이 티끌이 되자 산하는 의구하되 국호는 바뀌네. 그래도 풍물만은 세상일 따라 변하지 않아 일 없는 閑客을 마음 상하게 하네. 아마도 천자가 동방을 소중히 여겨 조선이라는 국호를 이치에 합당하다고 한 듯. 箕子의 끼친 바람이 장차 일어난다면 반드시 中夏 사람들과 그 觀光을 다투리라"[60]고 하였다.

여기서 운곡은 기자의 유풍을 매우 숭상하고 있음을 본다. 기자는 예의와 田蚕織作으로 교화하고 犯禁八條로 범죄를 규제하였기 때문에 그 결과로

57) 『禮記』儒行篇, "有比黨而危之者 身可危也 而志不可奪也".
58) 『耘谷元天錫詩史』, p.422, "位高鍾鼎是君恩 反自各讐已滅門".
59) 위의 책, p.416, "水鏡埋光柱石頹 四方民物盡悲哀 赫然功業終歸朽 確爾忠誠死不灰 紀事靑篇曾滿帙 可憐黃壤已成堆……我今聞計作哀詩 不爲公悲爲國悲".
60) 위의 책, p.549, "王家事業便成塵 依舊山河國號新 雲物不隨人事變 尙令閑客暗傷神 恭惟天子重東方 命號朝鮮理適當 箕子遺風將復振 必應諸夏競觀光".

백성들이 서로 훔치지 아니하고 문호를 닫지 아니하며 부인은 貞信하고 淫
辟하지 아니하였다고 전한다.[61] 기자는 은나라 紂王의 太師로서 공자는 그
를 은나라 三仁의 한사람으로 칭송하였다.[62]

<新國>이라는 시에서는 "해동천지에 큰 터전을 마련하고 강상을 정돈
해 마침 때를 만났어라. 4대의 王孫이 지금의 태조이고 삼한의 국토 뒤가
바로 고려이네. 陵寢을 깨끗이 쓸고 새 명령 내리고 朝班을 바로 정해 옛
제도를 고쳤는데 그로부터 다른 나라도 큰 교화에 돌아오기에 산에 오르고
바다를 건너면서 피로함을 몰랐었네"[63]라고 하였다.

이러한 시를 통해 볼 때 운곡은 고려조의 사종을 중시하면서도 다른 한
편에서는 새로이 부상한 조선왕조의 혁신도 지지하는 것으로 보인다. 다시
말하면 강상만을 절대시하지 않고 상황에 따른 權變을 동시에 인정하면서
의리를 중시하는 것으로 보인다.[64]

또한 <用晨興詩韻>에서는 "조정의 기강을 고치고 號令이 새로우니 우
리 임금의 그 공덕 거룩하고도 신기로와라. 바다나라에서 朝覲하기 위해 方
物을 실어오고 국경엔 편안하여 賊의 티끌이란 다 쓸어버렸네. 새방 북쪽
십년에 누가 서신을 부쳤던가. 강 남쪽 만里에 스스로 이웃을 통하니 가련
하여라. 예와 이제의 홍하고 망한 일들이 얼마나 뒷 사람으로 하여금 또 뒷
사람을 슬프게 하는고"[65]라고 읊었다.

---

61) 『漢書』地理志, "殷道衰 箕子去之朝鮮 敎其民以禮義 田蠶織作 樂浪朝鮮民犯禁
八條……是以其民終不相盜 無門戶之閉 婦人貞信不淫辟". 箕子의 東來說에 대하
여서는 몇 가지 엇갈리는 學說이 있으나 本稿에서는 論外로 한다.
62) 『論語』微子편, "微子去之 箕子爲之奴 比干諫而死 孔子曰 殷有三仁焉".
63) 『耘谷元天錫詩史』, p.560, "海東天地啓鴻基 整頓綱常適値期 四代王孫今太祖 三
韓國土後高麗 掃淸陵寢敷新命 刪定朝班改舊儀 從此異邦投盛化 梯山航海不知
疲".
64) 麗末鮮初의 狀況에 대하여 創業의 時期인지, 守成의 時期인지, 更張의 時期인지
는 理論的으로 儒學思想에서 判斷되는 것이 아니라 當時의 社會, 經濟, 政治, 外
交, 軍事, 文化的인 側面에서 綜合的으로 判斷돼야 한다고 보는 것이 妥當하다고
생각된다(柳承國, 앞의 책, pp.181-182 참조).
65) 위의 책, "革整朝綱號令新 我君功德聖之神 海邦朝覲輸方物 邊境安寧掃賦塵 塞
北十年誰寄信 江南萬里自通鄰 可憐今古興亡事 幾使後人哀後人".

886

3) 사회의식과 애민정신

운곡은 부역, 병역, 重稅, 권세가의 수탈과 私刑, 한발과 수재 등으로 인하여 극도로 피폐한 농촌사회상을 소개하고 그 밖에도 樂府의 기생소환, 量田官制度 등을 묘사하고 있다.

어느 시대를 막론하고 모두 마찬가지이겠지만 여말의 농민사회에 있어서는 田制가 심각한 문제였다고 생각된다. 왜냐하면 농민을 위한 합리적인 田制下에서만 농민생활이 유지되고 농민사회가 안정될 수 있기 때문이다. 그럼에도 불구하고 고려사회의 전제는 귀족관료본위의 전제였기 때문에 왕실까지도 영향을 받을 정도였던 것이다.

고려의 귀족관료들은 국가로부터 받은 科田과 세습이 허락되는 功蔭田이나 賜田을 가지고 있었으며 그 밖에도 남의 토지를 購得하여 겸병하거나 投托을 받기도 하고 개간을 하기도 하였다. 이러한 토지는 초기의 私田과는 달리 수조권과 관리권을 행사할 수 있는 농장으로 변질하였다. 그들은 농장관리인을 파견하기도 하고 소유토지 안에다 莊舍를 짓고 거주하며 허다한 노비와 佃戶들을 결정해 주고 국가에서 租를 받아서 수조권자에게 넘겨주던 초기의 사전과는 판이하게 다른 것이었다.

이것은 말하자면 농장의 확대화 과정이라고 말할 수 있는데 이러한 현상이 일어나기 전에는 농민들은 국가의 직접적인 지배하에서 국가에서 할당한 公私田의 경작에 종사하고 있었다. 그러나 그들은 매우 가혹한 조건 밑에서 일하고 있었으므로 그 생활은 비참하였고 따라서 한 곳에 오랫동안 정착하지 못하고 사방으로 떠돌아다니는 流民이 되는 수가 많았고 새로이 확대화한 농장으로 흡수되었다. 이러한 농장에서 일하는 사람들은 佃戶와 노비이었는데 노비는 국가로부터의 課役을 면제받을 수 있는 일종의 특수한 혜택이 있었던 까닭에 전호에 비하여 증가하는 경향이 있었다.

이때 대농장소유주인 권문세족에 대하여 불만을 가졌던 세력은 농민들 자신뿐만 아니라 농장을 소유하지 못하였던 신진귀족관료층과 국왕이었다. 왜냐하면 국가재정의 빈곤으로 녹봉이 폐지됨으로써 신진관료는 생활을 위협당하게 되고 기성관료의 농장은 국왕의 직접 관할하에 있는 莊處까지도 침식하기에 이르렀던 까닭이다.66)

이와 같이 사회적 형평을 교란하고 비합리적인 방향으로 변모한 전제는 공민왕대에 이르러 그 개혁이 크게 추진되지만 신돈이 실정과 弑逆陰謀로 피살되고 공민왕마저 환관에게 살해 당함으로써 실패에 그치고 말았다. 이 것은 후에 이르러 이성계가 정권을 장악한 후 신진성리학자들의 개혁론을 받아들임으로써 개혁의 성공을 보게 된다.

이러한 고려의 전제를 보더라도 당시의 농민사회상이 과연 어떠하였는가 를 능히 짐작할 수 있다. 농촌은 극도로 피폐하여 갖가지 참혹한 모습을 드 러내었을 것은 명약관화한 일이다. 백성의 고통을 자신의 고통으로 알고 그 속에서 함께 고락을 나누는 운곡으로서는 농민사회상을 題材로 붓을 들지 않을 수 없는 필연적인 상황 속에 있었던 것이다.

그는 <代民吟>에서 "생애는 물과 같이 차갑고 부역은 구름처럼 어지러 워라. 갑자기 성을 쌓는 군사가 되었다가 또 쇠 다루는 일꾼을 겸하기도 하 네. 바람서리에 농사까지 그르치고 누더기 옷으로 밤낮 처자걱정을 잊을 수 없어 마음이 들끓어 타오르듯 하네"[67]라 하였다.

또 운곡이 楊口郡에 이르러 "주택들이 비스듬히 땅으로 쓰러지고 온 마 을이 텅 비어 연기나는 데가 없음을 보고 행인에게 물으니 옛부터 땅이 좁 고 토박하여 民物이 쇠잔했는데 근래에 와서는 토지마저 권세가들이 빼앗 고 백성을 못살게 하며 세금도 많이받아 발 붙일 만한 땅이 없게 되었고 겨 울만 되면 세금 독촉하는 무리들이 날마다 문이 터지도록 연이어 만일 명령 을 어기면 손발을 높이 매달고 심지어는 棍杖까지 때려 살과 뼈가 해어지 니 죽지 못해 백성들이 사방으로 흩어졌기 때문"이라고 하여[68] 이 말을 듣 고 지은 <方山路上五言詩八句>에서도 "무너진 집에 새들만 지저귀니 백 성은 도망가고 아전도 보이지 않네. 해마다 민폐만 더했거늘 어느 날 어느

---

66) 李基白, 『國史新論』, pp.188-194 참조.

67) 『耘谷元天錫詩史』, p.539, "生涯寒似水 賦役亂如雲 急抄築城卒 兼抽鍛鐵軍 風霜 損禾稼 縷雪弊衣裙 未忘妻孥養 心煎火欲焚".

68) 위의 책, p.541, "吏民家戶欹斜倒地 寂無烟火 問諸行路答曰 此邑乃狼川郡之兼領 官也 自古地窄田磽 民物凋殘 比來權勢之家 奪有其田土擾亂 其人民租稅至多 雖 容足立錐之地 無有空閑 每當冬月收租徵斂之輩 塡門不已 一有不能則 高懸手足 加之以杖 剝及肌骨 居民不堪流移失所 鼓如斯也".

때 즐겁게 지냈으랴. 토지란 토지는 권세가에게 **빼앗겼는**데도 포악한 무리들은 문 앞에 연이었네. 묻노니 이 고생 누구의 허물인고 남은 주민 더욱더 가엾어라"고 읊었다.[69]

또한 <苦旱>이라고 題한 시에서는 "몇달 동안 山城에 비라고는 오지 않아 풀없는 큰 들판 천리가 빨갛게 되었네. 사람들은 가뭄병에 걸리어 서로 지껄이면서 몇 번이나 구름 무지개를 바라보고 애태웠던가. 商羊은 춤추지 않고 한발은 자학하여 때아닌 서쪽 바람이 쉬지 않고 불어대네. 오래 마른 논에는 누런 먼지가 일어나고 곳곳의 샘물에는 물줄기가 끊겼어라. 1年 내내 농사지은 것 다시 말해 무엇하나. 피와 조 다마르고 콩보리는 전혀 없네.……이제는 생명마저 이미 끝장났거니 다시 무슨 물건으로 세금에 충당할 건가. 옛부터 저 城東에 신령스런 祠堂있어 날마다 무당들 모여 복을 빌어 주느라 북소리 나팔소리가 우뢰처럼 시끄럽고 머리에 火盆이고 줄을 지어 다니며 지껄이고 뛸 때엔 땀이 옷을 적시는데 하늘을 우러러보면 푸르기만 해라. 또 절을 찾아갈 때면 스님들이 모두 모여 眞經을 읽으면서 법도를 베푸는데 정성이 이러하지만 비는 아주 오지 않으니 저 조물주도 몹시 警責해야 하겠네"[70]라고 읊었다.

이러한 시를 통하여 丙辰年 당시의 한발이 얼마나 극심했는가를 능히 짐작할 만하다. "大野不毛千里赤"이라고 표현할만큼 심한 한발을 극복하기 위하여 행해진 민간의 각종 기우제와 불가의 祈雨讀經과 國令으로 내려진 雲雨經讀經 등은 注目할 만하다고 생각된다. 또 운곡은 麟蹄縣에서 "田畓에 水災를 겪었다더니 나무 끝 군데군데 뗏목 가지 걸려있네. 사람이 드무니 도망간 집 많은 줄 알겠고 땅이 좁으니 盛名 얻기 어려워라"[71]고 읊었

69) 위의 책, p.15, "破屋鳥相呼 民逃吏亦無 每年加弊瘼 何日得歡娛 田屬權豪宅 門連暴虐徒 孑遺殊可惜 辛苦竟何辜".

70) 위의 책, p.252, "山城數月霖雨絶 大野不毛千里赤 人罹旱暵相嗷嗷 幾望雲霓頗勞劇 商羊不舞旱魃虐 律外西風吹不隔 水田久涸起黃埃 處處靈泉俱絶脉 一年農事更何論 稗粟焦乾無菽麥……到今生命已焉哉 更將何物充賦額 城東自古有靈祀 日聚巫覡祈恩澤 喧闐鼓吹殷如雷 首戴火盆行路繹 嘵嘵踴躍汗流表 仰視天宇深紺碧……又尋佛宇集緇流 披讀眞經開法席 虔誠如此長不雨 造物亦當深驚責".

71) 위의 책, p.150, "聞道水災田畝滛 行看樹杪海查橫 人稀始覺多逋戶 地窄終難得盛名".

다.

  그리고 운곡의 이웃에 병들고 나이 많은 한 노파가 있었는데 娼妓가 된 외딸에 의지하여 구걸로 부양을 받아 오던 중 그 딸이 樂府에 소환되어 곧 길을 떠나게 되자 노파가 슬피 울었다고 한다. 이런 광경을 보고 운곡은 "우는 소리 슬프고 슬퍼 天門에 들리니 모녀의 이별하는 정 밝은 날도 어두워지네. 聲色이란 예부터 하나의 즐거움을 이바지할 뿐이라. 태평시대의 기상이야 이 속에 있을건가"[72]라고 읊었다. 이 시를 통하여 사후의 보장도 없이 자식과 생이별하여 여생이 암담한 노파의 형편을 엿볼 수 있다. 그리고 聲色이란 것이 古來로 시각과 청각만을 일시적으로 즐겁게 해주는데 지나지 않음을 말해 주고 있다.

5. 결언

  『운곡원천석시사』를 통하여 알 수 있는 바와 같이 운곡은 90여 평생을 치악산 기슭의 운곡에 묻혀 은거하는 동안에 이색, 정도전을 비롯한 유명 무명의 관리와 선비들의 내방을 받기도 하고 鄕學의 서생들과 시로써 교유하였으며 契內人士들과도 때때로 사귀어가며 때로는 술을 즐기고 밭도 갈고 芝草도 캐며[73] 喪妻 후로는 줄곧 홀아비로 생활을 지탱해 나갔다.[74]

  그는 역사를 읽었을 뿐만 아니라 역사를 기술하고 시를 쓰며 학문하고 사색하고 수행하였다. 그는 스스로 "동산집(廬)을 사랑한 陶淵明을 본받노라" "義路를 어찌 버리겠는가. 名利의 마당에서 일찍 도망쳤노라. 산천과 함께 蕭灑하게 살아가고 雲月과 함께 고고하게 지내리라. 어찌 감히 窮約함을 사양하랴"[75]고 외쳤다.

---

72) 위의 책, p.339, "哭聲哀怨至天門 母女分離白日昏 聲色古來供一豫 昇平氣像此中存".

73) 그는 「七日卽事」에서 "採芝耘谷無公廩 爲對雲煙放浩歌"라고 읊었다(『耘谷元天錫詩史』, p.548).

74) 그는 홀아비생활 21年째가 되는 해에 "失母兒童在眼前 固窮知分(十十)餘年……殘生空憶舊因緣 已終婚嫁無遺恨 方得安然向九泉"이라고 읊었다(위의 책, pp.337-338).

또 한편 그는 "妄尊自己한들 끝내는 무익하고 무모히 타인을 誹毁하면 오히려 불행하다. 福善禍淫이 天道이거늘 세상사람은 왜 信邪疑正하는 가"76)라고 세상을 탄식하기도 하고, "세상과 등진 나를 그 누가 알아주리"77) "몇달이나 병든 몸으로 지내고 보니 차가운 자라처럼 오그라드는 신세라오. 숱한 辛苦를 풀 길이 없고 만가지 우수를 잠시도 버리지 못한다"78)고 자탄하기도 하였다.

운곡은 언제나 어리석게만 보이고 한 소쿠리의 밥과 한 표주박의 물로 陋巷에서 그 樂을 고치지 아니하였던 顔回를 매우 존경하고 사숙하였던 것으로 보인다. 그리하여 회포를 적어 趙牧監에게 부치는 글에서 "안회의 어리석어 보임이 곧 나의 스승일레……"79)라 읊었고 "안회의 누항에서 즐기는 즐거움이여. 사람들은 그 근심을 못견디리만 나는 이제 즐거워해야만 할 뿐, 봄에도 해어진 무명옷을 입었다오"80)라고 하였다.

또한 邊竹岡의 <傲利名>이란 시를 차운하여 쓴 시에서 "군자는 원래 貧窮함을 잘 지켜 명예와 이익을 업신여기고 신선을 짝하나니 才略으로서 빛나는 벼슬에 오르지 않고 다만 문장에 힘써 깨끗한 바람을 떨칠 뿐이네.……도가 아닌 이름을 구하는 것 부질없는 일이라 이제 나도 내 초막을 사랑하기로 한다"81)고 읊었다. 그는 또한 <栽松>이란 시에서 "……대부란 칭호는 응당 부끄러워 하지만 군자의 마음만은 굳게 지닐지라"82)고 하였다.

『논어』里仁편에는 "군자는 의에 밝고 소인은 利에 밝다"83)고 하였다. 의

---

75) 위의 책, p.553, "……我效愛廬陶 義路何曾舍 名場早已逃 山川共蕭灑 雲月伴孤高 豈敢辭窮約……".

76) 위의 책, <嘆世三首>, p.541, "……妄尊自己終無益 謀毁他人甚不休 福善福淫天道近 信邪疑正世情悠".

77) 위의 책, p.153, "……誰識吾行與世違".

78) 위의 책, p.154, "……忽作病夫經數月 有如寒鱉縮多時 百般辛苦難能釋 萬種憂愁不暫離……".

79) 위의 책, pp.152-153, "回也如愚是我師".

80) 위의 책, p.429, "回之陋巷樂 人不堪斯憂 我今聊樂耳 衣弊木綿裘……".

81) 위의 책, p.427, "君子由來自固窮 傲於名利伴仙翁 不將才略登華秩 但把文章振素風……非道求名是閑事 卽今吾亦愛吾廬".

82) 위의 책, p.417, "應耻大夫號 固特君子心".

란 天理의 마땅한 바를 말하며 利란 인정이 욕구하는 바를 가리킨다. 군자는 生을 버리고 의를 취한다. 그런데 利로 말한다면, 사람이 욕구하는 바로는 생보다 더함이 없고 사람이 싫어하는 바로는 죽음보다 더한 것이 없으니 누가 생을 버리고 의를 취하기를 즐겨 하겠는가.[84]

운곡은 인정이 욕구하는 바 출세욕이나 재물욕을 버리고 오직 도를 구하고 淸風을 떨치는 것으로 진정한 利를 삼았던 것이다. 이것이 바로 그가 스스로 읊은 것처럼 "산림 속에도 濟世의 선비가 있고……가시 숲에도 芝蘭의 향기가 있음"[85]을 보여주는 것이라고 말할 수 있다.

맹자는 성인의 유형으로 넷을 들어 말하되 "伯夷는 聖之淸者요 伊尹은 聖之任者요 柳下惠는 聖之和者요 孔子는 聖之時者"[86]라 하고 또한 "君다운 군이 아니면 섬기지 아니하며 백성다운 백성이 아니면 부리지 아니하며 다스려지면 나아가고 어지러우면 물러나는 이는 伯夷요, 누구를 섬긴들 군이 아니며 누구를 부린들 백성이 아니냐하여 다스려져도 나아가고 어지러워도 또한 나아가는 이는 伊尹이오, 가히 벼슬할 만하면 벼슬하고 가히 떠날 만하면 떠나며 가히 더 머물 만하면 더 머물고 가히 재빨리 떠날 만하면 재빨리 떠나는 이는 공자"[87]라고 하였다.

그리고 다시 부연하되 "伯夷는 군다운 군이 아니면 섬기지 아니하며 벗다운 벗이 아니면 벗하지 아니하며 惡人의 조정에 서지 아니하여 악인으로 더불어 말하지 아니하더니 악인의 조정에 서서 악인으로 더불어 말하되, 朝衣와 朝冠으로써 진흙과 숯덩이에 앉은 듯하며 악을 미워하는 마음을 미루어 생각하되 鄕人으로 더불어 섬에 그 향인의 冠이 바르지 아니하면 황급히 떠나기를, 장차 더럽혀질 듯이 하니, 이런 고로 제후가 비록 辭令을 잘

---

83) 『論語』里仁편, "君子 喩於矣 小人 喩於利".

84) 위와 같음.

85) 『耘谷元天錫詩史』p.155, "山林亦有濟時才……棘林豈欠芝蘭馥……".

86) 『孟子』萬章章句 下, "伯夷 聖之淸者也 伊尹 聖之任者也 柳下惠 聖之和者也 孔子 聖之時者也".

87) 『孟子』公孫丑 上, "非其君不事 非其民不使 治則進 亂則退 伯夷也 何事非君 何使非民 治亦進 亂亦進 伊尹也 可以仕則仕 可以止則止 可以久則久 可以速則速 孔子也".

만들어 다달을 者가 있어도 받지 아니하니 (그 辭令을) 받지 아니함은 취임을 반갑게 여기지 아니함"[88]이라고 하였다.

뿐만 아니라 "伯夷는 눈으로 惡色을 보지 아니하며 귀로는 惡聲을 듣지 아니하고,……橫政의 나오는 바와 橫民이 머무는 바에 차마 居하지 아니하며 鄕人으로 더불어 처함을 생각하되 朝衣와 朝冠으로 진흙과 숯덩이에 앉은 듯하더니, 紂의 통치시대를 당하여는 北海濱에 거처하면서 천하가 맑아지기를 기다리었으므로 伯夷의 風을 들은 者는 頑惡한 지아비는 分辨함이 있고 柔弱한 지아비는 立志하게 되었다."[89]고 하였다.

許穆이 운곡의 墓碣에서 "伯夷는 聖之淸者이다. 선생은 백이의 짝"[90]이라고 술회한 것은 매우 합당한 표현이라고 생각된다. 백이가 紂와 같은 폭군치하에서는 北海濱에 살면서 천하가 맑아지기를 기다린 것과 같이 운곡은 원주의 耘谷 골짜기에 묻혀 세상이 맑아지기를 기다린 것이다. "군자는 숨어살아도 세상을 버리지 않는다 하는데 선생도 세상을 피해 스스로 숨어 살았으나 세상을 잊은 것은 아니오 도를 지켜 변하지 않음으로써 그 몸을 깨끗이 한 것이다."[91]

그는 도도한 名利의 물결을 저항하는 砥柱와 같이 磊磊落落한 高節을 간직함으로써 松柏의 後凋[92]와도 같은 百世淸風의 귀감을 보이는 동시에 예리한 필봉으로 대전환기의 야사를 기술하여 공자의 춘추의리정신을 발휘

---

88) 『孟子』公孫丑章句 上, "非其君不事 非其友不友 不立於惡人之朝 不與惡人言 立於惡人之朝 與惡人言 如以朝衣朝冠 坐於塗炭 推惡惡之心 思與鄕人立 其冠不正 望望然去之 若將浼焉 是故諸侯雖有善其辭命而至者 不受也 不受也者 是亦不屑就已".

89) 『孟子』萬章章句 下, "伯夷 目不視惡色 耳不聽惡聲……橫政之所出 橫民之所止 不忍居也 思與鄕人處 如以朝衣朝冠 坐於塗炭也 當紂之時 居北海之濱 以待天下之淸也 故聞伯夷之風者 頑夫廉 儒夫有立志".

90) 『耘谷元天錫詩史』, 「石逕墓所事蹟 高麗國子進士耘谷先生墓碣」, p.587, "伯夷 聖人之淸者也 先生盖伯夷之倫也".

91) 위의 글, "君子隱不遺世 先生雖逃世自隱 非忘世者也".

92) 許穆은 耘谷先生 墓碣에서 季節이 추워진 후에야 松柏이 뒤늦게 파리해 짐을 안다(『論語』子罕편, "歲寒然後知松柏之後凋也")고 한 孔子의 말을 引用하여 禮讚하고 있다(『耘谷元天錫詩史』, p.587).

함으로써 난신적자를 두렵게 하고 인의를 수호하려 애썼던 것이다.

애석하게도 그 사서가 멸실되고 말아 커다란 문헌적 유산을 손실하였으나 그가 잡았던 정의의 직필을 시사를 통해서도 충분히 엿볼 수 있는 것이다. 굳이 맹자의 표현을 빌지 않더라도 운곡의 역사의식은 지각없는 이로 하여금 분변을 갖게 하고 유약한 이로 하여금 입지케 하는데 부족함이 없을 것으로 안다. 과연 운곡은 沈東翼의 禮讚과도 같이 圃隱 牧隱 (冶隱) 등 여말 三賢과 忠貞을 나란히 한 고결한 선비라 하겠다.[93]

---

93) 위의 책, p.589, "可與夷齊相上下 遂從圃牧並忠貞".

894

耘谷 詩의 道學的 성격

김 영 봉[*]

1. 머리말

耘谷이 儒佛道 三教一理論을 견지하였다는 것은 잘 알려진 사실이고,[1] 여기에 대해서 이미 많은 논의가 있어 왔다.[2] 그렇다면 그가 남긴 시가 천여 수에 이르므로 이렇게 많은 편수의 시들 중에는 당연히 儒佛道 三教의 특성이 드러나게 마련일 것이다. 그러나 운곡이 남긴 천여 수의 시를 살펴보면 유불도 삼교 중 불교와 관계된 작품들이 가장 많은 편이다. 이 점에 대해서는 최초로 운곡의 문집을 편찬한 朴東亮이 서문에서 이미 언급한 적이 있다.[3] 한 연구에서는 운곡의 시집에 실린 시를 총 1,058수로 보고 이 중 불교 관계의 시가 186수로 전체의 17%를 차지한다고 하였다.[4] 16대 손인 元㙉의 기록에 의하면 운곡의 시는 모두 1,144수라고 하였고, 시를 보는 기준에 따라 불교적 성격의 작품 수도 어느 정도 편차가 있을 것이지만, 이 분석이 크게 차이가 나지는 않을 것이다.

이처럼 불교 관계의 시가 많기 때문에 지금까지의 연구에서는 그의 불교적 성향을 비중 있게 다루었으며,[5] 심지어는 유학자로만 간주해 온 설에 재

---

* 연세대학교 국학연구원 연구교수

1) 『耘谷行錄』 卷3, 장14, 「三教一理幷序」.
2) 李仁在·許敬震 共編, 『耘谷元天錫硏究論叢』 제2부, 「원천석의 삼교일리론과 도학정신」, 原州文化院, 2001.
3) 朴東亮, 「耘谷詩史序」, "公之詩二卷, 皆公所自書, 多與山人·釋子所嘗往來酬唱".
4) 양은용, 「운곡 원천석 '삼교일리론'의 종교 윤리」, 앞의 책, p.185.
5) 임종욱, 『耘谷 元天錫과 그의 文學』, 太學社, 1998, 제2장 제4절, 「儒學徒로서의 불교 인식」.

고를 요한다고 하면서 그의 사상은 불교에 기반하고 있었다고 하는 논의까지 나왔다.[6] 상대적으로 유가적 성격에 대해서는 논의가 소략한 편이다.

물론 운곡의 道學精神에 대해 언급한 글이 있기는 하지만[7] 거기에서는 운곡의 도학정신으로 1. 政治哲學과 吏道精神, 2. 歷史意識과 憂國精神, 3. 社會意識과 愛民精神을 들고 있다. 여기서 말한 정치철학이란 훌륭한 목민관이 되어서 백성들을 잘 다스리는 것을 말하고 있으니, 吏道정신과 나눌 필요성이 있는지 의문이고 이는 애민정신하고도 같은 맥락이어서 분류 자체도 문제거니와, 이들 사항이 도학정신을 드러낸다고 하기에는 미흡한 점이 많다.

운곡이 남긴 시 작품에서 불교적 성향이 많이 드러나는 것은 고려시대에 불교가 국교의 지위를 누릴 만큼 성행했기 때문에 고려시대의 문인들에게서 나타나는 보편적인 현상 중 하나인 것이고,[8] 운곡이 三敎一理論을 견지하였다고 하지만 스스로는 어디까지나 儒者임을 자임하였다.[9] 그렇다면 그의 시에서 불교적 성격 말고도 유가적 성향의 시가 상당수 있을 것이라는 점은 충분히 짐작이 간다. 鄭莊이 쓴 서문에서 "무릇 시란 性情에서 나오는데 선생은 陰陽 두 기운의 정대함을 받아서 성정을 이루었다. 그래서 시로 읊어 발하는 것이 아름답고 광대무변한 데다가 『詩經』・『書經』의 典雅한 법칙까지 겸하였으니 천고의 시인 가운데 한 사람이다."[10]고 평가한 것도 운곡 시의 儒家的 성격을 지적한 것이다.

그러나 지금까지 운곡 시의 유가적 성격시에 대해서는 이렇다 할 논의가 충분히 이루어지지 못했다. 단편적으로 유가적 성격, 또는 도학적 성격을

---

6) 양은용, 앞의 글, pp.185-186.

7) 지교헌, 「여말선초(麗末鮮初)의 정치적 변혁과 운곡(耘谷) 원천석(元天錫)의 도학정신(道學精神)」, 李仁在・許敬震 共編, 『耘谷元天錫研究論叢』.

8) 이규보 등 중기까지의 문인들은 말할 것도 없고 후기의 목은 이색과 같이 뛰어난 성리학자도 불교적 성향은 다분하며, 목은의 이러한 성향이 후대의 도학자들에게 비판당하기도 한다.

9) 『耘谷行錄』 卷1, 장9, <余自少有志於儒名者久矣. 今按部公幷錄於軍籍, 作詩以自寬>.

10) 鄭莊, 「耘谷先生文集序」, "夫詩者出於性情, 先生稟二氣之正大以爲性情, 故發於吟哦者渢渢瀏瀏, 兼詩書典雅之則, 千古詩家中一人".

896

논급한 경우가 있었지만 충분하지는 못했다는 생각이다. 이에 그의 작품에 드러나는 도학적 성격을 면밀히 검증해 봄으로써 그를 분명한 유학자로서 자리매김하고, 그의 작품 세계를 이해하는 데 도움이 되고자 한다.

참고로, 현재 耘谷의 문집을 대부분 『耘谷詩史』라고 부르고 있는데, 이는 올바른 호칭이 아니므로 이에 대한 辨證을 덧붙인다.

耘谷의 문집이 구체적으로 세상에 나왔다는 증거는 朴東亮(1569~1635)의 기록에서 찾을 수 있다. 朴東亮이 강원도 관찰사로 原州에 到任했을 때 耘谷의 시를 모은 『耘谷集』을 얻었는데, 박동량이 이를 세상에 알리고자 하여 내용을 抄하여 1책을 만들어 '詩史'라고 이름을 붙였다.[11] 그러나 이 책이 세상에 유포되었다는 정황은 없고 서문만 전하는데 제목이 「耘谷詩史序」이다. 그 후 13대 손 元孝達이 宗中 사람들과 상의하여 詩集을 간행하기로 계획하고 鄭莊의 서문까지 받았다.[12] 현재 鄭莊의 서문과 丁範祖의 序文이 같이 전하는데 정범조의 서문은 1800년에 쓴 것이다. 그리고 鄭莊이 쓴 서문은 「耘谷先生文集序」로 되어 있다. 이 책 역시 간행되었다는 흔적을 찾을 수 없다. 다시 1898년에 16대 손 元㙫이 家藏된 手稿本과 朴東亮이 手稿를 산정·편차한 詩史를 바탕으로 편집하여 목판으로 간행한 것이 지금 세상에 전하고 있는 耘谷의 문집이다. 이 책은 표제가 '耘谷集'이고 卷首題가 '耘谷行錄'이며, 版心題가 '耘谷詩史'로 되어 있다.

이상과 같은 耘谷 문집의 간행 과정을 보았을 때 '耘谷詩史'는 朴東亮이 抄한 것을 지칭하는 것이며, 현재 통용되는 1898년 간행본을 기준으로 하였을 때는 卷首題가 '耘谷行錄'이므로 이것이 공식적인 문집 이름이 된다. 卷首題와 版心題가 일치하지 않을 때 版心題를 책 이름으로 삼는 법은 없다. 옛 서적은 表題, 內題, 卷首題, 版心題 등 제목이 다양하게 나타날 수 있으므로 서지학에서는 卷首題를 기준으로 삼는다.[13] 다만 국립중앙도서관 소

---

11) 朴東亮, 「耘谷詩史序」, "余按節到是州, 適得其所爲詩耘谷集,……遂抄而爲一冊, 編其歲月於其間而名之曰詩史".
12) 鄭莊, 「耘谷先生文集序」.
13) 민족문화추진회에서 발행한 문집총간 영인본과 국립중앙도서관 목록에도 '耘谷行錄'으로 되어 있다. 이 두 기관은 이 분야의 전문가들이므로 그 견해를 존중할 필요가 있다.

장본의 경우 表題가 '耘谷集'으로 되어 있는데, 일반적인 명칭으로는 흔히 표제가 통용될 수 있으므로 그냥 '耘谷集'이라고 해도 무방할 것이다.

　결론적으로, 耘谷의 문집은 통칭으로 '耘谷集'이라고 하든가 아니면 정확하게 '耘谷行錄'이라고 하는 것이 바람직할 것이다.

2. 道學詩의 性格

　유교 문학권에서는 전통적으로 文과 道를 불가분의 관계로 인식하였기 때문에 詩文에서 道의 정신을 담는 것은 오랜 전통을 가지고 있다. 이러한 경향은 문학에서 이른바 '載道論'으로 정착되기도 하였다. 詩와 儒家의 道를 밀접하게 생각한 것은 이미 孔子의 刪詩정신에서부터 찾을 수 있으며 그만큼 연원이 오래된 것인데, 송나라 때 주희의 詩集傳에 이르러서 더욱 공고하게 되었다. 따라서 先秦시대 이전부터 道學詩는 존재했다고 할 수 있다. 특히 송나라 시대에 들어와서 성리학이 융성을 이루면서 송대 성리학자들을 중심으로 수많은 도학시들이 지어졌고, 그 결과로 이들의 작품을 묶은 시문 선집인 『濂洛風雅』가 나오게 되었다. 이로써 도학시는 하나의 특징적인 경향성을 가지면서 '濂洛詩', 또는 '濂洛風'이라는 개념으로 정착되었다.

　도학시는 유교의 도를 구현하는 것을 목적으로 한다. 그 목적을 시의 주제로 삼아 작품을 창작하는 것이다. 주제를 표출하는 방법은 몇 가지 유형이 있다. 세분하자면 여러 가지를 거론할 수 있겠으나 가장 크게 대별하면 직접적으로 주제를 文面에 드러내는 방법과 비유나 상징의 수법을 사용하여 간접적으로 드러내는 방법이 있다. 전자의 경우는 약간의 소양을 갖춘 사람이면 누구나 쉽게 알아볼 수 있다. 그러나 후자의 경우는 쉽게 알 수 있는 작품도 있지만 때로는 차원 높은 정신 세계를 行間에 숨기고 있어서 웬만큼 주의 깊게 살펴보지 않고는 간과하기가 쉽다.

　도학시의 성격을 이해하기 위해 도학시 모음집인 『濂洛風雅』에 실린 작품을 예로 들어보자.

<安分>14)

분수에 편안하면 몸에 욕됨 없으며, / 安分身無辱
기미를 잘 알면 마음이 한가하여, / 知幾心自閑
사람 사는 세상에 살고 있어도, / 雖居人世上
도리어 인간 세상 벗어난다네. / 却是出人間

마치 경서의 한 구절처럼 교훈적인 내용을 담고 있으며 내용도 평이해서
별다른 설명이 필요하지 않다.『濂洛風雅』에서는 제목 아래에 熊勿軒15)이
말한 "이것은 安分과 知幾가 곧 인간 세상을 벗어나는 일임을 논한 것이다
(此論安分知幾乃是出人之事)"라는 주석을 붙였지만, 주석의 내용이 그대로
시 본문에 다 나온 말이어서 굳이 따로 주를 붙일 필요가 없는 상황이다.
　　이러한 직서법이 염락시에서는 비교적 많은 편에 속한다. 그래서 논자들
중에는 염락시의 가치를 애써 낮게 평가하고 심지어는 '語錄'이라고까지 단
언하는 경우도 있는데, 바로 이러한 특성에 크게 기인한다.
　　다음은 도학시의 전형으로 거론되는 康節先生 邵雍의 작품이다.

<清夜吟>

둥근 달이 하늘 가운데 이르는 곳, / 月到天心處
바람이 수면 위에 불어 올 때, / 風來水面時
한결같이 맑은 이 자연의 맛을, / 一般清意味
아는 이 적음을 알아차렸네. / 料得少人知

　　얼핏 보아서는 자연 풍광 속에 동화된 마음을 노래한 단순한 서정시처럼
보인다. 그러나 이는 보통 사람들이 느끼지 못하는 天道의 流行을 알아차
리고 즐거워하면서 마음 속 깊은 곳으로부터 우러나오는 희열을 노래하고
있다고 평가된다.『古文眞寶』에서는 이 시를 싣고 音釋에서 "도의 전체와
中和의 오묘한 운용과 자득의 즐거움, 이것들의 참맛을 아는 사람이 적음을

---

14)『增刪濂洛風雅』,「五言絶句」.
15) 송나라의 성리학자. 본명은 熊禾.

말하고 있다(言, 道之全體, 中和之妙用, 自得之樂, 少有人知此味也)"16)고
설명하고 있다.

다음 시도 도학시의 전형으로 알려진 것으로 明道先生 程顥의 작품이다.

<春日偶成>

구름 맑고 바람 가벼운데 한 낮이 가까워서, / 雲淡風輕近午天
꽃을 찾아 버들 따라 앞 시내를 지나가니, / 訪花隨柳過前川
사람들은 내 맘속의 즐거움을 모르고서, / 傍人不識余心樂
짬을 내서 소년들을 흉내 낸다 말하리라. / 將謂偸閑學少年

이 작품도 외형적으로 보아서는 봄날을 맞아 시내로 꽃구경 가서 산수
유람의 홍취를 노래한 것으로 보기 쉽다. 그러나 이 역시 天道의 원리대로
운행되는 봄의 淸明和樂한 기운에 저절로 동화된 작자의 즐거운 심정을 토
로한 것으로 보아 도학시로 분류한다. 邵雍의 문인인 謝良佐는 '曾點의 고
사와 일반'이라고 평하였는데,17) 증점의 고사란 바로『논어』에 나오는 '기수
에 목욕하고 바람을 쐬며 돌아오겠다'고 한 일을 가리킨다.18)

이런 작품에서 도학적 성격을 추출해 내기란 쉽지 않기 때문에 유가적
정신세계를 깊이 이해하고 이에 결부시켜 봐야 한다.

3. 운곡 시에 드러난 도학적 성격

머리말에서 언급한대로 운곡은 자신을 儒者로 자임하였고 문집의 서문을
쓴 鄭莊도 그의 시의 도학적 성격을 분명하게 언급하였다. 그러나 아직까지
그의 작품에서 유가적, 도학적 성격을 검증하는 작업은 제대로 이루어지지

---

16)『詳說古文眞寶大全』, 保景文化社 영인.

17) 謝良佐,『上蔡語錄』, "看他胸中, 直是好與曾點底事一般".

18)『論語』「先進」편, "點, 爾何如. 鼓瑟希, 鏗爾, 舍瑟而作, 對曰, 異乎三子者之撰. 子
曰, 何傷乎, 亦各言其志也. 曰, 莫春者, 春服旣成, 冠者五六人, 童子六七人, 浴乎
沂, 風乎舞雩, 詠而歸. 夫子喟然歎曰, 吾與點也".

900

않았다. 卞鍾鉉이 고려 한시의 唐宋詩 수용 양상을 논하면서 운곡 시의 濂洛風을 거론한 적이 있다.19) 그러나 여기서 예증한 작품은 10수 연작인 <次康節邵先生春郊十詠詩(幷序)> 중 <春郊閑居>, <春郊閑步>, <春郊花開>, <春郊雨中>, <春郊雨後>, <春郊花落> 여섯 수인데 이 작품들을 濂洛風으로 보기에는 미흡하다. 변종현은 이 시들이 왜 염락풍인지를 충분히 설명하지 않고 있는데, 아마도 도학자인 邵康節의 시에 차운했기 때문에 소강절의 원시를 염락풍으로 보고, 운곡의 차운시도 따라서 염락풍으로 본 듯하다. 그러나 도학자의 작품이라고 해서 모두 도학시로 볼 수는 없는 것이며, 이 작품은 시 내용으로 보아 자연 속에서 흥을 이끌어 내는 서정시로 보아야 할 것이다.20) 도학시만을 모은『염락풍아』에 소강절의 이 시가 실려 있지 않은 것으로 보아도21) 그 점을 짐작할 수 있다. 소강절은 스스로 이 시에 대해 "비록 典雅함에는 합치되지 않지만 그러나 또한 감정을 이끌어낼 따름이다."라고 했는데, 典雅함에 합치되는 것이 도학시이며 감정을 이끌어낼 따름인 시는 순수 서정시이다.

1) 경전의 用事를 통한 직접적 주제 표출의 시

그러면 어떤 작품들이 운곡의 도학적 성향을 드러내는지 검증해 보기로 한다. 먼저 직접 유가 경전을 응용하면서 주제를 드러낸 작품이 있다. 이런 작품은 대부분 직설적으로 주제를 드러내는 경우가 많다.

<許同年仲遠以詩見寄, 分字爲韻二十八首> - <行>22)
그대여 빈부와 賢愚를 보게. / 君看貧富與賢愚

19) 변종현,『고려조한시연구』, 太學社, 1994, '3-2. 송시풍의 수용 양상', '3. 濂洛風의 대두'.
20) 임종욱,『운곡 원천석과 그의 문학』, p.186 이하에서 이 작품이 山水美를 수용한 측면을 논하였다.
21)『염락풍아』는 宋末元初의 성리학자인 金履祥(1232~1303)이 편찬한 것과 청나라의 張伯行(1651~1725)이 편찬 것 두 가지가 있는데, 소강절의 이 작품은 두 종류에 모두 실려 있지 않다.
22)『耘谷行錄』卷1, 장23.

출세·은거, 슬픔·기쁨, 모두가 숙명일세. / 出處悲歡皆宿命

대체로 악한 자는 재앙을 받게 되고 / 大都爲惡受其殃

선 쌓은 자 마땅히 후손들이 복을 받지. / 積善應當有餘慶

깊고 넓은 큰집에서 많은 녹을 먹더라도 / 渠渠厦屋食千鍾

끝내 본성 지키기란 참으로 어렵다네. / 畢竟誠難保其性

어질도다, 안회여! 그는 어떤 분이기에 / 賢哉回也是何人

누항에서 簞食瓢飮으로 덕행을 온전히 하였나. / 陋巷簞瓢全德行

세상 사람 다투어 권세가에 미끼 던져 / 世人爭欲餌權豪

이익 쫓고 명예 구해 서로 먼저 내달리네. / 逐利求名競馳騁

누가 알랴, 십년 동안 등불 아래 가난한 한 선비가 / 誰得知十年燈下一寒生

홀로서 經書 들고 공자·맹자 바라는 걸. / 獨把經書希孔孟

누각에 기대 때때로 行藏을 탄식하며 / 倚樓時復嘆行藏

조용히 山水 대해 길게 시를 읊어 보네. / 靜對湖山發長詠

　　과거 급제 동기인 許仲遠이라는 사람이 28자의 7언 절구 시를 부쳐주니 그 시의 글자를 하나하나 운으로 삼아 28수 연작으로 지은 작품인데, 이 시는 그 중에 '行'이라는 글자의 운을 따라 지었다.23) 사람의 행실을 제재로 하고 있는데, 이 세상에 살아가며 올바른 행실을 견지해야 함을 읊은 것이다. 여기서 제4구는 『周易』「坤卦」의 「文言傳」에 "積善之家, 必有餘慶, 積不善之家, 必有餘殃(선을 쌓은 집안에는 반드시 자손에게 복이 있고, 악을 쌓은 집안에는 반드시 자손에게 재앙이 있다.)"는 구절을 응용한 것이다. 제5구는 『詩經』「秦風·權輿」에서 "於我乎, 夏屋渠渠, 今也每食無餘(나에게 큰집이 깊고 넓더니, 지금은 밥 먹을 때마다 남음이 없도다)"라고 한 구절을 응용하였다. 『시경』의 뜻은 군주가 처음에는 깊고 넓은 큰집을 소유하고서 현자를 대우했었는데, 나중에는 예우하는 뜻이 점점 약해지고 음식을 공급하는 것도 점점 박해져서 현자가 밥을 먹을 때마다 남음이 없게 된 것을 한탄한 것이다. 7·8구는 『論語』「雍也」편의 "子曰, 賢哉, 回也! 一簞食, 一

---

23) 去聲 敬韻이다. 行은 대부분 平聲 庚韻으로 쓰이는데 '행실', '덕행'의 뜻일 때만 거성이다.

瓢飮, 在陋巷, 人不堪其憂, 回也不改其樂, 賢哉, 回也!(공자께서 말씀하시기를, ‘어질도다 안회여! 한 도시락 밥과 한 표주박 물로 누추한 마을에 사는 것을 다른 사람들은 그 근심스러움을 견디지 못하거늘, 안회는 그 즐거움을 변치 않으니, 어질도다 안회여!’라고 하였다.)”라는 구절을 응용한 것이다. ‘行藏’도 『논어』「述而」편의 “子謂顔淵曰, 用之則行, 舍之則藏, 唯我與爾有是夫!(공자께서 안연에게 말씀하시기를, ‘등용해주면 도를 행하고 내버려지면 몸을 잘 감추는 것을 오직 너와 나만이 이런 일을 할 수 있다.’고 하셨다.)”라는 말에서 따온 것이다. 즉 行은 벼슬자리에 나아가 도를 행해서 ‘兼善天下’하는 것이고 藏은 초야에 몸을 숨겨서 조용히 도를 닦으며 ‘獨善其身’하는 것이다.

<次金敎授口號詩韻>[24]

窮達을 가지고 고달픈 삶을 탄식하지 말게. / 莫將窮達歎勞生
물고기 뛰놀고 솔개 나는 곳에 도가 절로 밝다오. / 魚躍鳶飛道自明
하늘의 이치 드러나고 사람의 할 일 다 하면 / 天理顯來人事盡
이러한 때 바야흐로 참된 정을 보리라. / 此時方得見眞情

窮과 達의 상대적 상황에 대해서는 경전의 여러 곳에 나오지만 특히 『孟子』「盡心 上」편에서 “士, 窮不失義, 達不離道. 窮不失義, 故士得己焉, 達不離道, 故民不失望焉(선비는 궁하여도 의를 잃지 않으며 영달하여도 도를 떠나지 않는다. 궁하여도 의를 잃지 않기 때문에 선비가 자신의 지조를 잃지 않으며 영달하여도 도를 떠나지 않기 때문에 백성들이 실망하지 않는다.)”, “窮則獨善其身, 達則兼善天下(궁하면 그 몸을 홀로 선하게 하고, 영달하면 온 천하와 함께 선하게 한다.)”라는 표현을 응용하였다. ‘魚躍鳶飛’는 ‘鳶飛魚躍’의 순서를 바꾼 것으로, 원래 『시경』「大雅‧旱麓」편에서 “鳶飛戾天, 魚躍于淵, 豈弟君子, 遐不作人(솔개는 날아서 하늘에 이르고, 물고기를 연못에서 뛰어 놀도다. 和樂하신 군자여, 어찌 사람을 진작시키지 않으리오.)”에서 나왔다. 「旱麓」에서는 이른바 ‘興’의 수사 기법으로서 그다지

---

24) 『耘谷行錄』 卷5, 장50.

심오한 뜻을 가지지 않았으나 『中庸』에서 이 구절을 인용하여 "詩云, 鳶飛戾天, 魚躍于淵, 言其上下察也(시경에서 '솔개는 날아 하늘에 이르고, 물고기는 연못에서 뛰논다'고 하였으니 上下에 이치가 밝게 드러남을 말한 것이다.)"라고 부연함으로써 성리학에서 중요한 개념으로 자리 잡게 되었다. 즉 『중용』에서는 朱子가 이를 풀이하여 "子思가 이 시를 인용하여, '化育이 流行하여 상하에 밝게 드러나는 것이 이 理의 작용이 아님이 없음'을 밝힌 것이니, 이른바 費이다."고 주석을 붙이고 있다.[25] 이후로 이 구절은 성리학계에서 빈번하게 활용되는 관습상징어가 되었고 도학시에서도 자주 나타난다.

일반적으로 도학시에는 경전의 구절을 응용한 작품들이 많이 등장한다. 경전은 도를 지향하는 가르침을 직접적으로 담고 있기 때문에 그런 구절을 用事하면 주제를 표현하는데 효과적이기 때문이다. 따라서 이런 시들은 한눈에 봐도 도학시임을 비교적 쉽게 알 수 있다.

2) 간접적으로 주제를 드러낸 시

경전의 내용은 언급하지 않으면서 간접적, 또는 비유적으로 도학적 주제를 드러낸 시들이 있다. 이런 경우는 작품에 따라 주제 의식이 쉽게 드러나 보이기도 하고 은유적으로 숨어 있기도 한다.

<題西谷徐奉翊畫壁山水>[26] 2수 중 제1수
수만 겹 구름 낀 바다와 수만 겹 산이 / 萬重雲海萬重山
붓 끝에 옮겨 드니 의기가 한가롭네. / 移入毫端意氣閑
우리 어르신 어질고 지혜로움 알고자 하면 / 欲識我公仁且智
모름지기 이 그림을 먼저 봐야 하리라. / 要須先向此圖看

이 시는 산수화를 보고 지은 題畫詩이다. 제화시는 일반적으로 作詩의 대상이 되는 그림의 내용을 위주로 하여 그 畫意를 묘사하는 것이 상례이

25) 『中庸章句』 제12장, 朱子 註, "子思引此詩, 以明化育流行, 上下昭著, 莫非此理之用, 所謂費也".
26) 『耘谷行錄』 卷2, 장48.

904

다. 이런 산수화의 경우는 그림의 특징적인 모습을 포착하여 시로 재묘사함
으로써 시만 읽어도 그림의 모습이 눈앞에 재현될 수 있도록 하는 것이 관
건이다. 이른바 '詩中有畫'의 경지가 요구된다.

그러나 이 시에서 그림의 내용을 묘사한 부분은 起句뿐이며 그것도 '萬
重'이라는 단순 과장법을 반복하였다. 이 시는 '詩中有畫'의 기교적인 차원
은 도외시하고 있다. 보통 작품의 주제는 후반부에 들어 있기 마련인데, 이
주제를 드러내는 구절에서 유가적인 이념을 이끌어내었다. 주제는 徐奉翊
이 어질고 지혜로운 사람임을 그림을 통해 알 수 있다는 말인데,『논어』
「雍也」편의 "知者樂水, 仁者樂山(지혜로운 사람은 물을 좋아하고, 어진 사
람은 산을 좋아한다)"이라는 구절을 응용하였다. 서봉익이 어질고 지혜로운
사람이라서 산과 물을 좋아하고, 산과 물을 좋아하기 때문에 이곳에 그 모
습을 그려 놓았다는 것이다. 그림의 工拙은 별도로 논하지 않았지만, 당연
히 품격이 높은 작품임에 틀림없을 것이라는 짐작을 하게 된다. 이렇게 그
림에서 단순히 산수 자연미를 감상하는 것이 아니고 그림을 그린 사람의 높
은 유가적 품격을 읽어내는 것이 이 시의 도학적 성격을 말해준다.

<遷居>[27] 2수 중 제2수
知言 배우고 호연지기 기르려 해도 / 欲學知言養浩然
근심과 질병이 함께 얽혀 못 견디더니, / 不堪憂病共纏牽
늙게 되어 세상 맛이 다 사라지니 / 老來世味消磨盡
잘남·못남, 영화·몰락을 한숨 잠에 부치노라. / 長短榮枯付一眠

첫 구는『孟子』「公孫丑章句上」의 "我知言, 我善養吾浩然之氣(나는 말
을 알며, 나는 호연지기를 잘 기른다)"라는 구절을 응용한 표현이다. '不動
心'에 대해 제자인 공손추와 문답하는 과정에 나온 맹자의 대답인데, 여기
서 '知言'이란 주자의 주석에 의하면 '마음을 다하고 性을 알아서 모든 천하
의 말에 그 이치를 궁구하고 지극히 하여, 그 시비득실의 까닭을 알지 못함
이 없는 것'이다.[28] 즉 맹자처럼 知言을 배우고 호연지기를 길러서 不動心

---

27)『耘谷行錄』卷3, 장31.

을 가지고 싶다는 말이다.

　전체적인 시의 흐름을 보면, 젊어서는 부동심을 가지려고 해도 세속적인 근심이나 육체적인 질병 때문에 잘 되지 않았었는데, 늙어가면서 세상의 맛이 점점 사라져 없어져 이제야 비로소 잘남·못남·영화·몰락 등을 도외시하고 잠 한숨 자면서 무시할 수 있게 되었다는 말이다. 세상의 맛이란 바로 세속적인 욕망이다.

　이처럼 젊어서의 온갖 욕망을 늙어가면서 일체 잊어버리고 安心立命하는 정신적 자세를 노래한 작품은 도학자들의 시에서 종종 발견되는 예다.

　　<林居十五詠-無爲>[29]
　만물은 변천하여 정해진 모양 없어 / 萬物變遷無定態
　이 한 몸 한적하게 시대 추이 따르노라. / 一身閑適自隨時
　요사이는 차츰 차츰 경영의 힘 줄어드니 / 年來漸省經營力
　길이 청산 대하고도 시조차 짓지 않네. / 長對靑山不賦詩
　　　　　　　　　　　　　　　　　晦齋　李彦迪(1491~1553)

　　<古木>[30]
　절반 쯤 죽은 나무 뼈만 남아서 / 半樹惟存骨
　폭풍·번개 이젠 다시 겁이 안나니, / 風霆不復憂
　이 한 봄 무슨 일을 경영할 건가. / 三春何事業
　홀로 선채 영고성쇠 내맡겨뒀네. / 獨立任榮枯
　　　　　　　　　　　　　　　　　河西　金麟厚(1510~1560)

　晦齋나 河西 모두 당대의 대표적인 도학자들로서 그들의 시에서도 다분히 도학적인 요소가 많이 배어 있다. 특히 河西는 그의 시에 도학자적인 면모가 누구보다도 두드러지게 나타나는 경향이다.[31] 위의 두 작품은 모두 天

---

28) 『孟子集註』,「公孫丑章句上」, 위 본문의 집주, "知言者, 盡心知性, 於凡天下之言, 無不有以究極其理而識其是非得失之所以然也".

29) 李彦迪,『晦齋集』卷2.

30) 金麟厚,『河西集』卷5.

理運行, 자연의 추이에 순응하여 安心立命하는 도학자의 삶의 태도를 보여주는 것으로, 앞의 운곡 시와 같은 주제 의식을 가지고 있다.

3) 상징적 표현으로 주제가 숨어 있는 시

앞에서 도학시의 전형으로 예를 든 <淸夜吟>이나 <春日偶成>은 외형상으로 보아 일반 서정시와 구별하기가 쉽지 않다. 운곡의 <次康節邵先生春郊十詠詩(幷序)>를 염락풍으로 오인한 연구가 있었다고 하였는데, 사실은 옛날의 학자들도 이런 종류의 오인을 피할 수 없었을 만큼 고도의 상징을 구사한 경우에는 염락풍을 제대로 읽어내기가 힘들다. 즉 대표적 성리학자인 朱子의 <武夷櫂歌>에 대해 많은 사람들이 이를 도학의 경지에 나아가는 '入道次第'를 노래한 것이라고 하는가 하면 단순히 자연의 흥취를 노래한 '因物起興'이라고 주장하기도 하였다. <武夷櫂歌>는 주자가 문인들과 강학했던 閩中, 즉 지금의 福建省에 있는 武夷精舍에서 지은 것으로, 武夷九曲의 아름다움 풍광을 노래한 작품이다. 먼저 首章을 짓고 그 다음 구곡마다 한 수씩 지어서 모두 10수이다. 그 중 首章은 다음과 같다.

> <武夷櫂歌>
> 무이산 위에는 仙靈이 살고 있고, / 武夷山上有仙靈
> 산 아래 차가운 물 구비 구비 맑도다. / 山下寒流曲曲淸
> 그 중에 빼어난 곳 알고자 하려거든, / 欲識箇中奇絶處
> 武夷櫂歌 두 세 곡을 한가하게 들어보라. / 棹歌閒聽兩三聲

이 시에 대해서 송나라 성리학자인 陳普는, "첫째 수는, 도의 전체가 위에서 아래까지, 안이나 밖이나 할 것 없이, 온갖 만물과 만사에 미쳐 그 원리를 갈무리하지 않은 곳이 없어, 그 오묘한 경우는 고량의 진미보다도, 금과 옥의 진귀함보다도 더하다는 것을 말해주고 있다.(第一首, 言道之全體, 澈上澈下, 散之萬物萬事, 無不在原, 其妙處, 過於膏粱之味, 金玉之貴也)"

---

31) 趙麒永, 『河西 金麟厚의 詩文學 硏究』, 아세아문화사, 1994.

라고 하였는데 그의 문인인 劉槩가『櫂歌詩註』를 지으면서 스승의 학설을 따랐다. 이 劉槩의 설이 우리나라에 전해져서 여러 학자들이 이에 대한 의견이 분분하였다.

먼저, 河西는 劉槩의 주석에 흠잡을 데가 없다고 받아들여 '入道次第'라는 확고한 믿음을 가졌다. 그러나 退溪 李滉과 高峯 奇大升은 여기에 동조하지 않고 '因物起興'으로 보았다.

무릇 九曲詩 10수의 절구는 모두 처음에는 學問次第의 뜻이 없었는데 주석을 다는 사람이 억지로 파고들고 견강부회하여 구구절절 끌어다 맞추었으니 이는 모두 선생의 본의는 아닙니다.……그러나 독자가 읊조리고 감상하는 사이에 그 의사가 뛰어나고 함축된 무궁한 뜻을 얻는다면 또한 가히 도에 나아가는 사람의 깊고 얕음과 높고 낮음과 누르고 드날리고 나아가고 물러나는 뜻을 읽을 수도 있다고 봅니다.[32]

저의 개인적인 생각으로는 주자가 '武夷九曲' 시 10수에서 '因物起興'으로써 가슴속의 興趣를 묘사한 것이기 때문에 그 뜻을 부친 것과 그 말을 펼친 것이 참으로 모두 '淸高和厚'하고 '沖澹灑落'하여 바로 曾點이 기수에 목욕하겠다고 한 기상과 그 쾌활함이 동일하다고 봅니다. 어찌 일개의 '入道次第'를 꾸며서 암암리에 九曲의 櫂歌 안에다가 묘사하여 은미한 뜻을 담았을 까닭이 있겠습니까. 성현의 마음은 아마도 이와 같이 번잡하고 기이하지는 않았다고 생각됩니다.[33]

退溪는 주자의 시가 처음에는 '學問次第'의 뜻이 없었는데 주석을 다는 사람들이 견강부회하여 道學詩인 것처럼 끌어다 맞추었다는 것이고, 高峯

---

32) 李滉,『退溪全書』卷十三,「答金成甫別紙」, "大抵九曲十絶, 並初無學問次第意思, 而註者穿鑿附會, 節節牽合, 皆非先生本意……而讀者於諷詠玩味之餘, 而得其意思超遠‧涵畜無窮之義, 則亦可移作造道之人深淺‧高下‧抑揚‧進退之意看".

33) 奇大升,『高峯全集』卷一,「別紙武夷櫂歌和韻」, "私竊以爲朱子於九曲十章, 因物起興, 以寫胸中之趣, 而其意之所寓, 其言之所宣, 固皆淸高和厚, 沖澹灑落, 直與浴沂氣象, 同其快活矣. 豈有粧撰一箇入道次第, 暗暗地摹在九曲櫂歌之中, 以寓微意之理哉. 聖賢心事, 恐不如是之嶢崎也".

은 武夷九曲 시가 '因物起興'으로써 흥취를 묘사한 것이라고 하였다. 河西
와는 상반된 해석이다. 이처럼 옛날의 큰 학자들도 해석이 엇갈릴 만큼 濂
洛風 시를 판별해 내는 데에는 어려움이 따를 수 있다. '入道次第'를 부정하
는 퇴계나 고봉의 입장도 자세히 들여다 보면 도학적 측면을 전혀 무시하지
는 못하고 있음을 알 수 있다. 退溪는 직접적으로 "또한 가히 도에 나아가
는 사람의 깊고 얕음과 높고 낮음과 누르고 드날리고 나아가고 물러나는 뜻
을 읽을 수도 있다고 봅니다."라고 하였고, 高峯이 '因物起興'임을 주장하기
위해 언급한 "'淸高和厚'하고 '沖澹灑落'하여 바로 曾點이 기수에 목욕하겠
다고 한 기상과 그 쾌활함이 동일하다고 봅니다."라는 말은 사실 시의 도학
적 측면을 설명할 때 끌어오는 것이다. 앞에서 인용한 程顥의 <春日偶成>
에 대해 謝良佐가 '曾點의 고사와 일반'이라고 평한 것 그 예이다.

  처음에 이 시를 도학시로 해석한 중국에서는 오히려 그 이후로는 순수하
게 산수 자연시로 보는 경향으로 흘렀다. 그래서 金履祥이나 張伯行이 편
찬한 『염락풍아』에는 모두 이 시가 실리지 못했다. 반면 우리나라에서는 退
溪와 高峯이 '入道次第'를 부정했음에도 불구하고 이후 浦渚 趙翼(1579～
1655)이 선배 학자들의 논란을 정리한 다음 더욱 확고하게 道學詩로서의 위
상을 역설하였다. 후에 우리나라에서 增刪한 『增刪 염락풍아』에는 이 시가
실리게 되었다. 참고로 趙翼이 이 시를 도학적 성격으로 해설한 것을 앞 부
분만 보면 다음과 같다.

  山上의 仙靈은 道의 本原이 하늘에서 나온 것을 비유한 것이 아닌가 한
  다. '山下寒流曲曲淸'은 이 道의 근원이 깊고 흐름이 멀어서 곳곳마다 모두
  아름다운 것을 표현한 것이다.[34]

  이처럼 상징으로서의 道學詩를 판별하기가 어렵기는 하지만, 일정한 근
거를 찾을 수 있다면 도학시로 분류하는데 주저할 필요는 없다. 운곡의 시
에서도 상징적으로 도의 세계를 노래한 작품들이 상당수 눈에 띈다.

---

34) 趙翼, 『浦渚集』 卷22, 「武夷櫂歌十首解」, "山上仙靈, 恐是喩道之本原出於天者也.
  山下寒流曲曲淸, 喩此道源流深遠, 處處皆美也".

<宿順興府>35)

성안 가득 고운 경치 어찌도 신선한지 / 滿城佳致一何新
푸른 풀 붉은 꽃이 저마다 봄이로다. / 草綠花紅各自春
죽계 시내 위에 뜬 달 읊으며 감상하니 / 吟翫竹溪溪上月
시원한 이 마음이 티끌 세상 벗어났네. / 灑然方寸絶纖塵

봄을 맞아 생동하는 자연의 모습을 감상하다가, 시내 위에 떠오른 달을
보면서 티끌 먼지 가득한 이 세상에서 벗어난 듯한 깨끗한 마음의 상태를
읊은 시이다. 이런 시는 단순히 자연미를 읊은 서정시로 치부해 버려서는
안 된다. 앞에서 든 程顥의 <春日偶成>에서도 보았듯이 天理의 운행으로
봄을 맞아 만물이 化育되는 생동하는 자연의 모습을 도학적 관점에서 읊은
시로 보아야 한다. 특히 結句의 '灑然'이라는 시어는 일반 산문에서도 쓰이
기는 하지만 '灑落'이라는 말과 함께 성리학자들이 더욱 즐겨 쓰는 말이었
다. 또한 北宋의 시인 黃庭堅이 周敦頤를 존경하여 쓴 말과도 연관이 있다.
황정견은 주돈이에 대해서 "그의 인품이 몹시 높으며 마음속이 시원스럽고
깨끗하여 마치 맑은 바람과 개인 구름과도 같다(其人品甚高, 胸懷灑落, 如
光風霽月)"고 하였다. 담양의 瀟灑園도 이런 정신을 담아 命名한 것이다.

<到寧德(號野城)>36)

구름 맑고 바람 가벼운 십리 길에 / 雲淡風輕十里程
말머리께 산도 좋고 비도 새로 개었네. / 馬頭山好雨新晴
작은 시내 맑고 얕은 성 동쪽 길에 / 小溪淸淺城東路
한 그루 매화꽃이 물 저편에 환히 폈네. / 一樹梅花隔水明

첫 구에서 벌써 程顥의 <春日偶成>의 영향을 받았음을 알 수 있다. 운
곡이 이처럼 北宋의 대표적 성리학자인 程顥의 시를 點化하고 있다는 것은
그가 염락풍 시에 대해 관심과 이해가 깊었다는 방증이기도 하다. 주제의식

---

35) 『耘谷行錄』 卷1, 장40.
36) 『耘谷行錄』 卷1, 장42.

910

은 앞의 시와 유사하게 자연에 동화되는 自足한 마음을 노래한 것인데, 특히 이 시는 結句의 梅花가 선비의 상징으로서 제시되었다.

<途中作(二首)>[37]
꽃마다 몹시 밝고 버들마다 짙은데 / 花花明明柳柳暗
물마다 얕게 흐르고 산마다 깊도다. / 水水淺淺山山深
시절 느껴 아득하게 긴 휘파람 불다가 / 感時悠然發長嘯
모르는 새 높고 높은 봉우리에 이르렀네. / 不知行到高高岑

이 시의 첫 구는 역시 程顥의 시 중 <訪花隨柳過前川>과 상관되기도 하는데, 표현 수법상으로는 南宋의 시인 陸游의 <遊山西村>에서 "山重水複疑無路 柳暗花明又一村(산과 냇물 중첩되어 길이 없나 했더니만, 버들 짙고 꽃 환한 곳 다시 마을 나타나네.)"이라는 구절을 點化한 것이다. 이 작품에서는 轉句의 '感時'에 주안점이 있다. 시절의 변화를 感應하면서 天理流行의 묘를 생각하고 자족감에 휘파람을 부는 것이다. 그러다보니 자기도 모르는 사이에 높고 높은 上峯에 오르게 되었다는 것인데, 높은 봉우리에 이르렀다는 것 또한 예사로 보아 넘길 것은 아니고 높은 도의 경지에 다다른 것이라는 적극적인 의미 부여가 가능하다.

4. 맺음말

지금까지 운곡 시의 유가적 특질을 검증해 보았다. 그동안 운곡의 작품에서 불교적 성향은 이미 충분히 논의가 되었었다. 그것은 운곡의 작품에서 외형상 불교적 성향이 가장 많이 나타나기 때문인데, 이는 고려가 불교 국가였기 때문에 고려시대를 살았던 문인들에게서 흔히 나타나는 현상이다. 이를 근거로 耘谷을 유가적 인물보다는 불교적 인물로 규정해서는 안 된다. 그 자신이 어디까지나 儒者임을 自任하였기 때문이다.

---

37) 『耘谷行錄』 卷2, 장14.

운곡의 작품을 내면으로 파고들면 불교적 성향 못지 않게 유가적 성향이 깊이 자리하고 있다. 대부분의 사람들이 시를 읽을 때 피상적인 모습만 보았기 때문에 이러한 유가적 특성을 잘 발견하지 못했을 따름이다. 이 글에서는 耘谷 시의 깊은 분석을 통해 그의 유가적 성향을 밝혀 보았다. 작품 수에 있어서는 불교적 성향의 시에 미치지 못하겠지만, 내면의 깊이로 따지면 불교적 성향의 시보다 유가적 성격의 시가 훨씬 비중이 높다. 불교적 성향의 시는 단순히 스님들과의 교유를 읊거나 절에 가서 그 분위기를 묘사한 것들이 대부분이며, 불교의 사상적 깊이를 담아내는 시는 유가적 성격의 시에 비해서 그리 많지 않다. 그에 비하면 유가적 성격의 시는 주로 宋代 성리학자들이 추구했던 '濂洛風' 시를 제대로 구사해서 유가 경전의 깊은 이해를 바탕으로 그 내용을 시에 담아내는가 하면, 내면의 道學的 성찰을 수준 높은 비유와 상징으로 표현하여 유가로서의 면모를 여실히 보여준다.

일찍이 운곡은 儒佛道를 아우르는 三敎一理論을 주창하였다. 이제 儒·佛의 특성은 웬만큼 드러났으니 道家的 성향의 작품들을 검증하는 일이 남았다. 필자가 본 논문을 준비하면서 일별한 결과 도가적 요소의 작품도 도처에 산재해 있다. 이에 대해서도 검증을 하여야 운곡이 지향했던 三敎一理의 이념이 그의 작품 속에 그대로 반영되어 있다는 점을 확인할 수 있을 것이다. 이에 대한 후속 작업을 과제로 남겨 둔다.

『耘谷詩史』에 나타난 詩史의 의미

허 경 진*

『耘谷詩史』의 의의나 위상에 대해서는 여러 가지로 평가가 가능하다. 그래서 그동안 여러 방면에서 평가해 왔다.『운곡시사』가 한국문학사에서 중요한 이유는 문집이 별로 전하지 않는 고려시대에 1,144수나 되는 방대한 분량의 시가 실린 문집이라는 이유도 있지만, 詩史라는 성격이 더 중요하다. 詩史는 글자 그대로 "詩의 역사", 또는 "시로 쓴 역사"인데, 원천석의 경우에는 "시로 쓴 역사"이다. 그래서 이 글에서는 그의 작품 자체보다도 그의 문집에 나타난 '詩史'의 의미에 대하여 분석하기로 한다.

1. 시사란 무엇인가

시사는 "시로 쓴 역사"이다. 詩史라는 말은 당나라 孟棨가 엮은 시화『本事詩』에서 처음 쓰였다.

李太白이 처음 蜀에서 서울로 올라와 여관에 묵었는데, 賀知章이 그 이름을 듣고 처음 찾아왔다. (하지장이) 그의 자태를 기이하게 여기고는, 그가 지은 글을 보여달라고 다시 청했다. 이백이 <蜀道難>이라는 글을 꺼내서 보여주자, 미처 다 읽기도 전에 서너번이나 칭찬하더니 "謫仙"이라고 불렀다. 그리고는 금거북을 풀러서 술과 바꿔, 함께 술병을 기울이며 취토록 마셨다. (줄임)

(이백은) 또 永王에게 부름받았다는 이유 때문에 夜郎으로 귀양갔다. (귀
양에서) 풀려 돌아왔지만, 宣陵에서 세상을 떠났다. 두보가 그에게 지어준
20韻 시에 그 일이 자세히 서술되어 있으니, 그 글을 읽으면 그간의 자취를
다 알 수 있다.

두보는 安祿山의 난리를 만나 隴・蜀으로 떠돌아다녔는데, (그러한 사연
이) 시에 다 진술되었다. 지극히 은미한 일까지 다 나타났으니, 하나도 빠트
린 일이 없다. 그러므로 당시 사람들이 (두보의 시를) 일러서 詩史라고 하였
다. (高逸 제3)

천보 14년(755)에 하서절도사 안록산이 15만 군사를 이끌고 난리를 일으
키자 온 나라가 어려움을 겪었는데, 杜甫와 李白은 같은 시대에 살면서도
처신이 달랐다. 현종의 열 여섯째 아들인 永王 璘이 山南東道・嶺南・黔
中・江南西道 節度都使에 임명되어 반란을 진압하게 되었는데, 반란 진압
의 와중에서 태자였던 이형과 더불어 천하를 차지하려고 다투게 되었다. 영
왕이 동쪽으로 진출하면서 그를 부르자, 이백이 <永王東巡歌>11수를 지었
다. 이백은 그밖에도 영왕을 찬양하는 시를 많이 지으면서 그에게 인정을
받으려고 했다. 그러나 영왕은 그를 중요하게 여기지 않았다. 지덕 2년(757)
2월에 영왕의 군사가 패배하자, 이백도 尋陽에 투옥되었다가 야랑으로 유
배되었다.

두보는 755년 10월에 河西縣尉에 임명되었지만 취임하지 않았다. 이듬해
에는 가족들을 이끌고 白水・鄜州 등지로 피난다니다가, 가족들과 헤어졌
다. 혼자서 숙종황제가 있는 영무로 가다가 반란군에게 사로잡혀 장안으로
압송되었다. 757년 5월에 장안에서 탈출하여 숙종의 조정을 찾아가 左拾遺
벼슬에 취임했다. 759년에 낙양에서 화주로 가는 길에 新安・石壕・潼關을
거쳤는데, 이때 그 유명한 三吏와 三別을 지었다. 이 시들이 안록산의 난으
로 피폐해진 당나라의 현실과 백성들의 유랑생활, 아전들의 부정부패를 그
대로 기록했으므로 詩史라고 불리게 된 것이다.

『운곡시사』가 널리 알려지기 전까지는 우리나라에 이름난 詩史가 따로
없어서, "詩史"라고 하면 흔히 두보의 시를 가리켰다. 徐命膺의 문집인 『保

晚齋集』권7에『詩史八箋』이라는 책의 서문이 실려 있는데, 여기서 말한 시사도 물론 두보의 시를 가리킨다.

2. 시사와 詠史의 관계

詠史詩는 "역사를 읊은 시"이다. 그런데 시인이 살고 있는 당대의 역사가 아니라, 이미 지나간 시대의 역사이다. 대부분 역사서에 기록된 특별한 인물이나 특별한 사건을 대상으로 하는데, 역사에 이미 褒貶을 받은 대상들에 대하여 시인 자신의 평가를 시로 읊은 것이다. 역사에 대한 이해와 관심이 남다른 시인이라야 詠史詩를 지을 수 있다. 처음에는 우리나라 시인들이 중국 역사에 나타난 인물이나 사건을 주로 읊었는데, 17세기 이후에 樂府體가 유행하면서 우리나라의 역사를 읊은 詠史樂府가 많이 지어졌다. 우리나라 역사를 읊은 영사시로는 沈光世의「海東樂府」, 김종직의「東都樂府」, 李瀷의「해동악부」, 林昌澤의「해동악부」, 吳光運의「해동악부」, 李匡師의「東國樂府」, 李學逵의「영남악부」, 李福休의「해동악부」등이 대표작이다.

시사도 역사를 시의 대상으로 하는 점에 있어서는 공통점이 있지만, 시사는 시인이 살고 있는 당대의 사실을 다룬다. 사관이 이미 포폄한 기록에 의존하는 것이 아니라, 시인 자신의 사관에 따라서 기록하는 것이다. 따라서 한 시인이 기록한 시사 자체와 그 시인의 사관은 후대에 다시 역사의 평가를 받게 된다.

3. 시사 창작의 조건

우리 문학사에는 "시로 쓴 역사"가 별로 없다. 詩史가 가능하려면 우선 개인이 특별히 역사를 기록할 만한 시기에 살았어야 하고, 역사의 현장으로부터 일정한 거리를 두고 있어야 하며, 시인의 관심이 자신의 내부보다도 외부로 열려 있어야 한다. 조정에 벼슬하고 있으면 아무래도 정권의 편에 서게 되고, 자신도 비판으로부터 자유로워질 수가 없다. 사회에 관심이 없으면 풍류시나 은일적인 시만 짓게 된다. 詩史를 지으려면 무엇보다도 시적 창작능력이 있어야 한다. 원천석은 이러한 조건들을 모두 갖춘 시인이었다.

4.『운곡시사』의 명칭

그의 문집이 시사가 되려면, 시인이 처음부터 그런 의도가 있어야 한다. 원천석이 지은『野史』는 물론 후세에 올바른 역사를 전하겠다는 의도로 집필되었다. 그런데 시는 그런 것 같지만은 않다. 일상생활을 읊은 시도 많기 때문이다. 그러나 그가 흔들리지 않고 한 세상을 살았던 것만은 분명하다. 권력가들의 토지겸병, 최영 장군과 목은 이색에 대한 평가, 우왕과 창왕의 강제 퇴위 및 처형, 그리고 조선 건국에 이르기까지 그는 어느 한편을 들지 않고 시를 지었다. 그는 고려왕조에 벼슬하지 않았으며, 이방원에게는 스승이었다고 한다. 그렇지만 이성계 일파의 전횡에 대해서 비판적이었으며, 우왕과 창왕이 왕씨가 아니라는 핑계에 대해서도 비판적이었다. 그는 일부러 역사를 쓰려고 하지 않았지만, 그가 지은 시는 저절로 이성계 일파의 허위를 비판한 시사가 되었다.

퇴계는 그의 문집을 읽고 "운곡의 시는 역사다. 시를 역사로 하였으니, 후세에 전해질 것을 의심하지 않는다."라고 했다. 이때부터 그의 시에는 詩史라는 이름이 따라 다녔다. 강원도관찰사였던 朴東亮이 1603년에 그의 문집을 엮으면서 「詩史序」라는 제목으로 서문을 지은 것도 그의 문집을 한 권의 詩史로 평가했기 때문이다.

1858년에 간행하여 현재 널리 전하는 활자본 문집의 이름을『耘谷行錄』이라 하고 版心에는 耘谷詩史라고 했는데, 行錄은 운곡 개인의 행적을 기록한 책이고, 詩史는 나라 전체의 역사를 기록한 시이다. 문집 한 권의 이름을 두 가지로 썼으니 두 가지 의미가 다 포함된 셈이지만, 이 문집의 역사성을 생각한다면『耘谷詩史』라는 이름이 더 타당하다.

5.『운곡시사』에 나타난 詩史

고려 말에는 권력자들에 의한 토지겸병이 대규모로 자행되어 백성들의 생활이 몹시 어려웠다. 이성계와 정도전 일파가 백성들에게 인심을 얻게 된 것도 그들이 토지의 재분배를 주장했기 때문이다. 그런데 토지를 빼앗겨서 아무 재산도 없는 백성들에게까지 관원들은 세금을 강요하였다. 운곡은 토지를 빼앗기고 산 속으로 달아난 백성들의 참상을 이렇게 시로 읊었다.

<십오일에 방산을 떠나 양구군에 이르렀는데, 아전이나 백성들의 집이 모두 기울어지거나 땅바닥에 쓰러졌으며, (온 마을이) 텅 비어 연기 나는 집이 없었다. 그래서 길 가는 사람에게 물었더니, 이렇게 대답했다. "이 고을은 낭천군에서 아울러 다스리는 곳인데, 옛부터 땅이 좁고 척박해서 백성이나 산물이 쇠잔했습니다. 근래에 와서는 밭마저 권세가에게 빼앗기고 인민들을 못살게 하는 데다 세금마저 굉장히 많아, 발 붙일 곳이 없게 되었습니다. 그런데도 겨울철만 되면 세금을 독촉하는 무리들이 문이 메어지도록 잇달아, 한번이라도 명을 어기면 손과 발을 높이 매달고, 심지어는 곤장까지 때려서 살과 뼈가 해어지게 하니, 살던 백성들이 견디지 못하고 사방으로 흩어져서 마을이 이같이 되었습니다." 내가 그 말을 듣고 오언시 여덟 구를 지어 마을이 쇠망해가는 실정을 적어둔다.>

무너진 집에는 새들만 지저귀고
백성들은 달아난 데다 아전도 보이지 않네.
해마다 민폐만 더해가니
어느 날에야 즐겁게 지내랴.
땅은 모두 권세가에게 빼앗겼는데
포악한 무리들은 문 앞에 잇달았네.
남아 있는 사람들만 더욱 가엾으니
이러한 고생이 누구의 잘못이던가.

十五日發方山到楊口郡吏民家戶敧斜倒地寂無烟火問諸行路答曰此邑乃狼川郡之兼領官也自古地窄田磽民物凋殘比來權勢之家奪有其田土擾亂其人民租稅至多雖容足立錐之地無有空閑每當冬月收租徵斂之輩塡門

不已一有不能則高懸手足加之以杖剝及肌骨居民不堪流移失所故如斯也
予聞其語作五言八句以著衰亡之實云

破屋鳥相呼, 民逃吏亦無.

每年加弊瘼, 何日得歡娛.

田屬權豪宅, 門連暴虐徒.

孑遺殊可惜, 辛苦竟何辜.

　　<느낀 바가 있어>

　　有感

　(이때 농민들의 토지를 빼앗으려는 무리들이 벌떼처럼 일어났다)

　　1.

나라의 명맥이 끊어져가니 정치를 보살펴야 하고

인륜의 기강이 무너져가니 교화를 펼쳐야 하건만,

임금의 문은 깊게 잠겨서 아홉 겹으로 막혔으니

아뢸 곳 없는 백성들이 저 푸른 하늘에 호소하네.

國脉將頹當輔治, 人綱欲廢要開張.

君門深鎖九重隔, 無告嗷嗷籲彼蒼.

　　3.

자리를 말 듯이 온 산천을 독차지하고

주머니를 뒤지듯이 노비까지 다 수색하네.

닭과 벌레를 얻고 잃음이 어느 때에야 다하려나

하늘 끝을 바라보니 어느새 석양일세.

奮占山川如卷席, 窮搜奴婢似探囊.

鷄莁得失何時了, 注目天涯已夕陽.

　　5.

쟁탈하는 바람이 일어나니 귀신의 지역인가

염치의 도를 잃었으니 사람 세상이 아닐세.

머리를 돌려 홀연히 옛왕조 일을 생각하다가

멀리 창오산 바라보며 눈물이 얼굴에 가득해지네.
爭奪風興非鬼域, 廉恭道喪不人寰.
回頭忽起前朝念, 遙望蒼梧淚滿顔.

물론 이성계와 정도전 일파도 토지의 재분배를 주장했지만, 그들의 주장은 백성을 위한 주장이 아니라 자신들의 입지를 구축하기 위한 명분이었다. 운곡은 그 이전에 토지를 많이 가지고 있지도 않았으며, 일부 토지의 재분배가 이뤄진 뒤에 특별히 더 많은 토지를 분배받지도 않았다. 그는 이해 당사자가 아닌 위치에서 이 문제를 시로 다뤘던 것이다.

창오산은 순임금이 세상을 떠난 곳인데, 이곳에 능을 만들었다. 이 시에서는 억울하게 죽은 공민왕의 玄陵을 가리키는 듯하다. 공민왕은 1366년에 전민변정도감을 설치하여 귀족들이 겸병한 토지를 원래의 소유자에게 돌려주고, 불법으로 노비가 된 백성들을 해방시켰다. 그러나 이러한 근본정신이 차츰 어지러워졌기에 그는 토지개혁을 시작한 공민왕의 현릉을 바라보며 눈물 흘렸던 것이다.

이성계와 정도전 일파가 고려왕조를 무너뜨리려는 와중에 고려왕조를 지키려고 애쓴 인물은 최영과 이색이었다. 운곡은 백성들이 믿고 따르던 이들을 찬양하는 시를 지었다.

　　　　<해동의 두 현인을 찬양하다>
　　　　海東二賢讚
　　　　<전 총재 육도도통사 최영장군>
　　　　前冢宰六道都統使崔瑩

해동의 명성이 중원을 뒤흔들어
장막 속의 군사작전이 번거롭지 않았네.
충성스럽고 장한 마음은 산과 바다보다도 무겁고
이룩한 덕업은 하늘 땅처럼 컸네.
삼한의 기둥과 주춧돌처럼 공이 더욱 무거워
육도의 인민들이 비구름처럼 우러렀네.

하늘이 이 나라 사직을 붙드시려면
공의 수명이 곤륜산 같아지이다.

海東聲價動中原, 帷幄軍籌簡不煩.
忠壯心懷輕海岳, 生成德業大乾坤.
三韓柱石功彌重, 六道雲霓望益尊.
天爲我邦扶社稷, 願令公壽等崑崙.

<판삼사사[1]>

判三司事

북방 구름이 늘 태평한 기운을 띠고 있으니
이게 바로 명공이 할 일 다했기 때문일세.
두 손으로 일찍이 해와 달을 도왔고
한 마디 말씀이 바로 하늘과 땅을 정했네.
가슴에 가득한 지혜와 용맹으로 오로지 나라 위하니
한 시대 영웅들이 반나마 문을 메웠네.
두 조정을 드나들며 장수와 재상을 겸했으니
처음부터 끝까지 이룬 공업을 다 말할 수 없네.

朔雲常帶太平痕, 知是明公盡所存.
雙手已曾扶日月, 片言端合定乾坤.
滿懷智勇專憂國, 一代英雄半在門.
出入兩朝兼將相, 始終功業舌難論.

---

1) 운곡이 두 현인을 찬양한 이 시에서 "전 총재 육도도통사는 崔瑩"이라고 밝혔지만,
   판삼사사는 이름을 밝히지 않았다. 그래서 그가 찬양한 판삼사사가 누구인지 확인
   할 수는 없다. 운곡 시대에 판삼사사를 지낸 사람은 목은 이색이나 포은 정몽주를
   비롯해서 여러 명이 있었는데, 목은 이색은 1375년에 정당문학과 판삼사사를 역임
   하였다. "한 시대 영웅들이 반나마 문을 메웠다"거나 "두 조정을 드나들며 장수와
   재상을 겸했다"는 표현을 보면 이성계를 가리키는 듯도 한데, 이성계가 판삼사사
   를 역임했다는 기록은 『고려사』에서 확인되지 않았다. 이색도 병부낭중·지병부사
   등의 벼슬을 역임했지만, 장수를 겸했다는 표현을 쓸 수는 없다. 최영장군의 경우
   에 이름을 밝힌 것을 보면, 판삼사사의 경우에도 처음엔 이름이 밝혀져 있었는데
   후대에 와서 누군가 지워버린 것이 아닌가 생각된다. 일단 운곡의 시에서 자주 찬
   양되었던 목은 이색으로 추정한 뒤에, 자료가 나타나는 대로 확정하고자 한다.

그는 이 두 사람을 해동의 두 賢人이라고 했는데, "고려왕조를 지키는 두 영웅"이라고 표현하는 것이 더 정확했을 것이다. "삼한의 기둥과 주춧돌처럼 공이 더욱 무거워 / 육도의 인민들이 비구름처럼 우러렀네"라는 표현도 바로 그러한 뜻이다. 온 백성들이 찬양하는 마음을 그가 대변했으므로 글자 그대로 詩史라고 불리게 되었다.

운곡의 시를 詩史라고 평가하는 가장 큰 이유는 그가 우왕과 창왕을 신씨가 아니라 왕씨라고 기록했기 때문이다. 이성계 일파가 우왕과 창왕을 폐위하고 죽인 이유는 그들이 왕씨라는 사실 때문이었으니, 이 두 왕이 신씨가 아니라 왕씨라면 왕위찬탈이 된다. 포은 정몽주 같은 충신까지도 창왕을 폐하는 것에 동조하여 공신이 되었다. 그러나 운곡은 이들이 왕위를 찬탈했다는 사실을 후세에 전하기 위해서 시를 지었다.

<엎드려 들으니 주상 전하께서 강화로 옮기고 원자께서 즉위하셨다기에 감회를 읊다>
伏聞主上殿下遷于江華元子卽位有感 二首

1.
성현이 만나는 것도 알맞은 때가 있으니
천운이 돌고 도는 것을 이제야 알겠네.
초야에 묻힌 백성이라고 어찌 나라 걱정이 없으랴
더욱 충성을 다해서 안위를 걱정한다네.
聖賢相遇適當時, 天運循環自此知.
畎畝豈無憂國意, 更殫忠懇念安危.

2.
새 임금이 즉위하고 옛 임금은 옮기시니
쓸쓸한 바다 고을에 바람과 연기 뿐일세.
하늘문 바른 길을 그 누가 열고 닫으랴
밝고 밝은 거울이 눈 앞에 있는 것을 보아야겠네.[2]

---

[2] 임금이 자기 백성들에게 포학하게 굴어 그 정도가 심해지면, 결국 자기는 죽임 당

新主臨朝舊主遷, 蕭條海郡但風烟.
天關正路誰開閉, 要見明明鑑在前.

　　1388년 2월에 우왕이 최영장군과 의논하여 요동을 치기로 했는데, 압록강까지 진군했던 이성계가 5월에 위화도에서 회군하였다. 이성계가 6월에 그 책임을 물어 우왕을 폐위시키고, 그의 아들 昌을 임금으로 세웠다. 강화도로 물러난 우왕은 이듬해인 1389년 11월에 아들 창왕과 함께 庶人이 되었다가, 12월에 강릉에서 살해되었다. 그는 이러한 과정을 차례대로 시를 지어 기록했는데, 뒷날 이러한 시들이 그대로 고려 망국과 조선 건국의 참다운 역사가 되었다. 『고려사』에서 왜곡된 사실들이 그의 시에 진실하게 기록되었던 것이다.

　　　　<도통사 최영장군이 사형 당했다는 말을 듣고 탄식하다>
　　　　聞都統使崔公被刑寓歎 三首
　　　　　1.
　　수경의 빛이 묻히고 기둥과 주춧돌이 무너져
　　사방의 백성과 만물이 모두 슬퍼하네.
　　빛나는 공업은 끝내 썩고 말았지만
　　굳센 충성이야 죽었다고 사라지랴.
　　사적을 기록한 푸른 역사책이 일찍 가득했건만
　　가엾게도 누른 흙이 이미 무덤을 이뤘네.
　　생각컨대 아득한 황천 밑에서도

하고 나라도 망하게 된다. 그 정도가 심하지 않더라도 신변이 위태로워지고, 나라는 쇠약해질 것이다. 幽王이나 厲王이라는 (나쁜) 시호로 불려져, 비록 효성스럽고 자애스런 자손들이 나타나더라도 백대를 두고 그 이름을 고칠 수 없다. 그래서 『시경』에도
은나라 紂王의 거울이 멀리 있지 않으니
바로 하나라 걸왕 때에 있었네.
殷鑑不遠, 在夏后之世.
라고 했다. 후대의 임금에게 전대의 폭군을 경계하라고 이른 것이다(『孟子』卷7, 「離婁 上」).

눈을 도려내어 동문에 걸고[3] 분을 풀지 못하시겠지.

水鏡埋光柱石頹, 四方民物盡悲哀.
赫然功業終歸朽, 確爾忠誠死不灰.
紀事靑篇曾滿帙, 可憐黃壤已成堆.
想應杳杳重泉下, 抉眼東門憤未開.

　　2.

조정에 홀로 서면 감히 덤빌 자 없어
충성과 의리 때문에 온갖 어려움을 겪었네.
육도 백성들의 소망을 따라
삼한의 사직을 편안케 했네.
동렬의 영웅들은 얼굴 더욱 두터워지고
아직 죽지 않은 간사한 자들은 뼈가 서늘해졌으리.
어지러운 때를 다시 만나면 누가 꾀를 내려는지
이 시대 사람들 간사하게 일하는 것이 가소롭기만 하네.

獨立朝端無敢干, 直將忠義試諸難.
爲從六道黔黎望, 能致三韓社稷安.
同列英雄顔更厚, 未亡邪佞骨猶寒.
更逢亂日誰爲計, 可笑時人用事姦.

　　3.

내 이제 부음 듣고 애도하는 시를 지었으니
공을 위해 슬픈 게 아니라 나라 위해 슬픈 거라오.

---

3) 오나라 재상 嚭가 子胥를 참소하여, "자서는 자신의 꾀가 받아들여지지 않은 것을
　부끄럽게 여기고 원망한다"고 하였다. (오나라 왕) 夫差가 자서에게 屬鏤劍을 주었
　다. (그 칼로 자결하라고 명한 것이다.) 자서는 자기 집안 사람들에게 이렇게 말했
　다.
　"내 무덤에는 반드시 가래나무를 심어라. (내가 죽은 뒤에 오나라는 곧 멸망할 것
　이고) 가래나무는 (부차의) 관을 만들기에 좋다. 내 눈을 도려내어서 동문에 걸어,
　월나라 군사가 오나라를 멸망시키는 것을 보게 하라."
　그리고는 스스로 목을 찔러 죽었다(『史記』 卷66, 「오자서열전」).

하늘 운수가 통할지 막힐지를 알기 어렵고
나라 터전이 편안할지 위태할지도 정해질 수가 없네.
날카로운 칼날이 이미 꺾였으니 슬퍼한들 무엇하랴
충성스러운 신하 항상 외롭다가 끝내 견디지 못했네.
홀로 산하를 바라보며 이 노래를 부르니
흰 구름과 흐르는 물도 모두들 슬퍼하네.
我今聞訃作哀詩, 不爲公悲爲國悲.
天運難能知否泰, 邦基未可定安危.
銛鋒已折嗟何及, 忠膽常孤恨不支.
獨對山河歌此曲, 白雲流水摠嘻嘻.

<이 달 십오일에 나라에서 정창군을 세워 왕위에 올리고 전왕 부자는 신돈의 자손이라 하여 폐위시켜 서인으로 삼았다는 말을 듣고>
今月十五日國家以定昌君立王位前王父子以爲辛旽子孫廢爲庶人

1.

전왕 부자가 각기 헤어져
만리 동쪽과 서쪽 끝으로 갔네.
몸 하나야 서인으로 만들 수 있지만
올바른 이름은 천고에 바꾸지 못하리라.
前王父子各分離, 萬里東西天一涯.
可使一身爲庶流, 正名千古不遷移.

2.

할아비 왕의 믿음직한 맹세가 하늘에 감응했기에
그 끼친 은택이 수백 년을 흘러 전했었네.
어찌 참과 거짓을 일찍이 가리지 않았던가
저 푸른 하늘만은 거울처럼 밝게 비추리라.
祖王信誓應乎天, 餘澤流傳數百年.
分揀假眞何不早, 彼蒼之鑑照明然.

924

우왕은 동쪽 강릉으로 유배되었고, 창왕은 서쪽 강화로 유배되었다. 이성계 일파가 이들 부자를 왕씨가 아니라 신씨라고 하여 폐위시켰지만, 王氏라는 실제 이름까지는 바꿀 수 없었다. 그래서 운곡은 "몸 하나야 서인으로 만들 수 있지만 / 올바른 이름은 천고에 바꾸지 못하리라"고 기록했던 것이다. 운곡의 이 기록이 뒷날 전해졌기에, 이성계 일파는 올바른 이름을 끝내 바꾸지 못했던 것이다.

이성계 일파가 1년 전에 요동정벌의 책임을 물어 우왕을 폐위시킬 때에도 그의 아들 昌을 임금으로 세워 놓고, 그때에는 왕씨 여부를 따지지 않다가 이제 와서 이들 부자가 왕씨가 아니라고 폐위시키는 것은 명분이 서지 않았다. 그래서 운곡은 "어찌 참과 거짓을 일찍이 가리지 않았던가"라고 하였다.

이성계 일파는 21대 희종의 먼 후손인 정창군을 고려의 마지막(34대) 왕으로 세워 놓고는, 우왕과 창왕의 재위기간을 辛朝라고 불렀으며, 뒷날 『고려사』를 편찬하면서 신우와 신창을 叛逆傳에 넣기까지 하였다. 그러나 정창군 瑤가 즉위한 지 4년만에 이성계가 왕으로 추대되어 조선을 건국하고, 다시 2년 뒤에 공양왕 부자와 모든 왕씨들을 죽인 것만 보아도, 우왕과 창왕이 왕씨가 아니어서 폐위시켰던 것은 아니다. 이성계 일파의 목적은 우왕과 창왕이 왕씨인가 신씨인가를 따지는 데에 있었던 것이 아니라, 이성계를 왕으로 추대하는 데에 있었기 때문이다.

<나라에서 명령하여 전왕 부자에게 죽음을 내리다>
國有令以前王父子賜死
지위가 종정까지[4] 높아진 것도 임금의 은혜건만
도리어 원수가 되어 한 집안을 멸망시켰네.
한 나라에 큰 복을 누려 마땅하건만

---

4) 종과 솥은 귀중한 물건인데, 뛰어난 공덕을 종이나 솥에 새기기도 하였다. 그래서 廟堂에 있는 재상을 鐘鼎이라고도 하였다. 식사 전에 음악을 연주하고, 식사에는 여러 그릇의 산해진미를 내어놓는 화려한 생활도 鐘鼎이라고 하였다. 이 시에서는 이성계의 벼슬이 재상까지 오른 것을 뜻한다.

구원에서도 그 원한을 씻기 어렵게 되었네.
옛 풍속은 없어져도 때는 되돌아오니
새 법이 맑아야 도가 더욱 높아지리.
오로지 옥뜰을5) 향해 만세 부르니
두터운 은혜 산마을까지 미치게 하소서.
位高鍾鼎是君恩, 反自含讐已滅門.
一國必應流景祚, 九原難可雪幽冤.
古風淪喪時還肅, 新法清平道益尊.
專向玉墀呼萬歲, 願施優渥及山村.

　운곡의 시는 역사를 곧바로 기록했다. 그래서 直筆이라고 하였다. 象村
申欽(1523~1597)은 『晴窓軟談』에서 그의 직필을 이렇게 칭찬했다.

　　원천석은 고려인인데, 공민왕 때 벼슬하지 않고 원주에 살았다. (줄임) 그
의 遺稿 가운데 당시의 사적으로 후세에 알 수 없는 일들을 바르게 실었는
데, 辛禑를 공민왕의 아들이라고 한 것은 그의 직필 가운데 대표적인 기록
이다. (줄임) 詩語는 비록 질박해서 말이 제대로 되지 않은 것이 많지만, 사
실에 있어서는 바르게 쓰고 숨기는 것이 없다. 정인지의 『고려사』에 비하면
해와 별의 밝음을 무지개의 밝음에 비할 수 없을 정도이다. (줄임) 고려가
망한 것은 무진년에 우왕을 폐한 데에서 연유되었는데, 우왕을 폐한 뒤에
목은 같은 분들이 아직 남아 있어서 한 줄기 公議가 없어지지 않았다. 그러
므로 그때에 정도전・윤소종의 무리가 "왕씨가 아니라고 하면 忠이고, 왕씨
라고 하면 逆이다"라는 논의를 주창하여 조정을 속이고 인심을 현혹시켜,
드디어 선비들을 살육하고 사람들의 입을 막아버렸는데, 겨우 5년이 지난
뒤에 나라가 망하고 말았다. 그때에 태어나서 정직하게 자신을 세운 사람들
은 살아가면서 辛苦와 顚沛가 어떠했으랴? 그런데도 인심이 모두 현혹되지
않았고 사람들의 입도 모두 막히지는 않아, 草野에도 董狐 같은 直筆이 있
었다. 돌을 눌러 놓아도 竹筍은 옆으로 솟아나오지 않겠는가.

5) 원문의 玉墀는 옥돌을 간 마당인데, 대궐을 뜻한다.

조선시대의 재상이었던 신흠이 그의 直筆을 칭찬할 정도로, 사관에 임명 되지도 않았던 그는 투철한 역사의식으로 시를 지었다. 그는 조선왕조가 건 국되던 날의 느낌도 시로 지었는데, "오백년 왕업이 牧笛에 부쳤으니"라는 시조 구절을 연상케 한다.

<나라 이름을 고쳐서 조선이라고 하다>
改新國號爲朝鮮
1.
왕씨 집 사업이 문득 티끌이 되어
산천은 그대로지만 나라 이름은 새로워졌네.
풍물만은 사람 일 따라서 변하지 않아
한가한 사람을 마음 상하게 하네.
王家事業便成塵, 依舊山河國號新.
雲物不隨人事變, 尙令閑客暗傷神.

이성계가 1392년 7월 17일 고려의 옛서울인 개성의 수창궁에서 즉위하여 새 임금이 되고, 11월 29일에 예문관 학사 韓尙質을 명나라에 보내어 새 나 라 이름을 朝鮮과 和寧 가운데 하나로 정해줄 것을 청했다. 한상질이 국호 를 '조선'이라고 정해준 禮部의 咨文을 가지고 이듬해 2월 15일에 돌아오자, '조선'이라는 새 국호가 반포되었다. 그동안 8개월은 이성계가 고려 임금이 었던 셈이다. 운곡은 새 나라가 이름을 朝鮮이라고 고치는 과정까지 기록하 여, 고려왕조 역사 기록의 책임을 다하였다. 그러면서도 "(나라 이름은 새로 워졌지만) 풍물만은 사람 일 따라 변하지 않아 / 한가한 사람을 마음 상하게 하네"라고 읊어, 조선의 백성으로 쉽게 바뀌지 않는 자신의 감회를 표현하 였다.

6. 『운곡시사』와 『매천야록』

운곡 원천석(1330~?)과 梅泉 黃玹(1855~1910)은 왕조가 망해가는 상황에 살면서 자신이 보고 들은 것들을 글로 기록하였다. 한 사람은 시로 쓰고, 한 사람은 산문으로 기록하였다. 두 사람 다 변천하는 나라의 모습을 다른 장르로 기록하기도 했었다. 즉 원천석도 산문으로 기록한 것이 있었고, 황현도 시로 기록한 것이 있었다.

두 사람 다 뛰어난 능력이 있었지만, 시대가 어지러워 벼슬에 나아가지는 않았다. 그러면서도 사회에 무관심한 것이 아니라, 시골에 들어앉아 있으면서도 나라의 앞날을 걱정하고 시세의 추이를 관찰하였다. 그랬기에 나라가 망해가는 역사를 글로 남길 수 있었던 것이다.

황현은 아버지의 뜻을 이뤄 드리기 위해 생원 회시에 장원했지만, 벼슬에는 뜻이 없었다. 정부 관료들의 무능과 부정부패, 가렴주구를 지켜보면서, 이들을 "도깨비 나라의 미친 자들(鬼國狂人)"이라고 통렬히 매도했다. 1910년 7월에 왜놈들이 대한제국을 강제로 합병하자, 황현은 <絕命詩> 4수를 지었다. 그리고는 아들에게 유서를 남긴 뒤에 아편으로 목숨을 끊었다.

나는 (벼슬을 안했기에 조선왕조를 위해) 죽어야 할 의무는 없다. 그러나 조국이 선비를 키운 지 오백 년이나 되었는데, 나라가 망하는 날에도 國難을 위해서 죽는 사람이 하나 없다면, 어찌 통탄할 노릇이 아니겠는가. 내가 위로는 하늘로부터 타고난 천성을 저버리지 않고, 아래로는 평소 읽던 책을 저버리지 않으며, 어둠 속에 길이 누워서도 참으로 통쾌함을 누릴 것이다. 너희들은 너무 슬퍼하지 말아라.

황현이 남긴 글은 중국으로 망명한 金澤永이 1911년 상해에서 7권 3책으로 간행했는데, 시 818수와 서간, 序跋, 논설 및 잡문들이 실렸다.

그가 기록한 『매천야록』은 문집과 따로 전해졌다. 대원군의 정치와 명성왕후의 반목, 민씨들의 부정부패, 외세의 침입과 민족의 항거, 開化와 斥邪, 동학의 봉기와 의병의 투쟁, 고종과 순종의 무능력, 북간도와 미국·멕시코·러시아로 이민간 동포들의 고생과 활약, 지배층과 외세에 시달린 민중

928

들의 수난, 독립협회와 민권의식, 강제적인 을사보호조약에서 한일합방까지 이처럼 숨가쁘게 전개되는 개화와 망국의 역사가 그의 기록에 실렸다. 그가 <절명시>를 지으면서 "인간 세상에 글 아는 사람 노릇 어렵기만 하구나" 라고 탄식한 것처럼, 그는 자기 시대 지식인의 책임을 다한 것이다.『매천야록』초고는 일제시대 36년 동안 간행되지 못하고 숨겨 전해지다가, 조국이 광복된 뒤에야 국사편찬위원회에서 찾아내어 간행되었다.

『운곡시사』에 실린 시들을 보면『매천야록』의 순서대로 전개된다. 우왕·창왕과 이성계 일파의 관계, 고려왕조 관리들의 횡포와 토지겸병, 백성들의 피폐한 생활, 우왕·창왕의 강제 퇴위와 죽음, 그리고 고려왕조의 멸망에 이르기까지 고려 망국의 과정이 숨 가쁘게 전개된다. 抒情性을 주로 하는 詩에서도 이러했으니, 敍事性을 주로 하는 散文은 더 말할 나위가 없었을 것이다. 조선왕조가 안정되자 후손들이 상자를 열어보다가 놀라서『野史』를 불살랐는데, 그 책이 남아 있었더라면『운곡시사』와 아울러 고려왕조가 망하고 조선왕조가 건국되는 과정을 더욱 분명하게 알 수 있었을 것이다.

원천석이나 황현 두 사람 모두 나라에서 임명된 史官은 아니었다. 그러나 벼슬한 사관이 아니었기에 오히려 올바른 역사를 기록할 수 있었다. 어려운 시대를 살면서 지식인의 임무를 다했던 것이다.

耘谷 元天錫의 自然詩에 나타난 美意識

임종욱[*]

1. 들어가는 말

본고는 耘谷 元天錫(1330~?)이 남긴 1,100여 편이 넘는 많은 한시 작품 가운데, 특히 자연을 소재(또는 주제)로 하여 쓰여진 작품을 대상으로 그 작품 속에 어려 있는 작가의 미의식의 한 모습을 살펴보려는 목적으로 쓰여졌다.[1] 문학 연구, 특히 시 작품에 있어서 자연 문제는 단순한 소재의 차원을 넘어서 대단히 중요한 의미를 지닌다. 자연은 작가가 살아가고 있는 공간을 형성하는 가장 중요한 터전 가운데 하나이다. 또한 시인은 많은 시적 언어들을 자연 속에서 발견하여 이를 형상화한다. 그런 점에서 한 시인의 문학을 이해하는데 자연은 필요 불가결한 요소라고 할 수 있다. 그러나 문학의 요소로서의 자연이란 그 범위가 대단히 넓은 것이어서 모든 문학적 소재가 자연이라고 해도 무방할 수 있다. 본고는 그런 포괄적 의미에서가 아니라 순수 자연으로 분류될 수 있는 소재, 즉 '山水'로 불려지는, 人爲와는 일정 거리를 두고 있다고 여겨지는 자연을 대상으로 한 작품과, 그런 자연 소재와 가장 잘 어울리는 인위적 소재인 寺刹과 樓亭이 소재가 된 작품, 두 작품군에 나타난 자연미를 살펴보고자 한다. 이런 자연시의 양 측면의 분석을 통해 운곡이 자연과 그 자연이 보여주는 아름다움을 어떻게 자신의 작품 속

---

* 동국대학교 역경원 역경위원

** 이 논문은 『운곡원천석연구논총』(2001)에 수록한 것을 본서에 재수록함.

1) 耘谷 元天錫의 시문학 전반에 관한 연구는 그간에 여러 학자들에 의해 다양한 각도에서 접근되었다. 이에 대한 전반적인 연구사와 문학세계에 대한 분석 및 정리는 졸저 『耘谷 元天錫과 그의 文學』(태학사, 1998)을 참고하기 바란다.

에 용해시키고 있는가를 알게 될 것이며, 궁극적으로 운곡 한시의 미적 아름다움의 원천이 무엇인가를 확인하게 될 것이다.

다만 한 가지 짚고 넘어가야 할 사실은 운곡 문학에 있어서 자연의 위상에 대한 문제이다. 운곡은 고려 말기와 조선 초를 살다간 시인으로, 그의 삶의 궤적은 일면 일관적이었다고 할 수 있는 측면과 함께 대단히 복잡다단했다고도 할 수 있는 요인들이 있다. 그가 일찍이 시대 상황에 회의를 느끼고 강원도 원주 치악산 산자락에 칩거하여 은둔한 인물이었다는 점으로 보면 그의 삶은 단출하고 평탄했다고 할 수 있다. 그러나 그가 끊임없이 역사의 흐름에 동참하고 그 흐름을 문학으로 승화시켰다는 측면으로 보자면 그의 삶은 내면의 갈등과 외적인 자기 검증으로 점철된, 복잡한 측면이 있음을 부정할 수 없다. 이렇게 정치적·사상적·문화적 전환기라는 시대의 여울목을 살다간 인물이 철저하게 자연 친화적이면서 또 한편으로는 시대 참여적인 역할을 했다는 사실은 그가 남긴 문학적 성과를 가름하는 데 유익하면서 동시에 장애가 된다. 그의 문학적 태도를 수미일관하게 설명해 내기가 쉽지 않기 때문이다.

이런 문제는 그의 자연관과 자연시로 불릴 수 있는 일련의 작품을 해석하는 데에도 동일하게 적용된다. 그의 일생이 치악산이라는 가장 전형적인 자연 속에서 영위되었다는 사실로 미루어 본다면 그는 풍부한 자연시를 유산으로 남겼음은 분명하다. 그리고 그것은 사실이다. 그러나 다른 한편 사유의 흐름은 동시대의 다양한 변화에 촉각을 세우고 있었던 점에서 보자면 그의 뇌리 속의 자연은 순수 형상으로 머물 수 없는, 變容의 모습을 띨 수밖에 없었을 것임도 짐작할 수 있다. 이것도 또한 사실이다. 그는 은일적 삶을 산 도가적 가치관을 표방했지만, 내면의 세계는 美刺와 詩敎의 문학관을 견지한 유가의 선비였고, 가장 서민적 삶을 산 世間의 생활인이면서 부처의 세계를 흠모한 出世間의 善知識이었다. 이런 다층적인 인물의 문학, 특히 자연시 속의 미의식을 단서 조항 없이 설명하기란 지난한 일일 수밖에 없다. 다만 본고에서는 그의 시세계의 전모를 염두에 두지만, 순수 자연을 소재로 하여 쓰여진 작품을 중심으로 미의식을 살펴보는 선에서 마감하고자 한다.

2. 山水 소재 自然詩

운곡은 누구보다도 자연인의 삶을 몸으로 실천하며 살았던 시인이었다. 생활 형편이 비록 빈한하다고까지 할 수는 없지만, 그는 가솔을 돌보기 위해 직접 팔을 걷어부치고 농삿일에 나섰고, 여가를 이용해 자연의 풍치를 만끽한, 忙中閑의 여유와 정취를 즐겼다. 때문에 그의 시에는 자연 소재가 풍부하게 구현되어 있다. 그러나 그의 자연은 出將入相하고 江湖歌道하는 관료적 자연 취향과는 사뭇 다른 것이었다. 아래 네 편의 작품이 그러한 그의 자연과 미의식을 잘 보여주는 예라고 할 수 있다.

1) 계절 감각의 美的 구현 : 淸澄美의 실현

게으름에 하릴없으니 고요한 난간이 알맞고 / 疎慵端合寂寥軒
산새 소리도 지쳤는데 귀에 쟁쟁 끝이 없다. / 苦厭幽禽聒耳喧
비 지난 뒤 산빛은 시원하게 자리로 들고 / 雨過山光凉入座
안개 자욱한 풀빛은 푸르게 문가를 맴돈다. / 烟籠草色翠連門
세상 인심은 담박해도 나이 어느새 늙었는데 / 世情淡薄年仍老
집안 꼴은 청빈하지만 도는 항상 지키노라. / 家計淸貧道尙存
잔병치레 열흘 남짓 친구들도 끊겼으니 / 病榻旬餘知已絶
회포 거두고 한가로이 누워 아침저녁을 보내노라. / 卷懷閑臥送朝昏

산뽕나무 드리운 그늘 작은 난간에 닿았는데 / 桑柘成陰接小軒
이끼 낀 오솔길은 세상 소식 끊겼노라. / 蒼苔一逕隔塵喧
나그네 드물어 하루가 가도 인기척도 없으니 / 客稀盡日無敲戶
나른한 몸 뒤척일 뿐 마당 청소 잊었구나. / 身懶多時不掃門
소나무 국화 핀 도연명의 뜰에선 마음 절로 멀어졌고 / 松菊陶園心自遠
대나무 밥 종지 간장 안연의 골목엔 즐거움도 남았다. / 簞瓢顔巷樂猶存
옛 현인들 운치 높기가 모두 이와 같으니 / 古賢趣尙皆如此
아득히 맑은 향기 맡으며 못난 나를 부끄러워하노라. / 遙把淸芬愧我昏[2]

---

2) 『耘谷詩史』 卷2, <夏日自詠(二首)>.

눈꽃이 맑게 어려 달빛 또한 맑으니 / 雪華淸映月華淸

산 너머 성채며 강가 마을이 온통 하얗구나. / 山郭江村不夜城

뜰을 걷는 사람 행보는 더없이 경쾌하고 / 人步庭除多快活

별도 드문 은하수도 그 빛을 양보했네. / 星稀河漢讓光明

들으니 섬계³⁾에서는 배 띄울 흥이 일었다니 / 剡溪聞有浮舟興

이곳 운곡에서도 붓 놀릴 정 막을 길 없다. / 耘谷難禁援筆情

달 그림자 옮겨가며 절묘함은 더해가니 / 蟾影漸移尤絶妙

시흥에 젖어 지내다가 밤 깊은 줄도 몰랐구나. / 沈吟不覺過三更⁴⁾

앞의 두 작품은 여름날의 정취를 노래한 것이고, 이어지는 작품은 겨울날의 자연 풍광을 묘사한 것이다. 시인의 자연에 묻혀 사는 정취가 두 편의 작품 속에 잔잔하게 갈무려져 있다. 세태의 부당함을 목놓아 외쳤던 시와는 사뭇 다른 양상을 그의 자연시는 보여주고 있다. 긴 여름날을 무료하게 보내면서 그는 나무가 드리우는 그늘과 산새 소리에 취해 유유자적 세월을 보내고 있다. 자연의 무욕함이 그의 마음 속에 그대로 조응되어 전반적인 시의 흐름은 감정의 굴곡이 그다지 나타나 있지 않다. 시원한 바람과 짙푸른 녹음은 자연 풍광이면서 곧 자신의 보금자리가 된다. 이미 세상에서 잊혀져 찾아오는 벗도 없고 가난과 병마가 생활이 되어 이런 고달픔이 그의 심사를 어지럽히지도 않는다. 淸貧과 樂道는 그에게 있어서 치장이나 가식이 아니고 자신의 단출하면서 자연의 일원이 된 한가로움을 대변하는 표어가 되어 있다. 도연명의 草幕과 안연의 陋巷으로 표상된 시인의 삶터는 心遠의 경계와 猶樂의 지평을 아우른 초탈의 심경을 무엇보다 잘 설명해주는 시어로 제시되어 있다. 국화의 은일한 자태를 즐기고 簞食瓢飮의 忘我의 고절감에 침잠하면서 시인과 자연은 혼연일체의 세계로 승화하는 것이다. 여름날 무더위가 극성인 계절 공간은 그의 시에서는 상쾌한 솔바람 소리가 상쾌하게 우러나는 청정한 세계에 다름 아니다.

이에 대비하여 겨울철의 자연 경물을 다룬 작품을 살펴보기로 하자. 섣달

---

3) 晋나라의 王徽之가 달밤에 戴逵를 찾아갔다고 그냥 놀아온 고사를 가리킨다.

4) 『耘谷詩史』卷5, <十二月十五夜 天宇澄霽雪月交淸 切可愛吟得一章>.

도 반이 지나 보름달이 뜬 밤의 정경을 이 시는 노래하고 있다. 하늘도 맑게 개였고 달빛도 낭랑한 밤 풍경이 못내 어여뻐 한 수 시를 지었다고 창작의 배경이 설명되어 있다. 이미 낮부터 함박눈이 내려 사방은 온통 은세계의 장엄한 별천지를 빚어냈다. 그 은세계를 거니는 시인의 시선이 산과 마을, 그리고 시냇가와 밤하늘까지 닿지 않은 곳이 없다. 희디흰 지상의 세계와 검디검은 천상의 세계가 색감의 대구로 짝지어진 가운데 시인은 재미있게도 눈부신 달빛에 대해서는 언급하지 않는다. 오히려 달빛에 어린 물상의 그림자의 추이에 관심을 가진다. 화선지처럼 하얀 대지에 그림자를 드리워 온갖 무늬를 빚어내는 빛의 조화로움을 그는 체인하고 있는 것이다. 수묵화가 먹의 농담으로 색감을 강조한다면 그의 시는 선명한 흑백의 대조로 자연의 질감을 시화하고 있는 것이다. 세계와 자연의 형상을 명징한 필치로 그려내는 그의 창작 태도는 바로 시인의 자연과 산수에 대한 향수 태도가 무엇인지를 잘 설명해준다. 자연의 淸澄無垢함을 있는 그대로 재현함으로써 그는 자신의 삶과 정신의 내면 풍경을 담아내고 있는 것이다. 즉 자연은 道나 理의 투영으로서 의미가 있는 것이 아니라 인간 본성의 실상과 합일되는 공간으로서 그에게 다가오고 시화되는 것이다. 그의 자연시를 읽어나갈 때 세간의 갈등을 강조하는 대비체로서 자연이 등장하지 않고, 그 자체의 청정함이 그대로 제시되는 경향을 보여주는 것은 이런 그의 미의식이 구현된 결과로 볼 수 있을 것이다. 세간의 物質性과 출세간의 淸澄性이 충돌하거나 타협하지 않고 각자 나름대로의 의의가 공유되는 성격이 운곡 시세계의 중요한 설명축이 되는 것도 이런 이유 때문일 것이다. 交遊詩나 政治詩에 해당하는 작품에서 자연이 의도적이 아닌가 여겨질 정도로 소외되고 있는 반면에 自然詩 속에서는 자연 자체의 究竟에 닿아가려는 시적 의장은 그만의 특성은 아니라고 해도, 律詩가 일반적으로 지향하는 先景後情의 작법과는 일정 정도 거리를 두고 있는 형세라 할 수 있을 것이다. 즉 그가 작품의 후반부에서 자신의 개인적인 정서의 편린을 완전히 감추고 있지는 않지만, 그의 敍情은 자연과 차별되는 '自我'로서의 나를 강조하기 위한 장치이기보다는 자연과 자아의 연대감을 보여주기 위한 배려의 차원에서 이해해야 하리라 여겨진다.

2) 山水風情의 審美的 조응

그림 속에 연이은 산봉우리 누구의 솜씨인가 / 圖成列岫是何人
메마른 잣나무와 푸른 솔이 붓끝에서 새롭구나. / 古栢蒼松筆下新
그 가운데 암자 있어 스님 불러도 나오지 않으니 / 中有菴僧呼不出
아마도 참선에 들어 남은 봄을 보내는가. / 却疑參定過殘春5)

눈앞에서 갖가지 모습으로 엉기며 펼쳐지더니 / 變成千狀眼前橫
다시 기이한 봉우리 만들어 기세도 다양하다. / 更作奇峯勢不平
비를 몰고 우레를 실은 채 쉼 없이 뒤짚이더니 / 拖雨駕雷翻覆頻
별빛 흘리고 달빛 숨기며 뭉게뭉게 떠다니네. / 漏星藏月卷舒行6)

위의 두 작품은 운곡 자연시에 나타난 미의식의 핵심을 보여준다고 말할
수 있다. 첫 작품은 산을 묘사했고, 두 번째 작품은 구름을 형상화하였다.
먼저 <圖山>으로 명명된 작품은 자연 자체를 감상한 결과를 다루지 않
고 산을 그린 그림을 노래했다는 점에서 흥미롭다. 즉 題畵詩인데, 자연을
대상으로 한 예술 작품을 노래했다는 점에서 시인의 자연 인식이 좀더 객관
화될 여지를 가진다. 제화시는 작품을 읽으면 그림의 구도가 대충 눈에 들
어오는데, 이 작품도 마찬가지다. 연이어진 산봉우리 사이로 僧房 한 채가
산중턱에 걸려 있으며, 승방을 감싸고 잣나무며 소나무가 둘러쳐져 있다.
암자의 문은 닫혀 있지만, 시인은 직감적으로 방안의 인기척을 깨닫는다.
승방에 있을 사람이 승려일 것임은 쉽사리 짐작할 수 있어서 자신도 모르게
불러보지만 나올 턱이 없다. 그런 대답 없음의 상황을 시인은 스님이 참선
에 들어 시간의 흐름에도 아랑곳하지 않는 자세 때문으로 이해한다. 이 작
품은 우선 그림의 생생하고 실감나는 필치의 절묘함에 감탄한다. 그리고 메
마른 잣나무와 푸르른 소나무의 대비를 통해 新舊同留하면서 이치를 거스
르지 않는 순응의 세계를 인식하고, 그런 자연의 조화 속에서 시인은 새로
움과 신선함을 느낀다. 그러나 스님은 그런 순응과 조화에서조차 초월하고

---

5) 『耘谷詩史』 卷1, <畵山>.
6) 『耘谷詩史』 卷1, <夏雲>.

있다. 그는 자연의 화해로운 세계마저 잊는 超絶의 세계 속에서 法悅에 들어있기 때문이다. "물은 물이요, 산은 산"이라고 하는 불가의 평범한 화두와 그 화두 속에 담긴 비범한 깨달음의 세계가 그의 시에는 녹아 있다. 스님의 무심함은 곧 시인이 내면 세계이며, 이는 곧 자연의 궁극적인 眞境으로 승화되는 것이다. 아름다움의 절정은 이런 차원에서 운위될 수 있음을 이 작품은 말해주고 있다. 그림 자체는 有心의 소치이지만, 그 대상인 자연은 無心의 경지에 있음을, 그리하여 그 무심과 유심의 경계를 이어주는 것이 바로 '아름다움'임을 시인은 놓치지 않는 것이다.

두 번째 작품에는 運動과 靜寂의 미학이 제시되어 있다. 1·3구가 동적인 세계를 다루고 있다면, 3·4구는 정적인 세계가 표현되어 있다. 起句에서 시시각각으로 바뀌는 구름의 현란한 변화에 감탄하다가 承句에서는 구름이 빚어낸 기묘한 봉우리 형상에 잠시 눈을 멈춘다. 물론 그런 정적의 상태는 잠시일 뿐임을 '勢不平'이라는 시어로 암시하는데, 그러한 '勢不平'의 현상을 인지할 수 있는 것은 바로 '奇峰'의 정지가 있기 때문이다. 이어지는 轉句에 오면 구름은 때로 비를 내리기도 하고, 우레와 천둥을 내리치는 등 번복의 과정이 예사롭지 않다. 그러다가 잠시 후 별빛 사이로 달빛을 감추며 한가롭게 떠다니는 것이다. 이것이 바로 시인의 눈에 들어온 자연의 '忙中閑'이다. 무엇이 되겠다는, 또는 무엇이고 싶다는 그런 의지로 이루어지는 것이 아니라 無目的的이고 無指向的인 자연의 변화 속에서 시인은 아름다움을 절감한다. 세상을 뒤집을 듯한 폭풍우로 돌변하다가도 의뭉스럽게 맑은 밤하늘을 유영하는 구름의 묘사는 운곡이 자연미의 실체를 어디에서 찾고 있는가 하는 우리의 의문에 해답을 암시하는 것이다.

아울러 짚어볼 수 있는 이 시의 미덕은 그 표현의 평범성이다. 이 작품은 사실 자연의 모습을 군더더기 하나 더하지 않고 말 그대로 '自然', 절로 그러한 상태를 직서한 것이라고 할 수 있다. 네 구의 작품 속에서 시인의 의식이 개입하는 곳은 '勢不平'하는 부분 정도이다. 뭉게뭉게 피어오르는 구름의 모습이나 먹구름으로 변해 천둥과 우레를 동반하는 모습, 밤하늘을 가르며 흐르는 모습 등은 구름이 보여주는 다양한 경계이지만, 그 경계는 구름과 한 몸을 이루고 있는 것이다. 자연은 경계를 두지만 그 경계를 가리지 않는다는 시인의 자연 이해가 이 시에는 갈무려져 있다.

3. 寺刹 · 樓亭 소재 自然詩

운곡의 문집에는 적지 않은 한시가 실려 있지만, 순수한 자연 경물을 노래하거나 자연미를 우려낸 작품은 그리 많지 않다. 그것은 아무래도 『耘谷詩史』가 후대에 편집된 유고집 성격을 띠고 있기 때문에 교유관계로 해서 쓰여진 작품들이 많이 수록된 탓일 것이다. 특히 다섯 권의 시집에서 자연시로 분류될 수 있는 작품은 주로 1, 2권에 몰려 있는데, 연도순으로 시집이 엮어지면서 후반기의 작품은 당대의 역사적 격변을 노래한 작품이 비중 있게 실리고 전해진 까닭일 것이다. 또한 같은 자연시라 하더라도 순수 자연을 소재로 한 작품보다는 자연과 어우러진 경물을 노래한 작품이 풍부한 편이다. 특히 그 가운데 사찰 소재 자연시와 누정 소재 자연시가 중심을 이루는데, 이는 굳이 운곡만의 특징은 아니다. 본 장에서는 이 두 형식의 자연시를 살펴 운곡 자연시의 일면을 검토하고자 한다.

1) 寺刹과 自然의 조화미 : 崇高의 美學

보이는 것이 속세가 아니어서 / 所見非塵世
노니는 사람의 눈 더욱 어지럽네. / 遊人眼更勞
구름에 든 두 갈래 시냇물은 잔잔하고 / 入雲雙澗靜
은하수 받든 사방 산이 높구나. / 撑漢四山高
차고 담담하게 스님의 격조를 따르니 / 冷淡隨僧格
마냥 바빴던 우리 꼴이 부끄러워라. / 奔忙愧我曹
잡념을 잊고 선방 자리에 기대어서 / 忘機倚禪榻
시구를 찾아 한 달음에 써 갈긴다. / 覓句一揮毫[7]

안개 자욱한 돌길에는 푸른 이끼 덮였는데 / 烟深石逕紫苔封

---

7) 『耘谷詩史』 卷1, <遊圓通寺(二首)> 其一.

걷고 걸어 소나무 문에 이르니 저녁 종소리 잦아든다. / 行到松門已暮鍾
바람결에 울리는 파초 소리는 세상 자태 아니요 / 風動蕉鳴非世態
서리 맞아 떨어지는 낙엽은 가을 모습을 담았구나. / 霜摧木落變秋容
달빛 젖은 누각의 법고를 世人이 와서 두드리니 / 月樓禪鼓人來鼓
눈 녹은 냇가 물방아는 물이 절로 방아질일세. / 雪澗機舂水自舂
졸음에 겨운 산 아이가 군불을 지피더니 / 睡罷山童吹宿火
한 바리 산사 죽이 기꺼이 따라 오는구나. / 一盂僧粥喜相從[8]

운곡은 세상의 흉흉한 소식을 접할 때마다 끓어오르는 심화를 사찰과 선
승을 찾으면서 가라앉혔다. 물론 운곡 시의 이해에 사찰과 선승의 공리적
측면도 중요한 잣대가 되지만, 사찰은 운곡에게 자연과 핍진하게 다가가는
공간이라는 점에서 더욱 의의가 있다. 위의 두 작품은 각각 圓通寺와 萬歲
寺, 두 사찰에 머물면서 느낀 감회가 담겨 있는데, 탈속이라는 정신적 美感
이 반영되어 있다.

첫 번째 시에서 그가 암자를 찾은 까닭은 역시 세속에서의 번민 때문이
었다. 부질없이 이해 타산에 얽매여 천진한 세계를 잊고 살았던 시인은 사
찰의 경내로 접어들면서부터 비범한 경지를 피부로 느낀다. 시냇물이 잔잔
히 흐르고 높은 산이 사방을 둘러싼 풍경의 가치는 그것이 산사와 어우러져
조화를 이루었기 때문인 것이다. 자연은 빼어난 경관으로 말미암아 시흥을
돋구기도 하지만, 청정함과 絶俗의 세계 바로 禪景임으로 해서 그 흥취를
배가시키는 것이다. 그러므로 시인의 눈을 어지럽히는 구름 드리운 시냇물
과 은하수를 한 몸에 안은 우뚝한 산은 역설적인 표현일 수밖에 없다. 세속
의 어지러움과는 다른 禪趣의 흥취가 빚어낸 자연미로부터 온 것이기 때문
이다. 시인이 좇았던 僧格은 곧 자연과 혼연일체가 되어 잠겨든 禪定의 세
계일 것이고 세상의 모든 잡념을 끊어낸 경지의 外現이었다. 그렇게 자연미
와 선취미가 융화되어 이룩한 법열의 경지에서 시인은 塵世의 진부한 망념
이 아닌 眞相을 경험하면서 피어오른 脫俗의 기쁨을 시화하고 있는 것이
다.

---

8) 『耘谷詩史』卷2, <宿萬歲寺>.

두 번째 작품에 이르면 그 언어의 평범한 표현 때문에 시인의 탈속이 어디까지 肉化되었는가를 확인할 수 있게 된다. 이끼로 뒤덮인 안개 자욱한 돌길을 걸으면서 시인의 마음에는 티끌 하나 없는 정정의 신세계가 자리잡게 된다. 소나무를 깎아 만든 一柱門이라면 그 소박하고 조촐한 기풍을 쉽게 느낄 수 있는데, 산사의 범종 소리도 淸淨人의 마음을 파고든다. 그러니 눈에 띄는 사물 하나 하나가 예사롭지 않을 것은 췌언을 달 필요가 없다. 주변의 풍광 어느 것 하나 세태를 털어내고 자연과 일체가 되지 않은 모습은 발견할 수 없다. 그러나 그는 아직 세속의 사람이었다. 법고를 두드리는 그는 몸은 진경에 들었어도 마음 한 구석에는 아직 凡人의 자국이 가셔지지 않았다. 그런 번뇌를 지우지 못한 시인을 나무라듯 자연의 법고 소리인 물방아 소리는 절로 제 소리를 내고 있는 것이다. 손으로 두드려야 들을 수 있는 가식의 소리가 아니라 무념 무상의 경지가 절로 내는 萬籟의 소리는 경종처럼 그에게 다가선다. 조용한 산사에 外方의 길손이 찾아오자 졸린 눈을 뜨고 군불을 지펴 손님을 맞이하는 어린 동자승의 배려는 이미 산수자연의 절로 그러한 행동이다. 자연이 만물을 품에 안고 키우듯이 동자승의 죽한 끼 대접은 차 한 잔 마시고 가라는 옛 禪僧의 話頭나 마찬가지다. '喫茶去' 대신 '喫粥去'라고나 할까. 차 한 잔 마시고 진리를 깨친 사람도 있고 요기만 하고 간 사람이 있듯이, 시인이 죽 한 사발의 대접에 무엇을 얻었는가에 대해서는 더 이상 시는 말하지 않는다. 그러나 동자승의 끼니 대접으로 작품을 마무리지은 결구 방식에서 脫俗의 진정한 마음가짐이 무엇인가를 시인은 '말없는 말'로써 암시하고 있음은 자명한 것이다.

운곡에게서 산사의 존재가 속인에게 위안을 주는 것이었는지 휴식의 공간인지, 아니면 법열의 체험 현장이었는지는 알 수 없다. 그러나 그가 자연의 아름다움을 詩化하고 시가 그의 마음을 녹여놓은 언어의 공간이 분명하다면 사찰과 자연이 어우러져 빚어낸 조화의 아름다움이 脫俗이라는 미적 감흥을 일으켰을 것임은 작품을 통해서 어렵지 않게 느낄 수 있을 것이다.

2) 樓亭과 自然의 조화미 : 滑稽·悲壯의 美學

냇가에 임해 고요히 앉으니 흥도 더욱 유장한데 / 臨流靜坐興偏長
천 금으로 얻을손가 서늘한 자리 통쾌하다. / 快得千金一榻凉
짧은 모자 가벼운 적삼 상쾌한 기운 가득하고 / 短帽輕衫通爽氣
고운 꽃 그윽한 풀이 맑은 향을 내뿜는다. / 好花幽草噴淸香
빽빽한 숲 그림자는 푸른빛을 맞이하고 / 蔥蔥樹影迎嵐翠
넘실넘실 물결 흐름 햇빛으로 반짝이네. / 漾漾波流沃日光
값없을 저 풍경을 그림에 담고자 하나 / 欲畫望中無價景
끊긴 무지개 비낀 노을이 빗속에 망망하네. / 斷虹斜照雨微茫9)

산기슭 정자를 홀로 매일 오른 것은 / 獨向山亭日日登
시원한 바람이 더위를 가져주는 탓이지. / 爲憐凉吹掃煩蒸
늙은이 회포 적막한데 의지할 곳도 없고 / 老懷寂寞殊無賴
시든 머리털 그마나 성겨 견딜 길이 없구나. / 衰鬢蕭疎漸不勝
시내 너머 먼 봉우리 점점이 푸르고 / 隔水遠峯靑點點
안개 두른 높은 나무는 층층이 녹음일세. / 帶烟喬木綠層層
세상사 잊고 고요히 앉아 돌아갈 줄 몰랐더니 / 忘機靜坐仍忘返
소나무 가지로 달은 솟고 잎에는 이슬 듣네. / 月上松梢葉露凝10)

치악산이라는 천혜의 자연공간에서 평생을 보낸 운곡으로서 사찰 이상으로 누정은 그의 미적 감수성을 자극하는 요소였을 것이다. 물과 산과 숲이 조화를 이룬 곳에 세워진 누정의 입지 조건은 시인의 삶으로 일관한 운곡에게 그 자연의 미감을 표현하기에 더없이 좋은 자료였다. 첫 번째 작품은 <水亭>이니 바로 물가에 자리잡은 정자이고, 다음 작품은 <山亭>이니 곧 산기슭에 세워진 정자이다. 앞서 본 寺刹詩가 출세간의 염원이 감도는 사찰과 그 秘境의 조화를 전제로 한 것인 만큼 자연 속에 어린 선취의 향기를 그윽할 것은 작시의 자연스런 수순이라고 할 수 있다. 그러나 누정은 修行

9)『耘谷詩史』卷1, <水亭>.
10)『耘谷詩史』卷3, <山亭>.

의 공간이기보다는 遊賞의 공간이다. 같은 자연 속의 거처라 해도 기능이
다르니 효용도 다를 것이 정한 이치다.

水亭을 둘러싸고 있는 자연 배경에서 환기되는 감정은 역시 '유장'하고
'통쾌'하며, '맑고' '푸른' 빛깔로 점철되어 있다. 그것은 "값으로 따질 수 없
는" 밝음의 공간이다. 사찰시의 자연 배경이 정적인 색채로 그려졌다면 누
정시의 자연 배경은 동적인 활기가 넘치게 되는 것이다. 같은 아름다움에
대한 예찬이라 하더라도 자연으로 내가 다가가는 쪽이라기보다는 내 안으
로 끌어들인 편에 가깝다고 할 수 있다. 이미 시인의 감정을 통해 걸러진
자연미를 묘사하고 표현하는 데 중심이 놓여 있다. 왜냐하면 시인은 세속에
좀더 가깝게 자리하고 있기 때문이다. 자연을 완상한 시인의 즐거움이 작품
전반을 감싸고 있다. 逸興에 젖어 절도를 잃은 정도는 아니라 해도 관찰자
의 들뜬 심정이 표출되는 데 스스럼이 없다. 절제의 미학보다는 분출의 미
학으로 작품을 이끌어 가는 것이다. 산 언덕의 푸른 빛깔과 햇빛을 받아 반
짝이는 수면은 자연의 아름다움을 만끽하기에 그지없이 좋은 요소들이고,
시인은 이런 자연의 모습을 빠뜨리지 않고 시로 속에 담아 넣는다. 옛 문인
들이 流觴曲水[11]하면서 秉燭夜遊[12]했던 이유는 시인에게도 그대로 이어져
있다.

다른 한편으로 누정을 둘러싼 자연은 울적하고 답답한 심사를 씻어내고
흐트러진 마음을 다잡는 장소로서의 기능도 담당한다. 自省의 시간을 누정
이 제공하는 것이다. 두 번째 작품 <山亭>은 그런 시인의 자세가 잘 드러
나 있다. 앞의 작품과는 달리 이 작품의 기본 정조는 그리 밝지 않다. 같은
자연 공간 속의 정자임에도 그 자연을 바라보는 시인의 시선은 사뭇 달라져
있다. 그것은 자연에 문제가 있기 때문이 아니라 시인의 정서가 바뀌었기
때문이다. '늙은이 회포'와 '성긴 머리털'을 어쩌지 못해 오른 정자에서 바라
본 자연은 비록 시원한 바람이 더위를 식혀주고 점점이 펼쳐진 산봉우리며
층층이 푸르른 녹음이 있다고 해도 마음에 응어리진 괴로운 심화를 달래주

---

11) 王羲之,「蘭亭記」, "引以爲流觴曲水 列坐其次 雖無絲竹管絃之盛 一觴一詠 亦足
    以暢敍幽情".
12) 李白,「春夜宴桃李園序」, "而浮生若夢 爲歡幾何 古人 秉燭夜遊 良有以也".

진 못한다. 尾聯에서 "세상사 잊고 고요히 앉아 돌아갈 줄 몰랐다고(忘機靜坐仍忘返)" 한 토로 역시 그렇게 되고 싶은 시인의 심정일 뿐이지 자연의 아름다움에 취해 이루어진 '忘機'요 '忘返'이라고 보기는 어렵다. 미련의 마지막 구에서 소나무 가지로 솟은 달빛과 솔잎에 맺힌 이슬의 이미지 또한 '창백한 달빛'과 '싸늘한 이슬'의 심상으로 느껴지는 것은 이러한 시인의 가라앉은 심정이 대변된 것이라 말할 수 있을 것이다.

이렇게 두 작품은 자연미를 감상하고 향수하는 시인의 태도나 그 아름다움을 발견하는 방식에 있어 또다른 모습을 보여준다. 그것은 세속적 기능이 작용한 미의식의 표출이라고 말할 수 있다. 美의 속성에 崇高함도 있지만, 滑稽와 悲壯도 있음을 생각한다면 누정시에서 우리는 골계미와 비장미의 발현을 읽을 수 있을 것이다.

4. 맺는 말

본고에서 필자는 운곡 원천석이 남긴 많은 한시 가운데 특히 자연을 소재로 하여 쓰여진 일련의 自然詩들을 살펴보았다. 자연은 우리 인간에게 있어 가장 비근한 존재이면서 생명의 고향임과 동시에 개척의 대상이라는 상반된 의미를 가지고 있다. 개척의 대상으로 본 자연이 우리에게 文化라는 이기를 주었다면, 생명의 고향으로 본 자연은 우리에게 文學을 주었다고 해도 좋을 것이다. 그런 생명의 고향으로서 자연이 운곡의 시에서는 어떻게 표출되었으며, 그런 자연시를 통해 운곡시에는 어떤 미의식이 바탕이 되고 있는지 자그마한 작업을 진행시켜 보았다. 그 결과를 간단히 정리하면 다음과 같다.

(1) 먼저 계절 감각이 작품 속에서 구현된 양상을 살펴보았다. 그 결과 사계절이 변화를 겪으면서 쓰여진 자연시에는 자연과 자아의 연대감 속에 자연의 究竟的 실체를 淸澄美를 통해 실현하고 있음을 알 수 있었다.

(2) 이어 산수 자연 속에서 볼 수 있는 다양한 風情들을 노래한 작품들을

942

검토하였다. 이를 통해 운곡은 有心에서 無心을 지향하면서 運動과 靜寂의 경계를 넘어 자연과 자아가 혼연일체가 된 미적 경지를 추구하고 있음을 알 수 있었다. 아울러 평범한 언어의 배치를 통해 자연의 근원을 시화하려는 태도가 있었음도 알 수 있었다.

(3) 寺刹과 自然이 조화를 이룬 풍취를 노래한 작품을 통해 운곡은 崇高한 아름다움, 구체적으로 脫俗의 염원이 실현된 공간으로 자연의 아름다움을 환기시키고 있었다.

(4) 樓亭과 自然이 어우러진 자연 배경을 묘사된 작품에서는 滑稽와 悲壯의 美學이 돋보이고 있었다.

운곡은 생애 자체가 대단히 극적인 부분이 많은 인물이다. 그가 평생 處士로서 삶을 영위했고, 世態의 변화 정치적 혼란의 와중에서 자기만의 목소리를 가지고 산 인물이었다는 점, 몰년을 알 수 없을 정도로 철저하게 은둔의 길을 걸었다는 점 등은 그가 얼마나 다면적인 삶을 살아갔는지 잘 설명해준다. 그런 삶을 살면서 그가 남긴 문학은 올곧게 한시로 일관되어 있다. 그의 표면적인 생활은 한적한 전야에 묻힌 평면적인 모습을 띠고 있지만, 내면의 정신세계를 살펴보면 동시대 누구보다 역동적이었고, 그런 만큼 시대 전방향에 대해 그는 관심을 기울이고 있었다. 이런 그의 삶은 한편으로는 풍부한 자연시를 남길 가능성을 제공해주지만, 여러 가지 이유로 해서 순수 자연시보다는 정치시나 교유시가 많이 전해질 수밖에 없게끔 만들었다. 우리는 그의 시집 속에 담겨 있는 다양한 시세계를 주목하면서 물론 가장 풍부하게 전하는 정치시와 교유시의 성격을 정밀하게 분석하고 그 문학적 의의를 가늠해야겠지만, 시인으로서의 면모를 부각시킬 수 있는 자연시와 그 속에 어린 미의식을 정리하는 일에도 노력을 기울여야 할 것이라 믿는다. 본고는 그런 작업의 일환으로 쓰여진 글이긴 하지만, 아직 미흡한 점이 많음을 부정할 수 없다. 보다 다양한 관점에서 이런 작업이 이루어지길 기대하면서 글을 마무리한다.

耘谷 元天錫의 處士的 삶과 義理精神

최 광 범[*]

1. 머리말

『耘谷詩史』에 수록된 작품들에 의하면 운곡은 50대 중반까지는 주로 백성들의 피폐한 삶에 연민을 느끼며 권신들을 비판했지만, 위화도회군 이후로는 고려 국운 자체를 우려하며 급진개혁파를 집중 비판하는 한편 고려에 대한 절개를 굳게 다져 갔다. 조선건국 이후에도 이러한 의리정신은 일관되게 나타난다.

운곡은 스스로 학문 수양에 전념하는 한편 교육에도 힘썼으니, 雉嶽山 覺林寺에서 講學하면서 鄕校에서 제자들을 가르치기도 했다. 太宗이 微時에 그에게서 배웠는데,[1] 조선건국 이후에 大官으로 여러 차례 불렀지만 나아가지 않았다고 한다. 후에 太宗이 동쪽 지방에 나갔다가 그의 집을 방문하였는데 운곡이 피하고 만나주지 않자, 그의 뜻을 굽힐 수 없음을 알고 그 집 여종을 불러 음식을 하사하고, 그의 아들 炯에게 基川縣監을 제수하여 부모를 모시게 했다고 한다.[2]

---

* 고려대학교 한문학과 강사

** 이 논문은『운곡학회연구논총』1(운곡학회, 2005)에 수록한 것을 본서에 재수록함.

1) 李芳遠(1367~1422)은 覺林寺에서 耘谷에게 배웠다고 하는데, 禑王8년(1382)에 國子監試 進士試에, 우왕 9년에 丙科에 급제하였으니(『國朝文科榜目』) 10대에 그에게서 배웠던 것으로 보여진다.

2) 太宗의 방문과 관련된 것으로 太宗臺(橫城郡安興面講林里), 駐蹕臺, 嫗淵(일명 老嫗沼), 橫指巖, 拜向山, 寃痛재, 大王재, 弁巖동굴의 기록 등이 있다.
   태종과 관련된 이 내용은 거의 모든 야사에 공통적으로 보이는데, 이와는 다른 기록들이 있다. 우선 沈光世의『海東樂府』와 金壽民의『箕東樂府』, 李學逵의『海東

벼슬길을 스스로 마다하고 淸風高節을 견지한 점에서 우리 역사상 운곡
은 處士를 대표할 만한 인물이라 할 수 있다. 그러기에 許穆은 耘谷의 墓誌
銘에서 "내가 듣기로는 군자는 은거하여도 세상을 버리지 않는다고 했는데,
선생은 비록 세상을 피하여 스스로 숨었지만 세상을 잊지 않은 자이며, 道
를 지켜 변치 않아 그 몸을 깨끗이 한 자이다."[3]라고 하였다. 이어서 贊하기
를 "巖穴의 선비 나아가고 물러남에 때가 있나니, 비록 세상에 나아가지 않
았지만 그 뜻을 굽히지 않았고, 그 몸을 욕되게 하지 않았나니, 후세에 가르
침을 세운 것에서는 禹 · 稷과 夷 · 齊가 한가지다."[4]라고 하였다.

운곡은 은거해 살면서도 세상을 잊지 않았다. 『耘谷詩史』라는 명칭에서
알 수 있듯이, 운곡의 시들은 왕조교체기의 중요한 역사적 사실들을 생생하
게 증언하고 있다. 따라서 운곡의 문학을 조명함에 있어서 이러한 현실비판
적인 작품들이 우선적으로 다루어져 왔고, 그러한 작품들의 중요성을 재론
할 여지조차 없다. 다만 본고에서는 현실에 대한 직접적인 비판을 표출한
작품보다는 전원에서의 처사적 삶을 보여주는 시들을 주로 다뤄보고자 한
다. 이러한 시들이 『耘谷詩史』 가운데 절대다수를 차지하고 있고, 또한 작
품의 내적 성취도 역시 빼어난 작품들이 많다. 이에 본고는 운곡의 처사적
삶이 잘 드러난 시들을 분석 대상으로 하여 그 속에 내재된 운곡의 의리정

樂府』, 李福休 『海東樂府』 등 樂府들이 그것이다. 太宗이 上王이 되었을 때 특명
하여 공을 부르니 공이 흰 옷으로 와 뵈었는데, 궁중에 불러 들여 옛 정의를 말한
다음 여러 왕자를 불러서 나와 보게 하고는 묻기를 "우리 자손들이 어떠하오" 했
더니 공이 세조를 가리켜 "이 아이가 조부를 몹시 닮았으니, 아아 모름지기 형제를
사랑하라"고 했다 한다. 기존 논문에서 대체로 운곡이 90세 가량 살았다고 하였
는데, 이것은 악부들의 기록을 그대로 받아들인 결과이다. 태종이 왕위를 禪位한 것
은 1418년인데 『耘谷詩史』에는 1394년 작품까지만 남아 있다. 둘간의 시차가 너무
나고 또한 이러한 내용이 다른 기록에는 거의 보이지 않으니(『燃藜室記述』에서만
운곡과 관련된 기록을 편집하면서 沈光世의 『海東樂府』의 내용을 그대로 인용해
놓고 있을 뿐이며, 『韓國系行譜』에서는 『燃藜室記述』을 그대로 인용하여 놓았다.)
이것은 운곡의 생애가 구전과정에서 보태진 것으로 볼 수밖에 없다.
3) 許穆, 「高麗國子進士耘谷先生墓碣」, 『耘谷詩史』 卷5, "吾聞君子隱不遺世 先生雖
逃世自隱 非忘世者也 守道不貳 以潔其身者也".
4) 許穆, 「高麗國子進士耘谷先生墓碣」, 『耘谷詩史』 卷5, "巖穴之士 趣舍有時 縱不
列於世 能不降其志 不辱其身 敎立於後世 則禹稷夷齊一也".

신과 인간적 고뇌, 그리고 정신지향을 살펴보고자 한다.

2. 麥秀之嘆과 義理精神

　處士라 하면 才識과 德行이 一代에 추앙을 받을 수 있어야 하고, 遺逸로
벼슬에 제수되어도 나아가지 않고 힘써 古道를 행하는 자이다. 또한 종신토
록 곤궁하고 검약한 생활을 하여도 뜻을 옮기지 않아 그 淸風高節의 風貌
와 人品으로 百代의 尊敬을 받아야 감히 處士라 할 수 있다. 운곡의 처사
로서의 삶을 일관되게 지탱해 준 것은 고려에 대한 의리정신이었다. 다음의
몇 작품을 통해 이를 살펴보기로 한다.

　　<고의>[5]
　백호산 꼭대기에 소나무 하나 / 白虎山頭松一樹
　추위를 이기며 홀로 천년의 지조를 지키네. / 凌寒獨抱千年操
　역사의 선악을 얼마나 보았던가 / 幾看遺臭與流芳
　늙은 줄기 반쯤 휘어 옛 길에 의지해 있네. / 老幹半樛依古道

　백호산 꼭대기 소나무가 추위 속에서 홀로 지조를 지키며 歷史의 善惡,
興亡盛衰를 굽어보고 있다. 운곡은 선비로서의 굳은 신념을 이 소나무를
통해 드러낸 것이다. 늙은 소나무 줄기가 옛 길에 의지하고 있듯이 자신이
지조를 지키며 지향하는 바는 오직 古道의 回復인 것이다. 이것은 기울어
가는 고려에 대한 충절을 상징하는 것이기도 하다. 운곡은 많은 시에서 소
나무, 국화 등을 통해 자신의 절개를 의탁하였다.[6]
　마지막 구에 소나무가 반쯤 휘었다는 것은 자신의 포부를 펴 보지도 못
한 채 애처럽게 절개를 지켜가는 자신의 신세를 비유한 것이다. 그는 "꿈은

---

5) 『耘谷詩史』卷3, <古意>.
6) 『耘谷詩史』卷4, <二月三日雪中自詠 其二>, "徙倚南窓無一事 只看山雪壓松枝"
　 ; 『耘谷詩史』卷3, <秋居卽事>, "……澗松含晩翠 籬菊吐新黃 對且礪淸操 馨香
　 可比方".

용만 북녘의 금궐을 달리는데, 몸은 봉령 서쪽의 사립문에 기대 있네. 밤 창에서 역사책을 읽으며 짧은 초 태우고, 봄 밭에서 오이 심으며 진흙을 뒤지네."[7)]라고 한 것처럼 은거해 있으면서도 우국의 일념으로 역사의 법칙을 궁구하며 선비로서의 지조를 지켰던 것이다. 운곡의 義理精神은 조선건국 이후에 더욱 그 빛을 발하게 된다.

    <次牛刺先生韻>[8)]
  번복함을 진실로 헤아리기 어려우나 / 飜覆固難測
  흥망은 찾을 수 있네. / 興亡從可尋
  대체로 좋은 상황 없어 / 大凡無善狀
  다 불평하는 마음뿐이네. / 都是不平心
  위험한 세상 길에 / 危險世間路
  孤高한 천외의 봉우리. / 孤高天外岑
  이를 대하며 古國을 생각하니 / 對此思古國
  푸른 솔은 슬픈 소리 보내주네. / 松翠送悲音

    조선건국 해인 1392년말에 지어진 것인데, 번복하는 세상 속에 역사의 興亡盛衰를 생각하는 운곡의 마음이 편치 않음을 보여주고 있다. 세상 길은 험난하기만 한데 그 속에서도 孤高한 봉우리는 흔들리지 않고 우뚝 하늘 끝까지 솟아 있다. 이 천외의 봉우리는 변함없는 자신의 외로운 절개를 상징하고 있는 것이다. 외로운 마음의 지향점은 바로 古國인 것이니, 고려에 대해 절개를 지키며 홀로 슬퍼함을 마지막 두 구를 통해 보여주고 있다. 특히 '松'은 군은 절개와 더불어 松都를 연상케 하고 있다. 운곡은 麗末의 정치현실과 자신의 이상과의 괴리에서 오는 고독감을 많이 읊었는데, 이러한 심정은 조선건국 이후에도 양상은 다소 다르지만 계속되고 있음을 이 시를 통해 알 수 있다.

---

  7)『耘谷詩史』卷2, <庚戌春 旌善刺史 安吉常 寄詩于牧伯 次韻幷序短引 拜呈牧伯左右>, "夢飛金闕龍欒北 身寄柴門鳳嶺西 讀史夜窓燒短燭 種苽春圃撥深泥".
  8)『耘谷詩史』卷5, <次牛刺先生韻> 4, 5수.

<자영>9)

깊은 속마음 답답하니 언제나 평온해지나 / 幽懷鬱悒幾時平

젊어서 이룬 사업 원래 없네. / 少壯元無事業成

번복하는 인정 매번 서로 반대되고 / 飜覆人情每相反

종횡하는 세태 점점 많이 바뀌네. / 縱橫世態漸多更

뜬 구름 일었다 사라지니 하늘 더욱 파랗고 / 浮雲起滅天彌碧

밝은 달이 이지러졌다 차니 물 절로 맑네. / 明月虧盈水自淸

물외의 연하를 어찌 족히 말로 하리 / 物外煙霞那足道

다만 고사리로 여생을 보내네. / 但將薇蕨送餘生

이 시는 조선건국 이듬해인 1393년 가을에 지은 것인데, 자신의 처지를 한탄하며 번복하는 세상을 비판적으로 보고 있다. 前朝에서 미관말직조차 한번 하지 않은 자신도 高麗에 대한 절개를 지켜 나가는데, 세상 인정은 이와 반대로 志操를 쉽게 저버리고 趣時附勢하고 있다. 운곡은 이러한 세태를 한탄하면서 오직 자신의 마음을 순수한 자연에 부치려 하고 있다. 이 시에 쓰인 '碧'과 '淸'의 이미지는 그의 다른 시에서도 자주 보이는데, 이것은 그의 정신세계나 삶과 긴밀한 관련성을 지닌다. 마지막 두 구의 홀로 物外의 自然에 묻혀 夷齊와 같이 절개를 지키며 살아가는 그의 삶이 바로 그러한 것이다. 운곡 시에 보이는 '物外'나 '方外', '孤', '獨' 등은 不正한 世界와의 非妥協的 意志를 내포한 自我의 강한 主體意識를 드러내는 것이다.

이상의 시들은 운곡이 조선건국 이후에도 오직 高麗에 대한 丹心을 굳게 지켰음을 알 수 있게 하는 것이다. 『耘谷詩史』에는 조선 건국을 찬양하는 듯한 표현이 담긴 시들이 몇 편 실려 있다.10) 운곡은 고려 멸망후 이미 現實化되어 버린 朝鮮에 대해 일반 백성들의 삶을 고려하여 消極的인 期待

---

9) 『耘谷詩史』 卷5, <自詠 其三>.

10) <寄奉福君神照大禪師>(『耘谷詩史』 卷5), <次半剌楊先生所示按節鄭公題洪川客舘詩韻>(『耘谷詩史』 卷5), <次新及第邊處厚所寄詩韻>(『耘谷詩史』 卷5), <新國>(『耘谷詩史』 卷5), <感懷>(『耘谷詩史』 卷5), <用晨興詩韻>(『耘谷詩史』 卷5), <伏覩奉金尺詞受寶錄致語慶而贊之>(『耘谷詩史』 卷5), <南行>(『耘谷詩史』 卷5) 등이 그것이다.

感을 나타내기도 했지만, 이러한 시들은 대개 새 왕조에 참여하고 있는 인물들(鄭道傳, 神照 등)과의 교유시에 보이고, 스스로 마음에서 우러나와 읊은 것은 거의 없다. 조선 찬양의 표현을 하고 있는 시들에서도 자신의 말 못할 답답한 심회를 은근히 드러내며 麥秀之嘆을 함께 읊고 있다는 점에서 朝鮮 讚揚의 표현을 전적으로 받아들일 수는 없다. 더욱이 운곡의 조선비판 시들이 삭제된 것으로 보이고, 남아 있는 것들도 후손의 가필 여부가 의문시되는 점을 고려한다면 더욱 그러하다.[11]

3. 行道的 出處觀

耘谷은 樂天知命으로 逍遙自適하면서 百姓들의 삶과 國運을 염려하며 處士로서의 삶을 견지하였다. 왕조 교체라는 대변혁기에 선비들의 進退行止는 儒敎倫常의 存亡과도 직결되는 것이며, 儒者의 處身은 목숨보다 더 중요한 문제가 아닐 수 없다.

운곡의 성장기에 고려는 원나라 지배하에 있었고, 청장년기에는 공민왕의 자주적 개혁 움직임이 있었으나 결국 실패로 돌아감으로 인해 국운이 급속히 기울어 갔다. 그가 出仕를 단념한 것이 언제부터였는지는 확실치 않으나, 20대에 이미 현실정치에 대한 강한 회의와 세속적 명리에 초연하고자 하는 뜻을 밝힌 시들이 확인된다. 그는 31세(1360년)에 國子監試에 응시하여 합격, 進士[12]가 되었으나 본격적인 禮部試에는 응시를 하지 않았다. 그는 당시 군적에 올라 있었기에[13] 어쩔 수 없이 國子監試에 응시한 것이었

---

11) 이에 대해서는 졸고 「耘谷 元天錫 漢詩 硏究」, 고려대 석사학위논문, 1996. pp.34-42 참고

12) 高麗時代 進士의 개념에 대해서는 의견이 분분하나, 여기서는 國子監試를 예비시험격으로, 禮部試를 본시험격으로 보는 견해를 따랐다(朴龍雲, 『高麗時代史 上』 pp.146-153 참고). 이와는 달리 國子監試를 예부시에 응시하기 위한 예비시험과 國子監에 입학할 자격을 주는 시험으로 나누어 보기도 한다(柳浩錫, 「高麗時代 進士의 槪念에 대한 檢討」, 『歷史學報』 제121輯, 역사학회, 1989. 3. 참고).

13) 이것은 <余自少有志於儒名者久矣 今按部公幷錄於軍籍 作詩以自寬>(『耘谷詩史』 卷一)이란 詩題에서 확인할 수 있는데, 그가 군적에 오른 이유를 『耘谷詩史』

고, 이에 합격한 것만으로도 소기의 목적을 달성했으므로 관료로 나아가기 위한 禮部試에는 응시할 필요가 없었던 것이다. 그 후 줄곧 치악산에 은거하여 세속적 명리를 멀리하였다.

본 절에서는 운곡이 당시 현실로부터 멀어지게 된 이유와 지향점을 밝힌 몇 편의 시들을 검토함으로써 그가 처사로서 일생을 마치게 된 배경을 밝혀 보기로 한다.

        <丙寅冬至感懷示元都領>[14]

(前略)

계획이 그릇되어 모두 효과없이 되었으니 / 枉謀謬算百無效

외로운 나의 행지 어찌 이리 쓸쓸한가. / 孑然行止何凉凉

궁달이 명에 있음을 일찍이 알았으니 / 曾知窮達在于命

누에 기대 다시는 行藏을 한탄치 않으리. / 倚樓休復嗟行藏

일찍이 천지간에 한가로운 것이 되어 / 早作乾坤一閑物

홀로 도롱이에 삿갓으로 滄浪에서 노니네. / 獨携簑笠遊滄浪

(中略)

世路를 돌아보니 번복이 심해 / 回看世路幾飜覆

마치 人海의 미친 물결 소리 듣는 것 같네. / 似聞人海波瀾狂

명리를 구하려고 날마다 다투니 / 爭名求利日奔競

양고기의 개미와 등불의 나방 막기 어렵네. / 羶蟻燈蛾難可防

머리 맞대고 나아가며 돌아올 줄 모르니 / 騈頭進步却忘返

앞길에 위기를 당할 것 살피지 못하네. / 未省前路危機當

청렴하고 사양하던 기풍이 쇠해 세상 변하니 / 廉讓風衰世以變

옛 도를 만회하는 방안이 무엇인가. / 挽回古道知何方

지칠대로 지쳐 법령은 이완되고 / 魴魚赬尾法令弛

寫本(奎章閣 古3428-359A)의 「耘谷遺集」에는 당시의 邑宰가 耘谷의 어짊을 듣고는 만나볼 것을 요구하였으나 운곡이 이를 거절하자 이에 원한을 품고 군적에 이름을 올렸다고 되어 있다.

14) 『耘谷詩史』卷3, <丙寅冬至感懷示元都領>. "羶蟻燈蛾難可防"에서 "羶"은 원래 "氈"으로 되어 있으나, "羶"의 誤字로 보고 바로잡는다.

백성들의 疾苦가 눈에 가득하니 슬프도다. / 瘡痍滿眼堪悲傷
선비는 옛부터 자기를 그르침이 많은데 / 儒冠自古多誤己
하물며 나의 재주와 시혜 원래 번번치 못함에랴. / 況予才智元無良
(後略)

耘谷은 窮達이 命에 달려 있음을 알고, 도롱이와 삿갓으로 方外의 공간인 滄浪에서 노닐고 있다. 미친 물결처럼 飜覆하는 세상에서 名利를 다투어 날뛰는 소인배들이 판치니, 옛 도는 사라지고 기강은 해이해졌다. 私念을 따르면 利를 추구하게 되고, 公心을 따르면 義를 추구하게 된다. 운곡이 바라본 세상은 義를 버리고 利를 추구하는 자들이 판치는 세상인 것이다.

자신이 才智가 없다고 한 것은 세상을 염려하나 어찌하지 못함을 한탄한 것이니, 孟子의 말처럼 궁하여도 義를 잃지 않고, 영달하여도 道를 떠나지 않고 있는 것이다. 비록 兼善天下하고자 하는 마음은 있으나, 세상이 자신의 의지와 어그러졌으니 獨善其身하고 있음을 보여주고 있다. 그는 古道가 다시 회복되고 綱常이 바로잡힐 것을 염원하며 곤궁함 속에서도 義를 잃지 않고 선비로서의 志操를 지켰다. 그러기에 이 시의 後略된 부분에서 "강변의 맑은 梅花의 아름다운 열매가 번화한 桃李의 場에서 꺼림을 당하고, 차가운 솔이 貞節을 품고서 차디찬 눈서리의 산에 홀로 서 있다."[15]고 하여 매화와 소나무로 자신의 절개를 보여주고 있다.

　　　　<牧伯見和復次韻>[16]
어려서의 소원을 장년이 되어도 못 이루니 / 幼年心願壯年違
궁달은 본디 기약할 수 없는 것. / 窮達由來未堪期
특별한 재주 없어 쓸 곳 없지만 / 才本無奇無用處
마음에 道가 있다면 때를 만나기 마련. / 心如有道有逢時
백운 유수는 도리어 은거할 만하니 / 白雲流水還堪隱

---

15) 『耘谷詩史』卷3, <丙寅冬至感懷示元都領>, "君不見江路淸梅有佳實 見忌繁華桃李場 又不見寒松抱貞節 獨立凝嚴霜雪崗".
16) 『耘谷詩史』卷1, <牧伯見和復次韻 其三>.

밝은 달 맑은 바람도 함께 떠나지 않네. / 皎月淸風共不離
온갖 생각 뉘와 이야기하리 / 百爾所思誰與說
술로써 잠시 눈썹 펴 보네. / 且憑盃酒暫開眉

　이 시는 운곡이 장년기에 접어든 31세(1360년)에 지은 것으로 어려서 품었던 뜻을 젊은 시절 이루지 못하고 어느덧 장년이 되어 버린 것을 안타까워하고 있다. 窮達은 기약할 수 없는 것이라 하여 자신의 이러한 신세를 命으로 받아들이면서도 이 시 둘째 수에서 "젊어서부터 行止는 斯道에 말미암았는데, 壯年의 功名 어느 때나 있을까."[17]라고 한탄하였다.
　비록 자신은 특별한 재주가 없다고 겸손해 하면서도 道를 굳게 지키고 있음을 자부하고 있다. 道를 지키려는 자신의 삶은 당시의 현실과 화합할 수 없는 것이기에 3연처럼 白雲流水와 淸風明月를 벗하며 은거하고 있다. "道가 곧아 세상에 용납되기 어려워, 일생의 자취를 자연에 부쳤네."[18]라고 한 것은 이 같은 은거 이유를 직접적으로 보여준 것이다. 자신의 곧은 도를 굽히지 않으려는 맑은 정신을 "연하에 늙은 한 선비 있어, 鳥獸만 벗 삼을 수 있네. 마음 한가해 득실이 없고, 道 곧으니 어찌 굽혔다 폈다 하리."[19]라고 한 것을 통해서도 엿볼 수 있다. 利를 위해 자신의 道를 굽힐 수 없다는 孟子의 기개[20]와 부합하는 것이다.
　그런데 자신은 비록 도를 굳게 지키며 은거해 살면서도 제자들이나 벗들에게는 자신을 본받지 말고 적극적으로 세상에 나아가 정치를 맑게 할 것을 권하였다.

　　　<久雨獨坐鄕學書五絶以示諸生>[21]

---

17)『耘谷詩史』卷1, <牧伯見和復次韻三首>, "早年行止由斯道 壯歲功名在那時".
18) <許同年仲遠以詩見寄分字爲韻二十八首 其十一>, "道直難容世路間 一生蹤跡寄湖山".
19)『耘谷詩史』卷5, <懷古>, "……烟霞老一士 鳥獸可同倫 心閑無得失 道直何屈伸……".
20)『孟子』「騰文公 下」, "且夫枉尺而直尋者 以利言也 如以利 則枉尋直尺而利 亦可爲與".

뜰 가득한 푸른 이끼에 비 어지러워 / 滿庭蒼薛雨紛紛
처마에 빗소리 밤낮으로 듣네. / 浙瀝簷聲日夜聞
잠깐 사이에 천만가지 모습 변하니 / 頃刻變成千萬狀
기이한 경관은 다만 치악산 구름에 있도다. / 奇觀只有雉山雲

재주 없으니 어지러운 세상 안다고 어이 말하리 / 才薄何言釋世紛
고루하여 들은 바 적음을 스스로 부끄러워하네. / 自慙孤陋寡攸聞
각자 공업을 이루도록 노력해야 할지니 / 各須努力成功業
愚夫가 백운에 누워 있는 것 본받지 마라. / 莫效愚夫臥白雲

　이 시는 1389년 향학에서 제자들에게 준 시로써 전체 다섯 수 중에 1, 3
수이다. 다섯 수 모두 紛, 聞, 雲을 韻字로 쓰고 있는데, 紛과 雲은 특히 중
요한 의미를 지닌다.
　첫째 수에서 뜰 가득한 이끼에 비가 어지럽다고 하고, 구름이 짧은 순간
에 변화하며 기이한 경관을 연출하는 치악산을 전체 다섯 수의 배경으로 제
시하고 있다. 어지럽게 내리는 비는 세속을 멀리하며 학문에 정진하고 있는
향학 뜰의 이끼마저 어지럽게 하고 있다. 이것은 어지러운 정치현실이 은거
하여 살아가는 운곡의 마음까지 어지럽히고 있는 것과도 흡사하다. 어지럽
게 내리는 비와 치악산을 감싸고 기이한 경관을 연출하는 구름은 다음 시상
을 연결해 주는 매개물이 된다.
　생략한 둘째 수에서 제자들에게 학문에 정진하여 靑雲의 꿈을 이룰 것을
당부하고 있는데, 위에 제시한 셋째 수에서는 제자들의 前途와 자신의 삶이
다름을 보여주고 있다. 결구의 마지막에 있는 白雲은 세속을 멀리한 운곡
자신의 삶을 상징하는 것이다. 자신이 白雲에 누워 있는 것은 세상 모르고
들은 것 적어서라고 스스로를 낮추는 한편 자신의 이러한 삶을 따르지 말고
학문에 정진하여 장차 功業을 이룰 것을 제자들에게 당부하고 있다. "스승
이라 할 수 없음을 알기에, 늙고 병들어 부질없이 구름만 봄을 부끄러워하
네."22)라며 자신을 한탄하였지만, 제자들에게는 세상에 나아가 자신들의 포

―――――――――――
21) 『耘谷詩史』 卷4, <久雨獨坐鄕學書五絶以示諸生 其一・三>.

부를 펼 것을 당부하였던 것이다. 그가 후학들에게 기대하는 것은 바로 당시의 頹廢한 紀綱을 바로잡아 孔子의 遺風을 떨치는 것이었다.[23]

운곡은 弟子들뿐 아니라 자신과 같이 隱居하는 사람들의 삶에 대해서도 안타까움을 갖고 세상에 나아갈 것을 권하기도 했다. 두문동 72현의 일인인 邊龜壽[24]의 시에 차운한 시에서 그의 은거하는 삶을 예찬하면서도[25] "다행히 어진 사람 찾는 밝은 시대 만났으니, 공명 업신여기며 초가에 누워있지 마오."[26]라고 하여 세상에 나아갈 것을 권하였다. 이 시가 1390년에 지어진 것을 고려한다면 밝은 시대를 만났다고 한 것은 진심에서 우러나온 것이 아니고, 다만 세상을 등지고 살아가는 邊龜壽의 삶을 안타깝게 여겨서 한 말에 불과하다. 이러한 의식은 朝鮮建國한 후에도 그대로 이어졌으니, 앞 절에서 살핀 <次新及第邊處厚所寄詩韻>이나 半刺先生에게 준 시에서 "德을 天下에 베푸는 것은 男兒의 일이니, 陶潛이 홀로 초가를 사랑하는 것을 배우지 마오"[27]라고 한 것 등이 그것이다. 이처럼 자신은 은거하여 살면서도 남들에게는 세상에 나아갈 것을 권유하는 한편 이미 벼슬을 하고 있는 사람들에게도 선정을 기대하며 격려하기도 했다.

---

22) 『耘谷詩史』卷4, <久雨獨坐鄕學書五絶以示諸生>, "可以爲師知未稱 愧將衰病謾看雲".

23) 『耘谷詩史』卷3, <次金進士所贈詩貂三首>, "……整頓頹綱當是日 請君須振素王風……".

24) 邊龜壽는 長淵人으로 字는 貴壽요, 號는 竹岡이다. 고려의 운명이 다하자 두문동으로 들어가 항절불굴하고 다시 멀리 頭流山 排祿洞으로 숨어 들어가 두 임금을 섬기지 않는다는 그 절의를 취하여 항거하다가 끝내 목숨을 마쳤다(『杜門洞書院誌』, 「不朝峴言志錄」).

25) 『耘谷詩史』卷4, <次韻邊竹岡懶利名詩書于卷後 其一>, "君子由來自固窮 懶於名利伴仙翁 不將才略登華秩 但把文章振素風 烟水雲山多作態 奇芳異卉列成叢 此間行樂誰能換 辜負平生是我公".

26) 『耘谷詩史』卷4, <復次(次韻邊竹岡懶利名詩書于卷後) 其二>, "幸逢侶代搜賢日 莫傲功名臥一廬".

27) 1393년초에 지은 <半刺先生寄詩次韻奉呈>에서 "……德施天下男兒事 莫學陶潛獨愛廬"라고 한 것 등이 그것이다.

4. 田園에서의 自樂

지식인으로서 역사와 현실에 대한 강한 의식을 지니고 있었음에도 불구하고 운곡처럼 일생동안 출사를 하지 않고 자연에 묻혀 산 것은 그의 이전 시대는 물론이요, '隱'을 많이 표방하였던 당시에도 드문 일이었다. 그가 은거한 곳은 속세와 완전히 단절된 탈속의 공간이 아니라 생활의 근거지인 田園이었다. 그는 世俗과 脫俗의 中間的 空間이라 할 수 있는 田園에서 한가로운 삶을 즐기며 현실로부터의 실망과 좌절을 보상받고 있었다.

> <頃者 於弁巖南峯之下 新作一茅齋 其地勢也危僻 締構也不巧 且向背往復 俱不適宜 陋而拙者甚矣 其主人 行已也違於道 立志也違於世 又處事之迂闊 居止之淸凉 其爲陋拙 又有甚焉者矣 以其齋之陋拙 合於主人之陋拙 名之曰 陋拙齋 因成長句六首以自詠>28)
> 서리 내린 후 산초는 푸른 빛 짙고 / 霜後山椒翠色濃
> 한 그루 푸른 전나무와 몇 그루 소나무라. / 一株蒼檜數株松
> 천년의 냉락한 그 지조를 여엿비 여기니 / 憐渠冷落千年操
> 십년동안 늙어가는 내 모습을 짝해 주네. / 伴我衰遲十載容
> 멀리 마을터의 길고 짧은 피리소리 듣고 / 遠聽村墟長短笛
> 가까이 이웃 절의 아침 저녁 종소리 듣네. / 近聞隣寺暮朝鍾
> 이 사이에 띠집 짓고 살려 하니 / 此間深有誅茅意
> 閑人을 향해 찾아 오는 길 알리지 마오. / 莫向閑人道所從

자신의 거처인 陋拙齋는 弁巖 남쪽 봉우리 아래의 띠집인데, 지형이 험하고 엉성하게 지었으며, 向背와 往復이 모두 부적당하여 누추하고 졸렬함이 심했다. 그 陋拙함이 자신의 누졸함과 같다고 하여 이를 陋拙齋라 이름하고 이 시를 지었다고 한다.

---

28) 『耘谷詩史』卷3, <頃者 於弁巖南峯之下 新作一茅齋 其地勢也危僻 締構也不巧 且向背往復 俱不適宜 陋而拙者甚矣 其主人 行已也違於道 立志也違於世 又處事之迂闊 居止之淸凉 其爲陋拙 又有甚焉者矣 以其齋之陋拙 合於主人之陋拙 名之曰 陋拙齋 因成長句六首以自詠 其二>.

세상을 멀리하고 살아가는 處士의 모습이 드러나 있는데, 그가 벗하는 것은 푸른 산초와 전나무, 소나무다. 운곡은 이를 통해 자신의 굳은 지조를 보여주고 있다. 멀리 마을터의 피리소리를 듣고 가까이 이웃 절의 아침 저녁 종소리 듣는다고 한 것은 누졸재의 고요하고 한적한 분위기를 보여줌과 동시에 속세와의 거리감을 알 수 있게 한다. 즉 속세인 마을과는 멀리 떨어져 있으면서 탈속의 공간인 절을 가까이 하고 있음을 뜻한다. 尾聯에서 자신의 거처를 알리지 말라고 한 것은 혼탁한 세상과 타협하지 않으려는 견고한 의지의 표현이다.

운곡이 자신의 거처를 陋拙齋라고 명명한 것도 名利에 얽매이지 않고 곤궁한 삶 속에서도 덕을 쌓으며 純粹한 本性을 지켜가겠다는 의지가 담긴 시라 할 수 있다.

다음 시는 자신이 처한 전원의 미를 가장 잘 구현한 작품이라 할 수 있다.

<次康節邵先生春郊十詠詩 其七 春郊雨中>[29]
구름 기운 정녕 가득하더니 / 雲氣政彌漫
비가 천지간을 어둡게 하네. / 雨昏天地間
공중에 부슬부슬 만물을 적시고 / 空濛能潤物
어둠침침 묘하게도 산을 가렸네. / 暗淡巧遮山
밭둑 위에는 사람들 매우 기뻐하고 / 壟上人多喜
시냇가에는 해오라기 홀로 한가롭네. / 溪邊鷺獨閑
이때 연기 낀 풀길을 보니 / 時看烟草路
도롱이 젖은 목동이 돌아오네. / 簑濕牧童還

이 시에서 시인은 觀照的 자세로 봄의 景物을 客觀的으로 描寫하고 있다. 봄기운을 품은 비가 어슴푸레하게 천지간에 가득하니 산마을 풍경은 신비로움을 띤다. 그 속에 時雨를 기뻐하는 농부들의 모습과 한가로운 해오라기의 모습이 어루러져 있다. 이러한 자연과 인간의 조화는 마지막 연에 이

---

29) 『耘谷詩史』卷4, <次康節邵先生春郊十詠詩 其七 春郊雨中>.

르러 극치를 이루어 그윽한 정취를 자아낸다. 때마침 저편으로 雨烟 속에 도롱이 쓰고 유유히 돌아오는 牧童의 모습은 한 폭의 그림과도 같이 평화로움을 한껏 더해 주고 있는 것이다.

운곡은 일반적으로 물경을 묘사하더라도 이를 통해 자신의 마음 속에 가득한 감정을 표달하여 意와 境이 交融을 이룬 작품들을 많이 썼다. 따라서 그의 시에는 객관적인 境만을 읊은 작품이 드문데, 위 시는 흥취나 주제를 표면에 직접적으로 드러내지 않았다는 점에서 그의 여타의 작품들과 구별된다.

신비로운 대자연의 아름다움 속에 인위적인 갈등이나 욕망과는 거리가 먼 농부와 목동의 어우러진 모습을 묘사하고 있는데, 실상 이러한 경치는 전원에 살다 보면 일상적으로 접할 수 있는 것이기도 하다. 운곡은 이 지극히 평범한 듯한 광경을 觀照를 통해 포착함으로써 人慾이 排除된 自然과 人間의 調和라는 진실된 아름다움의 발견으로 나아갈 수 있었던 것이다. 이러한 조화의 경지는 麗末 對立과 不調和의 政治 狀況 속에서 운곡이 염원했던 和諧의 世界像인 것이다.

<次康節邵先生春郊十詠詩 其八 春郊雨後>[30]

한 줄기 비가 남은 봄을 씻어내니 / 一雨洗殘春
산천은 참모습을 드러내네. / 山川面目眞
찬란히 붉던 꽃 옛 모습 점차 사라지고 / 爛紅纔減昔
신록은 또 더욱 새롭네. / 嫩綠又增新
소나무 고개엔 이내 아직 서려있고 / 松嶺嵐猶礙
채소밭엔 푸른 푸성귀 이미 두루 자랐네. / 蔬畦碧已勻
시를 지어 비갠 것을 알리니 / 裁詩報晴霽
누가 좋은 때를 저버렸다고 말하리. / 誰道負良辰

비 갠 뒤 新綠이 깊어가는 늦봄의 景物을 대하는 시인의 기쁨이 드러나 있는 시이다. 穀雨쯤 되어 보이는 暮春에 만물의 生長을 돕는 비가 내리고,

---

30) 『耘谷詩史』 卷4, <次康節邵先生春郊十詠詩 其八 春郊雨後>.

막 개자 싱그러운 신록이 윤기를 띠며 산천은 진면목을 드러내고 있다. 이 신록은 낙화로 인한 아쉬움을 상쇄하고도 남음이 있다. 3연에서 시인은 이 내 낀 소나무 고개와 더불어 채소들이 푸르게 자라는 것을 흡족히 바라보고 있다.

우리는 여기서 운곡 시의 중요한 특징 중 하나를 확인하게 된다. 그의 시는 자연을 소재로 삼더라도 인간의 구체적 삶의 공간으로써 그것을 바라보고 있다는 사실이다. 이 시뿐 아니라 운곡 시의 대부분은 전원적 삶의 모습이 시 속에 배어 있다. 그러기에 자연을 화려한 수식에 의한 표현의 기교나 감정의 격정이 없이 관조적 자세로 수채화를 그리듯이 담담하게 묘사한다. 부드럽고 眞率하며 平淡한 그의 이러한 詩風은 다소 맥빠지는 듯하나 이것이야말로 自然과의 調和를 이룬 閑適한 삶에서 우러난 것이라 할 수 있다. 耘谷은 邵雍과 陶淵明의 淡泊한 삶뿐 아니라 詩風에서도 영향을 받았다. 전원의 소박한 삶과 무욕의 정신이 저절로 드러나는 自然스럽고 平淡한 風格의 시를 많이 지었는데, 특히 田園에서의 自樂하는 生活을 읊은 시들의 대부분이 그러한 것들이다.

다음 시는 자연 속의 자락을 잘 보여준다.

    <次趙侍郎所寄詩韻 又>[31]
    변암산 산빛은 푸르고 푸른데 / 弁巖山色靑彌靑
    치악산 구름빛은 희고 또 희네. / 雉岳雲光白又白
    구름은 절로 그대처럼 등한하나 / 雲自如君獨等閑
    산은 나의 바쁨을 웃으리. / 山應笑我多忙迫
    장차 오두막 짓고 삼봉으로 향하려 하는데 / 結廬將欲向三峯
    어찌 번거로이 권세 낚아 서울로 향하리오. / 餌勢何煩奔九陌
    황금 지붕 붉은 문은 貴人을 빠뜨리나 / 金屋朱門陷貴人
    솔바람 밝은 달은 閒客을 불러주네. / 松風皎月招閒客
    생애는 표주박 하나에 만족하고 / 生涯自足一枚瓢
    몸에는 원래 세척의 비단도 없네. / 身上元無三尺帛

---

31) 『耘谷詩史』 卷2, <次趙侍郎所寄詩韻 又>.

만일 은둔해 사는 재미를 묻는다면 / 若問窮居氣味長
벽계수 밖이요 청산 너머라네. / 碧溪水外靑山隔

변암 푸른 산과 치악산의 흰 구름은 속진을 멀리한 순수한 자연의 아름다움을 간직한 것이다. 운곡은 자신이 이토록 맑은 자연 속에 은거하여 있으면서도 세상에 대한 관심을 완전히 버리지 못하고 있는 것에 대한 부끄러움을 4구를 통해 드러내고 있다. 이에 자신의 지향점을 다시금 확인하고 있으니, 서울로 향해 권세를 좇는 것이 아니라 三峯(치악산 서쪽)에 오두막 짓고 살려 하는 것이다. 자신과 같은 閑客을 솔바람과 밝은 달이 반겨주니 빈한한 삶 속에서도 낙이 있는 것이다. 그런데 이러한 낙을 세속의 사람들은 이해할 수 없을 것이기에 은둔해 사는 맛을 구구히 설명할 필요를 느끼지 못한다. 마지막 구가 그것을 함축적으로 보여주고 있으니, "笑而不答心自閑"[32]의 경지다.

다른 시에서도 "鵠峯의 비 갠 빛 비록 즐길만 하지만, 雉嶽의 개인 풍광 또한 좋다네."[33]라고 하여 개경에서의 벼슬살이도 할 만한 것이겠지만 치악산에 은거해 사는 것도 하나의 지낼 만한 삶이라고 하고 있다. "붕새와 메추라기의 소요함이 다 분수가 있음이니, 隱居함이 어찌 인연이 없으리. 계곡과 산, 나무는 진정 그림같고, 눈 속의 달과 바람 속의 꽃은 돈과 닿지 않네."[34]라고 한 것도 비록 자신을 메추라기에 비유하고 있지만 은연중에 은거하는 삶에 대한 만족감을 드러낸 것이다.

마지막으로 方外의 空間에서 悠悠自適하는 脫俗者의 모습을 보기로 한다.

　　　<自詠>[35]

---

32) 李白, <山中問答>.
33) 『耘谷詩史』卷2, <趙侍郎寄詩次韻>, "……鵠峯霽色雖堪賞 雉嶽晴光亦自優……".
34) 『耘谷詩史』卷3, <卽事>, "……鵬鷃逍遙皆有分 龍蛇會合豈無緣 溪山水木眞如畵 雲月風花不着錢……".
35) 『耘谷詩史』卷3, <自詠>.

근심 많은 신세 온갖 생각 이는데 / 身世悠悠百感兼
가을 장마 그침없이 띠집 처마에 뿌리네. / 秋霖不止灑茅簷
눈 앞의 세상 일 해마다 변하고 / 眼前時事年年變
흰 머리는 날마다 더해 가네. / 頭上衰華日日添
飜覆하는 비 구름 비웃으며 / 却笑飜雲并覆雨
권력 붙좇는 것에 무심하네. / 無心附熱又趨炎
外人이 忘筌하는 곳을 알고자 하면 / 外人欲識忘筌處
바람부는 난간에서 술 마시고 낮잠 자 봐야 하리. / 軟飽風軒到黑甛

이 시는 권세를 떨칠 때는 붙좇고 권세가 쇠하면 버리고 떠나는 경박한
인정 세태를 번복하는 구름에 비유하여 비판하고 있다. 首聯의 지루한 가을
장마는 오래도록 지속되는 어두운 시대상을 암시하는 것인데, 이것은 頷
聯 · 頸聯의 어지럽게 변화하는 세상과 인심을 의미한다. 마지막 연은 세속
적 욕망에 젖어 있는 세인들이 맛볼 수 없는 자연 속에서의 한가로운 삶을
보여줌으로써 附炎棄寒하는 자들을 비웃고 있는 것이다. 여기서 자신의 삶
의 자세를『莊子』「外物」에 나오는 '忘筌'에 비유하였으니, 이것은 一切 事
物의 拘束을 超越함으로써 本質에 接近하여 悠悠自適하는 天遊의 境地를
志向하려는 것이며, 이를 위해 無心히 自然 속에 同和되어 살고자 하는 것
이다.

자신과 대비된 삶을 살아가는 사람들을 '外人'이라 하고 있는데, 이러한
표현은 다른 시들에서도 볼 수 있다.[36] 객관적으로 본다면 현실 제도권 밖
에 존재하는 耘谷이야말로 外人인 것이다. 그러나 운곡은 자신의 공간을
內로 보고 있으니, 이것은 자신이 존재하는 공간을 道가 실현되는 조화와
진실의 공간으로, 그 밖은 도가 무너진 부조화와 대립의 공간으로 보고 있
기 때문이다.

---

36)『耘谷詩史』卷1, <許同年仲遠以詩見寄分字爲韻二十八首> 중 '屛'을 韻字로 삼
은 詩, "外人若問閒居味 聲色中間醉未醒";『耘谷詩史』卷3, <曉起>, "外客何曾
過草幕 野禽能解奏瑤琴".

5. 맺음말

耘谷은 麗末에서 鮮初에 걸쳐 일관되게 義理精神을 견지하였다. 특히 急進改革派들과의 깊은 개인적 교분에도 불구하고, 그들의 高麗 王朝 顚覆 意圖를 강하게 批判하였다. 고려왕조에서 벼슬 한번 하지 않았지만, 朝鮮建國 이후 高麗 遺民을 자처하며 節義를 지켰다. 이 義理精神이야말로 운곡의 處士的 삶을 지탱시켜 준 근간인 것이다.

젊어서부터 世俗的 名利에 얽매이지 않았던 운곡은 결국 道가 실현되지 않는 현실을 멀리하며 종신토록 은거생활을 하였다. 은거하면서도 上古의 淳風이 회복되길 염원하며 德性 함양에 힘썼다. 그의 隱居는 逃避的, 厭世的 성격이 아니라, 不正한 現實에 적극적으로 대처하려는 의지의 逆說的 表現인 것이다.

그의 삶의 공간인 田園은 不正과 不調和의 政治現實과는 대립적인 純粹와 調和의 空間 즉 그가 염원하는 和諧의 世界像인 것이다. 당시 널리 퍼져 있던 隱逸思想의 영향으로 많은 문인들이 陶淵明을 흠모하며 隱逸的 성향의 작품을 남겼으나, 대부분이 現實政治를 떠나지는 못했다. 그러나 운곡의 陶淵明에 대한 好尙은 관념적 내지는 일회적인 것에 그치지 않고, 자신의 삶 속에서 具體的으로 實現된 것이었다. 그의 田園詩는 雕蟲篆刻의 修辭的 技巧를 排除하고, 자연스럽고 平淡한 가운데 소박한 전원의 삶을 진솔하게 표현하고 있다. 이것은 自然과 人生에 대한 觀照的 姿勢를 통해 도달한 生活文學·田園文學의 성격을 지니는 것이다.

耘谷 詩에 나타난 自然美와 人格像

최 광 범[*]

1. 머리말

중국의 한시에서 山水와 田園을 제재로 읊은 自然詩는『詩經』과『楚辭』
에서부터 기원한다. 하지만 시경과 초사의 경우 자연 경물을 묘사하더라도
자연 그 자체를 심미대상으로 삼기보다는 대부분이 比興의 수법으로 묘사
되거나 인간사에 대한 비유적 수법으로 사용하였다.

자연미 자체를 추구하는 순수 서경시의 범주는 魏晉南北朝 時代에 이르
러 본격화되었다. '自然'이 인간계와 대립적 의미로 구별되어진 것은 노장사
상이 유행하고 은둔사상이 성행했던 위진남북조 시대 무렵으로 추측된다.[1]
이때 自然은 人間 세상과는 대립되는 공간적 개념이고, 그 속성은 人工이
나 人爲의 꾸밈이 없는 저절로 그러한 것이다. 특히 이 시기에 전원의 아름
다움을 노래한 陶淵明과 산수자연의 미를 추구한 謝靈運은 산수전원을 묘
사한 대표적인 시인이다.

唐代에 이르러 자연시는 절정에 이르는데, 孟浩然과 王維는 자연스러운
표현으로 淡白하고 淸新하게 자연을 읊었고, 李白은 빼어난 기상으로 雄健
하고 飄逸하게 자연을 노래했다.

우리나라의 경우도 최치원 이래 수많은 시인들이 자연을 즐겨 읊었지만,
속세를 등지고 자연에 은거하며 자연시를 지은 시인들의 작품이 본격적으
로 등장한 것은 고려 중기라 할 수 있다. 비록 일시적인 은둔이기는 했으나,
李仁老 등의 竹林高會와 李奎報, 金克己 등의 작품에서 이를 확인할 수 있

다. 물론 그 이전의 시인들이 자연시를 짓지 않은 것은 아니지만, 그 이전 시인들이 자연을 대상으로 지은 시들은 삶의 공간으로서의 자연을 읊은 것이 아니라 일종의 遊覽詩의 성격이 짙다.

고려 말에 이르러 혼란한 시대상을 배경으로 은일사상이 널리 퍼졌고, 자의든 타의든 전원에 은거하면서 그 삶을 제재로 詩作을 한 시인들이 많이 나타났다. 하지만 평생을 일관되게 전원생활을 하면서 학문과 문학에 전념한 본격적인 田園詩人은 元天錫이 독보적이라 하겠다.

耘谷 元天錫(1330~?)은 고려 말에 치악산에 은거하여 일생을 마쳤다. 세상에 나아가 정치적 포부를 펼치고자 하는 뜻이 전혀 없었던 것은 아니었고, 또한 벼슬에 천거된 적도 있었으나 기울어가는 고려의 국운과 혼탁한 정치현실에 염증을 느끼고 處士의 삶으로 일관하였다. 하지만 세상을 등지고 있으면서도 당대의 현실을 증언하는 귀중한 역사적 자료를 남겼고, 학문과 문학에 전념하며 후학을 양성하였다. 비록 처사로 일생을 마쳤으나, 그의 학문과 생애는 사상사적으로나 문학사적으로 대단히 중요한 의미를 지닌다.

그가 고려 말의 역사를 증언한 저서는 멸문의 화를 우려한 후손에 의해 불타 없어졌으나 현전하는 시들 속에서 그 일단을 읽어낼 수 있다. 그의 문집 『耘谷詩史』에서 조선건국과 밀접한 관련이 있는 내용들이 집중적으로 담긴 부분 즉 마지막 5권이 후인에 의해 첨삭이 가해진 것으로 여겨지지만[2] 현전하는 것만으로도 귀중한 역사적 증언이 되고 있다. 그래서 그의 문집이 詩史라 불리는 것이다.

'耘谷詩史'라는 문집명에서도 알 수 있듯이, 운곡 시에서 현실인식과 관련한 시들이 매우 중요하다는 것은 두 말할 필요조차 없다. 하지만 필자는 선행연구에서 이미 운곡의 현실인식 문제를 상세히 검토한 바 있고,[3] 『耘谷詩史』에 담긴 1,144수 가운데 절대 다수가 자연에 묻혀 지내는 삶을 소박하게 읊은 것이기에 본고에서는 이러한 시들에 주목하여 그가 추구한 自然美

---

2) 이에 대해서는 졸고, 「耘谷 元天錫 漢詩 硏究」, 고려대 석사학위논문, 1996. 6, pp.2-4 참고.

3) 최광범, 「耘谷 元天錫 漢詩 硏究」, 고려대 석사학위논문, 1996. 6.

를 구명하는 것에 초점을 맞추고자 한다. 이를 통해 운곡의 人格像이 보다
선명하게 드러나리라 생각된다.

2. 靑年時節의 遊覽詩에 나타난 自然美

운곡이 20대에 지은 시가 얼마 남아 있지 않은데, 그 중 다수가 금강산,
회양, 홍천, 인제 등을 유람하며 지은 시다. 이 시기에 그가 제재로 삼은 것
은 전원이 아니라 산천을 유람하며 접하는 빼어난 산천경개였다. 현전하는
운곡의 시 가운데 가장 이른 시기의 작품은 그가 22세에 금강산을 오가면서
지은 것들인데, 30대 이후의 작품들과 몇 가지 점에서 차이를 보인다.

　　<갈풍역을 지나며>4)
　말 채찍질하며 유유히 갈풍역 지나니 / 策馬悠悠過葛豐
　산천은 예나 지금이나 변함이 없네. / 山川形勢古今同
　강가의 길은 사람 드물어 고요한데 / 人稀境靜江邊路
　철쭉꽃만 겹겹이 물에 붉게 비치네. / 躑躅千層映水紅

금강산으로 가는 나그네 발길이 여유롭다. 애써 기이한 경관을 찾으려 하
지도 않고, 눈앞의 경관을 과장되게 표현하려 하지도 않는다. 그저 유유히
말을 몰아가면서 주변 경관을 차분히 관조적으로 바라보고 있다.

일반적으로 20대 젊은 시절에 자연을 제재로 시를 짓는 경우에 광활하고
기굴한 대상을 찾으려 하고, 이를 통해 범속을 초월하는 기개를 과장되게
표현하려는 경향이 있다. 이런 경우 豪放하고 飄逸한 미적 특질을 지니게
된다. 하지만 금강산을 오가며 지은 운곡의 시는 그렇지가 않다. 위 시에서
보듯 관조적 자세로 자연을 차분히 바라보고 있고, 이를 압축적이고 절제된
표현으로 淸新하게 그려내고 있다. 다음 시도 마찬가지다.

---

4) 『耘谷詩史』 卷1, <過葛豊驛>.

<원천역>5)

복사꽃 붉게 핀 두어 그루 나무가 성긴 울타리 위로 솟았고 / 紅桃數樹出疏
　　籬
문 밖엔 봄바람에 가는 버들 늘어졌네. / 門外東風細柳垂
옛 역은 황량하고 사람 소리 적은데 / 古驛荒涼人語少
비둘기만 살구꽃 나뭇가지 위로 날아오르네. / 鵓鳩飛上杏花枝

　역시 금강산까지 오가는 도중에 원천역에서 지은 작품이다. 금강산까지
오가는 기나긴 여정 중에 어찌 기이한 경관이 없었겠으며, 사람 북적대는
곳이 없었겠냐마는 그가 시의 제재로 삼은 것은 한결같이 한적한 풍경이다.
성긴 울타리 위로 삐죽 보이는 복사꽃 핀 두어 그루의 나무, 늘어진 버들가
지, 인적 드문 역, 살구나무 위로 날아오르는 비둘기, 그 어느 것 하나도 장
관이랄 것이 없다. 시인의 시선이 머무는 것은 이처럼 한적하고 안온한 경
관일 뿐이다.
　문집에 실린 작품 전체를 통해 유추해 낼 수 있는 耘谷의 人格像은 다음
의 몇 가지로 압축할 수 있다. 첫째는 어떤 권세와 위무에도 굴하지 않는
강렬한 意志의 志士적 성격과 불의에 항거하는 悲憤慷慨型 인격상이 그
하나이며, 둘째는 명리에 초월한 安分知足的 處士的 인격상, 그리고 마지
막으로 차분히 世界를 觀照하며 천하미물에도 깊은 애정을 가지고 있는 多
情多感하고 溫柔敦厚한 인격상이 그것이다.
　이 세 가지 성격이 조화를 이룬 것이 운곡의 인격상이며, 그러한 인격상
하나하나가 미온적으로 얽혀 있는 것이 아니라, 각각 강렬한 특징을 지니고
있다. 일견 청년기에 첫 번째 성격이 주를 이루다가 중년 이후 두 번째와
세 번째 성격으로 옮아가야 할 것으로 생각되지만 운곡의 경우는 꼭 그렇지
않다.
　청년 운곡에게서도 志士的 성격과 悲憤慷慨의 인격상을 엿볼 수 있는
곳이 많지만, 그의 문집에 悲憤慷慨가 가장 두드러진 것은 오히려 50대에
지어진 작품들이다. 특이한 것은 20대에 이미 인생의 원숙한 경지인 觀照的

---

5)『耘谷詩史』卷1, <原川驛>.

이고 安穩한 인격상을 보이고 있다는 점이다.

> <초여드렛날, 길 가다가 지음>6)
> 갈대 엮어 만든 두어 간의 집 / 數間蘆葦屋
> 눈 덮인 산 앞에 비스듬히 있네. / 斜傍雪山前
> 천 그루의 나무 다 베어내고 / 伐盡千株木
> 작은 밭 경작하고 사네. / 耕耘一片田
> 금잔의 바닥 같이 고요하고 / 靜如金盞地
> 옥호천 같이 깊숙하구나. / 深似玉壺天
> 양 창자 같이 구불구불한 길이 / 屈折羊腸路
> 바위 끝에서 끊어졌다 다시 이어지네. / 巖頭斷復連

　25세의 청년 시절에 회양을 가던 도중에 지은 것이다. 앞서 살펴본 금강산 여정에서도 그렇고, 이번의 회양까지 오가면서 지은 시에도 樓亭이나 驛에서 탁 트인 장관을 바라보며 시를 지은 것이 없다. 특이한 것은 인제현과 양구에서 백성들을 착취하는 권세가들을 질타하며 애민의식을 드러낸 시7)가 돋보일 뿐, 대부분의 시들이 한적한 마을의 정취와 정겨운 주민들의 모습을 묘사하고 있다.
　이 시에서 시인의 시선이 머문 것은 깊은 산골의 갈대집이다. 산에 기대어 집을 짓고, 나무들을 베어내고 만든 손바닥만한 밭에 농사를 짓고 사는 궁벽한 곳이다. 시인은 구절양장 같이 구불구불 끊길 듯 이어진 길에 간신히 자리잡은 그곳을 금잔 같이 고요하다고 했고, 아름다운 별천지 옥호천에 비유하고 있다.

---

6) 『耘谷詩史』卷1, <八日道中作>.
7) <麟蹄縣>과 <十五日. 發方山到楊口郡. 吏民家戶欹斜倒地. 寂無煙火. 問諸行路. 答曰. 此邑乃狼川郡之兼領官也. 自古地窄田磽. 民物凋殘. 比來權勢之家奪有其田土. 擾亂其人民. 租稅至多. 雖容足立錐之地. 無有空閑. 每當冬月. 收租徵斂之輩塡門不已. 一有不能則高懸手足. 加之以杖. 剝及肌骨. 居民不堪. 流移失所. 故如斯也. 予聞其語. 作五言八句. 以著衰亡之實云>에서 애민의식을 드러내고 권세가를 질타하고 있다.

966

기나긴 여정 중에 운곡의 시선이 머무는 것은 거대하고 기이한 자연경관이 아니라 한적하고 고요한 풍광이요, 백성들이 살아 숨쉬는 소박한 삶의 공간이다. 이것은 20대 젊은 운곡이 남다른 자연관을 지니고 있었음을 알게 하는 것이고, 그가 평생을 출사하지 않고 전원에 은거하여 처사로서 살 수 있었던 바탕이 되는 인격상의 단면을 보여주는 것이기도 하다.

3. 田園의 純粹美와 淸貧의 自樂

운곡은 31세에 군적 문제로 인해 어쩔 수 없이 과거시험에 응시하여 급제하였지만, 벼슬엔 관심이 없었기에 원주에 그대로 머물러 지냈다. 30대에 막 접어든 시점에 지은 시들에서 홍건적의 침입에 분개하여 활을 잡고서 오랑캐를 진압하고자 하는 의지를 드러내기도 했지만[8] 이는 일시적인 것이고, 오히려 어리석은 듯한 顔回의 안빈낙도를 스승 삼고자 했다.[9] 애써 공을 이루었던 伏波將軍을 따르기보다 전원으로 돌아간 도연명을 그리워했던 것[10]을 통해 30대에 접어들면서 삶의 지향이 확고하게 굳어졌음을 알 수 있다.

이 시기부터 함께 과거에 급제했던 정도전, 이숭인, 안중온 등 同年들과 주고받은 交遊詩가 보이는데, 동년들은 한결같이 세상 영욕을 잊고 청빈을 즐기는 운곡을 예찬하고 있다. 동년들이 모두 중앙정치와 학문의 중심에 서서 그 시대를 주도했음에도 불구하고 운곡은 벼슬길을 마다하고 전원의 삶에 깊이 빠져들었고, 오히려 이 시기부터 수많은 선승들과 교유하며 세상을 멀리 했다.

同年 安仲溫의 '喜雨詩'에 차운한 다음 작품은 이 시기 운곡의 생활을 잘 보여준다.

<동년 안중온의 희우시에 차운하여>[11]

---

8) 『耘谷詩史』 卷1, <弓>, "我欲提撕制遠戎".
9) 『耘谷詩史』 卷1, <書懷寄趙牧監>, "回也如愚是我師".
10) 『耘谷詩史』 卷1, <自詠>, "歸來適意希元亮. 勤苦成功笑伏波".
11) 『耘谷詩史』 卷1, <次安同年喜雨詩>.

가뭄을 씻어내는 비가 멀리까지 뿌리니 / 濯旱連遙塞

따뜻한 바람에 작은 먼지까지 적셔주네. / 和風浥細塵

흥건히 내리는 기름진 젖줄기 흡족히 내리니 / 淋漓膏乳洽

구름 같은 벼이삭이 싱그럽구나. / 薔鬱稼雲新

솔길엔 푸른 이끼가 돋아나고 / 松逕生蒼蘚

연못엔 흰 마름이 자라나네. / 荷塘長白蘋

누가 알리오, 우산 쓴 나그네가 / 誰知持傘客

무너져 가는 집에서 청빈을 즐기는 것을. / 破屋樂淸貧

가뭄을 씻어 주는 반가운 비가 내리니 전원에 생기가 돈다. 작은 먼지까지 말끔히 씻어 주어 구름 같은 벼이삭이 산뜻하게 단장했다. 그윽한 소나무 길에 이끼는 푸름을 더하고, 연못엔 흰 마름이 부쩍 자랐다. 이러한 전원의 순박한 아름다움이 운곡이 추구하는 참된 자연미다.

운곡도 정치적 포부가 전혀 없었던 것은 아니다. 한때는 부지런히 독서하면서 忠義로 임금을 섬길 뜻을 품었었다.[12] 하지만 옛 도가 무너져서 청렴하고 사양하던 기풍이 사라지고, 명예를 다투고 이익을 구하느라 날마다 치닫는 세상이 되었으니, 홀로 도롱이 입고 삿갓 쓰고 창랑에서 노닐 수밖에 없었던 것이다.[13]

운곡의 마음을 끄는 것은 화려하고 웅장한 산수미가 아니다. 무너져 가는 집에서 청빈을 즐기며 전원의 순박한 아름다움에 푹 빠져 있었던 것이다. 표현면에서도 마찬가지다. 정교하고 치밀하게 꾸며서 묘사하기보다는 질박하고 자연스러운 표현으로 인간의 모습이 투영된 전원의 미를 소박하게 드러내고 있다.

본격적인 산수전원시의 원조라 할 수 있는 사령운과 도연명을 비교하면 호족출신의 부유한 지주계급이었던 사령운은 귀족취향을 드러내며 화려하

---

12) 『耘谷詩史』卷3, <丙寅冬至感懷 示元都領>, "我昔辛勤讀書日 意將忠義事高陽".

13) 운곡의 이러한 심정은 다음 시구에 잘 드러나 있다. 『耘谷詩史』卷3, <丙寅冬至感懷 示元都領>, "……早作乾坤一閑物 獨携蓑笠遊滄浪. 雲煙風月自多態 棋局茅亭書滿床. 回看世路幾飜覆 似聞人海波瀾狂. 爭名求利日奔競 氈蟻燈蛾難可防……".

고 정교한 표현으로 산수미를 묘사했다. 반면, 비록 명문가 출신이긴 하나 넉넉지 못한 형편이었던 도연명은 관직을 벗어던지고 전원으로 돌아가 질 박하고 자연스러운 표현으로 전원미를 정감있게 표현하였다.

도연명은 중국뿐 아니라 우리나라 시인들에게 많은 영향을 주었고, 특히 <歸去來辭>는 모든 시인들이 애송하였다. 운곡도 <讀陶元亮歸去來辭> 나 <節歸去來辭> 등 많은 작품에서 도연명의 문학과 삶을 지향하고 있음 을 보여주었다. 모든 시인들이 도연명을 흠모하였고「歸去來辭」에 화운한 작품들을 지었지만, 그의 삶과 문학에 근접한 사람은 그리 많지 않다. 도연 명의 삶과 문학에 가장 근접한 것이 바로 운곡이다. 앞에서 운곡의 세 가지 인격적 면모를 지적하였는데, 이 역시 부정한 세태에 비분강개하여 관직을 버리고 전원으로 돌아와 자연과 인생을 관조하며 청빈한 삶 속에 온한 삶을 살았던 도연명의 그것과 흡사하다.

대립과 갈등의 現實과 달리 調和와 純粹한 삶이 있는 田園 속에서 無慾 으로 自樂하는 도연명과 같은 삶의 모습을 다음 시에서 확인할 수 있다.

<갑인년 3월, 변암의 새 집으로 옮겼는데 형님이 오셨기에 술자리를 마 련하였다. 형님께서 시를 지어 주셔서 이에 차운하여 두 수를 짓다.>[14]
속세 인연 비록 다 끊지 못하였으나 / 俗緣雖未盡
거처는 한가롭고 편안하네. / 居止要閑安
물을 끌어와 남쪽 언덕을 개간하고 / 導水開南岸
소나무 심어 북쪽 봉우리 둘렀네. / 栽松遶北巒
이 한몸 초가집에 들일만하니 / 身堪容草屋
꿈속에도 구슬 단지 돌아보지 않네. / 夢不顧珠簞
오솔길에 푸른 이끼 미끄러우니 / 一逕蒼苔滑
속세의 티끌 침범하지 못하리. / 塵埃未易干

---

14) 『耘谷詩史』卷2, <甲寅三月 移居弁巖新居 家兄來設小酌 題詩贈之日 早有烟霞 趣 深居得所安 柴扉當細路 松栝倚層巒 薙草開三逕 停尊樂一簞 我來留半日 頌 禱效斯干 次韻二首>.

한 나절 담소하니 / 半日開談笑
마음이 고요하고 편안하네. / 襟懷靜且安
맑은 바람은 굽은 난간에 불어오고 / 淸風來曲檻
석양은 첩첩 산봉우리에 비추네. / 斜照映重巒
시골 술은 깊은 술잔에 따르고 / 村酒酌深罍
푸성귀도 작은 바구니에 가득 담았네. / 野蔬盈小簞
취하여 새소리 들으니 / 倚酣聞鳥語
소나무 그림자가 난간으로 옮기네. / 松影轉欄干

이 시는 운곡이 弁嚴으로 거처를 옮기고 나서 家兄 天常의 방문을 받고 그의 시에 차운하여 지은 것으로 전원에서의 한가롭고 소박한 삶의 모습이 진솔하게 표현되어 있다. 天常의 시에서 운곡을 평하기를 '早有烟霞趣'라고 하였는데, 위 시는 운곡의 泉石膏肓을 엿볼 수 있는 시이다.

첫째 수에서 속세의 인연을 다 끊지 못하였다고 한 것은 운곡의 심적 상태까지를 내포하는 말이기도 하지만 구체적으로는 그의 삶의 공간이 속세를 완전히 등진 탈속의 공간이 아니라 궁벽한 산골의 전원임을 의미하는 것이다. 운곡이 弁嚴으로 거처를 옮기게 된 이유는 분명치 않으나, 이 시를 통해 볼 때 당시 현실에 대한 실망감이 거처를 옮기게 한 계기가 되었음을 짐작할 수 있다. 이 때문에 깊은 산골로 들어와 개간을 하여 삶의 터전을 잡고, 소나무를 둘러 심어 변치 않는 마음을 스스로 다짐하고 있으며, 꿈속에서조차 부귀영화를 돌아보지 않고 草屋에서 만족하고 있는 것이다.

둘째 수에서 塵世의 혼탁함이 침범할 수 없는 그 곳에 淸風은 불어오고 夕陽이 비치는데, 淸風은 塵世의 慾望을 씻어 주는 것으로 淸淨無垢를 상징하고 있고, 석양은 삶에 대한 달관의 자세를 보여주는 觀照의 상징이라고 볼 수 있다. 이러한 無慾·無碍의 맑은 정신으로 전원에 묻혀 있는 그의 삶을 지탱해 주고 있는 것은 소나무와 같은 곧은 절개이다. 첫째 수에서 언급한 소나무를, 둘째 수의 마지막 구에서 다시 환기시키고 있는 것은 굳은 절개가 바로 운곡의 삶의 자세 내지는 정신세계를 단적으로 보여주는 상징물이기 때문이다.

이 시에서 묘사한 것은 한결같이 그윽하고 清靜한 자연물이요, 그 속의 삶은 청빈 그 자체다. 그의 거처를 둘러싼 소나무, 이끼 낀 오솔길, 맑은 바람, 석양, 소나무 그림자 모두 俗氣가 없는 맑고 고요한 것들이고, 초가집과 시골 술, 바구니에 담긴 푸성귀는 무욕의 전원생활을 보여주는 것들이다.

　　　<소강절 선생의 春郊十詠에 차운하여 그 첫 번째, 봄 교외에서 한가하게 살면서>15)

　교외의 생활 고요하고 한가로운데 / 郊居靜且閑

　푸른 이내가 산고을을 연이었네. / 嵐翠連山市

　계곡물은 긴 대나무 숲을 뚫고 흐르고 / 溪穿脩竹流

　문은 지는 꽃을 마주하여 닫혀 있네. / 門對落花閉

　붓 잡아 길게 읊조리고 / 操筆發長吟

　난간에 기대 얼핏 선잠 드네. / 倚欄成假寐

　누가 들나물을 캐어 왔는가 / 誰挑野菜來

　곱씹으며 봄맛을 느껴 보네. / 細嚼嘗春味

　邵雍(1011∼1077)은 중년에는 사방을 돌아다니며 노닐다가 洛陽으로 되돌아와서 그 뒤로는 낙양에서 오랫동안 살았다. 그는 遺逸·逸士로 천거되어 벼슬을 제수받아도 굳게 거절하고 나아가지 않은 고고한 山人隱士16)였다. 운곡은 邵雍의『伊川擊壤集』에 수록된 시를 보고 그 뜻에 감동하여 이 시를 지었다고 하는데, 운곡 이전 시대의 다른 문인들 시에서 별로 언급되지 않았던 邵康節17)이 耘谷의 詩에 자주 언급되고 있음과『伊川擊壤集』이

---

15)『耘谷詩史』卷4, <次康節邵先生春郊十詠詩 其一 春郊閑居>.

16) 邵雍에 대한 葉水心의 評(勞思光,『中國文學史』, 鄭仁在譯, 탐구당, 1991, p.182).

17) 邵雍은 조선시대 시문에는 종종 언급이 되었지만, 운곡 이전에는 거의 발견되지 않는다. 다만 동시대인인 李穡이 비교적 많이 언급하였고, 權近, 李詹에게서 약간 보일 뿐이다. 李穡의「六友堂記」(牧隱藁 文藁 卷3)와 詩 <憶鄭散騎>(牧隱藁 詩藁 卷15), <出訪禹平章 因過朴判書 微醉而歸>(卷24), <明日 聞韓柳巷數遣人候僕還家 盖欲相携登高也 平時幅巾往來 無有少阻 九日之會 胡爲而暌 吟成一首 錄呈座下 以資一笑>(卷19), <感懷一首>(卷31), <遣興>(卷32)과 權近의 <草屋歌>(『陽村集』卷4), 李詹의「題種蓮後」(『雙梅堂篋藏集』卷25) 등이 그것이다.

읽혔다는 점은 麗末 漢詩의 濂洛風 수용과 관련하여 주목할 만하다. 또한 운곡과 친분이 두터웠던 李穡이 그의 시에서 邵雍을 매우 많이 언급하고 있음은 두 사람 사이에 보이는 사상적 유사성을 고려할 때 시사하는 바가 크다.

邵康節은 자신의 누추한 거처를 安樂窩라 하고, 스스로를 安樂先生이라 하면서 閑居生活의 즐거움을 시로 많이 읊었다. 耘谷이 학문적으로 邵雍의 영향을 얼마나 받았는지는 불분명하나, 운곡이 易學에 조예가 깊었던 것으로 보아 영향 관계를 추정할 수 있다. 그런데 운곡의 邵雍에 대한 崇仰은 그의 학설보다는 그의 安閑樂道의 자세에 중점이 두어진 것으로 보여진다.

위 시는 <次康節邵先生春郊十詠詩> 열 수 중 첫 수인 <春郊閑居>인데, 고요한 봄날의 소박한 삶이 진솔하게 표현되어 있다. 교외 생활의 분위기를 집약적으로 표현한 것이 첫 구의 '靜'과 '閑'이다. 산 아래 마을들을 덮고 있는 이내는 고즈넉한 분위기를 더욱 자아내고 있고, 집에는 찾아오는 사람 없어 문이 항상 닫혀 있다. 이 고요한 집에서 시를 읊기도 하고 낮잠을 자기도 하며 한가로운 봄의 정취를 유유히 즐기고 있는 것이다. 또 마침 누군가 캐어 온 나물이 있어 이것을 찬찬히 곱씹으며 맛을 음미해 보고 있다. 田園에서 접하는 景物의 변화와 그 속에서의 한가로운 삶이 어떠한 기교나 수식도 없이 자연스럽게 표현되어 있다.

4. 淸淨한 경계와 脫俗의 지향

운곡은 전원에 은거하여 지내면서 수많은 불승들과 교유하였고, 약 180여 수의 불교관련 시를 남기고 있다. 운곡은 기본적으로 儒者의 입장을 견지하면서도 儒佛道를 두루 통섭하는 사상적 경향을 지니고 있었는데, 그의 원융회통적 사상은 <三敎一理幷序>[18]에 잘 나타나 있다. 은거하여 지내

18) 『耘谷詩史』卷3, <三敎一理幷序>, "如如居士 三敎一理論云 三聖人同生有周 主盟正敎 儒敎敎以窮理盡性 釋敎敎以明心見性 道敎敎以修眞鍊性 若曰 齊家治身 致君澤民 此特儒者之餘事 若曰 嗇精養神 飛仙上昇 此特道家之祖迹 若曰 越死超生 自利利人 此特釋氏之筌蹄矣 要其極處 未始不一 由此觀之 三聖人之設敎

면서도 당대의 거유인 이색을 비롯하여 동년인 정도전, 이숭인 등과 지속적인 교유관계를 맺고 있었던 운곡은 중앙정치 무대의 대립이 격화될수록 승려들과 교유를 넓혀 갔고, 山寺를 찾아 정치현실과 고려 국운에 대한 고뇌를 잊고자 했다.

<9월 3일 환희사에서 놀면서>[19]
늦가을 한가한 틈을 타 육화를 방문하니 / 秋晚乘閑訪六和
절은 고요하고 지나는 자 없네. / 梵宮廖落絶經過
세상 일 속된 인연 적어 좋고 / 爲憐世事塵緣少
기쁜 정 기쁜 기운 많음을 알겠네. / 始信歡情喜氣多
골짜기의 개인 구름 흰 비단을 날리는 듯 / 出洞晴雲飛素練
산 가득한 낙엽 붉은 비단을 잘라 놓은 듯. / 漫山脫葉剪紅羅
물외의 망기하는 곳에 와서 / 得來物外忘機處
부침하는 인간 세상 크게 웃어보네. / 笑殺浮沈人海波

이 시에서 속세에 대한 인식을 단적으로 드러낸 것이 마지막 구이다. 이 시는 1387년에 지어진 것인데, 당시의 심각한 쟁투에 대한 우려와 환멸이 나타나 있으니, 부침하는 인간세상을 크게 웃어 봄이 그것이다.

속세와 절연하여 고요함을 간직하고 있는 歡喜寺를 찾아 그 기쁨을 노래하고 속세의 번뇌를 날려버리고 있다. 이 시는 重陽節을 몇일 앞둔 佳節에 지은 것으로 5, 6구에서는 흰 구름과 붉은 낙엽의 對照的 色彩 이미지를 통해 깊은 산 속의 아름다운 脫俗의 景致를 선명하게 부각시키고 있다. 俗塵에 물들지 않은 純粹한 自然의 아름다움을 간직한 物外의 空間에서 機心을 잊고 蝸角之爭을 일삼는 세상을 웃어 보고 있다.

歡喜寺를 찾은 이 9월 3일은 慈親의 諱日[20]이기에 인생에 대한 무상감

專以治性 所謂盡之鍊之見之之道 雖有小異 歸其至極廓然瑩徹之處 皆同一性 何有所窒礙哉 但以三聖人各有門戶 門之後徒各據宗旨 皆以是己非人之心 互相詆警 殊不知各人胸中 三敎之性明然具在也 騎驢者笑他騎驢 良可惜哉 因寫四節 以繼居士之志云".

19)『耘谷詩史』卷3, <九月三日遊歡喜寺>.

과 어우러져 탈속에의 지향이 더욱 절실하게 나타나 있다. 더군다나 정치적
대립이 극한상황으로 치닫는 것을 보면서 혼탁한 세상 인연을 떨쳐버리고
구름 같은 얽매임 없이 살아가는 불승들을 흠모하였다.[21]

운곡은 위 시처럼 佛寺의 淸淨한 경관과 승려들의 禪的 경계를 통해 세
속적 번뇌를 잊으려 하는 한편, 탈속의 仙的 경계를 지향하기도 했다. 다만
특이한 것은 그가 仙界에 비유하는 곳은 지극히 소박한 공간이다.

>   <철원관 북관정의 시에 차운하여>[22]
>   한 말 술을 涼州와 바꾸지 마라. / 休將斗酒換涼州
>   여기에 오니 비로소 세상 근심 씻을 만하네. / 到此聊堪滌世愁
>   들 가득 구름 같은 벼 잘 익어 가고 / 滿野稼雲年有稔
>   난간을 씻어내는 솔바람에 여름이 가을 같네. / 灑軒松吹夏凝秋
>   저녁놀 흐르는 물에 속세의 정 끊기고 / 落霞流水塵情絶
>   푸른 풀 거친 터에 옛 뜻이 아득하구나. / 靑草荒墟古意悠
>   풍류스런 홍취가 멀리 하늘 밖에서 일어나니 / 逸興遠從天外起
>   봉래섬만이 신선이 노는 곳은 아니네. / 不須蓬島是仙遊

鐵原의 北寬亭에서 지은 시인데, 마지막 구에서 보듯이 이곳의 경치를
蓬萊山도 부럽지 않을 정도의 仙境으로 여기고 있다. 그런데 시에 드러난
북관정 주위 경관에 대한 묘사는 지극히 평범하다. 벼가 익어 가고 솔바람
이 불고 저녁놀이 지는, 일반적인 전원 풍경과 별 다를 바가 없다. 다만 특
이한 점은 6구에서 보듯이 이 곳이 泰封의 옛 터가 남아 있는 역사적 유적
지라는 것이다. 궁예가 한때 군사를 일으켜 국호를 태봉으로 하고 이곳 철
원에 도읍을 정하여 일시적으로 세력을 떨치다가 망한 이후로 철원을 찾는
문인들은 너나없이 이 역사적 자취를 소재로 시를 지었는데,[23] 이 시들은

20) 註에 "因慈親諱日"이라 되어 있다.
21) 『耘谷詩史』卷4, <復次 次山人角之詩韻>, "……濁世因緣曾抖擻 浮雲蹤跡未推
    尋 可憐擾擾人生事 宇宙洪荒難寄音".
22) 『耘谷詩史』卷2, <次鐵原舘北寬亭詩韻>.
23) 『新增東國輿地勝覽』卷47, 「鐵原都護府」에는 姜淮伯, 趙浚, 李原, 徐居正, 權健,

한결같이 흥망에 대한 懷古와 麥秀之嘆을 읊고 있다.

그러나 歷史認識이 강했던 耘谷이 鐵原에서 유일하게 지은 이 시에서 興亡에 대한 懷古를 가볍게 언급하고 넘어간 점은 다소 의아하게 생각된다. 세상 근심을 잊고자 하는 운곡에게 한갓 헛것이 되어버린 태봉의 자취는 人間事에 대한 보다 근원적 회의에 이르게 한다. 다른 시인들이 이곳에서 맥수지탄을 읊었던 것과는 달리, 운곡은 한걸음 더 나아가 속세의 근심을 초월한 仙界에 대한 指向을 보여준다. 일시적인 영화와는 달리 벼, 솔바람, 흐르는 물과 같은 人慾이 배제된 純粹의 自然으로부터 仙的 境界를 발견한 것이다.

5. 맺음말

운곡은 20대 젊은 시절에 산천을 유람하며 자연을 읊었다. 하지만 그가 묘사한 자연은 기이하고 웅장한 광경이 아니라 한적한 마을의 경물이나 맑고 고요한 산천이다. 그것을 바라보는 자세도 20세의 그것이라고 보기 어려울 정도로 차분하고 관조적이다. 표현면에 있어서도 부화한 수식과 기교보다는 꾸밈없는 자연스러운 표현을 주로 하고 있다.

30대 이후로는 전원에서의 한적한 정취를 무욕의 자세로 소박하게 묘사하였다. 운곡이 어떤 권력에도 굴하지 않는 강렬한 意志의 志士的 성격과 不義에 抗拒하는 悲憤慷慨型 人格像을 지니고 있었다는 것은 고려를 무너뜨리려는 급진개혁파에 대한 강렬한 비판과 조선건국 이후에도 벼슬 제수를 거부하고 고려에 충절을 지켰던 것을 통해 극명히 드러난다. 이러한 인격상은 역성혁명 전후에 지어진 시에 특히 잘 나타나 있다.

하지만 그가 은거하여 전원의 아름다움을 꾸밈없이 소박하게 묘사한 전원시에서는 安分知足의 處士的 人格像과 세상을 두루 관조하며 전원에서 접하는 작은 경물까지도 따뜻한 시선을 보내는 安穩한 人格像이 보다 강하게 느껴진다.

成俔 등이 남긴 시가 실려 있는데, 한결같이 興亡에 대한 懷古가 나타나 있다.

  운곡은 비록 은거하여 있었지만 당대 거유인 목은 이색을 비롯하여 동년인 정도전, 이숭인 등과 긴밀한 교유관계를 맺고 있었다. 또한 歷史에 대한 깊은 통찰력을 지니고 있었고, 周易에 밝아서 인간과 세계의 변화법칙을 꿰뚫고 있었다. 그런 그가 중앙 정치 무대에서 정치적 대립이 격화되어 가고, 고려의 국운이 기울어 가는 것을 보면서 어찌할 수 없음을 안타까워하며 佛寺의 淸淨한 경계를 찾아 세속적 번뇌를 잊으려 했고, 다른 한편으론 탈속의 禪的 境界를 지향하기도 했다. 그렇지만 그가 묘사한 탈속적 경계는 기이한 세상밖의 그것이 아니라 한결같이 소박한 경물이요, 사람의 숨결이 살아 숨쉬는 곳이었다.

  陶淵明은 중국뿐 아니라 우리나라 시인들이 모두 흠모했던 시인이다. 하지만 도연명처럼 절개를 지키면서 전원의 아름다움을 소박하고 자연스럽게 읊은 시인은 그리 많지 않다. 한국 문학사를 통틀어 이에 가장 근접한 시인이 운곡이라 할 수 있다. 삶과 文學作品 世界, 그리고 人格像 전반을 고려할 때 耘谷은 가히 韓國의 陶淵明이라 할 수 있다.

耘谷 元天錫 時調의 독창적 내용 형상화에 대한 연구
─懷古와 節義의 역사에 대한 오마주(hommage)[1] ─

김 형 태[*]

1. 머리말

耘谷 元天錫(1330∼?)은 격동기였던 여말선초의 대표적 隱居 지식인이다. 여말선초는 귀족사회에서 신흥사대부 중심 사회로 넘어가는 과도기였다고 할 수 있다. 이러한 급격한 변화 속에서 원천석은 고려에 대한 충절을 지키고자 최선을 다했고, 고려시대 시인 중에서도 드물게 많은 작품을 남겼다.

현재 원천석의 문집에는 737題 1,144수의 한시가 실려 있고, 이 외에 3수의 시조가 남아 전하고 있다. 『耘谷詩史』가 번역[2]되고, 『耘谷元天錫研究論叢』이 간행[3]되어 세상에 선을 보인 이후, 이에 힘입어 그의 한시 작품을 중심으로 문학과 사상에 대한 연구가 활발하게 진행되려는 움직임이 있다. 그런데 그의 시조만을 개별적으로 다뤘거나 시조와 한시를 포괄적으로 다룬 연구 성과는 아직 부족한 감이 있다.[4] 이는 방대한 한시 작품의 수에 비해

* 연세대학교 국어국문학과 강사

1) '오마주(hommage)'는 '경의', '존경'이라는 뜻의 불어이며, 영화비평 용어로 널리 쓰인다. 오마주는 영화작가가 전 시대의 장르영화, 혹은 특정한 작가의 영화에서 영감을 얻었거나 스스로가 그 영향을 받았음을 자신의 영화 텍스트 안에 어떤 방식으로든 나타냈을 때 비평가들이 지칭하는 용어이다. 구회영, 『영화에 대하여 알고 싶은 두세 가지 것들』, 한울, 1991, p.148.

2) 이인재·허경진 공역, 『耘谷詩史』, 원주문화원, 2001.

3) 이인재·허경진 공편, 『耘谷元天錫研究論叢』, 원주문화원, 2001.

상대적으로 시조 작품의 수가 적은 데에 그 원인이 있다.

그가 살았던 시기는 문학사적으로 시조 갈래가 태동하던 중요한 시기였다. 따라서 원천석의 시조는 시조가 태동하던 시기의 시조 창작과 관련된 많은 정보를 담고 있다. 물론 우리 문자가 없던 시기에 시조의 향유 형태를 섣불리 단언할 수는 없지만, 그 정보 안에는 형성기 시조의 형식적 특성뿐만 아니라, 한시를 통해 표출할 수 없던 그의 내면 의식이 담겨 있을 가능성이 있다. 그럼에도 불구하고, 작품 수가 적다는 이유만으로 그의 시조 작품 세계를 간과한다면, 이는 '나무만 보고 산은 보지 못하는' 어리석음을 범하는 결과를 초래할 수도 있다.

원천석은 생애의 대부분을 원주의 치악산 부근에서 은거했다. 전 왕조와 새 왕조를 바라보던 그의 감회 및 태도가 어떠하였든, 몇 편 안 되는 그의 시조는 회고와 절의의 삶을 살았거나 이를 문학적으로 형상화했던 선배 문인들에 대한 무한한 경의와 존경을 담고 있다. 이러한 원천석의 작가 의식은 그의 시조 작품들이 단순한 문학적 전통의 답습에 머물지 않고, 독창적으로 재탄생할 수 있는 근거로 작용했다. 그리고 그 흔적을 살피는 작업은 매우 중요한 의미를 지닌다.

따라서 본고에서는 원천석의 시조에 표출된 내용 형상화의 중심에 전통적 '懷古'와 '節義'의 세계가 공존한다는 전제 하에 그의 한시 및 당대 문인들이 창작했던 시조들과의 대비를 통해 그의 시조 작품만이 지닌 독창성을 규명하고자 한다.

본고는 『瓶窩歌曲集』과 『歌曲原流』 소재 원천석의 시조 3수 및 당대 문인 중 三隱과 정도전 등의 시조와 『운곡시사』 소재 한시들을 주 자료로 삼

---

4) 지금까지의 주요 연구 성과를 종합하면 다음과 같다.

李佑成, 「고려·조선의 易姓革命과 운곡의 道學精神」, 『월간중앙』, 1973. 1 ; 池敎憲, 「麗末鮮初의 정치적 변혁과 운곡의 도학정신」, 『논문집』 17, 청주교대, 1980 ; 梁銀容, 「원천석의 三敎一理論에 대하여」, 『한국종교』 제11·12합집, 원광대, 1987 ; 柳柱姬, 「원천석 문학연구」, 중앙대 석사학위논문, 1990 ; 安鍾律, 「운곡 원천석 문학연구」, 성균관대 석사학위논문, 1993 ; 崔光範, 「운곡 원천석 한시연구」, 고려대 석사학위논문, 1996 ; 임종욱, 『耘谷 元天錫과 그의 文學』, 太學社, 1998 ; 裵世珍, 「元天錫論」, 『韓國時調作家論』, 國學資料院, 1999 ; 李仁在, 「高麗末 元天錫의 生涯와 社會思想」, 『韓國思想史學』 12, 韓國思想史學會, 1999.

고, 그 밖의 연구 성과들을 보조 자료로 삼아 논의를 진행하겠다.

2. 개방된 미래 지향적 회고

'회고'란, '이미 지나간 옛 사람이나 일에 대한 마음속의 생각을 돌이켜 본다'는 의미로 정리할 수 있다. 그리고 이러한 작가 의식은 문학의 역사와 그 궤를 같이 해왔다. 즉, 故人이나 국가의 흥망에 대한 개인의 정서를 피력하던 작가의 태도는 문학의 역사만큼이나 그 유래가 길다.

현대 중국의 문학자 劉若愚(1926~1985)는 중국의 전통적 시론에 입각하여 중국 시의 시간 속에서 개인적 존재의 예민한 인식을 발견할 뿐만 아니라, 역사에 대한 강렬한 인식을 엿볼 수 있다고 하면서 회고를 역사와 결부시켜 다음과 같이 설명하였다.

"대체로 중국 시인들은 개인의 생활에 대하여 그들이 느꼈던 방법과 비슷하게 역사에 대해서도 많은 것을 느끼고 있다. 그들은 명백히 자연의 영원한 형태와 왕조의 흥망을 대조하고 있다. 그들은 영웅적 행동과 왕자의 노력이 무용함에 탄식하고 전쟁이나 옛날 사라진 美, '옛날의 눈(雪)'[<지난날 美姬를 노래함> 중 한 구절. 옛날 미인을 사라진 雪에 비유]에 눈물짓는다. 이러한 감정을 나타내는 시들을 보통 懷古詩라고 이름 붙인다. 이런 시는 보통 하나의 모럴을 지적하거나 혹은 현재의 정치적 사건에 대한 평론을 위한 구실로서 어떤 역사적인 사건을 인용하는 소위 '詠史詩'와는 다르다."[5]

이상 유약우의 견해를 참고할 때, 회고시는 반드시 시간적으로 현재의 시적 화자가 과거에 인식의 기반을 두고, 회한이나 애수의 감정을 노래함으로써 문학적 형상화가 성립한다는 사실을 확인할 수 있다. 아울러 그는 전형적인 회고시의 예로 다음의 시를 제시했다.

월왕 구천이 오나라를 파하고 돌아올 제, / 越王句踐破吳歸

5) 劉若愚 著, 李章佑 譯, 『中國詩學』, 明文堂, 1994, pp.100-101.

늠름한 병정 다 금의로 환향하더라. / 義士還鄕盡錦衣
궁녀들 꽃같이 봄날 궁전에 가득하더니, / 宮女如花滿春殿
지금은 다만 자고새 날고 있을 뿐. / 只今唯有鷓鴣飛

위의 시는 李白(701~762)의 四言絶句 <越中懷古>이다. 會稽山의 치욕을 臥薪嘗膽으로 이겨내고, 오나라를 멸망시킨 구천의 영광도 한낱 과거의 일일 뿐 지금 그 영화로움을 확인할 수 있는 방법은 없다. 다만 자고새로 대표되는 자연물만이 무심하게 그 터를 지키고 있을 뿐이다. 이 시에 형상화된 시간적 경과는 "과거(頭聯·頷聯·頸聯)→ 현재(尾聯)"의 순서를 보인다.

회고시는 이처럼 인간의 노력이 헛되다는 것과 과거의 영광을 오늘날의 그 폐허와 대조시켜 무상함을 강조하는 방식으로 유사한 수법과 감정을 표현하려는 경향을 보인다. 이러한 형상화의 태도는 고려 말 대표적 시조 시인이었던 삼은과 정도전의 작품에서도 그 흔적을 찾아볼 수 있다.

(가)
白雪이 ᄌᆞᄌᆞ진 골에 구룸이 머흐레라
반가온 梅花는 어니 곳이 픠엿는고
夕陽의 호올노 셔셔 갈 곳 몰나 ᄒᆞ노라

『병와가곡집』51)

(나)
仙人橋 나린 물이 紫霞洞에 흐르르니
半千年 王業이 물ㄹ소리 ᄲᅮᆫ이로다
兒嬉야 故國興亡을 무러 무엇ᄒᆞ리요

『청구영언』33)

(다)
五百年 都邑地를 匹馬로 도라드니
山川은 依舊ᄒᆞ되 人傑은 간 듸 업다

어즈버 太平烟月이 꿈이런가 ᄒᆞ노라

『병와가곡집』54)

이상에 인용한 작품들은 대부분 원천석의 시조와 동시성을 갖는다. (가)
는 牧隱 李穡(1328~1396)의 시조이고, (나)는 三峰 鄭道傳(?~1398)의 시조
이며, (다)는 冶隱 吉再(1353~1419)의 시조이다.

(가)는 초장에서 흰 눈이 차차 줄어들어 그치게 되고, 구름이 험한 골짜기
를 빌어 작가가 당면하고 있는 현실적 고난을 적절하게 형상화했다. 즉, 이
제는 유지될 수 없는 영화롭던 고려왕조의 현실을 읊었다. 그런데 중장에서
는 이러한 상황과 상반된 배경을 제시함으로써 급격한 시적 반전을 이루고
있다. 환언하면, 어떤 특정한 한 가지 의미로 풀이하기에는 곤란한 포괄적
의미를 지닌 '반가운 매화'를 제시함으로써 반전의 상황을 획득하고 있다.
여기에서의 '매화'는 고려의 우국지사가 될 수도 있고, 또는 반가운 벗이 될
수도 있다. 그리고 종장의 '석양'은 표면적 의미에만 머물지 않고, 고려왕조
의 마지막을 암시하는 내적 의미도 지닌다. 아울러 이러한 상황에서 갈 곳
을 모른 채 방황하는 지식인의 고뇌를 나타냄으로써 우유부단할 수밖에 없
는 당대 지식인의 고뇌를 표출하고 있다.

이상의 사실을 종합하면, 이색의 내면 의식은 과거의 영화로움을 유지할
수 없는 현실 상황을 직시하고, 과거로 돌아갈 수 없는 현재의 상황을 지식
인의 고뇌를 빌어 형상화하고 있다고 할 수 있다. 따라서 이색의 시조는 초
장과 중장과 종장에서 그 시간적 형상화의 전개가 차례대로 "과거+현재→
현재→현재"의 구도를 보이고 있다. 즉, 현재에 비중이 있는 구도이다.

(나)는 무시간적 표현을 통한 형상화를 시도하였다. '무시간적 표현'은 말
그대로 시간의 표시가 없다는 뜻이다.[6] 그리고 이것은 일상에서는 잘 쓰이
지 않는 표현이기 때문에 시적 표현이라고 할 수 있다.

초장에서는 고려왕조의 도읍이자 개성 송악산 기슭에 있는 경치 좋은 골
짜기인 '자하동'과 그곳에 있는 다리인 '선인교'를 제시하여 과거의 변함없
던 고려왕조의 영화를 노래하였다. 그러나 중장에서는 반 천년이나 되는 고

---

6) 김대행, 『시조 유형론』, 이화여자대학교 출판부, 1986, p.132.

려의 왕업도 이제는 끝이 나고, 단지 현재에 듣는 물소리로 세월의 덧없음을 읊었다. 종장에서는 무시간성을 형성하는 부정형의 종지사인 '무러 무엇 흐리요'를 사용하여 중장까지 전개되던 물소리의 이미지를 희미하게 하고, 확산시키고 있다. 물소리는 현재의 물소리이지만, 여기에 부합하는 이미지는 '고국흥망'이라는 과거의 사실이다. 즉, 현재의 이미지가 과거와 연합하는 것이다. 그리고 '이것에 대해 물어본들 무엇하겠는가'라고 반문하는 현실적 체념을 통해 과거와 현재를 동시적인 것으로 통합하고 있다. 이 현실적 체념은 새 왕조를 섬긴 정도전의 실리적 삶과도 무관하지 않을 것이다.

결국 정도전의 시조는 무시간적 표현을 전제로 고려왕조의 흥망과 이에 대한 감상을 "과거+현재→과거+현재→과거+현재"의 구도로 전개하여 과거와 현재의 상황에 동등한 비중을 분배한 구도를 보이고 있다.

길재의 시조인 (다) 역시 종장에서 'ㅎ노라'라는 종지사를 사용함으로써 앞선 정도전의 시와 마찬가지로 무시간성을 형성하고 있다.

초장에서는 한 마리 말을 타고, 쓸쓸하게 고려왕조의 도읍을 둘러보는 자신의 현재 모습을 형상화했다. 중장에서는 폐허가 되어버리기는 했지만, 변함없는 현재 자연의 모습을 통해 고려 도읍의 과거 모습을 반추하고 있다. 종장에서는 과거의 영화가 모두 부질없었음을 깨닫는 자신의 감회를 술회하였다. 아울러 'ㅎ노라'라는 종지사의 사용으로 단정적 결론이 아니라 정서적 거리를 유지하는 태도를 보여주고 있다.

이상의 내용을 종합하면, 길재의 시조는 정도전의 시조처럼 동등한 비중을 두고, 주로 현재라는 시간 속에서 과거를 반추하고 있음을 확인할 수 있다. 즉, "과거+현재→과거+현재→과거+현재"의 시간적 전개 구도를 통해 시적 형상화를 시도하고 있는 것이다.

앞서 살펴본 이색, 정도전, 길재의 회고가는 모두 과거와 현재의 시간적 형상화 구도로 전개됨을 알 수 있다. 즉, 현재의 시간에 자리한 작가가 '회고'의 개념에 충실하게 과거의 역사적 사실을 돌아보는 태도를 보이고 있다. 이것은 당대의 지식인으로서 적극적으로 현실을 거부하거나 동조했던 이들의 처세와 연관이 있다고 할 수 있다. 환언하면, 이들에게는 미래의 삶보다는 현재 자신이 처한 삶의 위치에서 과거에 연연하여 동조나 거부를 선

982

택할 수밖에 없도록 조장된 주변 환경에 의해 회고의 감정이 표출되고 있는 것이다.

그런데 원천석의 시조에서는 '회고'의 시간 전개가 이들과는 조금 다른 구도로 전개됨을 확인할 수 있다. 다음은 원천석의 회고가이다.

> 興亡이 有數하니 滿月臺도 秋草ㅣ로다
> 五百年 都業이 牧笛에 부쳐시니
> 夕陽에 지나는 客이 눈물 계워 ᄒᆞ노라.
>
> (『병와가곡집』 515)

우리에게 너무나도 친근한 이 시조는 원천석이 고려의 도읍이었던 개성 왕궁 터를 돌아보고 회한에 젖어 남긴 작품이다. 문학사에서는 일반적으로 이 작품을 앞선 정도전의 시조와 유사한 성격의 작품으로 인정하고 있다.

> 두 작품은 고려 도읍지의 옛 터전을 둘러보고 '오백년 도업' 또는 '반 천년 왕업'이 허망하게 되었다고 한 점에서 문구조차 거의 같은 것을 되풀이했다. 다만, 원천석은 젓대소리를, 정도전은 물소리를 들었다. 젓대소리는 쓸쓸한 느낌을 주다가 사라지고 만다면, 물소리는 역사의 흐름을 느끼게 하며 흐를수록 더 커질 수 있다. 그러기에 원천석은 석양에 지나는 객이 되어 눈물을 흘린다고 하며 과거로 돌아가지 못하는 것을 애석하게 여겼고, 정도전은 옛 적 나라의 흥망을 새삼스럽게 물어서 무엇을 하겠느냐고 하면서 과거와 현재를 구별했다.[7]

이상의 견해를 종합하면, 각각의 작품에 드러난 공간 의식은 동일하지만, 형상화에 사용된 소재와 시간 의식에서 차이를 보이고 있음을 확인할 수 있다. 정도전과 원천석 두 사람은 벗이면서 서로 다른 생애를 살았음은 주지의 사실이다. 따라서 두 작품 사이의 간극은 그들의 삶만큼이나 다르다고 할 수 있다.

---

7) 조동일, 제2판 『한국문학통사』, 지식산업사, 1989, pp.312-313.

원천석은 초장에서 국가가 흥하고 망하는 것이 운수에 달려 있다고 전제하고, 지금의 황해북도 개성시 송악산 기슭에 있는 '만월대'를 찾는다. '만월대'는 태조가 919년에 송악산 남쪽 기슭에 도읍을 정하고 창건한 이래, 홍건적의 침입으로 1361년에 불타 없어질 때까지 고려왕의 주된 거처였던 궁궐터이다. 그런데 그 궁궐터가 이제는 가을 풀만 무성한 古蹟에 지나지 않음을 확인할 뿐이다. 따라서 초장에 형상화된 시간은 현재이며, 時候는 가을이다. 아울러 그 안에 담긴 시간 의식은 정도전보다는 오히려 오백년 도읍지를 한 마리 말을 타고 찾은 길재의 시조와 일맥상통한다고 할 수 있다.

중장에서는 고려왕조의 오백년 역사가 지금 어디선가 들려오는 목동의 피리 소리에 묻혀버렸다고 하여 무상함을 더하였다. 그런데 여기에서 그 의미에 주목해야 할 것은 '목동의 피리 소리'이다. 이 피리 소리에는 원천석의 염원이 담겨 있다고 볼 수 있기 때문이다. 즉, 목동의 피리 소리는 고려왕조의 오백년을 되돌릴 수 없는 현재의 상황에 어울리기도 하지만, 한가롭고 평화로운 목가적 분위기에도 어울리는 사물이다. 따라서 중장에 형상화된 목동의 피리 소리는 단순히 쓸쓸한 느낌을 주다가 사라지는 소재가 아니라, 격변과는 무심한 현재의 세태를 반영하는 좌표이자, 앞으로도 평화로운 시기가 유지되기를 바랐던 원천석의 염원이 담긴 사물이라고 할 수 있다.

종장은 종지사만 놓고 본다면, 앞서 제시했던 시조들과 마찬가지로 무시간성을 형성한다고 할 수 있다.[8] 하지만 다른 시조들과는 달리 원천석은 자신의 정체성을 명확하게 파악하고 있다. 그리고 그것은 '객'으로 형상화되었다. 그 '객'은 萬感이 교차하는 눈물을 이기지 못하는 사람이지만, 그 폐허에 安存할 수 없는 지나는 나그네일 뿐이다. 갈 곳을 모른 채 방황하는 이색이나 고려의 흥망에 대해 더 연연할 것 없다는 정도전, 태평연월의 무상함에만 젖어있는 길재는 과거의 역사적 사실에서 느끼는 회한을 현재의 시간에 읊고 있다. 그러나 원천석은 시조의 종장에서 지향점을 정해 놓은 태도를 보여줌으로써 이들과는 그 시간적 형상화가 구별된다. 원천석에게 이러한 시적 형상화가 가능했던 것은 벼슬에 뜻을 두지 않고, 일찍이 그 삶의 기반을 隱居에 두었기에 가능했다고 할 수 있다. 구차하지만, 동조나 거부

8) 김대행, 앞의 책, p.133.

984

보다는 훨씬 자유로운 삶이라고 할 수 있기 때문이다. 이렇게 볼 때, 원천석의 시조는 "과거+현재→과거+현재→현재+미래"의 시간적 형상화 구도를 보인다고 할 수 있다.

위에서 언급한 내용은 다음과 같이 정리할 수 있다. 이색, 정도전, 길재의 회고가는 과거의 사실에서 느끼는 현재의 회한을 충실하게 형상화하고 있는데, 이것은 내용 전개상 회고가의 전통적 구성법이다. 그리고 그 시간적 형상화는 "과거→현재"의 구도를 보인다.

하지만 원천석은 당대의 회고가 작가들과 마찬가지로 회고가의 전통을 따르면서도, 앞으로 개방된 자유로운 삶에 대한 지향을 암시하는 종장을 통해 미래 지향적 시간 형상화의 구도를 보이고 있다. 그리고 그 시간적 형상화는 "과거→현재→미래"의 구도를 보인다. 이 점이 원천석 시조의 독창성인 것이다.

3. 實物 비유적 절의

'절의'란 절개와 의리이다. 그리고 일반적으로 이것을 군신 관계에 빗대자면, '임금이 덕에 힘써야 신하가 절의를 지키는 것'[9]이라는 필요충분조건으로 성립한다. 고려 말에서 조선 초에 이르는 왕조 교체기는 이러한 '절의'가 절실하게 요구되는 시기였다.

이 몸이 죽어 죽어 一百番 고쳐 죽어
白骨이 塵土되여 넉시라도 잇고 업고
님 向흔 一片丹心이야 가실 줄이 이시랴.

(『병와가곡집』52)

위는 당대의 대표적인 절의가로 인정받는 圃隱 鄭夢周(1337~1392)의 <丹心歌>이다. 이와 같은 평가는 문학사 내에서도 일반적인 경향인데, 특

---

9)『管子』「君臣」上, "是以上之人務德 而下之人守節義".

히 이념성을 중시하는 북한의 문학사에서는 <단심가>에 대해 다음과 같이
서술하고 있다.

  이에 대하여 정몽주는 다음의 시조를 읊어 자기의 굽힐 수 없는 정치적
  신념을 표시하였다.……정몽주의 이 시조에서 종장에 노래된 "님 향한 일편
  단심"은 고려왕조에 대한 변함없는 충성심을 의미한 것이다.……그만큼 정
  몽주는 고려왕조를 꺼꾸러뜨린 리성계의 정변을 도저히 상상할 수 없는 배
  신의 추악한 행위로 증오하고 규탄하였던 것이다. 시조에서 정몽주는 바로
  이러한 심정을 노래하였다. 다시 말하여 <단심가>라고 불리워지는 이 시
  조에는 죽고 죽어 백번을 고쳐 죽더라도 리성계의 배신행위에 공감할 수 없
  고 고려왕조에 대한 신의를 저버릴 수 없는 정몽주 자신의 신조와 의지가
  집약적으로 표현되고 있다. 정몽주의 시조는 이처럼 비록 봉건적 충의심에
  기초한 것이기는 하지만 시인의 변심을 모르는 신념과 생활신조가 반영되
  여 있고 그의 비극적인 최후와도 잇닿아져 있는 것으로 하여 후세 사람들에
  게 널리 알려졌고 많은 사람들 속에서 애송되었다.[10]

  이처럼 북한에서는 <단심가>가 봉건적 상황에서 만들어진 작품이라는
한계를 인정하면서도 신의를 중시했던 작가의 신념과 신조를 높이 평가하
고 있다. 그러나 실상 수용자는 이 시조에 공감하는 입장이라면 비장함을
느낄 수 있겠지만, 지나치게 건조하여 진부함마저 느끼게 한다. 그리고 그
원인은 이 시조가 불가능한 비현실적 상황을 나열했다는 점에서 찾을 수 있
다.
  이 시조는 李芳遠(1367~1422)의 <何如歌>에 대하여 백번을 다시 죽더
라도 자신의 절의는 변하지 않을 것이라고 했다. 게다가 백골이 아주 작은
티끌이 되어 넋이 있든 없든 충절은 변하지 않을 것이라는 불가능을 극단적
으로 형상화하였다. 이 점은 개인적으로 새 왕조에 협조하느냐 마느냐 하는
문제가 중요할 수밖에 없던 입장이었던 정몽주의 관료적 입장에서 기인한
문제라고 할 수 있다.

---

10) 정홍교, 『조선문학사』 2(고려시기문학), 과학백과사전종합출판사, 1994, pp.70-71.

986

이와는 다르게 상대적으로 현실적 구속에서 자유로울 수 있었던 원천석
은 다음과 같은 절의가를 남겼다.

눈 마즈 휘여진 디를 뉘라셔 굽다턴고
구블 節이면 눈 속의 프를소냐
아마도 歲寒孤節은 너 섄인가 ᄒ노라.

(『병와가곡집』 625)

이 시조의 형상화에서 중요한 소재는 '대'이다. 그리고 일반적으로 '대'는
逆境 속에서도 지조를 지키는 歲寒三友의 하나로 알려져 있다. 즉, 겨울에
도 시들지 않는 '소나무'와 '대', 추위를 견디고 꽃을 피우는 '매화나무'는 추
운 계절에도 그 원래의 모습과 습성을 잃지 않아 굳은 절의를 상징하는 비
유의 대상으로 흔히 사용되었다. 이외에도 歲寒松柏이라 하여 잣나무(柏)
역시 이들과 비슷한 소재로 사용되어 왔다.

'대'는 四君子 가운데 제일 먼저 시와 그림에 나타났고, 사철 푸르고 곧게
자라는 성질로 인하여 난세에서 자신의 뜻과 절개를 굽히지 않고 지조를 지
키는 志士 및 군자의 기상에 가장 많이 비유되는 상징물이다.[11]

이와 같이 자연물을 통한 비유는 고려시대 詩話批評에서 新意論과 더불
어 핵심 이론으로 등장하는 用事論[12]의 입장에서 보면, 당연한 결과일 수도
있다.

하지만 원천석은 자신의 절의를 강조함에 있어 잘 굽지 않고 곧은 '대'의
단순한 속성에만 집착한 것은 아니다. 내용 형상화적 입장에서 '대'의 의미
를 독창적으로 재해석하였다.

---

11) 구미래 著, 『한국인의 상징세계』, 교보문고, 1992. p.137.
12) '용사'는 광의로는 사실(대상물)의 활용이라는 문장 표현 전반을 지칭하나, 詩論의
경우에 이르러 점차 故事援用으로 제한·정착된 셈이다. 그래서 劉勰은 『文心雕
龍』에서 일찍이 典故의 원용이라고 한 바 있다. 유약우는 용사를 引喩 중에서도
特殊인유로 규정하고, 특정한 문학작품·역사적 사건·인물·전설·신화에 이르
기까지 광범위하게 원용하는 것이 용사의 원칙이라고 하였다. 이들을 묶어서 요약
한다면, 용사는 전고를 통한 그 상황·의미·내용·언어 등의 원용을 뜻한다(張鴻
在 著, 『高麗時代 詩話 批評 硏究』, 亞細亞文化社, 1987, p.155).

劉勰(465~521)이『文心雕龍』의 제38장 '事類'에 기술한 다음과 같은 내용은 원천석의 시적 형상화와 관련하여 많은 시사점을 던져준다.

典故의 援用이란 文學創作에 있어서 외부에서 사실을 끌어와 그 개념을 유형화하고 옛 것을 빌어서 현실을 설명하는 技法이다.[13]

'대'는 절의를 비유할 수 있는 대표적인 대상물이다. 하지만 '대' 이외에도 작가 의식과 절의를 연결시킬 수 있는 매개물은 존재한다. 그럼에도 불구하고 원천석이 시조에서 절의를 강조할 수 있는 자연물로 '대'를 선택한 것은 전통적 전고에 착안하되 기존의 형상화와 대별되는 독특함을 추구했던 시도라고 할 수 있다.

원천석은 고난 속에서도 절의를 지키겠다는 의지를 이것들 중 어째서 굳이 '대'에 비유했던 것일까? 그 해답은 바로 '대'의 숨겨진 상징성에 있다. '대'는 수명이 길고 사시사철 늘 푸르기 때문에 '長壽'를 상징하기도 한다.[14] 원천석은 물리적 수명이 아닌 자신의 영원할 절의를 강조하기 위해 유독 '대'를 사용했던 것이며, 삶 속에서 이를 닮고자 노력했던 것이다.

'대'는 원천석의 한시에도 등장하는데, 원천석에게 있어서 '대'는 脫俗한 선비의 경지를 형상화하는데, 주로 사용했던 자연물이었다고 할 수 있다. 다음은 그의 시 <又>[15]이다.

사는 곳이 누추하고 외지지만 / 棲遲雖陋僻

---

13) 崔信浩 譯,『文心雕龍』, 玄岩社, 1975, p.154 ; 유협 지음, 최동호 역편,『문심조룡』, 민음사, 1994, p.445.

14) 옛날 전형적인 효도의 본보기가 되고 있는 24명의 효자 이야기들 중에는 다음과 같은 내용도 들어 있다. 즉 어느 효자가 병상에 계신 어머니의 소원인 죽순 국을 만들어 드릴 수 없자, 한겨울 대나무 숲에 들어가 하염없이 눈물만 흘렸다. 그러자 효자의 눈물은 봄비처럼 언 땅을 녹였고, '대'는 그의 지극한 효성에 탄복하여 새 순을 내주었다. 이 이야기는 원천석의 시 <眞感>에도 "겨울 竹筍과 얼음 잉어는 효성 덕분이고(冬筍氷魚緣孝懇)"라고 인용되어 있다(C.A.S. 윌리암스 지음, 이용찬 외 공역,『중국문화 중국정신』, 대원사, 1989, pp.94-95).

15) 이인재 · 허경진 공역, 앞의 책, pp.250-251.

날 알아주는 벗이 어찌 아주 없으랴. / 知己豈全無
손님은 바로 대나무 군자이고 / 賓是竹君子
벗님은 소나무 대부일세. / 友于松大夫
禪을 물으려 늙은 스님을 맞고 / 問禪邀老釋
학문에 힘쓰려 젊은 선비를 모시는데, / 勉學引新儒
푸른 산이 가까운 것도 또한 기쁘니 / 且喜青山近
한가한 구름이 집 모퉁이를 둘러싸네. / 閑雲繞宅隅

위의 한시에서 원천석은 한가로운 은일의 삶을 노래하는 한편, 스스로 학
자적 의무에도 충실하려는 의지를 재확인하고 있다. 여기에서 군자이자 자
신을 찾는 손님에 비유된 '대' 역시 원천석의 절의가에 형상화된 '대'와 마찬
가지로 고난 속에서도 굽히지 않는 영원한 절의의 상징물로 형상화된 것이
라고 할 수 있다. 그것은 이 시에 세한삼우로서 함께 사용된 '소나무'를 통
해서도 짐작할 수 있다.

고려왕조의 멸망과 함께 당대 관료 및 지식인들은 두 가지 갈림길에 서
게 되었다. 그것은 바로 협조와 항거였는데, 정몽주의 경우에는 후자에 속
했던 지식인이었다고 할 수 있다. 따라서 정몽주의 절의가는 극단의 길을
선택할 수밖에 없었다. 하지만 원천석은 협조와 항거 그 어디에도 속하지
않았던 인물이다. 그가 중도적 삶을 살 수 있었던 것은 은거에 기반을 둔
그의 삶 때문이었다고 할 수 있다.

실제로 그는 조선을 건국하는 데 결정적 기여를 하였던 이방원 및 정도
전과 等距離를 유지했고, 이는 주지의 사실이다. 물론 野史的 요소가 다분
하지만, 이방원의 경우에는 즉위 전, 원천석에게 글을 배우기도 하였고, 등
극 이후에는 여러 차례 원천석을 찾아 관직을 주려고 했으나 운곡은 끝까지
이에 응하지 않았다.16)

한편, 벗이었던 정도전은 원주 치악산에 은거하던 원천석을 찾아가 <同
年鄭道傳到此贈予詩云>이란 시로 은근히 懷柔했고, 원천석은 <次韻以謝>
라는 시로 화답하여 넌지시 자중할 것을 노래했다.17)

---

16) 『大東野乘』, 「海東樂府」 卷5.

따라서 이러한 일련의 작품 형상화와 상황을 종합해보면, 당대 절의가를 남겼던 시인으로서 불가능한 비현실적 상황을 통해 극단적인 충절을 추구했던 정몽주와 달리 삶을 관조하는 자세로 자신의 절의를 실제 자연물에 의탁·비유하여 재형상화한 원천석의 절의가는 독창성을 획득했다고 하기에 충분하다.

4. 故事를 통한 회고와 절의의 확인

『운곡시사』는 원천석의 생애에 대한 집약이라고 할 수 있을 만큼 그의 전 생애에 걸친 기록이 한시로 형상화되어 있다. 그러므로『운곡시사』소재 한시들은 그의 교우관계 및 인생관에 영향을 준 인물들과 관련된 다양한 일화나 고사도 포함하고 있다.

그는 이렇게 은거생활을 하면서도 다양한 교유관계를 맺고 있다. 그의 교유관계는 당시의 유학자와 승려의 두 부류로 나눌 수 있다. 유학자로는 李穡, 鄭道傳, 李崇仁, 偰長壽, 安仲溫, 趙璞, 李宥 등이며, 승려로는 覺宏, 幻菴混修, 운곡의 묘지를 점지하여 준 無學, 神照, 道境禪師 등이다. 운곡의 인생관과 세계관에 영향을 준 인물로는 杜甫, 도연명, 백이·숙제, 엄자릉, 정자진, 굴원, 왕안석, 사영운, 이태백, 한유, 소강절 등 다양한 人士가 그의 한시 및 시조에서 보이고 있다. 따라서 그의 처세관은 자신의 확고한 국가관과 역사관에 바탕을 두고 이들의 영향을 받아서 이루어진 것으로 추측할 수 있다.[18]

이상의 인용문 중 백이·숙제, 엄자릉 등은 절의로 이름 높았던 賢士이다. 이 가운데 특히 嚴子陵으로 잘 알려진 嚴光은 後漢 때의 餘姚사람으로, 光武帝와 함께 공부하였는데, 광무제가 즉위하자 이름을 바꾸고 숨어 사는 것을 광무제가 찾아 諫議大夫를 제수하였으나, 사양하고 富春山에서 은거

17) 이인재·허경진 공역, 앞의 책, pp.48-49.
18) 裵世珍, 앞의 논문, p.39.

한 인물이다. 고사의 개략적 내용을 정리하면 다음과 같다.

후한의 창시자인 광무제는 절조 있고 기품이 높은 고결한 사람을 우대하였다. 어렸을 때 광무제와 동문수학하였던 엄광은 둘도 없는 죽마고우였다. 엄광은 광무제가 즉위하자 이름을 자릉으로 바꾸고 산속에 몸을 숨겼다. 그의 인품에 감동한 광무제는 초상화를 그려 전국에 그를 수배하였다. 어느 날, 엄자릉이 양가죽 옷을 입고, 桐江에서 낚시질을 하고 있다는 보고를 들은 광무제는 후한 예의를 갖추고 어렵게 그를 만나보게 되었다. 광무제는 엄자릉이 머물고 있다는 객관으로 찾아갔으나, 그의 태도는 예의에 크게 어긋나 있었다. 광무제는 엄자릉에게 국사를 돕도록 부탁하였지만, 그는 堯임금과 巢父의 고사를 언급하며 선비의 강직한 성품만 강조하였다. 뒤에 광무제는 다시 엄자릉을 찾아가 간의대부를 제수하였지만, 뜻을 굽히지 않은 그는 낙향하여 농사와 낚시로 세월을 보내다가 얼마 후에 부춘산에 들어가 은거로 일생을 마감했다. 이상이 엄자릉과 관련된 고사[19]이다. 이를 통해 엄광과 광무제의 고사가 원천석과 태종에 관련된 야사와 매우 유사함을 확인할 수 있다.

흥미로운 점은 절의의 대표적 상징이라고 할 수 있는 엄자릉과 관련된 이야기는 우리 문학의 다양한 갈래에 수용되어 전승되었다는 사실이다.

(가) ……토끼 저를 대접하여 청함을 듣고 가장 점잖은 체하며 대답하되, "거 뉘라서 날 찾는고. 산이 높고 골이 깊은 이 강산 경개 좋은데, 날 찾는 이 거 뉘신고. 首陽山에 伯夷 叔齊가 고비 캐자 날 찾는가. 巢父 許由가 영천수에 귀 씻자고 날 찾는가. 富春山 嚴子陵이 밭 갈자고 날 찾는가. 綿山에 불탄 잔디 介子推가 날 찾는가. 漢 천자의 스승 張良이가 퉁소 불자 날 찾는가. 商山四皓 벗님네가 바둑 두자 날 찾는가. 屈原이가 물에 빠져 건져 달라 날 찾는가. 시중천자 李太白이 글 짓자고 날 찾는가. 酒德頌 劉伶이가 술 먹자고 날 찾는가. 濂洛關民 군현들이 풍월 짓자 날 찾는가. 釋迦如來 아미타불 설법하자 날 찾는가. 安期生 赤松子가 약 캐자고 날 찾는가. 南陽草堂에 제갈선생 해몽하자 날 찾는가.

---

19) 『後漢書』 卷113, 「嚴光」.

漢 종실 劉皇叔이 모사 없어 날 찾는가. 赤壁江 蘇東坡가 船遊하자 날 찾는가. 醉翁亭 歐陽修가 잔치하자 날 찾는가."……

(나) ……원래 이 집은 대명국 성종황제 때에 벼슬하던 이인학의 아들 이처사의 집이니 인학의 모친은 유주부의 從叔母라. 이별한 지 적년이라 처사는 마음이 청백하고 행실이 標致하여 벼슬로 있더니 하직하고 산중에 들어와 농업을 힘쓰며 학업을 일삼으니 심양강 오륜촌의 도처사의 행실이요, 富春山 七里灘에 嚴子陵의 절개로다. 세상 공명은 張子房이 벽곡하고 인간 부귀는 疏太傅가 散金하니 만고의 일인이요, 일대의 하나이라.……

(다)
에이여라 달고오 에이여라 달고
부춘산의 엄자릉이가 가내대부를 마자하고 나부산에 갔건마는
천하역사 항적이 범아부를 마자하고 독행천리를 하였건마는
그 뉘라서 나를 찾나
상산사호 옛 노인이 바둑을 두자고 나를 찾나
조선 문장 김삿갓이가 글을 짓자고 나를 찾나
나 찾을 사람 없건마는 그 뉘라서 나를 찾나

(가)는 <별주부전> 중 자신을 찾아온 별주부에게 토끼가 화답하는 대목이고, (나)는 <유충렬전> 중 집안 내력을 소개하는 부분이며, (다)는 경기도 파주 지역의 '회다지소리' 중 <자진달고소리>이다. 이 외에 엄자릉의 고사는 <춘향전> 등의 소설에도 등장한다.

물론 이상의 갈래들과 아래에 소개할 원천석의 시조 중 어느 것에서 그 기원이 먼저 이루어졌는지는 확언할 수 없지만, 분명한 것은 원천석은 자신이 흠모하던 인물과 관련된 고사의 인용을 통해 시조에 회고의 정을 형상화하고 있다는 점이다. 아울러 이러한 문학적 전통의 내면에는 그 절의를 굳게 지키려는 작가 의식이 담보되어 있다.

이와 같이 후한 엄광의 고사는 절의의 典範으로 여러 가지 갈래에 수용

992

되었고, 원천석도 자신의 한시 세계를 통하여 그 흠모의 정을 표출하였다.

> 사람 가운데 어찌 나만 쓸쓸하랴 / 人中惟我獨酸寒
> 흥이 나면 때때로 붓을 휘둘러보네. / 情興時時發筆端
> 소나무와 국화는 아직도 元亮의 집에 있고 / 松菊猶存元亮宅
> 구름과 연기는 부질없이 子陵의 여울에 둘렸네. / 雲烟空鎖子陵灘
> 이웃 불러 술 사다 마셔도 석 잔이면 알맞건만 / 喚沽隣酒三盃穩
> 새 시를 읊노라면 한 자가 어려우니, / 吟得新詩一字難
> 大羅天 위를 높이 걸어가는 그대는 / 高步大羅天上客
> 한가롭게 살아가는 나를 조롱할 테지. / 必應欺我轉閑安

위의 시는 원천석의 <次新及第邊(處厚)所寄詩韻>[20]이다. 세속을 등지고 物外閒人으로서 살아가는 삶의 넉넉함이 묻어나는 시다.

원천석의 주변 인물들이 원천석의 됨됨이를 평가하여 남긴 시가 『운곡시사』에 남아 있다. 權睟, 金洛受, 沈啓宇, 丁若璿, 洪義升 등이 남긴 시들[21]이 대부분 물외한인인 원천석의 삶과 높은 절개를 엄광에 비겨 형상화한 시들인데, 이 시들의 내용에는 '부춘산', '간의대부', '칠리탄' 등 엄광과 관련된 고사를 담고 있다.

그리고 원천석 스스로도 자신이 절의의 전범으로 삼고자 했던 엄광과 관련된 시조를 남겼던 것으로 보인다.

> 富春山 嚴子陵이 諫議大夫 마다하고
> 小艇에 낙더 싯고 七里灘 도라드니
> 아마도 物外閑客은 이 뿐인가 ᄒ노라.
>
> (『가곡원류』 82)

이 시조는 초장과 중장에서 엄광의 고사를 정리하고 있다. 그 고사는 일

---

20) 이인재·허경진 공역, 앞의 책, pp.592-593.
21) 이인재·허경진 공역, 위의 책, pp.645-652.

반적 인용에 그친 것이 아니라, 자신의 삶에 대한 회고를 통해 자긍심을 고취시키고 있다. 다시 말하면, 부춘산에 은거한 엄광이 간의대부를 마다하고, 칠리탄에서 풍류를 즐기며 유유자적한 것은 높이 살만한 훌륭한 태도였다. 그러나 엄광은 물외한객으로서 어떻게든 회피했어야 할 광무제와의 만남을 끝내 거부하지는 못했다는 것이다.

반면에 원천석의 경우, 엄광의 강직한 절의를 흠모하여 치악산에 은거한 것은 비슷하다고 하겠는데, 다만 원천석은 대쪽 같은 절의를 앞세워 끝내 태종을 피했다는 점이 대조적이다. 이러한 측면에서 엄광의 절의보다 원천석의 절의가 원칙적 통념에 더 가까운 것이며, 원천석 스스로도 여기에 만족하면서 엄광을 물외한객으로 규정하고, 자신도 이러한 물외한인의 경지에 있음을 은근히 자랑스러워한 것이다.

이것은 마치 조선시대에 成三問(1418~1456)이 고사리를 캐먹던 首陽山마저 周 武王의 영토가 아니었느냐며, 절의의 대명사인 백이와 숙제를 준엄하게 질책하던 시조와 그 작가 의식에서 일맥상통한다고 할 수 있다.

‘물외한객’은 ‘속세를 벗어난 곳, 즉 세상 밖에 거하는 한가로운 나그네’라고 정리할 수 있다. 원천석의 경우에는 보다 구체적으로 절의라는 목표 의식을 지닌 채 전원에서 자유로운 삶을 영위하는 은일자라고 규정할 수 있다. 원천석의 시조에 표출된 물외한인의 경지를 정리한 배세진은 그 특성에 대해 다음과 같이 언급하였다.

> 운곡의 <懷古歌>와 한시에서는 공통적으로 物外閒客의 풍격이 나타나고 있었다. 物外閒客이란 순수한 성정으로 전원의 만물을 만끽하는 은일자로 운곡은 그 전범을 후한 때의 엄자릉과 정자진으로 삼고 있었다. 그리고 『耘谷元天錫詩史』에서 보이고 있는 운곡의 物外閒客의 흥취는 약 24수 정도로 그는 이미 20대 후반 내지 30대 초반에서 이를 실천하고자 하는 의지가 강하였음을 알 수 있었고, 40세부터 60세까지 이러한 정신세계가 절개와 같이 호흡을 하면서 자연에 순종하는 자세를 보였다고 할 수 있다. 그러면서 이러한 세계는 60세 이후에서 후한의 정자진을 빌어 자신이 곧 物外閒客임을 명확히 타인에게 보여주고 있으면서 면면히 실현하였음을 알 수 있

다.22)

이상에서 살펴보았듯이 회고와 절의를 함께 내포한 세 번째 원천석의 시조에서 간과할 수 없는 독창성은 물외한인으로서 고사 인용을 통한 회고의 경로를 거침으로써 절의에 대한 강조와 자긍심을 함께 담보하고 있다는 점이다.

5. 맺음말

이상에서 원천석의 시조는 '회고' 및 '절의'의 삶과 관련하여 단순한 문학적 전통의 답습에 머물지 않고, 오마주적 의미에서 독창적으로 재탄생했다는 전제하에 원천석의 시조 3편을 당대의 시조 및 『운곡시사』 소재 한시와 대비하여 고찰하였다.

그 결과 삼은과 정도전 등 당대의 다른 작가들은 처한 상황에 따라 회고나 절의의 시조 중 한쪽에 편중된 창작 태도를 보이고 있음을 확인할 수 있었다. 반면에 원천석은 회고와 절의 및 두 가지를 모두 내포하고 있는 시조를 고르게 창작하였다고 보았다. 그리고 그 동인은 격변기에 휩쓸리지 않고, 일찍이 은거의 삶을 택해 비교적 작가 의식이 자유로울 수 있었던 원천석의 삶에 있다고 할 수 있다.

'회고가'의 경우, 이색과 정도전과 길재는 당대의 지식인으로서 적극적으로 현실을 거부하거나 동조했던 이들이었기 때문에 미래의 삶보다는 현재 자신이 처한 삶의 위치에서 과거에 연연할 수밖에 없도록 조장된 주변 환경에 의해 회고의 감정이 표출되고 있다. 그러나 원천석은 당대의 회고가 작가들과 마찬가지로 이러한 회고가의 전통을 따르면서도, 종장에서 눈물을 이기지 못하는 '객'의 형상화를 통해 개방된 미래지향적 시간 형상화의 구도를 보이고 있다. 이 점이 원천석 시조의 독창적 형상화 방법이다.

'절의가'의 경우, 당대 대표적 절의가인 <단심가>를 남겼던 정몽주와의

---

22) 裵世珍, 앞의 논문, pp.63-64.

대비를 시도하였다. 정몽주는 시인이자 관료로서 불가능한 비현실적 상황의 제시를 통해 극단적인 절의를 추구했지만, 원천석의 절의가는 보다 자유로운 상황에서 삶을 관조하는 자세로 자신의 절의를 질긴 생명력의 '대'라는 실제 자연물에 의탁·비유하여 재 형상화했기 때문에 독창적이라고 하기에 충분하다고 보았다.

'회고·절의가'인 세 번째 시조는 엄자릉으로 유명한 후한 엄광의 고사에 기반하고 있는데, 이 고사는 절의의 典範으로 우리 문학의 여러 가지 갈래에 수용되었고, 원천석도 자신의 시조 및 한시 세계를 통하여 그 흠모의 정을 표출하였음을 확인하였다. 이 시조에서 간과할 수 없는 독창성은 원천석이 물외한인으로서 고사 인용을 통한 회고의 경로를 통해 절의에 대한 강조와 자긍심이 표출될 수 있도록 두 가지를 함께 담보하고 있다는 점이다.

원천석의 집과 누정에 대하여

허 경 진[*]

원주지역에 많은 누정이 있었지만, 현재는 거의 남아 있지 않다. 특히 고려시대 누정에 대해서는 기록도 찾아보기 힘들다. 이 논문은 元天錫(1330~?)의 문집을 통해 고려 말 조선 초기의 원주지역 누정의 실태를 알아보고, 그와 관련하여 원천석이 살았던 집과 누정에 대해 알아보기로 한다. 필자가 번역하여 원주문화원에서 간행한『耘谷詩史』를 자료로 하고, 조선 초 누정의 존재를 밝힌『東國輿地勝覽』을 보조자료로 사용한다.

고려시대 지리지가 거의 남아 있지 않은 현재 상황에서는 문집을 통해 누정자료를 조사할 수밖에 없으며, 문집에서 구체적인 문학양상을 찾아볼 수 있다. 원천석의 문집에는 737題 1,144수의 한시가 실려 있는데, 원천석만큼 문집이 방대한 고려시대 시인은 李奎報·李齊賢·李穀·李穡 등의 몇 사람밖에 없다. 그러나 이들은 여러 차례 벼슬하면서 거주지를 자주 옮겼고, 이제현·이곡·이색 세 사람은 원나라에서 오래 살았으니, 고려시대 한 지역의 누정문학을 연구하기에는 원천석의 문집이 좋은 자료이다.

1. 고려 말 조선 초 원주지역 누정의 현황

『東國輿地勝覽』에는 이 시기 누정이 3개 소개되어 있다. 이 책은 왕명에 의해 성종 17년(1484)에 완성되었는데, 전국 각 지역의 인문지리가 망라되어 있어 조선 초의 樓亭·驛院·題詠 등을 찾아보기 편리하다. 조선 초 원주에는 두 개의 누정이 있었다.

---

* 연세대학교 서울캠퍼스 문과대학 국문과 교수

奉命樓·憑虛樓 : 모두 객관의 동쪽에 있다.[1]

여기서 말한 객관은 물론 원주 객관이다. 姜淮伯·禹承範·許琮·成俔·洪貴達의 시가 실려 있다. 강회백(1357~1402)이 빙허루에서 지은 시를 보면, 빙허루가 원천석이 살았던 고려 말 조선 초에도 있었음이 확인된다.[2] 원천석은 원주목사들과 친밀히 교유하며 많은 시를 지었기 때문에, 이들 정자에 자주 들렸을 것이다. 봉명루는 1820년대에 편찬한 『原州牧邑誌』1에 "옛날 객관 동쪽에 있었는데, 지금은 무너졌다"고 했으니, 그 사이에 무너졌음을 알 수 있다. 빙허루는 임진왜란 이후 어느 시기엔가 주천현 객관 서쪽으로 옮겨 세웠다가, 다시 무너졌다. 1820년대에 편찬한 『原州牧邑誌』1에 "옛날 주천현 객관 서쪽 산정에 있었는데, 지금은 무너졌다."는 기록만 남아 있고, 그림지도에도 청허루만 표시되어 있다. 1928년에 빙허루 옛터에 작은 정자를 세우고 숙종과 영조의 御筆을 걸었다가, 1986년에 영월군에서 복원하였다.

『東國輿地勝覽』樓亭조에는 봉명루와 빙허루 뒤에 淸虛樓·雙樹臺·淸陰亭·崇化亭이 소개되어 있지만, 청허루는 판관 趙銘(?~1478)이 세웠고, 청음정은 1444년에 강원감사로 부임한 李先齊가 객관 남쪽에 세웠으며, 숭화정은 1475년에 원주목사로 부임한 閔貞이 관아 남쪽에 세웠으니, 모두 원천석이 살았던 시대보다는 몇십 년 뒤에 세워진 것들이다.

『東國輿地勝覽』「원주목」 학교조에도 누정이 소개되어 있다.

향교는 주의 서쪽 3리에 있는데, 淸風樓가 있다. 建文 4년(1402)에 목사 申浩(?~1432)가 세우고, 柳思訥(1375~1440)이 記를 지었다.

유사눌이 1422년에 강원감사로 부임했으므로, 아마도 그 전에 원주목사로 있던 신호가 청풍루를 세우고 강원감사 유사눌에게 기문을 지어 달라고 부탁한 듯하다. 임진왜란 이후 원주향교 중건기에는 청풍루의 존재가 밝혀

1) 『新增東國輿地勝覽』 卷46, 「原州牧」 樓亭조.
2) 허경진, 「원주지역 누정연구」, 『원주학연구』 제2권, 2001, p.38.

져 있지 않다.

원천석이 언제 세상을 떠났는지 확실치 않다. 문집에 실린 시를 살펴보면 65세 되던 1394년까지는 살아 있었음이 확실한데, 당시 원주에는 봉명루와 빙허루만 세워져 있었다. 그러나 태종이 건문 경진년(1400)에 즉위하고 그 이듬해에 옛스승 원천석을 만나려고 원주 치악산까지 찾아왔다는 기록을 믿는다면, 그즈음에는 청풍루도 세워져 있었을 것이다. 그렇지만 이 기록은 믿기 어려우니, 원천석 생존시에 확실히 서 있던 누정은 봉명루와 빙허루 뿐이다. 그런데 이 누정들은 관아에서 세운 누정이기에『東國輿地勝覽』에 실렸다. 민간에서 세운 누정도 있었는데, 그러한 기록은 원천석의 문집에서만 확인된다.

2. 원천석의 원주 거주

원천석은 1330년 7월 8일에 개성에서 태어나, 27세 되던 1356년 정월 국자감시에 합격하여 진사가 되었다. 진사는 되었지만 이후 3년 동안 국학에 속하며 예부시에 합격하는 과정을 밟지는 않았다. 이는 그가 官界 활동을 원하지 않았음을 보여준다.[3] 그런데 원천석이 이때 합격했다는 기록은 어디에도 분명치 않기 때문에 혼선이 생긴다.

그의 문집에는 同年으로 鄭道傳·金費·安仲溫·許仲遠·權從義 등을 들고 있는데, 이들이 진사시에 함께 급제했다는 증거는 없다.『文科榜目』 고려조 임인년(1362) 10월방 진사 23인 가운데 정도전의 이름은 있지만, 원천석·김비·안중온·허중원·권종의의 이름은 없다.『文科榜目』으로는 그의 합격 여부를 확인할 수 없지만, 그가 정도전을 同年이라고 표현한 것을 보면 이때 함께 합격한 듯하다. 그러나 정도전이 1361년 12월 17일에 원주에 찾아와

---

3) 이인재,「고려말 원천석의 생애와 사회사상」, 이인재·허경진 공편,『운곡원천석연구논총』, 원주문화원, 2001, p.42.

동년인 원군이 원주에 숨어 사니
다니는 길 험한데다 산골도 깊구나.
同年元君在原州,
行路不平山谷深.

라고 시를 지어 주자, 그 시에 차운하여 지은 시에서

　　<十二月十七日. 同年鄭道傳到此贈予詩云>
그대와 함께 급제한 지가 몇 해 되었나
사귄 도리가 얕은지 깊은지 따질 것도 없게 되었네.
與君同榜如隔晨
交道不復論淺深

라고 한 것을 보면 1360년 이전에 합격했을 가능성도 있다. 『文科榜目』을
조선시대에 편찬하면서 고려시대 내용을 몇 가지 보완했지만, 정확하지는
않다.
　원천석은 아버지 元允迪이 정3품 宗簿寺丞으로 근무하던 개성에서 태어
나 고조와 증조가 鄕吏로 근무하던 원주에서 자랐으며, 춘천향교에서 공부
하던 시절과 국자감에 응시하기 위해 개성에 올라왔던 시절, 영동과 영서,
영남을 여행하던 시절을 제외하면 계속해서 원주에 살았다. 거의 생애순으
로 편집된 『耘谷詩史』에 의하면 22세·25세·26세 때에 嶺西, 嶺東 지역을
돌아다녔으며, 22세와 25세 때에 금강산을 유람하였다. 40세 때에는 죽령을
넘어 영주·안동·영해·삼척·정선을 여행하였고, 44세 때에는 가평과 춘
천을 여행하였다. 여행중에 누정에 올라 지은 시도 많고, 원주에 살며 누정
에서 지은 시도 많다.
　원천석은 원주 향리 집안에서 태어났으므로, 특별히 벼슬길에 오르지 않
은 이상 원주에 살았던 것이 당연하다. 그는 伊城 남쪽에 자갈밭을 소유했
는데, 地目名은 大谷員이다. 원주목 병마사 周相君에게 바친 시에서 그 내
력을 밝혔다. 이 시는 56세 되던 1385년에 지었다.

<乞恩俚言二首呈牧兵馬使周相君>[4]

이 성 남쪽에 자갈밭이 있어
이 땅의 이름이 大谷員일세.
民部의 公文이 조상 적부터 오더니
군사 뽑는 붉은 글씨가 내게까지 전해졌네.
伊城南面有磽田. 此地名爲大谷員.
民部公文來祖上, 選軍朱筆至吾傳.

　원주 부근에 伊城이란 곳이 없으니, 고유명사라기보다 '이 성' 즉 원주를
가리킨다고 볼 수 있다. 원천석의 토지는 원주목 남쪽에 있었는데, 大谷員
이 구체적으로 어디인지, 당시 量田臺帳을 확인할 수 없다. 戶曹(1356년),
版圖司(1362년)를 1369년부터 다시 民部라고 했는데, 원천석 집안에는 민부
에서 내려준 公文이 조상 때부터 있었다. 公文은 국가에서 收租權을 지급
할 때 작성하던 문서로서, 수조권자의 변동이 있을 때에는 붉은 글씨로 표
시하였다. '選軍朱筆'이라는 구절을 근거로 추측해보면 원천석의 할아버지
가 精勇別將이 되면서 수조권 분급지를 받았을 것인데, 원천석도 이 토지
에서 그대로 수조권을 행사하였다고 볼 수 있다.[5] 元悅에서 원윤적, 원천석
으로 수조권자가 바뀌면서 이름도 붉은 글씨로 고쳐 썼을 것이다.
　원천석이 토지를 소유하긴 했지만, 집안살림이 아주 넉넉하지는 않았던
듯하다. 위의 시와 같은 제목으로 지은 시에 집안 규모가 드러난다.

　　<又>
초가집에 이끼 낀 사립문, 자갈밭 뿐이니
처량한 살림살이가 남 보기 부끄럽네.
한 바구니 밥에 푸성귀로 내 분수를 따르고
시렁에 가득한 경전은 아버지에게서 전해졌네.
茅屋苔扉與石田, 凄凉活計媿諸員.

---

4) 이인재 · 허경진 공역, 『耘谷詩史』, 원주문화원, 2001, p.262.
5) 이인재, 앞의 논문, p.47.

一簞疏糲隨吾分, 滿架經書是父傳.

　그가 살았던 초가집은 대곡원 자갈밭 가까이 있었던 듯하다. 그가 아버지
에게서 물려받은 것은 자갈밭과 '시렁에 가득한 경전'이다. '시렁에 가득한
책'을 물려받았다는 것은 儒學이 家學이었다는 뜻이다. 그가 중소지주 선비
였음이 확인된다.『운곡시사』에는 그가 집을 지은 기록이 두 번 나타난다.
　첫 번째 지은 것은 45세 되던 1374년 3월인데, 제목 그대로 "弁巖의 새
집으로 옮기자 형님이 오셨기에 작은 술자리를 마련했더니 형님께서 시를
지어 주셨기에 차운하여 두 수를 지었다"고 한다. 형이 지어준 原詩에 원천
석이 집을 옮긴 뜻과 새 집의 모습이 밝혀져 있다.

　　<甲寅三月移居弁巖新居家兄來設小酌題詩贈之日>
　　일찍이 烟霞에 즐거운 뜻을 지녀
　　깊숙이 살기에 편안한 곳을 얻었구나.
　　사립문 앞에는 오솔길이 나 있고
　　소나무 서까래가 층층 바위에 기대었네.
　　풀을 베어서 세 오솔길을 내고
　　술잔을 잡으니 한 바구니 밥도 즐거워,
　　나 이곳에 와서 반나절 머물며
　　'斯干'을 본받아 덕을 기리네.
　　早有烟霞趣, 深居得所安.
　　柴扉當細路, 松桷倚層巒.
　　薙草開三逕, 停尊樂一簞
　　我來留半日, 頌禱效斯干.

　원주목 남쪽의 자갈밭이 바로 弁巖 일대에 있었음이 확인되는데, 그가
변암 새 집으로 옮긴 까닭은 은거하기 위해서였다. "사립문 앞에 오솔길이
나 있고 소나무 서까래가 층층 바위에 기댄" 모습은 원천석이 옮긴 새 집의
모습이기도 하지만, 은자의 집을 일반적으로 표현한 것이기도 하다. "마당
에 풀을 베어 세 오솔길을 낸" 것, 즉 三逕도 은자의 뜨락이다. 한나라 때

蔣詡가 뜨락에 오솔길 셋을 내고, 솔·국화·대나무를 심었다. 그는 뜻이
맞는 친구 두어 사람과 함께 이곳에서 노닐었다. 그 뒤로 三逕은 隱者의 뜨
락을 가리키는 말로 쓰였다.

「斯干」은 『詩經』 권4, 小雅에 실린 시 제목이다.6) 干은 시냇물(澗)인데,
새 집을 짓고 형제들이 화목하게 어울리며 아들 딸 낳아 행복하게 사는 사
람의 기쁨을 노래한 시이다. 옛사람들의 행복한 꿈을 솔직하게 고백한 시인
데, 운곡이 변암 시냇가로 이사하자 형이 이 시를 끌어다 축하했고, 운곡이
같은 운으로 아래의 시를 지어 화답하였다.

　　　<次韻二首> 1
　　속세 인연을 다 끊지는 못했지만
　　머물러 살기가 한가롭고 편안하다오.
　　물을 끌어다 남쪽 언덕을 개간하고
　　소나무를 심어서 북쪽 봉우리를 둘러쌌지요.
　　내 한 몸이야 초가집에 들여놓을 수 있으니
　　꿈에도 구슬 바구니는 돌아보지 않으리다.
　　오솔길에 푸른 이끼가 미끄러우니
　　티끌 먼지가 함부로 침범하지 못하리다.
　　俗緣雖未盡, 居止要閑安.
　　導水開南岸, 裁松遶北巒.
　　身堪容草屋, 夢不顧珠簞.
　　一逕蒼苔滑, 塵埃未易干.

---

6) 시냇물은 맑게 흘러 내리고
　그윽한 남산이 있어,
　대나무가 빽빽하게 섰고
　소나무가 우거져 있네.
　형과 아우들이
　서로 사이좋게 지내며
　서로 탓하는 일이 없네.
　秩秩斯干, 幽幽南山. 如竹苞矣, 如松茂矣.
　兄及弟矣. 式相好矣. 無相猶矣.

물을 끌어다 남쪽 언덕을 개간하고 소나무를 심어서 북쪽 봉우리를 둘러
싼 곳에 초가집을 지었다. "내 한 몸을 들여놓을 만한 초가집"은 조그만 집
의 일반적인 표현이기도 하지만, 8년 전에 아내가 세상을 떠난 뒤에 재혼하
지 않고 혼자 살았던 외로움의 표현이기도 하다.

그는 14년 뒤인 1388년에 누졸재를 지었다. 이때 지은 시의 제목이 아주
긴데, 집 지은 사연을 잘 설명하고 있다. "지난번 弁巖 남쪽 봉우리 아래 새
로 초가집 한 간을 지었다. 지형이 가파르고 외진 데다가 집 모양까지 아름
답지 못하고, 앞뒤와 오가는 것이 다 마땅치 않은데다 몹시 누추하고 옹졸
하였다. 그 주인은 몸가짐이 도에 어긋나고 뜻을 세운 것이 세상과 맞지 않
았으며, 또 모든 처사가 세상 물정을 모른 데다 거처마저 썰렁하였으니, 그
누추하고 옹졸함이 더욱 심했다. 이 집의 누추하고 옹졸함이 주인의 누추하
고 옹졸함과 들어맞았으므로, 집 이름을 陋拙齋라고 하였다. 이에 長句 여
섯 수를 지어 스스로 읊어 본다."

<頃者於弁巖南峯之下新作一茅齋其地勢也危僻締構也不巧且向背往復
俱不適宜陋而拙者甚矣其主人行已也違於道立志也違於世又處事之迂闊
居止之淸凉其爲陋拙又有甚焉者矣以其齋之陋拙合於主人之陋拙名之曰
陋拙齋因成長句六首以自詠 1>

북으로 깊은 시내를 마주보며 초가집을 세우고
내 여생을 이곳에서 보내려 하네.
처세하는 智謀도 옹졸하거니와
修身하는 사업도 좋은 게 없어 부끄러워라.
창 열면 우연히 푸른 소나무와 마주해
땅 쓸고 白尤香을 사르네.
이 경계의 이 사람이 向背를 어겼으니
길가는 사람도 아마 방향 모른다고 비웃겠지.
北臨深澗搆茅堂, 斷送餘生庶可望.
處世智謀誠有拙, 修身事業愧無良.
開窓偶對蒼松翠, 掃地仍燒白尤香.
此境此人違向背, 路人應笑不知方.

누졸재는 그가 일찍부터 사용했던 집 이름이다. 37세 되던 1366년, 또는 1367년에 지은 <조총랑이 누졸재 시에 화답한 것을 보고 다시 같은 운을 써서 지어 바친 시(趙摠郎見和陋拙齋詩復用前韻呈似)>에 이미 陋拙齋라는 이름이 나타난다.

그가 이번에 지은 누졸재는 45세에 지었던 집과는 방향이 다르다. "물을 끌어다 남쪽 언덕을 개간하고 소나무를 심어서 북쪽 봉우리를 둘러싼 초가집"이 아니라 변암 남쪽 봉우리 아래 "북으로 깊은 시내를 마주한 초가집"이다. 사람들이 좋아하는 집의 방향은 남향의 背山臨水인데, 그는 북향의 집을 지은 것이다. 向背를 어겨 길 가던 사람도 방향 모른다고 비웃으리라 각오했는데, 정작 향배를 어긴 것은 그가 아니라 고려 조정이었다. 요동정벌과 위화도회군, 우왕 폐위와 창왕 즉위 사건이 잇달아 일어났다. 원천석은 이 해 2월말에 병이 들어 3월 그믐부터 無盡寺로 옮겨 두어 달 넘게 요양했다. <거처를 옮겨(遷居)> 지은 시에 "咄咄 두 글자를 공중에 쓰고는 하루 종일 졸았다(咄咄書空盡日眼)"고 했는데, '咄咄'은 晉나라 殷浩가 조정에서 쫓겨난 뒤에 충격을 받고 하루 종일 공중에 쓴 글자이다. 그만큼 충격이 컸다. 우왕이 폐위되어 강화도로 옮기고 원자(창왕)가 즉위하자 "초야에 묻힌 백성이라고 어찌 나라 걱정이 없으랴(畎畝豈無憂國意.)" 하고 시를 썼는데, 이때부터 지은 시에서 禑昌眞王說이 드러난다. 그러한 와중에 누졸재를 북향으로 지었으니, 길 가던 사람들이 방향 모른다고 비웃었지만 그는 조정이 방향 모르는 것을 걱정했다.

3. 원천석이 지은 정자

『운곡시사』를 살펴보면 成相國이 보내온 시에 차운한 시가 실려 있다.

<次成相國所示詩韻>
다락에 올라 만물 바뀌는 것을 바라보다
술잔 들고서 꽃이 피었나 물어보았네.

푸른 산과 마주앉아 웃으며 살아가니
부귀공명이 어디 있는지 내 어찌 알랴.
登樓看物化, 把酒問花開.
相對碧山笑, 功名安在哉.

라는 구절을 보면, 그의 주거지 가까운 곳에 누정이 있었던 듯하다. 여행 중
에 올랐던 것도 아니고, 관아에 들렀다 올랐던 것도 아니다. 누구와 함께 올
라서 주고받는 시도 아니니, 일상적으로 혼자 오르던 누정이다. 권3의 <山
亭>에도 "나 혼자 산속 정자에 날마다 오른다(獨向山亭日日登)"고 했다.
삼국시대 위나라 王粲이 형주로 피난가서 劉表에게 몸을 의탁하고 지낼 때
에 자기의 뜻을 펼 수 없었으므로 다락에 올라 시국을 걱정하며 「登樓賦」
를 지었는데, 이 시절 원천석의 登樓는 시국을 걱정하는 마음이 아니라 자
연과 함께 하는 자신을 확인하는 마음이다.
　누정이 크거나 화려할 필요는 없다. 그는 "생애가 초가집 한 간으로도 넉
넉하다(生涯亦足一間茅)"7)고 했으니, 누정을 지었다 해도 아마 오두막 정자
였을 것이다. 권3에 정자를 새로 세운 모습이 실렸다.

　　<西麓新開松亭一所>
　낮은 산기슭에 작은 정자를 세우니
　땅이 외져서 수양하기에 알맞네.
　물 맑은 숲 밖에선 마음을 씻을 만하고
　바람 지나가는 봉우리에선 귀를 기울일 만하네.
　부슬비와 옅은 안개가 가까운 들판을 가로지르고
　흰 구름과 푸른 산은 새 병풍을 둘렀네.
　산열매가 막 익어 굶주림을 잊고
　바위 샘이 차가와 갈증을 달랠 수 있네.
　인간 세상이 언제나 시끄러움을 이제 알았으니
　기러기 길이 멀고 아득함을 내 어찌 알랴.

---

7) 『耘谷詩史』 卷3, <秋居病中>.

늙어가며 내 평생 사업이 가엾구나.
두어 그루 소나무 그늘에 한 권의 경서뿐일세.
短麓前頭築小亭, 地偏端合養眞靈.
水明林表心堪洗, 風過峯巓耳可聆.
疎雨淡烟橫近野, 白雲靑嶂展新屛.
療飢山果肥初熟, 慰渴巖泉冷且冷.
但覺人寰恒擾擾, 豈知鴻路有冥冥.
自憐遲暮平生事. 數樹松陰一卷經.

　　서쪽 기슭에 소나무 정자를 새로 세웠다고 했으니, 집에서는 좀 떨어진
곳인 듯하다. 松亭은 소나무로 지은 정자, 솔숲에 세운 정자, 그늘이 넓은
소나무 등의 뜻으로 새길 수 있는데, '작은 정자를 지었다(築小亭)'고 한 것
을 보면 소나무로 지은 정자임이 분명하다. "땅이 외져서 수양하기에 알맞
다"고 했으니, 주변 경치나 풍류를 즐기는 정자도 아니고, 손님을 맞기 위해
세운 정자도 아니다. 벼슬하지 않았기에, 정자를 세울 정도로 손님이 많지
도 않았다. 그가 소나무로 지은 정자는 맑은 물로 마음을 씻고, 바람 소리를
즐기는 곳, 자연과 하나가 되는 공간이다.
　　그가 소나무 정자의 조경을 보완한 모습이 권4에 보이는데, 그 사연을 긴
제목으로 소개하였다. "당나라의 어떤 사람이 이웃집 늙은이가 소나무 심는
것을 보고 위와 같은 시를 지었다. 이 시는 그 노인을 비웃으며 지은 것이
다. 내 나이 올해 예순이 되었는데, 산 위의 정자 옆에 어린 소나무 수십 그
루를 심다가 갑자기 당나라 사람의 그 마음을 생각하고, 절구 3수를 지어
응답한다."
　　당나라 시인은 "무엇 때문에 늙은 나이에 / 소나무 심어 그늘을 기다리나
(何事殘陽裏, 栽松欲待陰)"라고 비웃었는데, 원천석은 어린 소나무 심는 자
신의 마음을 이렇게 설명했다.

　　　<栽松(幷序)> 1
　　살고 죽는 데에는 늙은이도 젊은이도 없으니

자라나는 것은 소나무의 마음에 있을 뿐이네.
혹시 백세의 수명을 기약할 수 있다면
푸른 그늘 기다리는 게 어찌 어려우랴.
存亡無老少, 生長在松心.
倘保期頤壽, 何難待綠陰.

<栽松(并序)> 3
대부라는 이름은 부끄럽지만
군자의 마음만은 굳게 지녔네.
내 뜻을 알고서 지켜준다면
뒷날 이 뜨락에 그늘이 가득하리라.
應耻大夫號, 固持君子心.
故人如見憶, 他日滿庭陰.

心자와 陰자를 써서 당나라 시인의 시에 차운했지만, 그의 비웃음을 당당한 자세로 받아냈다. 젊은이도 먼저 죽을 수 있으니, 백세가 되면 그 푸른 그늘 밑에서 쉬겠다는 것이다. 진시황이 태산의 소나무 아래에서 비바람을 피한 뒤에 그 소나무를 大夫에 봉했는데, 소나무 주인인 원천석 자신은 대부라는 이름에 부끄럽지만, 군자라는 마음만은 굳게 지녔다고 선언하였다. 그가 君子心을 강조한 것은 고려왕조가 흔들리며 자신의 동년을 비롯한 군자들이 군자심을 지니지 못하고 이성계를 추종하고 있었기 때문이다.

그는 늘그막에도 소나무 정자에 홀로 앉아 시를 지었다.

<即事>
산을 등지고 물을 마주한 초가집인데
아침 저녁 구름과 안개는 그림보다도 낫네.
일찍이 소나무 정자를 지어 들판의 학을 부르고
이따금 이끼 낀 바위에 올라 시냇가 고기를 낚네.
이익과 명예를 바라는 건 뭇 사람들 마음이지만
밭 갈아먹고 우물 파 마시는데 어찌 임금의 힘을 알랴.

홀로 앉아 홀로 읊조리는 건 내 뜻 아니니
병이 많아서 찾는 벗 드물기 때문이라네.
據山臨水一茅廬, 朝夕煙嵐畵不如.
早築松亭招野鶴, 偶登苔石釣溪魚.
利名旣是群心也, 耕鑿何知帝力歟.
獨坐獨吟非我意, 乃緣多病故人踈.

　　사람들은 이익과 명예를 바랐지만, 그는 이끼 낀 바위에 올라 시냇가 고
기를 낚았다. 그리고는 일찍이 지었던 소나무 정자에 앉아 들판의 학을 불
렀다. "홀로 앉아 홀로 읊조린다(獨坐獨吟)"고 獨자를 거듭 썼는데, 그건 그
의 뜻이 아니라 찾는 벗이 드물기 때문이었다. 그는 병이 많기 때문이라고
했는데, 그의 몸이 약해진 것은 사실이지만 여기서 말한 병이 꼭 육체의 병
만은 아니다.『운곡시사』에서 바로 앞에 실린 시도 병중에 읊은 시인데,

　　　　<病中吟>
　　슬픔과 기쁨에 이미 관심 없으니
　　살고 죽음에 어찌 마음을 움직이랴.
　　悲歡旣已休關念,
　　生死猶能不動心.

라고 생사까지도 초월했음을 보여주었다. 그를 이토록 시들하게 만든 병은
얼마 전에 고려왕조가 망하고 나라 이름을 조선이라고 고친 사건이다. <국
호를 새로 고쳐 조선이라고 하다(改新國號爲朝鮮)>라는 시에서 "산천은 그
대로지만 나라 이름은 새로워져(依舊山河國號新)" "한가한 사람을 마음 상
하게 한(尙令閑客暗傷神)" 것이 바로 이 병의 원인이고 시작이다. 병이 많
아서 찾는 벗이 드물어진 게 아니라, 나라가 바뀌어 찾는 벗이 드물어졌다.
그와 동년이었던 정도전도 한때는(1361년) 원주 치악산까지 찾아와

　　　　<十二月十七日同年鄭道傳到此贈予詩云>

반갑게 한번 웃으니 그윽한 뜻이 있어
술잔 앞에서 다시 마음을 털어 놓았지.
나는 높이 노래 부르고 그대는 춤 추며
이 세상 영욕을 이미 잊었네.
一笑欣然有幽意, 尊酒亦復論是心.
我唱高歌君且舞, 榮辱自我已難諶.

라는 시를 지어 주며 우의를 다짐했지만, 이제는 새로운 나라의 주역이 되었기 때문에 원천석 혼자 소나무 정자에 홀로 앉아 들판의 학을 부르며 홀로 시를 읊조리게 되었다. "밭 갈아먹고 우물 파 마시는데 어찌 임금의 힘을 알랴." 하는 구절에서 조선의 임금과 고려의 백성 관계를 재인식하고 있다.

4. 『운곡시사』에 소개된 원주의 정자

『운곡시사』를 살펴보면 원천석 당시에 관아에서 상당히 많은 누정을 세운 것이 확인된다. 驛에는 거의 驛亭이 있었는데, 원천석이 기록한 곳만 해도 횡성현 창봉역(p.128),[8] 원양역(p.129), 삼척 평릉역(p.151) 등지에 누정이 보인다. 역마을 누정은 대개 규모가 작은데, 여행길에 올랐던 역마을 누정에선 나그네의 회포 정도만 표현되어 있다. 영해 봉송정(p.143)과 읍선루(p.145), 무가정(p.145), 평해 망사정(p.147)과 월송정(p.148), 임의정(p.149), 울진 영희정(p.148), 정선 의풍정(p.153), 춘주 공북정(p.156)과 이락루(p.229), 철원 북관정(p.259) 등에 올라서 지은 시에도 만남과 헤어짐의 장소, 휴식과 기억의 공간 정도로만 표현되어 있다. 잠시 지나다 들린 곳이기에 깊은 상념이 일어나지는 않았다.

川陰亭(p.113), 1367년에 牧伯이 소나무를 심게 했던 남쪽 정자부터 북쪽 누각까지(p.116), 전 자사 하윤원에게 부친 시에서 소개한 시냇가의 三可亭

---

8) 이하 괄호 안의 숫자는 이인재・허경진 공역, 『耘谷詩史』, 원주문화원, 2001의 페이지수를 가리킨다.

(p.168), 北原令 자사 김공이 관아 북쪽 남산 기슭에 세운 높은 정자(p.220) 등등이 원주 관아와 관련된 정자들이다.

이러한 정자의 성격이 밝혀지면 고려 말 조선 초 원주지역의 누정 모습과 원천석이 그러한 누정에서 어떠한 생각을 하며 지냈는지 분석할 수 있을 것이다. 목민관과 선비의 차이점도 아울러 분석하여, 몇 편의 논문을 더 쓰고자 한다.

전망

耘谷과 無爲堂의 諸宗敎一理論[1]
―600년을 뛰어넘은 原州 두 지식인의 종교적 대화―

심 재 관[*]

1. 들어가는 글

이 글은 원주라는 한 지방에서 600년이라는 시간의 간격을 두고 두 지식인이 가지고 있던 종교에 관한 생각의 일단을 비교해 본 것이다. 耘谷 元天錫(1330년생)은 麗末鮮初의 문인 유학자로 고향인 원주에 은둔하며 고려왕조에 대한 절개를 지킨 인물이며, 그로부터 6백여 년 뒤 지금의 無爲堂 張壹淳(1928년생)은 체화된 동양적 정신을 토대로 사회운동에 매진했던 현대의 마지막 선비로 우리에게 기억된다. 운곡과 무위당 모두 원주에서 생의 대부분을 보냈으며, 이곳에서 그들이 소신대로 펼쳐 보인 삶의 흔적은 후손들의 귀감이 되고 찬상의 대상이 되고 있다. 운곡과 무위당으로부터 우리에게 남겨진 것은 詩卷[2]과 書畵[3]에 지나지 않아 두 인물의 정신적 모태나 전

---

* 금강대학교 불교문화연구소 연구원

1) 무위당 선생님과의 만남이 없었다면 이 글은 생각할 수도 없었을 것이며, 내 스스로의 사람에 대한 느낌도 과거와 별 차이가 없었을 것이다. 이 고상한 인연을 함께 했던 옛 기억 속의 원주 사람들, 윤홍식, 최성현, 김진성, 심재근, 김정규 형 등에게 마음의 감사를 여기에 남긴다.

2) 운곡 원천석의 『耘谷詩史』는 그가 22세(1351)부터 65세(1394)까지 쓴 1,144편의 시로 묶여 있다. 1984년 현대어 세로쓰기로 처음 한글번역이 발간된 적이 있으나(이 때는 『耘谷元天錫詩史』로 발행되었다. 편집위원장은 원홍균, 번역은 이진영, 감수는 민태식, 김종무, 인쇄는 대한공론사에서 했다.), 최근 이인재(원주 연세대) 교수가 풍부한 역주를 덧붙여 다시 번역해내었다. 원천석, 이인재・허경진 옮김, 『耘谷詩史』, 혜안, 2007(연대근대한국학총서 17). 이 번역본이 나오기 전인 2001년 원주

개에 대해 가늠할 단서가 그리 충분한 것은 아니다.

특히 무위당의 경우, 그의 인물됨을 기억하고 있는 현대인들이 아직도 많아서 그의 사상 전체를 읽기 쉬울 듯하지만 실상 이는 보기와는 정반대이다. 일차적으로 무위당은 자신이 직접 기록한 글이 없을 뿐만 아니라 타인과 대담했던 바가 타인의 손에 의해서 정리되어 책으로 전해진 바가 전부인데 이것이 이제 그를 이해할 수 있는 근거의 전부가 되었다. 그를 이해하는데 또 하나의 어려움은 그의 생전에 대한 기억을 갖고 있는 이들이 현재 너무 많이 생존해 있으므로 그를 객관적으로 이해하는데 오히려 부담이 된다는 점이다. 왜냐하면 그에 대한 기억은 때때로 감정적이고 개인적인 讚賞의 기록으로만 남겨지기 쉬우며,[4] 그와 함께 했던 일상적이고 고귀한 체험의 아우라가 그를 전체적이고 담담하게 조망하는데 장애가 될 소지가 있기 때문이다. 물론 무위당을 기리는 찬상의 평가는 필자 개인적으로도 너무나 당연하다고 생각되며 선인의 정신을 기리고 숭앙하는 것이 당연한 후세의 일이라고 생각한다. 그러나 무위당의 사상적 편력과 그에 따른 사회적 활동이 매우 다채롭고 복잡한 양상을 갖는 것에 대한 객관적 평가도 시급하다고 생각된다.

문화원에서 역자들에 의해 동일한 책명으로도 발간된 적이 있다.

3) 무위당 장일순은 서화를 제외하고는 자신의 감흥이나 생각을 글로 남기지 않았다. 그의 서화는 원주를 중심으로 전국에 산재해 있으며, 그의 글씨는 식당의 간판부터 비문까지 다양하다. 서화를 제외하면 그의 강연을 녹취하거나 대화 내용을 주변인들이 정리하여 책으로 발간한 것들이 있고, 또한 그를 소재로 한 두 편의 TV 영상물이 남아 있을 뿐이다. 현재로서는 다음과 같은 것이 그의 생각을 읽을 수 있는 기본 자료가 될 것이다.

『나락 한알 속의 우주-무위당 장일순의 이야기 모음』, 녹색평론사, 1997(이하 장일순, 1997로 표기) ; 이아무개 대담 정리, 『무위당 장일순의 노자이야기』, 삼인, 2003. 이 책은 다산글방에서 1993년부터 1995년까지 세 권으로 출판되었다가 다시 찍어낸 것이다(이하 장일순, 2003) ; 무위당을 기리는 모임 엮음, 『너를 보고 나는 부끄러웠네』, 녹색평론사, 2004(이하 장일순, 2004a) ; 최성현, 『좁쌀 한 알』, 도솔, 2004(이하 장일순, 2004b).

영상물로는 다음 두 가지가 있다. 『현장인터뷰, 이 사람』(1992년 6월 11일 MBC) ; 『현대인물사 : 문열고 아래로 흐르다-장일순 편』(2003년 9월 26일 KBS1).

4) 이러한 예들은 장일순, 2004b의 책에서 많이 찾아볼 수 있다.

이 글의 의도는 두 사람의 인품됨을 그저 흠모하고자 하는 것이 아니라 두 사람이 품고 있었던 종교적 태도를 비평해보고자 하는 것이다. 필자는 원주에 살면서 운곡과 무위당의 체취를 가깝게 접할 수 있었고 우연히 두 인물에게서 매우 유사한 인간적 감성과 사상이 교차하고 있음을 감지할 수 있었다. 두 인물은 다양한 종교적 토양 속에 노출된 바 있고 이들 종교들에 대해 통일적이고 일관된 입장을 보여주고 있다. 즉, 종교들의 근원적 가르침이 동일하다는 신념을 견지하고 있다. 물론 무위당의 경우는, 적어도 필자가 보기에 삼교일리론을 공식화하지는 않지만 선생의 삶을 통해 더욱 그 단어의 의미가 절실히 체화된 경우라고 보여진다.

2. 원천석의 종교인식과 그 배경

二敎論이나 三敎論 또는 三敎一理(一致)論 등의 종교통합적 관점들은 불교가 중국에 유입되던 시기부터 국가와의 관계 속에서 유자들과 승려들, 혹은 도사 사이에서 끊임없이 제기되었다. 특별히 국가권력과의 관계 속에 유불도의 3교가 놓이게 되면서 이 종교통합적 관점들은 국가의 통치이념이나 국가의 후원을 어느 종교가 갖게 되는가에 따라 그 종교를 중심으로 타종교에 대한 배타론이나 융화론 등이 제시되었다.

그러니까 이교론 또는 삼교론과 같은 제종교의 통합주의적 사고는 중국을 포함한 동아시아 국가들이 불교를 수용하면서 등장하게 된 다종교 사회현상의 하나로 인식해야한다. 이러한 사회적 반응은 삼국시대의 『理惑論』을 시작으로, 대표적으로 東晉시대 孫綽의 『喩道論』, 北齊 顔之推의 「家訓歸心篇」에 계승된다.[5] 이 논의들은 대체로 불교를 자신의 종교로 받아들인

---

5) 이러한 사상적 흐름을 연구한 저작물은 너무 많다. 그러나 木村淸孝의 다음 책에 간단히 잘 요약되어 있다. 기무라 기요타카, 장휘옥 번역, 『중국불교사상사』, 민족사 1989, p.179 이하, 또는 p.187이하를 참조. 이것이 불충분하다고 생각되면, 구보타 료온, 『中國 儒佛道三敎의 만남』, 민족사, 1990도 좋다. 조명제의 「高麗末 士大夫의 儒佛一致論과 그 意義」, 『民族文化論叢』 27, 2003은 고려 말의 경향에 대하여 참조할 만하다. 삼교론을 주제로 가장 최근에 이루어진 연구물은 교토대학인문과학연구소에서 간행한 『三敎交涉論叢』(2005)이 있다. 이 논총의 논문들이 시대적

1014

사람들이 유교와 불교 그리고 도교의 동일성을 주장하면서 불교의 우위를 주장했었다. 이들 논의가 반드시 국가의 이념으로 불교가 채택되거나 강력한 불교의 후원을 배경으로 만들어진 것은 아니지만 불교가 각별히 숭상되었던 梁武帝 당시에 불교를 우위에 둔 삼교론이 등장한 것을 보면 이러한 논의를 등장시킨 당대의 정황도 무시할 수 없을 것이다.

주지하다시피 여말선초 당시에 이미 중국을 풍미했던 삼교론 혹은 삼교일치론이 수입되어 지식인들 사이에서 유행했다는 사실은 명확하다. 결론적으로 말하자면 여말선초의 사대부들이 가지고 있었던 불교에 대한 이해나 삼교론의 경향은 일정 부분 중국에서 생산된 종교담론을 받아들인 것이다. 이 점은 당시 고려 말의 유학자들이 가지고 있었던 유불도 삼교에 대한 생각과 중국 송−원−명대로 이어지면서 등장하는 삼교론의 이론적 구성들을 각각 살펴보면 더 분명해진다.

먼저 중국 송대 이후의 삼교론을 잠시 살펴보자. 송대의 삼교론은 주로 선승들에 의해 儒禪一致나 三敎一致가 주창되었고, 이는 당시 불교를 대표하게 된 선종이, 불교를 비판하고 유교를 옹호하는 관료에게 답하기 위한 것이었다. 일본학자 이부키 아츠시에 따르면, 구양수나 이구와 같은 관료들이 불교를 비판하고 이를 변론하는 분위기가 조성된 것은 송대에 들어 관료제에 기초한 군주독재체제가 확립되었기 때문이다.

당시 사대부계층에 널리 받아들여졌던 선종은 그 후원자들보다 훨씬 강력한 계급인 국왕이나 왕족에게 봉사하는 존재가 된 것이고, 그러한 사회적 분위기 속에서 스스로의 가치를 유지하기 위해 선승들도 불교가 국가 존립에 의미있는 존재임을 보여줄 필요가 있었다. 그러한 때에 이론적 근거로 사용된 것이 유선일치와 삼교일치 같은 사상이었다.[6] 이러한 의도에서 지어진 대표적 저서가 佛日契嵩의 『輔敎篇』(1061)[7]이었다. 이 책에서 불교의

흐름에 따라 체계적으로 구성된 것이라고는 보이지 않지만 초기 삼교론의 여러 문제들에 매우 유익한 정보를 제공한다.

6) 이부키 아츠시(伊吹敦), 최연식 옮김, 『새롭게 다시 쓰는 중국 禪의 역사』, 대숲바람, 2005, pp143, 146-147 ; 조명제, 『高麗末期 看話禪 硏究』, 혜안, 2004, pp.46-49. 그러나 조명제의 서술 부분은 이부키의 책 해당 부분을 그대로 인용한 것이지만 이를 밝히지 않았다.

五戒와 十善, 그리고 유교의 五常 등의 유사성이 설명되며 유교보다는 불교에 우위를 두어 불교를 옹호하고 있다.

이러한 경향은 南宋代에 이르러 다시 王日休(1105~1173)에게 이어진다. 왕일휴는 유교와 불교에 관련된 다수의 글을 남겼는데, 그 가운데『龍舒淨土文』이 삼교합일의 사상적 특색을 보인다. 여기서도 불일 설숭의『보교편』과 마찬가지로 불교의 자비, 유가의 오상, 노자의 三寶(자비, 검약, 겸허)를 언급하며 삼교의 의미가 다르지 않음을 강조한다. 특히 도가보다는 유교와 불교의 유사성을 더 강조하면서도 본질적으로는 유교와 도교보다 불교를 우위에 두고 있다.[8] 왕일휴와 유사한 시기에 등장했던 顔丙(?~1212)은『如如居士語錄』(1194)[9]을 남겼는데 이 책은 한국과 중국, 일본 등지에 널리 유포되어[10] 그의 사상적 여파가 동아시아에 널리 퍼지게 되었음을 추측할 수 있다. 여여는 안병의 호로서 본래 유학자였던 그는 비록 출가하지는 않았으나 불교로 전향해 불교를 전적으로 옹호하게 된다. 따라서『여여거사어록』의 논점은 전대의 관점들 즉, 불교를 우위에 두고 유불도를 통섭하고자 한 입장을 다시 한 번 보여준다. 이러한 관점은 운곡의 글을 통해 시사하는 바가 적지 않다. 운곡은 자신의 삼교일리론을 밝히면서 그 근거로서 여여거사의 견해를 밝히고 있는데 이는 고려 말 당시 한반도 지식인의 종교담론에 안병의 이론이 얼마나 영향을 미치고 있었는가를 짐작케 하기 때문이다.

---

7) 불일 설숭의 이『보교편』은 당시 지식인들에게 불교를 인식시키고 불교가 국익에 도움이 된다는 것을 인식시키는데 성공적이었던 것으로 보인다. 국왕과 대신에 의해 佛法이 비로소 존재할 수 있다고 주장했던 것이다. 이러한 논의로 인해 이 책이 대장경에 편입되는 것이 인정되었고 동시에 설숭에게는 '明敎大師'라는 법호가 내려졌다. 중국과 일본에서 널리 읽혀 자주 인쇄되었다. 이부키 아츠시, 앞의 책, p.148.

8) 자세한 것은, 金文京,「南宋にちける儒佛道三敎合一思想と出版－王日休「龍舒淨土文」と「速成法」を例として－」,『三敎交涉論叢』, 京都大人文科學研究所, 2005, pp.653-684 참조.

9) 명나라 초, 1386년에 이『여여거사어록』은 다시『如如居士三敎大全語錄』으로 재편집되어 발간된다.

10) 이 책에 대한 서지학적 정보와 기본 내용의 소개는 허흥식,「三敎語錄의 서지와 藏書閣本의 중요성」,『장서각』제13집, 한국학중앙연구원, 2005를 참고하는 것이 좋다.

안병 외에 林希逸 같은 이도 3교일치에 대한 주장을 전개했다. 그는 유교, 노장, 선이 일치한다는 사상에 기초하여 도가의 전적에 대해 주석을 지었는데, 이 책들은 빈번히 선의 용어를 가지고 노장사상을 해석했기 때문에 총림에서도 널리 읽혀졌다. 노장사상이나 도교는 금·원대 이후 3교일치설이 사회에 수용되는 데 커다란 역할을 했다. 특히 선사상을 크게 도입한 全眞教의 성립과 발전은, 같은 시기에 남송에서 성립한 주자학과 더불어 3교일치설이 확대 유포될 수 있었던 밑거름이 된 것이다. 전진교는 종래 도교의 목표였던 不老長生을 부정하고 得道를 추구함과 동시에 거기에 도달하고자 하는 수행법도 제시했다. 심지어 이 전진교의 '득도'는 見性이나 識心見性 등과 같은 불교용어를 이용해 지칭할 정도였다.[11] 전진교뿐만 아니라 주자학도 그 발생부터 간화선 전통의 영향 하에 있었던 것은 자명하다. 이러한 주자학의 발생적 관계와 정치적 현실의식이 만나면서 선승들이 儒佛일치, 또는 儒禪일치를 선언했던 것은 당연한 일일 것이다.

원대에서 명대, 그리고 그 이후까지도 중국에서는 삼교일치를 주창하는 사상이 계속 발전해 왔는데 明의 태조 홍무제가 직접『三教論』을 지은 것을 비롯해서 거사 심사영이 지은『續原教論』(1385) 등이 그것이다. 명말기에 가면 오히려 유불도 3교의 범위를 초월한 삼교일치론이나 3교의 사상이 혼연일치가 된 사상들도 등장한다. 이후의 중국내의 자세한 삼교론적 담론의 전개과정은 주제와 멀어지므로 지면상 생략하기로 하자.

이러한 중국종교사 혹은 불교사의 단면을 보건대 장구한 시기 동안 이루어졌던 3교일치의 주장이 한반도에 지속적으로 영향을 미쳤다는 것은 당연한 일이다. 고려 말 운곡의 생전 당시 중국에서 통용되었던 宋代 張商英의『護法論』이나 여여거사 안병의『여여거사어록』등이 승려와 儒者 사이에서 유행했으며 고려 당대의 지식인들이 이러한 논의에 익숙했다는 것만으로 그 증거는 충분할 것이다. 이는 당시 중국대륙에서 진행되어 왔던 종교담론은 유불간의 치열한 비판과 옹호가 반복되던 고려시기 상황과 맞아떨어지면서 자신들의 입장을 뒷받침할 이론적 토대로서 수용되었고, 이것을 前代에 해당하는「호법론」과『여여거사어록』등에서 찾았을 것이다. 원대

---

11) 이부키 아츠시(伊吹敦), 앞의 책, pp.196-197 참조.

의 불교사상이나 삼교에 대한 관점의 유형들은 송대의 그것을 거의 계승하고 있다고 해도 과언이 아니므로, 불교의 관점에서 삼교의 일치를 주장했던 이러한 저작의 유통은 고려에 직접적으로 영향을 미치고 있었다는 매우 결정적인 증거라 할 수 있다. 특히 운곡이 유불도를 비교하여 이해하는 데 있어 『여여거사어록』는 직접적인 영향을 미쳤다는 것을 알 수 있다.

이러한 중국대륙의 사상적 토대 위에서 고려 말 사대부들이 가지고 있었던 儒佛同道說이나 儒佛調和說을 살핀다면 주자학 전래 이후 중국의 사정이나 고려의 상황은 크게 다르지 않았을 것이라 생각된다. 유불일치설이나 3교일치설 등은 불교에 호의적이었던 유학자들이나 배불론에 대응해 불교를 옹호하고자 했던 불교승려에서 비롯된 것인데, 고려 말 사대부 가운데 아마도 운곡이 보여준 것만큼 가장 불교에 동조적이었던 인물은 三隱 가운데에서 특히 牧隱일 것이며 權近 정도일 것이라 생각된다. 특히 이색의 불교이해와 수행의 흔적은 운곡의 그것보다 훨씬 더 풍부하고 깊게 느껴질 때가 있다.[12]

한편 이색의 기록을 통해 『호법론』이 고려 말에 유행했다는 사실을 엿볼 수 있는데, 당대 최고의 문장가이자 유학자였던 李穡은 절친한 사이였던 당시의 승려 幻菴混修의 부탁으로 송나라 장상영의 『護法論』에 발문을 붙이게 된다.[13] 당시 불교계는 유학자들의 불교비판과 이에 대한 이론적 자기무장을 꾀하기 위해 나름대로 이에 걸맞는 고전들을 간행하기로 했던 것으로 보이는데, 환암이 충주의 청룡사에서 이를 다시 찍어내고 거기에 붙일 발문을 이색에게 부탁했던 것으로 보인다. 따라서 이러한 사실로 짐작할 때 당

---

12) 그는 유불일치적인 사상적 경향 속에서 선사상에 몰두했었고 그러한 기반 위에서 새로운 사상으로서 주자학을 수용하고 있었다. 목은의 다음과 같이 불성론에 대한 입장을 표현하고 있다. "사람의 마음은 불보살의 마음과 더불어 본래 하나이다. 그러므로 諸佛에 있어 늘어나지도 않고, 중생에게 있어 줄어들지도 않는다. 지극히 어리석은 사람이라도 하루아침에 능히 죄를 뉘우치고 불쌍히 여기는 것을 구하여 잠깐 사이에 그 본연의 착한 마음을 낸다면, 본심의 全體와 大用이 완연히 드러날 것이니, 대저 일생을 고요히 앉아서 全提와 單提를 얻은 자와 조금도 다를 것이 없다. 그러니 어찌 조그만 총명이나 조그만 지혜에 그치겠는가." 조명제, 앞의 책, 2004, p.237에서 인용.

13) 남동신, 「목은 이색과 불교 승려의 시문(詩文) 교유」, 『역사와 현실』 62, 2006, p.115.

시 승려들 사이에서나 유학자들 사이에서 『호법론』에서 논의되던 불교 우위의 삼교론이 논의되거나 비교종교론적 사고의 계기가 될 수 있었음을 짐작할 수 있다.

이러한 사정에도 불구하고 송대의 『호법론』이나 『여여거사어록』이 고려말 사대부들 혹은 승려들에 의해 習讀되었던 것은 사실이나, 전적으로 중국적 논변의 결과물들을 통해 비교종교론적 사고가 촉발되었던 것이라고는 볼 수 없다. 중국과 마찬가지로 한반도에서도 최치원에서 근세의 동학에 이르기까지 3교통합 혹은 3교일치론이 단절없이 지속되어 왔기 때문이다.[14] 따라서 고려 말 혹은 다른 시기에 등장한 3교일치론, 혹은 儒佛同道論 등의 담론들이 중국에서 수입된 담론이나 그로 인한 영향 하에서 발생했는지를 심각히 고려해 봐야 한다는 염려가 있을 수 있겠으나,[15] 3교일치론이나 유불동도론과 같은 비교종교론적 논의는 현재를 포함하여, 여러 종교가 공존하는 시기와 장소에서 언제든 자생적으로 생성되는 것이다. 물론 운곡의 경우와 같이 중국 영향의 정도를 고려해 볼 수 있는 사례가 있을 수 있으나 이 경우도 운곡 본래의 생각 위에 안병의 생각이 첨가된 것이라고 보아야 할 것이다.

기왕의 연구들을 통해 운곡의 삼교일리론은 익히 잘 알려진 바다. 운곡은 자신의 종교관을 피력하면서 먼저 如如居士를 언급하며 시작한다. 여여거사를 인용하는 서문을 포함한 이 시들은 우리가 운곡의 종교관에 가장 확실히 근접할 수 있는 유일한 단서이기도 하다. 시문을 보기로 하자.

세 가르침이 하나의 이치(三敎一理)라는 시와 서문

서문

如如居士는 三敎一理論에서 이렇게 말했다. "세 성인은 함께 나서 두루 함이 있으니 바른 가르침으로 주장을 삼았다. 유교는 窮理盡性으로 가르쳤고, 불교는 明心見性으로 가르쳤으며, 도교는 修眞鍊性으로 가르쳤다. 齊

---

14) 이에 대한 구체적인 논의로 최영성, 『崔致遠의 哲學思想 硏究─三敎觀과 人間主體를 中心으로─』, 성균관대학교 박사학위논문, 1999. 특히 p.297 이하에서 최치원 이후의 삼교론 전개를 다루고 있다. 여기에 운곡은 빠져 있다.

15) 허흥식, 앞의 글, 2003, 주 23) 참조.

家治身과 致君澤民은 유교의 일이고, 嗇精養神과 飛仙上昇은 도교의 근본이며, 越死超生과 自利利人은 석가의 방편이다. 그러나 그 다하는 곳을 要하면 처음부터 하나이다."라고 하였다.

이로서 본다면 세 聖人이 가르침을 베푼 것은 오로지 治性으로 하였으니, 이른바 盡性이라든가, 鍊性이라든가, 見性의 도가 조금 다르긴 하지만, 그 지극하고 맑고 맑은 곳으로 돌아가면 모두 하나의 性이니 무슨 막힘이 있겠는가. 다만 세 성인에게는 각각 門戶가 있어, 뒤의 門徒들이 각각 宗旨에 의거하여 모두 자기를 옳게 여기고 남을 그르게 여기는 마음으로 속이고 헐뜯으니, 사람마다 가슴 속에 세 敎의 性이 밝게 있음을 알지 못하는 것이다. 이는 나귀 탄 사람이 다른 나귀를 탄 사람을 보고 웃는 격이니 참으로 안타깝다. 그래서 네 절구를 지어 거사의 뜻을 잇는다.

<유교>
사물을 따지고 몸을 닦으며 깊은 이치를 찾아내니
마음을 다해 성품을 알고 또 하늘을 아네.
이로부터 천지의 化育을 도울 수 있으니
개인 달이 밝아오고 맑은 바람이 불어오네.

<도교>
여러 묘체의 문이 깊고도 깊어
참된 기틀과 신기한 변화가 하늘에 응하네.
그 정기를 닦아서 곧바로 希夷의 경지에 이르면
물소리도 산 빛도 모두 함께 고요해지네.

<불교>
하나의 원융한 성품이 열 가지 묘리를 갖춰
시방 세계에 두루 법이고 하늘에 통하는 기운일세.
저 참다운 본체를 어떻게 말하랴
푸른 바다에 차가운 달이 아울러 해맑구나.

　<세 교리를 모아서 하나로 귀결시키다(會三歸一)>
세 가르침의 종풍이 본래 차이 없건만
옳고 그르다고 다투는 소리가 개구리처럼 시끄럽네.
한 가지 성품이라 모두 거리낌없으니
불교 유교 도교가 다 무엇이던가.16)

　운곡의 입장은 당시 불교에 호의적이었던 사대부들과 다르게 儒佛同道
등을 말한 것이 아니라 유불도의 일치를 말한다. 유교와 불교, 도교의 정신
적 귀결이 동일하다는 선언을 회삼귀일로 표현하고 있다. 이는 당대 고려의
정신적 토대로 존재했던 불교를 포용함으로써 자신들이 속한 왕조적 귀속
감을 보여주었던 고려 말 유학자들과의 모습과는 약간 다른 것이다. 이곡과
목은을 비롯한 三隱 등이 불교의 정신적 토양에 대해 상당히 긍정적인 관
점을 보이고 유불동도의 태도를 보이는 것은 사실이지만, 이들은 불교 자체
에 대해서 그리고 승려의 행실에 대해서도 어느 정도 비판적인 관점을 보여
주고 있었다.17) 당시 목은 등의 불교관에 대해 상당히 호의적인 태도로 해

---

16)　허경진・이인재 역,『운곡시사』, 2007, pp.344-347.
　　<三教一理(幷序)>
　　如如居士三教一理論云. 三聖人同生有周. 主盟正教. 儒教教以窮理盡性. 釋教教
　　以明心見性. 道教教以修眞鍊性. 若曰齊家治身. 致君澤民. 此特儒者之餘事. 若曰
　　嗇精養神. 飛仙上昇. 此特道家之祖迹. 若曰越死超生. 自利利人. 此特釋氏之筌蹄
　　矣. 要其極處. 未始不一. 由此觀之. 三聖人之設教. 專以治性. 所謂盡之鍊之見之
　　之道雖有小異. 歸其至極廓然瑩澈之處. 皆同一性. 何有所窒礙哉. 但以三聖人各
　　有門戶. 門之後徒各據宗旨. 皆以是已非人之心互相詆訾. 殊不知各人胸中. 三教
　　之性明然具在也. 騎驢者笑他騎驢. 良可惜事. 因寫四絶. 以繼居士之志云.
　　儒 格物修身窮理玄 盡心知性又知天 從玆可贊乾坤化 霽月光風共洒然
　　道 衆妙之門玄又玄 眞機神化應乎天 精修直到希夷地 水色山光共寂然
　　釋 一性圓融具十玄 法周沙界氣衝天 只這眞體如何說 碧海氷輪共湛然
　　會三歸一 三教宗風本不差 較非爭是亂如蛙 一般是性俱無礙 何釋何儒何道耶.
17)　예를 들어 陶隱의 시집 가운데 다음과 같은 글이 있는데, 이는 老佛이 성행하는 추
　　세에 맞서서 외롭게 斯道에 진력하고자 하는 뜻을 우회적으로 읊고 있다.
　　장년에는 공연히 뜻만 높아 / 壯年空有志
　　홀로 지내다 끝내 친구도 없었다. / 獨立竟無徒
　　申不害와 韓非子가 쓰임을 이미 보았고 / 旣見申韓用

석하는 경향도 있지만 이는 재고의 여지가 있다.[18] 하지만 운곡은 불교에

불교와 노자가 일어난 것을 또한 들었네. / 仍聞佛老俱
성인의 법이 오히려 적막하니 / 聖謨還寂寞
우리들의 일이 탄식할 만 하여라. / 吾事可嗚呼
좌중의 벗들에게 물어보노니 / 且問座中友
군자다운 선비가 누구인가를. / 誰爲君子儒

그는 <秋夜感懷十首>의 제4수에서는 불교가 미친 해독과 여전히 융성한 형세를 지적하고, "그 뿌리를 뽑을 힘이 없어, 눈물만 줄줄 흘리네"라고 안타까워 하였고, 제3수에서는 老子의 허황한 주장과 그로 인한 폐단을 서술한 다음에, "어찌하면 그 글을 불살라서 깊은 폐단을 없앨까?"라고 읊기도 하였다. 여운필, 「高麗末期 文人의 僧侶 交遊」, 『고려시대의 문인과 승려』, 파미르, 2007, p.157. 도교와 불교에 대해 적개심에 가까운 마음을 쏟아낸 제3수와 4수의 내용은 다음과 같다.

늙고 늙은 노자여 / 皤皤柱下史
마침 대도가 분열된 시대 만났다 / 適遭大道裂
오천어의 글을 토해내어 / 口吐五千文
조화의 굴을 파헤쳤도다 / 掀簸造化窟
청담이 이미 사람을 그르치니 / 淸譚已誤人
나라는 이에 따라 멸망했도다 / 家國隨以滅
하물며 부적과 주문을 섞어 / 況乃雜符祝
신쇠한 말들 받아들이지 못한다 / 神怪不容說
어찌 그 책을 불살라서 / 安得火其書
앉은채로 그 깊은 폐단 없애게 하리오 / 坐令深弊祛 <3수>

부처가 중국을 짓밟아 / 金夷蹂中國
지금까지 천백년이로다 / 于今千百年
당초 흰 말에 실어올 때 / 當初白馬馱
겨우 인연설을 논하였었다 / 僅僅論因緣
후세에 현묘한 말 다투었으니 / 後來競談玄
깊은 연못에 높은 하늘에 든다 / 深淵高入天
어리석은 이 지혜로운 이, 잡았으니 / 愚智盡爲盧
누가 능히 창을 잡고 대항하리오 / 誰能秉戈鋋
영평은 또한 영명한 임금있으나 / 永平亦英主
이러한 재앙은 당시에 처음 생겼도다 / 此禍當造端
그 뿌리를 뽑을 힘 없으니 / 靡力拔根株
눈물을 흘려도 헛되이 강물 될 뿐이다. / 出涕徒汍瀾 <4수>

불교에 가장 호의적인 목은 역시 불교와 승려에 대해서 비판적이었다.

---

18) 유학자들이 선불교에 호의적이었던 시기와 그러한 글을 썼던 문서의 작성 계기, 불

1022

대해서 이들만큼의 비판도 보여주지 않는다. 이러한 점에서 운곡의 관점은 양은용 교수가 말한 것처럼 한국 古來의 삼교정족적 치세관과 맥락을 같이 하는 종교 윤리일시 모르며,[19] 당대의 이곡이나 삼은의 관점보다는 고려 중기의 이규보(1168~1241)의 三敎融和論 계보에 더 가까운 것으로 볼 수 있다.[20]

위의 시문 속에 드러나 있는 운곡의 종교학적 태도는 일종의 상호주의나 다원주의로 해석할 수 있을 것이다. 다시 말해 각 종교는 근본적으로 본받을 만한 것이 있기 때문에 서로 존중하고 장점을 취사선택하여 발전을 꾀할 수 있다거나(상호주의), 각 종교가 방법은 다르지만 어떤 한 종교가 다른 종교에서 말하는 궁극적 진리에 이를 수 있다는 입장(다원주의)을 보여준다. 운곡의 이러한 상호주의 혹은 다원주의적 입장은 어느 종교의 관점에서 다른 종교를 포괄하는 관점일 수밖에 없는데 그는 유교(혹은 주자학)의 관점에 서 있는 것이 분명하다. 이러한 입장은 그가 여여거사의 관점을 받아 해석하면서, "이로서 본다면 세 聖人이 가르침을 베푼 것은 오로지 治性으로 하였으니, 이른바 盡性이라든가, 鍊性이라든가, 見性의 도가 조금 다르긴 하지만, 그 지극하고 맑고 맑은 곳으로 돌아가면 모두 하나의 性이니 무슨 막힘이 있겠는가"라고 말한 데에서 확인된다. 이때의 性은 주자학적 개념이 분명하다.

주자학에서 心은 理/氣의 관점에서 性과 情으로 구분되는데 이때의 주자학적 性의 개념을 불교의 佛性(의 見性)으로 확장시킨 것으로 보인다. 비록 운곡이 불교에 대해 비판적이지 않았고 三敎一理를 선언할 정도로 매우 호의적이었다는 것은 주지의 사실이나, 이러한 운곡의 확대 해석 속에서 알

교이해의 진정성 등은 더 추궁해야할 문제라고 생각된다.
19) 양은용, 「운곡 원천석 '삼교일리론'의 종교윤리」, 이인재·허경진 共編, 『운곡원천석연구논총』, 원주문화원, 2001, p.193. 당시 유학자들과의 차이에 대해 지교헌, 「여말선초의 정치적 변혁과 운곡 원천석의 도학정신」, 이인재·허경진 共編, 『운곡원천석연구논총』, 원주문화원, 2001, p.150 이하 참조.
20) 자세한 것은 최영성, 앞의 글, 1999, p.302 이하를 참고할 것. 최영성의 논문은 운곡에 대해 언급하지 않았지만, 최치원 이후의 삼교일치론을 주장했던 대표적인 문인과 사상가들을 논하고 있다.

수 있는 것은 그가 다른 종교를 바라보는 기본적 입장이 주자학에 입각해 있다는 것을 의미한다. 당대 지식인들의 贈僧詩는 佛德과 승려의 정신적 경지를 예찬한 것도 많지만 불교의 교리에 대한 이해도 담겨 있다. 이들이 주자학을 중심으로 불교와 기타 종교를 이해했다는 사실은 그러한 시문 등을 통해서도 드러난다.[21] 그러나 당시 유학자들이 불교를 주자학의 관점에서 어떻게 이해했는가는 그들의 본격적인 배불론서나 그러한 성격의 시문을 통해 더 잘 드러난다. 가장 대표적인 하나의 예가 아마도 三峰 鄭道傳의 『佛氏雜辨』일 것이다. 삼봉은 불교의 心과 性을 그대로 성리학적인 맥락에서 독해함으로써 불교가 일정한 논리가 결여되어 있는 오리무중의 종교라고 주장한다.[22]

---

21) 포은의 다음 시가 그러한 경우이다. 아래의 시는 普覺國師의 詩卷에 써 준 <幻菴卷子>(『圃隱集』卷2)의 내용이다.
　　크고 작아 어지럽게 모두 다르지만 / 鉅細紛萬殊
　　분명히 거기에는 이치가 있다네 / 粲然斯有理
　　처하기를 진실로 지극히 한다면 / 處之苟臻極
　　외문과 나 사이에 안팎이 없으리/ 物我無表裏
　　불자들은 이와 달라서 / 浮屠異於此
　　허공에 매달린 듯한 묘한 뜻을 말하네. / 懸空譚妙旨
　　모든 것을 허망한 것으로 돌리니 / 一切歸幻
　　임금과 아버지가 머물 바를 잃었네 / 若父失所止
　　이로부터 천백년이 흐르더니 / 自是千百年
　　의론이 마침내 벌떼처럼 일어나네 / 議論竟蜂起
　　상인께서는 마음을 비운 사람이니 / 上人虛心者
　　더불어 바르고 옳은 것을 구하기 바라오. / 願與求正是
　　여운필은 이 시를 다음과 같이 해석한다. "제1-2구에서는 만물을 모두 지배하는 보편적 법칙이 개별적 사례로 분화되어 나감으로써, 구체적 사물이나 현상의 특수한 법칙이 된다는 朱子의 理一分殊說을 표현을 달리하여 밝혔다. 제 3-4구에서는 이런 이치에 따른다면 외물과 자아가 다른 것이 아님을 징험할 수 있다는 뜻을 말하였다. 성리학의 가장 핵심적인 이론을 개진한 셈이다. 그런데 다음 네 구절에서는 불도들은 이와 달라서 '공'을 내세워 현묘한 이치라고 주장하는 것을 지적하고 그로 말미암아 모든 것을 환망으로 돌림으로써 忠孝와 같은 인류의 기본적 도리를 저버림을 비판하였다. 결국 성리학의 요점을 들어 불교의 요체를 공격한 것이다". 여운필, 앞의 글, 2007, pp.190-191.
22) 김용옥, 『삼봉 정도전의 건국철학─『조선경국전』『불씨잡변』의 탐구─』, 통나무,

1024

불교를 포함한 타종교를 어떠한 사상적 토대 위에서 이해했는가는 차치하고라도, 운곡을 비롯한 당대의 유학자들이 타 종교를 어느 정도로 깊이 이해했는가는 여전히 불확실하다. 왜냐하면 그들의 시문 등에 나타나는 종교에 대한 "문학적 표현"과 종교에 대한 "개인적 이해"가 명확하게 구분되지 않기 때문이다. 이 점은 불교를 옹호했던 유학자들이나 배불론을 폈던 유학자들이나 사정이 동일하다.

필자는 이미 운곡의 불교이해에 대해서 매우 간략하게나마 살펴본 적이 있었는데,[23] 그 후 운곡의 글을 다시 보면서 어딘가 석연치 않은 점을 느끼게 되었다. 그 불편한 느낌의 원인을 돌이켜 보건대, 그의 시편 속에 나타나 있는 불교이해(이는 정확히 말하면 불교용어의 활용에 지나지 않는다고 생각된다)와 삼교일리론에서 언급할 때의 불교이해가 크게 다르게 느껴졌기 때문이다.

대체로 운곡 연구자들은 그의 시 속에 등장하는 불교 용어를 통해 운곡이 접했던 불교와 불교이해의 정도를 가늠하게 된다. 실제로 지금까지 연구자들은 운곡이 시 속에서 차용했던 불교용어와 불교계 인사와의 교류 사실 등을 근거로, 그가 여러 불경을 읽었을 뿐만 아니라 화두참선까지 했으며

2004, pp.97-108 참조. 흥미롭게도 김용옥은 정도전의 『불씨잡변』을 번역하면서 다음과 같이 정도전이 이해한 불교를 코멘트하는데 필자가 보기에 이는 적절한 지적이라 생각된다.

"삼봉은……인간의 심의 내면에 그 심이 지향해야 할 도덕적 이념의 체계가 내장되어 있어야만 하고, 그 도덕적 이념을 지향하는 과정이 '格物致知'의 본뜻이라고 생각한 것이다. 그것은 물론 관료세력의 도덕적인 자기반성을 요구하는 명제이기도 한 것이다. 그런데 반하여 불교는 두리뭉실하게 심과 성을 일치시킴으로써 심의 도덕적 원리로서의 성을 준별시키는 데 실패하고 있다는 것이다. 물론 삼봉이 말하고 있는 불교는 정교한 교학불교의 사상이 아니라 당대의 "直指人心, 見性成佛"이나 "此心卽佛"을 말하는 매우 상식적인 禪宗의 이론을 모델로 하고 있다고 보아야 할 것이다.……삼봉이 불교를 인용한 방식은 매우 부정확하며 그 의미맥락이 애매하다. 그가 인용한 『능엄경』의 구절도 『능엄경』에서 그 모습대로는 나오지 않는다.……삼봉이 그냥 자신의 편의에 따라 구문을 날조한 것이다". 위의 책, pp.103-105.

23) 심재관, 「운곡 원천석의 불교인식」, 『北原文化와 耘谷 精神』, 2004년 제4회 운곡학회 학술대회 발표집(『耘谷學會硏究論叢』 제1집, 2005, pp.331-343 재수록).

다양한 교학을 두루 섭력하여 깊이있는 불교이해에 도달했다는 결론을 도
출해내었다.[24] 그러나 그가 지은 상당수의 증승시를 비롯한 시편 속의 불교
용어가 그의 불교이해를 전적으로 담보해주지는 못한다.

물론 운곡의 시 속에는 華嚴과 法華, 天台 등의 불교 제종파의 교학과
선수행까지 접했던 것으로[25] 볼 수 있는 類似단서들이 나타난다. '一乘에서
三乘이 나눠지고, 三心이 一心으로 포섭된다'는 등의 천태사상을 표현한 말
이나, '하나의 원융한 성품이 열가지 묘리를 갖추고 있다(一性圓融具十玄)'
는 華嚴철학의 표현 등은 분명 그가 여러 교학에 관련한 경론서를 접했다
는 증거가 될 수 있으며 불교철학을 '깊이 이해한 듯한' 느낌을 준다. 뿐만
아니라 그의 시문 속에는 충분히 그가 읽었을 것으로 추정되는 『圓覺經』과
『大乘起信論』, 『華嚴經』을 포함하여 『楞嚴經』과 『維摩經』, 『法華經』 그리
고 『金剛經』 등을 탐독한 것으로 나타난다. 이것은 대체로 선불교의 所依
經典에 해당하는 경전들로서, 『능엄경』 류는 고려 말 사대부에게도 널리 애
독되었던 것이었다. 그러한 사례는 운곡뿐만 아니라, 李穡, 鄭夢周, 鄭樞,
權近, 李崇仁 등도 폭넓게 읽었으며, 척불의 선도에 섰던 鄭道傳 또한 이
경을 접한 바 있다.[26]

그러나 문제는 운곡이 그의 시 속에서 표현했던 불교용어의 매우 세련되
고 적절한 선택이 그가 또 다른 곳에서 보여주는 총론적 불교이해의 미비한
수준과 전혀 어울리지 않는다는 사실이다. 그 차이는 매우 현격해서 그 느
낌을 비유하자면, 마치 자동차 엔진 크랭크의 회전수까지 계산해내는 정비
사가 자동차를 운전하지 못하는 것과 같은 지경이다. 운곡은, 禪僧 允珠에
게 주었던 시의 서문에 나타난 바와 같이, 불설의 근본이 효경에 있다고 보

24) 양은용, 앞의 글, 2001 ; 도현철, 「원천석의 안회적 군자관과 유불도 삼교일리론」,
앞의 책, 2001 ; 조명제, 앞의 책, 2004, p.216 ; 심재관, 앞의 글, 2004 등. 물론 필자
역시 이러한 극히 피상적인 고찰에 임했으며 이에 대해서 부끄러움을 느낀다. 필
자의 글은 심각한 재고의 여지가 있으며 여기서 몇가지를 더 언급을 하게 되어 다
행스럽게 생각한다.
25) 조명제는 운곡이 간화선을 實參했다고 말하는데 이는 단지 추측에 지나지 않는다
고 본다.
26) 심재관, 앞의 책, 2004, pp.331-343 참조.

고 있다. 시 서문을 약간 인용하면 다음과 같다.

> (부처님의) 말씀을 저술한 것이 經이고, 보태어 이룬 것이 論인데, 그 道
> 는 대개 孝敬에 근본을 두고 온갖 덕을 쌓아서 무위에 귀결시킨 것이다. 부
> 연해서 가르쳐 세상에 전한 것을 두 가지로 나눈다면, 하나는 禪이고, 하나
> 는 敎이다. 敎는 앞에서 말한 經과 論이고, 禪은 (부처께서) 49년 동안 삼백
> 회가 넘는 법회를 가진 뒤에 최후로 靈山법회에서 꽃을 들어 보이셨는데
> 가섭이 미소를 지은 것이다. 그때부터 인도의 47祖師와 중국의 23조사가 서
> 로 전수하여 아무리 사용해도 끝이 없었다.……(지금 스님께서는)……담선
> 회를 마치고 돌아가는 길에 어머니께 문안드리기 위해 천릿길을 멀다하지
> 않고 찾아오셨으니, 이것이 어찌 효경(孝敬)에 바탕을 둔 행실이 아니겠는
> 가.[27)]

글에 나타난 바와 같이 禪・敎에 대한 기본적인 이해와 拈花示衆의 선불
교적 기원, 傳燈의 祖師禪脈, 그리고 경・논으로 구분되는 교학의 정의도
분명하다. 그러나, 주목해야 할 것은 불교의 근본적인 취지를 孝敬에 둔 점
에 있다. 비록 불교에서 효경을 도외시하는 것은 결코 아니지만, 佛徒가 세
속의 인연과 절연하여 出家沙門이 되는 근본은 불교의 근본 취지 속에 효
경이 있어서가 아니다.[28)]

이와 같이 고려 말 유학자들의 글에서 종교사상에 대한 이해와 그 표현
들이 서로 相衝되거나 위배되는 경향을 어떻게 설명해야 할까. 여기서 그
해답을 내릴 수는 없지만 필자는 그 원인이 고려 말 지식인들이 향유했던

---

27) 심재관, 앞의 책, 2004, p.333.
28) 운곡과 달리 동시대의 포은은, 비록 불교에 크게 동조적이지 않았으나, 이미 불교
도가 갖는 出家沙門의 의미를 잘 인식하고 있었다. "유자의 도는 모두 일용평상의
일이며, 음식과 남녀관계는 사람들이 같이 하는 것으로서 지극한 이치가 있는 것
입니다. 요순의 도 또한 이 바깥에 있는 것이 아니어서, 動靜語默이 그 바름을 얻
으면 곧 요순의 도이지만, 처음부터 매우 높아 행하기 어려운 것이 아닙니다. 저
불씨의 가르침은 그와 달라 친척을 떠나고 남녀관계를 끊으며, 홀로 바위굴에 앉
아 草衣木食하면서 觀空寂滅로 종지를 삼으니 어찌 평상의 도이겠습니까?" 여운
필, 앞의 글, p.156.

시문학의 유행 사조과 유불의 교류에서 기인하는 것이 아닌가 추측한다.

　주지하다시피 중국에서는 송대 이후 유학자에게 선이 급속히 보급되면서 유학자들은 불교문화와 공안에 대해 지식인의 교양 정도로 익숙해져 있었고, 반대로 승려들 사이에서는 公案批評이 유행하고 시문학이 유행하면서 불교 고유의 문화가 세속화되기 시작했다. 文治主義가 성행하면서 사대부 계급의 교양으로 시서화가 존중되고 이러한 재능이 승려들 사이에서도 존경할 만한 것으로 여겨졌다.[29] 문학에 뛰어난 유학자들은 선종의 文字化에 참여함으로써 애초에 不立文字를 표방하며 일상생활 속에서 생기발랄하게 전개되었던 선종이 생동감을 상실하고 급속하게 지식인의 교양으로 정형화되어 갔다. 고려의 분위기도 이와 크게 다르지 않았던 것으로 추측되는데, 14세기 전반에는 修禪社에 가입한 사대부가 헤아릴 수 없이 많았고, 과거에 급제한 유학자의 잇따른 출가는 불교의 유학화 내지 불교의 문자화를 더욱 촉진시켰다.[30] 이러한 詩禪一味의 경향으로 말미암아 고려 말의 사대부들은 불경의 습득과 승려와의 交遊를 통해 극히 전문적이고 다양한 불교용어를 활용할 수 있게 되었고 이를 시 속에 용해시킬 수 있었다. 하지만 그러한 禪語나 佛家 용어의 詩的 활용의 수준이 그 창작자의 불교이해의 수준을 말해주는 것은 아닐 것이다. 오히려 그것은 修辭의 美에 그칠 수도 있는 것이다. 이때 그 유학자의 불교이해는 詩文보다는 그의 비평적 논설 등을 통해 더 적나라하게 드러났을 것으로 생각된다. 아마도 어떤 고려 말 유학자의 시문학 속에 나타나는 세련된 종교인식의 표현들은 이를 고려하여 다시 접근할 수 있을 것이다.

　운곡이 그러한 고려 말의 문학적 경향에 어느 정도 부합했는지는 별도의 문제로 삼더라도, 그의 종교학적 태도를 보건대 다른 유학자들의 불교에 대한 평가에 비해 그 浮沈이 훨씬 덜하다. 비록 성리학의 토대 위에서 불교와 도교를 이해하고자 했으나 3교의 정신적 성취에 대하여 공정한 태도를 보이고 있는데, 이는 일정 부분 원효와 최치원에서 시작되는 3교융합의 경향과 同調되는 위치에 있다고 볼 수 있다.

---

29) 이부키 아츠시, 앞의 책, 2005, p.168 이하 참조.
30) 남동신, 앞의 글, 2006, pp.119-120 참조.

3. 무위당의 종교인식

앞서 살펴보았듯이 운곡의 통합적 종교이해는 당대 지식인 사이에서 유행하던 주요한 경향의 하나였다. 멀리 중국이 불교를 수용하던 당시부터 송대 이후 원-명까지 지속되는 유불도 3교일치의 논리가 한반도에 수용되면서 원주라는 한 지방지식인에게도 파급되었던 것이다. 물론 그러한 종교담론이 중국에서 발생하여 한반도에 일방적으로 이식된 것은 아니며 한반도에서도 독자적으로 계승되어 오면서 중국과 일정 부분 영향을 주고받았던 것으로 보인다.

그러나 현대와 같이 다양한 종교가 교차되는 시기에 한 지식인이 갖는 종교인식은 어떠할까. 신앙과 종교학, 그리고 그에 대한 자유로운 인문학적 비평의 자유가 보장되고 세계의 제종교가 일정지역에서 동시에 범람할 수 있는 현대에서, 운곡이 생각했던 바와 근접한 제종교일치의 사고는 등장할 수 있는 것일까. 설령 그렇다면 그것은 어떤 의미를 지니는 것일까.

사상가와 사회운동가로서, 또는 교육자나 지방 서예가로서 생의 대부분을 원주에서 보냈던 무위당은 마치 운곡의 그러한 종교이해를 계승하듯 諸종교 가르침들의 근원적 일치를 말한다. 무위당 장일순(1928~1994)은 최근 우리의 곁을 떠난 인물이지만 시간이 더해갈수록 그의 고귀한 인품과 정신은 더 많은 사람들로부터 깊은 존경을 받고 있다. 그러나 글로는 잘 포착되지 않는 그의 인간적 면모가 그에 대한 인격과 사상에 대한 형언을 더욱 어렵게 만든다. 이는 마치 그가 평소에 예를 들듯 바위틈의 난초가 향기로서만 자신을 말할 뿐 그 향기를 어떻게 담아볼 수는 없는 것과 같다. 여기서는 그의 그러한 인격적 면모는 고사하고 그의 단편적인 종교적 편력과 종교에 대한 생각들을 좇아가 보고자 한다.

무위당의 종교이해는 일차적으로 그의 성장과정에서 여러 종교와 조우하게 되는 계기를 통해 형성된다. 그는 유교와 불교, 천주교, 천도교 등의 종교와 만나게 되는데, 먼저 그의 성장배경에 따라 그의 종교이력을 잠시 살펴보자.

무위당은 1928년 원주에서 태어나 1940년 원주국민학교를 졸업하는 해에 천주교 원동교회에서 영세를 받고 요한이라는 세례명으로 천주교인이 된다. 무위당 장일순은 이 순간을 정확히 기억하고 있었는데, 왜냐하면 1991년 여운연(당시 시사저널 기자)과 인터뷰하면서 종교를 갖고 있느냐는 질문에, 옛 날에는 불교신자였는데 가톨릭신자가 된 지 꼭 50년 됐다고 답하기 때문이다.[31] 그러니까 1940년 국민학교 졸업하던 해에 영세를 받고 천주교인이 되 었다는 사실을 늘상 염두에 두고 있었다는 것을 말한다. 흥미로운 것은 그 의 모태신앙이 불교로 보인다는 점이다. 대개의 가정이 그렇듯이 유교적인 분위기 속에서 자랐던 무위당과 그의 가족들은 본래 불교를 종교로 삼고 있 었으나, 어찌된 사정인지 무위당의 가족들은 천주교로 곧 개종하게 된다.[32]

천주교로 개종한 지 얼마 안되어 무위당은 1940년대 무렵 십대의 나이에 다시 집앞에 있던 천도교의 포교당을 드나들면서 수운과 해월의 사상에 접 하게 된다. 이때 천도교 포교당에는 무위당과 가까이 지낸 오창세라는 인물 이 있었던 것으로 보이며 그 후 그와 긴밀한 친우관계를 유지하면서 동학의 수운과 해월에 다가가기 시작한 것으로 보인다.[33] 이러한 청년기의 종교적 자양분은 훨씬 후대에 이르러, 무위당이 정치적 정의실현 의지를 자아의 실

---

31) 장일순, 앞의 글, 1997, p.127.
32) 추측컨대 이런한 집안의 개종은 무위당이 회상하듯, 그의 형이 15세의 어린 나이로 죽음을 맞이하고 그의 유언에 따라 가족이 가톨릭묘지에 그를 안장하면서 이루어 질 수도 있는 일이다. 장일순은 다음과 같이 말한 바 있다 :
"이 위에 십자가가 걸려있는 것이 이상하게 생각됩니까? 형이 결혼도 하기 전에 15 살에 골(骨)암으로 죽었습니다. 1938년의 일이었습니다만, 그 유언에 가톨릭 공동 묘지에 묻어달라고 하는 것이 있었습니다. 거기에 묻히면 버려지지 않고, 잊혀지지 않을 테지라고. 그래서 1940년에 가톨릭에 입신했습니다. 그러나 가톨릭에는 한국 인의 생활에 맞지 않는 부분이 있습니다. 그때는 가톨릭에는 조상에 제사를 지내 는 것을 금하고 있었던 것입니다. 할아버지가 그러한 것은 안된다라고 해서 신부 와 약속하고 조상께 제사드리기를 계속했습니다. 그래서 집안 분위기에는 유교도 있고, 도교도 있고, 불교도 있고, 그리스도교도 있는 셈이지요."(장일순, 앞의 글, 1997, p.114).
무위당의 조부가 가족의 가톨릭 개종을 수용한 것으로 미루어 짐작해보건대 가족 의 개종은 이때의 일을 계기로 이루어진 것으로 보인다. 장손의 유언을 이행하기 위해 가족 전체가 개종을 했다는 점은 가족간의 신의와 애정을 엿볼 수 있는 대목 이라고 생각된다.
33) 장일순, 앞의 글, 1997, p.105 ; 장일순, 앞의 글, 1994a, pp.191-192.

1030

천문제로 전회할 무렵 쯤 완전히 개화된 것으로 보인다.

이처럼 무위당이 일찍부터 다양한 종교세계로부터 사상적 세례를 받을 수 있었던 것은 원주라는 특별한 지형을 고려하지 않을 수 없다. 현재의 원주도 마찬가지지만 무위당의 청년시절에도 다양한 종교가 원주를 중심으로 정착하고 있었다. 그러나 특별히 원주라는 공간이 무위당에게 의미있는 것은, 근세의 천도교와 천주교가 박해의 역사를 관통하는 지점 속에 원주라는 공간이 빠질 수 없기 때문이다.

일찍이 동학의 가르침을 접했던 무위당은 오랜 뒤인 1989년, 원주고미술 동호회와 함께 원주 호저면 고산리(소위 송골)에 해월 최시형을 기리는 기념비를 세웠는데, 이는 동학의 2대 교주였던 해월 최시형이 1894년 동학혁명 이후 관헌들의 눈을 피해 1898년 원주 땅에서 최후로 붙잡힘을 후세에 기리고자 한 의도였다. 원주는 무위당의 사상적 스승인 해월이 서울로 압송되어 종로에서 처형되기 전 마지막으로 은신했던 곳이었고, 따라서 동학사상에 매료되었던 그는 해월의 마지막 은신처가 되었던 원주를 그렇게라도 기리고 싶었던 것이다.

또한 원주는 무위당에게 해월의 피난지였을 뿐 아니라 한국에서 진정한 천주신앙의 발생이자 은신처였다. 원주와 횡성 지역은 19세기 초 신유박해를 피해 이동한 초기 천주교인들의 공동취락촌 혹은 신앙촌이 형성되었는데, 그 가운데 대표적인 곳으로 배론 성지(현재 제천시 봉양읍)와 풍수원 성지, 용소막 성지, 대안리 성지(원주 홍업면) 등을 꼽을 수 있다. 배론 성지는 구학산과 백운산 사이의 계곡에 위치한 곳으로 천주교인에게는 황사영 백서사건으로 기억되고 있는 곳이다. 주문모 신부에게 세례를 받은 황사영은 신유박해가 터지자 곧 배론 성지로 들어와 북경 구베아 주교에게 보내는 탄원서를 보내려다 발각되고, 그 결과 일가는 유배되고 관련자 수십을 포함해 자신은 처형된다. 이처럼 배론성지를 비롯해 풍수원(횡성군 서원면) 등은 신유박해를 피해 도주한 천주교인들의 피난처로서 한국가톨릭 역사 속에서 빠질 수 없는 성소인 것이다. 『擇里志』에서 밝히듯이 원주는 서울과 가까우나 유사시에 숨기 수월한 곳이었으며, 천주교도나 동학교도에게 지리적으로 은신의 지역이 되었던 것이 분명했다.[34]

무위당에게는 원주가 정치적 억압과 탄압으로부터 거리를 두는 정신적 은신처 구실을 해 왔던 곳으로 인식되었음이 분명하다. 멀게는 운곡의 경우에서 시작하여 가까이는 해월과 황사영과 같은 종교인들, 그리고 더 가까이는 독재정권하의 자신을 포함해 김지하와 리영희 등의 지식인들이 隱處로 삼아 安慰를 갖고픈 공간이었을 것이다. 이러한 단서는 치악산을 母月山으로 부르고 싶어 했던 무위당의 마음에서도 읽을 수 있을 것이다. 즉, 모든 대상을 품고 보호할 뿐만 아니라 용서하고 화해할 수 있는 지역으로 원주를 받아들이고 싶었던 것이다.35)

원주는 과거로부터 현재까지 정신적 은둔지이자 모태의 역할을 하였고 역사적으로 형성된 지형적 기질을 통해 새로운 사회운동의 가능성을 배태하고 있었던 것이다. 이러한 원주의 지리적 潛勢態는 우연히도 장일순의 '종교들'을 통해서 지역운동을 시작할 수 있는 에너지가 되어 주었다.36)

34) 이원희의 연구는 이러한 이해를 더 분명히 한다. 이원희,「原州 橫城 지역의 천주교 전래와 정착 연구」,『江原文化史研究』第6輯, 2001, pp.152-154. "원주의 지형을 보면 남동부는 백두대간에서 차령산맥이 남서방향으로 뻗으며 치악산의 비로봉, 삼봉, 향로봉, 남대봉, 매화산 등의 높고 험준한 산지를 이루고, 북서부는 비교적 완경사로 되어 있다.……횡성의 지형을 보면 백두대간의 오대산에서 갈라져 나온 차령산맥이 동부를 남서방향으로 뻗어 3면이 산지로 둘러싸여 있고, 서쪽은 완경사를 이룬다.……이러한 지형적인 조건은 박해를 피해 신앙의 자유를 누리려는 신자들이 다른 사람들의 눈에 띄지 않고 신앙을 지켜나가기에 좋은 조건이었다. 박해는 주로 서울과 경기도 지역을 중심으로 일어났다. 따라서 이를 피하려는 사람들은 우선 교통편이 유리한 인근 지역으로 옮겨갔을 것이다. 이때 육로와 수로가 주된 원인으로 작용하였을 것은 물론이다.……박해를 피해서 이주하는 사람들은 이 육로를 따라서 이동하는 도중 대개는 원주·횡성 지역에 정착하였고, 일부는 영동지역으로 향했을 것으로 추정할 수 있다. 원주의 신림역에서 멀지않은 곳에 용소막 성당이 있고, 횡성의 창봉역에서 멀지 않은 곳에 풍수원 성당이 있다는 사실도 육로를 따라서 이동하다가 이곳에 정착했을 것이라는 추정에 신빙성을 더해 주고 있다."

35) 이러한 해석은 작위적인 것이 아니라 다음과 같은 무위당의 말에서 유추된 것이다. "저 산은 경상도 도둑놈도 품어주고, 지아비 잃은 충청도 아낙도 푸성귀 일구어 먹고 살게끔 품어주는 그런 산이야. 다 품어주는 산이다 이 말이야."(장일순, 앞의 글, 1994b, pp.119-120). 장일순은 치악산이라는 명칭을 모월산으로 바꾸기 위해 행정적 절차 등도 알아볼 정도로 진지하게 치악산의 개칭을 생각했었다.

36) 김지하는 이를 다음과 같이 말한다. "그리고 원주라는 데가 현대 우리나라 지역운

1032

이러한 지리적 배경 속에서 무위당 자신에게 남겨진 종교적 자양분은 과연 어떤 것이었을까. 무위당의 종교관을 이야기할 때 부딪치는 어려움은 그가 개별 종교의 교리나 도그마를 말하는 것이 아니라—실제 그의 대화 속에서 그러한 경우는 극히 드물다—그 종교의 교리들이 도달하고자 하는 정신의 頂點이나 마음자세, 혹은 수양론적 관점 같은 것을 예로서 설명하고 있다는 점이다. 이는 달을 가리키는 손가락의 기능적 중요성 대신 달을 목도하는 사건 자체를 더 중요시한다고 비유할 수 있다. 사실 이것은 종교에서 교리보다 그것의 언어로서 표현되는 궁극적 체험을 더 소중히 했다는 점인데, 이러한 태도 때문이라도 그의 말 속에 녹아있는 諸宗敎一味論[37]은 당연한 귀결일 것이다.

태생적인 유교적 가풍을 제외하면 무위당의 경우 불교와 노자사상의 이해는 자발적인 인문학적 습득에서 비롯된 것으로 보인다. 특히 불교는 무위당에게 있어 비교적 잘 두드러지지 않는 종교 가운데 하나이지만, 그는 마치 운곡이 그러했던 것처럼 다양한 대승경전을 섭렵한 것으로 보인다. 그의 대화나 강연 속에서 드러났던 불교적 내용들은, 대체로 『능엄경』이나 『유마경』, 『금강경』, 『반야심경』, 그리고 중국과 한국 승려들의 선시들의 내용이었다. 『능엄경』은 고려이래로 승려와 유학자들이 애독했던 불경이었던 것을 생각하면 무위당의 빈번한 인용은 새삼스럽다.[38]

무엇보다 먼저 무위당의 정신적 모태가 되어준 것은 유년시절부터 체화

동의 시작이라는 점입니다. 원주에 교두보를 둔 지역자치운동이 전국적인 운동으로 발전했다는 것이지요. 이 점은 지금까지 중요한 역사적 기여로 남는 것 같아요. ……지역에 거점을 둔 운동이 바로 동학이지요. 내가 지역자치에 관심을 두면서 터득한 것이 바로, 동학이란 결국 지역의 반란에서 시작됐다는 사실입니다. 郡縣制 국가에서 지역의 반란이라는 것은 과거 봉건제 국가에서의 지역 반란과는 다른 측면이 있어요. 그래서 원주의 지역운동을 새롭게 봐야 한다는 거지요. 지역의 거점 또는 전국적인 일종의 저항운동으로, '소도시 거점론(작은 지역운동에서 시작하여 넓게 펼쳐간다는 생각을 담은 것)'이라는 것이 바로 그것이요." 장일순, 앞의 글, 2004a, p.189.
37) 적절한 표현이 없어서 이렇게 표현하고자 한다.
38) 필자로서는 정확한 맥락의 해석이라고 판단할 수는 없어도 무위당은 『능엄경』에서 다음 글귀를 자주 인용했던 것으로 기억된다. "諸可還者自然非汝. 不汝還者非汝而誰".

된 유가적 가풍이었다. 이는 본인 자신이 밝힌 바가 그렇고, 또 그의 정신적
상속자라 할 수 있는 김지하의 전언을 통해서도 확인된다. 김지하는 무위당
을 유가에 강한 뿌리를 두고 있는 정치사상가 또는 철저한 운동정치가로 표
현한다.

　　우선 장 선생님 개인의 측면에서, 그분은 한마디로 도덕정치가라고 말할
수 있어요. 마치 조선시대 조광조가 至治主義(덕성과 인성수양이라는 수기
치인의 유교정신을 정치인의 덕목으로 해야 한다는 정치철학) 유교 안에서
'지치'의 지극한 도덕을 실현하려다가 실현시키지 못하고 죽은 것처럼, 이
분도 그것을 실현 못하고 애쓰다 가신 분이라고 생각을 해야 초점이 맞습니
다.……이런 것들이 하나로 묶이면서 도덕정치가라는 그분의 구심점이 나
타나지요.……장선생님의 경우는 선대부터 쭉 원주에 사셨던 분이고, 유생
이셨죠. 유학적인 수양으로 몸을 다지신 분이고, 마치 금강석처럼 부서지지
않는 도덕을 실현한 분이죠. 그렇게 봐야 돼요. 그래서 유학과의 관계를 밝
혀야 그분이 보입니다. 어떤 경우에도, 어떤 쓰라린 일들이 생겨도 절대 흔
들리지 않는 금강석과 같은 도덕을 체현하고 있었다. 이렇게 봐야 됩니다.
또 하나는 철저한 가톨릭 정신을 실현하신 분이죠. 세 번째가 해월 정신이
드러난 시기입니다. 드러났다기보다는 나중에 해월과 당신 생각을 일치시
킨 것이죠. 그전엔 간디와 비노바 바베의 영향도 컸어요. 이처럼 어떤 도덕
적인 정신사의 맥을 이어가면서도 또 철저한 운동정치가입니다.[39]

---

39) 장일순, 앞의 글, 2004a, pp.186-187. 마찬가지로 자신에게 영향을 미친 스승을 묻는
　　정현경(이화여대 기독교학과 교수)의 질문에 무위당은 다음과 같이 답한다. 유가적
　　가풍은 유년시절 조부와 스승 차강선생으로부터 체득한 것이다.
　　"정현경 : 선생님께서는 생명운동, 한살림운동을 하시는데, 선생님께도 스승이 있
　　　으시겠죠. 선생님께서 영향을 받으신 스승이 계시다면 어떤 분들인지 알고 싶습
　　　니다.
　　장일순 : 내 조부님은 구한말에 도감영, 지금의 도청에 들어가셨던 모양이에요. 그
　　　때가 17살 때인데 국권이 흔들리고 가렴주구가 심하고 나라 꼴이 말이 아닐 때
　　　죠. 그러다 거길 나왔대요.……그러니까 아침에 일어나서부터 주무실 때까지 하
　　　시는 행동이 일관대요.……그게 나한테 주신 유언이에요. 그러니 일상생활이 모
　　　범인거라. 글씨를 가르쳐준 분은 할아버지도 가르쳐주셨지만, 차강 박기정 선생
　　　이라고 17세부터 배웠어요.……예수님도 내게 가르쳐준 게 많아요. 동학의 2대

유교적 가풍 뿐만 아니라 그에게는 천주교와 동학이라는 정신적 우산이 있었다. 특히 무위당이 유년시절부터 접할 수 있었던 동학은 그가 戰後의 정치참여 이후 원주에 칩거하는 동안(아마도 1960년대 후반) 새로운 개안을 주었던 것이 분명하다. 동학이 그에게 새로운 가능성으로 다가왔던 것은 아마도 63년 출옥 후 사회안전법으로 원주에서 감시를 받으며 은둔생활을 하던 당시, 또는 68년 신용협동조합운동을 시작하기 전의 무렵이 아닌가 추측된다. 無爲堂이라는 호는 이러한 은둔생활을 마감하고 새로운 공동체 운동이 싹트기 시작한 시기부터 사용했기 때문이다. 무위당이 동학에 주목한 것은 지역저항 운동체의 사상적 토대로 인식했기 때문만은 아닐 것이며, 오히려 무위당의 후반에 더욱 강하게 나타나는 생명사상의 모체로 수용되었을 것이다. 동학을 만나게 된 사연을 무위당은 다음과 같이 말한다.

-사회운동에 눈을 뜨게 된 것은 누구의 영향입니까?
-조부님과 글을 가르쳐주신 차강 박기정 선생,[40] 해월 최시형 선생이었어요. 우리집 바로 앞에 천도교 포교소가 있었습니다. 그래서 동학을 알게 됐습니다. 46년에 수운 최제우와 해월을 알게 되었지요. 영원한 세계, 이 땅에서 행복하게 살 수 있는 말씀들을 다 가지고 있더라구요. 그렇게 되니까 이 쑥배기가 함부로 갈지(之)자를 못하겠더군요.[41]

무위당에게서 해월의 생각으로 매우 강렬한 동양적 종교전통의 고갱이를

교주인 해월 최시형 선생의 생활 있잖아요. 그분의 삶은 내가 보기에 오늘날 이 땅에서 평화롭게 살 수 있는 모범적인 사례라고 생각해요."(장일순, 앞의 글, 1997, pp.137-138).

40) 此江 朴基正(1874~1949). 자는 一元, 호는 차강, 순조부터-철종때까지 영의정을 지낸 권돈인이 차강의 고조부인 박형호에게서 학문과 서예를 배웠던 인연으로 권돈인의 문인에게 글씨와 학문을 배웠다. 무위당의 조부인 여운 장경호과 차강은 친교를 맺고 있었으므로 여운이 차강을 원주로 불러 몇일 또는 한달씩 집에 기거하게 하면서 무위당에게 글씨를 가르쳤다.

41) 장일순, 1997, p.124. 여러 대담 속에서 무위당의 스승에 대한 질문이 등장하는데, 이에 대한 그의 대답은 변함이 없다. 그의 조부와 차강 박기정, 해월 최시형(또는 수운 최제우) 등이 그들이다.

발견한다. 이것을 신비주의 혹은 범신론적 경향이라고 부를 수도 있을 것이다. 이것은 동학의 侍天主사상으로 무위당이 후에 뭇 생명의 상호연관성과 평등성을 주장하는 생명사상의 결정적인 밑거름이 된다. 이 동학의 생명사상에서 무위당은 사회적 윤리적 생태적 기초를 발견한다.

　　해월 선생님의 말씀에 보니까 '천지만물 막비시천주야(天地萬物 莫非侍天主也)'라. 하늘과 땅과 세상의 돌이나 풀이나 벌레나 모두가 한울님을 모시지 않은 것이 없다. 그래서 제비알이나 새알을 깨뜨리지 말아야 하고 풀잎이나 곡식에 이삭이 났을 때 꺾지 말아야 되거든요 "새알이나 제비알을 깨뜨리지 않으면 봉황이 날아 깃들 것이고, 풀의 싹이나 나무의 싹을 자르지 않으면 숲을 이룰 것이고, 그렇게 처세를 하면 그 덕이 만물에 이른다. 미물까지도 생명이 함께 하신다고 모시게 되면 그렇게 된다"고 말씀하였더란 말이에요.……그래서 侍자를 들여다보니까 엄청나요. '시'자 안에는 '侍養한다거나' '侍奉한다'거나 '飼養한다'는 일체에 대한 이야기가 들어 있어요.[42)]

이러한 생명간의 상호연관성과 평등성은 다시 무위당의 기독교에서 나타난다. 무위당은 특유의 유머와 재치있는 비유로 '예수가 곧 밥'이라는 주장을 편다. 즉, 예수는 모든 생명이 살아가는 생명의 원천인 밥이며, 그 밥은 곧 하늘과 땅의 소산이므로 하늘과 땅에 의지하는 뭇 생명이 한 형제자매라고 말한다. 곧 기독교를 대속자 예수의 종교로 말한 것이 아니라 생명을 주는 하늘과 땅의 종교로 탈바꿈시켰던 것이다. 이러한 일상용어의 선택과 비유는 종교가 가지고 있는 도그마의 색채를 완전히 탈각시키면서 이방인에게도 쉽게 종교적 가르침이 전달되도록 만드는 무위당 특유의 표현이다.

　　우리 천주교회는 빵 믿는 교회 아닙니까? 예수께서 스스로 빵이라 했으니까요. 이것을 바꾸어 말하면 '내가 밥이다'라는 이야기죠. 그러니 낟 곡식 한 알 한 알이 얼마나 엄청난 것입니까. 우리 모두는 하늘과 땅이 먹여주고 길러주지 않으면 살 수가 없어요. 만물이 모두 하늘과 땅 덕분에 살아있고 그

---

42) 장일순, 앞의 글, 1997, pp.49-50.

의 자녀들이니 만물은 서로 형제자매관계 아닙니까? 짐승도 하늘과 땅이 먹여주고, 벌레도 하늘과 땅이 먹여주고, 사람도 땅이 먹여주죠.[43]

무위당은 '무엇이 종교이다, 또는 무엇이 동학이고 기독교이다'라는 식으로 말하지 않는다. 또한 '어떤 것이 불교이고 어떤 것이 기독교의 본질이다'라고 말하지 않는다. 무위당에게 그러한 파악된 종교는 이미 형식화된 죽은 종교에 지나지 않는다. 다만 무위당이 말하는 종교들은 그 종교의 교리적 범주를 뛰어넘어 어떤 정신적 지경만을 보여준다. 그리고 그 속에서 만난다. 이러한 지경을 보여주기 위해서 최소한의 표현으로 여러 종교들을 한 지점에서 만나도록 유도한다. 이와 같이 그의 강연과 대담 속에서 그는 불교와 기독교, 도교 등을 동일한 설명 속에 집어넣는다. 가령 이런 식이다.

> 佛家의 禪에 虛懷自照라는 말이 있어요. 자기를 비운다는 말씀입니다. 그런데 이 얘기는 노자의 도덕경에도 있고, 또 성경에도 있습니다. 복음을 보면 예수가 산으로 자꾸 올라가시지요. 세상에 내려가니까 자꾸 따지고 이것저것 얘기를 해. 사람들이 말귀를 못 알아듣고 욕심만 부려. 그렇게 되니까 답답해서 산으로 올라가서, 어찌 하오리까 하거든. 가서 좌선을 해요. 하느님과의 대화란 건 뭐냐. 자기를 비우고 스스로 그 비운 마음을 보는 거예요.[44]

불교를 말하는 것 같은데 이내 다시 예수를 끌어들인다. 끌어들인 예수는 성경 속의 예수가 아니라 좌선을 하고 앉은 법당의 보살로 묘사된다. 자신의 어법 속으로 제종교를 모두 끌어들여 하나로 융화시키기를 반복함으로써 그와 대화하는 청중이나 상대방은 당연히 제종교의 통일적인 구심점 속으로 함께 유도된다.

그런데, 무위당의 대중적인 어투, 각 종교의 근원정신에 대한 통합적 이해, 일상적인 비유들, 이러한 무위당만의 화법은 결코 작위적으로 의도된

장일순, 앞의 글, 1997, p.107.
장일순, 앞의 글, 2004a, p.98.

것이 아니라 그 자신의 일상체험을 토대로 자연스럽게 발현된 것이다. 또 다른 예를 보자. 『도덕경』의 明道若昧를 해석하면서 다음과 같이 풀고 있다.

-밝은 道는 어두운 것 같다는 말입니까?
-이해하지 못한 것같이 道를 이해하라, 이런 말이야.
-그게 무슨 말입니까?
-불가에서 말하는 건 깨달음(佛)인데, 내가 깨달았다고 알면 깨닫지 못한 것 아닌가? 여기서 '明道'는 도를 깨닫는 걸 말하는데, 그러니까 부처를 아는 것이요 하느님 아버지를 아는 것인데, 그걸 마치 깨닫지 않은 것처럼 깨달으라 이 말이야.
-내가 뭘 깨달았다고 떠들면 그건 깨달음이 아니라는?……
-아니지. 이미 아닌 거라.
-이게 참 말로 하기가 어려운 건데요. 굳이 하자면 '알고도 모르라'는 말이 될까요?
-알고 모른 척하라는 건 아니지.
-그건 아니지요. 알되 스스로 안다는 사실을 모르는 거니까요.
-그런거지. 그러니까 깨달음과 못 깨달음에 대한 의식적 분별이 없는 것이라고 할까?
-그게 참된 깨달음이라는 거군요?
-그래, 아는 바 없는 앎……그런 거지.45)

여기서도 『도덕경』의 명도약매를 『金剛經』이나 般若經類의 卽非의 논리로 풀어낸다. 어떤 대화나 강의에서건 이런 식의 종교간 소통과 통합은 무위당의 대화방식이었다. 이 대화방식 속에 담겨진 그의 의중 속에는 오랜 성찰과 경험에서 우러나온 諸종교의 근원적 합일이 갈무리되어 있으며, 동시에 종교간의 합일에 이르지 못하고 대립과 갈등에 빠져있는 작금의 종교현실에 대한 아쉬움이 숨어 있다. 정현경과의 대담 속에는 종교에 대한 장일순의 직접적인 생각이 노출되어 있다.

___
45) 장일순, 앞의 글, 2003, p.402.

정현경 : 저는 신학을 공부하니까 종교에 관해서 좀 여쭈어보고 싶습니다. 불교에서 가톨릭 신자로 가서서 오랜 신앙생활을 하신 것으로 알고 있는데 선생님께서는 종교의 기본 가르침이란 무엇이고, 이 두 종교는 선생님 안에 어떻게 자리잡고 있는지 궁금합니다.

장일순 : 한국의 대부분의 가정이 그런 것처럼 유가적인 전통은 있었고 태어나 보니 불교였다가 부모들이 가톨릭으로 가니까 따라갔어요. 10대 중반이었지요. 교리라고 외우라고 해서 외웠지요. 동학의 경우는 바로 우리 집 앞이 해방 직후에 포교소였어요. 신앙이라고 하는 것도 자라나면서 느끼고 성숙하는 것이라고 보죠.

그런데 근자에 와서는 모든 종교는 담을 내려야 한다고 봅니다. 그리고 너는 어떤 종교이고 나는 어떤 종교라는 걸 존중은 하되 생활과 만남에 있어서는 나누어져서는 안된다고 마음먹고 있습니다. 생명은 하나니까요. 종교에 생명이라는 것의 내용이 없다면 그 종교는 거짓말이죠.

정현경 : 그러면 선생님께서는 불교에서 배운 것과 가톨릭에서 배운 것이 전혀 갈등을 일으키지 않는지요.

장일순 : 문제는 어떤 종교든지 나중에 체제화되고 내용은 탈각되면서 형해화하지요.……"우리 종교는 유일무이하다"고 나갔을 때에는 그 애기 자체가 죄악이 되는 거죠. 예수의 멋진 말씀, "나는 죄인을 위해서 이 세상에 왔노라, 의인을 위해 온 것이 아니노라" 이건 참 멋있는 말씀이죠. 이 얘기에 어디 막힌 데가 있어요.[46]

위의 대담으로 볼 때 무위당은 불교, 기독교, 도교, 동학 등의 이름은 별 의미가 없다. 다만 그 종교들이 그 속에 간직된 근원적인 정신이 구현될 때 그 종교는 생명이 있다는 말로 해석할 수 있다. 한 종교의 생명은 다른 종교의 생명과 동일한 것이며(즉, 다른 종교의 근원적 정신성과 동일한 것이며) 이것은 종교를 떠나서 일상생활 속에서 구현되어야 하는 것이다. 이러한 점에서 종교는 개별 종교의 한계를 뛰어넘을 수 있다고 무위당은 말한다. 물론 사람들은 서로의 울타리를 가지고 여러 종교를 가지고 있지만 그 형식적인 종교의 이름, 혹은 교리적 울타리를 축소할 필요가 있다는 것이

---

46) 장일순, 앞의 글, 1997, p.135.

다.

　무위당이 종교를 언급하면서 빼놓지 않는 말은 '생명'인데, 이 생명이라는 말은 그의 여러 말을 종합해 보건대 공존과 평등의 가능성을 모두 포함하는 말이다. 이것은 '개인' 혹은 '내'가 중요할 뿐만 아니라 '타인'도 '나'와 같이 평등하고 고귀하다는 진지한 인식과 실천을 말한다. 이 전제는 '자아'의 소멸이자 축소이다. 즉 무한한 겸허 속에서 공존의 가능성이 열리게 된다. 종교에서도 이 공존과 평등의 실현은 無我의 실현을 통해 가능하다. 무위당은 말한다.

　　정현경 : 그럼 선생님께서 느끼시는 갈등은 외피에서 느끼는 것이지 내용면에서는 갈등이 없으시군요. 그렇다면 우리는 왜 예수님의 참뜻과 석가의 참뜻을 다른 것이라고 외피로만 이해해왔을까요.
　　장일순 : 無我의 경지에서는 다 하나됨이 되거든요. 풀 하나 돌 하나를 만나도 그것이 자기라는 걸 느끼게 될 것 같으면 하나가 열을 말해주는 겁니다. 불교에서 보면 覺이란 순간이란 것이 작은 데서 발견되거든. 어떤 지향을 두고서 정진을 하고 가면 각의 순간이 다가오거든. 묶여있던 자기 기반은 정진속에서만 풀리거든.[47]

　이러한 무아의 각성은 종교와 인간의 성별과 지위 노소를 막론하고 일체가 하나로 융합되고 그러한 통일적 生命網에 대한 자각 하에서 진정한 개체 생명의 존중이 가능하다는 것을 깨닫게 한다. 이러한 생명사상 속에 다시 동학의 '모심'이 있다. 다시 말해 무위당의 생명사상은 모든 존재에 대한 '모심'의 정신, 혹은 무아의 정신을 수반하는 것이다. 이러한 사상은 동학의 해월에게서, 그리고 자신의 祖父인 旅雲 張慶浩에게서 직접 몸으로 체득한 바였다. 언젠가 장일순은 해월 최시형의 向我設位 정신을 설명하면서 이렇게 말한 바 있다.

　장일순은 잡지사 기자인 김지용에게 이렇게 말했다.

---
47) 장일순, 위의 글, 1997, p.136.

1040

"모든 일체가 내 안에, 또 네 안에 있는데 벽에 대고 제사할 필요 없는 거지. 해월께선 할아버지 내외, 아버지 내외, 아들 내외, 딸, 며느리, 손자 할 것 없이 모두 모인 자리에서 향아설위를 했으니 대단하지. 생각해 보게. 19세기에 할아버지가 며느리 손자에게 절을 했으니 될 법이나 한 소린가. 요새 민주주의 갖고는 어림없는 얘기 아닌가 말이야."

해월의 '向我設位'를 설명하는 말이다. 향아설위라니 무슨 뜻인가? 글자 그대로 나를 향해 상을 차린다는 뜻이다. 제사상을 차릴 때 조상이 후손과 마주앉는 모양으로 상을 차리는 것이 상식이다. 밥과 국, 수저를 저쪽으로 놓는다. 그것을 해월은 이쪽으로 바꿨다. 내 쪽으로 바꾼 것이다. 그것은 곧 조상은 저쪽에 있는 게 아니라 내 안에 있다는 뜻이었다. 관점의 개벽이었다.[48)]

이러한 해월의 정신이 무위당 자신에게 쉽사리 받아들여졌던 것은 바로 그의 조부 장경호가 보여주었던 유가적 모범의 전례가 있었기 때문에 가능했던 것이다. 한 대담에서 그는 다음과 같이 말한다.

그는 특히 조부로부터 살아가는 데 경우와 순서가 무엇인지, 그리고 평등이 무엇인지 상대를 공경하는 것이 무엇인지 또한 사람뿐만 아니라 사물을 어떻게 대해야 하는지 배우게 되는데, 그에게 있어서 가장 잊혀지지 않는 일을 소개해준다. "열다섯에 돌아가신 형의 상여에 할아버지가 흙바닥에 넙죽 절을 하셔. 그러니까 '노제'지. 그래서 '할아버지, 왜 손주에게 절을 하세요?'하고 물었더니 할아버지는 이렇게 말씀하시더군. '네 형이 이 세상에서는 내 손자였지만 이젠 세상을 달리 해 할아버지보다 앞서 가신 분이야. 그래서 잘 가시라고 말했다.' 당시는 무슨 말인지 잘 못 알아들었지만 그로부터 30년이 지난 후 이 사건은 내게 큰 깨달음으로 다가오더군."[49)]

이러한 생명에 대한 존경을 직접 체험하며 성장했던 무위당은 그 뒤 다

48) 장일순, 앞의 글, 2004b, p.218 ; 김지하, 『동학이야기』, 솔, 1994, p.135 이하. 김지하는 앵산(해월이 향아설위를 설한 이천군 설성면 앵산동에 있는 동산을 말함)을 방문하면서 향아설위를 설명하고 있다.
49) 장일순, 앞의 글, 1997, p.105.

시 해월을 통해 그것이 진정한 '모심'의 의미였음을 직감했던 것이다. 자기
자신을 텅 비우고 뭇 상대를 진심으로 섬길 때 거기에 공생의 가능성이, 생
명의 통일적 세계가 열리게 된다. 그러나 이러한 단순한 이치는 실천하기가
대단히 어려운데 인간역사의 推動은 인간 내면에 감추어진 인정욕구가 발
현되어 이루어진 것이 아니었던가.

이러한 이해 속에서 우리는 무위당이 평소에 그렇게 당부했던 한마디,
'기어라'를 이해할 수 있다. 이것은 단순히 겸손을 요청하는 말이 아니라 오
히려 다른 존재에 대한 존경을 당부한 말이 되는 것이다. 먼저 자신을 비우
는 일, 자신을 낮추는 일이야말로 다른 존재와 세계를 받아들일 수 있는 첫
번째 조건이기 때문이다. 이러한 모습은 다음과 같은 예를 통해 무위당 자
신에게서 확연히 체화되었음을 알 수 있다.

금대리에서 있었던 일이다. 금대리는 원주에서 제천 쪽으로 가다보면 시
내에서 차로 일이십 분쯤 걸리는 곳에 있다. 수량이 많은 물, 한적한 계곡이
좋아 여름에는 사람들이 많이 찾는다. 장일순이 일행과 함께 골짜기를 따라
올라가는 길이었다. 길목에서 아는 사람들을 만났다. 그들은 내려오는 길이
었는데, 밥을 먹으며 이미 한잔 한 얼굴들이었다. 그 가운데 한 사람이 술힘
을 빌려 장일순에게 평소에 품었던 의문 하나를 털어낼 생각으로 앞으로 썩
나섰다.

"선생님?"

"그래, 왜?"

"선생님은 남들 보고는 기어라, 기어라고 하면서 정작 선생님 자신은 기
는 법이 없지 않습니까?"

돌발 상황이었다. 과연 장일순이 어떻게 나올지 모두 구미가 부쩍 당긴다
는 얼굴을 하고 지켜보았다.

장일순은 잠시의 짬도 두지 않았다. 바로 그 사람 앞에 무릎을 꿇고 납작
엎드려 절을 했다. 포장도 안 된 흙길이었다.

질문을 한 사람은 물론 양쪽 일행 또한 장일순의 이 갑작스런 행동에 놀
라 아무 말도 못했다. 남에게 자신을 낮추는 일! 늘 다짐을 하면서도 얼마나
어려운 일인가?[50]

4. 나가는 글

운곡과 무위당은 원주의 덕 있는 두 선비이다. 비록 600년의 시간이 두 인물을 가르고 있지만 이들의 가지고 있었던 인품과 삶의 태도는 여러 측면에서 비교할 만한 하나의 사건이라 할 수 있다.

운곡과 무위당은 서로 정계로 진출해 立身의 기회가 있었음에도 모두 고향인 지방으로 내려와 평생을 자신들의 소신대로 살아갔다. 운곡은 중앙정계로 나아가 사회개혁을 도모하는 대신 세상을 등진 顔回의 군자상을 그리며 학문에 전념했고, 무위당 역시 정치적 의욕이 있었으나 일찍 고향에 내려와 지역 민중들의 삶을 함께 고심하였다.

또한 이들의 종교적 입장을 살피자면, 운곡과 무위당은 긴 시간을 사이에 두고 유불도 삼교일치의 종교론적 전통을 계승하고 있는 것으로 볼 수 있다. 이들을 통해 우리는 최치원으로부터 시작해 이규보, 운곡, 김시습, 휴정, 최제우, 장일순 등의 라인을 그려볼 수도 있을 것이다.

운곡과 무위당은 모두 家學으로 단련된 유학자의 절도와 자세를 유지하면서 그 토양 위에서 타종교(불교와 도교)를 포용하고 있다. 운곡은 고려 말이라는 당대의 시대적 한계로 인해 주자학적 관점을 견지할 수밖에 없었고 유학자의 관점에서 타종교의 본질을 간취할 수밖에 없었으므로 불교나 도교를 이해하는 데에는 일정한 한계가 분명히 드러난다. 그럼에도 불구하고 운곡은 동시대 지식인에게서 쉽게 찾아보기 어려운 諸宗敎一致論(三敎一理論)을 주장하고 있었다. 운곡의 이러한 결론은 두 가지 사상적 맥락이 중첩된 것이라 생각된다. 하나는 중국에서 유입된 3교일치론의 담론이며 또하나는 국내에서 최치원 등에서 비롯되는 동일한 3교일치의 종교담론이다. 어느 것이 운곡에게 더 영향을 많이 끼쳤는가는 현재로서 고민해야 할 과제이다.

무위당의 경우도 마찬가지로 제종교일치의 종교적 관점을 유지하고 있다. 무위당도 유학의 관점을 보여주지만 종교에 대해서는 동학과 노장, 그리고 불교와 기독교를 아우르는 모습이 매우 뚜렷하며, 그의 제종교일치적

---

50) 장일순, 앞의 글, 2004b, pp.179-180.

관점은 현대의 어떤 시론이나 담론을 쫓아가는 것이 아니다. 무위당의 각 종교 이해는 오래 전부터 자신의 일상에서 숙고되고 체득된 바의 결실이다. 무위당의 경우, 제종교일치의 관점은 그 자신이 스스로 선언하고 있는 것이 아니라 그의 대담과 강연을 통해 여러 종교와의 유사성이 반복적으로 강조된다는 사실에서 도출된 것이다. 무위당에 의해 감지된 제종교의 공통점은 각 종교의 가르침 속에는 일체 존재간의 평등과 공존의 가능성이 발견된다는 것인데, 그것이 예를 들면 동학의 '모심'이며 불교의 '무아'일 것이다.

찾아보기

1046